Dänemark, Schweden, Vereinigtes Königreich

Bevölkerung (2000):	72.747.000
Fläche (qkm):	735.594
nom. BIP (2000) in Mio. € (in Kaufkraftparität):	1.641.417
nom. BIP pro Kopf (2000) € (in Kaufkraftparität):	22.563

Japan:

Bevölkerung (2000):	126.926.000
Fläche (qkm):	377.835
nom. BIP (2000) in Mio. € (in Kaufkraftparität):	2.907.561
nom. BIP pro Kopf (2000) € (in Kaufkraftparität):	22.908

EU-Beitrittsländer Mittel- und Osteuropa**

Bevölkerung (2000):	73.756.000
Fläche (qkm):	728.884
nom. BIP (2000) in Mio. € (in Kaufkraftparität):	712.868
nom. BIP pro Kopf (2000) € (in Kaufkraftparität):	9.665

** Estland, Lettland, Litauen, Polen, Slowenien, Slowakei, Tschechische Republik, Ungarn

Makroökonomie

Bei Pearson Studium werden nur Bücher veröffentlicht, die wissenschaftliche Lehrinhalte durch eine Vielzahl von Fallstudien, Beispielen und Übungen veranschaulichen. Wir bringen moderne Gestaltung, wohlüberlegte Didaktik und besonders qualifizierte Autoren zusammen, um Studenten zeitgemäße Lehrbücher zu bieten. Sie finden in unseren Büchern den Prüfungsstoff in direktem Bezug zur Praxis und späterem Berufsleben.

Bisher sind im wirtschaftswissenschaftlichen Lehrbuchprogramm folgende Titel erschienen:

VWL

Blanchard/Illing (2003): *Makroökonomie, 3. Auflage*

Bofinger (2003): *Grundzüge der Volkswirtschaft*

Krugman/Obstfeld (2003): *Internationale Wirtschaft, 6. Auflage*

Pindyck/Rubinfeld (2003): *Mikroökonomie, 5. Auflage*

BWL

Albaum et al. (2001): *Internationales Marketing und Exportmanagement*

Chaffey et al. (2001): *Internet-Marketing*

Fill (2001): *Marketingkommunikation*

Kotler et al. (2002): *Grundlagen des Marketing, 3. Auflage*

Robbins (2001): *Organisation der Unternehmung, 9. Auflage*

Solomon et al. (2001): *Konsumentenverhalten*

Quantitative Verfahren

Schira (2003): *Statistische Methoden der VWL und BWL*

Sydsæter/Hammond (2003): *Mathematik für Wirtschaftswissenschaftler*

Zöfel (2003): *Statistik für Wirtschaftswissenschaftler*

Weitere Informationen zu diesen Titeln und unseren Neuerscheinungen finden Sie unter *www.pearson-studium.de*.

Olivier Blanchard
Gerhard Illing

Makroökonomie

ein Imprint von Pearson Education
München • Boston • San Francisco • Harlow, England
Don Mills, Ontario • Sydney • Mexico City
Madrid • Amsterdam

Bibliografische Information Der Deutschen Bibliothek

Die Deutsche Bibliothek verzeichnet diese Publikation in der Deutschen Nationalbibliografie; detaillierte bibliografische Daten sind im Internet über *http://dnb.ddb.de* abrufbar.

Umwelthinweis:
Dieses Produkt wurde auf chlorfrei gebleichtem Papier gedruckt.
Die Einschrumpffolie – zum Schutz vor Verschmutzung – ist aus umweltverträglichem und recyclingfähigem PE-Material.

10 9 8 7 6 5 4 3 2

07 06 05 04

ISBN 3-8273-7051-5

ein Imprint der Pearson Education Deutschland GmbH,
Martin-Kollar-Straße 10-12, D-81829 München/Germany

www.pearson-studium.de
Übersetzung: Prof. Dr. Gerhard Illing, LMU München
Lektorat: Dennis Brunotte, dbrunotte@pearson.de
Korrektorat: Barbara Decker, München
Einbandgestaltung: adesso 21, Thomas Arlt, München
Herstellung: Elisabeth Prümm, epruemm@pearson.de
Satz: mediaService, Siegen (www.media-service.tv)
Druck und Verarbeitung: Kösel, Kempten (www.KoeselBuch.de)

Printed in Germany

Inhaltsverzeichnis

Teil 1: Einleitung

Eine Reise um die Welt **Kapitel 1**
Eine Reise durch das Buch **Kapitel 2**

Teil 2: Die kurze Frist

Der Gütermarkt **Kapitel 3**
Geld- und Finanzmärkte **Kapitel 4**
Das *IS-LM*-Modell **Kapitel 5**

Teil 3: Die mittlere Frist

Der Arbeitsmarkt **Kapitel 6**
Das *AS-AD*-Modell **Kapitel 7**
Die Phillipskurve **Kapitel 8**
Geldmengenwachstum, Inflation und Produktion **Kapitel 9**

Teil 4: Die lange Frist

Wachstum – Stilisierte Fakten **Kapitel 10**
Produktion, Sparen und der Aufbau von Kapital **Kapitel 11**
Wachstum und Technischer Fortschritt **Kapitel 12**
Technischer Fortschritt, Löhne und Arbeitslosigkeit **Kapitel 13**

Teil 5: Erwartungen

Erwartungen: Die Grundlagen **Kapitel 14**
Finanzmärkte und Erwartungen **Kapitel 15**
Erwartungsbildung, Konsum und Investitionen **Kapitel 16**
Erwartungen, Wirtschaftsaktivität und Politik **Kapitel 17**

Teil 6: Die offene Volkswirtschaft

Offene Güter- und Finanzmärkte **Kapitel 18**
Der Gütermarkt in einer offenen Volkswirtschaft **Kapitel 19**
Produktion, Zinssatz und Wechselkurs **Kapitel 20**
Unterschiedliche Wechselkursregimes **Kapitel 21**

Teil 7: Pathologien

Depression, Deflation und Arbeitslosigkeit **Kapitel 22**
Hohe Inflation **Kapitel 23**

Teil 8: Zurück zur Politik

Sollten Politiker in ihrer Entscheidungsfreiheit beschränkt werden **Kapitel 24**
Die Geldpolitik – Eine Zusammenfassung **Kapitel 25**
Die Fiskalpolitik – Eine Zusammenfassung **Kapitel 26**
Epilog: Die Geschichte der Makroökonomie **Kapitel 27**

Teil 9: Anhänge

Einführung in die Volkswirtschaftliche Gesamtrechnung
Mathematische Grundlagen
Ökonometrie – Eine Einführung
Glossar, Sachregister

Vorwort

Angelsächsische Lehrbücher vermitteln Volkswirtschaftslehre in einem recht lockeren Stil. Sie versuchen die Studenten durch aktuelle Bezüge und einen eingängigen Stil zu begeistern. Oft hören die Texte aber gerade dann mit dem Erklären auf, wenn es schwierig und anspruchsvoll wird. Ein tieferes Verständnis für komplexe Zusammenhänge wird den Studenten so nicht vermittelt.

Im Gegensatz dazu präsentieren traditionelle deutsche Lehrbücher theoretische Modellansätze sehr detailliert und umfassend. Die recht abstrakte Darstellungsweise wirkt auf Studenten aber nur wenig motivierend; sie versetzt die Studenten auch nicht in die Lage, erlernte Inhalte auf konkrete aktuelle wirtschaftspolitische Fragestellungen anzuwenden.

Das vorliegende Lehrbuch vereint – als deutsche Adaption der amerikanischen Ausgabe von Olivier Blanchard – die Vorzüge beider Traditionen.

Das Buch geht von aktuellen makroökonomischen Fragestellungen aus, um die Studenten für die Thematik zu motivieren. Die adaptierte Fassung geht dabei ausführlich auf aktuelle deutsche und europäische Aspekte ein. Eine der schwierigsten Herausforderungen für Studenten ist es, aktuelle Fragen anhand fundierter theoretischer Argumente zu analysieren. Das Buch zeigt auf, wie sich makroökonomische Modelle auf konkrete wirtschaftspolitische Fragestellungen anwenden lassen. Es macht die Theorie plastisch durch ständigen Bezug zu aktuellen Themen wie der Geld- und Fiskalpolitik in der Europäischen Währungsunion, die hohe Arbeitslosigkeit in Europa und vielen anderen.

Das Buch verfolgt zwei zentrale Anliegen:

1. Es möchte eine integrierte Sicht der Makroökonomie vermitteln:

   Das gesamte Buch verwendet ein einheitliches Modell, das die Implikationen der Gleichgewichtsbedingungen auf Güter-, Geld- und Finanzmärkten und dem Arbeitsmarkt untersucht. Je nach der konkreten Fragestellung werden manche Teile des Grundmodells vertieft, während andere, für die Frage weniger relevante Aspekte nur vereinfacht dargestellt werden. Es handelt sich jedoch immer um das gleiche Modell. Damit soll von Anfang an vermittelt werden, dass der modernen Makroökonomie ein kohärenter Ansatz zugrunde liegt, nicht eine Ansammlung einzelner Modelle. Dieser Ansatz ermöglicht es nicht nur, zu verstehen, mit welchen Fragen sich die Makroökonomie in der Vergangenheit auseinander gesetzt hat, sondern auch die Probleme anzupacken, die sich in Zukunft stellen werden.

2. Es möchte einen engen Bezug zu aktuellen makroökonomischen Fragen herstellen:

   Die Makroökonomie ist deshalb so spannend, weil sie sich mit drängenden wirtschaftlichen Problemen auf der ganzen Welt auseinandersetzt, angefangen von den Auswirkungen der einheitlichen Geldpolitik im Europäischen Währungsraum über die Implikationen sinkender Aktienkurse und der Entwicklung des Dollars in den Vereinigten Staaten bis hin zu den Konsequenzen der Deflation in Japan.

Diese und noch viele andere Themen werden im Buch detailliert behandelt; nicht in Fußnoten, sondern im Text und in speziellen Fokusboxen. Viele dieser Fokusboxen zeigen beispielhaft, wie sich mit Hilfe der theoretischen Ansätze konkrete wirtschaftspolitische Entwicklungen verstehen lassen.

Gute Makroökonomen zeichnen sich sowohl durch ein detailliertes Verständnis der Theorie wie durch eine fundierte Kenntnis der empirischen Fakten aus. Die in jedem Kapitel enthaltenen Übungsaufgaben sollen helfen, auf beiden Feldern einen hohen Wissensstandard zu erreichen. Viele Hinweise zeigen auf, wo man Daten abrufen kann, um die theoretischen Einsichten anhand empirischer Arbeit zu vertiefen. Auch die Marginalspalten machen das Lernen einfacher. Sie betonen wichtige Punkte nochmals, fassen bestimmte Ableitungen in prägnanter Weise zusammen, stellen Bezüge zu anderen Kapiteln her oder verdeutlichen den Text anhand von Anekdoten.

Der Aufbau des Buchs:

Das Buch besteht aus zwei zentralen Teilen: Einem Kern (Kapitel 3-13) und drei wichtigen Erweiterungen (Kapitel 14-23). Im Anschluss an die Erweiterungen fassen drei abschließende Kapitel die Implikationen für die Wirtschaftspolitik zusammen. Die Übersicht „Der Weg durchs Buch" auf Seite 10 verdeutlicht auf einen Blick, wie die einzelnen Kapitel strukturiert sind und wie sie sich in den Aufbau des ganzen Buchs einordnen.

Kapitel 1 und 2 führen in die zentralen Fragestellungen der Makroökonomie ein. Kapitel 1 gibt einen Überblick über aktuelle makroökonomische Probleme in der ganzen Welt, angefangen von Deutschland und Europa über die Vereinigten Staaten bis hin zu Japan. Kapitel 2 führt in die Grundkonzepte ein und stellt die unterschiedlichen Perspektiven vor, die in den Kernkapiteln behandelt werden: Die kurze Frist, die mittlere Frist und die lange Frist. Dieses Kapitel bietet auch eine kompakte Einführung in die Grundlagen der Volkswirtschaftlichen Gesamtrechnung (VGR). Eine ausführliche, detaillierte Darstellung der VGR findet sich im Anhang 1 am Ende des Buches.

Kapitel 3 bis 13 bilden den Kern des Buches.

Kapitel 3 bis 5 behandeln die kurze Frist. Diese drei Kapitel untersuchen das Gleichgewicht auf Güter-, Geld- und Finanzmärkten. Sie entwickeln das *IS-LM*-Modell, das Grundmodell zur Analyse der kurzen Frist.

Kapitel 6 bis 9 konzentrieren sich auf die mittlere Frist. Kapitel 6 untersucht den Arbeitsmarkt und führt das Konzept der natürlichen Arbeitslosenquote ein. Kapitel 7 bis 9 entwickeln das *AS-AD* Modell – ein Modell, das aggregierte Nachfrage und aggregiertes Angebot zusammenführt. Es wird gezeigt, wie man anhand dieses Modells den Zusammenhang zwischen Inflation und Arbeitslosigkeit sowohl auf kurze wie auf mittlere Frist analysieren kann.

Kapitel 10 bis 13 betrachten schließlich die lange Frist. Kapitel 10 präsentiert stilisierte Fakten des Wachstums. Es dokumentiert das enorme Produktionswachstum in den Industriestaaten während der vergangenen 50 Jahre. Kapitel 11 und 12 entwickeln ein Wachstumsmodell, das die Bedeutung von Kapitalakkumulation und technischem

Fortschritt für das Wachstum herausarbeitet. Kapitel 13 untersucht die Auswirkungen technischen Fortschritts auf die kurze und mittlere Frist. Es diskutiert, ob und wann technischer Fortschritt zu Arbeitslosigkeit oder zunehmender Ungleichheit der Einkommensverteilung führt. Nicht nur in diesem Kapitel zeigen sich die Vorteile die Verwendung eines einheitlichen, integrierten Modellansatzes.

Kapitel 14 bis 23 wenden sich dann drei wichtigen Erweiterungen zu:

Kapitel 14 bis 17 untersucht die Rolle von Erwartungen für die kurze und mittlere Frist. Erwartungen haben auf den Finanzmärkten und bei Konsum- und Investitionsentscheidungen zentrale Bedeutung. Sie beeinflussen auch die Wirksamkeit von Wirtschaftspolitik.

Kapitel 18 bis 21 betrachten die offene Volkswirtschaft. Sie untersuchen, welche Bedeutung offene Güter- und Faktormärkte für das Gleichgewicht in der kurzen und mittleren Frist haben. Sie führen das Konzept des realen Wechselkurses ein und analysieren die Eigenschaften unterschiedlicher Wechselkursregimes sowie die Auswirkungen von Wechselkurskrisen.

Kapitel 22 und 23 konzentrieren sich dann auf Pathologien – Zeiten, in denen die Dinge aus makroökonomischer Sicht ziemlich daneben gehen. Kapitel 22 behandelt schwere Konjunktureinbrüche und Wirtschaftskrisen. Es diskutiert die Auswirkungen der Deflation für die gegenwärtige Situation in Japan und analysiert die Ursachen der hohen Arbeitslosigkeit in Europa. Kapitel 23 beschäftigt sich dann mit Phasen hoher Inflation.

Die Kapitel 24 bis 26 kehren zur Analyse der Wirtschaftspolitik zurück. Diese Kapitel fassen die Erkenntnisse zusammen, die im Lauf des Buches in den verschiedenen Kapiteln gewonnen wurden, und ordnen sie in eine gemeinsame Perspektive ein. Kapitel 24 fragt, welche Grenzen die Existenz von Unsicherheit und das Eigeninteresse der Politiker einer aktiven Rolle der Wirtschaftspolitik setzen. Es zeigt, wie man angesichts dieser Grenzen geeignete Institutionen gestalten sollte und geht dabei auf die Unabhängigkeit von Zentralbanken und den Europäischen Stabilitäts- und Wachstumspakt ein. Kapitel 25 diskutiert aktuelle Entwicklungen der Geldpolitik, angefangen von Inflationszielen bis zu Zinsregeln. Es beschäftigt sich auch ausführlich mit der geldpolitischen Praxis der Europäischen Zentralbank. Kapitel 26 untersucht den Zusammenhang zwischen Staatsverschuldung, Steuern und Staatsausgaben und behandelt aktuelle Themen der Fiskalpolitik. Im Lauf einer Vorlesung kann ein Teil dieser Themen auch schon früher behandelt werden.

Kapitel 27 schließlich präsentiert in einem Epilog die Geschichte der Makroökonomie im Lauf der letzten 60 Jahre und zeigt aktuelle Forschungsansätze auf.

Vorschläge zur Vorlesungsplanung

Die Struktur des Buches bietet viele Möglichkeiten, die Themen in unterschiedlicher Reihenfolge zu behandeln. Der Stoff der meisten Kapitel lässt sich im Rahmen einer 90-minütigen Vorlesung gut abhandeln. Manche Kapitel (etwa Kapitel 5 und 7) erfordern allerdings längere Zeit. Nachfolgend einige Vorschläge zur Organisation der Vorlesungen:

- Ein kurzer Zyklus (bis zu maximal 15 Vorlesungen)

  Ein kurzer Vorlesungszyklus konzentriert sich am besten auf die Einführungskapitel und den Kern. Lässt man Kapitel 9 und 13 weg, ergibt das 11 Vorlesungen. Sie lassen sich sehr gut ergänzen durch ein oder zwei Kapitel der Erweiterungen, etwa von Kapitel 17 zu Erwartungen (es kann als eigenständige Vorlesung genutzt werden) und Kapitel 18 zur offenen Volkswirtschaft.

  Ein kurzer Zyklus könnte auch die lange Frist (Wachstumstheorie, Kapitel 10 bis 13) ganz weglassen. Dann bleibt genug Zeit, um etwa Kapitel 16 und 17 zum Thema Erwartungen, Kapitel 18-20 für die offene Volkswirtschaft und auch Kapitel 22 zum Thema Depressionen und Arbeitslosigkeit zu behandeln.

- Langer Zyklus (20 bis 27 Vorlesungen)

  Eine vierstündige Vorlesung in einem Semester oder eine zweistündige Vorlesung über zwei Semester lässt genug Zeit, um den Kern und zwei Erweiterungen sowie die Kapitel 24 bis 26 zur Wirtschaftspolitik zu behandeln. Die Erweiterungen setzen die Kenntnis des Stoffs aus den Kernkapiteln 3 bis 9 voraus, sind aber ansonsten eigenständig aufgebaut. Die im Buch gewählte Reihenfolge bietet sich aber deshalb an, weil die Analyse der Rolle von Erwartungen in den Kapiteln 14 bis 17 das Verständnis später behandelter Themen wie die Zinsparität oder Wechselkurskrisen erleichtern.

Eine Grundfrage jeder Vorlesungsplanung besteht darin, ob Wachstumstheorie (die lange Frist) in einer Einführungsvorlesung behandelt werden soll. Falls ja, bleibt vielleicht nicht mehr Zeit, um alle drei Erweiterungen und die Kapitel zur Wirtschaftspolitik zu behandeln. In diesem Fall ist es wohl am besten, die Kapitel über Pathologien wegzulassen. Lässt man Wachstumstheorie aus, sollte genug Zeit bleiben, um die meisten Themen der anderen Kapitel zu behandeln.

Harald Badinger, Wirtschaftsuniversität Wien, Axel Lindner, IWF Halle, Joachim Möller, Universität Regensburg, Albrecht Ritschl, Humboldt Universität Berlin, Frank Heinemann, Reinhard Spree und Ulrich Woitek, Universität München, Thomas Hueck und Julian von Landesberger, HypoVereinsbank München sowie Robert Koll und Wolfgang Nierhaus, ifo Institut, München und Mitarbeiter des Statistischen Bundesamtes Wiesbaden haben wertvolle Anregungen bei der Durchsicht von Teilen des Manuskripts gegeben. Das Buch wurde nur möglich durch die reibungslose Zusammenarbeit eines überaus engagierten Teams. Für hilfreiche kritische Kommentare danke ich meinen Mitarbeitern Marion Jung, Sven Neunsinger, Stephan Sauer, Christian Stoltenberg und Jörg Winne. Florian Bartholomae, Peter Dumitsch, Christian Feilcke, Thomas Hartl, Stefan Müller und Ludwig Reßner danke ich für die engagierte Mithilfe bei der Beschaffung von Daten und der Erstellung des Layouts; Agnès Bierprigl für sorgfältige Korrekturarbeit. Soweit nicht anders angegeben, stammen alle Daten von Datastream. Ganz besonders möchte ich mich aber bei meinem Assistenten Ulrich Klüh bedanken, ohne dessen unermüdliche konstruktive Kritik und Ermunterung das Buch nie zustande gekommen wäre.

München August 2003
Gerhard Illing

Teil 1
Einleitung

Die ersten beiden Kapitel des Buches

Kapitel 1

In Kapitel 1 unternehmen wir eine makroökonomische Reise um die Welt. Wir starten in Deutschland. Spätestens seit der Einführung des Euro können makroökonomische Probleme in Deutschland aber nicht mehr ohne europäische Perspektive verstanden werden; deshalb betrachten wir dabei zugleich die Entwicklung in Europa. Dann legen wir einen Stopp in den Vereinigten Staaten ein und beschäftigen uns mit dem auf die Expansion der 90er Jahre folgenden Abschwung. Die letzte Station ist Japan, das derzeit in einer schweren wirtschaftlichen Krise steckt.

Kapitel 2

In Kapitel 2 unternehmen wir eine Reise durch das Buch. Wir definieren drei zentrale Variablen der Makroökonomie: Wirtschaftswachstum, Arbeitslosigkeit und Inflation. Im Anschluss daran werden die drei Konzepte eingeführt, auf denen die Struktur des Buches basiert: Die kurze Frist, die mittlere Frist und die lange Frist.

Kapitel 1 Eine Reise um die Welt

Wovon handelt Makroökonomie? Eine formale Definition hilft uns an dieser Stelle nicht viel weiter. Stattdessen wollen wir eine Reise um die Welt unternehmen. Während dieser Reise können wir auf die wichtigsten wirtschaftlichen Entwicklungen eingehen und die Fragen ansprechen, die derzeit sowohl den Wirtschaftswissenschaftlern als auch den Politikern große Sorgen bereiten.

Zum Zeitpunkt der Erstellung dieses Buches (Mitte 2003) haben nicht nur viele Unternehmer und Analysten, sondern auch Makroökonomen und Politiker schlaflose Nächte. In den Vereinigten Staaten ist die lang anhaltende Expansion, die Anfang der 90er Jahre begann, zu Ende gegangen; die USA befinden sich in einer Abschwungphase. Auch in Europa hat sich das Wirtschaftswachstum abgeschwächt. Die dort ohnehin schon recht hohe Arbeitslosigkeit steigt weiter an. Die japanische Wirtschaft scheint in einer Krise festzustecken, die jetzt schon mehr als ein Jahrzehnt andauert.

In Kapitel 1 beschäftigen wir uns mit:

- Deutschland und Europa (Abschnitt 1.1),
- den Vereinigten Staaten (Abschnitt 1.2),
- und Japan (Abschnitt 1.3).

Dieses erste Kapitel sollten Sie wie einen Zeitungsartikel lesen. Es geht nicht darum, die genaue Bedeutung der einzelnen Begriffe und die Logik der Argumente bis ins letzte Detail zu verstehen. In den folgenden Kapiteln werden wir die Begriffe exakt definieren und die Argumentation sorgfältig erarbeiten. Dieses Kapitel ist als Einführung in die Fragestellungen der Makroökonomie gedacht. Wenn Sie Spaß daran finden, das erste Kapitel zu lesen, dann wird es Ihnen auch Spaß machen, das ganze Buch durchzuarbeiten. Sobald Sie dies dann geschafft haben, sollten Sie noch einmal zum ersten Kapitel zurückblättern, um Ihre Fortschritte beim Studium der Makroökonomie zu überprüfen.

1.1 Deutschland, Euroraum und Europäische Union

Die Frage, wie man die Gruppe dieser 12 Länder nennen soll, ist noch nicht endgültig geklärt. „Eurozone" klingt technokratisch, „Euroland" erinnert stark an Disneyland. Wir werden in diesem Buch vom Euroraum sprechen.

Im Jahr 1957 beschlossen sechs europäische Länder – Belgien, Deutschland, Frankreich, Italien, Luxemburg und die Niederlande – einen gemeinsamen europäischen Markt zu gründen – eine Wirtschaftszone, innerhalb der sich Güter und Menschen frei bewegen können. Seit damals sind neun weitere Länder beigetreten: Dänemark, Finnland, Griechenland, Großbritannien, Irland, Österreich, Portugal, Schweden und Spanien. Dieser Zusammenschluss wird Europäische Union genannt (abgekürzt EU). Nicht nur die Zahl der Mitglieder hat zugenommen, auch die Bindungen zwischen den Ländern sind enger geworden. Die Einführung des Euro zum 1. Januar 1999 intensivierte diese Bindung noch. Zunächst beteiligten sich nur 11 der 15 Mitgliedsländer der EU, im Jahr 2001 kam dann Griechenland noch dazu. In diesem Buch werden wir uns oft auf die Entwicklung im Euroraum – der Gruppe dieser 12 Länder – konzentrieren. Dänemark, Schweden und Großbritannien zögern bislang, den Euro einzuführen. In Großbritannien gibt es seit langem heftige Kontroversen darüber, ob sich das Land dem Euro anschließen sollte oder nicht.

Zufällige Wechselkursschwankungen können internationale Vergleiche verzerren. Deshalb wird das BIP beim Umrechnen in eine andere Währung (hier in Dollar) zum Kaufkraftparitätenkurs umgerechnet. In Kapitel 10 lernen wir, wie wir dabei vorgehen.

Die wirtschaftliche Entwicklung in Deutschland lässt sich ohne Blick auf Europa nicht verstehen. Zusammen bilden die 15 Staaten der Europäischen Union einen außerordentlich großen Wirtschaftsraum. Wenn am 1. Mai 2004 neben Malta und Zypern auch acht zentral- und osteuropäische Staaten (Estland, Lettland, Litauen, Polen, Slowenien, Slowakei, Tschechische Republik und Ungarn) Mitglied der Europäischen Union werden, dehnt sich dieser Wirtschaftsraum weiter aus. Wie Abbildung 1.1 zeigt, betrug aber im Jahr 2001 das Bruttoinlandsprodukt (abgekürzt BIP) pro Kopf in der EU im Durchschnitt nur 72% des Niveaus der Vereinigten Staaten. Die Wirtschaftsleistung der neuen Mitgliedsländer ist noch wesentlich niedriger. Das BIP pro Kopf in Polen etwa lag 2001 bei nur 39% des Euroraums.

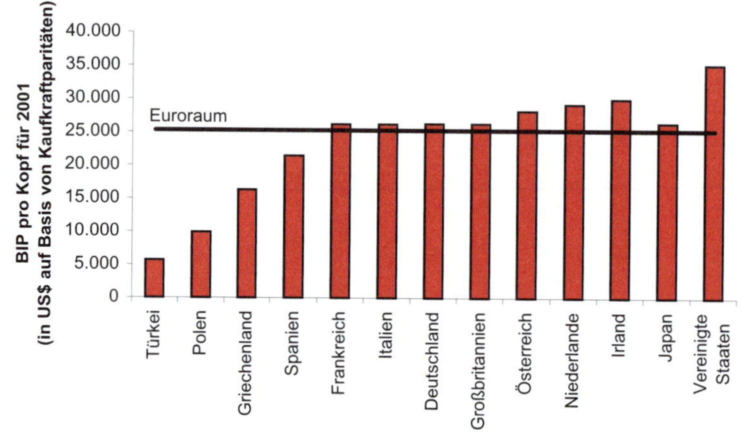

Abbildung 1.1: BIP pro Kopf in U.S.-$ auf Basis von Kaufkraftparitäten

Zwischen den Ländern gibt es starke Unterschiede des Bruttoinlandsprodukts (BIP) pro Kopf, gemessen in Kaufkraftparitäten

Fokus: Der Euro: Eine kurze Zusammenfassung

Als die Europäische Union 1988 ihren dreißigsten Geburtstag feierte, entschieden einige Regierungen, nun sei es an der Zeit, den Übergang zu einer gemeinsamen Währung zu planen. Sie beauftragten Jacques Delors, den Präsidenten der Europäischen Union, einen Report vorzubereiten, den er im Juni 1989 vorstellte.

Der Delors-Report schlug vor, in drei Stufen zu einer Europäischen Währungsunion (EWU) überzugehen.

- Stufe 1 bestand in der Abschaffung sämtlicher Kapitalverkehrskontrollen.
- Stufe 2 bestand in der Wahl von festen Paritäten, die mit der Ausnahme von außerordentlichen Umständen aufrechtzuerhalten waren.
- Stufe 3 bestand in der Einführung einer gemeinsamen Währung.

Stufe 1 wurde im Juli 1992 implementiert.

Stufe 2 begann 1994, nachdem die Wechselkurskrisen der Jahre 1992-93 abgeebbt waren. Es wurde eine neue Institution geschaffen, das Europäische Währungsinstitut in Frankfurt, das die Aufgaben hatte, sowohl die Einzelheiten des Übergangs als auch die Regeln des neuen Systems auszuarbeiten. Eine an sich nebensächliche, aber symbolische Entscheidung bestand darin, den Namen der neuen gemeinsamen Währung zu wählen. Die Franzosen waren für „Ecu“ (European currency unit), da „Ecu“ auch der Name einer alten französischen Währung war. Die Partnerländer dagegen bevorzugten den Namen „Euro“. Im Jahre 1995 einigte man sich schließlich darauf, die neue Währung „Euro“ zu nennen.

Parallel dazu hielten manche Länder in der EU Referenden ab, die den Maastricht-Vertrag ratifizieren sollten. Der Vertrag, der 1991 verhandelt worden war, stellte verschiedene Kriterien auf, die erfüllt sein mussten, um dem Europäischen Währungssystem beizutreten: Eine niedrige Inflation, ein Budgetdefizit kleiner als 3% und eine Schuldenquote kleiner als 60%. Der Vertrag war in der öffentlichen Meinung umstritten. In vielen Ländern war das Abstimmungsergebnis knapp. In Frankreich wurde der Vertrag mit nur 51% der Stimmen angenommen. In Dänemark wurde der Vertrag abgelehnt.

In den Jahren 1996 und 1997 sah es so aus, als ob nur wenige europäische Länder die Maastricht-Kriterien erfüllen könnten. Einige Länder ergriffen jedoch drastische Maßnahmen, um ihr Budgetdefizit zu reduzieren. Im Mai 1998 entschieden sich schließlich 11 Länder für die Einführung des Euro: Belgien, Deutschland, Finnland, Frankreich, Irland, Italien, Luxemburg, die Niederlande, Österreich, Portugal und Spanien. Großbritannien, Dänemark und Schweden entschieden sich gegen die Einführung des Euro, zumindest für den Anfang. Griechenland erfüllte die Kriterien nicht.

Stufe 3 begann im Januar 1999. Die Paritäten zwischen den 11 Währungen und dem Euro wurden „unwiderruflich“ fixiert. Die neue Europäische Zentralbank (EZB) mit Sitz in Frankfurt bekam die Verantwortung für die Geldpolitik im Euroraum übertragen. 2001 konnte schließlich auch Griechenland die Kriterien erfüllen und trat dem Euro bei.

Von 1999 bis Ende 2001 existierte der Euro als Rechnungseinheit, aber es gab noch keine Euro-Banknoten und -Münzen. Der nächste und abschließende Schritt war die Einführung von Banknoten und Münzen im Januar 2002. In den ersten Monaten des Jahres 2002 waren sowohl die nationalen Währungen als auch der Euro im Umlauf. Dann wurden die nationalen Währungen aus dem Umlauf genommen.

Heute ist der Euro die einzige Währung, die im Euroraum verwendet wird. Der Euroraum ist ein Währungsraum geworden.

Für weitere Informationen zum Euro: `www.euro.ecb.int/`

Wenn sich Makroökonomen mit einer Volkswirtschaft beschäftigen, dann betrachten sie zunächst vor allem drei Variablen:

- die Produktion – die Wirtschaftsleistung der gesamten Volkswirtschaft – und die Wachstumsrate der Produktion.
- die Arbeitslosenquote – der Anteil der Arbeitnehmer in der Volkswirtschaft, der in keinem Beschäftigungsverhältnis steht, der aber auf der Suche nach einem Beschäftigungsverhältnis ist.
- die Inflationsrate – die Rate, mit der in der betrachteten Volkswirtschaft das durchschnittliche Preisniveau aller Güter im Zeitverlauf zunimmt.

Die wichtigsten Zahlen für die deutsche Wirtschaft und den Euroraum sind in Tabelle 1.1 enthalten. Um die aktuellen Zahlen in die richtige Perspektive zu setzen, enthält die erste Spalte die Durchschnittswerte der Wachstumsrate der Produktion, der Arbeitslosenquote und der Inflationsrate für die Jahre von 1960 bis 1991. Die zweite Spalte enthält die Durchschnittswerte für dieselben Größen für die Jahre von 1992 bis 2000. Die letzten Spalten geben die Werte für die Jahre 2000 bis 2003 an. Obwohl alle Zahlen Mitte 2003 zusammengestellt wurden, werden die Werte des Jahres 2002 auch danach häufig noch revidiert. Es dauert nämlich ziemlich lange, bis alle Informationen gesammelt sind, die benötigt werden, um diese Werte exakt zu ermitteln. Bei den Werten für das Jahr 2003 handelt es sich um Prognosewerte – Schätzungen, die Mitte 2003 erstellt wurden.

Tabelle 1.1: Wachstum, Arbeitslosigkeit, und Inflation, Deutschland und die Europäische Union, 1960-2003 (in Prozent)

		1960-1991 (Durchschnitt)	1992-2000 (Durchschnitt)	2000	2001	2002	2003 (Prognose)
BIP-Wachstum	Deutschland*	3,5	1,5	2,9	0,6	0,2	0,3
	Euroraum	3,6	2,1	3,6	1,5	0,9	1,0
Arbeitslosenquote	Deutschland*	2,6	7,9	7,3	7,3	7,8	8,3
	Euroraum	5,2	9,9	8,4	8,0	8,2	8,8
Inflationsrate	Deutschland*	3,5	1,9	1,5	2,1	1,3	0,8
	Euroraum	7,0	2,5	2,4	2,5	2,4	2,0

Wachstum der Produktion: jährliche Wachstumsrate des realen BIP. Arbeitslosenquote: Durchschnitt über das Jahr. Inflationsrate: jährliche Änderung des Verbraucherpreisindex.

*Alle Zahlen für Deutschland vor 1991 beziehen sich auf Westdeutschland. Die Zahlen für den Euroraum geben den Durchschnittswert der 12 Staaten wieder, die den Euro eingeführt haben. *Quelle: OECD Economic Outlook, Juni 2003.*

Aus der Tabelle lassen sich einige interessante Schlussfolgerungen ziehen:

- Das durchschnittliche Wachstum der Produktion im Euroraum lag in den Jahren von 1992 bis 2000 bei nur 2,1%. Ein Vergleich der Spalten 1 und 2 macht deutlich, dass die Wachstumsrate in Europa im Durchschnitt der neunziger Jahre um über einen Prozentpunkt niedriger war als während der vorhergehenden drei Jahrzehnte. Das niedrige Produktionswachstum geht einher mit hoher Arbeitslosigkeit. Die durchschnittliche Arbeitslosenquote von 1992 bis 2000 lag bei 9,9%; sie war damit fast doppelt so hoch wie in den USA (dort lag sie bei 5,4%). Zwischen 1997 und 2000 ist die Arbeitslosenquote zwar zurückgegangen, mittlerweile aber ist sie wieder angestiegen. Ende 2002 belief sie sich auf 8,2%.

Wir müssen unterscheiden zwischen Prozent und Prozentpunkt: Wenn die Arbeitslosenquote von 8% auf 4% zurückgeht, dann ist sie um 50% bzw. um vier Prozentpunkte gesunken.

- Die Daten für Deutschland sind besonders besorgniserregend. Nach der Vereinigung von West- und Ostdeutschland kam es in Deutschland Anfang der 90er Jahre zu einem kurzfristigen Boom; seither aber liegen die Wachstumsraten in Deutschland unter dem Durchschnitt der Europäischen Union.
- Die einzig guten Nachrichten betreffen die Inflation. Sie ist im Lauf der 90er Jahre stetig zurückgegangen; die Prognosen rechnen weiterhin mit einem niedrigen Preisanstieg.
- Obwohl sich der Euroraum derzeit noch nicht in einer Rezession befindet, sieht die wirtschaftliche Lage recht düster aus. Das Produktionswachstum im Jahr 2002 war sehr niedrig; der für das Jahr 2003 prognostizierte Wert liegt kaum höher. Als Konsequenz des niedrigen Wachstums muss weiterhin mit steigender Arbeitslosigkeit gerechnet werden. Die Prognose für die Arbeitslosenquote für 2003 liegt bei 8,8%.

Derzeit dominieren zwei große Themenbereiche die Tagesordnung europäischer Wirtschaftswissenschaftler und Politiker:

- Der erste Themenbereich steht in Zusammenhang mit der Einführung einer gemeinsamen Währung. Welche wirtschaftlichen Veränderungen haben sich daraus ergeben, dass die zwölf Staaten des Euroraums gemeinsam den Euro eingeführt haben? Wie sollte Wirtschaftspolitik unter diesen neuen Rahmenbedingungen gestaltet werden?
- Der zweite Themenbereich ist – nicht überraschend – die hohe Arbeitslosigkeit. Die Arbeitslosenquote im Euroraum ist zwar im Vergleich zu ihren Spitzenwerten Mitte der 90er Jahre zurückgegangen, aber sie ist immer noch sehr hoch. In Deutschland nähert sie sich sogar einem historischen Höchststand. Wie kann sie wieder zurückgeführt werden? Welche wirtschaftspolitischen Reformen sind erforderlich, um dieses Ziel zu erreichen?

Wir wollen nun beide Themenbereiche nacheinander diskutieren.

1.1.1 Welche Konsequenzen hat die Einführung des Euro für Europa?

Am 1. Januar des Jahres 1999 gab die Europäische Union den Startschuss für die gemeinsame Währung, den Euro. Seine Einführung erfolgte in mehreren Schritten. Zum 1. Januar 1999 nahm die Europäische Zentralbank in Frankfurt ihre Arbeit auf. Zu diesem Termin wurde für alle beteiligten Staaten der Wert ihrer Währung in Euro fixiert. So wurde festgelegt, dass ein Euro exakt 1,95583 DM, 6,55957 französischen Francs, 1936,27 italienischen Lire usw. entspricht. Erst am 1. Januar 2002 wurden dann in einer logistischen Meisterleistung die in Euro nominierten Münzen und Banknoten in Umlauf gebracht. Schon kurze Zeit später waren die nationalen Währungen als Zahlungsmittel verschwunden. Auch wenn viele Menschen die Preise immer noch in ihre gewohnten alten Einheiten umrechnen, ist der Euro nunmehr das einzige Zahlungsmittel. Die 12 Länder, die bislang den Euro eingeführt haben, sind ein Währungsraum, ähnlich den 50 Staaten der Vereinigten Staaten.

Welche Konsequenzen ergeben sich aus der Einführung des Euro für Europa?

- Die Befürworter des Euro weisen zunächst auf seine enorme symbolische Wirkung hin. Angesichts der vielen Kriege zwischen den europäischen Staaten bis zur Mitte des 20. Jahrhunderts ist die gemeinsame Währung ein deutliches Signal dafür, dass solche Zeiten ein für allemal vorbei sind. Auch die wirtschaftlichen Vorteile einer einheitlichen Währung sprechen für sich: Für die Unternehmen entfällt die Unsicherheit über die Veränderung der relativen Preise der Währungen, für die Reisenden entfällt die Notwendigkeit des Geldwechsels. Es entsteht ein breiter, liquider Kapitalmarkt, der Finanzinvestitionen im Euroraum attraktiv macht. In Kombination mit dem Abbau anderer Handelshindernisse, der bereits 1957 in Angriff genommen wurde und bis heute andauert, hat der Euro nach Ansicht seiner Befürworter eine bedeutende Wirtschaftsmacht entstehen lassen, vielleicht sogar die größte der Welt. Unstrittig stellt die Einführung des Euro eines der wichtigsten wirtschaftspolitischen Ereignisse an der Wende zum 21. Jahrhundert dar.
- Andere argumentieren, dass die symbolische Wirkung mit hohen wirtschaftlichen Kosten verbunden sein könnte. Sie weisen darauf hin, dass seit der Einführung des Euro keine nationale Geldpolitik mehr möglich ist: Die EZB legt einen für alle am Euro beteiligten Länder einheitlichen Zinssatz fest. Wenn nun ein Land in eine Rezession stürzt, während sich ein anderes mitten im Boom befindet, wie soll sich die Geldpolitik dann verhalten? Das erste Land benötigt niedrigere Zinsen, um die Ausgaben zu stimulieren und so die Produktion zu steigern. Das zweite Land benötigt höhere Zinsen, um eine Überhitzung seiner Volkswirtschaft zu verhindern. Weil aber die Zinsen in beiden Ländern gleich sind, lässt sich dieser Konflikt nicht lösen. Es besteht die Gefahr, dass entweder das Land, das sich in der Rezession befindet, für lange Zeit nicht aus der Rezession herausfindet, oder dass es in dem Land mit der boomenden Wirtschaft tatsächlich zur Überhitzung kommt.
- Wenn aber Geldpolitik zur Stabilisierung nationaler Konjunkturschwankungen nicht mehr eingesetzt werden kann, könnte dies nicht durch eine antizyklische Fiskalpolitik der einzelnen Staaten ausgeglichen werden? Sie würde in einer Rezes-

sion die Nachfrage durch Steuersenkung und Ausgabensteigerung stimulieren und in einem Boom umgekehrt die Nachfrage dämpfen. Viele Ökonomen befürchten freilich, dass die Regeln des Stabilitäts- und Wachstumspakts eine wirksame antizyklische Fiskalpolitik verhindern.

Die Einführung des Euro in Europa mit der Aufgabe von 12 nationalen Währungen ist ein weltweit einmaliges Experiment; es verlief bislang überraschend reibungslos. Seitdem aber manche Mitgliedsländer mit einer Rezession zu kämpfen haben, wird verstärkt Kritik an der einheitlichen Geldpolitik und den starren Regeln des Stabilitäts- und Wachstumspakts laut. Die wirklichen Kosten und Nutzen des Euro können derzeit noch nicht abschließend beurteilt werden.

1.1.2 Wie lässt sich die Arbeitslosenquote in Europa verringern?

Hohe Arbeitslosenquoten sind keineswegs eine Tradition des alten Europa. Abbildung 1.2 vergleicht die Entwicklung der europäischen mit der U.S.-amerikanischen Arbeitslosenquote seit 1960. Man sieht wie niedrig die Arbeitslosenquote in Europa während der 60er Jahre war. Zu dieser Zeit sprach man in den Vereinigten Staaten vom europäischen Beschäftigungswunder. Viele amerikanische Makroökonomen blickten nach Europa und hofften, dort das Geheimnis dieses Beschäftigungswunders zu ergründen. Ende der 70er Jahre war diese Epoche jedoch vorbei. Seit Anfang der 80er Jahre liegt die Arbeitslosenquote in Europa immer deutlich über der Rate in den Vereinigten Staaten. Besorgniserregend ist, dass sich die Quote im Gegensatz zu den USA im Lauf der Zeit im Durchschnitt immer weiter nach oben verschoben hat, auch wenn sie in vielen europäischen Staaten Ende der 90er Jahre leicht zurückging. Früher lag die Arbeitslosigkeit in Deutschland durchwegs niedriger als im europäischen Durchschnitt, mittlerweile aber hat sie dramatisch zugenommen.

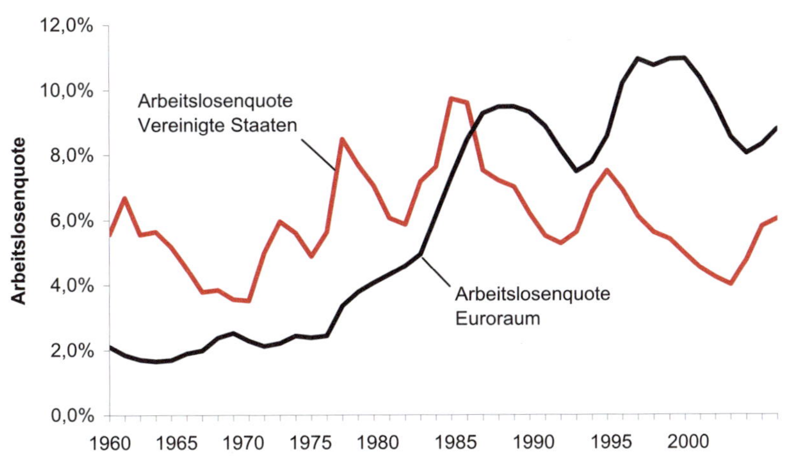

Abbildung 1.2: Arbeitslosenquote: Vereinigte Staaten und Euroraum

Während der 60er Jahre war die Arbeitslosenquote in Europa viel niedriger, heute ist sie viel höher als in den Vereinigten Staaten.

Obwohl sich die Forschung intensiv mit dem Thema auseinandersetzt, besteht keine Einigkeit, wo die Gründe für die hohe europäische Arbeitslosigkeit liegen:

Vielfach spricht man in diesem Zusammenhang von „Eurosklerose" als Zeichen eines verkrusteten Arbeitsmarkts in Europa.

- Einige Ökonomen vertreten die Ansicht, die hohe Arbeitslosigkeit sei auf Rigiditäten auf dem Arbeitsmarkt zurückzuführen. Sie machen folgende Charakteristika des europäischen Arbeitsmarktes für das Problem verantwortlich: Das hohe Niveau der Arbeitslosenunterstützung, die hohen Mindestlöhne und den zu stark ausgeprägten Arbeitnehmerschutz. Die Lösung des Problems bestehe darin, diese Rigiditäten drastisch abzubauen. Sobald dies erfolgt ist – so die Befürworter dieser These –, werden die europäischen Volkswirtschaften boomen und die Arbeitslosigkeit wird zurückgehen.
- Andere Ökonomen weisen darauf hin, dass viele dieser Rigiditäten bereits in den 60er Jahren existierten, als die Arbeitslosigkeit in Europa sehr niedrig war. Sie machen andere Faktoren für die Entwicklung verantwortlich, wie die Explosion der Löhne in den 70er Jahren, und den starken Anstieg der Lohnnebenkosten. Beides führte dazu, dass die Unternehmen Arbeitsplätze abbauten. Ein anderer Grund liege in verfehlter Wirtschaftspolitik, vor allem in den hohen Zinssätzen der 80er und 90er Jahre. Diese Ökonomen argumentieren, dass Zurückhaltung bei der Lohnsetzung und Abbau der Lohnnebenkosten zu einer allmählichen Abnahme der Arbeitslosigkeit führen könnte, ohne dass eine grundlegende Flexibilisierung des Arbeitsmarktes notwendig sei.

Die meisten Ökonomen stehen mit ihrer Meinung irgendwo zwischen diesen beiden Gruppen. Sie vertreten die Ansicht, dass eine dauerhafte Reduktion der Arbeitslosigkeit nur durch eine Kombination aus Reformen des Arbeitsmarktes, einer moderaten Lohnsetzung und einer geeigneten Wirtschaftspolitik erreicht werden kann. Dabei sind viele Fragen zu klären: Welche spezifischen Reformen des Arbeitsmarktes sollen implementiert werden? Wie kann Zurückhaltung bei der Lohnsetzung am besten erreicht werden? Die Hauptaufgabe der europäischen Wirtschaftspolitik besteht darin, Antworten auf diese Fragen zu finden. Abbildung 1.3 zeigt, dass es dabei erhebliche Unterschiede innerhalb Europas gibt.

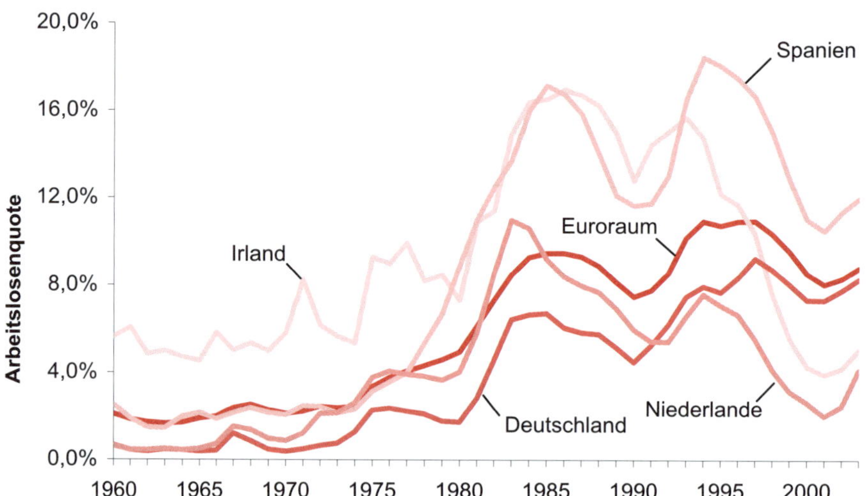

Abbildung 1.3: Arbeitslosenquote europäischer Länder im Vergleich

Innerhalb Europas haben sich die Arbeitslosenquoten ganz unterschiedlich entwickelt.

Während in Deutschland Arbeitslosigkeit in den 60er Jahren kein Thema war, ist sie mittlerweile nicht nur in Ostdeutschland rasant angestiegen. Dagegen ist sie in den Niederlanden und Irland im Lauf der 90er Jahre stark zurückgegangen. Offensichtlich leidet die deutsche Wirtschaft momentan sowohl an einer chronischen Wachstumsschwäche als auch an einer konjunkturellen Schwächephase. Dies macht es besonders schwierig, geeignete Lösungsansätze zu finden, weil Maßnahmen, die kurzfristig stimulierend wirken könnten, strukturelle Probleme mittelfristig vielleicht sogar noch verschärfen.

1.2 Die Vereinigten Staaten

Tabelle 1.2: Wachstum, Arbeitslosigkeit, und Inflation in den Vereinigten Staaten, 1960-2003 (in Prozent)

	1960-1991 (Durchschnitt)	1992-2000 (Durchschnitt)	2000	2001	2002	2003 (Prognose)
BIP-Wachstum	3,4	3,7	3,8	0,3	2,4	2,5
Arbeitslosenquote	6,1	5,4	4,0	4,8	5,8	6,0
Inflationsrate	5,1	2,6	3,4	2,8	1,6	2,4

Produktionswachstum: jährliche Wachstumsrate des realen BIP. Arbeitslosenquote: Durchschnitt über das Jahr. Inflationsrate: jährliche Änderung des Verbraucherpreisindex.
Quelle: OECD Economic Outlook, Juni 2003.

Die wirtschaftliche Leistung der Vereinigten Staaten ist in Tabelle 1.2 dargestellt. Der Aufbau der Tabelle entspricht dem von Tabelle 1.1. Aus der Tabelle lassen sich folgende Schlussfolgerungen ziehen:

Beginnen wir mit den Durchschnittswerten für die Jahre 1992-2000 (der dritten Spalte in der Tabelle). Bei diesem Zeitraum handelt es sich um eine der – aus volkswirtschaftlicher Sicht – erfolgreichsten Perioden der jüngeren Vergangenheit:

- Das Produktionswachstum war in neun aufeinanderfolgenden Jahren positiv. Damit war diese Wachstumsphase der längste Aufschwung der U.S.-amerikanischen Wirtschaft seit dem Ende des zweiten Weltkriegs. Im letzten Jahr des Aufschwungs, im Jahr 2000, betrug die Wachstumsrate 3,8% und lag damit deutlich höher als die durchschnittliche Wachstumsrate seit 1960.
- Das anhaltende Produktionswachstum war mit einer stetigen Zunahme der Beschäftigung und einer stetigen Abnahme der Arbeitslosenquote verbunden. Im Jahr 2000 lag die Arbeitslosenquote bei 4%, damit war sie um mehr als zwei Prozentpunkte niedriger als der Durchschnitt seit 1960. Dies war der niedrigste Stand der letzten drei Jahrzehnte.
- Obwohl eine niedrige Arbeitslosenquote in der Regel mit zunehmender Inflation verbunden ist, blieb die Inflationsrate im gesamten Zeitraum erstaunlich niedrig. In den neunziger Jahren halbierte sie sich im Vergleich zu den drei Jahrzehnten davor

auf 2,6%. Zusammengefasst: Die wirtschaftliche Leistung der Vereinigten Staaten von 1992 bis 2000 war beeindruckend: ein hohes Produktionswachstum, verbunden mit niedriger Arbeitslosenquote und niedriger Inflation.

- Aber diese Zahlen sind Vergangenheit, die Gegenwart sieht anders aus. Im Jahr 2001 geriet die U.S.-amerikanische Wirtschaft in eine leichte Rezession. Die Wachstumsrate ging von 3,8% im Jahr 2000 auf 0,3% zurück. Manche Ökonomen bezeichnen einen solch starken Rückgang des Wachstums bereits als Rezession. Nach traditioneller Definition spricht man aber erst dann von einer Rezession, wenn die Wachstumsrate für mindestens zwei aufeinander folgende Quartale negativ ist. Doch auch dieser Definition zufolge befand sich die USA im Jahr 2001 in einer leichten Rezession: Das Wachstum fiel in den ersten drei Quartalen negativ aus, auch wenn über das gesamte Jahr hin ein leicht positives Wachstum zu verzeichnen war.
- Im Jahr 2002 erholte sich die U.S.-amerikanische Wirtschaft wieder. Für das Jahr 2003 wird ein Produktionswachstum von 2,5% prognostiziert. Die Ökonomen sind sich aber nicht einig, wie die Entwicklung weitergeht. Manche Ökonomen befürchten, dass die USA in eine zweite, ernsthafte Rezession schlittern könnte. Andere hingegen argumentieren, dass die amerikanische Wirtschaft nicht zuletzt dank der expansiven Geld- und Fiskalpolitik wieder rasch an Fahrt gewinnen wird.
- Das niedrigere Produktionswachstum hat zu einem Rückgang der Beschäftigung geführt. Die Arbeitslosenquote nahm von 4% im Jahr 2000 auf 5,8% im Jahr 2002 zu. Die Prognosen für das Jahr 2003 sind nicht besser. Die Quote soll weiter auf 6,0% steigen. Dieser Wert entspricht dem Durchschnittswert zwischen 1960 und 1990.

In dieser Situation sorgen sich die Wirtschaftswissenschaftler in erster Linie um zwei Probleme:

- Das erste Problem betrifft den aktuellen Abschwung. Wodurch wurde er ausgelöst? Hätten Geld- und Fiskalpolitik noch aggressiver reagieren sollen, um den Abschwung zu vermeiden? Wie lange wird der Abschwung anhalten?
- Die zweite Frage betrifft die etwas fernere Zukunft. Wenn man über den aktuellen Abschwung hinausblickt, dann stellt sich die Frage, ob die Vereinigten Staaten die für das Ende der 90er Jahren charakteristischen hohen Wachstumsraten über die nächsten Jahrzehnte beibehalten können. Sind die Vereinigten Staaten zu einer „New Economy" geworden, in der schneller technologischer Fortschritt dauerhaft zu einem höheren Produktivitätswachstum als in der Vergangenheit führt?

Wir werden nun beide Fragen nacheinander diskutieren.

1.2.1 Der Abschwung in den USA

Die ersten Anzeichen dafür, dass der seit 1992 anhaltende Aufschwung zu Ende gehen könnte, zeigten sich kurz nach den Präsidentschaftswahlen im November 2000. Die Investitionsausgaben der Unternehmen, die während der Expansion sehr schnell gewachsen waren, gingen stark zurück. Der Investitionseinbruch verschärfte sich Mitte 2001 so stark, dass er zu einem Rückgang der gesamten Güternachfrage und zu einem

Rückgang der Produktion führte. Die amerikanische Wirtschaft fiel in eine Rezession. Aus Unsicherheit über die Zukunft schränkten auch die Verbraucher ihre Konsumausgaben ein. Die Kombination aus niedrigen Konsum- und Investitionsausgaben reduzierte die gesamte Güternachfrage dann noch weiter, so dass die Produktion umso stärker zurückging.

Als deutlich wurde, dass sich der Aufschwung verlangsamt hatte, wurden sowohl Geld- als auch Fiskalpolitik aggressiv eingesetzt, um möglichst rasch einen erneuten Aufschwung herbeizuführen:

- Anfang 2001 erklärte Alan Greenspan, der Präsident der U.S.-amerikanischen Zentralbank, informell auch Fed (Federal Reserve Board) genannt, dass er einen wirtschaftlichen Abschwung befürchtete. Er machte klar, dass die Fed bereit sei, die Geldpolitik einzusetzen, um dem Abschwung entgegenzuwirken. Das ganze Jahr 2001 hindurch senkte die Fed massiv die Federal Funds Target Rate – den Zinssatz, den sie am Geldmarkt anstrebt. Abbildung 1.4 zeigt die Entwicklung der Federal Funds Target Rate von Juni 2000 bis Mitte 2003. Sie wurde von 6,5% im Januar 2001 auf 1,75% im Dezember gesenkt. Bis Mitte 2003 kam es dann zu weiteren Senkungen auf 1%.

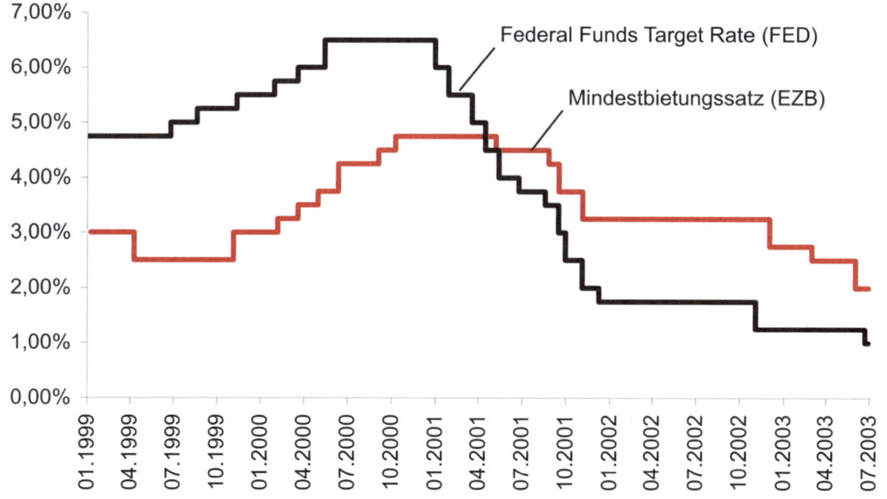

Abbildung 1.4: Federal Funds Target Rate (FED) und Mindestbietungssatz (EZB)

Im Jahr 2001 hat die Fed ihre Zinsen (die Federal Funds Target Rate) aggressiv gesenkt. Im Vergleich dazu sind die Zinsen der EZB (Mindestbietungssatz) nur langsam zurückgegangen.

- Im Jahr 2000 belief sich der Budgetüberschuss – der Überschuss der staatlichen Einnahmen über die staatlichen Ausgaben – auf 2,5% der U.S.-amerikanischen Produktion. Dies war der höchste Budgetüberschuss, ausgedrückt in Prozent der Produktion, seit mehr als vier Jahrzehnten. Durch massive Steuersenkungen und Ausgabensteigerungen hat sich dieser Überschuss unter der neuen Regierung Bush mittlerweile in ein hohes Defizit gewandelt. Die drohende Rezession lieferte den Befürwortern einer Steuersenkung ein wichtiges Argument: Steuersenkungen seien dringend nötig, um das verfügbare Einkommen der Konsumenten nach Steuern zu steigern. Sie würden die Konsumausgaben anregen und so das Rezessionsrisiko verringern. Dank eines im Frühjahr 2001 verabschiedeten Steuergesetzes erhielten die U.S.-amerikanischen Steuerzahler im Sommer 2001 u.a. eine Steuerrückzahlung in Höhe von rund 300 $ pro Steuerzahler.

Warum kam es im Jahr 2001 trotz dieser massiven geld- und fiskalpolitischen Maßnahmen zur Rezession? Die Antwort lautet: Solche Maßnahmen sind nur äußerst grobe wirtschaftspolitische Instrumente. Das exakte Ausmaß ihrer Wirkungen lässt sich schwer vorhersagen: Die Reaktion der Konsumenten und der Unternehmen hängt nicht nur davon ab, wie die Fed und die Regierung heute handeln, sondern auch von den Erwartungen über die Zukunft. Und bis die Maßnahmen wirksam werden, verstreicht Zeit: Es dauert mehr als ein Jahr, bis eine Zinssenkung ihre volle Wirkung auf Ausgaben und Produktion entfaltet. Zu dem Zeitpunkt, als Alan Greenspan Anfang 2001 begann, die Zinsen zu senken, war es möglicherweise bereits zu spät. Geldpolitische Maßnahmen konnten zu diesem Zeitpunkt keinen Einfluss mehr auf die Ereignisse des Jahres 2001 nehmen.

Im Jahr 2002 erholte sich die amerikanische Wirtschaft, das aktuelle Wachstum liegt jedoch weit unter dem der 90er Jahre. Zwar war die Rezession 2001 eine der kürzesten Einbrüche nach dem zweiten Weltkrieg; angesichts der riskanten weltpolitischen Lage und widersprüchlicher Konjunkturindikatoren herrscht derzeit aber hohe Unsicherheit darüber, wie robust sich die U.S.-amerikanische Wirtschaft entwickeln wird. Aus Tabelle 1.2 ist ersichtlich, dass auch für das Jahr 2003 ein niedriges Produktionswachstum prognostiziert wird. Manche rechnen damit, dass aktive Geld- und Fiskalpolitik, unterstützt durch einen raschen Rückgang des Ölpreises nach dem Ende des Irak-Kriegs, eine schnelle Rückkehr zu den Wachstumsraten der 90er Jahre ermöglicht. Andere befürchten, dass sich in den Vereinigten Staaten während der Boomphase Überkapazitäten und strukturelle Ungleichgewichte aufgebaut haben, und schließen angesichts einer längeren Periode starker Unsicherheit eine erneute Rezession nicht aus.

1.2.2 Sind die Vereinigten Staaten zu einer „New Economy“ geworden?

Die lange anhaltende Expansion der 90er Jahre und die rasante Entwicklung des High-Tech-Sektors machte die These populär, die Vereinigten Staaten hätten sich zu einer „New Economy“ gewandelt, also einer neuen Art von Wirtschaft, für die die alten ökonomischen Regeln keine Bedeutung mehr hätten. Der Abschwung hat die Diskussion über die „New Economy“ zunächst einmal zum Verstummen gebracht. Früher oder später wird sie jedoch neu entfacht werden. Deshalb fragen wir uns: Was hat es mit der „New Economy“ auf sich?

Viele der Behauptungen, die im Zusammenhang mit der „New Economy“ aufgestellt wurden, entsprangen reinem Wunschdenken, ähnlich den Aktienkursen vieler dot.com-Firmen, die an der Nasdaq gehandelt wurden (dem Handelsplatz für High-Tech-Aktien). Doch einige Argumente erfordern eine nähere Analyse. Im Kern geht es dabei um die These, dass die Vereinigten Staaten in eine Periode raschen technologischen Fortschritts eingetreten sind, so dass für die Zukunft mit einem dauerhaft höheren Wachstum zu rechnen ist.

Um diese These zu untersuchen, müssen wir eine längerfristige Perspektive wählen. Wir betrachten dabei die Wachstumsrate der Produktion pro Beschäftigtem. Diese Größe wird als Produktivität bezeichnet, ihre Wachstumsrate bezeichnet man auch als Wachstumsrate der Produktivität. Abbildung 1.5 zeigt, wie die Wachstumsrate der Produktivität sich entwickelt hat, beginnend mit dem Jahr 1950. Die Abbildung legt zwei Schlussfolgerungen nahe:

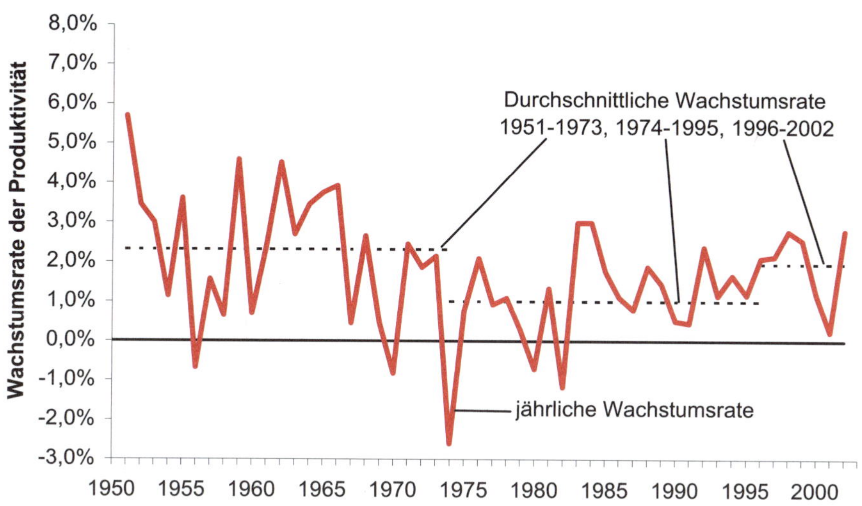

Abbildung 1.5: Jährliche und durchschnittliche Wachstumsrate der Produktivität der Vereinigten Staaten

Die durchschnittliche Wachstumsrate der Produktivität in den Vereinigten Staaten ist in Mitte der 70er Jahre zurückgegangen. Seit Mitte der 90er Jahre ist sie wieder angestiegen.

- Auch wenn die Wachstumsraten von Jahr zu Jahr stark schwanken, so scheint es doch, als sei die durchschnittliche Wachstumsrate der Produktion pro Beschäftigtem irgendwann in den 70er Jahren abgeflaut. Während das Wachstum für den Zeitraum von 1950 bis 1973 im Durchschnitt bei 2,5% lag (vgl. in der Abbildung die gestrichelte horizontale Linie von 1950 bis 1973.), betrug es für den Zeitraum von 1974 bis 1995 nur 1% (in der Abbildung wieder als gestrichelte horizontale Linie von 1974 bis 1995 eingetragen.)
- In der jüngsten Vergangenheit jedoch scheint die durchschnittliche Wachstumsrate der Produktion pro Beschäftigtem erneut zugenommen zu haben. Von 1996 bis 2000 betrug die Rate 2,6%; sie lag damit ungefähr auf dem Niveau des Zeitraums von 1950 bis 1973 (vgl. die gestrichelte horizontale Linie von 1996 bis 2000.) Dieser Anstieg gilt bei den Befürwortern als Indiz für eine neue Ära der „New Economy".

Eine Differenz von 1,5 Prozentpunkten bei der durchschnittlichen Wachstumsrate der Produktivität scheint auf den ersten Blick nicht allzu gravierend zu sein. Tatsächlich ergeben sich aus diesem kleinen Unterschied aber enorme wirtschaftliche Konsequenzen. Wir wollen den Sachverhalt so verdeutlichen: Wäre die durchschnittliche Wachstumsrate nach 1973 weiterhin so hoch geblieben wie in den Jahren von 1950 bis 1973, dann wäre die Produktion pro Beschäftigtem im Jahr 1995 um 39% höher gewesen als sie es tatsächlich war.

Wäre die Wachstumsrate der Produktion pro Beschäftigtem von 1974 bis 1995 (also über 22 Jahre hinweg) um 1,5% höher gewesen, dann hätte sich für das Jahr 1995 ein um $(1{,}015)^{22} - 1 =$ 39% höheres Niveau pro Beschäftigtem ergeben als dies tatsächlich der Fall war.

Dasselbe gilt auch für die Produktion pro Kopf. Die Produktion pro Kopf bezeichnen Ökonomen auch als Lebensstandard: Der Lebensstandard in den USA wäre also um

39% höher gewesen – ein beträchtlicher Unterschied. Das bedeutet aber auch: Hält die höhere Wachstumsrate seit 1996 weiter an, so ließe sich der Lebensstandard im Vergleich zu den niedrigen Raten von 1974 bis 1995 beträchtlich steigern.

Diese Diskussion erinnert an die Kontroversen über die globale Erwärmung. Die Welttemperaturen schwanken stark von Jahr zu Jahr. Erst wenn wir viele ungewöhnlich warme Jahre beobachtet haben, können wir sicher davon sprechen, dass ein Trend hin zur globalen Erwärmung besteht.

Aber können wir wirklich davon ausgehen, dass die Wachstumsraten auf demselben hohen Niveau bleiben werden wie in der zweiten Hälfte der 90er Jahre? Abbildung 1.5 legt die Antwort nahe: nicht unbedingt. Die Wachstumsrate schwankt von Jahr zu Jahr sehr stark. Die hohen Wachstumsraten der 90er Jahre könnten der Beginn einer Phase mit höherem Produktivitätswachstum sein. Es könnten aber auch lediglich ein paar glückliche Jahre gewesen sein, die so schnell nicht wiederkommen. Anders ausgedrückt, der zugrunde liegende Trend könnte sich erhöht haben; es ist aber noch zu früh, um dies abschließend zu beurteilen.

1.3 Japan

Noch vor vierzig Jahren hätten wir bei unserer makroökonomischen Weltreise Japan wahrscheinlich nicht besucht. Japans Pro-Kopf-Produktion war im Vergleich zu den Vereinigten Staaten oder im Vergleich zu Europa niedrig. Die Situation stellt sich heute anders dar. Wie die erste Spalte von Tabelle 1.3 zeigt, war das durchschnittliche jährliche Produktionswachstum in Japan seit 1960 6,1%. Damit liegt das Produktionswachstum Japans um 2,7 Prozentpunkte über dem Wachstum der Vereinigten Staaten für denselben Zeitraum.

Tabelle 1.3: Wachstum, Arbeitslosigkeit und Inflation in Japan, 1960-2003 (in Prozent)

	1960-1991 (Durchschnitt)	1992-2000 (Durchschnitt)	2000	2001	2002	2003 (Prognose)
BIP-Wachstum	6,1	1,3	2,8	0,4	0,3	1,0
Arbeitslosenquote	1,8	3,4	4,7	5,0	5,4	5,7
Inflationsrate	5,3	0,4	-0,7	-0,7	-0,9	-0,9

Produktionswachstum: jährliche Wachstumsrate des realen BIP. Arbeitslosenquote: Durchschnitt über das Jahr. Inflationsrate: jährliche Änderung des Verbraucherpreisindex (ab 1970).
Quelle: OECD Economic Outlook, Juni 2003.

Damit haben wir die positiven Seiten der wirtschaftlichen Entwicklung Japans bereits abgehandelt. Die verbleibenden Spalten der Tabelle zeichnen ein äußerst düsteres Bild. Die wirtschaftliche Leistung Japans während des letzten Jahrzehnts war alles andere als zufriedenstellend.

- Die jährliche Wachstumsrate der Produktion von 1992 bis 2000 betrug im Durchschnitt nur 1,3%. Damit lag sie um vier Prozentpunkte unter der Rate zwischen 1960 und 1990. Das Bild ist auch für die folgenden Jahre 2001 bis 2003 düster. Die lange Periode seit 1990 mit geringem oder sogar negativem Wirtschaftswachstum wird als „Japanese slump“ bezeichnet.

- Dieser lang anhaltende Abschwung ließ die Arbeitslosenquote, die in Japan traditionell sehr niedrig war, stetig ansteigen. Für 2002 geht man von 5,4% aus und für 2003 werden 5,7% prognostiziert. Für Japan ist dies die höchste Arbeitslosenquote seit dem Zweiten Weltkrieg.
- In der Konsequenz ist die Inflation gefallen. Mittlerweile ist sie sogar negativ. Das bedeutet, dass Japan derzeit eine Deflation erlebt: Die durchschnittlichen Güterpreise sinken. Man könnte meinen, dass Deflation etwas positives sein sollte, wenn doch Inflation so negativ beurteilt wird. Wir werden jedoch später in diesem Buch sehen, dass es sich bei einer Deflation – im Gegensatz zu niedriger Inflation – tatsächlich um eine gefährliche Entwicklung handelt. Also gibt es in Japan auch von dieser Seite nur schlechte Nachrichten.

Angesichts der wirtschaftlichen Lage Japans ist es nicht schwer zu erraten, welche zwei Themenbereiche die japanischen Makroökonomen derzeit in erster Linie beschäftigen:

- Was ist schief gelaufen? Wie kann es passieren, dass eine Volkswirtschaft, die über so lange Zeit hinweg eine so positive Entwicklung durchlaufen hat, nun eine derart lange Phase des Abschwungs erleben muss?
- Wie kann Japan aus der Krise herausfinden? Sind strukturelle Reformen nötig, und wenn ja, welche? Welche Rolle sollte dabei die Wirtschaftspolitik spielen?

Wir werden auf beide Fragen nacheinander eingehen.

1.3.1 Was geschah in Japan in den 90er Jahren?

Bis zu Beginn der 90er Jahre stellten sich die Makroökonomen in aller Welt vor allem eine Frage: Warum ist Japan so erfolgreich? Wie können die anhaltend hohen Wachstumsraten erklärt werden? Sind die hohe Sparquote und die daraus resultierende schnelle Kapitalakkumulation dafür verantwortlich? Oder ist es das hohe Ausbildungsniveau, das es Japan ermöglicht, ausländische Technologien zu adaptieren und so eine hohe Rate des technischen Fortschrittes zu verwirklichen? Oder ist es die Organisation japanischer Unternehmen, die sie im Zeitverlauf stetig effizienter werden lässt?

So wie man vom „Europäischen Beschäftigungswunder" sprach, so sprach man auch vom „Japanischen Wachstumswunder". Es scheint, als ob es nichts Gutes verheißt, wenn eine Entwicklung als Wunder bezeichnet wird. In beiden Fällen kam das Wunder zu einem abrupten Ende.

Mittlerweile lauten die zentralen Fragen aber ganz anders: Warum steckt Japan seit mehr als einem Jahrzehnt in einer Krise? Was sind die Ursachen dieser Entwicklung; wie kann sie wieder umgedreht werden?

Die meisten Wirtschaftswissenschaftler glauben, dass der Auslöser für die Krise der dramatische Anstieg der japanischen Aktienkurse von Mitte der 80er Jahre bis Anfang der 90er Jahre war. Abbildung 1.6 zeigt die Entwicklung des Nikkei-Indexes – der maßgebliche Kursindex für den japanischen Aktienmarkt – seit 1980. Von 1985 bis 1989 stieg der Nikkei von 13.000 auf 35.000. Anders ausgedrückt, der durchschnittliche Preis einer Aktie auf dem japanischen Aktienmarkt verdreifachte sich fast in einem Zeitraum von nicht einmal vier Jahren. Auf diesen starken Anstieg folgte zu Beginn der 90er Jahre ein ebenso starker Einbruch: In weniger als zwei Jahren, von

1990 bis 1992, fiel der Nikkei von 35.000 auf 16.000. Seit dieser Zeit ist der Nikkei immer weiter gefallen, wenn auch etwas langsamer. Im April 2003 sank der Nikkei auf einen Tiefstand von 7.600.

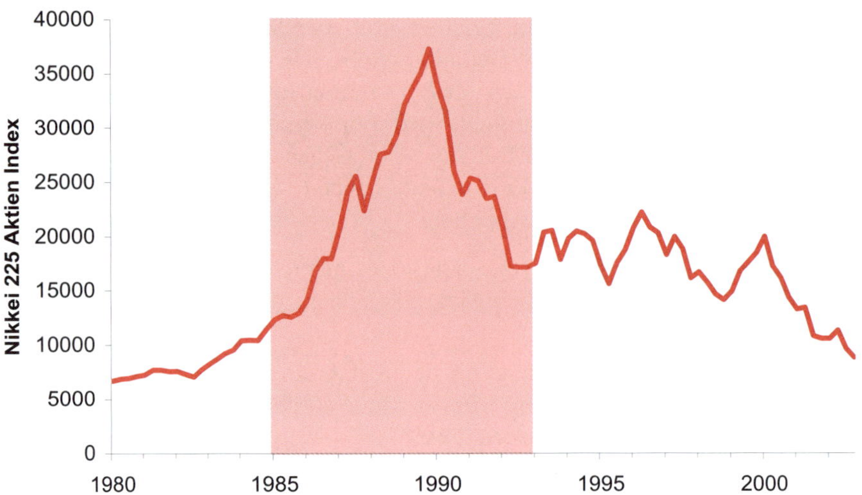

Abbildung 1.6: Der japanische Aktienindex – Die Entwicklung des Nikkei Index

Dem großen Anstieg des Indexes im Lauf der 80er Jahre folgte ein scharfer Einbruch Anfang der 90er Jahre.

Diese Beobachtung weckt Assoziationen an die Entwicklung von Nemax und Nasdaq (den Indizes für High-Tech-Aktien in Deutschland bzw. den USA). Der Nemax 50 erreichte am 10.3.2000 mit 9665,81 seinen Höchststand. Von da an fiel er rasant bis auf einen Tiefstand von 309,55 im März 2003. Am 5. Juni 2003 wurde der Neue Markt aufgelöst und durch den TecDax ersetzt. Der Nasdaq-Index fiel im gleichen Zeitraum von 5.000 auf 1.400. Breitere Börsenindize, wie Dax, Eurostox, Dow Jones oder Standard and Poor's Index sind nicht so stark gefallen.

Warum ist der Nikkei zunächst so schnell und so stark gestiegen und dann so rasant gefallen? Im Allgemeinen lassen sich für Bewegungen am Aktienmarkt folgende Gründe anführen:

- Zum einen die so genannten Fundamentaldaten: Wenn Anleger für die Zukunft höhere Gewinne erwarten, sind sie bereit, bereits heute mehr für die Aktien zu zahlen, so dass die Aktienkurse steigen.
- Zum zweiten spekulative Blasen (Bubbles). Anleger kaufen Aktien zu hohen Preisen, in der Hoffnung, sie in der Zukunft zu noch höheren Preisen wieder verkaufen zu können, unabhängig davon, ob der hohe Preis durch die Fundamentaldaten gerechtfertigt ist oder nicht.

Die meisten Beobachter interpretieren den Anstieg und den Einbruch des Nikkei als spekulative Blase. Auf einen übertriebenen Anstieg der Aktienkurse in den 80er Jahren folgte zu Beginn der 90er Jahre ein starker Rückgang – quasi eine Rückkehr zur Normalität. Ähnliche Preisbewegungen waren auch bei anderen Vermögensanlagen wie Immobilien zu beobachten: Zunächst stiegen die Immobilienpreise mit dem Nikkei an, seit 1990 sind sie sogar noch stärker als der Nikkei gefallen. Die Konsequenz aus dem Boom an der Börse war nach Ansicht der meisten Beobachter ein Boom der Nachfrage und der Produktion Ende der 80er Jahre, die Konsequenz aus dem Einbruch an der Börse war ein scharfer Rückgang der Nachfrage und der Produktion in den 90er Jahren.

1.3.2 Wie kann Japan einen Weg aus der Krise finden?

Wie kann Japan wieder zu höheren Wachstumsraten zurückkehren?

- Die japanische Zentralbank hat in der Absicht, die Nachfrage zu stimulieren, die Zinsen auf ein sehr niedriges Niveau gesenkt: Seit Mitte der 90er Jahre bewegten sich die Zinsen unter dem Wert von 1%, derzeit liegen sie beinahe bei 0%. Sie können durch Geldpolitik nicht noch weiter gesenkt werden.
- Die Regierung hat auch die Fiskalpolitik eingesetzt, um die Nachfrage zu stimulieren. Die Ausgaben für Infrastruktur wurden erhöht. Viele heute kaum befahrene Brücken sind dabei entstanden. Gleichzeitig wurden die Steuern gesenkt, um die Nachfrage von Konsumenten und Unternehmen anzuregen. Beide Maßnahmen führten zu riesigen Budgetdefiziten. Bislang konnten jedoch weder Geld- noch Fiskalpolitik Japan aus der Krise herausführen.

Viele Wirtschaftswissenschaftler sind daher zu dem Schluss gekommen, dass makroökonomische Politik allein die Krise nicht bewältigen kann; dass die japanische Wirtschaft nicht auf einen Wachstumspfad zurückkehren wird, solange nicht ernste strukturelle Probleme erkannt und gelöst worden sind. Sie verweisen auf eine lange Liste von Schwachpunkten der japanischen Volkswirtschaft, angefangen vom äußerst ineffizienten Einzelhandelssystem bis hin zu politischer Korruption. Das Problem an dieser Argumentation ist, dass viele dieser Ineffizienzen im Wesentlichen auch schon bestanden, als die japanische Wirtschaft noch hohe Wachstumsraten aufweisen konnte. Ein anderes Problem jedoch – der Zustand des Bankensystems – hat sich freilich deutlich verschärft und könnte durchaus zentrale Bedeutung haben.

Als die Wachstumsraten in den 90er Jahren stark zurückgingen, waren viele Unternehmen, die Kredite bei Banken aufgenommen hatten, nicht mehr in der Lage, diese zurückzuzahlen. Anstatt diese Kredite abzuschreiben und so die Verluste offen zu legen, vergaben viele Banken ständig noch mehr Kredite an die gleichen maroden Unternehmen. Unternehmen mit aussichtsreichen Projekten hatten dagegen keinen Zugang zu Finanzmitteln. Ohne ein gesundes Bankensystem ist es daher nach Ansicht vieler Ökonomen für Japan schwierig, auf einen Wachstumspfad zurückzufinden.

Sofern dies die richtige Diagnose ist, wird die Behandlung schmerzhaft. Will man das Bankensystem wieder in einen gesunden Zustand versetzen, so müssten viele Kreditnehmer und wahrscheinlich auch viele Banken, deren Portfolio aus schlechten Krediten besteht, Bankrott anmelden. Es ist daher nicht überraschend, dass bisher keine japanische Regierung den Mut gefunden hat, dieses Problem in Angriff zu nehmen.

Angesichts des fehlenden Spielraums für die Geldpolitik und angesichts der wirtschaftlichen und politischen Schwierigkeiten, die mit der Sanierung des Bankensystems verbunden sind, ist es schwer vorherzusagen, wann und wie das Wachstum in Japan wieder zunehmen wird. Bei der japanischen Krise könnte es sich durchaus um das schwierigste Problem handeln, mit dem die Makroökonomen derzeit konfrontiert sind.

Fokus: Wo finden wir makroökonomische Daten?

Aus welchen Quellen stammen die Daten, die wir in diesem Kapitel analysiert haben? Nehmen wir an, wir benötigen die Werte der Inflationsrate für Frankreich für die letzten fünf Jahre. Vor vierzig Jahren hätten wir wie folgt vorgehen müssen: Zunächst französisch lernen, dann eine Bibliothek mit französischen Veröffentlichungen ausfindig machen, ein Buch mit den Inflationsraten suchen, diese Raten abschreiben und dann von Hand auf ein sauberes Blatt Papier zeichnen. Heute ist diese Aufgabe dank verbesserter Datensammlungen, der Entwicklung von Computern und elektronischen Datenbanken und dank des Zugangs zum Internet viel einfacher zu bewältigen.

Internationale Organisationen sammeln mittlerweile Daten für viele Länder. Für die reichen Länder ist die nützlichste Quelle die OECD, die Organisation für wirtschaftliche Entwicklung und Zusammenarbeit, mit Sitz in Paris. Man kann sich die OECD als den Club der wohlhabenden Länder vorstellen. Die komplette Liste der Mitgliedsländer beinhaltet Australien, Belgien, Dänemark, Deutschland, Finnland, Frankreich, Griechenland, Großbritannien, Island, Italien, Japan, Kanada, Korea, Luxemburg, Mexiko, Neuseeland, die Niederlande, Norwegen, Österreich, Polen, Portugal, Schweden, die Schweiz, Slowakei, Spanien, die tschechische Republik, Türkei, Ungarn und die Vereinigten Staaten. Zusammen erwirtschaften diese Länder 70% der gesamten weltweiten Produktion. Der OECD Economic Outlook wird zweimal jährlich veröffentlicht. Er analysiert die aktuelle wirtschaftliche Entwicklung der Mitgliedsländer und enthält Basisdaten zu den wichtigsten Variablen wie Wirtschaftswachstum, Inflation und Arbeitslosigkeit. Die Daten, die meist bis zum Jahr 1960 zurückgehen, sind auf Disketten erhältlich; sie befinden sich auf den Festplatten der meisten Wirtschaftswissenschaftler.

Für die Länder, die nicht Mitglied der OECD sind, ist der Internationale Währungsfonds IWF die wichtigste Datenquelle. Er veröffentlicht monatlich die International Financial Statistics (IFS) mit Basisinformationen zu allen Mitgliedsländern. Der IWF veröffentlicht auch den jährlichen World Economic Outlook, der die makroökonomische Entwicklung in verschiedenen Regionen der Welt beurteilt. Auch wenn sie manchmal etwas kompliziert formuliert sind, sind sowohl der World Economic Outlook als auch der OECD Economic Outlook wertvolle Informationsquellen.

Da diese Veröffentlichungen oft nicht genügend Details enthalten, wird es unter Umständen doch nötig, auch Veröffentlichungen des einzelnen Landes heranzuziehen. Die statistischen Ämter und Zentralbanken vieler Staaten bringen mittlerweile bemerkenswert klare statistische Veröffentlichungen heraus, oft mit englischer Übersetzung. Für Deutschland ist neben der Deutschen Bundesbank und dem Statistischen Bundesamt in Wiesbaden auch der jährliche Bericht des Sachverständigenrates eine gute Quelle. Eine ausführlichere Liste von Datenquellen und Hinweise, wie man Daten aus dem Internet erhalten kann, sind im Anhang zu diesem Kapitel aufgeführt.

1.4 Wie es weitergeht

Damit sind wir am Ende unserer Weltreise angelangt. Es gäbe noch viele andere Regionen der Welt, die wir hätten betrachten können.

- Mittel- und Osteuropa. Die meisten Staaten in dieser Region wechselten Anfang der 90er Jahre von einer Planwirtschaft zur Marktwirtschaft. Dieser Übergang war in den meisten Staaten anfangs mit einem starken Produktionseinbruch verbunden. Erst später ist die Produktion wieder angestiegen; in manchen Staaten liegt das Produktionsniveau jedoch immer noch unter dem Niveau zu Zeiten der Planwirtschaft. Viele Staaten Zentraleuropas haben aber mittlerweile erstaunliche Fortschritte gemacht. Mit der Osterweiterung werden sie am 1. Mai 2004 in die Europäische Union aufgenommen.

- Lateinamerika. Die Inflation ist in dieser Region in den 90er Jahren von extrem hohen auf sehr niedrige Werte zurückgegangen. Einige Länder, wie zum Beispiel Chile, scheinen sich in guter wirtschaftlicher Verfassung zu befinden. Andere, wie zum Beispiel Argentinien, befinden sich in einer dramatischen Lage. 2001 ist Argentinien in eine ernsthafte Krise mit einem drastischen Produktionseinbruch geraten. Obwohl die Produktion mittlerweile wieder ansteigt, scheint das Land nicht in der Lage, seine Schulden zu bedienen.
- Afrika. Dieser Kontinent ist seit vielen Jahrzehnten von wirtschaftlicher Stagnation geprägt. Die Ursachen für diese Stagnation zu bekämpfen, stellt eine der größten Herausforderungen für die Ökonomen dar. Nur wenige Staaten in Afrika scheinen am Beginn einer Wachstumsphase zu stehen.
- Südostasien. Im Gegensatz zu Afrika konnten die meisten Länder Südostasiens rasche Entwicklungserfolge und hohe Wachstumsraten erzielen. In manchen Staaten kam es jedoch Ende der 90er Jahre zu einem drastischen Produktionseinbruch und zu Turbulenzen an den Finanzmärkten – zur Asienkrise. Im Moment scheinen sie sich jedoch schnell zu erholen.

Leider können in diesem Kapitel nicht alle spannenden Themen behandelt werden. Wir wollen noch einmal kurz zusammenfassen, welche Fragen wir bereits angesprochen haben:

- Wodurch werden Auf- und Abschwünge ausgelöst? Warum kam es in den Vereinigten Staaten in den 90er Jahren zu einem solch lang anhaltenden Aufschwung? Kann man durch Geldpolitik und Fiskalpolitik eine Rezession vermeiden? Welche Konsequenzen hat die Einführung des Euro für die Geldpolitik in Europa?
- Welcher Zusammenhang besteht zwischen dem Aktienmarkt und der wirtschaftlichen Aktivität eines Landes? Kann der starke Einbruch des japanischen Aktienmarktes zu Beginn der 90er Jahre für das schlechte wirtschaftliche Abschneiden Japans in den 90er Jahren verantwortlich gemacht werden?
- Warum ist die Inflation in den 90er Jahren so viel niedriger als in den vorangegangenen Jahrzehnten? Was ist schlecht an hoher Inflation? Was ist schlecht an der Deflation, die wir derzeit in Japan beobachten?
- Warum ist die Arbeitslosenquote in den Vereinigten Staaten so niedrig? Warum ist sie in Europa so hoch? Woran liegt es, dass die japanische Arbeitslosenquote über einen so langen Zeitraum hinweg so niedrig war?
- Warum unterscheiden sich die Wachstumsraten der Produktion so deutlich im Ländervergleich, selbst über einen langen Betrachtungszeitraum hinweg? Warum war das Wachstum in Japan über Jahrzehnte um so viel höher als in den Vereinigten Staaten oder in Europa? Warum ging das Wachstum der Pro-Kopf-Produktion Mitte der 70er Jahre in den Vereinigten Staaten zurück? Sind die Vereinigten Staaten mittlerweile zu einer „New Economy" geworden mit deutlich höheren Wachstumsraten in der Zukunft?

Das Ziel dieses Buches besteht darin, einen Weg aufzuzeigen, wie man diese Fragen analysieren kann. Wir werden die notwendigen Instrumente entwickeln und zeigen, wie sie eingesetzt werden, indem wir auf diese Fragen zurückkommen und mit Hilfe der entwickelten Instrumente mögliche Antworten geben.

Übungsaufgaben

Verständnistests

1. Welche der folgenden Aussagen sind zutreffend, falsch oder unklar? Geben Sie jeweils eine kurze Erläuterung.
   a. In der jüngeren Vergangenheit lagen die Inflationsraten in den Vereinigten Staaten, in Europa und in Japan unter ihren historischen Durchschnittswerten.
   b. In den 60er und in den 70er Jahren war die Arbeitslosenquote in den Vereinigten Staaten höher als in Europa, heute dagegen ist sie niedriger.
   c. Die Wachstumsrate der Produktion pro Beschäftigtem hat in den Vereinigten Staaten seit 1973 abgenommen.
   d. Auf den Zusammenbruch des japanischen Aktienmarktes zu Beginn der 90er Jahre folgte ein scharfer Einbruch der japanischen Produktion.
   e. Der Begriff „europäisches Beschäftigungswunder" bezieht sich auf die extrem niedrigen Arbeitslosenquoten in Europa seit den 80er Jahren.
   f. Die japanische Fiskalpolitik ist verantwortlich für die japanische Wirtschaftskrise.
2. Verwenden Sie die Informationen aus den Tabellen 1.1, 1.2 und 1.3, um die durchschnittliche Wachstumsrate der Produktion für den Zeitraum 2001 bis 2003 für Deutschland, den Euroraum, die Vereinigten Staaten und Japan zu berechnen. (Verwenden Sie für 2003 die Prognosewerte.)
   a. Vergleichen Sie für alle Regionen die oben errechneten durchschnittlichen Wachstumsraten im Zeitraum von 2001 bis 2003, mit der durchschnittlichen Rate von 1960 bis 2000. Wie stellt sich die jüngste Entwicklung im Vergleich zu den langfristigen Durchschnittswerten dar?
   b. Erwarten Sie, dass die durchschnittliche Wachstumsrate für die nächsten zehn Jahre näher an der durchschnittlichen Wachstumsrate für die Jahre 1960 bis 2000 oder näher an der durchschnittlichen Wachstumsrate für die Jahre 2001 bis 2003 liegt? Begründen Sie Ihre Antwort.
3. Politiker erzählen oft nur einen Teil der Wahrheit. Betrachten Sie die folgenden Aussagen über wirtschaftliche Themen und überlegen Sie, ob den Aussagen noch etwas hinzugefügt werden müsste.
   a. Es gibt keine zu niedrige Arbeitslosenquote. Arbeitslosigkeit ist immer negativ. Je niedriger die Arbeitslosigkeit ist, desto besser.
   b. Das Wachstum hat seit den 70er Jahren nicht nachgelassen. Die Ökonomen waren nur nicht in der Lage, die Produktion korrekt zu erfassen.
   c. Es gibt eine einfache Lösung für das Problem der europäischen Arbeitslosigkeit: Die Rigiditäten auf dem Arbeitsmarkt müssen beseitigt werden.
   d. Die Krise in Japan ist auf mangelhafte Regulierung des Finanzsystems zurückzuführen.
   e. Was kann schlecht daran sein, die Kräfte zu bündeln und eine gemeinsame Währung einzuführen? Der Euro ist offensichtlich gut für Europa.

Vertiefungsfragen

4. Im Jahr 2001 folgte in den Vereinigten Staaten auf einen Einbruch des Aktienmarktes ein Abschwung. Diese Entwicklung ist der Entwicklung Japans zu Beginn der 90er Jahre sehr ähnlich. Glauben Sie, dass auch die Vereinigten Staaten nun ein Jahrzehnt der Stagnation vor sich haben, wie Japan in den 90er Jahren?

5. Die New Economy und das Wachstum

   Die durchschnittliche jährliche Wachstumsrate der Produktion (BIP) pro Beschäftigtem erhöhte sich in den USA von 1% im Zeitraum von 1974 bis 1995 auf 2,6% im Zeitraum 1996 bis 2000. Dies hat zur Diskussion über die so genannte New Economy geführt und die Chancen auf anhaltend höhere Wachstumsraten.

   a. Nehmen Sie an, das BIP pro Beschäftigtem wächst mit einem Prozent pro Jahr. Wie hoch wird es – relativ zum heutigen Wert – in 10, in 20 und in 50 Jahren sein?
   b. Nehmen Sie an, das BIP pro Beschäftigtem wächst stattdessen mit 2,6% pro Jahr. Wie hoch wird es – relativ zum heutigen Wert – in 10, in 20 und in 50 Jahren sein?
   c. Unterstellen Sie, die Vereinigten Staaten seien wirklich zu einer New Economy geworden und die durchschnittliche Wachstumsrate der Produktion pro Beschäftigtem sei von 1% auf 2,6% gestiegen. Um wie viel höher ist dann der U.S.-amerikanische Lebensstandard in (1) 10, (2) 20 und (3) 50 Jahren im Vergleich zum Lebensstandard, den die Vereinigten Staaten ohne New Economy erreicht hätten?
   d. Können wir mit Sicherheit davon ausgehen, dass die Vereinigten Staaten zu einer New Economy mit einer anhaltend höheren Wachstumsrate geworden sind? Begründen Sie Ihre Antwort.

6. Wann wird China zu den Vereinigten Staaten aufschließen?

   Im Jahr 2000 betrug das BIP in den USA 9,9 Billionen Dollar. Das BIP in China belief sich auf 1,1 Billionen Dollar.

   Nehmen Sie an, das BIP in China wachse von nun an mit 8% pro Jahr (das entspricht im Großen und Ganzen der Wachstumsrate des letzten Jahrzehnts) während die U.S.- amerikanische Produktion mit einer Rate von 3% pro Jahr wächst. Wie viele Jahre wird es dauern, bis BIP in China gleich groß ist wie in den USA?

Weiterführende Fragen:

7. Diese Frage beschäftigt sich mit den Rezessionen der vergangenen 40 Jahre. Um diese Frage beantworten zu können, benötigen Sie zunächst die Quartalsdaten für das BIP-Wachstum der USA für den Zeitraum von 1960 bis 2002. Sie finden diese Daten auf der Webseite `www.bea.gov/bea/dn/gdpchg.xls`. Betrachten Sie die Datenserie für die prozentuale Veränderung des vierteljährlichen Bruttoinlandsprodukts in Preisen von 1996 (verkettete Preise). Verwenden Sie die Standarddefinition einer Rezession. Eine Rezession liegt demnach vor, wenn das Wachstum in zwei oder mehr aufeinander folgenden Quartalen negativ ist. Beantworten Sie nun die folgenden Fragen:

   a. Wie oft kam es in den Vereinigten Staaten seit 1970 zu einer Rezession?
   b. Wie viele Quartale hat jede dieser Rezessionen gedauert?
   c. Zwei dieser Rezessionen haben am längsten gedauert; zwei Rezessionen waren am tiefsten. Um welche handelte es sich?

Zum Zeitpunkt der Erstellung dieses Buches konnte noch keine endgültige Aussage darüber getroffen werden, ob Deutschland im Jahr 2003 in eine Rezession gemäß der traditionellen Definition geraten ist. Das gilt dann, wenn die endgültigen Zahlen für das BIP mindestens zwei aufeinander folgende Quartale mit negativem Wirtschaftswachstum aufweisen. Mittlerweile, bei der Lektüre dieses Buches, sollten die endgültigen Zahlen für 2003 verfügbar sein, so dass Sie folgende Frage beantworten können:

d. Ist Deutschland im Jahr 2003 nach den Kriterien der traditionellen Definition (zwei aufeinander folgende Quartale mit negativem Wirtschaftswachstum) in eine Rezession geraten?

8. Listen Sie aufbauend auf Aufgabe 7 alle Quartale auf, für die die U.S.-amerikanische Wirtschaft seit 1970 negatives Wirtschaftswachstum auswies. Betrachten Sie nun die Entwicklung der Arbeitslosenquote. Gehen Sie auf die Webseite www.bls.gov/data/webapps/legacy/cpsatab5.htm, und laden Sie die Datenserie für die monatliche Arbeitslosenquote seit 1970 herunter.

   a. Betrachten Sie jede Rezession seit 1970. Wie hoch war die Arbeitslosenquote im ersten Monat des ersten Quartals mit negativem Wachstum? Wie hoch war die Arbeitslosenquote im letzten Monat des letzten Quartals mit negativem Wachstum? Um wie viel ist die Arbeitslosenquote gestiegen?
   b. In welcher Rezession kam es zum höchsten Anstieg der Arbeitslosenquote? Vergleichen Sie dies mit dem Anstieg der Arbeitslosenquote von Januar 2001 bis Januar 2002.

Weiterführende Literaturhinweise

Zu diesem Buch gehört eine Webseite (www.pearson-studium.de), die regelmäßig überarbeitet wird. Sie enthält relevante Artikel und Internetlinks.

Am besten lassen sich aktuelle ökonomische Ereignisse und Themen verfolgen, indem man den Economist liest. Der Economist ist eine englische, wöchentlich erscheinende Zeitschrift. Die Artikel im Economist (www.economist.com) sind gut recherchiert, gut geschrieben, geistreich und meinungsstark. Eine regelmäßige Lektüre wäre sinnvoll.

Anhang: Wo findet man die Zahlen

Dieser Anhang soll bei der Suche nach Daten helfen, gleichgültig ob es sich um die Inflation in Malaysia im letzten Quartal, um die Höhe des Konsums in den Vereinigten Staaten im Jahr 1959 oder um die Jugendarbeitslosigkeit in Irland in den 80er Jahren handelt.

Schnelle Auskunft zu aktuellen Zahlen

- Die beste Quelle für die brandaktuelle Zahlen zu den Themen Produktion, Arbeitslosigkeit, Inflation, Wechselkurse, Zinssätze und Aktienkurse für eine große Anzahl von Ländern sind die letzten vier Seiten des Economist, der wöchentlich erscheint (www.economist.com). Diese Webseite enthält sowohl Informationen, die für jeden frei zugänglich sind, als auch Informationen, die nur für Abonnenten reserviert sind. (Dies gilt für die meisten hier aufgelisteten Webseiten.)
- Einige Webseiten sammeln und analysieren aktuelle Zahlen. Eine davon ist www.geoinvestor.com. Diese Seite ermöglicht Zugang zu den Daten vieler Länder und stellt entsprechende Links bereit.

Informationen zu Deutschland und Europa

- Detaillierte Informationen über die deutsche Volkswirtschaft werden vom Statistischen Bundesamt in Wiesbaden veröffentlicht. Sie finden sie auf der Homepage `www.destatis.de/`
- Im November jeden Jahres wird der Bericht des Sachverständigenrats veröffentlicht. Dieser Bericht ist in zwei Teile gegliedert. Der erste Teil enthält eine kritische Bewertung der aktuellen wirtschaftspolitischen Lage. Der zweite Teil enthält Daten zu nahezu allen relevanten makroökonomischen Variablen für Deutschland, die zum Teil bis 1950 zurückgehen. (Der Report und die statistischen Tabellen finden sich auf der Internetseite `www.sachverstaendigenrat-wirtschaft.de/`).
- Viele makroökonomische Daten (nicht nur zur Geldpolitik) finden Sie auf der Homepage der Deutschen Bundesbank `www.bundesbank.de/` und der Europäischen Zentralbank (EZB) `www.ecb.int/`
- Europa: Eurostat – das statistische Amt der Europäischen Union liefert aktuelle Daten über die EU `http://europa.eu.int/comm/eurostat/`
- Auf Europäischer Ebene gibt es noch kein Pendant zum Sachverständigenrat. Verschiedene Forschergruppen veröffentlichen aber regelmäßige Analysen zur europäischen Wirtschaftspolitik. Der jährliche „Report on the European Economy“ der European Economic Advisory Group (EEAG) findet sich auf der Homepage des CESifo, München: `www.cesifo.de/`. Das CEPR veröffentlicht regelmäßig einen Bericht „Monitoring the European Central Bank“. Das Centre for European Policy Studies in Brüssel publiziert Analysen der Macroeconomic Policy Group, das ZEI in Bonn den EMU Monitor.

Informationen über die U.S.-amerikanische Volkswirtschaft

- Eine detaillierte Darstellung der aktuellsten Zahlen findet sich im Survey of Current Business, der monatlich vom amerikanischen Wirtschaftsministerium veröffentlicht wird, vom Bureau of Economic Analysis (Internet Adresse: `www.bea.doc.gov/`). Im Survey of Current Business, erschienen im April 1996, ist ein Leitfaden enthalten, der den Nutzer der vom Bureau of Economic Analysis veröffentlichten Statistiken unterstützen soll. Der Leitfaden erläutert, welche Statistiken erhältlich sind, in welcher Form und zu welchem Preis.
- Einmal im Jahr wird der Economic Report of the President vom Council of Economic Advisers erstellt und von der U.S. government printing office in Washington, D.C. veröffentlicht. Dieser Report enthält eine Beschreibung der aktuellen Entwicklung und Werte für die wichtigsten makroökonomischen Variablen. Die Daten gehen teilweise bis in die 50er Jahre zurück. (Der Report und die statistischen Tabellen finden sich auf der Internetseite `www.access.gpo.gov/eop/`).
- Zahlen zu fast allen Themenbereichen, einschließlich Wirtschaftszahlen, finden sich im Statistical Abstract of the United States, der jährlich vom U.S. Department of Commerce, vom Bureau of the Census, herausgegeben wird. (`www.census.gov/statab/www/`).

Informationen zu anderen Ländern

Die OECD mit Sitz in Paris gibt drei nützliche Veröffentlichungen heraus. In der OECD sind die meisten reichen Länder der Welt Mitglied. (Die Mitgliedsländer wurden bereits in der Fokusbox „Wo finden wir makroökonomische Daten?“ aufgelistet.) (`www.oecd.org`).

- Die wichtigste Veröffentlichung ist der OECD Economic Outlook, der zweimal im Jahr erscheint. Der OECD Economic Outlook diskutiert aktuelle makroökonomische Fragen und stellt Daten zu vielen makroökonomischen Variablen zusammen. Die Datenserien gehen meistens bis in die 70er Jahre zurück und sind durchgehend im Zeitverlauf und im Ländervergleich dokumentiert.

- Die zweite Veröffentlichung ist der OECD Employment Outlook, der jährlich veröffentlicht wird. Diese Veröffentlichung geht näher auf den Arbeitsmarkt ein.
- Gelegentlich stellt die OECD aktuelle und weiter zurückliegende Zahlen zusammen und veröffentlicht die OECD Historical Statistics. Die derzeit aktuellste Veröffentlichung sind die Historical Statistics 1960-1993, veröffentlicht im Jahr 1995.

Der Internationale Währungsfonds (IWF, mit Sitz in Washington, D.C.) deckt die meisten Länder der Welt ab. (www.imf.org).

Folgende vier Veröffentlichungen des IWF liefern besonders nützliche Daten:

- Die International Financial Statistics (IFS) werden monatlich herausgegeben. Sie beinhalten Daten der Mitgliedsländer, vor allem zu Variablen aus dem Finanzbereich, aber auch einige aggregierte Variablen (wie das BIP, Beschäftigung und Inflation). Die Daten gehen einige Jahre zurück.
- Das International Financial Statistics Yearbook wird jährlich veröffentlicht. Es deckt dieselben Länder und Variablen wie die IFS ab, die Daten gehen jedoch bis zu 30 Jahren zurück.
- Das Government Finance Statistics Yearbook wird jährlich veröffentlicht und enthält Daten zu den Haushalten der Mitgliedsländer, die typischerweise 10 Jahre zurückreichen. (Da es zu Verzögerungen in der Zusammenstellung der Zahlen kommt, sind die aktuellsten Daten meist nicht erhältlich.)
- Der World Economic Outlook wird zweimal im Jahr veröffentlicht und liefert eine Analyse der weltwirtschaftlichen Entwicklung.

Eine wertvolle Quelle für langfristige Statistiken einiger Länder ist die Studie von Angus Maddison zum Thema „Monitoring the World Economy“, 1820-1992, Development Centre Studies, OECD, Paris, 1995. Diese Studie beinhaltet Daten für 56 Länder, die bis 1820 zurückreichen. Eine noch umfassendere Datenquelle ist The World Economy. A Millenium Perspective, Development Studies, OECD, 2001, ebenfalls von Angus Maddison.

Abschließend, für diejenigen, die immer noch nicht gefunden haben, was sie suchen, noch weitere nützliche Quellen:

- Der Macroeconomic Resources Site der Harvard Business School (www.hbs.edu/units/bgie/internet/). Dort werden viele nützliche Webseiten beurteilt und Links bereitgestellt.
- Bill Goffe von der SUNY unterhält die Webseite www.rfe.org. Dort finden Sie nicht nur Daten, sondern auch viele anderen hilfreichen Informationen, angefangen von aktuellen wissenschaftlichen Papers bis hin zu Jobangeboten.
- Nouriel Roubini von der Stern School of Business, New York University unterhält die „Global Macroeconomic and Financial Policy Site“, mit Verweisen auf eine Vielzahl von aktuellen Daten, wissenschaftlichen Papers und Zeitungsaufsätzen unter dem Link www.stern.nyu.edu/globalmacro/
- Giancarlo Corsetti bietet auf seiner Euro Homepage Links mit Informationen zur Entwicklung im Euroraum www.econ.yale.edu/~corsetti/euro/
- Daten zum ifo-Konjunkturtest sind abrufbar unter www.cesifo.de/ auf der CESifo-Homepage. Dort sind auch die Aufsätze der Zeitschrift CESifo Economic Studies zu finden, in der renommierte Ökonomen aktuelle wirtschaftspolitische Fragen analysieren.

Kapitel 2 Eine Reise durch das Buch

Mit den Begriffen Wirtschaftswachstum, Arbeitslosigkeit und Inflation werden wir fast täglich in Zeitungen und Fernsehnachrichten konfrontiert. Als wir sie in Kapitel 1 verwendeten, waren Sie damit schon vertraut – zumindest wussten Sie ungefähr, was damit gemeint war. Nun aber wollen wir diese Begriffe exakter definieren. Abschnitt 2.1 untersucht, wie wir das Wirtschaftswachstum berechnen. Er betrachtet das Bruttoinlandsprodukt (BIP) aus verschiedenen Blickwinkeln: Von der Entstehungs-, der Verteilungs- und der Verwendungsseite. Abschnitt 2.2 befasst sich mit Arbeitslosigkeit und Inflation. Nachdem diese wichtigen Begriffe geklärt sind, führen wir Sie im letzten Abschnitt auf eine Reise durch das Buch. Auf dieser Reise lernen wir drei zentrale Konzepte kennen, nach denen dieses Buch aufgebaut ist:

- Die Kurze Frist – sie beschreibt, wie sich die Makroökonomie von Jahr zu Jahr entwickelt.
- Die Mittlere Frist – sie untersucht, was sich über einen Zeitraum von 10 Jahren abspielt.
- Die Lange Frist – hier geht es um eine langfristige Perspektive von über 50 Jahren.

2.1 Produktion und Wirtschaftswachstum – Das BIP

Vor dem zweiten Weltkrieg gab es kein zuverlässiges Maß für die gesamtwirtschaftliche Aktivität. Ökonomen mussten sich stattdessen auf bruchstückartige Informationen stützen, wie die Produktionszahlen für Roheisen oder die Einzelhandelsverkäufe, um sich ein Bild über die Gesamtwirtschaft zu machen. Erst nach dem zweiten Weltkrieg wurden in den Industriestaaten verlässliche Einkommens- und Produktionsstatistiken aufgebaut (frühere Zahlen sind zwar verfügbar; meist aber nur als rekonstruierte Werte). Die Daten zur Volkswirtschaftlichen Gesamtrechnung (VGR) werden in Deutschland vom Statistischen Bundesamt in Wiesbaden ermittelt.

Die Konzeption der Volkswirtschaftlichen Gesamtrechnung ist eine gewaltige intellektuelle Leistung. Für ihre Beiträge zur Entwicklung der VGR erhielten 1971 Simon Kuznets (Harvard Universität) und 1984 Richard Stone (Universität Oxford) den Nobelpreis.

Wie jedes Rechnungswesen hat die VGR bestimmte Konzepte entwickelt und dann geeignete Maße konstruiert, um diese Konzepte zu messen. Ein kurzer Blick auf Statistiken solcher Staaten, die noch kein zuverlässiges Rechnungswesen aufgebaut haben, genügt, um zu sehen, wie entscheidend Präzision und Konsistenz sind. Wir werden Sie hier nicht mit den Feinheiten der Volkswirtschaftlichen Gesamtrechnung quälen. Weil man als Ökonom aber wissen muss, wie bestimmte makroökonomische Größen definiert sind und wie sie zusammenhängen, gibt Anhang 1 am Ende des Buches eine Einführung in die Grundbegriffe der VGR. Dieser Anhang sollte immer zu Rate gezogen werden, wenn Sie sich mit Makrodaten beschäftigen.

2.1.1 BIP, Einkommen und Wertschöpfung

Das Maß für die gesamtwirtschaftliche Produktion in der VGR heißt Bruttoinlandsprodukt (BIP). Es gibt verschiedene Methoden, das BIP einer Volkswirtschaft zu berechnen. Wir betrachten sie der Reihe nach:

1a. Das BIP erfasst die gesamte Wertschöpfung aller Waren und Dienstleistungen für den Endverbrauch, die in einem bestimmten Zeitraum hergestellt wurden.

Dabei müssen wir das Wort **Endverbrauch** betonen. Folgendes Beispiel erläutert, warum das so wichtig ist. Angenommen, die Wirtschaft besteht nur aus zwei Unternehmen:

- Unternehmen 1 produziert Stahl. Es beschäftigt Arbeitskräfte und setzt Maschinen ein. Es verkauft den Stahl für 100 € an Unternehmen 2, einen Automobilhersteller. Das Stahlunternehmen zahlt Löhne in Höhe von 80 €. Der Rest, 20 €, ergibt den Gewinn.
- Das zweite Unternehmen kauft Stahl und setzt ihn, zusammen mit Arbeit und Maschinen, zur Autoproduktion ein. Aus dem Verkauf der Autos erzielt es Erlöse in Höhe von 210 €. Von den Erlösen verbleibt nach Zahlung von 100 € an das Stahlunternehmen und 70 € an die Arbeitskräfte ein Gewinn von 40 €.

Stahlunternehmen (Firma 1)		Automobilhersteller (Firma 2)	
Verkaufserlöse	100 €	Verkaufserlöse	210 €
Ausgaben	– 80 €	Ausgaben	– 170 €
(Löhne)	(80 €)	(Löhne)	(70 €)
		(Vorleistungen)	(100 €)
Gewinne	= 20 €	Gewinne	= 40 €

Wie berechnet sich das BIP in unserer Modellwirtschaft? Ist es die Summe aller Produktionswerte – also 310 €, nämlich 100 € aus der Stahlproduktion und 210 € aus der Autoproduktion? Oder ist es nur der Produktionswert der Endprodukte (also der Autos), 210 €?

Ein Zwischenprodukt wird zur Produktion anderer Güter eingesetzt. Manche Güter können sowohl Zwischen- wie Endprodukt sein. Werden Kartoffeln direkt an Konsumenten verkauft, sind sie ein Endprodukt. Werden sie zur Produktion von Chips weiterverarbeitet, dann sind sie ein Zwischenprodukt.

▶ Die richtige Antwort muss lauten: 210 €. Stahl ist ja nur ein Zwischenprodukt. Es geht als Vorleistung in das Endprodukt (Autos) ein und sollte deshalb bei der Berechnung des BIP nicht noch einmal gezählt werden. Machen wir uns das noch auf eine andere Weise klar: Würden beide Unternehmen fusionieren, sich also zu einem einzigen Unternehmen zusammenschließen, fände der Verkauf von Stahl innerhalb des eigenen Unternehmens statt; er würde somit nicht mehr gemeldet. Wir würden nur mehr ein Unternehmen beobachten, das Autos für 210 € verkauft, Löhne in Höhe von 80 € + 70 € = 150 € zahlt und einen Gewinn von 20 € + 40 € = 60 € erzielt. Es bleibt also bei 210 €.

Fusioniertes Unternehmen	
Verkaufserlöse	210 €
Ausgaben (Löhne)	– 150 €
Gewinne	= 60 €

Diese Definition liefert uns eine erste Methode zur Berechnung des BIP: Man zählt einfach die Produktion aller Endprodukte zusammen. Das ist im Wesentlichen auch der Weg, wie das BIP tatsächlich ermittelt wird. Eng damit verwandt ist aber noch eine weitere Methode:

1b. Das BIP ist die Summe aller Mehrwerte in einem bestimmten Zeitraum.

Der Ausdruck Mehrwert meint genau das, was er besagt: Er bezeichnet die von einem Unternehmen im Produktionsprozess zusätzlich geschaffenen Werte. Daraus folgt, dass die Vorleistungen (also die von anderen Unternehmen bereits geschaffenen Werte) vom gesamten Produktionswert abzuziehen sind, um zum Mehrwert zu gelangen.

Weil in unserem Beispiel das Stahlunternehmen keine Zwischenprodukte nutzt, entspricht der Mehrwert einfach dem Produktionswert von 100 €. Der Mehrwert des Autoproduzenten ermittelt sich als Wert der verkauften Autos abzüglich des Werts der eingesetzten Vorleistungen 210 € – 100 € = 110 €.

2. Das BIP ist die Summe aller Einkommen in einem bestimmten Zeitraum.

Bislang haben wir das BIP von der Entstehungsseite (der Produktionsseite) betrachtet. Betrachten wir nun das BIP von der Verteilungsseite. Überlegen wir, an wen die Einnahmen verteilt werden, die aus der Produktion nach Zahlung der Vorleistungen erzielt werden.

- Ein Großteil der Einnahmen wird zur Zahlung von Löhnen und Gehältern verwendet – in der VGR werden diese Größen als Arbeitnehmerentgelt erfasst.
- Der Rest geht an die Unternehmer und an Personen, die Mittel zum Erwerb von Kapitalgütern (z.B. Maschinen) zur Verfügung gestellt haben (Unternehmens- und Vermögenseinkommen).
- Die Einnahmen verteilen sich also auf Arbeits- und Kapitaleinkommen. Im betrachteten Beispiel erzielen die Arbeiter Lohneinkommen in Höhe von 150 € (80 € aus der Stahlproduktion; 70 € aus der Autoproduktion). Kapital erzielt Einnahmen (Gewinne) in Höhe von 60 € (20 € im Stahlsektor; 40 € im Autosektor). Insgesamt werden Einnahmen in Höhe von 210 € erzielt.

3. Das BIP entspricht dem Wert aller Ausgaben, also der gesamtwirtschaftlichen Nachfrage.

Eine letzte Berechnungsmethode ermittelt die Wertschöpfung von der Nachfrage- oder Verwendungsseite her. Produktion schafft Einkommen; in einer geschlossenen Volkswirtschaft muss aber die Summe aller Einkommen von Arbeitnehmern und Unternehmern genau dem entsprechen, was ausgegeben wird – sei es für Konsumzwecke oder für Investitionen. In unserer einfachen Modellwirtschaft werden alle Arbeits- und Kapitaleinkommen zum Kauf von Autos verwendet; damit schließt sich der Kreislauf. Die Realität ist natürlich viel komplexer. Ein Teil der Einnahmen muss etwa in Form von Steuern an den Staat abgeführt werden. Güter werden auch aus dem Ausland importiert; im Inland produzierte Güter wiederum werden exportiert. Wir untersuchen den gesamtwirtschaftlichen Kreislauf detaillierter im dritten Kapitel.

Zusammengefasst: Das BIP lässt sich mit drei verschiedenen Methoden berechnen:

- Entstehungsseite: Das BIP erfasst die Werte aller Endprodukte und Dienstleistungen (anders formuliert – die Summer aller Mehrwerte oder die gesamte Wertschöpfung) einer Volkswirtschaft in einem bestimmten Zeitraum.
- Verteilungsseite: Das BIP ist die Summe aller in einem bestimmten Zeitraum erzielten Einkommen der Volkswirtschaft.
- Verwendungsseite: Das BIP entspricht dem Wert aller Ausgaben (der gesamtwirtschaftlichen Nachfrage).

Fokus: Grundlagen der Volkswirtschaftlichen Gesamtrechnung (VGR)

Werfen wir einen Blick auf die Statistik der VGR (Tabelle 1), um herauszufinden, ob unser Beispiel die Praxis richtig abbildet. Wenn wir die VGR für Deutschland im Jahre 2000 betrachten, fällt auf, dass Bruttoinlandsprodukt und verfügbares Einkommen nicht übereinstimmen. Warum erhalten wir für BIP und Einkommen andere Werte? Warum müssen wir zwischen Produktion (Bruttowertschöpfung) und Einkommen unterscheiden? Welches der verschiedenen Konzepte ist das richtige? Die Antwort lautet: Das hängt von der Fragestellung ab, an der wir interessiert sind. Wollen wir untersuchen, wie sich im Konjunkturverlauf die gesamtwirtschaftliche Produktion entwickelt, müssen wir auf die Veränderungen des BIP achten. Sind wir dagegen am Lebensstandard oder den Konsummöglichkeiten der privaten Wirtschaftssubjekte interessiert, sind andere Maße vielleicht aussagekräftiger. Wie wir aus unserem einfachen Modellbeispiel lernen, hängen aber alle über den Wirtschaftskreislauf systematisch miteinander zusammen. Wir müssen das Modell nur ein wenig erweitern.

Zunächst einmal fließen manche im Inland erzielte Einnahmen ins Ausland ab. Wochenendpendler aus Tschechien, die bei einer Software-Firma in München arbeiten, steigern zwar die Produktion (BIP) in Deutschland; sie erhöhen aber das Einkommen in Tschechien. Die von Ausländern im Inland erzielten Einnahmen müssen vom BIP abgezogen werden, wenn wir das Einkommen der Inländer ermitteln wollen. Umgekehrt gilt: Einem deutschen Studenten, der Aktien einer Biotech-Firma in Kalifornien gekauft hat, fließen die aus der dortigen Produktion erwirtschafteten Dividenden als Einkommen in Deutschland zu. Solche im Ausland erzielten Einnahmen der Inländer müssen wir bei der Ermittlung des Einkommens zum BIP addieren.

Das Einkommen der Inländer bezeichnet man als Bruttonationaleinkommen (BNE). (Früher – bis 1999 – wurde es als Bruttosozialprodukt (BSP) bezeichnet.) Es unterscheidet sich von der inländischen Produktion (dem BIP) durch den Saldo der Primäreinkommen – die Differenz der Erwerbs- und Vermögenseinkommen von Inländern und Ausländern: Alle im Ausland erzielten Einnahmen der Inländer werden addiert; die im Inland erzielten Einnahmen von Ausländern dagegen abgezogen.

Deutschland: Inlandsprodukt und Nationaleinkommen (Mrd. EUR)			
in jeweiligen Preisen	2000[1]	2001[1]	2002[1]
Bruttoinlandsprodukt	2.030,00	2.071,20	2.108,20
+ Saldo der Primäreinkommen aus der übrigen Welt	-9,15	-15,41	-9,09
= Bruttonationaleinkommen (Bruttosozialprodukt)	2.020,85	2.055,79	2.099,11
– Abschreibungen	302,34	312,07	318,48
= Nettonationaleinkommen (Primäreinkommen)	1.718,51	1.743,72	1.780,63
– Indirekte Steuern und Importabgaben	244,45	246,33	249,51
+ Unternehmenssubventionen	35,16	33,84	30,92
= Volkseinkommen	1.509,22	1.531,23	1.562,04
Arbeitnehmerentgelt	1.098,96	1.120,35	1.130,03
Unternehmens- und Vermögenseinkommen	410,26	410,88	432,01
Volkseinkommen	1.509,22	1.531,23	1.562,04
Direkte Steuern – Transfers	202,66	175,33	192,79
Verfügbares Einkommen der privaten Haushalte	1.306,56	1.355,90	1.369,25

Auch das BNE entspricht aber noch keineswegs dem frei verfügbaren Einkommen. In jedem Jahr wird ein gewisser Teil der im Produktionsprozess verwendeten Maschinen durch Verschleiß unbrauchbar. Ein Teil der Produktion muss deshalb aufgewendet werden, um veraltete Kapitalanlagen zu ersetzen. Solche Ersatzinvestitionen stellen keine reale Wertschöpfung dar; sie können deshalb nicht als Löhne oder Gewinne ausgezahlt werden. Das BNE muss daher um diese Abschreibungen korrigiert werden. So erhalten wir das Nettonationaleinkommen NNE (analog gilt: Zieht man vom BIP die Abschreibungen ab, erhält man das Nettoinlandsprodukt (NIP)).

Erfasst das NNE tatsächlich die Nettoeinnahmen (also die Einnahmen abzüglich der für Ersatzinvestitionen nötigen Abschreibungen) der Unternehmen aus dem Verkauf aller produzierten Güter? Noch nicht ganz. Ein Teil der Verkaufserlöse fließt ja gar nicht erst den Unternehmen zu, sondern wird unmittelbar als indirekte Steuern an den Staat abgeführt: Die Umsatzsteuer wird beim Verkauf gleich abgebucht. Andererseits erhalten viele Unternehmen vom Staat Subventionen. Sie müssen zu den Verkaufserlösen addiert werden. Nun endlich sind wir beim Volkseinkommen, das auf Arbeit und Kapital verteilt werden kann. Wir erhalten es aus dem NNE, indem die indirekten Steuern abgezogen, staatliche Unternehmenssubventionen dagegen addiert werden:

Volkseinkommen = NNE – indirekte Steuern + Subventionen an Unternehmen

Die Haushalte können aber keineswegs über das gesamte Volkseinkommen frei verfügen. Viele müssen Sozialbeiträge und (direkte) Steuern zahlen (wie Lohn- und Einkommenssteuern); andere wiederum (wie Rentner oder Bafög-Empfänger) erhalten so genannte Transfereinkommen vom Staat. Das frei verfügbare Einkommen ergibt sich aus dem Volkseinkommen erst nach Abzug der Differenz zwischen direkten Steuern plus Sozialbeiträgen und den Transfers.

Verfügbares Einkommen der privaten Haushalte = Volkseinkommen – direkte Steuern – Sozialbeiträge + Transfereinkommen

Wir haben eine auf den ersten Blick verwirrende Vielzahl von Maßen für die gesamtwirtschaftliche Aktivität kennen gelernt. Welches dieser verschiedenen Konzepte ist das richtige? Alle haben ihre Berechtigung; sie beantworten jedoch unterschiedliche Fragen.

Ein vor 20 Jahren in Deutschland recht populärer Schlager lautete: „Jetzt wird wieder in die Hände gespuckt, wir steigern das Bruttosozialprodukt". Offensichtlich ging es dabei darum, durch mehr Arbeit die gesamtwirtschaftliche Produktion zu steigern. Wie wir eben gesehen haben, ist das BSP (heute BNE genannt) dafür freilich gar nicht das geeignete Maß. Die inländische Produktion wird vielmehr vom BIP korrekt erfasst. Deshalb steht das BIP heute immer im Zentrum, wenn es um die Konjunkturentwicklung geht. (Als der Schlager entstand, betrachtete man dagegen meist das BSP. Der Unterschied ist jedoch meist nicht allzu groß – vgl. die Fokusbox „BIP vs. BNE – Das Beispiel Kuwait und Irland" in Kapitel 18).

Interessieren wir uns für die Konsummöglichkeiten, so ist das verfügbare Einkommen der privaten Haushalte das bessere Maß. Kann dieses auch den Lebensstandard am besten messen? Nicht unbedingt, weil dabei die Versorgung mit öffentlichen, vom Staat bereitgestellten Gütern gar nicht berücksichtigt wird. Für unser Wohlbefinden kann es ja durchaus einen großen Unterschied machen, ob wir mit öffentlichen Verkehrsmitteln bequem von einem Ort zum anderen gelangen oder auf das eigene Auto angewiesen sind. Sofern die Steuern als verlässlicher Maßstab für die Qualität der Versorgung mit öffentlichen Gütern dienen, liefert das Nettonationaleinkommen ein zuverlässigeres Maß für den Lebensstandard. Bei jedem internationalen Vergleich sollte man immer Pro-Kopf-Größen verwenden. Sofern die Wirtschaftsstruktur im Zeitablauf konstant bleibt (also Steuerquote, Abschreibungsraten usw. sich nicht zu stark verändern), wachsen alle Größen ungefähr gleich. Beim Vergleich der Wachstumsraten macht es somit keinen so großen Unterschied, welches Konzept wir verwenden.

In unserem Beispiel erzielt das Arbeitseinkommen 71% der Produktion, Kapitaleinkommen machen 29% aus. Laut Tabelle 1 lag der Anteil des Arbeitseinkommens am Volkseinkommen in Deutschland 2000 bei 72,8%; der Anteil des Kapitaleinkommens bei 27,2%. Die Anteile am BIP sind niedriger, weil wir noch Abschreibungen, indirekte Steuern und Unternehmenssubventionen sowie den Saldo der Erwerbs- und Vermögenseinkommen berücksichtigen müssen.

Fokus: Das BIP pro Kopf – Ein zuverlässiges Maß für Lebensqualität?

Das BIP ist ein äußerst leistungsfähiges und verlässliches Maß für die gesamtwirtschaftliche Produktionsaktivität. Es bildet die Grundlage zum Verständnis von Wirtschaftswachstum und Konjunkturschwankungen. Das BIP pro Kopf erfasst, wie viele Güter sich die Menschen im Durchschnitt leisten können. Manchmal wird es aber auch zum Vergleich der Lebensqualität benutzt. Dazu ist es jedoch nur sehr bedingt geeignet. Wir müssen beim Umgang mit Daten stets die Grenzen ihrer Aussagekraft beachten. Ein gutes Beispiel hierfür ist der frappierende Unterschied zwischen dem BIP pro Kopf in Europa und den USA.

2001	Euroraum	Deutschland	Polen	USA	Japan
Bevölkerung (Millionen)	301,4	82,3	38,6	285	127,2
BIP in Mrd. $ zu Kaufkraftparität	7660	2185,3	382	10.104	3.360
BIP/Kopf	25.400	26.500	9.900	35.500	26.400
Zivile Erwerbs-Personen (Millionen)	128,8	36,6	14,2	135,1	64,1
BIP/Erwerbspersonen	59.500	59.700	26.900	74.800	52.400
Arbeitszeit je Erwerbsperson (Stunden pro Jahr)	1.566	1.467	2.022	1.878	1.780
Produktivität BIP/Arbeitsstunde	38,0	40,7	13,3	39,8	29,4

Um Verzerrungen durch zufällige Wechselkursschwankungen auszuschalten, verwenden wir bei der Umrechnung in den Dollar den von der OECD ermittelten Kaufkraftparitätenkurs. Kapitel 10 erläutert dieses Vorgehen näher.
Quellen: OECD, Conference Board.

Im Euroraum lag das BIP pro Kopf im Jahr 2001 bei nur 72% des Niveaus in den USA; die neuen EU-Beitrittsländer wiederum liegen weit unter dem europäischen Durchschnitt (vgl. Polen). Sind die Europäer wirklich so viel ärmer als die Amerikaner? Liegt ihr Lebensstandard deutlich niedriger? Um diese Fragen zu beantworten, müssen wir zunächst erklären, warum die vom BIP gemessene Produktion in den USA so viel höher ist. Dann müssen wir prüfen, inwieweit die Unterschiede Ausdruck freier Wahlentscheidungen sind. Schließlich müssen wir klären, ob die vom BIP gemessenen ökonomischen Aktivitäten als Maß für Wohlstand und Lebensqualität geeignet sind.

Zunächst zur ersten Frage. Warum produzieren die Europäer so viel weniger als die Amerikaner? Liegt es etwa daran, dass sie nicht in der Lage sind, genauso effizient zu produzieren? Ein genauer Blick verrät, dass der Unterschied hierin nicht begründet sein kann. Die Arbeitseffizienz erfassen wir mit der Produktivität. Sie gibt an, wie viel in Europa im Vergleich zu den USA pro Stunde produziert wird. Dazu müssen wir das BIP durch die Anzahl der in einem Jahr geleisteten Arbeitsstunden teilen. Tabelle 2 zeigt, dass die Produktivität in Deutschland (wie in manch anderen europäischen Ländern) sogar die der USA übertrifft. Im Durchschnitt liegt die Produktivität im Euroraum nur knapp unter dem amerikanischen Niveau. Der Unterschied muss also darauf beruhen, dass in Europa weit weniger gearbeitet wird als in den USA: Ein deutscher Arbeiter produziert pro Stunde mindestens so viel wie ein amerikanischer; er arbeitet jedoch sehr viel weniger Stunden pro Jahr als sein amerikanischer Kollege.

Offensichtlich verfügen Europäer über mehr Freizeit. Teilweise ist dies das Ergebnis freiwilliger individueller Entscheidungen. Manche Europäer ziehen es eben vor, nur 35 Stunden in der Woche zu arbeiten, zusätzlich noch viele Urlaubs- und Feiertage zu genießen und schon frühzeitig in Rente zu gehen, während die meisten Amerikaner sich höchstens zwei Wochen im Jahr Urlaub leisten. Das niedrigere BIP ist zum Teil also nur ein Zeichen dafür, dass Europäer eine größere Präferenz für Freizeit haben. Freiwilliges Genießen von Muße trägt sicher zur Lebensqualität bei, dieser Aspekt wird vom BIP aber nicht erfasst.

Wir sollten uns jedoch vor voreiligen Schlüssen hüten. Ein beträchtlicher Anteil der Europäer ist nämlich unfreiwillig arbeitslos; insofern spiegelt das niedrige BIP pro Kopf nur die Ineffizienz eines überregulierten europäischen Arbeitsmarktes wider. Eine wichtige Frage ist deshalb, wie viel der niedrigeren Arbeitszeit sich auf freiwilligen Entscheidungen zurückführen lässt. Nach Schätzungen von Robert Gordon, einem amerikanischen Ökonomen an der Northwestern University in Chicago, verringert sich der Abstand zwischen dem BIP pro Kopf in den USA und in Europa von 28% auf 22%, wenn man es um die höhere Freizeitpräferenz korrigiert. Der Großteil der verbleibenden Differenz ist dem ineffizient niedrigen Beschäftigungsniveau in Europa geschuldet.

Damit kommen wir zur letzten Frage: Ist das BIP überhaupt ein verlässliches Maß für den Lebensstandard? Einige Argumente sprechen dafür, dass der Lebensstandard in Europa vom BIP unterschätzt wird. So floriert in vielen Staaten Europas der Schwarzmarkt – ein beträchtlicher Teil der Wirtschaftsaktivität findet also in der Schattenwirtschaft statt, die von der Statistik nicht erfasst wird. Nach Schätzungen von Friedrich Schneider (Universität Linz) würde das BIP in Deutschland um 16% höher liegen, wenn man Schwarzmarktaktivitäten berücksichtigt. Zudem bieten viele europäische Staaten eine bessere Versorgung mit öffentlichen Gütern. Die Qualität öffentlicher Verkehrsmittel und des Ausbildungssystems lässt sich aber nicht mit Marktpreisen bewerten. So wird etwa der Beitrag staatlicher Universitätsausbildung zum BIP in Deutschland nur an den Ausgaben für die Löhne und Gehälter der Professoren und Mitarbeiter gemessen, während er an den amerikanischen Privatuniversitäten mit Marktpreisen (hohen Studiengebühren) bewertet wird. Schließlich steigern manche Ausgaben in den USA das BIP, ohne dass deshalb der Lebensstandard dort höher wäre: Das extremere Klima erfordert dort eben hohe Ausgaben für Heizung und Klimaanlagen. Diese Ausgaben lassen das BIP in den USA steigen; in den gemäßigten Zonen Europas sind sie aber gar nicht notwendig, um die Innentemperatur konstant zu halten.

Fassen wir zusammen. Das BIP pro Kopf ist kein exaktes Maß für die Lebensqualität. Es liefert uns aber wichtige Anhaltspunkte, solange wir uns der Grenzen seiner Aussagekraft bewusst bleiben. Als zuverlässiges Maß der gesamtwirtschaftlichen Produktionsaktivität ist das BIP von zentraler Bedeutung.

2.1.2 Nominales und reales BIP

Die durchschnittliche Wachstumsrate des BIP g_{BIP} über die 40 Jahre zwischen 1960 und 2000 berechnet sich aus der Gleichung $BIP_{2000} = (1+g_{BIP})^{40}\, BIP_{1960}$

Das nominale BIP lag 2000 in den USA bei 9.824 Mrd. $, im Vergleich zu 526 Mrd. $ 1960. In Deutschland lag es bei 2.029 Mrd. €, gegenüber 157 Mrd. € 1960. Das BIP wuchs in den USA also jährlich im Durchschnitt um 7,6%, in Deutschland aber nur um 6,6%. Ist die Produktion in den USA tatsächlich pro Jahr um einen Prozentpunkt mehr gestiegen als in Deutschland? Nein. Wir müssen zwischen realem und nominalem BIP unterscheiden.

Das nominale BIP ist die Summe aller verkauften Endprodukte, bewertet zu jeweiligen Preisen, d.h. zu den Preisen der gerade betrachteten Periode. Das nominale BIP kann aus zwei Gründen zunehmen: Zum einen nimmt die Produktion der meisten Güter im Zeitablauf zu. Zum zweiten steigen aber auch die Preise der meisten Güter.

Wollen wir messen wie die Produktion sich im Zeitablauf verändert, müssen wir den Effekt steigender Preise herausrechnen. Das reale BIP gibt die Summe aller verkauften Endprodukte, bewertet zu konstanten (nicht jeweiligen) Preisen an.

Wie lässt sich das reale BIP ermitteln? Bestünde die Wirtschaft nur aus einem Endprodukt – etwa einem bestimmten Automodell – wäre dies ein Kinderspiel. Wir addieren einfach die Anzahl der pro Jahr produzierten Autos und bezeichnen dies als reales BIP. Wenn wir das BIP lieber in Euro angeben, nehmen wir einfach den Autopreis eines bestimmten Jahres und multiplizieren die Produktionsmengen jedes Jahrgangs damit.

Unterstellen wir als Beispiel, die produzierte Mengen und Preise des Autos entwickeln sich zwischen 2000 und 2002 folgendermaßen:

Jahr	Zahl der Autos	Preis eines Autos	Nominales BIP
2000	10	20.000 €	200.000 €
2001	12	24.000 €	288.000 €
2002	13	26.400 €	343.200 €

Das nominale BIP (die Menge, multipliziert mit dem jeweiligen Preis) ist 2001 im Vergleich zu 2000 um 44% gestiegen (von 200.000 € auf 288.000 €); im Jahr 2002 nimmt es gegenüber dem Vorjahr um weitere 19% zu (von 288.000 € auf 343.200 €). Wie sollen wir das reale BIP berechnen? Wir könnten einfach die Zahl der produzierten Autos betrachten. Um einen Wert in € zu erhalten, multiplizieren wir diese Zahl aber in jedem Jahr mit einem einheitlichen Preis – etwa dem Preis des Jahres 2000. Dies liefert uns das reale BIP in Preisen des Jahres 2000.

Das reale BIP für das Jahr 2000 beträgt 200.000 € – im Basisjahr sind nominales und reales BIP gleich. Im Jahr 2001 beträgt das reale BIP 240.000 € (12 x 20.000 €), 2002 dann 260.000 € (13 x 20.000 €). Die Wachstumsraten des realen BIP, gemessen in Preisen von 2000, sind genau die gleichen, die wir erhalten, wenn wir die Zahl der produzierten Autos als Basis nehmen: Das reale BIP steigt um 20% von 2000 auf 2001 und um 8,33% von 2001 auf 2002. Hätten wir 2002 als Basisjahr genommen, wären zwar die absoluten Werte des realen BIP in jedem Jahr höher (weil die Preise höher waren), aber wir würden exakt die gleichen Wachstumsraten erhalten.

Vergewissern Sie sich durch eigene Rechnung davon, indem Sie bei der Berechnung der realen Wachstumsraten 2002 als Basisjahr verwenden.

Ein anderer Weg führt wieder zum gleichen Ergebnis. Hier bereinigen wir zunächst das nominale BIP um den reinen Preisanstieg und konstruieren dazu einen Preisindex: Für das Basisjahr normieren wir ihn auf 1 (oder 100%). Ausgehend vom Wert 1, ist der Preis im Jahr 2001 um 20% auf 1,2 gestiegen (24.000 €/20.000 €), im Jahr 2002 um weiter 10% auf 1,32 (26.400 €/ 20.000 €). Wir erhalten das reale BIP nun, indem wir für jedes Jahr das nominale BIP durch den Preisindex dieses Jahres teilen und mit dem Basiswert 1 = 100% multiplizieren:

$$BIP_t^{real} = BIP_t^{nominal} \times \frac{P_{2000}}{P_t}$$

Jahr	BIP nominal	BIP real (in Preisen von 2000	Preisindex	$P_t / P_{t\text{-}1} - 1$	$g_{Yt} = Y_t / Y_{t\text{-}1} - 1$
2000	200.000 €	200.000 €	$P_{2000} = 1$	–	–
2001	288.000 €	240.000 €	$P_{2001} = 1{,}2$	20%	20%
2002	343.200 €	260.000 €	$P_{2002} = 1{,}32$	10%	8,33%

Wo werden sich die beiden Kurven schneiden, wenn das reale BIP auf das Basisjahr 2000 umgestellt wird?

Das Hauptproblem bei der Ermittlung des realen BIP ergibt sich in der Praxis daraus, dass es mehr als ein Endprodukt gibt. Dann muss das reale BIP als gewichteter Durchschnitt aller Endprodukte berechnet werden. Aber welche Gewichtung sollten wir dabei verwenden? Es liegt nahe, hierfür die relativen Preise zu verwenden. Wenn ein Gut doppelt so viel kostet wie ein anderes, sollte es auch doppelt so viel zählen. Doch dies wirft das nächste Problem auf: Auch die relativen Preise verändern sich im Zeitablauf. Sollten wir dann die relativen Preise eines Jahres benutzen, oder sollten wir die Gewichtung im Zeitablauf anpassen? Eine ausführlichere Diskussion findet sich im Anhang zu diesem Kapitel. Die VGR von Deutschland passt das Basisjahr alle 5 Jahre an; derzeit wird es als reales BIP in Preisen von 1995 berechnet. Per Konstruktion sind reales und nominales BIP in diesem Jahr identisch.

Aus der Differenz zwischen nominalem und realem BIP lässt sich über den BIP-Deflator die Inflationsrate errechnen. Wie das geht, sehen wir im nächsten Abschnitt.

Abbildung 2.1 zeigt, wie sich reales und nominales BIP in Deutschland seit 1960 entwickelten. Im Basisjahr 1995 sind beide per Definition gleich. Die Zahlen vor 1990 beziehen sich nur auf Westdeutschland; das erklärt, warum beide Kurven im Jahr 1991 stark ansteigen. Das reale BIP (gemessen in Preisen von 1995) lag 1960 bei 578 Mrd. €. Im Jahr 2000 war es 1.969,5 Mrd. € hoch. Bereinigt um den Effekt der Vereinigung, ist das reale BIP jährlich im Durchschnitt um 2,9% gestiegen. Gewiss eine beträchtliche Rate, sie liegt aber viel niedriger als das Wachstum des nominalen BIP. Der Unterschied beruht darauf, dass im betrachteten Zeitraum auch die Preise stark gestiegen sind. Abbildung 2.2 vergleicht reale und nominale Wachstumsraten für den betrachteten Zeitraum. Sie verdeutlicht, dass das Wachstum im Konjunkturverlauf stark schwankt. Beim Blick auf das nominale BIP-Wachstum könnte der Eindruck entstehen, in den 90er Jahren seien die Wachstumsraten im Vergleich zu den 70er Jahren stark zurückgegangen. Das liegt aber nur daran, dass nach 1990 größere Preisstabilität herrschte. Entscheidend ist das reale Wachstum. In den USA stieg das reale BIP zwischen 1960 und 2000 jährlich um ca. 3,4%; die durchschnittliche Inflationsrate war dort höher als in Deutschland.

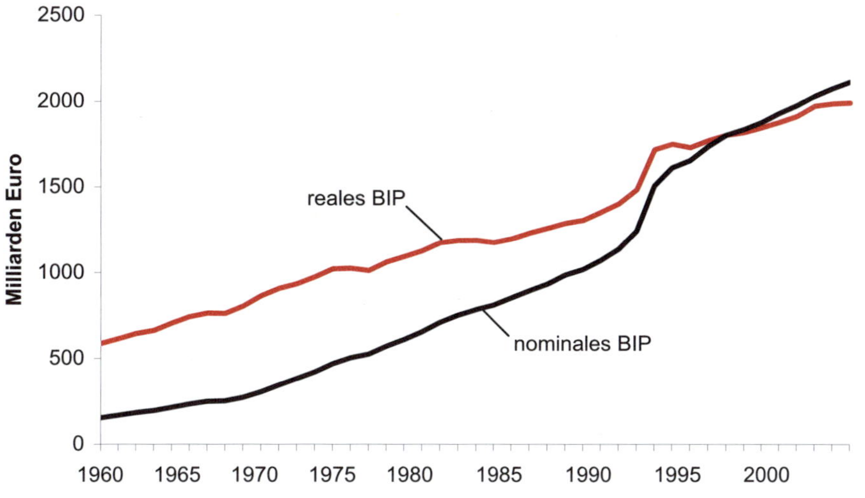

Abbildung 2.1: Reales und nominales BIP von Deutschland

Das nominale BIP wuchs in Deutschland von 1960 bis 2000 im Durchschnitt pro Jahr um 6,6%. Das reale BIP ist dagegen nur um 2,9% gestiegen.

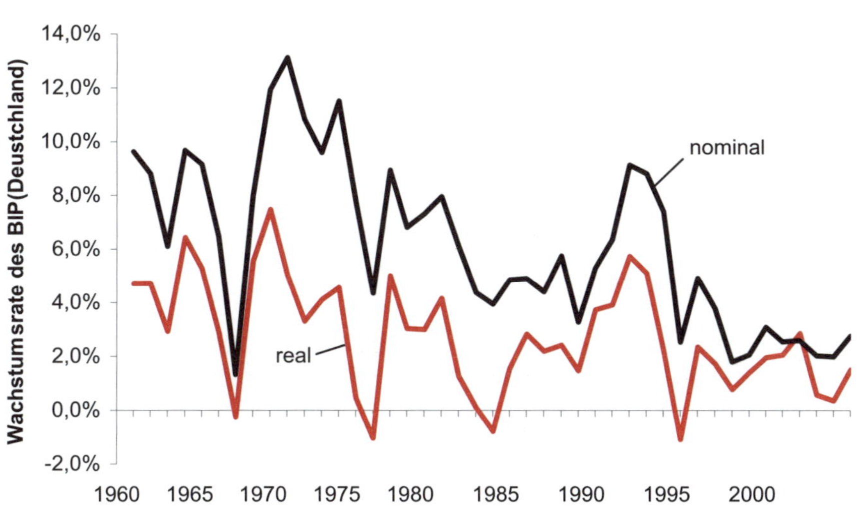

Abbildung 2.2: Wachstumsraten des realen und nominalen BIP von Deutschland

Die Wachstumsrate des BIP schwankt stark im Konjunkturverlauf. Entscheidend ist das reale Wachstum, bereinigt um den Preisanstieg.

Statt nominales und reales BIP, finden Sie oft folgende Bezeichnungen:

- Das nominale BIP bezeichnet man auch als BIP in jeweiligen Preisen.
- Statt reales BIP spricht man auch von BIP zu konstanten Preisen oder BIP in Preisen des Basisjahrs. Das Basisjahr in Deutschland ist derzeit 1995.

Unsere Einführung in das Konzept des BIP, der wichtigsten makroökonomischen Variablen, ist damit abgeschlossen. Wenn wir zukünftig vom BIP sprechen, verstehen wir darunter – sofern nicht anders angegeben – immer das reale BIP. Y_t bezeichnet das reale BIP im Jahr t. Das nominale BIP im Jahr t bezeichnen wir dagegen mit $P_t\,Y_t$ – das mit dem Preisindex P_t multiplizierte reale BIP.

Mit dem Begriff BIP-Wachstum im Jahr t bezeichnen wir von nun an die Wachstumsrate des realen BIP im Jahr t gegenüber dem Vorjahr t-1. Wachstumsraten geben die prozentuale Veränderung einer Variablen über die Zeit an. Die Wachstumsrate der Variable BIP (Y) ergibt sich demnach als die Differenz zwischen dem aktuellen Wert in Periode t und dem Wert der Vorperiode t-1, dividiert durch den Wert der Vorperiode. Es gilt also: $g_{Yt} = (Y_t - Y_{t-1})/\ Y_{t-1}$ bzw. $Y_t = (1+g_{Yt})\ Y_{t-1}$. Perioden mit positiven Wachstumsraten bezeichnet man als Expansionsphase; Perioden negativen Wachstums als Rezession. Zwar gibt es keine offizielle Regelung, aber Makroökonomen sprechen von einer Rezession in der Regel nur dann, wenn die Wachstumsrate der Wirtschaft für mindestens zwei aufeinander folgende Quartale negativ ist. Die USA befanden sich im Jahr 2001 in einer Rezession, weil das reale Wachstum in den ersten drei Quartalen negativ war, auch wenn für das Jahr insgesamt ein leicht positives Wachstum zu verzeichnen war.

Reale Wachstumsrate: $g_{Yt} = (Y_t - Y_{t-1})/\ Y_{t-1}$.
Expansion: $g_{Yt} > 0$
Rezession: $g_{Yt} < 0$

2.2 Arbeitslosigkeit und Inflation – Zwei weitere makroökonomische Variablen

Neben dem BIP liefern uns zwei weitere makroökonomische Variablen, die Arbeitslosenquote und die Inflation, wichtige Informationen darüber, wie sich die Wirtschaft entwickelt.

2.2.1 Die Inflationsrate

Inflation ist ein anhaltender Anstieg des allgemeinen Preisniveaus. Die Inflationsrate π_t ist die Rate, mit der das Preisniveau steigt: $P_t = (1+\pi_t)\ P_{t-1}$. (Analog bedeutet Deflation einen anhaltenden Rückgang des allgemeinen Preisniveaus. Sie entspricht einer negativen Inflationsrate.)

Die Inflationsrate (die Wachstumsrate des Preisniveaus) bezeichnen wir mit $\pi_t = (P_t - P_{t-1})/P_{t-1}$

Wie können wir das Preisniveau in der Praxis messen? Makroökonomen verwenden in der Regel zwei verschiedene Maße: Den BIP-Deflator und den Verbraucherpreisindex.

Der BIP-Deflator

Wenn das nominale BIP starker wächst als das reale, so liegt dies am Anstieg des Preisniveaus. Ein solcher Anstieg wird durch den BIP-Deflator erfasst. Der BIP-Deflator im Jahr t, P_t, ist definiert als Verhältnis von nominalem zu realem BIP im Jahr t:

$$P_t = \frac{\text{nominales BIP}_t}{\text{reales BIP}_t}$$

Im Basisjahr entspricht das reale BIP per Definition dem nominalen BIP (das Basisjahr in Deutschland ist momentan 1995). Im Basisjahr wird das Preisniveau folglich gleich 1 gesetzt. Es ist wichtig, dies zu verstehen: Der BIP-Deflator ist eine so genannte Indexzahl. Sein Niveau kann willkürlich festgesetzt werden. Wir können ihn für ein bestimmtes Jahr – etwa das Jahr 1995 – gleich 1 (oder 100) setzen. Das hat keine ökonomische Bedeutung. Aber seine Wachstumsrate, die Inflationsrate $\pi_t = (P_t - P_{t-1})/P_{t-1}$, macht eine klare ökonomische Aussage: Sie gibt an, mit welcher Rate das allgemeine Preisniveau über die Zeit steigt.

Indexzahlen werden im Basisjahr in der Regel gleich 100 gesetzt – als Abkürzung für 100%. 100% entspricht genau dem Wert 1. Vergewissern Sie sich durch einen Blick in der VGR des statistischen Bundesamts, wie hoch der BIP-Deflator im Jahr 1995 ist.

Ein Vorteil, das Preisniveau als BIP-Deflator zu definieren, liegt darin, dass wir eine einfache Beziehung zwischen nominalem BIP, realem BIP und BIP-Deflator erhalten: Das nominale BIP ist gleich dem realem BIP, multipliziert mit dem BIP-Deflator. Die Wachstumsrate des nominalen BIP entspricht somit der Summe aus realer Wachstumsrate und Inflation: $g_{BIP} = g_{Yt} + \pi_t$.

Exakter gilt: $g_{BIP} = g_{Yt} + \pi_t + g_{Yt} \times \pi_t$. Solange aber g_{Yt} und π_t niedrig sind, ist das Produkt aus den beiden Werten verschwindend klein und kann daher vernachlässigt werden (vgl. Anhang 2 am Ende des Buchs).

Verbraucherpreisindex (VPI)

Der BIP-Deflator ist ein Maß für den Durchschnittspreis der Produktion und misst somit die Preisentwicklung aller produzierten Endgüter. Konsumenten interessieren sich aber für den Durchschnittspreis der Konsumgüter, also all der Güter, die sie konsumieren. Die beiden Preise müssen nicht übereinstimmen: Die Menge der produzierten Güter ist nicht identisch mit der Menge der konsumierten Güter. Dies hat zwei Gründe:

- Manche der produzierten Endgüter werden nicht an Konsumenten verkauft, sondern an Unternehmen (Investitionsgüter), den Staat oder an das Ausland.
- Manche Güter, die Konsumenten kaufen, werden nicht im Inland produziert, sondern importiert.

Um den Durchschnittspreis aller Konsumgüter zu messen, verwenden Makroökonomen deshalb einen anderen Index, den Verbraucherpreisindex. Er wurde früher als Preisindex für die Lebenshaltung bezeichnet und wird monatlich vom Statistischen Bundesamt berechnet (der BIP-Deflator dagegen nur vierteljährlich). Eurostat berechnet die Inflationsrate für den gesamten Euro-Währungsraum anhand des harmonisierten Verbraucherpreisindex HVPI.

Der VPI berechnet die Kosten in Euro für eine detaillierte Liste von Gütern und Dienstleistungen. Diese Liste basiert auf einer sorgfältigen Analyse des Verbraucherverhaltens. Es wird versucht, anhand eines repräsentativen Warenkorbs die durchschnittliche Preisentwicklung aller Waren und Dienstleistungen zu erfassen, die von privaten Haushalten für Konsumzwecke gekauft werden. Der Warenkorb wird alle fünf Jahre aktualisiert.

Den VPI darf man nicht mit dem Index der Erzeugerpreise gewerblicher Produkte verwechseln. Dieser misst die Preisentwicklung der im Inland hergestellten und abgesetzten industriellen Güter. Preisindizes des Außenhandels erfassen die Preisentwicklung von Ausfuhr- und Einfuhrgütern.

Jeden Monat besuchen 560 Mitarbeiter des Statistischen Bundesamtes in ganz Deutschland zahlreiche Geschäfte, um herauszufinden, wie sich die Preise der Güter dieses Warenkorbs verändert haben. Sie sammeln die Preise für 750 exakt beschriebene Waren und Dienstleistungen in 190 Berichtsgemeinden (in Großstädten ebenso wie in mittleren und kleinen Gemeinden) und besuchen dabei 40.000 Geschäfte (angefangen von Einzelhandelsgeschäften über Banken bis hin zu Tankstellen und Friseure). Basierend auf den so erfassten etwa 350.000 Einzelpreisen für das gesamte Bundesgebiet wird dann der Verbraucherpreisindex berechnet.

Ebenso wie beim BIP-Deflator setzt man in der Praxis den VPI im Basisjahr gleich 100.

Ebenso wie der BIP-Deflator ist auch der Verbraucherpreisindex ein Index. In der Basisperiode wird er gleich 1 gesetzt; dieser Wert hat keine Bedeutung. Die aktuelle Basisperiode für den VPI ist 2000, der Durchschnittspreis für 2000 ist also 1. Im Jahr 1991 betrug der VPI 81,9. Um den gleichen Warenkorb zu kaufen, musste man 2000 also 22,1% mehr bezahlen als im Jahr im 1990.

Die Preise mancher Güter unterliegen starken Schwankungen (etwa der Preis für Öl oder saisonal verfügbare Nahrungsmittel). Um zuverlässige Informationen über den mittelfristigen Preistrend zu erhalten, orientiert man sich deshalb häufig an der Kerninflationsrate. Ihre Berechnung klammert Waren mit stark schwankenden Preisen aus.

Anfang 2002, nach der Euro-Umstellung, hatten viele Konsumenten in Deutschland das Gefühl, dass die Währungsumstellung dazu genutzt wurde, die Preise massiv zu erhöhen. Subjektiv wurde die Inflationsrate als so hoch empfunden, dass der Euro als „Teuro“ diskreditiert wurde. Die im VPI offiziell ausgewiesene Inflationsrate betrug aber etwa im April 2002 nur 1,5%. Wie lässt sich diese Diskrepanz erklären? Anfang Januar wurden einige Preise stark erhöht, die sich ins Bewusstsein der Bevölkerung besonders markant einprägten (etwa Preise in Restaurants sowie bestimmte Nahrungsmittel – so waren Tomaten aufgrund einer außergewöhnlichen Kälteperiode besonders knapp). Diese Güter gehen jedoch nur mit geringem Gewicht in den Warenkorb ein. Die Preise vieler anderer Güter, die im Warenkorb weit stärkeres Gewicht haben, sind dagegen zum offiziellen Kurs umgestellt worden (insbesondere Mieten und andere Preise, deren Umstellung gesetzlich geregelt war). Manche wurden gar – wie etwa Computer oder Produkte bestimmter Einzelhandelsketten – billiger. Tabelle 2.1 gibt einen Einblick, wie stark sich die Preise einzelner Komponenten des Warenkorbs des Verbraucherpreisindex zwischen April 2001 und April 2002 verändert haben. Die Tabelle greift nur einige Beispiele heraus und illustriert dabei zugleich, wie detailliert dieser Warenkorb zusammengesetzt ist.

Tabelle 2.1: Teuerung zwischen April 2001 und April 2002

Produkt/ Dienstleistung	Anteil am Warenkorb (in Promille)	in %	Produkt/ Dienstleistung	Anteil am Warenkorb (in Promille)	in %
Gesamtlebenshaltung	**1.000,00**	**1,5**	Instant-Bohnenkaffee	0,45	-0,4
Weißbrot	0,38	2,8	Verzehr von Suppen und Eintöpfen	1,11	5,2
Toastbrot	0,41	1,8	Verzehr von Getränken in Gaststätten	0,93	6,6
Roggenbrot	1,19	2,6	Verzehr von Fleischgerichten	8,23	4,2
Brötchen	3,27	7,3	Eintrittskarte zu Fußballspiel	1,39	4,3
Langkornreis, parboiled	0,37	1,3	Eintrittskarte für Hallenbad	2,18	1,8
Pizza, tiefgefroren	1,61	5,0	Tageszeitung, örtlich bevorzugtes Blatt, Abbonement	4,24	4,0

Produkt/Dienstleistung	Anteil am Warenkorb (in Promille)	in %	Produkt/Dienstleistung	Anteil am Warenkorb (in Promille)	in %
Kalbsschnitzel	0,13	1,4	Tageszeitungen, Abo, überreg.	0,23	4,9
Schweinekotelett	1,42	-4,7	Tageszeitung, örtlich bevorzugtes Blatt, Einzelverkauf	0,53	5,6
Schweinebauchfleisch	0,40	-2,7	Tageszeitung, Einzelverkauf, überregional	0,20	10,4
Schweinebraten	2,00	-2,8	Telekommunikationsdienstleistungen	20,96	2,2
Lammfleisch	0,17	4,6	Wohnung über 70 qm, Neubau, ZH, netto	71,51	1,2
Putenschnitzel	0,63	-2,6	Wohnung bis 70 qm, Neubau, ZH, netto	96,97	1,5
Kopfsalat	0,50	-21,4	extra leichtes Heizöl	7,90	-6,8
Lauch	0,63	-24,8	Neue Personenkraftwagen	28,59	2,3
Blumenkohl	0,19	-13,2	Gebrauchte Personenkraftwagen	4,22	-0,3
Weißkohl	0,17	32,3	Normalbenzin – Bleifrei, Markenware, Selbstbedienung	10,68	2,3
Wirsingkohl	0,15	15,2	Normalbenzin – Bleifrei, Ringfrei, Selbstbedienung	1,88	2,1
Tomaten	1,05	51,2	Superbenzin – Bleifrei,Markenware, Selbstbedienung	13,38	2,2
KiWi	0,61	29,6	Superbenzin – Bleifrei, Ringfrei, Selbstbedienung	2,12	2,3
grüne Paprikaschoten	0,78	-24,2	Flugreisen	14,46	-5,3
Salatgurken	0,53	-19,0	Bahn- und Busreisen	5,34	0,7
Zwiebeln	0,44	19,7	Ärztliche Dienstleistungen	6,62	0,7
Bananen	1,27	-4,1	Zahnärztliche Dienstleistungen	5,28	1,8
Tafeläpfel	2,08	11,5	Medikamente (einschl. Rezeptgebühr)	9,51	-1,2
Tafelbirnen	0,31	7,7	Zigaretten	19,07	6,1
Weintrauben	1,55	-9,6	PC, IBM-kompatibel	4,97	-20,9
Hundefutter	1,99	1,0	Monitor	1,21	-8,7
Bohnenkaffee	2,95	-2,4	Tintenstrahl-Farbdrucker	0,92	-15,5

Quelle: Statistisches Bundesamt, Wiesbaden.

Eine nahe liegende Frage ist, ob die verschiedenen Indizes für Inflationsraten zu den gleichen Ergebnissen kommen. Die Antwort liefert Abbildung 2.3. Sie zeigt, wie sich die beiden Raten seit 1960 in Deutschland entwickelt haben. Daraus ergeben sich zwei Folgerungen:

Abbildung 2.3: BIP-Deflator und Verbraucherpreisindex für Deutschland

Meistens ist der Verlauf von Verbraucherpreisindex (VPI) und BIP Deflator sehr ähnlich.

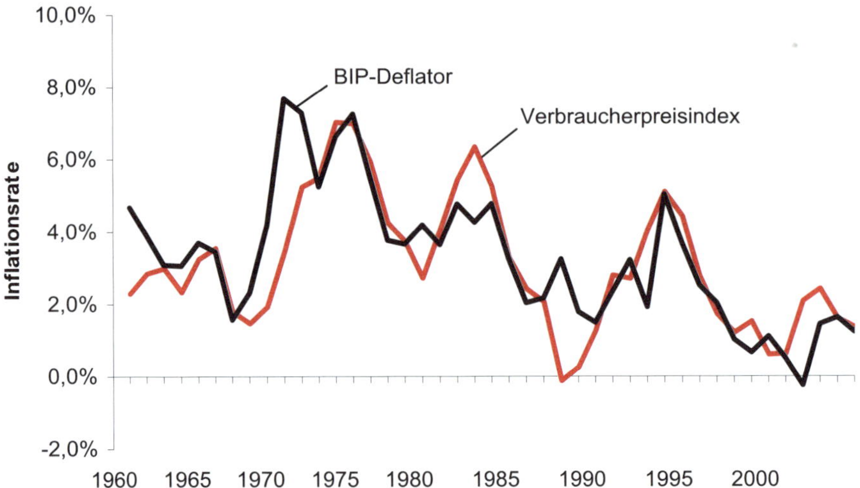

- Meistens verlaufen VPI und BIP-Deflator sehr ähnlich. In den meisten Jahren unterscheiden sich die Inflationsraten um weniger als einen Prozentpunkt.
- Aber es gibt klare Ausreißer. In den Jahren 1979 bis 1980 und 2000 stieg der VPI signifikant stärker als der BIP-Deflator; umgekehrt war dieser in den Jahren 1969 bis 1970 und 1986 höher. Es fällt nicht schwer, den Grund dafür zu erkennen:
  - Der BIP-Deflator ist der Preis aller in Deutschland produzierten Güter. Der VPI dagegen ist der Preis der konsumierten Güter. Die Preise von Rohöl als ein für Deutschland besonders wichtiges Importgut schwanken stark; aber auch der Wechselkurs ist erheblichen Schwankungen ausgesetzt. Beide Schwankungen können Abweichungen der beiden Indizes auslösen.
  - Wenn die Preise der Importgüter sich relativ zu den im Inland produzierten Gütern verteuern, steigt der VPI stärker als der BIP-Deflator. Sowohl in den Jahren 1979 bis 1980 wie 2000 kam es in Deutschland zu einer erheblichen Verteuerung von Importgütern: Ende der 70er Jahre verdoppelte sich der Preis für Rohöl. 2000 verteuerten sich aufgrund des schwachen Euro ganz generell die Importe. Umgekehrt verfielen 1986 die Rohölpreise; gleichzeitig wertete sich der Dollar relativ zur Deutschen Mark dramatisch ab. Beides wirkte sich stark dämpfend auf die Importgüterpreise aus; der Index für Lebenshaltungskosten (VPI) ging sogar zurück.

Von nun an werden wir davon ausgehen, dass beide Indizes gleich verlaufen, so dass wir nicht zwischen BIP-Deflator und VPI unterscheiden müssen. Deshalb sprechen wir einfach vom Preisniveau und bezeichnen es mit P_t.

Warum machen sich Ökonomen überhaupt Gedanken über Inflation?

Wenn eine höhere Inflationsrate nur bedeutet, dass alle Preise und Löhne gleichmäßig schneller steigen, wäre eine solche „reine" Inflation nur ein kleines Übel. Betrachten wir als Beispiel den Reallohn eines Arbeiters. Es ist der Lohn in Gütereinheiten gemessen, nicht in Euro. In einer Wirtschaft mit 10% Inflation würden alle Preise um 10% zunehmen. Aber auch alle Löhne würden im gleichen Umfang steigen. Der Reallohn bliebe unverändert. Die Preissteigerung wäre nicht ganz irrelevant: Die Leute müssten ständig mit anderen Preisen und Löhnen kalkulieren. Aber dies wäre eine vergleichsweise kleine Unannehmlichkeit. Sie rechtfertigt es kaum, dass Preisstabilität (eine niedrige Inflationsrate) ein zentrales Anliegen der Makroökonomie ist.

Die Reallöhne würden sich freilich selbst dann verändern, wenn es gar keine Inflation gäbe. Präziser sollten wir deshalb formulieren: „Reine" Inflation würde die Entwicklung der Reallöhne nicht beeinflussen.

Warum kümmern sich Ökonomen dann überhaupt um die Inflation? Einfach deshalb, weil es solch eine „reine" Inflation gar nicht gibt:

- In Zeiten steigender Preise nehmen nicht alle Preise und Löhne gleichmäßig zu. Inflation beeinflusst deshalb die Einkommensverteilung. In vielen Staaten werden etwa die Zahlungen an Rentner nicht an das Preisniveau angepasst; diese verlieren somit in Zeiten hoher Inflation an Kaufkraft. In Deutschland gilt das nicht; hier werden die Rentenzahlungen an die Lohnentwicklung und damit indirekt an die Inflationsrate des vergangenen Jahres angepasst. Aber in vielen Staaten mit hoher Inflation (wie etwa in Russland während der 90er Jahre) halten die Rentenzahlungen mit der Inflation nicht Schritt; viele Rentner bringt die hohe Inflation deshalb an das Rand des Existenzminimums.
- Inflation führt auch zu anderen Verzerrungen. Schwankungen der relativen Preise erzeugen verstärkte Unsicherheit; es wird schwieriger, rationale Zukunftsentscheidungen (etwa über Investitionspläne) zu treffen. Manche gesetzlich fixierten Preise passen sich langsamer als andere an; so verschieben sich die relativen Preise. Die mit hohen Steuersätzen verbundenen Verzerrungen verstärken sich bei steigender Inflation. Wenn etwa bei Steuerprogression die Steuersätze nicht an die Inflationsrate angepasst werden, geraten immer mehr Lohngruppen in eine höhere Progressionsstufe, obwohl die Realeinkommen gar nicht steigen.

Kurz zusammengefasst: Hohe Inflation verändert die Einkommensverteilung, erzeugt Unsicherheit und führt zu Verzerrungen. Wie gravierend diese Effekte sind, ob sie es etwa rechtfertigen, eine Inflationsrate von Null als Zielgröße anzustreben, ist eine heiß umstrittene Frage. Wir werden später im Buch wieder darauf zurückkommen.

Fokus: Reales BIP, Technischer Fortschritt und der Preis von Computern

Bei der Berechnung des realen BIP liegt eine Herausforderung darin, Qualitätsänderungen von Gütern zu erfassen. Bei Computern ist das am augenfälligsten. Es wäre absurd, zu behaupten, ein 2001 hergestellter Computer sei das gleiche Gut wie ein Computer aus dem Jahr 1981 (dem Jahr, als IBM den PC einführte): Zum gleichen Preis erhält man heute enorm viel mehr Rechenkapazität. Aber wie viel mehr? Erbringt ein heutiger Computer die 10-fache, 100-fache oder 1.000-fache Leistung? Wie sollen wir die verschiedenen Komponenten wie Rechengeschwindigkeit, Speicherkapazität auf der Festplatte oder den Zugang zum Internet bewerten?

Um diese Qualitätsverbesserungen zu erfassen, beobachten Ökonomen, wie sich am Markt die Preise für Computer mit unterschiedlichen Charakteristika in einem bestimmten Jahr unterscheiden. Nehmen wir als Beispiel an, aus den Preisen unterschiedlicher Modelle gehe hervor, dass die Leute bereit sind, 10% mehr für einen Computer mit 1.000 Megahertz zu zahlen im Vergleich zu einem Computer mit 600 Megahertz. Nehmen wir weiter an, alle in diesem Jahr neu produzierten Computer sind mit 1.000 Megahertz ausgestattet, die vom vergangenen Jahr dagegen nur mit 600 Megahertz. Schließlich sei der Preis in Euro für einen neuen Computer der gleiche wie der Preis für einen neuen Computer im letzten Jahr. Dann interpretieren wir dies so, dass der Preis für neue Computer im Vergleich zum Vorjahr um 10% billiger geworden ist.

Ein Preisindex, der nach einem solchen Ansatz bestimmt wird, wird hedonischer Preisindex genannt (das Wort „hedone" bedeutet auf griechisch Freude – man versucht also, die mit einem bestimmten Produkt verbundenen Nutzen stiftenden Eigenschaften zu berücksichtigen). Der hedonische Preisindex behandelt Güter als eine bestimmte Mischung von Charakteristika (wie Geschwindigkeit, Speicherplatz usw.) In den USA wird er seit Anfang 1998 verwendet, um die Preisänderungen komplexer, schnell veränderlicher Güter wie Computer zu berechnen. Nach Schätzungen des Department of Commerce hat sich die Qualität neuer Computer seit 1981 jährlich um 15% verbessert. Anders ausgedrückt: Ein typischer PC bietet 2001 genau $1{,}15^{21}$ = 19-mal mehr Computerdienstleistungen als ein typischer PC aus dem Jahr 1981.

Computer bieten nicht nur mehr Leistung; sie sind auch billiger geworden. Der Preis für einen PC ist seit 1981 jährlich um 10% gesunken. Wenn man dies zusätzlich berücksichtigt, ist der um die Qualität bereinigte Preis pro Jahr durchschnittlich um 15% + 10% = 25% gefallen. Anders formuliert: Für jeden Euro, den wir heute in einen Computer investieren, erhalten wir $1{,}25^{21}$ = 108-mal mehr Computerdienstleistungen als 1,95583 DM investiert im Jahr 1981.

2.2.2 Die Arbeitslosenquote

Einmal im Monat gibt die Bundesanstalt für Arbeit in Nürnberg die Arbeitslosenquote bekannt. Wenn wir die Zahlen dort mit den von der OECD veröffentlichten Daten vergleichen, zeigen sich gravierende Unterschiede. Hat sich da jemand verrechnet? Welchen Daten sollten wir vertrauen?

Wie berechnet man überhaupt die Arbeitslosenquote? Beginnen wir mit der Definition der Erwerbspersonen. Die Zahl der Erwerbspersonen L ergibt sich aus der Summe der Beschäftigten N und der Arbeitslosen U:

$$\underset{\text{Erwerbspersonen}}{L} = \underset{\text{Beschäftigte}}{N} + \underset{\text{Arbeitslose}}{U}$$

Die Arbeitslosenquote ergibt sich als Quotient der Zahl der Arbeitslosen und der Zahl der Erwerbspersonen:

$$u = \frac{U}{L}$$

Eigentlich sollte es relativ einfach sein, zu ermitteln, wer beschäftigt ist. Aber wie beurteilen wir, ob jemand arbeitslos oder gar nicht bereit ist, zu arbeiten?

Bis vor kurzem war dafür in Deutschland die Zahl der offiziell bei der Bundesanstalt für Arbeit registrierten Arbeitslosen die einzige verfügbare Quelle. All die Arbeitskräfte, die dort registriert sind, werden als arbeitslos gezählt. Genauso ging man lange Zeit in vielen anderen europäischen Staaten vor. Dies liefert aber kein zuverlässiges Bild: Wie viele von den wirklich Arbeitslosen tatsächlich erfasst werden, schwankt sehr stark zwischen verschiedenen Staaten und auch über die Zeit. Diejenigen, die keinen Anreiz haben, sich zu registrieren, nehmen sich vielleicht gar nicht die Zeit, sich zu melden und werden deshalb nicht gezählt. In Staaten mit geringer Arbeitslosenunterstützung melden sich deshalb weniger arbeitslos als in Staaten mit freizügigen Regelungen, so dass die Statistik kein zuverlässiges Bild liefert.

International vergleichbare Zahlen setzen jedoch voraus, dass auch tatsächlich „das Gleiche mit den gleichen Methoden" gemessen wird. Arbeitsmarktzahlen, die auf spezifisch nationalen sozialrechtlichen Regelungen beruhen, sind dazu kaum geeignet. Die Internationale Arbeitsorganisation (ILO) in Genf hat deshalb seit 1982 Konzepte und Definitionen entwickelt, um Arbeitslosigkeit nach einheitlichen Kriterien international vergleichbar zu erfassen.

Diese Konzepte werden mittlerweile in der Arbeitsmarktberichterstattung von vielen europäischen Staaten angewandt und von OECD und Eurostat verwendet. Bis 2002 wurden in Deutschland nur einmal pro Jahr Daten zum Erwerbsstatus nach dem ILO-Konzept erhoben – in einer amtlichen Repräsentativstatistik (dem Mikrozensus), an der jährlich 1% aller Haushalte (insgesamt rund 370.000 Haushalte mit 820.000 Personen) in Deutschland beteiligt sind. Monatliche Zahlen, aber eben nach ganz anderer Methode, lieferte nur die Bundesanstalt für Arbeit. Seit 2003 ermittelt das Statistische Bundesamt in Wiesbaden ILO-Daten in einer monatlichen telefonischen Bevölkerungsbefragung zum "Arbeitsmarkt in Deutschland". Während das BIP schon seit 1950 weltweit nach einheitlichen Kriterien berechnet wird, setzen sich für den Arbeitsmarkt erst in jüngster Zeit einheitliche, von der ILO entwickelte Indikatoren durch.

Nach der Definition der ILO zählen zu den Erwerbslosen all die Personen, die laut Interview tatsächlich ohne Arbeit sind, innerhalb von zwei Wochen eine Beschäftigung aufnehmen können und in den letzten vier Wochen selbst eine Arbeit gesucht haben. Dies gilt unabhängig davon, ob sie als arbeitslos gemeldet sind. Insofern ist diese Definition umfassender. Andererseits fallen registrierte Arbeitslose, die gar nicht vermittelt werden wollen, aus dem Pool ganz heraus. Teilzeitbeschäftigte, die eine geringfügige Tätigkeit ausüben, gelten nach ILO-Definition als erwerbstätig; von der Bundesanstalt für Arbeit werden sie dagegen als arbeitslos registriert. Die nach ILO Kriterien „bereinigte" Statistik unterscheidet sich also sowohl im Zähler wie im Nenner von der Statistik der Nürnberger Bundesanstalt für Arbeit.

Die so für Deutschland berechneten Raten liegen deutlich unter denen der Nürnberger Statistik. Welche Statistik sollten wir nun verwenden? Die Nürnberger Statistik erfasst diejenigen, die vom Arbeitsamt Geld bekommen, weil sie als arbeitslos registriert sind. Wenn ein Teil davon gar nicht bereit ist zu arbeiten, so liegt die wirtschaftspolitische Herausforderung darin, geeignete Anreize dafür zu setzen, Jobangebote wahrzunehmen. Die ILO-Statistik versucht, diejenigen zu erfassen, die arbeitswillig sind, aber trotzdem keinen Job finden. Auch in Deutschland gewinnt diese internationale Klassifikation zunehmend an Bedeutung. Änderungen der Statistik sind immer dem Verdacht ausgesetzt, Manipulationsspielräume zu nutzen, um die wahre Entwicklung verschleiern zu wollen. Arbeitslosenzahlen sind politisch besonders brisant. Ein Vorteil der ILO-Indikatoren liegt – neben der Vergleichbarkeit – freilich gerade in ihrer politischen Neutralität. Weil sie von einer internationalen Organisation entwickelt wurden, sind sie der Einflussnahme durch nationale Interessen weitgehend entzogen.

Dennoch sollten wir uns der Grenzen ihrer Aussagekraft bewusst bleiben. So zählen etwa diejenigen, die weder arbeiten noch einen Job suchen, gar nicht zu den Erwerbspersonen. Ist die Arbeitslosigkeit hoch, resignieren aber viele, die gerade entlassen wurden, und geben es ganz auf, nach Arbeit zu suchen. Sie fallen völlig aus der Statistik heraus. Im Extremfall, falls alle Arbeitslosen gar nicht mehr nach einem Job suchen würden, wäre die Arbeitslosenquote gleich Null. Dies wäre freilich ein äußerst fragwürdiger Indikator für das, was sich am Arbeitsmarkt abspielt. Typischerweise beobachten wir, dass mit steigender Arbeitslosigkeit auch immer mehr Personen aus dem Erwerbsleben ausscheiden. Anders formuliert: Zunehmende Arbeitslosigkeit geht einher mit einer niedrigen Partizipationsrate. Diese ist definiert als Quotient aus der Zahl der Erwerbspersonen im Verhältnis zur Gesamtzahl der erwerbsfähigen Bevölkerung. Nach der Wiedervereinigung ist etwa in Ostdeutschland die Zahl der Arbeitslosen dramatisch gestiegen; gleichzeitig aber gab es einen enormen Rückgang der Erwerbsquote. Dies betrifft nicht allein Frührentner. Auch viele weibliche Arbeitnehmer, die keinen Job mehr fanden, zogen sich ganz vom Arbeitsmarkt zurück.

Makroökonomen nehmen Arbeitslosigkeit aus zwei Gründen besonders ernst: Einmal hat Arbeitslosigkeit enorme Auswirkungen auf das soziale Gefüge eines Landes. Zum anderen liefert uns die Arbeitslosenquote Informationen darüber, ob die Wirtschaftsaktivität über oder unterhalb der Normalauslastung liegt: Schöpft ein Land sein Potenzial, Wohlstand zu schaffen, auch wirklich aus – oder liegen Ressourcen (unbeschäftigte Arbeitskräfte) ungenutzt brach?

Soziale Konsequenzen der Arbeitslosigkeit

Arbeitslosigkeit verändert das Leben der Betroffenen radikal. Sie bedeutet eine enorme finanzielle und psychische Belastung, auch wenn die Arbeitslosenunterstützung heute diese Belastungen besser abfedert als zu den Zeiten der Weltwirtschaftskrise um 1930. Wie stark diese Belastungen sind, hängt stark von der Dauer der Arbeitslosigkeit ab. Ein gravierendes Problem ist in Deutschland die hohe Zahl von Langzeitarbeitslosen, von denen viele länger als zwei Jahre ohne Job sind. Die Situation in den USA ist ganz anders. Dort verlieren jeden Monat zwar viele ihren Arbeitsplatz; viele Arbeitslose (im Durchschnitt 25-30% pro Monat) finden aber auch einen neuen Job. Doch selbst in den USA leiden manche Gruppen (Jugendliche, ethnische Minderheiten und Ungelernte) überproportional unter der Arbeitslosigkeit. Sie bleiben länger arbeitslos und sind besonders gefährdet, ihren Job zu verlieren, wenn die Arbeitslosenquote steigt.

Arbeitslosigkeit und Wachstum

In den meisten Staaten gibt es eine eindeutige Beziehung zwischen der Veränderung der Arbeitslosenquote und dem BIP-Wachstum. Diese Beziehung wird als Gesetz von Okun bezeichnet. Sie wurde erstmals in den 60er Jahren von dem Ökonomen Arthur Okun identifiziert und analysiert. Abbildung 2.4 stellt die Beziehung für Deutschland und die USA seit 1960 dar. Jeder Punkt in der Abbildung gibt für ein bestimmtes Jahr die Wachstumsrate des BIP und die Veränderung der Arbeitslosenquote an. (Solche Abbildungen, die über einen bestimmten Zeitraum die Entwicklung einer Variablen gegenüber einer anderen abtragen, bezeichnet man als Streudiagramm.) Die Abbildung macht Folgendes deutlich:

Das Gesetz von Okun: Hohe Wachstumsraten des BIP: Arbeitslosenquote ↓; Niedrige Wachstumsraten des BIP: Arbeitslosenquote ↑

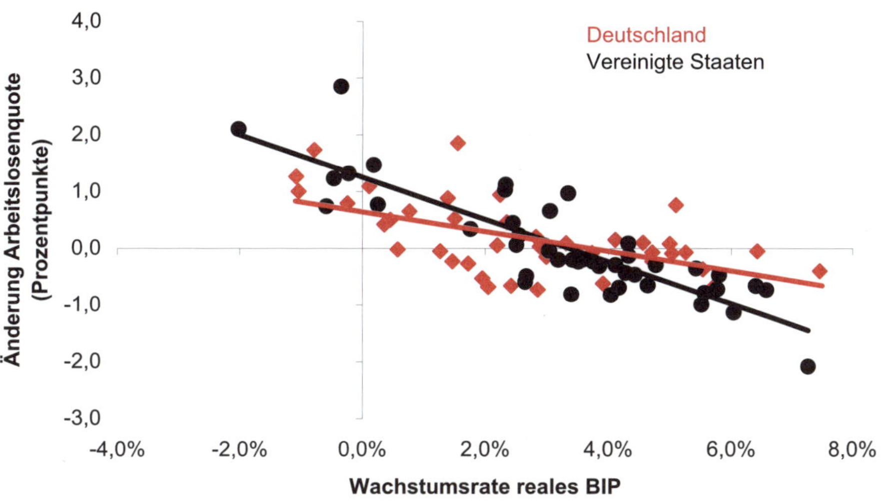

Abbildung 2.4: Gesetz von Okun für USA und Deutschland

Veränderung der Arbeitslosenquote vs. Wachstumsraten des BIP: USA und Deutschland, 1961 – 2002. Hohe Wachstumsraten des BIP gehen im Normalfall mit einem Rückgang der Arbeitslosenquote einher, niedrige Wachstumsraten mit einem Anstieg der Arbeitslosenquote.

- Hohe Wachstumsraten des BIP gehen im Normalfall mit einem Rückgang der Arbeitslosenquote einher.
- Zeiten niedriger Wachstumsraten des BIP sind im Regelfall auch Phasen steigender Arbeitslosenquoten.

Das erscheint plausibel: Hohes BIP-Wachstum bedeutet, dass die Unternehmen vermehrt produzieren. Hierzu müssen sie Arbeitskräfte einstellen. Starkes Beschäftigungswachstum hat einen Rückgang der Arbeitslosigkeit zur Folge. Umgekehrt gilt bei nachlassendem Wachstum: Die Unternehmen setzen verstärkt Arbeitskräfte frei; die Arbeitslosigkeit steigt. Diese Beziehung führt zu einer einfachen, aber wichtigen Folgerung: Ist die aktuelle Arbeitslosenquote zu hoch, so kann sie nur durch ein stärkeres Wachstum abgebaut werden. Liegt die Arbeitslosenquote dagegen auf einem normalen Niveau, wird sie konstant bleiben, wenn sich die Wachstumsrate nicht ändert. (Was zu hoch, normal oder gar zu niedrig bedeutet, wird uns in vielen Kapiteln des Buches beschäftigen; wir lassen es momentan offen.) Die Arbeitslosenquote gibt uns also Hinweise darauf, wo die Wirtschaft gerade steht und wie stark das Wachstum in Zukunft sein sollte.

Warum aber sollte die Arbeitslosenquote je zu niedrig sein? Betrachten wie die Vereinigten Staaten Ende 2000. Viele Ökonomen waren damals der Meinung, die Wirtschaft sei überhitzt, und die ungewöhnlich niedrige Arbeitslosenquote berge die Gefahr hoher Preissteigerungen. Sie plädierten dafür, das Wachstum zu dämpfen. Es stellt sich mittlerweile heraus, dass der Rückgang stärker war als erhofft: Die amerikanische Wirtschaft geriet 2001 in eine Rezession.

Inflation und Arbeitslosigkeit

Gibt es eine Beziehung zwischen Inflation und Arbeitslosigkeit? Oder führt Inflation ein Eigenleben? Nun, es besteht ein wichtiger Zusammenhang zwischen beiden Variablen, aber er ist keineswegs stabil. Die Beziehung verändert sich im Zeitablauf; sie variiert auch zwischen verschiedenen Staaten.

Die Phillipskurve. Niedrige Arbeitslosenquote: Inflation ↑; Hohe Arbeitslosenquote: Inflation ↓

Abbildung 2.5 zeigt den Zusammenhang für Deutschland seit 1970. Auf der vertikalen Achse ist die Veränderung der Inflationsrate (VPI) abgetragen (genauer: Die Inflationsrate im betrachteten Jahr abzüglich der Inflationsrate des Vorjahres). Die horizontale Achse zeigt die Arbeitslosenquote. Jeder Punkt bezeichnet für ein bestimmtes Jahr die Kombination von Arbeitslosenquote und Änderung der Inflationsrate. Abbildung 2.5 zeigt eine negative Beziehung zwischen diesen beiden Größen:

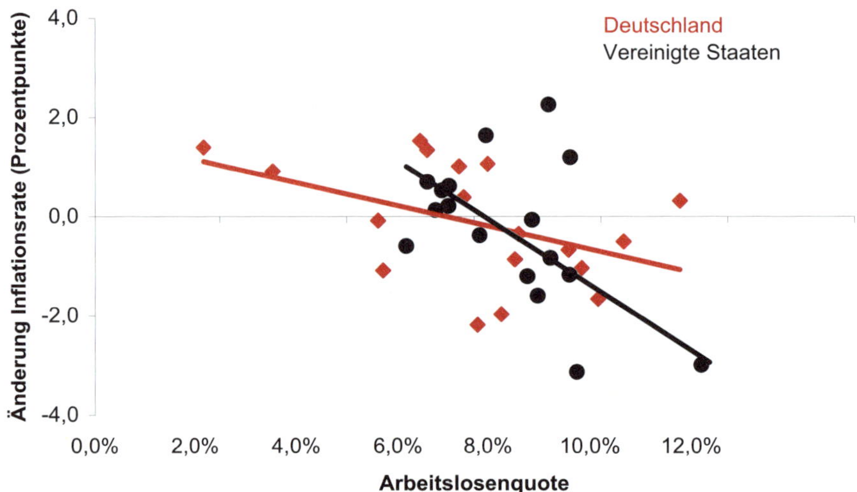

Abbildung 2.5: Phillipskurve für USA und Deutschland für den Zeitraum von 1980-1997

Veränderung der Inflationsrate vs. Wachstumsraten des BIP: USA und Deutschland, 1980 – 1997. Ist die Arbeitslosenquote niedrig, besteht eine Tendenz für ansteigende Inflation. In Zeiten hoher Arbeitslosenquoten geht die Inflationsrate tendenziell zurück.

- Ist die Arbeitslosenquote niedrig, besteht eine Tendenz für ansteigende Inflation.
- In Zeiten hoher Arbeitslosenquoten geht die Inflationsrate tendenziell zurück.

In Kapitel 8 werden wir sehen, dass sich die Phillipskurve stark verändert hat seit der Zeit, als Phillips sie zum ersten Mal dokumentierte. Sie wird aber immer noch so bezeichnet.

Diese negative Beziehung bezeichnet man als Phillipskurve. A. W. Phillips war der erste, der 1958 die Beziehung zwischen Inflation und Arbeitslosigkeit dokumentierte. Woher kommt dieser Zusammenhang? Warum verändert er sich im Zeitablauf? Welche Folgerungen ergeben sich daraus? Diese Fragen stehen im Zentrum der späteren Kapitel. Aber, anknüpfend an die Diskussion der Arbeitslosenquote in den USA im Jahr 2000, ist schon jetzt eine Implikation klar zu erkennen: Wenn die Arbeitslosenquote sehr niedrig ist, ist es sehr wahrscheinlich, dass die Inflation ansteigt.

Fokus: Hatte Spanien 1994 wirklich 24% Arbeitslose?

1994 stieg die offizielle Arbeitslosenquote in Spanien auf 24%. Seither ist sie zurückgegangen; sie liegt aber immer noch über 10%. 24% entspricht ungefähr der Arbeitslosenquote in den Vereinigten Staaten 1933, im schlimmsten Jahr der Weltwirtschaftskrise. Aber Spanien 1994 wirkte überhaupt nicht wie ein Land in einer schweren Krise. Es gab wenige Obdachlose; die meisten Städte machten einen wohlhabenden Eindruck. Sollte man wirklich glauben, dass fast ein Viertel der Spanischen Erwerbstätigen verzweifelt nach Arbeit suchte?

Um diese Frage zu beantworten, müssen wir zunächst prüfen, wie die Arbeitslosenquote in Spanien berechnet wird. Wie in den USA wird eine große Befragung von 60.000 Haushalten durchgeführt. Diejenigen, die angeben, dass sie keine Arbeit haben, aber Arbeit suchen, werden als Arbeitslose gezählt.

Können wir sicher sein, dass die Leute wahrheitsgemäß antworten? Nein. Es gibt zwar keinen offensichtlichen Anreiz zum Lügen (die Antwort ist vertraulich; von ihr hängt nicht ab, ob man Arbeitslosenunterstützung bezieht). Dennoch ist nicht auszuschließen, dass Schwarzarbeiter sich lieber als arbeitslos bezeichnen, um kein Risiko einzugehen, entdeckt zu werden.

Schwarzarbeit – der Teil der Wirtschaftsaktivität, die nicht in der offiziellen Statistik erfasst wird (sei es, weil illegale Geschäfte betrieben werden oder zur Steuerhinterziehung) ist ein altes Problem in Spanien. Genau deshalb wissen wir auch recht gut Bescheid über die dortige Schwarzarbeit, viel besser in den meisten anderen Staaten. 1985 hat die spanische Regierung eine eingehende Befragung von 60.000 Haushalten zur Schwarzarbeit durchgeführt, um das Problem besser zu verstehen. Um sicher zu gehen, dass die Befragten die Wahrheit sagen, wurden sehr detaillierte Fragen gestellt, wie die Leute ihre Zeit verbrachten. Die Antworten waren aufschlussreich: Die Schwarzarbeit in Spanien – definiert als Anteil derjenigen, die arbeiteten, ohne es anzugeben – lag bei 10-15% der Beschäftigung. Aber dabei handelte es sich meist um Leute, die schon einen Job hatten und zusätzlich noch einen zweiten oder dritten annahmen. Der besten Schätzung zufolge waren nur 15% der Arbeitslosen Schwarzarbeiter. Die Arbeitslosenquote in Spanien, offiziell bei 21%, lag damit eher bei 18%. Das ist aber immer noch eine enorm hohe Zahl. Schwarzarbeit in Spanien ist zwar hoch, aber es sind eben meist nicht die Arbeitslosen, die auf dem Schwarzmarkt tätig sind.

Wie können die Arbeitslosen überleben? An einer großzügigen Arbeitslosenunterstützung kann es nicht liegen. Die Unterstützung ist nicht höher als in anderen OECD-Staaten – abgesehen von zwei Regionen (Andalusien und Extremadura) mit großzügigen Regelungen (dort lag die Arbeitslosenquote noch höher als im Rest Spaniens). Arbeitslose erhalten üblicherweise während der ersten sechs Monate 70% des Lohns, danach nur mehr 60%. Die Zahlungen sind befristet auf 4 bis 24 Monate, je nachdem, wie lange vorher gearbeitet wurde. Die 30% der Arbeitslosen, die länger als zwei Jahre ohne Beschäftigung sind, erhalten keine Arbeitslosenunterstützung.

Wovon aber leben die Arbeitslosen dann? Die Antwort liegt in der spanischen Familienstruktur. Die Arbeitslosenquote ist unter den jungen Männern am höchsten. 1994 lag sie für 16- bis 19-Jährige bei fast 50%; Für die Altersgruppe zwischen 20 und 24 lag sie bei 40%. Die jungen Männer bleiben bei ihren Eltern bis sie Ende 20 sind. Wenn man Haushalte statt Individuen betrachtet, lag der Anteil der Haushalte, in denen keiner einen Job hatte, 1994 bei weniger als 10%. Der Anteil der Haushalte, die weder Lohneinkommen noch Arbeitslosenunterstützung erhielten, war nur 3%. Kurz, die Familienstruktur (Transfers vom Rest der Familie) stellt die Versorgung der Arbeitslosen sicher.

2.3 Ein Fahrplan durch das Buch

Nachdem wir nun die wichtigsten Größen definiert haben, kommen wir zu einer zentralen Frage der Makroökonomie: Was bestimmt das gesamtwirtschaftliche Produktionsniveau?

- Beim Lesen des Wirtschaftsteils der Tageszeitung erhalten wir eine erste Antwort: Änderungen der Produktion sind auf veränderte Güternachfrage zurückzuführen. So lesen wir täglich Meldungen der Art: „Als Folge eines Rückgangs des Konsumentenvertrauens ist der Absatz von Mittelklassewagen im letzten Monat eingebrochen." Solche Erklärungen verdeutlichen die Rolle, die der Nachfrage bei der Bestimmung der Produktion zukommt – dabei geht es um Faktoren wie Konsumentenvertrauen, Steuersätze und Zinsen.
- Aber selbst, wenn alle Ostdeutschen plötzlich wie wild Autos kaufen würden, würde das Produktionsniveau in Ostdeutschland noch lange nicht dem Niveau der USA entsprechen. Dies legt eine zweite Antwort nahe: Es kommt auf die Angebotsseite an; darauf, wie viel die Wirtschaft überhaupt produzieren kann. Dies hängt ab vom technischen Wissen, dem Kapitalbestand, der Zahl der Erwerbsfähigen und den Kenntnissen der Arbeitskräfte. Diese Faktoren sind fundamental für das Produktionsniveau, nicht das Konsumentenvertrauen.
- Das letzte Argument kann noch einen Schritt weiter geführt werden: Weder Technologie, noch Kapitalbestand oder Fachkenntnisse sind etwas Naturgegebenes. Der Grad an technologischer Perfektion hängt ab von der Innovationsfähigkeit und der Bereitschaft eines Landes, neue Technologien einzuführen. Der Kapitalbestand wird von der Sparrate beeinflusst. Der Ausbildungsstand der Arbeitskräfte ist eine Funktion der Qualität des Bildungssystems. Auch andere Faktoren spielen eine Rolle. Um effizient zu produzieren, brauchen die Unternehmen ein verlässliches Rechtssystem und eine Regierung, die garantiert, Eigentumsrechte durchzusetzen. Dies führt zur dritten Antwort: Die wirklichen Determinanten sind Faktoren wie das Bildungssystem, die Sparrate und die Qualität der Regierungen. Darauf sollten wir unsere Aufmerksamkeit richten, um zu verstehen, was die Produktion bestimmt.

Welche dieser Antworten ist richtig? Alle drei treffen zu. Aber jede bezieht sich auf einen anderen Zeithorizont.

- Kurzfristig, über ein paar Jahre hin, ist die erste Antwort korrekt. Jährliche Schwankungen der Produktion werden von Nachfrageschwankungen ausgelöst. Solche Schwankungen (hervorgerufen etwa durch verändertes Konsumentenvertrauen) können einen Produktionseinbruch (eine Rezession) oder einen Boom (eine Expansion) auslösen.
- Auf mittlere Frist, über eine Dekade hinweg, trifft die zweite Antwort zu. In diesem Zeitraum kehrt die Wirtschaft auf das Niveau zurück, das von Angebotsfaktoren bestimmt ist: Kapitalbestand, Arbeitsangebot und technisches Wissen. Über den Zeitraum einer Dekade hin verändern sich diese Faktoren nur wenig, sodass man sie ruhig als gegeben ansehen kann.

- Langfristig – über mehr als 50 Jahre hinweg, ist die dritte Antwort die richtige. Um zu verstehen, warum Japan nach dem zweiten Weltkrieg mehr als 40 Jahre lang so viel schneller wuchs als die USA, müssen wir erklären, warum sowohl der Kapitalbestand wie das technische Wissen in Japan so viel schneller gewachsen sind. Wir müssen auf Faktoren wie das Bildungssystem, die Sparrate und die Rolle der Regierungen achten.

Auf dieser Art von Denken basiert die Makroökonomie, und es ist auch die Grundlage des Aufbaus dieses Buches.

2.3.1 Eine Reise durch das Buch

Das Buch setzt sich aus drei Teilen zusammen: Aus einem Kern, der in die Grundlagen der kurz-, mittel- und langfristigen Analyse einführt; einem Teil mit drei Erweiterungen, der die Analyse wichtiger Aspekte vertieft; und schließlich einer abschließenden Analyse makroökonomischer Wirtschaftspolitik. Der Aufbau wird in der Abbildung auf Seite 10 beschrieben. Schauen wir ihn detaillierter an:

Der Kern

Der Kern setzt sich aus drei Teilen zusammen – der kurzen, der mittleren und der langen Frist.

- Die Kapitel 3 bis 5 beschäftigen sich mit der kurzen Frist.

  Im Mittelpunkt stehen dabei die Bestimmungsgründe der Güternachfrage. Um uns darauf zu konzentrieren, nehmen wir an, dass die Unternehmen bereit sind, jede beliebige Menge zu einem gegebenen Preis zu produzieren. Anders formuliert: Wir vernachlässigen Beschränkungen der Angebotsseite.

  Kapitel 3 untersucht den Gütermarkt; Kapitel 4 Geld- und Finanzmärkte und Kapitel 5 betrachtet die Wechselbeziehungen zwischen diesen Märkten.

  Dieser Modellrahmen ist als *IS-LM*-Modell bekannt. Er wurde in den späten 30er Jahren entwickelt. Das *IS-LM*-Modell ist aber immer noch der einfachste Ansatz, um kurzfristige Einflussfaktoren zu untersuchen. Er bleibt weiterhin ein zentraler Baustein der Makroökonomie und ermöglicht wesentliche Einsichten in die Rolle von Geld- und Fiskalpolitik.

- Kapitel 6 bis 9 betrachten mittelfristige Determinanten der Produktion. Sie untersuchen die Angebotsseite und ihre Interaktion mit der Nachfrage.

  Kapitel 6 führt den Arbeitsmarkt ein. Kapitel 7 bringt Güter-, Geld und Arbeitsmärkte zusammen. Es zeigt, wie man kurz- und mittelfristige Determinanten der Produktion gemeinsam betrachtet. Das in diesem Kapitel entwickelte Modell bezeichnet man als das *AS-AD*-Modell – ein Modell mit aggregiertem Angebot und aggregierter Nachfrage. Kapitel 8 und 9 zeigen, wie man es für eine Vielzahl von Fragen nutzen kann, angefangen von der Beziehung zwischen Inflation und Produktion bis hin zur Rolle von Geld- und Fiskalpolitik in der kurzen und mittleren Frist.

- Die Kapitel 10 bis 13 untersuchen die lange Frist.

  Kapitel 10 präsentiert stilisierte Fakten beim Vergleich von Wachstumsraten zwischen Ländern und über längere Perioden hinweg. Die Kapitel 11 und 12 diskutieren die Bedeutung von Kapitalakkumulation und technischem Fortschritt für das Wachstum. Kapitel 13 betrachtet das Wechselspiel zwischen technischem Fortschritt, Löhnen und Arbeitslosigkeit.

Erweiterungen

Die Kernkapitel vermitteln eine Denkmethode, um die Determinanten von Produktion, Arbeitslosigkeit und Inflation in der kurzen, mittleren und langen Frist zu verstehen. Sie vernachlässigen aber einige Elemente, die wir in drei Erweiterungen betrachten.

- Die Kernkapitel vernachlässigen weitgehend die Rolle von Erwartungen. Erwartungen haben in der Makroökonomie aber eine wichtige Funktion. Fast alle wirtschaftlichen Entscheidungen – egal, ob Haushalte über Aktienkäufe nachdenken oder Unternehmer über den Kauf von Investitionsgütern – hängen von Erwartungen über zukünftige Erträge und zukünftige Zinsen ab. Geld- und Fiskalpolitik wirken nicht nur direkt auf die Wirtschaftsaktivität, sondern auch indirekt, indem sie die Erwartungen beeinflussen.

  Die Kapitel 14 bis 17 behandeln die Rolle von Erwartungen und ihre Bedeutung für Geld- und Fiskalpolitik.

- Die Kernkapitel behandeln eine geschlossene Wirtschaft; sie vernachlässigen den Einfluss des Auslands. Aber die Wirtschaftsräume werden immer offener, sowohl auf Güter- wie Finanzmärkten gewinnt der Handel mit anderen Volkswirtschaften immer mehr an Bedeutung. Einzelne Volkswirtschaften werden damit immer stärker voneinander abhängig.

  Die Art dieser Wechselbeziehungen und ihre Implikationen für Geld- und Fiskalpolitik sind das Thema der Kapitel 18 bis 21.

- Die Kernkapitel zu kurzer und mittlerer Frist untersuchen Schwankungen der Produktion – Rezessionen und Booms. Manchmal aber trifft das Wort „Schwankungen“ gar nicht zu. Etwas geht dann grundlegend schief. Inflation erreicht extreme Werte. Oder die Arbeitslosenquote bleibt für lange Zeit sehr hoch, wie während der Weltwirtschaftskrise. Oder ein Land geht durch eine endlos lange Periode wirtschaftlicher Stagnation, wie etwa Japan seit 1990.

  Diese Pathologien sind Thema der Kapitel 22 und 23.

Zurück zur Politik

Geld- und Fiskalpolitik spielen in fast jedem Kapitel eine Rolle. Aber nachdem wir den Kern und die Erweiterungen verstanden haben, ist es wichtig, die Rolle der Politik noch einmal umfassend und vor dem Hintergrund der dann bekannten Zusammenhänge zu diskutieren.

- Kapitel 24 behandelt allgemeine Fragen der Wirtschaftspolitik: Wissen Makroökonomen überhaupt genug, um Politikempfehlungen auszusprechen? Können wir darauf vertrauen, dass Politiker das Richtige tun?
- Kapitel 25 und 26 beurteilen dann die Rolle von Geld- und Fiskalpolitik.

Nachwort

In der Makroökonomie gibt es keinen starren Block an Wissen. Sie entwickelt sich über die Zeit fort. In Kapitel 27, dem letzten des Buchs, schauen wir auf die jüngere Geschichte der Makroökonomie und fragen, wie Makroökonomen zu den Einschätzungen gelangten, die sie heute vertreten. Von außen sieht Makroökonomie häufig wie ein Feld aus, das zwischen verschiedenen Schulen aufgeteilt ist: Keynesianer, Monetaristen, Neue Klassische Makroökonomen, Verfechter der Angebotsseite, und so weiter – alle schlagen sich die Argumente gegenseitig um die Ohren. Der Forschungsprozess läuft in der Realität aber in viel geregelteren Bahnen ab; er ist weit produktiver als dieses Bild suggeriert. Wir arbeiten heraus, was wir als die wesentlichen Unterschiede zwischen den Positionen verschiedener Makroökonomen betrachten; aber auch die Aussagen, die heute den Kern der Makroökonomie ausmachen.

Zusammenfassung

- Wir können das BIP als Maß für die gesamtwirtschaftliche Aktivität auf drei Arten erfassen: Von der Entstehungs-, Verteilungs- und der Verwendungsseite. **Das BIP misst für die Volkswirtschaft in einem bestimmten Zeitraum: (1) die gesamte Wertschöpfung aller Endprodukte und Dienstleistungen (die Summe aller Mehrwerte), (2) die Summe aller Einkommen und (3) den Wert aller Ausgaben (die gesamtwirtschaftliche Nachfrage).**
- Das nominale BIP ist die zu den jeweiligen Preisen bewertete Summe aller produzierten Endprodukte. Änderungen des nominalen BIP können auf Mengen- oder auf Preisänderungen beruhen. Das reale BIP ist ein Maß für die Güterproduktion. Änderungen des realen BIP erfassen nur die Mengeneffekte.
- Die Zahl der Erwerbspersonen ergibt sich als Summe aus den Beschäftigten und den Arbeitslosen. Die Arbeitslosenquote ist der Quotient aus der Zahl der Arbeitslosen und der Erwerbstätigen. Nach der ILO-Klassifikation ist eine Person arbeitslos, wenn sie keinen Arbeitsplatz hat und in den vergangenen vier Wochen selbst eine Arbeit gesucht hat.
- Die empirische Beziehung zwischen BIP-Wachstum und der Veränderung der Arbeitslosenquote wird als Gesetz von Okun bezeichnet. Diese Beziehung zeigt, dass höheres Wirtschaftswachstum mit einem Rückgang der Arbeitslosenquote einhergeht.
- Inflation bezeichnet den Anstieg des allgemeinen Preisniveaus. Die Inflationsrate ist die Rate, mit der das Preisniveau steigt. Makroökonomen verwenden zwei Maße für das Preisniveau: (1) Den BIP-Deflator – den Durchschnittspreis aller produzierten Endgüter und (2) den Verbraucherpreisindex (VPI), den Durchschnittspreis der in der Volkswirtschaft konsumierten Güter.
- Die empirische Beziehung zwischen Inflationsrate und Arbeitslosenquote wird Phillipskurve genannt. Diese Beziehung hat sich im Lauf der Zeit verändert; sie variiert auch zwischen verschiedenen Staaten. Sie besagt aber Folgendes: Bei niedriger Arbeitslosenquote tendiert die Inflation dazu, zu steigen; bei hoher Arbeitslosenquote dagegen sinkt sie.
- Inflation führt zu Änderungen der Einkommensverteilung. Sie führt auch zu Verzerrungen und verstärkter Unsicherheit.
- Makroökonomen unterscheiden zwischen der kurzen, mittleren und langen Frist. In der kurzen Frist (wenige Jahre) ist die Produktion durch die Nachfrage bestimmt. In der mittleren Frist (ein Jahrzehnt) durch die Angebotsseite (technisches Wissen, Kapitalbestand und Arbeitsangebot). In der langen Frist (über ein halbes Jahrhundert hin) sind Faktoren wie Ausbildung, Innovation, Ersparnis und die Qualität des Rechtssystems ausschlaggebend.

Übungsaufgaben

Verständnistests

1. Welche der folgenden Aussagen sind zutreffend, falsch oder unklar? Geben Sie jeweils eine kurze Erläuterung.
   a. Der Anteil des Arbeitseinkommens am BIP ist viel kleiner als der Anteil des Kapitaleinkommens.
   b. In Deutschland ist das nominale BIP zwischen 1960 und 2000 jährlich im Durchschnitt um 6,6% gewachsen.
   c. Falls eine hohe Arbeitslosenquote Arbeiter davon abhält, nach einem Job zu suchen, liefert die Arbeitslosenquote ein unvollständiges Bild über die Bedingungen am Arbeitsmarkt. Eine korrekte Beurteilung der Lage erfordert auch einen Blick auf die Partizipationsrate.
   d. Ein Rückgang der Arbeitslosenquote erfordert hohes Produktionswachstum.
   e. Falls der VPI in Deutschland derzeit bei 108 liegt, in den USA dagegen bei 104, dann liegt die Inflationsrate in Deutschland höher als in den USA.
   f. Die nach dem VPI ermittelte Inflationsrate ist ein zuverlässigerer Index für Inflation als der BIP-Deflator.
   g. Das reale BIP ist eine fiktive Größe. Deshalb ist ein Vergleich realer Wachstumsraten nicht aussagekräftig.
2. Angenommen, Sie berechnen das BIP in der Europäischen Union, indem Sie die Wertschöpfung aller in der Wirtschaft produzierten Güter und Dienstleistungen des Endverbrauchs addieren. Bestimmen Sie, wie sich folgende Transaktionen auf das BIP auswirken:
   a. Sie kaufen von einem Fischer Fisch im Wert von 100 €, den Sie zu Hause kochen und dann aufessen.
   b. Ein Restaurant kauft von einem Fischer Fisch im Wert von 100 €.
   c. Lufthansa kauft ein neues Flugzeug von Airbus im Wert von 200 Millionen €.
   d. China Airlines kauft ein neues Flugzeug von Airbus im Wert von 200 Millionen €.
   e. Lufthansa verkauft eines seiner Flugzeuge an Michael Schumacher für 100 Millionen €.
3. Im Lauf eines Jahres kommt es zu folgenden Aktivitäten:
   – Eine Goldmine zahlt seinen Arbeitern 200.000 €, um 75 Kilo Gold abzubauen. Das Gold wird dann an einen Goldschmuckproduzenten verkauft für 300.000 €.
   – Der Goldschmuckproduzent zahlt seinen Arbeitern 250.000 €, um Goldketten herzustellen. Diese werden direkt an Konsumenten verkauft zum Preis von 1.000.000 €.

   a. Wie hoch ist das BIP in dieser Wirtschaft, berechnet als „Wertschöpfung der Endprodukte“?
   b. Wie hoch ist auf jeder Produktionsstufe der Mehrwert? Ermitteln Sie das BIP nach dem „Mehrwert“-Ansatz.
   c. Wie hoch sind die gesamten Löhne und Gewinne in der Ökonomie? Ermitteln Sie das BIP von der Verteilungsseite.

4. Eine Ökonomie produziert drei Güter: Autos, Computer und Äpfel. Die folgende Tabelle gibt die Mengen und Preise je Einheit für die Jahre 2001 and 2002 an:

	Mengen	2001 Preise	Mengen	2002 Preise
Autos	10	2.000 €	12	3.000 €
Computer	4	1.000 €	6	500 €
Äpfel	1000	1 €	1000	1 €

   a. Wie hoch ist das nominale BIP in den Jahren 2001 und 2002? Um wie viel Prozent ist es von 2001 auf 2002 gestiegen?
   b. Ermitteln Sie das reale BIP in Preisen von 2001 für die Jahre 2001 und 2002? Um wie viel Prozent ist das reale BIP zwischen 2001 und 2002 gestiegen?
   c. Ermitteln Sie nun jeweils das reale BIP in Preisen von 2002. Um wie viel Prozent ist das reale BIP zwischen 2001 und 2002 gestiegen?
   d. Warum erhalten wir unterschiedliche Wachstumsraten aus (b) und (c)? Wie lautet die richtige Antwort? Begründen Sie Ihre Antwort.

5. Verwenden Sie die Daten aus Aufgabe 4, um folgende Fragen zu beantworten:
   a. Gehen Sie davon aus, dass das reale BIP in Preisen von 2001 berechnet wird. Berechnen Sie den BIP-Deflator für die Jahre 2001 und 2002, und die Inflationsrate zwischen 2001 und 2002.
   b. Gehen Sie nun davon aus, dass das reale BIP in Preisen von 2002 berechnet wird. Berechnen Sie den BIP-Deflator für die Jahre 2001 und 2002, und die Inflationsrate zwischen 2001 und 2002.
   c. Warum erhalten wir unterschiedliche Inflationsraten? Wie lautet die richtige Antwort? Begründen Sie Ihre Antwort.

6. Verwenden Sie wieder die Daten aus Aufgabe 4.
   a. Berechnen Sie das reale BIP für die Jahre 2001 und 2002, indem Sie für jedes Gut die durchschnittlichen Preise der beiden Jahre als Basis nehmen
   b. Um wie viel Prozent verändert sich das reale BIP zwischen 2001 und 2002?
   c. Wie hoch ist der BIP-Deflator für die Jahre 2001 und 2002? Wie hoch ist die Inflationsrate zwischen 2001 und 2002, ausgehend von diesem BIP-Deflator.
   d. Erhalten wir so eine überzeugende Lösung der Probleme, die in den Aufgaben 4 und 5 angesprochen wurden (zwei unterschiedliche Wachstums- und Inflationsraten je nach den zugrunde gelegten Preisen)? (Die Antwort lautet ja; sie ist die Grundlage für die Verwendung von Kettenindizes. Vgl. dazu ausführlicher den Anhang von Kapitel 2.)

Vertiefungsfragen

7. Hedonischer Preisindex

   Wie die Fokusbox auf Seite 58 erklärt, lassen sich die Preissteigerungen von Gütern schwer messen, deren Charakteristika sich im Zeitablauf verändern. Der hedonische Preisindex liefert eine Methode, den Preisanstieg um Qualitätsveränderungen zu bereinigen.

   a. Betrachten Sie medizinische Vorsorgeuntersuchungen. Nennen Sie einige Gründe, weshalb es sinnvoll sein kann, im Gesundheitssektor einen hedonischen Preisindex zu verwenden. Betrachten Sie konkret Vorsorgeuntersuchungen zur Schwangerschaft. Nehmen Sie an, in dem Jahr, in dem eine neue Methode zur Ultraschalluntersuchung eingeführt wird, steigt der Preis der Vorsorgeuntersuchung um 20%. Unterstellen Sie dabei, dass alle Ärzte sofort auf die neue Methode umsteigen.
   b. Welche Informationen benötigen Sie, um den Preisanstieg um Qualitätsverbesserungen zu bereinigen?
   c. Ist diese Information verfügbar? Begründen Sie. Welche Aussage können Sie über den um Qualitätsverbesserungen bereinigten Preisanstieg treffen?

8. Gemessenes und wahres BIP.

   Statt zu Hause eine Stunde lang ein Abendessen vorzubereiten, entscheiden Sie sich dafür, eine Stunde länger zu arbeiten. Sie verdienen dabei zusätzlich 12 €. Anschließend gehen Sie in ein Chinarestaurant und zahlen 10 € für das Essen.

   a. Um wie viel ist das BIP gestiegen?
   b. Sollte das wahre BIP stärker oder weniger stark steigen? Begründen Sie Ihre Antwort.

Weiterführende Fragen

9. Für die Antwort auf diese Frage benötigen Sie Daten zur Arbeitslosenquote und dem realen BIP-Wachstum für Deutschland und die USA. Für Deutschland finden Sie die Zahlen auf der Homepage des Sachverständigenrates; die Arbeitslosenquoten der USA finden sich auf der Homepage des Bureau of Labor Statistics, `www.stats.bls.gov/` (unter "Labor Force Statistics bei den "most requested series"). Daten für das reale BIP-Wachstum der USA stellt das Bureau of Economic Analysis bereit `www.bea.doc.gov/`. Sie können aber auch auf andere Datenquellen zurückgreifen (vgl. den Anhang zu Kapitel 1).

   Ausgehend von Abbildung 2.4, berechnen Sie eine OLS-Schätzung für Deutschland und die USA. (Alternativ: Versuchen Sie einfach, durch die Datenpunkte jeweils eine lineare Gerade so zu zeichnen, dass die Punkte möglichst nahe an dieser Geraden liegen).

   a. Schreiben Sie die Gleichung auf, die dieser Geraden entspricht. Wie hoch ist (ungefähr) die Steigung dieser Geraden; bei welchem Wert schneidet die Gerade (ungefähr) die X-Achse?
   b. Ausgehend von Antwort (a), ermitteln Sie die Wachstumsrate des BIP, bei der Arbeitslosenquote konstant bleibt.
   c. Verwenden Sie die Daten des realen BIP-Wachstums und suchen Sie nach Jahren, in denen es der in Antwort (b) ermittelten Rate entspricht. Wie entwickelte sich die Arbeitslosenquote in diesen Jahren?
   d. Ausgehend von Antwort (a), leiten Sie ab, wie hoch die reale Wachstumsrate sein muss, um die die Arbeitslosenquote innerhalb eines Jahres um einen Prozentpunkt zu reduzieren. Vergleichen Sie die Werte von Deutschland und den USA.
   e. In Deutschland (wie in ganz Europa) ist die Arbeitslosenquote im Lauf der vergangenen Jahrzehnte im Durchschnitt ständig angestiegen. Viele sprechen von „Eurosklerose". Wie spiegelt sich dies in unseren Berechnungen wider?

Weiterführende Literatur

Genaue Hinweise über die Berechnung der VGR und andere Statistiken finden Sie auf der Homepage des Bundesamts für Statistik in Wiesbaden mit der Internet-Adresse: www.destatis.de. Die Daten für die USA finden sich auf der Homepage des Bureau of Economic Analysis: www.bea.doc.gov. Das Conference Board liefert Daten für internationale Produktivitätsvergleiche www.conference-board.org/economics/research.cfm.

1995 beauftragte der Senat in den USA eine Kommission, die Berechnung des VPI zu untersuchen und Empfehlungen für Verbesserungen zu geben. Die Kommission stellte fest, dass die berechnete Inflationsrate im Durchschnitt um 1% zu hoch ist. Wenn dies stimmt, bedeutet dies auch, dass der Reallohn (der Nominallohn, dividiert um den VPI) jährlich um 1% schneller gewachsen ist als von der Statistik ausgewiesen. Einen instruktiven Überblick über den Bericht der Kommission bietet der Aufsatz *„Consumer Prices, The Consumer Price Index, and The Cost of Living“*, von Michael Boskin et al., im Journal of Economic Perspectives, Band 12, Heft 1, Winter 1998, 3-26. Einen Überblick über den aktuellen Diskussionsstand gibt das Symposium: Consumer Price Index, das im Band 17, Heft 1, Winter 2003 im gleichen Journal erschienen ist.

Warum es so schwierig ist, Preisniveau und Wachstum korrekt zu messen, erläutert der Aufsatz *„Viagra and the Wealth of Nations“* von Paul Krugman, 1998 (Internet Adresse: web.mit.edu/krugman/www/viagra.html). (Paul Krugman, ein bekannter Ökonom an der Princeton University, schreibt regelmäßig Kolumnen für die New York Times. Viele seiner leicht lesbaren Aufätze finden Sie im Internet.)

Warum das BIP nicht unbedingt die Lebensqualität misst, untersucht Robert Gordon in seinem Aufsatz *„Two Centuries of Economic Growth: Europe Chasing the American Frontier“*, 2002, http://faculty-web.at.northwestern.edu/economics/gordon/355.pdf.

Anhang: Das reale BIP – Mengen- und Preisindizes

Im Beispiel von Abschnitt 2.1.2 gab es nur ein Endprodukt (Autos). Die Berechnung des realen BIP ist in diesem Fall ein Kinderspiel. Wie aber sollen wir vorgehen, wenn es viele Güter gibt? Dieser Anhang zeigt es auf.

Um das Prinzip zu verstehen, genügt ein Beispiel mit zwei Endprodukten. Sobald man das Prinzip verstanden hat, kann man das BIP auch für eine Million Güter berechnen.

Nehmen wir also an, es werden zwei Endprodukte hergestellt – Autos und Kartoffeln.

- Im Jahr 0 werden 100.000 Kilo Kartoffeln zum Preis von 1,00 € pro Kilo verkauft, und 10 Autos zum Preis von 10.000 € pro Auto.
- Im Jahr 1, werden 100.000 Kilo Kartoffeln zum Preis von 1,20 € pro Kilo, und 11 Autos für 10.000 € pro Auto verkauft.
- Das nominale BIP beträgt deshalb 200.000 € im Jahr 0 und 230.000 € im Jahr 1.

Diese Information ist in Tabelle 2.2 zusammengefasst. Wir multiplizieren einfach für jedes Gut *i* (*i*=1,2) die Menge einer Periode *t* (X_t^i) mit dem Preis der Periode *t* (P_t^i) und addieren die entsprechenden Werte:

$$BIP_t^{nom} = P_t^1\ X_t^1 + P_t^2\ X_t^2$$

Bei vielen Gütern (i=1,2,…*N*) berechnen wir das nominale BIP des Jahres *t* analog als

$$BIP_t^{nom} = P_t^1\ X_t^1 + P_t^2\ X_t^2 + \ldots + P_t^N\ X_t^N = \sum\nolimits_{i=1}^{N} P_t^i\ X_t^i\ .$$

Wir können auf das Summenzeichen verzichten, wenn wir zur Vereinfachung die Vektorschreibweise verwenden. Wir definieren zunächst zwei Vektoren P_t und X_t.

$$P_t = \begin{bmatrix} P_t^1 \\ P_t^2 \\ \dots \\ P_t^N \end{bmatrix} \qquad X_t = \begin{bmatrix} X_t^1 & X_t^2 & \dots & X_t^N \end{bmatrix}$$

Bei der Multiplikation von Vektoren wird der Wert jeder Zeile des P-Vektors mit dem entsprechenden Wert jeder Spalte des X-Vektors multipliziert. In Vektorschreibweise können wir damit die Berechnung des nominalen BIP kompakt abkürzen als:

$$\sum_{i=1}^{N} P_t^i \; X_t^i = P_t \; X_t$$

	Jahr 0		
	Menge	**Preis €**	**Wert €**
Kartoffeln	100.000	1,00	100.000
Autos	10	10.000	100.000
Nominales BIP: P_0X_0			200.000
	Jahr 1		
	Menge	**Preis €**	**Wert €**
Kartoffeln	100.000	1,20	120.000
Autos	11	10.000	110.000
Nominales BIP: P_1X_1			230.000

Tabelle 2.2: Nominales BIP im Jahr 0 und im Jahr 1

Das nominale BIP stieg von Jahr 0 zu Jahr 1 um 30.000 €/200.000 € = 15%. Um wie viel ist das reale BIP gestiegen? Da sich sowohl Mengen wie Preise verändert haben, müssen wir die reinen Preissteigerungen herausrechnen. Die Grundidee zur Ermittlung des realen BIP ist einfach: Wir bewerten einfach die in den verschiedenen Jahren produzierten Mengen mit den gleichen Preisen. Wenn wir die Preise des Jahres 0 verwenden (das Jahr 0 ist dann das Basisjahr), müssen wir so rechnen:

- Das reale BIP im Jahr 0 ist die Summe aus den im Jahr 0 produzierten Mengen multipliziert mit den Preisen des Jahres 0 für beide Güter:

$$P_0 \, X_0 = (100.000 \text{ x } 1\text{ €}) + (10 \text{ x } 10.000\text{ €}) = 200.000\text{ €}.$$

- Das reale BIP im Jahr 1 ist die Summe aus den im Jahr 1 produzierten Mengen, multipliziert mit den Preisen des Jahres 0 für beide Güter:

$$P_0 \, X_1 = (100.000 \text{ x } 1\text{ €}) + (11 \text{ x } 10.000\text{ €}) = 210.000\text{ €}.$$

- Damit ist das reale BIP vom Jahr 0 auf das Jahr 1 gestiegen um

$$P_0 X_1 / P_0 X_0 - 1 = 0{,}05 = 5\%.$$

Diese Antwort wirft aber eine wichtige Frage auf: Wenn wir stattdessen das Jahr 1 als Basisjahr zugrunde legen (die Produktion also mit den Preisen für das Jahr 1 bewerten), kommen wir dann zum gleichen Ergebnis? Die Antwort lautet: Nein, die Werte unterscheiden sich:

- Das reale BIP im Jahr 0, bewertet mit den Preisen des Jahres 1, ist

$$P_1 X_0 = (100.000 \text{ x } 1{,}20 \text{ €}) + (10 \text{ x } 10.000 \text{ €}) = 220.000 \text{ €}.$$

- Das reale BIP im Jahr 1, bewertet mit den Preisen des Jahres 1 ist

$$P_1 X_1 = (100.000 \text{ x } 1{,}2 \text{ €}) + (11 \text{ x } 10.000 \text{ €}) = 230.000 \text{ €}.$$

- Die Wachstumsrate des realen BIP vom Jahr 0 auf das Jahr 1 ergibt sich nun als

$$P_1 X_1 / P_1 X_0 - 1 = 0{,}045 = 4{,}5\%.$$

Wir erhalten also unterschiedliche Antworten für die reale Wachstumsrate, je nachdem, welches Basisjahr wir zugrunde legen. Welches Basisjahr sollten wir nun aber verwenden? In den meisten Staaten legt man bislang immer ein bestimmtes Basisjahr zugrunde (in Deutschland derzeit das Jahr 1995). Das Basisjahr wird in der Praxis aber regelmäßig (in Deutschland alle fünf Jahre) aktualisiert. Das bedeutet freilich, dass mit jeder Umstellung des Basisjahres immer wieder völlig neue Preise verwendet werden. Bei jeder Umstellung müssen die Zahlen für das reale BIP (und auch die entsprechenden Wachstumsraten) in allen zurückliegenden Jahren ganz neu berechnet werden. Die Geschichte wird quasi alle fünf Jahre völlig neu geschrieben. Um dieses Problem zu vermeiden, berechnet das Bureau of Economic Analysis (BEA) in den USA seit Dezember 1995 das reale BIP nach einer neuen Methode, dem Kettenindex. Mit dem Übergang zum Basisjahr 2000 wird auch in Deutschland das reale BIP nach dem Kettenindex-Verfahren ermittelt. Dieser Übergang erfordert eine umfassende Revision; er ist im Jahr 2005 vorgesehen.

Das Kettenindex-Verfahren

Es läuft in drei Schritten ab. Bei der Berechnung der Wachstumsrate des realen BIP von einem Jahr zum nächsten werden die produzierten Mengen mit dem Durchschnittspreis der Güter in diesen beiden Jahre gewichtet. Die reale Wachstumsrate zwischen den beiden Jahren wird also in folgenden Schritten ermittelt:

1. Wir berechnen das reale BIP für zwei aufeinander folgende Jahre, indem wir als gemeinsamen Preis für beide Perioden die durchschnittlichen Preise der beiden Jahre zugrunde legen.

2. Daraus berechnen wir dann die Wachstumsrate des realen BIP zwischen den beiden Jahren (dies ist eine stark vereinfachte, aber leicht verständliche Beschreibung des tatsächlichen Vorgehens in der Praxis).

   Ein Index für das reale BIP wird dann durch Verkettung der so ermittelten jährlichen Wachstumsraten konstruiert. Dieser Index wird in einem beliebigen Jahr (in den USA derzeit 1996) gleich 1 gesetzt. Beträgt das für 1997 ermittelte Wachstum 4,4%, so ermittelt sich der Index für 1997 als (1 + 4,4%) = 1,044.

   Der Index 1998 ergibt sich dann durch Multiplikation des Index von 1997 mit 1 + der realen Wachstumsrate zwischen 1997 und 1998 usw.

3. Schließlich wird dieser Index mit dem nominalen BIP des Basisjahrs 1996 multipliziert, um das reale BIP in verketteten (1996) Dollar auszuweisen. Weil der Index im Basisjahr gleich 1 ist, entspricht das reale BIP für 1996 dem nominalen BIP.

Verkettung bezieht sich auf die oben beschriebene Verkettung der Wachstumsraten. Das Jahr in Klammern – (1996) – bezieht sich auf das Basisjahr. (Den so ermittelten Wert des realen BIP der USA in verketteten (1996) Dollar findet man in der ersten Spalte von Tabelle B2 des Economic Report of the President in den USA; den Index selbst (multipliziert mit Hundert) in der zweiten Spalte von Tabelle B3).

Der Kettenindex ist zwar komplizierter zu berechnen als der früher benutzte Index. Um die Wachstumsrate des realen BIP zwischen zwei angrenzenden Jahren zu berechnen, werden die durchschnittlichen Preise dieser beiden Jahre verwendet, statt die Preise eines arbiträren Basisjahres zugrunde zu legen. Dies hat aber den großen Vorteil, dass die Geschichte nicht mehr alle fünf Jahre neu geschrieben werden muss, wie dies bislang immer notwendig war.

Preisindizes

Ein Paasche-Preisindex berechnet den Preisanstieg, indem die Preise der verschiedenen Perioden jeweils mit den Mengen der laufenden Periode gewichtet werden: $P_tX_t \,/\, P_0X_t$. Der BIP-Deflator ist ein Paasche-Preisindex.

Ein Laspeyres-Preisindex gewichtet die Preise jeweils mit den Mengen einer Basisperiode $P_tX_0 \,/\, P_0X_0$.

Aus der Berechnung des realen BIP lassen sich implizit auch die Preissteigerungen zwischen 0 und t ermitteln. Wird das reale BIP des Jahres t ausgehend von den Preisen eines Basisjahres 0 berechnet, so ergibt sich der BIP-Deflator als Verhältnis von nominalem zu realem BIP:

$$\text{BIP Deflator für das Jahr } t\text{: } \frac{BIP_t^{\text{nominal}}}{BIP_t^{\text{real}}} = \frac{P_tX_t}{P_0X_t}$$

In unserem Beispiel ergibt sich für den BIP-Deflator der Wert 1,095 (= 230.000 €/210.000 €); der reine Preiseffekt beträgt also 9,5%. Der BIP-Deflator verwendet immer die (ständig wechselnden) Mengen der jeweiligen Berichtsperiode. Im Gegensatz dazu geht der Laspeyres-Index von den Mengen eines bestimmten Basisjahres aus. Die Preise werden also mit den Mengen der Basisperiode gewichtet: $P_tX_0 \,/\, P_0X_0$. Im betrachteten Beispiel beträgt der Laspeyres-Index 1,1 (= 220.000 €/200.000 €), es ergibt sich also eine Inflationsrate von 10%. In unserem Beispiel liegt die nach dem Laspeyres-Index berechnete Inflationsrate über der des Paasche-Index; das ausgewiesene reale Wachstum ist entsprechend niedriger. Dies ist kein Zufall. Da wir von Gütern, die besonders teuer werden, in der Regel eher weniger kaufen und sie durch billigere Güter substituieren, überzeichnet der Laspeyres-Index die Inflationsrate.

Der Verbraucherpreisindex (VPI) ist ein Laspeyres-Preisindex. Um Verzerrungen aus dem Substitutionseffekt gering zu halten, wird der Warenkorb des VPI regelmäßig aktualisiert. Das Statistische Bundesamt stellt den Warenkorb alle fünf Jahre um, letztmals im Jahr 2003 von 1995 auf 2000 als neues Basisjahr. Im neuen Warenkorb werden etwa auch die Ausgaben für Altersheime und Pflegedienste erfasst – Ausgaben, die im alternden Deutschland immer mehr an Bedeutung gewinnen.

Werden die Preisindizes in verschiedenen Ländern nach unterschiedlichen Methoden berechnet, kann dies internationale Vergleiche realer Wachstumsraten verzerren. So ist man in den USA schon seit längerem dazu übergegangen, Qualitätssteigerungen für neue Produkte nach dem hedonischen Preisindex zu erfassen (vgl. die Fokusbox Seite 61). Auch in Deutschland wie in vielen anderen europäischen Ländern wird dieses Verfahren schrittweise (für Computer im Jahr 2002) eingeführt. Ist der neu berechnete Preisindex niedriger, so ergeben sich für das reale BIP höhere Wachstumsraten. Schätzungen der Bundesbank zufolge liegt das ausgewiesene reale Wachstum in den USA zwischen 1997 und 1999 im Durchschnitt um 0,5% höher als es nach alter Berechnungsmethode gewesen wäre. Wäre das neue Verfahren auch in Deutschland bereits für diesen Zeitraum verwendet worden, wäre das reale Wachstum hier aber nur um jährlich 0,2% höher ausgewiesen worden. Dies liegt daran, dass Ausgaben für Computer in Deutschland einen viel kleineren Anteil ausmachen.

Teil 2
Die kurze Frist

In der kurzen Frist wird die Produktion von der Nachfrage bestimmt. Viele Faktoren beeinflussen die Nachfrage, anfangen vom Konsumentenvertrauen bis zu Geld- und Fiskalpolitik

Kapitel 3

Kapitel 3 untersucht das Gleichgewicht auf dem Gütermarkt und die kurzfristigen Bestimmungsgrößen der Produktion. Es analysiert die Wechselbeziehungen zwischen Nachfrage, Produktion und Einkommen und zeigt, wie Fiskalpolitik die Produktion beeinflusst.

Kapitel 4

Kapitel 4 behandelt das Gleichgewicht auf Geld- und Finanzmärkten und die Bestimmung des Zinssatzes. Es zeigt, wie Geldpolitik die Zinsen beeinflusst.

Kapitel 5

Kapitel 5 betrachtet Güter-, Geld- und Finanzmärkte zusammen. Es zeigt, wie in der kurzen Frist Produktion und Zinsen bestimmt werden. Es untersucht die Rolle von Geld- und Fiskalpolitik. Das in diesem Kapitel entwickelte Modell bezeichnet man als *IS-LM*-Modell. Es ist ein zentrales Modell der Makroökonomie.

Kapitel

3 Der Gütermarkt

Wenn Ökonomen sich mit jährlichen Änderungen der Wirtschaftsaktivität befassen, konzentrieren sie sich auf die Wechselbeziehungen zwischen Nachfrage, Produktion und Einkommen.

- Änderungen der Nachfrage führen zu Anpassungen der Produktion.
- Anpassungen der Produktion lösen Veränderungen des Einkommens aus.
- Veränderungen des Einkommens rufen wiederum Änderungen der Nachfrage hervor.

In diesem Kapitel untersuchen wir diese Wechselbeziehungen und ihre Implikationen.

- Abschnitt 3.1 betrachtet die Zusammensetzung des BIP.
- Abschnitt 3.2 untersucht die Bestimmungsfaktoren der Güternachfrage.
- Abschnitt 3.3 zeigt, wie das Gleichgewicht bestimmt ist durch die Bedingung, dass die Produktion der Güternachfrage entsprechen muss.
- Abschnitt 3.4 erläutert, wie man das Gleichgewicht auch auf einem anderen Weg verstehen kann, nämlich als Gleichheit von Investition und Ersparnis.
- Abschnitt 3.5 gibt einen ersten Einblick darauf, wie sich Fiskalpolitik auf das Gleichgewicht auswirkt.

3.1 Die Zusammensetzung des Bruttoinlandsproduktes (BIP)

Ein Unternehmer kauft Maschinen; ein Konsument geht ins Restaurant; die Regierung kauft Militärflugzeuge – bei diesen Beispielen handelt es sich um sehr heterogene Entscheidungen, die von ganz unterschiedlichen Motiven geleitet sind. Um zu verstehen, von welchen Faktoren die Güternachfrage bestimmt wird, wollen wir die Produktion (das BIP) auf zwei Arten zu betrachten. Zum einen lässt sich die Produktion nach den verschiedenen Gütern gliedern, die produziert werden; zum anderen lässt sie sich nach den unterschiedlichen Käufern dieser Güter einteilen.

Die in der Makroökonomie üblicherweise verwendete Aufgliederung des BIP sehen wir in Tabelle 3.1. (Eine detaillierte Fassung findet sich in Anhang 1 am Ende des Buches.)

Tabelle 3.1: Die Zusammensetzung des BIP, Deutschland 2002

		Konsumausgaben, Investitionen und Außenbeitrag Mrd. EUR			
		2000[1]	2001[1]	2002[1]	2002[1]
		in jeweiligen Preisen			in Prozent
1	Konsumausgaben privater Haushalte[2]	1.190,91	1.232,15	1.241,88	58,9%
2	+ Staatsausgaben	387,24	393,52	402,79	19,1%
3	+ Bruttoanlageinvestitionen	438,77	416,31	387,78	18,4%
4	+ Vorratsveränderungen und Nettozugang an Wertsachen	5,24	– 9,37	– 7,28	– 0,3%
5	= Inländische Verwendung von Gütern	2.022,16	2.032,61	2.025,17	96,1%
6	+ Außenbeitrag (Exporte minus Importe)	7,84	38,59	83,03	3,9%
7	Exporte	685,39	726,90	748,27	35,5%
8	Importe	677,55	688,31	665,24	31,6%
9	= Bruttoinlandsprodukt	2.030,00	2.071,20	2.108,20	

[1] Vorläufiges Ergebnis, 26. Februar 2003
[2] Einschließlich privater Organisationen ohne Erwerbszweck

Quelle: Statistisches Bundesamt Wiesbaden, Februar 2003.

Achtung: Unter Investition verstehen viele den Erwerb von Vermögen wie Gold oder Telekom-Aktien. Ökonomen bezeichnen als Investition den Kauf neuer Kapitalgüter wie (neuer) Maschinen, (neuer) Gebäude oder (neuer) Häuser. Den Erwerb von Gold oder Aktien oder anderer Finanzanlagen bezeichnet man als Finanzinvestitionen.

- An erster Stelle stehen die Konsumausgaben der privaten Haushalte (von nun an mit C bezeichnet). Dabei handelt es sich um Waren und Dienstleistungen, die von Verbrauchern gekauft werden, angefangen bei Nahrungsmitteln bis zu Kinotickets, Urlaubsreisen, neuen Autos usw. Der Konsum privater Haushalte macht den bei weitem größten Teil des BIP aus. Im Jahr 2002 belief er sich in Deutschland auf 58,9% des BIP.
- An zweiter Stelle stehen die Konsumausgaben des Staates (G). Dabei handelt es sich um die Käufe von Waren und Dienstleistungen durch den staatlichen Sektor – also Bund, Ländern und Gemeinden. Die Waren enthalten sowohl Flugzeuge wie Büroausstattungen. Dienstleistungen enthalten alle Leistungen, die von Staatsangestellten erbracht werden: Die Volkswirtschaftliche Gesamtrechnung erfasst den staatlichen Sektor so, als ob der Staat diese Dienstleistungen von den staatlichen Angestellten kaufen und sie dann gebührenfrei den Bürgern zur Verfügung stellen würde.

- In den Staatsausgaben *G* sind staatliche Transferzahlungen nicht enthalten, wie etwa Zahlungen für das Gesundheitswesen, an die Sozialversicherungen oder Zinszahlungen auf die Staatsverschuldung. Obwohl es sich dabei natürlich um staatliche Ausgaben handelt, sind es keine Käufe von Waren und Dienstleistungen. Aus diesem Grund fallen die Konsumausgaben des Staates in Tabelle 3.1 in Höhe von 19,1% des BIP niedriger aus als die gesamten staatlichen Ausgaben einschließlich der Transfer- und Zinszahlungen in Höhe von 48,6% des BIP im Jahr 2002.

Anhang 1 am Ende des Buches untersucht detailliert, wie sich die gesamten staatlichen Ausgaben zusammensetzen (vgl. Tabelle A1.4).

- An dritter Stelle stehen die Investitionen (*I*). Manchmal spricht man dabei auch von Anlageinvestitionen, um sie von den Lagerinvestitionen abzugrenzen, die wir später kurz ansprechen werden. Die Investitionen setzen sich zusammen aus den gewerblichen Investitionen – der Anschaffung von Maschinen oder neuen Anlagen durch Unternehmen – und den Wohnungsbauinvestitionen – und dem Kauf von neuen Häusern und Wohnungen durch Privatpersonen.
- Die Motive, von denen die Investitionsentscheidungen der Unternehmen und der Privatpersonen geleitet werden, haben mehr gemeinsam, als man auf den ersten Blick meint. Unternehmen kaufen Maschinen oder Anlagen, um in der Zukunft mehr produzieren zu können. Privatpersonen kaufen Häuser oder Wohnungen, um in der Zukunft Wohnraum nutzen zu können. In beiden Fällen hängt die Kaufentscheidung vom Nutzen ab, den solche Güter in der Zukunft bringen werden. Wir behandeln beide Arten von Investitionen gemeinsam. Investitionen machten im Jahr 2002 18,4% des BIP aus.
- Wenn wir die Zeilen (1), (2) und (3) aufsummieren, ergibt sich, wie viele Waren und Dienstleistungen von deutschen Verbrauchern, deutschen Unternehmen und den staatlichen Behörden in Deutschland gekauft werden. Um jedoch herauszufinden, wie viele Waren und Dienstleistungen insgesamt produziert werden, sind noch zwei weitere Schritte nötig.
- Erstens müssen wir die Importe abziehen, da es sich dabei um den Kauf ausländischer Waren und Dienstleistungen durch einheimische Konsumenten, Unternehmen bzw. staatlichen Institutionen handelt.
- Zweitens müssen wir die Exporte dazuzählen, da es sich dabei um den Kauf einheimischer Waren und Dienstleistungen durch Ausländer handelt.
- Die Differenz aus Exporten und Importen, $(X - IM)$, bezeichnet man als Außenbeitrag. Wenn die Exporte die Importe übersteigen, dann weist das betreffende Land einen positiven Außenbeitrag auf. Sind die Exporte dagegen kleiner als die Importe, dann weist das Land ein Defizit in Außenhandel und Dienstleistungen auf. Im Jahr 2002 beliefen sich die deutschen Exporte auf 35,5% des BIP und die Importe auf 31,6% des BIP; damit ergab sich ein Überschuss des Außenbeitrags von 3,9% des BIP.

Exporte – Importe = Nettoexporte (Waren und Dienstleistungen) = Außenbeitrag

Exporte > Importe: positiver Außenbeitrag (Überschuss in der Handels- und Dienstleistungsbilanz)

Export < Importe: negativer Außenbeitrag (Defizit in der Handels- und Dienstleistungsbilanz)

- Bisher haben wir die verschiedenen Quellen der Käufe von Waren und Dienstleistungen im Jahr 2002 betrachtet. Um zur Produktion für das Jahr 2002 zu kommen, ist noch ein letzter Schritt erforderlich.
- Über den Zeitraum von einem Jahr müssen Produktion und Absatz nicht notwendigerweise gleich sein. Einige der Waren, die in einem bestimmten Jahr produziert

werden, werden nicht im selben Jahr verkauft, sondern erst später. Und manche Waren, die in diesem Jahr verkauft werden, sind vielleicht schon früher produziert worden. Die Differenz zwischen den über das Jahr produzierten und verkauften Waren – die Differenz zwischen Produktion und Absatz – bezeichnen wir als Lagerinvestition. Wenn die Produktion den Absatz übersteigt, bauen die Unternehmen Lagerbestände auf: die Lagerinvestitionen sind positiv. Fällt die Produktion geringer aus als der Absatz, dann bauen die Unternehmen Lagerbestände ab: die Lagerinvestition sind negativ.

Lagerinvestitionen = Produktion – Verkäufe

- Meist sind die Lagerinvestitionen gering – in manchen Jahren positiv, in manchen Jahren negativ. Im Jahr 2002 waren die Lagerinvestitionen negativ; sie beliefen sich auf – 0,3% des BIP. Anders ausgedrückt, der Absatz lag in diesem Jahr um 0,3% des BIP höher als die Produktion. Die exakte Höhe der Lagerinvestitionen lässt sich nur schwer erfassen. Sie wird statistisch nur als Restgröße ermittelt. In diesem Kapitel ignorieren wir Lagerinvestitionen; wir unterstellen, dass sie gleich Null sind.
- Jetzt haben wir alles, was wir brauchen, um unser erstes Modell zur Bestimmung der Gleichgewichtsproduktion zu entwickeln.

3.2 Die Güternachfrage

Wir bezeichnen die Güternachfrage mit Z. Wenn wir die Aufteilung des BIP aus Abschnitt 3.1 heranziehen, dann können wir Z so darstellen:

$$Z \equiv C + I + G + X - IM$$

Diese Gleichung ist eine Identität (daher verwenden wir das Symbol ≡ statt =). Z ist definiert als Summe aus Konsum, Investitionen, Staatsausgaben und Exporten, abzüglich der Importe.

Ein Modell verwendet meist die Formulierung „Wir nehmen an." Sie deutet an, dass wir die Realität vereinfachen, um uns auf eine bestimmte Frage zu konzentrieren.

Betrachten wir jetzt die Bestimmungsfaktoren von Z genauer. Um diese Aufgabe zu erleichtern, treffen wir einige vereinfachende Annahmen.

- Wir nehmen an, dass alle Unternehmen dasselbe Gut produzieren. Dieses eine Gut kann von den Verbrauchern als Konsumgut, von den Unternehmen als Investitionsgut und vom Staat zu staatlichen Zwecken verwendet werden. Durch diese (große) Vereinfachung können wir uns auf einen einzigen Markt konzentrieren – den Markt für ein Gut. Wir analysieren, wie Angebot und Nachfrage auf diesem Markt bestimmt werden.
- Wir unterstellen, dass die Unternehmen zum gegebenen Preis P bereit sind, jede gewünschte Menge bereitzustellen. Diese Annahme ermöglicht es, uns ganz auf die Rolle der Nachfrage bei der Bestimmung der Produktion zu konzentrieren. Später werden wir sehen, dass diese Annahme nur in der kurzen Frist gültig ist. Wenn wir von der kurzen Frist zur mittleren Frist übergehen (beginnend in Kapitel 6), heben wir diese Annahme deshalb auf. Momentan allerdings vereinfacht sie unsere Analyse erheblich.
- Wir betrachten derzeit eine geschlossene Volkswirtschaft. Das heißt, die Volkswirtschaft weist keine Handelsbeziehungen mit dem Rest der Welt auf. Sowohl

Exporte als auch Importe sind also gleich Null. Diese Annahme steht in deutlichem Widerspruch zur Realität. Alle modernen Volkswirtschaften haben intensive Handelsbeziehungen mit dem Rest der Welt. Später (ab Kapitel 18) werden wir diese Annahme aufheben und offene Volkswirtschaften betrachten. Aber vorläufig macht auch diese Annahme unser Leben einfacher: Wir müssen nicht darüber nachdenken, wodurch Exporte und Importe bestimmt werden.

In einer geschlossenen Volkswirtschaft mit $X = IM = 0$ setzt sich die Güternachfrage einfach zusammen aus Konsum, Investitionen und Staatsausgaben.

$$Z \equiv C + I + G$$

Wir wollen nun diese drei Bestandteile nacheinander analysieren.

3.2.1 Der Konsum C

Konsumentscheidungen hängen von vielen Faktoren ab. Der wichtigste Faktor ist jedoch mit Sicherheit das Einkommen, oder, noch genauer, das verfügbare Einkommen. Das verfügbare Einkommen ist das Einkommen, über das der Haushalt verfügen kann, nachdem er Transferleistungen vom Staat erhalten und Steuern gezahlt hat. Wenn das verfügbare Einkommen steigt, kaufen die Haushalte mehr Güter; wenn es fällt, kaufen sie weniger Güter.

C bezeichnet den Konsum und Y_D das verfügbare Einkommen. Wir können die Beziehung zwischen C und Y_D so ausdrücken:

$$C = C(\underset{(+)}{Y_D}) \tag{3.1}$$

Diese Gleichung beschreibt auf formale Art und Weise, dass der Konsum C eine Funktion des verfügbaren Einkommens Y_D ist. Die Funktion $C(Y_D)$ wird Konsumfunktion genannt. Das Pluszeichen unter Y_D zeigt, dass der Konsum zunimmt, wenn das verfügbare Einkommen steigt. Ökonomen nennen eine solche Gleichung Verhaltensgleichung, um zum Ausdruck zu bringen, dass die Gleichung Verhaltensaspekte beinhaltet – im konkreten Fall geht es um das Verhalten der Konsumenten.

Wir werden in diesem Buch Funktionen verwenden, um Beziehungen zwischen Variablen darzustellen. Das dazu benötigte Wissen über Funktionen wird in Anhang 2 am Ende des Buches dargestellt. Dieser Anhang stellt die Mathematikkenntnisse zusammen, die in dem Buch vorausgesetzt werden. Zum besseren Verständnis werden wir jedoch jede Funktion, wenn sie zum ersten Mal eingeführt wird, verbal erläutern.

Oft ist es nützlich, eine Funktion näher zu spezifizieren. Im konkreten Fall ist es sinnvoll, anzunehmen, dass die Beziehung zwischen Konsum und verfügbarem Einkommen durch eine lineare Funktion beschrieben wird:

$$C = c_0 + c_1 Y_D \tag{3.2}$$

Diese lineare Beziehung ist durch die beiden Parameter c_0 und c_1 charakterisiert.

- Der Parameter c_1 ist die Konsumneigung (c_1 wird präziser als marginale Konsumneigung bezeichnet, aber aus Gründen der Einfachheit lassen wir den Zusatz „marginal“ weg). Dieser Parameter beschreibt den Effekt, den ein zusätzlicher € verfügbares Einkommen auf den Konsum hat. Wenn c_1 etwa den Wert 0,6 annimmt, bedeutet dies, dass ein zusätzlicher € mehr verfügbares Einkommen den Konsum um $1\ € \times 0{,}6 = 60$ Cents erhöht.

Wir gehen davon aus, dass c_1 positiv ist. Ein Anstieg des verfügbaren Einkommens lässt aller Wahrscheinlichkeit nach den Konsum steigen. Zudem erscheint es plausibel, dass c_1 nur Werte kleiner als Eins annimmt. Denn es ist wahrscheinlich, dass bei einem Anstieg des verfügbaren Einkommens nur ein Teil für Konsum ausgegeben wird, und der Rest gespart wird.

- Der Parameter c_0 ist leicht zu interpretieren. Er beschreibt, wie viel konsumiert würde, wenn das verfügbare Einkommen im betrachteten Jahr Null wäre: Wenn Y_D in Gleichung 3.2 den Wert Null annimmt, dann gilt $C = c_0$.

  Es ist sinnvoll anzunehmen, dass der Konsum, auch wenn kein laufendes Einkommen vorhanden ist, dennoch positiv ist. Essen muss man immer! Daraus folgt, dass c_0 positiv sein muss. Aber wie kann der Konsum positiv sein, wenn das laufende Einkommen gleich Null ist? Die Antwort darauf lautet: Entsparen. Der Konsum muss entweder durch den Verkauf von Vermögen oder durch Kreditaufnahme finanziert werden.

Abbildung 3.1 stellt die Beziehung zwischen Konsum und verfügbarem Einkommen aus Gleichung 3.2 grafisch dar. Da es sich um eine lineare Beziehung handelt, ist es eine Gerade. Der vertikale Achsenabschnitt ist c_0, die Steigung der Geraden beträgt c_1. Da c_1 kleiner Eins ist, ist die Steigung der Geraden kleiner Eins. Die Gerade verläuft somit flacher als die 45-Grad-Linie. (Zur Auffrischung Ihrer Kenntnisse über Grafiken, Steigungen und Achsenabschnitte sollten Sie Anhang 2 studieren.)

Abbildung 3.1: Konsum und verfügbares Einkommen

Der Konsum steigt mit dem verfügbaren Einkommen, aber die Steigung der Konsumfunktion ist kleiner eins.

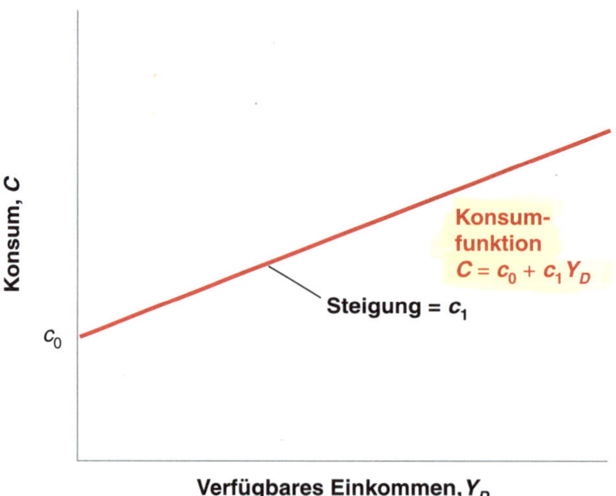

Als Nächstes definieren wir das verfügbare Einkommen. Es ist gegeben als:

$$Y_D \equiv Y - T$$

Y bezeichnet dabei das Einkommen. Hinter der Variablen T verbergen sich die gezahlten Steuern abzüglich der erhaltenen Transferleistungen. Wir werden T meistens nur als Steuern bezeichnen, dies ist aber nur eine Abkürzung – es handelt sich immer um Steuern abzüglich Transferleistungen. Die Gleichung ist eine Identität; daher wird wieder das Symbol ≡ verwendet.

Lohn- und Einkommenssteuer, Renten-, Arbeitslosen- und Krankenversicherung haben in Deutschland den größten Anteil an den gesamten Steuern. Transfers bestehen v.a. aus Rentenzahlungen, Arbeitslosengeld und Gesundheitsleistungen.

Wenn wir Y_D in Gleichung (3.2) ersetzen, erhalten wir

$$C = c_0 + c_1(Y - T) \tag{3.3}$$

Gleichung (3.3) sagt uns, dass der Konsum C eine Funktion des Einkommens Y und der Steuern T ist. Ein höheres Einkommen erhöht den Konsum, wenn auch weniger als im Verhältnis 1:1. Höhere Steuern führen zu einem geringeren Konsum, aber ebenfalls nicht im Verhältnis 1:1.

3.2.2 Die Investitionen *I*

In Modellen gibt es zwei Arten von Variablen. Einige Variablen hängen von anderen Variablen im Modell ab. Sie werden im Modell bzw. durch das Modell erklärt. Solche Variablen werden endogene Variablen genannt. Konsum ist ein Beispiel dafür. Andere Variablen werden nicht im Modell erklärt, sondern im Gegensatz dazu als gegeben genommen. Diese Variablen werden exogene Variablen genannt. Ein Beispiel dafür sind die Investitionen. Wir nehmen in diesem Kapitel die Investitionen als gegeben und schreiben

Endogene Variable werden im Modell erklärt. z.B. Konsum

Exogene Variable werden vorgegeben. z.B. Investitionen

$$I = \bar{I} \tag{3.4}$$

Die Investitionen als exogene Variable zu behandeln, hält unser Modell einfach, ist aber nicht unproblematisch. Dieses Vorgehen hat folgende Konsequenz: Wenn wir die Auswirkungen von Veränderungen in der Produktion untersuchen, dann nehmen wir an, dass die Investitionen darauf nicht reagieren. Ganz offensichtlich entspricht dies nicht der Realität: Unternehmen, deren Absatz ansteigt, werden meist zusätzliche Maschinen brauchen und deshalb ihre Investitionen erhöhen. Diesen Mechanismus lassen wir momentan außer Acht; Kapitel 5 führt dann eine realistischere Behandlung der Investitionen ein. Es wird sich zeigen, dass wichtige Erkenntnisse, die wir in unserem einfachen Modell gewinnen, weiterhin gültig bleiben.

3.2.3 Die Staatsausgaben *G*

Als dritten Bestandteil der Nachfrage betrachten wir die Staatsausgaben G. Entscheidungen über die Höhe von Steuern T und Staatsausgaben G bezeichnet man als Fiskalpolitik. Genauso wie im Fall der Investitionen, werden wir auch G und T als exogen gegeben annehmen – allerdings aus anderen Gründen. Unsere Vorgehensweise basiert auf zwei Argumenten:

Beachte: ***T*** **steht für Steuern minus Transfers.**

- Erstens: Das Verhalten des Staates ist nicht derselben Regelmäßigkeit unterworfen wie das Verhalten von Verbrauchern oder Unternehmen. Daher gibt es keine verlässliche Regel, mit der wir G oder T beschreiben könnten, so wie wir es beispielsweise für den Konsum getan haben. (Dieses Argument überzeugt nicht völlig. Selbst wenn der Staat keine einfache Verhaltensregel befolgt, so wie es bei den Verbrauchern der Fall ist, so ist doch ein großer Teil seines Verhaltens vorhersehbar. Wir werden diese Aspekte später betrachten, vor allem in den Kapiteln 24 bis 26, bis dahin lassen wir sie jedoch außen vor.)

- Zweitens – und dieses Argument ist wichtiger – besteht eine der Aufgaben der Makroökonomie gerade darin, zu analysieren, wie sich Änderungen der Fiskalpolitik (alternative Entscheidungen über die Höhe der Steuern und Staatsausgaben) auswirken. Wir sind an Aussagen der folgenden Art interessiert: „Wenn der Staat bestimmte Werte für G und T festlegen würde, dann ergäbe sich Folgendes." In diesem Buch betrachten wir deshalb G und T in der Regel als Variablen, die vom Staat bestimmt werden. Wir versuchen nicht, G und T im Modell zu erklären.

Wir betrachten G und T fast durchwegs als exogen, verwenden für diese Variablen aber keinen Querstrich.

3.3 Die Bestimmung der Produktion im Gleichgewicht

Wir können nun die bisher erarbeiteten Teile zusammensetzen.

Wenn wir sowohl Exporte als auch Importe gleich Null setzen, ergibt sich die Güternachfrage als Summe aus Konsum, Investitionen und Staatsausgaben.

$$Z \equiv C + I + G$$

Ersetzen wir C und I durch die Gleichungen (3.3) beziehungsweise (3.4), so erhalten wir:

$$Z = c_0 + c_1(Y - T) + \bar{I} + G \qquad (3.5)$$

Die Güternachfrage Z hängt ab vom Einkommen Y, den Steuern T, den Investitionen I und den Staatsausgaben G.

Wir werden später betrachten, was passiert, wenn Unternehmen Lagerinvestitionen tätigen können, die Produktion also nicht unbedingt den Verkäufen entspricht.

Wir beschäftigen uns nun mit dem Gleichgewicht auf dem Gütermarkt und der Beziehung zwischen Produktion und Nachfrage. Wenn die Unternehmen Lagerbestände aufbauen können, dann müssen Produktion und Nachfrage nicht notwendigerweise übereinstimmen: Ein Unternehmen kann ja auf einen Anstieg der Nachfrage mit einem Lagerabbau reagieren. Dies führt zu negativen Lagerinvestitionen. Als Reaktion auf ein Sinken der Nachfrage kann ein Unternehmen sein altes Produktionsniveau aufrechterhalten und seine Lagerbestände vergrößern. Dies führt zu positiven Lagerinvestitionen. Im Anfangsstadium ignorieren wir diesen Fall und nehmen an, dass die Unternehmen keine Lagerinvestitionen tätigen. Ein Gleichgewicht auf dem Gütermarkt stellt sich dann nur ein, wenn die Güterproduktion Y gleich der Güternachfrage Z ist:

$$Y = Z \qquad (3.6)$$

Diese Gleichung wird als Gleichgewichtsbedingung bezeichnet. Modelle beinhalten drei Arten von Gleichungen: Identitäten, Verhaltensgleichungen und Gleichgewichtsbedingungen. Wir haben Beispiele für alle drei Arten von Gleichungen behandelt: Die Gleichung, durch die das verfügbare Einkommen definiert wird, ist eine Identität, die Konsumfunktion ist eine Verhaltensgleichung und die Bedingung, dass Produktion und Nachfrage gleich sein sollen, ist eine Gleichgewichtsbedingung.

Es gibt drei Gleichungstypen: Identitäten, Verhaltensgleichungen und Gleichgewichtsbedingungen

Wenn wir Z in Gleichung (3.6) durch den Ausdruck für Z aus Gleichung (3.5) ersetzen, dann erhalten wir:

$$Y = c_0 + c_1(Y - T) + \bar{I} + G \quad (3.7)$$

Gleichung (3.7) stellt das, was wir am Anfang des Kapitels bereits verbal beschrieben haben, algebraisch präzise dar.

Im Gleichgewicht ist die Produktion Y (die linke Seite der Gleichung) gleich der Nachfrage (die rechte Seite der Gleichung). Die Nachfrage hängt ihrerseits vom Einkommen Y ab; das Einkommen wiederum ist gleich der Produktion.

Wir benutzen dasselbe Symbol Y sowohl für die Produktion als auch für das Einkommen. Das ist kein Fehler, sondern so gewollt! In Kapitel 2 wurde gezeigt, dass wir das BIP von zwei Seiten berechnen können, entweder von der Produktionsseite oder von der Einkommensseite. Produktion und Einkommen sind identisch.

Nachdem wir nun ein Modell entwickelt haben, sollten wir es lösen, um herauszufinden, wodurch das Niveau der gesamtwirtschaftlichen Produktion bestimmt wird und wie es auf eine Veränderung der Staatsausgaben reagiert. Das Lösen eines Modells besteht jedoch nicht allein in einer algebraischen Lösung. Es geht vielmehr auch darum, zu verstehen, worauf die Ergebnisse zurückzuführen sind. In diesem Buch werden wir deshalb zur Lösung eines Modells meist auch die Ergebnisse grafisch darstellen – und die Algebra dabei manchmal sogar völlig weglassen. Schließlich werden wir die Ergebnisse und Mechanismen auch verbal beschreiben. In der Makroökonomie lässt sich ein Modell immer mit Hilfe folgender drei Techniken analysieren:

1. Formale Analyse – sie soll sicherzustellen, dass die Logik stimmt
2. Grafische Analyse – sie soll die Intuition vermitteln
3. Verbale Analyse – sie soll die Ergebnisse erklären

Diese Vorgehensweise sollte immer eingehalten werden.

3.3.1 Die formale Analyse

Wir formulieren die Gleichgewichtsbedingung (3.7) um:

$$Y = c_0 + c_1 Y - c_1 T + \bar{I} + G$$

Bringen wir $c_1 Y$ auf die linke Seite und stellen die rechte Seite um:

$$(1 - c_1)Y = c_0 + \bar{I} + G - c_1 T$$

Wir dividieren beide Seiten durch (1-c_1):

$$Y = \frac{1}{1 - c_1}[c_0 + \bar{I} + G - c_1 T] \tag{3.8}$$

Die Gleichung (3.8) charakterisiert die gleichgewichtige Produktion, also das Niveau, für das die Produktion gleich der Nachfrage ist. Betrachten wir die beiden Terme auf der rechten Seite; fangen wir dabei mit dem zweiten Term an.

Der Term $[c_0 + \bar{I} + G - c_1 T]$ beschreibt den Teil der Güternachfrage, der unabhängig vom Produktionsniveau ist. Aus diesem Grund wird er als „autonome Ausgaben" bezeichnet. Autonom bedeutet unabhängig; hier: unabhängig vom Produktionsniveau.

Falls $T = G$, gilt $G - c_1 T = G(1 - c_1) > 0$

- Können wir sicher sein, dass die autonomen Ausgaben positiv sind? Sicher können wir zwar nicht sein, aber es ist zumindest sehr wahrscheinlich. Die ersten beiden Terme in der Klammer, c_0 und $\bar{I}$, sind positiv. Was wissen wir über $G - c_1 T$? Nehmen wir an, dass der Staatshaushalt ausgeglichen ist, dass also die Steuern gleich den Staatsausgaben sind. Falls $T = G$ gilt und die marginale Konsumneigung kleiner als Eins ist, wie wir angenommen haben, dann ist der Term $(G - c_1 T)$ positiv und damit auch die autonomen Ausgaben. Nur wenn der Staat einen sehr hohen Haushaltsüberschuss ausweisen würde – wenn also die Steuern die Staatsausgaben bei weitem übersteigen würden – könnten die autonomen Ausgaben negativ werden. Diesen Spezialfall können wir ohne Bedenken außer Acht lassen.
- Betrachten wir nun den ersten Term $1/(1 - c_1)$. Da die marginale Konsumneigung c_1 zwischen Null und Eins liegt, ist $1/(1 - c_1)$ größer Eins. Aus diesem Grund wird dieser Term, mit dem die autonomen Ausgaben multipliziert werden, Multiplikator genannt. Je mehr sich c_1 dem Wert Eins nähert, desto größer wird der Multiplikator.
- Was ist die Bedeutung des Multiplikators? Nehmen wir an, dass sich die Konsumenten bei gegebenem Einkommensniveau entscheiden, mehr zu konsumieren. Als konkretes Beispiel nehmen wir an, dass c_0 in Gleichung (3.3) um eine Milliarde € steigt. Wenn beispielsweise c_1 den Wert 0,6 hat, ergibt sich ein Multiplikator von $1/(1 - 0{,}6) = 2{,}5$, so dass die Produktion um $2{,}5 \times 1$ Milliarde € = 2,5 Milliarden € ansteigt.
- Wir haben eben einen Anstieg des autonomen Konsums betrachtet. Gleichung (3.8) macht aber deutlich, dass jede Veränderung der autonomen Ausgaben – sei es eine Veränderung der Investitionen, der Staatsausgaben oder der Steuern – dieselbe qualitative Auswirkung hat: Die dadurch insgesamt bewirkte Veränderung der Produktion wird immer die Veränderung der autonomen Ausgaben übersteigen.
- Wie kommt der Multiplikatoreffekt zustande? Bei der Antwort auf diese Frage hilft Gleichung (3.7) weiter: Der Anstieg von c_0 erhöht die Nachfrage. Der Anstieg der Nachfrage führt dann zu einem Anstieg der Produktion und des Einkommens. Der Einkommensanstieg jedoch stimuliert wiederum den Konsum. Dadurch steigt aber auch die Nachfrage weiter... Dieser Gedankengang lässt sich am besten durch eine Grafik vertiefen. Deshalb wollen wir nun das Gleichgewicht in einer Zeichnung darstellen.

3.3.2 Die grafische Analyse

- Zunächst zeichnen wir die Produktion als eine Funktion des Einkommens.
- In der Abbildung 3.2 wird die Produktion auf der vertikalen Achse abgetragen, das Einkommen auf der horizontalen Achse. Die Produktion als Funktion des Einkommens zu zeichnen ist einfach: Wir müssen uns nur vor Augen halten, dass Produktion und Einkommen immer gleich sind. Damit wird die Funktion durch die 45-Grad-Linie beschrieben, also durch die Gerade, deren Steigung den Wert Eins aufweist.
- Als zweites zeichnen wir die Nachfrage als eine Funktion des Einkommens.
- Gleichung (3.5) beschreibt die Beziehung zwischen Nachfrage und Einkommen. Zur Vereinfachung formulieren wir die Gleichung hier um und setzen die autonomen Ausgaben in Klammern.

$$Z = (c_0 + \bar{I} + G - c_1 T) + c_1 Y \tag{3.9}$$

- Die Nachfrage hängt von den autonomen Ausgaben ab, aber auch – da der Konsum vom Einkommen abhängt – vom Einkommen. Die Beziehung zwischen Nachfrage und Einkommen wird in der Grafik durch die Gerade *ZZ* dargestellt. Der Achsenabschnitt auf der vertikalen Achse – der Wert der Nachfrage für ein Einkommen von Null – entspricht den autonomen Ausgaben. Die Steigung der Geraden entspricht der marginalen Konsumneigung c_1. Wenn das Einkommen um eine Einheit zunimmt, dann steigt die Nachfrage um c_1 Einheiten. Unter der Annahme, dass c_1 positiv aber kleiner Eins ist, weist die Gerade eine positive Steigung kleiner Eins auf.

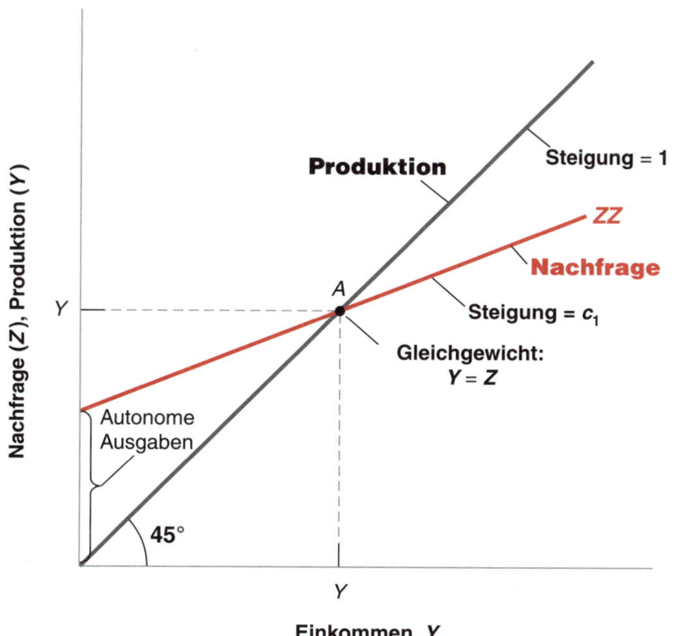

Abbildung 3.2: Gleichgewicht auf dem Gütermarkt

Die Produktion (und das Einkommen) sind im Gleichgewicht bestimmt durch die Bedingung, dass die Güternachfrage gleich der Produktion ist.

- Im Gleichgewicht ist die Produktion gleich der Nachfrage.
- Die Gleichgewichtsproduktion *Y* ergibt sich damit im Schnittpunkt der 45 Grad-Linie mit der Nachfragefunktion (Punkt *A*). Links von A übersteigt die Nachfrage die Produktion; rechts von *A* übersteigt die Produktion die Nachfrage. Nur im Punkt *A* sind Nachfrage und Produktion gleich groß.

Nehmen wir nun an, dass c_0 um eine Milliarde € steigt. Ausgehend vom ursprünglichen Einkommensniveau – dem Einkommensniveau in Punkt *A* – erhöhen die Verbraucher ihren Konsum um eine Milliarde €. Was dann passiert, ist in Abbildung 3.3 eingezeichnet.

Abbildung 3.3: Der Multiplikatoreffekt

Ein Anstieg der autonomen Ausgaben um 1 Mrd. € steigert die Produktion um ein Vielfaches – um $1/(1 - c_1)$ Mio. €.

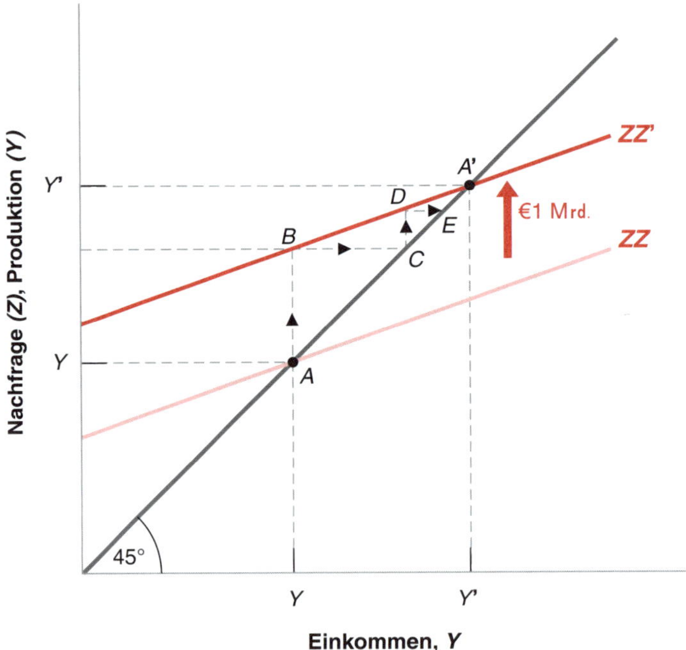

Aus Gleichung (3.9) wissen wir, dass die Nachfrage für jedes Einkommensniveau um eine Milliarde € gegenüber dem ursprünglichen Niveau zunimmt. Vor dem Anstieg von c_0 war die Beziehung zwischen Nachfrage und Einkommen durch die Gerade *ZZ* gegeben. Nach dem Anstieg von c_0 wird die Beziehung zwischen Nachfrage und Einkommen durch die Gerade *ZZ'* repräsentiert. Die Gerade *ZZ'* verläuft parallel zu *ZZ*, liegt aber um eine Milliarde € weiter oben. Anders ausgedrückt, die Nachfragefunktion verschiebt sich um eine Milliarde nach oben. Das neue Gleichgewicht befindet sich im Schnittpunkt der 45-Grad-Linie mit der neuen Nachfragefunktion im Punkt *A'*.

Die gleichgewichtige Produktion erhöht sich von Y auf Y'. Der Anstieg der Produktion, $(Y' - Y)$, den wir entweder auf der horizontalen oder der vertikalen Achse ablesen können, ist größer als der ursprüngliche Anstieg des Konsums um eine Milliarde €. Dies ist gerade der Multiplikatoreffekt.

Wegen des Multiplikatoreffekts ist der Abstand zwischen *Y* und *Y'* größer als der zwischen *A* und *B*.

Die Grafik macht es uns leichter zu erklären, warum und wie sich die Volkswirtschaft von *A* nach *A'* bewegt. Der ursprüngliche Anstieg des Konsums führt zu einer Erhöhung der Nachfrage in Höhe von einer Milliarde €. Die Nachfrage für das Ausgangsniveau des Einkommens, Y, ist nun um eine Milliarde € höher. Sie ist nicht mehr durch Punkt *A* sondern durch Punkt *B* gegeben. Um die gestiegene Nachfrage befriedigen zu können, erhöhen die Unternehmen ihre Produktion um eine Milliarde €. Die Volkswirtschaft bewegt sich zum Punkt *C*, in dem sowohl Nachfrage als auch Produktion um eine Milliarde € gestiegen sind. Aber damit ist die Geschichte noch lange nicht zu Ende. Die um eine Milliarde € höhere Produktion lässt zugleich das Einkommen um eine Milliarde € steigen – zusätzliche Produktion erzeugt ja zusätzliches Einkommen in gleicher Höhe. So wird ein weiterer Nachfrageanstieg ausgelöst. Die neue Nachfrage finden wir nun in Punkt *D*. Punkt *D* führt zu einem höheren Produktionsniveau. Dieser Prozess geht so lange weiter, bis die Volkswirtschaft den Punkt *A'* erreicht hat. Im Punkt *A'* haben sich Produktion und Nachfrage wieder aneinander angeglichen; damit ist das neue Gleichgewicht erreicht.

Wir können diese Art, den Multiplikator zu erklären, noch weiterführen und kommen dadurch zu einer anderen Betrachtungsweise des Multiplikators.

- Der Anstieg der Nachfrage in der ersten Runde entspricht der Strecke *AB* in Abbildung 3.3. Er beträgt 1 Milliarde €.
- Der Nachfrageanstieg aus der ersten Runde führt zu einem gleich großen Anstieg der Produktion, der ebenfalls der Strecke *AB* entspricht, also 1 Milliarde € beträgt.
- Die höhere Produktion aus der ersten Runde führt zu einer gleich großen Erhöhung des Einkommens – der Strecke *BC*. Auch sie beträgt 1 Milliarde €.
- Der Anstieg der Nachfrage in der zweiten Runde entspricht nun der Strecke *CD*. Sie beträgt nur mehr c_1 Milliarden €: dem Einkommensanstieg aus der ersten Runde – (1 Milliarde €) – multipliziert mit der marginalen Konsumneigung c_1.
- Der Nachfrageanstieg aus der zweiten Runde führt zu einem gleich großen Anstieg der Produktion, der ebenfalls der Strecke *CD* entspricht, und zu einer gleich großen Erhöhung des Einkommens.
- Der Anstieg der Nachfrage in der dritten Runde beträgt $c_1 \times c_1 = c_1^2$ Milliarden € – nämlich c_1 Milliarden € (den Einkommensanstieg der zweiten Runde), wieder multipliziert mit c_1, der marginalen Konsumneigung.

Wenn wir diese Logik fortführen, dann ergibt sich nach n Runden eine Erhöhung der Produktion um eine Milliarde € multipliziert mit der folgenden Summe:

Denksportaufgabe: Stellen Sie sich den Multiplikator als das Endergebnis einer Abfolge von vielen aufeinander folgenden Runden vor. Was würde passieren, falls $c_1 > 1$?

$$1 + c_1 + c_1^2 + \ldots + c_1^{n-1}$$

Eine solche Summe nennt man geometrische Reihe. Geometrischen Reihen werden wir in diesem Buch häufiger begegnen. (Anhang 2 bietet eine Auffrischung.) Eine der wichtigsten Eigenschaften solcher Reihen liegt darin, dass für Werte $c_1 < 1$ die Summe mit zunehmendem n zwar immer größer wird, aber einem Grenzwert zustrebt. Dieser Grenzwert ist $1/(1 - c_1)$, so dass sich schließlich ein Anstieg der Produktion in Höhe von $1/(1 - c_1)$ Milliarden € ergibt.

Der Ausdruck $1/(1 - c_1)$ sollte uns bekannt vorkommen: Es ist gerade der Multiplikator, der diesmal auf einem ganz anderen Weg abgeleitet wurde. Dadurch erhalten wir eine zwar äquivalente, aber viel intuitivere Vorstellung von unserem Multiplikator. Wir können uns den Mechanismus so vorstellen: Der ursprüngliche Nachfrageanstieg löst sukzessive eine weitere Steigerung der Produktion aus, wobei jeder Produktionsanstieg einen Einkommensanstieg mit sich bringt, der einen (kleineren) Nachfrageanstieg induziert, der zu einer weiteren Produktionserhöhung führt, die wiederum.... Die Summe aus all diesen sukzessiven Produktionssteigerungen ergibt den Multiplikator.

3.3.3 Die verbale Analyse

Fassen wir unsere bislang gewonnenen Erkenntnisse verbal zusammen.

Die Produktion hängt von der Nachfrage ab, die ihrerseits vom Einkommen abhängt. Das Einkommen ist wiederum gleich der Produktion. Ein Anstieg der Nachfrage, wie zum Beispiel ein Anstieg der Staatsausgaben, führt zu einem Anstieg der Produktion und zu einem korrespondierenden Anstieg des Einkommens. Diese Einkommenserhöhung induziert einen weiteren Anstieg der Nachfrage. Das führt wiederum zu einer weiteren Produktionssteigerung usw. Im Endergebnis fällt der Anstieg weit größer aus als die ursprüngliche Verschiebung der Nachfrage, und zwar genau um den Faktor, der dem Multiplikator entspricht.

Die Größe des Multiplikators hat einen direkten Bezug zum Wert der marginalen Konsumneigung c_1. Je größer c_1, desto größer ist der Multiplikator – ganz einfach, weil dann die induzierten Konsumeffekte umso höher sind. Welchen Wert hat die marginale Konsumneigung in der Realität? Um diese Frage zu beantworten – allgemeiner: Um Verhaltensgleichungen und deren Parameter zu schätzen – verwenden Makroökonomen die Ökonometrie. (Unter Ökonometrie werden die statistischen Methoden verstanden, die von Makroökonomen eingesetzt werden.) Anhang 3 bietet eine kurze Einführung zu der Frage, was Ökonometrie ist und wie sie eingesetzt wird. Als Anwendungsbeispiel wird die marginale Konsumneigung geschätzt. Das Ergebnis aus Anhang 3 ist, dass die marginale Konsumneigung in Deutschland heute ungefähr einen Wert von 0,68 aufweist. Ein zusätzlicher € an Einkommen führt im Durchschnitt zu einem Anstieg des Konsums um 60 Cent. Damit ergibt sich ein Multiplikatoreffekt von $1/(1 - c_1) = 1/(1 - 0{,}6) = 2{,}5$.

3.3.4 Wie lange dauert es, bis der Anpassungsprozess abgeschlossen ist?

Wir wollen ein letztes Mal zu unserem Beispiel zurückkehren Nehmen wir an, dass c_0 um eine Milliarde € ansteigt. Wir wissen, dass dadurch die Produktion um eine Milliarde €, multipliziert mit dem Multiplikator $1/(1 - c_1)$ steigen wird. Aber wie lange wird es dauern, bis sie dieses neue, höhere Niveau erreicht hat?

Unter den Annahmen, die wir bisher getroffen haben, heißt die Antwort: sofort! Bei der Formulierung der Gleichgewichtsbedingung (3.6) haben wir angenommen, dass die Produktion immer gleich der Nachfrage ist – in anderen Worten ausgedrückt – die Produktion reagiert unverzüglich auf die Nachfrage. Bei der Formulierung der Konsumfunktion (3.2) haben wir angenommen, dass der Konsum unverzüglich auf das verfügbare Einkommen reagiert. Unter diesen beiden Annahmen bewegt sich die Volkswirtschaft unverzüglich von Punkt *A* zu *A'* in Abbildung 3.3. Der Anstieg der Nachfrage führt zu einem sofortigen Anstieg der Produktion und der damit verbundene Einkommensanstieg führt zu einem sofortigen Nachfrageanstieg usw. Wir können uns den Anpassungsprozess so vorstellen, als ob er in sukzessiven Runden abliefe, wie wir es weiter oben getan haben, aber tatsächlich laufen alle diese Runden gleichzeitig ab.

Die sofortige Anpassung erscheint nicht plausibel. Und tatsächlich ist sie auch nicht realistisch: Beobachtet ein Unternehmen einen Nachfrageanstieg, wird es wahrscheinlich erst einmal abwarten, bevor es sein Produktionsniveau anpasst. In der Zwischenzeit greift es auf seine Lagerbestände zurück, um die Nachfrage zu befriedigen. Auch ein Arbeiter, der eine Lohnerhöhung bekommt, wird seinen Konsum wahrscheinlich nicht sofort anpassen. All diese Verzögerungen bringen es mit sich, dass Zeit verstreichen wird, bis der Anpassungsprozess abgeschlossen ist.

In unserem Modell haben wir das ausgeschlossen, weil wir Lagerinvestitionen nicht betrachteten.

Es wäre zu schwierig, den Anpassungsprozess über die Zeit – die Ökonomen nennen dies die Dynamik der Anpassung – formal zu beschreiben. Aber es ist eine leichte Aufgabe, diesen Prozess verbal zu beschreiben.

- Nehmen wir beispielsweise an, dass die Unternehmen die Entscheidung über ihr Produktionsniveau jeweils am Anfang des Quartals treffen; wenn die Entscheidung einmal getroffen ist, dann kann die Produktion in diesem Quartal nicht mehr verändert werden. Wenn der Absatz höher ist als die laufende Produktion, so werden die Unternehmen ihre Lagerbestände abbauen, um den höheren Absatz zu realisieren. Liegt der Absatz niedriger als die Produktion, dann bauen die Unternehmen Lagerbestände auf.
- Kehren wir jetzt zu unserem Beispiel zurück und nehmen an, die Konsumenten entscheiden sich, mehr Geld auszugeben. Sie erhöhen also c_0. In dem Quartal, in dem der Anstieg von c_0 erfolgt, erhöht sich zwar die Nachfrage, aber die Produktion bleibt auf dem ursprünglichen Niveau, sofern sie am Anfang des Quartals festgelegt wird. Deshalb bleibt auch das Einkommen unverändert.
- Im nächsten Quartal werden die Unternehmen wahrscheinlich ein höheres Produktionsniveau wählen, da sie im vorausgehenden Quartal einen Anstieg der Nach-

frage beobachtet haben. Mit dem Anstieg der Produktion ist ein Anstieg des Einkommens verbunden, was wiederum zu einem weiteren Anstieg der Nachfrage führt. Wenn der Absatz immer noch über der Produktion liegt, werden die Unternehmen im übernächsten Quartal ihre Produktion wieder steigern usw.

- Zusammengefasst: Als Reaktion auf eine Erhöhung der Konsumausgaben springt die Produktion nicht sofort auf den neuen Gleichgewichtswert, sondern steigt im Zeitverlauf von Y auf Y' an.
- Die Dauer dieses Anpassungsprozesses hängt davon ab, wie und wie oft die Unternehmen ihr Produktionsniveau neu festlegen. Je öfter die Unternehmen ihre Produktionsplanung anpassen und je stärker die Reaktion auf vorangegangene Absatzsteigerungen, desto schneller wird die Anpassung erfolgen.

Die hier verwendete Vorgehensweise benutzen wir im Folgenden immer wieder. Wenn wir Veränderungen der Gleichgewichtsproduktion untersuchen, beschreiben wir verbal, wie sich die Volkswirtschaft von einem Gleichgewicht zum nächsten bewegt. Das ermöglicht nicht nur eine realitätsnähere Beschreibung der Prozesse, die in der Volkswirtschaft ablaufen, sondern verbessert gleichzeitig auch unser Verständnis dafür, warum sich das Gleichgewicht verändert hat.

In diesem Abschnitt haben wir uns auf einen Anstieg der Nachfrage konzentriert. Der Mechanismus läuft jedoch symmetrisch ab: Ein Nachfrageeinbruch führt zu einem Einbruch in der Produktion. So war etwa die Rezession in den USA in den Jahren 1990 bis 1991 größtenteils das Ergebnis eines plötzlichen Vertrauensverlustes der Konsumenten. Dies löste einen starken Rückgang der Konsumnachfrage aus, was wiederum zu einem starken Rückgang der Produktion führte. Die Ursachen dieser Rezession werden in der Fokusbox „Konsumentenvertrauen und die Rezession in den USA 1990-1991" näher untersucht.

Fokus: Konsumentenvertrauen und die Rezession in den USA 1990-1991

Im dritten Quartal 1990, nach der Invasion von Kuwait durch den Irak, aber schon vor dem Golfkrieg, drehte sich das BIP-Wachstum in den USA ins Negative. Es blieb auch für die folgenden zwei Quartale negativ. In den USA bezeichnet man dies als die Rezession 1990-1991.

Spalte 1 der Tabelle zeigt Ausmaß und Zeitverlauf der Rezession. Angefangen vom 2. Quartal 1990 bis zum 2. Quartal 1991 sind die Veränderungen des realen BIP – Milliarden Dollar zu Preisen von 1992 – angegeben. Diese Veränderung ist in der Rezession 1990-1991 negativ, also in den Quartalen 1990:3, 1990:4, und 1991:1.

- **Wurde die Rezession von den Ökonomen vorhergesehen? Nein. Spalte 2 gibt den Prognosefehler an, die Differenz zwischen dem tatsächlichen Wert und dem Wert, der von den Ökonomen ein Quartal vorher prognostiziert wurde. Ist dieser Wert positiv, so erweist sich das tatsächliche Wachstum stärker als prognostiziert; umgekehrt ist es bei einem negativen Wert schwächer. In allen drei Quartalen der Rezession waren die Prognosen zu optimistisch. In den ersten beiden Quartalen der Rezession sind die Prognosefehler sogar größer als der tatsächliche Rückgang. Das bedeutet, dass am Anfang der Rezession noch ein positives Wachstum vorhergesagt wurde, obwohl sich später herausstellte, dass die Wirtschaft schon in der Rezession war.**

- Wo liegen die Ursachen für die Prognosefehler? Welcher der Bestimmungsfaktoren der Nachfrage in Gleichung (3.8) ist der Hauptschuldige? War es c_0, $\bar{I}$, G, oder T? Wenn man die Entwicklung der einzelnen Nachfragekomponenten genauer untersucht, zeigt sich, dass für die letzten beiden Quartale der Rezession ein unerwarteter Einbruch des Konsums, also ein Rückgang von c_0, ausschlaggebend war. Spalte 3 gibt die Prognosefehler für c_0 wieder. Für die letzten beiden Quartale zeigen sich sehr hohe Fehlerwerte.
- Ein starker Rückgang von c_0 bedeutet einen Einbruch des Konsums bei gegebenem verfügbarem Einkommen. Warum brach der Konsum Ende 1990, Anfang 1991 so stark ein? Die unmittelbare Ursache findet sich in der letzten Spalte der Tabelle. Sie zeigt den Index des Konsumentenvertrauens an. Dieser Index wird in einer monatlichen Umfrage unter ca. 5.000 Haushalten ermittelt. Die Konsumenten sollen dabei ihre Einschätzung über die aktuelle und die zukünftig erwartete Wirtschaftslage angeben, angefangen von Jobmöglichkeiten bis hin zum erwarteten Familieneinkommen im nächsten halben Jahr. Offensichtlich ist der Index im 4. Quartal 1990 dramatisch eingebrochen. Die Konsumenten verloren ihr Vertrauen, schränkten deshalb den Konsum bei gegebenem verfügbarem Einkommen ein und lösten so die Rezession aus.
- Dies führt uns zur letzten Frage: Warum schätzten die Konsumenten Ende 1990 die Zukunft so pessimistisch ein? Selbst heute sind sich die Ökonomen darüber nicht ganz sicher. Vermutlich löste aber die zunehmende Gefahr eines Golfkrieges den Stimmungsumschwung aus. Dieser Krieg brach erst Anfang 1991 aus, nachdem die Rezession schon im Gang war. Die Leute befürchteten, die Vereinigten Staaten würden in einen langen und kostspieligen Krieg verwickelt. Sie hatten auch Angst, dass der Golfkrieg einen starken Anstieg des Ölpreises und damit eine Rezession auslösen würde. Schon in den 70er Jahren führte ein drastisch steigender Ölpreis zweimal in die Rezession. Unabhängig von den Ursachen war der Rückgang des Konsumentenvertrauens ein wesentlicher Faktor für die Rezession 1990-1991.

Wie steht es mit der Rezession 2001? Sie verlief ganz anders als die der Jahre 1990-1991. Der Einbruch 2001 wurde vor allem vom Rückgang der Investitionen ausgelöst, während sich der Konsum trotz des starken Verfalls der Aktienpreise als erstaunlich robust erwies. Nach dem 11. September 2001 rechneten allerdings viele mit einem Einbruch des Konsumentenvertrauens und damit einer weiteren Verschärfung der Rezession. Der Index für das Konsumentenvertrauen fiel in der Tat von 110 im August auf 85 im Oktober, der Rückgang war aber weit weniger drastisch als Ende 1990. Schon im Dezember 2001 erholte sich der Index wieder auf 94. Die Rezession war vorbei. Erst Anfang 2003, vor dem Irakkrieg, kam es in den USA zu einem starken Einbruch des Konsumentenvertrauens.

Quartal	(1) Änderung des realen BIP	(2) Prognosefehler für das BIP	(3) Prognosefehler für c_0	(4) Index des Konsumentenvertrauens
1990:2	19	– 17	– 23	105
1990:3	– 29	– 57	– 1	90
1990:4	– 63	– 88	– 37	61
1991:1	– 31	– 27	– 30	65
1991:2	27	47	8	77

Tabelle 1: BIP, Konsum und Prognosefehler, USA 1990-1991

Quelle: Olivier Blanchard, „Consumption and the Recession of 1990–1991", American Economic Review, May 1993.

3.4 Investition ist gleich der Ersparnis: Ein alternativer Ansatz für das Gleichgewicht auf dem Gütermarkt

Bislang haben wir das Gleichgewicht auf dem Gütermarkt als die Gleichheit von Produktion und Güternachfrage beschrieben. Ein alternativer, aber äquivalenter Ansatz betrachtet die Gleichheit von Investition und Ersparnis. Dies ist der Weg, den erstmals John Maynard Keynes 1936 in seinem Buch „The General Theory of Employment, Interest and Money" formulierte.

- Beginnen wir mit einem Blick auf die Ersparnis. Per Definition entspricht die private Ersparnis der Konsumenten (*S*) der Differenz zwischen verfügbarem Einkommen und Konsum:

$$S \equiv Y_D - C$$

- Wenn wir die Definition des verfügbaren Einkommens einsetzen, ergibt sich die private Ersparnis als Einkommen abzüglich Steuern und Konsum:

$$S \equiv Y - T - C$$

- Gehen wir zurück zur Gleichung für das Gleichgewicht auf dem Gütermarkt. Die Produktion muss der Nachfrage entsprechen, also der Summe aus Konsum, Investition und Staatsausgaben:

$$Y = C + I + G$$

- Ziehen wir nun die Steuern (*T*) von beiden Seiten ab und bringen den Konsum auf die andere Seite:

$$Y - T - C = I + G - T$$

- Die linke Seite ist aber nichts anderes als die private Ersparnis (*S*), also

$$S = I + G - T$$

- Somit erhalten wir:

$$I = S + (T - G) \tag{3.10}$$

- Der Ausdruck auf der linken Seite bezeichnet die Investition. Auf der rechten Seite stehen zum einen die private Ersparnis, zum andern die Ersparnis des Staates (die Differenz zwischen Steuern und Staatsausgaben). Sind die Steuern höher als die Staatsausgaben, erzielt der Staat einen Budgetüberschuss – seine Ersparnis ist dann positiv. Sind die Steuern dagegen niedriger als die Staatsausgaben, ergibt sich ein Budgetdefizit – der Staat hat dann eine negative Ersparnis; er muss am Kapitalmarkt Kredit aufnehmen.

Gleichung (3.10) liefert uns einen zweiten Weg zum Verständnis des Gleichgewichts auf dem Gütermarkt. Sie besagt, dass der Gütermarkt nur dann im Gleichgewicht sein kann, wenn Investitionen und Ersparnis (die Summe aus privater Ersparnis und Ersparnis des Staates) gleich sind. Diese Überlegung erklärt, warum die Bedingung für ein Gleichgewicht auf dem Gütermarkt als *IS*-Gleichung bezeichnet wird. Dies steht für „Investition gleich Ersparnis (saving)". Die Nachfrage der Unternehmen nach Investitionen muss genau dem entsprechen, was private Haushalte und Staat zusammen bereit sind, zu sparen.

Betrachten wir eine „Robinson Crusoe"-Wirtschaft, um eine bessere Intuition für Gleichung (3.10) zu erhalten. Wir versetzen uns in die Lage einer Person, die darüber entscheiden muss, wie viel konsumiert, investiert und gespart wird. Für Robinson Crusoe sind die Entscheidungen über Ersparnis und Investition nur zwei Seiten der gleichen Medaille: All das, was er investiert (wie viel Hasen er etwa zur Aufzucht hält, statt sie am Abend zu verspeisen), spart er automatisch. In einer modernen Wirtschaft werden Investitionsentscheidungen von Unternehmen getroffen; Sparentscheidungen dagegen von Haushalten und dem Staat. Gleichung (3.10) sagt uns, dass all diese Entscheidungen im Gleichgewicht miteinander konsistent sein müssen: Die Investition muss gleich der Ersparnis sein.

Zusammenfassend: Es gibt zwei äquivalente Methoden, um die Gleichgewichtsbedingung auf dem Gütermarkt zu formulieren:

$$\text{Produktion} = \text{Nachfrage}$$

$$\text{Investition} = \text{Ersparnis}$$

Früher charakterisierten wir das Gleichgewicht durch die erste Bedingung, Gleichung (3.6). Wir können das nun auch durch die zweite Bedingung ausdrücken, Gleichung (3.10). Das Ergebnis ist das gleiche, aber die Ableitung liefert uns neue Einsichten in die gesamtwirtschaftlichen Zusammenhänge

- Wir müssen zunächst beachten, dass Konsum- und Sparentscheidungen ein und dasselbe sind: Sobald der Haushalt bei gegebenem verfügbaren Einkommen seinen Konsumplan festgelegt hat, ist über die Budgetbeschränkung auch die Ersparnis festgelegt (und umgekehrt). So wie wir das Konsumverhalten spezifiziert haben, ergibt sich die Ersparnis als:

  $$\begin{aligned} S &= Y - T - C \\ &= Y - T - c_0 - c_1(Y - T) \end{aligned}$$

  Durch Umformung erhalten wir:

  $$S = -c_0 + (1 - c_1)(Y - T) \quad (3.11)$$

- Genau so wie wir c_1 als Konsumneigung interpretierten, können wir $(1 - c_1)$ als Sparneigung bezeichnen. Die Sparneigung gibt uns an, wie viel die Konsumenten bereit sind, von einer zusätzlichen Einheit Einkommen zu sparen. Für die Konsumneigung haben wir angenommen: $0 < c_1 < 1$. Damit liegt auch die Sparneigung $(1 - c_1)$ zwischen Null und Eins. Private Ersparnis steigt zwar mit dem verfügbaren Einkommen, aber nur im Umfang $1 - c_1 < 1$
- Im Gleichgewicht müssen Investitionen und die Summe aus privater Ersparnis und Ersparnis des Staates gleich sein. Wenn wir für die private Ersparnis in Gleichung (3.10) den Ausdruck oben einsetzen, ergibt sich:

  $$\bar{I} = -c_0 + (1 - c_1)(Y - T) + (T - G)$$

Aufgelöst nach dem Einkommen erhalten wir:

$$Y = \frac{1}{1 - c_1}[c_0 + \bar{I} + G - c_1 T] \tag{3.12}$$

Gleichung (3.12) ist exakt derselbe Ausdruck wie Gleichung (3.8). Das sollte uns nicht überraschen. Wir haben ja dieselbe Gleichgewichtsbedingung betrachtet, nur aus einem anderen Blickwinkel. Diese Alternative erweist sich später an verschiedenen Stellen im Buch als sehr hilfreich. Eine Anwendung ist etwa das so genannte Sparparadox, das von Keynes betont wurde. Wir betrachten es in der Fokusbox.

Fokus: Das Sparparadox

Als wir aufwuchsen, wurden uns die Tugenden des Sparens beigebracht. Denjenigen, die alles konsumieren wollten, wurde damit gedroht, in Armut zu versinken. Fleißigen Sparern dagegen wurde ein glückliches Leben versprochen. Auch die Regierungen legten uns nahe, unsere Wirtschaft würde nur mit hoher Sparrate stark und mächtig. Das Modell in diesem Kapitel erzählt uns eine andere, verblüffende Geschichte.

Nehmen wir an, die Konsumenten entscheiden sich, bei gegebenem Einkommen mehr zu sparen. Anders formuliert: Angenommen, die Konsumenten reduzieren c_0, so dass bei gegebenem Einkommen der Konsum zurückgeht, die Ersparnis ansteigt. Was passiert mit Einkommen und Ersparnis?

Gleichung (3.12) zeigt, dass das Gleichgewichtseinkommen zurückgeht: Wenn die Leute beim Ausgangseinkommen mehr sparen, schränken sie ihren Konsum ein. Die dadurch gedämpfte Konsumnachfrage lässt aber wiederum die Produktion sinken.

Was passiert mit der Ersparnis? Schauen wir auf die Gleichung für privates Sparen, Gleichung (3.11) (wir unterstellen dabei, dass sich die Ersparnis des Staates nicht verändert).

$$S = -c_0 + (1 - c_1)(Y - T)$$

Einerseits ist $-c_0$ nun höher (nicht mehr so negativ): Weil die Konsumenten bei jedem Einkommensniveau mehr sparen, nimmt die Ersparnis zunächst zu. Aber andererseits sinkt nun das Einkommen Y: Dies wiederum reduziert die Ersparnis. Der Nettoeffekt scheint auf den ersten Blick unbestimmt. Tatsächlich können wir aber die Richtung exakt angeben.

Betrachten wir Gleichung (3.10):

$$I = S + (T - G)$$

Annahmegemäß bleiben die Investitionen unverändert: $I = \bar{I}$ Ebenso wenig ändert sich T oder G. Die Gleichgewichtsbedingung macht uns damit aber deutlich, dass sich auch die private Ersparnis S nicht ändern kann. Bei gegebenem Einkommen möchten die Leute zwar mehr sparen; das Einkommen geht aber gerade so stark zurück, dass die Ersparnis letztlich unverändert bleibt. Der Versuch, mehr zu sparen, führt also nur zu einem Rückgang der Produktion; die Ersparnis bleibt gleich. Dieses überraschende Ergebnis bezeichnen wir als Sparparadox.

Sollten wir also die alten Tugenden vergessen? Sollten Regierungen die Konsumenten dazu ermuntern, weniger zu sparen. Nein! Die Einsichten dieses einfachen Modells sind nur auf kurze Frist gültig. Der Wunsch, mehr zu sparen, kann zu einer Rezession führen. Aber wir werden später sehen, dass auf mittlere und lange Frist andere Wirkungsmechanismen zum Tragen kommen. Sie führen dazu, dass ein Anstieg der Sparrate letztlich zu höherer Ersparnis und höherem Einkommen führt. Allerdings sollten wir nun vorgewarnt sein: Eine Politik, die zum Sparen ermuntert, mag auf lange Frist erfolgreich sein; kurzfristig kann sie aber einen Wirtschaftseinbruch auslösen.

3.5 Ist die Regierung allmächtig? Eine Warnung

Gleichung (3.8) besagt, dass die Regierung durch geeignete Wahl von Staatsausgaben, *G*, oder Steuern, *T*, jedes gewünschte Produktionsniveau realisieren kann. Soll die Produktion um € 1 Million steigen, muss sie nur G um € $(1 - c_1)$ Millionen erhöhen; ein solcher Anstieg der Staatsausgaben lässt theoretisch die Gesamtproduktion um € $(1 - c_1)$ Millionen mal dem Multiplikatoreffekt $1/(1 - c_1)$, insgesamt also um € 1 Million steigen.

Können Regierungen wirklich jedes gewünschte Produktionsniveau realisieren? Sicher nicht. Viele Aspekte der Realität, die diese Aufgabe erschweren, sind in unserem Modell noch gar nicht enthalten. Wir werden sie später einführen. Aber es ist hilfreich, schon jetzt kurz darauf einzugehen:

Eine längere Liste findet sich in der Fokusbox „Die Fiskalpolitik: Was wir bisher gelernt haben" in Kapitel 26.

- Staatsausgaben oder Steuern rasch zu ändern ist nahezu unmöglich. Der Prozess, bis Änderungen der Steuergesetzgebung in Parlament und Bundesrat verabschiedet sind, kann ewig dauern (Kapitel 24 und 26).

Mitte 2003 war noch nicht klar, ob die geplante Steuerreform auf 2004 vorgezogen wird, weil es zwischen den Parteien keine Einigkeit gab, wie sie finanziert werden sollte.

- Wir haben uns auf die Auswirkungen auf den Konsum konzentriert. Aber auch Investitionen und Importe werden ebenfalls reagieren. Ein Teil der gestiegenen Nachfrage fließt ins Ausland. All diese Effekte sind nicht exakt kalkulierbar weil komplexe, schwer durchschaubare dynamische Prozesse ausgelöst werden (Kapitel 5, 18, und 19).
- Erwartungen spielen eine große Rolle. Wie Konsumenten auf eine Steuersenkung reagieren, hängt stark davon ab, ob diese als dauerhaft oder als nur vorübergehend eingeschätzt wird. Je mehr die Steuererleichterung als dauerhaft eingeschätzt wird, desto stärker ist die Wirkung auf den Konsum (Kapitel 16 und 17).
- Es kann unerwünschte Nebenwirkungen haben, ein bestimmtes Produktionsniveau anzustreben. So könnte etwa der Versuch, die Produktion zu stimulieren, die Inflation stark ansteigen lassen und deshalb auf mittlere Frist nicht durchsetzbar sein (Kapitel 7 und 8).
- Steuersenkungen und Erhöhung der Staatsausgaben können zu einem großen Haushaltsdefizit führen und die Staatsschuld ansteigen lassen. Der Anstieg der Staatsverschuldung kann langfristig schädliche Effekte auslösen (Kapitel 11 und 26).

Die These, kurzfristig könne Fiskalpolitik Nachfrage und Produktion beeinflussen, ist trotz dieser Einwände korrekt. Aber wenn wir unsere Analyse verfeinern, werden wir lernen, dass die Rolle der Regierungen im Allgemeinen und der Fiskalpolitik im Besonderen immer schwieriger wird. Die Regierung wird es nie mehr so einfach haben wie in diesem Kapitel.

Zusammenfassung

Folgende Aussagen über die Zusammensetzung des BIP sollten im Gedächtnis bleiben:

- Das BIP ist die Summe aus Konsum, Investitionen, Staatsausgaben, Außenbeitrag (Exporte minus Importe) und Lagerinvestitionen.
- Konsum – der Kauf von Waren und Dienstleistungen durch die Konsumenten – macht den größten Anteil der Gesamtnachfrage aus.
- Investitionen (I) sind die Summe aus gewerblichen Investitionen – der Kauf neuer Fabriken und Maschinen durch Unternehmen und den Investitionen in Wohnungsbau, der Kauf neuer Häuser oder Apartments.
- Bei den Staatsausgaben (G) handelt es sich um die Käufe von Waren und Dienstleistungen durch den staatlichen Sektor – von Bund, Ländern und Gemeinden.
- Exporte (X) sind Käufe inländischer Produkte durch Ausländer. Importe (IM) sind Käufe ausländischer Produkte durch Inländer (Konsumenten, Unternehmen oder staatlichen Stellen).
- Lagerinvestitionen ist die Differenz zwischen Produktion und Verkäufen. Sie ist in manchen Jahren positiv, in anderen negativ.

Unser erstes Modell zur Bestimmung der Produktion zeigt Folgendes:

- Kurzfristig wird die Produktion von der Nachfrage bestimmt. Die Produktion entspricht dem Einkommen; das Einkommen bestimmt die Nachfrage.
- Die Konsumfunktion zeigt, wie der Konsum vom verfügbaren Einkommen abhängt. Die marginale Konsumneigung gibt an, um wie viel der Konsum steigt, wenn das verfügbare Einkommen um eine Einheit zunimmt.
- Im Gleichgewicht entspricht die Produktion gerade der Nachfrage. Im Gleichgewicht gilt: Die Produktion ist gleich den autonomen Ausgaben, multipliziert mit dem Multiplikator. Die autonomen Ausgaben sind der Teil der Güternachfrage, der unabhängig vom Produktionsniveau ist. Der Multiplikator beträgt $1/(1-c_1)$, mit c_1 als marginaler Konsumneigung.
- Ein Anstieg des Konsumentenvertrauens, der Investitionsnachfrage, der Staatsausgaben oder der Nettoexporte und eine Senkung der Steuern erhöhen kurzfristig jeweils die Gleichgewichtsproduktion.
- Das Gleichgewicht auf dem Gütermarkt kann auch die Bedingung charakterisiert werden, dass die Investitionen gleich der Ersparnis (der Summe aus privater und öffentlicher Ersparnis) sein müssen. Deshalb wird diese Bedingung *IS*-Gleichung genannt (I für Investitionen, S für Ersparnis).

Übungsaufgaben

Verständnistests

1. Aufbauend auf den Informationen dieses Kapitels, geben Sie an, welche der folgenden Aussagen zutreffend, falsch oder unklar sind. Geben Sie jeweils eine kurze Erläuterung.
   a. Konsum macht den größten Anteil am BIP aus.
   b. Staatsausgaben, einschließlich den Transfers, entsprachen im Jahr 2002 19,1% des BIP.
   c. Die marginale Konsumneigung muss positiv sein, kann aber ansonsten jeden positiven Wert annehmen.
   d. Fiskalpolitik betrifft die Entscheidungen über die Höhe von Steuern und Staatsausgaben. In unserem Modell wird diese Entscheidung als exogen betrachtet.
   e. Die Gleichgewichtsbedingung auf dem Gütermarkt lautet: Konsum muss gleich der Nachfrage sein.
   f. Ein Anstieg der Staatsausgaben um eine Einheit erhöht im Gleichgewicht die Produktion um eine Einheit.
   g. Ein Anstieg der Konsumneigung führt zu einem Rückgang der Produktion.
2. Angenommen, die Wirtschaft ist durch folgende Verhaltensgleichungen beschrieben:

$$C = 160 + 0{,}6\, Y_D$$
$$I = 150$$
$$G = 150$$
$$T = 100$$

   Berechnen Sie:
   a. Das BIP im Gleichgewicht (Y)
   b. Das verfügbare Einkommen (Y_D)
   c. Die Konsumausgaben (C)
3. Für die Wirtschaft von Aufgabe 2,
   a. Berechnen Sie die Gleichgewichtsproduktion. Ermitteln Sie auch die Gesamtnachfrage. Entspricht sie der Produktion? Geben Sie eine Begründung.
   b. Angenommen, G sinkt auf 110. Berechnen Sie die Gleichgewichtsproduktion und Gesamtnachfrage. Entspricht sie der Produktion? Geben Sie eine Begründung.
   c. Gegeben sei $G = 110$ (die Produktion ist also durch die Antwort auf Frage (b) bestimmt). Berechnen Sie die private und staatliche Ersparnis und prüfen Sie, ob dies den Investitionen entspricht. Begründen Sie.

Vertiefungsfragen

4. *Der Multiplikator bei ausgeglichenem Staatshaushalt (Haavelmo-Theorem)*

   Sowohl aus politischen wie aus makroökonomischen Gründen verpflichten sich manche Regierungen zu einem ausgeglichenen Haushalt ohne Defizit. Wie wirken sich Änderungen in G und T aus, bei denen der Staatshaushalt ausgeglichen bleibt? Wir fragen, ob es möglich ist, bei unverändertem Staatshaushalt durch Variation von G und T die Produktion zu beeinflussen.

   Wir gehen aus von Gleichung (3.7).
   a. Wie stark verändert sich Y, wenn G um eine Einheit steigt?
   b. Wie stark verändert sich Y, wenn T um eine Einheit steigt?
   c. Warum erhalten wir auf (a) und (b) unterschiedliche Antworten?

Gehen wir von einem ausgeglichenen Haushalt aus: $T = G$. Falls G und T gleich stark ansteigen, bleibt der Haushalt ausgeglichen. Berechnen wir, welcher Multiplikatoreffekt sich dann ergibt.

d. Angenommen G und T steigen um eine Einheit. Aus den Antworten auf (a) und (b) erkennt man, ob sich bei einer solchen Politik das BIP verändert. Sind Veränderungen in G und T, die den Staatshaushalt nicht verändern, neutral?
e. Warum hängt die Antwort auf Frage (d) nicht davon ab, wie hoch die Konsumneigung ist? Der norwegische Ökonom Haavelmo erkannte diesen Sachverhalt als Erster; deshalb spricht man vom Haavelmo-Theorem.

5. *Automatische Stabilisatoren*

Bislang unterstellten wir in diesem Kapitel, dass Fiskalpolitik (G und T) nicht vom Produktionsniveau abhängt. In der Realität stimmt das aber nicht: Steuereinnahmen steigen im Normalfall, wenn die Produktion steigt. In dieser Aufgabe untersuchen wir, wie die automatische Anpassung der Steuereinnahmen an das Produktionsniveau dazu beiträgt, die Auswirkung von exogenen Schocks (Änderungen der autonomen Ausgaben) zu dämpfen. Man sagt, einkommensabhängige Steuern wirken als automatischer Stabilisator.

Wir gehen von folgenden Verhaltensgleichungen aus:

$$C = c_0 + c_1 Y_D$$

$$T = t_0 + t_1 Y$$

$$Y_D = Y - T$$

G und I sind konstant. Die Steuerquote t_1 liege zwischen Null und Eins.

a. Berechnen Sie das Produktionsniveau im Gleichgewicht.
b. Wie hoch ist der Multiplikator? Reagiert die Wirtschaft stärker auf Änderungen der autonomen Ausgaben, wenn t_1 gleich Null ist oder wenn t_1 positiv ist? Erklärung?
c. Warum bezeichnet man Fiskalpolitik in diesem Fall als automatischen Stabilisator?

6. *Ausgeglichener Haushalt vs. automatischer Stabilisator*

Oft wird argumentiert, ein ausgeglichener Haushalt wirke destabilisierend. Um dies zu verstehen, betrachten wir wieder die Wirtschaft von Aufgabe 5.

a. Berechnen Sie im Beispiel von Aufgabe 5 das Produktionsniveau im Gleichgewicht.
b. Berechnen Sie im gleichen Beispiel die Steuereinnahmen im Gleichgewicht.

Angenommen, der Staatshaushalt ist zunächst ausgeglichen. Nun geht c_0 zurück.

c. Wie wirkt sich das auf Y aus? Was passiert mit den Steuereinnahmen?
d. Angenommen, die Regierung schränkt die Staatsausgaben ein, um weiterhin für einen ausgeglichenen Staatshaushalt zu sorgen. Wie wirkt sich das auf Y aus? Wirkt die Senkung der Staatsausgaben dem Rückgang der autonomen Ausgaben entgegen oder verschärft er ihn? Geben Sie eine intuitive verbale Erklärung.

Kapitel

4 Geld- und Finanzmärkte

Es vergeht kaum ein Tag, an dem in der Öffentlichkeit nicht darüber spekuliert wird, ob die Europäische Zentralbank (EZB) die Zinsen ändern wird, und wie sich ihre Zinsentscheidungen auf die Volkswirtschaft auswirken könnten. Die Bedeutung, die geldpolitischen Entscheidungen zugemessen wird, zeigt sich daran, welch große Aufmerksamkeit die Medien den regelmäßigen Pressekonferenzen des Zentralbankrates einräumen. Zentralbankern wird großer Einfluss zugeschrieben, wie auch die Diskussionen um personelle Veränderungen des Zentralbankrates verdeutlichen.

In dem makroökonomischen Modell, das wir in Kapitel 3 entwickelt haben, war der Zinssatz gar nicht enthalten, daher konnten Zentralbanker auch keine Rolle spielen. Das ist natürlich eine grobe Vereinfachung; es ist an der Zeit, dies zu korrigieren. Dafür müssen wir in zwei Schritten vorgehen:

Im ersten Schritt untersuchen wir, wie der Zinssatz bestimmt wird, und welche Rolle die Zentralbank dabei spielt – das wird das Thema dieses Kapitels sein. Im zweiten Schritt fragen wir, wie der Zinssatz Nachfrage und Produktion beeinflusst – das Thema des nächsten Kapitels.

Das Kapitel gliedert sich in vier Abschnitte:

- Abschnitt 4.1 beschäftigt sich mit der Geldnachfrage.
- In Abschnitt 4.2 nehmen wir an, dass die Zentralbank das Geldangebot direkt kontrollieren kann. Es wird gezeigt, wie sich der Zinssatz bestimmt: Im Gleichgewicht muss die Bedingung Geldangebot gleich Geldnachfrage erfüllt sein.
- In Abschnitt 4.3* werden die Geschäftsbanken als Geldanbieter eingeführt. Die Bestimmungen des Zinssatzes und die Rolle der Zentralbank werden in diesem erweiterten Rahmen noch einmal betrachtet.
- Abschnitt 4.4* stellt zwei alternative Ansätze vor, wie das Gleichgewicht auf Geld- und Finanzmärkten interpretiert werden kann. Der eine Ansatz stellt den Wertpapiermarkt in den Mittelpunkt, der andere den Geldschöpfungsmultiplikator.

***Auch wer die Abschnitte 4.3 und 4.4 überspringt, kann die nachfolgenden Kapitel verstehen.**

4.1 Die Geldnachfrage

Dieser Abschnitt behandelt die Bestimmungsgrößen der Geldnachfrage. (Gleich zu Beginn eine Warnung: Begriffe wie Geld oder Vermögen haben in der Volkswirtschaftslehre eine ganz spezielle Bedeutung, die sich oft von der Bedeutung unterscheidet, die wir im Alltag gebrauchen. Die Fokusbox „Semantische Fallen: Geld, Einkommen und Vermögen" soll helfen, solche Missverständnisse zu vermeiden. Es ist ratsam, sie aufmerksam zu lesen und das Thema von Zeit zu Zeit wieder aufzugreifen.)

Es ist wichtig, sich den Unterschied zwischen folgenden Entscheidungen bewusst zu machen: die Entscheidung, wie viel man spart (dies bestimmt, wie sich das Vermögen im Zeitverlauf entwickelt) und die Entscheidung, wie ein gegebener Vermögensbestand auf alternative Anlageformen, etwa Geld und festverzinsliche Wertpapiere, aufgeteilt werden soll.

Nehmen wir an, dass wir regelmäßig einen Teil unseres Einkommens gespart haben und daher über ein Finanzvermögen von 50.000 € verfügen. Vielleicht haben wir die Absicht, weiterhin zu sparen, um unser Vermögen noch zu vergrößern, der aktuelle Wert ist jedoch zunächst einmal gegeben. Die einzige Entscheidung, die wir heute treffen können, besteht darin, wie wir diese 50.000 € auf alternative Anlageformen aufteilen sollen. Zwar gibt es eine Vielzahl von Anlageformen; in diesem Kapitel beschränken wir uns aber auf die Alternative zwischen Geld und festverzinslichen Wertpapieren.

- Geld kann man zur Abwicklung von Transaktionen verwenden, es bringt jedoch keine Zinsen.

  In der Realität gibt es zwei Arten von Geld: Bargeld in Form von Münzen und Banknoten, sowie Sichtguthaben. Bei Sichtguthaben handelt es sich um Girokonten, die zur elektronischen Abwicklung von Zahlungsverpflichtungen genutzt werden. Die Unterscheidung zwischen diesen beiden Arten von Geld wird wichtig, wenn wir das Geldangebot betrachten. Im Augenblick ist die Unterscheidung noch nicht relevant.

- Auf festverzinsliche Wertpapiere wird ein positiver Zinssatz i gezahlt, sie können jedoch nicht zur Abwicklung von Transaktionen verwendet werden.

  In der Realität gibt es viele verschiedene Arten von Wertpapieren mit ganz unterschiedlichen Laufzeiten und Zinssätzen. In diesem Kapitel vernachlässigen wir diese Vielfalt und nehmen an, dass es nur einen einzigen Wertpapiertyp mit festem Zinssatz i gibt.

In Kapitel 14 beschäftigen wir uns dann mit der Entscheidung zwischen verschiedenen Wertpapieren mit unterschiedlichen Zinssätzen und der Rolle der Erwartungen.

Beim Kauf oder Verkauf von Wertpapieren fallen Kosten an, wie zum Beispiel Gebühren für Telefongespräche, beim Internetzugang mit einer Bank oder die Zahlung von Transaktionsgebühren. Wie sollen wir unser Vermögen in Höhe von 50.000 € auf Geld und Wertpapiere aufteilen?

Wenn wir unser gesamtes Vermögen in Form von Geld halten, dann ist dies mit Sicherheit sehr bequem. Wir können dadurch Telefongespräche mit unserer Bank und die Zahlung der Transaktionsgebühren vermeiden. Gleichzeitig bedeutet es aber auch, dass wir keine Zinsen erhalten.

Legen wir unser gesamtes Vermögen in Form von Wertpapieren an, dann wird das gesamte Vermögen verzinst, aber jedes Mal, wenn wir Geld benötigen, um mit der U-Bahn zu fahren oder um eine Tasse Kaffee zu bezahlen, müssen wir unsere Bank anrufen. Dies ist mit Sicherheit keine besonders bequeme Art und Weise, durchs Leben zu gehen.

Daher ist es offensichtlich, dass wir unser Vermögen teils in Geld, teils in Wertpapieren anlegen sollten. Aber in welchem Verhältnis sollen wir das Vermögen aufteilen? Die Antwort auf diese Frage hängt in erster Linie von zwei Variablen ab:

- Das Transaktionsvolumen. Man möchte natürlich vermeiden, ständig Wertpapiere verkaufen zu müssen, um wieder Geld zu bekommen. Daher ist es zweckmäßig, eine ausreichend große Menge an Geld für die geplanten Transaktionen zu halten. Nehmen wir an, dass wir normalerweise in einem Monat 3.000 € ausgeben. Im Durchschnitt wollen wir dann vielleicht so viel Geld zur Verfügung haben, dass wir die Ausgaben von zwei Monaten damit bestreiten können, also 6.000 €. Die restlichen 50.000 € – 6.000 € = 44.000 € legen wir in Wertpapieren an. Geben wir dagegen im Monat normalerweise 4.000 € aus, dann wollen wir vielleicht 8.000 € in Form von Geld halten und legen nur 42.000 € in Wertpapieren an.
- Der Zinssatz, der auf Wertpapiere gezahlt wird. Der einzige Grund, überhaupt einen Teil des Vermögens in Form von Wertpapieren anzulegen, besteht darin, dass Wertpapiere verzinst werden. Andernfalls würde man sein ganzes Vermögen in Geld halten: Wertpapiere und Geld würden ja die gleiche Verzinsung bringen – nämlich gar keine. Weil man Geld aber auch für Transaktionen verwenden kann, wäre es bequemer, ausschließlich Geld zu halten. Wir haben daher eine Präferenz für Liquidität.

  Je höher aber der Zinssatz, desto eher wird man die Kosten und Mühen auf sich nehmen, die beim Kauf und Verkauf von Wertpapieren entstehen. Wenn der Zinssatz sehr hoch ist, dann werden wir die Geldbestände so weit wie möglich reduzieren. Unsere Liquiditätspräferenz sinkt mit steigendem Zinssatz. Im Durchschnitt werden wir vielleicht nur noch so viel Geld halten, dass wir die Ausgaben von zwei Wochen bestreiten können (also 1.500 € bei monatlichen Ausgaben in Höhe von 3.000 €). Auf diese Weise sind wir in der Lage, im Durchschnitt 48.500 € in Wertpapieren anzulegen und erhalten dadurch mehr Zinsen.

Wir wollen den letzten Punkt noch etwas konkretisieren. Anleger halten Wertpapiere in direkter Form oder auch auf indirektem Weg, etwa in Form von Fondsanlagen. Diese Fonds erhalten von den Anlegern Einlagen und kaufen damit Wertpapiere. Viele Wertpapierfonds legen ihre Einlagen etwa in kurzfristige Anleihen an. Die Fonds zahlen einen Zinssatz unterhalb der Verzinsung der Wertpapiere – die Zinsdifferenz ergibt sich aus den Verwaltungskosten und dem Gewinn des Fonds.

Anfang der 80er Jahre stiegen in den USA die Zinsen von Geldmarktfonds bis auf 14% pro Jahr. Viele Leute, die bis dahin ihr gesamtes Finanzvermögen nahezu unverzinst auf dem Girokonto hielten, erkannten damals, dass sie hohe Zinseinnahmen erzielen könnten, wenn sie einen Teil ihres Vermögens in Fonds anlegen. Fonds wurden sehr beliebt. Seit damals sind die Zinsen jedoch stark zurückgegangen. Im Jahr 2003 fiel der Zinssatz für Geldmarktfonds auf unter 2%. Ein Zinssatz in dieser Höhe ist zwar immer noch besser als gar keine Zinsen zu bekommen (wie bei den meisten Sichteinlagen), aber der niedrige Zins ist weit weniger attraktiv als die Sätze, die Anfang der 80er Jahre geboten wurden. Daher unternehmen die Anleger heute kaum noch Anstrengungen, um Bargeld in Fonds umzuschichten. Anders ausgedrückt, für das gleiche Transaktionsvolumen halten die Leute nun einen größeren Anteil ihres Vermögens auf ihrem Girokonto als Anfang der 80er Jahre.

Fokus: Semantische Fallen: Geld, Einkommen und Vermögen

Tagtäglich verwenden wir das Wort „Geld", bezeichnen damit aber die unterschiedlichsten Dinge. Wir verwenden es als Synonym für Einkommen: „Geld verdienen". Wir verwenden es als Synonym für Vermögen: „Sie hat viel Geld". In der Volkswirtschaftslehre muss man aber viel präziser sein. Deshalb wollen wir hier auf die exakte Bedeutung einiger Begriffe eingehen.

Unter Einkommen versteht man das, was man durch Arbeit verdient plus dem, was man an Zinsen und Dividenden erhält. Es handelt sich um eine Stromgröße – das heißt, das Einkommen wird in Einheiten pro Zeiteinheit ausgedrückt: wöchentliches Einkommen, monatliches Einkommen, oder Jahreseinkommen. Der Milliardär J. Paul Getty wurde einmal nach seinem Einkommen gefragt. Getty antwortete: „1.000 $." Was er damit meinte, aber nicht sagte, war: „1.000 $ pro Minute."

Unter „Ersparnis" versteht man den Teil des Einkommens nach Abzug der Steuern, der nicht ausgegeben wird. Auch dabei handelt es sich um eine Stromgröße. Wenn man 10% des Einkommens spart, dann spart man bei einem monatlichen Einkommen von 3.000 € im Monat 300 €. Der Begriff „Ersparnisse" dürfen wir nicht mit dem Begriff „Vermögen" verwechseln – dem Wert dessen, was über die Zeit hinweg angespart wurde.

Das „Finanzvermögen", oder einfach das „Vermögen", ist der Wert aller Finanzanlagen abzüglich aller Verbindlichkeiten. Im Gegensatz zum Einkommen oder zur Ersparnis handelt es sich hier nicht um eine Stromgröße, sondern um eine Bestandsgröße. Das Vermögen ist der Bestand an Vermögen zu einem gegebenen Zeitpunkt.

Zu einem gegebenen Zeitpunkt lässt sich der Umfang des Finanzvermögens nicht verändern. Das Finanzvermögen kann nur über die Zeit hinweg verändert werden, durch Sparen oder Entsparen, aber auch indem sich der Wert der Vermögensanlagen ändert. Was man jederzeit verändern kann, ist die Zusammensetzung des Vermögens. Zum Beispiel kann man sich entscheiden, einen Teil einer Hypothek zurückzuzahlen, indem man eine Überweisung vom Girokonto tätigt. Dadurch nehmen die Verbindlichkeiten ab – die Hypothek wird kleiner – und gleichzeitig werden auch die Aktiva weniger – das Guthaben auf dem Girokonto wird kleiner – das Gesamtvermögen aber bleibt unverändert.

Finanzanlagen, die man direkt zum Kauf von Gütern einsetzen kann, werden Geld genannt. Geld beinhaltet Bargeld sowie Sichteinlagen. Auch Geld ist eine Bestandsgröße. Man kann über ein großes Vermögen verfügen, aber dennoch nur wenig Geld haben. So könnte man selbst von einem Gesamtvermögen in Höhe von 1 Million € nur 500 € auf dem Girokonto haben. Möglich ist auch, dass jemand ein hohes Einkommen erhält und dennoch nur wenig Geld hält, zum Beispiel könnte jemand mit einem monatlichen Einkommen von 10.000 € dennoch nur ein ganz kleines positives Guthaben auf dem Girokonto haben.

Unter dem Begriff „Investitionen" verstehen Ökonomen den Kauf von neuen Anlagegütern, von Maschinen über Fabriken bis hin zu Bürogebäuden. Wenn man dagegen über den Kauf von Aktien oder anderen Finanzanlagen sprechen möchte, sollte man den Begriff Finanzinvestition verwenden.

Es ist wichtig, sich ökonomisch korrekt auszudrücken.

Es heißt nicht: „Maria verdient viel Geld.", sondern: „Maria hat ein hohes Einkommen."

Es heißt nicht: „Hans hat viel Geld.", sondern „Hans besitzt ein großes Vermögen."

4.1.1 Die Ableitung der Geldnachfrage

Aufbauend auf unserer bisherigen Diskussion, wollen wir mit einer Gleichung die Nachfrage nach Geld beschreiben.

Bezeichnen wir die Menge an Geld, die die Wirtschaftssubjekte halten wollen – ihre Geldnachfrage – mit M^d (d steht für demand). Die Geldnachfrage für die Volkswirtschaft als Ganzes ist die Summe aus den Geldnachfragen der einzelnen Wirtschaftssubjekte. Daher hängt die Geldnachfrage für die Volkswirtschaft als Ganzes davon ab, wie viele Transaktionen in der Volkswirtschaft getätigt werden und von der Höhe des Zinssatzes. Die Menge an Transaktionen, die in der Volkswirtschaft getätigt werden, ist nicht einfach zu erfassen, aber wahrscheinlich ist sie ungefähr proportional zum Nominaleinkommen: Wenn das Nominaleinkommen um 10% steigt, ist es vernünftig anzunehmen, dass die Menge an Transaktionen in der Volkswirtschaft ebenfalls ungefähr um 10% steigt. Demnach können wir die Beziehung zwischen der Geldnachfrage, dem Nominaleinkommen PY (dem Realeinkommen Y, multipliziert mit dem Preisindex P) und dem Zinssatz i wie folgt beschreiben:

Greifen wir das Beispiel aus Kapitel 2 auf – eine Volkswirtschaft mit einem Stahlunternehmen und einem Autohersteller. Wie hoch ist das Transaktionsvolumen in dieser Volkswirtschaft im Verhältnis zum BIP? Wenn beide Unternehmen doppelt so groß werden, ist zu vermuten, dass sich sowohl Transaktionsvolumen wie BIP auch verdoppeln. (Schwieriger ist die Frage, was geschieht, wenn die beiden Unternehmen fusionieren.)

$$M^d = PY\underset{(-)}{L(i)} \qquad (4.1)$$

PY steht für das Nominaleinkommen (gemessen in €). Die Gleichung ist so zu lesen: Die Geldnachfrage, M^d, ist gleich dem Nominaleinkommen, PY, multipliziert mit der Funktion $L(i)$ einer Funktion des Zinssatzes i. Das Minuszeichen bedeutet, dass ein höherer Zinssatz sich auf die Geldnachfrage negativ auswirkt: Mit steigendem Zinssatz geht die Liquiditätspräferenz und damit auch die Geldnachfrage zurück.

Gleichung 4.1 fasst zusammen, was wir bisher diskutiert haben:

- Erstens: Die Geldnachfrage nimmt proportional zum Nominaleinkommen zu. Wenn sich das Nominaleinkommen verdoppelt, beispielsweise von PY auf 2 PY, dann verdoppelt sich auch die Geldnachfrage, von $PYL(i)$ auf 2 $PYL(i)$.
- Zweitens: Die Geldnachfrage hängt negativ vom Zinssatz ab. Dies wird durch die Funktion L(i) und durch das Minuszeichen darunter ausgedrückt: Ein Anstieg des Zinssatzes verringert die Liquiditätspräferenz.

Entscheidend ist hier das Nominaleinkommen – das Einkommen in Euro, nicht das Realeinkommen. Verdoppeln sich die Preise bei konstantem Realeinkommen, dann verdoppelt sich das Nominaleinkommen; man benötigt die zweifache Menge an Geld um denselben Warenkorb zu kaufen.

Der Zusammenhang zwischen Geldnachfrage, Nominaleinkommen und Zinssatz, wie er durch Gleichung 4.1 beschrieben wird, ist in Abbildung 4.1 dargestellt. Der Zinssatz wird auf der vertikalen Achse abgetragen, die Geldmenge M auf der horizontalen Achse. Die Beziehung zwischen Geldnachfrage und Zinssatz bei gegebenem Nominaleinkommen wird durch die M^d-Kurve dargestellt. Die Kurve verläuft fallend. Je niedriger der Zinssatz (je niedriger i), desto größer die Geldmenge, die die Wirtschaftssubjekte halten wollen (desto größer M).

Bei gegebenem Zinssatz führt ein Anstieg des Nominaleinkommens zu einem Anstieg der Geldnachfrage. Anders ausgedrückt, ein Anstieg des Nominaleinkommens verschiebt die Geldnachfrage nach rechts, von M^d nach $M^{d'}$. Beim Zinssatz i beispielsweise führt ein Anstieg des Nominaleinkommens von PY auf PY' zu einem Anstieg der Geldnachfrage von M auf M'.

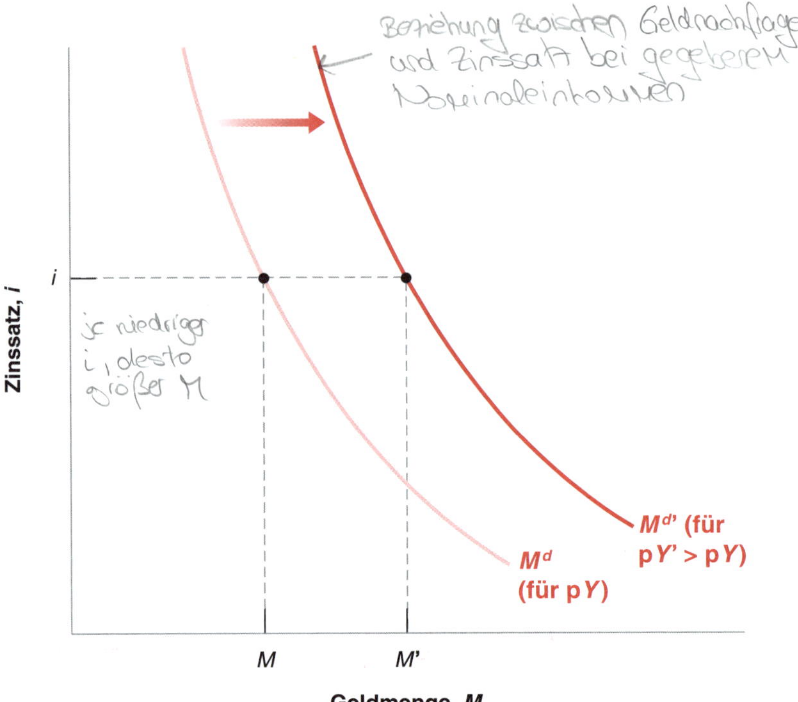

Abbildung 4.1: Die Geldnachfrage

Bei gegebenem Nominaleinkommen geht die Geldnachfrage mit steigendem Zinssatz zurück. Bei gegebenem Zinssatz verschiebt ein Anstieg des Nominaleinkommens *PY* die Geldnachfragekurve nach rechts.

4.2 Die Bestimmung des Zinssatzes I

Nachdem wir die Geldnachfrage abgeleitet haben, betrachten wir nun als Nächstes das Geldangebot und dann das Gleichgewicht von Geldnachfrage und Geldangebot.

In der Realität gibt es zwei Anbieter von Geld: Sichtguthaben werden von den Geschäftsbanken bereitgestellt, Bargeld von der Zentralbank. In diesem Abschnitt nehmen wir an, dass die Wirtschaftssubjekte ausschließlich Geld in Form von Bargeld halten, so dass die gesamte Geldmenge aus von der Zentralbank bereitgestelltem Bargeld besteht. Im nächsten Abschnitt werden wir Sichtguthaben einführen und die Rolle der Geschäftsbanken betrachten. Dies macht die Diskussion realistischer, dadurch werden aber auch die Mechanismen des Geldangebots komplizierter. Daher ist es besser, in zwei Schritten vorzugehen.

4.2.1 Geldnachfrage, Geldangebot und der Gleichgewichtszinssatz

Nehmen wir an, die Zentralbank entscheidet sich, eine Geldmenge in Höhe von M zur Verfügung zu stellen, so dass $M^s = M$. Das Superskript *s* steht für supply (Angebot). (Zum jetzigen Zeitpunkt wollen wir noch nicht näher darauf eingehen, auf welche Weise die Zentralbank die Geldmenge, die sie der Wirtschaft zur Verfügung stellt, steuert, aber wir werden bald auf diese Frage zurückkommen.)

In diesem Abschnitt ist „Geld“ gleichbedeutend mit „Zentralbankgeld“ oder „Bargeld“. Ein Gleichgewicht auf dem Geldmarkt und den Finanzmärkten stellt sich dann ein, wenn das Geldangebot der Geldnachfrage entspricht: $M^s = M^d$. Verwenden wir $M^s = M$ und setzen für die Geldnachfrage Gleichung 4.1 ein, erhalten wir als Gleichgewichtsbedingung:

$$\begin{array}{ccc} \text{Geldangebot} & = & \text{Geldnachfrage} \\ M & = & PYL(i) \end{array} \tag{4.2}$$

Gleichung 4.2 sagt uns, dass sich der Zinssatz i im Gleichgewicht so einstellen muss, dass die Wirtschaftssubjekte bei gegebenem Einkommen PY genau die Menge an Geld halten wollen, die der vorhandenen Geldmenge M entspricht. Diese Gleichgewichtsbedingung wird *LM*-Funktion genannt.

Wie im Fall der *IS*-Funktion ist auch die Bezeichnung *LM*-Funktion mehr als 50 Jahre alt. „L“ steht für „Liquidität“: Liquidität ist ein Maß dafür, wie leicht ein Vermögensgegenstand zu Geld gemacht werden kann. Geld ist völlig liquide, andere Vermögensgegenstände sind weniger liquide. Wir können uns die Geldnachfrage als Nachfrage nach Liquidität vorstellen. „*M*“ steht für „money“. Im Gleichgewicht muss die Nachfrage nach Liquidität dem Geldangebot entsprechen.

Die Gleichgewichtsbedingung ist in Abbildung 4.2 grafisch dargestellt. Wie auch in Abbildung 4.1 wird die Geldmenge auf der horizontalen Achse abgetragen und der Zinssatz auf der vertikalen Achse. Die Geldnachfrage für ein gegebenes Nominaleinkommen PY ist eine fallende Kurve: Je höher der Zinssatz, desto geringer die Geldnachfrage. Das Geldangebot wird durch die vertikale Linie, die mit M^s bezeichnet ist, dargestellt: Das Geldangebot in Höhe von M ist unabhängig vom Zinssatz. Das Gleichgewicht befindet sich in Punkt A, beim Zinssatz i. Wir haben nun das Gleichgewicht charakterisiert und können jetzt die Auswirkungen von Veränderungen des Nominaleinkommens oder der Geldmenge auf den Zinssatz analysieren.

- Abbildung 4.3 zeigt die Auswirkungen einer Erhöhung des Nominaleinkommens auf den Zinssatz.
- Abbildung 4.3 baut auf Abbildung 4.2 auf; das Ausgangsgleichgewicht befindet sich demnach in Punkt A. Ein Anstieg des Nominaleinkommens von PY auf PY' führt zu einem höheren Transaktionsvolumen. Dadurch erhöht sich für jeden Zinssatz die Geldnachfrage. Die Geldnachfragekurve verschiebt sich nach rechts, von M^d nach $M^{d'}$. Das Gleichgewicht verschiebt sich von A nach A'; der gleichgewichtige Zinssatz erhöht sich von i auf i'.

  In Worten: Ein Anstieg des Nominaleinkommens bewirkt eine Zinssteigerung. Beim ursprünglichen Zinssatz übersteigt die Geldnachfrage das unveränderte Geldangebot. Ein Zinsanstieg vermindert die Menge an Geld, die die Wirtschaftssubjekte halten wollen. Dieser Zinsanstieg ist somit notwendig, um bei konstantem Geldangebot wieder ein Gleichgewicht herzustellen.

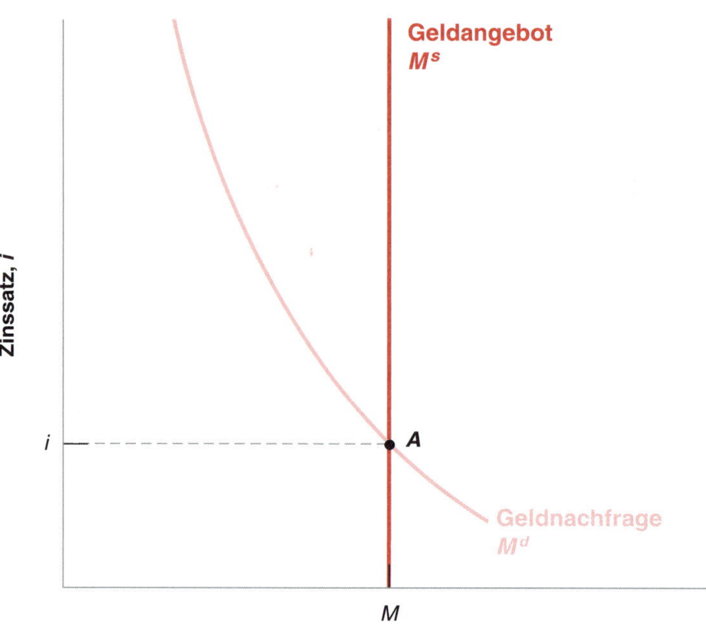

Abbildung 4.2: Der Gleichgewichtszins auf Geld- und Finanzmarkt

Der Zinssatz spielt sich im Gleichgewicht so ein, dass die (zinsabhängige) Geldnachfrage dem Geldangebot entspricht.

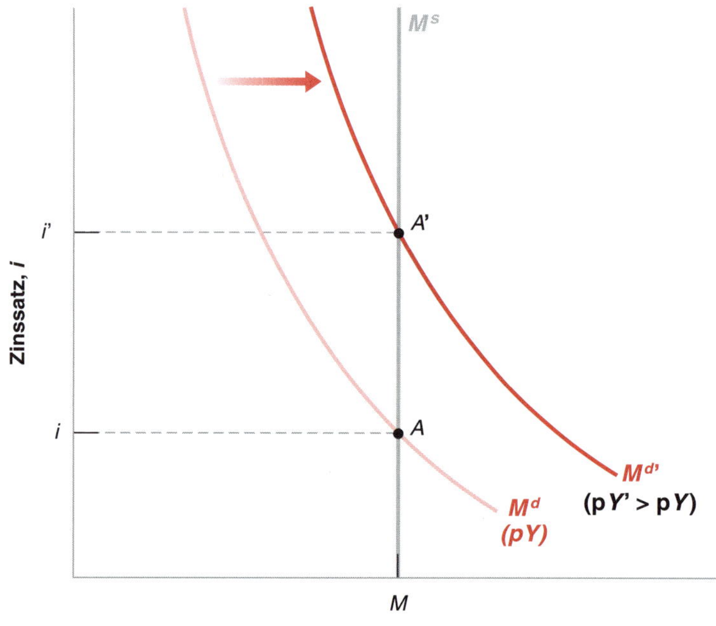

Abbildung 4.3: Die Auswirkung eines höheren Nominaleinkommens auf den Gleichgewichtszins

Mit steigendem Nominaleinkommen verschiebt sich die Geldnachfragekurve nach rechts, der Gleichgewichtszins steigt.

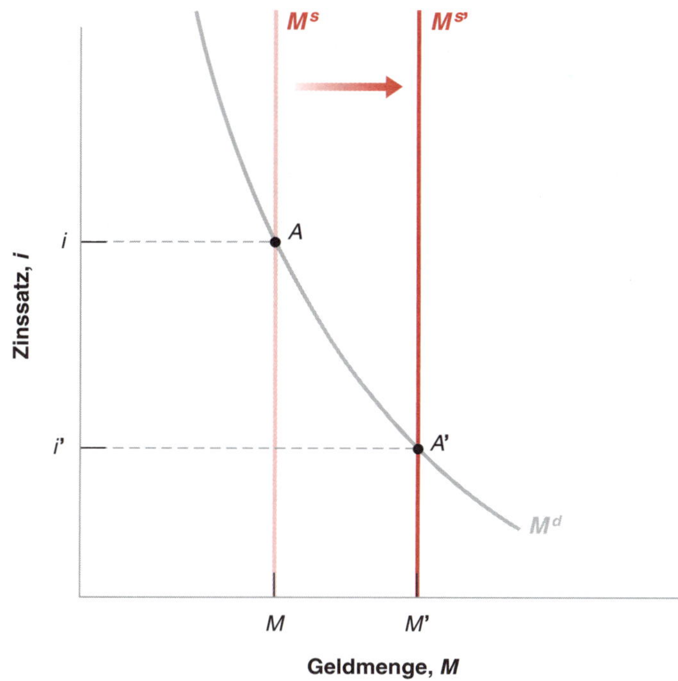

Abbildung 4.4: Die Auswirkung eines höheren Geldangebots auf den Gleichgewichtszins

Eine Zunahme des Geldangebots verschiebt die Geldangebotskurve nach rechts; der Gleichgewichtszins sinkt.

- Abbildung 4.4 zeigt die Auswirkungen einer Ausweitung des Geldangebots auf den Zinssatz.
- Das ursprüngliche Gleichgewicht befindet sich in Punkt *A*, beim Zinssatz *i*. Ein Anstieg des Geldangebots, von $M^s = M$ auf $M^{s'} = M'$, verschiebt die Geldangebotskurve nach rechts, von M^s nach $M^{s'}$. Das Gleichgewicht verschiebt sich von *A* nach unten, nach *A'*; der Zinssatz sinkt von *i* auf *i'*. In Worten: Eine Zunahme des Geldangebots führt zu einer Senkung des Zinssatzes. Der sinkende Zinssatz stimuliert die Geldnachfrage und gleicht sie so an das erhöhte Geldangebot an.

Fokus: Geldnachfrage und Zinsen – Empirische Evidenz

Wie gut bildet Gleichung 4.1 die Realität ab? Vor allem, wie stark reagiert die Geldnachfrage auf Veränderungen des Zinssatzes? Um eine Antwort auf diese Frage zu erhalten, dividieren wir zunächst beide Seiten der Gleichung durch *PY*:

$$\frac{M^d}{PY} = L(i) \qquad (4.1a)$$

Der Term auf der linken Seite der Gleichung gibt das Verhältnis von Geldnachfrage zu Nominaleinkommen wieder – anders ausgedrückt, er beschreibt, wie viel Geld die Wirtschaftssubjekte in Verhältnis zu ihrem Einkommen halten wollen. Man bezeichnet dieses Verhältnis als Kassenhaltungskoeffizient. Da $L(i)$ eine abnehmende Funktion des Zinssatzes i ist, besagt diese Gleichung:

- Wenn der Zinssatz hoch ist, dann ist *L(i)* niedrig; der Kassenhaltungskoeffizient (das Verhältnis von Geldhaltung zu Nominaleinkommen) sollte auch niedrig sein.
- Bei niedrigem Zinssatz dagegen ist *L(i)* hoch; der Kassenhaltungskoeffizient sollte hoch sein.

Wenn also Gleichung 4.1 bzw. 4.1a die Realität richtig beschreibt, sollten wir eine inverse Beziehung zwischen dem Kassenhaltungskoeffizienten und dem Zinssatz beobachten. Um dies zu überprüfen, stellt Abbildung 1 die Beziehung zwischen Kassenhaltungskoeffizient und Zinssatz sowohl für Deutschland wie für die USA im Zeitraum von 1970 bis 2000 dar.

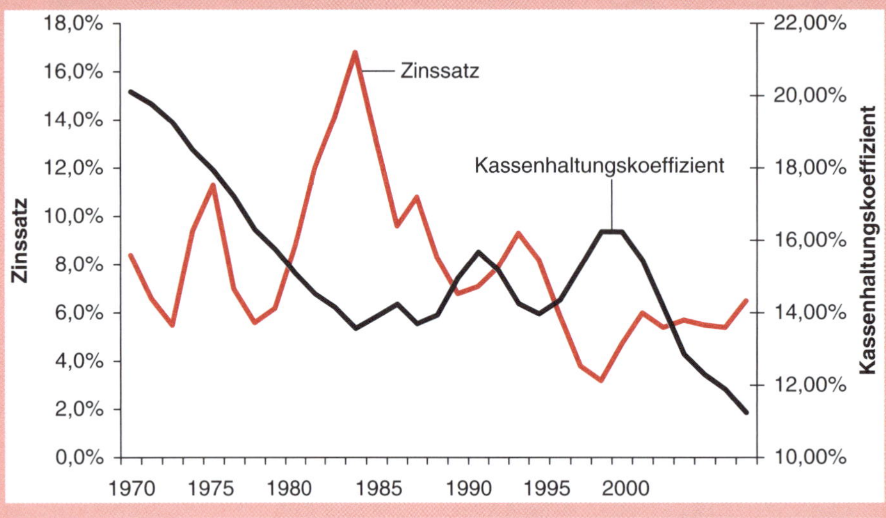

Abbildung 1a: Kassenhaltungskoeffizient und Zinssatz, Vereinigte Staaten,1970-2000

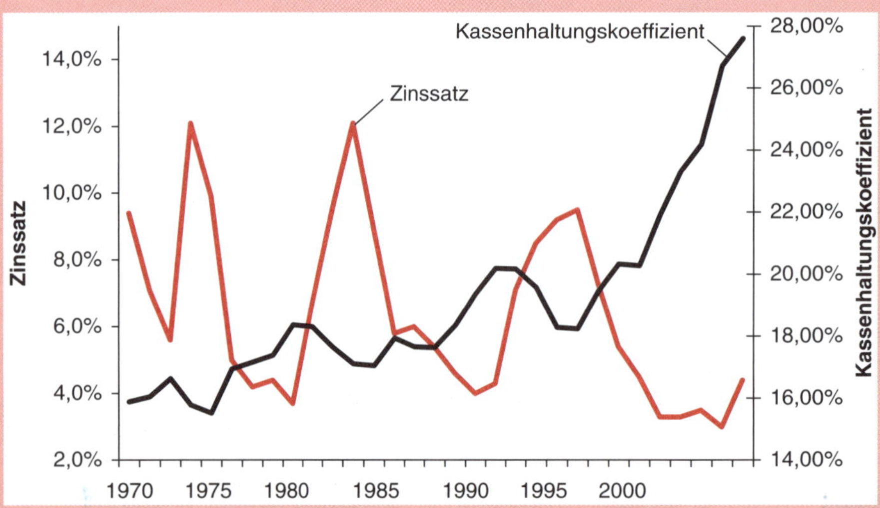

Abbildung 1b: Kassenhaltungskoeffizient und Zinssatz, Deutschland,1970-2000

In den USA hat der Kassenhaltungskoeffizient abgenommen, in Deutschland dagegen zugenommen. Wenn man jeweils vom Trend absieht, bewegen sich Zinssatz und Kassenhaltungskoeffizient in der Regel gegenläufig.

Abschnitt 4.3 analysiert Bargeld und Sichteinlagen genauer. Geld dient als Recheneinheit und als Transaktionsmittel, es wird aber auch zur Wertaufbewahrung benutzt. Diese Funktionen lassen sich nicht strikt voneinander trennen, der Übergang ist fließend. Auch Geldmarktfonds und kurzfristige Spareinlagen sind sehr enge Substitute zu Sichteinlagen. Deshalb betrachten wir im Kapitel 25 verschiedene Abgrenzungen der Geldmenge.

Den Kassenhaltungskoeffizienten ermitteln wir auf folgende Weise: Das Nominaleinkommen wird durch das nominale BIP *PY* gemessen. Der Zinssatz i ist der durchschnittliche Zinssatz auf Staatsanleihen für jedes Jahr. Die Geldmenge M berechnen wir als Summe aus Bargeld und Sichteinlagen. Diese Geldmengenabgrenzung wird M1 genannt. Aus Abbildung 1a und 1b lassen sich drei Beobachtungen ableiten:

- In den USA hat der Kassenhaltungskoeffizient stetig abgenommen. Der Zinssatz war im Jahr 2000 annähernd genauso hoch wie in den 60er Jahren. Dennoch war der Kassenhaltungskoeffizient im Jahr 2000 nur mehr fast halb so groß wie 1970. (2000: 11%, 1970: 20%).

  Der Kehrwert dieses Ausdrucks – das Nominaleinkommen dividiert durch die Geldmenge – wird von Ökonomen oft als die Umlaufgeschwindigkeit des Geldes bezeichnet. Geschwindigkeit deshalb, weil bei gegebener Geldmenge die Zahl der Transaktionen umso höher ist, je größer das Verhältnis von Nominaleinkommen zu Geldmenge. Das Geld muss dann schneller von einer Hand in die andere wechseln; damit erhöht sich die Umlaufgeschwindigkeit des Geldes. Deshalb können wir unsere Beobachtung, dass der Kassenhaltungskoeffizient stark abgenommen hat, auch so ausdrücken, dass die Umlaufgeschwindigkeit des Geldes von 5,0 im Jahr 1970 auf 9,1 im Jahr 2000 gestiegen ist.

  Warum hat sich in den USA die Umlaufgeschwindigkeit des Geldes in den letzten 30 Jahren fast verdoppelt? Die Ursache ist nicht schwer zu finden. Eine Vielzahl von Innovationen auf den Finanzmärkten hat es möglich gemacht, ein gegebenes Transaktionsvolumen mit einem geringeren Geldbestand zu bewältigen. Die wahrscheinlich wichtigste Entwicklung in diesem Zusammenhang ist der verstärkte Einsatz von Kreditkarten. Auf den ersten Blick scheinen Kreditkarten eine Form von Geld zu sein. Wer beim Einkauf bezahlt, wird gefragt, ob er in bar oder mit Kreditkarte bezahlen möchte. Ein mit der EC-Karte vergleichbares System, das den Betrag vom Girokonto direkt elektronisch abbucht, gibt es in den USA nicht. Wer mit Kreditkarte zahlt, bezahlt aber erst dann, wenn die monatliche Kreditkartenabrechung vom Girokonto abgebucht wird. Kreditkarten ermöglichen es, viele unserer Zahlungen auf einen Tag zu konzentrieren. Damit können wir den durchschnittlichen Geldbestand, über den wir während des Rests des Monats verfügen wollen, reduzieren. (Manche Kreditkartenunternehmen bieten auch einen Zahlungsaufschub an, und geben damit, meist zu sehr hohen Zinsen, Kredit. Dies ist allerdings ein besonderer Service, der in unserem Zusammenhang hier nicht relevant ist.) Offensichtlich hat die Einführung von Kreditkarten im Lauf der Zeit die Geldnachfrage relativ zum Nominaleinkommen (den Kassenhaltungskoeffizienten) reduziert. Abbildung 1a zeigt uns, dass genau dies der Fall war.

- Als zweites fällt auf, dass in Deutschland – ganz im Gegensatz zu der Entwicklung in den USA – der Kassenhaltungskoeffizient stetig zugenommen hat. Er stieg vor allem seit 1990 stark an. Dies hat im Wesentlichen drei ganz unterschiedliche Ursachen: Ein wichtiger Grund ist, dass Finanzmarktinnovationen sich in Deutschland lange Zeit kaum durchsetzten. Viele Deutsche bezahlten am liebsten in bar oder per Scheck; Kreditkarten dagegen waren wenig populär. In jüngster Zeit wird beim Einkauf der Betrag verstärkt per EC-Karte elektronisch direkt vom Girokonto abgebucht. Diese Finanzinnovation stimuliert aber gerade die Nachfrage nach Transaktionen via Sichteinlagen, weil der Betrag – anders als bei Kreditkarten – sofort vom Girokonto abgebucht wird.

Zum zweiten hat – trotz aller Finanzinnovationen – auch die Nachfrage nach Bargeld stetig zugenommen. Einmal weil die DM (Deutsche Mark) in vielen osteuropäischen Staaten als Transaktions- und Wertaufbewahrungsmittel zunehmend begehrter wurde. (Einem in Deutschland ausgegebenem Geldschein lässt sich ja nicht ablesen, ob er im In- oder im Ausland gehalten wird.) Zum anderen ist in Deutschland die Anzahl von Transaktionen am Schwarzmarkt stetig angestiegen. Solche Transaktionen werden aber am liebsten in bar abgewickelt, weil Bargeld keine schriftlichen oder elektronischen Spuren hinterlässt (die etwa von den Steuerbehörden verfolgt werden könnten).

- Schließlich erkennen wir – als dritte Beobachtung –, dass es einen negativen Zusammenhang zwischen der jährlichen Veränderung des Kassenhaltungskoeffizienten und der jährlichen Veränderung des Zinssatzes gibt. Dass der Kassenhaltungskoeffizient sich verändert, macht es zwar schwierig, diesen Zusammenhang in Abbildung 1a und b klar zu erkennen. Deutlich wird der Zusammenhang aber in einem Streudiagramm.

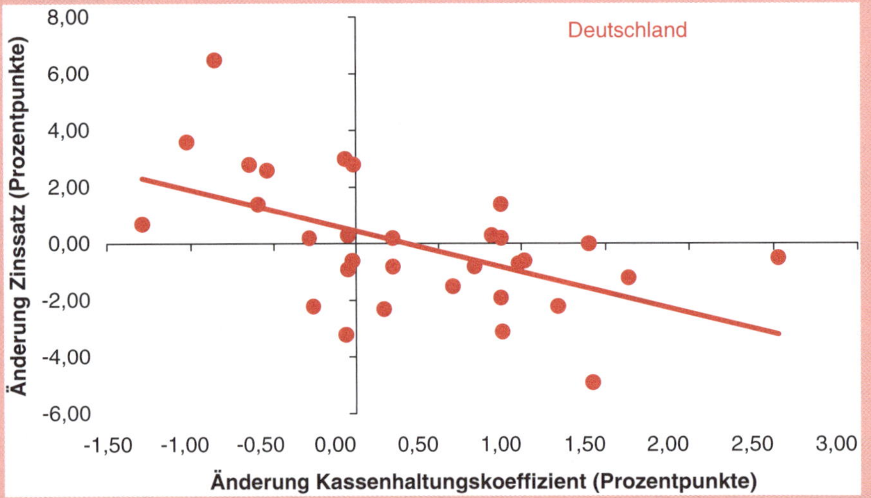

Abbildung 2:
Änderungen des Zinssatzes gegen Änderungen des Kassenhaltungskoeffizienten, Deutschland, 1970-2000

Ein Anstieg des Zinssatzes führt in der Regel zu einem Rückgang des Kassenhaltungskoeffizienten.

In Abbildung 2 wird auf der vertikalen Achse die jährliche Veränderung des Zinssatzes und auf der horizontalen Achse die jährliche Veränderung des Kassenhaltungskoeffizienten abgetragen. Jeder Punkt im Streudiagramm entspricht einem gegebenen Jahr (die Jahre sind in der Abbildung nicht eingetragen). Die vertikale und die horizontale Linie geben die durchschnittliche jährliche Veränderung des Zinssatzes beziehungsweise des Kassenhaltungskoeffizienten für den Zeitraum von 1970 bis 2000 wieder. Die Abbildung zeigt einen negativen Zusammenhang zwischen der jährlichen Veränderung des Zinssatzes und des Kassenhaltungskoeffizienten. Die meisten Punkte liegen entweder im nordwestlichen Quadranten (Anstieg des Zinssatzes verbunden mit Abnahme des Kassenhaltungskoeffizienten) oder im südöstlichen Quadranten (Abnahme des Zinssatzes verbunden mit einer Zunahme des Kassenhaltungskoeffizienten). Es liegt kein enger Zusammenhang vor, aber wenn wir versuchen würden, die Gerade einzuzeichnen, die die Punktwolke am besten beschreibt, dann wäre es mit Sicherheit eine fallende Gerade, wie es durch unsere Geldnachfragefunktion vorhergesagt wurde.

4.2.2 Geldpolitik und Offenmarktgeschäfte

Um die Ergebnisse aus Abbildung 4.3 und 4.4 besser zu verstehen, wollen wir uns nun näher damit beschäftigen, wie die Zentralbank das Geldangebot verändern kann und was geschieht, wenn sie es verändert.

Die Zentralbank beeinflusst das Geldangebot, indem sie auf dem Wertpapiermarkt Wertpapiere kauft oder verkauft. Wenn sie die Geldmenge erhöhen will, dann kauft sie Wertpapiere und bezahlt sie mit neu geschöpftem Geld. Möchte die Zentralbank die Geldmenge reduzieren, verkauft sie Wertpapiere und entzieht damit im Gegenzug das erhaltene Geld dem Wirtschaftskreislauf. Derartige Operationen werden Offenmarktgeschäfte genannt, weil sie am Offenen Markt für Wertpapiere durchgeführt werden. In modernen Volkswirtschaften steuern alle Zentralbanken die Geldmenge über solche Offenmarktgeschäfte.

Abbildung 4.5 stellt eine stark vereinfachte Bilanz der Zentralbank dar. Auf der Aktivseite steht das Vermögen der Zentralbank – das sind die Wertpapiere, die sie in ihrem Portfolio hält. Auf der Passivseite stehen die Verbindlichkeiten der Zentralbank – die Geldmenge, die in der Wirtschaft im Umlauf ist. Offenmarktgeschäfte führen zu gleich großen Veränderungen von Vermögen und Verbindlichkeiten.

Die Bilanz einer Bank (wie eines Unternehmens) stellt Vermögen und Verbindlichkeiten zu einem bestimmten Zeitpunkt gegenüber. Das Vermögen ist die Summe all dessen, was der Bank gehört bzw. was ihr zu diesem Zeitpunkt geschuldet wird. Die Verbindlichkeiten schuldet die Bank anderen Wirtschaftssubjekten.

(a) **Zentralbankbilanz**

Aktiva	Passiva
Wertpapiere	Geldmenge (Bargeld)

(b) **Die Effekte eines expansiven Offenmarktgeschäftes**

Aktiva	Passiva
Veränderung des Wertpapierbestands: +€1 Million	Veränderung der Geldmenge: +€1 Million

Abbildung 4.5: Die Bilanz der Zentralbank und die Wirkung einer expansiven Offenmarktpolitik

Die Aktiva der Zentralbank bestehen aus den Wertpapieren, die sie hält. Ihre Passiva entsprechen der Geldmenge. Bei einer expansiven Offenmarktpolitik kauft die Zentralbank Wertpapiere und stellt in gleichem Umfang zusätzliches Geld bereit.

Erwirbt die Zentralbank Wertpapiere im Wert von 1 Million € gegen Geld, dann erhöht sie damit ihr Vermögen, gleichzeitig aber steigt auch die im Umlauf befindliche Geldmenge um 1 Million €. Dabei handelt es sich um eine expansive Offenmarktoperation, da die Zentralbank die Geldmenge ausweitet (expandiert).

Verkauft die Zentralbank Wertpapiere im Wert von 1 Million €, dann reduziert sie damit ihr Vermögen und gleichzeitig die im Umlauf befindliche Geldmenge um 1 Million €. Dabei handelt es sich um eine kontraktive Offenmarktoperation, da die Zentralbank die Geldmenge reduziert.

Die Effektivverzinsung (Rendite) ist das, was man für das Wertpapier in einem Jahr erhält (110 €), abzüglich dem heute gezahlten Preis (P_B), geteilt durch den Preis heute (P_B).

Wir benötigen noch einen weiteren Schritt, um die Auswirkungen von Offenmarktoperationen beschreiben zu können. Bisher haben wir uns auf den Zinssatz für Wertpapiere konzentriert. Was aber tatsächlich auf dem Wertpapiermarkt bestimmt wird, ist nicht der Zinssatz, sondern der Preis der Wertpapiere. Diesen Preis bezeichnet man auch als Kurs des Wertpapiers. Die Effektivverzinsung (Rendite) eines Wertpapiers lässt sich aus diesem Preis ableiten. Wir wollen nun den Zusammenhang zwischen dem Zinssatz und dem Kurs eines Wertpapiers herleiten, da sich dies auch später als nützlich erweisen wird.

- Überlegen wir, ob wir ein in der Vergangenheit emittiertes Wertpapier mit einjähriger Restlaufzeit kaufen sollen. Es garantiert nach Ablauf eines Jahres die Rückzahlung des Nennwerts von 100 € sowie eine Nominalverzinsung von $i_0 = 10\%$. Einschließlich der Zinsen erbringt das Papier im nächsten Jahr insgesamt also $100\ (1 + i_0)$ € = 110 €. Den Preis (Kurs) dieses Wertpapiers zum heutigen Zeitpunkt bezeichnen wir mit P_B (das tiefer gestellte B steht für „Bonds", Wertpapiere). Wenn wir das Wertpapier heute kaufen und es ein Jahr lang in unserem Portfolio halten, dann erzielen wir eine Effektivverzinsung:

$$i_B = \frac{100\,(1+i_0)\,€ - P_B}{P_B} = \frac{110\,€ - P_B}{P_B}$$

  Alternativ könnten wir aber auch eine heute neu emittierte Anleihe mit einjähriger Laufzeit erwerben. Diese Anleihe, wieder mit Nennwert 100 €, wird zum aktuellen Zinssatz i verzinst. Läge die Rendite i_B des alten Papiers B unter dem aktuellen Zins, würde jeder nur die neue Anleihe kaufen. Der Kurs P_B würde dann so lange fallen, bis sich die Effektivverzinsung beider Papier angeglichen hat. Läge die Rendite von B umgekehrt über dem aktuellen Zins, würden alle versuchen, dieses Papier zu kaufen; dies würde den Kurs P_B steigen lassen. Aufgrund dieser Arbitrage zwischen den beiden Wertpapieren passt sich der Kurs P_B gerade so an, dass die Verzinsung beider Papiere im Gleichgewicht gleich ist. Es muss also gelten: $i_B = i$.

- Den Kurs eines Wertpapiers zum aktuellen Zinssatz i können wir somit berechnen, indem wir die Bedingung $i_B = i$ in die oben angeführte Formel einsetzen und sie nach P_B auflösen. Der Kurs eines Wertpapiers, das in einem Jahr die Zahlung von $100\ (1 + i_0)$ € bringt, ergibt sich als:

$$P_B = \frac{100(1+i_0)€}{(1+i)}$$

  Der heutige Kurs eines Wertpapiers mit einjähriger Laufzeit entspricht der Auszahlung nach Ablauf der Laufzeit, dividiert durch 1 plus aktuellem Zinssatz: Solange der Zinssatz positiv ist, liegt der Kurs des Wertpapiers unter der Auszahlung am Ende der Laufzeit. Je höher der aktuelle Zinssatz, desto niedriger der Kurs heute. Wenn wir in der Zeitung lesen, dass die Wertpapiermärkte nach oben gegangen sind, dann ist damit gemeint, dass die Wertpapierkurse nach oben gegangen sind. Das ist gleichbedeutend mit der Aussage, dass die aktuellen Zinsen gefallen sind.

- Wird das alte Wertpapier mit $i_0 = 10\%$ verzinst, ist der aktuelle Zins heute aber auf $i = 5\%$ gefallen, dann steigt der Kurs des Wertpapiers auf $P_B = 104{,}76$ € (= 110 €/1,05). Dieser Kursanstieg lässt die Effektivrendite auf $i = 5\%$ sinken. Liegt auch der aktuelle Zins gerade bei $i = 10\%$, beträgt der Kurs genau $P_B = 100$ €. Steigt der aktuelle Zins dagegen auf $i = 20\%$, so muss der Kurs auf $P_B = 91{,}67$ € (= 110 €/1,20) sinken, um die gleiche Rendite zu ermöglichen. Je höher der aktuelle Zinssatz, desto niedriger der Wertpapierkurs.

In Japan liegt der Zinssatz für einjährige Papiere fast bei Null. Wenn eine japanische Staatsanleihe nach Ablauf von einem Jahr eine Auszahlung von 100 Yen garantiert, zu welchem Preis kann das Wertpapier heute verkauft werden?

Wir sind jetzt so weit, dass wir zu den Offenmarktoperationen zurückkehren können. Betrachten wir zunächst eine expansive Offenmarktoperation, in der die Zentralbank Wertpapiere kauft und sie durch Geldschöpfung bezahlt. Wenn die Zentralbank Wertpapiere kauft, steigt die Nachfrage nach Wertpapieren und damit steigt der Kurs der Wertpapiere. Der Zinssatz auf die Wertpapiere sinkt. Reduziert die Zentralbank stattdessen die Geldmenge – betreibt sie eine kontraktive Offenmarktoperation –, dann verkauft sie Wertpapiere. Dies lässt die Kurse fallen und den Zinssatz steigen.

Bisher haben wir eine Volkswirtschaft betrachtet, in der es nur zwei alternative Vermögensanlagen gibt: Geld und Wertpapiere. Dabei handelt es sich offensichtlich um eine stark vereinfachte Version der realen Volkswirtschaft mit ihrer Vielzahl an Finanzanlageformen und Finanzmärkten. Wir werden jedoch in den folgenden Kapiteln sehen, dass die grundlegenden Erkenntnisse, die wir hier gewonnen haben, auch allgemein gelten. Die einzige Veränderung, die wir vornehmen werden müssen, besteht darin, den Begriff „Zinssatz" durch den Begriff „kurzfristiger Zinssatz" zu ersetzen. Wir werden sehen, dass der kurzfristige Zinssatz durch die Gleichheit von Geldangebot und Geldnachfrage bestimmt wird; die Zentralbank kann den kurzfristigen Zinssatz durch Offenmarktgeschäfte verändern. Offenmarktgeschäfte sind tatsächlich das Instrument, mit dem die meisten modernen Zentralbanken die Zinssätze beeinflussen.

Die Komplikation besteht darin, dass der kurzfristige Zinssatz – der Zinssatz, der direkt von der Geldpolitik beeinflusst werden kann – nicht der einzige Zinssatz in der Volkswirtschaft ist und auch nicht der einzige Zinssatz, der Einfluss auf die gesamtwirtschaftlichen Ausgaben hat. Die Bestimmung anderer Zinssätze und der Preise anderer Anlageformen (etwa von Aktienkursen) wird in Kapitel 15 betrachtet.

Wir sind bislang davon ausgegangen, dass die Zentralbank durch Variation der Geldmenge den Zinssatz beeinflusst. Tatsächlich legt die EZB aber in der Regel den Zinssatz für kurzfristige Papiere (den so genannten Hauptrefinanzierungssatz) fest, zu dem sie im Rahmen ihrer Offenmarktgeschäfte Geld bereitstellt. Man spricht deshalb von Zins- statt von Geldmengensteuerung. In den Medien wird ja meist darüber spekuliert, ob die EZB diesen Zinssatz verändert. Der Wirkungsmechanismus ist aber der gleiche: Egal ob die Zentralbank bei einer expansiven Politik in Abbildung 4.4 die Geldmenge von M_s auf M_s' erhöht oder den Zinssatz von i auf i' senkt, das neue Gleichgewicht ist durch den Punkt A' beschrieben. Beide Steuerungsmechanismen sind äquivalent, so lange die Zentralbank über die Geldnachfrage gut Bescheid weiß. In Kapitel 25 werden wir allerdings sehen, dass Zentralbanken eine Zinssteuerung bevorzugen, wenn über den exakten Verlauf der Geldnachfragekurve hohe Unsicherheit besteht.

Allerdings müssen wir beachten, dass die Zentralbank nur den kurzfristigen Zins (für Papiere mit sehr kurzer Laufzeit) direkt steuern kann. Arbitrageüberlegungen sorgen aber auch für eine Anpassung der Kurse (und damit der Renditen) längerfristiger Papiere. Diese Anpassung fällt umso stärker aus, je eher damit gerechnet wird, dass eine Zinsänderung nachhaltig andauert.

Fassen wir zusammen:

- Der Zinssatz wird durch die Gleichheit von Geldangebot und Geldnachfrage bestimmt.
- Die Zentralbank kann den Zinssatz beeinflussen, indem sie das Geldangebot verändert.
- Die Zentralbank verändert das Geldangebot durch Offenmarktgeschäfte. Unter Offenmarktgeschäfte versteht man den Kauf oder Verkauf von Wertpapieren gegen Geld.
- Erhöht die Zentralbank das Geldangebot im Zuge von Offenmarktgeschäften durch den Kauf von Wertpapieren, steigen die Wertpapierkurse und – äquivalent dazu – der Zinssatz sinkt.
- Reduziert die Zentralbank das Geldangebot im Zuge von Offenmarktgeschäften durch den Verkauf von Wertpapieren, sinken die Wertpapierkurse und – äquivalent dazu – der Zinssatz steigt.

Auch wenn man die nächsten zwei Abschnitte überspringt, kann man den Argumenten im Rest des Buches folgen. Die Kernaussage der beiden Abschnitte ist, dass die Zentralbank auch in diesem komplizierteren Fall durch die Veränderung der Zentralbankgeldmenge den Zinssatz beeinflussen kann.

In einer Hinsicht muss unser Modell noch erweitert werden. Wir haben bislang angenommen, dass die gesamte Geldmenge aus Bargeld besteht, das von der Zentralbank bereitgestellt wird. In der Realität besteht die Geldmenge jedoch nicht nur aus Bargeld, sondern auch aus Sichteinlagen. Sichteinlagen werden nicht von der Zentralbank, sondern von (privaten) Geschäftsbanken zur Verfügung gestellt. Wie die Existenz von Geschäftsbanken unsere Schlussfolgerungen beeinflusst, werden wir in den nächsten zwei Abschnitten analysieren.

4.3 Die Bestimmung des Zinssatzes II*

Um zu verstehen, wie der Zinssatz in einer Volkswirtschaft bestimmt wird, in der es Bargeld und Sichteinlagen gibt, müssen wir zunächst das Verhalten der Geschäftsbanken betrachten.

4.3.1 Das Verhalten der Geschäftsbanken

Moderne Volkswirtschaften sind durch die Existenz einer Vielzahl von Finanzintermediären gekennzeichnet, Institutionen, die Einlagen von Privatpersonen und Unternehmen erhalten und damit festverzinsliche Wertpapiere oder Aktien kaufen oder auch Kredite an andere Privatpersonen oder Unternehmen vergeben. Ihre Verbindlichkeiten sind das, was sie den Privatpersonen oder Unternehmen schulden, die ihnen Einlagen überlassen haben. Ihr Vermögen sind die Wertpapiere und Aktien, die sie im Portfolio halten, sowie die Kredite, die sie vergeben haben.

Geschäftsbanken sind eine Art von Finanzintermediären. Was die Geschäftsbanken jedoch aus der Vielzahl der Finanzintermediäre hervorhebt, ist die Tatsache, dass ihre Verbindlichkeiten aus Geld bestehen: Wirtschaftssubjekte können jederzeit Transaktionen bezahlen, indem sie Umbuchungen bis zur Höhe ihres Sichtguthabens veranlassen. Wir wollen diesen Sachverhalt etwas genauer betrachten.

Wie immer ist diese Beschreibung eine Vereinfachung. Geschäftsbanken haben nicht nur Verbindlichkeiten in Form von Sichtguthaben und ihre Aktivitäten beschränken sich nicht nur auf das Halten von Wertpapieren oder die Vergabe von Krediten. Aber all diese Komplikationen sind hier nicht relevant.

Die Geschäftsbanken erhalten Einlagen von Anlegern. Einen Teil dieser Einlagen behalten sie als Reserve; den Rest verwenden sie, um Kredite zu vergeben und Wertpapiere zu kaufen. Die Bilanz einer Geschäftsbank ist in Abbildung 4.6b dargestellt. Die Verbindlichkeiten bestehen aus Sichtguthaben, den Einlagen, die von Privatpersonen und Unternehmen eingezahlt wurden. Das Vermögen besteht aus Reserven, Krediten und Wertpapieren.

(a) **Zentralbankbilanz**

Aktiva	Passiva
Wertpapiere aus Offenmarktgeschäften	Zentralbankgeld = Bargeld + Reservehaltung der Geschäftsbanken

(b) **Bilanz der Geschäftsbanken**

Aktiva	Passiva
Reservehaltung Kredite Wertpapiere	Sichteinlagen

Abbildung 4.6:
Die Bilanz von Geschäftsbanken und Zentralbank

- Geschäftsbanken erhalten Einlagen von Privatpersonen oder Unternehmen. Sie werden entweder direkt eingezahlt oder ihrem Sichtguthaben gutgeschrieben (z.B. bei einer Gehaltsüberweisung). Zu jedem Zeitpunkt können die Privatpersonen oder Unternehmen den vollen Betrag ihrer Guthaben direkt abheben oder elektronisch abbuchen. Daher entsprechen die Verbindlichkeiten der Geschäftsbanken der Höhe der Sichtguthaben.
- Einen Teil der eingezahlten Einlagen behalten die Geschäftsbanken als Reserve. Diese Reserve wird in Form von Zentralbankgeld gehalten: zum Teil als Bargeld, zum Teil auf Konten, die die Geschäftsbanken bei der Zentralbank haben und von denen sie bei Bedarf Geld abheben können. Geschäftsbanken halten aus drei Gründen Reserven:

  1. Jeden Tag hebt ein Teil der Anleger Geld von ihrem Sichtguthaben ab, während andere Anleger Geld in ihr Sichtguthaben einzahlen. Es gibt keinen Grund, warum die Einzahlungen und Auszahlungen gleich groß sein sollten, daher muss die Geschäftsbank immer eine gewisse Menge an Bargeld bereit haben.
  2. Jeden Tag stellen Personen, die über ein Konto bei der Geschäftsbank verfügen, Überweisungen aus zu Gunsten von Personen, die ihr Konto bei einer anderen Geschäftsbank führen. Der Betrag, den die Geschäftsbank als Ergebnis solcher

Transaktionen anderen Geschäftsbanken schuldet, kann größer oder kleiner sein als der Betrag, der ihr von anderen Banken geschuldet wird. Auch aus diesem Grund muss die Bank Reserven halten.

3. Die ersten beiden Gründe zeigen, dass die Geschäftsbanken Reserven halten würden, selbst wenn sie nicht dazu verpflichtet wären. Zusätzlich jedoch müssen die Geschäftsbanken Mindestreserveverpflichtungen erfüllen. Diese fordern, Reserven in Höhe eines Prozentsatzes der Sichtguthaben zu halten. Im Euroraum wird der Mindestreservesatz von der Europäischen Zentralbank festgelegt. Seit dem Start der EZB im Januar 1999 liegt der Mindestreservesatz, das Verhältnis von Reserven der Geschäftsbank zu Sichtguthaben, bei 2%.

- Die nach Erfüllung der Reserveverpflichtung verbleibenden Einlagen verwenden die Geschäftsbanken, um Kredite an Unternehmen und Konsumenten zu vergeben und um Wertpapiere zu kaufen. Kredite machen ungefähr 70% des Vermögens der Geschäftsbanken nach Abzug der Reserveverpflichtung aus, die restlichen 30% entfallen auf Wertpapiere. Die Unterscheidung zwischen Wertpapieren und Krediten ist für unsere Zwecke unwichtig, da es uns im Moment ausschließlich um die Bestimmung des Geldangebots geht. Daher werden wir im Folgenden als Vereinfachung annehmen, dass die Geschäftsbanken keine Kredite vergeben und dass ihr Vermögen nur aus Wertpapieren und Reserven besteht. Aber für andere Zwecke ist die Unterscheidung zwischen Krediten und Wertpapieren durchaus wichtig, beispielsweise für die Gefahr eines Runs auf eine Bank, oder für die Rolle der Bundeseinlagenversicherung. Diese Themen werden in der Fokusbox „Bankenzusammenbrüche" näher behandelt.

Abbildung 4.6 zeigt noch einmal die Bilanz der Zentralbank, dieses Mal jedoch für eine Welt, in der es Geschäftsbanken gibt. Die Bilanz ist der für eine Welt ohne Geschäftsbanken in Abbildung 4.5 sehr ähnlich. Die Vermögensseite ist gleich: Das Vermögen der Zentralbank besteht aus den von ihr gehaltenen Wertpapieren. Die Verbindlichkeiten der Zentralbank bestehen aus dem von ihr geschaffenen Geld, dem Zentralbankgeld. Neu ist an dieser Bilanz, dass nicht das gesamte Zentralbankgeld in Form von Bargeld von Nicht-Banken gehalten wird. Ein Teil davon wird als Reserve von den Geschäftsbanken gehalten.

Fokus: Bankenzusammenbrüche

Ist das von den Geschäftsbanken geschaffene Geld (Sichteinlagen) genauso gut wie das von der Zentralbank geschaffene Geld (Zentralbankgeld)? Um diese Frage zu beantworten, müssen wir uns damit beschäftigen, wie die Geschäftsbanken die Einlagen, die sie von den Anlegern erhalten, verwenden und was die Vergabe von Krediten und das Halten von Wertpapieren unterscheidet.

Die Kreditvergabe an ein Unternehmen unterscheidet sich weit weniger vom Kauf einer Staatsanleihe als man auf den ersten Blick annimmt. Im ersten Fall vergibt die Bank einen Kredit an ein Unternehmen, im zweiten Fall vergibt sie einen Kredit an den Staat. Deshalb konnten wir im Text vereinfachend annehmen, dass die Geschäftsbanken ausschließlich Wertpapiere halten.

Aber in einem Punkt unterscheidet sich die Kreditvergabe an ein Unternehmen deutlich vom Kauf eines Wertpapiers. Wertpapiere, und vor allem Staatsanleihen, sind sehr liquide: Wenn es nötig ist, kann man sie sehr leicht auf dem Wertpapiermarkt verkaufen. Kredite dagegen sind oft ganz und gar nicht liquide. Einen Kredit zu kündigen kann sich unter Umständen sogar als unmöglich erweisen: Das Unternehmen, das den Kredit verwendet hat, um Lagerbestände zu kaufen oder um eine neue Maschine anzuschaffen, hat das Geld nicht mehr. Die Bank könnte zwar im Prinzip den Kredit an einen Dritten weiterverkaufen und auf diese Weise Geld erhalten, aber der Verkauf eines Kredits kann sich als sehr schwierig herausstellen, da potenzielle Käufer nur wenig darüber wissen, wie verlässlich das Unternehmen als Kreditnehmer ist.

Aus dieser Tatsache ergibt sich eine wichtige Konsequenz: Betrachten wir eine gesunde Bank, mit einem guten Portfolio an Krediten. Nehmen wir an, es kommen Gerüchte auf, dass die Geschäfte der Bank nicht gut laufen und dass einige Kredite nicht zurückgezahlt werden können. In dem Glauben, die Bank könnte zusammenbrechen, werden einige Anleger ihre Konten bei der Bank kündigen und ihr Geld abheben. Wenn genügend Anleger auf diese Weise handeln, dann werden die Reserven der Bank zur Neige gehen. Wenn die Bank ihre Kredite nicht kündigen kann, wird sie die Nachfrage nach Bargeld nicht befriedigen können und es kommt zum Zusammenbruch der Bank.

Das Gerücht, dass eine Bank zusammenbrechen könnte, kann also unter Umständen selbst dann ihren Zusammenbruch auslösen, wenn alle Kredite gut sind. Die Geschichte des amerikanischen Bankensektors ist bis in die dreißiger Jahre hinein von solchen Runs auf Banken gekennzeichnet. Wenn eine Bank aus guten Gründen in Konkurs geht – das heißt, weil sie schlechte Kredite vergeben hat – führt das dazu, dass die Anleger anderer Banken verunsichert werden und ihre Konten auflösen, was dazu führt, dass auch diese Banken zusammenbrechen, unabhängig von der Qualität ihrer Kredite. Ein Beispiel dafür ist der Film „It's a wonderful life" mit James Stewart. Wegen des Zusammenbruchs einer anderen Bank in der Stadt werden die Anleger der Bank, deren Manager James Stewart ist, verunsichert und versuchen, ihre Einlagen abzuheben. James Stewarts ganze Überzeugungskraft ist gefordert, um den Zusammenbruch seiner Bank zu vermeiden. Im Film gibt es ein Happy End. In der Realität sind die meisten Runs auf Banken nicht gut ausgegangen.

Welche Vorkehrungen können getroffen werden, damit es nicht zu einem Run auf eine Bank kommt? In den Vereinigten Staaten wurde aus diesem Grund 1934 die Bundeseinlagenversicherung eingeführt. Der Staat versichert jedes Bankkonto bis zu einer Obergrenze von 100.000 $. Damit gibt es für die Anleger keinen Grund mehr, ihr Geld überstürzt zurückzufordern und gesunde Banken brechen nicht zusammen. Die Einlagenversicherung führt jedoch zu anderen Problemen. Wenn sich die Anleger keine Sorgen um ihre Einlagen machen müssen, dann haben sie ein geringeres Interesse, die Kreditvergabetätigkeit der Bank sorgfältig zu überprüfen. Die Bank vergibt dann unter Umständen unsichere Kredite, die sie ohne die Versicherung nicht vergeben hätte.

In Deutschland war die Einlagensicherung bis 1998 auf rein privatrechtlicher Grundlage geregelt. Die einzelnen Bankengruppen hatten selbstständig Einlagensicherungsfonds eingerichtet, um im Notfall die Auszahlung von Einlagen gewährleisten zu können. Wechselseitige Kontrolle innerhalb einer Bankengruppe sollte für Anreize zu sorgfältiger Kreditvergabe sorgen. Seit der Umsetzung einer EU-Richtlinie zur Einlagensicherung sind nun 90% jeder Einlage bis zum Wert von maximal 20.000 € je Gläubiger gesetzlich geschützt. Zusätzlich zu dieser Mindestdeckung bleibt das freiwillige Sicherungssystem der einzelnen Bankengruppen weiterhin bestehen. (Mehr zu diesem Thema werden wir im Zusammenhang mit den aktuellen Problemen Japans in Kapitel 22 besprechen. Die Gründe für die Häufung von Bankenkrisen untersucht Jean-Charles Rochet in seinem Aufsatz „Why are there so many Banking Crises?", CESifo Economic Studies, Vol. 49, 2/2003).

4.3.2 Angebot und Nachfrage nach Zentralbankgeld

Die einfachste Art und Weise, wie wir die Bestimmung des Zinssatzes in dieser Volkswirtschaft analysieren können, ist es, Angebot und Nachfrage von Zentralbankgeld zu betrachten.

- Die Nachfrage nach Zentralbankgeld besteht aus der Nachfrage nach Bargeld und der Nachfrage nach Reserven durch die Geschäftsbanken.
- Das Angebot an Zentralbankgeld wird direkt durch die Zentralbank gesteuert.
- Der gleichgewichtige Zinssatz ergibt sich, wenn das Angebot an Zentralbankgeld der Nachfrage nach Zentralbankgeld entspricht.

In Abbildung 4.7 ist die Struktur von Angebot und Nachfrage detaillierter dargestellt. (Zunächst betrachten wir nur die Begriffe, die Gleichungen werden erst später abgeleitet.)

Fangen wir auf der linken Seite an. Die Geldnachfrage besteht aus der Nachfrage nach Sichtguthaben und nach Bargeld. Die Geschäftsbanken sind verpflichtet für ihre Sichtguthaben Reserven zu halten: Die Nachfrage nach Sichtguthaben führt damit zu einer Nachfrage nach Reserven von Seiten der Geschäftsbanken. Die Nachfrage nach Zentralbankgeld ergibt sich als Summe aus der Nachfrage nach Reserven durch die Geschäftsbanken und der Nachfrage nach Bargeld. Auf der rechten Seite ist das Angebot dargestellt: Das Angebot an Zentralbankgeld wird durch die Zentralbank festgelegt. Der Zinssatz muss sich so einstellen, dass Angebot und Nachfrage übereinstimmen.

Abbildung 4.7: Bestimmungsfaktoren von Nachfrage und Angebot an Zentralbankgeld

Geldnachfrage $M^d = Y\,L(i)$

Nachfrage nach Sichteinlagen $D^d = (1-c)\,M^d$

Nachfrage nach Bargeld $CU^d = c\,M^d$

Nachfrage nach Reservehaltung (von Geschäftsbanken) $R^d = \Theta\,(1-c)\,M^d$

Nachfrage nach Zentralbankgeld $H^d = CU^d\ 1\ R^d = [c + \Theta\,(1-c)]\,M^d = [c + \Theta\,(1-c)]\,Y\,L(i)$

=

Angebot an Zentralbankgeld H

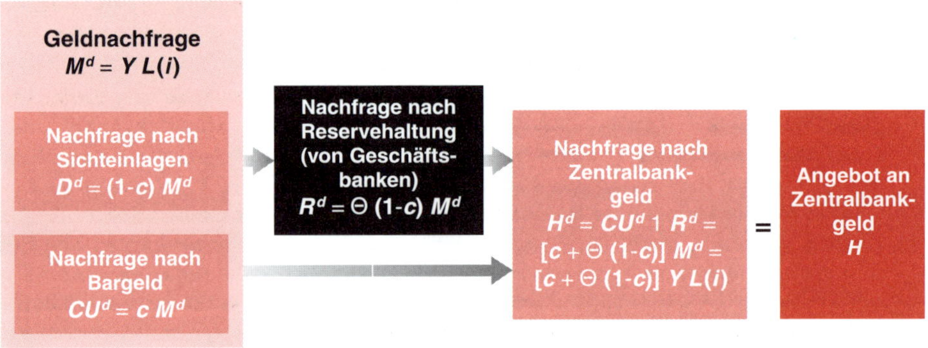

Zwischen den folgenden Dingen muss unterschieden werden:

Nachfrage nach Geld (Nachfrage nach Bargeld und nach Sichteinlagen)

Nachfrage nach Geschäftsbankengeld (Nachfrage nach Sichteinlagen)

Nachfrage nach Zentralbankgeld (Nachfrage nach Bargeld durch Nicht-Banken, Nachfrage nach Reserven durch Geschäftsbanken)

Wir betrachten nun jedes Kästchen in Abbildung 4.7 und stellen die folgenden Fragen:

1. Durch welche Faktoren wird die Nachfrage nach Sichtguthaben und nach Bargeld bestimmt?
2. Durch welche Faktoren wird die Nachfrage nach Reserven durch die Geschäftsbanken bestimmt?
3. Wie wird durch die Bedingung, dass Angebot und Nachfrage nach Zentralbankgeld übereinstimmen, der Zinssatz bestimmt?

Die Geldnachfrage

Wenn die Wirtschaftssubjekte sowohl Bargeld als auch Sichtguthaben halten können, dann ist die Nachfrage nach Geld mit zwei Entscheidungen verbunden. Zunächst einmal müssen sich die Wirtschaftssubjekte entscheiden, wie viel Geld sie halten wollen, und dann müssen sie sich entscheiden, wie viel sie von diesem Geld in Form von Bargeld und in Form von Sichtguthaben halten wollen.

Es ist sinnvoll anzunehmen, dass die gesamte Geldnachfrage (Bargeld plus Sichtguthaben) weiterhin von denselben Einflussgrößen abhängt. Die Wirtschaftssubjekte fragen umso mehr Geld nach, je mehr Transaktionen sie abwickeln wollen und je niedriger der Zinssatz auf Wertpapiere ist. Daher können wir annehmen, dass die gesamte Geldnachfrage weiterhin durch Gleichung (4.1) beschrieben werden kann.

$$M^d = PYL(\underset{(-)}{i}) \tag{4.3}$$

Die zweite Entscheidung, die die Wirtschaftssubjekte treffen müssen, ist die Aufteilung ihrer Geldnachfrage auf Bargeld und Sichtguthaben. Bargeld ist für kleine Transaktionen bequemer (und auch für illegale Transaktionen). Überweisungen sind für große Transaktionen bequemer und außerdem ist es sicherer, größere Geldbeträge in Form von Sichtguthaben auf der Bank zu halten als in Form von Bargeld.

Nehmen wir an, dass die Wirtschaftssubjekte einen festen Anteil ihrer Geldnachfrage in Form von Bargeld halten wollen – wir bezeichnen diesen Anteil mit c – und den Rest $(1 - c)$ folglich in Form von Sichtguthaben. Im Euroraum halten die Wirtschaftssubjekte 14% ihres Geldes in Form von Bargeld, c hat also den Wert 0,14. Wir bezeichnen die Nachfrage nach Bargeld mit CU^d (*CU* steht für *Currency* und d für *demand*) und die Nachfrage nach Sichtguthaben mit D^d (*D* steht für *Deposits*). Die beiden Nachfragen sind durch die folgenden Funktionen gegeben:

Eine Studie der Bundesbank schätzte 1995, dass gut ein Drittel des DM-Bargeldbestands (ca. 32-45 Mrd. €) außerhalb Deutschlands zirkulierten, insbesondere in Osteuropa und der Türkei. Die Fed kommt sogar zu dem Ergebnis, dass mehr als die Hälfte des amerikanischen Bargeldbestandes im Ausland gehalten wird. Die Vermutung liegt nahe, dass ein Teil dieser Bargeldbestände mit illegalen Transaktionen in Zusammenhang steht. Dollar und Euro (als Nachfolger der DM) dürften die bevorzugten Währungen für illegale Transaktionen auf der ganzen Welt sein.

$$CU^d = cM^d \tag{4.4}$$

$$D^d = (1 - c)M^d \tag{4.5}$$

Gleichung (4.4) beschreibt den ersten Bestandteil der Nachfrage nach Zentralbankgeld, die Nachfrage nach Bargeld durch Nicht-Banken. Gleichung (4.5) beschreibt die Nachfrage nach Sichtguthaben.

Wir haben nun eine Beschreibung des Verhaltens im ersten Kästchen „Geldnachfrage" auf der linken Seite von Abbildung 4.7. Gleichung (4.3) beschreibt die gesamte Geldnachfrage; Gleichung (4.4) und (4.5) beschreiben die Nachfrage nach Sichtguthaben und nach Bargeld. Die drei Nachfragegleichungen ergänzen die dazugehörigen Begriffe.

Aus der Nachfrage nach Sichtguthaben leitet sich die Nachfrage nach Reserven von Seiten der Geschäftsbanken ab. Dies ist der zweite Bestandteil der Nachfrage nach Zentralbankgeld. Um diese zweite Komponente darstellen zu können, wollen wir uns mit dem Verhalten der Geschäftsbanken beschäftigen.

Die Nachfrage nach Reserven

Je größer der Umfang der Sichteinlagen ist, desto größer sind die Reserven, die eine Geschäftsbank einerseits als Vorsichtshaltung, andererseits aber auch zur Erfüllung von Mindestreservevorschriften halten muss. Mit θ bezeichnen wir den Reservesatz, das heißt, die Menge an Reserven, die die Geschäftsbanken pro Euro Sichteinlage halten. Mit R bezeichnen wir die Reserven der Geschäftsbanken und mit D die Gesamtsumme der Sichteinlagen. Dann besteht auf Grund der Definition von θ die folgende Beziehung zwischen R und D.

$$R = \theta D \tag{4.6}$$

Der von der EZB geforderte Mindestreservesatz beträgt 2%, θ nimmt folglich den Wert 0,02 an.

Wenn die Nachfrage der Wirtschaftssubjekte nach Sichtguthaben D^d beträgt, dann folgt aus Gleichung (4.6), dass die Geschäftsbanken Reserven in Höhe von θD^d halten müssen. Wenn wir die Gleichungen (4.5) und (4.6) kombinieren, dann erhalten wir den zweiten Bestandteil der Nachfrage nach Zentralbankgeld – die Nachfrage nach Reserven durch die Geschäftsbanken:

$$R^d = \theta\,(1 - c)M^d \tag{4.7}$$

Damit haben wir die Gleichung für das zweite Kästchen „Nachfrage nach Reserven durch die Geschäftsbanken“ auf der linken Seite von Abbildung 4.7 abgeleitet.

Die Nachfrage nach Zentralbankgeld

Wir bezeichnen die Nachfrage nach Zentralbankgeld mit H^d. Diese Nachfrage ergibt sich als Summe aus der Nachfrage nach Bargeld und der Nachfrage nach Reserven:

$$H^d = CU^d + R^d \tag{4.8}$$

Wenn wir CU^d und R^d durch die Gleichungen (4.4) und (4.7) ersetzen, erhalten wir:

$$H^d = cM^d + \theta\,(1 - c)\,M^d = [c + \theta\,(1 - c)]\,M^d$$

Im letzten Schritt ersetzen wir die gesamte Geldnachfrage M^d durch Gleichung (4.3):

$$H^d = [c + \theta\,(1 - c)]\,PYL(i) \tag{4.9}$$

Damit haben wir die Gleichung für die „Nachfrage nach Zentralbankgeld“ im dritten Kästchen auf der linken Seite von Abbildung 4.7 abgeleitet.

Die Bestimmung des Zinssatzes

Wir sind jetzt in der Lage, das Gleichgewicht zu charakterisieren. H bezeichnet das Angebot an Zentralbankgeld; H wird direkt durch die Zentralbank kontrolliert. Genauso wie im letzten Abschnitt kann die Zentralbank die Menge an Zentralbankgeld H durch Offenmarktgeschäfte verändern. Die Gleichgewichtsbedingung ist erfüllt, wenn das Angebot an Zentralbankgeld gleich der Nachfrage nach Zentralbankgeld ist:

$$H = H^d \tag{4.10}$$

Unter Verwendung von Gleichung (4.9) ergibt sich:

$$H = [c + \theta\,(1 - c)]\; PYL(i) \tag{4.11}$$

Das Angebot an Zentralbankgeld (auf der linken Seite von Gleichung [4.11]) ist gleich der Nachfrage nach Zentralbankgeld (auf der rechten Seite von Gleichung [4.11]), die wiederum durch den Term in Klammern multipliziert mit der gesamten Geldnachfrage beschrieben wird.

Betrachten wir den Ausdruck in Klammern etwas genauer. Nehmen wir an, die Wirtschaftssubjekte würden ausschließlich Bargeld halten. In diesem Fall wäre $c = 1$ und in der Folge wäre auch der Term in Klammern gleich 1. Die Gleichung wäre dann genau dieselbe wie Gleichung 4.2 in Abschnitt 4.2. In diesem Fall würden die Geschäftsbanken keine Rolle bei der Bereitstellung des Geldangebots spielen. Wir wären bei dem Fall, den wir bereits in Abschnitt 4.2 betrachtet haben.

Nehmen wir nun an, dass die Wirtschaftssubjekte kein Bargeld, sondern ausschließlich Sichteinlagen halten wollen. In diesem Fall gilt $c = 0$ und der Ausdruck in Klammern nimmt den Wert θ an. Wenn beispielsweise $\theta = 0{,}02$, dann ergibt sich für den Ausdruck in Klammern der Wert 0,02. Dann entspricht die Nachfrage nach Zentralbankgeld zwei Prozent der gesamten Geldnachfrage. Warum dies der Fall ist, ist leicht nachzuvollziehen: Die Wirtschaftssubjekte halten ausschließlich Sichteinlagen. Für jeden Euro, den sie in Form von Sichteinlagen halten wollen, sind die Geschäftsbanken verpflichtet 2 Cents als Reserve zu halten. Die Nachfrage nach Reserven macht damit zwei Prozent der gesamten Geldnachfrage aus.

Lassen wir nun diese beiden Extremfälle beiseite. Wichtig ist: Solange die Wirtschaftssubjekte einen Teil ihres Geldes in Form in Sichteinlagen halten (also $c < 1$), ist der Ausdruck in Klammern immer kleiner 1. Die Nachfrage nach Zentralbankgeld ist kleiner als die gesamte Geldnachfrage, weil die Nachfrage nach Reserven durch die Geschäftsbanken nur einen Bruchteil der Nachfrage nach Sichteinlagen ausmacht.

Die Gleichgewichtsbedingung 4.11 wird in Abbildung 4.8 grafisch dargestellt. Die Abbildung entspricht Abbildung 4.2, abgesehen davon, dass diesmal auf der horizontalen Achse die Menge an Zentralbankgeld und nicht die Geldmenge abgetragen wird. Der Zinssatz wird auf der vertikalen Achse abgetragen. Die Nachfrage nach Zentralbankgeld $CU^d + R^d$ ist für ein gegebenes Nominaleinkommen eingezeichnet. Ein höherer Zinssatz impliziert aus zwei Gründen eine geringere Nachfrage nach Zentralbankgeld: Die Nachfrage nach Bargeld nimmt ab; die Nachfrage nach Sichteinlagen nimmt ebenfalls ab und dies wiederum führt zu einer Abnahme der Nachfrage nach Reserven durch die Geschäftsbanken. Das Geldangebot ist gegeben und wird durch die vertikale Linie durch H dargestellt. Das Gleichgewicht befindet sich in Punkt A, mit dem Zinssatz i.

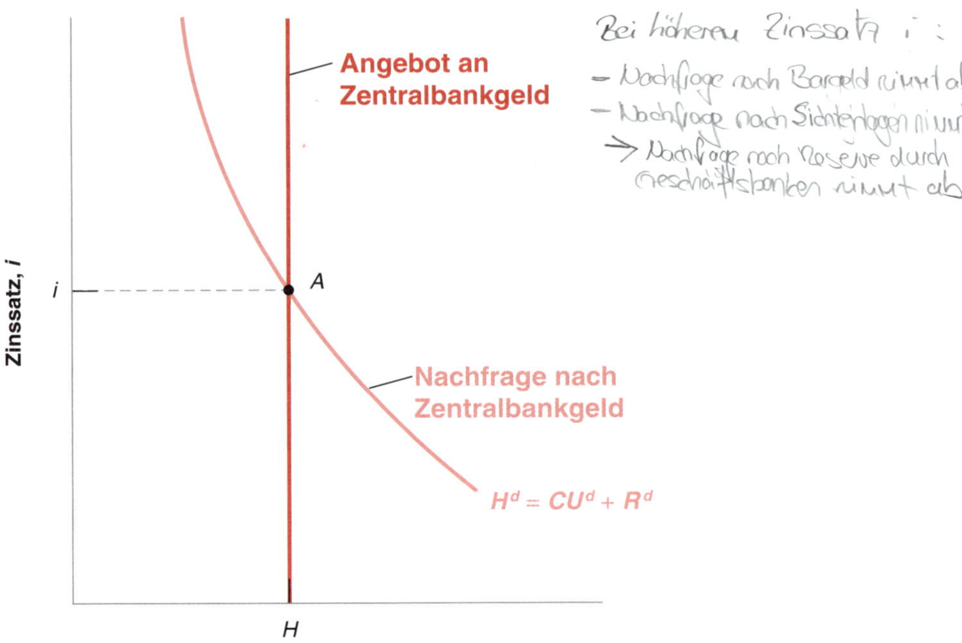

Abbildung 4.8: Gleichgewicht auf dem Markt für Zentralbankgeld

Der Gleichgewichtszins spielt sich so ein, dass Nachfrage und Angebot an Zentralbankgeld gleich sind.

Die Auswirkungen von Veränderungen des Nominaleinkommens oder von Veränderungen des Angebots an Zentralbankgeld sind qualitativ dieselben wie im letzten Abschnitt. Eine Erhöhung des Angebots an Zentralbankgeld führt zu einer Verschiebung der vertikalen Angebotsgeraden nach rechts. Dies führt zu einem niedrigeren Zinssatz. Wie im letzten Abschnitt führt eine Erhöhung der Zentralbankgeldmenge zu einem Sinken des Zinssatzes; eine Reduktion der Zentralbankgeldmenge führt zu einem Anstieg des Zinssatzes.

4.4 Zwei alternative Ansätze zur Analyse des Gleichgewichts*

In Abschnitt 4.3 haben wir das Gleichgewicht mit Hilfe der Bedingung, dass das Angebot an Zentralbankgeld der Nachfrage nach Zentralbankgeld entsprechen muss, analysiert. Es gibt aber noch zwei andere Möglichkeiten, wie man das Gleichgewicht analysieren kann. Alle drei Möglichkeiten sind äquivalent, jede einzelne davon bietet uns jedoch eine neue Sichtweise und wir können unser Verständnis für die Zusammenhänge verbessern, wenn wir uns mit allen drei Möglichkeiten auseinandersetzen.

4.4.1 Der Tagesgeldmarkt und der Tagesgeldsatz

Anstatt das Angebot an Zentralbankgeld und die Nachfrage nach Zentralbankgeld zu betrachten, können wir auch das Angebot und die Nachfrage nach Reserven betrachten.

Das Angebot an Reserven entspricht dem Angebot an Zentralbankgeld H abzüglich der Nachfrage nach Bargeld durch Nicht-Banken, CU^d. Die Nachfrage nach Reserven durch die Geschäftsbanken ist R^d. Die Gleichgewichtsbedingung, dass das Angebot an Reserven gleich der Nachfrage nach Reserven sein soll, lautet daher:

$$H - CU^d = R^d$$

Wenn wir CU^d von der linken auf die rechte Seite bringen und die Tatsache verwenden, dass die Nachfrage nach Zentralbankgeld H^d durch die Gleichung $H^d = CU^d + R^d$ gegeben ist, dann ist obige Gleichung äquivalent zu $H = H^d$. Anders ausgedrückt, Angebot an und Nachfrage nach Reserven zu betrachten, ist äquivalent zu der Vorgehensweise, die wir in Abschnitt 4.3 gewählt haben, wo wir das Zentralbankgeld betrachtet haben.

Trotzdem ist gerade die Analyse des Angebots und der Nachfrage nach Reserven von Interesse, weil Geschäftsbanken tatsächlich täglich auf dem Markt für Reserven – dem so genannten Tagesgeldmarkt – handeln. Auf diesem Markt stellt sich der Zinssatz so ein, dass für Reserven Angebot und Nachfrage übereinstimmen. Geschäftsbanken, die am Ende des Tages über Überschussreserven verfügen, verleihen diese an Geschäftsbanken, die nicht über genügend Reserven verfügen. Im Gleichgewicht muss die gesamte Nachfrage nach Reserven durch alle Geschäftsbanken, R^d, dem Angebot an Reserven entsprechen, das dem Markt zur Verfügung steht, $H - CU^d$. Der Zinssatz, der auf dem Markt für Reserven bestimmt wird, heißt Tagesgeldsatz. Der durchschnittliche Tagesgeldsatz im gesamten Euro-Währungsgebiet wird als EONIA bezeichnet (Euro Overnight Index Average). Abbildung 4.9 zeigt, dass sich dieser Tagesgeldzins sehr eng am Mindestbietungssatz bewegt, dem Zinssatz, den die EZB direkt steuert.

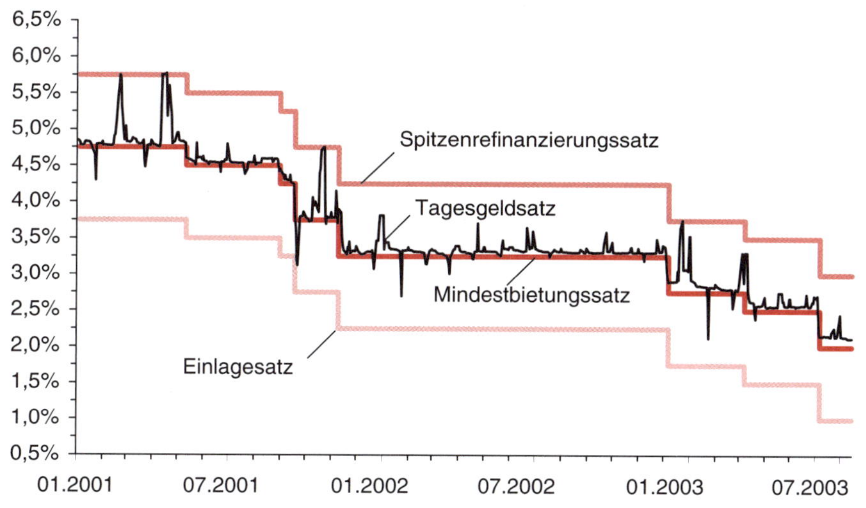

Abbildung 4.9: Tagesgeldsatz, Spitzenrefinanzierungssatz, Mindestbietungssatz, Einlagesatz

Fokus: Offenmarktgeschäfte der EZB

Die EZB führt wöchentlich Offenmarktgeschäfte durch. Im Rahmen von Tendergeschäften versteigert sie Liquidität an die Geschäftsbanken. Jeden Montag nimmt sie Gebote aller Geschäftsbanken im Euro-Währungsgebiet über die Zufuhr von Liquidität entgegen. Dienstags erhalten die Geschäftsbanken dann je nach Gebot eine bestimmte Zuteilung; im Gegenzug müssen sie der EZB Wertpapiere aus ihrem Besitz übergeben. Die EZB akzeptiert dabei nur öffentliche und private Wertpapiere einwandfreier Bonität (wie etwa Pfandbriefe oder Unternehmensanleihen bestimmter Qualität). Im Gegensatz zur FED in den USA kauft die EZB diese Wertpapiere nicht, sie nimmt sie nur befristet für einen kurzen Zeitraum (ab Januar 2004 jeweils für eine Woche) in ihr Depot: Es besteht eine Rückkaufsvereinbarung. Meist werden die Wertpapiere einfach als Sicherheiten (Pfandkredit) verpfändet. Diese Offenmarktgeschäfte wirken aber genauso wie oben beschrieben: Die EZB stellt bei ihren wöchentlichen Operationen immer dann zusätzliche Liquidität bereit, wenn der neu zugeteilte Betrag über dem auslaufenden liegt. Im Gegenzug aber entzieht sie damit dem Markt mehr Wertpapiere als aus dem abgelaufenen Geschäft der vergangenen Woche zurückfließen. Im umgekehrten Fall entzieht die EZB dem Markt Liquidität, indem sie weniger neue Refinanzierungsgeschäfte zuteilt als in dieser Woche auslaufen. Damit erhöht sich der fungible Bestand an Wertpapieren im privaten Sektor.

Für die Versteigerung verwendet die EZB zwei verschiedene Auktionsverfahren: (1) Bei einem Mengentender legt sie den Zinssatz (den so genannten Hauptrefinanzierungssatz) vorab fest; die Geschäftsbanken geben die zu diesem Zins von ihnen gewünschte Liquiditätsnachfrage an. Zuteilungsquoten stellen sicher, dass bei einer Überbietung nicht mehr Liquidität bereitgestellt wird als von der Zentralbank gewünscht. (2) Bei einem Zinstender müssen die Banken in ihren Geboten sowohl Zinssatz wie gebotene Menge angeben. Allerdings kann die EZB einen Mindestbietungssatz festlegen, unter dem sie keine Liquidität bereitstellt. Seit Juni 2000 folgt sie diesem Verfahren. Nach Eingang der Gebote bestimmt die EZB den marginalen Zinssatz, zu dem sie Liquidität bereitstellt. Die Zuteilung auf die einzelnen Bieter erfolgt dabei nach dem so genannten amerikanischen Verfahren: Alle Banken, die einen höheren Zins geboten haben, erhalten eine volle Zuteilung. Die Banken, die gerade den marginalen Zins bieten, werden nur mit einer bestimmten Zuteilungsquote bedient. Alle anderen gehen leer aus; sie müssen sich Liquidität auf dem Tagesgeldmarkt verschaffen.

Damit die Zinsen am Tagesgeldmarkt nicht zu stark schwanken, legt die EZB auch eine Ober- und Untergrenze fest: Der Spitzenrefinanzierungssatz bildet die Obergrenze (zu diesem Satz können sich Geschäftsbanken refinanzieren, die dringend zusätzliche Liquidität benötigen); der Einlagesatz bildet die Untergrenze. Wie Abbildung 4.9 zeigt, bewegt sich der Tagesgeldsatz immer in diesem Zinskorridor. Allerdings sind manchmal durchaus beachtliche Abweichungen zwischen Tagesgeld- und Hauptrefinanzierungszins zu beobachten. Sie treten auf, wenn alle Geschäftsbanken zusammen im Vergleich zu ihren Mindestreserveverpflichtungen über zu wenig oder zu viel Liquidität verfügen. Um diese Schwankungen zu reduzieren, hat die EZB seit Anfang 2004 ihre Offenmarktpolitik von 14-tägiger auf wöchentliche Laufzeit umgestellt und auch die Mindestreserveperiode modifiziert.

4.4.2 Geldangebot, Geldnachfrage und der Geldschöpfungsmultiplikator

Anstatt Angebot und Nachfrage von Zentralbankgeld zu analysieren, können wir auch das gesamte Angebot an Geld und die gesamte Nachfrage nach Geld betrachten (Bargeld und Sichteinlagen).

Um eine Gleichgewichtsbedingung für das gesamte Geldangebot und die gesamte Geldnachfrage abzuleiten, verwenden wir die Gleichgewichtsbedingung (4.11) und dividieren beide Seiten durch $[c + \theta(1-c)]$:

$$\frac{1}{[c+\theta(1-c)]}H = PYL(i) \tag{4.12}$$

$$\text{Geldangebot} = \text{Geldnachfrage}$$

Auf der rechten Seite der Gleichung steht die gesamte Nachfrage nach Geld (Bargeld plus Sichteinlagen). Auf der linken Seite steht das gesamte Angebot an Geld (Bargeld plus Sichteinlagen). Bedingung 4.12 verlangt, dass im Gleichgewicht das gesamte Geldangebot mit der gesamten Geldnachfrage übereinstimmt.

- Wenn man Gleichung (4.12) mit Gleichung (4.2) vergleicht – Gleichung (4.2) charakterisiert das Gleichgewicht für eine Volkswirtschaft ohne Geschäftsbanken –, dann sieht man, dass der einzige Unterschied zwischen den beiden Gleichungen darin besteht, dass das gesamte Geldangebot nicht mehr ausschließlich aus Zentralbankgeld besteht, sondern aus dem Zentralbankgeld multipliziert mit dem konstanten Term $1/[c + \theta(1-c)]$. Da der Term $[c + \theta(1-c)]$ kleiner Eins ist, folgt daraus, dass der Kehrwert $1/[c + \theta(1-c)]$ – der konstante Wert auf der linken Seite von Gleichung (4.12) – größer als Eins ist. Dieser Term wird Geldschöpfungsmultiplikator genannt. Das gesamte Angebot an Geld entspricht damit der Menge an Zentralbankgeld multipliziert mit dem Multiplikator. Wenn der Geldschöpfungsmultiplikator beispielsweise den Wert 4 annimmt, dann ist das gesamte Geldangebot das Vierfache des Angebots an Zentralbankgeld.
- Um zu unterstreichen, dass das gesamte Geldangebot letztlich vom Angebot an Zentralbankgeld abhängt, wird das Zentralbankgeld oft high-powered money oder auch Geldbasis genannt (*H* steht also für Zentralbankgeld). Der Ausdruck „high-powered“ bringt zum Ausdruck, dass eine Erhöhung von *H* das gesamte Geldangebot nicht im Verhältnis 1:1, sondern um ein Vielfaches steigen lässt. Der Ausdruck „Geldbasis“ unterstreicht die Tatsache, dass das gesamte Geldangebot in der Volkswirtschaft am Ende von einer Basis abhängt, dem Zentralbankgeld.

Der Multiplikator in Gleichung (4.12) impliziert, dass eine gegebene Veränderung der Zentralbankgeldmenge in einer Volkswirtschaft mit Geschäftsbanken eine stärkere Auswirkung auf das Geldangebot und in der Folge auch auf den Zinssatz hat als in einer Volkswirtschaft ohne Geschäftsbanken. Um diesen Zusammenhang zu verstehen, greifen wir das Thema Offenmarktgeschäfte noch einmal auf, diesmal in einer Volkswirtschaft mit Geschäftsbanken.

Der Geldschöpfungsmultiplikator

Aus Vereinfachungsgründen betrachten wir den Spezialfall, dass die Wirtschaftssubjekte ausschließlich Sichteinlagen und kein Bargeld halten wollen. Es gilt also $c = 0$. In diesem Fall ergibt sich für den Multiplikator der Wert $1/\theta$. Eine Ausweitung der Zentralbankgeldmenge um einen Euro führt dann zu einer Ausweitung des gesamten Geldangebots um $1/\theta$ Euro. Wenn wir von $\theta = 0{,}02$ ausgehen, nimmt der Multiplikator den Wert $1/0{,}02 = 50$ an. Wir wollen nun ein besseres Verständnis dafür entwickeln, wie dieser Multiplikatoreffekt zustande kommt. Wie führt die ursprüngliche Ausweitung der Zentralbankgeldmenge zu einer fünfzigfachen Ausweitung des gesamten Geldangebots?

Nehmen wir an, die EZB kauft in einer Offenmarktoperation von einer Bank – nennen wir sie Bank A – Wertpapiere im Wert von 100 €. Sie stellt dieser Bank dafür Zentralbankgeld im Umfang von 100 € bereit. Diese Ausweitung der Geldmenge stellt aber nur den Beginn einer ganzen Kette von Handlungen dar:

- Bank A gewährt Kredite in Höhe des zusätzlich geschaffenen Zentralbankgelds. Der Kreditnehmer tätigt Investitionen in Höhe der Kreditsumme; er überweist 100 € auf das Girokonto seines Lieferanten – nennen wir ihn Lieferant 1. Lieferant 1, der annahmegemäß kein Bargeld halten will, belässt die 100 € als Sichteinlage bei seiner Geschäftsbank, Bank B. Damit steigen die Sichteinlagen um 100 €.
- Bank B muss für die Sichteinlagen Reserven halten in Höhe von 0,02×100 € = 2 €. Für den Rest der Einlagen, 0,98×100 € = 98 €, gewährt auch Bank B Kredite. Sie zahlt dem Kreditnehmer 98 € aus, die dieser wiederum an seinen Lieferanten – Lieferant 2 – überweist.
- Lieferant 2 hält die 98 € als Sichteinlage bei seiner Bank C. Damit nehmen die Sichteinlagen um weitere 98 € zu.
- Bank C wiederum muss für die Sichteinlage Reserven halten in Höhe von 0,02×98 € = 1,96 €. Für den Rest der Einlagen, 0,98×98 € = 96,04 €, gewährt Bank C Kredite, die zur Zahlung an Lieferanten der neuen Investition – nennen wir ihn Lieferant 3 – genutzt werden.
- Lieferant 3 hält die 96,04 € als Sichteinlage bei seiner Bank D.
- Und so weiter ...

Die Wirkungskette sollte nun deutlich geworden sein. Wie stark hat sich das Geldangebot am Ende erhöht? Die Zunahme der Sichteinlagen ergibt sich als Summe aus den 100 €, die Lieferant 1 bei Bank B einzahlt, plus den 98 €, die Lieferant 2 bei Bank C einzahlt, plus den 96,04 €, die Lieferant 3 bei Bank D einzahlt und so weiter... . Wir können die Summe schreiben als:

$$100\text{ €}\ (1 + 0.98 + 0.98^2 + \ldots)$$

In der Klammer steht eine geometrische Reihe, daher ergibt sich als Ergebnis für die Summe $1/(1 - 0.98) = 50$. Das Geldangebot steigt um 5.000 € und damit um das fünfzigfache der ursprünglichen Erhöhung der Zentralbankgeldmenge.

Diese Ableitung des Geldschöpfungsmultiplikators ermöglicht es uns, den Anstieg des Geldangebots als Ergebnis sukzessiver Kreditgewährung zu interpretieren, die durch den Wertpapierkauf der EZB im Rahmen einer Offenmarktoperation angestoßen wurde. Jede sukzessive Runde führt zu einem Anstieg der Sichteinlagen; am Ende entspricht der Anstieg des Geldangebots dem 50-fachen des ursprünglichen Anstiegs der Zentralbankgeldmenge. In gleicher Höhe sind zusätzliche Kredite geschaffen worden.

Zusammenfassung

- Die Geldnachfrage hängt positiv vom Niveau des Einkommens und negativ vom Zinssatz ab.
- Der Zinssatz stellt sich im Gleichgewicht so ein, dass das Geldangebot der Geldnachfrage entspricht.
- Bei einem gegebenen Geldangebot führt ein Einkommensanstieg zu einem Anstieg der Geldnachfrage und zu einem Anstieg des Zinssatzes. Eine Erhöhung des Geldangebots führt zu einer Reduktion des Zinssatzes.
- Die Zentralbank verändert das Geldangebot durch Offenmarktgeschäfte.
- Expansive Offenmarktgeschäfte, mit denen die Zentralbank das Geldangebot durch den Kauf von Wertpapieren erhöht, führen zu einem Anstieg der Wertpapierkurse und – äquivalent dazu – zu einer Reduktion des Zinssatzes.
- Kontraktive Offenmarktgeschäfte, mit denen die Zentralbank das Geldangebot durch den Verkauf von Wertpapieren reduziert, führen zu einem Sinken der Wertpapierkurse und – äquivalent dazu – zu einer Erhöhung des Zinssatzes.
- Wenn die Geldmenge sowohl Bargeld als auch Sichteinlagen umfasst, dann können wir unsere Gleichgewichtsbedingung so ausdrücken, dass sich der Zinssatz einstellt, der die Gleichheit von Angebot und Nachfrage nach Zentralbankgeld sicherstellen kann.
- Das Angebot an Zentralbankgeld wird durch die Zentralbank kontrolliert. Die Nachfrage nach Zentralbankgeld hängt von der gesamten Geldnachfrage ab, vom Verhältnis der Nachfrage nach Bargeld zur gesamten Geldnachfrage, und von dem von den Geschäftsbanken gewähltem Verhältnis von Reserven zu Sichteinlagen.
- Ein äquivalenter Ansatz der Gleichgewichtsanalyse besteht darin, Angebot und Nachfrage von Reserven zu betrachten. Es stellt sich der Zinssatz ein, der die Gleichheit von Angebot und Nachfrage von Reserven sicherstellen kann. Der Markt für Reserven heißt Tagesgeldmarkt. Den Zinssatz, der auf diesem Markt bestimmt wird, bezeichnet man als Tagesgeldsatz.
- Ein weiterer äquivalenter Ansatz bei der Gleichgewichtsanalyse stellt das gesamte Angebot an Geld der gesamten Nachfrage nach Geld gegenüber. Das gesamte Geldangebot entspricht der Zentralbankgeldmenge multipliziert mit dem Geldschöpfungsmultiplikator.

Übungsaufgaben

Verständnistests

1. Verwenden Sie die Informationen, die Sie in diesem Kapitel erhalten haben, um folgende Aussagen mit richtig, falsch oder unsicher zu bewerten. Geben Sie eine kurze Erklärung Ihrer Antwort.
   a. Bei Einkommen und Finanzvermögen handelt es sich um Bestandsgrößen.
   b. Die Geldnachfrage hängt nicht vom Zinssatz ab, da Zinsen nur auf Wertpapiere gezahlt werden.
   c. Wenn die Wirtschaftssubjekte bei gegebenem Finanzvermögen mit der Menge an Geld, die sie halten, zufrieden sind, dann impliziert dies, dass sie auch mit der Menge an Wertpapieren, die sie halten, zufrieden sind.
   d. Finanzinnovationen sind der Grund für die dramatische Zunahme der Umlaufgeschwindigkeit in den letzten 40 Jahren.
   e. In den letzten 40 Jahren hat sich das Verhältnis von Geld zu Nominaleinkommen in dieselbe Richtung bewegt wie der Zinssatz.
   f. Die Zentralbank kann das Geldangebot ausweiten, indem sie Wertpapiere auf dem Wertpapiermarkt verkauft.
   g. Wertpapierkurse und Zinssätze bewegen sich immer in entgegengesetzter Richtung.
2. Nehmen Sie an, dass ein Wirtschaftssubjekt über ein Vermögen von 50.000 € und ein Jahreseinkommen von 60.000 € verfügt. Nehmen Sie zusätzlich an, dass seine Geldnachfrage durch die folgende Funktion beschrieben wird:
   $$M^d = PY\,(0{,}35 - i)$$
   a. Ermitteln Sie die Geldnachfrage und die Wertpapiernachfrage für einen Zinssatz von 5% und für einen Zinssatz von 10%.
   b. Beschreiben Sie den Effekt des Zinssatzes auf die Geld- und die Wertpapiernachfrage und erklären Sie den Zusammenhang.
   c. Nehmen Sie an, der Zinssatz beträgt 10%. Was geschieht, prozentual ausgedrückt, mit der Geldnachfrage, wenn das Jahreseinkommen um 50% sinkt?
   d. Nehmen Sie an, der Zinssatz beträgt 5%. Was geschieht, prozentual ausgedrückt, mit der Geldnachfrage, wenn das Jahreseinkommen um 50% sinkt?
   e. Fassen Sie den Effekt des Einkommens auf die Geldnachfrage zusammen. Wie hängt er vom Zinssatz ab?
3. Ein Wertpapier ist mit einem Zahlungsversprechen von 100 € in einem Jahr ausgestattet.
   a. Welchen Zins bringt das Wertpapier, wenn der Kurs heute 75 €, 85 € oder 95 € beträgt?
   b. Welche Beziehung besteht zwischen dem Kurs eines Wertpapiers und dem Zinssatz?
   c. Wenn der Zinssatz 8% beträgt, was ist dann der Kurs des Wertpapiers?
4. Nehmen Sie folgende Geldnachfragefunktion an:
   $$M^d = PY\,(0{,}35 - i)$$
   Das Einkommen beträgt 100 €. Nehmen Sie weiter an, dass das Geldangebot 20 € beträgt. Auf dem Geldmarkt und den Finanzmärkten herrscht Gleichgewicht.
   a. Welcher Zinssatz stellt sich ein?
   b. Wenn die Zentralbank den Zinssatz i um 10 Prozentpunkte erhöhen möchte (beispielsweise von 2% auf 12%), wie muss sie dann das Geldangebot wählen?

5. Nehmen Sie an, dass ein Wirtschaftssubjekt über ein Vermögen von 50.000 € und ein Jahreseinkommen von 60.000 € verfügt. Nehmen Sie zusätzlich an, dass seine Geldnachfrage durch die folgende Funktion beschrieben wird:

$$M^d = PY\,(0{,}35 - i)$$

Leiten Sie die Wertpapiernachfrage ab. Was ist der Effekt einer Erhöhung des Zinssatzes um 10 Prozentpunkte auf die Wertpapiernachfrage?

   a. Was sind die Auswirkungen eines Anstiegs des Vermögens auf die Geld- und die Wertpapiernachfrage? Erklären Sie den Zusammenhang verbal.
   b. Was sind die Auswirkungen eines Anstiegs des Einkommens auf die Geld- und die Wertpapiernachfrage? Erklären Sie den Zusammenhang verbal.
   c. „Wenn die Leute mehr Geld verdienen, dann werden Sie natürlich auch mehr Wertpapiere halten.“ Was ist an dieser Aussage falsch?

Vertiefungsfragen

6. *Der Geldschöpfungsmultiplikator*

Gehen Sie von den folgenden Annahmen aus:

   1. Es wird kein Bargeld gehalten.
   2. Das Verhältnis von Reserven zu Sichteinlagen beträgt 0,1.
   3. Die Geldnachfrage wird durch die folgende Funktion beschrieben:

$$M^d = PY\,(0{,}8 - 4\,i)$$

Die Geldbasis beträgt zunächst 100 Milliarden € und das Nominaleinkommen beläuft sich auf 5 Billionen €.

   a. Wie groß ist die Nachfrage nach Zentralbankgeld?
   b. Ermitteln Sie den gleichgewichtigen Zinssatz, indem Sie die Nachfrage nach Zentralbankgeld mit dem Angebot an Zentralbankgeld gleichsetzen.
   c. Wie groß ist das gesamte Geldangebot? Entspricht es der gesamten Geldnachfrage zu dem Zinssatz, den Sie in b) ermittelt haben?
   d. Was ist der Effekt auf den Zinssatz, wenn die Zentralbankgeldmenge auf 300 Milliarden Euro erhöht wird?
   e. Wenn das gesamte Geldangebot auf 3.000 Milliarden Euro steigt, was ist dann die Auswirkung auf i? (Hinweis: Verwenden Sie Ihre Antwort aus Teilaufgabe c)).

7. *Runs auf Banken und der Geldschöpfungsmultiplikator*

Während der Weltwirtschaftskrise kam es in den Vereinigten Staaten zu so vielen Bankzusammenbrüchen, dass die Leute ihr Geld nur noch äußerst ungern auf ein Bankkonto einzahlten, sondern es lieber in Form von Bargeld hielten.

Wie beeinflusst Ihrer Meinung nach eine derartige Verschiebung der Nachfrage von Sichteinlagen zu Bargeld die Größe des Geldschöpfungsmultiplikators? (In Kapitel 22 wird die Antwort auf diese Frage gegeben.)

8. *Geldautomaten und Kreditkarten* (gemeint sind Geldautomaten im weiteren Sinn, die z.B. auch ein Abfragen des Kontostandes oder Überweisungen ermöglichen)

   In dieser Frage sollen die Auswirkungen der Einführung von Geldautomaten und Kreditkarten auf die Geldnachfrage untersucht werden. Zur Vereinfachung wollen wir die Geldnachfrage eines Wirtschaftssubjektes für eine Periode von 4 Tagen betrachten.

   Nehmen wir an, dass das Wirtschaftssubjekt vor der Einführung von Geldautomaten und Kreditkarten zu Beginn jeder Vier-Tages-Periode zur Bank geht und von seinem Sparkonto die Geldsumme abhebt, die es für die folgenden vier Tage benötigt. Pro Tag gibt es 4 € aus.

   a. Wie viel Geld hebt das Wirtschaftssubjekt jedes Mal ab, wenn es zur Bank geht?

   Berechnen Sie die Geldhaltung für die Tage 1 bis 4, jeweils am Morgen, bevor Ausgaben getätigt werden.

   b. Wie groß ist die durchschnittliche Geldhaltung?

   Nehmen Sie nun an, dass das Wirtschaftssubjekt nach der Einführung von Geldautomaten alle 2 Tage Geld abhebt.

   c. Wie viel Geld hebt das Wirtschaftssubjekt jedes Mal ab, wenn es zur Bank geht?
   d. Wie groß ist die durchschnittliche Geldhaltung?

   Mit der Einführung von Kreditkarten geht das Wirtschaftssubjekt dazu über, all seine Transaktionen mit der Kreditkarte zu bezahlen. Es hebt bis zum vierten Tag kein Bargeld mehr ab, erst am vierten Tag hebt es dann genau den Betrag ab, den es zur Bezahlung seiner Kreditkartenabrechung für die vorausgegangenen vier Tage benötigt.

   e. Berechnen Sie die Geldhaltung dieses Wirtschaftssubjektes für die Tage 1 bis 4.
   f. Wie groß ist die durchschnittliche Geldhaltung?
   g. Gehen Sie von Ihren Antworten auf die Teilaufgaben b), d) und f) aus und erklären Sie die Auswirkungen der Einführung von Geldautomaten und Kreditkarten auf die Geldnachfrage.

9. *Die Umlaufgeschwindigkeit des Geldes*

   Die Geldnachfrage sei gegeben durch:

$$M^d = PYL\,(i)$$

   a. Leiten Sie einen Ausdruck für die Umlaufgeschwindigkeit als Funktion von i ab. Wie hängt sie von i ab?
   b. Betrachten Sie Abbildung 1 in der Fokusbox „Geldnachfrage und Zinsen – Empirische Evidenz“. Wie entwickelte sich in Deutschland und den USA die Umlaufgeschwindigkeit des Geldes von 1970 bis 2000?
   c. Gemäß Abbildung 1 entspricht der Zinssatz im Jahr 2000 fast dem im Jahr 1972. Wodurch kann der Rückgang bzw. Anstieg der Umlaufgeschwindigkeit des Geldes von 1972 bis 2000 erklärt werden? (Hinweis: Verwenden Sie die Ergebnisse von Aufgabe 8.)

Kapitel

5 Das *IS-LM*-Modell

Kapitel 3 behandelte den Gütermarkt, Kapitel 4 Geld- und Finanzmärkte. Jetzt wollen wir das Zusammenspiel all dieser Märkte untersuchen. Wir erarbeiten einen Modellrahmen, der die Bestimmungsgründe von Produktion und Zinssatz in der kurzen Frist analysieren kann.

Dabei folgen wir der Vorgehensweise von John Hicks und Alvin Hansen in den späten 30er und frühen 40er Jahren. Als John Maynard Keynes 1936 seine „General Theory" veröffentlichte, wurde dieses Werk allgemein zwar als ein fundamentaler Beitrag gewertet, der aber kaum lesbar sei (Wer einen Blick in das Buch wirft, versteht schnell, wie es zu dieser Einschätzung kam). Es gab viele Diskussionen darüber, was Keynes eigentlich damit meinte. 1937 fasste John Hicks zusammen, was er als den zentralen Beitrag von Keynes betrachtete: die gemeinsame Beschreibung von Güter-, Geld- und Finanzmärkten. Seine Analyse wurde von Alvin Hansen später noch erweitert. Hicks und Hansen nannten ihre Formalisierung das *IS-LM*-Modell.

Die Makroökonomie hat seit den frühen 40er Jahren große Fortschritte gemacht. Deshalb wird das *IS-LM*-Modell in diesem Buch auch in Kapitel 5 und nicht als das letzte Kapitel behandelt. (Vor 40 Jahren dagegen wäre ein Makroökonomie-Kurs mit dem Kapitel 5 so gut wie abgeschlossen gewesen.) Für die meisten Volkswirte ist das *IS-LM*-Modell immer noch ein zentraler Baustein der volkswirtschaftlichen Theorie, ein Baustein, der in einfachster Form zusammenfasst, was in einer Volkswirtschaft in der kurzen Frist geschieht.

Das Kapitel gliedert sich in fünf Abschnitte:

- Abschnitt 5.1 behandelt das Gleichgewicht auf dem Gütermarkt; er leitet die *IS*-Gleichung ab.
- Abschnitt 5.2 behandelt das Gleichgewicht auf Geld- und Finanzmärkten; er leitet die *LM*-Gleichung ab.
- In Abschnitt 5.3 und 5.4 werden *IS*- und *LM*-Gleichung zum *IS-LM*-Modell zusammengeführt. Das *IS-LM*-Modell wird dann verwendet, um die Auswirkungen von Geld- und Fiskalpolitik zu analysieren.
- Abschnitt 5.5 führt in dynamische Aspekte ein. Er untersucht, ob das *IS-LM*-Modell wirklich erfasst, was in der Volkswirtschaft in der kurzen Frist geschieht.

5.1 Der Gütermarkt und die *IS*-Gleichung

Fassen wir zunächst zusammen, was wir in Kapitel 3 gelernt haben.

- Das Gleichgewicht auf dem Gütermarkt ist durch die Bedingung charakterisiert, dass die Produktion Y (oder auch das Einkommen, da diese Begriffe austauschbar sind) der Güternachfrage Z entspricht. Wir haben diese Bedingung IS-Gleichung genannt, weil sie auch als Bedingung interpretiert werden kann, dass die Investition der Ersparnis entspricht.
- Wir definierten die Nachfrage als Summe aus Konsum, Investitionen und Staatsausgaben. Dabei haben wir angenommen, dass der Konsum vom verfügbaren Einkommen (Einkommen minus Steuern) abhängt, und dass Investitionen, Staatsausgaben und Steuern exogen gegeben sind. Die Gleichgewichtsbedingung lautete:

  $$Y = C\,(Y - T) + \bar{I} + G$$

  (In Kapitel 3 haben wir zudem, um die Algebra einfach zu halten, angenommen, dass die Beziehung zwischen Konsum, C, und verfügbarem Einkommen, $Y - T$, linear ist. Hier verwenden wir stattdessen die allgemeinere Form, $C = C(Y - T)$.
- Ausgehend von dieser Gleichgewichtsbedingung untersuchten wir anschließend, welche Auswirkungen Änderungen exogener Größen auf die Gleichgewichtsproduktion haben. Insbesondere betrachteten wir die Auswirkungen von Veränderungen der Staatsausgaben und der autonomen Konsumnachfrage.

Eine wichtige Vereinfachung bestand in der Annahme, der Zinssatz beeinflusse die Güternachfrage nicht. In diesem Kapitel heben wir diese Vereinfachung auf. Dabei wollen wir uns zunächst ausschließlich auf die Auswirkungen des Zinssatzes auf die Investitionsnachfrage konzentrieren. Zinsänderungen beeinflussen aber auch andere Komponenten der Nachfrage, insbesondere den Konsum. Diesen Zusammenhang untersuchen wir später in Kapitel 16.

In Kapitel 16 sind die Auswirkungen des Zinssatzes auf Konsum und Investitionen beschrieben.

5.1.1 Investitionen, Absatz und Zinssatz

In Kapitel 3 wurden die Bestimmungsgründe der Investitionen nicht näher untersucht – wir nahmen an, dass die Investitionen exogen gegeben sind, selbst wenn sich die Produktion verändert. Tatsächlich jedoch sind die Investitionsausgaben – die Ausgaben für neue Maschinen oder Anlagen durch Unternehmen – alles andere als konstant. Sie hängen in erster Linie von zwei Faktoren ab:

- dem Absatzniveau: Ein Unternehmen, das einen Absatzzuwachs verzeichnet, muss seine Produktion ausweiten. Dafür wird es vielleicht zusätzliche Maschinen anschaffen oder eine zusätzliche Produktionsanlage bauen. Ein Unternehmen, das nur wenig absetzen kann, verspürt diesen Druck nicht und wird, wenn überhaupt, nur wenig investieren.

- dem Zinssatz: Stellen wir uns vor, ein Unternehmer überlegt, ob er eine neue Maschine anschaffen soll. Nehmen wir weiter an, der Unternehmer muss für die Investition einen Kredit aufnehmen. Je höher der Zinssatz, desto unattraktiver wird es, einen Kredit aufzunehmen, um die Maschine zu kaufen. Ist der Zinssatz zu hoch, werden die zusätzlichen Gewinne aus dem Einsatz der neuen Maschine die Zinszahlungen nicht mehr decken, so dass es sich dann gar nicht mehr lohnt, die Maschine zu kaufen.

Die Argumentationsweise hat auch dann Bestand, wenn das Unternehmen über eigene Mittel verfügt: Je höher der Zinssatz, desto attraktiver ist es, die Geldmittel zu verleihen, anstatt sie zur Finanzierung der neuen Maschine zu verwenden.

Um diese beiden Faktoren zu erfassen, schreiben wir die Investitionsfunktion wie folgt:

$$I = I\,(Y, i) \qquad (5.1)$$
$$(+, -)$$

Gleichung (5.1) bringt zum Ausdruck, dass die Investitionen, I, von der Produktion, Y, und dem Zinssatz, i, abhängen. (Wir bleiben bei der Annahme, dass die Lagerinvestitionen gleich Null sind, so dass der Absatz immer der Produktion entspricht. Damit bezeichnet Y sowohl den Absatz als auch die Produktion und das Einkommen.) Das Pluszeichen unter Y zeigt, dass ein Anstieg der Produktion (oder gleichermaßen des Absatzes) zu einem Anstieg der Investitionen führt. Das Minuszeichen unter dem Zinssatz, i, zeigt, dass ein Anstieg des Zinssatzes zu einer Abnahme der Investitionsausgaben führt.

$Y\uparrow \Rightarrow I\uparrow$
$i\uparrow \Rightarrow I\downarrow$

5.1.2 Die Bestimmung des Produktionsniveaus

Wenn wir die Investitionsfunktion 5.1 in die Gleichgewichtsbedingung für den Gütermarkt einsetzen, dann erhalten wir:

$$Y = C\,(Y - T) + I\,(Y, i) + G \qquad (5.2)$$

Die Produktion (die linke Seite der Gleichung 5.2) muss gleich sein der Güternachfrage (die rechte Seite der Gleichung). Gleichung 5.2 ist unsere erweiterte *IS*-Gleichung. Wir können nun analysieren, wie die Produktion auf eine Veränderung des Zinssatzes reagiert.

Beginnen wir mit Abbildung 5.1. Wir tragen die Güternachfrage auf der vertikalen Achse und die Produktion auf der horizontalen Achse ab. Für einen gegebenen Wert des Zinssatzes, i, steigt die Nachfrage mit zunehmender Produktion, und zwar aus zwei Gründen:

- Ein Anstieg der Produktion führt zu einer Zunahme des Einkommens. Auch das verfügbare Einkommen steigt; damit erhöht sich die Konsumnachfrage. Diesen Mechanismus haben wir in Kapitel 3 behandelt.
- Ein Anstieg der Produktion führt auch zu einer Zunahme der Investitionen. Diese Beziehung zwischen Investitionen und Produktion haben wir in diesem Kapitel eingeführt.

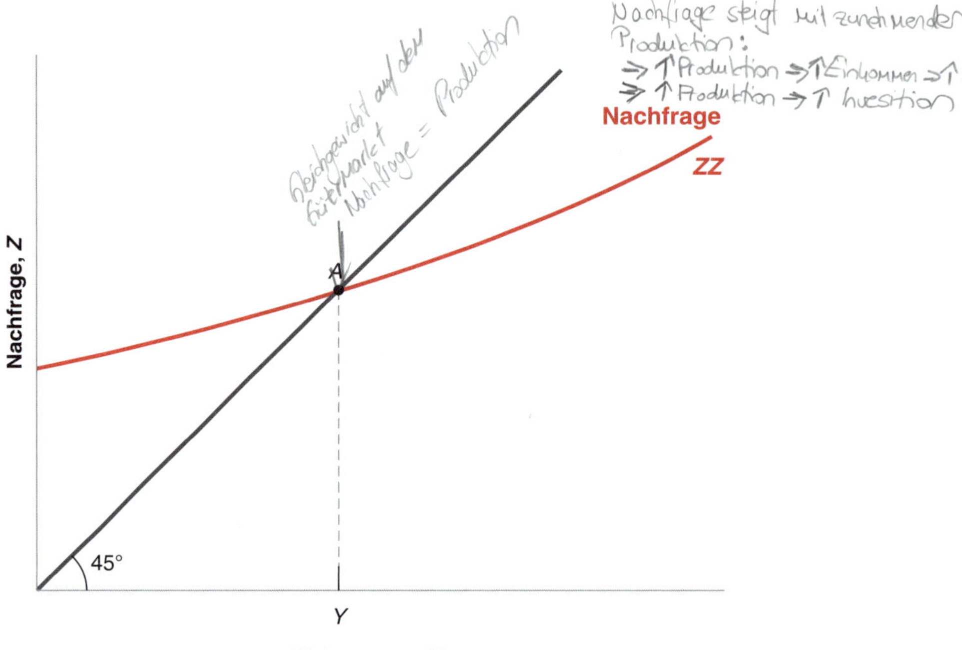

Abbildung 5.1: Gleichgewicht auf dem Gütermarkt

Die Güternachfrage nimmt mit steigendem Einkommen zu. Im Gleichgewicht muss die Nachfrage dem Einkommen entsprechen.

Kurz zusammengefasst: Ein Anstieg der Produktion erhöht die Güternachfrage sowohl über Auswirkungen auf den Konsum wie auf die Investitionen. Diese Beziehung zwischen Nachfrage und Produktion wird, für einen gegebenen Zinssatz, durch die steigend verlaufende *ZZ*-Kurve dargestellt.

Zwei Eigenschaften der *ZZ*-Kurve in Abbildung 5.1 müssen wir besonders beachten:

- Da wir nicht angenommen haben, dass die Konsum- und die Investitionsfunktion in Gleichung 5.2 linear sind, ist *ZZ* eher eine Kurve als eine Gerade, wie in Abbildung 5.1 dargestellt. Alle nachfolgenden Argumente gelten freilich auch bei linearer Konsum- und Investitionsfunktion (die *ZZ*-Kurve wäre dann eine Gerade).
- Die *ZZ*-Kurve ist so gezeichnet, dass sie flacher als die 45-Grad-Linie verläuft. Anders ausgedrückt, wir nehmen an, eine Zunahme des Einkommens lässt die Nachfrage nicht im Verhältnis 1:1, sondern weniger ansteigen.

  In Kapitel 3, bei konstanten Investitionen, folgte diese Restriktion ganz automatisch aus der Annahme, dass die Konsumenten nur einen Teil ihres zusätzlichen Einkommens konsumieren. Aber jetzt, da wir zulassen, dass auch Investitionen vom Produktionsniveau abhängen, muss diese Bedingung nicht unbedingt gelten. Wenn die Produktion steigt, könnte der Gesamteffekt aus erhöhter Konsum- und Investitionsnachfrage durchaus größer sein als der ursprüngliche Anstieg der Produktion. Empirische Beobachtungen zeigen aber, dass dieser theoretische denkbare Fall in der Realität nicht auftritt. Daher nehmen wir weiterhin an, dass die Nachfrage mit dem Einkommen weniger als im Verhältnis 1:1 zunimmt, so dass wir *ZZ* flacher als die 45-Grad-Linie zeichnen können.

Das Gleichgewicht auf dem Gütermarkt liegt in dem Punkt, in dem die Güternachfrage der Produktion entspricht, in Punkt *A*, im Schnittpunkt von *ZZ* und der 45-Grad-Linie. Das gleichgewichtige Produktionsniveau (Gleichgewichtseinkommen) ist durch *Y* gegeben.

Bis jetzt haben wir einfach nur die Analyse aus Kapitel 3 erweitert. Aber nun sind wir so weit, die IS-Kurve ableiten zu können.

5.1.3 Die Ableitung der *IS*-Kurve

In Abbildung 5.1 wurde die Nachfragefunktion für einen vorgegebenen Zinssatz eingezeichnet. Was passiert, wenn sich der Zinssatz ändert?

Gleichgewicht auf dem Gütermarkt: $\Rightarrow i\uparrow \Rightarrow Y\downarrow$

In Abbildung 5.2 ist die Nachfragekurve durch *ZZ* gegeben. Das ursprüngliche Gleichgewicht liegt in Punkt A. Nehmen wir nun an, der Zinssatz steige, ausgehend von i, auf den höheren Wert *i′*. Für jedes Produktionsniveau führt der höhere Zinssatz zu einem Rückgang der Investitionen und damit auch zu einem Rückgang der Nachfrage. Die Nachfragekurve *ZZ* verschiebt sich deshalb nach unten nach *ZZ′*: Für jedes Produktionsniveau ist die gesamtwirtschaftliche Nachfrage nun geringer. Das neue Gleichgewicht befindet sich im Schnittpunkt der neuen, niedrigeren Nachfragekurve *ZZ′* und der 45-Grad-Linie, also im Punkt *A′*. Als Gleichgewichtseinkommen ergibt sich *Y′*.

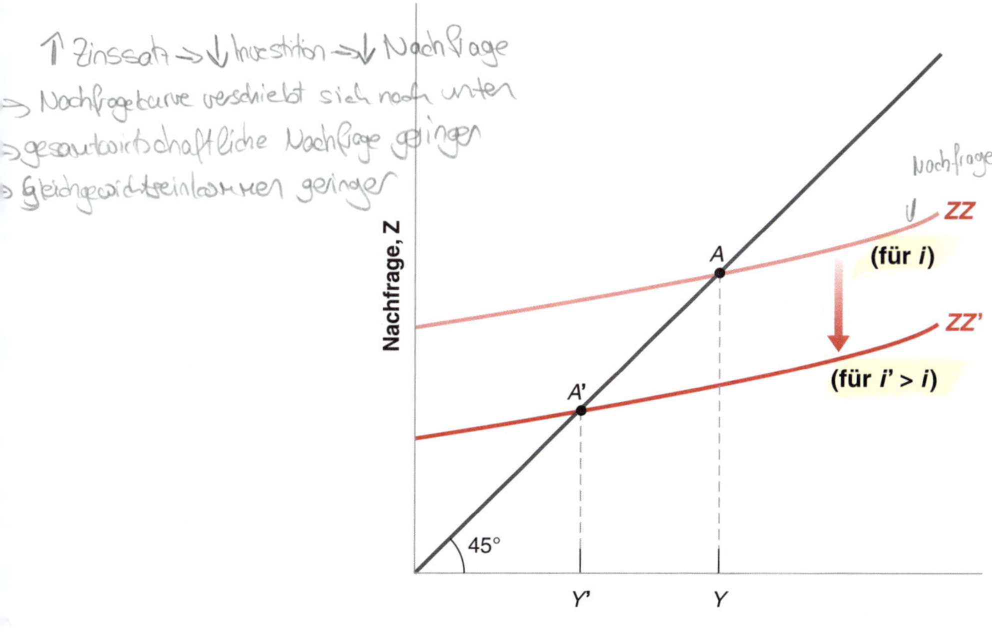

Abbildung 5.2: Die Auswirkung eines Zinsanstiegs auf das Einkommen

Ein Anstieg des Zinssatzes verschiebt die Güternachfrage nach unten. Das Gleichgewichtseinkommen geht zurück.

Kann man in der Abbildung die Größe des Multiplikatoreffektes ablesen? (Hinweis: Auf der vertikalen Achse kann man den Rückgang der Gleichgewichtsproduktion und den Rückgang der Investitionen ablesen.)

In Worten ausgedrückt: Der Zinsanstieg lässt die Investitionen zurückgehen. Der Rückgang der Investitionen induziert einen Einkommensrückgang. Dieser löst wiederum einen Rückgang vom Konsum und Investitionen aus. Anders formuliert: Auf Grund des Multiplikatoreffektes ist der gesamte Rückgang der Produktion größer als der ursprünglich durch den Zinsanstieg ausgelöste Rückgang der Investitionen.

Unter Verwendung von Abbildung 5.2, können wir für jeden beliebigen Zinssatz das Gleichgewichtseinkommen ermitteln. Dieser Zusammenhang zwischen Gleichgewichtseinkommen und Zinssatz wird in Abbildung 5.3 abgeleitet.

Abbildung 5.3: Die Ableitung der *IS*-Kurve

Mit steigendem Zinssatz geht im Gütermarktgleichgewicht das Einkommen zurück. Die *IS*-Kurve hat deshalb einen fallenden Verlauf.

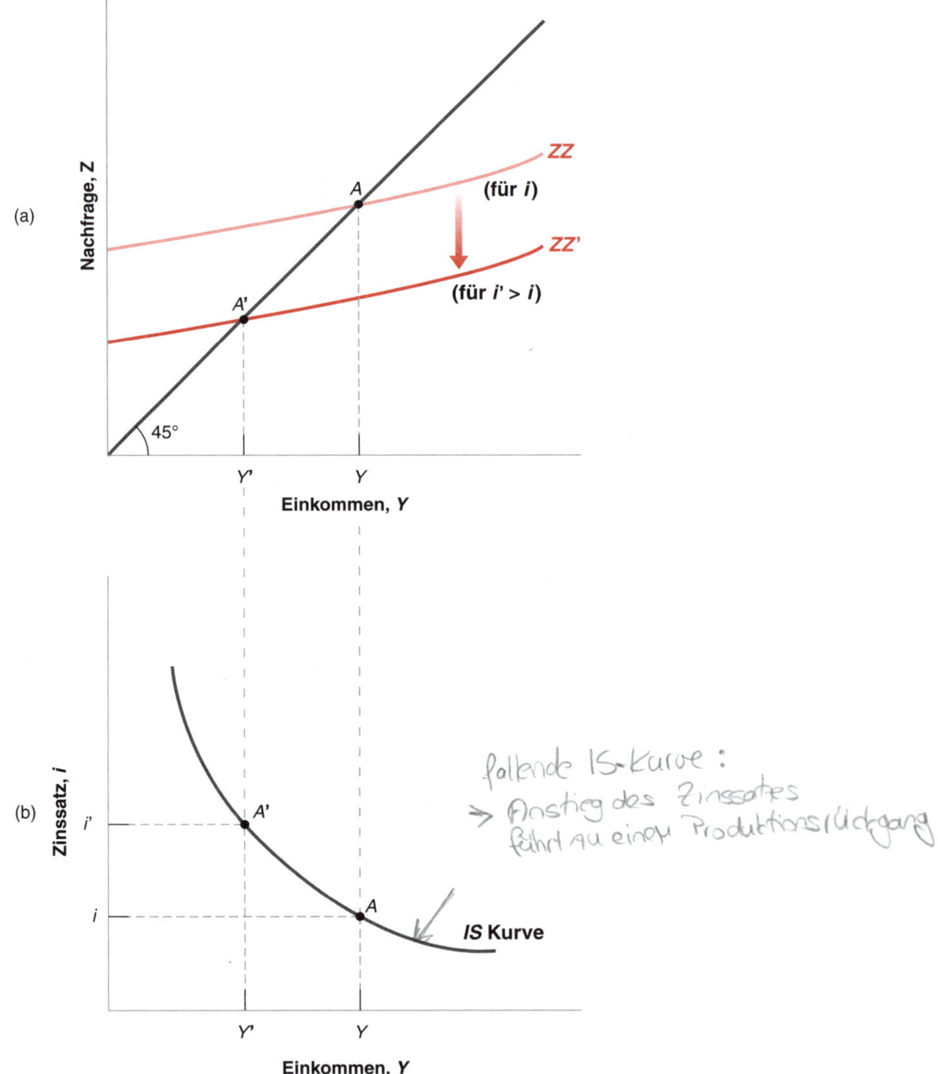

- Abbildung 5.3a reproduziert Abbildung 5.2. Beim Zinssatz i entspricht das Einkommen im Gleichgewicht dem Wert Y, beim höheren Zinssatz i' dem niedrigeren Niveau Y'.
- In Abbildung 5.3b wird das Gleichgewichtseinkommen Y auf der horizontalen Achse und der Zinssatz i auf der vertikalen Achse abgetragen. Punkt A in Abbildung 5.3b korrespondiert mit Punkt A in Abbildung 5.3a, Punkt A' in Abbildung 5.3b mit Punkt A' in Abbildung 5.3a. Wir erkennen: Das Gleichgewicht auf dem Gütermarkt impliziert, dass das Gleichgewichtseinkommen umso niedriger ist, je höher der Zinssatz.

Gleichgewicht auf dem Gütermarkt impliziert, dass ein Anstieg des Zinssatzes zu einem Produktionsrückgang führt. Dieser Zusammenhang wird durch die fallende *IS*-Kurve beschrieben.

- Diese Beziehung zwischen Zinssatz und Einkommen wird durch die fallende Kurve in Abbildung 5.3b beschrieben. Sie wird *IS*-Kurve genannt.

5.1.4 Verschiebungen der *IS*-Kurve

Die *IS*-Kurve in Abbildung 5.3 wurde für vorgegebene Werte von Steuern T und Staatsausgaben G gezeichnet. Veränderungen von G oder T verschieben die *IS*-Kurve.

Wie diese Verschiebungen zustande kommen, betrachten wir in Abbildung 5.4. Die *IS*-Kurve stellt das Gleichgewichtseinkommen als eine Funktion des Zinssatzes dar, bei gegebenen Steuern und Staatsausgaben. Was geschieht, wenn die Steuern von T auf T' erhöht werden? Bei gegebenem Zinssatz i nimmt dadurch das verfügbare Einkommen ab, was zu einem Rückgang des Konsums führt. Der Rückgang des Konsums induziert wiederum einen Rückgang der Güternachfrage und damit einen Rückgang des Gleichgewichtseinkommens. Es sinkt von Y auf Y'. Anders ausgedrückt, die *IS*-Kurve verschiebt sich nach links: Für jeden Zinssatz ist das entsprechende Gleichgewichtseinkommen nun niedriger als vor der Steuererhöhung.

Bei gegebenem i, $T\uparrow \Rightarrow Y\downarrow$: Eine Steuererhöhung verschiebt die *IS*-Kurve nach links.

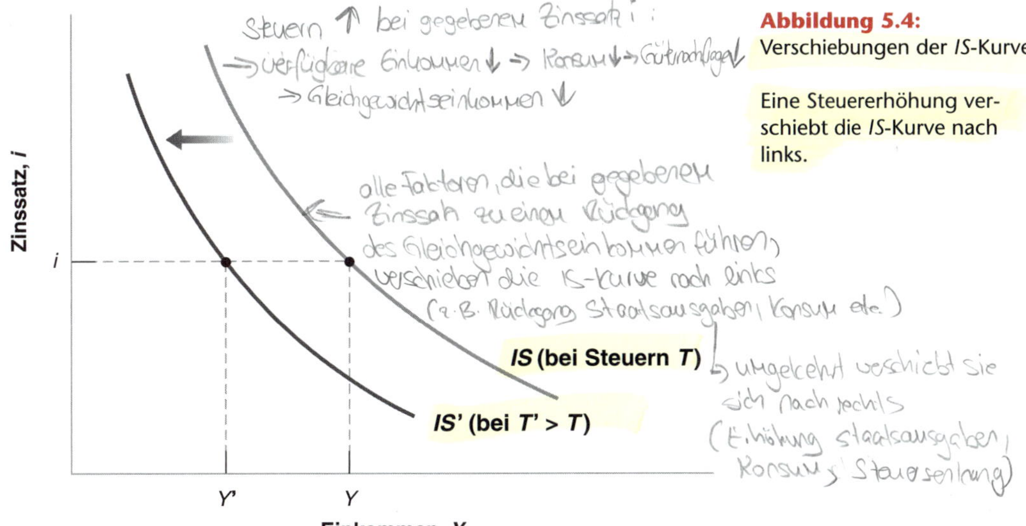

Abbildung 5.4: Verschiebungen der *IS*-Kurve

Eine Steuererhöhung verschiebt die *IS*-Kurve nach links.

Allgemeiner formuliert: Alle Faktoren, die bei gegebenem Zinssatz zu einem Rückgang des Gleichgewichtseinkommens führen, verschieben die IS-Kurve nach links. Ebenso wie bei einer Steuererhöhung käme es auch bei einem Rückgang der Staatsausgaben oder einem Verlust an Konsumentenvertrauen (er reduziert den Konsum bei gegebenem verfügbaren Einkommen) zum gleichen Effekt. Umgekehrt gilt: Alle Faktoren, die bei gegebenem Zinssatz das Gleichgewichtseinkommen steigen lassen, verschieben die *IS*-Kurve nach rechts. Beispiele dafür sind eine Steuersenkung, eine Erhöhung der Staatsausgaben oder ein Zuwachs an Konsumentenvertrauen.

Zusammenfassend lässt sich sagen:

- Das Gleichgewicht auf dem Gütermarkt impliziert, dass ein Anstieg des Zinssatzes zu einem Rückgang des Einkommens führt. Diese Beziehung wird durch die fallende *IS*-Kurve dargestellt.
- Sämtliche Veränderungen von Faktoren, die bei gegebenem Zinssatz die Güternachfrage verringern, verschieben die *IS*-Kurve nach links. Veränderungen von Faktoren, die bei gegebenem Zinssatz die Güternachfrage erhöhen, verschieben die *IS*-Kurve nach rechts.

5.2 Geld- und Finanzmärkte und die *LM*-Gleichung

Wir wollen uns nun den Geld- und Finanzmärkten zuwenden. In Kapitel 4 haben wir bereits herausgearbeitet, dass der Zinssatz durch die Gleichheit von Geldangebot und Geldnachfrage bestimmt wird:

$$M = PYL(i)$$

Die Variable M auf der linken Seite bezeichnet die nominale Geldmenge. Wir gehen hier nicht mehr weiter auf die Feinheiten des Geldschöpfungsprozesses ein, die wir in Abschnitt 4.3 behandelt haben. Vielmehr gehen wir einfach davon aus, die Zentralbank könnte M direkt kontrollieren.

Auf der rechten Seite steht die Geldnachfrage, eine Funktion des Nominaleinkommens, PY, und des nominalen Zinssatzes, i. Wir wissen bereits aus Abschnitt 4.1, dass ein Anstieg des Nominaleinkommens die Geldnachfrage zunehmen und ein Anstieg des Zinssatzes die Geldnachfrage abnehmen lässt. Ein Gleichgewicht liegt dann vor, wenn das Geldangebot (auf der linken Seite der Gleichung) der Geldnachfrage (auf der rechten Seite der Gleichung) entspricht.

5.2.1 Reale Geldmenge, Realeinkommen und Zinssatz

Die Gleichung $M = PYL(i)$ beschreibt den Zusammenhang zwischen Geldmenge, Nominaleinkommen und dem Zinssatz. Es erweist sich als hilfreich, die Gleichung anders zu formulieren, nämlich als eine Beziehung zwischen der realen Geldmenge (der in Gütereinheiten ausgedrückten Geldmenge), dem Realeinkommen (des in Gütereinheiten ausgedrückten Einkommens) und dem Zinssatz.

Erinnern wir uns daran, dass man das Realeinkommen Y erhält, wenn man das Nominaleinkommen durch das Preisniveau dividiert. Wenn man also beide Seiten der Gleichung durch das Preisniveau P dividiert, erhält man:

Aus Kapitel 2: **Nominales BIP = reales BIP multipliziert mit dem BIP-Deflator** **Analog gilt: reales BIP = nominales BIP dividiert durch den BIP-Deflator**

$$\frac{M}{P} = YL(i) \tag{5.3}$$

Unsere Gleichgewichtsbedingung können wir nun neu formulieren: Das reale Geldangebot – die Geldmenge, ausgedrückt in Gütereinheiten, nicht in Euro – muss der realen Geldnachfrage entsprechen. Letztere hängt vom Realeinkommen und vom Zinssatz ab.

Der Begriff „reale Geldnachfrage" klingt recht abstrakt. Das folgende Beispiel soll erläutern, was damit gemeint ist. Für dieses Beispiel konzentrieren wir uns auf die Nachfrage nach Bargeld. Nehmen wir an, wir wollen tagsüber immer 4 Tassen Kaffee trinken. Dann müssen wir immer genügend Bargeld bei uns haben, um den Kaffee bezahlen zu können. Wenn eine Tasse Kaffee 90 Cent kostet, dann wollen wir 3,60 € Bargeld bei uns haben: Die 3,60 € sind unsere nominale Geldnachfrage. Dies ist gleichbedeutend mit der Aussage, dass wir genügend Bargeld bei uns haben möchten, um 4 Tassen Kaffee kaufen zu können. Das ist unsere Nachfrage nach Bargeld ausgedrückt in realen Gütereinheiten. In unserem Beispiel bestehen die Gütereinheiten aus Tassen Kaffee.

Von jetzt an werden wir Gleichung 5.3 als *LM*-Gleichung bezeichnen. Der Vorteil liegt darin, dass auf der rechten Seite dieser Gleichung nicht das Nominaleinkommen PY, sondern das Realeinkommen, Y steht – genau die Variable, auf die wir uns bei der Analyse des Gütermarktgleichgewichts konzentrieren. Zur Vereinfachung werden wir die beiden Seiten der Gleichung mit Geldangebot und Geldnachfrage bezeichnen, auch wenn reales Geldangebot und reale Geldnachfrage die präziseren Begriffe wären. Analog bezeichnen wir von nun an Y als Einkommen (statt Realeinkommen oder Produktion).

5.2.2 Die Ableitung der LM-Kurve

Um den Zusammenhang zwischen Zinssatz und Einkommen zu verstehen, der durch Gleichung 5.3 beschrieben wird, betrachten wir zunächst Abbildung 5.5. Der Zinssatz ist auf der vertikalen Achse abgetragen, die reale Geldmenge auf der horizontalen Achse. Das (reale) Geldangebot ist durch die vertikale Linie durch M/P gegeben und wird mit M^s bezeichnet. Bei gegebenem (Real-)Einkommen Y ist die (reale) Geldnachfrage eine fallende Funktion des Zinssatzes. Sie wird durch die mit M^d bezeichnete, abwärts geneigte Kurve dargestellt. Abgesehen davon, dass wir auf der horizontalen

Achse die reale und nicht die nominale Geldmenge abtragen, entspricht die Abbildung 5.5 der Abbildung 4.3 in Kapitel 4. Das Gleichgewicht ist durch Punkt *A* bestimmt. Beim Zins *i* entspricht das Geldangebot der Geldnachfrage.

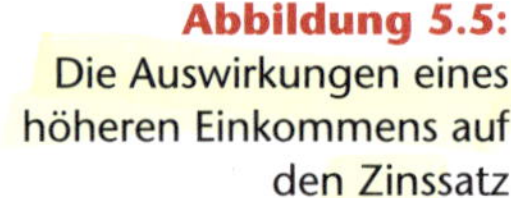

Abbildung 5.5:
Die Auswirkungen eines höheren Einkommens auf den Zinssatz

Mit steigendem Einkommen steigt bei gegebenem Zinssatz die Geldnachfrage. Bei gegebenem Geldangebot muss deshalb im Gleichgewicht der Zinssatz steigen.

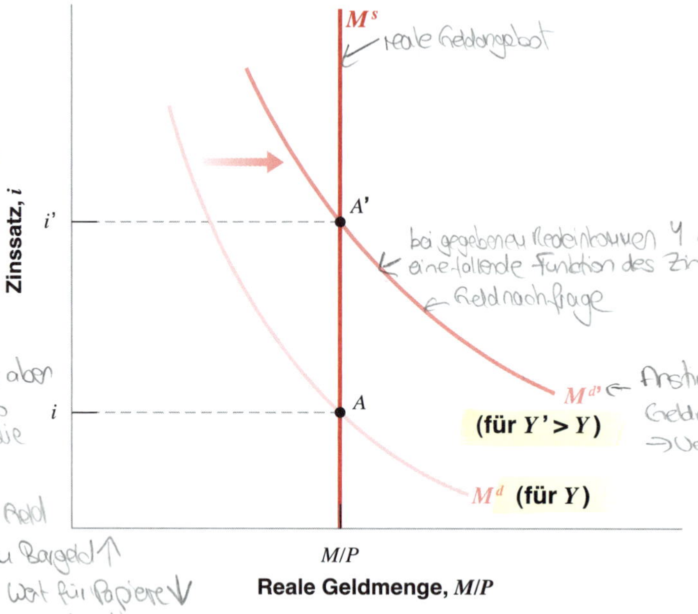

Wie wirkt sich ein Anstieg des Einkommens von *Y* auf *Y′* aus? Die Wirtschaftssubjekte erhöhen ihre Geldnachfrage bei gegebenem Zinssatz. Die Geldnachfrage verschiebt sich also nach rechts, nach $M^{d'}$. Das neue Gleichgewicht befindet sich nun in Punkt *A′*, mit dem höheren Zinssatz *i′*. Warum führt ein höheres Einkommen zu einem Anstieg des Zinssatzes? Mit steigendem Einkommen nimmt die Geldnachfrage zu, das Geldangebot aber ist fest gegeben. Daher muss der Zinssatz so weit steigen, bis sich zwei gegensätzliche Einflüsse auf die Geldnachfrage gerade kompensieren: Wegen des höheren Einkommens wollen die Wirtschaftssubjekte mehr Geld halten. Sie versuchen deshalb, Wertpapiere zu verkaufen, um sich so mehr Bargeld zu verschaffen. Bei unverändertem Geldangebot lässt dies den Preis für Wertpapiere sinken – und damit den Zins ansteigen (vgl. Kapitel 4). Weil mit steigendem Zins die Wirtschaftssubjekte weniger Geld halten wollen, bewirkt dieser Effekt einen Rückgang der Geldnachfrage. Der Zinssatz muss nun also gerade so stark steigen, dass die Geldnachfrage insgesamt wieder dem unverändert gebliebenen Geldangebot entspricht. Erst dann befindet sich der Geldmarkt erneut im Gleichgewicht. Gleichzeitig herrscht dann auch wieder Gleichgewicht auf dem Wertpapiermarkt: Zum neuen Gleichgewichtszins gibt es keinen Anlass mehr, Wertpapiere zu verkaufen. Die *LM*-Gleichung beschreibt also ein simultanes Gleichgewicht auf den Geld- und Finanzmärkten. Zur Vereinfachung sprechen wir im Folgenden aber nur vom Gleichgewicht auf dem Geldmarkt.

Gleichgewicht auf dem Geldmarkt und den Finanzmärkten: Für ein gegebenes *M*, $Y\uparrow \Rightarrow i\uparrow$

Unter Verwendung von Abbildung 5.5 können wir für jedes beliebige Einkommen den Zinssatz ermitteln, der ein Gleichgewicht bei gegebenem Geldangebot ermöglicht.

- Abbildung 5.6a baut auf Abbildung 5.5 auf. Beim Einkommen Y ist M^d die dazugehörige Geldnachfrage und der gleichgewichtige Zinssatz ist i. Beim höheren Einkommen Y' ist $M^{d'}$ die dazugehörige Geldnachfrage; der gleichgewichtige Zinssatz ist i'.
- In Abbildung 5.6b wird das Einkommen auf der horizontalen Achse abgetragen; der dazugehörige gleichgewichtige Zinssatz i auf der vertikalen Achse. Punkt A in Abbildung 5.6b korrespondiert mit Punkt A in Abbildung 5.6a, Punkt A' dagegen mit Punkt A'. Allgemeiner formuliert, Gleichgewicht auf dem Geldmarkt (und auf den Finanzmärkten) impliziert, dass der Gleichgewichtszinssatz umso höher sein muss, je höher das Einkommen ist.
- Dieser Zusammenhang zwischen Einkommen und Zinssatz wird durch die steigende Kurve in Abbildung 5.6b beschrieben. Diese Kurve wird *LM*-Kurve genannt. Volkswirte argumentieren in diesem Zusammenhang oft, dass eine höhere ökonomische Aktivität Druck auf die Zinsen ausübt. Es ist wichtig, die Schritte, die hinter dieser Aussage stehen, zu verstehen.

Gleichgewicht auf Geld- und Finanzmärkten impliziert, dass bei gegebenem Geldangebot der Zinssatz eine zunehmende Funktion des Einkommens ist. Dieser Zusammenhang wird durch die steigende *LM*-Kurve dargestellt.

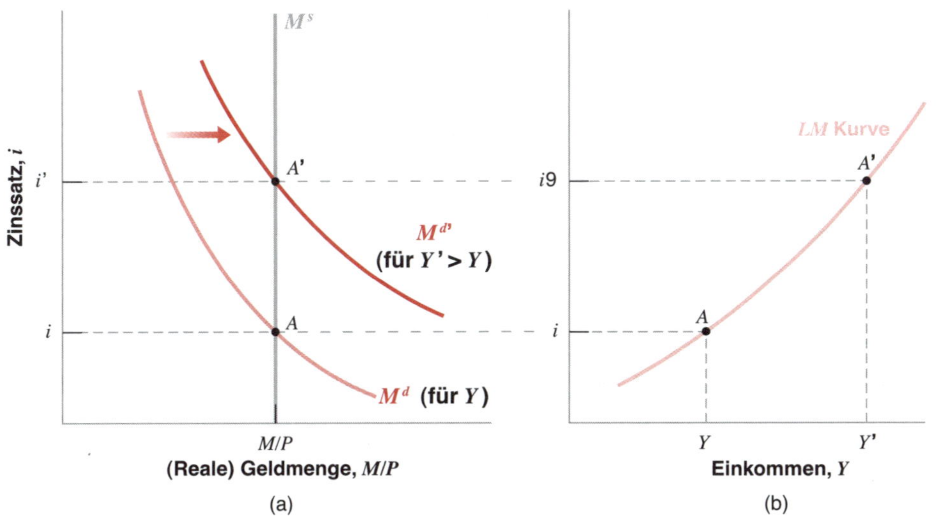

Abbildung 5.6:
Die Ableitung der *LM*-Kurve

Gleichgewicht auf Geld- und Finanzmärkten bedeutet, dass mit steigendem Einkommen der Zinssatz steigt. Die *LM*-Kurve hat deshalb einen steigenden Verlauf.

5.2.3 Verschiebungen der *LM*-Kurve

Bei der Ableitung der *LM*-Kurve in Abbildung 5.6 sind wir davon ausgegangen, dass sowohl die nominale Geldmenge M, als auch das Preisniveau P – und damit auch das Verhältnis zwischen beiden Variablen, die reale Geldmenge M/P – fest gegeben sind. Veränderungen in M/P verschieben die *LM*-Kurve – egal, ob dies auf eine Veränderung der nominalen Geldmenge M oder auf eine Veränderung des Preisniveaus zurückzuführen ist.

Abbildung 5.7: Verschiebungen der *LM*-Kurve

Ein höheres Geldangebot verschiebt die *LM*-Kurve nach unten.

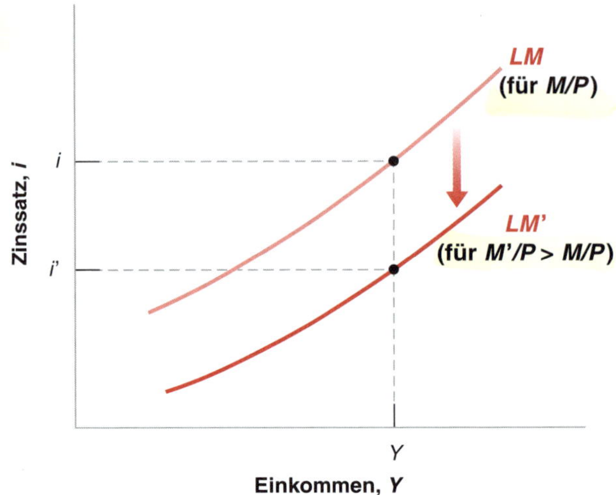

Bei gegebenem Y, $M/P\uparrow \Rightarrow i\downarrow$: Eine Geldmengenerhöhung verschiebt die *LM*-Kurve nach unten.

Warum sprechen wir von Verschiebungen der *IS*-Kurve nach links und nach rechts, aber von Verschiebungen der *LM*-Kurve nach oben und nach unten?

Auf dem Gütermarkt wird Y bei gegebenem Zinssatz bestimmt. Wir wollen wissen, was mit Y geschieht, wenn sich eine exogene Variable verändert. Y befindet sich auf der horizontalen Achse und bewegt sich nach links oder nach rechts.

Auf Geld- und den Finanzmärkten wird i bei gegebenem Einkommen bestimmt. Wir wollen wissen, was mit i geschieht, wenn sich eine exogene Variable verändert. i befindet sich auf der vertikalen Achse und bewegt sich nach oben oder nach unten.

Wie wirkt sich das auf die *LM*-Kurve aus? Betrachten wir in Abbildung 5.7 eine Erhöhung der Geldmenge von M auf M'. Bei konstantem Preisniveau steigt dadurch das reale Geldangebot von M/P auf M'/P. Für jedes Einkommensniveau ist nun der Zins, der ein Gleichgewicht auf dem Geldmarkt ermöglicht, niedriger. Beim Einkommen Y beispielsweise fällt der Zins von i auf i'. Die *LM*-Kurve verschiebt sich nach unten, von *LM* nach *LM'*. Analog dazu führt eine Verringerung des Geldangebots für jedes Einkommensniveau zu einem Anstieg des Zinssatzes. Damit verschiebt sich die *LM*-Kurve nach oben.

Zusammenfassend lässt sich sagen:

- Gleichgewicht auf dem Geldmarkt impliziert, dass für ein gegebenes reales Geldangebot ein steigendes Einkommen zu einem Anstieg des Zinssatzes führt. Dieser Zusammenhang wird durch die steigende *LM*-Kurve beschrieben.
- Eine Erhöhung des Geldangebots verschiebt die *LM*-Kurve nach unten; eine Reduktion des Geldangebots verschiebt die *LM*-Kurve nach oben.

5.3 Das Zusammenspiel von *IS*- und *LM*-Gleichung

Wir setzten nun die *IS*- und die *LM*-Gleichung zusammen. Zu jedem Zeitpunkt muss das Güterangebot der Güternachfrage und gleichzeitig das Geldangebot der Geldnachfrage entsprechen. Sowohl die *IS*- als auch die *LM*-Gleichung müssen erfüllt sein.

IS-Kurve: $$Y = C(Y - T) + I(Y, i) + G$$

LM-Kurve: $$\frac{M}{P} = YL(i)$$

In Abbildung 5.8 ist sowohl die *IS*-Kurve als auch die *LM*-Kurve eingezeichnet. Das Einkommen ist auf der horizontalen Achse, der Zinssatz auf der vertikalen Achse abgetragen.

Jeder Punkt auf der *IS*-Kurve entspricht einem Gleichgewicht auf dem Gütermarkt. Jeder Punkt auf der *LM*-Kurve entspricht einem Gleichgewicht auf dem Geldmarkt. Nur im Punkt A sind beide Gleichgewichtsbedingungen erfüllt. Damit liegt in diesem Punkt *A*, mit dem entsprechenden Einkommen *Y* und Zinssatz *i*, sowohl auf dem Gütermarkt als auch auf dem Geldmarkt ein Gleichgewicht vor.

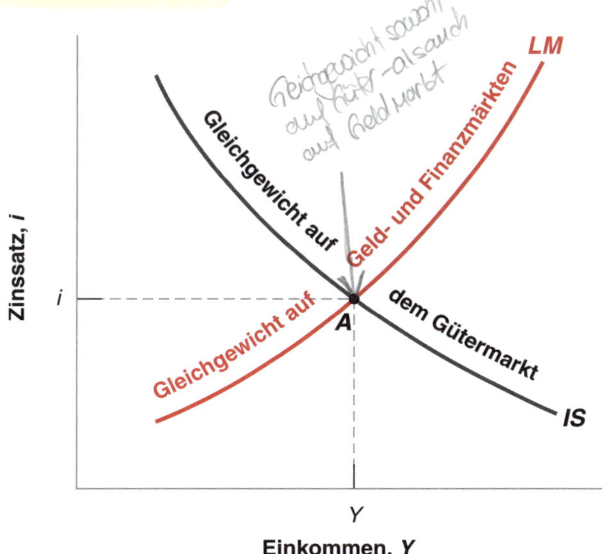

Abbildung 5.8: Das *IS*-*LM*-Modell

Die *IS*-Kurve hat einen fallenden Verlauf; die *LM*-Kurve einen steigenden Verlauf. Nur im Punkt *A*, dem Schnittpunkt beider Kurven, herrscht simultanes Gleichgewicht auf Güter-, Geld- und Finanzmärkten.

Die *IS*- und die *LM*-Gleichungen, die Abbildung 5.8 zugrunde liegen, enthalten implizit viele Informationen über Konsum, Investitionen, Geldnachfrage und Gleichgewichtsbedingungen. Dennoch stellt sich die Frage, wie uns die Erkenntnis, dass der Punkt *A* ein Gleichgewicht ist, in der Realität weiterhelfen kann. Wie können wir daraus etwas ableiten, was zur Lösung von Problemen in der realen Welt nützlich sein könnte? Es ist bemerkenswert, dass Abbildung 5.8 Antworten auf viele Fragen der Makroökonomie bereithält. Beispielsweise können wir damit analysieren, wie Einkommen und Zinssatz reagieren, wenn die Zentralbank die Geldmenge erhöht, wenn der Staat die Steuern erhöht oder wenn die Konsumenten ihr Vertrauen in die Zukunft verlieren.

5.3.1 Fiskalpolitik, Einkommen und Zinssatz

Abnahme von $G - T \Leftrightarrow$ kontraktive Fiskalpolitik

Zunahme von $G - T \Leftrightarrow$ expansive Fiskalpolitik

Nehmen wir an, der Staat entscheidet sich, das Budgetdefizit abzubauen. Um dieses Ziel zu erreichen, erhöht er die Steuern oder senkt die Staatsausgaben. Eine derartige Maßnahme wird oft als kontraktive Fiskalpolitik (oder Haushaltskonsolidierung) bezeichnet. (Eine Ausweitung des Defizits dagegen, sei es durch Erhöhung der Staatsausgaben oder über eine Steuersenkung, wird expansive Fiskalpolitik genannt.) Welche Auswirkungen hat diese kontraktive Maßnahme auf die Produktion und ihre Zusammensetzung sowie auf den Zinssatz?

Um solche Fragen zu den Auswirkungen einer bestimmten Politikmaßnahme zu beantworten, ist es sinnvoll, immer die drei folgenden Schritte zu durchlaufen.

1. Im ersten Schritt analysieren wir, wie die Politikmaßnahme die Gleichgewichtsbedingungen auf Güter- und Geldmarkt beeinflusst. Wichtig ist dabei, zu prüfen, ob es zu einer Verschiebung der *IS*- oder der *LM*-Kurve kommt.
2. Im zweiten Schritt werden die Auswirkungen der Verschiebungen auf den Schnittpunkt von *IS*- und *LM*-Kurve und damit auf das Gleichgewicht analysiert.
3. Abschließend, im dritten Schritt, sollten die Auswirkungen verbal beschrieben werden.

Mit zunehmender Routine kann man gleich zum dritten, abschließenden Schritt gehen. Dann ist man in der Lage, zu allen wichtigen ökonomischen Ereignissen des Tages einen sofortigen Kommentar abzugeben. Solange man jedoch noch nicht so viel Übung hat, ist es besser jeden Schritt einzeln durchzugehen.

- Im ersten Schritt stellt sich zunächst die Frage, wie die Steuererhöhung das Gleichgewicht auf dem Gütermarkt und damit die *IS*-Kurve beeinflusst.

  In Abbildung 5.9a zeichnen wir die *IS*-Kurve des Ausgangsgleichgewichts vor der Steuererhöhung. Wir wählen einen beliebigen Punkt auf dieser *IS*-Kurve und nennen diesen Punkt *B*. So wie wir die *IS*-Kurve konstruiert haben, liegt in Punkt *B* eine Kombination von Einkommen Y_B und Zinssatz i_B vor, bei der das Güterangebot der Güternachfrage entspricht.

  In der *IS*-Funktion sind Steuern enthalten $\Leftrightarrow$ Steueränderungen verschieben die *IS*-Kurve

  Wir fragen uns nun, was bei unverändertem Zinssatz i_B mit dem Einkommen geschieht, wenn die Steuern von T auf T' steigen. Die Antwort ergibt sich unmittelbar aus unseren Überlegungen in Abschnitt 5.1. Da die Konsumenten nur noch über ein geringeres verfügbares Einkommen verfügen, dämpft die Steuererhöhung den Konsum; im Zuge des Multiplikatorprozesses geht auch das Einkommen zurück. Beim Zinssatz i_B sinkt die Produktion von Y_B auf Y_C. Allgemein gilt für jeden Zinssatz, dass die höheren Steuern zu einem niedrigeren Einkommen führen: Die *IS*-Kurve verschiebt sich nach links, von *IS* nach *IS'*.

Als Nächstes fragen wir uns, ob auch die *LM*-Kurve beeinflusst wird. In Abbildung 5.9b zeichnen wir die *LM*-Kurve des Ausgangsgleichgewichts vor der Steuererhöhung. Wir wählen einen beliebigen Punkt auf der *LM*-Kurve und nennen den Punkt *F*. So wie wir die *LM*-Kurve konstruiert haben, liegt im Punkt *F* eine Kombination von Einkommen Y_F und Zinssatz i_F vor, für die das Geldangebot gleich der Geldnachfrage ist.

Verändert sich die *LM*-Kurve, wenn die Steuern erhöht werden? Die Antwort auf diese Frage lautet: Nein. Da die Steuern in der *LM*-Gleichung gar nicht enthalten sind, können sie die Gleichgewichtsbedingung auch nicht beeinflussen. Damit wirkt sich ein Anstieg der Steuern auf die *LM*-Kurve gar nicht aus. Solange das Einkommen unverändert bei Y_F bleibt, ist der Geldmarkt beim Zinssatz i_F im Gleichgewicht. Geht das Einkommen zurück, ist das Gleichgewicht am Geldmarkt weiterhin durch einen Punkt auf der *LM*-Kurve charakterisiert. In Gleichung (5.3) kommen Steuern ja nicht vor, daher kann sich die *LM*-Kurve nicht verschieben. Dagegen sind die Steuern in Gleichung (5.2) enthalten. Die *IS*-Kurve verschiebt sich also, wenn die Steuern variiert werden.

In der *LM*-Funktion sind Steuern nicht enthalten ⇔ Steueränderungen verschieben die *LM*-Kurve nicht. Dahinter steht das allgemeine Prinzip: Eine Kurve verschiebt sich als Reaktion auf eine Veränderung einer exogenen Variablen nur dann, wenn diese exogene Variable direkt in der Gleichung erscheint, die durch die Kurve beschrieben wird. Zur Erinnerung: Eine exogene Variable ist eine Variable, die wir als gegeben betrachten und die nicht innerhalb des Modells erklärt wird. In diesem Fall die Steuern.

- Betrachten wir nun den zweiten Schritt, die Bestimmung des Gleichgewichts. Nehmen wir an, das Ausgangsgleichgewicht sei Punkt *A* in Abbildung 5.9c, der Schnittpunkt der ursprünglichen *IS*- und *LM*-Kurven.

  Durch die Steuererhöhung verschiebt sich die *IS*-Kurve nach links, von *IS* nach *IS'*. Das neue Gleichgewicht befindet sich im Schnittpunkt der neuen *IS*-Kurve und der unveränderten *LM*-Kurve, in Punkt *A'*. Die Produktion geht von *Y* auf *Y'* zurück. Der Zinssatz sinkt von *i* auf *i'*. Als Konsequenz der Verschiebung der *IS*-Kurve bewegt sich die Volkswirtschaft entlang der *LM*-Kurve von *A* nach *A'*. Es ist wichtig, Verschiebungen von Kurven (hier: Verschiebung der *IS*-Kurve) von Bewegungen entlang einer Kurve (hier: Bewegung entlang der *LM*-Kurve) zu unterscheiden. Viele Fehler entstehen dadurch, dass man die Verschiebung einer Kurve mit der Bewegung entlang einer Kurve verwechselt.

$T\uparrow \Rightarrow$ die *IS*-Kurve verschiebt sich. Die *LM*-Kurve verschiebt sich nicht. Die Volkswirtschaft bewegt sich entlang der *LM*-Kurve.

- Der dritte und abschließende Schritt besteht darin, den Zusammenhang verbal zu beschreiben: Die Steuererhöhung reduziert das verfügbare Einkommen. Dadurch schränken die Wirtschaftssubjekte ihren Konsum ein. Aufgrund des Multiplikatorprozesses sinkt das Einkommen. Der Rückgang des Einkommens verringert die Geldnachfrage, was wiederum zu einem Sinken des Zinssatzes führt. Der niedrigere Zinssatz schwächt die Auswirkungen der Steuererhöhung auf die Güternachfrage ab, kann sie jedoch nicht völlig ausgleichen.

Wenn der Zinssatz nicht sinken würde, würde sich die Volkswirtschaft von Punkt *A* nach Punkt *D* in Abbildung 5.9c bewegen. Da aber der Zinssatz zurückgeht und dadurch die Güternachfrage stimuliert wird, fällt der Produktionsrückgang geringer aus, er geht nur bis zum Punkt *A'*.

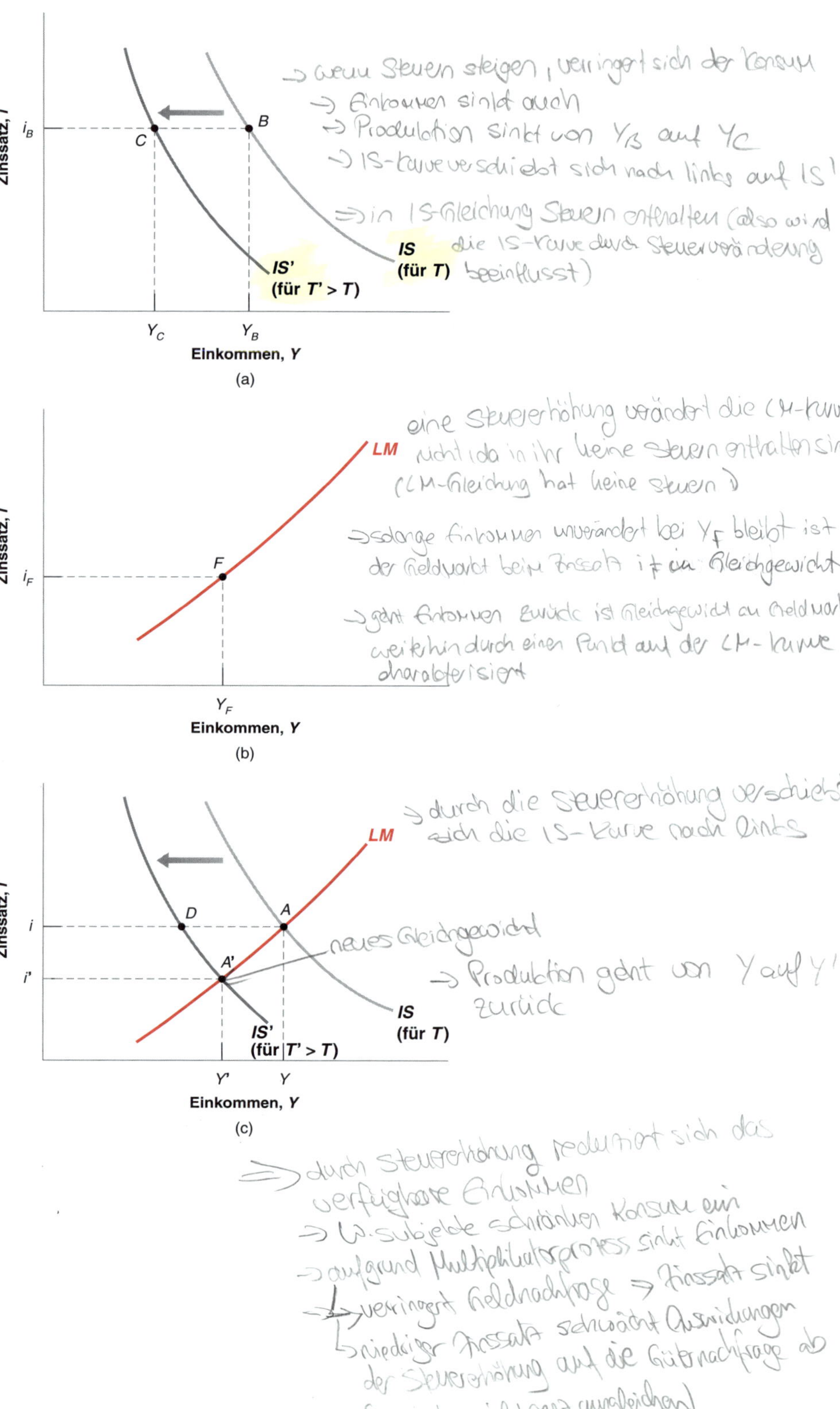

Abbildung 5.9:
Die Auswirkungen einer Steuererhöhung

Eine Steuererhöhung verschiebt die *IS*-Kurve nach links. Im Gleichgewicht gehen sowohl Einkommen wie Zinssatz zurück.

Was geschieht mit den einzelnen Komponenten der Güternachfrage? Nehmen wir an, die Konsolidierung des Budgets erfolgt durch eine Steuererhöhung. Annahmegemäß bleiben dann die Staatsausgaben unverändert. Der Konsum sinkt mit Sicherheit, da das verfügbare Einkommen aus zwei Gründen zurückgeht: wegen der Steuererhöhung und weil das Einkommen sinkt. Die Frage ist, was passiert mit den Investitionen? Auf der einen Seite bedeutet ein geringeres Einkommen einen Absatzrückgang, damit niedrigere Investitionen. Auf der anderen Seite jedoch stimuliert der gesunkene Zinssatz die Investitionen. Solange wir die exakte Form der Investitionsfunktion (5.1) nicht kennen, lässt sich keine Aussage darüber treffen, welcher Effekt dominiert.

Wenn die Investitionen ausschließlich vom Zinssatz abhängen, dann nehmen sie mit Sicherheit zu. Wenn die Investitionen dagegen ausschließlich vom Absatz abhängen, dann nehmen sie mit Sicherheit ab. Im Allgemeinen aber hängen die Investitionen sowohl vom Zinssatz als auch vom Absatz ab, so dass wir keine Aussage treffen können. Von Politikern wird oft die Behauptung aufgestellt, dass eine Verringerung des Budgetdefizits die privaten Investitionen ansteigen lässt. Dies muss jedoch nicht immer der Fall sein. (In der Fokusbox „Ist eine Politik der Haushaltskonsolidierung gut oder schlecht für die Investitionstätigkeit?" wird dieser Fall ausführlicher diskutiert.)

Wir werden dem Zusammenhang zwischen Fiskalpolitik und Investitionen in diesem Buch noch häufiger begegnen und unsere erste Aussage dazu verfeinern. Das Ergebnis jedoch, dass in der kurzen Frist eine Reduzierung des Budgetdefizits zu einer Abnahme der Investitionen führen kann, bleibt davon unberührt.

5.3.2 Geldpolitik, Einkommen und Zinssatz

Eine Erhöhung des Geldangebots bezeichnet man als expansive Geldpolitik. Eine Verringerung des Geldangebots wird kontraktive Geldpolitik genannt.

Erhöhung von $M \Leftrightarrow$ expansive Geldpolitik
Reduktion von $M \Leftrightarrow$ kontraktive Geldpolitik

Betrachten wir den Fall der expansiven Geldpolitik. Die Zentralbank erhöht durch eine Offenmarktoperation die nominale Geldmenge, *M*. Da wir angenommen haben, dass das Preisniveau fix ist, wird diese Erhöhung der nominalen Geldmenge zu einem Anstieg der realen Geldmenge, M/P im Verhältnis 1:1 führen. Bezeichnen wir das ursprüngliche reale Geldangebot mit M/P und das erhöhte Geldangebot mit M'/P. Wir wollen nun die Auswirkungen der Geldmengenerhöhung auf die Produktion und den Zinssatz untersuchen.

Bei einem gegebenem Preisniveau *P*: *M* steigt um 10% $\Rightarrow$ M/P steigt um 10%.

Fokus: Ist eine Politik der Haushaltskonsolidierung gut oder schlecht für die Investitionstätigkeit?

Oft wird folgendes Argument vorgebracht: „Private Ersparnis finanziert entweder das staatliche Budgetdefizit oder private Investitionen. Man muss kein Genie sein, um zu erkennen, dass mit einem Abbau des Budgetdefizits ein größerer Anteil der privaten Ersparnis zur Finanzierung der Investitionen übrig bleibt, so dass die Investitionen steigen."

Dieses Argument klingt einfach und überzeugend. Wie können wir es mit unseren Überlegungen in Einklang bringen, dass ein Abbau des Budgetdefizits auch zu einem Rückgang der Investitionen führen kann?

Um diese Frage beantworten zu können, greifen wir zunächst auf Gleichung (3.10) in Kapitel 3 zurück. Dort haben wir gelernt, dass man die Gleichgewichtsbedingung für den Gütermarkt auch wie folgt ausdrücken kann:

$$\underset{\text{Investitionen}}{I} = \underset{\text{private Ersparnis}}{S} + \underset{\text{staatliche Ersparnis}}{(T-G)}$$

Im Gütermarktgleichgewicht entsprechen die Investitionen der Summe aus privater und staatlicher Ersparnis. Wenn die staatliche Ersparnis positiv ist, dann weist der Staat einen Budgetüberschuss aus; wenn die staatliche Ersparnis negativ ist, dann weist er ein Budgetdefizit aus. Daher ist die Aussage richtig, dass ein Abbau des Defizits – sei es durch eine Steuererhöhung oder durch eine Senkung der Staatsausgaben, so dass T-G zunimmt – bei gegebener privaten Ersparnis zu einer Zunahme der Investitionen führen muss: Wenn bei gegebenem S die staatliche Ersparnis T-G zunimmt, muss I steigen.

Der entscheidende Punkt dieser Aussage ist jedoch „bei gegebener privater Ersparnis". Kontraktive Fiskalpolitik beeinflusst eben nicht nur die Höhe des Budgetdefizits, sondern auch die private Ersparnis: Sie führt zu einem Rückgang der Produktion und damit zu geringerem Einkommen. Da der Konsum um weniger als das Einkommen sinkt, nimmt auch die private Ersparnis ab. Unter Umständen geht die private Ersparnis sogar stärker zurück als das Budgetdefizit. In diesem Fall würde die Konsolidierung statt einer Zunahme eine Abnahme der Investitionen auslösen. Wenn S stärker abnimmt als T-G zunimmt, dann geht I zurück, statt zu steigen.

Zusammenfassend lässt sich sagen: Kontraktive Fiskalpolitik kann unter Umständen auch einen Rückgang der Investitionen auslösen. Umgekehrt kann expansive Fiskalpolitik – eine Steuersenkung oder eine Erhöhung der Staatsausgaben – auch zu einer Zunahme der Investitionen führen.

- Der erste Schritt untersucht wieder, ob und wenn ja wie sich *IS*- und *LM*-Kurve verschieben.

Die Geldmenge ist nicht in der *IS*-Funktion enthalten ⇔ die Geldmenge verschiebt die *IS*-Kurve nicht.

Betrachten wir zunächst die *IS*-Kurve. Das Geldangebot beeinflusst weder das Güterangebot noch die Güternachfrage auf direktem Weg. M ist eben in der *IS*-Gleichung nicht enthalten. Deshalb bleibt bei einer Variation der Geldmenge die *IS*-Kurve unverändert.

Die Geldmenge ist in der *LM*-Funktion enthalten ⇔ die Geldmenge verschiebt die *LM*-Kurve.

Dagegen geht die Geldmenge in die *LM*-Gleichung ein. Wie wir in Abschnitt 5.2 erarbeitet haben, verschiebt eine Geldmengenerhöhung die *LM*-Kurve nach unten, von *LM* nach *LM′*: bei einem gegebenem Einkommensniveau führt eine Erhöhung der Geldmenge zu einem Rückgang des Zinssatzes.

$M\uparrow \Rightarrow$ Die *IS*-Kurve verschiebt sich nicht. Die *LM*-Kurve verschiebt sich nach unten. Die Volkswirtschaft bewegt sich entlang der *IS*-Kurve.

- Im zweiten Schritt untersuchen wir, wie die Verschiebungen der Kurven das Gleichgewicht beeinflussen. Eine expansive Geldpolitik verschiebt die *LM*-Kurve, lässt dagegen die *IS*-Kurve unverändert. Daher bewegt sich die Volkswirtschaft in Abbildung 5.10 entlang der *IS*-Kurve, und das Gleichgewicht verschiebt sich von Punkt A nach A'. Die Produktion erhöht sich von Y auf Y', und der Zinssatz sinkt von i auf i'.

- Im dritten Schritt beschreiben wir den Zusammenhang verbal. Die Geldmengenerhöhung führt zu einem niedrigeren Zinssatz. Der niedrigere Zinssatz stimuliert die Investitionen. Durch den Multiplikatorprozess steigen Nachfrage und Einkommen.

Im Gegensatz zum vorher analysierten Fall der kontraktiven Fiskalpolitik, können wir nun eine exakte Aussage darüber treffen, wie sich die einzelnen Komponenten der Nachfrage entwickeln: Da das Einkommen zunimmt und die Steuern unverändert bleiben, steigt das verfügbare Einkommen und damit auch der Konsum. Die Investitionen nehmen eindeutig zu, da sowohl der Absatz gestiegen als auch der Zinssatz gesunken ist. Damit ist eine expansive Geldpolitik förderlicher für die Investitionstätigkeit als eine expansive Fiskalpolitik.

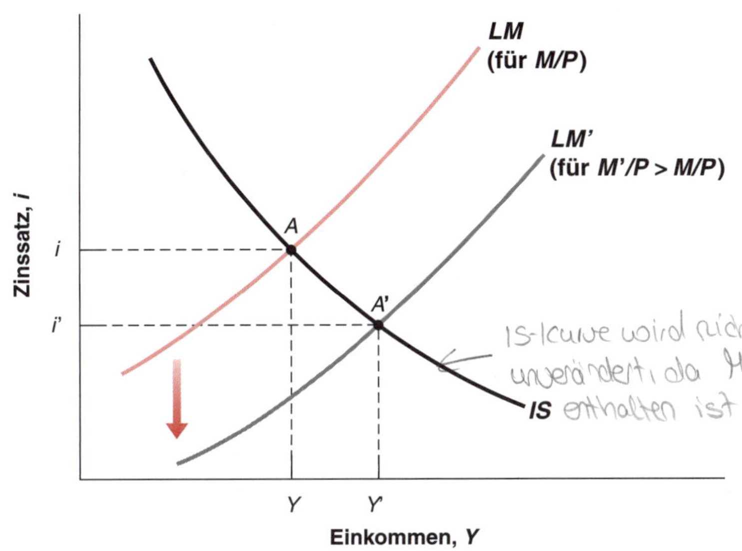

Abbildung 5.10:
Die Auswirkungen einer expansiven Geldpolitik

Ein höheres Geldangebot verschiebt die *LM*-Kurve nach unten. Im Gleichgewicht steigt das Einkommen; der Zinssatz sinkt.

Um zusammenzufassen:

- Es ist wichtig, sich immer an die drei Schritte zu erinnern, die wir in diesem Abschnitt für die Analyse der Auswirkungen von Veränderungen in der Wirtschaftspolitik auf die Produktion und den Zinssatz entwickelt haben: Zunächst die Analyse der Verschiebungen, dann die Analyse des Gleichgewichts und abschließend die verbale Erläuterung. Diese Vorgehensweise wird durch das ganze Buch hindurch verwendet werden.
- Tabelle 5.1 bietet eine Zusammenfassung dessen, was wir bisher über die Auswirkungen von Fiskal- und Geldpolitik gelernt haben. Es ist eine gute Übung, mit Hilfe derselben Vorgehensweise andere Veränderungen zu analysieren. Beispielsweise könnte man untersuchen, wie sich ein Rückgang des Konsumentenvertrauens auf Einkommen und Zinssatz auswirkt. Interessant sind auch die Auswirkungen der Einführung von neuen, bequemeren Kreditkarten durch ihren Effekt auf die Geldnachfrage.

Tabelle 5.1: Die Wirkung von Fiskal- und Geldpolitik

	IS-Kurve verschiebt sich	*LM*-Kurve verschiebt sich	Einkommen	Zinssatz
Steuererhöhung	nach links	–	sinkt	sinkt
Steuersenkung	nach rechts	–	steigt	steigt
Anstieg der Staatsausgaben	nach rechts	–	steigt	steigt
Rückgang der Staatsausgaben	nach links	–	sinkt	sinkt
Anstieg der Geldmenge	–	nach unten	steigt	sinkt
Rückgang der Geldmenge	–	nach oben	sinkt	steigt

5.4 Der kombinierte Einsatz von Geld- und Fiskalpolitik

Bisher haben wir die Fiskal- und die Geldpolitik getrennt voneinander analysiert. Unsere Absicht war es, die Wirkungsweise von Fiskalpolitik und Geldpolitik zu zeigen. In der Realität jedoch werden beide oft gemeinsam eingesetzt. Die Kombination von geld- und fiskalpolitischen Politikmaßnahmen wird Politik-Mix genannt.

Kontraktive Fiskalpolitik ⇔ Verringerung des Budgetdefizits

Ergänzende Fokusbox in Kapitel 24 „Konnten Regeln dazu beitragen, das U.S.-amerikanische Budgetdefizit zu reduzieren?"

Manchmal werden geld- und fiskalpolitische Politikmaßnahmen gemeinsam eingesetzt, um ein bestimmtes Ziel zu erreichen. Beispielsweise kann expansive Geldpolitik dazu verwendet werden, die negativen Auswirkungen einer kontraktiven Fiskalpolitik auf die Güternachfrage auszugleichen. Dies war zum Beispiel 1990 in den USA der Fall. Damals konnte durch einen kombinierten Einsatz von Fiskal- und Geldpolitik sowohl ein nachhaltiger Abbau des Budgetdefizits als auch positives Einkommenswachstum erreicht werden. Auf welche Weise dies erreicht wurde und wie viel von dem Erfolg U.S.-Präsident Clinton, dem Präsidenten der U.S.-Zentralbank Alan Greenspan oder purem Glück zuzuschreiben ist, wird in der Fokusbox „Der Politik-Mix unter Clinton und Greenspan" untersucht.

Interessant in diesem Zusammenhang: Die Fokusbox „Die deutsche Wiedervereinigung, Zinssätze und das EWS" in Kapitel 20 und die Fokusbox „Anatomie einer Krise: Die EWS-Krise vom September 1992" in Kapitel 21

Manchmal ergibt sich die Kombination von Geld- und Fiskalpolitik aus Spannungen oder sogar aus Konflikten zwischen der Regierung, die für die Fiskalpolitik verantwortlich ist, und der Zentralbank, die für die Geldpolitik verantwortlich ist. Ein typisches Szenario ergibt sich, wenn die Zentralbank eine expansive Fiskalpolitik für gefährlich hält und daher mit einer kontraktiven Geldpolitik gegensteuert um eine Überhitzung der Volkswirtschaft zu vermeiden. Ein Beispiel dafür ist Deutschland nach der Wiedervereinigung zu Beginn der 90er Jahre. Dieses Beispiel wird in der Fokusbox „Die deutsche Wiedervereinigung und das Tauziehen zwischen Geld- und Fiskalpolitik" analysiert.

Fokus: Der Politik-Mix unter Clinton und Greenspan

Als Bill Clinton Ende 1992 zum Präsidenten der USA gewählt wurde, war er mit einem schwierigen makroökonomischen Problem konfrontiert. Das Budgetdefizit belief sich auf 4,5% des BIP – der zweithöchste Prozentsatz seit dem zweiten Weltkrieg – und es war klar, dass etwas dagegen getan werden müsste (Warum hohe Budgetdefizite negativ beurteilt werden, wird in Kapitel 26 erklärt.) Zur selben Zeit bewegte sich die amerikanische Wirtschaft langsam aus der Rezession von 1990/91 heraus; heute wissen wir zwar, dass das BIP 1992 positive Wachstumsraten aufwies, damals jedoch befürchteten viele Ökonomen, dass die Rezession noch nicht zu Ende wäre.

Es war offensichtlich, welchem Problem Clinton gegenüberstand: Sicher war ein Abbau des Budgetdefizits wünschenswert, aber dies barg die Gefahr, unter Umständen die Nachfrage zu dämpfen und damit die Rezession zu verlängern. Im Rahmen des *IS-LM*-Modells lässt sich das Problem so beschreiben: Eine Verschiebung der IS-Kurve nach links kann zu einem Rückgang des Einkommens und zu einer Rezession führen.

5 Jahre später jedoch, 1998, war das Budgetdefizit verschwunden; es konnte ein Budgetüberschuss in Höhe von 0,8% des BIP ausgewiesen werden und die amerikanische Wirtschaft befand sich im siebten Jahr eines anhaltenden Aufschwungs. (Die wichtigsten Zahlen zu Budgetdefizit, Einkommenswachstum und Zinssatz für die Jahre 1991 bis 1998 sind in Tabelle 1 enthalten.) Wie ist Clinton dies gelungen? Die Antwort darauf lautet, mit Hilfe von Alan Greenspan und ein bisschen Glück.

Schon vor der Wahl hatte Alan Greenspan zum Ausdruck gebracht, dass er sich Sorgen wegen der Höhe des Budgetdefizits macht. Nach Clintons Wahl und Amtsantritt deutete Greenspan an, dass er helfen würde. Er erklärte dies zwar nicht explizit, aber er signalisierte, dass die Zentralbank willens wäre, den negativen Auswirkungen einer kontraktiven Fiskalpolitik mit Hilfe einer expansiven Geldpolitik entgegenzuwirken, sofern Clinton einen Abbau des Defizits in Angriff nehmen würde. Im Rahmen des *IS-LM*-Modells in Abbildung 1 lässt sich die Situation wie folgt darstellen: Die Fed stimmte implizit (ohne schriftlichen Vertrag) zu, dass sie bei einer Reduktion des Budgetdefizits (einer Verschiebung der *IS*-Kurve nach links von *IS* nach *IS'*) die *LM*-Kurve nach unten verschieben würde (von *LM* nach *LM'*). Damit konterkariert die Fed die negativen Auswirkungen einer kontraktiven Fiskalpolitik: Die Volkswirtschaft bewegt sich somit von *A* nicht nach *B*, sondern nach *A'* (ohne die expansive Geldpolitik läge das Gleichgewicht in *B*.)

Auf der Basis dieser impliziten Übereinkunft legte Clinton dem Kongress im Februar 1993 einen Plan zum Defizitabbau vor. Der Plan sah vor, das Defizit bis zum Jahr 1998 langsam auf 2,5% des BIP zu reduzieren, zur Hälfte durch Steuererhöhungen, zur Hälfte durch Einsparungen bei den Staatsausgaben. Die Absicht, das Defizit nur langsam abzubauen, war in der Sorge begründet, ein zu schneller Rückgang könnte trotz der Unterstützung der Zentralbank in einer Rezession enden. Als der Defizitabbau umgesetzt wurde, löste die Zentralbank ihr implizit gegebenes Versprechen ein: Die Zinssätze, die bereits 1991 und 1992 gesenkt worden waren, wurden 1993 und 1994 noch stärker gesenkt. 1994 war das Zinsniveau von 7,3% im Jahr 1991 auf 3,3% gesunken. Als Ergebnis dieser Kombination von Geld- und Fiskalpolitik kam es zu einer anhaltenden Expansion des Einkommens bei gleichzeitiger Rückführung des Defizits.

War die Expansion des Einkommens von 1992 bis 1998 allein in einem geschickten Politik-Mix begründet? Nein, auch Glück half dabei. Vor allem ab 1995 sorgte eine Reihe von Faktoren, angefangen bei einem ungewöhnlich hohen Konsumenten- und Unternehmervertrauen bis zu einem starken Aktienmarkt, für günstige Verschiebungen der IS-Kurve und damit für ein starkes Einkommenswachstum, das bis zum Jahr 2000 anhielt. Dies hatte zwei Konsequenzen:

- Zunächst einmal war die Fed nicht gezwungen, die Zinsen noch weiter zu senken. Die Rechtsverschiebungen der *IS*-Kurve reichten aus, um das Einkommensniveau zu erhalten. Tatsächlich musste die Fed ab 1994 die Zinsen sogar leicht erhöhen, um ein Überhitzen der Volkswirtschaft zu vermeiden. (Dieser Punkt wird in den nächsten vier Kapiteln noch weiter ausgeführt.)

- Durch die starke Expansion wurden Effekte wirksam, die das Budget automatisch noch weiter entlasteten. Wenn eine Volkswirtschaft wächst, dann nehmen die Steuereinnahmen tendenziell zu (und zwar die Steuereinnahmen, die direkt von der Höhe des Einkommens abhängen), wohingegen die Staatsausgaben weitgehend unverändert bleiben: das Budgetdefizit reduziert sich auf diesem Weg automatisch. (Für die USA gilt eine nützliche Faustregel, die besagt, dass jeder zusätzliche Anstieg der Wachstumsrate des BIP um 1% pro Jahr zu einer Abnahme des Verhältnisses von Budgetdefizit zu BIP um 0,5% führt.) Aufgrund dieser Effekte ermöglichte das anhaltende Wachstum einen viel stärkeren Rückgang des Budgetdefizits als sogar von der Clinton-Administration erwartet worden war.

	1991	1992	1993	1994	1995	1996	1997	1998
Budgetüberschuss (% des BIP) (Minus-Zeichen = Defizit)	–3,3	–4,5	–3,8	–2,7	–2,4	–1,4	–0,3	0,8
BIP-Wachstum (%)	–0,9	2,7	2,3	3,4	2,0	2,7	3,9	3,7
Zinssatz (%)	7,3	5,5	3,7	3,3	5,0	5,6	5,2	4,8

Tabelle 1: Ausgewählte Makro-Variablen für die USA, 1991-1998

Quelle: Bureau of Economic Analysis. Zinssatz: Durchschnittszins über das Jahr für einjährige Staatspapiere.

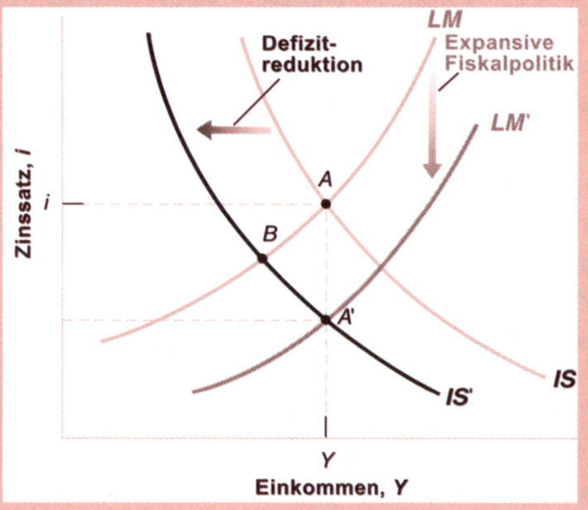

Abbildung 1: Defizitreduktion und expansive Fiskalpolitik

Fokus: Die deutsche Wiedervereinigung und das Tauziehen zwischen Geld- und Fiskalpolitik

Nach dem Fall der Mauer kam es im Jahr 1990 zur Wiedervereinigung von West- und Ostdeutschland. Vor dem zweiten Weltkrieg lagen die beiden Regionen ungefähr auf demselben wirtschaftlichen Entwicklungsstand. 1990 aber war Westdeutschland ein viel reicheres und produktiveres Land als Ostdeutschland. Die Wiedervereinigung hatte viele makroökonomische Konsequenzen, hier wollen wir uns aber ausschließlich auf die Konsequenzen für die Geld- und Fiskalpolitik in Deutschland konzentrieren. Durch die Wiedervereinigung wurde deutlich, dass die meisten Unternehmen in den neuen Ländern – die Bezeichnung für die ehemalige DDR – nicht wettbewerbsfähig waren. Viele waren gezwungen, zu schließen, die restlichen benötigten neue und modernere Produktionsanlagen.

Es wurde rasch offensichtlich, dass in der Übergangszeit mit einer deutlichen Erhöhung der Staatsausgaben gerechnet werden musste: Zu finanzieren waren eine neue Infrastruktur, die Beseitigung von Umweltschäden, die staatlichen Sozialleistungen für Arbeitslose und Subventionen für Unternehmen, denen man eine Chance geben wollte, den Betrieb aufrechtzuerhalten, bis sie wettbewerbsfähig geworden waren.

Konfrontiert mit dem starken Anstieg der Staatsausgaben entschied sich die deutsche Regierung dafür, diesen Anstieg zu einem Teil durch Steuererhöhungen zu finanzieren, zum größeren Teil aber über eine Erhöhung des Budgetdefizits. In Tabelle 1 sind die Zahlen zu den wichtigsten makroökonomischen Variablen von 1988 bis 1991 (für Westdeutschland) enthalten.

Die Zahlen zeigen, dass sich Deutschland schon vor der Wiedervereinigung in einem starken Aufschwung befand. In den Jahren 1988 und 1989 lag die Wachstumsrate des BIP bei fast 4%. Die Investitionen boomten. Da die Steuereinnahmen vom Niveau der wirtschaftlichen Aktivität abhängen, führte das starke Wachstum des BIP 1989 zu hohen staatlichen Einnahmen und einem Budgetüberschuss von 0,1%.

Durch die Wiedervereinigung stieg die gesamtwirtschaftliche Nachfrage noch weiter an. 1990 stiegen die Investitionen sogar stärker als 1989. Als Folge der Zunahme der Staatsausgaben und der staatlichen Transferleistungen, wurde aus dem Budgetüberschuss von 1989 im darauffolgenden Jahr ein Budgetdefizit in Höhe von 2,1% des BIP.

Im Rahmen des *IS-LM*-Modells lässt sich die Situation so beschreiben, dass 1990 durch den starken Anstieg der Staatsausgaben und der Investitionen eine starke Rechtsverschiebung der *IS*-Kurve von IS nach *IS'* zu beobachten war, wie in Abbildung 1 dargestellt.

Angesichts dieser Entwicklungen fürchtete die Bundesbank, das Wachstum sei zu hoch, die Volkswirtschaft sei auf einem überhitzten Niveau; dies würde zu Inflation führen (der entsprechende Zusammenhang wird im nächsten Kapitel besprochen.) Die Bundesbank kam zu der Überzeugung, dass das Wachstum gebremst werden sollte. Obwohl der Zinssatz schon vorher von 4,3% im Jahr 1988 auf 7,1% im Jahr 1989 gestiegen war, beschloss die Bundesbank, die kontraktive Geldpolitik noch zu verschärfen. Sie ließ den Zinssatz noch weiter bis auf 9,2% im Jahr 1991 steigen. Im Rahmen des *IS-LM*-Modells in Abbildung 1 lässt sich das Vorgehen der Bundesbank so beschreiben, dass sie sich für eine Verschiebung der *LM*-Kurve nach oben entschied, um das Wachstum abzuschwächen.

Die Konsequenzen waren einerseits schnelles Wachstum, begründet in der expansiven Fiskalpolitik, andererseits aber hohe Zinsen, begründet in der kontraktiven Geldpolitik. Die hohen Zinsen hatten nicht nur für Deutschland, sondern für ganz Europa, schwer wiegende Konsequenzen. Einige Ökonomen argumentieren, dass die hohen Zinsen in Deutschland einer der Hauptgründe für die Rezession im Rest von Europa zu Beginn der 90er Jahre waren. In Kapitel 20 werden wir diesen Punkt im Detail weiter diskutieren.

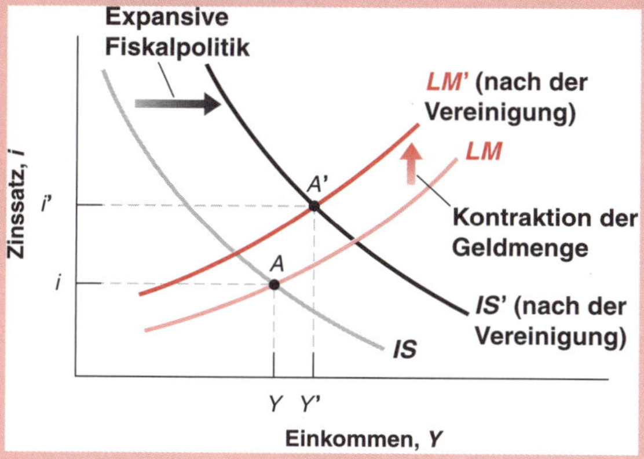

Abbildung 1:
Geld- und Fiskalpolitik in Deutschland nach der Wiedervereinigung

	1988	1989	1990	1991
BIP-Wachstum (%)	3,7	3,6	5,7	5,0
Anstieg der Investitionen (%)	5,6	7,4	10,1	7,5
Budgetüberschuss (% des BIP) (Minus-Zeichen = Defizit)	–2,2	0,1	–2,1	–3,3
Kurzfristiger Zinssatz	4,3	7,1	8,5	9,2

Tabelle 1: Ausgewählte Makro-Variablen für Deutschland, 1988-1991

Quelle: OECD Economic Outlook, June 1997. "Investition" ohne Wohnungsbau.

5.5 Wie gut bildet das *IS-LM*-Modell die Fakten ab?

Bisher haben wir dynamische Aspekte nicht berücksichtigt. Als wir zum Beispiel in Abbildung 5.9 die Auswirkungen einer Steuererhöhung oder in Abbildung 5.10 die Auswirkungen einer expansiven Geldpolitik analysierten, haben wir so getan, als ob sich die Volkswirtschaft sofort von A nach A' und die Produktion sofort von Y nach Y' bewegen würde. Natürlich ist dies nicht realistisch: Die Anpassung des Einkommens nimmt mit Sicherheit einige Zeit in Anspruch. Um die zeitliche Dimension in unserem Modell zu erfassen, müssen wir Dynamik einführen.

Eine formale Einführung von Dynamik wäre recht kompliziert. Aber die grundlegenden Mechanismen können wir wie bereits in Kapitel 3 auch sehr gut verbal beschreiben. Einige der Mechanismen sind bereits aus Kapitel 3 bekannt, einige sind neu:

- Mit großer Wahrscheinlichkeit verstreicht eine gewisse Zeit, bis die Konsumenten ihre Konsumausgaben an ein verändertes verfügbares Einkommen anpassen.
- Ebenso wird eine gewisse Zeit verstreichen, bis die Unternehmen ihre Investitionen an eine Veränderung des Absatzes oder eine Veränderung des Zinssatzes anpassen.
- Nicht nur die Anpassung der Investitionen, sondern auch die Anpassung der gesamten Produktion dauert eine gewisse Zeit.
- Dabei sind asymmetrische Reaktionen sehr wahrscheinlich: Während eine restriktive Politik relativ schnell greift; kann es lange dauern, bis eine expansive Politik durchschlägt.

Als Reaktion etwa auf eine Steuererhöhung wird also einige Zeit vergehen, bis der Konsum als Reaktion auf das niedrigere verfügbare Einkommen abnimmt, bis dann die Produktion als Reaktion auf den Konsumrückgang zurückgefahren wird, bis die Investitionen als Reaktion auf den schwächeren Absatz sinken, und bis schließlich der Konsum wieder als Reaktion auf den Rückgang des Einkommens abnimmt usw.

Nehmen wir als anderes Beispiel eine Erhöhung der Geldmenge. Es wird einige Zeit vergehen, bis die Investitionen als Reaktion auf die Zinssenkung zunehmen, bis die Produktion als Reaktion auf die Zunahme der Investitionsausgaben steigt, bis Konsum und Investitionen als Reaktion auf die Veränderung des Einkommens steigen usw.

Offensichtlich ist es kompliziert, den Anpassungsprozess zu beschreiben, der durch die zahlreichen Quellen der Dynamik ausgelöst wird. Der Kern der Aussage ist aber leicht zu erfassen: Es verstreicht einige Zeit, bis sich die Produktion als Reaktion auf eine fiskal- oder geldpolitische Maßnahme angepasst hat. Wie lange dauert der Anpassungsprozess? Diese Frage kann nur durch die Auswertung des vorhandenen statistischen Materials mit Hilfe empirischer Daten beantwortet werden. (Anhang 3 am Ende des Buches führt in die Analyse empirischer Daten – die Ökonometrie – ein.) In Abbildung 5.11 sind die Ergebnisse einer solchen ökonometrischen Studie dargestellt, in der Daten aus den USA für die Jahre 1960 bis 1990 verwendet werden.

G. Peersman und F. Smets (2003) von der EZB haben vergleichbare Analysen für den Euroraum durchgeführt. Sie kommen zu analogen Aussagen.

Die Studie konzentriert sich auf die Auswirkungen von Veränderungen der Federal Funds Rate, dem Geldmarktzins, der unmittelbar auf Änderungen der Geldpolitik reagiert. Untersucht werden die typischen Effekte einer solchen Veränderung auf einige makroökonomische Variablen.

Wir haben Geldmarkt und Geldmarktzins in Abschnitt 4.4 besprochen. In den USA bezeichnet man den Geldmarktzins als federal funds rate.

Jede Grafik in Abbildung 5.11 stellt die Auswirkungen der Zinssatzänderung auf eine bestimmte Variable dar. In jeder Grafik sind drei Linien enthalten. Die mittlere, durchgezogene Linie stellt die beste Schätzung des Effekts der Zinssatzänderung auf die betrachtete Variable dar. Die beiden gestrichelten Linien und der schraffierte Bereich dazwischen beschreiben ein Konfidenzintervall, das heißt, das Intervall, in dem der tatsächliche Wert des Effektes mit einer Wahrscheinlichkeit von 60% liegt.

Die Ökonometrie kann weder den exakten Wert eines Koeffizienten noch den exakten Effekt einer Variablen auf eine andere ermitteln. Die Ökonometrie kann uns nur eine beste Schätzung liefern – die beste Schätzung wird hier durch die durchgezogene Linie dargestellt – und eine Wahrscheinlichkeit, mit der die geschätzte Variable in einem bestimmten Intervall liegt – im Konfidenzintervall.

- Abbildung 5.11a zeigt, wie sich ein Erhöhung der federal funds rate von 1% auf den Absatz im Einzelhandel über die Zeit auswirkt. Die prozentuale Veränderung des Absatzes ist auf der vertikalen Achse abgetragen, die Zeit wird in Quartalen auf der horizontalen Achse dargestellt.

  Wenn wir uns auf die beste Schätzung konzentrieren – die durchgezogene Linie – dann können wir ablesen, dass die Erhöhung des Zinssatzes zu einem Rückgang des Absatzes im Einzelhandel führt. Der Rückgang fällt nach fünf Quartalen mit –0,9% am stärksten aus.

- Abbildung 5.11b zeigt, wie der Absatzeinbruch zu einem Rückgang des Einkommens führt. Als Reaktion auf den Absatzeinbruch fahren die Unternehmen ihre Produktion zurück, wenn auch zunächst um weniger als den Umfang des Absatzeinbruches. Anders ausgedrückt, eine Zeitlang bauen die Unternehmen ihre Lagerbestände auf. Die Anpassung der Produktion verläuft glatter und langsamer als die Anpassung des Absatzes. Der größte Rückgang in Höhe von –0,7% ist nach acht Quartalen zu beobachten. Anders ausgedrückt, die Geldpolitik ist zwar wirksam, aber sie entfaltet ihre Wirksamkeit mit großen Verzögerungen. Es dauert fast zwei Jahre, bis die Geldpolitik ihren vollen Effekt auf die Produktion erreicht.

Aus diesem Grund konnte die Geldpolitik den Abschwung im Jahr 2001 nicht verhindern. Als die FED zu Beginn des Jahres erkannte, dass der Abschwung einsetzte, und daraufhin die Federal Funds Rate reduzierte, war es bereits zu spät. Die Zinssenkung konnte sich auf die Produktion des Jahres 2001 nicht mehr auswirken.

- Abbildung 5.11c zeigt, wie der Rückgang der Produktion zu einem Rückgang der Beschäftigung führt: Wenn die Unternehmen ihre Produktion zurückfahren, reduzieren sie auch ihre Beschäftigung. Wie bei der Produktion erfolgt aber auch der

Rückgang der Beschäftigung erst allmählich, bis nach acht Quartalen ein Rückgang von –0,5% zu verzeichnen ist. Der Rückgang der Beschäftigung spiegelt sich in einem Anstieg der Arbeitslosenrate wieder, der in Abbildung 5.11d dargestellt ist.

- In Abbildung 5.11e wird die Entwicklung des Preisniveaus dargestellt. Eine der zentralen Annahmen des *IS-LM*-Modells besteht ja darin, dass das Preisniveau nicht auf Änderungen der Nachfrage reagiert. In Abbildung 5.11e sehen wir, dass diese Annahme die Realität bei Betrachtung der kurzen Frist zwar relativ gut abbildet. Das Preisniveau bleibt für die ersten sechs Quartale nahezu unverändert. Nach sechs Quartalen aber geht das Preisniveau zurück. Dies ist ein deutlicher Hinweis darauf, dass das *IS-LM*-Modell viel von seiner Verlässlichkeit einbüßt, wenn wir die mittlere Frist betrachten: Auf mittlere Frist können wir nicht länger davon ausgehen, das Preisniveau sei gegeben. Bewegungen im Preisniveau gewinnen an Bedeutung.

Abbildung 5.11: Ökonometrische Simulation eines Zinsanstiegs der Fed

Kurzfristig lässt ein Anstieg des Zinssatzes durch die Fed Produktion sinken und Arbeitslosigkeit steigen. Er wirkt sich zunächst kaum auf die Preise aus.

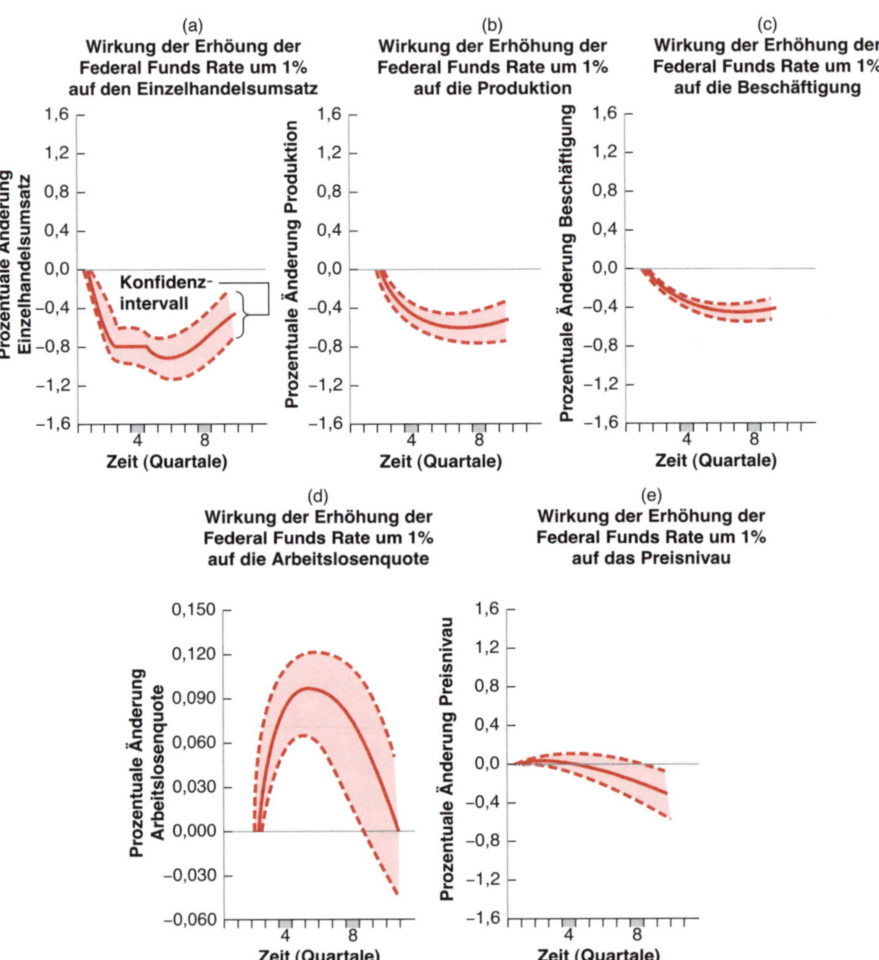

Quelle: Lawrence Christiano, Martin Eichenbaum und Charles Evans, „The Effects of Monetary Policy Shocks: Evidence From the Flow of Funds", Review of Economics and Statistics, February 1996, Vol. 78-1.

Abbildung 5.11 ist in zweierlei Hinsicht instruktiv:

Zunächst einmal vermittelt sie einen Einblick in die dynamischen Reaktionen von Einkommen und anderen makroökonomischen Variablen auf Veränderungen der Geldpolitik.

Wichtiger jedoch ist die Erkenntnis, dass unsere Beobachtungen der Realität mit den Aussagen des *IS-LM*-Modells konsistent sind. Damit ist zwar nicht bewiesen, dass das *IS-LM*-Modell das richtige Modell ist. Es wäre denkbar, dass die real beobachteten Vorgänge durch einen ganz anderen Mechanismus ausgelöst werden. Die Tatsache, dass das *IS-LM*-Modell zu passen scheint, wäre dann ein reiner Zufall. Aber das ist eher unwahrscheinlich. Das *IS-LM*-Modell bildet offensichtlich eine solide Basis, auf der wir aufbauen können, wenn wir die Schwankungen der wirtschaftlichen Aktivität in der kurzen Frist analysieren wollen. Später werden wir das Modell erweitern, um die Rolle der Erwartungen zu analysieren (Kapitel 14 bis 17) sowie die Auswirkungen von offenen Güter- und Finanzmärkten (Kapitel 18 bis 21). Aber zunächst wollen wir verstehen, wie die Produktion auf mittlere Frist bestimmt wird. Dies ist Thema des nächsten Kapitels.

Zusammenfassung

- Das *IS-LM*-Modell analysiert die Implikationen des simultanen Gleichgewichts auf Güter-, Geld- und Finanzmärkten.
- Die IS-Gleichung und die *IS*-Kurve zeigen die Kombinationen von Zinssatz und Einkommen, die mit einem Gleichgewicht auf dem Gütermarkt konsistent sind. Ein Anstieg des Zinssatzes führt zu einem Rückgang des Einkommens. Die *IS*-Kurve verläuft fallend.
- Die *LM*-Gleichung und die *LM*-Kurve zeigen die Kombinationen von Zinssatz und Einkommen, die mit einem Gleichgewicht auf dem Geldmarkt konsistent sind. Bei gegebenem Geldangebot führt ein Anstieg des Einkommens zu einem Anstieg des Zinssatzes. Die *LM*-Kurve verläuft steigend.
- Expansive Fiskalpolitik verschiebt die *IS*-Kurve nach rechts. Dies führt zu einem Anstieg des Einkommens und des Zinssatzes. Kontraktive Fiskalpolitik verschiebt die *IS*-Kurve nach links. Dies führt zu einem Rückgang des Einkommens und des Zinssatzes.
- Expansive Geldpolitik verschiebt die *LM*-Kurve nach unten. Dies führt zu einem Anstieg des Einkommens und zu einer Senkung des Zinssatzes. Kontraktive Geldpolitik verschiebt die *LM*-Kurve nach oben. Dies führt zu einem Rückgang des Einkommens und zu einem Anstieg des Zinssatzes.
- Die Kombination von geld- und fiskalpolitischen Maßnahmen wird Politik-Mix genannt. Manchmal werden Geld- und Fiskalpolitik für ein gemeinsames Ziel eingesetzt. Manchmal jedoch auch nicht; die Kombination von Geld- und Fiskalpolitik ist dann Ausdruck von Spannungen oder sogar Konflikten zwischen der Regierung, die für die Fiskalpolitik verantwortlich ist, und der Zentralbank, die für die Geldpolitik verantwortlich ist.
- Das *IS-LM*-Modell scheint das Verhalten der Volkswirtschaft bei Betrachtung der kurzen Frist gut zu beschreiben. Vor allem die Auswirkungen von geldpolitischen Maßnahmen scheinen denen zu entsprechen, die vom *IS-LM*-Modell nach der Einführung von dynamischen Aspekten vorhergesagt werden. Ein Anstieg des Zinssatzes auf Grund einer kontraktiven geldpolitischen Maßnahme führt zu einem allmählichen Rückgang des Einkommens, wobei der maximale Effekt nach ungefähr acht Quartalen zur Wirkung kommt.

Übungsaufgaben

Verständnistests

1. Verwenden Sie die Informationen, die Sie in diesem Kapitel erhalten haben, um folgende Aussagen mit richtig, falsch oder unsicher zu bewerten. Geben Sie eine kurze Erklärung Ihrer Antwort.
   a. Die wichtigsten Bestimmungsfaktoren der Investitionen sind der Absatz und der Zinssatz.
   b. Wenn alle exogenen Variablen in der *IS*-Gleichung konstant sind, dann kann ein höheres Einkommensniveau nur durch eine Senkung des Zinssatzes erreicht werden.
   c. Die *IS*-Kurve verläuft fallend, da das Gütermarktgleichgewicht impliziert, dass eine Steuererhöhung zu einem Rückgang des Einkommens führt.
   d. Wenn die Staatsausgaben und die Steuern im selben Umfang steigen, verschiebt sich die *IS*-Kurve nicht.
   e. Die *LM*-Kurve verläuft steigend, da ein größeres Geldangebot benötigt wird, um die Produktion zu erhöhen.
   f. Ein Anstieg der Staatsausgaben führt zu niedrigeren Investitionen.
   g. Eine Erhöhung des Einkommens bei konstantem Zinssatz kann nur mit einer Kombination aus Geld- und Fiskalpolitik erreicht werden.
2. Betrachten Sie zunächst das Modell des Gütermarktes mit konstanten Investitionen, das Sie bereits aus Kapitel 3 kennen:

   $$C = c_0 + c_1(Y - T), \text{ und } \bar{I}, G \text{ und } T \text{ sind gegeben}$$

   a. Lösen Sie nach dem Gleichgewichtseinkommen auf. Welchen Wert nimmt der Multiplikator an?

   Nehmen Sie nun an, dass die Investitionen vom Absatz und vom Zinssatz abhängen.

   $$I = b_0 + b_1 Y - b_2 i$$

   b. Lösen Sie nach dem Gleichgewichtseinkommen auf. Sind bei einem gegebenen Zinssatz die Auswirkungen einer Erhöhung der autonomen Ausgaben größer als in (a)? Warum? (Nehmen Sie an, dass $c_1 + b_1 < 1$)

   Die *LM*-Gleichung sei wie folgt gegeben:

   $$\frac{M}{P} = d_1 Y - d_2 i$$

   c. Lösen Sie nach dem Gleichgewichtseinkommen auf. (Hinweis: Eliminieren Sie den Zinssatz aus der *IS*- und der *LM*-Gleichung.) Leiten Sie den Multiplikator ab (die Auswirkungen einer Erhöhung der autonomen Ausgaben um eine Einheit auf die Produktion.)
   d. Ist der Multiplikator größer oder kleiner als der Multiplikator, den Sie in (a) abgeleitet haben? Erklären Sie, wie Ihre Antwort von dem Wert der Parameter der Verhaltensgleichungen für den Konsum, die Investitionen und die Geldnachfrage abhängt.
3. Die Reaktion der Investitionen auf die Fiskalpolitik

   Zeigen Sie unter Verwendung des *IS-LM*-Diagramms die Auswirkungen einer Reduktion der Staatsausgaben auf die Produktion und den Zinssatz. Können Sie eine Aussage darüber treffen, wie sich die Investitionen entwickeln? Warum?

Betrachten Sie nun das folgende *IS-LM*-Modell:

$$C = c_0 + c_1(Y - T)$$
$$I = b_0 + b_1 Y - b_2 i$$
$$\frac{M}{P} = d_1 Y - d_2 i$$

a. Lösen Sie nach dem Gleichgewichtseinkommen auf. (Hinweis: Falls diese Aufgabe Probleme bereiten sollte, ist es sinnvoll, zunächst Aufgabe 2 zu bearbeiten.)
b. Lösen Sie nach dem gleichgewichtigen Zinssatz auf. (Hinweis: Verwenden Sie die *LM*-Gleichung.)
c. Lösen Sie nach den Investitionen auf.
d. Unter welchen Bedingungen an die Modellparameter (also c_0, c_1, usw.) steigen die Investitionen, wenn *G* abnimmt? (Hinweis: Falls *G* um eine Einheit abnimmt, um wie viel steigt dann *I*? Vorsicht: Die Veränderung von I sollte positiv sein, wenn die Änderung von *G* negativ ist.)
e. Erläutern Sie die Bedingung, die Sie in d) abgleitet haben.

4. Betrachten Sie das folgende *IS-LM*-Modell:

$$C = 200 + 0{,}25 Y_D$$
$$I = 150 + 0{,}25Y - 1000i$$
$$G = 250$$
$$T = 200$$
$$\left(\frac{M}{P}\right)^D = 2Y - 8.000i$$
$$\frac{M}{P} = 1.600$$

a. Leiten Sie die *IS*-Gleichung ab. (Hinweis: Ziel ist eine Gleichung, in der *Y* auf der linken Seite steht, und alle anderen Variablen auf der rechten Seite.)
b. Leiten Sie die *LM*-Gleichung ab. (Hinweis: Am besten ist es, die Gleichung so zu formulieren, dass *i* auf der linken Seite steht und alle anderen Variablen auf der rechten Seite.)
c. Lösen Sie nach dem Gleichgewichtswert des realen Einkommens auf. (Hinweis: Substituieren Sie den Ausdruck, den Sie für den Zinssatz in Form der *LM*-Gleichung erhalten haben in die *IS*-Gleichung und lösen Sie nach dem Einkommen auf.)
d. Lösen Sie nach dem Gleichgewichtwert des Zinssatzes auf. (Hinweis: Substituieren Sie den Wert für Y, den Sie in Teilaufgabe c) erhalten haben, entweder in die *IS* oder in die *LM*-Gleichung und lösen Sie nach i auf. Wenn die Berechnung stimmt, dann sollte das Ergebnis aus beiden Gleichungen dasselbe sein.)
e. Lösen Sie nach den Gleichgewichtswerten von *C* und *I* auf und überprüfen Sie das Ergebnis, das Sie für *Y* erhalten haben, indem Sie *C*, *I* und *G* aufsummieren.
f. Nehmen Sie nun an, dass das Geldangebot auf *M*/*P* = 1.840 erhöht wird. Lösen Sie nach *Y*, *i*, *C* und *I* auf und beschreiben Sie die Auswirkungen einer expansiven Geldpolitik verbal.
g. Lassen Sie *M*/*P* wieder den ursprünglichen Wert 1.600 annehmen. Nehmen Sie nun an, dass die Staatsausgaben auf *G* = 400 steigen. Erklären Sie die Auswirkungen einer expansiven Fiskalpolitik auf *Y*, *i* und *C*.

Vertiefungsfragen

5. *Der Zusammenhang zwischen Investitionen und Zinssatz*

   In diesem Kapitel wurde die Behauptung aufgestellt, dass die Investitionen deshalb negativ vom Zinssatz abhängen, weil ein Anstieg des Zinssatzes zu einer Verteuerung der Kreditaufnahme führt und damit die Investoren entmutigt. Die Unternehmen finanzieren ihre Investitionen jedoch häufig mit Eigenmitteln. Da es in diesem Fall nicht zu einer Kreditaufnahme kommt, stellt sich die Frage, ob auch in diesem Fall höhere Zinssätze die Investoren entmutigen. Erklären Sie den Sachverhalt. (Hinweis: Stellen Sie sich vor, Sie wären der Eigentümer eines Unternehmens und müssten sich entscheiden, ob Sie mit Ihren gerade erwirtschafteten Gewinnen neue Investitionsprojekte finanzieren oder Wertpapiere kaufen. Hat die Höhe des Zinssatzes Einfluss auf Ihre Entscheidung?)

6. *Die Liquiditätsfalle*

   a. Nehmen Sie an, der Zinssatz auf Wertpapiere ist negativ. Halten die Wirtschaftssubjekte in diesem Fall Geld oder Wertpapiere? Erklären Sie Ihre Antwort.
   b. Zeichnen Sie die Geldnachfrage als eine Funktion des Zinssatzes für einen gegebenen Wert des Realeinkommens. Wie wird Ihre Grafik durch Ihre Antwort zu Teilaufgabe a) beeinflusst? (Hinweis: Zeigen Sie, dass die Geldnachfrage sehr flach wird, wenn sich der Zinssatz dem Wert Null nähert.)
   c. Leiten Sie die *LM*-Kurve ab. Was passiert mit der *LM*-Kurve, wenn der Zinssatz nahe bei Null liegt? (Hinweis: Sie wird sehr flach.)
   d. Nehmen Sie an, der Zinssatz liegt nahe Null und die Zentralbank weitet das Geldangebot aus. Was geschieht bei gegebenem Einkommensniveau mit dem Zinssatz?
   e. Kann durch expansive Geldpolitik die Produktion erhöht werden, wenn sich der Wert des Zinssatzes bereits nahe bei Null befindet?

   Das Unvermögen der Zentralbank, den Zins zu senken, wenn er sich bereits nahe bei Null befindet, wird „Liquiditätsfalle" genannt. Dieser Fall wurde das erste Mal 1936 von Keynes in seiner General Theory aufgegriffen, mit der er den Grundstein des *IS-LM*-Modells legte. Wir werden in Kapitel 22 sehen, dass sich Japan derzeit in einer Liquiditätsfalle befindet. Diese Situation macht es der Geldpolitik mehr oder weniger unmöglich, Japan aus der wirtschaftlichen Krise zu führen.

7. *Der Bush Greenspan Politik-Mix*

   Im Jahr 2001 verfolgte die Fed eine sehr expansive Geldpolitik. Gleichzeitig konnte Präsident Bush ein Gesetz zur Senkung der Einkommenssteuer durchbringen.

   a. Zeigen Sie die Auswirkungen dieses Politik-Mix auf die Produktion.
   b. Inwiefern unterscheidet sich dieser Politik-Mix von dem von Clinton und Greenspan?
   c. Wie entwickelte sich die Produktion im Jahr 2001? Wie bringen Sie dies in Einklang mit der Tatsache, dass das Wachstum 2001 sehr gering ausfiel? (Hinweis: Was geschah 2001?)

8. *Verschiedene Politik-Mix-Varianten*

   Schlagen Sie eine geeignete Kombination von Geld- und Fiskalpolitik vor, um die folgenden Ziele zu erreichen:

   a. Eine Erhöhung von Y bei konstantem i.
   b. Eine Verringerung des Budgetdefizits bei konstantem Y.
      Was geschieht mit i und den Investitionen?

Weiterführende Literatur

„Vulgärkeynesianismus“, von Paul Krugman diskutiert die Rolle der Geldpolitik in der U.S.-Wirtschaft. Versuchen Sie seine Argumente im *IS-LM*-Model darzustellen. (Internet: `web.mit.edu/krugman/www/vulgar.html`)

Eine interessante Webseite ist auch die von Brad DeLong, einem Ökonomen der University of California at Berkeley (Internet: `econ161.berkeley.edu/`). Zur Frage des Defizitabbaus und des Clinton Greenspan Politik-Mixes lesen Sie seinen Aufsatz „The Budget Deficit.“

Die ökonometrische Analyse der Auswirkungen von Zinsänderungen im Euroraum von G. Peersman und F. Smets „The monetary transmission mechanism in the Euro area: Evidence from a VAR analysis“ ist erschienen in: I. Angeloni, A. Kashyap and B. Mojon (eds.). Monetary transmission in the euro area. Cambridge University Press, (2003).

Teil 3
Die mittlere Frist

Bei der Analyse der kurzen Frist haben wir angenommen, dass das Preisniveau sich nicht verändert. Wir wollen diese Annahme nun aufgeben und berücksichtigen, dass sich Preise und Löhne nach einer gewissen Zeit anpassen. Wir können dann zeigen, dass die Volkswirtschaft mittelfristig zu einem Gleichgewicht zurückkehrt, in dem Arbeitslosenquote und Produktion nur noch von strukturellen Faktoren bestimmt werden. Unter strukturellen Faktoren verstehen wir insbesondere die Flexibilität des Arbeitsmarktes und die Wettbewerbsintensität auf den Gütermärkten. Eine detaillierte Kenntnis des Arbeitsmarktes ist für das Verständnis dieser Zusammenhänge von zentraler Bedeutung.

Kapitel 6

Kapitel 6 behandelt das Gleichgewicht auf dem Arbeitsmarkt. Es führt die „natürliche Arbeitslosenquote" ein. Dabei handelt es sich um die Arbeitslosenquote, die in der Volkswirtschaft auf mittlere Sicht realisiert wird. Der natürlichen Arbeitslosenquote entspricht ein natürliches Produktionsniveau.

Kapitel 7

Kapitel 7 betrachtet das Gleichgewicht auf Güter-, Geld- und Finanzmärkten sowie das Gleichgewicht auf dem Arbeitsmarkt in einem gemeinsamen Modellrahmen. Es wird gezeigt, dass die Produktion in der kurzen Frist vom natürlichen Produktionsniveau abweichen kann, in der mittleren Frist jedoch immer wieder zum natürlichen Produktionsniveau zurückkehrt. Das Modell, das in Kapitel 7 entwickelt wird, wird AS-AD-Modell genannt. Es ist von ähnlich grundlegender Bedeutung für die Volkswirtschaftslehre wie das IS-LM-Modell und verdeutlicht, wie Veränderungen der Arbeitslosigkeit und der Produktion mit der Inflation (also mit Veränderungen des Preisniveaus) zusammenhängen.

Kapitel 8

Kapitel 8 untersucht den Zusammenhang zwischen Inflation und Arbeitslosigkeit genauer. Dieser Zusammenhang ist als Phillipskurve bekannt. Es wird gezeigt, dass die Inflation ansteigt, wenn die Arbeitslosenquote unter ihrem natürlichen Niveau liegt; umgekehrt geht die Inflation zurück, falls die Arbeitslosenquote über ihrem natürlichen Niveau liegt.

Kapitel 9

Kapitel 9 analysiert, auf welchem Niveau sich Produktion, Arbeitslosigkeit und Inflation einpendeln und wie sich Geldpolitik auswirkt. In diesem Kapitel werden wir bereits berücksichtigen, dass alle Größen über die Zeit wachsen. Wir werden sehen, dass ein niedrigeres Geldmengenwachstum in der kurzen Frist eine Rezession auslösen kann. Es wird auch gezeigt, dass ein solcher Rückgang des Geldmengenwachstums auf mittlere Frist neutral ist. Er schlägt sich dann im Verhältnis 1:1 in einer Abnahme der Inflationsrate nieder, lässt Produktion und Arbeitslosigkeit aber unverändert.

Kapitel

6 Der Arbeitsmarkt

Versuchen wir uns vorzustellen, was geschieht, wenn die Unternehmen als Reaktion auf einen Anstieg der Nachfrage ihre Produktion ausweiten:

- Um die Produktion ausweiten zu können, benötigen die Unternehmen zusätzliche Arbeitskräfte. Die Ausweitung der Produktion führt zu mehr Beschäftigung.
- Die höhere Beschäftigung führt zu geringerer Arbeitslosigkeit.
- Die geringere Arbeitslosigkeit verbessert die Verhandlungsposition der Arbeitnehmer und führt zu höheren Löhnen.
- Höhere Löhne lassen die Produktionskosten ansteigen. Die Unternehmen erhöhen daraufhin ihre Preise.
- Höhere Preise führen zu höheren Lohnforderungen.
- Und so weiter ...

Bisher haben wir diese Abfolge der Ereignisse einfach ignoriert. Wir haben ein konstantes Preisniveau unterstellt und dadurch implizit angenommen, dass die Unternehmen bei gegebenem Preisniveau bereit sind, jede gewünschte Menge anzubieten. Für die Betrachtung der kurzen Frist war diese Annahme vernünftig. Nun wenden wir uns aber der Betrachtung der mittleren Frist zu. Deshalb heben wir diese Annahme auf und untersuchen, wie sich Preise und Löhne im Zeitverlauf anpassen und wie sich dies wiederum auf die Produktion auswirkt.

Im Mittelpunkt der oben skizzierten Abfolge von Ereignissen steht der Arbeitsmarkt, also der Markt, auf dem die Löhne bestimmt werden. Wir wenden uns daher zunächst einer genauen Analyse des Arbeitsmarkts zu.

- Abschnitt 6.1 gibt einen Überblick über die wichtigen Größen am Arbeitsmarkt.
- In Abschnitt 6.2 konzentrieren wir uns auf die Frage, wie sich die Arbeitslosenquote im Zeitverlauf entwickelt und welche Bedeutung sie für den einzelnen Arbeitnehmer hat.
- In den Abschnitten 6.3 und 6.4 beschäftigen wir uns damit, welche Bedeutung der Arbeitsmarkt für die Bestimmung von Löhnen und Preisen hat.
- Abschnitt 6.5 analysiert das Gleichgewicht auf dem Arbeitsmarkt. Dort wird der Begriff der natürlichen Arbeitslosenquote eingeführt. Die natürliche Arbeitslosenquote ist die Arbeitslosenquote, zu der die Wirtschaft auf mittlere Sicht immer wieder zurückkehrt.
- Abschnitt 6.6 gibt einen Ausblick auf die Themen der nächsten Kapitel.

Zunächst interessiert uns also vor allem, welche generelle Beziehung zwischen Arbeitslosenquote, Löhnen und Preisen besteht. Die drängenden Probleme auf den Arbeitsmärkten in Europa wollen wir hingegen zurückstellen. Wir kommen in Kapitel 22 darauf zurück.

6.1 Ein Überblick über den Arbeitsmarkt

Um die Prozesse am Arbeitsmarkt analysieren zu können, müssen wir zunächst verstehen, wie sich die Zahl der Personen bestimmt, die dem Arbeitsmarkt als potenzielle Arbeitskräfte zur Verfügung stehen (Abbildung 6.1). Ausgangspunkt ist die Gesamtbevölkerung einer Volkswirtschaft. Die Bevölkerung in Deutschland betrug im Jahr 2001 etwa 82 Millionen. Von diesen 82 Millionen zählten nach Angaben des Statistischen Bundesamtes 42 Millionen zur Gruppe der Erwerbspersonen. Als Erwerbsperson wird jede Person mit Wohnsitz im Inland bezeichnet, die eine auf Erwerb gerichtete Tätigkeit ausübt oder sucht. Anders formuliert: Die Gruppe der Erwerbspersonen setzt sich zusammen aus der Gruppe der Erwerbstätigen (dazu zählen sowohl Arbeitnehmer wie Selbstständige; im Jahr 2001 waren dies durchschnittlich 38,9 Millionen) und der Gruppe der Arbeitslosen (3,1 Millionen). Die Arbeitslosenquote auf Basis dieser Werte entspricht dem Quotienten aus der Zahl der Arbeitslosen und der Zahl der Erwerbspersonen. Im Jahr 2001 betrug die Arbeitslosenquote also 3,1/42 = 7,4%.

Diese Zahl unterscheidet sich leicht von der aus den Medien bekannten Arbeitslosenquote. Wie in Abschnitt 2.2.2 ausgeführt, führen unterschiedliche Berechnungsverfahren zu unterschiedlichen Ergebnissen. Im vorliegenden Fall wurde die Arbeitslosenquote durch Verwendung von Daten des Statistischen Bundesamtes ermittelt.

Allein schon aus diesen wenigen Zahlen ergeben sich eine Reihe wichtiger Fragen. Zunächst müssen wir erklären, wie die große Differenz zwischen Bevölkerung und Erwerbspersonen zustande kommt. Ein Teil dieser Differenz erklärt sich durch die Personen, die aufgrund ihres Alters dem Arbeitsmarkt gar nicht zur Verfügung stehen. Ziehen wir alle Personen, die im Jahr 2001 jünger als 15 oder älter als 65 Jahre waren (insgesamt etwa 26 Millionen), von der Gesamtbevölkerung ab, erhalten wir als Ergebnis die Bevölkerung im erwerbsfähigen Alter bzw. das so genannte Arbeitskräftepotenzial. Das ist der Anteil der Bevölkerung, der grundsätzlich dem Arbeitsmarkt zur Verfügung steht. 2001 waren dies 56 Millionen Menschen, also etwa 2/3 der Bevölkerung. Doch auch zwischen Arbeitskräftepotenzial und Erwerbspersonen klafft noch eine große Lücke. Die Erwerbsquote, das Verhältnis von Erwerbspersonen zur Bevölkerung im erwerbsfähigen Alter, betrug 2001 etwa 75%. Offensichtlich gibt es viele Personen, die zwar grundsätzlich in der Lage wären, zu arbeiten, die aber weder einer Beschäftigung nachgehen noch eine Beschäftigung aktiv suchen. Eine wichtige Gruppe, auf die diese Beschreibung zutrifft, wird als „stille Reserve" bezeichnet. Hierbei handelt es sich vor allem um Personen, die aufgrund der ungünstigen Arbeitsmarktlage entmutigt die Suche nach einem Job aufgegeben haben, bei einer Verbesserung der Bedingungen jedoch wieder auf die Suche gehen würden. Auch werden hierzu Personen gezählt, die in „Warteschleifen" des Bildungs- und Ausbildungssystems ausharren, bis sich die Lage am Arbeitsmarkt verbessert hat. Ein großer Personenkreis verzichtet aber auch aus anderen Gründen auf eine Beschäftigung, etwa die Gruppe der Frühpensionäre oder der Familienvater, dessen Ehefrau sehr gut verdient und der es deshalb vorzieht, sich um die Kinder zu kümmern.

Arbeit zu Hause, wie die Erledigung der Hausarbeit oder die Erziehung der Kinder, wird in offiziellen Statistiken nicht erfasst, weil diese Arten von Arbeit sehr schwierig zu messen sind. Die Nichterfassung ist also kein Werturteil, was als Arbeit zu betrachten ist und was nicht.

Abbildung 6.1: Bevölkerung, Erwerbspersonen, Erwerbstätigkeit und Arbeitslosigkeit in Deutschland, 2001

Wie hat sich die Erwerbsquote im Zeitverlauf verändert? Abbildung 6.2 gibt einen Überblick über Erwerbsquoten in unterschiedlichen Ländern. In einigen Ländern, bspw. in den USA, hat sie in den letzten Jahrzehnten stark zugenommen – in erster Linie als Folge der gestiegenen Erwerbsquote der Frauen: Im Jahr 1950 zählte dort nur eine von drei Frauen zu den Erwerbspersonen, mittlerweile aber sind es ca. 70%. Auch in Deutschland ist die Erwerbsquote der Frauen angestiegen. Im Jahr 2001 lag sie bei 64% im Vergleich zu 52,5% 1983. Allerdings ist dieser Anstieg vor allem auf die hohe Frauenerwerbsquote in den neuen Bundesländern zurückzuführen.

Erwerbsquote: Das Verhältnis von Erwerbspersonen zur Gesamtbevölkerung im arbeitsfähigen Alter. In Westdeutschland lag die Erwerbsquote der Frauen 2001 bei 63%, im Vergleich zu 50% im Jahr 1980. In den neuen Bundesländern liegt sie dagegen immer noch bei über 70%.

Es ist wichtig, diese Zusammenhänge genau zu verstehen. Die Entwicklung der Gesamtbevölkerung, die Erwerbsquote von Frauen sowie die Alterstruktur der Bevölkerung werden in Zukunft eine immer größere Bedeutung gewinnen. Dies liegt daran, dass in unserer Gesellschaft aufgrund steigender Lebenserwartung und geringem Bevölkerungswachstum der Anteil älterer Menschen ständig zunimmt. Die Zahl der Personen, die dem Arbeitsmarkt zur Verfügung stehen, nimmt somit im Lauf der Zeit ab – mit weit reichenden Folgen für die Volkswirtschaft. So werden wir in diesem Kapitel sehen, dass die gesamtwirtschaftliche Produktion von der Zahl der Beschäftigten abhängt. In den Kapiteln 11 und 12 werden wir auf die langfristigen Perspektiven des Arbeitskräftepotenzials eingehen.

Vorsicht: Weil das „arbeitsfähige" Alter nicht eindeutig abzugrenzen ist, versteht man unter Erwerbsquote häufig auch den Anteil der Erwerbspersonen an der Gesamtbevölkerung.

Abbildung 6.2: Erwerbsquoten im internationalen Vergleich

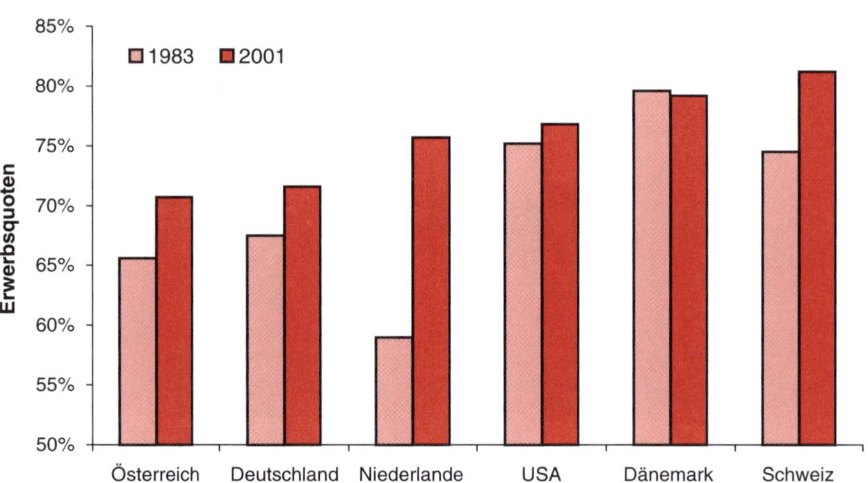

Die großen Arbeitnehmerströme in Deutschland und den USA

Um uns darüber klar zu werden, was Arbeitslosigkeit für den einzelnen Arbeitnehmer und für die Gesamtwirtschaft bedeutet, betrachten wir folgende Analogie. Stellen wir uns einen völlig überfüllten Flughafen vor. Der Grund für die Überfüllung könnte darin liegen, dass viele Flugzeuge starten und landen und daher auch ständig viele Flugpassagiere zum Flughafen kommen und ihn wieder verlassen. Der Flughafen könnte aber auch deshalb überfüllt sein, weil auf Grund von schlechtem Wetter die Flüge Verspätung haben, so dass die Passagiere festsitzen, weil sie auf besseres Wetter warten müssen. In beiden Fällen ist die Zahl der Passagiere auf dem Flughafen sehr groß; die Situation der Passagiere in den beiden Szenarien ist aber völlig unterschiedlich.

Der Begriff „Sklerose" kommt aus der Medizin. Er beschreibt eine Verkalkung der Arterien. Entsprechend wird der Begriff in der Volkswirtschaftslehre verwendet, um Märkte zu beschreiben, die schlecht funktionieren und auf denen nur wenige Transaktionen stattfinden.

Analog zu diesem Beispiel kann dieselbe Arbeitslosenquote zwei völlig verschiedene Realitäten abbilden. Es kann sich um einen überaus aktiven Arbeitsmarkt handeln, auf dem viele Beschäftigungsverhältnisse gelöst werden, gleichzeitig aber auch viele Arbeitsuchende eine neue Beschäftigung finden, so dass viele Arbeitnehmer in die Arbeitslosigkeit eintreten, viele sie aber auch verlassen. Andrerseits kann es sich aber auch um einen „sklerotischen" Arbeitsmarkt handeln, der durch eine geringe Zahl an Kündigungen und Neueinstellungen und einen hohen Pool an Langzeitarbeitslosen gekennzeichnet ist.

Um herauszufinden, was sich hinter der Arbeitslosenquote verbirgt, benötigt man Statistiken über die Bewegungen der Arbeitskräfte, also über die Fluktuation am Arbeitsmarkt. In Deutschland sind solche Statistiken allerdings nur in begrenztem Umfang erhältlich (vgl. Kapitel 2). Wir betrachten deshalb zunächst die Zahlen aus den USA und arbeiten anschließend die wichtigsten Unterschiede zur deutschen Situation heraus. In den USA werden die Daten zur Bewegung der Beschäftigten aus einer monatlichen Telefonerhebung heraus erstellt, die als Current Population Survey (CPS) bezeichnet wird. Die durchschnittliche monatliche Fluktuation, berechnet aus dem CPS für die Jahre 1994 bis 1999, ist in Abbildung 6.3 dargestellt (Weitere Informationen zum Thema CPS und zu vergleichbaren Verfahren in Deutschland können Sie der Fokusbox „Der Current Population Survey, der Mikrozensus und das sozio-oekonomische Panel" entnehmen).

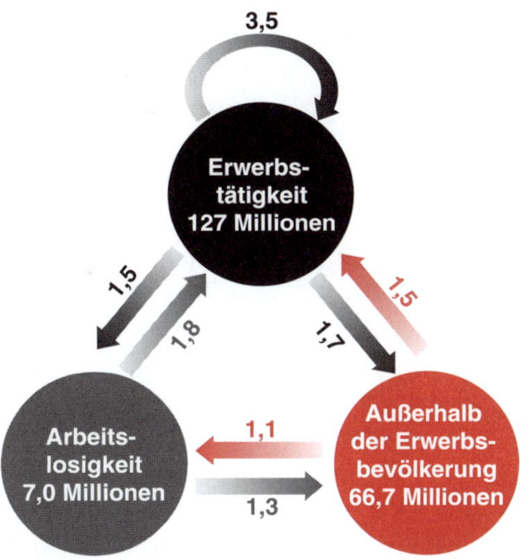

Abbildung 6.3: Durchschnittliche monatliche Ströme zwischen Erwerbstätigkeit, Arbeitslosigkeit und Nichtteilnahme am Arbeitsmarkt in den USA, 1994-1999.

In den Vereinigten Staaten sind große Fluktuationen zwischen der Gruppe der Erwerbstätigen, der Gruppe der Arbeitslosen und der übrigen Bevölkerung zu beobachten.

Aus Abbildung 6.3 lassen sich drei wichtige Punkte ablesen:

- In den USA ist die Anzahl der Arbeitnehmer, die ein Beschäftigungsverhältnis antreten oder es beenden, sehr groß.

  Durchschnittlich werden dort in jedem Monat 6,7 Millionen Beschäftigungsverhältnisse (aus einem Pool an Beschäftigten von 127 Millionen) aufgelöst. 3,5 Millionen Beschäftigte wechseln direkt aus einem Beschäftigungsverhältnis in ein anderes (Dieser Strom wird durch den kreisförmigen Pfeil über dem Pool der Beschäftigten dargestellt). Weitere 1,5 Millionen beenden ein Beschäftigungsverhältnis und werden dann arbeitslos (Dieser Strom wird durch den Pfeil von den Beschäftigten zu den Arbeitslosen dargestellt). Die verbleibenden 1,7 Millionen beenden ein Beschäftigungsverhältnis und scheiden ganz aus der Erwerbsbevölkerung aus (dargestellt durch den Pfeil von den Erwerbstätigen zu den Personen, die nicht Teil der Erwerbsbevölkerung sind).

  Warum enden in jedem Monat so viele Beschäftigungsverhältnisse? In ungefähr drei Viertel der Fälle handelt es sich um Kündigungen von Seiten der Arbeitnehmer. Diese beenden ihr Beschäftigungsverhältnis zu Gunsten einer besseren Alternative. Beim verbleibenden Viertel handelt es sich um Entlassungen. Zu Entlassungen kommt es in erster Linie, weil sich die Beschäftigung in den einzelnen Unternehmen unterschiedlich entwickelt: Hinter den sich nur langsam verändernden aggregierten Zahlen zur Arbeitslosigkeit verbirgt sich also eine stetige Schaffung und Zerstörung von Arbeitsplätzen. Es gibt immer Unternehmen, die auf einen Rückgang ihres Absatzes reagieren müssen und deshalb Arbeitsplätze abbauen. Zur selben Zeit gibt es aber auch Unternehmen, die ihren Absatz steigern können und deshalb neue Arbeitsplätze schaffen.

Gleichzeitig tritt ein großer Personenkreis, der vorher nicht beschäftigt war, eine Beschäftigung an. Ingesamt beginnen 3,3 Millionen Nichtbeschäftigte ein Beschäftigungsverhältnis. 1,5 Millionen entstammen der Gruppe der Nichterwerbsbevölkerung, die restlichen 1,8 Millionen wechseln aus Arbeitslosigkeit in eine Beschäftigung.

- In den USA ist die Anzahl der Arbeitnehmer, die arbeitslos werden oder den Pool der Arbeitslosen wieder verlassen im Verhältnis zur Gesamtzahl der Arbeitslosen sehr groß. Die Verweildauer in Arbeitslosigkeit ist relativ kurz.

Der durchschnittliche monatliche Strom aus der Arbeitslosigkeit heraus beträgt 3,1 Millionen: 1,8 Millionen Arbeitnehmer treten in ein neues Beschäftigungsverhältnis ein. 1,3 Millionen geben die Suche nach einer neuen Beschäftigung ganz auf und scheiden aus der Erwerbsbevölkerung aus. Anders ausgedrückt, der Anteil der Arbeitslosen, der jeden Monat den Pool der Arbeitslosen verlässt, beträgt 3,1/7,0, also ungefähr 44%. Die durchschnittliche Dauer der Arbeitslosigkeit – die durchschnittliche Zeit, in der jemand arbeitslos ist – beträgt demnach ca. 2,3 Monate.

Wie kommen wir zu diesem Ergebnis? Die durchschnittliche Dauer der Arbeitslosigkeit ist der Kehrwert des Anteils der Arbeitslosen, die die Arbeitslosigkeit jeden Monat verlassen also 1/0,44 = 2,27. Folgendes Beispiel soll dies verdeutlichen. Nehmen wir an, die Zahl der Arbeitslosen ist konstant gleich 100; jeder Arbeitslose bleibt zwei Monate lang arbeitslos. Damit sind zu jedem Zeitpunkt 50 Personen seit einem Monat arbeitslos und 50 Personen seit 2 Monaten. Jeden Monat verlassen 50 Personen, die seit zwei Monaten arbeitslos sind, den Pool der Arbeitslosen. In diesem Beispiel ist damit der Anteil der Arbeitslosen, der den Pool der Arbeitslosen verlässt, 50/100 = 50%. Die Dauer der Arbeitslosigkeit beträgt 2 Monate – der Kehrwert von 50%.

Es ist wichtig, sich darüber klar zu werden, was dies bedeutet. Die Arbeitslosen in den USA warten nicht ewig lange auf ein neues Beschäftigungsverhältnis. Für die meisten Arbeitslosen – natürlich nicht für alle – ist der Zustand der Arbeitslosigkeit nur vorübergehend, eher eine kurze Übergangszeit als eine lange Wartezeit. In dieser Hinsicht unterscheidet sich die USA von vielen europäischen Ländern. Statistiken aus Westeuropa zeigen, dass in diesen Ländern jeden Monat ein weit geringerer Prozentsatz der Arbeitslosen den Pool der Arbeitslosen verlässt. Das erklärt, warum die durchschnittliche Dauer der Arbeitslosigkeit in diesen Ländern viel länger ist.

- Die Anzahl der Personen, die in die Erwerbsbevölkerung eintreten oder aus dieser wieder ausscheiden, ist in den USA ebenfalls überraschend groß.

Jeden Monat scheiden 3 Millionen Erwerbspersonen aus der Erwerbsbevölkerung aus (1,7+1,3) und eine ähnlich große Anzahl von Personen tritt in die Erwerbsbevölkerung ein (1,5+1,1). Man könnte vermuten, diese beiden Ströme seien eher unbedeutend und bestehen auf der einen Seite lediglich aus Schulabgängern, die das erste Mal in die Erwerbsbevölkerung eintreten, und auf der anderen Seite aus Arbeitnehmern, die ihren Ruhestand antreten. Diese beiden Gruppen machen jedoch nur einen kleinen Teil der Gesamtströme aus. Jeden Monat treten nur 400.000 Personen das erste Mal in die Erwerbsbevölkerung ein und nur 250.000 gehen in den Ruhestand. Die Gesamtzahl an Personen, die in die Erwerbsbevölkerung eintreten oder diese wieder verlassen, beträgt dagegen 5,6 Millionen (1,7+1,3+1,5+1,1) und ist damit ungefähr achtmal so groß.

Dies verdeutlicht, dass viele von den Personen, die als „außerhalb der Erwerbsbevölkerung“ klassifiziert sind, in Wirklichkeit durchaus arbeiten wollen und sich ständig zwischen Partizipation und Nichtpartizipation hin und her bewegen. Tatsächlich erklären in den USA beinahe fünf Millionen der Personen, die nicht als

Teil der Erwerbsbevölkerung erfasst werden, dass sie zwar nicht auf Arbeitsuche seien, sich aber dennoch eine Beschäftigung wünschen. Was sie damit genau meinen, bleibt unklar. Tatsache ist jedoch, dass viele von denen, die nicht zur Erwerbsbevölkerung gehören, ein Arbeitsangebot annehmen, wenn es sich bietet.

Vergleichen wir diese Ergebnisse mit der Situation in Deutschland. Grundsätzlich finden hier natürlich die gleichen Bewegungen statt. Die relative Bedeutung einzelner Ströme variiert jedoch.

Die Zahlen für Deutschland entnehmen wir dem Beitrag von Christoph M. Schmidt „Persistence and the German Unemployment Problem: Empirical Evidence on German Labor Market Flows", IZA Discussion Paper No. 31, 1999. Sie stellen jeweils den Monatsdurchschnitt für den Zeitraum von 1983-1994 dar. Die Zahlen basieren auf dem sozio-oekonomischen Panel (vgl. die nächste Fokusbox).

- In Deutschland ist die Anzahl der Arbeitnehmer, die arbeitslos werden oder den Pool der Arbeitslosen wieder verlassen im Verhältnis zur Gesamtzahl der Arbeitslosen eher klein. Die Verweildauer in der Arbeitslosigkeit ist relativ lang.

In den USA finden pro Monat 26% der Arbeitslosen (1,8/7,0) einen neuen Arbeitsplatz; 18% (= 1,3/7,0) scheiden ganz aus der Erwerbsbevölkerung aus. In Deutschland sind diese Quoten wesentlich geringer: Nur 2% der Arbeitslosen verlassen im Monatsdurchschnitt die Erwerbsbevölkerung, etwa 10% finden einen Arbeitsplatz. Umgekehrt ist auch der Anteil der Beschäftigten, die arbeitslos werden, in Deutschland wesentlich geringer (0,39% im Vergleich zu 1,5/127 = 1,2% in den USA).

Was bedeuten diese Zahlen für die Dauer der Arbeitslosigkeit in Deutschland? Der Kehrwert des Anteils der Arbeitslosen, die die Arbeitslosigkeit jeden Monat verlassen ist 1/0,12 = 8,33. Die durchschnittliche Dauer der Arbeitslosigkeit beträgt also mehr als 8 Monate. Ein Arbeitsloser in Deutschland muss 6 Monate länger auf einen neuen Arbeitsplatz warten als sein amerikanischer Leidensgenosse.

Ein Grund für diese Unterschiede liegt am starken Kündigungsschutz in Deutschland. Er macht es für Unternehmen einerseits schwieriger, auf einen Einbruch der Nachfrage mit Entlassungen zu reagieren. Umgekehrt bewirkt er aber auch, dass Unternehmen mit Neueinstellungen wesentlich zurückhaltender sind. Der Kündigungsschutz kann also auch dazu führen, dass Arbeitslose kaum Chancen auf einen neuen Arbeitsplatz haben.

Welche Faktoren verbergen sich hinter diesem großen Unterschied? Natürlich gibt es auch in Deutschland eine Gruppe von Arbeitslosen, die schnell wieder eine Beschäftigung finden. Allerdings ist diese Gruppe im Vergleich zu den Arbeitslosen, die lange Zeit keine neue Beschäftigung finden, eher klein. Vielmehr ist in Deutschland ein steigender Anteil an so genannten Langzeitarbeitslosen zu beobachten. Wie Abbildung 6.4 zeigt, ist dieser Anteil inzwischen erheblich größer als in den USA.

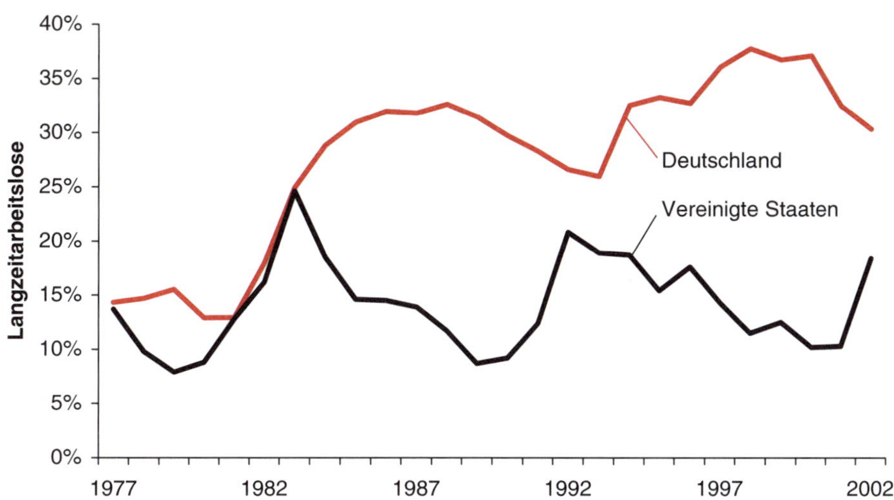

Abbildung 6.4: Anteil der Langzeitarbeitslosen in Prozent aller Arbeitslosen in Deutschland und den USA, 1980-2002

In Deutschland ist der Anteil der Langzeitarbeitslosen auf über 30% angestiegen. In den USA schwankt der Anteil um ein Niveau von 15%.

- Auch in Deutschland findet ein reger Austausch zwischen Erwerbsbevölkerung und Nichterwerbsbevölkerung statt. Allerdings ist in Deutschland der Anteil der Arbeitslosen, die aus der Erwerbsbevölkerung ausscheiden, sehr viel geringer.

  In jedem Monat verlassen in Deutschland etwa 0,6% der Beschäftigten und 2% der Arbeitslosen die Erwerbsbevölkerung und gehören fortan zur Gruppe der Nichterwerbstätigen. Umgekehrt wechseln etwa 3% aus der Gruppe der Nichterwerbstätigen in die Gruppe der Beschäftigten. Zum Vergleich: In den USA betragen die entsprechenden Werte 1,3%, 18% und 2,2%. Wie kommt die große Differenz beim Wechsel zwischen Arbeitslosigkeit und Nichterwerbsbevölkerung zustande? Ein Grund ist die lange Bezugsdauer für Arbeitslosengeld in Deutschland. Ein Großteil derer, die von Arbeitslosigkeit in die Gruppe der Nichterwerbstätigen wechselt, dürfte die Suche nach einem Arbeitsplatz entmutigt aufgegeben haben. Auch in Deutschland mag es viele entmutigte Arbeitsuchende geben. Solange sie aber in der Statistik weiter als arbeitslos geführt werden, wird ihr Wechsel von einer Gruppe in die andere nicht erfasst.

- Abgesehen von diesem Unterschied sind die Werte recht ähnlich. Auch in Deutschland nehmen viele von denen, die nicht zur Erwerbsbevölkerung gehören, ein Arbeitsangebot an, wenn es sich bietet. Diese Beobachtung enthält eine wichtige Botschaft: Ökonomen, Politiker und Medien richten ihre Aufmerksamkeit meist nur auf die Arbeitslosenquote. Damit übersehen sie, dass viele von denen, die nicht Teil der Erwerbsbevölkerung sind, sich ebenfalls in einer Situation befinden, die der Arbeitslosigkeit sehr nahe kommt. Es handelt sich dabei eigentlich um entmutigte Arbeitnehmer, die sich zwar nicht aktiv auf Arbeitsuche befinden, die aber einen Job annehmen würden, wenn er sich bietet. Deshalb konzentrieren sich manche Ökonomen auf die so genannte Nicht-Beschäftigungs-Rate, das Verhältnis der Bevölkerung abzüglich der Beschäftigten zur Bevölkerung. In diesem Buch werden wir aber der Tradition folgen und uns auf die Arbeitslosenquote konzentrieren. Man sollte sich jedoch bewusst sein, dass die Arbeitslosenquote nicht unbedingt die beste Kennzahl ist, um zu erfassen, wie viele Personen dem Arbeitsmarkt zur Verfügung stehen.

Auf der anderen Seite sind viele der Arbeitslosen nicht willens, jedes Arbeitsangebot anzunehmen und sollten daher vielleicht nicht als arbeitslos gezählt werden, da sie sich nicht aktiv auf Arbeitsuche befinden.

Insgesamt zeigt sich, dass der deutsche Arbeitsmarkt wesentlich weniger dynamisch ist als der U.S.-amerikanische: Das Ausmaß der Fluktuationen zwischen den einzelnen Gruppierungen ist in vielen Bereichen geringer. Insbesondere muss ein deutscher Arbeitsloser wesentlich länger ausharren, bis er einen neuen Arbeitsplatz findet.

Fokus: Der Current Population Survey, der Mikrozensus und das sozio-oekonomische Panel (SOEP)

In den USA ist die wichtigste Quelle für Statistiken zu den Themenbereichen Erwerbsbevölkerung, Beschäftigung, Partizipation und Einkommen der so genannte Current Population Survey (CPS). Der CPS wurde erstmals im Jahr 1940 durchgeführt. Damals basierte der CPS auf Interviews von 8.000 Haushalten. Die Anzahl der befragten Haushalte (man sagt: die Größe der Stichprobe) ist seither beträchtlich angewachsen und umfasst nun mehr als 60.000 Haushalte, die jeden Monat interviewt werden. Die Haushalte werden so ausgewählt, dass die Stichprobe repräsentativ für die Gesamtbevölkerung der USA ist. Jeder Haushalt bleibt vier Monate in der Stichprobe, verlässt dann die Stichprobe für acht Monate, kehrt dann nochmals für vier Monate in die Stichprobe zurück und verlässt dann die Stichprobe endgültig.

Die Umfrage basiert heute auf computergestützten Interviews. Die Interviews werden entweder persönlich durchgeführt – die Interviewer geben die Daten dabei direkt in ihre Laptops ein – oder telefonisch. Manche Fragen sind jeden Monat gleich. Andere Fragen werden gestellt, um spezielle Aspekte des Arbeitsmarkts zu beleuchten.

Das Arbeitsministerium nutzt die erhobenen Daten, um Kennzahlen zu Beschäftigung, Arbeitslosigkeit und Partizipation nach Alter, Geschlecht, Ausbildung und Branche zu berechnen und zu veröffentlichen. Ökonomen haben für die Daten, die in großen Computerdateien zur Verfügung stehen, zwei unterschiedliche Verwendungen.

- Die erste Verwendung besteht darin, Momentaufnahmen der Volkswirtschaft für einen bestimmten Zeitpunkt zu erstellen, und diese Momentaufnahmen dann zu vergleichen. So können Fragen wie die folgende beantwortet werden: Wie hoch ist das Durchschnittseinkommen amerikanischer Frauen mit Hochschulabschluss heute, und wie hoch war es vor 10 oder 20 Jahren?
- Für die zweite Verwendungsweise liefert Abbildung 6.3 ein Beispiel. Es wird dabei die Tatsache ausgenützt, dass in der Umfrage Personen über einen Zeitraum hinweg verfolgt werden. Wenn man die Personen betrachtet, die sich in zwei aufeinanderfolgenden Monaten in der Stichprobe befinden, kann man beispielsweise herausfinden, wie viele der Personen, die im letzten Monat arbeitslos waren, mittlerweile in einem neuen Beschäftigungsverhältnis stehen. Diese Zahl liefert dann eine Schätzung für die Wahrscheinlichkeit, dass Personen, die im letzten Monat arbeitslos waren, eine neue Beschäftigung finden. Hierbei können auch die Eigenschaften der betrachteten Personen berücksichtigt werden. Beispielsweise kann gefragt werden, ob die Wahrscheinlichkeit eine Beschäftigung zu finden für eine dreißigjährige Frau mit Hochschulabschluss größer oder kleiner ist, als für eine dreißigjährige Frau ohne Hochschulabschluss. Ebenfalls besteht die Möglichkeit, die Wirksamkeit von wirtschaftspolitischen Maßnahmen auf dem Arbeitsmarkt zu untersuchen. So könnte man alle männlichen Arbeitslosen einer bestimmten Altersgruppe mit identischem Ausbildungsniveau auswählen und untersuchen, ob diejenigen, die schon einmal an einer Arbeitsbeschaffungsmaßnahme (ABM) teilgenommen haben, eine größere oder kleinere Chance haben, eine neue Arbeit zu finden.

Schon diese wenigen Beispiele verdeutlichen, wie wichtig es für Ökonomen sein kann, die gleichen Personen in regelmäßigen Abständen zu ihrem Erwerbsstatus, ihrer Einkommenssituation, ihren Familienverhältnissen und zu anderen wichtigen Zusammenhängen zu befragen. Dies gilt gerade für Deutschland, wo es aufgrund der hohen Arbeitslosenquote besonders dringlich ist zu erfahren, welche Maßnahmen die Chancen auf einen neuen Arbeitsplatz verbessern können. Auch hier werden deshalb Haushalte regelmäßig befragt. Das Statistische Bundesamt erhebt einmal im Jahr im Rahmen des sog. Mikrozensus entsprechende Daten von bis zu 370.000 Haushalten.

Die langfristigen Erwerbschancen eines Haushalts lassen sich aber viel besser anhand von Panel-Daten untersuchen. Das sind Sammlungen von Daten, in denen Informationen zu den immer gleichen Individuen bzw. Haushalten über einen längeren Zeitraum verfolgt werden. Seit 1984 werden in Deutschland bis zu 12.000 identische Haushalte mit mehr als 22.000 Personen im Rahmen des so genannten sozio-oekonomischen Panels (SOEP) befragt. Die Haushalte machen in der jährlichen Befragung Angaben zu ihrem Erwerbs- und Einkommensstatus für jeden einzelnen Monat des entsprechenden Jahres. Das SOEP deckt hierbei ein weites Themenspektrum ab. Es liefert kontinuierlich Informationen über Haushaltszusammensetzung, Wohnsituation, Erwerbs- und Familienbiographien, Erwerbsbeteiligung und berufliche Mobilität, Einkommensverläufe, Gesundheit, Lebenszufriedenheit und gesellschaftliche Partizipation, Zeitverwendung, Weiterbildung und Qualifikation sowie soziale Sicherung.

Mehr Informationen zum CPS finden sich im Internet unter www.bls.gov. Informationen zum SOEP stellt das Deutsche Institut für Wirtschaftsforschung in Berlin unter `www.diw.de/deutsch/sop/uebersicht/` **zur Verfügung. Informationen zum Mikrozensus sind beim Statistischen Bundesamt unter** `www.destatis.de/themen/d/thm_mikrozen.htm` **erhältlich.**

6.2 Die Entwicklung der Arbeitslosenquote

Untersuchen wir, wie sich die Arbeitslosenquote in den letzten Jahrzehnten entwickelt hat. Abbildung 6.5 zeigt den durchschnittlichen Wert der Arbeitslosenquote in den USA (gestrichelte Linie) und in Deutschland für jedes Jahr zwischen 1960 und 2003 an. Die schattierten Bereiche kennzeichnen Jahre, in denen sich die deutsche Wirtschaft in einer Rezession befand, also eine längere Periode sinkender Produktion durchlebte.

In Abbildung 6.5 fallen drei Punkte besonders auf:

- Bis Mitte der 80er Jahre sah es so aus, als ob die Arbeitslosenquote in Deutschland und den USA einem Aufwärtstrend folgen würde. In den USA stieg die Arbeitslosenquote von 4,5% in den 50er Jahren, über 4,7% in den 60er Jahren, 6,2% in den 70er Jahren bis hin zu 7,3% in den 80er Jahren. In Deutschland lag die Arbeitslosenquote zunächst unter dem amerikanischen Niveau, stieg jedoch langfristig auch an.

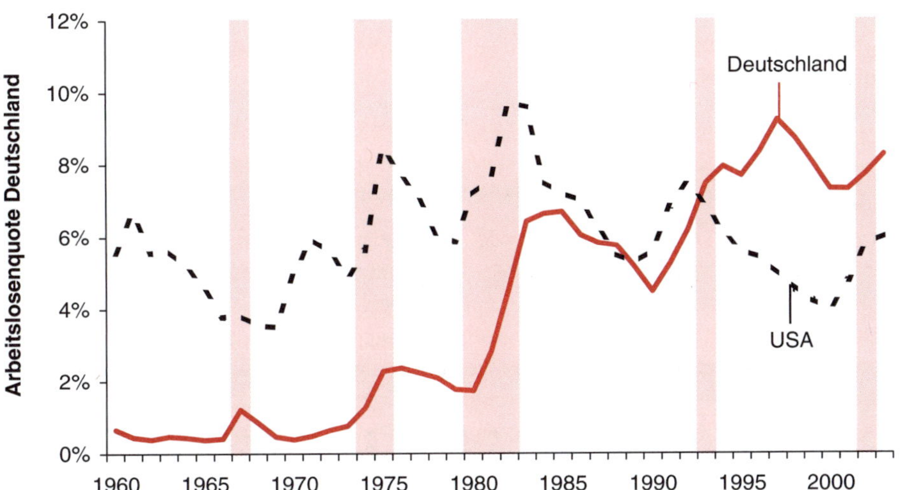

Abbildung 6.5: Die Entwicklung der durchschnittlichen jährlichen Arbeitslosenquote in Deutschland und den USA, 1960-2003, *Quelle: OECD.*

In den Vereinigten Staaten schwankt die Arbeitslosenquote seit 1960 zwischen 3 und 10%. In Deutschland ist die Arbeitslosenquote seit Mitte der siebziger Jahre in mehreren Stufen angestiegen. In wirtschaftlichen Schwächephasen nimmt die Arbeitslosigkeit zu.

- Seit Mitte der 80er Jahre beobachten wir dann aber eine ganz unterschiedliche Entwicklung. Während die Arbeitslosenquote in den USA wieder auf ihr Niveau in den 60er Jahren zurückgeht, steigt sie in Deutschland mit einigen Unterbrechungen immer weiter an. Im Vergleich zu 1980, wo eine Arbeitslosenquote von nur 1,73% ermittelt wurde, ist die Arbeitslosenquote bis auf fast 8% im Jahr 2002 gestiegen.

  Wie kam es zu einer so unterschiedlichen Entwicklung? In den 90er Jahren lag die durchschnittliche Arbeitslosenquote der USA bei 5,2% und damit immerhin um 1,7 Prozentpunkte unter der deutschen. Die Abnahme der Arbeitslosenquote jenseits des Atlantiks in Verbindung mit dem starken Anstieg in Deutschland und in anderen europäischen Volkswirtschaften erklären viele Ökonomen damit, dass der Arbeitsmarkt der amerikanischen Wirtschaft wesentlich flexibler ist. Sie erwarten deshalb auch für die Zukunft eine niedrigere Arbeitslosenquote in den USA. Wir werden diesen Punkt in Kapitel 8 nochmals aufgreifen. Im Gegensatz hierzu müssen in Deutschland und Europa die Probleme identifiziert werden, die zum stetigen Anstieg der Arbeitslosenquote geführt haben. Diese Aufgabe werden wir in Kapitel 22 angehen.

Eine ähnliche Entwicklung ist für den Euroraum zu beobachten; wie wir bereits in Kapitel 1 gesehen haben, hat sich die Arbeitslosenrate in der EU von 3% in den 60er Jahren auf 9% in den 90er Jahren erhöht.

- Wenn man einmal von diesen Veränderungen im Trend absieht, dann sind die Veränderungen der Arbeitslosenquote von Jahr zu Jahr eng korreliert mit Rezessionen und Aufschwüngen. So lag die Arbeitslosenquote in Deutschland vor der Rezession zu Beginn der 80er Jahre bei unter 2%, im ersten Jahr nach der Rezession (1983) bei 6,4%. Nach Rezessionen fällt die Arbeitslosenquote üblicherweise wieder. Betrachten wir zum Beispiel die letzten beiden Höchstwerte der Arbeitslosenquote für die USA. Der letzte Höchstwert in Höhe von 7,7% war mit der Rezession der Jahre 1990-1991 verbunden (Der Höchstwert der Arbeitslosenquote wurde ein Jahr nach Ende der Rezession beobachtet, 1992). Der vorhergehende Höchstwert in Höhe von 9,7% (der höchste Wert der Nachkriegszeit) wurde in der Rezession des Jahres 1982 erreicht. Jeweils nach diesen Höchstwerten sank die Arbeitslosenquote deutlich.

Der Wert 9,7% ist die durchschnittliche Arbeitslosenquote des Jahres 1982. Im November 1982 stieg die Arbeitslosenquote sogar auf 10,8%.

Welche Bedeutung hat diese Schwankung der Arbeitslosenquote für den einzelnen Arbeitnehmer? Die Antwort auf diese Frage ist sehr wichtig, weil sie über folgende Punkte Aufschluss gibt:

- Die Auswirkung von Schwankungen der Arbeitslosenquote auf das Wohlergehen des einzelnen Arbeitnehmers.
- Die Auswirkung der Arbeitslosenquote auf die Löhne.

Stellen wir uns zunächst die Frage, wie ein Unternehmen sein Beschäftigungsniveau als Reaktion auf eine geringere Nachfrage nach seinen Gütern reduzieren kann. Das Unternehmen kann weniger neue Arbeitnehmer einstellen, aber auch einige der derzeit beschäftigten Arbeitnehmer entlassen. Meist verlangsamen oder stoppen die Unternehmen zunächst die Neueinstellung von Arbeitnehmern und beschränken sich auf ohnehin anstehende Kündigungen und Pensionierungen, um einen Abbau der Beschäftigung zu erreichen. Ist aber der Nachfrageeinbruch so groß, dass diese Maßnahmen allein nicht ausreichen, entlassen Unternehmen Arbeitnehmer auch „aus betriebsbedingten Gründen".

Welche Konsequenzen ergeben sich daraus für Erwerbstätige und für Arbeitslose?

- Erfolgt die Anpassung an das neue Beschäftigungsniveau durch eine Reduktion der Neueinstellungen, dann verringert sich dadurch die Chance, dass ein Arbeitsloser eine neue Beschäftigung findet. Weniger Einstellungen bedeuten weniger offene Stellen; höhere Arbeitslosigkeit bedeutet vermehrte Bewerbungen auf eine offene Stelle. Die Kombination von weniger offenen Stellen und mehr Bewerbern auf eine offene Stelle macht es für die Arbeitslosen schwieriger, eine neue Stelle zu finden.
- Erfolgt dagegen die Anpassung an das neue Beschäftigungsniveau durch vermehrte Kündigungen, dann erhöht sich das Risiko für die Arbeitnehmer, die eine Beschäftigung haben, diese zu verlieren.

Zusammenfassend lässt sich feststellen: Da Unternehmen beide Anpassungsmöglichkeiten nutzen, ist eine höhere Arbeitslosigkeit mit einer geringeren Wahrscheinlichkeit verknüpft, einen Job zu finden, wenn man arbeitslos ist. Zugleich erhöht sich das Risiko, den Job zu verlieren, wenn man in einem Beschäftigungsverhältnis steht. In Abbildung 6.6 und Abbildung 6.7 sind die beiden Effekte für die USA im Zeitraum 1968 bis 1999 dargestellt. Für Deutschland und andere Länder ergeben sich ähnliche Zusammenhänge.

Abbildung 6.6 stellt zwei Variablen im Zeitverlauf dar: Die Arbeitslosenquote (auf der linken vertikalen Achse) und den Anteil der Arbeitslosen, die jeden Monat eine neue Beschäftigung finden (auf der rechten vertikalen Achse). Dieser Anteil wird berechnet, indem die Anzahl der Arbeitslosen, die im Lauf eines Monats ein Beschäftigungsverhältnis aufnehmen, durch die Anzahl der Arbeitslosen zu Beginn des Monats dividiert wird. Um den Zusammenhang zwischen den beiden Variablen noch deutlicher zu machen, wurde der Anteil der Arbeitslosen, die jeden Monat eine neue Beschäftigung finden, auf einer invertierten Skala aufgetragen: Auf der rechten vertikalen Achse findet sich der niedrigste Anteil ganz oben und der höchste Anteil ganz unten.

Der Zusammenhang zwischen dem Anteil der Arbeitslosen, die jeden Monat eine neue Beschäftigung finden, und der Arbeitslosenquote ist deutlich: Perioden mit einer hohen Arbeitslosigkeit sind mit einem niedrigen Anteil an Arbeitslosen, die jeden

Monat eine neue Beschäftigung finden, verknüpft. Auf dem Höhepunkt der Rezession der Jahre 1980-1982 beispielsweise war der Anteil der Arbeitslosen, die pro Monat eine neue Beschäftigung fanden, auf 17% gesunken, während der durchschnittliche Wert über die gesamte Periode hinweg 25% betrug.

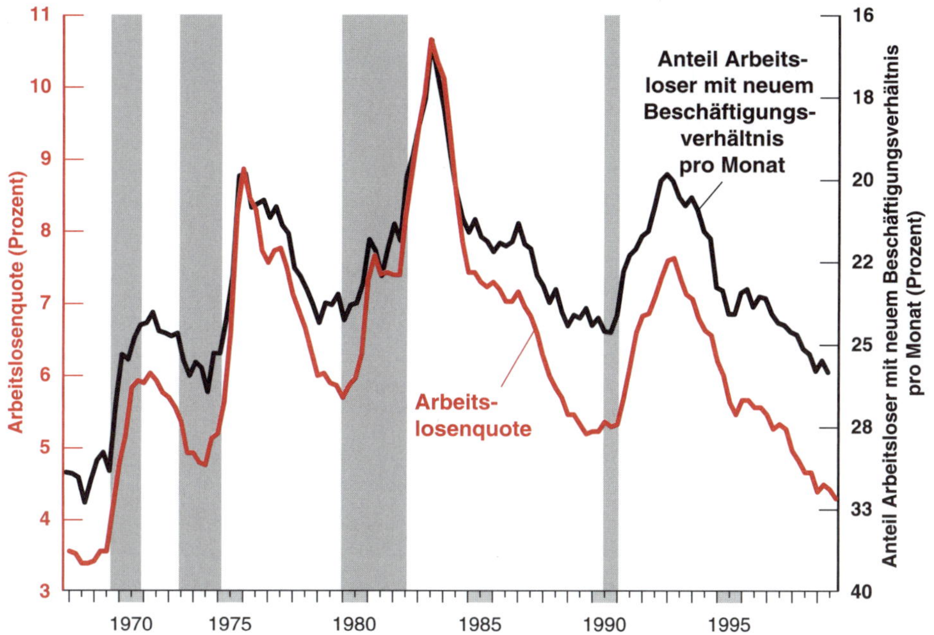

Abbildung 6.6: Arbeitslosenquote und Anteil der Arbeitslosen, die monatlich eine Beschäftigung finden, USA, 1968-1999

Zu beachten ist die invertierte rechte Achse. Bei hoher Arbeitslosigkeit sinkt der Anteil der Arbeitslosen, die pro Monat eine neue Beschäftigung finden.

Auch Abbildung 6.7 stellt zwei Variablen im Zeitverlauf dar: Die Arbeitslosenquote (auf der linken vertikalen Achse) und die monatliche Abgangsrate aus Beschäftigungsverhältnissen. Man bezeichnet diese Abgangsrate auch als Separationsrate. Die Separationsrate wird berechnet, indem die Anzahl der Arbeitnehmer, die während eines Monats aus dem Pool der Beschäftigten ausscheiden (und in der Folge entweder arbeitslos werden oder ganz aus der Erwerbsbevölkerung ausscheiden) durch die Anzahl der Beschäftigten zu Beginn des Monats dividiert wird (die Separationsrate wird auf der rechten vertikalen Achse dargestellt). Der Zusammenhang zwischen der Separationsrate und der Arbeitslosenquote, wie er in Abbildung 6.7 dargestellt wird, ist nicht so eng wie der Zusammenhang, der in Abbildung 6.6 dargestellt wird, aber dennoch sichtbar. Eine höhere Arbeitslosigkeit impliziert eine höhere Abgangsrate, das heißt, eine höhere Wahrscheinlichkeit, dass Beschäftigte den Arbeitsmarkt verlassen.

Eigentlich können wir aus Abbildung 6.7 nur ablesen, dass bei einer höheren Arbeitslosigkeit auch die Abgänge höher sind. Die Abgänge setzen sich aus Kündigungen von Seiten der Arbeitnehmer und Entlassungen von Seiten der Arbeitgeber zusammen. Aus anderen Quellen wissen wir jedoch, dass die Kündigungen zurückgehen, wenn die Arbeitslosigkeit hoch ist: Es ist attraktiver zu kündigen, wenn es viele offene Stellen gibt. Wenn demnach die gesamten Abgänge ansteigen und die Kündigungen der Arbeitnehmer zurückgehen, folgt daraus, dass die Entlassungen (die Abgänge abzüglich der Kündigungen) sogar noch mehr zunehmen als die Abgänge.

Fassen wir zusammen: Bei hoher Arbeitslosigkeit stehen die Arbeitnehmer vor zwei Problemen:

- Sie sind einer höheren Wahrscheinlichkeit ausgesetzt, ihren Job zu verlieren.
- Wenn sie arbeitslos werden, dann ist die Wahrscheinlichkeit geringer, einen neuen Job zu finden; gleichzeitig müssen sie auch mit einer länger andauernden Arbeitslosigkeit rechnen.

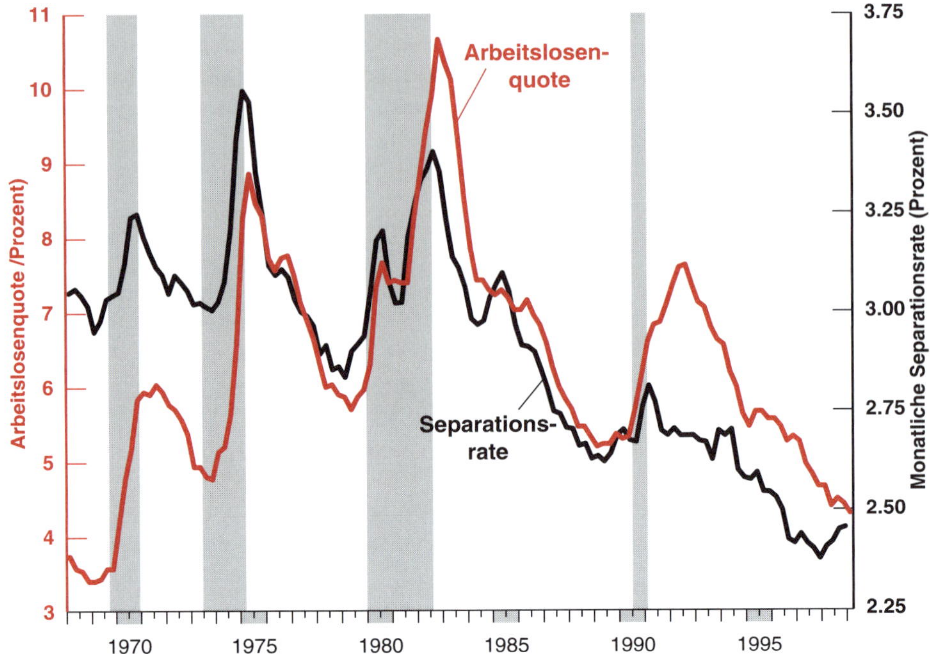

Abbildung 6.7: Arbeitslosenquote und monatlich Separationsrate, USA, 1968-1999

Bei hoher Arbeitslosigkeit steigt der Anteil der Beschäftigten, die pro Monat ihren Arbeitsplatz verlieren.

6.3 Wie Löhne bestimmt werden

Bisher haben wir uns mit verschiedenen Aspekten der Arbeitslosigkeit beschäftigt. Nun wenden wir uns der Frage zu, wie Löhne festgesetzt werden. Insbesondere werden wir den Zusammenhang zwischen Löhnen und Arbeitslosigkeit erarbeiten.

Tarifverhandlungen: Verhandlungen zwischen einer Gewerkschaft und einem Unternehmen (oder einer Gruppe von Unternehmen).

Löhne werden auf vielfältige Weise festgesetzt. Oft werden sie zwischen Gewerkschaften und Arbeitgebern in Tarifverhandlungen ausgehandelt. Bei Tarifverhandlungen vereinbaren die Vertreter von Arbeitgebern und Arbeitnehmern einen Lohn, der dann für alle vertretenen Unternehmen und Beschäftigten maßgeblich ist. Die Arbeitnehmer werden üblicherweise von Gewerkschaften vertreten. Tarifverhandlungen können auf Unternehmensebene, auf Branchenebene oder auf nationaler Ebenen stattfinden. Manchmal gilt ein Tarifvertrag nur für die Unternehmen, die den Tarifvertrag unterzeichnet haben, manchmal wird der Geltungsbereich eines Tarifvertrags automatisch auf alle Unternehmen und Beschäftigten der Branche ausgeweitet.

In Deutschland und in vielen europäischen Ländern spielen Tarifverhandlungen traditionell eine wichtige Rolle. Dies gilt auch für Japan. Allerdings hat in vielen Ländern und auch in Deutschland die Bedeutung von Tarifverhandlungen in den letzten Jahren abgenommen: So waren in Westdeutschland 1995 noch 72% der Beschäftigten in Betrieben tätig, die an einen Tarifvertrag gebunden waren. Im Jahr 2000 betrug dieser Anteil nur noch 63%. Noch deutlicher zeigt sich die sinkende Bedeutung von Tarifverträgen in den neuen Bundesländern. Dort sank der Anteil der Beschäftigten in Betrieben, die von Tarifverträgen erfasst werden, von 56% auf 46%.

In den USA spielen Tarifverhandlungen schon seit längerem nur eine untergeordnete Rolle. Heute werden dort für weniger als 25% der Beschäftigten die Löhne durch Tarifverträge festgelegt. Für die restlichen Beschäftigten werden die Löhne einfach durch die Arbeitgeber vorgegeben oder in individuellen Verhandlungen zwischen dem Arbeitgeber und dem einzelnen Beschäftigten festgesetzt. Für alle Länder gilt aber: Je komplexer das Anforderungsprofil eines Jobs, desto größer die Wahrscheinlichkeit, dass direkte Verhandlungen zwischen dem Arbeitgeber und dem Beschäftigten stattfinden. Der Lohn für einen Eingangsjob als Briefträger wird auf einer take-it-or-leave-it-Basis festgelegt. Hochschulabgänger können im Allgemeinen zumindest Einzelheiten ihres Vertrages mitbestimmen, Topmanager und Fußballstars diktieren einen Großteil der Konditionen selbst.

Die Art und Weise, wie Löhne bestimmt werden, ändert sich also zum Teil beträchtlich, wenn man unterschiedliche historische Episoden, unterschiedliche Qualifikationsniveaus oder unterschiedliche Länder betrachtet. Angesichts dieser Unterschiede stellt sich die Frage, ob sich eine wenigstens annähernd allgemeingültige Theorie der Lohnbestimmung aufstellen lässt. Die Antwort lautet: Ja, das ist möglich. Obwohl institutionelle Unterschiede die Festsetzung der Löhne beeinflussen, gibt es doch Kräfte, die in allen Ländern gleichermaßen wirksam sind. Insbesondere zeigt sich, dass zwei Punkte entscheidend sind:

- Im Normalfall erhalten Beschäftigte einen Lohn, der über ihrem Reservationslohn liegt. Der Reservationslohn ist der Lohnsatz, bei dem der Beschäftigte gerade indifferent ist zwischen den Alternativen Beschäftigung oder Arbeitslosigkeit. Anders ausgedrückt: Die meisten Beschäftigten erhalten einen Lohn, der mindestens so hoch ist, dass sie die Beschäftigung der Arbeitslosigkeit vorziehen. Der Reservationslohn bestimmt sich also aus einer Abwägungsentscheidung des potenziellen Arbeitnehmers. Dieser überlegt, ob der zusätzliche Konsum an Gütern, den er sich durch die Annahme einer Beschäftigung leisten könnte, den Verlust an wertvoller Freizeit aufwiegt. Der Reservationslohn ist umso höher, je mehr Konsumgüter sich der Arbeitnehmer auch ohne Beschäftigungsverhältnis leisten kann, indem er beispielsweise Arbeitslosenunterstützung bezieht oder von seinem Vermögen lebt. Der Reservationslohn ist umso niedriger, je weniger der potenzielle Arbeitnehmer Wert auf Freizeitkonsum legt.
- Die Höhe der Löhne hängt normalerweise von der Lage am Arbeitsmarkt ab. Je niedriger die Arbeitslosenquote, desto höher die Löhne.

Um diese Beobachtungen erklären zu können, haben Ökonomen unterschiedliche Erklärungsansätze herausgearbeitet. Ein erster Ansatz basiert darauf, dass Arbeitnehmer, selbst wenn keine Tarifverhandlungen stattfinden, dennoch über eine gewisse Verhandlungsmacht verfügen, die sie einsetzen können, um Löhne über ihrem Reservationslohn auszuhandeln. Ein zweiter Ansatz geht davon aus, dass Unternehmen unter Umständen ein Eigeninteresse daran haben, höhere Löhne als den Reservationslohn zu zahlen. Wir wollen nun beide Ansätze nacheinander betrachten.

6.3.1 Lohnverhandlungen

Lohnverhandlungen können als kollektive Lohnverhandlung zwischen Gewerkschaften und Arbeitgebervertretern oder als individuelle Lohnverhandlung zwischen dem einzelnen Arbeitnehmer und seinem Arbeitgeber geführt werden. Überlegen wir uns zuerst, über wie viel Verhandlungsmacht ein einzelner Arbeitnehmer verfügt. Dies hängt von mehreren Faktoren ab. Zunächst spielt eine Rolle, welche Kosten dem Unternehmen entstünden, wenn der Arbeitnehmer das Unternehmen verlässt. Weiterhin ist entscheidend, wie schwer es für ihn wäre, eine neue Beschäftigung zu finden, wenn er das Unternehmen verlassen würde. Je höher die Kosten sind, die dem Unternehmen entstehen, wenn es den Arbeitnehmer ersetzen will, und je einfacher es für den Arbeitnehmer ist, eine neue Beschäftigung zu finden, desto größer dessen Verhandlungsmacht. Daraus ergeben sich zwei Implikationen:

- Über wie viel Verhandlungsmacht ein Arbeitnehmer verfügt, hängt zum einen von der Art seines Jobs ab. Einen Arbeiter bei McDonald's zu ersetzen, verursacht dem Unternehmen fast keine Kosten. Ein Bewerber kann schnell angelernt werden und im Normalfall stehen bereits viele Bewerber auf der Warteliste. Unter solchen Bedingungen ist es unwahrscheinlich, dass der Arbeitnehmer über Verhandlungsmacht verfügt. Wenn er einen höheren Lohn fordert, dann kann ihn das Unternehmen entlassen und zu minimalen Kosten ersetzen. Ein gut ausgebildeter Arbeitnehmer dagegen, der die Arbeitsabläufe des Unternehmens sehr gut kennt, ist wahrscheinlich sehr schwierig und nur unter hohen Kosten zu ersetzen. Deshalb hat er eine bessere Verhandlungsposition. Wenn er einen höheren Lohn fordert, dann kommt das Unternehmen eher zu dem Schluss, dass es am besten ist, den höheren Lohn zu zahlen.
- Die Verhandlungsmacht hängt aber auch von der Lage am Arbeitsmarkt ab. Bei niedriger Arbeitslosenquote ist es für Unternehmen schwierig, geeigneten Ersatz zu finden; gleichzeitig ist es für Arbeitnehmer einfacher, einen anderen Job zu finden. Wenn die Verhandlungsposition der Arbeitnehmer gut ist, sind sie eher in der Lage, einen höheren Lohn auszuhandeln. Bei hoher Arbeitslosenquote dagegen wird es für Unternehmen leichter, einen guten Ersatz zu finden, während es für Arbeitnehmer schwieriger wird, einen anderen Job zu finden. Die Verhandlungsposition der Arbeitnehmer ist schlecht; deshalb haben sie kaum eine andere Wahl als einen niedrigeren Lohn zu akzeptieren.

Was ändert sich, wenn anstelle von individuellen Verhandlungen Tarifverhandlungen unter Beteiligung von Gewerkschaften geführt werden? Grundsätzlich bleiben beide Ergebnisse unverändert: Weiterhin gilt, dass nur schwer ersetzbare Arbeitnehmer eine bessere Verhandlungsposition haben – ein gewerkschaftlich organisierter Mitarbeiter von McDonald's ist relativ leicht durch einen Kandidaten ohne Gewerkschaftsmitgliedschaft zu ersetzen. Im Interesse der Jobsicherheit ihrer Mitglieder dürfte die Gewerkschaft der McDonald's Mitarbeiter deswegen besondere Vorsicht bei Lohnerhöhungen walten lassen. Ebenso verschlechtert eine höhere Arbeitslosenquote die Verhandlungsposition der Gewerkschaft. Trotzdem spielt es natürlich eine Rolle, ob Gewerkschaften am Lohnfindungsprozess teilnehmen oder nicht. In Kapitel 22 greifen wir die Gewerkschaftsproblematik wieder auf.

6.3.2 Effizienzlöhne

Nicht nur die Verhandlungsmacht der Arbeitnehmer kann zu höheren Löhnen führen. Auch die Unternehmen selbst haben unter Umständen einen Anreiz, einen Lohn über dem Reservationslohn zu zahlen. Die Unternehmen sind nämlich daran interessiert, dass ihre Beschäftigten produktiv sind. Ein höherer Lohnsatz hilft ihnen, dieses Ziel zu erreichen. Dies gilt insbesondere für den Fall, dass der Arbeitgeber über die Qualifikation und Motivation seiner Mitarbeiter nur unvollständig informiert ist (vgl. hierzu die Fokusbox: „Effizienzlöhne und asymmetrische Informationsverteilung").

Wenn es beispielsweise eine Weile dauert, bis ein Arbeitnehmer lernt, wie er eine Aufgabe korrekt erledigt, dann ist es für das Unternehmen vorteilhaft, wenn er dem Unternehmen über längere Zeit erhalten bleibt. Wenn der Beschäftigte jedoch nur seinen Reservationslohn erhält, dann ist er indifferent zwischen Bleiben oder Wechseln. Viele Beschäftigte werden sich in dieser Situation fürs Wechseln entscheiden; die Fluktuation wird hoch sein. Zahlt das Unternehmen dagegen einen Lohn über dem Reservationslohn, dann ist es für die Beschäftigten attraktiv zu bleiben. Die Fluktuation im Unternehmen wird dadurch reduziert und die Produktivität nimmt zu.

Insbesondere für Tätigkeiten, die für das Funktionieren eines Unternehmens zentral sind, ist eine niedrigere Fluktuation von besonderer Bedeutung. Ein Beispiel kann dies verdeutlichen: Vor dem 11. September 2001 wurden die Beschäftigten in der Flughafensicherung zu niedrigen Löhnen eingestellt und man akzeptierte die daraus resultierende hohe Fluktuation. Mittlerweile hat die Flughafensicherung eine viel höhere Priorität bekommen. Man versucht nun, die Arbeit attraktiver zu machen und eine bessere Bezahlung zu gewährleisten, um höher motivierte und kompetentere Bewerber zu bekommen und um die Fluktuation zu verringern.

Hinter diesem Beispiel steht eine allgemein gültige Einsicht: Die meisten Unternehmen wollen, dass ihre Beschäftigten mit ihrem Job zufrieden sind. Zufriedenheit fördert ein gutes Arbeitsergebnis, dadurch erhöht sich die Produktivität. Einen höheren Lohn zu zahlen, ist ein Instrument, um dieses Ziel zu erreichen. Die Fokusbox: „Henry Ford und die Effizienzlöhne" vertieft diese Einsicht.

Wie aus den Theorien, die die Verhandlungsmacht der Arbeitnehmer in den Mittelpunkt stellen, folgt auch aus den Effizienzlohntheorien, dass die Höhe der Löhne sowohl von der Art der Beschäftigung als auch von der Lage am Arbeitsmarkt abhängt.

- Unternehmen – wie etwa High-Tech-Unternehmen – für die Qualifikation, Arbeitsmoral und Engagement ihrer Beschäftigten essenziell sind, zahlen höhere Löhne als Unternehmen in Branchen, in denen die Arbeitsabläufe mehr durch Routine geprägt sind.
- Die Lage auf dem Arbeitsmarkt beeinflusst die Höhe der Löhne. Eine niedrige Arbeitslosenquote macht es für die Beschäftigten attraktiver, zu kündigen: Wenn die Arbeitslosenquote niedrig ist, dann ist es leicht, einen anderen Job zu finden. Wenn die Arbeitslosenquote sinkt, bedeutet dies für ein Unternehmen, das vermehrte Kündigungen vermeiden will, dass es seine Löhne erhöhen muss, um den Beschäftigten einen Anreiz zu geben, im Unternehmen zu verbleiben. Daher wird eine niedrige Arbeitslosenquote zu höheren Löhnen führen.

Fokus: Effizienzlöhne und asymmetrische Informationsverteilung

Effizienzlöhne spielen vor allem deshalb eine große Rolle, weil Arbeitgeber oft nur unvollständig über die Qualität ihrer Mitarbeiter informiert sind. In der Mikroökonomie werden Situationen, in denen einer Partei mehr Informationen zur Verfügung stehen als der anderen als Situationen mit asymmetrischer (ungleicher) Informationsverteilung beschrieben. Wie wirkt sich asymmetrische Information auf die Höhe der Löhne aus?

Stellen wir uns zunächst einen Arbeitgeber vor, der den Arbeitseinsatz seiner Mitarbeiter nicht perfekt beobachten kann. Der Arbeitnehmer kann sich entweder anstrengen oder sich auf Kosten des Arbeitgebers vor der Arbeit drücken. Wenn der Arbeitgeber das Verhalten seines Mitarbeiters genau beobachten kann, wird er Mittel und Wege finden, ihn zu mehr Anstrengung zu bewegen – er droht ihm mit Kündigung oder Lohneinbußen. Wenn der Arbeitgeber aber nur mit einer gewissen Wahrscheinlichkeit mitbekommt, dass sein Mitarbeiter nicht den gewünschten Einsatz zeigt (es herrscht asymmetrische Information bzgl. des Arbeitseinsatzes), ist er mit folgendem Problem konfrontiert: Der Arbeitnehmer wird zwischen Kosten und Nutzen des Faulseins abwägen. Der Nutzen des Faulseins besteht einfach in der Vermeidung der Mühe, hart zu arbeiten. Die Kosten des Faulseins bestehen in der Wahrscheinlichkeit, entdeckt zu werden, multipliziert mit den Lohneinbußen, die nach einer Entdeckung (z.B. durch die Entlassung aus dem Unternehmen oder durch geringere Aufstiegschancen) zu ertragen sind. Wenn wir annehmen, dass die Möglichkeiten des Arbeitgebers begrenzt sind, allzu träge Mitarbeiter zu identifizieren, wird der Arbeitnehmer nur dann hart arbeiten, wenn seine Einbußen im Fall einer Entdeckung entsprechend groß sind. Der Arbeitgeber wird deshalb versuchen, diese Einbußen entsprechend anzuheben. Eine Möglichkeit dies zu tun, besteht darin, ihm einen höheren Lohn zu zahlen – den Effizienzlohn.

Die Gefahr unerwünschten Fehlverhaltens in Folge von asymmetrischer Information wird von Ökonomen als moralisches Risiko (Moral Hazard) bezeichnet. Asymmetrische Information kann aber noch einen zweiten Effekt haben, der sich ebenfalls auf die Lohnhöhe auswirkt. Ausgangspunkt ist diesmal die unvollständige Kenntnis der Qualifikation eines Mitarbeiters. Meist bewerben sich auf eine bestimmte Stelle ja Kandidaten mit sehr unterschiedlichen Fähigkeiten. Der Arbeitgeber möchte diejenigen an sein Unternehmen binden, die die höchste Qualifikation aufweisen. Deshalb wird er Arbeitnehmer mit hoher Produktivität gut bezahlen, weil diese mit größerer Wahrscheinlichkeit auch anderswo unterkommen. Arbeitnehmer mit niedrigerer Qualifikation sollen hingegen einen geringeren Lohn erhalten. Üblicherweise werden zunächst bestimmte Auswahlkriterien herangezogen, wie der Schulabschluss oder die Examensnote. Bleiben aber nach Anwendung dieser Kriterien immer noch verschiedene Kandidaten übrig, wird eine Unterscheidung immer schwieriger. Der Arbeitgeber erkennt wiederum nur mit einer gewissen Wahrscheinlichkeit, ob ein Kandidat qualifiziert ist oder nicht. Wie soll er sich in dieser Situation verhalten? Welchen Lohn sollte er dem zukünftigen Mitarbeiter anbieten? Jeden nach seinen Fähigkeiten zu entlohnen ist aufgrund der asymmetrischen Informationsverteilung nicht möglich. Eine Lösung könnte darin bestehen, einen durchschnittlichen Lohn anzubieten: Kennt der Arbeitgeber die durchschnittliche Qualifikation der Kandidaten, könnte er auf die Idee kommen, einfach den Mittelwert aus hohen und niedrigen Löhnen zu wählen. Allerdings hat diese Lösung einen Haken, der von Ökonomen als adverse Selektion (ungünstige Auswahl) bezeichnet wird: Wird der Durchschnittslohn bezahlt, erhalten alle Kandidaten mit einer niedrigen Produktivität einen unangemessen hohen Lohn – für sie wird die Stelle besonders interessant, weil ihre Chancen, einen solchen Lohn anderswo zu bekommen, eher niedrig sind. Andererseits werden alle hochqualifizierten Kandidaten darauf spekulieren, dass ein anderer Einstellungschef ihre Fähigkeiten besser zu beurteilen weiß. Sie werden den Job vielleicht annehmen, sich aber gleichzeitig anderswo bewerben. Am Ende verbleiben nur die wenig qualifizierten Kandidaten im Unternehmen und die Gesamtproduktivität sinkt. Um einen solchen Selbstselektionsprozess zu verhindern, kann es sich für ein Unternehmen auszahlen, einen Lohn anzubieten, der über dem Durchschnittsniveau liegt – den Effizienzlohn.

Fokus: Henry Ford und die Effizienzlöhne

1914 machte Henry Ford, der Hersteller des damals beliebtesten Autos der Welt, des T-Modells, eine erstaunliche Ankündigung. Sein Unternehmen würde allen qualifizierten Angestellten mindestens 5 $ am Tag für einen 8-Stunden-Tag bezahlen. Dies bedeutete für die meisten Angestellten, die vorher durchschnittlich 2,30 $ für einen 9-Stunden-Tag erhalten hatten, eine deutliche Einkommenserhöhung. Das Unternehmen erzielte damals zwar hohe Gewinne, eine Lohnerhöhung in diesem Ausmaß war jedoch dennoch nicht unproblematisch. Sie machte die Hälfte des damaligen Unternehmensgewinns aus.

Es ist nicht völlig klar, worin Henry Fords Motivation bestand. Er selbst gab so viele verschiedene Gründe an, dass es unmöglich ist, herauszufinden, von welchem Argument er wirklich überzeugt war. Sein Unternehmen hatte auch zum niedrigeren Lohnsatz keine Schwierigkeiten, genügend Arbeiter zu finden, so dass dies als mögliche Erklärung ausscheidet. Es war für das Unternehmen jedoch schwierig, die Arbeiter lange im Unternehmen zu halten. Die Fluktuation war hoch, die Unzufriedenheit der Arbeiter auch.

Was auch immer die Gründe für Fords Entscheidung gewesen sein mögen, die Auswirkungen der Lohnerhöhung waren erstaunlich. Sie sind in Tabelle 1 dargestellt.

Die jährliche Fluktuationsrate (das Verhältnis von Arbeitern, die das Unternehmen verlassen, zur Gesamtzahl der Beschäftigten) fiel von 370% im Jahr 1913 auf 16% im Jahr 1914. (Eine jährliche Fluktuationsrate von 370% bedeutet, dass im Monat durchschnittlich 31% der Beschäftigten das Unternehmen verlassen, so dass sich für das ganze Jahr eine Fluktuationsrate von 31% ×12 = 370% ergibt.) Die Entlassungsrate fiel von 62% auf nahezu 0%. Andere Kennzahlen weisen in dieselbe Richtung. Die durchschnittliche Abwesenheitsrate (in der Tabelle nicht enthalten) lag 1913 noch bei 10% und fiel im folgenden Jahr auf 2,5%. Unstrittig waren die höheren Löhne für diese Entwicklung verantwortlich.

Hat die Produktivität im Ford-Werk genügend zugenommen, um die durch die höheren Löhne gestiegenen Kosten aufzufangen? Diese Frage kann nicht so eindeutig beantwortet werden. Die Produktivität war 1914 viel höher als 1913: Schätzungen gehen von einem Anstieg der Produktivität um 30 bis 50% aus. Trotz der höheren Löhne waren auch die Gewinne 1914 größer als 1913. Aber wie viel von dieser Gewinnsteigerung auf Verhaltensänderungen der Arbeiter zurückzuführen ist, und wie viel auf den zunehmenden Verkaufserfolg des T-Modells, ist schwer festzustellen.

Die bei Ford beobachteten Entwicklungen unterstützen die Effizienzlohntheorien, dennoch war die Lohnerhöhung auf 5 $ pro Tag zumindest unter dem Aspekt der Gewinnmaximierung wohl doch etwas hoch angesetzt. Henry Ford verfolgte jedoch wahrscheinlich noch andere Ziele, wie den Versuch, die Gewerkschaften nicht in seinem Unternehmen Fuß fassen zu lassen. Dies ist ihm gelungen. Auch mit der Absicht, Werbung für sich und sein Unternehmen zu machen, war er erfolgreich.

	1913	1914	1915
Fluktuationsrate	370	54	16
Entlassungsrate	62	7	0,1

Tabelle 1: Jährliche Fluktuationsrate und Entlassungsrate (%) bei Ford, 1913-1915

Quelle: Dan Raff and Lawrence Summers, „Did Henry Ford Pay Efficiency Wages?" NBER Working Paper, 2101, December 1986.

6.3.3 Löhne, Preise und Arbeitslosigkeit

Die bisherige Diskussion können wir mit Hilfe der folgenden Gleichung zusammenfassen:

$$W = P^e F\underset{(-,+)}{(u,z)} \tag{6.1}$$

Hierbei stellt W den aggregierten Nominallohn dar. Der aggregierte Nominallohn ist der durchschnittliche Lohn in Geldeinheiten, also der Betrag, den ein durchschnittlicher Arbeitnehmer am Ende des Monats auf sein Konto überwiesen bekommt. W hängt von drei Faktoren ab:

- W ist umso größer, je höher das erwartete Preisniveau P^e ist
- W ist umso niedriger, je höher die Arbeitslosenquote u ist
- W ist umso größer, je höher der Wert der Sammelvariable z ist. z erfasst alle anderen Variablen, die das Ergebnis der Lohnfestsetzung beeinflussen könnten.

Betrachten wir nacheinander jeden dieser drei Faktoren:

Das erwartete Preisniveau

Lassen wir zunächst den Unterschied zwischen dem erwarteten und dem tatsächlichen Preisniveau beiseite und stellen die Frage: Warum beeinflusst das Preisniveau P die Höhe der Löhne?

Die Antwort auf diese Frage lautet: Sowohl für Arbeitnehmer wie auch für Unternehmen ist der Reallohn W/P die entscheidende Größe, nicht der Nominallohn. Die Gründe hierfür sind leicht nachzuvollziehen:

- Für die Arbeitnehmer ist es nicht entscheidend, wie viele Euro sie erhalten, sondern wie viele Güter und Dienstleistungen sie mit ihren Löhnen kaufen können. Anders ausgedrückt, entscheidend ist die Höhe des Lohns, ausgedrückt in Gütereinheiten, der Reallohn W/P. Steigen die Preise der Güter, kann man sich mit einem gegebenen Nominallohn weniger leisten – der Reallohn sinkt.
- Genauso ist es für die Unternehmen nicht entscheidend, welchen Nominallohn sie ihren Beschäftigten zahlen, sondern welchen Nominallohn sie im Verhältnis zum Preis des produzierten Outputs zahlen. Demnach ist auch für die Unternehmen der Reallohn W/P die entscheidende Größe. Steigen die Preise der Güter, die ein Unternehmen verkauft, während der Nominallohn gleich bleibt, erhält das Unternehmen bei gleichen Kosten eine höhere Einnahme – der Reallohn sinkt.

Würde ein Arbeitnehmer erwarten, dass sich das Preisniveau – der Preis der Güter, die er kauft – verdoppelt, dann würde er eine Verdopplung seines Nominallohns fordern. Würden die Unternehmen erwarten, dass sich das Preisniveau – der Preis der Güter, die sie verkaufen – verdoppelt, dann wären sie bereit, die Nominallöhne zu verdoppeln. Würden daher sowohl die Arbeitnehmer als auch die Unternehmen eine Verdopplung des Preisniveaus erwarten, würden sie übereinkommen, die Nominallöhne zu verdoppeln. Die Reallöhne W/P würden dadurch konstant bleiben, weil Zähler und Nenner im gleichen Ausmaß zunehmen. Gleichung (6.1) erfasst diesen Zusammenhang: Eine Verdopplung des erwarteten Preisniveaus führt zu einer Verdopplung der Nominallöhne, die in den Lohnverhandlungen festgesetzt werden.

◄ **Kurz:** $P^e\uparrow \Rightarrow W\uparrow$

Gehen wir nun auf den Unterschied zwischen dem erwarteten und dem tatsächlichen Preisniveau ein, den wir am Anfang des Abschnitts zurückgestellt haben: Warum hängen die Nominallöhne vom erwarteten Preisniveau P^e und nicht vom tatsächlichen Preisniveau P ab? Die Antwort lautet, dass die Löhne für einen bestimmten Zeitraum in der Zukunft in nominalen Einheiten (Euro) festgelegt werden. Zum Zeitpunkt der Lohnfestsetzung ist aber das relevante tatsächliche Preisniveau noch nicht bekannt.

Beispielsweise werden in den Tarifverträgen, die in Deutschland abgeschlossen werden, die Nominallöhne im Normalfall für mindestens ein Jahr im Voraus festgelegt. Gewerkschaften und Arbeitgeber müssen entscheiden, wie sich die Nominallöhne über den Zeitraum der Vertragsdauer entwickeln; sie können dabei nur von ihren Erwartungen bezüglich des tatsächlichen Preisniveaus für diesen Zeitraum ausgehen. Selbst wenn die Löhne ausschließlich von den Unternehmen festgesetzt werden oder wenn sie in individuellen Verhandlungen zwischen einem Unternehmen und einem Arbeitnehmer ausgehandelt werden, umfasst der Zeitraum im Normalfall ein Jahr. Wenn sich das tatsächliche Preisniveau im Lauf dieses Jahres unerwartet erhöht, dann werden die Nominallöhne im Normalfall nicht angepasst. In den folgenden drei Kapiteln beschäftigen wir uns damit, wie Beschäftigte und Unternehmen ihre Erwartungen über das Preisniveau bilden, an dieser Stelle gehen wir darauf noch nicht näher ein.

Die Arbeitslosenquote

Der aggregierte Lohnsatz W in Gleichung (6.1) hängt auch von der Arbeitslosenquote u ab. Das Minuszeichen unter der Arbeitslosenquote soll zum Ausdruck bringen, dass ein Anstieg der Arbeitslosenquote zu einem Sinken der Löhne führt.

Die Erkenntnis, dass die Löhne von der Arbeitslosenquote abhängen, haben wir aus unserer vorangegangenen Diskussion über die Festsetzung des Lohnsatzes gewonnen. Wenn wir davon ausgehen, dass die Löhne im Rahmen von Verhandlungen festgesetzt werden, dann wird die Verhandlungsposition der Arbeitnehmer durch eine höhere Arbeitslosenquote geschwächt und sie sind gezwungen, niedrigere Löhne zu akzeptieren. Wenn wir davon ausgehen, dass die Löhne gemäß den Effizienzlohntheorien festgesetzt werden, dann ermöglicht es eine höhere Arbeitslosenquote den Unternehmen, niedrigere Löhne zu zahlen, ohne einen Motivationsverlust ihrer Beschäftigten befürchten zu müssen.

◄ **Kurz:** $u\uparrow \Rightarrow W\downarrow$

Die anderen Faktoren

Kurz: $z\uparrow \Rightarrow W\uparrow$

Die dritte Variable in Gleichung (6.1), z, ist eine so genannte Sammelvariable. Sie repräsentiert alle anderen Größen, die bei gegebenem erwarteten Preisniveau und gegebener Arbeitslosenquote die Löhne beeinflussen. Wir definieren z so, dass ein Anstieg von z einen Anstieg der Löhne impliziert (aus diesem Grund das Pluszeichen unter der Variable z). Aus unserer vorangegangenen Diskussion lässt sich eine lange Liste von potenziellen Einflussfaktoren ableiten, die alle in der Variable z zusammengefasst werden.

Betrachten wir als Beispiel zunächst die Arbeitslosenversicherung – die Zahlung von Arbeitslosengeld an Arbeitnehmer, die ihre Beschäftigung verloren haben. Es gibt gute Argumente dafür, warum die Gesellschaft eine Arbeitslosenversicherung für Arbeitnehmer einrichten sollte, die ihre Beschäftigung verloren haben und für die es schwierig ist, eine neue Beschäftigung zu finden. Dennoch lässt sich nicht abstreiten, dass eine großzügige Arbeitslosengeldregelung dazu führt, dass das Risiko der Arbeitslosigkeit viel von seinem Schrecken einbüßt. Mit anderen Worten: Eine Erhöhung des Arbeitslosengeldes erhöht den Reservationslohn. In der Folge steigen die Löhne bei gegebener Arbeitslosenquote. Nehmen wir als extremes Beispiel an, dass eine Arbeitslosenversicherung gar nicht existiert. Die Arbeitnehmer müssten dann selbst extrem niedrige Löhne akzeptieren, um zu überleben. In der Realität jedoch existiert eine Arbeitslosenversicherung. Sie ermöglicht es den Arbeitslosen, höhere Löhne zu fordern. In diesem Fall können wir z als Maß für die Höhe des Arbeitslosengeldes interpretieren: Bei gegebener Arbeitslosenquote führt ein höheres Arbeitslosengeld zu einem Anstieg der Löhne.

Es ist nicht schwierig, weitere Einflussfaktoren zu finden, die durch die Sammelvariable z repräsentiert werden. Eine Erhöhung des gesetzlichen Mindestlohns oder der Sozialhilfe hat ähnliche Effekte auf die Löhne oberhalb von Mindestlohn bzw. Sozialhilfe. Dies wiederum führt zu einem Anstieg des durchschnittlichen Lohnsatzes W bei gegebener Arbeitslosenquote. Ein anderes Beispiel ist ein verbesserter Kündigungsschutz, der es für die Unternehmen teurer macht, Beschäftigte zu entlassen. Derartige Maßnahmen stärken die Verhandlungsposition der Beschäftigten, die durch den Kündigungsschutz geschützt sind (Für Unternehmen wird es teurer, Beschäftigte zu entlassen und dafür andere einzustellen). Auch dadurch wird der Lohnsatz bei gegebener Arbeitslosenquote ansteigen. Auf einige dieser Einflussfaktoren gehen wir im Rahmen der weiteren Analyse ein.

6.4 Wie Preise festgesetzt werden

Nachdem wir analysiert haben, wie die Löhne zustande kommen, beschäftigen wir uns nun damit, wie die Preise festgesetzt werden.

Wir gehen hierbei davon aus, dass die Preise von den Kosten abhängen. Die Kosten wiederum hängen von den Preisen der eingesetzten Inputs ab sowie davon, welche Inputs zur Produktion eingesetzt werden. Dies hängt von der Produktionsweise der Unternehmen ab, die durch eine Produktionsfunktion beschrieben werden kann. Um die Analyse so überschaubar wie möglich zu halten, nehmen wir zunächst an, dass die Unternehmen nur mit einem Produktionsfaktor, dem Faktor Arbeit, produzieren. Ihre Produktionsfunktion weist dann folgende Form auf:

$$Y = AN$$

Y bezeichnet die Produktion, N die Beschäftigung und A die Arbeitsproduktivität. Diese Formulierung der Produktionsfunktion impliziert eine konstante Arbeitsproduktivität – die Produktion je Beschäftigten nimmt den Wert A an. Was besagt diese Produktionsfunktion? Wenn das Unternehmen die Zahl der Beschäftigten N verdoppelt, dann kann es dadurch auch die Produktion verdoppeln.

In der Mikroökonomie sprechen wir in diesem Zusammenhang von einem konstanten Grenzprodukt der Arbeit.

Wenn sich die Produktivität je Beschäftigten, also die Anzahl an Gütern, die ein Arbeitnehmer in einem gewissen Zeitraum produzieren kann, verdoppelt, dann verdoppelt sich ebenfalls die Produktionsleistung.

Natürlich handelt es sich bei einer solchen Produktionsfunktion um eine starke Vereinfachung. So wird in der Realität nicht nur Arbeit als Produktionsfaktor eingesetzt. Es werden auch Kapital – in Form von Maschinen und Produktionsanlagen –und Rohstoffe (wie etwa Öl) eingesetzt. Weiterhin steigt die Arbeitsproduktivität A durch technischen Fortschritt im Zeitverlauf stetig an. Wir werden diese Aspekte später einführen: In Kapitel 7 werden wir Rohstoffe mit in die Analyse aufnehmen und die Ölkrisen der 70er Jahre betrachten. In den Kapiteln 10 bis 13 werden wir die Rolle des Kapitals und des technischen Fortschritts in den Mittelpunkt der Analyse stellen. In diesem Kapitel jedoch vereinfacht uns die unterstellte Produktionsfunktion das Leben enorm; die zentralen Aussagen gelten auch in komplexeren Modellen.

Schließen wir Veränderungen der Arbeitsproduktivität A aus, ist A konstant. Wir können dann die Produktionseinheiten so wählen, dass ein Beschäftigter genau eine Einheit produziert – A nimmt dann den Wert eins an. Deshalb müssen wir den Parameter A nicht weiter beachten. Unter dieser Annahme können wir die Produktionsfunktion weiter vereinfachen:

$$Y = N \tag{6.2}$$

Bei der Produktionsfunktion $Y = N$ entsprechen die Kosten einer zusätzlichen Produktionseinheit gerade den Kosten der Beschäftigung eines zusätzlichen Beschäftigten, also dem Lohnsatz W. In der Mikroökonomie würden wir sagen, die Grenzkosten einer zusätzlichen Produktionseinheit entsprechen dem Lohnsatz W.

Die Kosten sind $W N = W Y$. Bei konstantem Lohn entsprechen die Grenzkosten gerade dem Lohnsatz W.

Würde auf den Gütermärkten vollkommener Wettbewerb herrschen, dann wäre der Preis einer Produktionseinheit gleich den Grenzkosten: P entspräche dem Lohnsatz W. Auf den meisten Gütermärkten herrscht jedoch kein vollkommener Wettbewerb. Die einzelnen Unternehmen berücksichtigen bei der Preissetzung ihre Marktmacht und verlangen einen Preis, der über den Grenzkosten liegt. Dieser Aufschlag ist umso höher, je weniger elastisch die Nachfrage auf Preissteigerungen reagiert. Weil sich alle Unternehmen so verhalten, liegt auch das allgemeine Preisniveau über den Grenzkosten (dabei vernachlässigen wir, dass manche Unternehmen über größere Marktmacht verfügen als andere). Deshalb nehmen wir an, dass die Unternehmen ihre Preise gemäß der folgenden Funktion festlegen:

$$P = (1+\mu)\, W \qquad (6.3)$$

Versuchen sie, den Zusammenhang zwischen Marktmacht und Nachfrageelastizität abzuleiten (vgl. Aufgabe 6).

μ stellt einen Aufschlag auf die Kosten dar, der die Marktmacht der Unternehmen repräsentiert. Würde auf den Gütermärkten vollkommener Wettbewerb herrschen, dann wäre μ gleich Null; der Preis entspräche dem Lohnsatz *W*. Je mehr die Unternehmen über Marktmacht verfügen, umso stärker liegt ihr Preis über dem Preis bei vollkommenem Wettbewerb, desto höher ist also μ. Der Preis *P* liegt um den Faktor $(1+\mu)$ über dem Lohnsatz *W*.

6.5 Die natürliche Arbeitslosenquote

Bis zum Ende dieses Kapitels gehen wir also davon aus, dass $P^e = P$.

Wir wollen nun analysieren, welche Konsequenzen sich aus Lohn- und Preissetzung für die Arbeitslosenquote ergeben. Zunächst treffen wir hierzu noch eine weitere Annahme. Wir gehen davon aus, dass das tatsächliche Preisniveau *P* dem erwarteten Preisniveau P^e entspricht (später wird deutlich, was diese Annahme bedeutet). Unter dieser zusätzlichen Annahme determinieren die Lohn- und die Preissetzung die gleichgewichtige Arbeitslosenquote.

6.5.1 Die Lohnsetzungsgleichung

Entspricht das tatsächliche Preisniveau *P* dem erwarteten Preisniveau P^e, dann ergibt sich aus Gleichung (6.1), die die Lohnsetzung beschreibt:

$$W = P\, F(u, z)$$

An der Lohnsetzung können je nach Situation auf dem Arbeitsmarkt unterschiedliche Gruppen beteiligt sein. Wenn der Lohnsatz in Tarifverhandlungen ausgehandelt wird, verhandeln Gewerkschaften und Arbeitgeber. Der Lohnsatz kann aber auch in individuellen Lohnverhandlungen festgesetzt werden. Manchmal, wenn Unternehmer den Lohnsatz auf einer take-it-or-leave-it-Basis festlegen, haben Arbeitnehmer gar keinen Lohnsetzungsspielraum.

Dividieren wir beide Seiten durch das tatsächliche Preisniveau *P*, so erhalten wir:

$$\frac{W}{P} = \underset{(-,+)}{F(u, z)} \qquad (6.4)$$

Die Lohnsetzung impliziert einen negativen Zusammenhang zwischen Arbeitslosenquote *u* und Reallohn *W/P*: Je höher die Arbeitslosenquote, desto niedriger der Reallohn, der von den an der Lohnsetzung Beteiligten festgesetzt wird. Die Intuition ist klar: Je höher die Arbeitslosenquote, desto schlechter die Verhandlungsposition der Beschäftigten, umso niedriger also der Reallohn.

Der Zusammenhang zwischen dem Reallohn und der Arbeitslosenquote – wir nennen ihn Lohnsetzungsgleichung – ist in Abbildung 6.8 eingezeichnet. Der Reallohn wird auf der vertikalen Achse abgetragen, die Arbeitslosenquote auf der horizontalen Achse. Die Lohnsetzungsgleichung ist die fallende Kurve *WS* (*WS* steht für „wage setting“). Je höher die Arbeitslosenquote, desto niedriger der Reallohn.

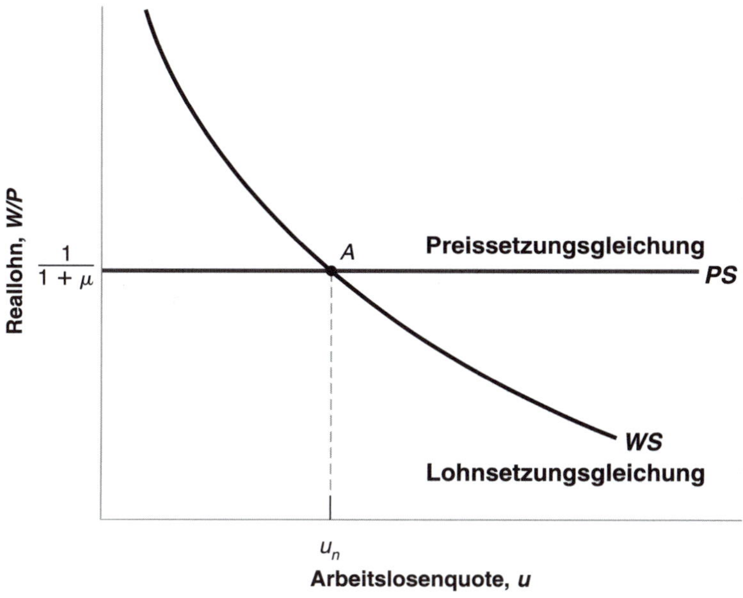

Abbildung 6.8:
Lohnsetzungsgleichung, Preissetzungsgleichung und natürliche Arbeitslosenquote

Der im Rahmen der Lohnsetzung gewählte Reallohn ist eine fallende Funktion der Arbeitslosenquote. Der durch die Preissetzung implizierte Reallohn ist konstant und unabhängig von der Arbeitslosenquote. Die natürliche Arbeitslosenquote ist die Arbeitslosenquote, die sich ergibt, wenn der im Rahmen der Lohnsetzung gewählte Reallohn dem durch die Preissetzung implizierten Reallohn entspricht.

6.5.2 Die Preissetzungsgleichung

Die Preise werden von den Unternehmen festgesetzt. Dividieren wir beide Seiten der Preissetzungsgleichung (6.3) durch den Nominallohn *W*, erhalten wir:

$$\frac{P}{W} = 1 + \mu \qquad (6.5)$$

Aufgrund der Marktmacht der Unternehmen bei der Festsetzung ihrer Preise entspricht das Verhältnis zwischen dem Preisniveau *P* und dem Lohnsatz *W* genau eins plus den Gewinnaufschlag, also $(1+\mu)$. Bilden wir auf beiden Seiten den Kehrwert, dann ergibt sich der Reallohn, der durch das Preissetzungsverhalten impliziert wird:

$$\frac{W}{P} = \frac{1}{1+\mu} \qquad (6.6)$$

Diese Gleichung besagt: Die Entscheidung der Unternehmen, wie sie ihre Preise festlegen, wirkt sich auch auf den Reallohn aus. Ein höherer Gewinnaufschlag führt dazu, dass die Unternehmen ihre Preise bei gegebenen Nominallöhnen erhöhen. Dies bedeutet aber gleichzeitig einen Rückgang des Reallohns.

Algebraisch betrachtet ist der Schritt von Gleichung (6.5) zu Gleichung (6.6) trivial. Aber wie sich das Preissetzungsverhalten auf den Reallohn auswirkt, ist nicht ganz so offensichtlich. Betrachten wir den Zusammenhang genauer: Nehmen wir an, das Unternehmen, bei dem wir beschäftigt sind, erhöht seinen Gewinnaufschlag und dadurch den Preis seines Produktes. Unser Reallohn verändert sich dadurch kaum. Wir erhalten immer noch denselben Nominallohn. Das im eigenen Unternehmen produzierte

Gut macht nur einen ganz kleinen Teil des von uns konsumierten Warenkorbes aus. Wenn aber nicht nur das Unternehmen, bei dem wir beschäftigt sind, seinen Gewinnaufschlag erhöht, sondern alle Unternehmen in der gesamten Volkswirtschaft, dann steigen die Preise aller Güter. Obwohl der Nominallohn gleich bleibt, sinkt deshalb unser Reallohn. Daraus folgt: Der Reallohn ist umso niedriger, je höher der Gewinnaufschlag.

Die Preissetzungsgleichung aus Gleichung (6.6) ist in Abbildung 6.8 als die horizontale Gerade *PS* (*PS* steht für „price setting") eingezeichnet. Der Reallohn, der durch das Preissetzungsverhalten der Unternehmen impliziert wird, ist $1/(1 + \mu)$ und ist unabhängig von der Arbeitslosenquote.

6.5.3 Der gleichgewichtige Reallohn und die gleichgewichtige Arbeitslosenquote

Ein Gleichgewicht auf dem Arbeitsmarkt stellt sich dann ein, wenn der Reallohn, der im Rahmen der Lohnsetzung festgelegt wird, dem Reallohn entspricht, der durch die Preissetzung impliziert wird. Diese Art und Weise, das Gleichgewicht auf dem Arbeitsmarkt zu beschreiben, mag vielleicht seltsam erscheinen, wenn man an die mikroökonomische Betrachtungsweise gewöhnt ist, die von Arbeitsangebot und Arbeitsnachfrage ausgeht. Der Zusammenhang zwischen den beiden Erklärungsansätzen, der Lohn- und Preissetzungsgleichung auf der einen Seite und dem Arbeitsangebot und der Arbeitsnachfrage auf der anderen Seite, ist aber enger als man auf den ersten Blick vermutet. Im Anhang zu diesem Kapitel werden die beiden Erklärungsansätze gegenübergestellt.

Die gleichgewichtige Arbeitslosenquote ist die Arbeitslosenquote, für die gilt, dass der Reallohn, der im Rahmen der Lohnsetzung festgelegt wird – die linke Seite von Gleichung (6.7) – dem Reallohn entspricht, der durch die Preissetzung impliziert wird – die rechte Seite von Gleichung (6.7).

In Abbildung 6.8 befindet sich das Gleichgewicht demnach in Punkt *A*. Die gleichgewichtige Arbeitslosenquote bezeichnen wir mit u_n.

Wir können die gleichgewichtige Arbeitslosenquote u_n algebraisch darstellen. Wenn wir die Gleichungen (6.4) und (6.6) gleichsetzen, dann ergibt sich:

$$F(u_n, z) = \frac{1}{1+\mu} \tag{6.7}$$

Die gleichgewichtige Arbeitslosenquote wird natürliche Arbeitslosenquote genannt (deshalb verwenden wir das tiefgestellte *n*). Da es sich dabei um eine Terminologie handelt, die zum Standard geworden ist, werden wir sie auch hier verwenden. Nichtsdestoweniger ist die Wortwahl nicht besonders geeignet. Der Begriff „natürlich" lässt vermuten, dass es sich bei der gleichgewichtigen Arbeitslosenquote um eine naturgegebene Konstante handelt, um eine Konstante, die weder durch Institutionen noch durch Politikmaßnahmen beeinflusst werden kann. Die Herleitung der natürlichen Arbeitslosenquote zeigt jedoch, dass sie alles andere als natürlich im eigentlichen Sinne des Wortes ist. Die Lage der Preissetzungskurve und der Lohnsetzungskurve, und damit auch die Lage der gleichgewichtigen Arbeitslosenquote, hängen sowohl von z als auch μ ab. Betrachten wir zwei Beispiele:

Die übliche Definition von „natürlich" lautet: In einem Zustand, der durch die Natur gegeben ist und nicht vom Menschen herbeigeführt wurde.

- Eine Erhöhung des Arbeitslosengeldes. Eine Erhöhung des Arbeitslosengeldes kann durch einen Anstieg von z dargestellt werden: Da durch eine Erhöhung des Arbeitslosengeldes die Aussicht, arbeitslos zu werden, etwas von ihrem Schrecken einbüßt, steigt der Lohnsatz, der durch die an der Lohnsetzung Beteiligten bei einer gegebenen Arbeitslosenquote festgelegt wird. Damit verschiebt sich die Lohnsetzungsgleichung in Abbildung 6.9 nach oben, von *WS* nach *WS′*. Die Wirtschaft bewegt sich entlang der Geraden *PS*, von *A* nach *A′*. Die natürliche Arbeitslosenquote steigt von u_n auf u_n'.

  In Worten: Bei gegebener Arbeitslosenquote führt eine Erhöhung des Arbeitslosengeldes zu einem höheren Reallohn. Eine höhere Arbeitslosenquote wird benötigt, um den Reallohn auf das Niveau zurückzuführen, das die Unternehmen bereit sind zu zahlen.

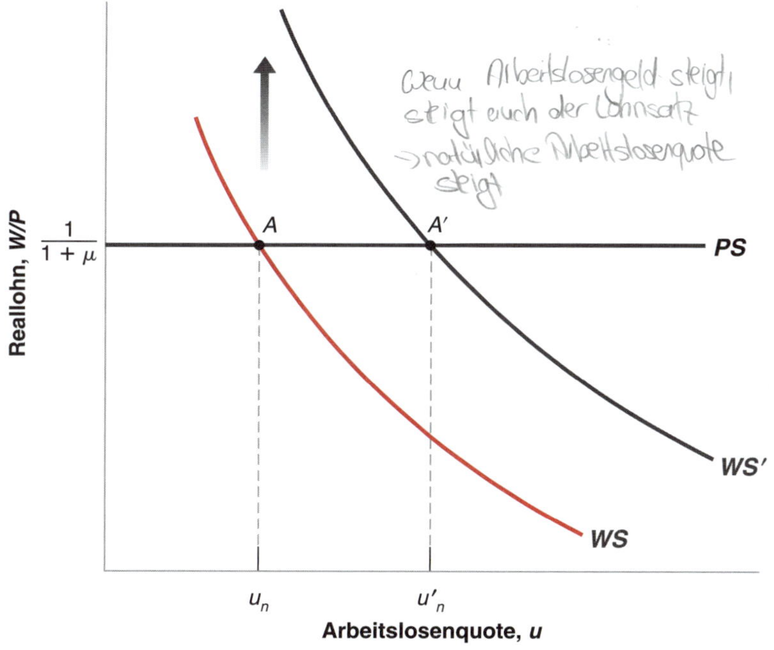

Abbildung 6.9: Die Auswirkungen einer Erhöhung der Arbeitslosenunterstützung auf die Höhe der natürlichen Arbeitslosenquote

Eine Erhöhung der Arbeitslosenunterstützung führt zu einem Anstieg der natürlichen Arbeitslosenquote.

- Eine weniger strenge Gesetzgebung gegen Wettbewerbsbeschränkungen. Wenn Unternehmen Preisabsprachen leichter treffen können und ihre Marktmacht dadurch ausbauen, erhöht sich der Gewinnaufschlag – μ steigt. Der Anstieg von μ impliziert ein Sinken des von den Unternehmen gezahlten Reallohns. Die Preissetzungsgleichung verschiebt sich dadurch nach unten, von *PS* nach *PS′* in Abbildung 6.10. Die Volkswirtschaft bewegt sich entlang der Lohnsetzungsgleichung *WS*. Das Gleichgewicht verschiebt sich von *A* nach *A′* und die natürliche Arbeitslosenquote erhöht sich von u_n auf u_n'.

  In Worten: Eine weniger strenge Gesetzgebung gegen Wettbewerbsbeschränkungen ermöglicht es den Unternehmen, ihre Preise bei gegebenen Nominallöhnen zu erhöhen. Eine höhere Arbeitslosenquote wird benötigt, damit die Beschäftigten den gesunkenen Reallohn akzeptieren. Dies führt zu einem Anstieg der natürlichen Arbeitslosenquote.

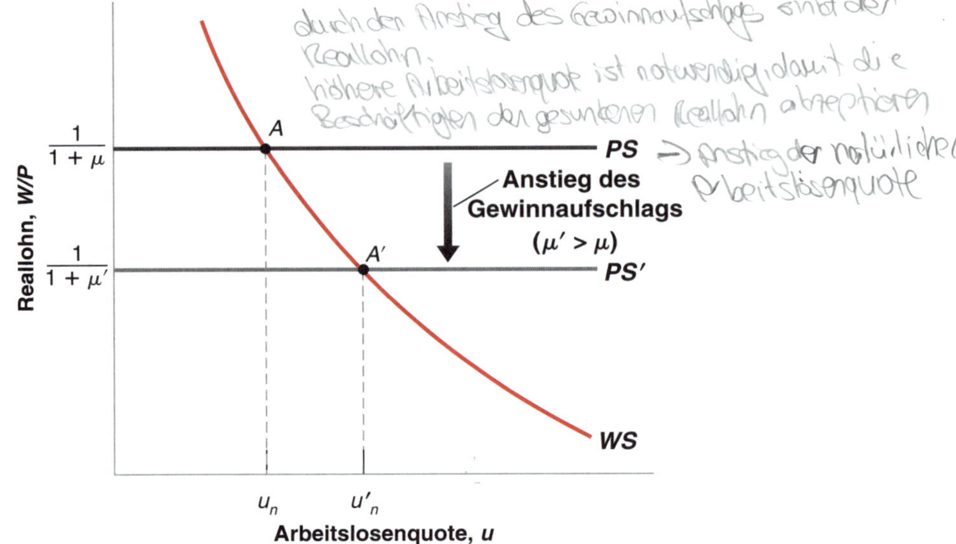

Abbildung 6.10: Unternehmerischer Gewinnaufschlag und natürliche Arbeitslosenquote

Eine Erhöhung des Gewinnaufschlags senkt den Reallohn und führt zu einer Erhöhung der natürlichen Arbeitslosenquote.

Die Bezeichnung „strukturelle Arbeitslosigkeit" wurde von Edmund Phelps von der Columbia University vorgeschlagen. In den Kapiteln 8 und 27 werden wir auf weitere Beiträge von ihm eingehen.

Beispiele wie die Höhe des Arbeitslosengeldes oder die Wettbewerbsgesetzgebung können mit Sicherheit nicht als naturgegeben bezeichnet werden. Sie charakterisieren die Struktur einer Volkswirtschaft. Aus diesem Grund wäre es passender die natürliche Arbeitslosenquote als strukturelle Arbeitslosenquote zu bezeichnen. Diese Bezeichnung hat sich jedoch bisher nicht durchsetzen können.

Von der Arbeitslosigkeit zur Beschäftigung

Mit der natürlichen Arbeitslosenquote ist ein natürliches Beschäftigungsniveau verknüpft. Dabei handelt es sich um das Beschäftigungsniveau, das sich in einer Volkswirtschaft einstellt, wenn die Arbeitslosenquote der natürlichen Arbeitslosenquote entspricht.

Greifen wir noch einmal den Zusammenhang zwischen der Zahl der Arbeitslosen, der Zahl der Beschäftigten und der Größe der Erwerbsbevölkerung auf. Wir bezeichnen die Zahl der Arbeitslosen mit U, die Zahl der Beschäftigten mit N und die Erwerbsbevölkerung mit L. Dann gilt:

$$u \equiv \frac{U}{L} = \frac{L-N}{L} = 1 - \frac{N}{L}$$

Der erste Schritt folgt aus der Definition der Arbeitslosenquote u. Der zweite Schritt ergibt sich aus der Tatsache, dass gemäß der Definition der Erwerbsbevölkerung, die Zahl der Arbeitslosen U der Erwerbsbevölkerung L abzüglich der Zahl der Beschäftigten N entspricht. Der dritte Schritt besteht darin, den Bruch zu vereinfachen. Wenn wir alle drei Schritte zusammensetzen, dann entspricht die Arbeitslosenquote u dem Ausdruck 1 minus dem Verhältnis der Beschäftigten N zur Erwerbsbevölkerung L.

Wir stellen den Ausdruck nun um, mit dem Ziel, die Beschäftigten in Abhängigkeit von der Erwerbsbevölkerung und der Arbeitslosenquote darzustellen.

$$N = L(1-u)$$

Die Zahl der Beschäftigten N ist gleich der Erwerbsbevölkerung L multipliziert mit 1 minus der Arbeitslosenquote u.

Wenn die natürliche Arbeitslosenquote durch u_n gegeben ist und die Erwerbsbevölkerung durch L, wird das natürliche Beschäftigungsniveau demnach durch folgenden Ausdruck beschrieben:

$$N_n = L(1-u_n)$$

Beispielsweise ergibt sich, wenn die Erwerbsbevölkerung gleich 100 Millionen ist und die natürliche Arbeitslosenquote bei 5% liegt, ein natürliches Beschäftigungsniveau von 95 Millionen.

6.5.4 Von der Beschäftigung zur Produktion

Dem natürlichen Beschäftigungsniveau entspricht ein natürliches Produktionsniveau. Es gibt das Niveau an, das in der Volkswirtschaft produziert wird, wenn die Beschäftigung dem natürlichen Beschäftigungsniveau entspricht.

Bei der Produktionsfunktion $Y = N$, die wir in diesem Kapitel verwendet haben, ergibt sich das natürliche Produktionsniveau Y_n gemäß der Gleichung $Y_n = N_n = L\,(1 - u_n)$.

Wenn die natürliche Arbeitslosenquote durch u_n gegeben ist, ergibt sich das natürliche Produktionsniveau wegen $Y = N$ als $Y_n = N_n = L\,(1 - u_n)$.

Wenn wir Gleichung (6.7) und den gerade abgeleiteten Zusammenhang zwischen Arbeitslosenquote, Beschäftigung und Produktion verknüpfen, dann erhalten wir die folgende Gleichung, durch die das natürliche Produktionsniveau definiert wird:

$$F\left(1-\frac{Y_n}{L}, z\right) = \frac{1}{1+\mu} \tag{6.8}$$

Das natürliche Produktionsniveau Y_n mit der entsprechenden Arbeitslosenquote $u_n = 1 - Y_n/L$ ergibt sich folgendermaßen: Es ist das Produktionsniveau, für das Folgendes gilt: Der Reallohn, der im Rahmen der Lohnsetzung festgelegt wird – die linke Seite von Gleichung (6.7) – entspricht gerade dem Reallohn, der durch die Preissetzung impliziert wird – die rechte Seite von Gleichung (6.8).

Wir sind in diesem Abschnitt in mehreren Schritten vorgegangen. Wir wollen diese Schritte nun zusammenfassen: Nehmen wir an, dass das erwartete Preisniveau dem tatsächlichen Preisniveau entspricht. Dann folgt:

- Der Reallohn, der im Rahmen der Lohnsetzung festgelegt wird, ist eine abnehmende Funktion der Arbeitslosenquote.
- Auch die Preissetzung impliziert einen bestimmten Reallohn. Dieser ist bei konstantem Grenzprodukt der Arbeit konstant.
- Ein Gleichgewicht auf dem Arbeitsmarkt stellt sich dann ein, wenn der Reallohn, der im Rahmen der Lohnsetzung festgelegt wird, dem Reallohn entspricht, der durch die Preissetzung impliziert wird.

- Die gleichgewichtige Arbeitslosenquote bezeichnet man als natürliche Arbeitslosenquote.
- Der natürlichen Arbeitslosenquote entspricht ein natürliches Beschäftigungsniveau und ein natürliches Produktionsniveau.

6.6 Die weitere Vorgehensweise

Wir haben gerade analysiert, wie die Arbeitslosenquote durch das Gleichgewicht auf dem Arbeitsmarkt determiniert wird. Diese gleichgewichtige oder „natürliche" Arbeitslosenquote wiederum determiniert ein bestimmtes Produktionsniveau – das „natürliche Produktionsniveau".

Damit stellt sich vielleicht die Frage, was wir eigentlich in den Kapiteln 3, 4 und 5 gemacht haben. Wenn die Arbeitslosenquote durch das Gleichgewicht auf dem Arbeitsmarkt bestimmt wird und dadurch wiederum das Produktionsniveau, warum haben wir dann so viel Zeit damit verbracht, Güter-, Geld- und Finanzmärkte zu analysieren? Wie sind die Ergebnisse der Kapitel 3, 4 und 5 einzuordnen? Wir sind dort zu dem Schluss gelangt, dass das Produktionsniveau durch Nachfragefaktoren wie Konsumentenvertrauen oder Geld- und Fiskalpolitik bestimmt wird. All diese Faktoren gehen jedoch in Gleichung (6.8) nicht ein; sie dürften demnach das natürliche Produktionsniveau nicht beeinflussen.

Der Schlüssel zur Antwort auf diese Fragen ist einfach, aber wichtig:

- Wir haben die natürliche Arbeitslosenquote und das damit verbundene Niveau von Beschäftigung und Produktion unter zwei Annahmen abgeleitet. Erstens haben wir Gleichgewicht auf dem Arbeitsmarkt unterstellt; zweitens haben wir angenommen, dass das tatsächliche Preisniveau dem erwarteten Preisniveau entspricht.
- Die zweite Annahme ist aber bei Betrachtung der kurzen Frist nicht gerechtfertigt. Nachdem die Nominallöhne für eine bestimmte Laufzeit fixiert wurden, kann sich das tatsächliche Preisniveau ganz anders entwickeln, als die an der Lohnsetzung Beteiligten erwarteten. Es gibt also keinen Grund, warum die Arbeitslosenquote in der kurzen Frist der natürlichen Arbeitslosenquote entsprechen sollte, oder warum sich die Produktion auf dem natürlichen Niveau einstellen sollte.

  In der kurzen Frist werden Produktionsänderungen durch die Faktoren ausgelöst, die wir in den vorangegangenen drei Kapiteln untersucht haben, wie etwa der Geld- und Fiskalpolitik.

  Wir werden im nächsten Kapitel sehen, dass die Veränderungen des Produktionsniveaus in der kurzen Frist tatsächlich durch die Faktoren herbeigeführt werden, auf die wir uns in den drei vorangegangenen Kapiteln konzentriert haben: Alle Faktoren, die die gesamtwirtschaftliche Nachfrage bestimmen wie etwa die Geld- und Fiskalpolitik. Es war demnach keine Zeitverschwendung, sich mit diesen Faktoren auseinander zu setzen.
- Es ist jedoch unwahrscheinlich, dass die Erwartungen für immer systematisch falsch bleiben, also entweder für immer zu hoch oder für immer zu niedrig sind. Aus diesem Grund tendieren in der mittleren Frist Arbeitslosenquote und Produktion dazu, auf ihr natürliches Niveau zurückzukehren. In der mittleren Frist sind Arbeitslosenquote und Produktion von den Faktoren bestimmt, die in den Gleichungen (6.7) und (6.8) enthalten sind.

  In der mittleren Frist pendelt sich die Produktion auf ihrem natürlichen Niveau ein. Dies wird von den Faktoren bestimmt, auf die wir uns in diesem Kapitel konzentriert haben.

Damit haben wir die in den ersten beiden Absätzen dieses Abschnittes gestellten Fragen beantwortet. Allerdings sind unsere Antworten sehr knapp ausgefallen. In den nächsten drei Kapiteln wollen wir bei der Beantwortung dieser Fragen mehr ins Detail gehen.

Zusammenfassung

- Die Erwerbsbevölkerung bzw. die Zahl der Erwerbspersonen setzt sich aus den Beschäftigten (Erwerbstätigkeit) und aus den Personen, die eine Beschäftigung suchen (Arbeitslose) zusammen. Die Arbeitslosenquote ergibt sich als Verhältnis der Zahl der Arbeitslosen zur Zahl der Erwerbspersonen. Die Erwerbsquote ergibt sich als Verhältnis der Erwerbsbevölkerung zur Bevölkerung im erwerbsfähigen Alter.
- Charakteristisch für den amerikanischen Arbeitsmarkt sind die großen Ströme zwischen dem Pool der Beschäftigten, dem Pool der Arbeitslosen und dem Pool der Personen, die nicht Teil der Erwerbsbevölkerung sind. Jeden Monat verlassen durchschnittlich 40% die Arbeitslosigkeit, entweder weil sie ein neues Beschäftigungsverhältnis eingehen oder weil sie aus der Erwerbsbevölkerung ausscheiden. In Deutschland und Europa sind diese Ströme weniger ausgeprägt. Insbesondere ist der Anteil der Arbeitslosen, der monatlich eine neue Beschäftigung findet, viel geringer. Die Langzeitarbeitslosigkeit ist entsprechend höher.
- Die Arbeitslosigkeit ist in der Rezession hoch, im Aufschwung niedrig. Ist die Arbeitslosigkeit hoch, nimmt die Wahrscheinlichkeit die Beschäftigung zu verlieren zu und die Wahrscheinlichkeit eine neue Beschäftigung zu finden ab.
- Die Nominallöhne werden entweder einseitig von den Arbeitgebern vorgegeben oder sie werden zwischen den Arbeitnehmern und den Arbeitgebern ausgehandelt. Die Nominallöhne hängen negativ von der Arbeitslosenquote ab und positiv vom erwarteten Preisniveau. Die Löhne hängen vom erwarteten Preisniveau ab, weil sie im Normalfall für einen gewissen Zeitraum im Voraus in nominalen Einheiten festgesetzt werden. Weicht das tatsächliche Preisniveau während dieses Zeitraums vom erwarteten Preisniveau ab, dann werden die Nominallöhne im Normalfall nicht angepasst.
- Aufgrund ihrer Marktmacht erheben die Unternehmen einen Gewinnaufschlag. Sie setzen deshalb Preise fest, die über den Grenzkosten (den Löhnen) liegen. Je höher dieser Gewinnaufschlag ist, desto niedriger ist der Reallohn, der sich gesamtwirtschaftlich aus dem Preissetzungsverhalten der Unternehmen ergibt.
- Ein Gleichgewicht auf dem Arbeitsmarkt stellt sich dann ein, wenn der Reallohn, der im Rahmen der Lohnsetzung festgelegt wurde, dem Reallohn entspricht, der durch die Preissetzung impliziert wird. Entspricht das erwartete Preisniveau dem tatsächlichen Preisniveau, stellt sich auf dem Arbeitsmarkt die Arbeitslosenquote ein, die wir als natürliche Arbeitslosenquote bezeichnen. Sie ist aber keineswegs naturgegeben, sondern wird durch strukturelle Faktoren bestimmt wie der Marktmacht der Unternehmen und institutionellen Faktoren am Arbeitsmarkt.
- Im Allgemeinen weicht das tatsächliche Preisniveau von dem Preisniveau ab, das die an der Lohnsetzung Beteiligten erwarteten. Daher entspricht die Arbeitslosenquote nicht notwendigerweise der natürlichen Arbeitslosenquote.
- In den folgenden Kapiteln werden wir sehen, dass in der kurzen Frist Arbeitslosigkeit und Produktion von den Nachfragefaktoren bestimmt werden, auf die wir uns in den drei vorangegangenen Kapiteln konzentriert haben. In der mittleren Frist jedoch tendiert die Arbeitslosenquote zu ihrem natürlichen Niveau, genauso wie die Produktion.

Übungsaufgaben

Verständnistests

1. Welche der folgenden Aussagen sind zutreffend, falsch oder unklar? Geben Sie jeweils eine kurze Erläuterung.
   a. In Deutschland ist die Erwerbsquote bei Frauen seit Jahrzehnten nahezu unverändert.
   b. In Deutschland ist der Anteil der Arbeitslosen, die monatlich eine Beschäftigung finden, relativ klein.
   c. Eine hohe Abgangsrate aus Arbeitslosigkeit impliziert einen großen Anteil von Langzeitarbeitslosen.
   d. Die Arbeitslosenquote ist in Rezessionen eher hoch und in Phasen des Aufschwungs eher niedrig.
   e. Die meisten Arbeitnehmer erhalten ihren Reservationslohn.
   f. Arbeitnehmer, die keiner Gewerkschaft angehören, haben keine Verhandlungsmacht.
   g. Es kann im Eigeninteresse der Arbeitgeber liegen, den Arbeitnehmern Löhne über ihrem Reservationslohn zu zahlen.
   h. Die natürliche Arbeitslosenquote wird durch Änderungen der Politik nicht beeinflusst.
2. Beantworten Sie folgende Fragen anhand der Informationen, die Sie in diesem Kapitel für die USA und Deutschland erhalten haben. Vergleichen Sie wenn möglich die Situation in Deutschland mit der in den USA.
   a. Wie groß sind die monatlichen Ströme in den Pool der Beschäftigten hinein und aus dem Pool der Beschäftigten heraus (also Aufnahme und Beendigungen von Beschäftigungsverhältnissen), ausgedrückt als Prozentsatz der Beschäftigten?
   b. Wie groß ist der monatliche Strom aus dem Pool der Arbeitslosen in den Pool der Beschäftigten hinein, ausgedrückt als Prozentsatz der Arbeitslosen?
   c. Wie groß ist der gesamte monatliche Strom aus dem Pool der Arbeitslosen heraus, ausgedrückt als Prozentsatz der Arbeitslosen? Wie lange dauert die Arbeitslosigkeit im Durchschnitt?
   d. Wie groß sind die gesamten monatlichen Ströme in die Erwerbsbevölkerung hinein und aus der Erwerbsbevölkerung heraus, ausgedrückt als Prozentsatz der Erwerbstätigen?
   e. Welcher Prozentsatz des monatlichen Stroms in den Pool der Erwerbstätigen hinein besteht aus Berufsanfängern?
3. *Die natürliche Arbeitslosenquote*

   Nehmen Sie an, dass der Gewinnaufschlag der Unternehmen auf die Kosten 5% beträgt. Die Lohnsetzungsgleichung ist durch $W = P\,(1 - u)$ gegeben, wobei u die Arbeitslosenquote bezeichnet.
   a. Welcher Reallohn wird durch die Preissetzungsgleichung impliziert?
   b. Wie hoch ist die natürliche Arbeitslosenquote?
   c. Nehmen Sie an, dass der Gewinnaufschlag auf 10% steigt. Wie verändert sich die natürliche Arbeitslosenquote? Erklären Sie den Zusammenhang.

Vertiefungsfragen

4. *Reservationslöhne*

   In den 80er Jahren machte ein bekanntes Supermodel die Aussage, dass man sie für weniger als 10.000 $ (wahrscheinlich pro Tag) nicht dazu bewegen könne, das Bett zu verlassen.

   a. Wie hoch ist Ihr eigener Reservationslohn?
   b. Konnten Sie in Ihrem ersten Job mehr als Ihren damaligen Reservationslohn verdienen?
   c. Welcher Job ist im Verhältnis zu Ihrem Reservationslohn zum jeweiligen Zeitpunkt mit einer höheren Bezahlung ausgestattet? Ihr erster Job oder der, den Sie sich in 10 Jahren erwarten?
   d. Erklären Sie Ihre Antworten vor dem Hintergrund der Effizienzlohntheorien.

5. *Verhandlungsmacht und die Festsetzung der Löhne*

   Auch wenn es keine Tarifverhandlungen gibt, verfügen die Arbeitnehmer dennoch über genügend Verhandlungsmacht, um Löhne auszuhandeln, die über ihrem Reservationslohn liegen. Die Verhandlungsposition jedes einzelnen Arbeitnehmers hängt sowohl von der Art seines Jobs als auch von der Lage am Arbeitsmarkt ab. Betrachten wir die beiden Faktoren nacheinander.

   a. Vergleichen Sie den Job eines Bauarbeiters mit dem Lohn eines Administrators für ein Computer-Netzwerk. In welcher dieser beiden Beschäftigungen verfügt ein Arbeitnehmer über mehr Verhandlungsmacht? Warum?
   b. Wie beeinflusst die Lage am Arbeitsmarkt die Verhandlungsmacht des einzelnen Arbeitnehmers? Welche Kennzahl beschreibt Ihrer Meinung nach die Lage am Arbeitsmarkt am besten?

Weiterführende Fragen

6. Die Preissetzungsgleichung geht davon aus, dass das gesamtwirtschaftliche Preisniveau P aufgrund von Marktmacht auf Seiten der Unternehmen über dem Lohnsatz W liegt, weil alle Unternehmen bei ihrer Preissetzung einen Gewinnaufschlag erheben. Es gilt also $P/W=(1+\mu)$.

   Betrachten wir ein einzelnes Unternehmen mit der Produktionsfunktion $Y_i = N_i$. Es maximiert seinen Gewinn bei gegebenem Lohnsatz W_i. Dabei steht es in monopolistischem Wettbewerb mit isoelastischer Nachfragefunktion:

   $$P_i = Y_i^{-\frac{1}{\varepsilon}}$$

   wobei ε die Nachfrageelastizität darstellt. Zeigen Sie, dass die gewinnmaximierende Strategie des Unternehmens durch einen Aufschlag

   $$\mu = \frac{1}{\varepsilon - 1}$$

   charakterisiert ist. Unter welchen Bedingungen lässt sich dieses Ergebnis auf die Gesamtwirtschaft übertragen?

7. *Kurzzeitarbeitslosigkeit und Langzeitarbeitslosigkeit*

   Gemäß der Zahlen, die in diesem Kapitel dargestellt wurden, verlässt in den USA ungefähr einer von drei, in Deutschland ungefähr einer von acht, Arbeitslosen jeden Monat den Pool der Arbeitslosen.

   a. Wie groß ist in beiden Ländern die Wahrscheinlichkeit, dass ein Arbeitsloser nach einem Monat immer noch arbeitslos ist? Nach zwei Monaten? Nach sechs Monaten?
   b. Wenn wir den Pool der Arbeitslosen zu einem bestimmten Zeitpunkt betrachten: Wie groß ist der Anteil der Arbeitslosen, der bereits seit 6 oder mehr Monaten arbeitslos war?

c. Verwenden Sie für die USA-Tabelle B44 des „Economic Report of the President" (`www.access.gpo.gov/eop/`) und ermitteln Sie den Anteil der Arbeitslosen, der bereits seit 6 oder mehr Monaten arbeitslos war (mehr als 27 Wochen). Berechnen Sie den durchschnittlichen Anteil für die 90er Jahre. Stimmt Ihr Ergebnis mit Ihrer Antwort zu (b) überein? Worin könnte der Grund für den Unterschied zwischen den beiden Zahlen liegen? (Hinweis: Nehmen Sie an, dass die Wahrscheinlichkeit, den Pool der Arbeitslosen zu verlassen, mit der Dauer der Arbeitslosigkeit abnimmt.)

8. Gehen Sie zu der Internet-Seite des U.S. Bureau of Labor Statistics unter der Adresse `stats.bls.gov`. Verwenden Sie den Link „Economy at a glance".
   a. Was sind die aktuellsten monatlichen Zahlen zur Größe der amerikanischen Erwerbsbevölkerung, zur Zahl der Arbeitslosen und zur Arbeitslosenquote?
   b. Wie groß ist die Zahl der Beschäftigten?
   c. Berechnen Sie die Veränderung in der Zahl der Arbeitslosen von der ersten Zahl in der Tabelle bis zum aktuellsten Monat. Wiederholen sie dies für die Zahl der Beschäftigten. Entspricht die Abnahme der Arbeitslosen der Zunahme der Beschäftigten? Erklären Sie den Sachverhalt in Worten.

9. Gehen Sie zu der Internet-Seite der Bundesanstalt für Arbeit `http://www.pub.arbeitsamt.de/hst/services/statistik/detail/a.html`
   a. Berechnen Sie anhand der aktuellen 13-Monats-Übersicht den monatlichen Durchschnitt von Zugang und Abgang an Arbeitslosen insgesamt.
   b. Wie groß ist der gesamte monatliche Strom aus dem Pool der Arbeitslosen heraus, ausgedrückt als Prozentsatz der Arbeitslosen? Wie lange dauert die Arbeitslosigkeit im Durchschnitt? Vergleichen Sie die Zahlen mit den Informationen aus diesem Kapitel. Erläutern Sie mögliche Unterschiede.
   c. Ermitteln Sie, wie sich die Zahl der Langzeitarbeitslosen seit Fertigstellung des Buchs verändert hat.
   d. Vergleichen Sie die Entwicklung der Arbeitslosenquote nach Berechnungen der Bundesanstalt für Arbeit mit der Berechnung nach dem ILO-Konzept (die Daten für Deutschland finden Sie auf der Homepage des Statistischen Bundesamts in Wiesbaden). Erläutern Sie, wie die Unterschiede zu erklären sind.

Literaturhinweise

Eine weitere Diskussion des Themas Arbeitslosigkeit mit einer ähnlichen Argumentationsweise wie in diesem Kapitel, findet sich bei Richard Layard, Stephen Nickell, Richard Jackmann: The Unemployment Crisis (Oxford: Oxford University Press, 1994).

Anhang: Lohn- und Preissetzungsgleichung versus Arbeitsangebot und Arbeitsnachfrage

In der Mikroökonomie wird das Arbeitsmarktgleichgewicht üblicherweise als Gleichgewicht von Arbeitsangebot und Arbeitsnachfrage dargestellt. Deshalb liegt die Frage nahe, wie die Darstellung des Arbeitsmarktgleichgewichts mit Hilfe der Lohn- und Preissetzungsgleichung mit der in der Mikroökonomie üblichen Darstellung mit Hilfe von Arbeitsangebot und Arbeitsnachfrage zusammenpasst.

In einem wichtigen Aspekt sind die beiden Darstellungen sehr ähnlich.

Um dies zu zeigen, zeichnen wir zunächst noch einmal Abbildung 6.8, aber in leicht abgewandelter Form, so dass sich Abbildung A6.1 ergibt. Auf der vertikalen Achse stellen wir den Reallohn dar (wie vorher), auf der horizontalen Achse ersetzen wir die Arbeitslosenquote durch das Beschäftigungsniveau *N*.

Das Beschäftigungsniveau *N* muss irgendwo zwischen dem Nullwert und der gesamten Erwerbsbevölkerung *L* liegen: Die Zahl der Beschäftigten kann nicht größer sein als die Erwerbsbevölkerung, da diese alle Personen umfasst, die dem Arbeitsmarkt zur Verfügung stehen. Für jedes Beschäftigungsniveau *N* ist die dazugehörige Arbeitslosigkeit durch $U = L - N$ gegeben. Daher können wir die Arbeitslosigkeit ausgehend von *L* messen, von links auf der horizontalen Achse: Die Zahl der Arbeitslosen wird durch die Distanz zwischen *L* und *N* dargestellt. Je niedriger das Beschäftigungsniveau ist, desto höher ist die Arbeitslosigkeit und damit auch die Arbeitslosenquote *u*.

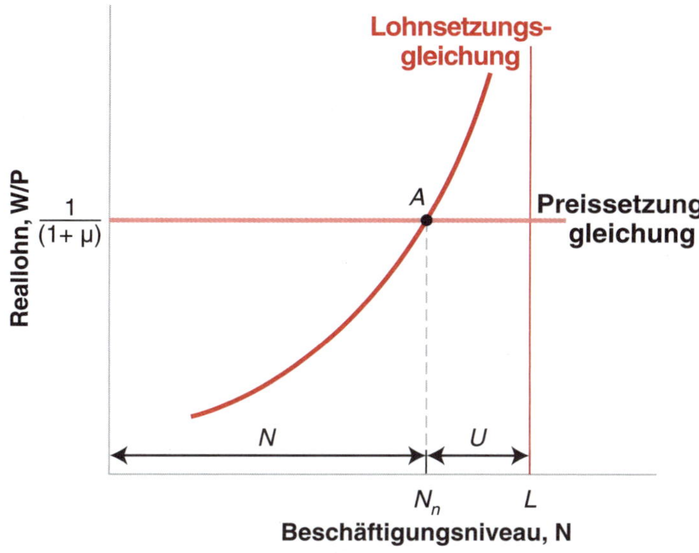

Abbildung A6.1 Lohn- und Preissetzung im Arbeitsnachfrage-/Arbeitsangebots-Diagramm

Wir wollen nun die Lohnsetzungsgleichung und die Preissetzungsgleichung einzeichnen und das Gleichgewicht beschreiben.

- Ein Anstieg des Beschäftigungsniveaus (entspricht einer Rechtsbewegung entlang der horizontalen Achse) impliziert eine Abnahme der Arbeitslosigkeit. Dies wiederum führt dazu, dass im Rahmen der Lohnsetzung ein höherer Reallohn festgelegt wird. Die Lohnsetzungsgleichung lässt sich damit durch eine aufwärts geneigte Kurve darstellen: Ein höheres Beschäftigungsniveau impliziert einen höheren Reallohn.
- Die Preissetzungsgleichung bleibt eine Horizontale bei $W/P = 1/(1 + \mu)$.
- Das Gleichgewicht befindet sich im Punkt *A*, mit dem natürlichen Beschäftigungsniveau N_n (und der dadurch implizierten natürlichen Rate der Arbeitslosigkeit $u_n = (L-N_n)/L$).

In dieser Abbildung sieht die Lohnsetzungsgleichung wie eine Arbeitsangebotsfunktion aus. Mit steigender Beschäftigung steigt auch der Reallohn, den die Arbeitnehmer erhalten. Aus diesem Grund wird die Lohnsetzungsgleichung manchmal „Arbeitsangebots"-Gleichung genannt.

Die Kurve, die wir als Preissetzungsgleichung bezeichnet haben, sieht aus wie eine flache Arbeitsnachfragefunktion. Die vereinfachende Annahme, die wir getroffen haben, dass die Produktionsfunktion ein konstantes Grenzprodukt der Arbeit aufweist, führt dazu, dass die Preissetzungsgleichung flach ist und nicht negativ geneigt. Hätten wir ein abnehmendes Grenzprodukt der Arbeit unterstellt, hätten wir eine fallende Preissetzungsgleichung erhalten, genauso wie die fallende Arbeitsnachfragefunktion: Mit zunehmendem Beschäftigungsniveau würden die Grenzkosten der Produktion ansteigen, folglich wären die Unternehmen gezwungen, ihre Preise bei einem gegebenem Lohnsatz zu erhöhen. Anders ausgedrückt, der durch die Preissetzung implizierte Reallohn würde bei steigender Beschäftigung sinken.

In anderen Aspekten jedoch unterscheiden sich die beiden Ansätze:

- Die Standard-Arbeitsangebotsfunktion gibt uns den Lohnsatz an, zu dem eine gegebene Zahl von Beschäftigten arbeiten will: Je höher der Lohnsatz ist, desto größer ist die Zahl der Beschäftigten, die arbeiten wollen.

  Im Gegensatz dazu ist der Lohnsatz, der mit einem gegebenem Beschäftigungsniveau in der Lohnsetzungsgleichung verbunden ist, das Ergebnis eines Verhandlungsprozesses zwischen Arbeitnehmern und Unternehmen. Faktoren wie die Struktur der Tarifverhandlungen oder der Einsatz von Effizienzlöhnen als Anreizinstrument beeinflussen die Lohnsetzungsgleichung. In der Realität spielen diese Faktoren eine große Rolle. In der Standard-Arbeitsangebotsfunktion werden sie jedoch nicht erfasst.

- Die Standard-Arbeitsnachfragefunktion gibt uns das Beschäftigungsniveau, das von den Unternehmen bei gegebenem Reallohn gewählt wird. Es wird unter der Annahme abgeleitet, dass die Unternehmen sowohl auf dem Arbeitsmarkt als auch auf den Gütermärkten vollkommenem Wettbewerb ausgesetzt sind und deshalb die Löhne und die Preise – und folglich den Reallohn – als gegeben annehmen.

  Im Gegensatz dazu berücksichtigt die Preissetzungsgleichung die Tatsache, dass in der Realität die Preise auf den meisten Märkten von den Unternehmen gesetzt werden. Faktoren wie die Wettbewerbsintensität auf den Gütermärkten beeinflussen die Preissetzungsgleichung: Sie beeinflussen den Gewinnaufschlag. Diese Faktoren haben in der Standard-Arbeitsnachfragefunktion keinen Platz.

- Auch im Standardmodell von Arbeitsangebot und Arbeitsnachfrage kann es im Gleichgewicht zu Arbeitslosigkeit kommen, es handelt sich dabei aber um freiwillige Arbeitslosigkeit. Die Arbeitnehmer, die im Gleichgewicht keine Beschäftigung haben, ziehen es beim Gleichgewichtslohn vor, nicht zu arbeiten.

  Im Gegensatz hierzu kann im Lohn- und Preissetzungsmodell unfreiwillige Arbeitslosigkeit auftreten. Im Text haben wir Effizienzlohntheorien behandelt. Diesen Theorien zufolge zahlen die Unternehmen einen Lohn über dem Reservationslohn, so dass die Arbeitnehmer die Beschäftigung der Arbeitslosigkeit eindeutig vorziehen. Im Gleichgewicht gibt es jedoch Arbeitslosigkeit. Diejenigen, die arbeitslos sind, würden es vorziehen, zu arbeiten. Auch in dieser Hinsicht bildet das Lohn- und Preissetzungsmodell die Realität besser ab als das Standardmodell von Arbeitsangebot und Arbeitsnachfrage.

Deshalb stellen wir das Arbeitsmarktgleichgewicht in diesem Buch mit Hilfe des Lohn- und Preissetzungsmodells dar.

Kapitel 7 Das *AS*-*AD*-Modell

In Kapitel 6 wurde untersucht, wie die Produktion in der mittleren Frist bestimmt wird. Im nächsten Schritt wollen wir die dort erzielten Ergebnisse mit unserer Analyse der kurzen Frist aus Kapitel 5 verbinden.

Deshalb führen wir nun die Gleichgewichtsbedingungen für alle Märkte zusammen, die wir bisher betrachtet haben: Den Gütermarkt in Kapitel 3 und 5, Geld- und Finanzmärkte in Kapitel 4 und 5 sowie den Arbeitsmarkt in Kapitel 6. Ausgehend von diesen Gleichgewichtsbedingungen leiten wir zwei für Makroökonomen besonders wichtige Funktionen ab:

- Die erste Funktion bezeichnen wir als „Aggregiertes Angebot"; sie fasst unsere Erkenntnisse zum Gleichgewicht auf dem Arbeitsmarkt zusammen.
- Die andere Funktion bezeichnen wir als „Aggregierte Nachfrage"; sie bildet das simultane Gleichgewicht auf Güter-, Geld- und Finanzmarkt ab.

Diese beiden Funktionen bilden zusammen das *AS*-*AD*-Modell. *AS* steht für „aggregate supply", *AD* für „aggregate demand". In diesem Kapitel lernen wir die Grundversion dieses Modells kennen. Diese Grundversion ist ein guter Ausgangspunkt, um ganz unterschiedliche Fragestellungen der Makroökonomie zu untersuchen. Manche Fragen (etwa zur Inflation) lassen sich jedoch nur beantworten, wenn noch zusätzliche Aspekte berücksichtigt werden. Die Kapitel 8 und 9 führen die dafür notwendigen Erweiterungen ein.

Kapitel 7 ist wie folgt aufgebaut:

- Abschnitt 7.1 leitet die aggregierte Angebotsfunktion (*AS*) ab, Abschnitt 7.2 die aggregierte Nachfragefunktion (*AD*).
- In Abschnitt 7.3 führen wir *AS*- und *AD*-Funktion in einem Modellrahmen zusammen, um das Gleichgewicht in der kurzen und in der mittleren Frist zu bestimmen.
- Die Abschnitte 7.4 bis 7.6 untersuchen anhand des Modells dynamische Effekte von Geld- und Fiskalpolitik sowie von Änderungen des Ölpreises.
- Abschnitt 7.7 fasst die dabei gewonnenen Erkenntnisse zusammen.

7.1 Das aggregierte Angebot

Die aggregierte Angebotsfunktion stellt dar, wie sich Änderungen der Produktion auf das Preisniveau auswirken. Entscheidend ist hierbei die Anpassung von Löhnen und Preisen im Zeitverlauf.

Erinnern wir uns an die Gleichungen zur Lohnsetzung (Gleichung (6.1)) und zur Preissetzung (Gleichung (6.3)), die wir in Kapitel 6 erarbeitet haben:

$$W = P^e F(u, z)$$

$$P = (1 + \mu)W$$

- Der Nominallohn hängt von den Preiserwartungen (dem erwarteten Preisniveau P^e), von der Arbeitslosenquote u und von einer Sammelvariablen z ab. Die Sammelvariable z bildet all jene Faktoren ab, die neben P^e und u die Lohnsetzung beeinflussen.
- Das Preisniveau P, das sich aus dem Preissetzungsverhalten der Unternehmen ergibt, ist gleich dem Nominallohn W, multipliziert mit dem Faktor 1 plus dem Gewinnaufschlag μ.

Diese beiden Funktionen haben wir bereits in Abschnitt 6.5 verwendet. Dort trafen wir aber zusätzlich die Annahme, das tatsächliche Preisniveau entspreche dem erwarteten Preisniveau. Mit dieser zusätzlichen Annahme haben wir die natürliche Arbeitslosenquote und das natürliche Produktionsniveau abgeleitet.

In diesem Kapitel werden wir diese Annahme fallen lassen. Zwar gleichen sich auf mittlere Frist die Preiserwartungen an das tatsächliche Preisniveau an; in der kurzen Frist aber weicht P in der Regel von P^e ab. Wenn wir dies berücksichtigen, lässt sich aus Preis- und Lohnsetzungsgleichung eine Funktion ableiten, die den Zusammenhang zwischen dem *Preisniveau* und der *Produktion* sowie dem *erwarteten Preisniveau* beschreibt. Wie müssen hierzu in zwei Schritten vorgehen:

- Im ersten Schritt eliminieren wir aus beiden Gleichungen den Nominallohn W. Wir ersetzen einfach die Variable W in der Preissetzungsgleichung durch den entsprechenden Ausdruck aus der Lohnsetzungsgleichung:

$$P = P^e (1 + \mu)\, F(u, z) \tag{7.1}$$

Gleichung (7.1) besagt, dass das Preisniveau P abhängt von den Preiserwartungen P^e, von der Arbeitslosenquote u, vom Gewinnaufschlag μ und von der Sammelvariable z. Zunächst wollen wir annehmen, dass μ und z konstant sind. In diesem Fall kann sich P nur verändern, wenn sich P^e oder u verändern.

- Im zweiten Schritt ersetzen wir die Arbeitslosenquote u so, dass Gleichung (7.1) den Zusammenhang zwischen Produktion und Preisniveau abbildet. Wir verwenden dabei den Zusammenhang zwischen Arbeitslosenquote, Beschäftigung und Produktion, den wir in Kapitel 6 erarbeitet haben:

$$u = \frac{U}{L} = \frac{L-N}{L} = 1 - \frac{N}{L} = 1 - \frac{Y}{L}$$

Das erste Gleichheitszeichen folgt aus der Definition der Arbeitslosenquote $u = U/L$. Das zweite Gleichheitszeichen, $U/L = (L - N)/L$, folgt aus der Definition der Arbeitslosigkeit ($U \equiv L - N$). Das dritte Gleichheitszeichen, $(L - N)/L = 1-(N/L)$, vereinfacht den Bruch. Das vierte Gleichheitszeichen, $1-(N/L) = 1-(Y/L)$, folgt aus unserer Spezifikation der Produktionsfunktion. Sie be-sagt, dass genau ein Arbeiter benötigt wird, um eine Einheit zu produzieren: $Y = N$.

Wir erhalten demnach:

$$u = 1 - \frac{Y}{L}$$

In Worten: Bei gegebener Erwerbsbevölkerung ist die Arbeitslosenquote umso niedriger, je höher die Produktion ist.

Wenn wir nun in Gleichung (7.1) die Arbeitslosenquote u durch $1 - (Y/L)$ ersetzen, dann erhalten wir die aggregierte Angebotsfunktion, kurz *AS*-Funktion:

Da sich hinter der *AS*-Funktion Entscheidungen auf dem Arbeitsmarkt verbergen, könnten wir sie auch „Arbeitsmarktfunktion" nennen. Weil die Funktion jedoch ähnlich wie eine Angebotskurve einen positiven Zusammenhang zwischen Produktion und Preis beschreibt, wird sie als „aggregierte Angebotsfunktion" bezeichnet. Aber Vorsicht: Die ökonomischen Prozesse, die sich hinter der *AS*-Funktion verbergen, unterscheiden sich stark von denen einer normalen Angebotskurve.

$$P = P^e(1+\mu)F(1-\frac{Y}{L}, z) \tag{7.2}$$

Was besagt Gleichung (7.2)? Das Preisniveau P hängt offensichtlich positiv von den Preiserwartungen P^e und negativ vom Produktionsniveau Y ab (natürlich spielen auch der Gewinnaufschlag μ, die Sammelvariable z und die Größe der Erwerbsbevölkerung L eine wichtige Rolle; diese Größen sind kurz- und mittelfristig aber konstant, wir vernachlässigen sie zunächst). Welche ökonomischen Mechanismen liegen der Gleichung (7.2) zugrunde? Um diese Frage zu beantworten, wollen wir zwei Eigenschaften der *AS*-Funktion herausarbeiten und erläutern, wie sie zustande kommen:

- Eine Zunahme der Produktion führt zu einem Anstieg des Preisniveaus. Zu diesem Ergebnis gelangen wir in vier Schritten: ◀ $Y\uparrow \Rightarrow P\uparrow$

  1. Ein Anstieg der Produktion lässt die Beschäftigung steigen. ◀ $Y\uparrow \Rightarrow N\uparrow$
  2. Mit höherer Beschäftigung gehen die Arbeitslosigkeit und damit auch die Arbeitslosenquote zurück. ◀ $N\uparrow \Rightarrow u\downarrow$
  3. Die niedrigere Arbeitslosenquote verbessert die Verhandlungsposition der Arbeitnehmer. Die Nominallöhne steigen. ◀ $u\downarrow \Rightarrow W\uparrow$
  4. Der Anstieg des Nominallohns verteuert die Produktion. Die einzelnen Unternehmen erhöhen ihre Preise – damit steigt auch insgesamt das Preisniveau. ◀ $W\uparrow \Rightarrow P\uparrow$

- Wird ein höheres Preisniveau erwartet, dann passt sich auch das tatsächliche Preisniveau im Verhältnis 1:1 an. Verdoppelt sich etwa das erwartete Preisniveau, so verdoppelt sich auch das tatsächliche Preisniveau. Zu diesem Ergebnis führen zwei Schritte. ◀ $P^e\uparrow \Rightarrow P\uparrow$

  1. Rechnen die an der Lohnsetzung beteiligten Parteien mit einem höheren Preisniveau, dann setzten sie einen entsprechend höheren Nominallohn fest, um den von ihnen angestrebten Reallohn durchzusetzen. ◀ $P^e\uparrow \Rightarrow W\uparrow$
  2. Der Anstieg des Nominallohns lässt die Kosten steigen. Die einzelnen Unternehmen erhöhen wiederum ihre Preise — das gesamte Preisniveau steigt. ◀ $W\uparrow \Rightarrow P\uparrow$

Abbildung 7.1 stellt den Zusammenhang zwischen Preisniveau P und Produktion Y bei gegebenen Preiserwartungen P^e als AS-Kurve dar.

Abbildung 7.1: Die aggregierte Angebotskurve (AS-Kurve)

Bei gegebenen Preiserwartungen lässt eine höhere Produktion das Preisniveau steigen. Entspricht die tatsächliche Produktion ihrem natürlichen Niveau (Punkt A), dann sind Preisniveau und Preiserwartungen gleich.

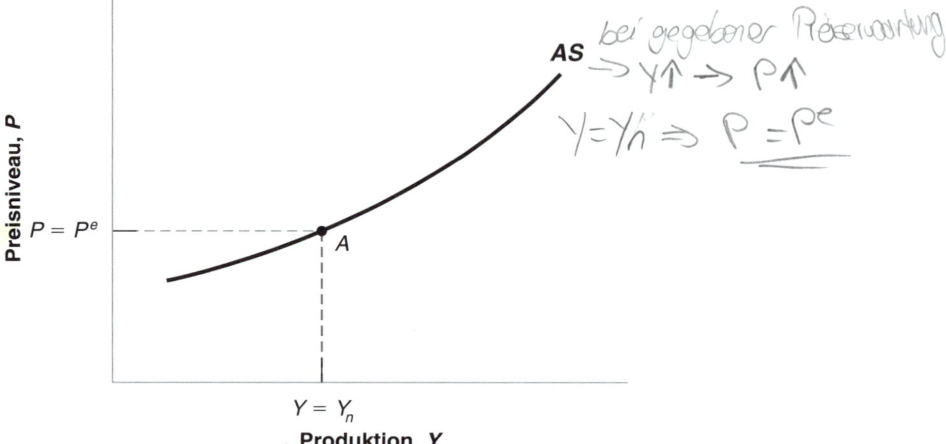

Diese AS-Kurve hat drei Eigenschaften, die für die folgende Analyse äußerst wichtig sind:

Weniger formal können wir sagen: Starke Wirtschaftsaktivität erzeugt einen Preisdruck.

- Die AS-Kurve hat eine positive Steigung. Eine Zunahme der Produktion Y führt zu einem Anstieg des Preisniveaus P. Den Grund hierfür haben wir bereits oben erläutert.
- Die aggregierte Angebotskurve verläuft durch Punkt A. Im Punkt A gilt: $Y = Y_n$ und $P = P^e$. Entspricht die Produktion Y dem natürlichen Produktionsniveau Y_n, dann ist das tatsächliche Preisniveau P genau gleich dem erwarteten Preisniveau P^e.

  Wie kommen wir zu diesem Ergebnis? Hierzu greifen wir einfach auf die Definition des natürlichen Produktionsniveaus aus Kapitel 6 zurück. Die natürliche Arbeitslosenquote ist definiert als die Quote, bei der das tatsächliche Preisniveau dem erwarteten entspricht. Dann aber entspricht auch die Produktion dem natürlichen Produktionsniveau.

  Aus dieser Eigenschaft leiten sich zwei Schlussfolgerungen ab:

  – Liegt die Produktion über ihrem natürlichen Niveau, dann fällt das Preisniveau höher aus als erwartet. In Abbildung 7.1 übersteigt P immer P^e, sofern Y rechts von Y_n liegt.
  – Liegt die Produktion dagegen unter ihrem natürlichen Niveau, dann wird sich ein niedrigeres Preisniveau einstellen als erwartet. In Abbildung 7.1 liegt P immer unter P^e, wenn Y links von Y_n liegt.
- Höhere Preiserwartungen P^e verschieben die aggregierte Angebotskurve nach oben. Umgekehrt verschiebt eine Reduktion von P^e die aggregierte Angebotskurve nach unten.

Diese dritte Eigenschaft ist in Abbildung 7.2 dargestellt. Nehmen wir an, die Preiserwartungen steigen von P^e auf $P^{e\prime}$. Bei gegebener Produktion (und damit bei gegebener Arbeitslosenquote) führen höhere Preiserwartungen zu steigenden Löhnen; dies wiederum lässt die Preise steigen. Weil das für jedes Produktionsniveau gilt, verschiebt sich die aggregierte Angebotskurve nach oben. Sie verläuft jetzt nicht mehr durch den Punkt A (mit: $Y = Y_n$ und $P = P^e$), sondern durch den Punkt A' (mit: $Y = Y_n$ und $P = P^{e\prime}$). ◄

Zur Erinnerung: Entspricht die Produktion ihrem natürlichen Niveau, dann entspricht das tatsächliche Preisniveau den Preiserwartungen.

Fassen wir zusammen:

- Ausgehend von der Lohn- und Preissetzungsgleichung auf dem Arbeitsmarkt haben wir die aggregierte Angebotsfunktion abgeleitet.
- Die aggregierte Angebotsfunktion (*AS*-Funktion) besagt, dass das tatsächliche Preisniveau bei gegebenen Preiserwartungen mit zunehmender Produktion steigt. Dieser Zusammenhang wird durch eine steigende Kurve dargestellt, die aggregierte Angebotskurve (*AS*-Kurve).
- Höhere Preiserwartungen verschieben die aggregierte Angebotskurve nach oben; rechnet man dagegen mit einem niedrigeren Preisniveau, dann verschiebt sich die aggregierte Angebotskurve nach unten.

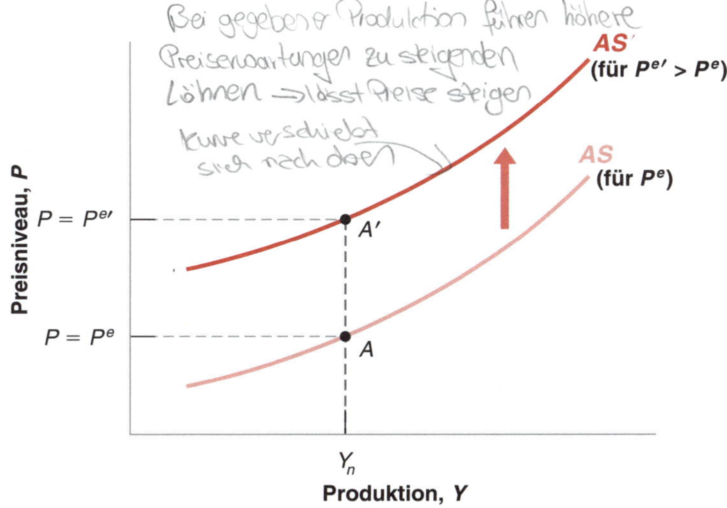

Abbildung 7.2: Verschiebung der *AS*-Kurve bei gestiegenen Preiserwartungen

Ein Anstieg der Preiserwartungen verschiebt die *AS*-Kurve nach oben.

7.2 Die aggregierte Nachfrage

Die aggregierte Nachfragefunktion erfasst, wie sich Änderungen des Preisniveaus auf die Produktion auswirken. Sie leitet sich aus den Gleichgewichtsbedingungen für Güter-, Geld- und Finanzmärkte ab.

Beginnen wir mit den Gleichungen (5.2) und (5.3) aus Kapitel 5, die das simultane Gleichgewicht im *IS-LM*-Modell beschreiben:

$$\textbf{Gütermarkt} \quad IS: \quad Y = C(Y-T) + I(Y,i) + G$$

$$\textbf{Geldmarkt} \quad LM: \quad \frac{M}{P} = Y\,L(i)$$

- Ein Gleichgewicht auf dem Gütermarkt stellt sich dann ein, wenn die Produktion der Nachfrage nach Gütern entspricht. Dieser Zusammenhang wird durch die IS-Funktion beschrieben.
- Ein Gleichgewicht auf Geld- und Finanzmärkten stellt sich dann ein, wenn das Geldangebot der Geldnachfrage entspricht. Dieser Zusammenhang wird durch die *LM*-Funktion beschrieben.

Auf der linken Seite der *LM*-Gleichung steht die reale Geldmenge *M/P*. In Kapitel 5 haben wir uns auf die Frage konzentriert, wie Veränderungen der nominalen Geldmenge *M* die reale Geldmenge beeinflussen. Aber auch Veränderungen des Preisniveaus *P* verändern die reale Geldmenge. Ein Anstieg des Preisniveaus um 10% reduziert die reale Geldmenge um 10%. Das hat genau die gleichen Auswirkungen wie ein Rückgang der nominalen Geldmenge *M* um 10%.

Wir können den Zusammenhang zwischen Preisniveau und Produktion also ableiten, indem wir im *IS-LM*-Modell Veränderungen des Preisniveaus berücksichtigen:

- In Abbildung 7.3(a) erkennen wir zunächst die uns vertraute IS-Kurve für gegebene Werte von *G* und *T*. Sie verläuft fallend: Ein Anstieg des Zinssatzes löst einen Rückgang der Produktion aus. Die *LM*-Kurve ist für einen gegebenen Wert von *M/P* dargestellt. Sie verläuft steigend: Eine Zunahme der Produktion erhöht die Geldnachfrage, so dass der Zinssatz ansteigen muss. Nur im Schnittpunkt von *IS*- und *LM*-Kurve (Punkt *A*) sind alle Märkte im Gleichgewicht.
- Untersuchen wir nun, wie sich ein Anstieg des Preisniveaus von *P* auf *P′* auswirkt. Bei gegebener nominaler Geldmenge *M* geht mit steigendem Preisniveau die reale Geldmenge *M/P* zurück. Deshalb verschiebt sich die *LM*-Kurve nach oben. Bei gegebener Produktion lässt der Rückgang der realen Geldmenge den Zinssatz steigen. Die Volkswirtschaft bewegt sich entlang der *IS*-Kurve. Das Gleichgewicht verschiebt sich von *A* nach *A′*; der Zinssatz steigt von *i* auf *i′*, die Produktion fällt von *Y* auf *Y′*.

  In Worten: Mit höherem Preisniveau sinkt die reale Geldmenge. Dies wiederum löst einen Zinsanstieg aus. Mit höherem Zinssatz gehen Güternachfrage und Produktion zurück.
- Der negative Zusammenhang zwischen Produktion und Preisniveau wird durch die aggregierte Nachfragefunktion beschrieben. In Abbildung 7.3(b) ist er durch den fallenden Verlauf der *AD*-Kurve dargestellt. Die Punkte *A* und *A′* unten entsprechen den Punkten *A* und *A′* in Abbildung 7.3(a) oben. Ein Anstieg des Preisniveaus von *P* auf *P′* lässt die Produktion von *Y* auf *Y′* sinken. Die Kurve bezeichnet man als aggregierte Nachfragekurve (kurz: *AD*-Kurve).

Eine bessere Bezeichnung wäre: „Güter- und Geldmarktfunktion". Da die Funktion aber wie eine Nachfragefunktion einen negativen Zusammenhang zwischen Produktion und Preis beschreibt, wird sie „aggregierte Nachfragefunktion" genannt. Aber Vorsicht: Die ökonomischen Mechanismen, die sich hinter der aggregierten Nachfragekurve verbergen, unterscheiden sich von jenen, auf denen die aus der Mikroökonomie vertrauten Nachfragekurven basieren. ▶

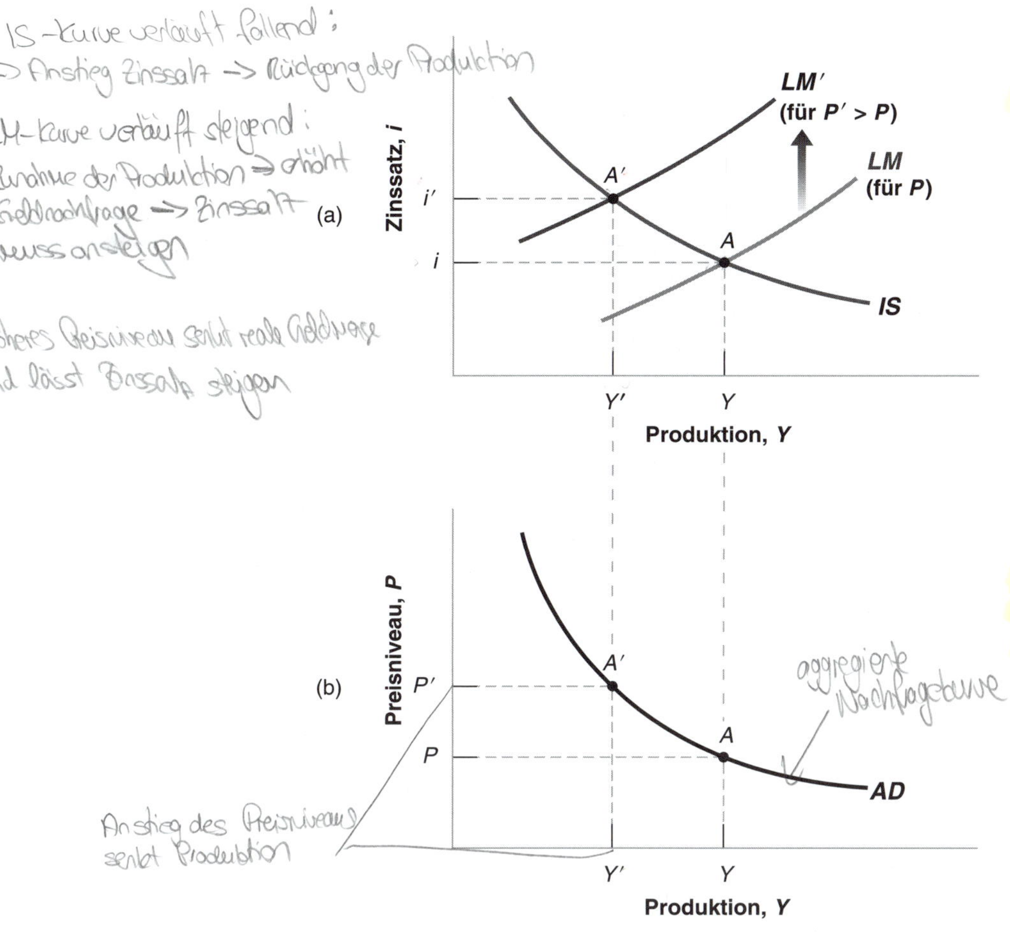

Abbildung 7.3: Die Ableitung der aggregierten Nachfragekurve

Ein Anstieg des Preisniveaus lässt die Produktion zurückgehen.

Wie verändert sich die *AD*-Kurve, wenn sich nicht das Preisniveau, sondern andere Variablen verändern? Betrachten wir als Beispiel einen Anstieg der Staatsausgaben *G*. In Abbildung 7.3 würde eine solche Politik die IS-Kurve nach rechts verschieben. Bei jedem Preisniveau (d.h. für beide *LM*-Kurven in Abbildung 7.3) steigt die Produktion im Gleichgewicht. Die aggregierte Nachfragekurve in Abbildung 7.4 verschiebt sich also nach rechts, von *AD* nach *AD′*.

Betrachten wir alternativ eine restriktive Geldpolitik, also eine Reduktion der Geldmenge *M*. In Abbildung 7.3 würde eine solche Politik zu einer Verschiebung beider *LM*-Kurven nach oben führen. Bei gegebenem Preisniveau ergibt sich deshalb nun ein neues simultanes Gleichgewicht auf Güter-, Geld- und Finanzmärkten. Die aggregierte Nachfragekurve in Abbildung 7.4 verschiebt sich nach links, von *AD* nach *AD″*.

Zur Erinnerung: Eine restriktive Geldpolitik ist gleichzusetzen mit einer Reduktion der nominalen Geldmenge *M*.

Aus diesen beiden Beispielen wird bereits deutlich: Jede Variable (außer dem Preisniveau), die entweder die *IS*-Kurve oder die *LM*-Kurve verschiebt, verschiebt auch die aggregierte Nachfragekurve.

Wir können den Zusammenhang, den wir gerade abgeleitet haben, durch folgende aggregierte Nachfragefunktion zusammenfassen:

$$Y = Y(\underset{+}{\frac{M}{P}}, \underset{+}{G}, \underset{-}{T}) \tag{7.3}$$

Gleichung (7.3) besagt, dass die Produktion Y positiv von der realen Geldmenge, M/P und den Staatsausgaben G und negativ von den Steuern T abhängt. Bei gegebener Geld- und Fiskalpolitik – also für vorgegebene Werte für M, G, und T – bedeutet ein höheres Preisniveau P einen Rückgang der realen Geldmenge M/P. Dies wiederum führt zu einem Rückgang der Produktion.

$P\uparrow \Rightarrow Y\downarrow$

Fassen wir die Ergebnisse aus diesem Abschnitt kurz zusammen:

- Ausgehend von den Gleichgewichtsbedingungen für Güter-, Geld- und Finanzmärkte haben wir die aggregierte Nachfragefunktion abgeleitet.
- Die aggregierte Nachfragefunktion zeigt, dass die Produktion mit steigendem Preisniveau zurückgeht. Sie wird durch eine fallende Kurve dargestellt, die als aggregierte Nachfragekurve bezeichnet wird.
- Veränderungen von Geld- oder Fiskalpolitik bzw. Veränderungen jeder anderen Variablen mit Ausnahme des Preisniveaus, die entweder die *IS*-Kurve oder die *LM*-Kurve verschieben, bedeuten eine Verschiebung der aggregierten Nachfragekurve.

Abbildung 7.4: Verschiebungen der aggregierten Nachfragekurve

Ein Anstieg der Staatsausgaben verschiebt die *AD*-Kurve nach rechts. Eine Reduktion der nominalen Geldmenge verschiebt die *AD*-Kurve nach links.

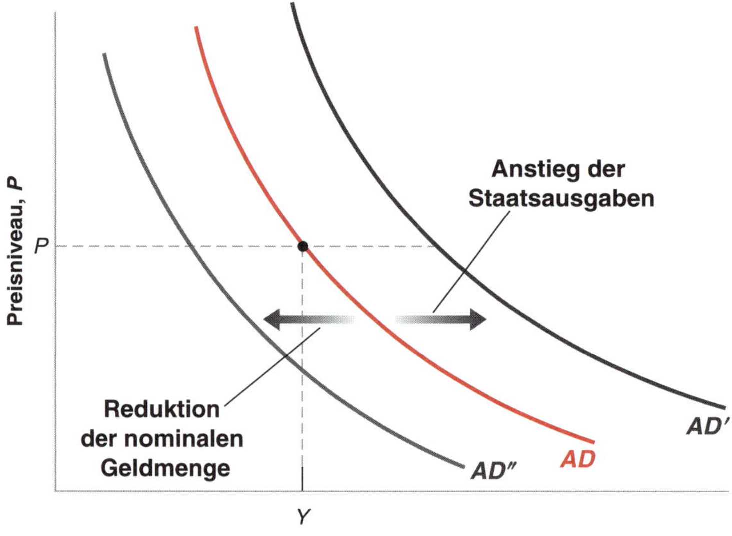

7.3 Gleichgewicht in der kurzen und mittleren Frist

Wir führen nun die *AD*-Funktion aus Abschnitt 7.2 und die *AS*-Funktion aus Abschnitt 7.1 in einem Modell zusammen:

$$AS\text{-Funktion:} \quad P = P^e(1+\mu)F(1-\frac{Y}{L}, z)$$

$$AD\text{-Funktion:} \quad Y = Y(\frac{M}{P}, G, T)$$

Bei gegebenen Preiserwartungen P^e und gegebenen Werten der Geld- und Fiskalpolitik M, G und T bestimmen diese beiden Funktionen Produktion Y und Preisniveau P im gesamtwirtschaftlichen Gleichgewicht.

Es ist wichtig, sich klar zu machen, wie das Gleichgewicht vom erwarteten Preisniveau P^e abhängt. Der Wert von P^e bestimmt die Lage der aggregierten Angebotskurve (siehe Abbildung 7.2). Dies wiederum beeinflusst das Gleichgewicht. Bei Betrachtung der kurzen Frist gehen wir davon aus, dass die Preiserwartungen P^e der an der Lohnsetzung beteiligten Parteien fest vorgegeben sind. Im Zeitverlauf jedoch wird sich P^e mit großer Wahrscheinlichkeit verändern. Dann aber verschiebt sich die aggregierte Angebotskurve und damit auch das Gleichgewicht. Zunächst charakterisieren wir das Gleichgewicht in der kurzen Frist. Im Anschluss daran analysieren wir, wie sich P^e im Zeitverlauf verändert und wie diese Veränderungen das Gleichgewicht beeinflussen.

7.3.1 Gleichgewicht in der kurzen Frist

Das kurzfristige Gleichgewicht ist in Abbildung 7.5 dargestellt.

- Die aggregierte Angebotskurve *AS* hat bei gegebenen Preiserwartungen P^e einen steigenden Verlauf: Je höher die Produktion, desto höher das Preisniveau. Die Lage der *AS*-Kurve hängt von P^e ab. In Abschnitt 7.1 wurde gezeigt, dass tatsächliches und erwartetes Preisniveau gleich sind, wenn die Produktion ihrem natürlichen Niveau entspricht. Dies bedeutet, dass die aggregierte Angebotskurve in Abbildung 7.5 durch den Punkt *B* verläuft: Wenn $Y = Y_n$, dann ist $P = P^e$.
- Die aggregierte Nachfragekurve *AD* für gegebene Werte von M, G und T verläuft fallend: Je höher das Preisniveau, desto niedriger die Produktion.

Das kurzfristige Gleichgewicht liegt im Schnittpunkt von *AS*- und *AD*-Kurve (Punkt *A*). Im Punkt *A* befinden sich alle Märkte im Gleichgewicht. Dass Güter-, Geld- und Finanzmärkte im Gleichgewicht sind, folgt aus der Tatsache, dass sich Punkt *A* auf der aggregierten Nachfragekurve befindet. Der Arbeitsmarkt ist kurzfristig im Gleichgewicht, weil sich Punkt *A* auf der aggregierten Angebotskurve befindet. Die Gleichgewichtswerte für Produktion und Preisniveau sind durch *Y* bzw. *P* gegeben.

Die Produktion Y muss im Gleichgewicht nicht unbedingt dem natürlichen Niveau Y_n entsprechen. Im Gleichgewicht hängt Y sowohl von der aggregierten Angebotskurve ab – ihr Verlauf wird durch die Preiserwartungen P^e mitbestimmt – als auch von der aggregierten Nachfragekurve – und damit von den Werten von M, G und T. In Abbildung 7.5 betrachten wir den Fall, in dem die Produktion Y im kurzfristigen Gleichgewicht über dem natürlichen Niveau Y_n liegt. Selbstverständlich hätten wir auch genau den umgekehrten Fall einzeichnen können.

Abbildung 7.5 verdeutlicht ein erstes zentrales Ergebnis: In der kurzen Frist, also bei gegebenen Preiserwartungen, weicht die Produktion in der Regel von ihrem natürlichen Niveau ab. Die Produktion hängt von den Preiserwartungen ab und von all den Variablen, die die Lage der AD-Kurve beeinflussen.

Wir müssen uns nun fragen, wie sich diese Größen im Lauf der Zeit verändern. Betrachten wir wieder den Fall, dass die Produktion in der kurzen Frist über ihrem natürlichen Niveau liegt – also die Situation in Abbildung 7.5. Wird die Produktion schließlich zu ihrem natürlichen Niveau zurückkehren? Wenn dies der Fall ist: Welcher Anpassungsprozess spielt sich ab? Der Rest dieses Abschnittes beantwortet diese Fragen.

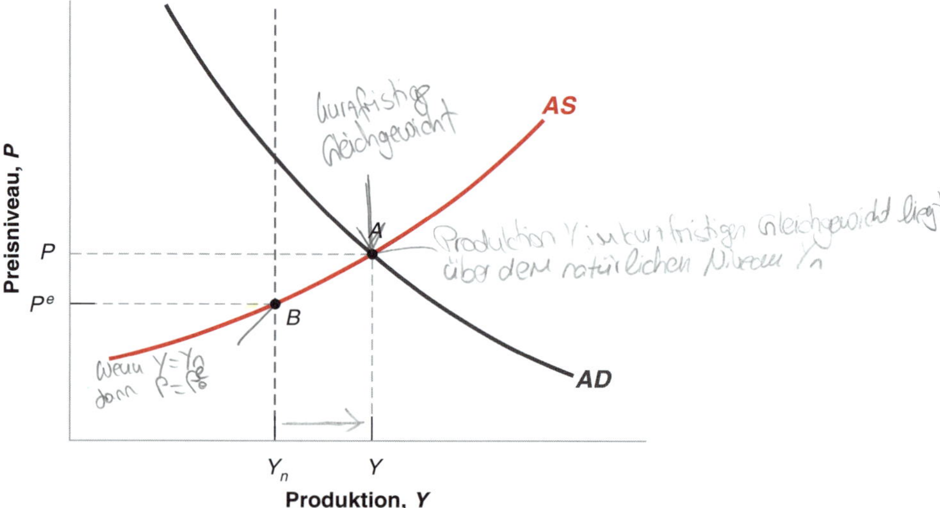

Abbildung 7.5: Das kurzfristige Gleichgewicht

Das kurzfristige Gleichgewicht entspricht dem Schnittpunkt von *AD*- und *AS*-Kurve. In diesem Gleichgewicht sind alle betrachteten Märkte im Gleichgewicht.

7.3.2 Der Übergang von der kurzen First zur mittleren Frist

Betrachten wir Abbildung 7.6, um zu verstehen, welcher Anpassungsprozess sich im Lauf der Zeit abspielt. Die mit AS und AD bezeichneten Kurven entsprechen den Kurven in Abbildung 7.5. Das kurzfristige Gleichgewicht befindet sich in Punkt A. Dies ist unser Ausgangspunkt. Die Produktion ist gleich Y; sie liegt über dem natürlichen Niveau Y_n.

- Wir wissen aus Abschnitt 7.1, dass in einer solchen Situation das tatsächliche Preisniveau über den Preiserwartungen liegt. Die an der Lohnsetzung beteiligten Akteure hatten offensichtlich zum Zeitpunkt der Festsetzung der Nominallöhne ein niedrigeres Preisniveau erwartet.

  Aller Wahrscheinlichkeit nach werden die an der Lohnsetzung Beteiligten ihre Preiserwartungen nun aber nach oben revidieren. Wenn sie das nächste Mal die Löhne aushandeln, treffen sie ihre Entscheidung auf Basis höherer Preiserwartungen. Nehmen wir an, sie erwarten jetzt $P^{e'}=P$, mit $P^{e'} > P^e$.

  Aufgrund der höheren Preiserwartungen verschiebt sich die aggregierte Angebotskurve in der nächsten Periode nach oben, von *AS* nach *AS'*: Für jedes Produktionsniveau erwarten die an der Lohnsetzung Beteiligten ein höheres Preisniveau. Deshalb legen sie einen höheren Nominallohn fest. Das wiederum veranlasst die Unternehmen dazu, auch ihre Preise zu erhöhen. Das gesamte Preisniveau steigt.

In einer Welt mit positiver Inflationsrate wird man nächstes Jahr selbst dann mit einem Anstieg des Preisniveaus rechnen, wenn sich die Preiserwartungen in diesem Jahr exakt erfüllt haben: Bei Inflation kommt es zu ständig steigenden Preiserwartungen. Im vorliegenden Kapitel gehen wir aber davon aus, dass es keine anhaltende Inflation gibt. Erst in den nächsten Kapiteln steht der Zusammenhang zwischen Inflation und Produktion im Mittelpunkt.

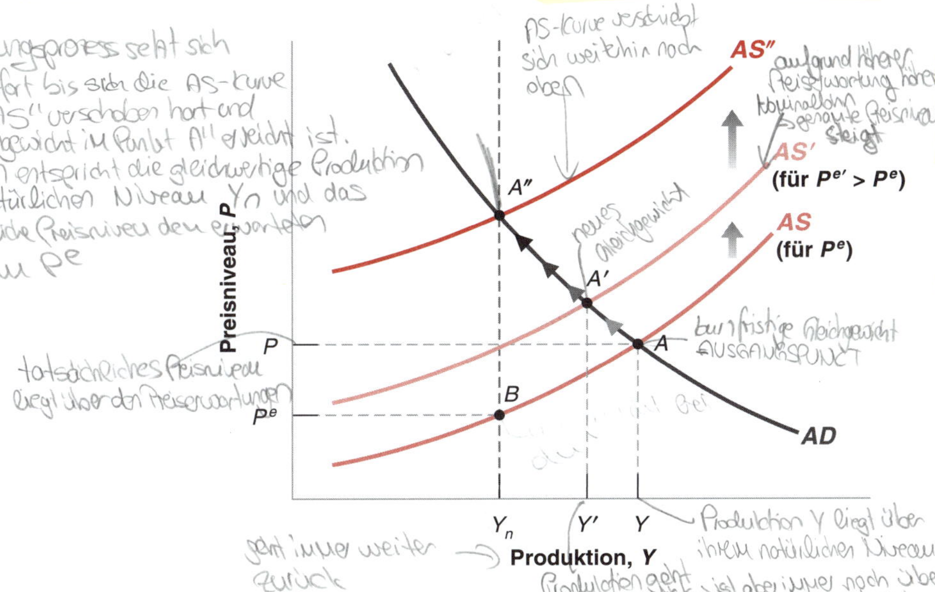

Abbildung 7.6: Anpassung der Produktion im Zeitverlauf

Liegt die Produktion über ihrem natürlichen Niveau, kommt es zu Verschiebungen der *AS*-Kurve nach oben, bis das natürliche Produktionsniveau erreicht ist.

Die Aufwärtsverschiebung der *AS*-Kurve bedeutet, dass sich die Volkswirtschaft entlang der *AD*-Kurve nach oben bewegt. Das Gleichgewicht verschiebt sich von *A* nach *A'*. Die gleichgewichtige Produktion geht von *Y* auf *Y'* zurück.

In Worten: Liegt die Produktion am Anfang über ihrem natürlichen Niveau, dann steigen die Preiserwartungen. Dies führt zu höheren Nominallöhnen und einem Anstieg des gesamten Preisniveaus. Das höhere Preisniveau impliziert eine Reduktion der realen Geldmenge. Der Zinssatz steigt; die Produktion geht zurück.

Wie müssen beachten, dass die Anpassung in einer Vielzahl von Schritten erfolgt: (1.) Höhere Preiserwartungen lassen das tatsächliche Preisniveau ansteigen. (2.) Ein höheres Preisniveau impliziert eine reduzierte reale Geldmenge. (3.) Wegen der reduzierten realen Geldmenge steigt der Zinssatz. (4.) Der höhere Zinssatz lässt Güternachfrage und Produktion sinken.

- Der Anpassungsprozess ist in Punkt *A'* aber noch lange nicht abgeschlossen. In *A'* liegt die Produktion *Y'* immer noch über ihrem natürlichen Niveau Y_n. Das tatsächliche Preisniveau liegt damit immer noch über den Preiserwartungen. Die an der Lohnsetzung beteiligten Parteien werden daher ihre Preiserwartungen weiter nach oben schrauben. Die *AS*-Kurve verschiebt sich somit weiter nach oben; die Volkswirtschaft bewegt sich entlang der *AD*-Kurve. Die Produktion geht im Lauf der Zeit immer weiter zurück.

Die nächsten drei Abschnitte bieten noch viele Gelegenheiten, sich mit diesen Schritten intensiv auseinander zu setzen.

Dieser Anpassungsprozess setzt sich so lange fort, bis die *AS*-Kurve sich nach AS'' verschoben hat und ein Gleichgewicht im Punkt A'' erreicht wird. Erst dann entspricht die gleichgewichtige Produktion ihrem natürlichen Niveau Y_n und das tatsächliche Preisniveau dem erwarteten Preisniveau. Nun gibt es keinen Anlass mehr, die Erwartungen weiter zu revidieren; die *AS*-Kurve verschiebt sich nicht mehr; die Volkswirtschaft verharrt in Punkt A''.

In Worten: Solange die Produktion über ihrem natürlichen Niveau liegt, übersteigt das tatsächliche Preisniveau das erwartete. Die an der Lohnsetzung Beteiligten korrigieren deshalb ihre Preiserwartungen nach oben. Das Preisniveau steigt im Lauf der Zeit an. Dies bedeutet einen Rückgang der realen Geldmenge, damit einen Anstieg des Zinssatzes und einen Rückgang der Produktion. Der Anpassungsprozess ist erst abgeschlossen, wenn die Produktion ihr natürliches Niveau erreicht hat. Dann entspricht das tatsächliche Preisniveau dem erwarteten, die Erwartungen müssen nicht mehr revidiert werden. In der mittleren Frist, also nach Anpassung aller Preise und Preiserwartungen, kehrt die Produktion somit immer zu ihrem natürlichen Niveau zurück.

Wir haben bislang den Fall betrachtet, dass die Produktion im Ausgangspunkt über ihrem natürlichen Niveau lag. Die Argumentationskette ist aber völlig symmetrisch, wenn wir vom umgekehrten Fall ($Y < Y_n$) ausgehen. Dann liegt das Preisniveau niedriger als erwartet. Nun werden die an der Lohnsetzung Beteiligten ihre Preiserwartungen nach unten revidieren und damit einen entsprechenden Anpassungsprozess in Gang setzen. Die niedrigeren Preiserwartungen verschieben die *AS*-Kurve nach unten. Die Volkswirtschaft bewegt sich wieder entlang der *AD*-Kurve, bis die Produktion auf ihr natürliches Niveau gestiegen ist.

Wir können unsere bisherigen Ergebnisse wie folgt zusammenfassen:

Kurze Frist: $Y \neq Y_n$

- In der kurzen Frist kann die Produktion von ihrem natürlichen Niveau abweichen. Veränderungen all der Variablen, die in die aggregierte Angebotsfunktion oder in die aggregierte Nachfragefunktion eingehen, führen zu Veränderungen von Produktion und Preisniveau.

Mittlere Frist: $Y = Y_n$

- Auf mittlere Frist kehrt die Produktion immer zu ihrem natürlichen Niveau zurück. Der Anpassungsmechanismus verläuft hierbei über Anpassungen der Preiserwartungen und die dadurch ausgelösten Veränderungen des Preisniveaus. Wenn die Produktion größer ist als Y_n, steigt das Preisniveau. Mit höherem Preisniveau gehen Nachfrage und Produktion zurück. Im umgekehrten Fall, wenn die Produktion kleiner ist als Y_n, dann sinkt das Preisniveau. Dadurch steigt die Nachfrage und die Produktion.

Im Rest des Kapitels nutzen wir das *AS-AD*-Modell, um dynamische Effekte zu analysieren, die sich bei Änderungen der Politik oder der wirtschaftlichen Rahmenbedingungen abspielen. Wir betrachten drei Fallbeispiele. Bei den ersten beiden handelt es sich mittlerweile um alte Bekannte: Expansive Geldpolitik und restriktive Fiskalpolitik. Das dritte Fallbeispiel konnten wir bisher nicht analysieren, da uns keine Theorie der Lohn- und Preissetzung zur Verfügung stand. Es geht um einen Anstieg des Ölpreises. Alle Fallbeispiele haben wir aus gutem Grund ausgewählt:

- Die Geldpolitik ist ein wirkungsvolles Instrument zur kurzfristigen Stabilisierung von Konjunkturzyklen. Gleichzeitig kann eine inadäquate Geldpolitik negative Konsequenzen für Produktion und Preissteigerung nach sich ziehen. Insbesondere wird oft befürchtet, dass der Einsatz von Geldpolitik als Stabilisierungsinstrument zu Preissteigerungen (Inflation) führt.
- Das Thema Haushaltskonsolidierung beherrscht seit einigen Jahren die Schlagzeilen nicht nur in Deutschland. Die kurz- und mittelfristigen Effekte einer Haushaltskonsolidierung lassen sich mit dem *AS-AD*-Modell detailliert untersuchen.
- Der Anstieg der Ölpreise führte in den siebziger Jahren in fast allen Volkswirtschaften, auch in Deutschland zu schwer wiegenden Rezessionen. Im vorliegenden Modell können wir nicht nur erklären, wie es hierzu kam. Es ist auch möglich, die wirtschaftspolitischen Implikationen eines Ölpreisanstiegs zu untersuchen.

Wir sollten hier beachten, dass fiskalpolitische Maßnahmen wie eine Haushaltskonsolidierung auch Auswirkungen über die kurze und mittlere Frist hinaus haben. Viele Ökonomen vertreten die Meinung, dass die Effizienz einer Volkswirtschaft leidet, wenn der Staat einen zu großen Teil der Produktion für sich beansprucht. Dahinter steht die Überzeugung, dass private Akteure besser wissen, wie Mittel effizient einzusetzen sind. Wir wollen diese Fragen zunächst zurückstellen. Auch wenn sie wichtig sind, ist es von großer Bedeutung, die kurz- und mittelfristigen Folgen einer Politik mit langfristigen Zielsetzungen zu bedenken.

7.4 Expansive Geldpolitik im *AS-AD*-Modell

Wie wirkt sich eine dauerhaft expansive geldpolitische Maßnahme in der kurzen und in der mittleren Frist aus? Analysieren wir die Ausweitung der nominalen Geldmenge von M auf M'.

Die schwierigere Frage nach den Auswirkungen einer Veränderung der Wachstumsrate der Geldmenge – nicht nur eine Veränderung des Niveaus der Geldmenge – werden wir in den nächsten beiden Kapiteln beantworten.

7.4.1 Der Anpassungsprozess

Betrachten wir Abbildung 7.7. Nehmen wir an, dass die Produktion vor der Veränderung der Geldmenge bei ihrem natürlichen Niveau lag. Die aggregierte Nachfrage und das aggregierte Angebot schneiden sich im Punkt A, die Produktion ist gleich Y_n, und das Preisniveau ist gleich P.

Es ist immer hilfreich, zunächst das mittelfristige Gleichgewicht als Ausgangspunkt zu nehmen und zu fragen, wie sich von dort aus bestimmte Politikmaßnahmen auswirken. Wir sollten später allerdings überlegen, unter welchen Bedingungen expansive Geldpolitik überhaupt sinnvoll erscheint. Dazu müssen wir überlegen, was sie bewirken kann, wenn die Produktion unter ihrem natürlichen Niveau liegt. Es zeigt sich, dass eine stimulierende Geldpolitik dazu beitragen kann, schneller zum natürlichen Produktionsniveau zurückzukehren.

Welche Folgen hat nun eine dauerhafte Ausdehnung der nominalen Geldmenge? Erinnern wir uns an die aggregierte Nachfragefunktion in Gleichung (7.3):

$$Y = Y(\frac{M}{P}, G, T)$$

Wir sprechen von Verschiebungen der *AD*-Kurve nach rechts oder nach links, weil die *AD*-Kurve für jedes beliebige Preisniveau angibt, wie viel produziert wird. Wir fragen dann, ob bei einem gegebenen Preisniveau die Produktion zu- oder abnimmt.

Bei gegebenem Preisniveau P lässt die Erhöhung der nominalen Geldmenge M die reale Geldmenge, M/P ansteigen. Dies stimuliert die Produktion. Die aggregierte Nachfrage verschiebt sich dauerhaft nach rechts, von AD nach AD'. In der kurzen Frist bewegt sich die Volkswirtschaft von A nach A'. Die Produktion steigt von Y_n auf Y'; das Preisniveau steigt von P auf P'.

Wir sprechen von Verschiebungen der *AS*-Kurve nach oben oder nach unten, weil uns die *AS*-Kurve für jedes beliebige Produktionsniveau das Preisniveau angibt. Wir fragen dann: Steigt bei gegebenem Produktionsniveau das Preisniveau (Verschiebung nach oben) oder sinkt es (Verschiebung nach unten)?

Im Punkt A' liegt die Produktion über ihrem natürlichen Niveau. Damit ist das tatsächliche Preisniveau höher als von den an der Lohnsetzung beteiligten Parteien erwartet. Sie revidieren ihre Preiserwartungen nach oben. Die aggregierte Angebotskurve verschiebt sich so im Lauf der Zeit nach oben. Die Volkswirtschaft bewegt sich entlang der aggregierten Nachfrage AD'. Der Anpassungsprozess endet, wenn die Produktion wieder ihrem natürlichen Niveau und das tatsächliche Preisniveau dem erwarteten entspricht. Auf mittlere Frist ist die aggregierte Angebotskurve durch AS'' gegeben. Die Volkswirtschaft befindet sich in Punkt A'': Die Produktion ist wieder gleich Y_n, allein das Preisniveau ist höher – es ist nun gleich P''.

Betrachten wir die obige Gleichung. Wenn *Y* unverändert bleibt (und *G* und *T* sich auch nicht verändert haben), dann kann sich auch *M/P* nicht ändern. Wenn *M/P* jedoch unverändert bleibt, dann müssen *M* und *P* im selben Verhältnis zugenommen haben.

Wie stark steigt das Preisniveau mittelfristig? Passt sich die Produktion wieder ihrem natürlichen Niveau an, dann muss auch die reale Geldmenge wieder genauso hoch sein wie im Ausgangspunkt. Anders ausgedrückt: Die Preise müssen letztlich genauso stark steigen wie die nominale Geldmenge. Ist die nominale Geldmenge aufgrund der expansiven Geldpolitik um 10% gestiegen, dann muss auf mittlere Frist auch das Preisniveau um 10% höher liegen.

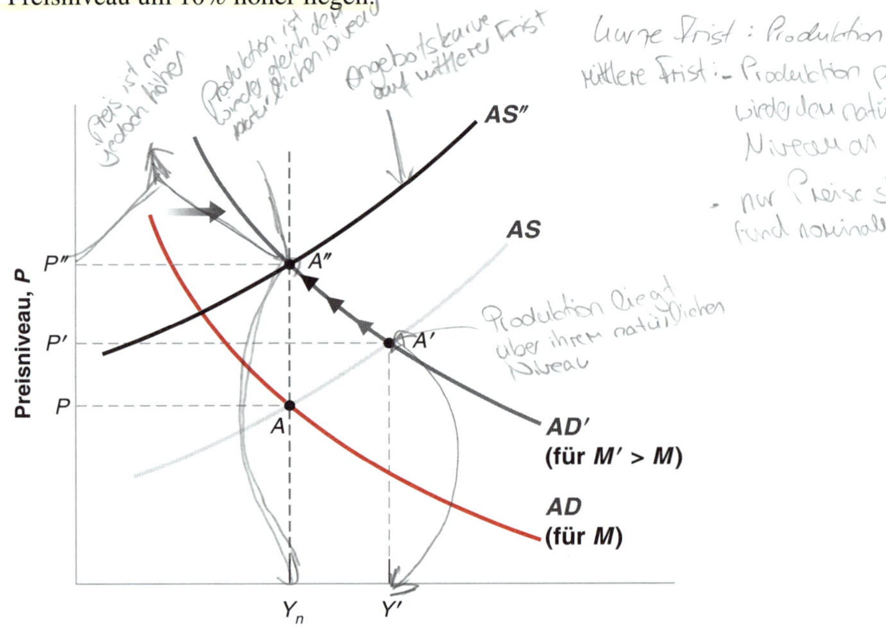

Abbildung 7.7: Dynamische Effekte einer expansiven Geldpolitik

Expansive Geldpolitik führt kurzfristig zu Produktionssteigerungen. Auf mittlere Frist steigen lediglich die Preise.

7.4.2 Hinter den Kulissen

Um ein besseres Verständnis für den Anpassungsprozess nach der Ausweitung der Geldmenge zu entwickeln, überlegen wir, was sich im Hintergrund des *AS-AD*-Modells abspielt. Wir beschränken uns nicht nur darauf, Produktion und Preisniveau zu verfolgen, sondern stellen auch die Frage, was mit dem Zinssatz geschieht. Dazu greifen wir auf das *IS-LM*-Modell zurück.

Abbildung 7.8(a) baut auf Abbildung 7.7 auf (auf die *AS''*-Kurve wurde verzichtet, um die Grafik nicht zu überfrachten). Sie zeigt die Anpassungen von Produktion und Preisniveau nach einem Anstieg der nominalen Geldmenge. Abbildung 7.8(b) zeigt die Anpassungen von Produktion und Zinssatz, indem derselbe Anpassungsprozess im Rahmen des *IS-LM*-Modells abgebildet wird.

Betrachten wir Abbildung 7.8(b). Vor der Veränderung der nominalen Geldmenge ist das Gleichgewicht durch den Schnittpunkt von *IS*- und *LM*-Kurve in Punkt *A* gegeben. Er entspricht Punkt *A* in Abbildung 7.8(a). Die Produktion liegt auf ihrem natürlichen Niveau Y_n, der Zinssatz ist gleich *i*.

Kurzfristig verschiebt eine Geldmengenerhöhung die *LM*-Kurve nach unten von *LM* nach *LM'*. Das neue Gleichgewicht liegt im Punkt *A'*. Der Zinssatz ist gesunken, die Produktion hat zugenommen.

Hinter der Verschiebung der *LM*-Kurve von *LM* nach *LM'* verbergen sich zwei Effekte: Der eine Effekt ist auf die Erhöhung der nominalen Geldmenge zurückzuführen. Der andere Effekt, der den ersten teilweise wieder aufhebt, liegt am dadurch induzierten Anstieg des Preisniveaus. Wir wollen beide Effekte etwas genauer betrachten:

- Bliebe das Preisniveau konstant, würde sich die *LM*-Kurve nach der Erhöhung der nominalen Geldmenge von *LM* nach *LM''* verschieben. Dann wäre das neue Gleichgewicht im Schnittpunkt der *IS*-Kurve und der *LM''*-Kurve, also in Punkt *B*. Wir wären zurück im Modell aus Kapitel 5. Dort blieb das Preisniveau annahmegemäß unverändert.
- Nun aber berücksichtigen wir, dass auch das Preisniveau steigt: Die zusätzliche Produktion lässt die Arbeitslosenquote sinken und damit Löhne und Preise steigen. Wenn aber die Preise wie in Abbildung 7.8(a) von *P* auf *P'* steigen, sinkt die reale Geldmenge *M/P* wieder ein wenig. Dies verschiebt nun die *LM*-Kurve nach oben, von *LM''* nach *LM'*. Die Auswirkungen der Erhöhung der nominalen Geldmenge werden so zum Teil aufgehoben.
- Der Nettoeffekt der beiden Verschiebungen ist eine Verschiebung der *LM*-Kurve von *LM* nach *LM'*. In der kurzen Frist ergibt sich dadurch ein neues Gleichgewicht im Punkt *A'*.

Warum nur zum Teil? Nehmen wir an, das Preisniveau würde sich im selben Verhältnis erhöhen wie die nominale Geldmenge, so dass die reale Geldmenge unverändert bliebe. Dann bliebe auch die Produktion unverändert. Würde sich aber die Produktion nicht verändern, würde auch das Preisniveau nicht steigen. Das wäre ein Widerspruch zu unserer ursprünglichen Annahme.

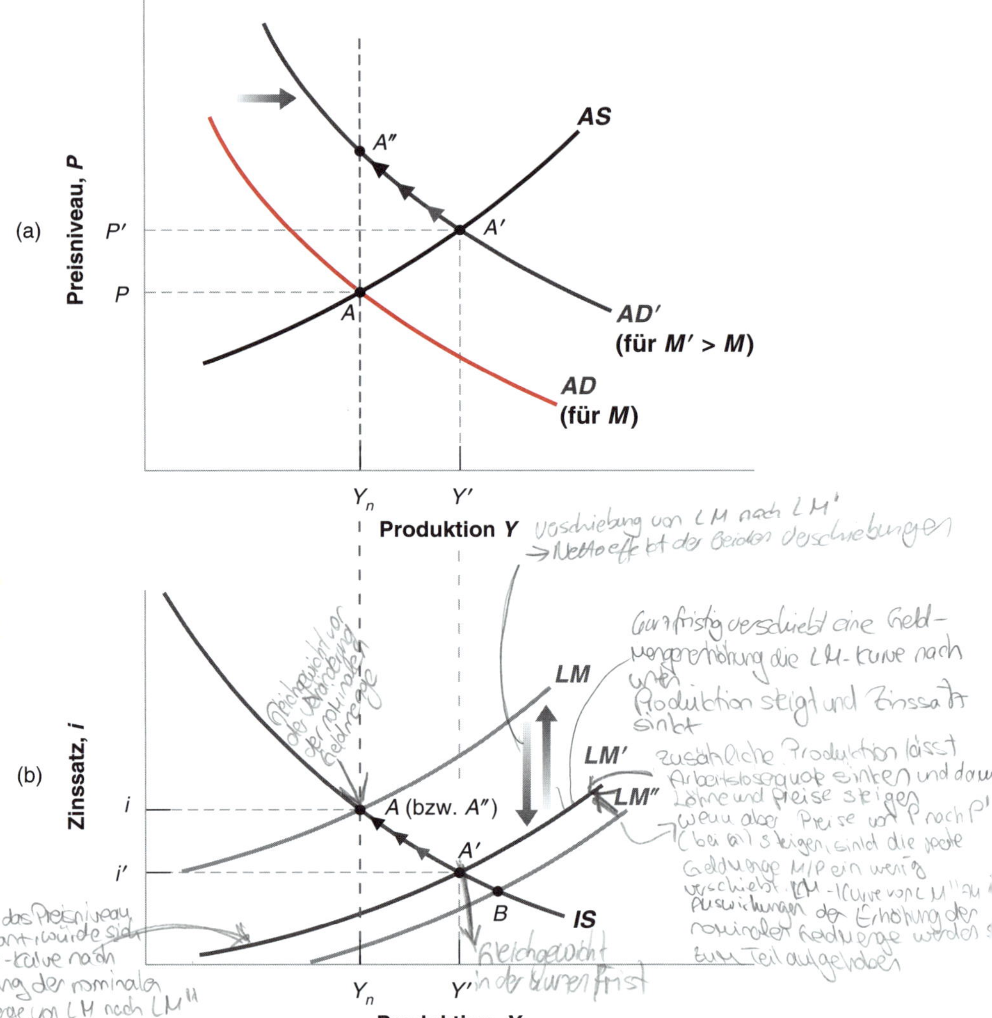

Abbildung 7.8: Dynamische Effekte expansiver Geldpolitik auf Produktion und Zinssatz

Die Ausdehnung von *M* lässt zunächst den Zinssatz sinken und die Produktion steigen. Mit steigendem Preisniveau verschiebt sich die *LM*-Kurve bis zu ihrem Ausgangspunkt nach oben.

Solange die Produktion über ihrem natürlichen Niveau liegt, steigt das Preisniveau mit der Zeit weiter an. Dadurch geht die reale Geldmenge *M/P* jedoch immer weiter zurück. Die *LM*-Kurve verschiebt sich entlang der *IS*-Kurve weiter nach oben, bis sie ihre ursprüngliche Lage wieder erreicht hat. Der Zinssatz steigt stetig wieder an. Investitionsnachfrage und Produktion gehen entsprechend zurück. Die Volkswirtschaft endet im Punkt *A*, der dem Punkt *A''* in Abbildung 7.8(a) entspricht. Die Erhöhung der nominalen Geldmenge wird exakt durch einen proportionalen Anstieg des Preisniveaus ausgeglichen. Die reale Geldmenge bleibt daher unverändert; die Produktion geht auf ihr ursprüngliches Niveau Y_n zurück. Auch der Zinssatz nimmt wieder seinen ursprünglichen Wert an.

7.4.3 Die Neutralität des Geldes

Wir wollen nun zusammenfassen, was wir bisher über die Auswirkungen geldpolitischer Maßnahmen erfahren haben.

- In der kurzen Frist lässt eine expansive Geldpolitik den Zinssatz sinken und Produktion und Preisniveau steigen.

  Bisher sind wir nicht auf die Frage eingegangen, wie stark sich eine geldpolitische Maßnahme kurzfristig auf die Produktion, wie stark auf das Preisniveau auswirkt. Diese Frage ist von elementarer Bedeutung: Reagiert zunächst v.a. die Produktion, ist Geldpolitik ein sehr wirkungsvolles Instrument zur kurzfristigen Beeinflussung der Wirtschaftsaktivität. Wie stark sich ein geldpolitischer Impuls auf die Produktion einerseits, das Preisniveau andererseits auswirkt, hängt von der Steigung der aggregierten Angebotskurve ab. In Kapitel 5 haben wir angenommen, dass das Preisniveau überhaupt nicht auf eine Zunahme der Produktion reagiert. Wir haben effektiv angenommen, dass die aggregierte Angebotskurve horizontal verläuft – Änderungen der Produktion lassen die Preise unverändert. Obwohl dies in erster Linie als Vereinfachung gedacht war, zeigt auch die Empirie, dass die Auswirkungen von Veränderungen des Produktionsniveaus auf das Preisniveau am Anfang recht gering sind.

Wir haben dies gesehen, als wir in Abbildung 5.11 ökonometrische Schätzungen der Reaktionen auf Veränderungen des Zinssatzes betrachtet haben: Trotz der Zunahme der Produktion blieb das Preisniveau für einen Zeitraum von fast einem Jahr so gut wie unverändert.

- Im Lauf der Zeit steigt das Preisniveau; die Auswirkungen der expansiven Geldpolitik auf Produktion und Zinssatz klingen ab. In der mittleren Frist schlägt sich die Erhöhung der nominalen Geldmenge vollständig in einem proportionalen Anstieg des Preisniveaus nieder (Wie lange es in der Realität dauert, bis die Auswirkungen der Geldmenge auf die Produktion verschwinden behandelt die Fokusbox „Wirkungen geldpolitischer Maßnahmen im Zeitverlauf"). Volkswirte sprechen von der Neutralität des Geldes auf mittlere Frist. Damit meinen sie, dass Änderungen der nominalen Geldmenge auf mittlere Frist weder Produktion noch Zinssatz, sondern nur das Preisniveau beeinflussen.

Viele Ökonomen sprechen von langfristiger Neutralität des Geldes. Dies liegt daran, dass sie den Zeitraum, den wir „mittlere Frist" nennen, als „lange Frist" bezeichnen.

Die Neutralität des Geldes in der mittleren Frist sollte uns nicht zu dem Schluss verleiten, dass Geldpolitik ungeeignet sei, das Produktionsniveau zu beeinflussen. Expansive Geldpolitik kann beispielsweise der Wirtschaft helfen, eine Rezession zu überwinden und schneller zum natürlichen Produktionsniveau zurückzukehren. Die Neutralität des Geldes ist jedoch eine Warnung, dass es nicht möglich ist, durch den Einsatz von Geldpolitik eine dauerhaft höhere Produktion zu erreichen.

Fokus: Wirkungen geldpolitischer Maßnahmen im Zeitverlauf

In Abschnitt 7.4 wurde gezeigt, dass sich eine expansive geldpolitische Maßnahme zunächst vor allem auf die Produktion auswirkt. Nach gewisser Zeit dominieren dann aber die Effekte auf das Preisniveau. Wie lange jedoch hält die Wirkung geldpolitischer Maßnahmen auf die Produktion an? Wie viel Zeit vergeht, bis Geld neutral ist?

Um diese wichtige Frage zu beantworten, verwenden Makroökonomen empirisch fundierte Modelle. Solche Modelle sind grundsätzlich von ähnlicher Struktur wie das uns bekannte *AS-AD*-Modell. Die uns bekannten Zusammenhänge (etwa der Zusammenhang zwischen Zins, Einkommen und Geldnachfrage, der Zusammenhang zwischen Zins, Produktion und Investitionen oder der Zusammenhang zwischen Arbeitslosigkeit, erwartetem Preisniveau und Nominallöhnen) werden unter Verwendung von makroökonomischen Daten quantifiziert, so dass ein Modell mit sehr vielen Gleichungen entsteht. Tatsächlich enthalten diese Modelle wesentlich mehr Gleichungen, als uns bisher bekannt sind. Dies liegt daran, dass wir uns bisher auf die Erläuterung der wichtigsten Zusammenhänge beschränkt haben. So haben wir bisher darauf verzichtet, die Verflechtungen einzelner Volkswirtschaften untereinander zu berücksichtigen (wir werden dies in den Kapiteln 18 bis 21 nachholen) oder auf die Existenz anderer Wertpapiere einzugehen (Kapitel 15 vertieft unsere Kenntnisse der Finanzmärkte). Große makroökonomische Modelle versuchen, all diese Aspekte zu berücksichtigen.

Solche Modelle ermöglichen auch Prognosen über die Entwicklung makroökonomischer Größen. Wir sind hier allerdings an einer anderen Anwendung interessiert, der Simulation von Politikmaßnahmen. In Simulationen wird überprüft, wie sich Größen wie Produktion und Preisniveau entwickeln, wenn man die Politikvariablen im Vergleich zu den in der Realität beobachteten Werten variiert. Damit wird es möglich, zu vergleichen, wie hoch Produktion und Preisniveau im simulierten Fall relativ zum ursprünglichen Verlauf wären.

Abbildung 1 veranschaulicht für Deutschland, welche Effekte ein Anstieg der Geldmenge in einem solchen Modell hat. Das Modell wurde von John Taylor von der Stanford Universität entwickelt. Für die vorliegende Grafik wurde ein dauerhafter Anstieg der nominalen Geldmenge um 3% im Jahr 1 simuliert. Im ersten Quartal steigt die Geldmenge um 0,1%, in den darauf folgenden Quartalen um 0,6%, 1,2% bzw. 1,1%. Nach dem ersten Jahr verbleibt die Geldmenge auf ihrem nun höheren Niveau.

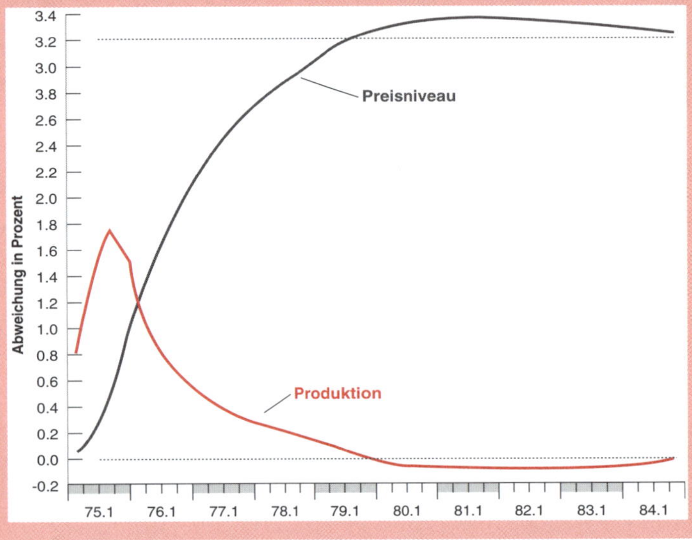

Abbildung 1:
Effekte einer monetären Expansion im Taylor-Modell

Der Anstieg der nominalen Geldmenge führt zunächst zu einem starken Anstieg der Produktion. Nach drei Quartalen erreicht dieser Effekt sein Maximum: Die Produktion ist dann um 1,6% höher als im Fall ohne expansive Geldpolitik. Danach nimmt der Effekt ab; die Produktion kehrt zu ihrem ursprünglichen Niveau zurück. Nach etwa 5 Jahren fällt sie zunächst sogar leicht unter ihr ursprüngliches Niveau. Gleichzeitig steigt das Preisniveau stetig an. Nach 4 bis 5 Jahren sind die realen Effekte der Geldpolitik weitgehend abgeklungen. Die monetäre Expansion hat sich fast vollständig auf das Preisniveau ausgewirkt. Tatsächlich ist es nach Ablauf aller Anpassungsprozesse um 3% gestiegen, also um genau den Betrag, um den die nominale Geldmenge ausgedehnt wurde.

Zur Bewertung einer solchen Analyse sind zwei Anmerkungen zu machen.

- Erstens wird die Simulation mit Hilfe großer makroökonomischer Modelle von vielen Ökonomen heute eher skeptisch gesehen. Die Verwendung vieler Gleichungen und vieler Variablen hat nämlich auch Nachteile. Insbesondere wird es erforderlich, eine große Anzahl von Annahmen zu treffen. Welche Gleichungen und Variablen sollen berücksichtigt werden, welche nicht? Aufgrund der Größe der Modelle ist es schwierig, die Folgen dieser vielfältigen Annahmen nachzuvollziehen. Insbesondere andere Ökonomen, die nur das Resultat der Simulation kennen, wissen nicht, auf Basis welcher Annahmen genau dieses Resultat zu Stande kam.

  Aus diesem Grund ziehen es viele Ökonomen vor, kleinere ökonometrische Modelle mit wenigen Gleichungen zu verwenden. Solche Modelle machen es möglich, die Effekte von Veränderungen der Geldmenge auf die Produktion in übersichtlicher Weise zu verfolgen. Im einfachsten Fall können wir uns vorstellen, dass nicht die Gesamtheit der ökonomischen Zusammenhänge abgebildet wird, die über viele Einzelschritte zu einer Abhängigkeit der Produktion von der Geldmenge führt. Vielmehr wird der direkte Zusammenhang zwischen Produktion und Geldmenge geschätzt. Auch diese Methode ist allerdings nicht ohne Probleme. Wer ohne Umschweife sofort den Zusammenhang zwischen Geldmenge und Produktion ermittelt, ist nicht mehr gezwungen, die einzelnen Argumentationsketten im Modell nachzuvollziehen. Wenn dann ein Zusammenhang ermittelt wird, ist unter Umständen nicht mehr klar, welche Größe nun welche andere Größe beeinflusst. Führt ein Anstieg der Geldmenge zu einem Anstieg der Produktion oder umgekehrt? In solchen Modellen ist also das Problem, dass ökonometrische Verfahren zwar Informationen über statistische Zusammenhänge, nicht aber über Kausalzusammenhänge liefern, besonders gravierend.
- Zweitens müssen wir eine Unterscheidung einführen, die wir bisher vernachlässigt haben. Eine vollständige Analyse macht es nämlich erforderlich, die Veränderungen der Geldmenge, die auf Basis verfügbarer Informationen vorhersagbar gewesen wären (antizipierte geldpolitische Maßnahmen) von denen zu trennen, die nicht vorhergesagt werden konnten (nicht-antizipierte geldpolitische Maßnahmen). Die Motivation für diese Unterscheidung sollte aus den Ausführungen dieses Kapitels deutlich werden: Wenn die an der Lohnsetzung beteiligten Parteien den Anstieg der Geldmenge antizipieren, dann werden sie erwarten, dass das Preisniveau in Zukunft steigen wird. Die Lohnforderungen werden deshalb schon heute höher ausfallen, was zu einem sofortigen Preisauftrieb führt. Deshalb sollten antizipierte Erhöhungen der Geldmenge stärkere Effekte auf das Preisniveau und schwächere Effekte auf die Produktion haben.

Tatsächlich unterscheidet Taylor zwischen diesen unterschiedlichen Situationen. Im Fall von Abbildung 1 handelt es sich um die Effekte einer nicht-antizipierten Erhöhung der Geldmenge. Die Ergebnisse für den Fall einer antizipierten Erhöhung der Geldmenge bestätigen unsere Vorhersage: Die Erhöhung der Produktion fällt wesentlich schwächer aus, das Preisniveau steigt wesentlich rascher an.

Quelle: Abbildung 1 wurde entnommen aus: Taylor, John, Macroeconomic Policy in a World Economy (New York: W.W. Norton, 1993), Figure 5-4A, S. 150.

7.5 Restriktive Fiskalpolitik im *AS-AD*-Modell

Nachdem wir die Auswirkungen der Geldpolitik untersucht haben, wollen wir nun zu einer Analyse der Fiskalpolitik im *AS-AD*-Modell übergehen. Wir nehmen an, dass die Regierung beschließt, das Budgetdefizit zu reduzieren. Sie senkt deshalb die Staatsausgaben von G auf G' (Linksverschiebung der *IS*-Kurve). Die Steuern T bleiben unverändert. Wie wirkt sich diese Politikmaßnahme in der betrachteten Volkswirtschaft aus?

Wie auch in Kapitel 3 sinkt in Folge der Reduktion des Budgetdefizits also zunächst die Produktion. Während sich in Kapitel 3 die Preise allerdings überhaupt nicht veränderten, berücksichtigen wir nun auch Preisanpassungen.

- Gehen wir wieder davon aus, dass sich die Produktion ursprünglich auf ihrem natürlichen Niveau befindet. In Abbildung 7.9 befindet sich die Volkswirtschaft in Punkt A. Durch die Reduktion der Staatsausgaben von G auf G' verschiebt sich nun die aggregierte Nachfragekurve nach links, von AD nach AD'. Bei gegebenem Preisniveau bedeutet dies eine niedrigere Produktion. In der kurzen Frist verschiebt sich das Gleichgewicht von A nach A', die Produktion geht von Y_n auf Y' zurück; das Preisniveau sinkt von P auf P'.
- Was geschieht im Zeitverlauf? Wir wissen, dass sich die AS-Kurve immer dann nach unten verschiebt, wenn die Produktion unter ihrem natürlichen Niveau liegt. In diesem Fall liegt das tatsächliche unter dem erwarteten Preisniveau. Dies führt zu einer Revision der Erwartungen und damit zu einer Verschiebung der AS-Kurve. Die Volkswirtschaft bewegt sich dann entlang der aggregierten Nachfragekurve AD', bis sich die aggregierte Angebotskurve (AS'') im Punkt A'' mit AD' schneidet. In diesem Punkt ist die anfangs ausgelöste Rezession vorüber; die Produktion ist wieder zu ihrem ursprünglichen Niveau Y_n zurückgekehrt.

Abbildung 7.9: Restriktive Fiskalpolitik im *AS-AD*-Modell

Eine Senkung des Budgetdefizits führt zunächst zu einem Fall der Produktion. Im Zeitverlauf kehrt die Produktion auf ihr natürliches Niveau zurück.

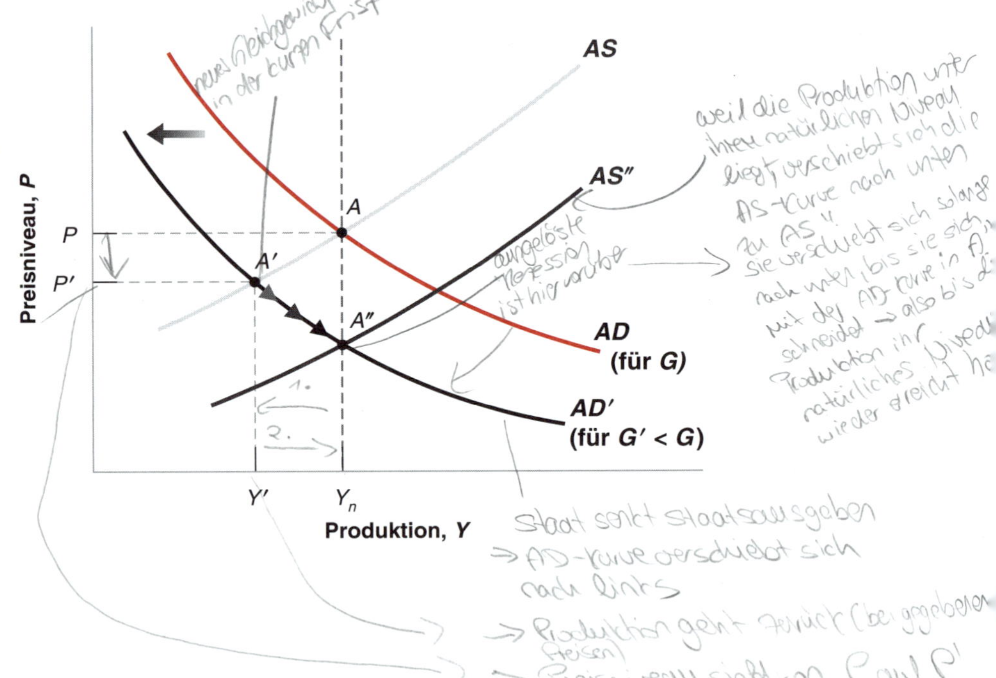

Wie bei der Geldmengenerhöhung hat also auch die Reduktion des Budgetdefizits nur kurzfristige Auswirkungen. Mittelfristig kehrt die Produktion immer zu ihrem natürlichen Niveau zurück.

Allerdings gibt es einen wichtigen Unterschied zwischen Geld- und Fiskalpolitik: Im Punkt A'' nehmen nämlich nicht alle Variablen ihren ursprünglichen Wert an. Mit Hilfe des *IS-LM*-Modells zeigen wir im folgenden Abschnitt, dass der Zinssatz im Vergleich zur Ausgangssituation gesunken ist.

Es scheint seltsam, dass das Preisniveau über einige Zeit hinweg sinkt: Deflation, also ein länger anhaltendes Sinken des Preisniveaus, beobachten wir in der Realität nur sehr selten (eines der wenigen Beispiele ist die aktuelle Situation in Japan, die in Kapitel 1 angesprochen wurde). Dass in unserem Modell das Preisniveau sinkt, liegt aber nur daran, dass wir eine konstante Geldmenge *M* unterstellen (wir unterstellen ein Geldmengenwachstum von Null). Deshalb kommt es auf mittlere Frist zu keiner Inflation. Im nächsten Kapitel führen wir Geldmengenwachstum ein. Wir werden sehen, dass eine Rezession im Normalfall zu einem Rückgang der Inflation (nicht zu einem sinkenden Preisniveau) führt.

7.5.1 Abbau des Budgetdefizits, Produktion und Zinssatz

Abbildung 7.10(a) baut auf Abbildung 7.9 auf (wir verzichten wieder auf die AS''-Kurve, um die Grafik so übersichtlich wie möglich zu gestalten). Sie zeigt, wie sich Produktion und Preisniveau in Reaktion auf eine Reduktion des Budgetdefizits anpassen. Abbildung 7.10(b) beschreibt die gleichen Anpassungsprozesse, allerdings im Rahmen des *IS-LM*-Modells. Auch in Abbildung 7.10(b) ist Punkt *A* Ausgangspunkt unserer Analyse. Die Produktion entspricht ihrem natürlichen Niveau Y_n und der Zinssatz ist gleich *i*.

- Der Abbau des staatlichen Budgetdefizits verschiebt die *IS*-Kurve nach links, nach IS'. Wenn das Preisniveau (wie in Kapitel 5) unverändert bliebe, würde sich die Volkswirtschaft von Punkt *A* nach Punkt *B* bewegen. Da aber die durch den Produktionsrückgang ausgelösten Nominallohnsenkungen das Preisniveau sinken lassen, müssen wir hier einen zusätzlichen Effekt beachten: Die reale Geldmenge *M/P* nimmt zu, die *LM*-Kurve verschiebt sich deshalb von *LM* nach LM' und die Verschiebung der *IS*-Kurve wird zum Teil wieder ausgeglichen. Die Volkswirtschaft bewegt sich auf Grund der Reduktion des Budgetdefizits demnach zunächst von *A* nach A'; Punkt A' in Abbildung 7.10(b) entspricht Punkt A' in Abbildung 7.10(a). Sowohl die Produktion als auch der Zinssatz sind niedriger als vor der kontraktiven fiskalpolitischen Maßnahme.
- Solange die Produktion unter ihrem natürlichen Niveau liegt, geht das Preisniveau zurück. Damit steigt die reale Geldmenge weiter an. Die LM-Kurve verschiebt sich weiter nach unten. In Abbildung 7.10(b) bewegt sich die Volkswirtschaft ausgehend von Punkt A' entlang der IS'-Kurve, bis Punkt A'' erreicht ist. Durch den Punkt A'' verläuft die LM''-Kurve.

Abbildung 7.10: Dynamische Effekte eines Abbaus des Budgetdefizits

In der kurzen Frist kommt es zu einer Verringerung der Produktion und zu einem Sinken des Zinssatzes. In der mittleren Frist kehrt die Produktion auf ihr natürliches Niveau zurück. Der Zins ist mittelfristig gefallen.

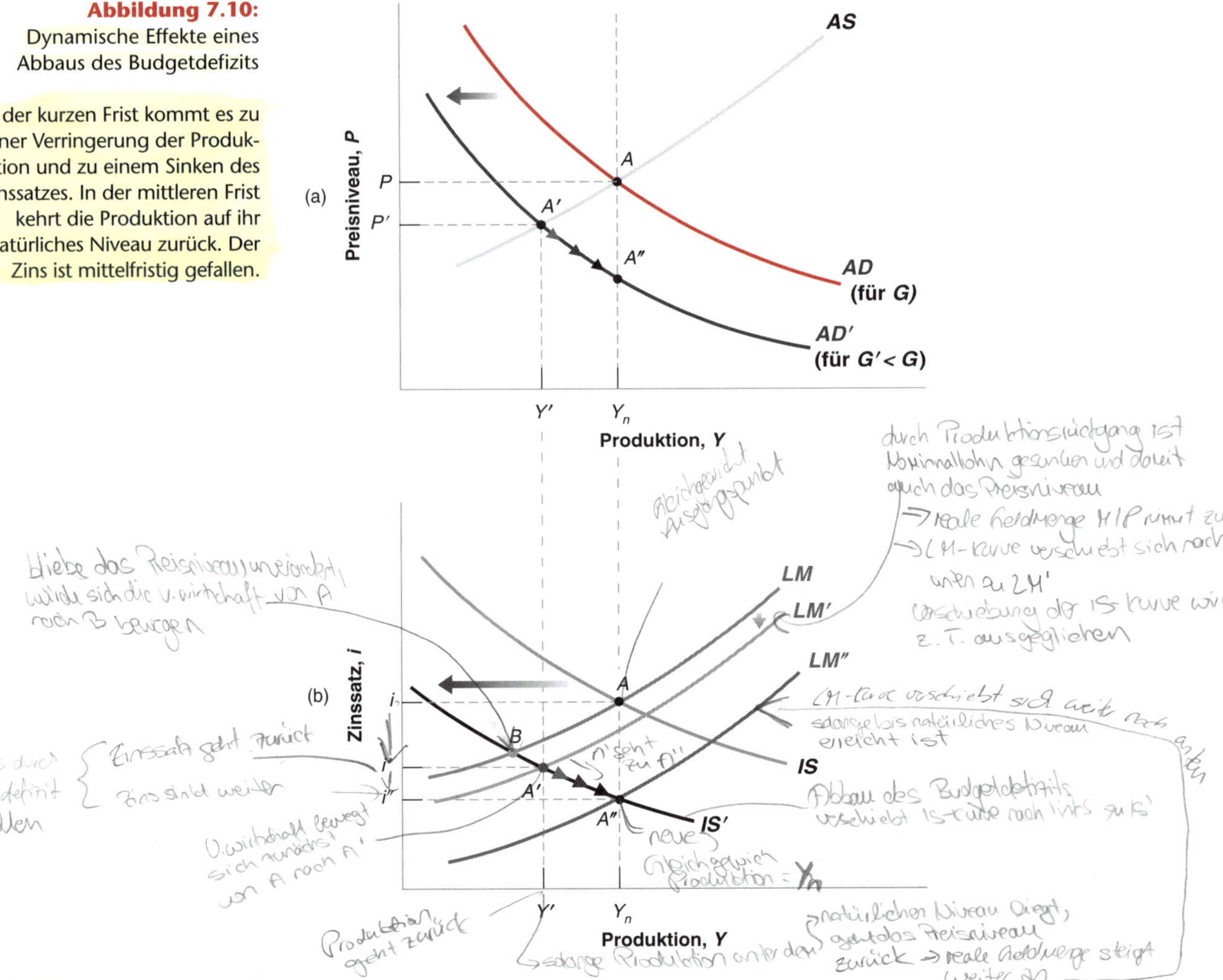

Es ist wichtig, zu erkennen, dass der Effekt auf die Investitionen in der kurzen Frist nicht eindeutig ist: Der Rückgang der Produktion führt zu einem Rückgang der Investitionen, der gesunkene Zinssatz jedoch zu einer Zunahme der Investitionen.

Im Punkt A'' hat die Produktion wieder ihr natürliches Niveau erreicht. Allerdings ist der Zinssatz im Vergleich zur Situation vor der Reduktion des Budgetdefizits von i auf i'' gefallen. Welche ökonomische Bedeutung hat dies? Wenn die Investitionen negativ vom Zins abhängen, sollten wir uns nun mehr private Investitionen als im Ausgangspunkt beobachten. Da die Gesamtproduktion mittelfristig unverändert bleibt, muss sich die Zusammensetzung der Produktion verändert haben. Ein Blick auf die *IS*-Funktion verdeutlicht dies.

$$Y_n = C\,(Y_n - T) + I\,(Y_n, i) + G$$

Wenn wir berücksichtigen, dass die Produktion im Punkt A'' wieder gleich der natürlichen und damit gleich der Ausgangsproduktion ist ($Y = Y_n$), kann sich der Konsum bei Konstanz von T im Vergleich zur Ausgangssituation nicht verändert haben. Die Staatsausgaben wurden aber in der Zwischenzeit reduziert. Also müssen die Investitionen I zugenommen haben. Die Zunahme entspricht exakt der Abnahme von G.

7.5.2 Budgetdefizit, Produktion und Investitionen

Wir wollen nun zusammenfassen, was wir über die Auswirkungen fiskalpolitischer Maßnahmen erfahren haben:

- In der kurzen Frist führt eine Reduktion des Budgetdefizits zu einem Rückgang der Produktion. Es kann zu einer Abnahme der Investitionen kommen.

  Eigentlich müssten wir den ersten Satz mit dem Nebensatz ergänzen: „wenn die Maßnahme nicht durch eine entsprechende geldpolitische Maßnahme unterstützt wird“. Warum sollten wir eine solche Einschränkung einführen? Weil prinzipiell der Einbruch der Produktion in der kurzen Frist vermieden werden könnte, wenn Geld- und Fiskalpolitik in einem sinnvollen Policy Mix kombiniert werden. So könnte die Zentralbank in Zeiten der Haushaltskonsolidierung den Zinssatz senken; die negativen Auswirkungen der Reduktion der Staatsausgaben könnten dann aufgefangen werden. Wir haben in Kapitel 5 gesehen, dass in den Vereinigten Staaten unter Clinton und Greenspan ein derartiger Politik-Mix durchgeführt wurde: Die Fed stellte sicher, dass der Abbau des Budgetdefizits nicht einmal in der kurzen Frist eine Rezession und einen Rückgang der Produktion auslöste.

- Auf mittlere Frist kehrt die Produktion zu ihrem natürlichen Niveau zurück. Der Zinssatz sinkt im Vergleich zur Ausgangssituation. Deshalb stimuliert der Abbau des Budgetdefizits auf mittlere Frist die privaten Investitionen.

  In der Tat mag dieser Effekt genau der Grund für den Abbau des Budgetdefizits sein. Bisher haben wir allerdings noch nicht berücksichtigt, wie Investitionen, Kapitalakkumulation, und Produktionswachstum zusammenhängen. Wir werden dies im Rahmen der Analyse der langen Frist ab Kapitel 10 nachholen.

Effekte einer Konsolidierung des Staatshaushalts:
Kurze Frist: $Y\downarrow$ $I\downarrow\uparrow$?
Mittlere Frist: Y **konstant,** $I\uparrow$
Lange Frist: **Kapitel 10-13**

Alle Ergebnisse, die wir in diesem Abschnitt über die Auswirkungen eines Abbaus des Budgetdefizits erarbeitet haben, lassen sich gleichermaßen auf die Analyse der Förderung der privaten Ersparnis (im Gegensatz zur staatlichen Ersparnis) anwenden. Eine höhere Sparquote lässt auf mittlere und lange Frist die privaten Investitionen steigen. In der kurzen Frist jedoch können solche Maßnahmen eine Rezession auslösen, die sogar einen Rückgang der Investitionen mit sich bringt. Wenn sich Ökonomen nicht über ihre Bewertung von Maßnahmen zur Steigerung der staatlichen oder der privaten Ersparnis einig werden können, dann liegt dies meist daran, dass sie von unterschiedlichen Zeithorizonten ausgehen. Diejenigen, die die kurze Frist im Auge haben, befürchten, dass es kurzfristig zu einer Rezession kommen könnte. Diejenigen, die über die kurze Frist hinaus blicken, betonen die Zunahme von Ersparnis und Investitionen auf mittlere und lange Frist.

7.6 Ölpreisschocks

Unter einem Kartell verstehen wir eine Gruppe von Anbietern, die durch Absprachen versucht, höhere Preise durchzusetzen. Hierbei kann es sich um Unternehmen oder ganze Länder handeln.

In den 70er Jahren stieg der Ölpreis dramatisch an. Der starke Anstieg war auf die Gründung der OPEC (Organisation erdölexportierender Länder) zurückzuführen, einem Kartell erdölproduzierender Länder.

Die OPEC verhielt sich wie ein Monopolist, schränkte das Erdölangebot ein und trieb dadurch den Ölpreis in die Höhe. In Abbildung 7.11 ist das Verhältnis des Rohölpreises zum Erzeugerpreisindex der USA seit 1960 dargestellt (Für das Jahr 1960 wurde das Verhältnis gleich 100 gesetzt).

Da der Rohölpreis in erster Linie von der Entwicklung der Weltmarktpreise abhängt, ist die Abbildung repräsentativ auch für andere Volkswirtschaften.

Die Abbildung zeigt die Auswirkung der Gründung der OPEC. Der relative Preis des Rohöls, der während der 60er Jahre annähernd konstant geblieben war, verdreifachte sich zwischen 1970 und 1982 nahezu. Zu besonders starken Preissteigerungen kam es zwischen 1973 und 1975 und zwischen 1979 und 1981. In dieser Zeit erlebten viele Volkswirtschaften schwer wiegende Rezessionen.

Die hohen Preise hatten allerdings nicht lange Bestand. Von 1982 bis 1998 wurde das OPEC-Kartell immer schwächer. Einige Mitgliederländer begannen, mehr als die ihnen zugewiesene Menge an Rohöl zu produzieren. Das Angebot an Öl stieg. Dies führte zu einem starken Preisverfall. Ausgehend von einem Höchstwert von 264 im Jahr 1982 fiel der relative Preis auf 65 im Jahr 1998.

Ende der 90er Jahre wurde das OPEC-Kartell jedoch wieder stärker. Der Ölpreis stieg wieder an. Im Jahr 2000 war der relative Preis gleich 130; er hatte sich gegenüber dem Wert von 1998 verdoppelt. Der relative Preis war zwar immer noch weit von seinen Höchstwerten der 70er Jahre entfernt. Der relative Anstieg jedoch war von der Größenordnung her mit dem Anstieg Mitte der 70er Jahre vergleichbar. Dies schürte Ängste, dass es in vielen Ländern zu einer ähnlichen Rezession wie in den Jahren 1974 bis 1975 kommen könnte. In den USA, einer Volkswirtschaft, die häufig als besonders anfällig für Veränderungen des Ölpreises beschrieben wird, waren diese Ängste besonders ausgeprägt. Im Jahr 2001 fiel der Ölpreis jedoch wieder.

Schwankungen des Ölpreises können also schwer wiegende makroökonomische Folgen haben. Wir sollten uns deshalb fragen, welche Auswirkungen ein Anstieg des Ölpreises in unserem Modell hat.

Bei der Analyse dieser Frage müssen wir zunächst ein Problem lösen: Da wir bisher angenommen haben, dass die Produktionsfunktion ausschließlich den Faktor Arbeit enthält, ist der Ölpreis weder in der aggregierten Angebots- noch in der aggregierten Nachfragefunktion enthalten. Wir könnten dieses Problem natürlich lösen, indem wir explizit berücksichtigen, dass neben Arbeit auch andere Produktionsfaktoren (einschließlich Energie) benötigt werden. Allerdings würde dies die Analyse unnötigerweise erschweren. Wir werden deshalb an dieser Stelle eine „Abkürzung" nutzen, und den Anstieg des Ölpreises durch einen Anstieg des Gewinnaufschlags μ darstellen. Warum ist diese Vorgehensweise gerechtfertigt? Wir erinnern uns, dass μ beschreibt, wie weit der Preis über den Löhnen festgelegt wird. Bei gegebenen Löhnen steigen aber auf Grund des höheren Ölpreises die Produktionskosten. Die Unternehmen werden dadurch gezwungen, die Preise zu erhöhen.

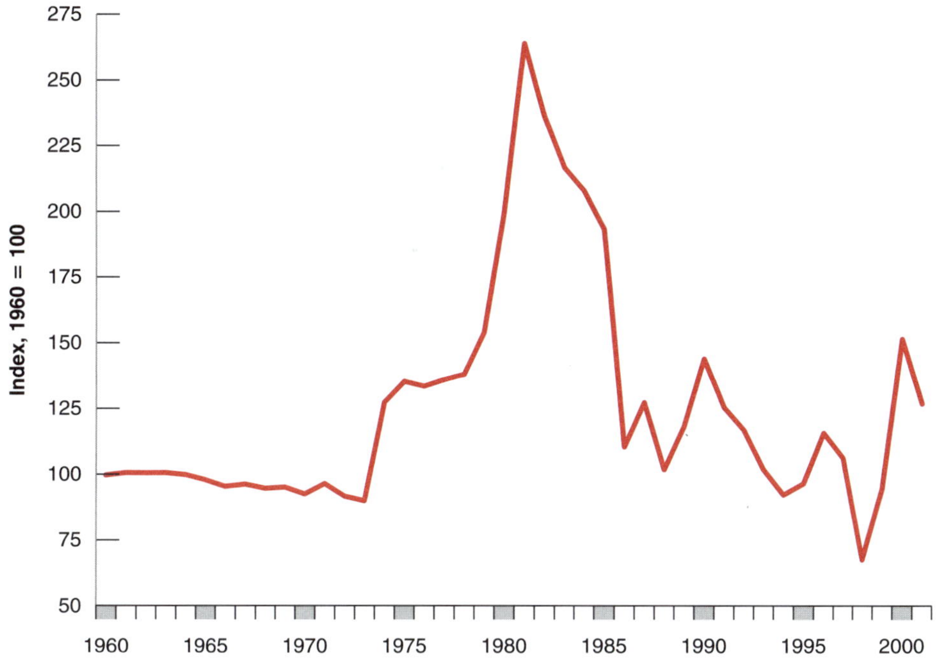

Abbildung 7.11:
Realer Rohölpreis, 1960-2001

Im Laufe der siebziger Jahre kam es zu einem starken Anstieg der Rohölpreise, gefolgt von einem Fall im Laufe der achtziger und neunziger Jahre.

Auf der Basis dieser Überlegungen können wir die dynamischen Auswirkungen einer Erhöhung des Gewinnaufschlages auf Produktion und Preisniveau untersuchen. Hierzu ist es sinnvoll, zunächst die mittelfristigen Auswirkungen zu analysieren und sich dann zur Analyse des Anpassungsprozesses vorzuarbeiten.

7.6.1 Auswirkungen auf die natürliche Arbeitslosenquote

Fragen wir uns zunächst, was mit der natürlichen Arbeitslosenquote in Reaktion auf den Anstieg des Ölpreises geschieht. In Abbildung 7.12 wird noch einmal das Gleichgewicht auf dem Arbeitsmarkt dargestellt, wie wir es aus Kapitel 6 kennen. Die Lohnsetzungskurve verläuft fallend. Die Preissetzungskurve wird durch die horizontale Gerade bei $W/P = 1/(1+\mu)$ beschrieben. Das anfängliche Gleichgewicht befindet sich in Punkt A, und die anfängliche natürliche Arbeitslosenquote ist u_n. Ausgehend von dieser Situation steigen nun die Rohölpreise und mit ihnen der Gewinnaufschlag μ.

Die Variablen u und μ dürfen nicht verwechselt werden: u ist die Arbeitslosenquote und μ der Gewinnaufschlag.

- Durch die Erhöhung des Gewinnaufschlags verschiebt sich die Preissetzungsgerade nach unten, von PS nach PS': Je höher der Gewinnaufschlag, desto niedriger ist der Reallohn, der durch das Preissetzungsverhalten impliziert wird. Das Gleichgewicht verschiebt sich von A nach A'. Der Reallohn ist gesunken. Die natürliche Arbeitslosenquote ist gestiegen: Damit die Arbeitnehmer einen niedrigeren Reallohn akzeptieren, ist eine höhere Arbeitslosenquote erforderlich.

- Der Anstieg der natürlichen Arbeitslosenquote führt zu einem Rückgang des natürlichen Beschäftigungsniveaus. Wenn wir weiterhin annehmen, dass für die Produktion einer Produktionseinheit (zusätzlich zum Inputfaktor Energie) genau ein Beschäftigter erforderlich ist, dann führt der Rückgang des natürlichen Beschäftigungsniveaus zu einem Rückgang des natürlichen Produktionsniveaus in gleichem Umfang. Ein Anstieg des Ölpreises führt also zu einem Rückgang des natürlichen Produktionsniveaus.

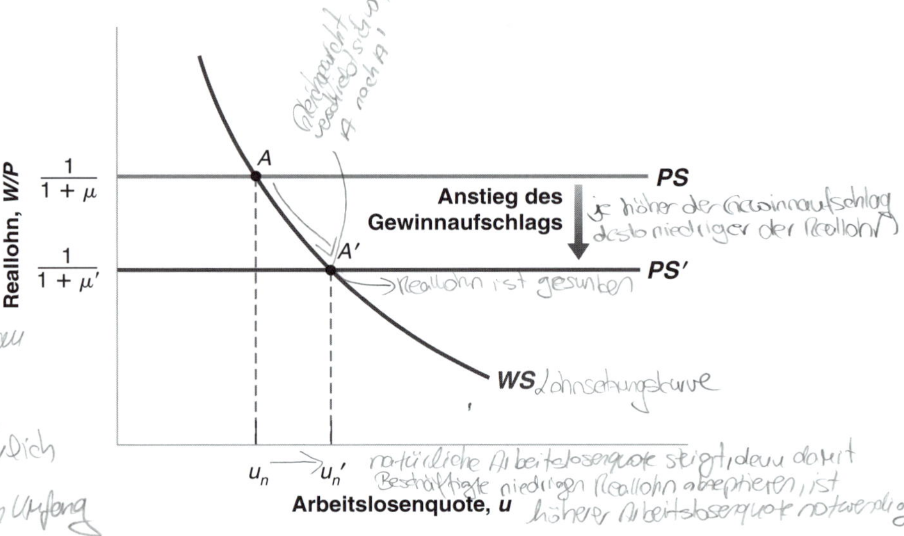

Abbildung 7.12: Der Effekt eines Anstiegs der Rohölpreise auf die natürliche Arbeitslosenquote

Ein Anstieg des Ölpreises führt zu einem niedrigeren Reallohn und einer höheren natürlichen Arbeitslosenquote.

7.6.2 Der Anpassungsprozess

Betrachten wir nun den Anpassungsprozess. Nehmen wir hierzu an, dass die aggregierte Nachfragekurve und die aggregierte Angebotskurve vor dem Anstieg des Ölpreises durch *AD* beziehungsweise *AS* gegeben sind. Die Volkswirtschaft in Abbildung 7.13 befindet sich dann in Punkt *A*, in dem das natürliche Produktionsniveau Y_n realisiert wird. Das tatsächliche Preisniveau P ist gleich dem erwarteten Preisniveau: $P = P^e$.

Der Anstieg des Ölpreises führt zu einem Rückgang der natürlichen Produktion von Y_n auf Y_n'. Welche kurzfristigen Anpassungsprozesse bewegen die Volkswirtschaft aber von Y_n nach Y_n'.

Wir greifen hierzu auf die aggregierte Angebotsfunktion (Gleichung 7.2) zurück:

$$P = P^e(1+\mu)F(1-\frac{Y}{L}, z)$$

In der kurzen Frist, d.h. bei gegebenen Preiserwartungen P^e, steigt der Ölpreis und damit der Gewinnaufschlag μ. Dies hat zur Folge, dass die Unternehmen ihre Preise anheben. Dadurch steigt das Preisniveau P für jedes Produktionsniveau Y. Die aggregierte Angebotskurve verschiebt sich nach oben.

Können wir das Ausmaß dieser Verschiebung exakt bestimmen? Wir wissen aus Abschnitt 7.1, dass die aggregierte Angebotskurve immer durch den Punkt verläuft, in dem die Produktion auf ihrem natürlichen Niveau liegt. Dort entspricht das tatsächliche Preisniveau dem erwarteten Preisniveau. Vor dem Anstieg des Ölpreises verläuft die aggregierte Angebotskurve also durch den Punkt *A*, in dem gilt: $Y_n = Y$ und $P = P^e$. Nach dem Anstieg des Preisniveaus verläuft die neue aggregierte Angebotskurve durch den Punkt *B*. Die Produktion entspricht dem neuen, niedrigeren natürlichen Niveau Y_n' und das Preisniveau ist gleich dem erwarteten Preisniveau, P^e. Die aggregierte Angebotskurve verschiebt sich demnach von *AS* nach *AS'*.

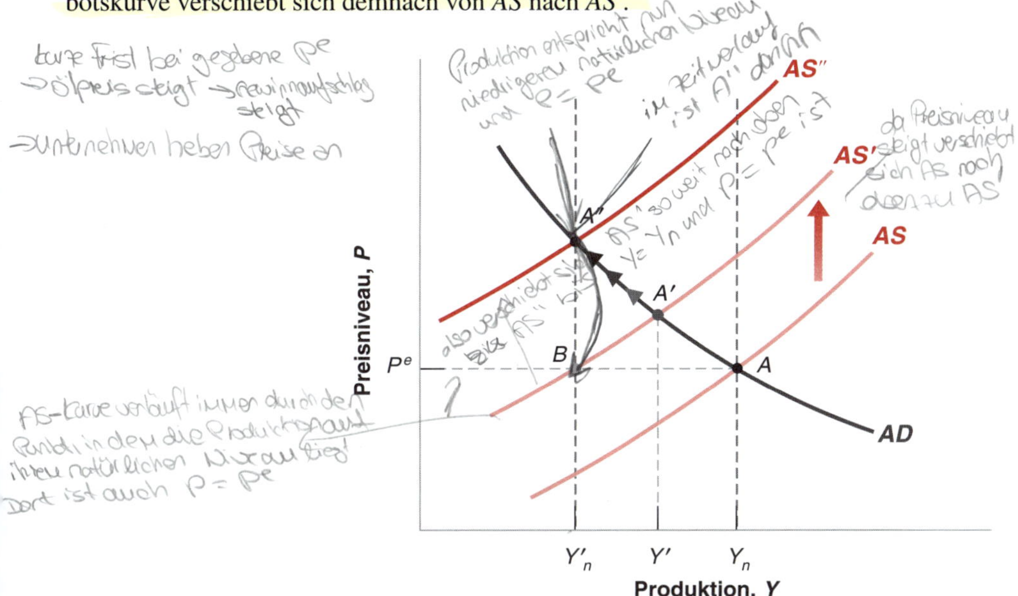

Abbildung 7.13: Dynamische Effekte eines Ölpreisanstiegs

In der kurzen Frist kommt es zu einer Reduktion der Produktion und einem Anstieg des Preisniveaus. Im Zeitverlauf fällt die Produktion weiter, das Preisniveau steigt weiter an.

Verschiebt sich die aggregierte Nachfragekurve durch den Anstieg des Ölpreises? Die Antwort auf diese Frage ist: Vielleicht. Es sind mehrere Wege denkbar, auf denen die Nachfrage bei gegebenem Preisniveau beeinflusst werden könnte. Der gestiegene Ölpreis könnte dazu führen, dass die Unternehmen ihre Investitionspläne ändern, einige Investitionsvorhaben streichen oder Investitionen in weniger energieintensiven Bereichen tätigen. Der Anstieg des Ölpreises führt auch zu einer Einkommensumverteilung von Ölkäufern zu Ölproduzenten. Unter Umständen haben die Ölproduzenten eine höhere Sparneigung als die Ölkäufer.

Dies war in den 70er Jahren der Fall. Die OPEC-Länder erkannten, dass ihre hohen Einnahmen aus der Ölproduktion vielleicht irgendwann zum Versiegen kommen könnten. Daher entschieden sich viele Länder dafür, einen großen Teil ihrer Einkommen aus der Ölproduktion zu sparen.

Wir wollen an dieser Stelle von diesen Aspekten absehen: Da einige Einflussfaktoren die *AD*-Kurve nach rechts, andere nach links verschieben, wollen wir annehmen, dass sich die unterschiedlichen Einflüsse gegenseitig aufheben. In der Summe verschiebt sich also ausschließlich die *AS*-Kurve. Die Volkswirtschaft bewegt sich daher entlang der *AD*-Kurve von *A* nach *A'*. Die Produktion geht von Y_n auf Y' zurück. Der Anstieg des Ölpreises führt dazu, dass die Unternehmen ihre Preise erhöhen; der Anstieg des Preisniveaus reduziert die reale Geldmenge, was zu Zinserhöhungen, weniger Nachfrage und fallender Produktion führt.

Was geschieht im Zeitverlauf? Die Produktion ist zwar zurückgegangen, die natürliche Produktion aber ist noch stärker zurückgegangen: Im Punkt A' liegt die Produktion Y' immer noch über dem neuen natürlichen Niveau Y_n', so dass sich die AS-Kurve weiter nach oben verschiebt. Die Volkswirtschaft bewegt sich daher im Zeitverlauf entlang der aggregierten Nachfragekurve von A' nach A''. Erst in Punkt A'' ist die Produktion Y' auf ihr neues natürliches Niveau Y_n' gefallen. Das Preisniveau ist im Vergleich zur Situation vor dem Anstieg des Ölpreises gestiegen. Als wichtiges Ergebnis halten wir fest: Verschiebungen des aggregierten Angebots beeinflussen die Produktion nicht nur in der kurzen Frist, sondern auch mittelfristig.

Passt unsere Erklärung zu dem, was tatsächlich nach dem ersten Ölpreisschock ab 1973 geschah? Tabelle 7.1 stellt die wichtigsten makroökonomischen Daten für Deutschland während dieses Zeitraums dar. Die Auswirkungen auf Produktion und Preisniveau entsprechen im Großen und Ganzen den Vorhersagen unseres Modells: Es kam zu einer Rezession in Kombination mit starken Steigerungen des Preisniveaus. 1974 fiel die Wachstumsrate auf nahezu 0%, 1975 war das Wachstum des BIP negativ. Die Arbeitslosenquote stieg stark an. Im gesamten Zeitraum war die Inflationsrate, gemessen durch die Veränderungsrate des BIP-Deflators, ungewöhnlich hoch.

Der Begriff Stagflation setzt sich zusammen aus den Begriffen Stagnation (Stillstand) und Inflation. Im nächsten Kapitel erfahren wir, warum die Kombination aus Inflation und Rezession für viele Ökonomen zunächst sehr überraschend war.

Zum damaligen Zeitpunkt wurden viele Ökonomen von der Kombination aus negativem Wachstum und hoher Inflation überrascht. Man bezeichnete solche Situationen fortan als Stagflation.

Die Erfahrungen der 70er Jahre führten dazu, dass sich viele Ökonomen in der Folgezeit intensiv mit den Auswirkungen von Angebotsschocks (Schocks, die die aggregierte Angebotskurve verschieben) beschäftigten. Als es Ende der 70er Jahre zum zweiten Ölpreisschock kam, waren die Ökonomen besser vorbereitet.

Tabelle 7.1: Die Folgen des Ölpreisanstiegs in Deutschland, 1973-1975

	1973	1974	1975
Veränderung des BIP-Deflators (%)	6.6	7.3	5.5
Wachstum des BIP (%)	5.8	0.1	–1.3
Arbeitslosenquote (%)	0.8	1.3	2.3

7.7 Schlussfolgerungen

In diesem Kapitel wurden viele wichtige Themen behandelt. Deshalb wollen wir zum Abschluss die Schlüsselkonzepte nochmals wiederholen und einige Schlussfolgerungen ziehen.

7.7.1 Die kurze Frist und die mittlere Frist

Eine zentrale Botschaft dieses Kapitels lautet, dass sich Veränderungen von Politik und wirtschaftlichen Rahmenbedingungen – angefangen von Änderungen des Konsumentenvertrauens bis zu Änderungen des Ölpreises – in der Regel ganz unterschiedlich auf die kurze und auf die mittlere Frist auswirken. Zur Veranschaulichung haben wir die Auswirkungen von Geld- und Fiskalpolitik sowie eines Ölpreisschocks analysiert. Die wichtigsten Ergebnisse dieser Analyse sind in Tabelle 7.2 zusammengefasst. Eine expansive Geldpolitik beeinflusst das Produktionsniveau in der kurzen Frist, aber nicht in der mittleren Frist. In der kurzen Frist führt eine Politik der Haushaltskonsolidierung dazu, dass Produktion und Zinssatz sinken. Es kann auch zu einem Rückgang der Investitionen kommen. In der mittleren Frist jedoch sinkt der Zinssatz und die Produktion kehrt zu ihrem natürlichen Niveau zurück; die Investitionen steigen. Ein Anstieg des Ölpreises lässt die Produktion nicht nur in der kurzen, sondern auch in der mittleren Frist abnehmen.

Die Unterschiede zwischen kurz- und mittelfristigen Auswirkungen verschiedener Maßnahmen liefern einen Grund dafür, warum Ökonomen oft unterschiedliche Politikempfehlungen abgeben. Einige Ökonomen glauben, dass die Volkswirtschaft schnell zu ihrem mittelfristigen Gleichgewicht zurückkehrt. Daher stellen sie die Auswirkungen einer Politikmaßnahme in der mittleren Frist in den Vordergrund. Andere dagegen sind überzeugt, dass der Anpassungsmechanismus, durch den die Produktion zu ihrem natürlichen Niveau zurückkehrt, sehr lange dauern kann. Daher betonen sie in erster Linie die Auswirkungen der Politik in der kurzen Frist. Sie sind eher dazu bereit, Geldpolitik oder Budgetdefizite einzusetzen, um eine Rezession zu überwinden, selbst wenn Geld in der mittleren Frist neutral ist und Budgetdefizite in der langen Frist negative Auswirkungen haben können.

Wir werden auf diese Punkte noch öfter zurückkommen, z.B. in Kapitel 22, in dem die Weltwirtschaftskrise und die aktuelle Situation in Japan diskutiert werden, und in den Kapiteln 24 bis 26, in denen wir eingehend Fragen der Wirtschaftspolitik behandeln.

Tabelle 7.2: Kurz- und mittelfristige Effekte einer expansiven Geldpolitik, einer Verringerung des Budgetdefizits und eines Ölpreisanstiegs auf Produktion, Zinssatz und Preisniveau

	Kurze Frist			Mittlere Frist		
	Produktion	Zinssatz	Preisniveau	Produktion	Zinssatz	Preisniveau
Expansive Geldpolitik	↑	↓	↑	Keine Änderung	Keine Änderung	↑
Abbau des Budgetdefizits	↓	↓	↓	Keine Änderung	↓	↓
Ölpreisanstieg	↓	↑	↑	↓	↑	↑

7.7.2 Schocks und Übertragungsmechanismen

Schocks zu definieren ist schwieriger als es auf den ersten Blick aussieht. Nehmen wir an, die unvorsichtigen Aussagen eines deutschen Politikers führen zu erheblichen außenpolitischen Verstimmungen. In der Folge kündigen die bisher befreundeten Regierungen an, den Import deutscher Produkte fortan einzuschränken. Bei den deutschen Konsumenten, die um ihre Arbeitsplätze fürchten, kommt es zu einem Einbruch des Konsumentenvertrauens. Worin besteht nun „der Schock"? In der unvorsichtigen Äußerung des deutschen Politikers? In der außenpolitischen Verstimmung? In der harschen Reaktion der ausländischen Regierungen? Oder in der Abnahme des Konsumentenvertrauens? In der Praxis müssen wir die Kausalkette irgendwo unterbrechen. Daher betrachten wir unter Umständen den Rückgang des Konsumentenvertrauens als „den Schock" und ignorieren die dahinter liegenden Gründe.

Dieses Kapitel liefert auch einen allgemeinen Ansatz zur Analyse von Produktionsschwankungen. Solche Schwankungen werden häufig als Konjunkturzyklen bezeichnet. Konjunkturzyklen sind Schwankungen des Produktionswachstums um ein Trendwachstum. Bisher haben wir die Themen Trend und Wachstum außer Acht gelassen. Wir werden aber in den Kapiteln 10 bis 13 intensiv auf sie eingehen.

Hinter der Analyse der Schwankungen steht die Einsicht, dass moderne Volkswirtschaften permanent so genannten Schocks ausgesetzt sind. Als Schock bezeichnen Makroökonomen Ereignisse, welche die aggregierte Nachfrage und/oder das aggregierte Angebot verändern und zu einer Verschiebung von *AD*- bzw. *AS*-Kurve führen. Eine Vielzahl von Schocks ist denkbar: Veränderungen der Konsumnachfrage auf Grund von Veränderungen des Konsumentenvertrauens, Änderung der Investitionstätigkeit, Verschiebungen der Geldnachfrage, Verschiebungen der Arbeitsproduktivität, Veränderungen der Ölpreise und so weiter. Schocks können auch von Politikmaßnahmen ausgehen: Die Verabschiedung eines Steuergesetzes, ein Programm zur Verbesserung der Infrastruktur oder die Entscheidung der Zentralbank, die Inflation durch eine kontraktive Geldpolitik zu bekämpfen, sind Beispiele hierfür.

Jeder Schock hat dynamische Auswirkungen auf die Produktion und auf die einzelnen Komponenten der gesamtwirtschaftlichen Nachfrage. Diese dynamischen Auswirkungen werden als Übertragungsmechanismus eines Schocks bezeichnet. Die Übertragungsmechanismen sind von Schock zu Schock unterschiedlich. Es ist möglich, dass die Wirkungen auf die Produktion am Anfang am stärksten sind und sich dann im Zeitverlauf abschwächen. Oder aber die Auswirkungen bauen sich über einen bestimmten Zeitraum auf und nehmen dann wieder ab bis sie ganz verschwinden. Wir haben zum Beispiel gesehen, dass die Auswirkungen einer Geldmengenerhöhung auf die Produktion ihren Höhepunkt nach sechs bis neun Monaten erreichen und dann langsam wieder abnehmen. Manche Schocks haben sogar in der mittleren Frist Auswirkungen. Dies ist der Fall für jeden Schock, der eine dauerhafte Auswirkung auf das aggregierte Angebot hat, wie zum Beispiel eine dauerhafte Erhöhung des Ölpreises.

Die Produktionsschwankungen entstehen durch das stetige Auftreten neuer Schocks mit ihren jeweiligen Übertragungsmechanismen. Zu einer Rezession kommt es dann, wenn Schocks starke negative Auswirkungen mit sich bringen, oder wenn eine ungünstige Kombination von unterschiedlichen Schocks eintritt. Die Rezessionen der 70er Jahre waren größtenteils auf den Anstieg des Ölpreises zurückzuführen, für die Rezession zu Beginn der 80er Jahre war ein Richtungswechsel in der Geldpolitik mitverantwortlich, der Boom zu Beginn der 90er Jahre ist Folge eines positiven Angebotsschocks (die Wiedervereinigung). Das, was wir Konjunkturzyklen nennen, ist das Ergebnis dieser Schocks und ihrer dynamischen Auswirkungen auf die Produktion.

7.7.3 Unsere weitere Vorgehensweise: Produktion, Beschäftigung und Inflation

In unserem Modell haben wir meist eine konstante nominale Geldmenge angenommen. Wir haben zwar die Effekte einer einmaligen Änderung der nominalen Geldmenge analysiert (in Abschnitt 7.4), wir haben jedoch kein stetiges Geldmengenwachstum zugelassen. In ähnlicher Weise haben wir vernachlässigt, dass sich in vielen Gesellschaften die Zahl der Personen ändert, die als Arbeitskräfte zur Verfügung stehen. Schließlich hatten wir angenommen, dass sich die Arbeitsproduktivität nicht verändert. In den nächsten beiden Kapiteln werden wir diese Annahmen lockern und so zu einer viel realistischeren Beschreibung des Konjunkturverlaufs kommen. Insbesondere die Einführung eines stetigen Geldmengenwachstums wird sich als äußerst fruchtbar erweisen: Nur wenn wir ein positives Wachstum der nominalen Geldmenge berücksichtigen, können wir erklären, warum es zur Inflation kommt und wie der Zusammenhang zwischen wirtschaftlicher Aktivität und Inflationsrate aussieht.

Zusammenfassung

- Das Modell des aggregierten Angebots und der aggregierten Nachfrage beschreibt Veränderungen des Produktionsniveaus und des Preisniveaus, wobei es von Gleichgewichten auf dem Gütermarkt, dem Geld- und den Finanzmärkten sowie dem Arbeitsmarkt ausgeht.
- Die aggregierte Angebotsfunktion erfasst die Wirkung des Produktionsniveaus auf das Preisniveau. Sie wird aus dem Gleichgewicht auf dem Arbeitsmarkt abgleitet und beschreibt einen Zusammenhang zwischen dem tatsächlichen Preisniveau, dem erwarteten Preisniveau und dem Produktionsniveau. Ein Anstieg der Produktion führt zu einem Rückgang der Arbeitslosigkeit, lässt die Löhne und in der Folge auch das Preisniveau ansteigen. Ein Anstieg des erwarteten Preisniveaus führt im Verhältnis 1:1 zu einem Anstieg des tatsächlichen Preisniveaus. Die aggregierte Nachfragefunktion beschreibt die Wirkung des Preisniveaus auf die Produktion. Sie wird aus dem Gleichgewicht auf dem Gütermarkt und dem Gleichgewicht auf Geld- und Finanzmärkten abgeleitet. Ein Anstieg des Preisniveaus führt zu einer Reduktion der realen Geldmenge. Dadurch steigt der Zinssatz und die Produktion geht zurück.
- In der kurzen Frist können Veränderungen der Produktion auf Verschiebungen der aggregierten Nachfrage oder des aggregierten Angebots zurückgeführt werden. In der mittleren Frist kehrt die Produktion zu ihrem natürlichen Niveau zurück. Die natürliche Produktion wird durch das Gleichgewicht auf dem Arbeitsmarkt bestimmt.
- Eine expansive Geldpolitik führt in der kurzen Frist zu einer Erhöhung der realen Geldmenge, zu einer Reduktion des Zinssatzes und zu einer Zunahme der Produktion. Im Zeitverlauf steigt das Preisniveau, was zu einer Reduktion der realen Geldmenge führt, die so lange andauert, bis die Produktion zu ihrem natürlichen Niveau zurückgekehrt ist. In der mittleren Frist schlagen sich Veränderungen der Geldmenge lediglich in einer proportionalen Veränderung des Preisniveaus nieder. Dieser Sachverhalt wird von Ökonomen durch die Aussage beschrieben, dass Geld in der mittleren Frist neutral ist.
- Eine Reduktion des Budgetdefizits führt in der kurzen Frist zu einem Rückgang der Güternachfrage und damit zu einem Rückgang der Produktion. Im Zeitverlauf geht das Preisniveau zurück. Dies führt zu einer Erhöhung der realen Geldmenge und zu einer Reduktion des Zinssatzes. In der mittleren Frist kehrt die Produktion zu ihrem natürlichen Niveau zurück. Der Zinssatz sinkt jedoch auch mittelfristig, die Investitionen nehmen zu.

- Ein Anstieg des Ölpreises führt sowohl in der kurzen Frist als auch in der mittleren Frist zu einem Rückgang der Produktion. In der kurzen Frist führt der Anstieg des Ölpreises zu einem Anstieg des Preisniveaus, der die reale Geldmenge reduziert und einen Rückgang der Nachfrage und der Produktion auslöst. In der mittleren Frist führt der Anstieg des Ölpreises zu einer Reduktion des Reallohns, der von den Unternehmen gezahlt wird. Die natürliche Arbeitslosenquote steigt und die natürliche Produktion sinkt.
- Im Unterschied zwischen den kurzfristigen und den mittelfristigen Auswirkungen von Politikmaßnahmen liegt ein Grund dafür, dass Ökonomen unterschiedliche Politikempfehlungen abgeben. Einige Ökonomen glauben, dass die Volkswirtschaft schnell zu ihrem mittelfristigen Gleichgewicht zurückkehrt, daher stellen sie die Auswirkungen einer Politikmaßnahme in der mittleren Frist in den Vordergrund. Andere dagegen sind überzeugt, dass der Anpassungsmechanismus, durch den die Produktion zu ihrem natürlichen Niveau zurückkehrt, sehr lange dauern kann. Daher betonen sie in erster Linie die Auswirkungen der Politik in der kurzen Frist.
- Fluktuationen der Wirtschaftsaktivität sind das Ergebnis eines kontinuierlichen Stroms von Schocks, die auf das aggregierte Angebot oder die aggregierte Nachfrage einwirken und so dynamische Anpassungsmechanismen auslösen. Manchmal erweisen sich die Schocks, einer allein oder mehrere in Kombination, als so negativ für die wirtschaftliche Aktivität, dass es zu einer Rezession kommt.

Übungsaufgaben

Verständnistests

1. Welche der folgenden Aussagen sind zutreffend, falsch oder unklar? Geben Sie jeweils eine kurze Erläuterung.
   a. Die aggregierte Angebotsfunktion impliziert, dass eine Zunahme der Produktion zu einem Anstieg des Preisniveaus führt.
   b. Das natürliche Produktionsniveau kann bestimmt werden, indem man ausschließlich die aggregierte Angebotsfunktion betrachtet.
   c. Die aggregierte Nachfragefunktion impliziert, dass ein Anstieg des Preisniveaus zu einem Anstieg der Produktion führt.
   d. Wenn die Fiskalpolitik und die Geldpolitik unverändert bleiben, dann bleibt die Produktion immer auf ihrem natürlichen Niveau.
   e. Eine expansive Geldpolitik hat in der mittleren Frist keine Auswirkungen auf die Produktion.
   f. Die Investitionen können durch Fiskalpolitik in der mittleren Frist nicht beeinflusst werden, da die Produktion immer zu ihrem natürlichen Niveau zurückkehrt.
   g. In der mittleren Frist kehren die Preise und die Produktion immer zum selben Wert zurück.
2. *Ausgabenschocks und die mittlere Frist*
   a. Verwenden Sie das *AS-AD*-Modell, das in diesem Kapitel entwickelt wurde und zeigen Sie, welche Auswirkungen eine Zunahme des Konsumentenvertrauens auf die Lage der *AD*-, der *AS*-, der *IS*- und der *LM*-Kurve in der mittleren Frist hat. Zeigen Sie dann, welche Auswirkungen mittelfristig für Produktion, Zinssatz und Preisniveau zu erwarten sind. Nehmen Sie an, dass sich die Produktion vor der Zunahme des Konsumentenvertrauens auf ihrem natürlichen Niveau befand.
   b. Zeigen Sie die Auswirkungen einer Einkommenssteuererhöhung, analog zu Teilaufgabe a).

3. *Angebotsschocks und die mittlere Frist*
   a. Verwenden Sie das Modell, das in diesem Kapitel entwickelt wurde und zeigen Sie die Auswirkungen einer Erhöhung des Arbeitslosengeldes auf die Lage der AD-Kurve und der AS-Kurve für die kurze Frist und für die mittlere Frist. Beschreiben Sie dann die Auswirkungen auf die Produktion in der kurzen und in der mittleren Frist. Nehmen Sie an, dass sich die Produktion vor der Erhöhung des Arbeitslosengeldes auf ihrem natürlichen Niveau befand.
4. *Die Neutralität des Geldes*
   a. Inwiefern ist Geld neutral? Warum kann Geldpolitik sinnvoll sein, wenn Geld neutral ist?
   b. Das natürliche Produktionsniveau kann weder durch Geldpolitik noch durch Fiskalpolitik verändert werden. Warum wird dann Geldpolitik als neutral bezeichnet, Fiskalpolitik jedoch nicht?
   c. Diskutieren Sie die folgende Aussage: „Da das natürliche Produktionsniveau weder durch Fiskalpolitik noch durch Geldpolitik beeinflusst werden kann, folgt daraus, dass in der mittleren Frist das natürliche Produktionsniveau von jeglichen staatlichen Politikmaßnahmen unabhängig ist.“

Vertiefungsfragen

5. Welche Konsequenzen ergeben sich, wenn die Investitionen unabhängig vom Zinssatz sind?
   a. Können Sie sich eine Situation vorstellen, in der dies geschehen könnte?
   b. Welche Konsequenzen ergeben sich für die Steigung der *IS*-Kurve?
   c. Welche Konsequenzen ergeben sich für die Steigung der *LM*-Kurve?
   d. Welche Konsequenzen ergeben sich für die Steigung der *AD*-Kurve?
   e. Nehmen Sie nun an, dass sich die Produktion auf ihrem natürlichen Niveau befindet und dass sich die *AS*-Kurve auf Grund eines Schocks, der die Sammelvariable z betrifft, nach oben verschiebt.
   f. Welche kurzfristigen Auswirkungen ergeben sich für die Preise und die Produktion? Erklären Sie verbal.
   g. Welche Auswirkungen ergeben sich für die Preise und den Produktion im Zeitverlauf? Erklären Sie.
6. Welche Konsequenzen ergeben sich, wenn die Geldnachfrage flach verläuft (so wie es der Fall ist bei sehr niedrigen Zinsen)? Vergleichen Sie mit Kapitel 5, Aufgabe 6 zur Liquiditätsfalle.
   a. Welche Konsequenzen ergeben sich für die Steigung der *LM*-Kurve?
   b. Welche Konsequenzen ergeben sich für die Steigung der *IS*-Kurve?
   c. Welche Konsequenzen ergeben sich für die Steigung der *AD*-Kurve?
   d. Zeichnen Sie die *AD*-Kurve und die *AS*-Kurve und nehmen Sie an, dass sich das Gleichgewicht in einem Punkt befindet, in dem das Produktionsniveau unter dem natürlichen Produktionsniveau liegt.
   e. Nehmen Sie an, dass die Zentralbank die Geldmenge erhöht. Welche Auswirkungen hat dies auf die Produktion in der kurzen Frist und in der mittleren Frist? Erklären Sie dies.

7. *Investitionen und Geldpolitik*

Gehen Sie vom folgenden Modell einer Volkswirtschaft aus: (wir vernachlässigen die Rolle von G und T in der aggregierten Nachfrage; um die Algebra zu vereinfachen nehmen wir zusätzlich an, dass die Produktion von der Differenz zwischen M und P abhängt, und nicht vom Quotienten.)

$$AD: Y = c(M - P)$$

$$AS: P = P^e + d(Y - Y_n)$$

wobei c und d Parameter sind.

a. Wie hoch ist das natürliche Produktionsniveau? Bestimmen sie das Preisniveau bei einer nominalen Geldmenge gleich M_0? Bezeichnen Sie dieses anfängliche Preisniveau mit P_0.

Nehmen Sie an, dass die Zentralbank die Investitionen stimulieren möchte und deshalb eine expansive Geldpolitik betreibt. Sie verdoppelt die nominale Geldmenge: $M_1 = 2\,M_0$.

b. Lösen Sie nach dem Gleichgewichtswert der Produktion in der kurzen Frist auf.
c. Wie entwickeln sich die Investitionen? Erklären Sie.
d. Berechnen Sie den Gleichgewichtswert der Produktion in der mittleren Frist auf.
e. Wie entwickeln sich die Investitionen in der mittleren Frist? Erklären Sie.

Kapitel

8 Die Phillipskurve

1958 entwickelte der britische Ökonom A.W. Phillips ein Diagramm, in dem für jedes Jahr zwischen 1861 und 1957 Inflationsrate und Arbeitslosenquote für Großbritannien abgetragen waren. In diesem Diagramm war deutlich ein negativer Zusammenhang zwischen Inflation und Arbeitslosigkeit zu erkennen: Bei niedriger Arbeitslosenquote war die Inflation hoch; in Zeiten hoher Arbeitslosigkeit war die Inflation niedrig, oft sogar negativ.

Das eigentliche Ziel von Phillips war die Suche nach Erklärungsfaktoren für die Höhe der Nominallöhne. Im ursprünglichen Diagramm sind deshalb Nominallohnänderungen und Arbeitslosenquote abgetragen.

Zwei Jahre später wiederholten Paul Samuelson und Robert Solow Phillips die Untersuchung für die USA, mit Daten für den Zeitraum von 1900 bis 1960. Das Ergebnis ihrer Analyse ist in Abbildung 8.1 dargestellt. Als Maß für die Inflationsrate wird ein Verbraucherpreisindex verwendet. Abgesehen von einer Periode sehr hoher Arbeitslosigkeit in den 30er Jahren (die Jahre von 1931 bis 1939 sind durch schwarze Dreiecke gekennzeichnet; sie liegen eindeutig rechts von den anderen Punkten in der Abbildung) scheint es auch in den USA eine negative Beziehung zwischen Inflation und Arbeitslosigkeit zu geben.

Samuelson und Solow tauften diesen Zusammenhang Phillipskurve. Die Phillipskurve wurde schnell ein zentraler Baustein für makroökonomische Theorie und Wirtschaftspolitik. Sie wurde als Beleg aufgefasst, dass es möglich sei, zwischen verschiedenen Kombinationen aus Arbeitslosigkeit und Inflation zu wählen: Ein Land konnte niedrige Arbeitslosigkeit erreichen, wenn es bereit war, dafür eine höhere Inflation zu tolerieren. Preisstabilität – also eine Inflationsrate von 0 – könnte erreicht werden, wenn man bereit wäre, eine entsprechend hohe Arbeitslosenquote in Kauf zu nehmen. Ein Großteil der Diskussion über makroökonomische Politik beschäftigte sich in der Folge damit, welchen Punkt auf der Philipskurve man wählen sollte.

In den 70er Jahren brach die Beziehung allerdings zusammen. In den meisten OECD-Staaten herrschte sowohl hohe Inflation als auch hohe Arbeitslosigkeit. Dies widersprach eindeutig der ursprünglichen Phillipskurve. Man fand aber erneut eine Beziehung, nun allerdings zwischen Arbeitslosenquote und der Veränderung der Inflationsrate. Heutzutage führt in vielen Volkswirtschaften hohe Arbeitslosigkeit nicht zu einer niedrigen Inflation, sondern zu einer Verringerung der Inflationsrate.

In diesem Kapitel wollen wir verschiedene Versionen der Phillipskurve untersuchen. Es geht also um ein genaues Verständnis der Beziehung zwischen Inflation und Arbeitslosigkeit. Wir werden sehen, dass Phillips Entdeckung eng mit unseren Erkenntnissen aus dem vorangegangenen Kapitel zusammenhängen. Eigentlich, so argumentieren die allermeisten Ökonomen, hat Phillips die aggregierte Angebotskurve entdeckt. Wir werden uns auch die Frage stellen, warum sich die Phillipskurve im Laufe der Jahrzehnte verändert hat. Wir werden sehen, dass der entscheidende Erklärungsansatz in der Art und Weise zu suchen ist, wie Haushalte und Unternehmen ihre Erwartungen bilden.

Kapitel 8 hat drei Abschnitte:

- Abschnitt 8.1 zeigt, wie man die aggregierte Angebotskurve als eine Beziehung zwischen Inflation, erwarteter Inflation und Arbeitslosigkeit verstehen kann.
- Abschnitt 8.2 verwendet diese Beziehung, um verschiedene Versionen der Phillipskurve im Zeitverlauf zu interpretieren.
- Abschnitt 8.3 enthält einer weiterführende Diskussion der Beziehung zwischen Arbeitslosigkeit und Inflation in verschiedenen Ländern und über die Zeit.

Abbildung 8.1: Inflation und Arbeitslosigkeit in den Vereinigten Staaten, 1900-1960

In der betrachteten Periode war in den USA eine niedrige Arbeitslosigkeit typischerweise von hoher Inflation begleitet; hohe Arbeitslosigkeit war normalerweise mit niedriger Inflation verbunden (schwarze Dreiecke: Die Jahre 1931 bis 1939).

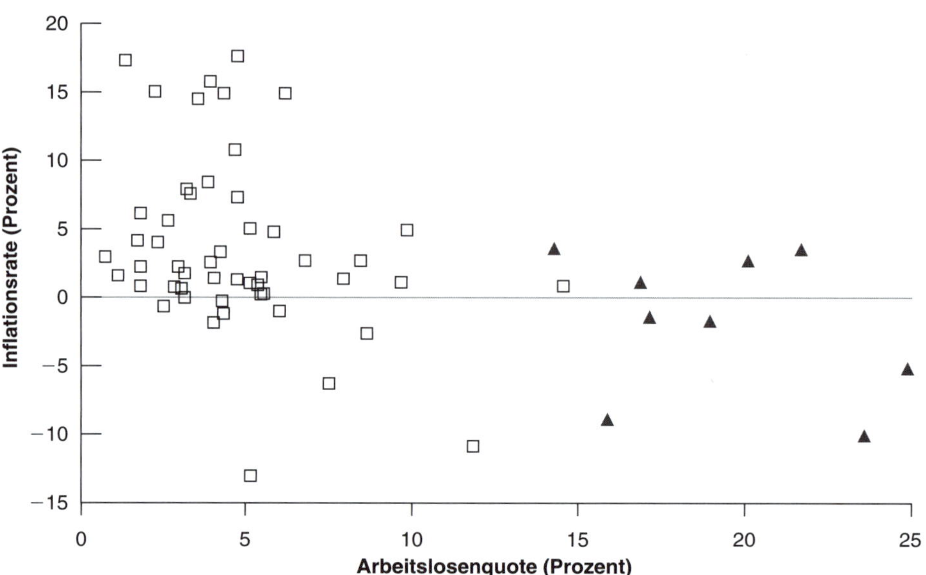

8.1 Inflation, erwartete Inflation und Arbeitslosigkeit

In Kapitel 7 ersetzten wir die Arbeitslosenquote durch die Produktion, um eine Beziehung zwischen Preisniveau, erwartetem Preisniveau und Produktion abzuleiten. Auf diesen Schritt können wie hier verzichten.

Im ersten Schritt wollen wir zeigen, dass die in Kapitel 7 abgeleitete aggregierte Angebotsfunktion als Beziehung zwischen Inflation, erwarteter Inflation und Arbeitslosigkeit geschrieben werden kann. Ausgangspunkt ist Gleichung (7.1):

$$P = P^e(1+\mu)F(u,z)$$

Zur Erinnerung: Die Lohnsetzungs-Gleichung, Gleichung (6.1): $W = P^eF(u,z)$

Wir erinnern uns, dass die Funktion F den Zusammenhang zwischen Arbeitslosigkeit u, den anderen Faktoren z und dem Lohn abbildet. Es erweist sich hier als sinnvoll eine spezifische Form für diese Funktion F anzunehmen:

$$F(u,z) = 1 - \alpha u + z$$

Der Term $1 - \alpha u + z$ bildet die bereits aus Kapitel 6 bekannten Zusammenhänge ab: Je höher die Arbeitslosenquote ist, desto niedriger ist der Lohn; je größer der Wert der Sammelvariable z ist, umso höher ist der Lohn. Der Parameter α gibt nun zusätzlich an, wie stark der Lohn auf Veränderungen der Arbeitslosigkeit reagiert.

Zunächst ersetzen wir die Funktion F in Gleichung (7.1) mit diesem Ausdruck:

$$P = P^e(1 + \mu)(1 - \alpha u + z) \tag{8.1}$$

Bezeichnen wir mit π die Inflationsrate und mit π^e die erwartete Inflationsrate. Dann kann Gleichung (8.1) wie folgt geschrieben werden:

$$\pi = \pi^e + (\mu + z) - \alpha u \tag{8.2}$$

Es ist mathematisch nicht schwer, Gleichung (8.2) aus Gleichung (8.1) abzuleiten. Allerdings müssen hierzu einige Rechenschritte vollzogen werden, die für das Verständnis der Gleichung eher unwesentlich sind. Deshalb wird die formale Ableitung der Gleichung im Anhang am Ende des Kapitels präsentiert. Wichtig ist allerdings, dass man sämtliche in Gleichung (8.2) wirksamen Effekte versteht:

Um das Lesen zu vereinfachen, werden wir ab jetzt die Begriffe Inflationsrate meistens durch Inflation und Arbeitslosenquote durch Arbeitslosigkeit ersetzen.

- Ein Anstieg der erwarteten Inflation π^e führt zu einem Anstieg der Inflation π.

  Gleichung (8.1) verdeutlicht, welche ökonomischen Prozesse hinter diesem Zusammenhang stehen. Ein Anstieg des erwarteten Preisniveaus, P^e, führt zu einem Anstieg des tatsächlichen Preisniveaus P in gleichem Umfang. Erwarten die Lohnsetzer ein höheres Preisniveau, dann setzen sie einen höheren Nominallohn, um den angestrebten Reallohn zu erreichen. Über höhere Produktionskosten führt dies zu einem höheren Preisniveau. Ein höheres Preisniveau in der aktuellen Periode ist, bei gegebenem Preisniveau der Vorperiode, gleichzusetzen mit einer höheren Rate des Preisanstiegs von der Vorperiode zu dieser Periode, also einer höheren Inflation.

  Gleichermaßen impliziert ein höheres erwartetes Preisniveau in dieser Periode, bei gegebenem Preisniveau der Vorperiode, eine höhere erwartete Rate des Preisanstiegs von der Vorperiode zu dieser Periode, d.h. eine höhere erwartete Inflationsrate.

  Der Umstand, dass ein Anstieg des erwarteten Preisniveaus zu einem Anstieg des tatsächlichen Preisniveaus führt, kann also auch wie folgt formuliert werden: Ein Anstieg der erwarteten Inflation führt zu einem Anstieg der tatsächlichen Inflation.

- Bei gegebener erwarteter Inflation π^e führen ein Anstieg des Gewinnaufschlags μ oder ein Anstieg von z zu einem Anstieg der Inflation π.

  Wiederum können wir Gleichung (8.1) benutzen, um den Zusammenhang zu verstehen: Bei einem gegebenen erwarteten Preisniveau P^e lässt ein Anstieg von μ oder z das Preisniveau P steigen, indem Lohn- und Preissetzungsverhalten, wie in Kapitel 6 geschildert, beeinflusst werden. Wiederum können wir den Zusammenhang unter Verwendung von Inflation und erwarteter Inflation ausdrücken: Bei gegebener erwarteter Inflation führt ein Anstieg von μ oder z zu einem Anstieg der Inflation π.

- Bei gegebener erwarteter Inflation π^e führt ein Anstieg der Arbeitslosenquote u zu einem Rückgang der Inflation π.

  Aus Gleichung (8.1): Bei gegebenem erwartetem Preisniveau P^e führt ein Anstieg der Arbeitslosenquote u zu einem niedrigeren Nominallohn. Hieraus resultiert ein geringeres Preisniveau P. Gleichermaßen führt ein Anstieg der Arbeitslosenquote u bei gegebener erwarteter Inflation π^e zu einem Rückgang der Inflationsrate π.

Bevor wir zur Diskussion der Phillipskurve zurückkehren können, müssen wir einen letzten Zusammenhang erläutern: Weiter unten werden wir die Entwicklung von Inflationsrate und Arbeitslosigkeit im Zeitverlauf betrachten. Hierzu ist es hilfreich, Zeitindizes zu verwenden, so dass man sich auf eine der Variablen in einer bestimmten Periode, z.B. in einem bestimmten Jahr, beziehen kann. Gleichung (8.2) wird dann wie folgt geschrieben:

$$\pi_t = \pi_t^e + (\mu + z) - \alpha u_t \tag{8.3}$$

Die Variablen π_t, π_t^e und u_τ beziehen sich auf die Inflation, die erwartete Inflation und die Arbeitslosigkeit des Jahres t. Warum verzichten wir bei μ und z auf Zeitindizes? In der Regel betrachten wir μ und z als Konstanten, die durch die strukturellen Bedingungen der Volkswirtschaft vorgegeben sind. Demgegenüber wollen wir die Entwicklung von Inflation, erwarteter Inflation und Arbeitslosigkeit im Zeitverlauf untersuchen.

8.2 Die Phillipskurve

Wir können nun zu der Beziehung zwischen Arbeitslosigkeit und Inflation zurückkehren, wie sie um das Jahr 1960 von Phillips, Samuelson und Solow entdeckt wurde.

8.2.1 Die ursprüngliche Version

Stellen wir uns eine Ökonomie vor, in der die durchschnittliche Inflation gleich Null ist, in manchen Jahren positiv, in anderen negativ. Dies entspricht nicht der heutigen Situation in den meisten Volkswirtschaften: Das einzige Jahr, in dem z.B.. in Deutschland die Inflation in den letzten 40 Jahren negativ war – das letzte Jahr, in dem eine Deflation zu beobachten war – war 1986, als die Inflation –0,1% betrug. Durchschnittlich betrug die Inflationsrate 3,1%. Dies steht in starkem Kontrast zu dem Zeitraum, den Phillips, Samuelson und Solow untersuchten. Damals lag die durchschnittliche Inflationsrate tatsächlich nahe bei Null.

Wie muss man sich das Verhalten der Lohnsetzer in einer solchen Situation vorstellen? Um die Nominallöhne für das kommende Jahr festzulegen, müssen die an der Lohnsetzung Beteiligten die Inflationsrate prognostizieren, die während dieses Jahres herrschen wird. War die durchschnittliche Inflationsrate in der Vergangenheit Null, kann es aus Sicht der Lohnsetzer Sinn machen, auch für das folgende Jahr eine Inflationsrate von Null zu erwarten. Gleichung (8.3) wird dann zu

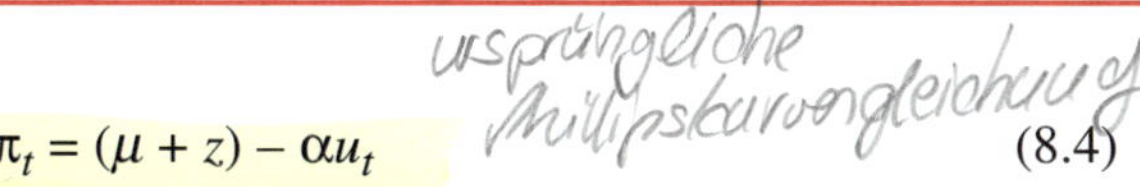

$$\pi_t = (\mu + z) - \alpha u_t \tag{8.4}$$

Gleichung (8.4) entspricht exakt der negativen Beziehung, die Phillips für Großbritannien, Samuelson und Solow für die USA fanden. Bei einem gegebenen erwarteten Preisniveau, das genau dem Preisniveau des letzten Jahres entspricht, führt geringe Arbeitslosigkeit zu höheren Nominallöhnen. Ein höherer Nominallohn führt zu einem höheren Preisniveau. Fügt man diese Schritte zusammen, dann führt geringere Arbeitslosigkeit zu einem höheren Preisniveau relativ zum Preisniveau des Vorjahres, d.h. zu Inflation.

Dieser Mechanismus wurde häufig als Lohn-Preis-Spirale bezeichnet. Dieser Ausdruck spiegelt die grundlegenden Mechanismen anschaulich wider:

- Niedrige Arbeitslosigkeit führt zu einem hohen Nominallohn.
- In Reaktion auf den höheren Nominallohn, erhöhen die Unternehmen ihre Preise. Das Preisniveau steigt.
- In Reaktion auf das höhere Preisniveau verlangen die Beschäftigten bei der nächsten Lohnsetzung höhere Nominallöhne.
- Der hierdurch ausgelöste weitere Anstieg des Preisniveaus wird bei der nächsten Lohnfestsetzung wiederum einen Anstieg des Nominallohns verursachen.

Das Resultat dieses Mechanismus ist eine stetige Lohn- und Preisinflation.

8.2.2 Weiterentwicklungen

Die Kombination aus einem verlässlichen empirischen Zusammenhang und einer plausiblen Erklärung hatte weit reichende Folgen: Makroökonomen und Politiker in vielen Ländern begannen, die Phillipskurve als Ausgangspunkt für ihre wirtschaftspolitischen Programme zu nutzen. In den 60er Jahren zielte die Wirtschaftspolitik vieler Länder darauf ab, die Arbeitslosigkeit auf einem Niveau zu etablieren, das konsistent mit moderater Inflation erschien. Gleichzeitig wurde häufig argumentiert, dass zur Verringerung der Arbeitslosigkeit ein moderater Anstieg der Inflation in Kauf zu nehmen sei. Auch in Deutschland war die Regierung um den damaligen Wirtschaftsminister Karl Schiller und den Finanzminister Franz-Josef Strauß bemüht, den Phillipskurvenzusammenhang in konkrete Wirtschaftspolitik umzusetzen. Tatsächlich erwies sich die Beziehung während der 60er Jahre als relativ stabiler Wegweiser zur Analyse der Entwicklung von Arbeitslosigkeit und Inflation.

Abbildung 8.2: Inflation und Arbeitslosigkeit in Deutschland, 1959-1970

Vor 1970 bildet die Phillipskurve den Zusammenhang zwischen Inflation und Arbeitslosigkeit erstaunlich gut ab. Ein Rückgang der Arbeitslosenquote geht mit einem Anstieg der Inflationsrate einher.

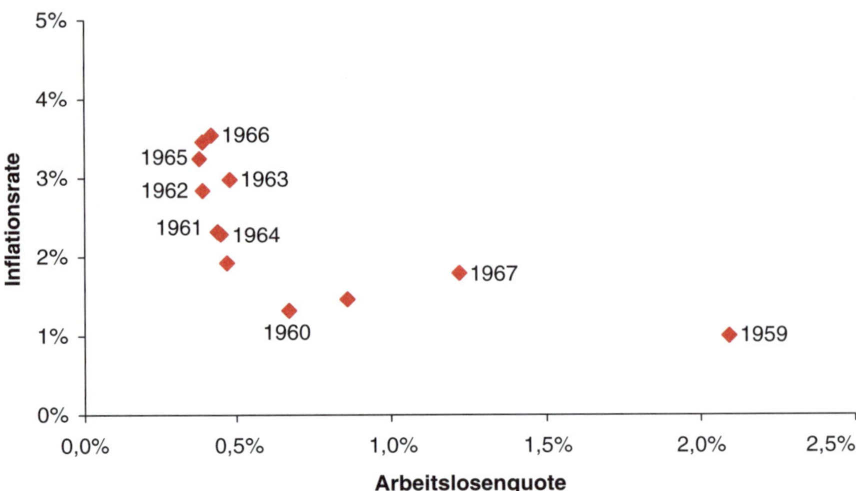

Abbildung 8.2 zeigt für jedes Jahr zwischen 1959 und 1970 die Kombination von Inflationsrate und Arbeitslosenquote an. Es ist erstaunlich, wie gut die Werte für diesen Zeitraum mit der Vorhersage der Phillipskurve übereinstimmen. In den Jahren, die durch eine sehr niedrige Arbeitslosenquote gekennzeichnet waren (beispielsweise 0,4% im Jahr 1966) beobachten wir hohe Inflationsraten (3,5% im Jahr 1966); in den Jahren, in denen eine für die damalige Zeit hohe Arbeitslosenquote herrschte (beispielsweise 1,2% im Jahr 1967 oder 2,1% im Jahr 1959) beobachten wir relativ niedrige Inflationsraten (1,8% bzw. 1,0%). Besonders auffallend ist die Entwicklung zwischen 1959 und 1965: Die Arbeitslosenquote sinkt (mit Ausnahme der beiden Jahre 1963 und 1964) in diesem Zeitraum von 2,1% auf 0,4%, die Inflationsrate steigt von 1% auf 3,2%. Formal ausgedrückt bewegte sich die deutsche Volkswirtschaft auf der Phillipskurve.

Um 1970 brach die Beziehung zwischen Inflationsrate und Arbeitslosenquote zusammen. Abbildung 8.3 zeigt Kombinationen aus Inflationsrate und Arbeitslosenquote für jedes Jahr seit 1959. Die Punkte sind grob in Form einer symmetrischen Wolke verteilt. Eine offensichtliche Beziehung zwischen Arbeitslosenquote und Inflationsrate lässt sich in diesem Diagramm nicht erkennen.

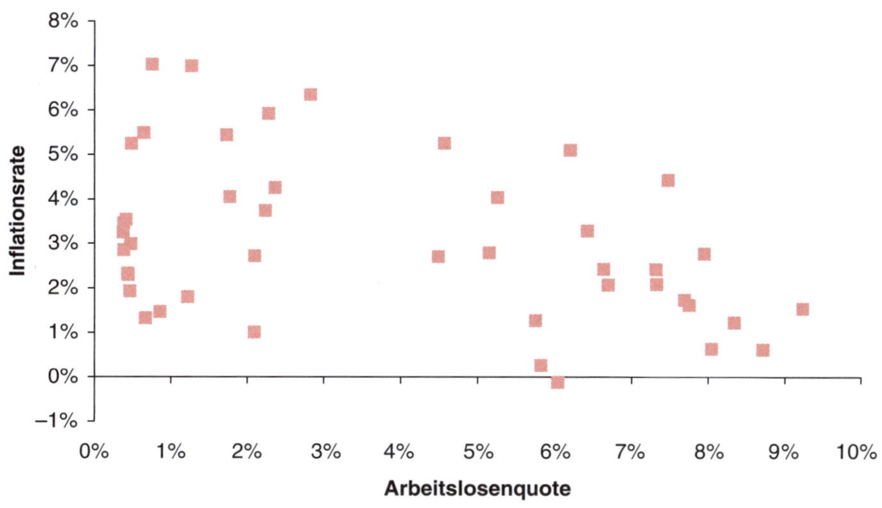

Abbildung 8.3: Inflation und Arbeitslosigkeit in Deutschland, 1959-2002

Nach 1970 bricht der stabile Zusammenhang zwischen Inflation und Arbeitslosigkeit weitgehend zusammen.

Warum verschwand die ursprüngliche Phillipskurve? Es gibt zwei zentrale Gründe:

- In den 70er Jahren war die deutsche Volkswirtschaft, wie auch die meisten anderen Ökonomien, zweimal von einem starken Anstieg der Ölpreise betroffen. Dieser Anstieg hatte zur Folge, dass die Unternehmen ihre Preise relativ zu den von ihnen gezahlten Löhnen erhöhten. Der Gewinnaufschlag μ stieg an. Wie in Kapitel 7 gezeigt, führt ein Anstieg des Gewinnaufschlags zu einem Anstieg der Preise und einem niedrigeren Produktionsniveau.

Wir hatten dieses Phänomen Stagflation genannt und argumentiert, dass negative Angebotsschocks zu einer solchen Entwicklung führen können.

Obwohl die 70er Jahre gleich zwei Angebotsschocks bereithielten, war der Hauptgrund für das Zusammenbrechen der Phillipskurve jedoch ein anderer:

- Die Lohnsetzer veränderten ihre Erwartungsbildung. Diese Veränderung war Ergebnis einer Veränderung der Inflationsentwicklung während der 60er Jahre. In den meisten Volkswirtschaften lässt sich die Entwicklung der Inflation bis zu diesem Zeitpunkt üblicherweise so charakterisieren: Erstens war die Inflationsrate in bestimmten Jahren positiv, in anderen dafür negativ. Zweitens war Inflation kein persistentes Phänomen.
- Im Laufe der 60er Jahre begann eine Phase in der die Inflationsrate diese Eigenschaften verlor. Sie nahm fortan andauernd positive Werte an und zeigte ein hohes Maß an Persistenz: Es wurde wahrscheinlicher, dass auf eine hohe Inflationsrate in einem bestimmten Jahr eine hohe Inflationsrate im nächsten Jahr folgte.

  Diese Persistenz der Inflation veranlasste Beschäftigte und Unternehmen, ihre Erwartungsbildung zu revidieren. Wenn die Inflation von Jahr zu Jahr positiv ist, macht es wenig Sinn zu erwarten, dass das Preisniveau im nächsten Jahr unverändert bleibt. Die Akteure die dies erwarten, die also eine Inflationsrate von 0 für die nächste Periode unterstellen, begehen dauerhaft systematische Fehler. Ökonomen gehen allerdings davon aus, dass Menschen ungern einmal begangene Fehler wiederholen. Als die Inflation also andauernd positiv und persistent wurde, begannen

Der Begriff „persistent" kann mit „anhaltend" bzw. „hartnäckig" übersetzt werden. Ökonomen bezeichnen damit üblicherweise Größen, die dazu neigen, auf einem einmal erreichten Niveau zu verharren. Ein Beispiel für eine persistente Größe ist die Inflationsrate seit den 60er Jahren. Der ehemalige Präsident der Bundesbank, Karl Otto Pöhl, hat diesen Zusammenhang einmal so beschrieben: „Inflation ist wie Zahnpasta: Sobald sie einmal aus der Tube draußen ist, ist es schwer, sie wieder hineinzubekommen."

die Menschen, dies bei ihrer Erwartungsbildung zu berücksichtigen. Diese veränderte Erwartungsbildung veränderte die Struktur der Beziehung zwischen Arbeitslosigkeit und Inflation.

Wir wollen dieses Argument etwas genauer untersuchen. Nehmen wir hierzu an, dass die Erwartungen wie folgt gebildet werden:

$$\pi_t^e = \theta\pi_{t-1} \tag{8.5}$$

Der Wert des Parameters θ (der griechische Kleinbuchstabe Theta) gibt an, wie stark die Inflationsrate der letzten Periode π_{t-1} bei der Bildung der erwarteten Inflationsrate π_t^e berücksichtigt wird. Je größer der Wert von θ, desto mehr werden sich die Lohnsetzer veranlasst sehen, ihre Erwartungen hinsichtlich der diesjährigen Inflation zu revidieren und desto höher wird die erwartete Inflationsrate sein. Man kann sich die Geschehnisse nach den 60er als eine Erhöhung von θ im Zeitverlauf vorstellen:

- So lange die Inflation um den Wert 0 schwankte, machte es Sinn, dass Beschäftigte und Unternehmen die vergangene Inflation außer Acht ließen und annahmen, dass das diesjährige Preisniveau in etwa dem des Vorjahres entsprechen wird. Innerhalb der Periode, die Samuelson und Solow untersuchten, lag θ nahe bei Null, und die Inflationserwartungen konnten durch $\pi_t^e = 0$ beschrieben werden.
- Als sich das Verhalten der Inflationsrate veränderte, veränderten auch die Lohnsetzer ihre Erwartungsbildung. Sie begannen anzunehmen, dass eine hohe Inflationsrate im gerade abgelaufenen Jahr, eine ebenso hohe Inflationsrate im Folgejahr wahrscheinlich machte. Der Parameter θ stieg an. Es scheint, dass die Menschen Mitte der 70er Jahre ihre Erwartungen so bildeten, dass sie erwarteten, dass die diesjährige Inflationsrate gleich der des Vorjahres sein würde – mit anderen Worten, θ war nun gleich 1.

Denken Sie darüber nach, wie Sie Erwartungen bilden. Welche Inflationsrate erwarten Sie für das nächste Jahr? Wie sind Sie darauf gekommen? ▶

Wenden wir uns nun den Implikationen verschiedener θ-Werte für die Beziehung zwischen der Inflation und Arbeitslosigkeit zu. Dafür setzen wir Gleichung (8.5) in Gleichung (8.3) ein:

$$\pi_t = \overbrace{\theta\pi_{t-1}}^{\pi_t^e} + (\mu + z) - \alpha u_t$$

- Beträgt θ gleich Null, dann erhält man die ursprüngliche Phillipskurve, eine Beziehung zwischen der Inflationsrate und der Arbeitslosenquote:

$$\pi_t = (\mu + z) - \alpha u_t$$

- Ist θ positiv, dann ist die Inflationsrate nicht nur von der Arbeitslosenquote, sondern auch von der Inflationsrate des letzten Jahres abhängig:

$$\pi_t = \theta\pi_{t-1} + (\mu + z) - \alpha u_t$$

- Ist θ gleich 1, wird die Beziehung zu:

$$\pi_t - \pi_{t-1} = (\mu + z) - \alpha u_t \tag{8.6}$$

nachdem die Inflationsrate der letzten Periode auf beiden Seiten der Gleichung subtrahiert wurde.

Wenn also θ den Wert 1 annimmt, beeinflusst die Arbeitslosenquote nicht die Inflationsrate, sondern die *Veränderung der Inflationsrate*: Hohe Arbeitslosigkeit führt zu einem Rückgang der Inflation; niedrige Arbeitslosigkeit führt zu steigender Inflation.

Diese Argumentation ist der Schlüssel zu den Geschehnissen seit den 70er Jahren. Als θ von 0 auf 1 anstieg, verschwand die einfache Beziehung zwischen Arbeitslosenquote und Inflationsrate. Dieses Verschwinden sahen wir in Abbildung 8.3. Es bildete sich aber eine neue Beziehung heraus, diesmal zwischen der Arbeitslosenquote und der Veränderung der Inflationsrate – wie von Gleichung (8.6) vorausgesagt. Diese Beziehung ist in Abbildung 8.4 abgebildet. Wir sehen dort Kombinationen von Veränderungen der Inflationsrate und Arbeitslosenquote für jedes Jahr seit 1980 für Deutschland (rote Punkte) und die USA (schwarze Punkte). Die Abbildung zeigt eindeutig einen negativen Zusammenhang zwischen Arbeitslosenquote und der Veränderung der Inflationsrate in beiden Ländern. Die rote Gerade, die für Deutschland am besten die Punktwolke der Periode seit 1980 widerspiegelt ist folgende Regressionsgerade:

Diese als Regressionsgerade bezeichnete Gerade erhält man durch Anwendung ökonometrischer Verfahren (siehe Anhang 3 am Ende des Buches). Beachten Sie, dass die Gerade die Punktewolke nicht sehr genau abbildet. Es gibt Jahre, in denen die Veränderung der Inflation viel größer ist, als von der Gerade vorhergesagt, und Jahre, in denen die Veränderung der Inflation viel geringer ist, als von der Gerade impliziert. Wir kehren später zu diesem Punkt zurück.

$$\pi_t - \pi_{t-1} = 1{,}6\% - 0{,}3 \cdot u_t \qquad (8.7a)$$

Die schwarze Gerade, die für USA am besten die Punktwolke der Periode seit 1980 widerspiegelt, ist die Regressionsgerade:

$$\pi_t - \pi_{t-1} = 5{,}1\% - 0{,}8 \cdot u_t \qquad (8.7b)$$

Beide Geraden zeigen den erwarteten Verlauf: Bei geringer Arbeitslosigkeit ist die Veränderung der Inflation positiv, die Inflationsrate im aktuellen Jahr liegt also über der Inflationsrate im vergangenen Jahr. Umgekehrt ist die Veränderung der Inflation bei hoher Arbeitslosigkeit negativ.

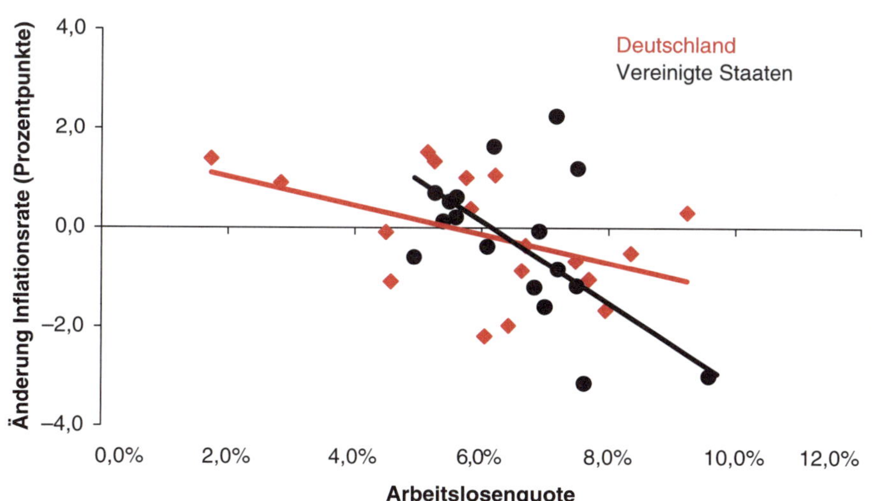

Abbildung 8.4: Veränderungen der Inflationsrate und Arbeitslosenquote in Deutschland und den USA, 1980-1997

Im betrachteten Zeitraum besteht in beiden Volkswirtschaften eine negative Beziehung zwischen der Arbeitslosenquote und der Veränderung der Inflationsrate.

Ursprüngliche Phillipskurve:
$u_t \uparrow \Rightarrow \pi_t \downarrow$
(Modifizierte) Phillipskurve:
$u_t \uparrow \Rightarrow (\pi_t - \pi_{t\text{-}1}) \downarrow$

Um sie von der ursprünglichen Phillipskurve (Gleichung (8.4)) zu unterscheiden, wird Gleichung (8.6) oft als **modifizierte Phillipskurve**, **um Erwartungen erweiterte Phillipskurve** oder **akzelerierende Phillipskurve** bezeichnet. Der zweite Begriff deutet an, dass der Term $\pi_{t\text{-}1}$ eigentlich für die erwartete Inflationsrate steht. Der dritte Begriff macht deutlich, dass eine niedrige Arbeitslosenquote zu einem Anstieg der Inflationsrate und somit zu einer Beschleunigung (Akzeleration) von Preissteigerungen führt. Wir werden Gleichung (8.6) einfach als Phillipskurve und die frühere Variante, Gleichung (8.4), als ursprüngliche Phillipskurve bezeichnen.

8.2.3 Phillipskurve und natürliche Arbeitslosenquote

Die Geschichte der Phillipskurve ist eng mit der Entdeckung des Konzepts der natürlichen Arbeitslosenquote verbunden, welches in Kapitel 6 eingeführt wurde.

Im Rahmen der ursprünglichen Phillipskurve spielte die natürliche Arbeitslosenquote noch keine Rolle. Man ging davon aus, dass man eine dauerhaft niedrigere Arbeitslosenquote erzielen konnte, wenn man nur bereit war, eine hohe Inflationsrate hinzunehmen.

Als trade-off bezeichnen Ökonomen Zielkonflikte, also Situationen, in denen man sich einem bestimmten Zielwert nur dann annähern kann, wenn man bereit ist, dafür die Verletzung eines anderen Ziels hinzunehmen.

In den späten 60er Jahren, während die ursprüngliche Phillipskurve noch eine gute Beschreibung der Daten abgab, stellten zwei Ökonomen, Milton Friedman und Edmund Phelps, die Existenz eines trade-off zwischen Arbeitslosigkeit und Inflation jedoch in Frage.

Sie argumentierten, dass ein solcher trade-off nur dann existieren könne, wenn die Lohnsetzer die Inflation systematisch unterschätzen. Da es unwahrscheinlich sei, dass ein solcher Fehler dauerhaft begangen wird, werde der trade-off über kurz oder lang verschwinden. Vielmehr sei davon auszugehen, dass die Arbeitslosenquote nicht dauerhaft unter ein bestimmtes Niveau fallen könne. Dieses Niveau, zu dem die Arbeitslosenquote mittelfristig zurückkehren wird, wurde als natürliche Arbeitslosenquote bezeichnet. Tatsächlich kam es wie oben gesehen zum Zusammenbruch des Phillipskurvenzusammenhangs, der trade-off zwischen Arbeitslosenquote und Inflationsrate verschwand tatsächlich (siehe hierzu die Fokusbox unten).

Betrachten wir den Zusammenhang zwischen Phillipskurve und natürlicher Arbeitslosenquote etwas genauer. Nach der Definition aus Kapitel 6 entspricht die natürliche Arbeitslosenquote der Arbeitslosenquote, bei der das tatsächliche Preisniveau und das erwartete Preisniveau einander entsprechen. Äquivalent hierzu wollen wir in diesem Kapitel davon ausgehen, dass es sich bei der natürlichen Arbeitslosenquote um die Arbeitslosenquote handelt, bei der sich tatsächliche Inflation und erwartete Inflation entsprechen.

Man beginnt bei Gleichung (8.3):
$\pi_t = \pi_t^e + (\mu + z) - \alpha u_t \Rightarrow$
$\pi_t - \pi_t^e = (\mu + z) - \alpha u_t$
Wenn $\pi_t = \pi_t^e$**, dann**
$0 = (\mu + z) - \alpha u_t$

Wir können die natürliche Arbeitslosenquote u_n ermitteln, indem wir tatsächliche und erwartete Inflation in Gleichung (8.3) gleichsetzen.

$$0 = \mu + z - \alpha u_t$$

Auflösen nach u_n ergibt:

$$u_n = \frac{\mu + z}{\alpha} \tag{8.8}$$

Gleichung (8.8) besagt, dass die natürliche Arbeitslosenquote umso höher ist, je größer der Gewinnaufschlag μ ist und je größer die Sammelvariable z ist.

Aus Gleichung (8.8) folgt $\alpha u_n = \mu + z$. Ersetzt man in Gleichung (8.3) $\mu + z$ durch αu_n, erhält man nach einigen Umformungen:

$$\pi_t - \pi_t^e = -\alpha(u_t - u_n) \tag{8.9}$$

Einsetzen von $\alpha u_n = (\mu + z)$ in Gleichung (8.3):
$\pi_t = \pi_t^e + \alpha u_n - \alpha u_t$
Umstellen:
$\pi_t = \pi_t^e - \alpha(u_t - u_n)$

Falls die erwartete Inflationsrate π_t^e tatsächlich v.a. durch die Inflationsrate des vorangegangenen Jahres π_{t-1} bestimmt wird, dann ergibt sich schließlich

$$\pi_t - \pi_{t-1} = -\alpha(u_t - u_n) \tag{8.10}$$

Gleichung (8.10) gibt einen äußerst wichtigen Zusammenhang wider.

- Die Gleichung verdeutlicht, dass wir die Phillipskurve auch als eine Beziehung zwischen der tatsächlichen Arbeitslosenquote u_t, der natürlichen Arbeitslosenquote u_n und der Veränderung der Inflationsrate $\pi_t - \pi_{t-1}$ auffassen können. Die Veränderung der Inflationsrate hängt von dem Unterschied zwischen tatsächlicher und natürlicher Arbeitslosenquote ab. Übersteigt die Arbeitslosenquote ihr natürliches Niveau, dann sinkt die Inflationsrate; liegt die tatsächliche Arbeitslosenquote unter der natürlichen Arbeitslosenquote, dann steigt die Inflationsrate.
- Gleichung (8.10) zeigt zudem einen alternativen Weg auf, um über die natürliche Arbeitslosenquote nachzudenken: Die natürliche Arbeitslosenquote ist die Arbeitslosenquote, die nötig ist, um die Inflationsrate konstant zu halten. Aus diesem Grund bezeichnet man die natürliche Arbeitslosenquote auch als die die Inflation nicht beschleunigende Arbeitslosenquote (Nonaccelerating inflation rate of unemployment, kurz: NAIRU).

Der Ausdruck „Nonaccelerating inflation rate of unemployment" ist etwas irreführend, da es ja nicht wirklich um eine Beschleunigung der Inflationsentwicklung, sondern um einen Anstieg der Inflationsraten geht. Einige Ökonomen schlagen daher die Verwendung des Begriffes „nonincreasing inflation rate of unemployment", oder NIIRU vor. Wir verwenden hier den Standardbegriff NAIRU.

Wie hoch war die natürliche Arbeitslosenquote in Deutschland seit 1980? Anders ausgedrückt, wie hoch war die Arbeitslosigkeit, die im Durchschnitt die Inflation konstant hielt?

Um diese Frage zu beantworten, könnten wir im Prinzip von Gleichung (8.7a) ausgehen, also der geschätzten Beziehung zwischen der Veränderung der Inflationsrate und der Arbeitslosenquote. Setzt man die Veränderung der Inflationsrate in dieser Gleichung gleich Null, dann impliziert dies einen Wert von 1,6/0,3 = 5,3% für die natürliche Arbeitslosenquote. In Worten: Der empirische Befund legt nahe, dass die durchschnittliche Arbeitslosenquote, die im betrachteten Zeitraum nötig gewesen wäre, um die Inflation konstant zu halten, etwa 5% beträgt. Für die USA ergibt eine identische Berechnung einen Wert von etwa 6%.

Zwischen 1995 und 2000 lag die durchschnittliche Arbeitslosenquote in den USA bei 4,7%. Dennoch ist die Inflationsrate nicht gestiegen. Dies kann ein Hinweis dafür sein, dass die natürliche Arbeitslosenquote der USA nun unter 6% liegt. Mehr dazu im nächsten Abschnitt.

Allerdings müssen solche Berechnungen mit großer Vorsicht betrachtet werden. Wie Abbildung 8.4 zeigt, streuen die Punkte um die gezeichnete Gerade sehr stark. Wir können deshalb nicht unbedingt davon ausgehen, dass Gleichung (8.7) den Phillipskurvenzusammenhang exakt genug widerspiegelt, um eine verlässliche Aussage zur Höhe der NAIRU zu machen. Beispielsweise besteht die Möglichkeit, dass sich die Phillipskurve im Laufe der Jahrzehnte verschiebt. Wir werden im nächsten Abschnitt sehen, was sich hinter dieser Aussage verbirgt.

8.3 Zusammenfassung und Erweiterungen

Fassen wir unsere bisherigen Ergebnisse zusammen:

- Die aggregierte Angebotskurve kann durch die Beziehung zwischen der Veränderung der Inflationsrate und der Abweichung der Arbeitslosenquote von ihrem natürlichen Niveau abgebildet werden (Gleichung 8.10).
- Übersteigt die tatsächliche Arbeitslosenquote die natürliche Arbeitslosenquote, dann sinkt die Inflationsrate; liegt die tatsächliche Arbeitslosenquote unter der natürlichen Arbeitslosenquote, dann steigt die Inflationsrate.

Fokus: Die Erwartung eines unerwarteten Zusammenhangs: Milton Friedman und Edmund Phelps

Ökonomen haben häufig Schwierigkeiten, grundlegende Veränderungen vorherzusagen, bevor sie stattfinden. Viele Erkenntnisse werden erst zu Tage gefördert, wenn ein bestimmtes Phänomen bereits beobachtet werden konnte. Eine der wenigen Ausnahmen ist die Erkenntnis der beiden Ökonomen Milton Friedman und Edmund Phelps, der Phillipskurvenzusammenhang würde nicht dauerhaft bestehen bleiben.

In den späten 60er Jahren – genau zu dem Zeitpunkt, als die meisten Ökonomen und Politiker fest von der Existenz der ursprünglichen Phillipskurve ausgingen – argumentierten Friedman und Phelps, dass der beobachtete „trade-off" zwischen Inflation und Arbeitslosigkeit eine Illusion sei.
Friedman sagte damals über die Phillipskurve:

„Phillips schrieb seinen Artikel für eine Welt, in der jedermann erwartete, dass die nominalen Preise stabil seien und in der diese Erwartungen unerschütterlich und unveränderlich aufrechterhalten würden, unabhängig davon, was mit den tatsächlichen Preisen und Löhnen geschah. Nehmen wir im Gegensatz dazu an, dass jedermann erwartet, dass die Preise mit einer Rate von mehr als 75% pro Jahr steigen – wie es beispielsweise die Brasilianer vor ein paar Jahren taten. Dann müssen die Löhne mit der gleichen Rate steigen, um die realen Löhne unverändert zu lassen. Ein Überschussangebot an Arbeit (damit meint Friedman eine hohe Arbeitslosenquote) wird sich in einem weniger starken Anstieg der Nominallöhne widerspiegeln, nicht in einem absoluten Rückgang der Löhne."

Weiter sagte er:

„Um meine Schlussfolgerung anders auszudrücken: Es gibt immer einen temporären trade-off zwischen Inflation und Arbeitslosigkeit; es gibt keinen permanenten trade-off. Der temporäre trade-off leitet sich nicht aus der Existenz von Inflation per se ab, sondern aus der Existenz steigender Inflationsraten."

Friedman versuchte dann abzuschätzen, wie lange der scheinbare trade-off zwischen Inflation und Arbeitslosigkeit in den USA noch anhalten würde.

„Sie werden fragen, wie lang ist „temporär" eigentlich? ... Ich kann, basierend auf einigen Untersuchungen der empirischen Fakten, höchstens die persönliche Einschätzung wagen, dass der anfängliche Effekt einer höheren unerwarteten Inflationsrate etwa zwei bis fünf Jahre andauert; dass dieser anfängliche Effekt dann umgekehrt wird; und dass die völlige Anpassung der Beschäftigung an die neue Inflationsrate solange dauert, wie die der Zinssätze, sagen wir, ein paar Jahrzehnte."

Friedman hätte nicht mehr Recht haben können. Ein paar Jahre später begann die ursprüngliche Phillipskurve zu verschwinden, genau so, wie es von Friedman vorhergesagt worden war.

Quelle: Milton Friedman, „The Role of Monetary Policy", März 1968, American Economic Review, 58-1, Seite 1-17 (Der Beitrag von Phelps, „Money-Wage Dynamics and Labor-Market Equilibrium", Journal of Political Economy, August 1968, Teil 2, Seite 678-711, enthält eine ganz ähnliche Argumentation, allerdings auf Basis einer sehr viel formaleren Analyse).

Diese generelle Beziehung ist seit den 70er Jahren in vielen Ländern relativ stabil. Allerdings zeigt sich, dass der Zusammenhang zwischen Inflation und Arbeitslosigkeit von Land zu Land und im Zeitverlauf variieren kann. Wir wollen uns im Folgenden diesen Variationen zuwenden und sie als Warnung verstehen: Ein empirisch beobachteter Zusammenhang muss nicht für alle Ewigkeit und unter allen Umständen bestehen bleiben.

8.3.1 Länderunterschiede in der natürlichen Arbeitslosenquote

Wie Gleichung 8.8 veranschaulicht, hängt die natürliche Arbeitslosenquote von allen Faktoren ab, die das Lohn- und Preissetzungsverhalten (z und μ) sowie die Reaktion der Inflation auf die Arbeitslosigkeit (α) beeinträchtigen. Variieren diese Faktoren von Land zu Land, dann weisen unterschiedliche Volkswirtschaften unterschiedliche natürliche Arbeitslosenquoten auf.

Betrachten wir als Beispiel Japan und die USA. Da wir die natürliche Arbeitslosenquote nicht direkt beobachten können, nutzen wir den Umstand aus, dass die Arbeitslosenquote unserem Modell zufolge um das natürliche Niveau schwankt. Wir können dann die durchschnittliche Arbeitslosenquote über mehrere Jahre als Maß verwenden. In Japan ergibt sich für den Zeitraum ab 1960 ein durchschnittlicher Wert von 2%, verglichen zu 6,1% in den USA. Es gibt kaum Zweifel, dass während dieser Periode die natürliche Arbeitslosenquote Japans viel niedriger als die der USA war.

Im Jahr 2000 war die tatsächliche Arbeitslosenquote in Japan mit 4,7% höher als in den Vereinigten Staaten (4,0%). Allerdings befand sich die japanische Volkswirtschaft zu dieser Zeit in einer Rezession, die USA hingegen am Ende einer mehrjährigen Phase der Expansion mit den uns bekannten Folgen für die Beziehung zwischen natürlicher und tatsächlicher Arbeitslosenquote.

Die Frage nach dem Ursprung für diesen Unterschied wird in der Fokusbox „Die Arbeitslosenquote in Japan“ aufgegriffen. Die Antwort lautet verkürzt, dass sich die unternehmensinterne Organisation der beiden Länder stark unterscheidet. Die Entlassungs- und Einstellungsströme sind in Japan sehr viel geringer als in den USA, was sich in einer viel geringeren natürlichen Arbeitslosenquote widerspiegelt.

8.3.2 Veränderungen der natürlichen Arbeitslosenquote im Zeitverlauf

In Abschnitt 8.2 haben wir unterstellt, der Term (μ+z) sei im Zeitverlauf konstant. Dies muss nicht notwendigerweise der Fall sein. Der Grad an Monopolmacht der Unternehmen, die Struktur der Lohnverhandlungen, das System der Arbeitslosenhilfe variieren möglicherweise im Zeitverlauf. Als Folge kommt es zu Veränderungen von μ oder z und somit zu Veränderungen der natürlichen Arbeitslosenquote.

Fokus: Die Arbeitslosenquote in Japan

In Japan lag die durchschnittliche Arbeitslosenquote seit 1960 bei 2,0%, in den USA bei 6,1%. Nimmt man diese Werte als grobe Schätzung für die zugrunde liegende natürliche Arbeitslosenquote, dann stellt sich die Frage, worauf dieser beträchtliche Unterschied basiert.

Japanische Beschäftigungsverhältnisse sind häufig auf Lebenszeit angelegt. Üblicherweise treten Arbeitnehmer eine Beschäftigung an, um diese bis zum Renteneintritt beizubehalten. Tabelle 1 veranschaulicht, wie deutlich sich dieses Muster von den Gegebenheiten in den Vereinigten Staaten unterscheidet. Im Alter von 24 Jahren hat ein durchschnittlicher Arbeiternehmer in den USA bereits vier Arbeitsstellen durchlaufen, in Japan nur zwei. Im Alter von 64 Jahren ergeben sich Werte von 11 Beschäftigungsverhältnissen in den USA, 5 in Japan.

Um Beschäftigte an sich zu binden, offerieren japanische Unternehmen Löhne und Aufstiegschancen, die stetig mit dem Arbeitsalter steigen. Zusätzlich werden bei Rentenbeitritt umfangreiche Pauschalzahlungen geleistet. Im Gegenzug akzeptieren japanische Beschäftigte relativ häufige Versetzungen in neue Abteilungen oder Tochterunternehmen. Als beispielsweise in den 80er Jahren die Autoverkäufe bei Nissan zurückgingen, schickte das Unternehmen einige Angestellte von Fließbändern in den Verkauf, um den Absatz zu steigern.

Als Folge dieser Struktur ist der Strom von Entlassungen und Einstellungen auf dem japanischen Arbeitsmarkt viel schwächer als in den USA. Zeitweise Freistellungen oder gar Entlassungen sind äußerst selten. Vielmehr werden Arbeitnehmer innerhalb des Unternehmens (statt über den Arbeitsmarkt) neuen Betätigungsfeldern zugeführt.

Um zu verstehen, warum geringere Ströme zu einer niedrigeren natürlichen Arbeitslosenquote führen, stelle man sich zwei Länder vor, die abgesehen von der Größe des Arbeitsmarktes identisch sind. In Land 1 (Japan) werden in jedem Quartal 2% der Arbeiter arbeitslos. In Land 2 (USA) werden in jedem Quartal 6% der Arbeiter arbeitslos. In beiden Ländern ist die durchschnittliche Dauer der Arbeitslosigkeit identisch. Im Durchschnitt dauert es ein Quartal, bis ein Arbeitsloser eine Anstellung findet.

In diesem Beispiel liegt die Arbeitslosenquote im Land 1 (Japan) bei 2% (der Strom in die Arbeitslosigkeit (2%) multipliziert mit der Dauer der Arbeitslosigkeit). Die Arbeitslosenquote im Land 2 (USA) beträgt 6%. Das Land mit dem geringeren Strom weist eine niedrigere natürliche Arbeitslosenquote auf.

Sollte man davon ausgehen, dass die natürliche Arbeitslosenquote in Japan sehr niedrig bleibt? Einige Ökonomen beantworten diese Frage mit ‚nein'. Sie weisen darauf hin, dass die zunehmende internationale Konkurrenz japanische Unternehmen zwingen wird, die Praxis lebenslanger Beschäftigungsverhältnisse aufzugeben. Sollte dies der Fall sein, wird die natürliche Arbeitslosenquote im Zeitverlauf zunehmen.

Altersgruppe	16-19	20-24	25-29	...	55-64
Japan	0,72	2,06	2,71	...	4,91
Vereinigte Staaten	2,00	4,40	6,15	...	10,95

Tabelle 1: Kumulierte Anzahl von Beschäftigungsverhältnissen männlicher Arbeitnehmer unterschiedlichen Alters in Japan und den Vereinigten Staaten (Zahlen für Japan aus dem Jahr 1977, Zahlen für die Vereinigten Staaten aus dem Jahr 1978)

Veränderungen der natürlichen Arbeitslosenquote im Zeitverlauf sind allerdings schwer zu messen. Da wir die natürliche Quote nicht beobachten können, müssen wir auf die durchschnittliche Arbeitslosenquote verschiedener Jahrzehnte Bezug nehmen. Wie wir in Kapitel 6 gesehen haben, entwickelte sich die natürliche Arbeitslosenquote in den USA zwischen 1950 und 1990 entlang eines langsam steigenden Trends: Die durchschnittliche Arbeitslosenquote lag bei 4,5% in den 50er Jahren, bei 7,3% in den 80er Jahren. Im letzten Jahrzehnt schien es mit einer auf 5,2% gesunkenen Arbeitslosenquote zu einer Umkehr des Trends zu kommen. 2000 betrug die Arbeitslosenquote 4,0%. Erstaunlicherweise kam es jedoch nicht zu einem Anstieg der Inflationsrate. Dies veranlasste mehrere Ökonomen zu der Schlussfolgerung, dass die natürliche Arbeitslosenquote der USA gesunken sei. Ob dies tatsächlich der Fall war, untersuchen wir in der Fokusbox „Die natürliche Arbeitslosenquote in den Vereinigten Staaten in den neunziger Jahren" Die Schlussfolgerung lautet: Die natürliche Quote ist gesunken; sie liegt heute zwischen 4% und 5%. Weniger sicher ist, ob sie auch in Zukunft so niedrig bleiben wird.

Zwischen 2001 und 2003 stieg die U.S.-Arbeitslosenquote erheblich. Dieser Anstieg reflektiert jedoch einen Anstieg der tatsächlichen Arbeitslosenquote aufgrund einer Konjunkturschwäche, nicht unbedingt einen Anstieg der natürlichen Arbeitslosenquote.

Bislang konzentrierten wir uns auf die Entwicklung in den Vereinigten Staaten. Im Vergleich dazu sind die empirischen Belege für einen Anstieg der natürlichen Arbeitslosenquote in Europa viel deutlicher. Die Arbeitslosenquote nahm hier im Laufe der letzten Jahrzehnte deutlich zu. Während sie in den frühen 70er Jahren noch wesentlich niedriger lag als in den USA, stieg sie seitdem auf teilweise über 10% an. Ende der 90er Jahre ist eine leichte Besserung eingetreten, im Jahr 2000 lag sie aber immer noch bei 8,1%, verglichen zu 4,0% in den USA.

Eine hohe Arbeitslosigkeit muss nicht zwangsläufig bedeuten, dass die natürliche Arbeitslosenquote hoch ist; möglicherweise weicht die tatsächliche Arbeitslosenquote nur sehr stark von der natürlichen ab. Wie können wir zwischen diesen beiden Fällen unterscheiden? Eine Antwort auf diese Frage liefert Gleichung 8.10. Sie lautet: Wir sollten die Veränderung der Inflation, $\pi_t - \pi_{t-1}$ untersuchen. Sinkt die Inflation schnell, dann ist dies ein Indiz für die These, die tatsächliche Arbeitslosenquote u_t liege weit über dem natürlichen Niveau u_n. Ist die Inflation dagegen stabil, dann entspricht die tatsächliche Arbeitslosenquote in etwa der natürlichen.

Um festzustellen, ob eine hohe Arbeitslosigkeit eine hohe natürliche Arbeitslosenquote widerspiegelt oder eine Arbeitslosenquote, die über dem natürlichen Niveau liegt, untersucht man die Veränderung der Inflation.
Aus Gleichung (8.10):
$\pi_t - \pi_{t-1} = -\alpha(u_t - u_n)$

Falls $\pi_t - \pi_{t-1} < 0$: $u_t > u_n$

Falls $\pi_t - \pi_{t-1} = 0$: $u_t = u_n$

Wie wir in Kapitel 1 sahen, ist die Inflation in allen EU-Staaten heutzutage mehr oder weniger stabil. Es ist deshalb nahe liegend, dass tatsächliche und natürliche Arbeitslosenquote in etwa gleich sind. Wir können also davon ausgehen, dass die hohe Arbeitslosenquote in Europa eine hohe natürliche Arbeitslosenquote widerspiegelt. Die durchschnittliche Arbeitslosenquote der Länder, die derzeit Mitglieder der EU sind, lag in den 1960ern bei ca. 3%. Nimmt man diesen Wert als Maß für die damalige natürliche Arbeitslosenquote, dann müssen wir feststellen, dass die natürliche Quote der EU seit damals um ca. 5 Prozentpunkte gestiegen ist.

Abbildung 8.5:
Veränderung der Inflationsrate und Arbeitslosigkeit in der Europäischen Union, 1961-2000

In Europa hat sich die Phillipskurve im Laufe der letzten Jahrzehnte nach rechts verschoben – es kam zu einer Erhöhung der natürlichen Arbeitslosenquote.

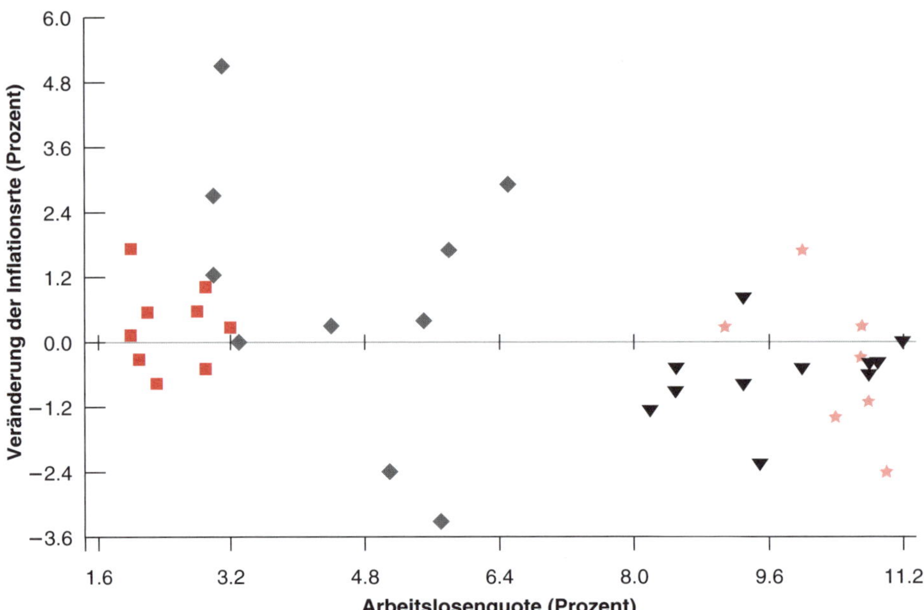

Abbildung 8.5 untermauert diese These. Die Abbildung trägt die Veränderung der EU-Inflationsrate gegenüber der Arbeitslosenquote für jedes Jahr seit 1961 ab. Jedes Jahrzehnt wird durch ein anderes Symbol dargestellt – die 60er Jahre durch Quadrate, die 70er Jahre durch Rauten, die 80er Jahre durch umgekehrte Dreiecke und die 90er Jahre durch Sterne. Die Darstellung verdeutlicht, dass sich die Beziehung zwischen der Veränderung der Inflationsrate und der Arbeitslosenquote im Zeitverlauf nach rechts verschoben hat. Dies weist auf einen stetigen Anstieg der natürlichen Arbeitslosenquote (die Quote, bei der die Inflation sich nicht ändert) innerhalb des betrachteten Zeitraums hin.

Fokus: Die natürliche Arbeitslosenquote in den Vereinigten Staaten in den 90er Jahren

Im Jahr 2000 lag die U.S.-Arbeitslosenquote bei 4%. Dies war das niedrigste Niveau seit 1969. Trotz dieses Umstands gab es nur einen geringen Inflationsdruck. Die mit Hilfe des BIP-Deflators gemessene Inflationsrate für 2000 lag bei 2,1%, verglichen zu 2,2% 1999. Die mit Hilfe des Verbraucherpreisindex gemessene Inflationsrate war etwas gestiegen, von 2,1% 1999 auf 3,3% 2000; ein Großteil dieses Anstiegs war allerdings durch die Entwicklung der Ölpreise ausgelöst worden, nicht durch vermehrten Lohndruck.

Die Kombination geringer Arbeitslosigkeit und stabiler Inflation veranlasste einige Ökonomen, einen „neuen Arbeitsmarkt" zu proklamieren. Die Arbeitslosigkeit könne nun viel geringere Werte annehmen, ohne einen Anstieg der Inflation auszulösen; die natürliche Arbeitslosenquote sei gesunken. War dies tatsächlich der Fall? Und wenn ja: Warum?

Untersuchen wir zuerst die Beziehung zwischen der Veränderung der Inflationsrate und der Arbeitslosenquote in den 90er Jahren. Abbildung 1 trägt wiederum die Veränderung der Inflationsrate gegenüber der Arbeitslosenquote ab, diesmal für die Vereinigten Staaten für den Zeitraum 1970-2000. Die durch schwarze Rauten dargestellten Punkte repräsentieren die Jahre seit 1990. Die in die Abbildung eingezeichnete Linie stellt den historischen Zusammenhang zwischen der Veränderung der Inflationsrate und der Arbeitslosenquote dar, wenn man von den Beobachtungen des gesamten Zeitraums ausgeht. Zunächst fällt auf, dass seit 1994 alle Punkte unterhalb dieser Linie liegen: Bei gegebener Arbeitslosenquote war die Veränderung der Inflationsrate jeweils weniger ausgeprägt als auf der Basis der Vergangenheitswerte seit 1970 vorhergesagt.

Bedeutet dies, dass sich die Beziehung zwischen Veränderung der Inflationsrate und Arbeitslosenquote verschoben hat, dass die zu den 90er Jahren korrespondierende Linie unter der Linie des Gesamtzeitraums liegt? Abbildung 1 lässt erkennen, dass der Zusammenhang zwischen Veränderungen der Inflationsrate und der Arbeitslosenquote nie sonderlich eng war. Es gab viele Jahre seit 1970, in denen die Veränderung der Inflationsrate viel größer oder viel geringer waren als von der Linie vorhergesagt: Es wäre falsch gewesen, für jedes dieser Jahre den Schluss zu ziehen, die natürliche Arbeitslosenquote sei drastisch gefallen oder gestiegen. Auch die Jahre 1994 bis 2000 könnten ein Produkt des Zufalls sein. Allerdings ist dies nicht sonderlich wahrscheinlich. Immerhin dauerte der Zustand sieben Jahre an. Die empirischen Fakten deuten also darauf hin, dass sich die Phillipskurve nach unten verschoben hat; es kam tatsächlich zu einem Rückgang der mit Nullinflation konsistenten Arbeitslosenquote.

Spiegelt der Rückgang der natürlichen Arbeitslosenquote das Entstehen eines „neuen Arbeitsmarktes" wider? Die extreme Behauptung, in der neuen und globalen Ökonomie sei keinerlei Beziehung zwischen Arbeitslosigkeit und Inflation zu erwarten, ist sicherlich übertrieben: Auf einem engen Arbeitsmarkt werden die Unternehmen weiterhin gezwungen sein, die Löhne zu erhöhen, um Arbeiter anzuziehen und zu halten, und Lohnsteigerungen führen weiterhin zu Preissteigerungen.

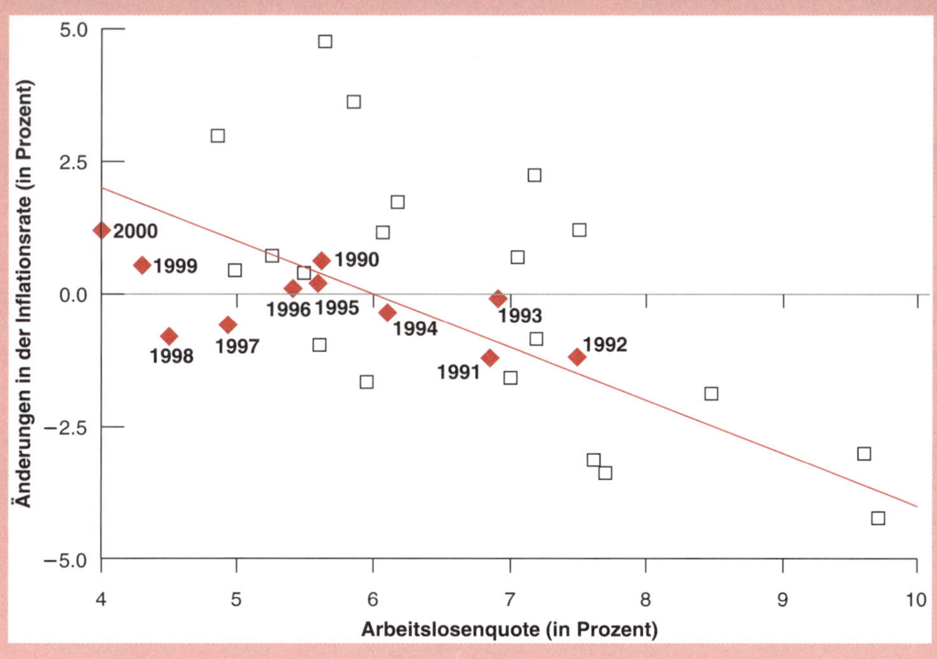

Abbildung 1: Veränderung der Inflationsrate und Arbeitslosenquote in den Vereinigten Staaten, 1970-2000.

Seit 1994 reagierte die Inflationsrate in den Vereinigten Staaten in geringerem Maße auf veränderte Arbeitslosenquoten, als von der durchschnittlichen Phillipskurvenbeziehung für den Zeitraum 1970-2000 vorhergesagt.

Das Argument, dass die Globalisierung die natürliche Arbeitslosenquote senken könnte, ist hingegen gut begründet: Zunehmender Wettbewerb zwischen amerikanischen und ausländischen Unternehmen könnte einen Rückgang der Monopolmacht zur Folge haben, was zu einem Rückgang des Gewinnaufschlags führen würde. Die Möglichkeit, Teile ihrer Geschäftstätigkeit ins Ausland zu verlagern, erhöht die Verhandlungsmacht von Unternehmen. Wir haben bereits gesehen, dass die Gewerkschaften eine geringere Rolle in der US-Ökonomie spielen: Der gewerkschaftliche Organisationsgrad ist in den USA stark gesunken. Ein Teil des Rückgangs der natürlichen Rate könnte also tatsächlich auf die Globalisierung zurückzuführen sein.

Ein Teil des Rückgangs scheint aber auf anderen Faktoren zu beruhen. Zu ihnen zählen:

- Die Alterung der U.S.-Bevölkerung. Der Anteil der jungen Beschäftigten (zwischen 16 und 24 Jahren) ist von 24% 1980 auf 16% 1998 zurückgegangen. Junge Arbeitnehmer tendieren dazu, ihr Arbeitsleben mit wechselnden Arbeitsstellen zu beginnen; sie haben typischerweise eine höhere Arbeitslosenquote. Ein Rückgang des Anteils der jungen Angestellten führt also zu einem Rückgang der aggregierten Arbeitslosenquote. Schätzungen zufolge kann dieser Effekt einen Rückgang der natürlichen Quote seit 1980 von bis zu 0,6 Prozentpunkten erklären.
- Der Anstieg der Gefangenenzahlen. Der Anteil der Bevölkerung, der im Gefängnis sitzt, hat sich in den letzten 20 Jahren in den USA verdreifacht. 1980 waren 0,3% der U.S.-Bevölkerung im Gefängnis; 1998 war der Anteil auf 0,9% gestiegen. Da viele der Gefangenen wahrscheinlich arbeitslos wären, wenn sie heute nicht eingesperrt wären, hat dies wahrscheinlich einen Einfluss auf die Arbeitslosenquote. Schätzungen zufolge, könnte dieser Effekt einen Rückgang der natürlichen Arbeitslosenquote von ca. 0,2 Prozentpunkten seit 1980 erklären.
- Der Anstieg der Zeitarbeit. 1980 lag der Anteil der Beschäftigung in Zeitarbeitsfirmen bei unter 0,5%. Heute macht sie mehr als 2% aus. Auch dies hat wahrscheinlich die natürliche Arbeitslosenquote verringert. Viele Beschäftigte können nun eine Arbeitsstelle suchen, während sie beschäftigt und nicht arbeitslos sind. Schätzungen zufolge kann dies einen Rückgang der natürlichen Arbeitslosigkeit von 0,3 Prozentpunkten in den 90er Jahren erklären.
- Das unerwartet hohe Produktivitätswachstum am Ende der 90er Jahre. Wir sahen in Kapitel 1, dass das Produktivitätswachstum in den USA am Ende der 90er Jahre sehr hoch war. Dies wurde weder von den Unternehmen, noch von den Arbeitern erwartet. Bei gegebenem Anstieg der Nominallöhne führte dieses Produktivitätswachstum zu einem geringeren Kostenanstieg, was eine geringere Preisinflation zur Folge hatte. Es besteht kaum Zweifel, dass dies mitverantwortlich dafür ist, dass trotz geringer Arbeitslosigkeit nur ein unwesentlicher Anstieg der Inflation zu beobachten war.

Wird die natürliche Arbeitslosenquote in Zukunft niedrig bleiben? Die Antwort hängt von allen bisher genannten Faktoren ab. Globalisierung, Demografie, Gefängnisse und Zeitarbeitsfirmen werden weiter bestehen. Die Wirkung eines hohen Produktivitätswachstums auf die natürliche Quote muss sich deshalb aber nicht fortsetzen. Das Produktivitätswachstum kann sich verlangsamen. Selbst wenn dies nicht der Fall sein sollte, ist es wahrscheinlich, dass es sich in höheren Lohnsteigerungen widerspiegelt (wir kehren zu diesem Thema in Kapitel 12 und 13 zurück). Ein Teil des Rückgangs der natürlichen Quote ist wahrscheinlich von Dauer, der andere nicht. Man sollte nicht erwarten, dass die U.S.-Ökonomie auf Dauer eine Arbeitslosenquote von 4% bei stabiler Inflation aufrechterhalten kann.

Zusätzliche Einblicke in diese Thematik finden sich in „The High-Pressure U.S. Labor Market of the 1990s," von Lawrence Katz and Alan Krueger, Brookings Papers on Economic Activity, 1999-1, 1-87.

Warum ist die natürliche Arbeitslosenquote in Europa so stark gestiegen? Um dies zu beantworten, müssen wir eine Reihe von Faktoren beachten, die wir im Laufe dieses Buches kennen lernen werden. Wir verschieben die Diskussion deshalb bis zum Kapitel 22. Die bisherigen Erkenntnisse sollten uns allerdings eine Warnung sein: Die natürliche Arbeitslosenquote kann sich ändern; sie hat sich im Zeitverlauf geändert.

8.3.3 Hohe Inflation und Phillipskurve

Es sei daran erinnert, dass die Phillipskurvenbeziehung sich veränderte, als sich die Entwicklung der Inflationsrate veränderte; die am Lohnsetzungsprozess beteiligten Parteien änderten deshalb ihre Erwartungsbildung. Dies führt zu einer allgemeinen Einsicht: Die Beziehung zwischen Arbeitslosigkeit und Inflation wird sich wahrscheinlich mit Niveau und Persistenz der Inflation verändern. Die Evidenz aus Ländern mit hoher Inflation bestätigt dies eindrucksvoll.

Mit steigender Inflationsrate nimmt nämlich auch die Variabilität der Inflation zu. Als Konsequenz sind Arbeitnehmer und Unternehmen nicht mehr bereit, Arbeitsverträge zu schließen, welche die Nominallöhne für einen langen Zeitraum festlegen: Sollte sich eine höher als erwartete Inflation einstellen, dann würden die Reallöhne stark fallen. Als Folge müssten die Arbeiter herbe Einschnitte in ihrem Lebensstandard erleiden. Sollte die Inflation niedriger als erwartet ausfallen, dann könnten die Reallöhne stark steigen. Die Unternehmen sind dann möglicherweise nicht mehr in der Lage, ihre Beschäftigten zu entlohnen; einige Unternehmen könnten Konkurs gehen.

Beträgt die Inflation im Durchschnitt etwa 5% pro Jahr, können die Lohnsetzer sicher sein, dass die Inflation zwischen 3% und 7% liegen wird. Liegt die durchschnittliche Inflation bei 30%, dann können die Lohnsetzer davon ausgehen, dass die Inflation zwischen 20% und 40% liegen wird. Wenn sie Nominallöhne festlegen, dann können die Reallöhne im ersten Fall 2 Prozentpunkte höher oder niedriger als erwartet ausfallen; im zweiten Fall können sie 10 Prozentpunkte höher oder niedriger als erwartet ausfallen. Im zweiten Fall ist also die Unsicherheit bzgl. des Reallohnniveaus viel größer.

Aus diesem Grund ändert sich die Form der Lohnabschlüsse mit dem Inflationsniveau. Die Nominallöhne werden für kürzere Zeiträume festgelegt, von Jahren auf Monate oder kürzer. Möglicherweise kommt es zu Lohnindexierung, einer Regel, welche die Löhne automatisch mit der Inflation erhöht.

Diese Veränderungen haben zur Folge, dass die Inflationsrate in viel stärkerem Maße auf die Arbeitslosigkeit reagiert. Um dies zu sehen, wird ein auf Lohnindexierung basierendes Beispiel hilfreich sein. Man stelle sich eine Ökonomie vor, in der es zwei Arten von Lohnverträgen gibt. Ein Teil λ (der griechische Kleinbuchstabe Lambda) der Lohnverträge sei indexiert: Die Nominallöhne dieser Verträge verändern sich 1:1 mit dem herrschenden Preisniveau.

Diese Annahme ist unter Umständen etwas extrem. Indexierungsklauseln passen die Löhne meist nicht an die aktuelle Inflation an, die nur mit einer Verzögerung bekannt wird, sondern an die Inflation der jüngeren Vergangenheit. Somit bleibt eine geringe Verzögerung zwischen der Inflation und der Lohnanpassung. Wir ignorieren die hieraus resultierenden Komplikationen an dieser Stelle.

Der Anteil 1-λ sei nicht indexiert: Die Nominallöhne werden auf Basis der erwarteten Inflation gesetzt. Die erwartete Inflation entspricht der Inflation des Vorjahres.

Unter dieser Annahme wird aus Gleichung (8.9)

$$\pi_t = \left[\lambda\pi_t + (1-\lambda)\pi_t^e\right] - \alpha(u_t - u_n)$$

Der Term in eckigen Klammern spiegelt den Umstand wider, dass ein Teil λ der Verträge indexiert ist (und somit auf die herrschende Inflation π_t reagiert), ein anderer Teil (1-λ) hingegen auf der erwarteten Inflationsrate π_t^e basiert. Nimmt man an, dass die für dieses Jahr erwartete Inflation der des Vorjahres entspricht ($\pi_t^e = \pi_{t-1}$), dann erhält man

$$\pi_t = \left[\lambda\pi_t + (1-\lambda)\pi_{t-1}\right] - \alpha(u_t - u_n) \tag{8.11}$$

Beträgt $\lambda=0$, dann werden alle Löhne auf Basis der erwarteten Inflation π_{t-1} gesetzt. In diesem Fall entspricht Gleichung (8.11) der bekannten Gleichung (8.10):

$$\pi_t - \pi_{t-1} = -\alpha(u_t - u_n)$$

Ist λ allerdings positiv, so reagiert ein Teil der Löhne auf die aktuelle Inflationsrate. Um die Konsequenzen einer solchen Lohnsetzung zu verstehen, bringen wir den Klammerausdruck auf die linke Seite, klammern (1-λ) aus und teilen beide Seiten durch (1-λ). Wir erhalten dann:

$$\pi_t - \pi_{t-1} = -\frac{\alpha}{(1-\lambda)}(u_t - u_n)$$

Die Gleichung verdeutlicht, dass die Lohnindexierung die Wirkung der Arbeitslosigkeit auf die Veränderung der Inflationsrate verstärkt. Je höher der Anteil der indexierten Lohnverträge – je höher λ – , desto größer ist der Effekt der Arbeitslosenquote auf die Veränderung der Inflation.

Hinter diesem Ergebnis steht die folgende ökonomische Erwägung: Ohne Lohnindexierung erhöht niedrigere Arbeitslosigkeit die Löhne, was wiederum die Preise erhöht. Da die Löhne aber nicht sofort auf die Preise reagieren, gibt es keine weitere Wirkung in diesem Jahr. Bei Lohnindexierung hingegen führt ein Preisanstieg zu einem sofortigen weiteren Anstieg der Löhne, was zu einem weiteren Preisanstieg führt... . Insgesamt ist der Effekt der Arbeitslosigkeit auf die Inflation größer.

Wir untersuchen sehr hohe Inflationsraten in Kapitel 23.

Liegt λ nahe bei 1, dann können kleine Veränderungen der Arbeitslosigkeit zu großen Veränderungen der Inflation führen. Dies geschieht in Ländern mit sehr hoher Inflation. Der Zusammenhang zwischen Inflation und Arbeitslosigkeit wird immer schwächer und verschwindet schließlich.

8.3.4 Deflation und Phillipskurve

Nachdem wir die Folgen sehr hoher Inflationsraten untersucht haben, wollen wir schließlich den genau entgegengesetzten Fall betrachten. Welche Konsequenzen hat eine sehr niedrige oder sogar negative Inflationsrate auf den Phillipskurvenzusammenhang.

Ein Blick auf Abbildung 8.1 verdeutlicht die Relevanz dieser Fragestellung. Die Punkte, die in der Abbildung durch schwarze Dreiecke gekennzeichnet sind, korrespondieren mit den Werten für die 30er Jahre des zwanzigsten Jahrhunderts. Sie liegen rechts von allen anderen Punkten. Da wir die Jahre der Weltwirtschaftskrise betrachten, sind die äußerst hohen Arbeitslosenquoten nicht sonderlich überraschend. Erstaunlich ist vielmehr, dass die Inflationsraten bei solch hohen Arbeitslosenquoten nicht deutlich niedriger ausfallen. Tatsächlich würde man in einer solchen Situation nicht nur Deflation, sondern eine hohe Deflationsrate erwarten. De facto war die Deflation aber begrenzt. Zwischen 1934 und 1937 gab es sogar positive Inflationsraten.

Wie können wir diesen Umstand erklären? Wir können zwei unterschiedliche Ansätze unterscheiden.

- Erstens ist denkbar, dass die Weltwirtschaftskrise nicht nur einen Anstieg der tatsächlichen Arbeitslosenquote, sondern auch einen Anstieg der natürlichen Arbeitslosenquote auslöste. Dies scheint allerdings unwahrscheinlich. Die meisten Wirtschaftshistoriker sehen die Krise vor allem als Ergebnis einer äußerst starken Verschiebung der aggregierten Nachfrage, also als einen Anstieg der tatsächlichen Arbeitslosenquote über die natürliche Arbeitslosenquote.
- Zweitens könnte man die These aufstellen, dass während einer Deflation der Phillipskurvenzusammenhang gänzlich zusammenbricht. Ein Grund hierfür könnte der Widerstand von Arbeiternehmern sein, Nominallohnsenkungen zu akzeptieren. Einige Ökonomen vertreten die These, dass Arbeitnehmer zwar bereit sind, eine Senkung der Reallöhne hinzunehmen, die durch im Vergleich zur Inflationsrate zu niedrige Nominallohnsteigerungen verursacht wurden. Bei einem absoluten Rückgang der Nominallöhne dagegen sei mit starken Widerständen der Arbeitnehmerschaft zu rechnen. Sollte dieses Argument stimmen, dann wird die Phillipskurvenbeziehung schwächer werden oder gar verschwinden, wenn die Wirtschaft in die Nähe einer Inflationsrate von Null gerät.

Die Diskussion zur Phillipskurve bei sehr niedrigen oder gar negativen Inflationsraten hat in jüngster Zeit erheblich an Bedeutung gewonnen, da derzeit die Inflation in vielen Ländern sehr niedrig ist. Wir haben in Kapitel 1 gesehen, dass in Japan eine deflationäre Situation vorherrscht. Makroökonomen beobachten deshalb sorgfältig, wie sich die Phillipskurve in einer solchen Situation verhält.

Weitere Informationen zur Weltwirtschaftskrise im Kapitel 22.

Stellen wir uns zwei Szenarien vor: In einem herrscht eine Inflation von 4%; die Nominallöhne steigen um 2%. In zweiten beträgt die Inflation 0%; die Nominallöhne sinken um 2%. Welches gefällt Ihnen weniger? Als rationales Individuum sollten Sie zwischen den beiden Alternativen indifferent sein: In beiden Fällen sinkt der Reallohn um 2%. Empirische Studien deuten aber darauf hin, dass die meisten Menschen das erste Szenario als weniger schmerzhaft empfinden. Wir greifen diesen Aspekt in Kapitel 25 nochmals auf.

Zusätzliche Erörterungen zur Problematik von Japan finden sich in Kapitel 22.

Zusammenfassung

- Die aggregierte Angebotskurve ist eine Beziehung zwischen Inflation, erwarteter Inflation und Arbeitslosigkeit. Je höher die erwartete Inflation, desto höher die tatsächliche Inflation. Je höher die Arbeitslosigkeit, desto niedriger die Inflation.
- Ist die Inflation nicht sehr persistent, dann hängt die erwartete Inflation nicht sehr stark von der vergangenen Inflation ab. Dann lässt sich die aggregierte Angebotsrelation als Beziehung zwischen Inflation und Arbeitslosigkeit interpretieren. Ein solcher Zusammenhang wurde von Phillips für Großbritannien und von Solow und Samuelson für die USA beobachtet.
- Als die Inflation in den 70er und 80er Jahren persistenter wurde, änderte sich die Art und Weise, wie Inflationserwartungen gebildet wurden. Heutzutage nimmt die aggregierte Angebotskurve in vielen Ländern die Form einer Beziehung zwischen Arbeitslosigkeit und der Veränderung der Inflationsrate an. Hohe Arbeitslosigkeit führt zu steigender Inflation.
- Werden Inflationserwartungen auf Basis der vergangenen Inflationsraten gebildet, ist die natürliche Arbeitslosenquote definiert als die Arbeitslosenquote, bei der die Inflationsrate konstant bleibt. Liegt die tatsächliche über der natürlichen Arbeitslosenquote, sinkt die Inflationsrate; liegt die tatsächliche unter der natürlichen Arbeitslosenquote, steigt die Inflationsrate.
- Die natürliche Arbeitslosenquote hängt von vielen Faktoren ab, die sich von Land zu Land unterscheiden und sich im Zeitverlauf verändern können. Sie ist in Japan viel niedriger als in den USA oder in Europa: Dort ist die natürliche Arbeitslosenquote seit den 60er Jahren um ca. 5 Prozentpunkte gestiegen. In den USA stieg die natürliche Arbeitslosenquote ab 1960 an, in den 90er Jahren scheint sie gesunken zu sein.
- Veränderungen der Inflationsentwicklung im Zeitverlauf beeinflussen die Art der Erwartungsbildung und auch institutionelle Faktoren wie das Ausmaß an Lohnindexierung. Ist Lohnindexierung weit verbreitet, können kleine Veränderungen der Arbeitslosigkeit zu sehr großen Veränderungen der Inflation führen. Bei hohen Inflationsraten verschwindet der Zusammenhang zwischen Inflation und Arbeitslosigkeit völlig.
- Bei sehr niedrigen oder negativen Inflationsraten scheint die Phillipskurvenbeziehung schwächer zu werden. Während der Weltwirtschaftskrise führte selbst sehr hohe Arbeitslosigkeit nur zu begrenzter Deflation. Diese Thematik ist wichtig, da viele Länder aktuell eine geringe Inflation aufweisen.

Übungsaufgaben

Verständnistests

1. Welche der folgenden Aussagen sind zutreffend, falsch oder unklar? Geben Sie jeweils eine kurze Erläuterung.
   a. Bei der ursprünglichen Phillipskurve handelt es sich um die negative Beziehung zwischen Arbeitslosigkeit und Inflation, die erstmals für Großbritannien entdeckt wurde.
   b. Die ursprüngliche Phillipskurve hat sich über Länder und über die Zeit als sehr stabil erwiesen.
   c. Die aggregierte Angebotskurve ist konsistent mit der Phillipskurve wie sie vor den 70er Jahren beobachtet wurde, seitdem aber nicht mehr.
   d. Politiker können den trade-off zwischen Inflation und Arbeitslosigkeit nur temporär ausnutzen.
   e. Vor den 70er Jahren gab es keine natürliche Arbeitslosenquote und den Politikern war es möglich, eine Arbeitslosenquote so niedrig wie sie wollten zu erreichen.
   f. Die erwartungsangepasste Phillipskurve ist konsistent mit Arbeitern und Unternehmen, die ihre Erwartungsbildung infolge ihrer makroökonomischen Erfahrungen der 60er Jahen anpassten.
2. Diskutieren Sie die folgenden Aussagen.
   a. Die Phillipskurve impliziert, dass wenn die Arbeitslosigkeit hoch ist, die Inflation niedrig ist und umgekehrt. Deshalb kann entweder hohe Inflation oder hohe Arbeitslosigkeit herrschen, nicht aber beides gleichzeitig.
   b. Solange wir uns an hoher Inflation nicht stören, können wir ein so niedriges Arbeitslosigkeitsniveau erreichen wie wir wollen. Alles was wir tun müssen, ist die Nachfrage nach Gütern und Dienstleistungen z.B. mit Hilfe expansiver Fiskalpolitik zu erhöhen.
3. *Abwandlungen der Phillipskurve*

   Angenommen die Phillips sei gegeben durch

   $$\pi_t = \pi_t^e + 0{,}1 - 2 \cdot u_t$$

   wobei

   $$\pi_t^e = \theta \pi_{t-1}$$

   Nehmen Sie weiter an, dass θ anfänglich gleich Null ist.

   a. Wie hoch ist die natürliche Arbeitslosenquote?

   Angenommen die tatsächliche Arbeitslosenquote entspricht anfänglich der natürlichen Arbeitslosenquote. Im Jahr t entscheiden die wirtschaftspolitischen Entscheidungsträger, die Arbeitslosenquote auf 3% zu senken und sie für immer auf diesem Niveau zu halten.

   b. Bestimmen Sie die Inflationsrate der Jahre t, $t+1$, $t+2$, $t+5$
   c. Ist die in b) gegebene Antwort plausibel? Warum oder warum nicht? (Hinweis: Denken Sie daran wie die Menschen wahrscheinlich ihre Erwartungen bilden werden.)

   Unterstellen Sie nun, dass θ im Jahr $t+5$ von 0 auf 1 steigt. Nehmen Sie an, dass die Regierung weiterhin beabsichtigt, die Arbeitslosenquote bei 3% zu halten.

   d. Warum könnte sich θ derart verändern?
   e. Wie hoch wird die Inflation in den Jahren $t+5$, $t+6$, $t+7$ sein?
   f. Glauben Sie an die in e) gegebene Antwort? Warum oder warum nicht?

4. *Ölpreisschock, Inflation und Arbeitslosigkeit*

Nehmen Sie an, die Phillipskurve sei gegeben durch

$$\pi_t - \pi_t^e = 0{,}08 + 0{,}1 \cdot \mu - 2 \cdot u_t$$

wobei μ den Gewinnaufschlag der Preise über die Löhne repräsentiert.

Nehmen Sie an, dass μ anfänglich 20% beträgt, in Reaktion eines starken Ölpreisanstiegs im Jahr t und folgenden aber auf 40% steigt.

a. Warum würde ein Ölpreisanstieg eine Anstieg von μ zur Folge haben?
b. Was ist die Wirkung des Anstiegs von μ auf die natürliche Arbeitslosenquote? Erläutern Sie diesen Sachverhalt.

Vertiefungsfragen

5. *Die makroökonomische Wirkung der Lohnindexierung*

Angenommen die Phillipskurve sei gegeben durch

$$\pi_t - \pi_t^e = 0{,}1 - 2 \cdot u_t$$

wobei

$$\pi_t^e = \pi_{t-1}$$

Angenommen im Jahr t beträgt die Inflation gleich 0%. Im Jahr t entscheiden die Autoritäten, die Arbeitslosenquote für immer auf einem Niveau von 4% zu halten.

a. Berechnen Sie die Inflationsrate der Jahre t, $t+1$, $t+2$ und $t+3$.

Unterstellen Sie nun, dass die Hälfte der Arbeiter einen indexierten Arbeitsvertrag geschlossen haben.

b. Was ist die neue Gleichung der Phillipskurve?
c. Beantworten Sie a) erneut?
d. Was ist die Wirkung der Lohnindexierung auf den Zusammenhang zwischen π und u?

6. Der Ölpreis ist in den 90er Jahren erheblich gesunken.

a. Kann dies die in diesem Kapitel präsentierte Evidenz hinsichtlich der Inflation und der Arbeitslosigkeit in den 90er Jahren erklären helfen?
b. Was war wahrscheinlich die Wirkung auf die natürliche Arbeitslosenquote?

Weiterführende Fragen

7. *Schätzen der natürlichen Arbeitslosenquote*

Um diese Frage zu beantworten benötigen Sie Daten zur jährlichen U.S-Arbeitslosigkeit und zur Inflationsrate seit 1970, die auf der Internetseite des Bureau of Labor Statistics erhältlich ist: `stats.bls.gov/data/`

Wählen Sie die „am häufigsten gewählten Zeitreihen“ aus. Wählen Sie unter „Beschäftigung und Arbeitslosigkeit“, „Statistiken der Erwerbstätigen aus der jüngsten Bevölkerungsumfrage“ und extrahieren Sie „Die Arbeitslosenquote – zivile Erwerbstätige“. Ermitteln Sie aus dieser monatlichen Zeitreihe die jahresdurchschnittliche Arbeitslosenquote.

Suchen Sie unter der Rubrik „Am häufigsten gewählten Zeitreihen“, „Preise und Lebensbedingungen“ und extrahieren Sie „Der Verbraucherpreisindex – sämtliche städtischen Haushalte“. Definieren Sie die Inflationsrate des Jahres t als die prozentuale Veränderung des KPI zwischen den Jahren t und $t+1$. Wenn Sie die Inflationsrate für jedes Jahr berechnet haben, berechnen Sie auch die Veränderung der Inflationsrate von einem Jahr zum nächsten.

a. Fertigen Sie ein Streudiagramm für sämtliche Jahre seit 1970, mit der Veränderung der Inflationsrate an der vertikalen Achse und der Arbeitslosenquote an der horizontalen Achse. Weist ihr Graph Ähnlichkeiten zur Abbildung 8.4 auf?
b. Zeichnen Sie mit Hilfe eines Lineals eine Gerade, welche die Punktwolke am besten wiedergibt. Wie groß ist ungefähr die Steigung der Geraden? Wie groß ist das Absolutglied? Schreiben Sie die dazugehörige Gleichung auf.
c. Wie hoch war in Anlehnung ihrer Analyse in b) die natürliche Arbeitslosenquote seit 1970.

8. *Veränderungen der natürlichen Arbeitslosenquote*

Wiederholen Sie die Aufgabe 7a), fertigen Sie nun getrennte Graphen für die Periode 1970 bis 1990 und die Periode nach 1990. Sind Sie der Meinung, dass der Zusammenhang zwischen Inflation und Arbeitslosigkeit sich in den zwei Subperioden unterscheidet? Sollte dies der Fall sein, was bedeutet dies für die natürliche Arbeitslosenquote?

Weiterführende Literatur

Aktuelle Studien zur Phillipskurve finden Sie auf der Homepage einer Konferenz von CEPR, DIW und IZA: `http://www.phillips-curve-revisited.de`. Als Ergänzung zu diesem Kapitel lesenswert sind insbesondere die Aufsätze von Wolfgang Franz: Will the (German) NAIRU please stand up?, ZEW Discussion Paper No. 03-35, Mannheim 2003 sowie von Jon W. Eller und Robert J. Gordon: Nesting the New Keynesian Phillips Curve within the Mainstream Model of U.S. Inflation Dynamics, Northwestern University, 2003

Anhang: Von der aggregierten Angebotsfunktion zu einer Beziehung zwischen Inflation, erwarteter Inflation und Arbeitslosigkeit

Dieser Anhang zeigt wie man von der durch Gleichung(8.1) gegebenen Beziehung zwischen Preisniveaus, erwarteten Preisniveaus und der Arbeitslosenquote:

$$P = P^e(1 + \mu)(1 - \alpha u + z)$$

zu der durch Gleichung 8.2 Beziehung zwischen Inflation, erwarteter Inflation und der Arbeitslosenquote gelangt:

$$\pi = \pi^e + (\mu + z) - \alpha u$$

Als Erstes führen wir Zeitindizes für das Preisniveau, das erwartete Preisniveau und die Arbeitslosenquote ein, so dass P_t, P_t^e und u_t sich auf das Preisniveau, das erwartete Preisniveau und die Arbeitslosenquote des Jahres beziehen. Gleichung (8.1) wird zu

$$P_t = P_t^e \ (1 + \mu)(1 - \alpha u_t + z)$$

Als Nächstes wechseln wir von einer Darstellung in Form von Preisniveaus zu einer Darstellung in Form von Inflationsraten. Man teile beide Seiten durch das Preisniveau des Vorjahres P_{t-1}

$$\frac{P_t}{P_{t-1}} = \frac{P_t^e}{P_{t-1}}(1+\mu)(1-\alpha u_t + z) \tag{8A.1}$$

Man schreibe den Quotienten der linken Seite als

$$\frac{P_t}{P_{t-1}} = \frac{P_t - P_{t-1} + P_{t-1}}{P_{t-1}} = 1 + \frac{P_t - P_{t-1}}{P_{t-1}} = 1 + \pi_t$$

Die erste Gleichheit erhält man aus der Addition und Subtraktion von P_{t-1} im Zähler des Quotienten, die zweite Gleichheit folgt aus dem Umstand, dass $P_{t-1}/P_{t-1} = 1$, und die dritte folgt aus der Definition der Inflationsrate ($\pi_t \equiv (P_t - P_{t-1})/ P_{t-1}$)

Das Gleiche macht man mit dem Quotienten P_t^e / P_{t-1} auf der rechten Seite der Gleichung unter Verwendung der Definition der erwarteten Inflationsrate ($\pi_t^e \equiv (P_t^e - P_{t-1}) / P_{t-1}$).

$$\frac{P_t^e}{P_{t-1}} = \frac{P_t^e - P_{t-1} + P_{t-1}}{P_{t-1}} = 1 + \frac{P_t^e - P_{t-1}}{P_{t-1}} = 1 + \pi_t^e$$

Ersetzen wir nun P_t / P_{t-1} und P_t^e / P_{t-1} der Gleichung 8A.1 durch die eben hergeleiteten Ausdrücke;

$$(1+\pi_t) = (1+\pi_t^e)(1+\mu)(1-\alpha u_t + z)$$

Dies gibt uns eine Beziehung zwischen der Inflation π_t, der erwarteten Inflation π_t^e und der Arbeitslosenquote u_t. Die verbleibenden Schritte lassen die Gleichung etwas freundlicher aussehen.

Wir teilen beiden Seiten durch $(1 + \pi_t^e)(1+\mu)$:

$$\frac{(1+\pi_t)}{(1+\pi_t^e)(1+\mu)} = 1 - \alpha u_t + z$$

Solange Inflation, erwartete Inflation und Arbeitslosenquote nicht allzu groß sind, stellt die folgende Gleichung eine gute Annäherung dar

$$1 + \pi_t - \pi_t^e - \mu = 1 - \alpha u_t + z$$

(Siehe Proposition 3 und 6 im Anhang 2 am Ende des Buches) Ordnet man um, so erhält man

$$\pi_t = \pi_t^e + (\mu + z) - \alpha u_t$$

Ohne die Zeitindizes entspricht dies der Gleichung 8.2 aus dem Text (Mit den Zeitindizes entspricht dies der Gleichung 8.3 aus dem Text). Die Inflationsrate π_t hängt von der erwarteten Inflation π_t^e und der Arbeitslosenquote u_t ab. Die Beziehung hängt außerdem vom Gewinnaufschlag μ, von anderen die Lohnsetzung beeinflussende Faktoren z und von der Wirkung der Arbeitslosenquote auf die Löhne α ab.

Kapitel

9 Geldmengenwachstum, Inflation und Produktion

Wenn Volkswirtschaften unter hohen Inflationsraten leiden, kommen häufig Forderungen nach einer Verringerung des Geldmengenwachstums auf. Ein langsameres Wachstum der Geldmenge werde, so die Befürworter solcher Maßnahmen, zu einer raschen Reduktion der Inflationsrate führen. Doch eine Senkung der Wachstumsrate der Geldmenge findet meist nicht nur Befürworter. Die Gegner solcher Maßnahmen argumentieren, dass übereilte Schritte die Wirtschaft in eine Rezession treiben könnten.

Um diese beiden Positionen verstehen zu können, müssen wir die Wirkungen des Geldmengenwachstums auf Inflation und Produktion untersuchen. Unsere bisherige Analyse reicht aus zwei Gründen dafür nicht aus. Zum einen war unsere Analyse der Erwartungsbildung in Kapitel 7 zu einfach, um die komplexen Beziehungen zwischen den relevanten Größen adäquat zu erfassen. Mit der Diskussion von Erwartungen und der Einführung der Phillipskurve in Kapitel 8 haben wir inzwischen ein Instrumentarium entwickelt, das eine wesentlich detailliertere Analyse erlaubt. Zum anderen haben wir bislang zur Vereinfachung angenommen, dass es kein stetiges Wachstum von Bevölkerung, Arbeitsproduktivität und Produktion gibt.

- Abschnitt 9.1 hebt diese Annahme auf. Er erläutert die Beziehungen zwischen Produktion, Arbeitslosigkeit und Inflation, wenn Volkswirtschaften über die Zeit wachsen.
- Abschnitt 9.2 zeigt, dass sich Veränderungen des nominalen Geldmengenwachstums mittelfristig vollständig in Veränderungen der Inflationsrate niederschlagen. Produktionswachstum und Arbeitslosigkeit sind mittelfristig konstant.
- Abschnitt 9.3 untersucht, wie Veränderungen des nominalen Geldmengenwachstums kurzfristig sowohl die Produktion als auch die Arbeitslosigkeit beeinflussen. Ein Rückgang des Geldmengenwachstums führt zu einer Periode geringeren Produktionswachstums und höherer Arbeitslosigkeit.
- Abschnitt 9.4 diskutiert, wie sich die Glaubwürdigkeit der Zentralbank und die Erwartungen der Wirtschaftssubjekte auf die Dynamik auswirken, die sich nach einer Senkung des nominalen Geldmengenwachstums ergibt.
- Abschnitt 9.5 vertieft die gewonnenen Erkenntnisse anhand eines Beispiels.

9.1 Produktion, Arbeitslosigkeit und Inflation

Ab Kapitel 10 werden wir uns ausführlich mit den Determinanten wirtschaftlichen Wachstums auseinandersetzen.

Bisher haben wir Modelle untersucht, in denen zentrale Größen wie die Zahl der Arbeitskräfte, die Produktivität und die Produktion mittelfristig konstant waren. In der Wirklichkeit beobachten wir jedoch, dass moderne Volkswirtschaften üblicherweise ein stetiges Wachstum erfahren.

Wir wollen diese Beobachtung nun in unserer Modellbetrachtung berücksichtigen. Hierzu verwenden wir die folgenden Beziehungen:

- Das Gesetz von Okun (oder Okun'sches Gesetz)
- Die Phillipskurvenbeziehung
- Eine modifizierte Version der aggregierten Nachfragefunktion

Abbildung 9.1 zeigt, wie diese drei Beziehungen die uns interessierenden Größen in einem Modellrahmen verbinden. Das Okun'sche Gesetz beschreibt den Zusammenhang zwischen Produktionswachstum und Arbeitslosigkeit. Die Phillipskurve verknüpft Inflation und Arbeitslosigkeit. Die aggregierte Nachfragebeziehung wird durch die beiden Pfeile von Inflation zu Produktionswachstum und von nominalem Geldmengenwachstum zu Produktionswachstum repräsentiert. Zunächst wollen wir jede dieser Beziehungen separat betrachten. In den restlichen Abschnitten untersuchen wir dann die Wechselwirkungen, die sich im Gesamtmodell ergeben.

Abbildung 9.1: Produktionswachstum, Arbeitslosigkeit, Inflation und nominales Geldwachstum

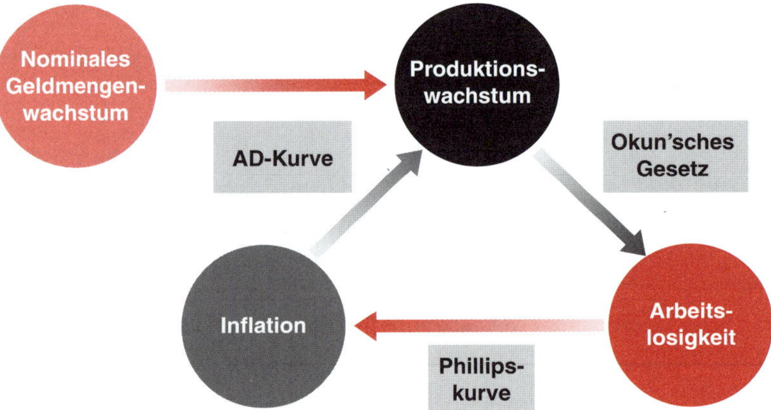

9.1.1 Das Okun'sche Gesetz: Produktionswachstum und Arbeitslosigkeit

Wir haben angenommen, dass (1.) $Y = N$ und dass (2.) L (die Zahl der Arbeitskräfte) konstant ist.

Als wir in Kapitel 6 die Beziehung zwischen Produktion und Arbeitslosigkeit untersuchten, geschah dies unter zwei zu diesem Zeitpunkt sinnvollen Vereinfachungen. Zum einen gingen wir davon aus, dass Veränderungen in der Produktion zu gleichgroßen Veränderungen der Beschäftigung führten. Zum anderen nahmen wir an, dass die

Zahl der verfügbaren Arbeitskräfte konstant war. Veränderungen in der Beschäftigung spiegelten sich daher eins zu eins in entgegengesetzten Veränderungen der Arbeitslosigkeit wider.

Unter diesen beiden Annahmen wird die Beziehung zwischen der Veränderung der Arbeitslosenquote und dem Wachstum der Produktion durch Gleichung (9.1) beschrieben:

$$u_t - u_{t-1} = -g_{yt} \tag{9.1}$$

In Gleichung (9.1) bezeichnet u_t die Arbeitslosenquote im Jahr t, u_{t-1} die Arbeitslosenquote im Jahr t-1 und g_{yt} die Wachstumsrate der Produktion vom Jahr t-1 zum Jahr t. Ein Anstieg der Produktion um 1% führt zu einem Beschäftigungsanstieg von 1%. Dies hat einen Rückgang der Arbeitslosenquote um einen Prozentpunkt zur Folge.

Vergleichen wir Gleichung (9.1) mit der tatsächlichen Beziehung zwischen Produktionswachstum und Arbeitslosenquote, die wir in Kapitel 1 als Okun'sches Gesetz kennen gelernt haben. Abbildung 9.2 trägt für Deutschland und für die Vereinigten Staaten die Veränderung der Arbeitslosenquote gegenüber der Wachstumsrate des BIP für jedes Jahr seit 1961 ab. Die Abbildung enthält zwei Regressionsgeraden, die den Zusammenhang zwischen beiden Größen bestmöglich beschreiben. Die zu der Linie korrespondierende mathematische Beziehung für Deutschland ist:

Warum unterscheiden sich die beiden Gleichungen? Mit den Gründen für die internationalen Unterschiede des Zusammenhangs zwischen Produktionswachstum und Arbeitslosenquote setzt sich die Fokusbox „Das Okun'sche Gesetz – ein internationaler Vergleich" auseinander.

$$u_t - u_{t-1} = -0{,}2(g_{yt} - 3{,}5\%) \tag{9.2a}$$

Für die Vereinigten Staaten ergibt sich:

$$u_t - u_{t-1} = -0{,}4(g_{yt} - 3\%) \tag{9.2b}$$

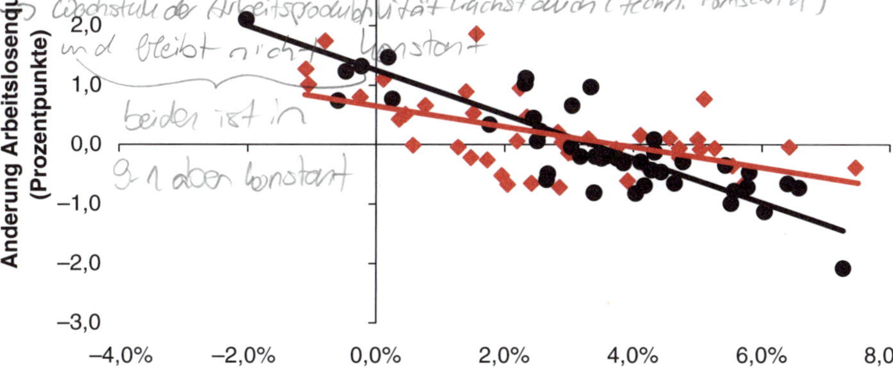

Abbildung 9.2: Veränderungen der Arbeitslosenrate und Produktionswachstum in den Vereinigten Staaten und in Deutschland, 1961-2003

Ein Anstieg des Produktionswachstums führt zu einem Rückgang der Arbeitslosenquote; niedriges Produktionswachstum geht mit einem Anstieg der Arbeitslosenquote einher.

Wie Gleichung (9.1) weisen auch die Gleichungen (9.2a) und (9.2b) einen negativen Zusammenhang zwischen der Veränderung der Arbeitslosenquote und dem Produktionswachstum auf. In zweierlei Hinsicht ergeben sich jedoch bedeutsame Unterschiede:

- Während in Gleichung (9.1) jedes noch so geringe Wachstum der Produktion zu einem Rückgang der Arbeitslosenquote führt, muss das jährliche Produktionswachstum in Gleichung (9.2) mindestens 3,5% bzw. 3% betragen, damit es zu einer Reduktion der Arbeitslosenquote kommt. Für diesen Unterschied lassen sich zwei Gründe anführen:

  1. Während zur Ableitung von Gleichung (9.1) eine konstante Anzahl von Erwerbspersonen unterstellt wurde, steigt in den meisten Volkswirtschaften die Zahl der Arbeitskräfte im Zeitverlauf an. Um eine konstante Arbeitslosenquote zu garantieren, muss deshalb die Beschäftigung mit der gleichen Rate wie die Zahl der zur Verfügung stehenden Arbeitskräfte wachsen.

  2. Während Gleichung (9.1) unterstellt, dass das Wachstum der Arbeitsproduktivität 0 ist (in der Produktionsfunktion $Y = AN$ hatten wir einen konstanten Wert von 1 für A unterstellt), steigt in der Realität die Produktivität der Beschäftigten über die Zeit an. Der Grund hierfür sind technische Verbesserungen im Produktionsprozess. Immer weniger Beschäftigte werden also zur Herstellung der gleichen Produktionsmenge benötigt. Deshalb muss die Produktion mindestens mit der gleichen Rate wachsen, mit der die Produktivität pro Beschäftigtem zunimmt.

  Angenommen, die Beschäftigtenzahl wächst mit 1,5% pro Jahr. In diesem Fall muss auch die Beschäftigung mit mindestens 1,5% pro Jahr wachsen, damit die Arbeitslosenquote konstant bleibt. Wenn zusätzlich die Produktivität, d.h. die Produktion pro Arbeiter, um 2% pro Jahr wächst, impliziert dies, dass die Produktion um 1,5% + 2% = 3,5% pro Jahr wachsen muss, um eine konstante Arbeitslosenquote zu gewährleisten. ▶

  Wir werden im Folgenden die Wachstumsrate der Produktion, die benötigt wird, um eine konstante Arbeitslosenquote zu gewährleisten, als normale Wachstumsrate bezeichnen.

- Der Koeffizient auf der rechten Seite von Gleichung (9.2) ist 0,2 bzw. 0,4, verglichen zu 1,0 in Gleichung (9.1). Liegt das Produktionswachstum 1 Prozentpunkt über der normalen Wachstumsrate, kommt es in Deutschland zu einer Reduktion der Arbeitslosenquote um 0,2 Prozentpunkte. Im Gegensatz hierzu würde die Arbeitslosenquote in Gleichung (9.1) um 1 Prozentpunkt sinken. In Reaktion auf Abweichungen des Produktionswachstums vom normalen Niveau passen die Unternehmen ihre Beschäftigung also in geringerem Maße an. Hierfür lassen sich zwei Gründe anführen:

  1. Zum einen ist es aus Gründen der Unternehmensorganisation und der Arbeitsmarktregulierung nicht möglich, auf eine veränderte Nachfrage vollständig mit Entlassungen bzw. Einstellungen zu reagieren. So benötigen Unternehmen manche Mitarbeiter unabhängig vom Produktionsniveau. Im Rechnungswesen wird beispielsweise ungefähr die gleiche Anzahl an Mitarbeitern beschäftigt, unabhängig davon, ob das Unternehmen mehr oder weniger als normal verkauft. Zudem verursacht die Schulung neuer Mitarbeiter Kosten. Aus diesem Grund bevorzugen es viele Unternehmen, ihre gegenwärtigen Mitarbeiter weiterzubeschäftigen, auch wenn die Produktion untern dem normalen Niveau liegt.

Man bezeichnet ein solches Verhalten als Hortung von Arbeitskräften. ▶

Gleichzeitig werden Situationen mit starker Nachfrage nicht unbedingt mit Neueinstellungen, sondern mit Überstunden bewältigt, da man sich nicht sicher sein kann, ob die Zusatznachfrage von Dauer ist.

2. Kommt es zu Neueinstellungen, führt dies nicht zu einem Rückgang der Arbeitslosenquote in gleichem Ausmaß. Dies wäre nur dann der Fall, wenn die Zahl der Personen, die dem Arbeitsmarkt zur Verfügung stehen, durch die vermehrte Nachfrage nach Arbeitskräften nicht verändert würde. Wie wir in Kapitel 6 sahen, ist dies jedoch eher unwahrscheinlich, da Mitglieder der so genannten stillen Reserve auf den Arbeitsmarkt drängen. Einige der neuen Arbeitsstellen werden dann an Personen vergeben, die vorher nicht Teil der Erwerbsbevölkerung waren. Zusätzlich werden sich Arbeitskräfte um eine Stelle bemühen, die zuvor die Suche entmutigt aufgegeben hatten. Weil sich die Aussichten auf dem Arbeitsmarkt verbessert haben, ändert sich im Ausdruck $u = (L-N)/L$ nicht nur die Variable N, sondern auch die Variable L.

Das Verständnis dieser Zusammenhänge wird erleichtert, wenn wir schrittweise vorgehen. Zunächst steigt die Produktion über ihr normales Niveau (z.B. um 1%) ⇒ Der hieraus resultierende Anstieg in der Beschäftigung ist geringer als 1% (z.B. 0,4%), da Unternehmen Gründe zur Glättung ihrer Beschäftigungsfluktuation haben ⇒ Der hieraus resultierende Rückgang der Arbeitslosenquote (z.B. 0,2%) fällt noch schwächer aus, da die Zahl der Erwerbspersonen ansteigt.

Bezeichnen wir mit $\bar{g}_y$ die normale Wachstumsrate der Volkswirtschaft, können wir Gleichung (9.2) in allgemeiner Form schreiben:

$$u_t - u_{t-1} = -\beta(g_{yt} - \bar{g}_y) \qquad (9.3)$$

Der Koeffizient β in Gleichung (9.3) ist ein Maß für die Stärke des Effekts, den ein Anstieg des Produktionswachstums über das normale Niveau auf die Arbeitslosenquote hat. Wächst die Produktion stärker als $\bar{g}_y$ kommt es zu einem Rückgang der Arbeitslosenquote; im umgekehrten Fall steigt die Arbeitslosenquote an.

Das Okun'sche Gesetz:
$g_{yt} > \bar{g}_y \Rightarrow u_t < u_{t-1}$
$g_{yt} < \bar{g}_y \Rightarrow u_t > u_{t-1}$

9.1.2 Die Phillipskurve: Arbeitslosigkeit und Inflation

Für die Beziehung zwischen Inflation, erwarteter Inflation und Arbeitslosigkeit verwenden wir Gleichung (8.7):

$$\pi_t = \pi_t^e - \alpha(u_t - u_n) \qquad (9.4)$$

Wird die erwartete Inflationsrate adäquat durch die Inflationsrate der Vorperiode beschrieben ($\pi_t^e = \pi_{t-1}$), nimmt Gleichung (9.4) folgende Form an:

$$\pi_t - \pi_{t-1} = -\alpha(u_t - u_n) \qquad (9.5)$$

Arbeitslosigkeit unter der natürlichen Quote führt zu einem Anstieg der Inflation; Arbeitslosigkeit über der natürlichen Quote führt zu einem Rückgang der Inflation.

Die Phillipskurve:
$u_t < u_n \Rightarrow \pi_t > \pi_{t-1}$
$u_t > u_n \Rightarrow \pi_t < \pi_{t-1}$

Fokus: Das Okun'sche Gesetz – ein internationaler Vergleich

Bereits in Gleichung (9.2a) und (9.2b) konnten wir feststellen, dass teilweise erhebliche internationale Unterschiede in der Beziehung zwischen Produktionswachstum und Veränderung der Arbeitslosenquote bestehen. In den Vereinigten Staaten hat ein Anstieg des Wachstums der Produktion einen etwa doppelt so starken Effekt wie in Deutschland. Tabelle 1 zeigt Schätzungen für den Koeffizienten β für weitere Volkswirtschaften. Die Werte der ersten Spalte basieren auf Daten für den Zeitraum von 1960 bis 1980. Die Vereinigten Staaten weisen hier den größten Koeffizienten auf (0,39), gefolgt von Großbritannien (0,15), Deutschland (0,14), und Japan (0,02).

Wie sind diese erheblichen Unterschiede zu erklären? Der Koeffizient β hängt primär davon ab, wie Unternehmen auf Produktionsschwankungen reagieren. Faktoren wie die firmeninterne Organisation oder das rechtliche und soziale Umfeld beeinflussen diese Reaktion. Tatsächlich bestätigt Tabelle 1, dass sie bei der Bestimmung von β eine wichtige Rolle spielen: Die Reihenfolge in der ersten Spalte zeigt große Übereinstimmungen mit dem Vorwissen, dass uns über das Firmenverhalten und die Struktur der Einstellungs- und Entlassungsbestimmungen in verschiedenen Länder vorliegt. In Japan nimmt β einen äußerst geringen Wert an. Wie wir in Kapitel 8 sahen, bieten japanischen Firmen ihren Mitarbeiter ein hohes Maß an Arbeitsplatzsicherheit. Die Beschäftigungswirkungen von Produktionsschwankungen sind deshalb entsprechend gering. Die stärksten Effekte ergeben sich in den USA, wo das Ausmaß an sozialen und rechtlichen Beschränkungen für Beschäftigungsanpassungen äußerst begrenzt ist. Es herrscht eine Kultur des „hire and fire". Rechtliche und soziale Barrieren erklären auch, warum der Koeffizient der beiden europäischen Länder zwischen dem der USA und dem Japans liegt.

Die zweite Spalte zeigt Schätzungen basierend auf Daten des Zeitraums 1981-2000. Während der Koeffizient für die Vereinigten Staaten unverändert ist, stieg er in den anderen drei Ländern an. Erneut bestätigt sich unser Vorwissen bezüglich Unternehmensorganisation und Arbeitsmarktregulierung. Der verstärkte Wettbewerb auf den Gütermärkten seit den frühen 80er Jahren veranlasste viele Unternehmen, bestehende Garantien zur Arbeitsplatzsicherheit zu überdenken und zu reduzieren. Außerdem wurden in den meisten Ländern Einstellungs- und Entlassungsbeschränkungen abgeschwächt, um den Unternehmen eine flexiblere Reaktion auf Nachfrageschwankungen zu ermöglichen.

Land	β, 1960-1980	β, 1981-2000
Vereinigte Staaten	0,39	0,39
Großbritannien	0,15	0,51
Deutschland	0,14	0,25
Japan	0,02	0,12

Tabelle 1: Das Okun'sche Gesetz im Ländervergleich

Quelle: Eigene Berechnungen.

Beim Vergleich von Schätzwerten für β sollten wir allerdings Vorsicht walten lassen. Insbesondere müssen wir berücksichtigen, dass sich nicht nur β, sondern auch der Wert der normalen Wachstumsrate unterscheiden kann. Besonders deutlich wird dies beim Vergleich der Gleichungen (9.2a) und (9.2b). Die normale Wachstumsrate für Deutschland beträgt 3,5%, die normale Wachstumsrate für die Vereinigten Staaten hingegen nur 3%. Folglich muss das Wachstum der Produktion in Deutschland stärker sein als in den USA, damit es überhaupt zu einer Reduktion der Arbeitslosenquote kommt. Wie ist dieser Umstand zu erklären? Unsere bisherige Analyse liefert zwei mögliche Gründe, die den Unterschied motivieren könnten:

- Zum einen könnte die Wachstumsrate der Erwerbsbevölkerung in Deutschland die der Vereinigten Staaten überschreiten – in Deutschland müsste die Produktion dann schneller wachsen, damit ausreichend Arbeitsplätze für die auf den Arbeitsmarkt drängenden Personen zur Verfügung stehen.
- Zum anderen könnte die Wachstumsrate der Produktivität in Deutschland größer sein als in den USA – in Deutschland müsste die Produktion dann schneller wachsen, da ein gegebener Produktionsumfang mit immer weniger Beschäftigten hergestellt werden könnte.

Wie wir in Kapitel 12 sehen werden, gibt es in der Tat deutliche Hinweise, dass der Produktivitätsanstieg in Deutschland in den letzten Jahrzehnten stärker war als in den USA. Die Produktion pro Kopf stieg in Deutschland im Zeitraum von 1950 bis 1973 mit einer Rate von 4,9%, von 1973 bis 1987 mit einer Rate von 2,1%. Für die Vereinigten Staaten ergeben sich entsprechende Werte von 2,2% und 1,6%. Im Laufe der letzten Jahre hat sich dieser Trend allerdings umgekehrt. Die Produktivität in den USA ist seit Mitte der 90er Jahre schneller gestiegen. Bezüglich der Erwerbsbevölkerung können wir feststellen, dass seit 1960 die Zahl der Erwerbspersonen in Deutschland schwächer gestiegen als in den USA. Insgesamt ergibt sich also ein widersprüchliches Bild. Wir müssten eine genauere Analyse durchführen, um die bestehende Differenz zu erklären. Die Phänomene Bevölkerungs- und Produktivitätswachstum werden ausführlich ab Kapitel 10 behandelt. An dieser Stelle wollen wir aber schon darauf hinweisen, dass noch zwei weitere Gründe zu dem beobachteten Unterschied beitragen könnten.

- Ein Anstieg der Produktion könnte in Deutschland in größerem Umfang mit einem vermehrten Einsatz anderer Produktionsfaktoren bewältigt werden. Wenn Arbeit relativ zum Einsatz von Kapital teuer ist, wird ein Anstieg der Produktion zunächst v.a. mit einer Intensivierung des Kapitaleinsatzes bewältigt, nicht mit Neueinstellungen von Arbeitskräften. In unserem bisherigen Modellrahmen können wir solche Aspekte nicht behandeln, da wir zur Vereinfachung nur einen Produktionsfaktor betrachten. Ab Kapitel 10 berücksichtigen wir neben dem Faktor Arbeit auch Kapital.
- Die ermittelten Werte für das normale Wachstum können sich im Zeitverlauf ändern. Für Deutschland etwa zeigt sich, dass der Wert für die normale Wachstumsrate von 4% in den Jahren 1960-1980 auf 3% in den darauf folgenden zwei Jahrzehnten gesunken ist. Hinter dieser Entwicklung stehen möglicherweise genau die Faktoren, die soeben besprochen wurden: Ein Absinken des Produktivitätswachstums und ein langsameres Wachstum der Erwerbsbevölkerung.

Eine wichtige Erkenntnis, die aus diesen Erwägungen folgt, ist, dass empirische Zusammenhänge mit einem beträchtlichen Maß an Unsicherheit behaftet sind. Geschätzte Parameterwerte schwanken über die Zeit, beobachtete Relationen sind unter Umständen nicht stabil. Weil das normale Wachstum nicht direkt beobachtbar ist, müssen wir uns auf mit Unsicherheit behaftete Schätzungen stützen. Bei ihrer Interpretation sollten wir jedoch stets die entsprechende Vorsicht walten lassen. Ähnliches gilt für wirtschaftspolitische Akteure, die ihre Maßnahmen auf empirische Erkenntnisse basieren. Die Bedeutung der Unsicherheit für die Wirtschaftspolitik wird in Kapitel 24 besprochen.

9.1.3 Die aggregierte Nachfragebeziehung: Geldmengenwachstum, Inflation und Produktionswachstum

Die letzte Beziehung fasst unsere Erkenntnisse zur aggregierten Nachfrage aus Kapitel 7 in modifizierter Form zusammen. Auch hier müssen wir nun berücksichtigen, dass bisher konstante Größen über die Zeit stetig wachsen. Ausgangspunkt ist Gleichung (7.3). Im Unterschied zu Kapitel 7 wird es sich in der Folge als nützlich erweisen, Zeitindizes zu verwenden:

$$Y_t = Y\left(\frac{M_t}{P_t}, G_t, T_t\right)$$

Wir vereinfachen Gleichung (7.3) in zweierlei Weise: Wir beschränken uns auf die Beziehung zwischen *M/P* und *Y*. Dazu abstrahieren wir von den beiden fiskalpolitischen Variablen, *G* und *T*. Weiterhin nehmen wir an, dass die Beziehung zwischen der realen Geldmenge und der Produktion linear verläuft. Der Parameter γ gibt hierbei an, wie stark die Produktion bei Veränderungen von *M/P* reagiert.

Um uns auf die Beziehung zwischen realer Geldmenge und Produktion konzentrieren zu können, ist es sinnvoll, diese Gleichung zu vereinfachen. Insbesondere wollen wir Staatsausgaben und Steuern in der Folge vernachlässigen und einen linearen Zusammenhang unterstellen.

$$Y_t = \gamma\frac{M_t}{P_t} \tag{9.6}$$

Der positive Parameter γ (der griechische Kleinbuchstabe Gamma) gibt an, in welcher Form die Produktion auf Veränderungen der realen Geldmenge reagiert. Gleichung (9.6) besagt somit, dass die Güternachfrage und deshalb auch die Produktion proportional zum realen Geldbestand sind. Diese Vereinfachung wird uns die Analyse erleichtern. Sie sollten jedoch nicht vergessen, dass hinter dieser Gleichung die Mechanismen stehen, die wir im Rahmen des *IS-LM*-Modells kennen gelernt haben.

Proposition (8) macht folgende Aussage: Wenn eine Variable das Verhältnis zweier Variablen darstellt, dann entspricht ihre Wachstumsrate der Differenz zwischen den Wachstumsraten der beiden Verhältnisvariablen. Proposition (7) zeigt, dass die Wachstumsrate einer Variable, die das Produkt zweier Variabeln darstellt, der Summe der Wachstumsraten dieser Variabeln entspricht. Im vorliegenden Fall folgt aus $Y = \gamma M/P$ der Ausdruck $g_Y = g_\gamma + g_m - \pi$. Ist γ konstant (mit der Wachstumsrate $g_\gamma = 0$), erhalten wir Gleichung (9.7).

- Ein Anstieg der realen Geldmenge führt zu einem Zinsrückgang.
- Der Zinsrückgang bewirkt einen Anstieg der Güternachfrage und somit einen Anstieg der Produktion.

Gleichung (9.6) beschreibt eine Beziehung zwischen Niveaus – dem Produktionsniveau, dem Geldmengenniveau und dem Preisniveau. Unsere letzte Aufgabe besteht in der Transformation dieser Größen in Wachstumsraten. Glücklicherweise ist dies eine leichte Aufgabe. Unter Verwendung von Proposition (7) und (8) im Anhang 2 am Ende des Buches folgt direkt aus Gleichung (9.6):

$$g_{yt} = g_{mt} - \pi_t \tag{9.7}$$

In Gleichung (9.7) steht g_{yt} für die Wachstumsrate der Produktion, π_t für die Wachstumsrate des Preisniveaus und g_{mt} für die Wachstumsrate der Geldmenge. Wenn das nominale Geldmengenwachstum die Inflationsrate übersteigt, dann ist das reale Geldmengenwachstum und damit auch das Produktionswachstum positiv. Eine expansive Geldpolitik (hohes nominales Geldmengenwachstum) führt also bei gegebener Inflation zu höherem Produktionswachstum; restriktive Geldpolitik (geringes nominales Geldmengenwachstum) führt zu einem niedrigen, möglicherweise negativen, Produktionswachstum.

Die aggregierte Nachfrage-Beziehung:
$g_{mt} > \pi_t \Rightarrow g_{yt} > 0$

$g_{mt} < \pi_t \Rightarrow g_{yt} < 0$

9.2 Die Volkswirtschaft in der mittleren Frist

Wir können uns nun der integrierten Modellökonomie zuwenden, die durch die drei in Abschnitt 9.1 diskutierten Beziehungen beschrieben wird:

- Das Okun'sche Gesetz zeigt, wie Abweichungen des Produktionswachstums vom normalen Niveau eine Veränderung der Arbeitslosenquote bewirken (Gleichung 9.3):

$$u_t - u_{t-1} = -\beta(g_{yt} - \bar{g}_y) \, .$$

- Die Phillipskurve zeigt, wie Abweichungen der Arbeitslosenquote von ihrem natürlichen Niveau eine Veränderung der Inflationsrate auslösen (Gleichung 9.5):

$$\pi_t - \pi_{t-1} = -\alpha(u_t - u_n).$$

- Die aggregierte Nachfragebeziehung zeigt, wie der Unterschied zwischen nominalem Geldmengenwachstum und Inflation das Produktionswachstum beeinflusst (Gleichung 9.7):

$$g_{yt} = g_{mt} - \pi_t.$$

Gegeben diese Beziehungen können wir nun untersuchen, welcher Zusammenhang zwischen den einzelnen Größen besteht. Wir beginnen mit einer Analyse der mittleren Frist, also einem Zustand, in dem alle dynamischen Prozesse bereits zu einem Ende gekommen sind. Danach wenden wir uns der Dynamik der Volkswirtschaft zu, um zu verstehen, wie die Ökonomie diesen stationären Zustand erreicht.

Zunächst nehmen wir an, die Zentralbank lasse die nominale Geldmenge in jeder Periode mit einer konstanten Rate $\bar{g}_m$ wachsen. Unter Verwendung der Gleichungen (9.3), (9.5) und (9.7) erhalten wir folgende Ergebnisse:

- Mittelfristig wird sich die Arbeitslosenquote nicht verändern ($u_t = u_{t-1}$); sie kann nicht für unbegrenzte Zeit steigen oder fallen. Setzt man $u_t = u_{t-1}$ in Gleichung (9.3) ein, so zeigt sich, dass mittelfristig das Wachstum der Produktion der normalen Wachstumsrate entsprechen muss: $g_{yt} = \bar{g}_y$.

In der mittleren Frist gilt: $g_y = \bar{g}_y$.

- Bei einer Geldmengenwachstumsrate von $\bar{g}_m$ und einem Produktionswachstum von $\bar{g}_y$, folgt aus der aggregierten Nachfragebeziehung, dass die Inflation konstant ist. Sie muss genau so hoch sein, dass die Beziehung $\bar{g}_y = \bar{g}_m - \pi$ erfüllt ist:

$$\pi = \bar{g}_m - \bar{g}_y \qquad (9.8)$$

Mittelfristig erhalten wir für die Inflationsrate: $\pi = \bar{g}_m - \bar{g}_y$.

Mittelfristig muss die Inflationsrate also der Differenz aus nominalem Geldmengenwachstum und normalem Produktionswachstum entsprechen. Wir werden diese Differenz als das (um das normale Wachstum der Produktion) bereinigte Geldmengenwachstum bezeichnen. Mittelfristig entspricht die Inflationsrate dem bereinigten Geldmengenwachstum.

Die Quantitätsgleichung liefert Anhaltspunkte dafür, wie stark die Geldmenge wachsen muss, um mittelfristig eine bestimmte Inflationsrate zu realisieren. Soll die Inflationsrate mittelfristig bei 2% liegen, muss das bereinigte Geldmengenwachstum genau bei 2% liegen. Die Geldmenge selbst muss dann also um 2% zuzüglich der normalen Wachstumsrate der Produktion wachsen.

Welche ökonomischen Erwägungen stehen hinter dieser Beziehung? Ein wachsendes Produktionsniveau impliziert ein wachsendes Transaktionsniveau. Die reale Geldnachfrage nimmt deshalb stetig zu. Die Zentralbank sollte diese zusätzliche Geldnachfrage mit einem entsprechenden Wachstum der Geldmenge befriedigen. Lässt sie die Geldmenge dagegen stärker wachsen, kommt es mittelfristig zu Inflation. Liegt etwa das normale Produktionswachstum bei 3%, wächst die Geldmenge aber um 10%, dann ergibt sich mittelfristig eine Inflationsrate von 7% = 10% – 3%. Die Inflation entspricht dem bereinigten Geldmengenwachstum. Diese Überlegung bezeichnet man als Quantitätsgleichung.

Mittlere Frist: $u = u_n$

- Ist die Inflationsrate konstant, entspricht die aktuelle Inflation der des Vorjahres: $\pi_t = \pi_{t-1}$. Setzt man $\pi_t = \pi_{t-1}$ in die Phillipskurvenbeziehung ein, ergibt sich für die mittlere Frist genau die natürliche Arbeitslosenquote: $u_t = u_n$.

In der mittleren Frist haben Veränderungen des nominalen Geldmengenwachstums keinen Effekt auf Produktion oder Arbeitslosigkeit. Sie werden vollständig in Veränderungen der Inflationsrate umgesetzt.

Dieses Ergebnis erweitert die Resultate, die wir in Kapitel 7 abgeleitet hatten. Dort sahen wir, dass Niveauveränderungen der nominalen Geldmenge mittelfristig neutral sind: sie hatten weder Wirkungen auf die Produktion noch auf die Arbeitslosigkeit, spiegelten sich jedoch in Veränderungen des Preisniveaus wider. In diesem Kapitel geht es um Wachstumsraten: Das nominale Geldmengenwachstum ist mittelfristig neutral: Veränderungen von $\bar{g}_m$ spiegeln sich lediglich in Veränderungen der Inflationsrate wider.

Dies bedeutet nicht, dass Fiskalpolitik und Inflation völlig unabhängig voneinander betrachtet werden können. Wie wir in Kapitel 23 sehen werden, können fiskalische Defizite zu einer Erhöhung des Geldmengenwachstums und damit zu einer Erhöhung der Inflationsrate führen.

Alternativ könnten wir sagen: Mittelfristig ist das bereinigte Geldmengenwachstum die einzige Determinante der Inflationsrate. Milton Friedman hat dies in folgendem Satz zum Ausdruck gebracht: „*Inflation is always and everywhere a monetary phenomenon*“. Solange Faktoren wie Monopol- oder Gewerkschaftsmacht, Staatsdefizite, Ölpreise usw. nicht zu höherem Geldmengenwachstum führen, haben sie mittelfristig keinen Einfluss auf die Inflation.

Abbildung 9.3 bildet die bisherigen Ergebnisse grafisch ab. Die Arbeitslosenquote ist auf der Abszisse, die Inflationsrate auf der Ordinate abgetragen.

- Mittelfristig befindet sich die Arbeitslosenquote auf ihrem natürlichen Niveau. Die Volkswirtschaft muss sich auf der senkrechten Geraden befinden, auf der gilt: $u_t = u_n$.
- Die Inflationsrate entspricht dem bereinigten Geldmengenwachstum. In Abbildung 9.3 gilt dies für alle Punkte, die sich auf der oberen horizontalen Gerade mit $\pi = \bar{g}_m - \bar{g}_y$ befinden.

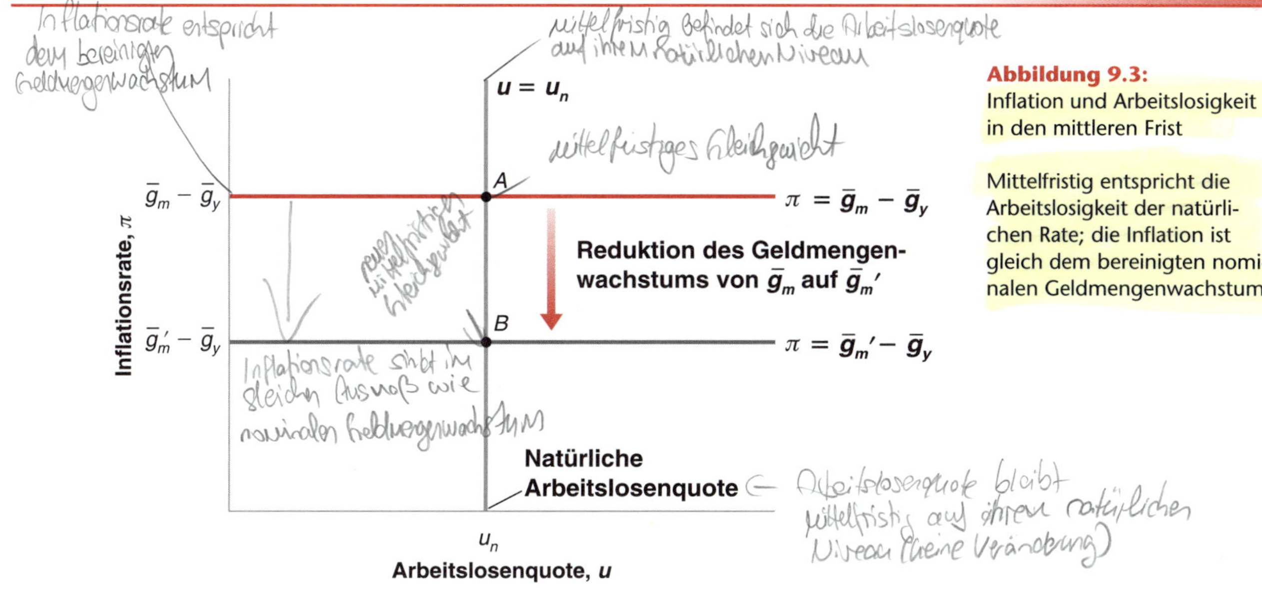

Abbildung 9.3: Inflation und Arbeitslosigkeit in den mittleren Frist

Mittelfristig entspricht die Arbeitslosigkeit der natürlichen Rate; die Inflation ist gleich dem bereinigten nominalen Geldmengenwachstum.

Ein Rückgang des nominalen Geldmengenwachstums von $\bar{g}_m$ auf $\bar{g}'_m$ verschiebt die horizontale Gerade nach unten. Das mittelfristige Gleichgewicht befindet sich nun nicht mehr in Punkt *A*, sondern in Punkt *B*. Die Inflationsrate verringert sich in gleichem Ausmaß wie das nominale Geldmengenwachstum. Die Arbeitslosenquote verharrt mittelfristig auf ihrem natürlichen Niveau.

9.3 Dynamische Analyse

Nachdem wir untersucht haben, welches Gleichgewicht sich mittelfristig ergibt, wenden wir uns der Frage zu, welche dynamischen Anpassungsprozesse zwischenzeitlich auftreten. Ausgangspunkt der Analyse ist ein mittelfristiges Gleichgewicht, in dem eine sehr hohe Inflationsrate herrscht. Die Zentralbank möchte diesem Zustand ein Ende setzen. Aus dem vorangegangenen Abschnitt wissen wir, dass eine niedrigere Inflationsrate nur durch ein geringeres Geldmengenwachstum erreicht werden kann.

Warum sollte die Zentralbank eine Reduktion der Inflationsrate überhaupt anstreben? Um diese Frage zu beantworten, müssen wir uns mit den gesamtwirtschaftlichen Kosten der Inflation auseinandersetzen. Wir werden dies in Kapitel 23 tun.

9.3.1 Überblick

Um die Inflationsrate zu verringern, reduziert die Zentralbank das nominale Geldmengenwachstum. Unter Verwendung der Gleichungen (9.3), (9.5) und (9.7) lassen sich unmittelbar die Folgen einer solchen Politik ermitteln.

- Die aggregierte Nachfragebeziehung zeigt, dass ein geringeres nominales Geldmengenwachstum bei einer anfänglich gegebenen Inflationsrate zu einem geringeren realen Geldmengenwachstum und somit zu einem Rückgang des Produktionswachstums führt.

$g_m \downarrow \Rightarrow g_m - \pi \downarrow \Rightarrow g_y \downarrow$

$g_y \downarrow \Rightarrow u \uparrow$ ▶ ■ Gemäß des Okun'schen Gesetzes hat ein Sinken des Produktionswachstums unter sein normales Niveau einen Anstieg der Arbeitslosenquote zur Folge.

$u \uparrow \Rightarrow \pi \downarrow$ ▶ ■ Die Phillipskurve zeigt, dass ein solcher Anstieg einen Rückgang der Inflation auslöst.

Anfänglich kommt es also zu einer Reduktion des Produktionswachstums, einem Anstieg der Arbeitslosigkeit und zu einem Rückgang der Inflation.

Ohne auf die exakte arithmetische Ableitung einzugehen (wie werden dies an späterer Stelle nachholen) können wir weitere wichtige Aussagen treffen:

$u > u_n \Rightarrow \pi \downarrow$ ▶ ■ Phillipskurve: Solange die Arbeitslosigkeit über ihrem natürlichen Niveau verharrt, geht die Inflation weiter zurück. Dadurch wird die Inflation irgendwann geringer als das nominale Geldmengenwachstum sein.

$\pi << g_m \Rightarrow g_y > \bar{g}_y$ ▶ ■ Aggregierte Nachfragebeziehung: Ist die Inflationsrate hinreichend stark genug gesunken, um das reale Geldmengenwachstum wieder positiv werden zu lassen, weist die Produktion eine Wachstumsrate auf, welche die normale Wachstumsrate übersteigt.

$g_y > \bar{g}_y \Rightarrow u \downarrow$ ▶ ■ Gesetz von Okun: Wenn das Produktionswachstum über dem normalen Niveau liegt, beginnt die Arbeitslosenquote zu sinken.

Insgesamt zeigt sich, dass die Arbeitslosenquote nicht dauerhaft über ihr natürliches Niveau steigt.

Wir sollten die beiden Ergebnisse bzgl. der Entwicklung der Arbeitslosenquote noch einmal separat betonen: Nach einem Rückgang des nominalen Geldmengenwachstums kommt es zunächst zu einem Anstieg der Arbeitslosigkeit (1. Ergebnis). Ab einem gewissen Punkt beginnt sich dieser Prozess umzukehren, die Arbeitslosigkeit nimmt ab (2. Ergebnis).

Obwohl dieses Ergebnispaar von zentraler Bedeutung ist, bleiben wichtige Fragen zu klären: Wie lange steigt die Arbeitslosigkeit? Wie stark ist dieser Anstieg? Wie gelangt sie mittelfristig zur natürlichen Quote zurück? Wenn die Zentralbank neben der Inflationsrate auch ein Interesse an einer moderaten Arbeitslosigkeit hat, sollte sie dann das nominale Geldmengewachstum auf einmal oder zeitlich verzögert reduzieren? Um diese Fragen zu beantworten müssen wir unsere drei Beziehungen genauer untersuchen.

9.3.2 Die Entwicklung der Arbeitslosenquote

Beachten Sie die begrifflichen Unterschiede: Deflation: Rückgang des Preisniveaus Disinflation: Rückgang der Inflationsrate ▶

Beginnen wir mit der Phillipskurve. Gleichung (9.5) verdeutlicht, dass der Term $u_t - u_n$ positiv werden muss, damit es zu Disinflation, also einem Rückgang der Inflationsrate, kommen kann. Die Arbeitslosigkeit muss die natürliche Quote überschreiten.

Die Phillipskurvenbeziehung enthält einen weiteren, weniger offensichtlichen Zusammenhang: Das gesamte Ausmaß an Arbeitslosigkeit, welches benötigt wird, um die Inflationsrate um einen bestimmten Betrag zu reduzieren, ist unabhängig von der

Geschwindigkeit, mit der dies erreicht wird. Disinflation kann also schnell und auf Kosten sehr hoher Arbeitslosigkeit für wenige Jahre oder langsamer, mit einem geringeren, über einen längeren Zeitraum verteilten Anstieg der Arbeitslosigkeit, bewältigt werden. In beiden Szenarien ist das gesamte, über die Jahre aggregierte Ausmaß der Arbeitslosigkeit gleich.

Um diesen Zusammenhang zu erläutern führen wir einen neuen Begriff ein. Wir bezeichnen die jährliche Differenz zwischen der tatsächlichen und der natürlichen Arbeitslosenquote als **Jahresprozentpunkt an Überschussarbeitslosigkeit**. Liegt beispielsweise die natürliche Arbeitslosenquote bei 6% und die Arbeitslosenquote für 4 Jahre bei 8%, dann korrespondiert dies zu 4 mal (8-6) = 8 Jahresprozentpunkten an Überschussarbeitslosigkeit.

Rufen Sie sich den Unterschied zwischen „Prozentpunkt" und „Prozent" in Erinnerung. Wenn die Arbeitslosenquote, die bislang 10% betrug, auf 15% ansteigt, so ist sie um 5 Prozentpunkte bzw. 50% angestiegen.

Betrachten wir nun eine Zentralbank mit dem Ziel, die Inflation um x Prozentpunkte zu reduzieren. Um die Analyse zu vereinfachen, verwenden wir ein konkretes Zahlenbeispiel: Die Zentralbank plant, die Inflationsrate von 14% auf 4% zu senken (x = 10%). Wir nehmen weiterhin an, dass der Parameter α in der Phillipskurve einen Wert von 1 annimmt.

- Entscheidet sich die Zentralbank, den Rückgang der Inflation innerhalb eines Jahres zu realisieren, muss sie gemäß Gleichung (9.5) im ersten Jahr eine Arbeitslosigkeit von 10% über der natürlichen Quote hinnehmen.
- Entscheidet sich die Zentralbank, den Rückgang der Inflation innerhalb von zwei Jahren zu erreichen, muss sie gemäß Gleichung (9.5) einen Anstieg der Arbeitslosenquote über das natürliche Niveau von 5% in zwei Jahren akzeptieren. Während dieser beiden Jahre ist die rechte Seite von Gleichung (9.5) gleich –5%, so dass die Inflation jedes Jahr um 5% zurückgeht und damit um 2×5% = 10% in zwei Jahren.
- Mit der gleichen Argumentation kann man zeigen, dass zur Reduktion der Inflation über 5 Jahre 5 Jahre Überschussarbeitslosigkeit von 2%, zur Reduktion der Inflation über 10 Jahre 10 Jahre Überschussarbeitslosigkeit von 1% usw. benötigt werden.

In jedem der Fälle ist die Anzahl der Jahresprozentpunkte an Überschussarbeitslosigkeit identisch. Sie beträgt 1×10% = 10 Jahresprozentpunkte im ersten Szenario, 2×5% = 10 Jahrespunkte im zweiten Szenario und 10×1% = 10 im letzten Fall. Die Zentralbank kann demnach die Verteilung der Überschussarbeitslosigkeit über die Zeit, nicht jedoch die Gesamtanzahl der Jahresprozentpunkte an Überschussarbeitslosigkeit wählen.

Der Begriff des Opferverhältnisses fasst diese Schlussfolgerung anschaulich zusammen: Das Opferverhältnis ist definiert als die Anzahl der Jahresprozentpunkte an Überschussarbeitslosigkeit, die zur Reduktion der Inflationsrate um 1% benötigt wird. Gleichung (9.5) impliziert, dass dieses Verhältnis unabhängig von der gewählten Politik ist und den Wert $1/\alpha$ annimmt. Ist α gleich 1, dann ist das Opferverhältnis gleich 1.

Opferverhältnis = Jahresprozentpunkte an Überschussarbeitslosigkeit / Reduktion der Inflationsrate

Aus Gleichung (9.5) folgt, dass eine Überschussarbeitslosigkeit von 1% für ein Jahr die Inflationsrate um α mal 1% reduziert. Um die Inflationsrate um 1% zu reduzieren, muss die Überschussarbeitslosigkeit $1/\alpha$ für ein Jahr betragen.

Wie viel Zeit sollte sich eine Zentralbank nehmen, um eine Inflationsreduktion um einen bestimmten Betrag zu bewerkstelligen? Obwohl das Opferverhältnis konstant ist, können die wirtschaftlichen Auswirkungen unterschiedlicher Anpassungspfade erheblich sein. Angenommen, die Zentralbank unternimmt den Versuch, die Inflation in einem Jahr zu reduzieren. Wie wir eben gesehen haben, müsste hierzu die Arbeitslosenquote um 10% über ihr natürliches Niveau ansteigen. Bei einer natürlichen Arbeitslosenquote von 6% würde es zu einem Anstieg auf 16% kommen. Setzt man diese Werte in das Okun'sche Gesetz für Deutschland ein, würde das Produktionswachstum –15% betragen. Die hiermit verbundene Rezession sowie die resultierenden sozialen Ungleichgewichte eines solchen Anstiegs wären erheblich. Der starke Rückgang der Produktionstätigkeit würde zu zahlreichen Konkursen führen. Dies würde langfristige Wirkungen auf die wirtschaftliche Aktivität nach sich ziehen. Aus diesem Grund wird die Zentralbank bemüht sein, eine weniger extreme Politik der Disinflation durchzuführen.

9.3.3 Der Pfad des nominalen Geldmengenwachstums

Wir sahen in Kapitel 4, dass die Zentralbank eigentlich nur die Zentralbankgeldmenge kontrolliert. Die Geldmenge selbst wird dann in einem Geldschöpfungsprozess determiniert. Wir vernachlässigen diese Komplikation hier.

Basierend auf den in Abschnitt 9.3.2 durchgeführten Berechnungen sei angenommen, dass die Zentralbank entschieden hat, die Inflationsrate über einen Zeitraum von 5 Jahren von 14% auf 4% zu reduzieren. Sie wird deshalb einen neuen Pfad für das Wachstum der nominalen Geldmenge bestimmen. Diese Maßnahme verringert zunächst das Produktionswachstum. In der Folge kommt es zu Arbeitslosigkeit und hierdurch zu einer Reduktion der Inflationsrate über den uns bekannten Lohn-Preis-Mechanismus.

Es ist hilfreich, zunächst der Logik der schrittweisen Berechnungen zu folgen; wenn Sie jede der notwendigen Argumentationsketten verstanden haben, sollten Sie sich einer integrierten Betrachtung des Gesamtprozesses zuwenden und verstehen, welche Dynamik die Volkswirtschaft im Zeitverlauf entwickelt.

Welchen Pfad muss die Zentralbank für das Wachstum der nominalen Geldmenge wählen, um ihr Ziel zu erreichen? Wir werden diese Frage nun beantworten. Wiederum ist es hilfreich, von einem konkreten Zahlenbeispiel auszugehen. Hierzu unterstellen wir, dass das normale Produktionswachstum einen Wert von 3% annimmt. Die natürliche Arbeitslosenquote sei 6%, in der Phillipskurve sei α gleich 1, im Gesetz von Okun sei β gleich 0,4. Tabelle 9.1 führt die Pfade aller relevanten Variablen auf.

Vor Beginn der Inflationsreduktion befinden sich Produktionswachstum und Arbeitslosenquote auf ihrem natürlichen Niveau; die Inflationsrate beträgt 14%, das nominale Geldmengenwachstum beträgt dann gemäß Gleichung (9.7) 17%, so dass das reale Geldmengenwachstum dem Wachstum der Produktion entspricht.

Im Jahr 1 leitet die Zentralbank Maßnahmen ein, um die Inflationsrate innerhalb von 5 Jahren von auf 4% zu reduzieren. Zur Bestimmung des Pfads des nominalen Geldmengenwachstums gehen wir vom angestrebten Pfad der Inflationsrate aus, bestimmen dann die benötigten Pfade für Arbeitslosenquote und Produktionswachstum und schlussendlich den Pfad des nominalen Geldmengenwachstums.

	Jahr								
	Vorher	**Disinflation**					**Nachher**		
	0	1	2	3	4	5	6	7	8
Inflation (%)	14	12	10	8	6	4	4	4	4
Arbeitslosigkeit (%)	6	8	8	8	8	8	6	6	6
Produktionswachstum (%)	3	22	3	3	3	3	8	3	3
Nominales Geldmengenwachstum (%)	17	10	13	11	9	7	12	7	7

Tabelle 9.1: Disinflation

- *Der Pfad der Inflation:* Wir nehmen an, dass die Inflationsrate gemäß den Plänen der Zentralbank in jedem Jahr um den gleichen Betrag abnehmen soll. Bei einer Gesamtreduktion von 10% verringert sie sich deshalb um 2% pro Jahr.
- *Der Pfad der Arbeitslosigkeit:* Die zweite Zeile in Tabelle 9.1 zeigt den Pfad der Arbeitslosigkeit, der benötigt wird, um den Pfad der Inflationsrate in Zeile 1 zu implementieren. Die Herleitung basiert auf dem Phillipskurvenzusammenhang mit $\alpha = 1$. Soll sich die Inflationsrate über 5 Jahre um jeweils 2% verringern, dann muss die Ökonomie eine Arbeitslosenquote von jeweils 2% über der natürlichen Arbeitslosenquote hinnehmen. Die Arbeitslosenquote in den Jahren 1 bis 5 beträgt damit 8%.
- *Der Pfad des Produktionswachstums:* Die dritte Zeile der Tabelle zeigt den Pfad des Produktionswachstums, der benötigt wird um den gewünschten Pfad der Arbeitslosigkeit zu erreichen.

  Die Herleitung basiert auf dem Okun'schen Gesetz mit $\beta = 0{,}4$. Ein Anstieg der Arbeitslosenquote um 2% erfordert eine Wachstumsrate der Produktion, die um 2%/0,4 = 5 Prozentpunkte unter ihrem normalen Niveau liegt. Ist $\bar{g}_y = 3\%$, erlebt die Volkswirtschaft im ersten Jahr eine Rezession mit $g_{yt} = 3\% - 5\% = -2\%$.

  In den Jahren 2 bis 5 muss das Wachstum hinreichend groß sein, um eine konstante Arbeitslosenquote von 8% aufrechtzuerhalten. Die Produktion muss also mit ihrer normalen Rate von 3% wachsen.

  Sobald die Zentralbank im Jahr 6 ihr Ziel erreicht hat, muss eine Phase schnellen Wachstums eintreten, damit die Arbeitslosenquote auf ihr natürliches Niveau von 6% zurückkehrt. Um die Arbeitslosenquote von 8 auf 6 zu reduzieren, ist eine Wachstumsrate von 3% + 2%/0,4 oder 8% notwendig.
- *Der Pfad des nominalen Geldmengenwachstums* in Zeile 4 ergibt sich gemäß der aggregierten Nachfragebeziehung als Summe von Inflationsrate und Produktionswachstum. Der durch eine Reihe von Sprüngen gekennzeichnete Verlauf erklärt sich folgendermaßen:

  Zunächst muss die Zentralbank mittels einer scharfen Reduktion von g_{mt} dafür sorgen, dass die Arbeitslosenquote stark genug steigt. Hierzu muss sie es schaffen, die reale Geldmenge so zu reduzieren, dass es zu einer Einschränkung der Produktionstätigkeit kommt, die groß genug ist, um die Arbeitslosenquote tatsächlich zu erhöhen. Da die Inflationsrate von 14% auf 12% sinkt, muss g_{mt} um 7% sinken, damit dieses Ziel erreicht wird.

In den 4 Folgejahren sorgt die Zentralbank dann dafür, dass die Arbeitslosenquote auf einem Niveau von 8% verharrt. Hierzu ist ein reales Geldmengenwachstum nötig, dass genau der normalen Wachstumsrate entspricht. In Jahr 2 muss die nominale Geldmenge deshalb stark genug wachsen, um die Volkswirtschaft aus der Rezession zu führen. Da die Inflationsrate in den Folgejahren um jeweils 2% sinkt, muss auch g_{mt} um 2% sinken, um das reale Geldmengenwachstum bei 3% zu stabilisieren.

Hat die Zentralbank ihr Ziel schließlich erreicht, muss sie dafür Sorge tragen, dass alle Variablen wieder ihre mittelfristigen Gleichgewichtswerte annehmen. Insbesondere muss sich die Arbeitslosenquote wieder auf ihrem natürlichen Niveau von 2% einspielen. Im sechsten Jahr erlaubt die Zentralbank deshalb ein stärkeres Wachstum der nominalen Geldmenge, um mittels eines temporären Aufschwungs die Arbeitslosenquote zu reduzieren. In den Folgejahren muss sie nur noch dafür sorgen, dass bei gegebener Wachstumsrate (3%) und gegebener Inflation (4%) die reale Geldmenge stark genug wächst, um den zunehmenden Transaktionsumfang zu ermöglichen.

Abbildung 9.4 trägt die Pfade von Arbeitslosenquote und Inflationsrate in einem gemeinsam Diagramm ab. Ausgehend von Punkt *A*, dem mittelfristigen Gleichgewicht im Jahr 0, bewegt sich die Volkswirtschaft entlang der Linie bis zum neuen mittelfristigen Gleichgewicht in Punkt *C*. Die Arbeitslosenquote steigt zunächst über ihr natürliches Niveau, die Inflationsrate nimmt stetig ab. Am Ende der Disinflation in Punkt *B* ist die natürliche Arbeitslosenquote noch nicht erreicht. Wie wir gesehen haben, erzeugt die Zentralbank deshalb im Jahr 6 einen kurzfristigen Aufschwung, um die Ökonomie in Richtung Punkt *C* zu manövrieren.

Abbildung 9.4: Der Pfad von Inflationsrate und Arbeitslosenquote

Fünf Jahre, in denen die Arbeitslosigkeit über ihrer natürlichen Rate liegt, führen zu einem dauerhaften Rückgang der Inflation.

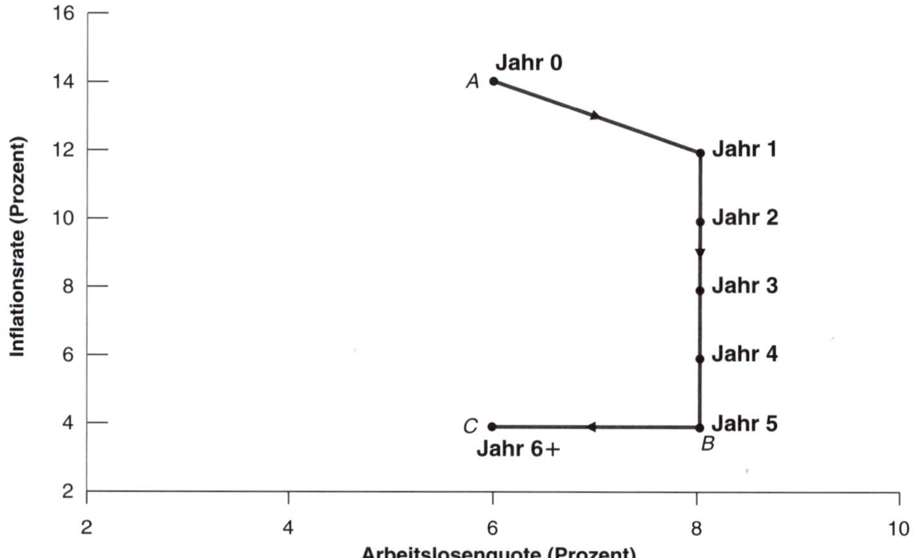

Der Anpassungspfad aus Abbildung 9.4 ist nur einer von vielen möglichen Pfaden. Anstelle einer gleichmäßigen Senkung der Inflationsrate hätte sich die Zentralbank auch für eine Politik entscheiden können, die den Großteil der Erhöhung der Arbeitslosenquote in die erste Periode verlegt, um dann schrittweise zur natürlichen Arbeitslosenquote zurückzukehren. Auf diese Weise könnte der ungewöhnlich starke Anstieg des Geldmengenwachstums im sechsten Jahr vermieden werden. Alternativ bestünde die Möglichkeit einer einmaligen Absenkung des Geldmengenwachstums auf sein mittelfristiges Niveau von 4%. All diese Maßnahmen würden sich in den exakten Anpassungspfaden der einzelnen Variablen unterscheiden und doch eine wesentliche Eigenschaft gemein haben: Um das gewünschte Ausmaß an Inflationsreduktion zu erreichen, müsste der kumulierte Anstieg der Arbeitslosenquote über ihr natürliches Niveau in allen Fällen identisch sein.

Welchen Anpassungspfad wird eine Zentralbank wählen? Im nächsten Absatz werden wir uns mit den Vor- und Nachteilen unterschiedlicher Pfade auseinandersetzen. Wir wollen jedoch zuvor darauf hinweisen, dass eine einmalige und dauerhafte Senkung des Geldmengenwachstums gewisse Vorteile mit sich bringt, von denen in Abschnitt 9.4 abstrahiert wird. Insbesondere handelt es sich um eine äußerst transparente und für die Bevölkerung leicht nachvollziehbare Maßnahme: Die Teilnehmer am Wirtschaftsprozess müssen lediglich überprüfen, ob die Zentralbank ihr Versprechen einer konstanten Geldmengenwachstumsrate auch einhält. Auch für unsere Zwecke ist es sinnvoll, sich den Anpassungsprozess, der sich in Folge einer solchen Maßnahme ergibt, grafisch zu veranschaulichen (Abbildung 9.5).

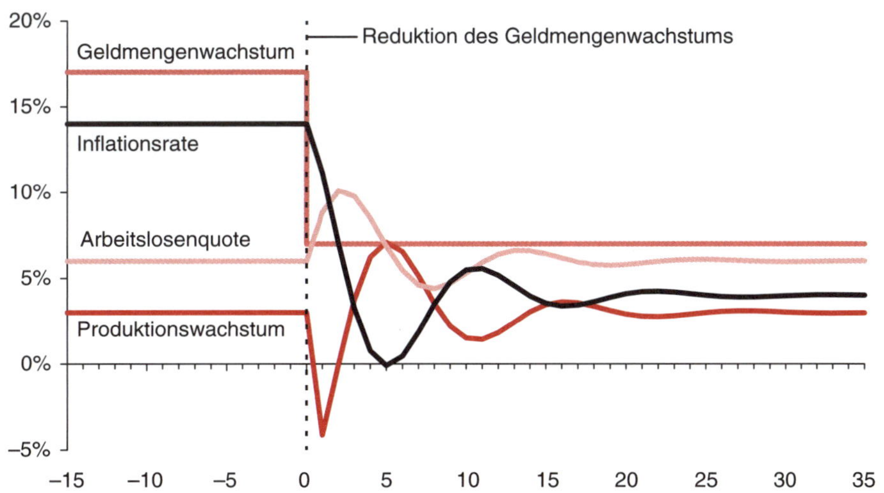

Abbildung 9.5: Dynamische Anpassungen nach einer permanenten Reduktion des Geldmengenwachstums auf sein neues mittelfristiges Niveau

Die Zentralbank senkt in Periode 0 das Geldmengenwachstum dauerhaft auf den Wert, der mittelfristig mit einer Inflationsrate von 4% vereinbar ist. Oszillierend gelangt die Ökonomie zurück ins mittelfristige Gleichgewicht.

Wir wollen Abbildung 9.5 nicht im Detail diskutieren, da die wesentlichen Mechanismen im Vergleich zur den bisherigen Ausführungen unverändert sind. Wir weisen lediglich auf die folgenden Eigenschaften der Anpassungspfade hin:

- Zur Reduktion der Inflationsrate auf 4% genügt es, das Geldmengenwachstum einmalig auf 7% abzusenken und dann auf diesem Niveau zu stabilisieren.
- Die Arbeitslosenquote steigt zunächst stark an, das Produktionswachstum und die Inflationsrate fallen zu Beginn.
- In der Folge schwanken (oszillieren) alle Größen um ihre mittelfristigen Gleichgewichtswerte. Im Zeitverlauf werden die Schwankungen weniger ausgeprägt.
- Insgesamt werden wieder 10 Jahresprozentpunkte an Überschussarbeitslosigkeit erreicht, das Opferverhältnis beträgt somit erneut 1. In der Abbildung ist dies nur schwerlich zu erkennen, da die Arbeitslosenquote um ihr natürliches Niveau schwankt. Bei genauem Hinsehen zeigt sich jedoch, dass die Abweichungen nach oben wesentlich ausgeprägter sind als die Abweichungen nach unten.
- Alle Variablen erreichen ohne weiteres Zutun der Zentralbank ihre mittelfristigen Gleichgewichtswerte von 6% (natürliche Arbeitslosenquote), 3% (normales Produktionswachstum) und 4% (Inflationsrate).

In Aufgabe 7 am Ende dieses Kapitels können Sie anhand eines anderen Beispiels selbst erproben, welche Anpassungsdynamik sich in Reaktion auf eine einmalige Absenkung des Geldmengenwachstums ergibt. ▶

9.4 Erwartungen, Glaubwürdigkeit und Nominale Verträge

Die bisherige Analyse erinnert stark an die Vorgehensweise vieler Ökonomen in den 70er Jahren. Die verwendeten empirischen Modelle bauten auf der Überzeugung auf, dass die Geldpolitik die zeitliche Verteilung, aber nicht die Gesamtzahl der Jahresprozentpunkte an Überschussinflation bestimmen kann. Solche Ansätze werden wir in der Folge als „traditionell" bezeichnen. Die Kritik zweier Gruppen von Ökonomen hat nämlich in den letzten Jahren zu erheblichen Weiterentwicklungen des bisher verwendeten Modellrahmens geführt. Ziel dieser Gruppen war es, die Bedeutung der Erwartungsbildung bei der Bestimmung der Kosten der Inflationsreduktion genauer in den Blick zu nehmen. Trotz dieses gemeinsamen Ansatzes wurden sehr unterschiedliche Ergebnisse erzielt.

9.4.1 Erwartungsbildung und Glaubwürdigkeit: Die Lucas-Kritik

Die Ergebnisse der ersten Gruppe basierten auf Arbeiten von Robert Lucas und Thomas Sargent von der Universität von Chicago. Die so genannte Lucas-Kritik kann als eine der wichtigsten ökonomischen Erkenntnisse der letzten Jahrzehnte bezeichnet werden. Lucas stellte die These auf, dass die Prognose der wirtschaftlichen Folgen einer Politikmaßnahme – z.B. einer restriktiven Geldpolitik zur Reduktion der Inflationsrate – nicht auf Basis von Zusammenhängen durchgeführt werden dürfe, die in der Vergangenheit beobachtet worden sind.

Besonders anschaulich wird dieses Argument bei Betrachtung der Phillipskurve. Analysieren wir eine Politikmaßnahme unter Verwendung von Gleichung (9.5) müssen wir annehmen, dass sich die Erwartungsbildung der an der Lohnsetzung beteiligten Parteien tatsächlich an der Inflationsrate der Vorperiode orientiert. Lucas argumentierte nun, dass dieses in der Vergangenheit beobachtete Verhalten nicht für alle Zukunft weiterbestehen müsse. Insbesondere in Situationen, in denen sich größere Veränderungen der wirtschaftspolitischen Vorgehensweise ankündigen, sollten die Lohnsetzer diese Informationen in ihrer Erwartungsbildung berücksichtigen. Wenn die Zentralbank z.B. ankündigt, die Inflationsrate drastisch zu senken, könne dies zu niedrigeren Inflationserwartungen und damit zu einer Verringerung der tatsächlichen Inflationsrate ohne erheblichen Anstieg der Arbeitslosenquote führen.

Die Grundidee dieses Arguments wird unter Bezugnahme auf Gleichung (9.4) deutlich:

$$\pi_t = \pi_t^e - \alpha(u_t - u_n) \quad .$$

Werden die Inflationserwartungen tatsächlich auf Basis der vergangenen Inflationsrate gebildet ($\pi_t^e = \pi_{t-1}$), muss wie oben gesehen ein Anstieg der Arbeitslosenquote für einen bestimmten Zeitraum akzeptiert werden.

Bei $\pi_t^e = \pi_{t-1}$ entspricht die Phillipskurve der Gleichung (9.5). Um zu eine Reduktion der Inflationsrate zu gelangen ($\pi_t < \pi_{t-1}$), muss die Arbeitslosenquote ansteigen ($u_t > u_n$).

Sind die an der Lohnsetzung beteiligten Gruppierungen allerdings davon überzeugt, dass die Zentralbank ihr Ziel erreicht, werden sie ihre Inflationserwartungen niedriger ansetzen. Dies würde direkt zu einer Senkung der Inflationsrate führen, ohne einen Anstieg der Arbeitslosenquote zu bewirken. Im oben verwendeten Beispiel mit einer ursprünglichen Inflationsrate von 14% und einer angekündigten und damit erwarteten Inflationsrate von 4% ergibt sich:

$$\pi_t = \pi_t^e - \alpha(u_t - u_n) = 4\% - 0\% = 4\%$$

Das nominale Geldmengenwachstum, die Inflationsrate und die erwartete Inflationsrate könnten ohne Rezession reduziert werden. Eine Verringerung des Geldmengenwachstums wäre somit nicht nur in der mittleren, sondern auch in der kurzen Frist neutral.

Lucas and Sargent gingen nicht davon aus, dass eine Reduktion der Inflationsrate vollständig ohne reale Wirkungen bleiben würde. Bei empirischen Untersuchungen kam Sargent jedoch zu dem Ergebnis, dass eine Reihe von Perioden sehr hoher Inflation mit einem nur geringen Anstieg der Arbeitslosenquote bewältigt worden waren. Falls die Geldpolitik über Glaubwürdigkeit verfüge sei das Opferverhältnis sehr viel niedriger als von den meisten Ökonomen vermutet. Glaubwürdigkeit bedeutet, dass die an der Lohnsetzung beteiligten Parteien ihre Erwartungen auf der Überzeugung basieren, die Geldpolitik sei fest dazu entschlossen, die Inflationsrate zu reduzieren. Wie kann eine Zentralbank allerdings Glaubwürdigkeit aufbauen? Sargent war davon überzeugt, dass dies durch ein radikales und auf kurze Zeit angelegtes Programm erreicht werden könne. Eine vorsichtige und auf lange Zeit angelegte Reduktion der Inflationsrate würde der Zentralbank zu viele Möglichkeiten bieten, im Nachhinein ihre Pläne zu ändern. Außerdem könne ein auf mehrere Jahre angelegtes Programm zu langwierigen politischen Auseinandersetzungen führen, die bei der Bevölkerung Zweifel an der Tragfähigkeit der angekündigten Politik wecken würde.

Der „Glaubwürdigkeits-Ansatz“: Glaubwürdigkeit reduziert die Arbeitslosigkeitskosten der Disinflation, da in Lohnverhandlungen bereits niedrigere Inflationserwartungen unterstellt werden. Ein radikales Programm zur Reduktion der Inflationsrate ist möglicherweise glaubwürdiger als eine über mehrere Jahre verteilte Maßnahme. Also sollte die Zentralbank eine schnelle Disinflation anstreben. In Kapitel 24 werden wir uns ausführlich mit dem Problem der Glaubwürdigkeit der Geldpolitik auseinandersetzen.

9.4.2 Nominale Verträge – Nominale Rigiditäten

Volkswirtschaften, in denen viele Löhne und Preise für einen gewissen Zeitraum in nominalen Einheiten festgelegt werden, zeichnen sich durch ein hohes Ausmaß an nominalen Rigiditäten aus. In Volkswirtschaften mit sehr flexiblen Preisen spielen nominale Rigiditäten eine geringere Rolle.

Zu genau gegensätzlichen Ergebnissen kamen Stanley Fischer vom Massachusetts Institute of Technology (*MIT*), und John Taylor, zu dieser Zeit Professor an der Columbia University. Beide betonten den Umstand, dass in modernen Volkswirtschaften viele Löhne und Preise für einen gewissen Zeitraum festgelegt sind und somit nicht auf Veränderungen der Politik reagieren können. Die Folgen dieser Festsetzung von Löhnen und Preisen in nominalen Einheiten bezeichneten sie als nominale Rigiditäten.

Fischer entwickelte einen Ansatz, in dem selbst eine vollständig glaubwürdige Politik der Disinflation zu einem Anstieg der Arbeitslosenquote führen würde. Er argumentierte, dass selbst eine vollständige Anpassung der Inflationserwartungen auf das von der Zentralbank angekündigte Ziel noch nicht zu einer Reduktion der schon vorher für einen gewissen Zeitraum festgelegten Nominallöhne führen könne. Nach einer Senkung der Inflationsrate würden die Reallöhne deshalb zunächst ansteigen, mit der Folge einer erhöhten Arbeitslosenquote. Fischer schlug deshalb vor, Politikmaßnahmen schon sehr früh anzukündigen, damit die für die Zukunft erwartete Senkung der Inflationsrate bereits in den Lohnverhandlungen berücksichtigt werden könne.

Taylor entwickelte diesen Gedankengang erheblich weiter. Er ging von der Beobachtung aus, dass Lohnkontrakte nicht alle zur gleichen Zeit, sondern zeitlich gestaffelt (staggered) abgeschlossen werden. Wenn über Nominallöhne in dieser Form entschieden werde, würden die Schwierigkeiten eine Reduktion der Inflationsrate im Vergleich zu Fischers Ansatz sogar noch zunehmen. Taylor argumentierte nämlich, dass viele Arbeitnehmer nicht nur an der Höhe ihres eigenen Reallohns, sondern auch an der Höhe des Reallohns relativ zu anderen Arbeitnehmern interessiert seien. In Lohnverhandlungen würden deshalb Kontrakte ausgehandelt, die sich nicht allzu stark von den Lohnkontrakten unterscheiden, die zum Zeitpunkt der Verhandlungen bereits in Kraft sind. In die aktuellen Lohnverhandlungen gehen deshalb indirekt auch die Inflationserwartungen aus der Vergangenheit ein. Eine starke Reduktion des Geldmengenwachstums kann so nicht zu einem proportionalen Fall der Inflationsrate führen. Die reale Geldmenge schrumpft, mit dem Ergebnis, dass die Volkswirtschaft eine Rezession erlebt.

Die wirtschaftspolitische Implikation einer solchen Argumentation wird in Abbildung 9.6 veranschaulicht. Unter Berücksichtigung der zeitlichen Staffelung von Lohnverträgen in den Vereinigten Staaten demonstrierte Taylor, dass eine vollständig glaubwürdige Zentralbank tatsächlich eine Reduktion der Inflationsrate ohne Anstieg der Arbeitslosenquote erreichen kann. Voraussetzung für ein solches Ergebnis ist, dass die Zentralbank einen Pfad für die Inflationsrate wählt, der genau dem in Abbildung 9.6 entspricht.

Die Politik der Disinflation beginnt in Quartal 1 und dauert 16 Quartale an. Nach diesem Zeitraum ist die Inflationsrate von 10%, auf 3% gesunken. Um eine „neutrale" Disinflation bewerkstelligen zu können, muss die Zentralbank die Inflationsrate allerdings zunächst äußerst langsam absenken. Ein Jahr nach Beginn der Politikmaßnahme beträgt die Inflationsrate noch 9,9%. Im Folgejahr fällt die Inflation bereits schneller, im dritten Jahr wird sie rapide reduziert. Am Ende des vierten Jahres hat die Zentralbank das angestrebte Inflationsziel erreicht.

Der Grund für die nur zögerliche Reduktion der Inflationsrate (und des Geldmengenwachstums) zu Beginn liegt genau in der zeitlichen Staffelung der Lohnkontrakte: Zum Zeitpunkt der Ankündigung der Politikmaßnahme sind nur solche Lohnverträge in Kraft, die auf den hohen Inflationserwartungen der Vergangenheit basieren. Eine starke Reduktion des Geldmengenwachstums würde zu einer Reduktion der realen Geldmenge und somit zu einer Rezession führen. Wenn die Zentralbank allerdings genau den in Abbildung 9.6 eingezeichneten Verlauf ankündigt und durchführt, wird dies zu einer graduellen Reduktion der Inflationserwartungen führen. Sobald die Mehrzahl der Lohnkontrakte die in Zukunft niedrigeren Inflationsraten berücksichtigt, kann die Zentralbank das Tempo der Disinflation beschleunigen.

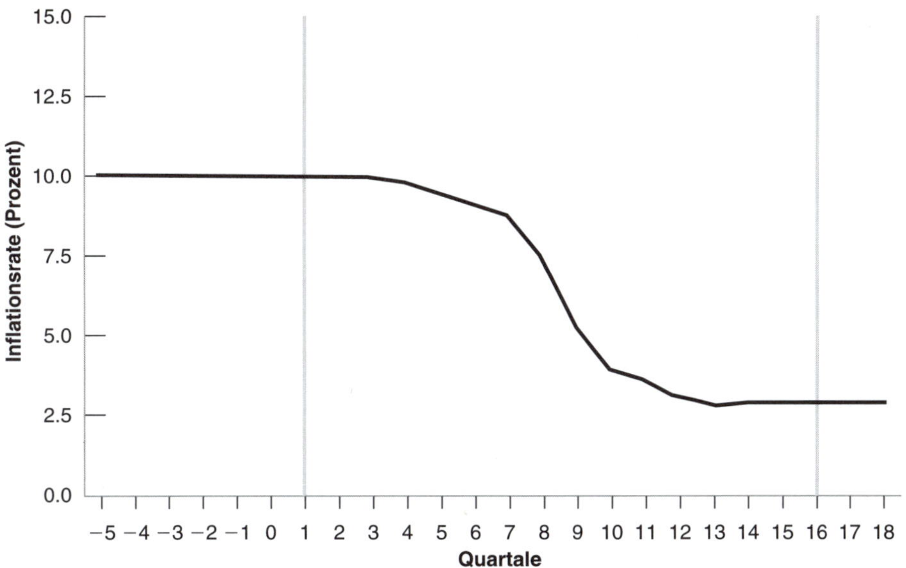

Abbildung 9.6: Disinflation ohne Arbeitslosigkeit im Taylor-Modell

Bei zeitlicher Staffelung von Lohnverträgen muss eine Politik der Disinflation allmählich durchgeführt werden, um einen Anstieg der Arbeitslosigkeit zu vermeiden.

Wie Lucas und Sargent ging auch Taylor nicht davon aus, dass eine Reduzierung der Inflationsrate gänzlich ohne Anstieg der Arbeitslosenquote bewerkstelligt werden könnte. Vor allem vermutete er, dass die Ankündigung eines Inflationspfads wie in Abbildung 9.6 Glaubwürdigkeitsprobleme auslösen würde. Dies gilt insbesondere dann, wenn im Laufe der Jahre neue Informationen zur Lage der Wirtschaft eintreffen. Die an der Lohnsetzung beteiligten müssen sich dann fragen, ob die Zentralbank unter allen Umständen an ihren Plänen festhält. Es ist äußerst unwahrscheinlich, dass eine Zentralbank diese Botschaft glaubwürdig vermitteln kann. Trotz dieser Einschränkung enthält Taylor's Analyse zwei weit reichende Botschaften: Zum einen zeigte er, dass Geldpolitik auch dann reale Wirkungen haben kann, wenn die Wirtschaftssubjekte wie bei Lucas und Sargent vorausschauend die Veränderungen der Wirtschaftspolitik berücksichtigen. Zum anderen enthält seine Analyse wichtige Hinweise, wie das Opferverhältnis durch eine geschickte Steuerung von Erwartungen verringert werden kann.

Die Implikationen von nominalen Rigiditäten: (1.) Auch in einer Wirtschaft mit vorrausschauenden Wirtschaftssubjekten führen nominale Rigiditäten zu realen Wirkungen der Geldpolitik. (2.) Um die Arbeitslosigkeitskosten der Disinflation zu senken, muss den Lohnsetzern Zeit gegeben werden, um den Änderungen der Politik Rechnung zu tragen. Die Zentralbank sollte die Inflationsrate deshalb graduell senken.

9.5 Beispiel: Die Disinflation in den Vereinigten Staaten, 1979-1985

Abschließend wollen wir die bisher gewonnenen Erkenntnisse am Beispiel einer der meistdiskutierten Disinflationen der letzten Jahrzehnte überprüfen. Im Jahr 1979 betrug die Inflationsrate in den USA 13,3%. Aufgrund dieses außergewöhnlich hohen Wertes entschied sich die amerikanische Zentralbank Fed, das Geldmengenwachstum stark zu verringern. Zu diesem Zeitpunkt betrug die Arbeitslosenquote 5,8% und das reale BIP wuchs mit einer Rate von 2,5%.

Im August 1979 wurde der renommierte Ökonom und Wirtschaftspolitiker Paul Volcker zum Vorsitzenden der Fed bestimmt. Unter seiner Leitung wurden im Oktober des gleichen Jahres einige Änderungen in der geldpolitischen Strategie angekündigt. Insbesondere würde man zukünftig die Wachstumsrate der nominalen Geldmenge als Zielgröße verwenden. Bis zu diesem Zeitpunkt hatte die Fed einen bestimmten Zinssatz für kurz laufende Wertpapiere angesteuert.

Erstaunlicherweise vermied es die Fed, pressewirksame Ankündigungen zum Kampf gegen die Inflation oder genaue Zielgrößen für den Inflationsverlauf auszugeben. Sie beließ es vielmehr bei der für viele Außenstehende technisch anmutenden Ankündigung, ihre Operationen künftig am Geldmengenwachstum auszurichten. Wie wir heute wissen, war ihre Politik trotzdem zunächst erfolgreich. Die Finanzmärkte interpretierten die angekündigte Änderung als ein Zeichen für eine nun neu ausgerichtete Geldpolitik, die dem Ziel der Inflationsreduktion verpflichtet ist. Die Fed hatte offensichtlich glaubwürdig versichert, auch sehr hohe Zinsen und eine prägnante Abschwächung der Wirtschaftsaktivität akzeptieren zu wollen, um die Senkung des Geldmengenwachstums und der Inflationsrate bewerkstelligen zu können.

Die Federal Funds Rate ist der Zins, zu dem die Banken Kredite über Nacht verleihen und aufnehmen können. Dieser Zins kann sehr exakt von der Fed gesteuert werden. Die Höhe dieses Zinses ist mitentscheidend für das Wachstum der nominalen Geldmenge.

In Abbildung 9.7 ist die Federal Funds Rate gemeinsam mit der jährlichen Inflationsrate für den Zeitraum von Januar 1979 bis Dezember 1984 abgebildet. Tatsächlich kam es zu einem starken Anstieg des Leitzinses von 11,4% im September 1979 auf 17,6% im April 1980. Danach kam es zu Zinssenkungen, so dass die Federal Funds Rate im Juli 1980 wieder nur 9% betrug.

Der damalige Präsident Carter, der Volcker zum Vorsitzenden berufen hatte, fürchtete, dass allzu hohe Zinsen seine Wiederwahl gefährden könnten.

Wir kam es zu den Zinssenkungen im Laufe des Jahres 1980? Die Fed begründete diese Politik mit starken Anzeichen einer Abschwächung der Wirtschaftsaktivität – die Volkswirtschaft drohte in eine andauernde Rezession abzugleiten. Diese Argumentation wirkte sich negativ auf die Glaubwürdigkeit der Fed aus – man glaubt nicht mehr, dass die Zentralbank auch unter Inkaufnahme hoher Kosten zu einer Reduktion der Geldmenge bereit wäre. Zusätzlich vermehrten sich die politischen Forderungen nach einer weniger restriktiven Geldpolitik im Vorfeld der Präsidentschaftswahlen im gleichen Jahr. Gegen Ende des Jahres 1980 mehrten sich die Anzeichen einer Erholung der Wirtschaft und die Fed begann mit neuen Zinserhöhungen, die im Januar 1981 ihren Höhepunkt erreichten.

Gegen Ende dieses Jahres schien die Volkswirtschaft in eine neue Rezession einzutreten. Im Gegensatz zu 1980, als das Ziel der Inflationsreduktion im Angesicht einer

Rezession möglicherweise zu rasch aufgegeben worden war, entschied sich die Fed nun, den Zinssatz auf einem hohen Niveau zu stabilisieren.

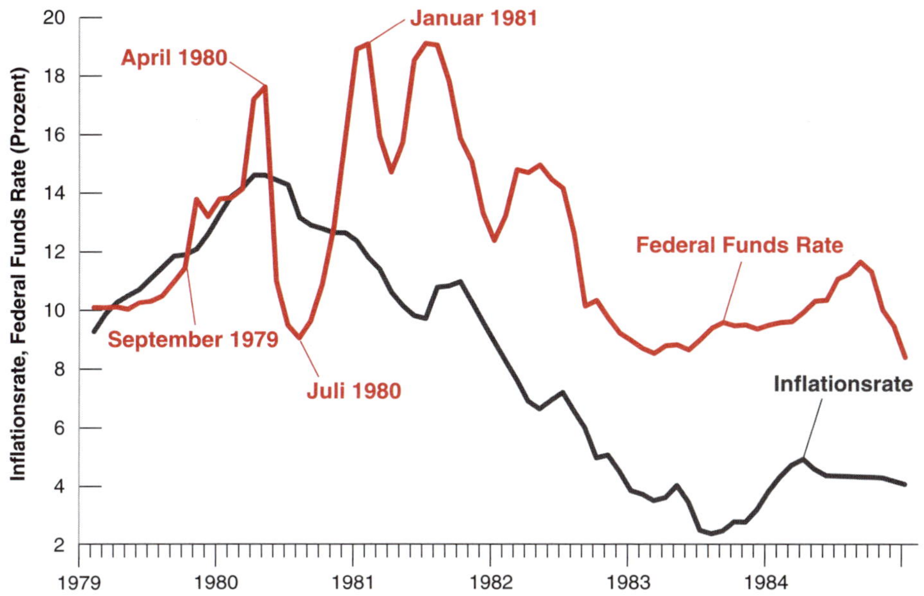

Abbildung 9.7:
Federal Funds Rate und Inflationsrate in den USA, 1979-1984

Einem scharfen Anstieg des Zinssatzes von September 1979 bis April 1980 folgte eine scharfe Abnahme Mitte 1980 und schließlich ein zweiter und dauerhafter Anstieg von Juli 1980 an, der den Großteil von 1981 und 1982 anhielt.

Tabelle 9.2:
Inflation und Arbeitslosigkeit in den USA, 1979-1985

	1979	1980	1981	1982	1983	1984	1985
1. Wachstum des BIP (%)	2,5	–0,5	1,8	–2,2	3,9	6,2	3,2
2. Arbeitslosenquote (%)	5,8	7,1	7,6	9,7	9,6	7,5	7,2
3. Inflationsrate (%)	13,3	12,5	8,9	3,8	3,8	3,9	3,8
4. Kumulierte Arbeitslosigkeit (%)		1,0	2,6	6,3	9,9	11,4	12,6
5. Kumulierte Disinflation (%)		0,8	4,4	9,5	9,5	9,4	9,5
6. Opferverhältnis		1,2	0,6	0,7	1,0	1,2	1,3

Die kumulierte Arbeitslosigkeit berechnet sich als Summe der Jahresprozentpunkte an Überschussarbeitslosigkeit seit Beginn des Jahres 1980. Zur Berechnung wurde eine natürliche Arbeitslosenquote von 6,0% unterstellt. Die kumulierte Disinflation berechnet sich als Differenz zwischen den Inflationsrate eines Jahres und der Inflationsrate des Jahres 1979.

Die Ereignisse zwischen 1979 und 1982 zeigen anschaulich auf, wie schwer der Aufbau von Glaubwürdigkeit sein kann. Zu Beginn seiner Amtszeit war das Vertrauen in den Vorsitzenden Paul Volcker erstaunlich hoch: Schon die Ankündigung eines Zielwerts für die Geldmenge genügte, um die Erwartungsbildung zu beeinflussen. Das Verhalten der Fed im Laufe des Jahres 1980 führte allerdings zu einem ausgeprägten Vertrauensverlust: man interpretierte die Überbetonung der Rezessionsängste als mangelnde Verpflichtung gegenüber der Inflationsreduktion. Die Glaubwürdigkeit wurde erst wiederhergestellt, als die Fed trotz einer aufkommenden Rezession dem Ziel der Disinflation verpflichtet blieb.

Unter Verwendung von Tabelle 9.2 können wir untersuchen, inwieweit die Glaubwürdigkeit der Fed – sofern vorhanden – zu einer Abschwächung des trade-off zwischen Disinflation und Arbeitslosigkeit beigetragen hat. Es zeigt sich, dass die Inflationserwartungen allenfalls in sehr begrenztem Ausmaß beeinflusst werden konnten. Es kam zu einem beträchtlichen Anstieg der Arbeitslosenquote, die im Dezember 1982 bei 10,8% ihren Höhepunkt erreichte.

Damit prognostiziert der traditionelle Ansatz ein Opferverhältnis von 1. ▶

Fiel der Anstieg der Arbeitslosenquote geringer aus, als vom traditionellen Ansatz aus Abschnitt 9.3 vorhergesagt? Wir hatten dort ermittelt, dass eine Reduktion der Inflationsrate um 1 Prozentpunkt zu einem Anstieg der Arbeitslosenquote um den gleichen Betrag führen würde, sofern der Parameter α einen Wert von 1 annimmt.

Unter der Annahme, dass dies für die USA im relevanten Zeitraum der Fall war, können wir die kumulierte Anzahl von Jahresprozentpunkten an Überschussarbeitslosigkeit ab 1980 ermitteln (Zeile 4 in Tabelle 9.2). Als natürliche Arbeitslosenquote nehmen wir einen Wert von 6% an. Zeile 5 gibt die kumulierte Disinflation an.

Die Tabelle zeigt, dass keine offensichtlichen Glaubwürdigkeitsvorteile erzielt werden konnten. Zwar ist das Opferverhältnis bis 1982 Werte kleiner als 1; bis zum Ende der betrachteten Periode im Jahr 1985 steigt das Opferverhältnis allerdings bis auf einen Wert von 1,3 an. Die Reduktion der Inflationsrate um 9,5% wurde also durch eine Überschussarbeitslosigkeit in Höhe von 12,6 Prozentpunkten erkauft.

Insgesamt kam es in der betrachteten Periode also zu einem beträchtlichen Anstieg der Arbeitslosenquote. Die Phillipskurvenbeziehung erwies sich als stabiler, als von vielen Ökonomen erwartet. Wir können allerdings nicht endgültig ermitteln, ob dieses Ergebnis eine Folge mangelnder Glaubwürdigkeit der Fed war, oder ob Glaubwürdigkeit nicht die prägnante Rolle spielt, die ihr auch heute noch von den allermeisten Ökonomen zugesprochen wird. Um die Bedeutung von Glaubwürdigkeit im Kontext von Disinflationen genauer zu untersuchen, ermittelte der Ökonom Laurence Ball Opferverhältnisse für 65 unterschiedliche Disinflationen. Dabei kommt er zu folgenden Ergebnissen:

- Typischerweise steigt die Arbeitslosenquote bei Disinflationen an, bevor sie zu ihrem natürlichen Niveau zurückkehrt.
- Das Opferverhältnis ist üblicherweise geringer, wenn eine schnelle und radikale Disinflation durchgeführt wird. Wie Lucas and Sargent vermuteten, hat die Glaubwürdigkeit der Zentralbank also möglicherweise doch eine zentrale Bedeutung.
- Das Opferverhältnis ist in den Ökonomien geringer, die sich durch eine geringe durchschnittliche Laufzeit von Tarifverträgen auszeichnen. Auch die Betonung der Struktur von Lohnkontrakten durch Fischer und Taylor bestätigt sich somit.

Zusammenfassung

- Der Zusammenhang zwischen Produktionswachstum, Arbeitslosigkeit und Inflation kann durch drei Beziehungen beschrieben werden: Das Gesetz von Okun, die Phillipskurve und eine modifizierte aggregierte Nachfragefunktion in Wachstumsraten.
- In der mittleren Frist entspricht die Arbeitslosenquote stets der natürlichen Arbeitslosenquote, die Produktion wächst mit der normalen Rate. Die Inflationsrate wird durch das Wachstum der nominalen Geldmenge determiniert: Ein Anstieg des Geldmengenwachstums führt zu einem Anstieg der Inflationsrate in gleichem Ausmaß.
- In der kurzen Frist hat ein Absenken der Wachstumsrate der nominalen Geldmenge einen Anstieg der Arbeitslosigkeit zur Folge. Eine Reduktion der Inflationsrate erfordert somit stets einen gewissen Anstieg der Arbeitslosigkeit.
- Im Rahmen des Ansatzes, der in den siebziger Jahren zur Analyse von geldpolitischen Maßnahmen verwendet wurde, reagieren die Inflationserwartungen nicht auf Änderungen der angekündigten Politik. In diesem Umfeld kann die Zentralbank zwar entscheiden, wie sie einen gegebenen Gesamtanstieg der Arbeitslosenquote über die Zeit verteilt. Der Gesamtanstieg nimmt jedoch stets den gleichen Wert an.
- Neuere Ansätze betonen, dass die Erwartungsbildung auf Änderungen der Politik reagieren wird. Ist die Ankündigung einer Disinflation glaubwürdig, würde es zu einer raschen Reduktion von Inflation und Inflationserwartungen kommen, soweit keine nominalen Rigiditäten vorliegen. Nominale Rigiditäten haben ihre Ursache häufig in der Art und Weise wie Lohnkontrakte geschlossen werden.

Übungsaufgaben

Verständnistests

1. Welche der folgenden Aussagen sind zutreffend, falsch oder unklar? Geben Sie jeweils eine kurze Erläuterung.
   a. Die Arbeitslosenquote wird sich nicht ändern, so lange ein positives Produktionswachstum vorliegt.
   b. Firmen ziehen es häufig vor, unterbeschäftigte Arbeiter im Unternehmen zu belassen, anstatt Kündigungen auszusprechen.
   c. Ein internationaler Vergleich des Okun'schen Gesetzes bestätigt weitgehend unser Vorwissen bzgl. Unternehmensverhalten und Arbeitsmarktregulierung in unterschiedlichen Ländern.
   d. Es existiert eine stabile negative Beziehung zwischen der Inflationsrate und der Wachstumsrate der Produktion.
   e. In der mittleren Frist entspricht die Inflationsrate der Wachstumsrate der nominalen Geldmenge.
   f. Gemäß der Phillipskurvenbeziehung ist das Opferverhältnis unabhängig von der Geschwindigkeit der Inflationsreduktion.
   g. Im Modell von Lucas und Sargent würde es bei vollständiger Glaubwürdigkeit der Geldpolitik keinen Zusammenhang zwischen Inflation und Arbeitslosigkeit, d.h. keine Phillipskurvenbeziehung, geben
   h. Im Gegensatz zur traditionellen Analyse ist in Taylors Modell der gestaffelten Lohnsetzung eine graduelle Reduktion der Inflationsrate angebracht.

2. Für Deutschland lautet das Okun'sche Gesetz gemäß Gleichung (9.2):

$$u_t - u_{t-1} = -0{,}2(g_{yt} - 3{,}5\%)$$

   a. Wie groß muss die Wachstumsrate der Produktion sein, damit die Arbeitslosigkeit in einem Jahr um einen Prozentpunkt sinkt?
   b. Wie groß muss die Wachstumsrate des Outputs sein, damit die Arbeitslosenquote im Laufe von vier Jahren um zwei Prozentpunkte sinkt?
   c. Die Bundesregierung beschließt ein neues Einwanderungsgesetz, dass den Zuzug nach Deutschland erheblich erleichtert. Wie ändert sich das Okun'sche Gesetz, wenn die Wachstumsrate der Erwerbsbevölkerung hierdurch um einen Prozentpunkt zunimmt?

3. Eine Volkswirtschaft sei durch folgende Gleichungen beschrieben:

$u_t - u_{t-1} = -0{,}5(g_{yt} - 2\%)$	Okun'sches Gesetz
$\pi_t - \pi_{t-1} = -(u_t - 5\%)$	Phillipskurve
$g_{yt} = g_{mt} - \pi_t$	Aggregierte Nachfrage

   a. Bestimmen Sie die natürliche Arbeitslosenquote.
   b. Die Arbeitslosenquote sei konstant 5%. Die Inflationsrate beträgt 8%. Wie hoch sind die Wachstumsraten der Produktion und der nominalen Geldmenge?
   c. Gehen Sie von der Situation in (b.) aus. Die Zentralbank beschließt in Periode t, die Inflationsrate dauerhaft von 8% auf 2% zu senken. Bestimmen Sie die Arbeitslosenquote in den Perioden t, $t + 1$, $t + 2$, ...? Welche Wachstumsraten ergeben sich für Produktion und Geldmenge in diesen Jahren?

4. Sie sollen eine Regierung beraten, die plant eine Disinflation durchzuführen. Die Regierung erwägt zwei Alternativen: eine Reduktion der Inflationsrate über mehrere Jahre oder eine sofortige Senkung im nächsten Jahr.

   a. Welche Argumente sprechen für, welche gegen die erste und die zweite Alternative.
   b. Welche Alternative würden Sie bei alleiniger Betrachtung des Opferverhältnisses wählen? Welche Gründe sprechen für die Beachtung weiterer Kriterien?
   c. Welche strukturellen Eigenschaften der Volkswirtschaften sollten Sie kennen, um einen fundierten Ratschlag geben zu können?

5. Unterstellen Sie eine Phillipskurvenbeziehung in der folgenden Form:

$$\pi_t - \pi_{t-1} = -(u_t - 5\%) + 0{,}1\mu,$$

   mit μ als Gewinnaufschlag.

   Gehen Sie von einer Situation aus, in der die Arbeitslosenquote auf ihrem natürlichen Niveau liegt. Durch einen Ölpreisschock steigt nun μ, die Zentralbank garantiert allerdings ein Verbleiben der Arbeitslosenquote auf dem alten Niveau.

   a. Wie wird sich die Inflationsrate entwickeln?
   b. Welche alternative Politik ist in dieser Situation angebracht?

Vertiefungsfragen

6. *Glaubwürdigkeit und Disinflation*

   Die Phillipskurve sei $\pi_t = \pi_t^e - (u_t - 5\%)$. Die Inflationserwartungen werden gemäß $\pi_t^e = \pi_{t-1}$ gebildet.

   a. Wie hoch ist das Opferverhältnis in der betrachteten Volkswirtschaft?
   Gehen Sie von einem mittelfristigen Gleichgewicht mit $\pi = 12\%$ aus. Beginnend mit Periode t will sie die Arbeitslosenquote so lange um einen Prozentpunkt über ihrem natürlichen Niveau halten, bis die Inflationsrate auf 2% gefallen ist.

   b. Berechnen Sie die Inflationsrate für die Jahre t, $t + 1$, $t + 2$, ...

   c. Für wie viele Jahre muss die Arbeitslosenquote über dem natürlichen Niveau liegen? Entspricht das ermittelte Opferverhältnis den Ergebnissen aus Teilaufgabe a)?
   Gehen Sie in der Folge davon aus, dass alle Wirtschaftssubjekte das Inflationsziel der Zentralbank kennen. Sie sind sich allerdings nicht sicher, inwieweit die Zentralbank eine erhöhte Arbeitslosenquote in Kauf nehmen wird. Deshalb bilden sie Inflationserwartungen als gewichtetes Mittel aus dem Inflationsziel von 2% und der vergangenen Inflationsrate:

   $$\pi_t^e = \lambda \cdot 2\% + (1-\lambda)\,\pi_{t-1}$$

   wobei λ die Gewichtung des Inflationsziels ist.

   d. Gegeben sei $\lambda = 0{,}25$. Wie viele Jahre werden benötigt, um die Inflationsrate auf 2% zu reduzieren? Wie hoch ist das Opferverhältnis? Warum unterscheidet es sich vom Opferverhältnis aus Aufgabenteil (c)?

   e. Angenommen, nach Ablauf eines Jahres sind die Wirtschaftssubjekte vom Inflationsziel der Zentralbank überzeugt. Ihre Inflationserwartungen sind dann

   $$\pi_t^e = 2\%$$

   Ab welchem Jahr kann die Zentralbank die Arbeitslosenquote auf ihr natürliches Niveau sinken lassen?

7. Eine Volkswirtschaft sei durch folgende Gleichungen beschrieben:

   $$u_t - u_{t-1} = -0{,}4(g_{yt} - 3\%) \qquad \text{Okun'sches Gesetz}$$

   $$\pi_t - \pi_{t-1} = -(u_t - 5\%) \qquad \text{Phillipskurve}$$

   $$g_{yt} = g_{mt} - \pi_t \qquad \text{Aggregierte Nachfrage}$$

   a. Formen Sie die Gleichungen so um, dass die Volkswirtschaft durch lediglich zwei Gleichungen beschrieben wird, die jeweils die Inflationsrate und die Arbeitslosenquote einer Periode t als Funktion des Geldmengenwachstums, der vergangenen Inflationsraten und der normalen Wachstumsrate abbilden. (Hinweis: Ersetzen Sie g_{yt} durch den Ausdruck der aggregierten Nachfrage).
   Gehen Sie von einem mittelfristigen Gleichgewicht aus, in dem die Inflationsrate 10% beträgt. Die Zentralbank kündigt an, das Geldmengenwachstum ab Periode t permanent auf 3% zu reduzieren.

   b. Bestimmen Sie mit Hilfe eines Tabellenkalkulationsprogramms die Werte für Arbeitslosenquote, Inflationsrate und Produktionswachstum für die Perioden t, $t + 1$, ..., $t + 10$.

   c. Sinkt die Inflationsrate gleichmäßig von 10% auf 3%? Begründen Sie Ihre Antwort?

   d. Welche Werte ergeben sich für Arbeitslosenquote und Inflationsrate in der mittleren Frist?

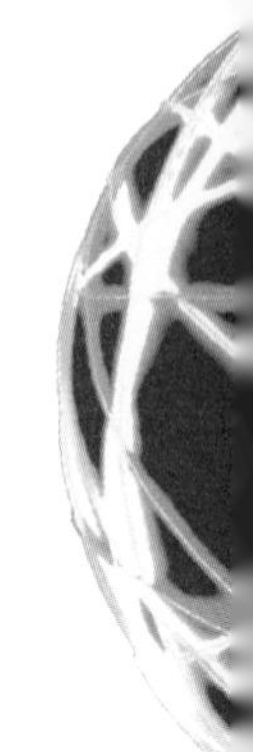

Teil 4
Die lange Frist

Die nächsten vier Kapitel konzentrieren sich auf die lange Frist. Langfristig geht es um Wachstum, nicht um Konjunkturschwankungen. Wir fragen uns: Wodurch wird das Wachstum bestimmt?

Kapitel 10

Kapitel 10 betrachtet stilisierte Fakten des Wachstums. Es dokumentiert zunächst das enorme Produktionswachstum in den Industriestaaten während der vergangenen 50 Jahre. Es zeigt sich, dass dieses Wachstum, historisch gesehen, ein relativ neues Phänomen ist. Zudem ist es keineswegs ein allgemein gültiges Phänomen: Viele arme Staaten leiden unter niedrigem Wachstum oder haben gar kein Wachstum.

Kapitel 11

Kapitel 11 konzentriert sich auf die Bedeutung der Kapitalakkumulation für das Wachstum. Kapitalakkumulation kann auf Dauer Wachstum nicht stimulieren, sie beeinflusst aber das Produktionsniveau. Eine höhere Sparrate bedeutet zunächst zwar Konsumverzicht, ermöglicht langfristig aber in der Regel ein höheres Konsumniveau.

Kapitel 12

Kapitel 12 wendet sich dem technischen Fortschritt zu. Es wird gezeigt, wie die Wachstumsrate langfristig von der Rate des technischen Fortschritts bestimmt wird. Wir arbeiten die Bedeutung von F&E für diesen Prozess heraus. Schließlich lernen wir, wie sich die im Kapitel 10 präsentierten stilisierten Fakten durch die in Kapitel 11 und 12 vorgestellten Theorien erklären lassen.

Kapitel 13

Kapitel 13 zeigt, wie sich die Analyse der langen Frist mit der Analyse der kurzen und mittleren Frist verbinden lässt. Es diskutiert, ob und wann technischer Fortschritt zu Arbeitslosigkeit führt und ob der technische Fortschritt für die zunehmende Ungleichheit der Einkommensverteilung in den USA in den vergangenen 20 Jahren verantwortlich ist. Dieses Kapitel ist zum Verständnis der weiteren Teile des Buchs nicht notwendig.

Kapitel 10 Wachstum – Stilisierte Fakten

Unser Verständnis der Wirtschaftsaktivität wird meist von kurzfristigen Konjunkturschwankungen dominiert. Rezessionen verleiten zu Trübsal, Booms zu Optimismus. Doch wenn wir uns zurücklehnen und eine längerfristige Perspektive über mehrere Dekaden hinweg einnehmen, ändert sich der Blickwinkel. Schwankungen verblassen. Wachstum – der stetige Anstieg der Produktion im Lauf der Zeit – dominiert das Bild.

Abbildung 10.1a zeigt, wie sich das reale BIP pro Kopf (gemessen in Euro zum Basisjahr 1995) in Deutschland seit 1900 entwickelt hat. Die beiden Weltkriege führten ebenso zu einem starken Einbruch wie die Jahre der Depression zwischen 1929 und 1933. Auch mit der Vereinigung 1991 sinkt das BIP pro Kopf, weil es sich nun auf Gesamtdeutschland bezieht. Im Vergleich zu diesen Strukturbrüchen fallen die Rezessionen der Nachkriegszeit in den Jahren 1967, 1975, 1982 sowie 1993 kaum ins Auge. Zum Vergleich ist auch das reale BIP der Vereinigten Staaten von 1900 bis 2000 (gemessen in Dollar zum Basisjahr 1996) in Abbildung 10.1b abgebildet. Die Entwicklung in den USA ist durch einen stetigen Anstieg der Produktion im Lauf der vergangenen 100 Jahre gekennzeichnet. Die stärkste U.S.-Rezession der Nachkriegszeit zwischen 1980 und 1982 lässt sich kaum erkennen.

Zur Messung des BIP verwenden wir in Abbildung 10.1 eine logarithmische Skala. Die Besonderheit der logarithmischen Skala liegt darin, dass der Logarithmus einer Variablen linear ansteigt, wenn die Variable mit konstanter Rate wächst. Für eine ausführlichere Diskussion, vgl. Anhang 2 am Ende des Buches.

Wir wenden unsere Aufmerksamkeit deshalb nun dem Wachstum zu. Anders formuliert: Während wir bislang die kurz- und mittelfristigen Bestimmungsgründe von Konjunkturschwankungen untersuchten, nehmen wir nun eine langfristige Perspektive ein.

- Abschnitt 10.1 dokumentiert das Wachstum der Industriestaaten über die vergangenen 50 Jahre.
- Abschnitt 10.2 nimmt eine breitere Perspektive ein, sowohl zeitlich wie räumlich.
- Abschnitt 10.3 gibt dann eine erste Einführung in die Grundlagen der Wachstumstheorie. Er führt den Rahmen ein, der in den folgenden drei Kapiteln ausgefüllt wird.

Abbildung 10.1a:
Deutsches reales BIP pro Kopf seit 1900

Die deutsche Produktion pro Kopf hat sich seit 1900 um das 6-fache vergrößert.

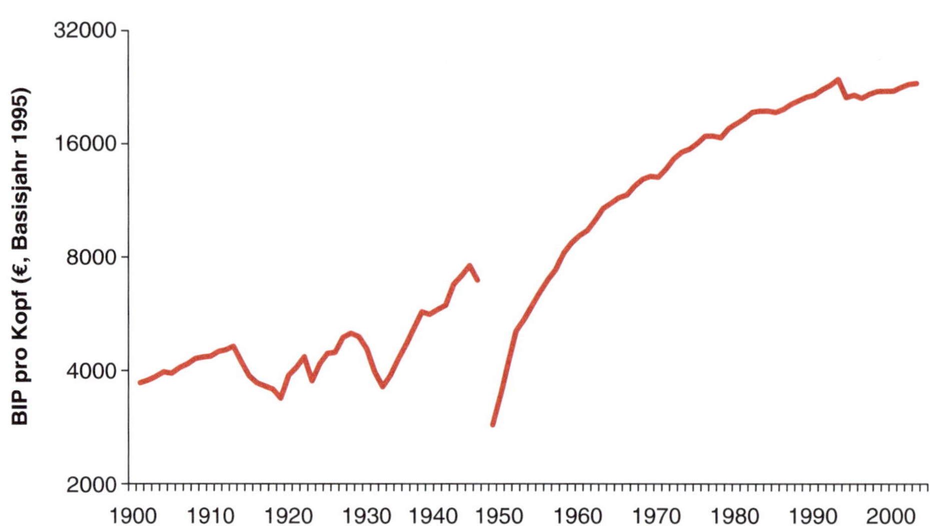

Quelle: Ritschl, A., u. Spoerer, M.: Das BSP in Deutschland nach den amtlichen Volkseinkommens- und Sozialproduktsstatistiken 1901-1995. In: Jahrbuch für Wirtschaftsgeschichte, (1997/2), S. 51-53.

Abbildung 10.1b:
Reales BIP der USA seit 1900

Die amerikanische Produktion hat sich seit 1890 um das 30-fache vergrößert.

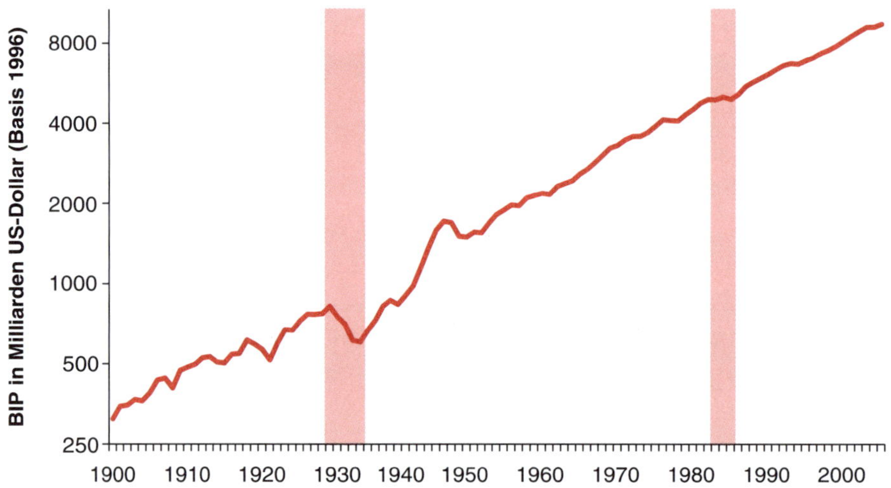

Quelle: 1900-1929: Historical Statistics of the United States; 1929-2002: National Income and Product Accounts.

10.1 Wachstum in den Industriestaaten seit 1950

Tabelle 10.1 zeigt die Entwicklung der Produktion pro Kopf (gemessen am BIP, dividiert durch die Bevölkerungszahl) für Deutschland, Frankreich, Großbritannien, Japan und die USA seit 1950. Diese Staaten sind nicht nur die größten Wirtschaftsmächte der Welt; ihre Entwicklung ist auch repräsentativ für die Entwicklung der anderen Industriestaaten in der zweiten Hälfte des vergangenen Jahrhunderts.

Aus zwei Gründen ist es sinnvoll, dabei nicht das BIP, sondern das BIP pro Kopf zu betrachten. Die Entwicklung des Lebensstandards in einem Land wird durch die Produktion pro Kopf gemessen, nicht durch das absolute Produktionsniveau des Landes. Ein Vergleich zwischen Ländern mit unterschiedlicher Bevölkerungszahl muss zudem den Bevölkerungsunterschieden Rechnung tragen. Genau das erreicht man mit dem Konzept der Produktion pro Kopf.

Produktion: BIP
Produktion pro Kopf: BIP geteilt durch die Bevölkerungszahl

Bevor wir uns der Tabelle zuwenden, müssen wir fragen, wie diese Zahlen berechnet werden. Bisher haben wir für die verschiedenen Länder meist das in landeseigener Währung ausgewiesene BIP herangezogen und jeweils mit dem laufenden Wechselkurs multipliziert, um die Zahlen in Euro oder Dollar auszudrücken. Diese einfache Methode funktioniert hier aus zweierlei Gründen nicht.

Tabelle 10.1: Die Entwicklung der Produktion pro Kopf in den fünf reichsten Staaten seit 1950

	Jährliche Wachstumsraten BIP pro Kopf (%)		Reales BIP pro Kopf bewertet in $ zu Preisen von 1996		
	1950-1973	1974-2000	1950	2000	2000/1950
Deutschland	4,8	1,7	4.642	21.910	4,7
Frankreich	4,1	1,6	5.489	21.282	3,9
Großbritannien	2,5	1,9	7.321	21.647	3,0
Japan	7,8	2,4	1.940	22.039	11,4
Vereinigte Staaten	2,2	1,7	11.903	30.637	2,6
Durchschnitt	4,3	1,8	6.259	23.503	3,7

Quelle: 1950-1992: Penn World Tables, erstellt von Robert Summers und Alan Heston (pwt.econ.upenn.edu). Von 1992 bis 2000 erweitert unter Verwendung der Wachstumsraten des realen BIP, OECD Economic Outlook, sowie der Bevölkerungsstatistik des IWF International Financial Statistics (IFS). Die letzte Zeile gibt den (ungewichteten) Durchschnitt an.

- Zum einen sind Wechselkurse sehr starken Schwankungen ausgesetzt (mehr dazu in den Kapiteln 18-21). So stieg der Dollar gegenüber dem Euro von Januar 1999 bis Mitte 2001 um 40% und fiel dann bis Mitte 2003 wieder auf das Ausgangsniveau. Natürlich ist der Lebensstandard in den USA im Vergleich zum Euroraum in dieser Zeit aber nicht erst um 40% gestiegen und danach wieder entsprechend gefallen. Diesen Eindruck bekäme man aber, wenn das BIP pro Kopf jeweils auf Basis der laufenden Wechselkurse berechnet werden würde.

- Der zweite Grund geht über den Aspekt reiner Wechselkursschwankungen weit hinaus. Im Jahr 2000 lag das BIP pro Kopf in Indien nach damaligem Wechselkurs bei 450 $ verglichen mit 35.900 $ in den USA. Sicherlich könnte weder in den USA noch in Europa jemand von 450 $ im Jahr leben. Doch die Menschen in Indien leben davon – wenn auch sicher nicht sonderlich gut. Dort liegen die Preise für Güter des täglichen Bedarfs (Güter also, die man zum Überleben braucht) weit unter denen der USA. Das durchschnittliche Konsumniveau eines Inders, der überwiegend Güter des täglichen Bedarfs nachfragt, liegt also nicht bei einem Achtzigstel (450/35.900) des Niveaus in den USA. Diese Überlegung ist nicht nur beim Vergleich zwischen USA und Indien, sondern ganz generell relevant. Meist gilt nämlich: Je niedriger das BIP pro Kopf in einem Land, desto niedriger sind in der Regel auch die Preise für Nahrungsmittel und für grundlegende Dienstleistungen.

Die Konstruktion von PPP-Zahlen ist viel Arbeit. Bis heute hat das „Penn World Tables"-Projekt (beschrieben in der Fokusbox) lediglich PPP-Zahlen bis in die frühen 90er Jahre des 20. Jahrhunderts erstellt. In Tabelle 10.1 haben wir die Zahlen für die fünf wichtigsten OECD-Länder bis zum Jahr 2000 erweitert. Es wäre zu viel Arbeit, das gleiche Verfahren bei einer größeren Anzahl von Ländern durchzuführen. Deshalb zeigen wir Entwicklungen der Produktion pro Kopf nur bis zum letzten verfügbaren Jahr aus dem Datensatz der Penn World Tables (für die meisten Länder 1992, für die anderen 1990 oder 1991).

Will man den Lebensstandard vergleichen, egal ob im Zeitverlauf oder zwischen verschiedenen Ländern, dann erhält man zuverlässigere Ergebnisse, wenn man die Zahlen um die eben besprochenen Aspekte – Wechselkursschwankungen sowie systematische Preisunterschiede zwischen den Ländern – korrigiert. Bei den Zahlen in der Tabelle 10.1 sind diese Korrekturen vorgenommen worden. Die Details der Berechnung sind kompliziert, das Prinzip aber ist einfach: Zur Berechnung der Zahlen in Tabelle 10.1 wurden Wechselkurse verwendet, die die Kaufkraftparität (als PPP bezeichnet nach „purchasing power parity") zwischen verschiedenen Ländern messen. Sie versuchen, anhand eines Menüs gemeinsamer Preise zu erfassen, zu welchem Wechselkurs der gleiche Warenkorb in allen Ländern gleich viel kostet. Die Fokusbox „Konstruktion der PPP-Zahlen" erläutert dies ausführlicher.

Die Unterschiede zwischen den PPP-Zahlen und den auf laufenden Wechselkursen basierenden Zahlen können enorm sein. Kehren wir zum Vergleich zwischen Indien und den USA zurück. Zum laufenden Wechselkurs ist das BIP pro Kopf in den USA 80-mal höher als in Indien. Zieht man die PPP-Zahlen heran, liegt das Verhältnis nur bei 17. Der Unterschied ist immer noch groß, aber doch erheblich kleiner. Selbst beim Vergleich zwischen Industriestaaten gibt es große Unterschiede. Im Jahr 2000 liegt das BIP pro Kopf der USA bei nur 93% des japanischen Niveaus, wenn man den laufenden Wechselkurs zugrunde legt. Zieht man dagegen die PPP-Zahlen der Tabelle 10.1 heran, dann liegt das BIP pro Kopf in den USA in Wirklichkeit bei 139% im Vergleich zu Japan. Allgemein deuten die PPP-Zahlen darauf hin, dass die USA das höchste BIP pro Kopf unter den wichtigsten Ländern der Welt aufweisen.

Quintessenz: Wenn man den Lebensstandard verschiedener Länder miteinander vergleichen will, muss man PPP-Zahlen benutzen.

Kehren wir nun zur Tabelle 10.1 zurück. Wir können aus der Tabelle drei zentrale Schlussfolgerungen ziehen:

1. Seit 1950 ist der Lebensstandard signifikant gestiegen. Die reale Produktion pro Kopf ist zwischen 1950 und 2000 in den USA um das 2,6-fache gestiegen, in Deutschland um das 4,7-fache und in Japan um das 11,4-fache.

   Diese Zahlen zeigen, was man oft mit „Zinseszinseffekt" bezeichnet. Er bewirkt, dass selbst ein kleiner in der Jugend gesparter Geldbetrag bis zum Rentenalter zu einer riesigen Summe anwächst. Ein Euro, angelegt zum Zinssatz von 4,9%, wächst nach 50 Jahren auf einen Betrag von 11 Euro an $[(1+0{,}049)^{50}=10{,}93]$, sofern nur alle

Zinszahlungen immer wieder reinvestiert werden. Genau diese Logik beschreibt das Wachstum in Japan. Die durchschnittliche Wachstumsrate zwischen 1950 bis 2000 lag dort bei 4,9% [(7,8% pro Jahr mal 23 plus 2,4% pro Jahr mal 27) geteilt durch 50]. Diese hohe Wachstumsrate führte in dem Zeitraum zum 11-fachen Anstieg der realen Produktion pro Kopf.

Offensichtlich könnte ein besseres Verständnis der Wachstumskräfte einen enormen Effekt auf den Lebensstandard haben, sofern sich daraus eine wachstumsfreundlichere Politik ableiten ließe. Könnte eine bestimmte Wachstumspolitik die Wachstumsrate dauerhaft um nur einen Prozentpunkt steigern, wäre der Lebensstandard schon nach 40 Jahren um 50% höher – ein enormer Unterschied.

Es hat sich als schwierig erwiesen, Politikmaßnahmen zu finden, die solch magische Ergebnisse bringen könnten!

2. Das reale Wachstum pro Kopf hat sich seit Mitte der 70er Jahre verlangsamt. Die ersten beiden Spalten der Tabelle 10.1 geben die Wachstumsraten vor und nach 1973 wider. Es ist schwer zu bestimmen, ab wann genau das Wachstum schwächer wurde. Die Tabelle unterteilt den Datensatz im Jahr 1973. Dieses Jahr ist so gut geeignet wie jedes andere Jahr Mitte der 70er. Das Wachstum hat sich in allen fünf Ländern abgeschwächt. Der Rückgang war aber in den Ländern stärker, die vor 1973 schneller gewachsen sind: Deutschland, Frankreich und insbesondere Japan, mit der Folge, dass die Differenzen zwischen den Wachstumsraten nach 1973 geringer sind als vorher.

   Sollte sich dies fortsetzen, könnte der Rückgang der Wachstumsraten tief greifende Implikationen dafür haben, wie sich der Lebensstandard in der Zukunft entwickelt. Bei einer Wachstumsrate von 4,3% pro Jahr – die durchschnittliche Wachstumsrate unserer 5 Länder zwischen 1950 und 1973 – dauert es nur 16 Jahre, bis sich der Lebensstandard verdoppelt. Sinkt die Wachstumsrate auf 1,8% pro Jahr – der Durchschnitt von 1973 bis 1998 – dauert es dagegen 39 Jahre, also mehr als doppelt so lange. Wer, ausgehend von den Erfahrungen der 50er und 60er Jahre, auch danach ein schnelles Einkommenswachstum erwartete, wurde ab 1973 mit der harten Realität niedrigeren Wachstums konfrontiert. Das macht deutlich, warum der Anstieg des U.S.-Produktivitätswachstums in der zweiten Hälfte der 1990er Jahre (vgl. Abbildung 1.5 in Kapitel 1) so große Aufmerksamkeit fand. Ist es ein Zeichen dafür, dass die USA zu den hohen Wachstumsraten vor 1973 zurückkehren können? Wir werden diese Frage in Kapitel 12 erneut aufgreifen.

Die „Regel der 70“: Wenn eine Variable mit *x*% pro Jahr wächst, wird es ungefähr 70/*x* Jahre dauern, bis sich die Variable verdoppelt hat. Falls *x* = 4,3 ist, wird es ungefähr 16 (70 geteilt durch 4,3) Jahre dauern, bis sich die Variable verdoppelt hat. Wenn *x* = 1,8 ist, wird es ungefähr 39 (70 geteilt durch 1,8) Jahre dauern.

3. Die Produktion pro Kopf näherte sich zwischen den fünf Ländern im Zeitverlauf an. Wir beobachten eine Konvergenz. Anders formuliert: Die Länder, die 1950 zurücklagen, sind schneller gewachsen, sie haben den Abstand zu den USA verkleinert.

   1950 war das BIP pro Kopf in den USA ungefähr doppelt so groß wie in Deutschland, Frankreich und Großbritannien, und sogar mehr als 6-mal so hoch wie in Japan. Aus der Sicht Japans und Europas erschienen die USA wie das Land, in dem Milch und Honig fließen. Heute ist diese Vorstellung verschwunden. Die Zahlen erklären warum. Ausgehend von den PPP-Zahlen, ist das BIP pro Kopf in den USA immer noch am höchsten; im Jahre 2000 lag es aber nur noch 37% über dem Durchschnitt der anderen vier Länder, ein viel kleinerer Unterschied als 1950.

Fokus: Die Berechnung der PPP

Stellen wir uns zwei Länder vor – etwa Deutschland und Russland – allerdings ohne dass wir versuchen, die Besonderheiten der beiden Länder im Detail zu berücksichtigen.

In Deutschland liegt der jährliche Konsum pro Kopf bei 20.000 €. Die Konsumenten kaufen zwei Güter: Sie kaufen jedes Jahr ein Auto zum Preis von 10.000 €. Den Rest geben sie für Nahrungsmittel aus. Der Preis eines jährlichen Bündels Nahrungsmittel liege bei 10.000 €.

In Russland liegt der jährliche Konsum pro Kopf bei 60.000 Rubel. Die Menschen behalten dort ihre Autos 15 Jahre. Der Preis für ein Auto sei 300.000 Rubel. Im Durchschnitt geben die Konsumenten dann jährlich 20.000 Rubel – 300.000/15 – für Autos aus. Sie kaufen das gleiche jährliche Bündel Nahrungsmittel wie die Deutschen, zum Preis von 40.000 Rubel. Russische und deutsche Autos seien von gleicher Qualität, ebenso auch russische und deutsche Nahrungsmittel. (Dies ist eine heroische Annahme. Sie zeigt ein zentrales Problem bei der Konstruktion von PPP- Maßen auf: Können wir wirklich davon ausgehen, dass in den verschiedenen Staaten vergleichbare Güter konsumiert werden?) Für den Wechselkurs gelte, dass einem Euro 30 Rubel entsprechen. Wie hoch ist dann der Konsum pro Kopf in Russland im Vergleich zu Deutschland?

Wir könnten den Konsum pro Kopf in Russland mit Hilfe des Wechselkurses in Euro umrechnen. Nach dieser Methode liegt der Konsum pro Kopf in Russland bei 2.000 € (60.000 Rubel geteilt durch den Wechselkurs, 30 Rubel je €). Das sind nur 10% des Niveaus in Deutschland.

Macht diese Antwort Sinn? Es ist zwar richtig, dass die Russen ärmer sind, allerdings sind Nahrungsmittel in Russland viel billiger. Ein deutscher Konsument, der sein ganzes Geld für Nahrungsmittel ausgibt, könnte für seine 20.000 € gerade zwei Bündel (20.000/10.000) kaufen. Ein russischer Konsument, der seine ganzen 60.000 Rubel für Nahrungsmittel ausgibt, könnte davon immerhin 1,5 (60.000/40.000) Bündel kaufen. In Bündeln Nahrungsmittel gemessen, ist der Unterschied zwischen Deutschland und Russland also viel geringer. Da Ausgaben für Nahrungsmittel in Deutschland die Hälfte des Konsums, in Russland sogar 2/3 des Konsums ausmachen, ist dies eine relevante Überlegung.

Wie lässt sich unsere erste Antwort verbessern? Wir sollten für beide Länder die gleichen Preise verwenden und die jeweils konsumierten Mengen der einzelnen Güter mit diesen Preisen bewerten.

Gemessen in Kaufkraftparität ergibt sich daraus als PPP-Kurs 5,6 Rubel je € (= 60.000 Rubel / 10.700 €).

Nehmen wir zunächst die deutschen Preise. Der Konsum pro Kopf in Deutschland bleibt dann natürlich unverändert bei 20.000 €. Wie hoch ist er in Russland? Jedes Jahr kauft der durchschnittliche Russe 0,07 Autos (alle 15 Jahre ein Auto) und ein Bündel Nahrungsmittel. Mit deutschen Preisen bewertet – konkret: 10.000 € je Auto und 10.000 € für ein Bündel Nahrungsmittel – liegt der russische Pro-Kopf-Konsum bei 10.700 € = (0,07×10.000 € + 1×10.000 €). Legen wir also für beide Länder die deutschen Preise zugrunde, dann entspricht das Pro-Kopf-Niveau in Russland 53,5% (= 10.700/ 20.000) des deutschen. Im Vergleich zur ersten Methode (die auf nur 10% kam) liefert dies eine bessere Schätzung der relativen Lebensstandards.

Diese Berechnungsmethode, Konsumbündel über Länder hinweg mit einheitlichen Preisen zu bewerten, bildet die Grundlage aller PPP-Schätzungen. Statt dabei wie in unserem Beispiel deutsche Preise zu verwenden, nimmt man für diese Schätzungen Durchschnittspreise aus verschiedenen Ländern. Diese Preise werden „internationale Dollarpreise" genannt. Die Schätzungen, die wir in Tabelle 10.1 und auch später verwenden, sind Ergebnis eines ehrgeizigen Projekts, bekannt als „Penn World Tables" (Penn steht für University of Pennsylvania als Standort des Projekts). Unter der Leitung der drei Ökonomen Irving Kravis, Robert Summers und Alan Heston wurden im Rahmen dieses Projekts für die meisten Länder der Welt PPP-Zeitreihen nicht nur für den Konsum, sondern allgemein für das BIP und dessen Komponenten ermittelt. Sie gehen bis 1950 zurück. Das Jahr 1992 ist das letzte, für das Summers und Heston ihre PPP-Zahlen konstruiert haben.

Je nach dem verwendeten Warenkorb ergeben sich allerdings unterschiedliche PPP-Werte. Es ist nämlich nicht eindeutig, von welchem Warenbündel wir ausgehen sollten. Insofern können die Berechnungen nicht präzise sein. Sie ermöglichen aber zuverlässigere Vergleiche als die Umrechnung zum laufenden Wechselkurs. Die Wochenzeitschrift *The Economist* etwa ermittelt jedes Jahr ein äußerst simples, aber recht populäres PPP-Maß – den Big Mac-Index. Er berechnet einfach, zu welchem Wechselkurs ein Big Mac weltweit in allen Ländern gleich viel kosten würde wie in den USA. Kostet ein Big Mac in den USA 2,70 $, in Moskau dagegen 41 Rubel, so ergibt sich als PPP-Kurs 15,2 Rubel je $ (= 41 Rubel/2,7 $). Im Vergleich zum Tagekurs von 31 Rubel je $ ist der Rubel damit um gut 50% unterbewertet.

Ausführlichere Informationen zur Konstruktion der PPP-Zahlen findet man auf der unter Tabelle 10.1 angeführten Webseite. Die PPP-Zahlen des Big Mac-Index finden Sie auf der Internetseite www.economist.com/markets/Bigmac/Index.cfm. Aktuelle PPP-Zahlen für viele Staaten liefert die OECD.

Mehr zur Konstruktion der PPP-Zahlen findet man auf der unter Tabelle 10.1 angeführten Webseite.

Diese Konvergenz des Produktionsniveaus pro Kopf ist keine Besonderheit der betrachteten fünf Länder, sie lässt sich für sämtliche OECD-Staaten beobachten. Dies wird aus Abbildung 10.2 deutlich. Sie zeigt für die Mitgliedsstaaten der OECD die durchschnittlichen jährlichen Wachstumsraten des BIP pro Kopf zwischen 1950 und 1992 als Funktion des Ausgangsniveaus im Jahr 1950. Es besteht eindeutig eine negative Korrelation zwischen dem Niveau des BIP pro Kopf im Ausgangsjahr und der Wachstumsrate seit 1950: Länder, die damals zurücklagen, sind tendenziell also schneller gewachsen. Die Korrelation ist aber nicht perfekt: Die Türkei hatte 1950 in etwa das gleiche BIP pro Kopf wie Japan. Die Wachstumsrate dort war aber nur halb so groß wie in Japan. Trotzdem ist die negative Beziehung klar ersichtlich.

Einige Ökonomen haben auf ein Problem mit Abbildung 10.2 hingewiesen. Sie beschränkt sich auf die Mitgliedsländer der OECD. Damit analysiert sie de facto die Gewinner des Wirtschaftswachstums: Zwar ist die OECD-Mitgliedschaft offiziell nicht an ökonomischen Erfolg gebunden, er ist aber mit Sicherheit ein wichtiges Aufnahmekriterium in den Club. Wenn man eine Organisation betrachtet, die nur ökonomisch erfolgreiche Länder aufnimmt, ist es kein Wunder, dass die Länder die höchsten Wachstumsraten aufweisen, die zuletzt Mitglied wurden. Dies ist ja genau der Grund, warum sie aufgenommen wurden. Somit könnte die Konvergenz zumindest teilweise nur auf der Auswahl der betrachteten Länder beruhen.

Deshalb empfiehlt es sich für Konvergenzanalysen, Länder nicht auf der Basis ihrer heutigen Situation auszuwählen (wie in Abbildung 10.2, als wir heutige OECD-Staaten auswählten), sondern auf Basis ihrer Situation etwa im Jahr 1950. So könnte man etwa alle Länder zusammenfassen, die 1950 ein BIP pro Kopf aufweisen konnten, das bei mindestens 25% des Niveaus in den USA lag, und innerhalb dieser Gruppe nach Konvergenz suchen. Es stellt sich heraus, dass wir bei den meisten Ländern dieser Gruppe tatsächlich Konvergenz beobachten.

Abbildung 10.2: Wachstumsrate des BIP pro Kopf seit 1950 im Vergleich zum BIP pro Kopf 1950; OECD-Länder

Länder, die 1950 einen niedrigeres Produktionsniveau pro Kopf hatten, sind in der Regel schneller gewachsen.

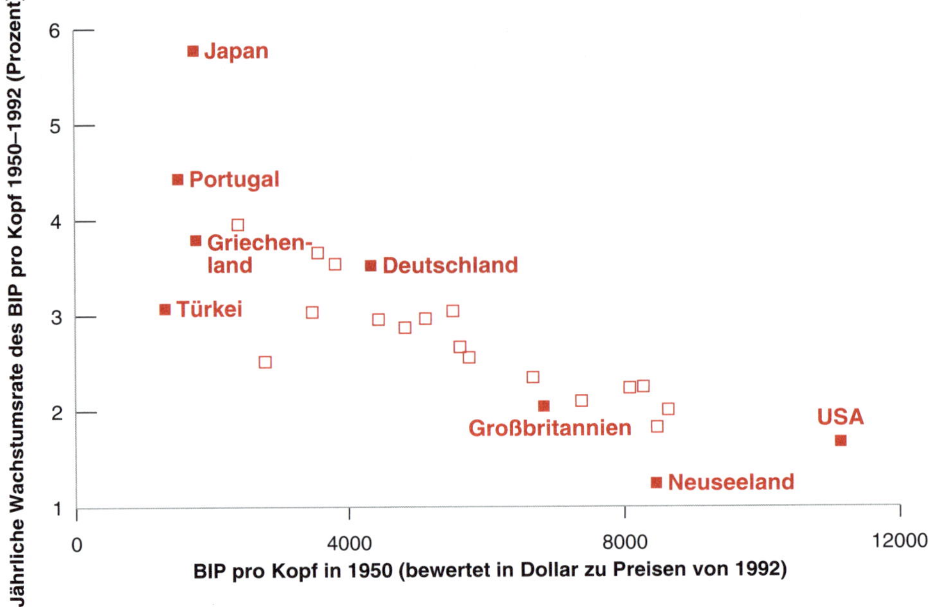

Quelle: Vgl. Tabelle 10.1. Südkorea, die Tschechische Republik, Ungarn und Polen sind auf Grund fehlender Daten nicht enthalten.

Sie ist also kein reines OECD-Phänomen. Bei einigen Ländern jedoch, wie Uruguay, Argentinien und Venezuela, können wir keine Konvergenz erkennen. Am auffälligsten ist wohl das Beispiel Argentinien. 1950 betrug die Pro-Kopf-Produktion Argentiniens 5.574 $ (bewertet in $ zu Preisen von 1996), etwa so hoch wie die Pro-Kopf-Produktion in Frankreich. 1990 betrug sie 6.506 $, ein magerer Anstieg von 17% innerhalb von 40 Jahren – weit entfernt vom Niveau Frankreichs im Jahr 1990 von 19.227 $.

1990 ist das letzte Jahr, für das PPP-Zahlen für Argentinien verfügbar sind.

10.2 Wachstum – Eine breitere Perspektive

Halten wir folgende drei stilisierte Fakten über das Wachstum der Industriestaaten seit 1950 fest:

- Ein großer Anstieg des Lebensstandards
- Ein Rückgang des Wachstums seit Mitte der 70er Jahre
- Konvergenz der Produktion pro Kopf unter den reichen Ländern

Diese drei Fakten wollen wir im Auge behalten und in den nächsten drei Kapiteln zu erklären versuchen. Zuvor wollen wir sie jedoch in einen breiteren Kontext einordnen. Deshalb dehnen wir in diesem Abschnitt unsere Beobachtungen auf ein größeres Zeitfenster und eine größere Anzahl von Ländern aus.

10.2.1 Zwei Jahrtausende im Rückblick

Ist die Pro-Kopf-Produktion in den derzeit reichen Ländern schon immer mit der gleichen Rate wie in Tabelle 10.1 gewachsen? Die Antwort lautet: Nein. Schätzungen von Wachstumsraten sind umso schwieriger, je weiter man in die Vergangenheit zurückgeht. Es herrscht jedoch Konsens unter den Wirtschaftshistorikern über die Entwicklung der letzten 2000 Jahre.

- Seit dem Ende des Römischen Reiches bis etwa 1500 ist die Pro-Kopf-Produktion in Europa so gut wie nicht gestiegen. Die Bevölkerung war überwiegend in der Landwirtschaft beschäftigt, wo es nur geringen technischen Fortschritt gab. Da der Anteil der Landwirtschaft an der Gesamtproduktion so groß war, konnten Erfindungen, die sich auf Produkte außerhalb der Landwirtschaft bezogen, nur wenig zur Gesamtproduktion beitragen. Zwar ist die Produktion in geringem Umfang durchaus gewachsen, weil aber auch die Bevölkerung etwa gleich stark anstieg, blieb die Produktion pro Kopf nahezu konstant.
- Zwischen 1500 bis 1700 stieg die Pro-Kopf-Produktion leicht an, das Wachstum war mit etwa 0,1% pro Jahr aber sehr gering. In der Zeit von 1700 bis 1820 stieg es dann auf 0,2% pro Jahr.
- Selbst während der industriellen Revolution waren die Wachstumsraten im Vergleich zu heute nicht hoch. In den USA lag die Wachstumsrate zwischen 1820 und 1900 bei gerade einmal 1,5%.
- Aus historischer Perspektive erweist sich Wachstum also als ein sehr junges Phänomen. Im Lichte des Wachstumsraten der letzten 200 Jahre sind es die hohen Wachstumsraten der 1950er und 1960er Jahre, die ungewöhnlich erscheinen, nicht so sehr die geringern Wachstumsraten seit 1973.

Diese Periode der Stagnation der Produktion pro Kopf wird häufig als das Malthusianische Zeitalter bezeichnet. Der Grund hierfür ist, dass Thomas Robert Malthus, ein englischer Ökonom des ausgehenden 18. Jahrhunderts, behauptete, dass dieses proportionale Wachstum von Produktion und Bevölkerung kein Zufall war. Er argumentierte, dass jeder Produktionsanstieg zu einem Anstieg der Bevölkerung führe, bis die Produktion pro Kopf wieder auf ihrem Ausgangsniveau liege. Europa war in einer Falle, es war unfähig, seine Pro-Kopf-Produktion zu steigern. Letztendlich konnte Europa dieser Falle entkommen. Aber das Problem bleibt in vielen armen Ländern äußerst relevant.

Die Geschichte relativiert auch die Konvergenz der OECD-Staaten seit 1950 hin zum Niveau der USA. Die USA waren nicht immer die wirtschaftlich führende Nation der Welt. Die Geschichte entspricht eher einem Langstreckenrennen: Ein Land übernimmt für einige Zeit die Führung, nur um sie wieder an ein anderes zu verlieren und zum Rudel zurückzukehren oder ganz von der Bildfläche zu verschwinden. Die meiste Zeit des ersten Jahrtausends und bis zum 15. Jahrhundert hatte China wahrscheinlich die höchste Pro-Kopf-Produktion der Welt. Für ein paar Jahrhunderte ging die Führerschaft an die Städte Norditaliens. Sie wurde dann bis ca. 1820 von den Niederländern und danach bis ca. 1870 durch England übernommen. Seitdem führen die USA. Die Geschichte erscheint in diesem Licht eher wie ein „Überspringen" (Staaten rücken nahe an die Spitze und überholen dann für eine bestimmte Zeit), nicht wie ein Konvergenz-Prozess (dann müsste das Rennen immer enger und enger werden). Wenn sich aus der Geschichte verlässliche Lehren ziehen lassen, dann werden die USA nicht ewig an der Spitze bleiben.

10.2.2 Ein Blick über Länder hinweg

Wir haben beim Blick auf die OECD-Staaten Konvergenz beobachtet. Wie steht es aber mit anderen Ländern? Wachsen auch die ärmsten Länder schneller? Konvergieren sie auch gegen das Niveau der USA, auch wenn sie noch weit zurückliegen?

Die Zahlen für 1950 fehlen für zu viele Länder, um wie in Abbildung 10.2 1950 als Ausgangsjahr zu verwenden. Abbildung 10.3 beinhaltet alle Länder, für die PPP-Schätzungen des BIP pro Kopf sowohl für 1960 als auch 1992 vorliegen (in manchen Fällen 1990 oder 1991). Es gibt ein paar beachtenswerte Länder, die nicht in der Abbildung enthalten sind. Dazu gehören China und eine Reihe osteuropäischer Länder, für die die Zahlen von 1960 nicht verfügbar sind.

Eine erste Antwort gibt Abbildung 10.3 Sie trägt für 101 Staaten die jährlichen Wachstumsraten der Pro-Kopf-Produktion von 1960 bis 1992 ab gegen die Pro-Kopf-Produktion von 1960.

Bemerkenswert an der Abbildung 10.3 ist, dass keine klare Struktur erkennbar ist: Es gilt nicht generell, dass Länder, die 1960 weit zurücklagen, schneller gewachsen sind. Einige sind schneller gewachsen, andere aber nicht.

Die Punktwolke in Abbildung 10.3 verdeckt aber zahlreiche interessante Details. Man erkennt sie, wenn wir die Länder in verschiedene Gruppen zusammenfassen. In Abbildung 10.4 erkennen wir drei Gruppen. Rauten repräsentieren die OECD-Staaten, die wir bisher schon untersucht haben. Die Quadrate stehen für afrikanische Länder. Die Dreiecke repräsentieren asiatische Staaten. Zusammen repräsentieren die drei Gruppen 63 Länder. Um Verwirrungen zu vermeiden, wurden in Abbildung 10.4 alle anderen Länder ausgelassen; diese zeigen keine klaren Muster.

Abbildung 10.3: Wachstumsrate des BIP pro Kopf von 1960 bis 1992 im Vergleich zum BIP pro Kopf 1960 (in Dollar von 1992); 101 Länder

Es besteht keine eindeutige Beziehung zwischen der Wachstumsrate der Produktion seit 1960 und dem Produktionsniveau pro Kopf 1960.

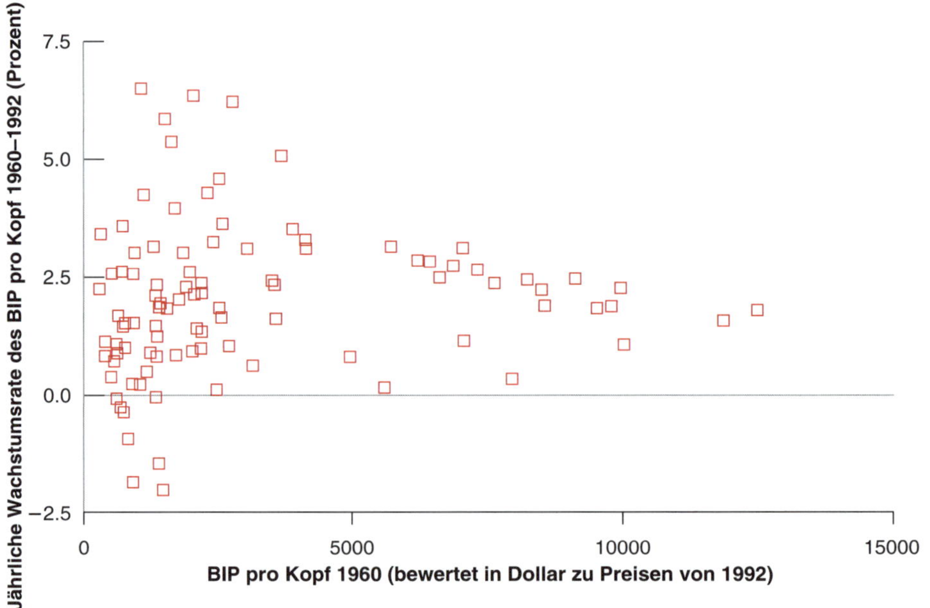

Quelle: Vgl. Tabelle 10.1.

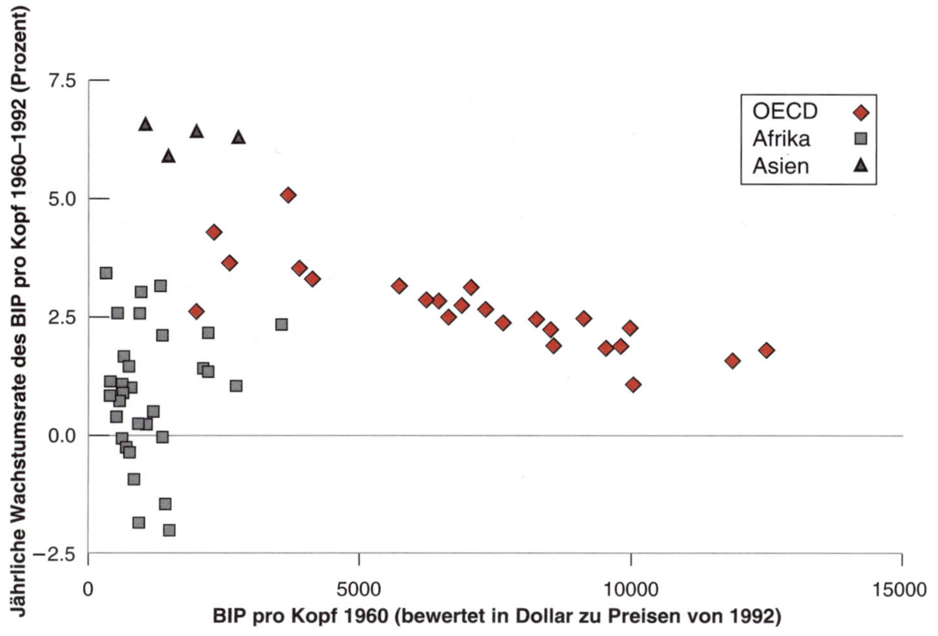

Quelle: Vgl. Tabelle 10.1.

Abbildung 10.4: Wachstumsrate des BIP pro Kopf von 1960 bis 1992 im Vergleich zum BIP pro Kopf 1960; OECD, Afrika und Asien

Die asiatischen Länder konvergieren zum OECD-Niveau. Es bestehen keine Anzeichen von Konvergenz für die afrikanischen Länder.

Die Abbildung lässt drei wichtige Schlussfolgerungen zu:

1. Das Bild der OECD-Staaten (der reichen Länder) entspricht dem von Abbildung 10.2, die einen etwas längeren Zeitraum abdeckt. Nahezu alle starten von einem hohen Niveau aus (mindestens ein Drittel der Pro-Kopf-Produktion der USA von 1960), und es gibt klare Anzeichen einer Konvergenz.

2. Auch bei den meisten asiatischen Ländern können wir Konvergenz feststellen. Japan (als OECD-Mitglied durch eine Raute repräsentiert) war das erste asiatische Land mit raschem Wachstum; es weist die höchste Produktion pro Kopf in Asien auf. Doch dicht darauf folgt eine ganze Anzahl weiterer asiatischer Länder. Die vier Dreiecke in der linken oberen Ecke der Abbildung repräsentieren Singapur, Taiwan, Hongkong und Südkorea – diese vier Länder werden manchmal die Tigerstaaten genannt. In allen vier ist das BIP pro Kopf während der letzten 30 Jahre im Durchschnitt jährlich um mehr als 6% gestiegen. Während das BIP pro Kopf 1960 nur bei etwa 16% des Niveaus in den USA lag, ist es 1992 auf 62% gestiegen.

Fokus: Wachstum als reales Phänomen: Das Budget eines Arbeiters im Jahr 1851

Daten über das BIP pro Kopf können nur abstrakt messen, wie stark der Lebensstandard wirklich gestiegen ist. Ein Blick auf das Jahresbudget eines Arbeiters in Philadelphia im Jahr 1851 gibt einen viel plastischeren Eindruck über den tatsächlichen Fortschritt (Tabelle 1).

Der Anteil, den eine Familie 1851 für Nahrungsmittel ausgab, ist bemerkenswert hoch: Er liegt bei 41% der Gesamtausgaben. Heute liegt dieser Anteil in den USA bei nur 14%. (Mit diesem Gewicht gehen Nahrungsmittel in den Warenkorb zur Berechnung des Verbraucherpreisindex ein). Die Ausgaben für Nahrungsmittel, die zuhause (statt in Restaurants) konsumiert werden, machen in den USA sogar nur 8,6% aus. In Deutschland beträgt der Anteil der Nahrungsmittel am Warenkorb des VPI 10,3%. Noch bezeichnender ist, wie sich die Zusammensetzung der konsumierten Güter verändert hat. Man vergleiche die Tabelle mit der Vielfalt der Nahrungsmittel, die wir heute Tag für Tag verzehren.

Ausgabeposten	Betrag (Dollar)	Prozentualer Anteil
Fleisch (2 Pfund pro Tag)	72,80	13,5
Mehl (6,5 Pfund im Jahr)	32,50	6,0
Butter (2 Pfund je Woche)	32,50	6,0
Kartoffeln (1/2 Scheffel je Woche)	26,00	4,8
Zucker (4 Pfund je Woche)	16,64	3,0
Kaffee und Tee	13,00	2,4
Milch	7,28	1,4
Salz, Pfeffer, Essig, Eier, Käse, Hefe, Stärke, Seife	20,80	3,9
Gesamtausgaben für Nahrungsmittel	221,52	41,0
Miete	156,00	29,0
Kohle (3 Tonnen im Jahr)	15,00	2,8
Holzkohle, Streichhölzer	5,00	0,9
Kerzen und Öl	7,28	1,4
Haushaltswaren	13,00	2,4
Bettwäsche	10,40	1,9
Kleidung	104,00	19,3
Zeitungen	6,24	1,2
Gesamtausgaben außer Nahrungsmittel	316,92	58,9

Tabelle 1: Jährliches Budget eines Arbeiters aus Philadelphia, 1851

Quelle: Productivity and American Leadership; (Kapitel 3, Tabelle 3.2), William Baumol et al., Cambridge, MA: MIT Press, 1989. Wie sich die Ausgaben heute zusammensetzen, findet sich in Tabelle 712 (1995) im Statistical Abstract of the United States, 1997.

3. In Afrika sieht die Lage allerdings ganz anders aus. Dort kann von Konvergenz keine Rede sein. Die meisten afrikanischen Staaten waren 1960 sehr arm. In vielen dieser Staaten ist seitdem aber die Produktion pro Kopf und damit der Lebensstandard absolut noch weiter zurückgegangen. Selbst ohne Krieg ging seit 1960 die Pro-Kopf-Produktion im Tschad und in Madagaskar um ca. 2% pro Jahr zurück (die zwei niedrigsten Quadrate in der Abbildung). Sie liegt deshalb 1992 bei nur 55% des Niveaus von 1960. Warum so viele Länder in Afrika nicht wachsen, ist eine der Kernfragen, mit denen sich Entwicklungsökonomen heutzutage auseinandersetzen.

Wir werden die hier aufgeworfenen Fragen nicht weiter verfolgen. Dies würde zu weit in die Wirtschaftsgeschichte und die Entwicklungsökonomie führen. Aber sie relativieren die grundlegenden Fakten, die wir vorher bei der Analyse der OECD konstatierten:

Die Trennlinie zwischen Wachstumstheorie und Entwicklungsökonomie verläuft unscharf. Eine grobe Unterscheidung ist, dass die Wachstumstheorie viele Institutionen (beispielsweise das Rechtssystem oder die Regierungsform) als gegeben annimmt. Die Entwicklungsökonomie fragt dagegen, welche Institutionen für nachhaltiges Wachstum notwendig sind.

- Wachstum ist keine historische Notwendigkeit. Im Verlauf der Geschichte gab es nur wenig Wachstum. Auch heute ist in zahlreichen Ländern kein Wachstum zu erkennen. Theorien, die das Wachstum in den OECD-Ländern erklären, müssen auch erklären, warum es in der Vergangenheit und gegenwärtig in den meisten Ländern Afrikas kein Wachstum gibt.
- Die Konvergenz der Pro-Kopf-Produktion vieler OECD-Staaten hin zum Niveau der USA könnte durchaus das Vorstadium zum Überspringen sein, einem Stadium, in dem eines oder mehrere Länder die USA überrunden. Theorien, welche die Konvergenz erklären, sollten auch der Möglichkeit Rechnung tragen, dass Konvergenz abgelöst wird von einem Überholen mit einem neuen wirtschaftlichen Spitzenreiter.
- Aus längerer historischer Perspektive schließlich sind es nicht die niedrigen Wachstumsraten in den OECD-Ländern seit 1973, die als ungewöhnlich erscheinen. Weit ungewöhnlicher ist vielmehr die vorangegangene Periode außergewöhnlich raschen Wachstums. Eine Erklärung für das gegenwärtig geringe Wachstum findet man vielleicht gerade, indem man die Faktoren identifiziert, die für das schnelle Wachstum nach dem zweiten Weltkrieg verantwortlich waren. Eine solche Analyse könnte auch aufzeigen, ob diese Faktoren mittlerweile verschwunden sind.

10.3 Die Grundlagen der Wachstumstheorie

Wie können wir die Fakten erklären, die wir in Abschnitt 10.1 und 10.2 dokumentierten? Was determiniert Wachstum? Welche Rolle spielt dabei Kapitalakkumulation? Welche Rolle kommt dem technischen Fortschritt zu? Um diese Fragen zu beantworten, greifen Ökonomen auf einen Modellrahmen zurück, der Mitte der 1950er von Robert Solow entwickelt wurde. Dieser Modellrahmen hat sich als robust und nützlich erwiesen. In diesem Abschnitt führen wir in die Grundlagen ein. Kapitel 11 und 12 analysieren dann im Detail, welche Bedeutung Kapitalakkumulation und technischer Fortschritt für den Wachstumsprozess haben.

Robert Solows Artikel „A Contribution to the Theory of Economic Growth" erschien im Quarterly Journal of Economics, Februar 1956, S. 65-94. Für seine Arbeiten über das Wachstum erhielt er 1987 den Nobelpreis für Wirtschaftswissenschaften.

10.3.1 Die aggregierte Produktionsfunktion

Ausgangspunkt jeder Wachstumstheorie ist die aggregierte Produktionsfunktion. Sie spezifiziert die Beziehung zwischen Gesamtproduktion und den dabei verwendeten Inputs.

In Kapitel 6 haben wir eine stark vereinfachte Produktionsfunktion verwendet: Die Produktion war einfach proportional zur Anzahl der eingesetzten Arbeitskräfte (Gleichung (6.2)). Solange unser Augenmerk den Schwankungen der Produktion und der Beschäftigung galt, war diese Annahme ausreichend. Nun, da sich unser Blick auf das Wachstum verlagert, ist diese Vereinfachung aber nicht länger haltbar: Wenn die Produktion pro Beschäftigten konstant ist, ist Wachstum (zumindest Wachstum pro Beschäftigten) ausgeschlossen. Von nun an berücksichtigen wir deshalb zwei Inputs, Kapital und Arbeit. Die Beziehung zwischen aggregierter Produktion und den beiden Inputs wird beschrieben durch:

$$Y = F(K,N) \tag{10.1}$$

Die aggregierte Produktionfunktion ist

$Y = F(K,N)$

Die aggregierte Produktion (Y) hängt vom aggregierten Kapitalstock (K) und von der aggregierten Beschäftigung (N) ab.

Wie zuvor steht Y für die aggregierte Produktion, K für das Kapital – den Wert sämtlicher Maschinen und Bürogebäude einer Ökonomie. N steht für Arbeit – die Anzahl der Beschäftigten in einer Volkswirtschaft. Die aggregierte Produktionsfunktion F gibt an, wie viel bei gegebener Menge an Kapital und Arbeit produziert wird. Auch diese Funktion ist freilich immer noch eine drastische Vereinfachung der Realität. Maschinen und Bürogebäude haben ganz unterschiedliche Bedeutung bei der Produktion; sie sollten deshalb als getrennte Inputs behandelt werden. Promovierte Akademiker unterscheiden sich von Arbeitern ohne Schulabschluss. Indem wir den Arbeitsinput einfach als die Anzahl aller Arbeitskräfte behandeln, unterstellen wir, dass alle Beschäftigten identisch sind. Einige dieser Annahmen werden wir später lockern. Momentan aber genügt Gleichung (10.1) vollkommen, um die unterschiedliche Rolle von Arbeit und Kapital zu erfassen.

Die Funktion F hängt vom technischen Wissen ab. Je größer das technische Wissen, desto größer $F(K,N)$ für ein gegebenes K und ein gegebenes N.

Was bestimmt die aggregierte Produktionsfunktion F? Welche Faktoren legen fest, wie viel bei gegebener Menge an Kapital und Arbeit produziert werden kann? Die Antwort lautet: Das technische Wissen. Ein Land mit fortgeschrittener Technologie kann mit der gleichen Menge an Kapital und Arbeit viel mehr produzieren als ein Land, das nur über eine primitive Technologie verfügt.

Noch mal zur Wachstumstheorie im Unterschied zur Entwicklungsökonomie: Die Wachstumstheorie konzentriert sich auf die Rolle des technischen Wissens in der engen Definition, während sich die Entwicklungsökonomie auf die Rolle des technischen Wissens in der breiteren Definition konzentriert.

Technisches Wissen lässt sich als eine Liste von „Blaupausen" definieren, die beschreiben, welche Produktvarianten mit welchen Technologien produziert werden können. Breiter definiert geht es dabei aber nicht nur um eine Liste von „Blaupausen", sondern auch um die Organisationsstruktur innerhalb der Unternehmen, den Entwicklungsgrad der Märkte, die Qualität des Rechtssystems und des politischen Systems usw. In den nächsten beiden Kapiteln halten wir uns meist an die enge Definition des technischen Wissens – als Liste von „Blaupausen". Am Ende von Kapitel 12 betrachten wir dann die breitere Definition und untersuchen die Bedeutung anderer Faktoren, vom Rechtssystem bis hin zur Qualität der Regierungen.

10.3.2 Skalen- und Faktorerträge

Welche Annahmen über die Eigenschaften der aggregierten Produktionsfunktion sollten wir realistischerweise treffen?

Verdoppeln wir in einem Gedankenexperiment sowohl die Anzahl der Beschäftigten wie die Menge des Kapitals in einer Ökonomie. Was wird dann mit der Produktion geschehen? Man sollte erwarten, dass sich auch die Produktion verdoppeln wird. Tatsächlich „klonen" wir in unserem Gedankenexperiment quasi die originale Ökonomie. Die geklonte Ökonomie kann in der gleichen Weise produzieren wie die originale Ökonomie. Diese Eigenschaft nennt man konstante Skalenerträge: Werden alle Inputs – also die Menge an Kapital und Arbeit – verdoppelt, dann wird sich auch die Produktion verdoppeln.

$$2Y = F(2K,2N)$$

Allgemeiner gilt für jede Zahl x (dies wird weiter unten nützlich sein),

$$xY = F(xK,xN) \tag{10.2}$$

Konstante Skalenerträge beziehen sich darauf, was mit der Produktion passiert, wenn alle Inputs variiert werden. Was ist zu erwarten, wenn nur einer der beiden Inputs – etwa Kapital – zunimmt?

Konstante Skalenerträge: $F(xK,xN) = xY$

Mit Sicherheit steigt auch dann die Produktion. Es ist aber zu erwarten, dass ein gleich hoher Zuwachs an Kapital zu einem immer kleineren Anstieg der Produktion führt, je mehr Kapital bereits vorhanden ist. Wenn es anfänglich nur wenig Kapital gibt, dann bedeutet zusätzliches Kapital eine große Hilfe. Ist aber schon viel Kapital verfügbar, dann macht zusätzliches Kapital kaum mehr einen Unterschied. Betrachten wir als Beispiel ein Sekretariat mit gegebener Anzahl von Sekretärinnen. Führen wir Kapital in Form von Computern ein. Die Installation des ersten Computers steigert die Produktion des Sekretariats substanziell; die zeitaufwändigsten Aufgaben können nun mit Hilfe des Computers automatisiert werden. Werden weitere PCs installiert, steigt die Produktion zwar noch, aber pro neuem Rechner nicht mehr so stark wie bei der Installation des ersten Rechners. Sobald jede Sekretärin über ihren eigenen PC verfügt, ist es unwahrscheinlich, dass die Installation weiterer Rechner die Produktion – wenn überhaupt – großartig steigert. Zusätzliche PCs bleiben vielleicht einfach ungenutzt in ihren Versandkartons.

Produziert werden hier Sekretariatsdienste. Die beiden Inputs sind Sekretärinnen und Computer. Die Produktionsfunktion verbindet Sekretariatsdienste mit der Anzahl von Sekretärinnen sowie der Anzahl von Computern.

Die Eigenschaft, dass der Produktionszuwachs mit stetiger Erhöhung des Kapitals immer kleiner wird, bezeichnet man als abnehmenden Grenzertrag des Kapitals (dieser Begriff sollte aus der Mikroökonomie wohl vertraut sein). Das Gleiche gilt auch für andere Produktionsfaktoren: Wird der Arbeitseinsatz bei gegebenem Kapital erhöht, nimmt die Produktion immer weniger zu, je mehr Arbeit bereits eingesetzt wird. (Was passiert in unserem Beispiel, wenn die Anzahl der Sekretärinnen bei gegebener Anzahl Computer steigt?). Auch der Faktor Arbeit hat abnehmende Grenzerträge.

Bei konstanten Skalenerträgen weist jeder Faktor abnehmende Grenzerträge auf, wenn man den anderen Faktor konstant lässt:

- **Je größer der Kapitalstock, desto geringer ist der Produktionszuwachs durch eine zusätzliche Einheit Kapital.**
- **Je höher das Beschäftigungsniveau, desto geringer ist der Produktionszuwachs durch einen zusätzlichen Beschäftigten.**

10.3.3 Kapitalintensität und Produktion je Beschäftigten

Wegen der konstanten Skalenerträge lässt sich die aggregierte Produktionsfunktion als einfache Beziehung zwischen Produktion je Beschäftigten und Kapital je Beschäftigten umformulieren.

Setzen wir $x = 1/N$ in die Gleichung (10.2) ein, so erhalten wir folgende Beziehung zwischen der Produktion je Beschäftigten und dem Kapital je Beschäftigten:

Versichern Sie sich, dass Sie den Grund für diese Umformung verstanden haben. Nehmen Sie an, dass sich sowohl das Kapital als auch die Zahl der Beschäftigten verdoppeln. Was passiert mit der Produktion pro Beschäftigten?

$$\frac{Y}{N} = F\left(\frac{K}{N}, \frac{N}{N}\right) = F\left(\frac{K}{N}, 1\right) \tag{10.3}$$

Y/N steht dabei für die Produktion je Beschäftigten. *K/N* bezeichnet man als Kapitalintensität (die Menge des eingesetzten Kapitals je Beschäftigten). Gleichung (10.3) besagt also, dass die produzierte Menge je Beschäftigten von der Kapitalintensität abhängt. Diese Beziehung ist in Abbildung 10.5 dargestellt.

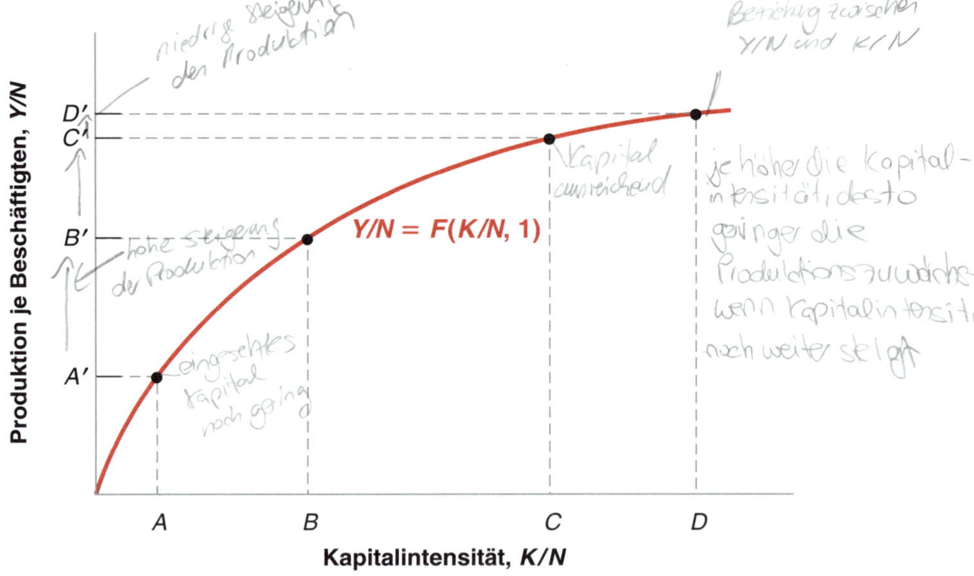

Abbildung 10.5: Produktion und Kapital je Beschäftigten

Vergrößerungen der Kapitalintensität führen zu immer kleineren Produktionszuwächsen.

Die Produktion pro Beschäftigten (*Y/N*) ist an der Vertikalen abgetragen, die Kapitalintensität (*K/N*) an der Horizontalen. Die Beziehung zwischen beiden wird durch die ansteigende Kurve wiedergegeben. Steigt die Kapitalintensität (das Kapital je Beschäftigten), so steigt auch die Produktion je Beschäftigten. Die Kurve ist aber so gezeichnet, dass ein Anstieg der Kapitalintensität immer weniger zusätzliche Produktion pro Kopf mit sich bringt. Dies ist eine direkte Konsequenz abnehmender Grenzerträge des Kapitals: Am Punkt *A*, wo das eingesetzte Kapital pro Beschäftigten gering ist, lässt ein Anstieg des Kapitals pro Beschäftigten um den Betrag *AB* die Produktion pro Kopf um *A'B'* steigen. Ausgehend vom Punkt *C* mit höherer Kapitalintensität führt ein gleich großer Anstieg des Kapitals je Beschäftigten (der Betrag *CD* ist gleich groß wie Betrag *AB*) zu einer viel geringeren Steigerung der Produktion je Beschäftigten

Je höher die Kapitalintensität, desto geringer die Produktionszuwächse, wenn wir die Kapitalintensität noch weiter steigern.

(nur um *C'D'*). Dies entspricht genau unserem Beispiel des Sekretariats: Zusätzliche Computer hatten immer kleinere Effekte auf die gesamte Produktion.

10.3.4 Die Quellen des Wachstums

Wir können nun zu unserer ursprünglichen Frage zurückkehren: Was verursacht Wachstum? Warum steigt die Produktion pro Beschäftigten im Zeitverlauf – oder pro Kopf, wenn wir unterstellen, dass das Verhältnis zwischen der Zahl der Beschäftigten und der Gesamtbevölkerung ungefähr konstant bleibt?

Gleichung (10.3) liefert die Antwort:

- Ein Anstieg der Produktion pro Beschäftigten (*Y*/*N*) kann durch höhere Kapitalintensität (*K*/*N*) bedingt sein. Diese Beziehung haben wir eben in Abbildung 10.5 betrachtet. Steigt (*K*/*N*) – wir bewegen uns auf der Horizontalen nach rechts – so steigt (*Y*/*N*).

Erhöhungen des Kapitals pro Beschäftigten: Bewegungen entlang der Produktionsfunktion.

- Ein Anstieg kann aber auch durch technischen Fortschritt bedingt sein. Er verschiebt die Produktionsfunktion *F* nach oben: Bei gegebener Kapitalintensität steigt dann die Produktion pro Beschäftigten. Dies wird in Abbildung 10.6 gezeigt. Technischer Fortschritt verschiebt die Produktionsfunktion nach oben, von *F*(*K*/*N*,1) nach *F*(*K*/*N*,1)'. Beispielsweise steigt bei der Kapitalintensität *A* die Produktion pro Beschäftigten von *A'* auf *B'*.

Technischer Fortschritt: Verschiebung der Produktionsfunktion.

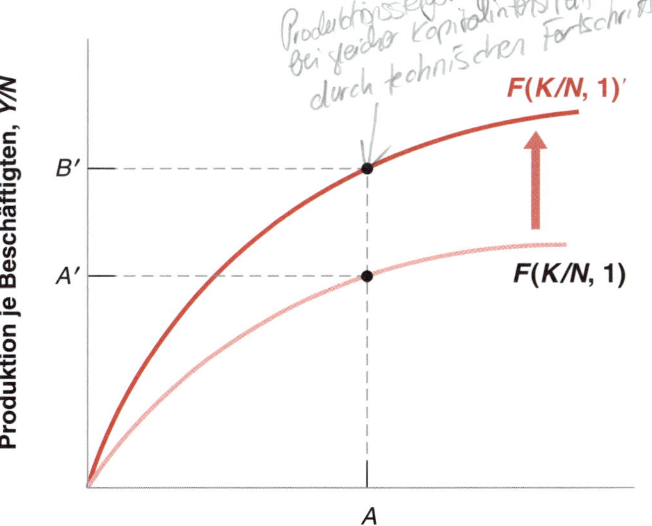

Abbildung 10.6: Die Auswirkungen von technischem Fortschritt

Technischer Fortschritt verschiebt die Produktionsfunktion nach oben und führt so zu einem Anstieg der Produktion je Beschäftigten für eine gegebene Kapitalintensität.

Wachstum kann also zustande kommen durch Kapitalakkumulation oder durch technischen Fortschritt. Wir werden allerdings sehen, dass diese beiden Faktoren ganz unterschiedliche Rollen im Wachstumsprozess spielen:

- Kapitalakkumulation (Konsumverzicht, um zu sparen und so Kapital zu bilden) allein kann auf Dauer kein Wachstum aufrechterhalten. Das formale Argument lernen wir in Kapitel 11 kennen. Abbildung 10.5 liefert aber schon jetzt eine Intuition für diese Aussage. Wegen der abnehmenden Grenzerträge von Kapital müsste die Kapitalintensität immer schneller steigen, um einen stetigen Anstieg der Produktion pro Beschäftigten aufrechtzuerhalten. Ab einem bestimmten Punkt wird die Volkswirtschaft nicht mehr in der Lage oder willens sein, für einen weiteren Anstieg des Kapitals pro Kopf noch mehr zu sparen und zu investieren. An diesem Punkt wird die Produktion pro Beschäftigten aufhören zu wachsen.

  Ist die Sparquote einer Volkswirtschaft – der Anteil des Einkommens, der gespart wird – deshalb irrelevant? Nein. Zwar trifft zu, dass eine höhere Sparquote die Wachstumsrate der Produktion nicht permanent zu erhöhen vermag. Sie kann aber ein höheres Produktionsniveau ermöglichen. Drücken wir dies etwas anders aus. Vergleichen wir zwei Ökonomien, die sich nur durch ihre Sparquoten unterscheiden. Langfristig werden beide Ökonomien mit der gleichen Rate wachsen; die Ökonomie mit der höheren Sparquote weist aber zu jedem Zeitpunkt ein höheres Niveau der Pro-Kopf-Produktion auf. Wie und wie stark die Sparquote das Produktionsniveau beeinflusst, und ob ein Land wie die USA (mit einer sehr geringen Sparquote) versuchen sollte, die Sparquote zu erhöhen, sind Themen, die wir in Kapitel 11 aufgreifen.

- Dauerhaftes Wachstum ist nicht möglich ohne ständigen technischen Fortschritt. Dies folgt unmittelbar aus der ersten Aussage oben: Kapitalakkumulation und technischer Fortschritt sind die beiden Faktoren, die einen Anstieg der Produktion auslösen können. Kapitalakkumulation kann aber Wachstum nicht auf Dauer ermöglichen. Also muss der Schlüssel im technischen Fortschritt liegen. Kapitel 12 zeigt, wie die Wachstumsrate der Pro-Kopf-Produktion letztlich durch die Rate des technischen Fortschritts determiniert wird.

  Dies hat eine wichtige Konsequenz. Langfristig wird die Volkswirtschaft, die die höchste Rate des technischen Fortschritts aufweist, alle anderen überholen. Dies wirft die Frage auf, wovon die Rate des technischen Fortschritts bestimmt wird. Die Determinanten des technischen Fortschritts – von den Ausgaben für Grundlagenforschung über das Patentrecht bis hin zu Investitionen in Humankapital (Ausbildung) – sind eines der Themen in Kapitel 12.

Zusammenfassung

- Auf lange Frist werden Produktionsschwankungen vom Wachstum, dem stetigen Anstieg der Produktion im Zeitverlauf, dominiert.
- Betrachtet man das Wachstum von fünf reichen Ländern (Deutschland, Frankreich, Großbritannien, Japan und die USA) seit 1950, dann zeigen sich drei stilisierte Fakten:
  1. Die Produktion pro Kopf und damit der Lebensstandard ist in allen fünf Ländern stark gewachsen. Wachstum hat die reale Pro-Kopf-Produktion von 1950 bis 2000 in den USA um das 2,6-fache, in Deutschland um das 4,7-fache und in Japan um das 11,4-fache steigen lassen.
  2. Seit Mitte der 70er Jahre hat sich das Wachstum verlangsamt. Die durchschnittliche Wachstumsrate ist von 4,3% pro Jahr zwischen 1950 und 1973 auf 1,8% pro Jahr zwischen 1974 und 2000 zurückgegangen.
  3. Das Niveau der Pro-Kopf-Produktion konvergierte in den fünf Ländern im Zeitverlauf. Anders formuliert: Die Länder, die 1950 zurücklagen, sind schneller gewachsen, sie haben den Abstand zum Spitzenreiter USA verkleinert.
- Betrachtet man eine größere Anzahl von Ländern und einen längeren Zeitraum, dann zeigen sich folgende Fakten:
  1. Historisch betrachtet ist das Wachstum ein Phänomen der Gegenwart. Seit Ende des Römischen Reiches bis ca. 1500 ist die Pro-Kopf-Produktion in Europa im Prinzip nicht gestiegen. Selbst während der industriellen Revolution waren die Wachstumsraten im Vergleich zur Gegenwart gering. So lag die Wachstumsrate der Pro-Kopf-Produktion in den USA zwischen 1820 und 1950 bei 1,5%.
  2. Die Konvergenz des Niveaus der Pro-Kopf-Produktion ist kein weltweites Phänomen. Viele asiatische Länder schließen schnell auf, aber die meisten afrikanischen Länder sind sowohl durch eine niedrige Produktion pro Kopf als auch durch geringe Wachstumsraten geprägt.
- Ausgangspunkt der Wachstumstheorie ist die aggregierte Produktionsfunktion. Sie gibt die Beziehung zwischen der Produktion und den Inputfaktoren Kapital und Arbeit an. Wie viel produziert werden kann, hängt vom technischen Wissen ab.
- Bei konstanten Skalenerträgen der Produktionsfunktion kann die Produktion pro Beschäftigten zunehmen, wenn entweder die Kapitalintensität (das Kapital pro Beschäftigten) steigt oder sich das technische Wissen verbessert.
- Kapitalakkumulation allein kann kein dauerhaftes Wachstum aufrechterhalten. Dennoch ist es wichtig, wie viel ein Land spart: Die Sparrate bestimmt zwar nicht die Wachstumsrate der Produktion pro Kopf, aber das Niveau.
- Dauerhaftes Wachstum basiert letztlich auf technischem Fortschritt. Die vielleicht wichtigste Frage der Wachstumstheorie ist die Frage nach den Bestimmungsgründen des technischen Fortschritts.

Übungsaufgaben

Verständnistests

1. Welche der folgenden Aussagen sind zutreffend, falsch oder unklar? Geben Sie jeweils eine kurze Erläuterung.
   a. Trotz der großen Rezession war die U.S.-Produktion 1940 größer als im Jahr 1929.
   b. Auf einer logarithmischen Skala verläuft eine Variable, die jedes Jahr um 5% wächst, entlang einer Geraden mit einer Steigung von 0,05.
   c. Der Preis für Nahrungsmittel ist in armen Ländern höher als in reichen.
   d. In den meisten Ländern der Welt konvergiert die Produktion pro Kopf zum Niveau der Pro-Kopf-Produktion in den USA.
   e. Während der meisten Zeit in der Geschichte der Menschheit führte jeder Produktionsanstieg zu einem proportionalen Bevölkerungsanstieg und deshalb zu einer stagnierenden Produktion pro Kopf.
   f. Kapitalakkumulation beeinflusst langfristig nicht das Produktionsniveau. Das vermag lediglich technischer Fortschritt.
   g. Die aggregierte Produktionsfunktion ist eine Beziehung von Produktion auf der einen Seite und von Arbeit und Kapital auf der anderen.
   h. Der Wachstumsprozess wird zu Ende gehen müssen, weil wir letztlich alles wissen werden.
2. Benutzen Sie Tabelle 10.1, um folgende Fragen zu beantworten:
   a. Berechnen Sie, welche Produktion pro Kopf jedes der fünf Länder im Jahr 2000 gehabt hätte, wenn die Wachstumsrate im Zeitraum 1974-2000 für jedes Land die gleiche geblieben wäre wie von 1950 bis 1973.
   b. Was wäre das Verhältnis der Produktion pro Kopf in Japan relativ zur Produktion pro Kopf in den USA?
   c. Hat sich die Konvergenz während der Wachstumsverlangsamung von 1974-2000 fortgesetzt?
3. Nehmen Sie an, dass der durchschnittliche Konsument in Polen und in Deutschland die Mengen kauft und die Preise bezahlt, die in der folgenden Tabelle angegeben sind:

	Nahrungsmittel		Transportdienstleistungen	
	Preis	Menge	Preis	Menge
Polen	2,5 Zloty	400	10 Zloty	200
Deutschland	1 €	1.000	2 €	2.000

   a. Berechnen Sie den deutschen Konsum pro Kopf in €.
   b. Berechnen Sie den polnischen Konsum pro Kopf in Zloty.
   c. Nehmen Sie an, der Wechselkurs sei 0,2 (0,20 € pro Zloty). Berechnen Sie den polnischen Konsum pro Kopf in €.
   d. Berechnen Sie den polnischen Konsum pro Kopf in €, indem Sie die Methode der Kaufkraftparität und deutsche Preise verwenden.
   e. Ermitteln Sie für beide Berechnungsmethoden, um wie viel der Lebensstandard in Polen im Vergleich zu Deutschland jeweils geringer ist. Bewirkt die Wahl der Methode einen Unterschied?

4. Betrachten Sie die Produktionsfunktion $Y = \sqrt{K}\sqrt{N}$
   a. Berechnen Sie die Produktion für $K = 49$ und $N = 81$.
   b. Was passiert mit der Produktion, wenn sich sowohl Kapital als auch Arbeit verdoppeln?
   c. Ist diese Produktionsfunktion von konstanten Skalenerträgen gekennzeichnet? Erklären Sie.
   d. Schreiben Sie diese Produktionsfunktion als eine Beziehung von Produktion pro Kopf und Kapital pro Kopf.
   e. Es sei $K/N = 4$. Was ergibt sich für Y/N? Verdoppeln Sie nun K/N auf 8. Verändert sich Y/N um mehr oder weniger als das Doppelte?
   f. Weist die Beziehung von Produktion pro Kopf und Kapital pro Kopf konstante Skalenerträge auf?
   g. Ist Ihre Antwort auf Frage (f) die gleiche wie Ihre Antwort auf (c)? Warum oder warum nicht?
   h. Zeichnen Sie die Beziehung zwischen Produktion pro Kopf und Kapital pro Kopf. Besitzt sie die gleiche allgemeine Form wie die Beziehung in Abbildung 10.5? Erklären Sie.

Vertiefungsfragen

5. Betrachten Sie die in Aufgabe 4 gegebene Produktionsfunktion. Nehmen Sie an, dass N konstant und gleich 1 ist.
   a. Leiten Sie die Beziehung zwischen Wachstumsrate der Produktion und Wachstumsrate des Kapitals her.
   b. Nehmen Sie an, wir möchten ein Produktionswachstum in Höhe von 2% pro Jahr erreichen. Wie hoch ist die notwendige Wachstumsrate des Kapitals?
   c. Was geschieht im Lauf der Zeit mit dem Verhältnis von Kapital zu Produktion in Frage (b)?
   d. Ist es in dieser Volkswirtschaft möglich, für immer ein Produktionswachstum von 2% aufrechtzuerhalten? Warum oder warum nicht?

6. Zwischen 1950 und 1973 erlebten Deutschland, Frankreich und Japan Wachstumsraten, die mindestens zwei Prozentpunkte über denen der USA lagen. Die wichtigsten technischen Fortschritte wurden jedoch in den USA erzielt. Wie kann das sein?

Weiterführende Fragen

7. In Tabelle 10.1 haben wir gesehen, dass die Höhe der Produktion pro Kopf in Deutschland, Frankreich, Großbritannien, Japan und den USA im Jahr 2000 viel näher beieinander lag als 1950. Nun werden wir die Frage der Konvergenz für eine andere Gruppe von Ländern untersuchen.

   Gehen Sie zu der Internetseite, die die Penn World Tables enthält (vgl. Tabelle 10.1 und die Fokusbox über die Berechnung der PPP-Zahlen) (`pwt.econ.upenn.edu/`).
   a. Ermitteln Sie das BIP pro Kopf für Belgien, Deutschland, Italien und die USA von 1950 bis 1992.
   b. Sobald Sie die Daten auf Ihrem Internetbrowser sehen, speichern Sie diese als Textdatei und importieren sie in Ihr Tabellenkalkulationsprogramm. Bestimmen Sie für jedes Land und für jedes Jahr das Verhältnis des jeweiligen realen BIP zu dem der USA aus dem entsprechenden Jahr (so dass dieses Verhältnis für die USA in allen Jahren gleich eins sein wird).
   c. Erstellen Sie für Belgien, Deutschland und Italien eine Grafik mit diesen Verhältnissen über den Zeitraum, für den Ihnen Daten zur Verfügung stehen, also von 1950 bis 1992 (alle in derselben Grafik). Unterstützt Ihre Grafik die Vorstellung von Konvergenz zwischen den vier in (a) genannten Ländern?
   d. Wiederholen Sie die gleiche Aufgabe für Argentinien, Madagaskar, Tschad, Venezuela und die USA. Unterstützt Ihre neue Grafik die Vorstellung von Konvergenz zwischen dieser Gruppe von Ländern?

Weiterführende Literatur

Brad deLong, ein Ökonom an der University of California in Berkeley, hat mehrere faszinierende Artikel über Wachstum auf seiner Internetseite aufgelistet (`www.j-bradford-delong.net/`). Lesen Sie insbesondere „Berkeley Faculty Lunch Talk: Main Themes of Twentieth Century Economic History,“ das viele Themen dieses Kapitels abdeckt.

Eine ausführliche Darstellung von Fakten über das Wachstum wird von Angus Maddison in „The World Economy. A Millenium Perspective“ (Paris: OECD, 2001) geboten. Die damit verbundene Seite `www.theworldeconomy.org` enthält eine große Zahl von Fakten und Daten über das Wachstum während der letzten zwei Jahrtausende.

Kapitel 3 aus „Productivity and American Leadership“ von William Baumol, Sue Anne Batey Blackman und Edward Wolff (Cambridge, MA: MIT Press, 1989) bietet eine lebendige Beschreibung, wie sich das Leben in den USA seit Mitte der 1880er Jahre dank des Wachstums verändert hat.

Kapitel 11 Produktion, Sparen und der Aufbau von Kapital

Seit 1950 lag die Sparquote – das Verhältnis von Ersparnis zu BIP – in den USA bei durchschnittlich nur 18%, verglichen mit 24% in Deutschland und 34% in Japan. Kann dies erklären, warum die U.S.-Wachstumsrate in den letzten 50 Jahren unter dem Durchschnitt der OECD-Staaten lag? Könnte eine höhere Sparquote überhaupt dauerhaft höheres Wachstum ermöglichen?

Wir haben bereits am Ende von Kapitel 10 eine Antwort auf diese Frage gegeben: Langfristig – eine wichtige Einschränkung, auf die wir später zurückkommen werden – hängt die Wachstumsrate einer Volkswirtschaft nicht von der Sparquote ab. Es ist nicht plausibel, dass das geringere U.S.-Wachstum der letzten 50 Jahre primär durch die geringe Sparquote verursacht wurde. Ebenso wenig sollte man erwarten, dass ein Anstieg der Sparquote dauerhaft höheres Wachstum stimulieren könnte.

Daraus sollte man aber nicht den Schluss ziehen, die Sparquote hätte gar keine Bedeutung. Selbst wenn sie auf Dauer die Wachstumsrate nicht verändert, bestimmt sie doch das Produktionsniveau und den Lebensstandard. Ein Anstieg der Sparquote würde vorübergehend höheres Wachstum und schließlich einen höheren Lebensstandard ermöglichen. Allerdings muss dies damit erkauft werden, dass zunächst weniger konsumiert werden kann.

Die Auswirkungen der Sparquote auf die Kapitalintensität und die Produktion pro Kopf stehen im Zentrum dieses Kapitels.

- Die Abschnitte 11.1 und 11.2 untersuchen die Wechselwirkungen zwischen Produktion und Aufbau des Kapitalbestands (der Kapitalakkumulation) sowie den Einfluss der Sparquote.
- Abschnitt 11.3 liefert Zahlenbeispiele, um die Größenordnungen besser zu verstehen.
- Abschnitt 11.4 führt neben dem physischen auch das Humankapital ein.

11.1 Die Wechselwirkung zwischen Produktion und Kapital

Zwei Beziehungen zwischen Produktion und Kapital bestimmen langfristig die Produktion:

- Die Höhe des Kapitalbestands beeinflusst die Gütermenge, die produziert werden kann.
- Die Produktionsmenge beeinflusst, wie viel gespart und investiert werden kann und damit, wie viel Kapital akkumuliert wird.

Beide Beziehungen sind in Abbildung 11.1 wiedergegeben. Sie bestimmen gemeinsam die Entwicklung von Produktion und Kapital im Zeitverlauf. Betrachten wir sie der Reihe nach.

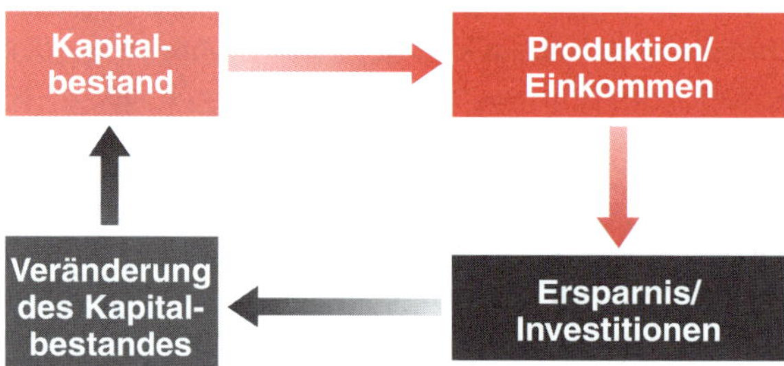

Abbildung 11.1: Kapital, Produktion und Sparen/Investitionen

11.1.1 Die Wirkung von Kapital auf die Produktion

Die erste Beziehung, der Einfluss des Kapitalbestands auf die Produktion, haben wir bereits in Abschnitt 10.3 diskutiert. Wir führten dort die aggregierte Produktionsfunktion ein. Unter der Annahme konstanter Skalenerträge lässt sich folgende Beziehung zwischen Produktion je Beschäftigten und der Kapitalintensität formulieren:

$$\frac{Y}{N} = F\left(\frac{K}{N}, 1\right)$$

Die Produktion je Beschäftigten steigt mit der Kapitalintensität. Bei abnehmenden Grenzerträgen des Kapitals bringt ein weiterer Anstieg der Kapitalintensität aber umso weniger zusätzliche Produktion, desto mehr Kapital je Beschäftigten bereits eingesetzt wird. Ist die Kapitalintensität bereits hoch, wirkt sich ein weiterer Anstieg also kaum mehr auf die Produktion aus.

Die Produktionsfunktion je Beschäftigten schreiben wir von nun an einfach als

$$\frac{Y}{N} = f\left(\frac{K}{N}\right)$$

Die Funktion f repräsentiert die gleiche Beziehung zwischen Produktion und Kapital je Beschäftigten wie die Funktion F:

$$f\left(\frac{K}{N}\right) = F\left(\frac{K}{N}, 1\right)$$

Nehmen Sie an, dass die Funktion *F* zum Beispiel die Form der „doppelten Quadratwurzel" besitzt, also $Y = F(K,N) = \sqrt{K}\sqrt{N}$.

Teilen Sie beide Seiten durch *N*: $Y/N = \sqrt{K}\sqrt{N}/N = \sqrt{K/N}$. Folglich ist die Funktion *f*, die die Beziehung zwischen Produktion je Beschäftigten und Kapital je Beschäftigten angibt, in diesem Fall einfach die Quadratwurzelfunktion: $f(K/N) = \sqrt{K/N}$.

In diesem Kapitel treffen wir zwei weitere Annahmen:

- Erstens: Bevölkerungsgröße, Partizipationsrate und Arbeitslosenquote nehmen wir als konstant an. Dies impliziert, dass die Beschäftigung N ebenfalls konstant ist (vgl. dazu Kapitel 2 und Kapitel 6):
- Die Erwerbspersonen entsprechen der Bevölkerung, multipliziert mit der Erwerbsquote. Sind sowohl Bevölkerungsgröße wie Erwerbsquote konstant, dann ist auch die Zahl der Erwerbspersonen konstant.
- Die Beschäftigung wiederum entspricht den Erwerbspersonen, multipliziert mit $(1 - u)$, wobei mit u die Arbeitslosenquote bezeichnet wird. Bei 100 Millionen Erwerbspersonen und einer Arbeitslosenquote $u = 5\%$ beträgt die Beschäftigung 95 Mio. (100 Mio.×(1 – 0,05)) Sind Zahl der Erwerbspersonen und Arbeitslosenquote konstant, so ist also auch die Beschäftigung konstant.

  Unter dieser Annahme entwickeln sich Gesamtproduktion, Produktion je Beschäftigten (Produktion bezogen auf die Beschäftigung) und Produktion je Kopf (Produktion bezogen auf die Gesamtbevölkerung) proportional. Deshalb werden wir zur Auflockerung im Text oft einfach von Produktion und Kapital sprechen, obwohl wir damit eigentlich immer „je Beschäftigten" meinen.

  Die Annahme einer konstanten Beschäftigung N macht es uns einfacher, uns auf die Bedeutung der Kapitalakkumulation für das Wachstum zu konzentrieren: Bei konstantem N ist Kapital der einzige Produktionsfaktor, der sich im Zeitverlauf ändert. Dies ist keine realistische Annahme; wir lockern sie in den nächsten beiden Kapiteln. Kapitel 12 betrachtet stetiges Wachstum von Bevölkerung und Beschäftigung. Kapitel 13 berücksichtigt auch Veränderungen der Arbeitslosenquote und integriert dabei die langfristige Analyse mit der kurz- und mittelfristigen Analyse. Diese Erweiterungen machen die Analyse realistischer, aber auch anspruchsvoller. Deshalb heben wir sie uns besser für später auf.

Bei konstanter Bevölkerung könnten wir die Beschäftigung auf *N* =1 normieren und ignorieren. Die hier verwendete Darstellung ist aber allgemeiner; dies zeigt sich in den nächsten Kapiteln.

- Zweitens: Wir ignorieren technischen Fortschritt. Die Produktionsfunktion f (bzw. F) verändert sich im Zeitverlauf nicht.

  Erneut dient uns diese Annahme nur dazu, uns auf die Kapitalakkumulation zu konzentrieren. Kapitel 12 führt dann technischen Fortschritt ein. Wir werden sehen, dass die hier abgeleiteten Aussagen dann weiterhin gültig bleiben. Deshalb heben wir uns diesen Schritt wieder für später auf.

Fassen wir zusammen: Unter den beiden Annahmen können wir die Beziehung zwischen Produktion und Kapital (jeweils je Beschäftigten) wie folgt schreiben:

$$\frac{Y_t}{N} = f\left(\frac{K_t}{N}\right) \tag{11.1}$$

Zeitindizes brauchen wir nur für Produktion und Kapital; die Beschäftigung N nehmen wir als konstant an: $N_t = N$.

Aus Sicht der Produktion: Die Höhe des Kapitals je Beschäftigten bestimmt die Höhe der Produktion je Beschäftigten.

In Worten: Steigt das Kapital je Beschäftigten, dann steigt auch die Produktion je Beschäftigten.

11.1.2 Die Wirkung der Produktion auf die Kapitalakkumulation

Die zweite Beziehung – zwischen Produktion und Kapitalakkumulation – leiten wir in zwei Schritten ab.

- Zunächst leiten wir den Zusammenhang zwischen Produktion und Investitionen her.
- Danach leiten wir die Beziehung zwischen Investitionen und Kapitalakkumulation her.

Produktion und Investition

Wir treffen drei Annahmen:

Wie Sie in Kapitel 19 sehen werden, müssen Ersparnisse und Investitionen in einer offenen Volkswirtschaft nicht gleich sein. Ein Land kann mehr sparen als es investiert, indem es die Differenz an den Rest der Welt verleiht. Japan erwirtschaftet beispielsweise seit Jahren große Handelsüberschüsse und verleiht dadurch einen Teil seiner Ersparnisse an den Rest der Welt.

- Wir gehen weiterhin von einer geschlossenen Volkswirtschaft aus. In Kapitel 3 haben wir gelernt, dass dann die Investitionen I gleich den Ersparnissen sein müssen – der Summe aus privater Ersparnis S und öffentlicher Ersparnis $T - G$.

$$I = S + (T - G)$$

- Weil wir uns auf die private Ersparnis konzentrieren wollen, gehen wir von einem ausgeglichenen Staatshaushalt aus: $T = G$ oder $T - G = 0$. (Erst später, wenn wir die Implikationen der Fiskalpolitik auf das Wachstum untersuchen wollen, müssen wir diese Annahme lockern). Die vorangegangene Gleichung vereinfacht sich nun zu:

$$I = S$$

  Die Investitionen sind gleich der privaten Ersparnis.

- Schließlich nehmen wir an, dass immer ein konstanter Anteil des Einkommens gespart wird:

$$S = sY$$

  Den Parameter s bezeichnet man als Sparquote; s liegt zwischen 0 und 1. Diese Annahme stimmt mit zwei empirischen Beobachtungen überein: (1) Die Sparquote steigt oder fällt nicht systematisch, wenn ein Land reicher wird. (2) Reichere Länder haben keine systematisch höhere oder niedrigere Sparquote als ärmere Länder.

Sie haben nun zwei Spezifikationen des Sparverhaltens (und damit gleichzeitig des Konsumverhaltens) kennen gelernt: Eine für die kurze Frist in Kapitel 3 und eine für die lange Frist in diesem Kapitel. Sie könnten sich fragen, in welcher Beziehung die beiden Spezifikationen zueinander stehen und ob sie konsistent sind. Die Antwort ist ja. Eine vollständige Erörterung dieser Frage folgt in Kapitel 16.

Wir fassen beide Gleichungen nun zusammen und führen dabei Zeitindizes ein. Es gilt dann:

$$I_t = sY_t$$

Die Investitionen entwickeln sich proportional zur Produktion: Je höher die Produktion, desto höher die Ersparnis; umso höher damit auch die Investitionen.

Investitionen und Kapitalakkumulation

Im zweiten Schritt setzen wir die Investitionen, eine Stromgröße (die in einem bestimmten Zeitraum neu produzierten Maschinen und neu gebauten Fabriken), in Beziehung zum Kapital – einer Bestandsgröße (der Bestand an Maschinen und Fabriken zu einem Zeitpunkt).

Erinnern Sie sich, dass Stromgrößen Variablen mit einer Zeitdimension sind (d.h., sie sind pro Zeiteinheit definiert). Bestandsgrößen dagegen besitzen keine Zeitdimension (sie sind für einen Zeitpunkt definiert). Produktion, Sparen und Investitionen sind Stromgrößen. Beschäftigung und Kapitalstock sind Bestandsgrößen.

Wir messen die Zeit in Jahren. t steht für das Jahr t, t+1 für das Jahr t+1 usw. Den Kapitalbestand messen wir am Anfang jeden Jahres; K_t bezieht sich also auf den Kapitalbestand am Anfang des Jahres t, K_{t+1} auf den Kapitalbestand am Anfang des Jahres t+1 usw.

Wir nehmen an, dass vom Kapitalbestand jedes Jahr ein Anteil δ verfällt. Dieser Anteil wird im Lauf des Jahres unbrauchbar, so dass im nächsten Jahr nur mehr der Anteil (1 – δ) des Kapitalbestands intakt bleibt. Der Kapitalbestand muss also mit der Rate δ abgeschriebenen werden. δ (der kleine griechische Buchstabe Delta) ist die Abschreibungsrate.

Der Kapitalbestand entwickelt sich im Zeitablauf somit entsprechend der Gleichung:

$$K_{t+1} = (1 - \delta)\, K_t + I_t$$

Der Kapitalbestand zu Beginn des Jahres t+1, K_{t+1} setzt sich zusammen aus dem Teil des Kapitalbestands, der am Anfang der Periode t+1 noch aus dem Vorjahr t intakt geblieben ist, $(1 - \delta)K_t$, sowie dem im Lauf des Jahres t neu aufgebauten Kapital, also den im Lauf des Jahres t getätigten Investitionen I_t.

Wenn wir die Investitionen durch die Ersparnis ersetzen (vgl. die vorangegangene Gleichung) und beide Seiten zudem durch N teilen, können wir nun Produktion, Investitionen und Kapitalakkumulation miteinander verknüpfen. So erhalten wir eine zweite zentrale Gleichung der Wachstumstheorie.

$$\frac{K_{t+1}}{N} = (1-\delta)\frac{K_t}{N} + s\frac{Y_t}{N}$$

In Worten: Die Kapitalintensität am Anfang des Jahres t+1 entspricht der um die Abschreibung bereinigten Kapitalintensität des Vorjahres t, ergänzt um die während dieses Jahres t getätigten Investitionen je Beschäftigten. Letztere entsprechen der Sparquote multipliziert mit der Produktion je Beschäftigten. Eine Umformulierung liefert uns:

$$\frac{K_{t+1}}{N} - \frac{K_t}{N} = s\frac{Y_t}{N} - \delta\frac{K_t}{N} \qquad (11.2)$$

In Worten: Die Veränderung der Kapitalintensität – die Differenz der beiden Terme auf der linken Seite – ist gleich der Ersparnis je Beschäftigten minus den Abschreibungen auf Kapitel (wieder je Beschäftigten). Diese Gleichung gibt uns die zweite Beziehung zwischen der Produktion und dem Kapitalbestand je Beschäftigten.

Aus Sicht der Ersparnis: Die Höhe der Produktion je Beschäftigten bestimmt die Veränderung der Höhe des Kapitals je Beschäftigten mit der Zeit.

11.2 Sparquote und Kapitalakkumulation

Wir haben zwei Beziehungen hergeleitet:

- Gleichung (11.1) zeigt, wie das Kapital über die Produktionsfunktion die Produktion bestimmt.
- Gleichung (11.2) zeigt, wie die Produktion ihrerseits über die Ersparnis auf die Kapitalakkumulation wirkt.

Führen wir nun beide zusammen. Was lernen wir daraus, wie sich Produktion und Kapital im Zeitverlauf entwickeln?

11.2.1 Die Dynamik von Kapitalbildung und Produktion

Ersetzt man Y_t/N in Gleichung (11.2) durch den Ausdruck aus Gleichung (11.1), so erhält man

$$\underbrace{\frac{K_{t+1}}{N} - \frac{K_t}{N}}_{\text{Veränderung der Kapitalintensität vom Jahr } t \text{ zum Jahr } t+1} = \underbrace{sf\left(\frac{K_t}{N}\right)}_{\text{Investitionen während des Jahres } t} - \underbrace{\delta\frac{K_t}{N}}_{\text{Abschreibungen während des Jahres } t} \qquad (11.3)$$

Diese Beziehung beschreibt, wie sich die Kapitalintensität im Zeitablauf verändert. Diese Veränderung hängt von zwei Faktoren ab:

$K_t/N \rightarrow f(K_t/N) \rightarrow sf(K_t/N)$ ▶

- Den Investitionen je Beschäftigten (der erste Term auf der rechten Seite). Die Kapitalintensität im Jahr t bestimmt, wie viel in diesem Jahr produziert wird. Bei gegebener Sparquote ist damit auch die Menge bestimmt, die pro Beschäftigten gespart wird, und damit wiederum die Investitionen je Beschäftigten.

$K_t/N \rightarrow \delta K_t/N$ ▶

- Den Abschreibungen je Beschäftigten (der zweite Term auf der rechten Seite). Sie sind proportional zur Kapitalintensität im Jahr t.

Übertreffen die Investitionen die Abschreibungen, dann steigt die Kapitalintensität.

Liegen die Investitionen unter den Abschreibungen, dann fällt die Kapitalintensität.

Bei gegebener Kapitalintensität ist die Produktion je Beschäftigten durch Gleichung (11.1) gegeben:

$$\frac{Y_t}{N} = f\left(\frac{K_t}{N}\right)$$

Die Gleichungen (11.3) und (11.1) enthalten alle Informationen, um die dynamische Entwicklung von Kapital und Produktion im Zeitverlauf zu verstehen. Am deutlichsten sehen wir das anhand von Abbildung 11.2. Dort ist an der vertikalen Achse die Produktion je Beschäftigten, an der horizontalen Achse die Kapitalintensität abgetragen.

Betrachten wir in Abbildung 11.2 zunächst die Kurve $f(K_t/N)$. Diese Kurve repräsentiert die Produktionsfunktion je Beschäftigten; sie ist identisch mit Abbildung 10.5. Die Produktion pro Beschäftigten steigt mit der Kapitalintensität; allerdings hat Kapital abnehmende Grenzerträge (der Zuwachs wird immer kleiner).

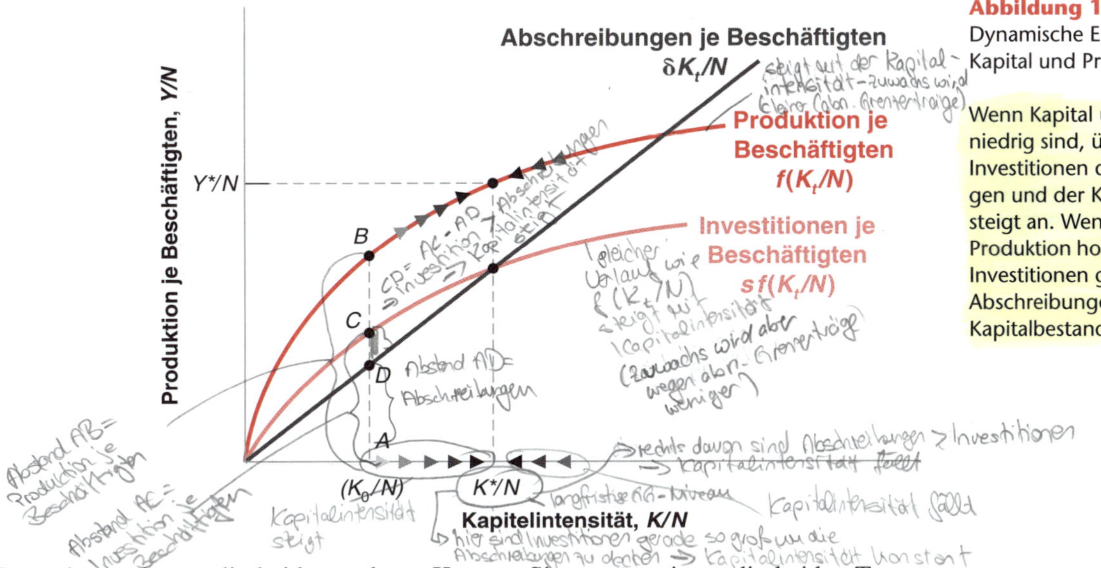

Abbildung 11.2: Dynamische Entwicklung von Kapital und Produktion

Wenn Kapital und Produktion niedrig sind, übertreffen die Investitionen die Abschreibungen und der Kapitalbestand steigt an. Wenn Kapital und Produktion hoch sind, sind die Investitionen geringer als die Abschreibungen und der Kapitalbestand nimmt ab.

Betrachten wir nun die beiden anderen Kurven. Sie repräsentieren die beiden Terme der rechten Seite der Gleichung (11.3).

- Die Investitionen je Beschäftigten, $sf(K_t/N)$, haben den gleichen Verlauf wie die Produktionsfunktion, außer dass die Kurve um den Faktor s (die Sparquote) geringer ist. Bei der Kapitalintensität K_0/N in Abbildung 11.2 entspricht dic Produktion je Beschäftigten dem Abstand AB. Die Investitionen je Beschäftigten entsprechen dem Abstand AC; das ist der Anteil s an der Produktion AB. Auch die Investitionen je Beschäftigten steigen mit der Kapitalintensität. Ist die Kapitalintensität schon sehr hoch, dann wirkt sich ein weiterer Zuwachs der Kapitalintensität aber kaum mehr auf die Produktion aus und deshalb auch kaum auf die Investitionen je Beschäftigten.
- Die Gerade $\delta K_t/N$ gibt die Abschreibungen je Beschäftigten an. Weil diese linear mit der Kapitalintensität ansteigen, hat die Gerade die Steigung δ. Bei der Kapitalintensität K_0/N entsprechen die Abschreibungen dem vertikalen Abstand AD.

Um die Grafik lesbar zu gestalten, haben wir eine unrealistisch hohe Sparquote angenommen. (Können Sie ungefähr abschätzen, welchen Wert wir für *s* angenommen haben? Was wäre ein plausibler Wert für *s*?).

Die Differenz zwischen den Investitionen und den Abschreibungen (jeweils wieder je Beschäftigten) gibt an, wie sich die Kapitalintensität über die Zeit verändert. Beim Niveau K_0/N ist diese Differenz positiv: Die Investitionen übersteigen die Abschreibungen um den Betrag $CD = AC - AD$; die Kapitalintensität steigt also. Bewegen wir uns auf der Horizontalen nach rechts, so steigen die Investitionen aber immer weniger an, während die Abschreibungen relativ zum Kapital konstant bleiben. Zunächst steigt die Kapitalintensität noch weiter an, aber sobald sie den Wert K^*/N in Abbildung 11.2 erreicht hat, sind die Investitionen gerade groß genug, um die Abschreibungen zu decken: Die Kapitalintensität bleibt von da an konstant. Weil die Investitionen links von K^*/N höher sind als die Abschreibungen, nimmt die Kapitalintensität zu. Dies wird durch die nach rechtsgerichteten, entlang der Produktionsfunktion verlaufenden Pfeile verdeutlicht. Rechts von K^*/N dagegen übersteigen die Abschreibungen die Investitionen: Damit aber fällt die Kapitalintensität. Dies ist durch die nach links gerichteten, entlang der Produktionsfunktion verlaufenden Pfeile dargestellt.

Wenn das Kapital je Beschäftigten niedrig ist, wachsen Kapital je Beschäftigten und Produktion je Beschäftigten im Zeitablauf. Wenn das Kapital je Beschäftigten hoch ist, schrumpfen Kapital je Beschäftigten und Produktion je Beschäftigten im Zeitablauf.

Damit können wir nun einfach charakterisieren, wie sich Produktion je Beschäftigten und Kapitalintensität im Zeitablauf entwickeln. Angenommen, die Volkswirtschaft startet auf einem niedrigen Kapitalniveau (einer niedrigen Kapitalintensität) – etwa bei K_0/N in Abbildung 11.2. Da die Investitionen die Abschreibungen übersteigen, wird der Kapitalbestand größer. Weil die Produktion mit steigendem Kapital zunimmt, steigt auch die Produktion je Beschäftigten. Schließlich erreicht die Kapitalintensität das Niveau K^*/N. Die Investitionen entsprechen nun gerade den Abschreibungen. Sobald die Wirtschaft dieses Niveau K^*/N erreicht hat, bleiben Produktion je Beschäftigten und Kapitalintensität konstant. Y^*/N bzw. K^*/N bezeichnen einen Ruhepunkt oder steady-state – das langfristige Gleichgewichtsniveau.

Was sagt das Modell für das Nachkriegswachstum voraus, wenn ein Land proportionale Verluste an Bevölkerung und Kapital hinnehmen muss? Finden Sie diese Antwort überzeugend? Welche Elemente könnten in dem Modell fehlen? ▶

Stellen wir uns ein Land vor, das im Krieg einen Teil seines Kapitalbestands verloren hat. Übersteigt der Verlust an Kapital den Verlust an Bevölkerung, geht das Land aus dem Krieg mit einer niedrigen Kapitalintensität hervor. Wir befinden uns also auf einem Punkt links von K^*/N. Das Land wird dann für einige Zeit durch stark wachsende Produktion und stark ansteigende Kapitalintensität gekennzeichnet sein. Dies beschreibt gut die Erfahrung vieler Länder nach dem zweiten Weltkrieg, die durch eine überproportional große Zerstörung ihres Kapitalbestands geprägt waren (siehe Fokusbox „Kapitalakkumulation und Wachstum nach dem zweiten Weltkrieg").

Ist dagegen die Kapitalintensität sehr hoch (wie in den Punkten rechts von K^*/N), dann übersteigen die Abschreibungen die Investitionen, so dass Kapitalintensität und Produktion im Lauf der Zeit abnehmen: Die anfängliche Kapitalintensität kann bei gegebener Sparquote nicht aufrechterhalten werden. Sie wird so lange sinken, bis die Wirtschaft erneut den Punkt erreicht hat, bei dem die Investitionen gerade den Abschreibungen entsprechen, also beim Niveau K^*/N. Von da an bleiben Produktion je Beschäftigten und Kapitalintensität konstant.

11.2.2 Kapital und Produktion im Steady-State

Untersuchen wir den Ruhepunkt, zu dem die Wirtschaft langfristig konvergiert, etwas genauer. Den Zustand, bei dem Produktion je Beschäftigten und Kapitalintensität sich nicht mehr verändern, bezeichnet man als Steady-State. Der Steady-State-Wert für die Kapitalintensität lässt sich leicht ausrechnen. Weil er dadurch definiert ist, dass sich die Kapitalintensität nicht mehr verändert, setzen wir die linke Seite der Gleichung (11.3) einfach gleich Null. Der Steady-State-Wert des Kapitals je Beschäftigten, K^*/N, berechnet sich dann als:

$$sf\left(\frac{K^*}{N}\right)=\delta\frac{K^*}{N} \qquad (11.4)$$

Die Kapitalintensität im Steady-State zeichnet sich dadurch aus, dass die Ersparnis je Beschäftigten (die linke Seite) gerade ausreicht, um die Abschreibungen des Kapitalstocks je Beschäftigten (die rechte Seite) zu decken.

Die Produktion je Beschäftigten (Y^*/N) im Steady-State ergibt sich für K^*/N aus der Produktionsfunktion:

$$\frac{Y^*}{N} = f\left(\frac{K^*}{N}\right) \tag{11.5}$$

Damit haben wir alle Informationen, um zu untersuchen, wie sich Veränderungen der Sparquote auf die Produktion je Beschäftigten auswirken – sowohl im Zeitverlauf als auch im Steady-State.

Fokus: Kapitalakkumulation und Wachstum nach dem Zweiten Weltkrieg

Der zweite Weltkrieg brachte in ganz Europa enorme Verluste an Menschen und Kapital. Allein in Frankreich starben 550.000 Menschen der Gesamtbevölkerung von 42 Millionen. Die Kapitalverluste waren dort noch viel größer. Schätzungen zufolge lag der Kapitalstock Frankreichs nach dem Krieg 30% unter seinem Vorkriegswert. Die Zahlen in Tabelle 1 vermitteln ein deutliches Bild der Kapitalzerstörungen.

Unser Wachstumsmodell macht eine klare Aussage, wie sich Frankreich nach dem Verlust des Großteils seines Kapitalsbestands entwickelt: Für einige Zeit werden Produktion und Kapitalbestand rasch wachsen. Abbildung 11.2 verdeutlicht, dass bei einer anfänglich weit unter K^*/N liegenden Kapitalintensität die Wachstumsrate hoch sein wird, bis sie dann allmählich gegen K^*/N konvergiert (mit Y^*/N als Produktion je Beschäftigten). Dies beschreibt sehr gut, was sich in Frankreich während der Nachkriegszeit abgespielt hat. Zahlreiche Anekdoten belegen, dass schon ein kleiner Zuwachs an Kapital die Produktion stark steigen ließ. Kleinere Reparaturen an einer Brücke ermöglichen ihre Wiedereröffnung. Dies wiederum verringert Reisezeit und Transportkosten zwischen den Städten dramatisch. Die große Reduktion der Transportkosten erleichtert die Versorgung mit dringend benötigten Inputs und steigert damit die Produktion usw.

Die überzeugendsten Belege liefern die Wachstumszahlen der Produktion selbst. In den Jahren von 1946 bis 1950 war die jährliche Wachstumsrate des realen BIP in Frankreich extrem hoch – sie lag bei 9,6%. Das bedeutet, dass das reale BIP innerhalb von nur fünf Jahren um ca. 60% gestiegen ist.

Eisenbahnnetz (%)	Schienen	6	**Flüsse (%)**	Wasserwege	86
	Bahnhöfe	38		Kanalschleusen	11
	Lokomotiven	21		Schiffe	80
	Geräte	60	**Gebäude (Anzahl)**	Wohnungen	1.229.000
Straßen (%)	Autos	31		Industriegebäude	246.000
	Lastwagen	40			

Tabelle 1: Anteil des zerstörten Kapitalbestands in Frankreich am Ende des Zweiten Weltkriegs

Quelle: Gilles Saint-Paul – Vgl. die Quellenangabe für diese Box.

Ist der gesamte Anstieg des französischen BIP auf Kapitalakkumulation zurückzuführen? Die Antwort lautet nein. Es gab noch andere Kräfte, die nicht in unserem Modell erfasst werden. Ein Großteil des 1945 verbliebenen Kapitalstocks war alt. Die Investitionen in Frankreich waren in den 1930ern (das von der Weltwirtschaftskrise dominierte Jahrzehnt) niedrig und kamen während des Krieges fast völlig zum Erliegen. Die Kapitalakkumulation in der Nachkriegszeit bedeutete also gleichzeitig auch die Einführung modernerer Kapitals, die Verwendung modernerer Produktionstechniken. Das ist ein weiterer wichtiger Grund für die hohen Wachstumsraten der Nachkriegszeit.

In Deutschland war die Ausgangssituation anders: Krieg und Vertreibung brachten dort Menschenverluste von rund 8,3 Mio. Toten (bei einer Bevölkerung von 46,5 Mio. in Westdeutschland 1946). Der Wert des Bruttoanlagevermögens der deutschen Industrie lag aber nach heutigen Schätzungen 1945 sogar um 21% höher als 1936. Auch nach der Demontage vieler Industrieanlagen war das Anlagevermögen 1948 immer noch um 11% höher, mit zudem vergleichsweise günstiger Altersstruktur – die Folge enormer Investitionen in die Rüstungsproduktion. Die Umstellung auf die Friedensproduktion war jedoch mit erheblichen Schwierigkeiten verbunden. Auch in Deutschland war zudem die öffentliche Infrastruktur (Gebäude und Verkehr) als wichtiger Bestandteil des Kapitalstocks weitgehend zerstört. Schließlich mussten neben 9-11 Millionen Heimkehrern aus der Kriegsgefangenschaft auch 11-12 Millionen Vertriebene und Flüchtlinge aufgenommen werden. Erst nach der Währungsreform setzte das „deutsche Wirtschaftswunder" ein.

Quellen: Gilles Saint-Paul, „Economic Reconstruction in France, 1945-1958," in Rüdiger Dornbusch, Willem Nolling, und Richard Layard, eds. Postwar Economic Reconstruction and Lessons for the East Today (Cambridge, MA: MIT Press, 1993), S. 83-114.
Abelshauser, W.: Wirtschaftsgeschichte der BRD 1945-1980, 1983, S. 22
Lindlar, L.: Das missverstandene Wirtschaftswunder. Tübingen 1997.

11.2.3 Der Einfluss der Sparquote auf die Produktion

Kehren wir nun zu der am Anfang des Kapitels gestellten Frage zurück: Welchen Einfluss hat die Sparquote auf die Wachstumsrate der Produktion? Unsere Analyse gibt eine Antwort in drei Stufen:

1. Die Sparquote beeinflusst die langfristige Wachstumsrate der Produktion je Beschäftigten nicht. Diese liegt bei Null.

   Diese Schlussfolgerung ist ziemlich offensichtlich: Wir haben gesehen, dass die Wirtschaft langfristig zu einem konstanten Produktionsniveau je Beschäftigten konvergiert. In anderen Worten: Die Wachstumsrate der Produktion ist gleich Null – egal wie hoch die Sparquote ist.

   Warum liegt die langfristige Wachstumsrate bei Null? Wie ließe sich in unserer Modellwirtschaft langfristig eine positive Wachstumsrate aufrechterhalten? Von Jahr zu Jahr müsste ein immer größerer Teil der Produktion gespart werden, um so immer mehr zusätzliches Kapital zu bilden. Irgendwann müsste dann aber der Anteil der Ersparnis an der Produktion größer als Eins werden – es ist jedoch offensichtlich nicht möglich, mehr zu sparen als das, was produziert wird. Eine konstante positive Wachstumsrate lässt sich somit auf Dauer nicht aufrechterhalten. Langfristig muss die Kapitalintensität gegen einen konstanten Wert konvergieren. Damit kann auch die Produktion je Beschäftigten nicht mehr weiter wachsen.

Manche Ökonomen behaupten, dass das hohe Produktionswachstum in der Sowjetunion in der Ära Stalins das Ergebnis einer extrem hohen Sparquote gewesen ist und deshalb nicht dauerhaft aufrechterhalten werden konnte. Paul Krugman hat für diese Art von Wachstum die Bezeichnung „Stalinistisches Wachstum" verwendet – Wachstum, das auf einer immer höheren Sparquote beruht.

Dauerhaftes Wachstum ist nur möglich, wenn es gelingt, durch stetigen technischen Fortschritt die Produktion pro Kopf zu steigern. Wir untersuchen dies in Kapitel 12 genauer.

2. Die Sparquote bestimmt aber die Höhe des langfristigen Produktionsniveaus je Beschäftigten. Ceteris paribus erreichen Länder mit einer höheren Sparquote langfristig ein höheres Produktionsniveau.

   Abbildung 11.3 verdeutlicht dies. Stellen wir uns zwei Länder mit gleicher Produktionsfunktion, gleichem Beschäftigungsniveau und gleichen Abschreibungsraten vor. Sie unterscheiden sich allein in ihren Sparquoten s_0 und $s_1 > s_0$. Abbildung 11.3 zeigt die gemeinsame Produktionsfunktion $f(K_t/N)$ sowie Ersparnis bzw. Investitionen als Funktion der Kapitalintensität für die beiden Länder, $s_0 f(K_t/N)$ und $s_1 f(K_t/N)$. Langfristig erreicht das Land mit der Sparquote s_0 das Niveau K_0/N bzw. Y_0/N. Das Land mit der Sparquote s_1 konvergiert dagegen zum höheren Niveau K_1/N bzw. Y_1/N.

Beachten Sie, dass sich die erste Aussage auf die Wachstumsrate der Produktion je Beschäftigten bezieht. Die zweite Aussage bezieht sich auf das Niveau der Produktion je Beschäftigten.

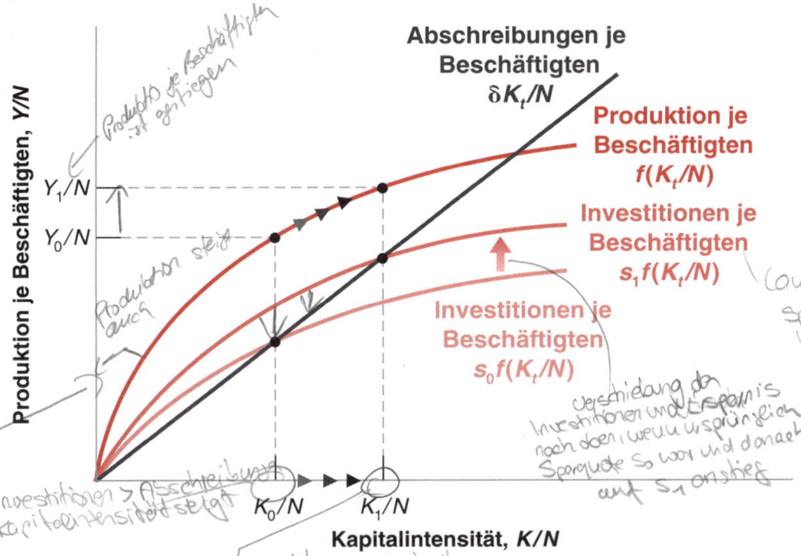

Abbildung 11.3:
Die Auswirkungen unterschiedlicher Sparquoten

Ein Land mit einer höheren Sparquote erreicht im Steady-State ein höheres Produktionsniveau je Beschäftigten.

3. Eine höhere Sparquote lässt für einige Zeit, nicht aber für immer, die Produktion stärker wachsen.

   Dies folgt unmittelbar aus den beiden ersten Aussagen. Die erste zeigt, dass ein Anstieg der Sparquote die Wachstumsrate langfristig nicht beeinflussen kann (sie konvergiert gegen Null). Die zweite Aussage verdeutlicht, dass das langfristige Produktionsniveau mit höherer Sparquote zunimmt. In der Zeit aber, in der die Produktion auf das neue, höhere Niveau ansteigt, muss die Wirtschaft somit eine Phase positiven Wachstums erleben. Diese Phase endet, sobald der neue Steady-State erreicht ist.

   Abbildung 11.3 kann dies wieder verdeutlichen. Stellen wir uns vor, ursprünglich liege die Sparquote bei s_0. Das Land befinde sich im Steady-State mit der Kapitalintensität K_0/N und der Produktion je Beschäftigten Y_0/N. Was passiert nun, wenn die Sparquote von s_0 auf s_1 steigt – etwa weil Sparen aufgrund von Steueränderungen attraktiver wird oder weil das staatliche Budgetdefizit abgebaut wird (die Ursache für die höhere Sparquote spielt keine Rolle)? Die Ersparnis und damit auch die Investitionen je Beschäftigten verschieben sich nach oben von $s_0 f(K_t/N)$ auf $s_1 f(K_t/N)$.

Bei der ursprünglichen Kapitalintensität K_0/N übersteigen die Investitionen nun die Abschreibungen; die Kapitalintensität steigt also. Damit steigt aber auch die Produktion je Beschäftigten. Das Land erlebt eine Phase positiven Wachstums. Erst wenn die Kapitalintensität schließlich den Wert K_1/N erreicht, entsprechen die Investitionen wieder den Abschreibungen. Der Wachstumsprozess ist zu Ende. Die Wirtschaft hat bei K_1/N einen neuen Steady-State erreicht; die Produktion je Beschäftigten ist auf Y_1/N gestiegen. Wie sich Y/N im Zeitablauf entwickelt, macht Abbildung 11.4 deutlich. Zum Zeitpunkt t steigt die Sparquote von s_0 auf s_1. Ausgehend vom Niveau Y_0/N steigt die Produktion je Beschäftigten für einige Zeit, bis sie ihr neues Steady-State-Niveau Y_1/N erreicht hat. Die Wachstumsrate geht dann wieder auf Null zurück.

Abbildung 11.4: Die Auswirkungen eines Anstiegs der Sparquote auf die Produktion je Beschäftigten

Ein Anstieg der Sparquote führt zu einer Wachstumsperiode, bis die Produktion ihr neues, höheres Steady-State-Niveau erreicht hat.

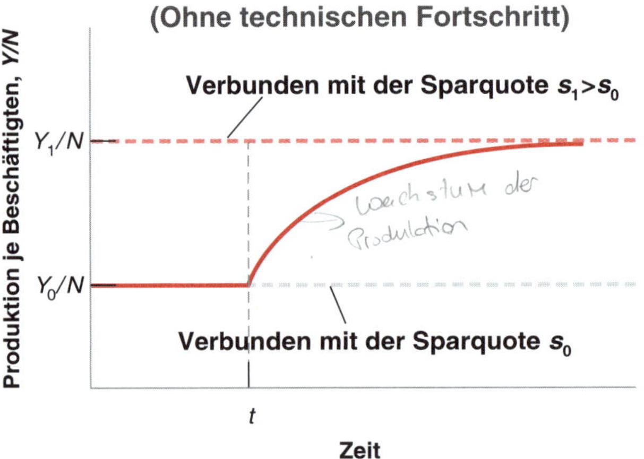

Bei der Herleitung der drei Aussagen haben wir immer unterstellt, dass es keinen technischen Fortschritt gibt. Langfristig kann die Produktion je Beschäftigten dann nicht wachsen. Wir werden in Kapitel 12 sehen, dass sich diese drei Aussagen aber auch auf eine Wirtschaft übertragen lassen, in der es technischen Fortschritt gibt. Schauen wir uns das Argument jetzt schon kurz an.

In einer Wirtschaft mit technischem Fortschritt wächst auch langfristig die Produktion je Beschäftigten. Die langfristige Wachstumsrate wird bestimmt vom technischen Fortschritt; sie ist also wieder unabhängig von der Sparquote – dies entspricht der ersten oben hergeleiteten Aussage. Bei steigender Sparquote wächst die Wirtschaft nun für einige Zeit mit einer Rate, die über der Wachstumsrate im Steady-State liegt – und zwar so lange, bis die Wirtschaft ihren neuen höheren Pfad erreicht (Aussage 3).

Abbildung 11.5 illustriert diese drei Aussagen. Sie erweitert Abbildung 11.4, indem sie technischen Fortschritt berücksichtigt. Die Abbildung misst die Produktion je Beschäftigten in logarithmischer Skalierung. Technischer Fortschritt lässt die Produktion je Beschäftigten mit konstanter Rate wachsen. In logarithmischer Skalierung wird dies durch eine Gerade dargestellt, deren Steigung der Wachstumsrate des technischen Fortschritts entspricht. Bei anfänglicher Sparquote s_0 wächst die Produktion entlang des Pfads *AA*. Steigt nun aber die Sparquote zum Zeitpunkt *t* auf s_1, dann kommt es für einige Zeit zu höherem Wachstum, nämlich genau so lange, bis der neue, höhere Pfad *BB* erreicht ist. Entlang des Pfads *BB* wird die Wachstumsrate dann wieder von der Rate des technischen Fortschritts bestimmt (die Steigung entlang des Pfads *BB* entspricht also der Steigung von *AA*).

Anhang 2 am Ende des Buches erläutert die logarithmische Skalierung.

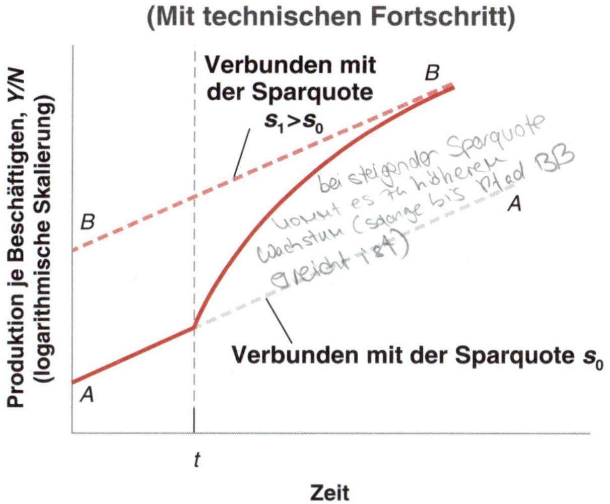

Abbildung 11.5: Die Auswirkungen eines Anstiegs der Sparquote auf die Produktion je Beschäftigten in einer Volkswirtschaft mit technischem Fortschritt

Ein Anstieg der Sparquote führt zu einer Periode mit höherem Wachstum, bis die Produktion einen neuen, höheren Wachstumspfad erreicht hat.

11.2.4 Sparquote und Konsum

Die Wirtschaftspolitik kann zahlreiche Instrumente einsetzen, um die Sparquote zu beeinflussen. Der Staat könnte durch Budgetüberschüsse selbst für höhere Ersparnis sorgen. Steuerermäßigungen können das Sparen attraktiver machen. Welche Sparquote sollte angestrebt werden? Um eine Antwort zu finden, müssen wir uns Gedanken darüber machen, wie sich die Ersparnis auf die Konsummöglichkeiten auswirkt: Denn die Menschen interessiert letztlich nicht, wie viel produziert wird, sondern wie viel sie konsumieren können.

In diesem Abschnitt lassen wir zur Vereinfachung die Formulierung „je Beschäftigten" weg. Wir ignorieren auch den Anpassungsprozess und konzentrieren uns darauf, wie viel bei gegebener Sparquote langfristig (im Steady-State) konsumiert werden kann.

Die Investitionen in einem Jahr beeinflussen den Kapitalbestand dieses Jahres nicht: I_t beeinflusst K_{t+1}, nicht K_t.

Weil wir annehmen, dass die Beschäftigung konstant ist, ignorieren wir kurzfristige Effekte eines Anstiegs der Sparquote auf die Produktion, auf die wir uns in Kapitel 3 konzentriert haben. Kurzfristig führt ein Anstieg der Sparquote nicht nur zu einer Senkung des Konsums bei konstantem Einkommen, sondern kann darüber hinaus eine Rezession verursachen und das Einkommen bzw. den Konsum zusätzlich verringern. Wir werden auf die Diskussion der kurz- und langfristigen Effekte von Veränderungen der Ersparnis an verschiedenen Stellen des Buches zurückkommen.

Es liegt auf der Hand, dass ein Anstieg der Ersparnis anfänglich mit Kosten verbunden ist: Der Konsum muss eingeschränkt werden. Weil eine Veränderung der Sparquote den bestehenden Kapitalbestand und damit die Produktionsmöglichkeiten kurzfristig nicht beeinflusst, bedeutet höhere Ersparnis zwangsläufig zunächst einmal einen gleichgroßen Rückgang des Konsums.

Ermöglicht größere Ersparnis wenigstens langfristig höheren Konsum? Nicht notwendigerweise. Der Konsum kann durchaus auch auf lange Sicht zurückgehen. Dies mag zunächst überraschen. Schließlich wissen wir von Abbildung 11.3, dass ein Anstieg der Sparquote das Produktionsniveau je Beschäftigten auf jeden Fall erhöht. Produktion ist aber nicht das Gleiche wie Konsum. Dies verstehen wir am besten, wenn wir zwei extreme Fälle der Sparquote betrachten.

Ist die Sparquote gleich Null (und war sie immer gleich Null), ist auch der Kapitalbestand gleich Null. In diesem Fall ist weder Produktion noch Konsum möglich. Eine Sparquote von Null impliziert langfristig einen Konsum von Null.

Betrachten wir nun das andere Extrem, eine Volkswirtschaft mit einer Sparquote von Eins: Die Menschen sparen ihr gesamtes Einkommen. Der Kapitalstock ist sehr groß; die Produktion wird also sehr hoch sein. Da aber die Menschen ihr gesamtes Einkommen sparen, ist wieder kein Konsum möglich. Die Volkswirtschaft weist einen exzessiven Kapitalbestand auf: Die gesamte Produktion muss eingesetzt werden, nur um die Abschreibungen des hohen Kapitalbestandes auszugleichen! Eine Sparquote von Eins impliziert also langfristig ebenfalls einen Konsum von Null.

Aus den beiden Extremfällen wird klar, dass es für die Sparquote einen Wert (nennen wir ihn s_G) zwischen Null und Eins geben muss, bei dem der Konsum im Steady-State am größten ist. Liegt die Sparquote unter diesem Wert s_G, dann wird ein Anstieg der Sparquote den Konsum zunächst zwar einschränken, langfristig aber steigen lassen. Liegt die Sparquote dagegen über dem Wert s_G, würde ein weiterer Anstieg den Konsum auch langfristig beeinträchtigen. Die Wirtschaft leidet dann unter einer Überinvestition: Wird mehr gespart und investiert, reicht die zusätzliche Produktion nicht einmal aus, um die höheren Abschreibungen zu decken. Den Kapitalbestand, der den maximalen Konsum im Steady-State ermöglicht, bezeichnet man als den Kapitalbestand, der der goldenen Regel der Kapitalakkumulation (Golden Rule) entspricht. Eine Erhöhung des Kapitals über dieses Niveau hinaus kann den Konsum nur beeinträchtigen. Weniger zu investieren, würde in diesem Fall nicht nur kurzfristig, sondern auch langfristig mehr Konsum ermöglichen.

Abbildung 11.6 illustriert diesen Sachverhalt. An der horizontalen Achse ist dort die Sparquote abgetragen, an der Vertikalen der Konsum je Beschäftigten im Steady-State. Bei einer Sparquote von Null ist der Kapitalbestand und damit auch das Produktionsniveau und das Konsumniveau je Beschäftigten gleich Null. Liegt die Sparquote zwischen 0 und s_G, (G steht für Golden Rule), steigt mit zunehmender Sparquote langfristig die Kapitalintensität, die Produktion und auch der Konsum je Beschäftigten. Steigt die Sparquote aber über s_G hinaus, wird zwar die Kapitalintensität und die Produktion je Beschäftigten weiter zunehmen; der Konsum aber geht zurück: Dies liegt daran, dass der Anstieg der Produktion mehr als wett gemacht wird durch die höheren Abschreibungen, die sich aus dem höheren Kapitalbestand ergeben. Für $s = 1$ ist der Konsum je Beschäftigten wieder gleich Null. Die gesamte Produktion wird zum Ersatz der Abschreibungen eingesetzt, so dass nichts für den Konsum übrig bleibt.

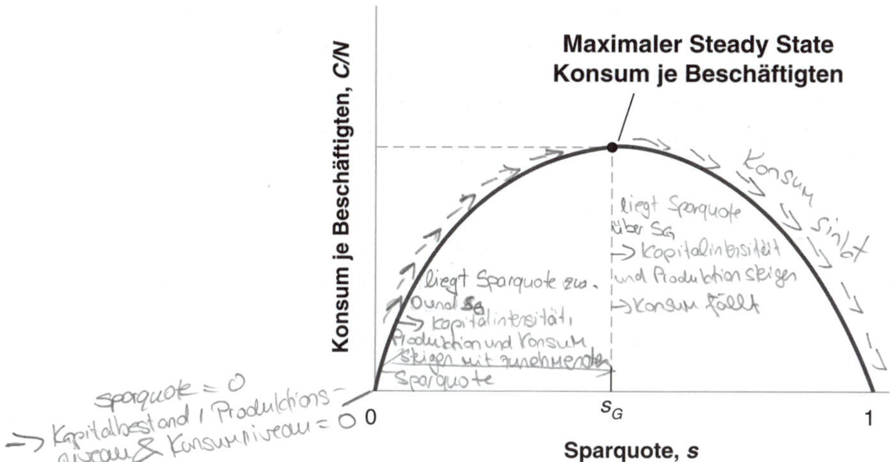

Abbildung 11.6: Die Auswirkungen der Sparquote auf den Konsum je Beschäftigten im Steady-State

Ein Anstieg der Sparquote bis s_G führt zu einem Anstieg, ein weiterer Anstieg über s_G hinaus zu einem Rückgang des Konsums je Beschäftigten im Steady-State.

Müssen wir uns Sorgen darüber machen, dass manche Länder vielleicht eine zu hohe Ausstattung an Kapital aufweisen, also mehr als den Golden-Rule-Kapitalbestand? Keineswegs. Der empirische Befund weist darauf hin, dass der Kapitalbestand in den meisten OECD-Staaten vielmehr weit unter dem von der goldenen Regel charakterisierten Bestand liegt. Würden sie ihre Ersparnis erhöhen, dann würde dies langfristig zu höherem Konsum führen.

Das bedeutet, die Wirtschaftspolitik sieht sich einem trade-off gegenüber: Ein Anstieg der Sparquote verringert den Konsum für einige Zeit, erhöht ihn später aber. Was sollten wir tun? Sollten wir versuchen, einen Kapitalbestand aufzubauen, der möglichst nahe an die goldene Regel herankommt? Nicht unbedingt. Schließlich wird die gegenwärtige Generation bei einer solchen Politik wahrscheinlich verlieren (weniger konsumieren), während künftige Generationen davon profitieren. Die Antwort hängt davon ab, wie wir die Wohlfahrt der gegenwärtigen Generation im Vergleich zur Wohlfahrt künftiger Generation gewichten. Wirtschaftspolitisch gilt: Künftige Generationen wählen noch nicht. Deshalb ist es unwahrscheinlich, dass Regierungen der gegenwärtigen Generation große Opfer abverlangen. Das bedeutet wiederum, der Kapitalbestand liegt wahrscheinlich weit unter dem Niveau der goldenen Regel. Diese Generationenkonflikte sind besonders bei der derzeitigen Debatte zur Rentenversicherungsreform evident. Sie wird in der Fokusbox „Rentenversicherung, Rentenversicherungsreform und Kapitalakkumulation“ beleuchtet.

Fokus: Rentenversicherung, Rentenversicherungsreform und Kapitalakkumulation

Die Rentenversicherung wurde in Deutschland als erstes staatliches Rentensystem der Welt schon 1889 von Otto von Bismarck eingeführt. Ziel der gesetzlichen Rentenversicherung war es sicherzustellen, dass ältere Menschen genug Einkommen zum Leben haben. Daraus entstand ein enormes Umverteilungsprogramm. Die an Rentner gezahlten Leistungen machen heute mehr als 11% des BIP aus. Die Mehrzahl der Rentner bezieht ihr Einkommen größtenteils aus der gesetzlichen Rentenversicherung, im Durchschnitt beträgt der Anteil der Renten am Gesamteinkommen der Rentner heute 58%.

Grundsätzlich lässt sich ein Rentenversicherungssystem nach zwei Möglichkeiten organisieren.

- Im ersten System zahlen die Beschäftigten Rentenversicherungsbeiträge; diese Beiträge werden dann unmittelbar im gleichen Jahr als Leistungen an die jeweiligen Rentner ausgezahlt. Ein solches System bezeichnet man als Umlageverfahren.
- Im zweiten System investieren die Beschäftigten ihre Rentenzahlungen in Finanzanlagen; im Rentenalter erhalten sie ihre Investitionen dann einschließlich der Erträge zurück. Ein solches System wird Kapitaldeckungsverfahren genannt: Zu jedem Zeitpunkt verfügt dieses System über Fonds in Höhe der akkumulierten Versicherungsbeiträge, die Leistungen werden erst ausgezahlt, wenn die Beschäftigten das Rentenalter erreichen.

Aus Sicht der Rentner erscheinen die beiden Systeme ziemlich ähnlich, sie sind aber nicht identisch: In beiden Systemen zahlen die Beschäftigten Beiträge, wenn sie arbeiten, und erhalten Leistungen bei Renteneintritt. Wie viel die Rentner im Kapitaldeckungsverfahren erhalten, hängt von der Rendite der vom Rentenfond gehaltenen Anlagen ab. Wie viel die Rentner im Umlageverfahren erhalten, hängt langfristig von der Demografie – dem Verhältnis von Rentnern zu Beschäftigten – und dem Produktivitätswachstum ab (den Zusammenhang betrachten wir im nächsten Kapitel genauer). Auch eine Anpassung der Beitragssätze zur Rentenversicherung wirkt sich auf die Rentenzahlungen aus.

Aus Sicht der Gesamtwirtschaft sind die beiden Systeme aber sehr verschieden: Im Umlageverfahren werden die Beiträge umverteilt, nicht investiert; im Kapitaldeckungsverfahren werden sie investiert, was zu einem höheren Kapitalbestand führt.

Die Rentenversicherungssysteme der meisten Länder sind als Mischung zwischen Umlageverfahren und Kapitaldeckungsverfahren konzipiert; sie stehen derzeit aber vor großen Herausforderungen. Die gesetzliche Rentenversicherung in Deutschland war zunächst als Kapitaldeckungsverfahren gestaltet. Bis zum Jahr 1956 zahlte jeder Versicherungspflichtige seine Beiträge noch auf ein persönliches Rentenkonto und sparte somit sein Alterskapital an. Der Zweite Weltkrieg hatte aber die Beitragsreserven dramatisch reduziert. Die Generation, die bereits in der Weltwirtschaftskrise und während des Zweiten Weltkrieges stark gelitten hatte, sollte jedoch nicht zusätzlich noch durch Altersarmut belastet werden. Deshalb wurde im Zuge der Rentenreform von 1957 (schrittweise) eine umlagefinanzierte dynamische Rente eingeführt. Im Einführungsjahr ermöglichte dies einen Anstieg der durchschnittlichen Rente im Vergleich zum Vorjahr um über 60%. In den Folgejahren orientierten sich die Rentenerhöhungen an der deutschen Bruttolohnentwicklung.

Nach Jahren der Ausdehnung der Versicherungsleistungen (beispielsweise Senkung der flexiblen Altersgrenze auf 60 Jahre, Verbesserung der Absicherung von nicht erwerbstätigen Frauen) kam es 1992 im Anschluss an die deutsche Wiedervereinigung zu einer neuen Rentenreform. Um der steigenden Belastung der arbeitenden Bevölkerung durch Steuern und Sozialabgaben Rechnung zu tragen, wurden weitere Rentenerhöhungen an die Nettolohnentwicklung gekoppelt und das gesetzliche Renteneintrittsalter auf 65 Jahre angehoben.

Das langfristige Hauptproblem der deutschen Rentenversicherung, das ebenso in praktisch allen anderen Industriestaaten mit einem Umlageverfahren besteht, wurde dadurch aber nicht gelöst: Der demografische Wandel. Steigende Lebenserwartung und damit eine steigende Bezugsdauer von Rentenzahlungen sowie zurückgehende Geburtenraten erhöhen seit Jahren den so genannten Altenquotienten, der das Verhältnis der alten zu den erwerbsfähigen Mitgliedern der Gesellschaft widerspiegelt. Abbildung 1 zeigt die Entwicklung des Altenquotienten für drei unterschiedliche Renteneintrittsalter, nämlich 60, 65 und 67 Jahre. Bei einem aktuellen tatsächlichen Renteneintrittsalter von durchschnittlich 60 Jahren bedeutet ein Altenquotient von 0,44 im Jahr 2001, dass knapp 2,3 Junge einen Rentner finanzieren (1/0,44 = 2,27) müssen. Bis zum Jahr 2030 werden für eine Person über 60 Jahre aber nur noch weniger als 1,3 Junge zur Verfügung stehen.

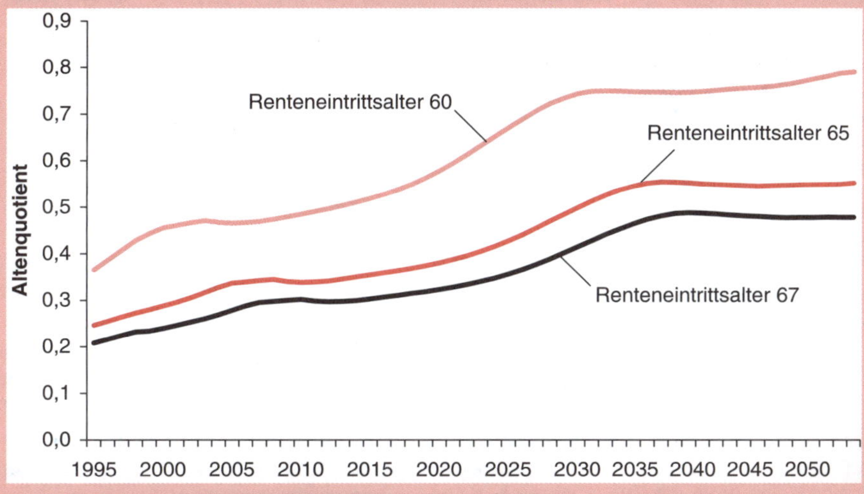

Abbildung 1: Prognostizierter Altenquotient für verschiedene Renteneintrittsalter (60, 65 und 67), 1995-2050.

Quelle: Statistisches Bundesamt, Wiesbaden.

Ohne Veränderungen des Umlageverfahrens und insbesondere des Renteneintrittsalters bewirkt diese Entwicklung, dass entweder der Rentenbeitragssatz von heute 19,5% (Stand: 2003) deutlich angehoben oder das Rentenniveau entsprechend abgesenkt werden müsste. Für die genauen Zahlen sind sehr schwierige Prognosen nicht nur über die demografische, sondern auch über die Beschäftigungsentwicklung notwendig. Eine grobe Schätzung ohne Berücksichtigung der Reformen seit 1992 ergäbe eine Verdoppelung des Rentenbeitragssatzes oder eine Halbierung des Rentenniveaus bis 2035. Die Folge wäre in jedem Fall eine sehr starke Belastung zumindest einer der beiden dann lebenden Generationen.

Manche haben als Lösung dieses Problems die vollständige Umstellung des Umlageverfahrens auf ein Kapitaldeckungsverfahren vorgeschlagen. Was sollte man davon halten? Ohne Einführung des Umlageverfahrens ab 1957 hätte es keinen Einführungsgewinn für die Kriegsgeneration gegeben. Deutschland besäße eine höhere Sparquote. Dadurch wäre der deutsche Kapitalbestand größer, ebenso lägen Produktion und Konsum auf höherem Niveau. Man kann aber die Geschichte nicht umschreiben. Das existierende System hat den Rentnern gegenüber Versprechungen gemacht, die eingelöst werden müssen. Das heißt, wenn der Wunsch eines Wechsels zu einem Kapitaldeckungsverfahren besteht, dann müssten die gegenwärtig Beschäftigten einen zweifachen Beitrag leisten. Einmal zur Finanzierung der den Rentnern versprochenen Leistungen und ein weiteres Mal, um das System mit einem Fond auszustatten und ihre eigene Rente zu finanzieren.

Dies mag langfristig vorteilhaft sein, es würde den gegenwärtigen Beschäftigten aber eine enorme Last aufbürden. Praktisch folgt daraus, dass ein solcher Wechsel zu einem Kapitaldeckungsverfahren – wenn überhaupt – sehr langsam erfolgen muss, damit die Anpassungskosten nicht übermäßig zu Lasten einer einzelnen Generation gehen.

Um diese Belastung über einen längeren Zeitraum zu verteilen, wurde 2001 eine erneute Rentenreform beschlossen, die den Wiedereinstieg in ein Teilkapitaldeckungsverfahren vorsieht. Die „Riester-Rente" bedeutet aber keinen radikalen Abschied vom Umlageverfahren in Deutschland. Im Rahmen der Riester-Rente werden eine (noch) freiwillige private Altersvorsorge von bis zu 4% des Bruttoeinkommens durch Steuerersparnisse gefördert und gleichzeitig die Rentenzahlungen aus dem Umlageverfahren in der Zukunft begrenzt.

Wie wird sich unserem Modell zufolge die Riester-Rente auswirken? Entscheidend ist, welchen Einfluss die Sparförderung auf die Sparquote hat. Wenn lediglich bereits bestehende durch andere Sparformen ersetzt werden, sich die gesamte Ersparnis also nicht verändert, können sich keine Wachstumseffekte ergeben. Steigt dagegen die gesamte Ersparnis, zum Beispiel weil das Bewusstsein der Menschen durch die Diskussionen um die Rentenkrise geschärft wird oder weil auch Menschen zum Sparen angeregt werden, die bisher weniger als 4% ihres Einkommens gespart haben, dann werden sich die beschriebenen Effekte einer Erhöhung der Sparquote auf Produktion und Konsum einstellen: Zunächst eine Erhöhung des Produktionswachstums und langfristig ein höheres Produktions- sowie Konsumniveau.

Weil solche Maßnahmen nur sehr langfristig wirken, sind sie im politischen Prozess nur sehr schwer durchsetzbar. Bereits heute zeigt sich, dass die Reform von 2001 nicht ausreichen wird, um das Rentenproblem in den Griff zu bekommen. Die Umstellung kommt zu spät, um einen schmerzlosen Übergang sicher zu stellen. Aus diesem Grund hat die „Kommission für die Nachhaltigkeit in der Finanzierung der sozialen Sicherungssysteme" (bekannt als „Rürup-Kommission") der Bundesregierung vorgeschlagen, im Rahmen der „Agenda 2010" eine weitere Rentenreform durchzuführen. Zu den wichtigsten Änderungen zählt die Einführung eines Nachhaltigkeitsfaktors, der die Rentenhöhe an das Verhältnis von Beitragszahlern zu Rentnern koppelt. Daneben soll das Renteneintrittsalter ab 2011 stufenweise auf 67 Jahre angehoben werden. Der positive Effekt dieser Maßnahme auf den Altenquotienten kann in Abbildung 1 abgelesen werden.

Wie wirkt sich diese zweite Maßnahme in unserem Modell aus? Während des gesamten Kapitels 11 gehen wir von einer konstanten Beschäftigung N aus, die sich aus konstanter Bevölkerungsgröße, Erwerbsquote und Arbeitslosenquote ergibt. Der Anstieg des Altenquotienten lässt aber die Erwerbsquote und damit die Produktion pro Kopf sinken. Dadurch gehen bei gegebener Sparquote auch die Investitionen zurück, so dass sich langfristig für die niedrigere Erwerbsquote ein neuer Steady-State mit niedrigerer Produktion pro Kopf und niedrigerem Kapital pro Kopf ergibt. Mit der Anhebung des Renteneintrittsalters wird der Anstieg des Altenquotienten gebremst.

Weiterführende Literatur: Einen guten Überblick über die Reformalternativen der Rentenversicherung in Deutschland gibt das Gutachten „Grundlegende Reform der gesetzlichen Rentenversicherung" des wissenschaftlichen Beirats beim Bundesministerium für Wirtschaft (1998): Studienreihe Nr. 99, Bonn. Weitere Informationen zur Riester-Reform finden Sie im Kapitel „Soziale Sicherung: Reformfortschritte und Reformdefizite" des Jahresgutachten 2001/02 des Sachverständigenrat zur Begutachtung der gesamtwirtschaftlichen Entwicklung, Stuttgart.

11.3 Ein Gefühl für die Größenordnungen

Wie stark wirkt sich eine Veränderung der Sparquote langfristig auf die Produktion aus? Für wie lange und wie stark beeinflusst sie das Wachstum? Wie weit sind wir vom Kapitalbestand der goldenen Regel entfernt? Wir bekommen ein besseres Verständnis für diese Fragen, wenn wir in unserem Modell konkrete Annahmen treffen, Zahlen einsetzen und die Ergebnisse analysieren.

Gehen wir von folgender Produktionsfunktion aus:

$$Y = \sqrt{K}\sqrt{N} \tag{11.6}$$

Dies ist ein Spezialfall der Cobb-Douglas-Produktionsfunktion – vgl. den Anhang des Kapitels.

Die Produktion ergibt sich als Produkt der Quadratwurzel aus Kapital und Arbeit. Diese Funktion weist konstante Skalenerträge und für beide Inputs (Kapital wie Arbeit) abnehmende Grenzerträge auf.

Weil wir an der Produktion je Beschäftigten interessiert sind, teilen wie beide Seiten durch N:

$$\frac{Y}{N} = \frac{\sqrt{K}\sqrt{N}}{N} = \frac{\sqrt{K}}{\sqrt{N}} = \sqrt{\frac{K}{N}}$$

Das zweite Gleichheitszeichen folgt aus $\sqrt{N}/N = \sqrt{N}/(\sqrt{N}\sqrt{N}) = 1/\sqrt{N}$.

Die Produktion je Beschäftigten ergibt sich als Quadratwurzel der Kapitalintensität. Dies ist nichts anderes als eine konkrete Spezifikation der Produktionsfunktion f (Gleichung (11.1)):

$$f\left(\frac{K_t}{N}\right) = \sqrt{\frac{K_t}{N}}$$

Betrachten wir nun wieder Gleichung (11.3), hier nochmals wiedergegeben:

$$\frac{K_{t+1}}{N} - \frac{K_t}{N} = sf\left(\frac{K_t}{N}\right) - \delta\frac{K_t}{N}$$

Setzen wir die konkrete Produktionsfunktion für $f(K_t/N)$ ein, so erhalten wir:

$$\frac{K_{t+1}}{N} - \frac{K_t}{N} = s\sqrt{\frac{K_t}{N}} - \delta\frac{K_t}{N} \tag{11.7}$$

Diese Gleichung beschreibt, wie sich der Kapitalbestand je Beschäftigten im Zeitverlauf entwickelt. Was lernen wir daraus?

11.3.1 Wie wirkt sich ein Anstieg der Sparquote auf die Steady-State-Produktion aus?

Wie stark verändert sich langfristig (im Steady-State) die Produktion je Beschäftigten, wenn die Sparquote steigt?

Beginnen wir mit Gleichung (11.7). Im Steady-State bleibt die Kapitalintensität konstant – die linke Seite der Gleichung ist gleich Null. Es gilt also:

$$s\sqrt{\frac{K}{N}} = \delta \frac{K}{N}$$

(Wir ignorieren Zeitindizes. Im Steady-State werden sie nicht mehr benötigt, weil K/N konstant bleibt). Wenn man beide Seiten quadriert, bekommen wir:

$$s^2 \frac{K}{N} = \delta^2 \left(\frac{K}{N}\right)^2$$

Teilen durch K/N liefert nach geeigneter Umformulierung:

$$\frac{K}{N} = \left(\frac{s}{\delta}\right)^2 \qquad (11.8)$$

Die Kapitalintensität im Steady-State entspricht dem Quadrat des Quotienten aus Sparquote und Abschreibungsrate.

Unter Verwendung von (11.6) folgt aus (11.8), dass die Produktion je Beschäftigten im Steady-State durch den Quotienten aus Sparquote und Abschreibungsrate bestimmt ist:

$$\frac{Y}{N} = \sqrt{\frac{K}{N}} = \sqrt{\left(\frac{s}{\delta}\right)^2} = \frac{s}{\delta} \qquad (11.9)$$

Steigt die Sparquote oder sinkt die Abschreibungsrate, so nehmen sowohl Kapitalintensität wie auch die Produktion je Beschäftigten im Steady-State zu (Gleichung (11.8) bzw. (11.9)). Betrachten wir ein numerisches Beispiel: Liegen sowohl Abschreibungsrate wie auch Sparquote bei 10% pro Jahr, dann sind im Steady-State nach Gleichung (11.8) und (11.9) sowohl Kapitalintensität wie auch die Produktion je Beschäftigten gerade gleich 1. Was passiert, wenn sich die Sparquote von 10 auf 20% verdoppelt? Gleichung (11.8) zeigt, dass im neuen Steady-State die Kapitalintensität von 1 auf 4 steigt. Aus Gleichung (11.9) folgt, dass sich die Produktion je Beschäftigten von 1 auf 2 verdoppelt. Eine Verdoppelung der Sparquote führt also langfristig zu einer Verdopplung der Produktion je Beschäftigten. Dies ist ein beachtlicher Effekt.

11.3.2 Wie wirkt sich ein Anstieg der Sparquote auf den Anpassungsprozess aus?

Gerade haben wir berechnet, welchen neuen Gleichgewichtswert die Wirtschaft langfristig erreichen wird, wenn die Sparquote steigt. Wie lange aber dauert der Prozess, bis die Produktion ihr neues Steady-State-Niveau erreicht hat? Mit anderen Worten, wie stark und für wie lange wirkt sich die höhere Sparquote auf die Wachstumsrate aus?

Um diese Frage zu beantworten, müssen wir anhand von Gleichung (11.7) für die einzelnen Jahre 0, 1 usw. die Werte für die Kapitalintensität bestimmen.

Nehmen wir wieder an, die Sparquote steigt im Jahr 0 von 0,1 auf 0,2 und verharrt für immer auf diesem Niveau. Im Jahr 0 erfährt der Kapitalstock keine Veränderung. (Wir gehen davon aus, dass es ein Jahr dauert, bis sich Ersparnis und Investitionen im Kapitalstock widerspiegeln.) Die Kapitalintensität bleibt also zunächst unverändert bei dem ursprünglichen (mit der Sparquote von 0,1 verbundenen) Steady-State-Niveau von 1, entsprechend Gleichung (11.8):

$$\frac{K_0}{N} = \left(\frac{0{,}1}{0{,}1}\right)^2 = 1^2 = 1$$

Gleichung (11.7) liefert uns für das nächste Jahr 1

$$\frac{K_1}{N} - \frac{K_0}{N} = s\sqrt{\frac{K_0}{N}} - \delta\frac{K_0}{N}$$

Bei einer Abschreibungsrate von 0,1 und einer nun auf 0,2 erhöhten Sparquote impliziert dies:

$$\frac{K_1}{N} - 1 = \left[(0{,}2)\left(\sqrt{1}\right)\right] - \left[(0{,}1)1\right]$$

oder

$$\frac{K_1}{N} = 1{,}1$$

Auf die gleiche Art können wir nun auch K_2/N usw. bestimmen: Ausgehend von der Kapitalintensität im Jahr t erhalten wir aus Gleichung (11.6) die Werte für die Produktion je Beschäftigten im gleichen Jahr. Zusammen mit der Sparquote ist damit der Anstieg der Kapitalintensität im Folgejahr bestimmt. Abbildung 11.7 zeigt die Ergebnisse dieser Berechnung. Diagramm a stellt dar, wie sich das Produktionsniveau je Beschäftigten Y/N im Zeitablauf entwickelt – ausgehend vom Anfangswert 1 im Jahr 0 bis zum langfristigen Steady-State-Wert von 2. Diagramm b zeigt die gleichen Informationen, aber als Wachstumsraten im Zeitablauf. Am Anfang ist das Wachstum der Produktion je Beschäftigten am höchsten; es nimmt dann im Zeitverlauf ab. Sobald die Ökonomie den neuen Steady-State erreicht hat, geht die Wachstumsrate wieder auf 0 zurück.

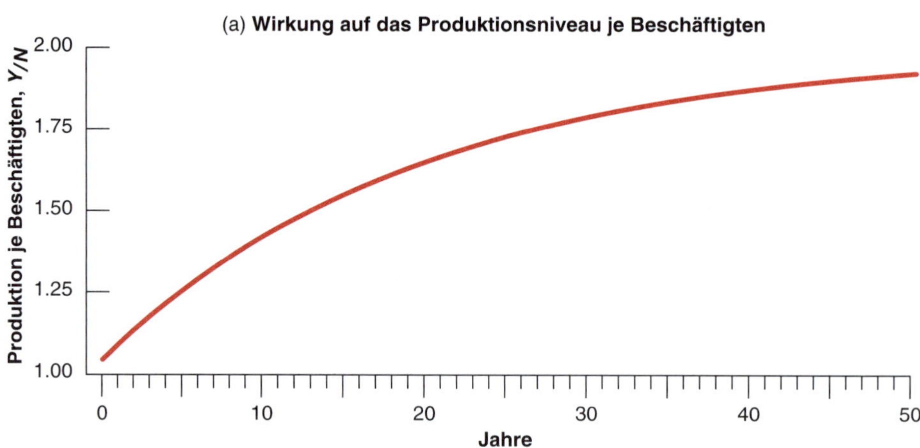

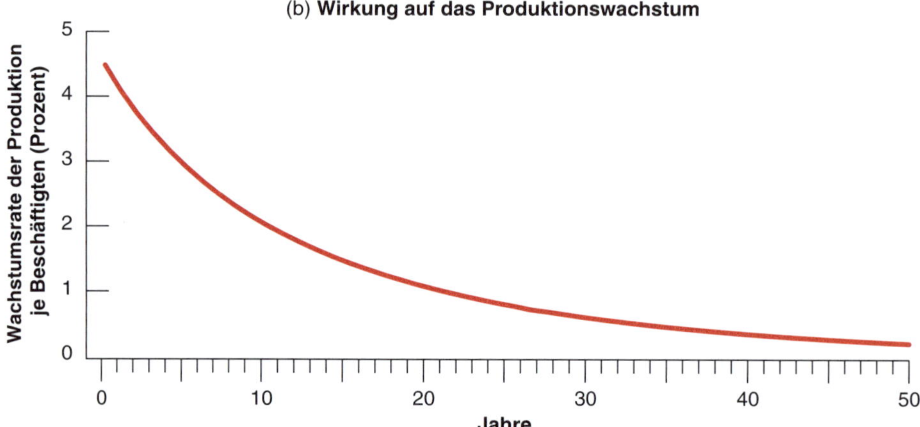

Abbildung 11.7: Der Anpassungsprozess des Niveaus und der Wachstumsrate der Produktion je Beschäftigten bei einem Anstieg der Sparquote von 10% auf 20%

Es dauert lange, bis sich die Produktion nach einem Anstieg der Sparquote auf ihr höheres Niveau angepasst hat. Anders gesagt, ein Anstieg der Sparquote führt zu einer langen Periode höheren Wachstums.

Die Abbildung 11.7 zeigt deutlich, dass die Anpassung an das neue, höhere langfristige Gleichgewicht lange dauert. Nach 10 Jahren ist sie erst zu 40% abgeschlossen, nach 20 Jahren zu 63%. Anders gesagt, der Anstieg der Sparquote lässt die Wachstumsrate für längere Zeit ansteigen. Die durchschnittliche Wachstumsrate während der ersten 10 Jahre beträgt 3,1% und 1,5% in den darauf folgenden 10 Jahren. Obschon die Sparquote langfristig keinen Einfluss auf das Wachstum hat, führt ein Anstieg doch für einige Zeit zu höherem Wachstum.

Kehren wir zu der am Anfang des Kapitels gestellten Frage zurück: Kann die geringe Sparquote der USA erklären, warum die U.S.-Wachstumsrate seit 1950 im Vergleich zu anderen OECD-Staaten relativ niedrig war? Die Antwort wäre ja, wenn die USA in der Vergangenheit eine höhere Sparquote gehabt hätte und diese Sparquote in den letzten 50 Jahren substanziell zurückgegangen wäre. Wäre dies der Fall, könnte dies in Übereinstimmung mit dem Mechanismus der Abbildung 11.7 die Periode geringeren Wachstums der USA in den letzten 50 Jahren erklären (mit umgekehrten Vorzeichen, da wir einen Rückgang der Sparquote – keinen Anstieg – betrachten). Dies ist aber nicht der

Fall: Die U.S.-Sparquote ist schon sehr lange niedrig. Geringe Ersparnisse können die schlechte U.S.-Wachstumsperformance der letzten 50 Jahre nicht erklären.

11.3.3 Die Sparquote aus Sicht der Goldenen Regel

Welche Sparquote würde den Konsum je Beschäftigten im Steady-State maximieren? Langfristig kann das konsumiert werden, was übrig bleibt, wenn genug investiert wurde, um den Kapitalbestand konstant zu halten. Etwas formaler: Im Steady-State entspricht der Konsum je Beschäftigten der Differenz aus Produktion und Abschreibungen je Beschäftigten.

$$\frac{C}{N} = \frac{Y}{N} - \delta \frac{K}{N}$$

Die Gleichungen (11.8) und (11.9) geben uns die Steady-State-Werte von Kapitalintensität und Produktion je Beschäftigten. Der Konsum je Beschäftigten beträgt dann:

$$\frac{C}{N} = \left(\frac{s}{\delta}\right) - \delta\left(\frac{s}{\delta}\right)^2 = \frac{s(1-s)}{\delta}$$

Ausgehend von dieser Gleichung und den Gleichungen (11.8) und (11.9) gibt Tabelle 11.1 die Steady-State-Werte für Kapital, Produktion und Konsum (jeweils je Beschäftigten) für unterschiedliche Sparquoten (bei einer Abschreibungsrate von 10%) wieder.

Tabelle 11.1: Die Sparquote und die Steady-State-Werte von Kapital, Produktion und Konsum je Beschäftigten

Sparquote s	Kapital je Beschäftigten K/N	Produktion je Beschäftigten Y/N	Konsum je Beschäftigten C/N
0,0	0,0	0,0	0,0
0,1	1,0	1,0	0,9
0,2	4,0	2,0	1,6
0,3	9,0	3,0	2,1
0,4	16,0	4,0	2,4
0,5	25,0	5,0	2,5
0,6	36,0	6,0	2,4
–	–	–	–
1,0	100,0	10,0	0,0

Überprüfen Sie Ihr Verständnis des Themas: Vergleichen Sie das Für und Wider von Politikmaßnahmen zur Anhebung der U.S.-Sparquote von ihrem gegenwärtigen Wert von 18% auf beispielsweise 20%, indem Sie die Gleichungen dieses Abschnittes verwenden.

Der langfristige (Steady-State) Konsum je Beschäftigten wird bei einer Sparquote von 1/2 maximal: Der Kapitalbestand der goldenen Regel lässt sich an der Sparquote von 50% ablesen. Liegt die Sparquote niedriger, steigt der Konsum je Beschäftigten langfristig, wenn mehr gespart wird. Umgekehrt verhält es sich für Sparquoten über 50%. Manche Länder haben eine Sparquote von über 40%. In Deutschland lag die Sparquote im Durchschnitt der letzten 50 Jahre bei 24%. So unpräzise unsere Berechnung auch ist, ein Anstieg der Sparquote würde in den meisten Volkswirtschaften langfristig sowohl Produktion als auch Konsum je Beschäftigten erhöhen.

11.4 Physisches Kapital versus Humankapital

Wir haben uns bisher auf physisches Kapital konzentriert – auf Maschinen, Fabriken, Bürogebäude usw. Volkswirtschaften nutzen aber noch eine ganz andere Art von Kapital: Die Kenntnisse der Beschäftigten, von Ökonomen als Humankapital bezeichnet. Eine Volkswirtschaft mit vielen hoch qualifizierten Beschäftigten ist wahrscheinlich sehr viel produktiver als eine Ökonomie, in der die Beschäftigten nicht lesen und schreiben können.

Aber auch dieser Vergleich kann irreführend sein. Die Qualität der Ausbildung kann sich in den einzelnen Ländern ziemlich unterscheiden.

Das Humankapital ist in den letzten beiden Jahrhunderten mindestens so stark gestiegen wie das physische Kapital. Zu Beginn der industriellen Revolution konnten nur 30% der Bevölkerung lesen. Heute können mehr als 95% der Menschen in den OECD-Ländern lesen. Vor der industriellen Revolution bestand keine Schulpflicht. Heutzutage besteht Schulpflicht bis zum 16. Lebensjahr. In den OECD-Staaten erhalten heutzutage fast 100% aller jungen Menschen eine primäre, 90% eine sekundäre und 38% eine höhere Schulausbildung. Für arme Länder, d.h. Länder mit einem BIP-Pro-Kopf von unter 400 $ im Jahr 1985, liegen die entsprechenden Zahlen bei 95%, 32% bzw. 4%.

Wie können wir untersuchen, wie sich Humankapital auf die Produktion auswirkt? Inwiefern verändert die Berücksichtigung von Humankapital die bislang abgeleiteten Schlussfolgerungen? Dies sind die Fragen, denen wir uns im letzten Abschnitt zuwenden.

11.4.1 Eine Verallgemeinerung der Produktionsfunktion

Um auch Humankapital zu erfassen, liegt es nahe, die Produktionsfunktion (11.1) wie folgt zu modifizieren:

$$\frac{Y}{N} = f\left(\underset{+}{\frac{K}{N}}, \underset{+}{\frac{H}{N}}\right) \tag{11.10}$$

Beachten Sie, dass wir in Kapitel 4 dasselbe Symbol (*H*) benutzen, um die Geldbasis zu bezeichnen. Beide Verwendungen folgen der Tradition. Bitte lassen sie sich davon nicht irritieren.

Die Produktion je Beschäftigten hängt also nicht nur von der physischen Kapitalintensität K/N ab, sondern auch vom Bestand an Humankapital H/N.

Wie bislang nimmt die Produktion mit steigender Kapitalintensität zu. Aber auch ein höheres durchschnittliches Ausbildungsniveau lässt die Produktion je Beschäftigten steigen. Besser Ausgebildete können komplexere Maschinen bedienen; sie können eher mit unerwarteten Komplikationen umgehen; sie können sich schneller an neue Aufgaben anpassen. All dies ermöglicht eine höhere Produktion je Beschäftigten.

Wir hatten für physisches Kapital abnehmende Grenzerträge angenommen. Gleiches trifft vermutlich auch für Humankapital zu. Mehr Humankapital kann etwa von einer längeren Ausbildung herrühren. Empirische Evidenz zeigt, dass die Erträge umso höher sind, je größer der Anteil von Kindern mit Primärschulausbildung ist. Die Fähigkeit zum Lesen und Schreiben erlaubt es den Menschen, komplexere und produktivere Technologien zu benutzen. In den reichen Ländern erhalten die meisten Kinder mittlerweile eine umfassende Ausbildung sowohl im Primär- wie im Sekundärsektor. Der relevante Maßstab ist also eher die Hochschulausbildung. Hochschulausbildung erhöht die Fähigkeiten, zumindest wenn man diese am höheren Lohn misst, den man mit einem Hochschulabschluss erzielen kann. Es ist allerdings kaum zu erwarten, dass die gesamtwirtschaftliche Produktion stark steigen würde, wenn man jedermann zu einem Hochschulabschluss zwingen würde. Viele Menschen wären am Ende überqualifiziert und eher frustrierter statt produktiver. Dies spricht also für abnehmende Grenzerträge der Investition in Humankapital.

Wir betrachten diese Evidenz genauer in Kapitel 13.

Wie können wir ein Maß für das Humankapital H konstruieren? Die Antwort ist: Ganz analog wie für physisches Kapital. Bei der Konstruktion von K addiert man einfach die Werte unterschiedlicher Kapitalgüter: Eine Maschine im Wert von 2.000 € wird zweimal so stark gewichtet wird wie eine Maschine im Wert von 1.000 €. Ähnlich konstruiert man ein Maß für H: Einen Beschäftigten, dem doppelt so viel bezahlt wird, gewichtet man doppelt so stark. Betrachten wir als Beispiel eine Volkswirtschaft mit 100 Beschäftigten. Die Hälfte davon hat eine Ausbildung, die andere Hälfte nicht. Wenn der Lohn der ausgebildeten Beschäftigten doppelt so hoch ist wie der von ungelernten Beschäftigten, kann man H wie folgt konstruieren: $[(50\times1)+(50\times2)] = 150$. Die Humankapitalintensität H/N beträgt $150/100 = 1{,}5$.

Der Grund für das Verwenden von relativen Löhnen als Gewichte liegt darin, dass sie relative Grenzprodukte widerspiegeln. Es wird angenommen, dass ein Beschäftigter, der dreimal so viel wie ein anderer verdient, auch ein dreimal so großes Grenzprodukt wie der andere Beschäftigte besitzt.

Es ist allerdings eine strittige Frage, ob relative Löhne relative Grenzprodukte exakt widerspiegeln. Betrachten Sie das folgende kontroverse Beispiel: Immer noch verdienen im selben Beruf und mit derselben Berufserfahrung Frauen häufig weniger als Männer. Liegt das an ihrem geringeren Grenzprodukt? Sollten Sie ein geringeres Gewicht bei der Konstruktion des Humankapitals erhalten als Männer?

11.4.2 Humankapital, Physisches Kapital und die Produktion

Wie verändert die Berücksichtigung von Humankapital die Analyse der vorangegangenen Abschnitte?

Unsere Einsichten zur physischen Kapitalakkumulation gelten auch hier: Ein Anstieg der Sparquote lässt den physischen Kapitalstock je Beschäftigten und somit auch die Produktion je Beschäftigten im Steady-State ansteigen. Diese Einsicht lässt sich aber auch auf die Akkumulation von Humankapital übertragen. Steigt die gesamtwirtschaftliche Investition in Humankapital – sei es durch Ausbildung, sei es durch Training on-the-job – dann erhöht sich die Humankapitalintensität im Steady-State; damit steigt die Produktion je Beschäftigten.

Das erweiterte Modell gibt einen tieferen Einblick, wie die Produktion je Beschäftigten bestimmt wird. Langfristig hängt sie sowohl von der Ersparnis als auch von den Bildungsausgaben einer Gesellschaft ab. Welche Rolle spielt das Humankapital im

Vergleich zum physischen Kapital? Vergleichen wir die Bildungsausgaben mit den Investitionen in physisches Kapital. In Deutschland werden etwa 5,6% des BIP für Ausbildung ausgegeben. Diese Zahl erfasst sowohl staatliche als auch private Bildungsausgaben.

Die Zahl liegt unter einem Drittel der Bruttoinvestitionsquote von physischem Kapital (sie liegt ungefähr bei 18,4%). Dies ist aber nur ein erster Annäherungsversuch. Wir stehen vor folgenden Schwierigkeiten.

- Bildung, insbesondere Hochschulausbildung, ist zum Teil Konsum – weil sie um ihrer selbst Willen vorgenommen wird – und nur teilweise Investition. Wir sollten für unsere Zwecke nur den Investitionsanteil einbeziehen. Der angegebene Wert 5,6% beinhaltet aber beides.

Wie groß sind Ihre Opportunitätskosten im Vergleich zu Ihren Studiengebühren?

- Zumindest für über die Sekundärausbildung hinausgehende Bildungsinvestitionen entstehen während der Ausbildung auch Opportunitätskosten in Form von Lohnverzicht. Bildungsausgaben sollten nicht nur die tatsächlichen Kosten, sondern auch die Opportunitätskosten beinhalten. Der Wert von 5,6% berücksichtigt diese Opportunitätskosten nicht.
- Formale Ausbildung ist nur ein Teil der Bildung. Vieles erlernen wir am Arbeitsplatz (Training on-the-job). Sowohl tatsächliche Kosten wie Opportunitätskosten des Training on-the-job sollten einbezogen werden. Beides ist aber in dem Wert von 5,6% nicht enthalten.
- Man sollte die Investitionsquoten um die Abschreibungen korrigieren. Die Abschreibungen auf physisches Kapital, besonders die auf Maschinen, sind vermutlich höher als die auf Humankapital. Sicher verlieren wir mit zunehmendem Alter gewisse Fähigkeiten; aber im Gegensatz zu physischem Kapital gilt dies umso weniger, je intensiver wir sie nutzen.

Vgl. N. Gregory Mankiw, David Romer und David Weil, „A Contribution to the Empirics of Economic Growth," Quarterly Journal of Economics, 1992, S. 407-437.

Aus all diesen Gründen ist es schwierig, verlässliche Zahlen für die Investitionen in Humankapital zu finden. Eine neuere Studie kommt zu dem Schluss, dass Investitionen in physisches Kapital und in Bildung von vergleichbarer Bedeutung sind. Dies würde bedeuten, dass die Produktion je Beschäftigten in einer Volkswirtschaft ungefähr gleich stark bestimmt wird von der Menge physischen Kapitals und der Menge des Humankapitals. Länder, in denen mehr gespart wird oder mehr für Bildung ausgegeben wird, können demnach im Steady-State substanziell höhere Produktionsniveaus je Beschäftigten erzielen.

11.4.3 Endogenes Wachstum

Machen wir uns klar, was die obige Schlussfolgerung bedeutet und was nicht. Sie besagt, dass ein Land, das mehr spart oder mehr für Bildung ausgibt, im Steady-State ein höheres Produktionsniveau je Beschäftigten aufweisen wird. Sie besagt nicht, dass ein Land durch größere Ersparnis oder höhere Bildungsausgaben für ein permanent höheres Wachstum sorgen könnte.

Diese Aussage wurde allerdings im letzten Jahrzehnt in Frage gestellt. Inspiriert von Robert Lucas und Paul Romer haben viele Forscher argumentiert, durch eine geeignete Kombination der Akkumulation von physischem Kapital und Humankapital könnte höheres Wachstum stimuliert werden. Zwar gibt es bei gegebenem Humankapital abnehmende Grenzerträge von physischem Kapital; Gleiches gilt auch für das Humankapital. Was passiert aber, wenn beides – physisches Kapital und Humankapital – gemeinsam zunehmen?

Wir haben Lucas bereits erwähnt, und zwar im Zusammenhang mit der Lucas-Kritik in Kapitel 9.

Ist es denkbar, dass eine Wirtschaft dauerhaft wachsen kann, allein auf Basis stetig steigenden Kapitals und besser ausgebildeter Beschäftigter? Im letzten Jahrzehnt sind Modelle endogenen Wachstums populär geworden – das sind Modelle, die selbst ohne technischen Fortschritt stetiges Wachstum generieren. Im Unterschied zu den bisher betrachteten Modellen hängt das Wachstum selbst langfristig von Variablen wie der Sparquote und der Ausgabenquote für Bildung ab. Das Urteil über Modelle endogenen Wachstums steht noch aus; vieles deutet aber darauf hin, dass die früheren Schlussfolgerungen zwar modifiziert, nicht aber aufgegeben werden müssen. Der gegenwärtige Konsens lautet:

- Die Produktion je Beschäftigten hängt sowohl von der Kapitalintensität als auch vom Humankapital je Beschäftigten ab. Beiden Arten von Kapital lassen sich akkumulieren, die eine durch physische Investitionen, die andere durch Bildung und Training. Eine höhere Sparquote und/oder ein größerer Anteil der Ausgaben für Bildung und Training ermöglichen langfristig viel höhere Produktionsniveaus. Bei gegebener Rate des technischen Fortschritts führen solche Maßnahmen allerdings nicht zu einer permanent höheren Wachstumsrate.
- Wichtig ist die Einschränkung der letzten Aussage: Bei gegebener Rate des technischen Fortschritts. Besteht aber nicht ein Zusammenhang zwischen technischem Fortschritt und den Investitionen in Humankapital? Ist die Rate des technischen Fortschritts nicht umso höher, je besser ausgebildet die Bevölkerung ist? Diese Fragen führen uns zum Kern des nächsten Kapitels, den Quellen und den Konsequenzen des technischen Fortschritts.

Zusammenfassung

- Langfristig bestimmen zwei Beziehungen die Entwicklung der Produktion (zur Vereinfachung verzichten wie im Folgenden wieder auf den Zusatz „je Beschäftigten"). Erstens hängt die Produktion von der Größe des Kapitalbestandes ab. Zweitens hängt die Kapitalakkumulation vom Produktionsniveau ab, weil dies die Ersparnis und damit die Investitionen bestimmt.
- Die Interaktion zwischen Kapital und Produktion bewirkt, dass eine Volkswirtschaft, ausgehend von einem beliebigen Anfangskapital, langfristig gegen einen (konstanten) Kapitalbestand (den Steady-State) und folglich gegen ein konstantes Produktionsniveau konvergiert. (Dabei lassen wir den technischen Fortschritt außer Acht; er wird in Kapitel 12 behandelt.)
- Der Kapitalbestand und somit das Produktionsniveau im Steady-State hängen positiv von der Sparquote ab. Je mehr gespart wird, desto höher ist das Produktionsniveau im Steady-State. Während des Übergangs zu einem neuen Steady-State steigt auch das Produktionswachstum an. Langfristig (erneut technischen Fortschritt vernachlässigend) konvergiert die Wachstumsrate der Produktion allerdings unabhängig von der Sparquote gegen Null.

- Ein Anstieg der Sparquote erfordert zunächst Konsumverzicht. Langfristig kann eine höhere Sparquote zu steigendem oder fallendem Konsum führen, je nachdem, ob sich die Wirtschaft unterhalb oder oberhalb des Kapitalbestands befindet, der der goldenen Regel entspricht (der den maximalen Konsum im Steady-State ermöglicht).
- Der Kapitalbestand der meisten Länder liegt unterhalb des Niveaus der goldenen Regel. Mit steigender Sparquote geht also anfänglich der Konsum zwar zurück, langfristig steigt er aber dauerhaft an. Politiker, die sich fragen, ob die Sparquote durch politische Maßnahmen beeinflusst werden sollte, müssen entscheiden, wie stark sie die Wohlfahrt der gegenwärtigen Generation im Vergleich zur Wohlfahrt künftiger Generationen gewichten.
- Der Großteil dieses Kapitels beschäftigte sich mit physischer Kapitalakkumulation. Die Produktion hängt aber auch vom Bestand an Humankapital ab. Zusätzliches Humankapital kann durch Investitionen in Bildung und Training geschaffen werden. Ebenso wie eine höhere Sparquote lässt ein größerer Anteil der Ausgaben für Bildung und Training auf lange Sicht das Produktionsniveau je Beschäftigten dauerhaft ansteigen.

Übungsaufgaben

Verständnistests

1. Welche der folgenden Aussagen sind zutreffend, falsch oder unklar? Geben Sie jeweils eine kurze Erläuterung.
   a. Die Sparquote entspricht immer der Investitionsrate.
   b. Eine höhere Investitionsrate kann dauerhaft eine höhere Wachstumsrate der Produktion aufrechterhalten.
   c. Wenn sich Kapital nicht abnutzen würde, könnte eine Volkswirtschaft stetig wachsen.
   d. Je höher die Sparquote, desto höher der Konsum im Steady-State.
   e. Die Produktion pro Kopf in Deutschland entspricht etwa 47% der Produktion je Beschäftigten.
   f. Wir sollten das Rentenversicherungssystem auf ein Kapitaldeckungsverfahren umstellen. Dann könnte jetzt und in der Zukunft der Konsum steigen.
   g. Der Kapitalbestand in Deutschland liegt weit unter dem Niveau, das die goldene Regel der Kapitalakkumulation empfiehlt. Die Regierung sollte Steuererleichterungen für die Kapitalbildung einführen.
   h. Für viele Länder liegt der Schlüssel für dauerhaftes Wachstum in der Steigerung des Bildungsniveaus.
   i. Bildung steigert das Humankapital und somit die Produktion. Daraus folgt, dass die Regierung Bildung subventionieren sollte.
2. „Die Wachstumsrate der Produktion je Beschäftigten in Japan bleibt so lange höher als die der USA, wie die japanische Sparquote die der USA übersteigt." Stimmen Sie dem zu oder nicht?
3. In Kapitel 3 sahen wir, dass ein Anstieg der Sparquote kurzfristig zu einer Rezession führt (das Paradox der Ersparnis). Wir sind nun in der Lage, die Wirkungen zu untersuchen, die über die kurze Frist hinausgehen. Wie wirkt sich eine höhere Sparquote vermutlich auf die Produktion je Beschäftigten nach einem Jahrzehnt aus? Nach fünf Jahrzehnten?

Vertiefungsfragen

4. Diskutieren Sie welche langfristigen Auswirkungen die folgenden Veränderungen wahrscheinlich auf die Produktion je Beschäftigten haben werden:
   a. Das Recht, die Ersparnis von der Einkommenssteuerbemessungsgrundlage abzuziehen.
   b. Eine Erhöhung der Beschäftigungsquote von Frauen (bei konstant bleibender Bevölkerung).

5. a. Selbst bei konservativen Anlagen (etwa einer Investition in 10-jährige Staatsanleihen) lag die Rendite von Rentenfonds in Deutschland fast immer über der Rendite des Umlageverfahrens. Zeigt dies, dass das Umlageverfahren dem Kapitaldeckungsverfahren unterlegen ist?
   b. Unter welchen Bedingungen würde ein Rückgang der Ersparnis die Konsummöglichkeiten in allen Perioden steigern? Was spricht dafür, dass dieser Fall wenig plausibel ist?
6. Angenommen die Produktionsfunktion sei gegeben durch: $Y = 0{,}5\sqrt{K}\sqrt{N}$.
   a. Bestimmen Sie die Kapitalintensität, die Produktion und den Konsum je Beschäftigten im Steady-State als Funktion der Sparquote s und der Abschreibungsrate δ.
   b. Angenommen $\delta = 5\%$. Nutzen Sie ein Tabellenkalkulationsprogramm, um Produktion und Konsum je Beschäftigten im Steady-State zu berechnen für $s = 0; 0{,}1; 0{,}2; ...; 1$. Erläutern Sie.
   c. Zeichnen Sie mit Hilfe ihres Programms Produktion und Konsum je Beschäftigten im Steady-State als Funktion von s (tragen Sie dabei die Sparquote an der Horizontalen ab und die Werte für Produktion bzw. Konsum je Beschäftigten an der Vertikalen).
   d. Zeigt die Grafik, dass ein Wert von s existiert, der die Produktion je Beschäftigten maximiert? Zeigt die Grafik, dass ein Wert von s existiert, der den Konsum je Beschäftigten maximiert? Wenn ja, welcher Wert ist das?
7. Diese Aufgabe basiert auf dem Material im Anhang! Nehmen Sie an, dass die Produktion der Volkswirtschaft gegeben ist durch $Y = K^{\alpha} N^{1-\alpha}$. Nehmen Sie zudem an, dass $\alpha = 1/3$.
   a. Ist diese Produktionsfunktion durch konstante Skalenerträge gekennzeichnet? Erläutern Sie.
   b. Gibt es abnehmende Grenzerträge des Kapitals?
   c. Gibt es abnehmende Grenzerträge der Arbeit?
   d. Schreiben Sie die Produktionsfunktion als Beziehung zwischen Produktion je Beschäftigten und Kapitalintensität.
   e. Geben Sie für gegebene Sparquote s und Abschreibungsrate δ an, wie hoch die Kapitalintensität im Steady-State ist.
   f. Geben Sie den Wert für die Produktion je Beschäftigten im Steady-State an.
   g. Berechnen Sie das Produktionsniveau je Beschäftigten im Steady-State für $\delta = 0{,}08$ und $s = 0{,}32$.
   h. Angenommen, die Abschreibungsrate bleibt unverändert, aber die Sparquote halbiert sich auf 0,16. Wie hoch ist im neuen Steady-State die Produktion je Beschäftigten?

Weiterführende Literatur

Die klassische Analyse des Zusammenhangs zwischen Sparquote und Produktion liefert das Buch von Robert Solow: Wachstumstheorie (Göttingen: Vandenhoeck & Ruprecht, 1970).

Anhang: Die Cobb-Douglas-Produktionsfunktion und der Steady-State

Im Jahre 1928 fanden Charles Cobb (ein Mathematiker) und Paul Douglas (ein Ökonom, der später US-Senator wurde), dass folgende Produktionsfunktion die Beziehung zwischen Produktion, physischem Kapital und Arbeit für die USA für die Jahre zwischen 1899 und 1922 sehr gut beschrieb.

$$Y = K^{\alpha} N^{1-\alpha} \tag{11.A1}$$

Dabei liegt α zwischen 0 und 1. Ihre Analyse erwies sich als erstaunlich robust. Selbst heute liefert die Produktionsfunktion (11.A1), nun bekannt als Cobb-Douglas-Produktionsfunktion, eine recht gute Beschreibung für die Beziehung zwischen Produktion, Kapital und Arbeit in vielen Ländern. Diese Produktionsfunktion gehört mittlerweile zum Standardwerkzeug jedes Ökonomen. (Zeigen Sie selbst, dass sie beide im Text besprochenen Eigenschaften erfüllt: konstante Skalenerträge und abnehmende Grenzerträge von Kapital und Arbeit.)

Wir wollen in diesem Anhang den Steady-State charakterisieren, wenn die Produktionsfunktion durch (11.A1) gegeben ist. (Alles was wir dazu brauchen, sind gewisse Kenntnisse der Eigenschaften von Exponenten.)

Im Steady-State muss die Ersparnis je Beschäftigten gleich der Abschreibung je Beschäftigten sein. Was folgt daraus?

- Leiten wir zunächst die Ersparnis je Beschäftigten her. Zuerst ermitteln wir aus Gleichung (11.A1) die Produktion je Beschäftigten als Funktion der Kapitalintensität. Wir teilen beide Seiten der Gleichung (11.A1) durch N:

  $$\frac{Y}{N} = \frac{K^{\alpha} N^{1-\alpha}}{N} .$$

  Weil

  $$\frac{N^{1-\alpha}}{N} = N^{1-\alpha} N^{-1} = N^{-\alpha}$$

  können wir dies auch so schreiben:

  $$\frac{Y}{N} = K^{\alpha} N^{-\alpha} = \left(\frac{K}{N}\right)^{\alpha} .$$

  Die Produktion je Beschäftigten entspricht der Kapitalintensität hoch α.

  Die Ersparnis je Beschäftigten ist der Anteil s an der Produktion je Beschäftigten, also:

  $$s\left(\frac{K}{N}\right)^{\alpha}$$

- Die Abschreibung je Beschäftigten entspricht dem Produkt aus Abschreibungsrate und Kapitalintensität:

  $$\delta\left(\frac{K}{N}\right)$$

- Im Steady-State ist die Kapitalintensität K^*/N bestimmt durch die Bedingung, Ersparnis gleich Abschreibung (wieder bezogen auf die Zahl der Beschäftigten), also

  $$s\left(\frac{K^*}{N}\right)^{\alpha} = \delta\left(\frac{K^*}{N}\right)$$

  Wenn wir beide Seiten durch $(K^*/N)^{\alpha}$ teilen, erhalten wir

  $$s = \delta\left(\frac{K^*}{N}\right)^{1-\alpha} .$$

Durch Umformung folgt dann

$$\left(\frac{K^*}{N}\right)^{1-\alpha} = \frac{s}{\delta} \; .$$

Die Kapitalintensität K^*/N als Funktion der exogenen Parameter erhalten wir schließlich, indem wir beide Seiten mit $1/(1-\alpha)$ potenzieren:

$$\left(\frac{K^*}{N}\right) = \left(\frac{s}{\delta}\right)^{\frac{1}{1-\alpha}}$$

Damit ist die Kapitalintensität K^*/N im Steady-State bestimmt.

- Eingesetzt in die Produktionsfunktion, ergibt sich die Produktion je Beschäftigten im Steady-State:

$$\left(\frac{Y^*}{N}\right) = \left(\frac{K^*}{N}\right)^{\alpha} = \left(\frac{s}{\delta}\right)^{\frac{\alpha}{1-\alpha}}$$

Untersuchen wir, was diese Gleichung aussagt.

- Im Text haben wir mit einem Spezialfall der Produktionsfunktion (11.A1) gearbeitet, dem Wert $\alpha = 0{,}5$. (Mit einem Wert von 0,5 zu potenzieren bedeutet nichts anderes als die Quadratwurzel zu ziehen.) Für $\alpha = 0{,}5$ vereinfacht sich die letzte Gleichung zu

$$\frac{Y^*}{N} = \frac{s}{\delta} \; .$$

Dies ist genau die Gleichung, die im Text diskutiert wurde: Die Produktion je Beschäftigten entspricht dem Verhältnis aus Sparquote und Abschreibungsrate. Eine Verdoppelung der Sparquote führt zu einer Verdoppelung der Produktion je Beschäftigten im Steady-State.

- Wenn man K als physisches Kapital versteht, liegt der Wert für α empirischen Analysen zufolge allerdings näher bei 1/3 als bei 1/2. Für $\alpha = 1/3$ folgt aus der Gleichung für die Produktion je Beschäftigten:

$$\frac{Y^*}{N} = \left(\frac{s}{\delta}\right)^{\frac{1}{2}} = \sqrt{\frac{s}{\delta}}$$

Das bedeutet, dass sich eine Änderung der Sparquote schwächer auf die Produktion je Beschäftigten auswirkt als wir im Text angenommen haben. So lässt eine Verdoppelung der Sparquote die Produktion je Beschäftigten nur um den Faktor 1,4 ansteigen (anders formuliert: Die Produktion je Beschäftigten steigt nur um 40%).

- Einer anderen Modellinterpretation zufolge liegt α allerdings näher bei 1/2. Die Berechnungen im Text sind in dieser Sicht durchaus zutreffend. Wenn wir nämlich, dem Abschnitt 11.4 folgend, neben physischem Kapital auch Humankapital berücksichtigen, dann erscheint ein Wert von 1/2 für α durchaus angemessen. In dieser Interpretation liefern die Berechnungen aus Abschnitt 11.3 realistische Werte für die Wirkungen einer steigenden Sparquote, solange man unter Ersparnis den Gesamtzuwachs von physischem und Humankapital versteht (also mehr Maschinen und mehr Bildung).

Kapitel

12 Wachstum und Technischer Fortschritt

Kapitel 11 machte deutlich, dass Kapitalakkumulation allein kein dauerhaftes Wachstum bringen kann. Das bedeutet: Dauerhaftes Wachstum ist ohne technischen Fortschritt nicht denkbar. In diesem Kapitel wollen wir die Rolle des technischen Fortschritts für das Wachstum genauer untersuchen.

- Abschnitt 12.1 untersucht die Bedeutung des technischen Fortschritts für das Wachstum im Vergleich zur Kapitalakkumulation. Im Steady-State entspricht die Wachstumsrate der Produktion pro Kopf genau der Rate des technischen Fortschritts. Dies bedeutet allerdings nicht, dass die Sparquote irrelevant wäre: Sie beeinflusst das Niveau der Produktion pro Kopf – nicht aber deren Wachstumsrate.
- Abschnitt 12.2 wendet sich den Determinanten des technischen Fortschritts zu, mit besonderem Augenmerk auf Investitionen in Forschung und Entwicklung (F&E).
- Abschnitt 12.3 kehrt zu den in Kapitel 10 präsentierten Fakten des Wachstums zurück. Sie werden aus Sicht der im letzten und diesem Kapitel gelernten Ansätze neu interpretiert.
- Abschnitt 12.4 erweitert den Blick auf die Bedeutung von Institutionen.

12.1 Technischer Fortschritt und Wachstumsraten

Mit welcher Rate wächst eine Volkswirtschaft, die sowohl von Kapitalakkumulation wie von technischem Fortschritt geprägt ist? Wir müssen das in Kapitel 11 entwickelte Modell erst erweitern, um auch technischen Fortschritt erfassen zu können. Werfen wir aufs Neue einen Blick auf die Produktionsfunktion.

12.1.1 Technischer Fortschritt in der Produktionsfunktion

Technischer Fortschritt kann viele Dimensionen haben:

- Er könnte bedeuten, dass bei gegebenem Kapital und Arbeit mehr produziert werden kann: Man stelle sich eine neue Art Schmiermittel vor. Es ermöglicht, Maschinen mit höherer Geschwindigkeit laufen zu lassen und so mehr zu produzieren.

- Er könnte bessere Produkte bedeuten: Man denke an stetige Verbesserungen bei Sicherheit und Komfort von Autos.
- Er könnte neue Produkte bedeuten: Man denke an die Einführung des CD-Players, des Faxgerätes, der Mobiltelefone, der Flachbildschirme.
- Er könnte eine größere Produktvielfalt bedeuten: Man denke an den stetigen Anstieg der Anzahl von Müslisorten, die im Supermarkt angeboten werden.

Die durchschnittliche Anzahl an Gütern, die von einem Supermarkt angeboten wird, stieg von 2.200 im Jahr 1950 auf 17.500 im Jahr 1985. Eine Vorstellung davon, was das bedeutet, vermittelt die Supermarktszene mit Robin Williams als russischem Immigranten in dem Film „Moskau am Hudson".

Die verschiedenen Dimensionen sind einander ähnlicher als es auf den ersten Blick scheint. Wenn für die Konsumenten nicht die Produkte selbst, sondern die damit bereitgestellten Charakteristika entscheidend sind, dann haben alle Aspekte eines gemeinsam: In allen Fällen werden den Konsumenten mehr Charakteristika angeboten. Ein besseres Auto ist sicherer, ein neues Produkt wie Fax oder Internet stellt mehr Informationsdienstleistungen zur Verfügung usw.

Wie die Fokusbox „Reales BIP, Technischer Fortschritt und der Preis von Computern" in Kapitel 2 zeigte, basiert der hedonische Preisindex (etwa für Computer) auf der Methode, Güter als eine bestimmte Mischung zugrunde liegender Charakteristika zu begreifen.

Versteht man unter Produktion die Erstellung der den Gütern zugrunde liegenden Charakteristika, kann technischer Fortschritt so aufgefasst werden, dass er bei gegebenem Einsatz von Kapital und Arbeit mehr Produktion ermöglicht. Man kann sich den *Stand der Technik* als eine Variable vorstellen, die angibt, wie viel bei gegebenem Einsatz von Kapital und Arbeit produziert werden kann. Bezeichnet A den Stand der Technik, dann lässt sich die Produktionsfunktion wie folgt schreiben:

$$Y = F\left(\underset{+}{K}, \underset{+}{N}, \underset{+}{A}\right)$$

Dies ist unsere erweiterte Produktionsfunktion. Die Produktion hängt nun sowohl von Kapital und Arbeit als auch vom Stand der Technik ab. Bei gegebenem Einsatz von Kapital und Arbeit ermöglicht ein verbesserter Stand der Technik mehr Produktion.

Zur Vereinfachung lassen wir dabei Humankapital vorerst außer Betracht. Wir gehen später wieder darauf ein.

Es erweist sich als praktisch, eine restriktivere Form der obigen Gleichung zu verwenden, nämlich

$$Y = F\,(K, AN) \tag{12.1}$$

Die Gleichung besagt, dass die Produktion abhängt vom Kapital und von dem mit dem Stand der Technik multiplizierten Arbeitseinsatz. Diese Art, den Stand der Technik zu modellieren, erleichtert es, die Wirkungen technischen Fortschritts auf die Beziehung zwischen Produktion, Kapital und Arbeit zu untersuchen. Aus Gleichung (12.1) folgt, dass man sich technischen Fortschritt auf zwei äquivalente Weisen vorstellen kann.

- Technischer Fortschritt verringert die Zahl der Beschäftigten, die notwendig sind, um eine bestimmte Menge zu produzieren. Verdoppelt man A, so kann die gleiche Menge schon mit der Hälfte der ursprünglichen Anzahl von Beschäftigten N produziert werden.
- Technischer Fortschritt erhöht AN. Darunter kann man sich die Menge an effektiver Arbeit in einer Volkswirtschaft vorstellen. Verdoppelt sich der Stand der Technik A, so wirkt dies genauso, als ob die Volkswirtschaft doppelt so viele Beschäftigte hätte. Arbeit ist doppelt so effizient geworden. In anderen Worten: Wir gehen davon aus, dass die Produktion durch zwei Faktoren erstellt wird: Kapital und effektive Arbeit, AN.

***AN* wird oft auch als Arbeit in Effizienzeinheiten bezeichnet. Zwischen der Bedeutung von „Effizienz" in „Effizienzeinheit" an dieser Stelle und bei „Effizienzlöhnen" in Kapitel 6 besteht keine Verbindung.**

Welche Eigenschaften sollte die erweiterte Produktionsfunktion (12.1) aufweisen? Wir können hier direkt an der Diskussion von Kapital 10 anknüpfen.

Es erscheint weiter sinnvoll, konstante Skalenerträge zu unterstellen: Für einen *gegebenen Stand der Technik* führt eine Verdopplung sowohl des Kapitals als auch der effektiven Arbeit zur Verdopplung der Produktion:

$$2Y = F\,(2K,\ 2AN)$$

Allgemeiner, für beliebige x, gilt wieder

$$xY = F\,(xK,\ xAN)$$

Es ist auch vernünftig, abnehmende Grenzerträge für die beiden Faktoren Kapital und effektive Arbeit anzunehmen. Bei gegebener Menge an effektiver Arbeit ermöglicht mehr Kapital sicherlich mehr Produktion, allerdings mit abnehmender Rate. Analog führt ein Anstieg der effektiven Arbeit bei gegebenem Kapitalbestand zu einem Anstieg der Produktion, jedoch wieder mit abnehmender Rate.

In Kapitel 11 erwies es sich als praktisch, mit den Größen „Produktion *je Beschäftigten*“ und „Kapitalintensität (Kapital *je Beschäftigten*)“ zu arbeiten. Der Steady-State einer Volkswirtschaft war ein Zustand (ein Ruhepunkt), in dem sowohl die Produktion je Beschäftigten als auch die Kapitalintensität konstant waren. Nun lassen wir zu, dass effektive Arbeit, Kapital und Produktion wachsen. Der Steady-State ist nunmehr dadurch gekennzeichnet, dass das Verhältnis von Produktion bzw. Kapital zu *effektiver Arbeit* konstant bleiben. Das bedeutet, dass im Steady-State Produktion und Kapital mit der gleichen Rate wachsen wie die effektive Arbeit.

Je Beschäftigte: Geteilt durch die Anzahl der Beschäftigten (N). Je effektiver Arbeit: Geteilt durch (AN) – der Anzahl der Beschäftigten, multipliziert mit dem Stand der Technik A.

Um eine Beziehung zwischen Produktion und Kapital je effektiver Arbeit zu erhalten, setzen wir für $x = 1/AN$ in die vorangegangene Gleichung ein. Dies gibt:

$$\frac{Y}{AN} = F\left(\frac{K}{AN}, 1\right)$$

Wenn man die Funktion f wieder so definiert, dass $f(K/AN)=F(K/AN,\ 1)$:

$$\frac{Y}{AN} = f\left(\frac{K}{AN}\right) \qquad (12.2)$$

Angenommen F ist die Cobb-Douglas-Produktionsfunktion: $Y = F(K/AN) = \sqrt{K}\sqrt{AN}$. Dann gilt $Y/AN = (\sqrt{K}\sqrt{AN})/AN = \sqrt{K}/\sqrt{AN} = \sqrt{(K/AN)}$. Somit hat f einfach die Form: $f(K/AN) = \sqrt{(K/AN)}$.

In Worten: Die *Produktion je effektiver Arbeit* (die linke Seite) ist eine Funktion des Verhältnisses von *Kapital zu effektiver Arbeit* (dem Ausdruck auf der rechten Seite).

Diese Beziehung ist in Abbildung 12.1 abgebildet. Sie sieht der Beziehung ohne technischen Fortschritt in Abbildung 11.2 ganz ähnlich. Dort ließ ein Anstieg der Kapitalintensität K/N die Produktion je Beschäftigten Y/N steigen, wenn auch mit abnehmender Rate. Hier gilt genau das gleiche, außer, dass wir nun jeweils das Verhältnis zu effektiver Arbeit betrachten (also die Quotienten K/AN und Y/AN).

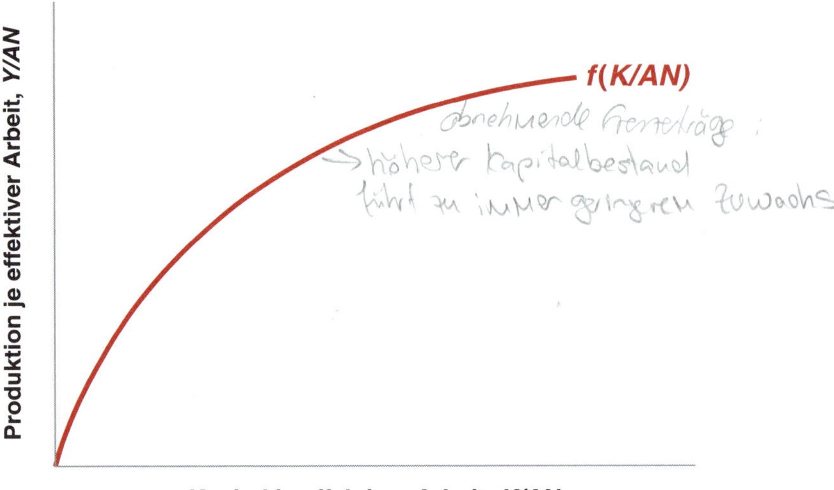

Abbildung 12.1: Produktion je effektiver Arbeit versus Kapital je effektiver Arbeit

Aufgrund abnehmender Erträge von Kapital führt ein höherer Kapitalbestand zu einem immer kleineren Zuwachs der Produktion (beides jeweils im Verhältnis zur effektiven Arbeit).

12.1.2 Die Wechselwirkung zwischen Produktion und Kapital

Hier liegt der Schlüssel zum Verständnis der Ergebnisse dieses Kapitels: Die Ergebnisse, die wir in Kapitel 11 für die *Produktion je Beschäftigten* herleiteten, gelten immer noch, nun aber bezogen auf die *Produktion je effektiver Arbeit*. So zeigte Kapitel 11, dass im Steady-State die Produktion je Beschäftigten konstant ist. In diesem Kapitel werden wir sehen, dass im Steady-State gilt: Die Produktion je effektiver Arbeit ist konstant.

Wir können nun wieder die Determinanten des Wachstums herausarbeiten. Unsere Analyse verläuft völlig parallel zu der in Kapitel 11. Der einzige Unterschied ist, dass wir nun statt der *Zahl der Beschäftigten* die *effektive Arbeit* zugrunde legen.

In Kapitel 11 charakterisierte Abbildung 11.2 die Dynamik von Produktion und Kapital je Beschäftigten. Diese Abbildung arbeitete drei Beziehungen heraus:

- Die Beziehung zwischen Produktion je Beschäftigten und der Kapitalintensität.
- Die Beziehung zwischen den Investitionen je Beschäftigten und der Kapitalintensität.
- Die Beziehung zwischen den Abschreibungen je Beschäftigten – die Investitionen, die nötig sind, um die Kapitalintensität konstant zu halten – und der Kapitalintensität.

Die dynamische Entwicklung von Kapital und Produktion wurde durch die Beziehung zwischen Investitionen und Abschreibungen bestimmt. Waren die Investitionen je Beschäftigten größer (kleiner) als die Abschreibungen je Beschäftigten, stieg (fiel) die Kapitalintensität im Zeitverlauf, ebenso wie die Produktion je Beschäftigten.

Bei der Konstruktion der Abbildung 12.2 folgen wir exakt dem gleichen Ansatz. Der einzige Unterschied liegt darin, dass wir nun unser Augenmerk auf das Verhältnis von Produktion, Kapital bzw. Investitionen *zu effektiver Arbeit* richten.

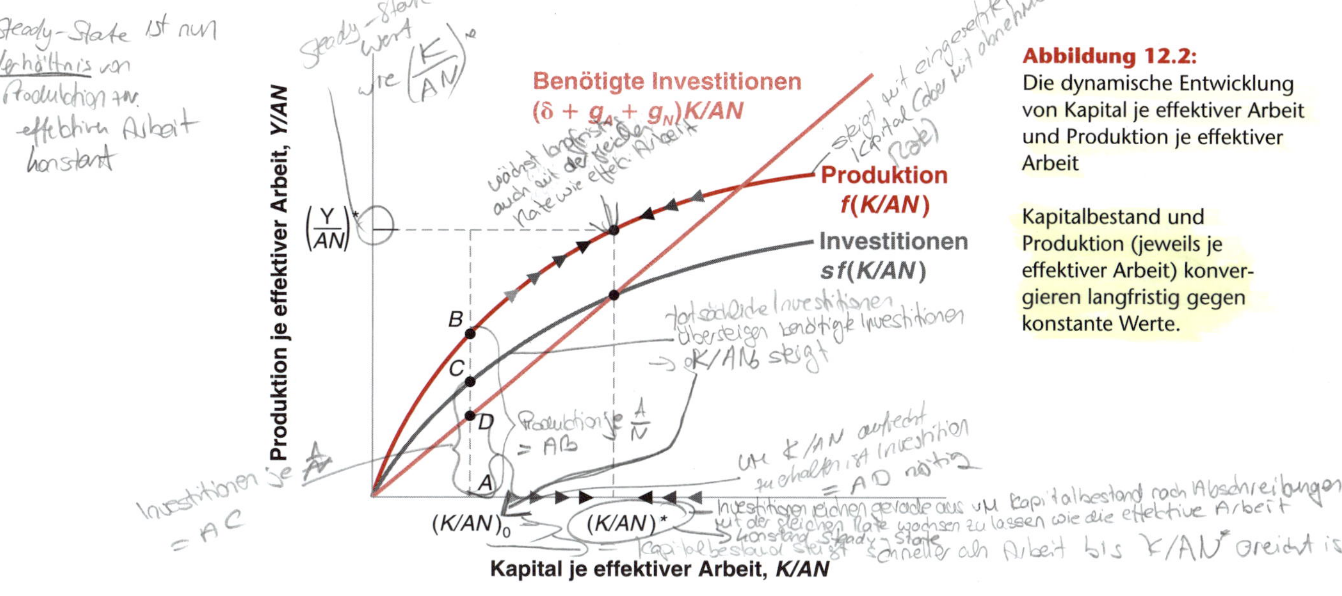

Abbildung 12.2: Die dynamische Entwicklung von Kapital je effektiver Arbeit und Produktion je effektiver Arbeit

Kapitalbestand und Produktion (jeweils je effektiver Arbeit) konvergieren langfristig gegen konstante Werte.

- Die Beziehung zwischen Produktion und Kapital, jeweils je effektiver Arbeit, wurde in Abbildung 12.1 hergeleitet. Sie wird in Abbildung 12.2 reproduziert. Die Produktion steigt mit dem eingesetzten Kapital (jeweils bezogen auf effektive Arbeit), allerdings mit abnehmender Rate.
- Unter den gleichen Annahmen wie in Kapitel 11 – die Investitionen entsprechen der privaten Ersparnis; die Sparquote ist konstant – sind die Investitionen gegeben durch

  $$I = S = sY$$

  Teilt man beide Seiten durch die effektive Arbeit, erhält man

  $$\frac{I}{AN} = s\frac{Y}{AN}$$

  Ersetzt man Y/AN mit dem Ausdruck aus Gleichung (12.2), erhält man

  $$\frac{I}{AN} = sf\left(\frac{K}{AN}\right)$$

  Die Beziehung zwischen Investitionen und Kapital (jeweils im Verhältnis zu effektiver Arbeit) ist in Abbildung 12.2 wiedergegeben. Sie entspricht der oberen Kurve – aber multipliziert mit der Sparquote s.
- Schließlich fragen wir uns noch, wie hoch die Investitionen sein müssen, um den im Steady-State benötigten Kapitalbestand aufrechtzuerhalten. Nun allerdings muss gelten: Das Verhältnis von Kapitalbestand zu effektiver Arbeit bleibt konstant.

In Kapitel 11 nahmen wir an, dass $g_A = 0$ und $g_N = 0$. Dieses Kapitel konzentriert sich auf die Implikationen des technischen Fortschritts $g_A > 0$. Aber nachdem wir den technischen Fortschritt eingeführt haben, lässt sich auch das Bevölkerungswachstum einfach analysieren. Deshalb lassen wir sowohl $g_A > 0$ als auch $g_N > 0$ zu.

Die Wachstumsrate des Produkts zweier Variablen ist gleich der Summe der Wachstumsraten der einzelnen Variablen. Siehe Proposition 7 im Anhang 2 am Ende des Buches.

In Kapitel 11 war die Antwort einfach: Der Kapitalbestand blieb konstant, wenn die Investitionen gerade den Abschreibungen auf den existierenden Kapitalbestand entsprachen. Hier ist die Antwort etwas komplizierter. Der Grund dafür: Dank technischen Fortschritts steigt A im Zeitverlauf. Damit nimmt aber die effektive Arbeit (AN) im Zeitverlauf zu. Um den Kapitalbestand je effektiver Arbeit (K/AN) konstant zu halten, muss der Kapitalbestand K also genau so schnell wachsen wie die effektive Arbeit. Wir wollen diese Bedingung etwas genauer untersuchen

Sei δ wieder die Abschreibungsrate des Kapitals. Die Wachstumsrate der Bevölkerung sei gleich g_N. Wenn das Verhältnis zwischen den Beschäftigten und der Gesamtbevölkerung konstant bleibt, so wächst auch die Anzahl der Beschäftigten (N) mit der Rate g_N. Die Wachstumsrate des technischen Fortschritts bezeichnen wir mit g_A. Insgesamt wächst die effektive Arbeit (AN) dann mit der Rate $g_A + g_N$. Wächst beispielsweise die Anzahl der Beschäftigten mit einer Rate von 1% pro Jahr und beträgt die Rate des technischen Fortschritts 2% pro Jahr, dann liegt das Wachstum der effektiven Arbeit bei 3% pro Jahr.

Um den Kapitalbestand je effektiver Arbeit konstant zu halten, ist also folgendes Investitionsniveau erforderlich:

$$\delta K + (g_A + g_N)\, K$$

oder auch

$$(\delta + g_A + g_N)\, K$$

Die Menge δK wird benötigt, um den Kapitalbestand konstant zu halten. Bei einer Abschreibungsrate von 10% müssen die Investitionen bei 10% des Kapitalbestandes liegen, um das gleiche Niveau zu halten. Darüber hinaus ist aber noch die Menge $(g_A + g_N)K$ nötig, um sicherzustellen, dass der Kapitalbestand mit der gleichen Rate wächst wie die effektive Arbeit. Wächst die effektive Arbeit jährlich um 3%, muss auch der Kapitalbestand um 3% pro Jahr steigen. Nur dann bleibt das Verhältnis Kapital je effektiver Arbeit konstant. Fügen wir in unserem Beispiel nun δK und $(g_A + g_N)K$ zusammen: Bei einer Abschreibungsrate von 10% und einer Wachstumsrate der effektiven Arbeit von 3% müssen die Investitionen bei 13% des Kapitalstocks liegen, um den Kapitalbestand je effektiver Arbeit konstant zu halten.

Teilt man den Ausdruck oben durch die effektive Arbeit, so erhält man das Investitionsniveau je effektiver Arbeit, das nötig ist, um den Kapitalbestand je effektiver Arbeit konstant zu halten:

$$(\delta + g_A + g_N)\frac{K}{AN}$$

Dieses Investitionsniveau wird in Abbildung 12.2 durch die Gerade "Benötigte Investitionen" repräsentiert. Die Steigung dieser Geraden beträgt $\delta + g_A + g_N$.

12.1.3 Die Dynamik des Kapitals und der Produktion

Anhand der Grafik können wir untersuchen, wie sich Kapitalbestand und Produktion im Verhältnis zur effektiven Arbeit im Zeitablauf entwickeln. Gehen wir in Abbildung 12.2 von einem gegebenen Niveau $(K/AN)_0$ aus. Bei diesem Niveau entspricht die Produktion je effektiver Arbeit dem vertikalen Abstand *AB*. Die Investitionen je effektiver Arbeit sind gleich *AC*. Um dieses Niveau an Kapital je effektiver Arbeit aufrechtzuerhalten, wäre eine Investition in Höhe von *AD* nötig. Weil die tatsächlichen Investitionen dieses Niveau übersteigen, steigt K/AN.

- Ausgehend von $(K/AN)_0$, bewegt sich die Wirtschaft also nach rechts. Im Zeitverlauf steigt der Kapitalbestand zunächst schneller als die effektive Arbeit. Dies geht so lange weiter, bis das Niveau $(K/AN)^*$ erreicht ist. Bei diesem Niveau reichen die Investitionen dann gerade aus, um den Kapitalbestand nach Abschreibungen mit der gleichen Rate wachsen zu lassen wie die effektive Arbeit. Das Verhältnis $(K/AN)^*$ bleibt demnach konstant. Wir sind im Steady-State.

- Auch die Produktion wächst langfristig (im Steady-State) mit der gleichen Rate wie die effektive Arbeit. Mit anderen Worten: Der Steady-State ist dadurch gekennzeichnet, dass das Verhältnis von Kapitalstock und Produktion zu effektiver Arbeit konstant bleibt. Im Zeitverlauf nähert sich dieses Verhältnis seinem Steady-State-Wert $(K/AN)^*$ bzw. $(Y/AN)^*$ an.

- Was bedeutet das? *Im Steady-State ist nun nicht mehr die Produktion, sondern vielmehr das Verhältnis von Produktion zu effektiver Arbeit konstant.* Die Produktion Y selbst wächst also im Steady-State mit der gleichen Rate wie die effektive Arbeit AN, also mit der Rate (g_A+g_N). Das Gleiche trifft auf den Kapitalbestand zu. Auch er wächst im Steady-State mit der Rate (g_A+g_N). Das Verhältnis zwischen diesen Größen ist also im Steady-State konstant.

Wenn es weder Bevölkerungswachstum noch technischen Fortschritt gibt ($g_A + g_N = 0$), bleiben im Steady-State auch Produktion und Kapitalbestand konstant. Dieser in Kapitel 11 betrachtete Fall ist ein Spezialfall unseres allgemeinen Modells.

Damit Y/AN konstant bleibt, muss Y mit der gleichen Rate wie AN wachsen. Es muss also mit der Rate $g_A + g_N$ wachsen.

Wir haben damit ein wichtiges erstes Ergebnis abgeleitet. *Die Wachstumsrate von Produktion und Kapitalbestand entspricht im Steady-State der Summe aus der Wachstumsrate der Bevölkerung (g_N) und der Rate des technischen Fortschritts (g_A). Diese Wachstumsrate der Produktion ist unabhängig von der Sparquote.*

Um unsere Intuition zu schärfen, kehren wir zu dem Argument aus Kapitel 11 zurück. Dort wurde gezeigt, dass eine Volkswirtschaft ohne technischen Fortschritt und Bevölkerungswachstum nicht dauerhaft wachsen kann.

- Das Argument lautete wie folgt: Angenommen, wir streben positives Wachstum an. Aufgrund der abnehmenden Erträge von Kapital müsste der Kapitalbestand dann aber immer schneller wachsen als die Produktion. Die Volkswirtschaft müsste einen immer größeren Teil der Produktion für die Kapitalakkumulation aufwenden. An einem bestimmten Punkt würde die Produktion aber gar nicht mehr ausreichen, um noch mehr Kapital zu akkumulieren. Spätestens dann endet das Wachstum.

- Die gleiche Logik gilt auch hier. Die effektive Arbeit wächst mit der Rate (g_A+g_N). Angenommen die Volkswirtschaft versucht, ein Produktionswachstum größer als (g_A+g_N) aufrechtzuerhalten. Wegen der abnehmenden Grenzerträge von Kapital müsste dann aber der Kapitalbestand schneller wachsen als die Produktion. Die Volkswirtschaft müsste einen immer größeren Teil der Produktion für die Kapitalakkumulation aufwenden. An einem bestimmten Punkt würde sich dies als unmöglich herausstellen. Die Volkswirtschaft kann also nicht permanent schneller wachsen als (g_A+g_N).

Der Lebensstandard ist durch die Produktion je Beschäftigten (präziser: durch die Produktion pro Kopf) gegeben, nicht durch die Produktion je effektiver Arbeit.

Bisher konzentrierten wir uns auf die aggregierte Produktion. Wie entwickelt sich der Lebensstandard des Einzelnen im Zeitverlauf? Technischer Fortschritt ermöglicht es, je Beschäftigten ständig mehr zu produzieren. Untersuchen wir, wie sich die Produktion je Beschäftigten Y/N entwickelt. Die Produktion wächst mit der Rate (g_A+g_N), die Anzahl der Beschäftigten mit der Rate g_N. Somit wächst die Produktion je Beschäftigten gerade mit der Rate g_A. Mit anderen Worten: *Im Steady-State wächst die Produktion je Beschäftigten entsprechend der Rate des technischen Fortschritts.*

Die Wachstumsrate von Y/N entspricht der Differenz der Wachstumsrate von Y und der von N (siehe Proposition 8 im Anhang 2 am Ende des Buches). Die Wachstumsrate von Y/N ist also gleich $(g_Y - g_N) = (g_A + g_N) - g_N = g_A$.

Produktion, Kapitalbestand und effektive Arbeit wachsen im Steady-State alle mit der gleichen Rate (g_A+g_N). Dieser Steady-State wird auch als „state of balanced growth" bezeichnet: Im Steady-State wachsen die Produktion und die beiden Inputfaktoren ausgewogen (mit der gleichen Rate). Die Charakteristika eines ausgewogenen Wachstums werden später in diesem Kapitel hilfreich sein; sie sind in Tabelle 12.1 zusammengefasst.

Tabelle 12.1: Wachstum im Steady-State

		Wachstumsrate:
1	Kapital je effektiver Arbeit	0
2	Produktion je effektiver Arbeit	0
3	Kapital je Beschäftigten	g_A
4	Produktion je Beschäftigten	g_A
5	Arbeit	g_N
6	Kapital	$g_A + g_N$
7	Produktion	$g_A + g_N$

Auf dem ausgewogenen Wachstumspfad (äquivalent: Im Steady-State; oder auch: Langfristig) gilt:

- *Produktion und Kapitalbestand je effektiver Arbeit* sind konstant; wir haben dieses Ergebnis aus Abbildung 12.2 abgeleitet.
- Das bedeutet, dass sowohl die *Produktion je Beschäftigten* wie auch der *Kapitalbestand je Beschäftigten* mit der Rate des technischen Fortschritts, g_A, wachsen.
- Die *Beschäftigung* wächst entsprechend der Wachstumsrate der Bevölkerung, g_N; *Produktion* und *Kapitalbestand* wachsen dagegen mit der Rate (g_A+g_N).

12.1.4 Der Einfluss der Sparquote

Die Wachstumsrate der Produktion hängt langfristig (im Steady-State) *nur* vom Bevölkerungswachstum und vom technischen Fortschritt ab. Veränderungen der Sparquote beeinflussen die langfristige Wachstumsrate nicht. Wieder gilt aber: Die Sparquote bestimmt das Niveau von Produktion je effektiver Arbeit im Steady-State.

Dieses Resultat erkennt man am besten in Abbildung 12.3. Sie zeigt, wie sich eine Erhöhung der Sparquote von s_0 auf s_1 auswirkt. Die höhere Sparquote verschiebt die Investitionsfunktion von $s_0f(K/AN)$ nach oben auf $s_1f(K/AN)$. Der Steady-State für das Verhältnis von Kapital zu effektiver Arbeit steigt damit von $(K/AN)_0$ auf $(K/AN)_1$, entsprechend steigt die Produktion je effektiver Arbeit von $(Y/AN)_0$ auf $(Y/AN)_1$.

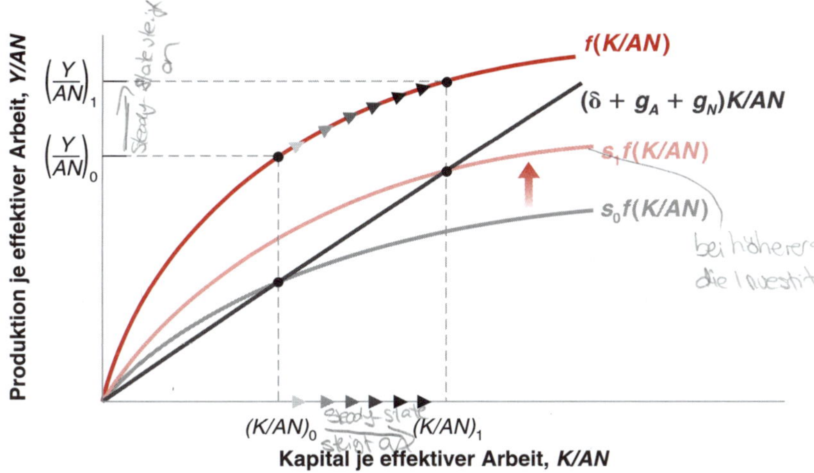

Abbildung 12.3:
Anstieg der Sparquote: I

Je höher die Sparquote, desto höher sind langfristig sowohl Produktion wie Kapital im Verhältnis zu effektiver Arbeit.

Betrachten wir nun den Anpassungspfad von einem Steady-State zu einem neuen. Steigt die Sparquote, nehmen sowohl Produktion wie Kapital im Verhältnis zu effektiver Arbeit langsam zu, bis sie allmählich gegen ihr neues, höheres Steady-State-Niveau konvergieren. Abbildung 12.4 zeigt den Zeitpfad des Anpassungsprozesses für Kapital (oberer Graph) und Produktion (unterer Graph). Sowohl für Kapital als auch für Produktion verwenden wir eine logarithmische Skala. Anfänglich befindet sich die Wirtschaft auf dem ausgewogenen Wachstumspfad *AA*: Kapital und Produktion wachsen mit der Rate (g_A+g_N) – die Steigung des Pfades *AA* ist (g_A+g_N). Zum Zeitpunkt t steigt die Sparquote, von da an wachsen Produktion wie Kapitalstock für einige Zeit schneller. Schließlich erreichen Kapital und Produktion höhere Niveaus als sie ohne den Anstieg der Sparquote erreicht hätten. Ihre Wachstumsrate geht dann allerdings wieder auf (g_A+g_N) zurück. Im neuen Steady-State wächst die Wirtschaft also wieder mit der gleichen Rate, aber auf einem höheren Wachstumspfad *BB* – die zu *AA* parallele Gerade *BB* hat auch die Steigung (g_A+g_N).

Fassen wir zusammen: In einer Volkswirtschaft mit technischem Fortschritt und wachsender Bevölkerung nimmt die Produktion im Zeitverlauf zu. Im Steady-State sind das Verhältnis von Kapital und Produktion *je effektiver Arbeit* konstant. Mit anderen Worten: Produktion und Kapital *je Beschäftigten* wachsen mit der Rate des technischen Fortschritts. Produktion und Kapitalbestand selbst wachsen mit der gleichen Rate wie die effektive Arbeit, also der Summe aus der Wachstumsrate der Bevölkerung und Rate des technischen Fortschritts. Befindet sich eine Ökonomie im Steady-State, sagt man auch, dass sie sich auf dem ausgewogenen Wachstumspfad bewegt.

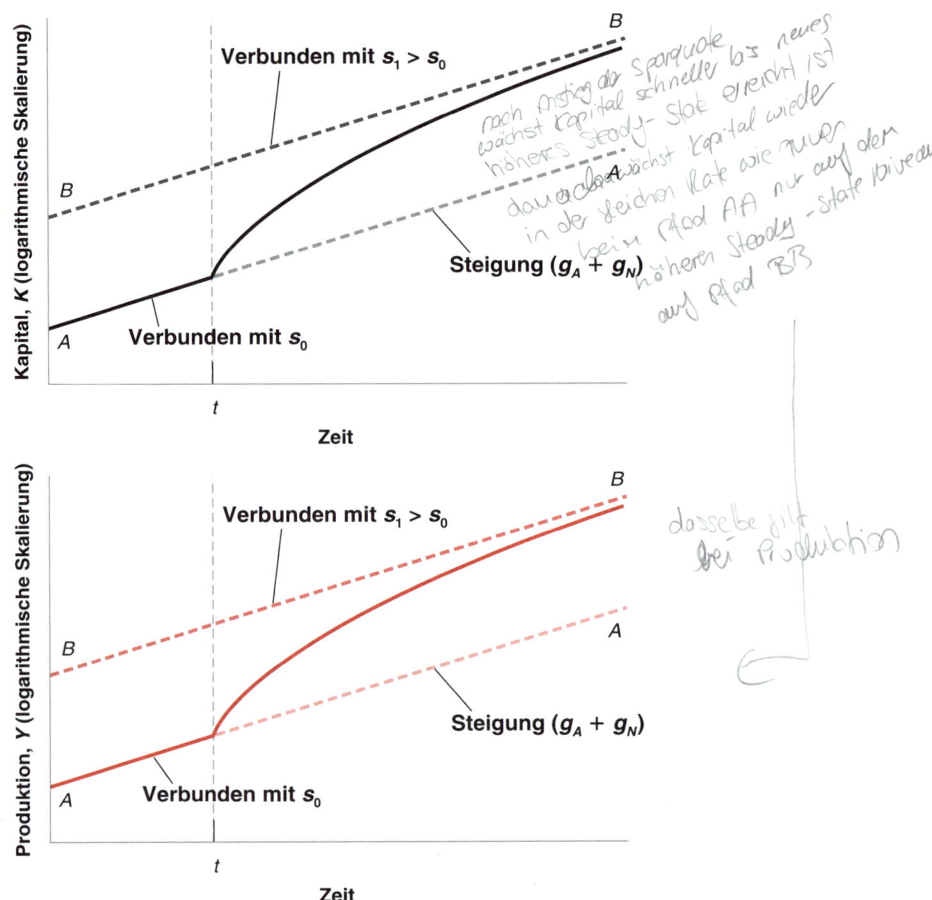

Abbildung 12.4: Anstieg der Sparquote: II

Eine höhere Sparquote lässt die Wirtschaft schneller wachsen, bis sie ihren neuen, ausgewogenen Wachstumspfad erreicht hat.

Im Steady-State ist die Wachstumsrate der Produktion unabhängig von der Sparquote. Die Sparquote beeinflusst aber das langfristige Niveau der Produktion je effektiver Arbeit. Steigt die Sparquote, wächst die Wirtschaft für einige Zeit schneller als mit der Steady-State-Wachstumsrate.

12.2 Was bestimmt den technischen Fortschritt?

Wir haben soeben gesehen, dass die Wachstumsrate der Produktion pro Kopf letztlich von der Rate des technischen Fortschritts bestimmt wird. Was aber bestimmt den technischen Fortschritt? Dieser Frage wenden wir uns nun zu.

Mit dem Begriff „Technischer Fortschritt“ assoziiert man wegweisende Entdeckungen: Die Erfindung des Mikro-Chips, die Entdeckung der DNS-Struktur usw. Diese Entdeckungen suggerieren, dass Fortschritt hauptsächlich von wissenschaftlicher Forschung und vom Zufall bestimmt wird, nicht von ökonomischen Kräften. Die Wahrheit ist aber, dass der Großteil technischen Fortschritts das Ergebnis eines mühsamen Prozesses ist: Der Aktivitäten für Forschung und Entwicklung (F&E) in Unternehmen. Industrielle Ausgaben für F&E machen in den fünf reichsten Ländern (USA, Frankreich, Deutschland, Japan, UK), die wir im Kapitel 10 untersucht haben, zwischen 2% und 3% des BIP aus. Ca. 75% der etwa 1 Million Wissenschaftler und Forscher, die in den USA in F&E tätig sind, arbeiten in Unternehmen. Die F&E-Ausgaben amerikanischer Unternehmen entsprechen mehr als 20% der Bruttoinvestitionen, das sind mehr als 60% der Nettoinvestitionen – den Investitionen ohne Abschreibungen.

Die Unternehmen investieren aus dem gleichen Grund in F&E, aus dem sie neue Maschinen kaufen oder neue Fabriken bauen: Sie wollen ihre Gewinne steigern. Wenn ein Unternehmen mehr in F&E investiert, erhöht es die Wahrscheinlichkeit, neue Produkte zu entdecken und zu entwickeln. (Der Begriff „Produkt“ kann ein neues Gut oder auch eine neue Technologie bezeichnen). Ist ein neues Produkt erfolgreich, dann erzielt das Unternehmen höhere Gewinne. Es gibt aber dennoch einen wichtigen Unterschied zwischen dem Kauf einer neuen Maschine und erhöhten Ausgaben für F&E: Das Ergebnis von F&E sind im Grunde Ideen. Im Gegensatz zu einer Maschine können Ideen potenziell von vielen Unternehmen gleichzeitig genutzt werden. Ein Unternehmen, das gerade eine neue Maschine gekauft hat, braucht keine Angst haben, dass andere Unternehmen diese Maschinen nutzen. Bei einem Unternehmen, das ein neues Produkt entdeckt oder entwickelt hat, ist das anders. Es ist nicht unbedingt garantiert, dass die Eigentumsrechte neuer Produkte auch durchsetzbar sind.

Das bedeutet, die Ausgaben für F&E hängen nicht allein von der Produktivität des Forschungsprozesses ab, sondern auch davon, wie leicht sich Forschungsergebnisse in Gewinne umsetzen lassen, inwieweit also die Unternehmen von Investitionen in eigene F&E profitieren. Lassen Sie uns beide Aspekte untersuchen.

12.2.1 Die Produktivität des Forschungsprozesses

Ist Forschung produktiv – führen Investitionen in F&E zu vielen neuen Produkten – dann haben Unternehmen ceteris paribus einen höheren Anreiz, in F&E zu investieren; F&E und damit der technische Fortschritt werden höher sein. Was die Produktivität von Forschung bestimmt, liegt größtenteils außerhalb des Gebiets der Volkwirtschaftslehre. Zahlreiche Faktoren spielen hier zusammen:

- Die Produktivität von Forschung hängt von der erfolgreichen Interaktion zwischen Grundlagenforschung und angewandter Forschung (der Umsetzung in spezifische Verfahren und der Entwicklung neuer Produkte) ab. Grundlagenforschung allein führt nicht zu technischem Fortschritt. Der Erfolg der angewandten F&E hängt aber letztlich von der Grundlagenforschung ab. Viele Entwicklungen in der Computerindustrie können auf ein paar grundlegende Durchbrüche, angefangen von der Erfindung des Transistors bis hin zur Erfindung des Mikro-Chips, zurückgeführt werden.

In Kapitel 11 untersuchten wir die Rolle des Humankapitals als einem Input der Produktion: Besser ausgebildete Menschen können komplexere Maschinen bedienen oder komplexere Aufgaben lösen. Nun lernen wir einen weiteren Aspekt von Humankapital kennen: Bessere Wissenschaftler und damit eine höhere Rate des technischen Fortschritts.

- Einige Länder scheinen in der Grundlagenforschung erfolgreicher zu sein, andere in der angewandten F&E. Studien verweisen auf die Bedeutung des Bildungssystems. Beispielsweise wird oft argumentiert, dass das französische System höherer Bildung mit starker Betonung des abstrakten Denkens Forscher hervorbringt, die eher in der Grundlagenforschung als in der angewandten F&E produktiv sind. Studien weisen auch auf die Bedeutung einer „Unternehmenskultur“ hin: Ein Großteil des technischen Fortschritts beruht auf der Fähigkeit von Unternehmern, die Entwicklung und Vermarktung neuer Produkte zu organisieren.
- Es dauert viele Jahre, oft viele Jahrzehnte, bis das volle Potenzial einer großen Entdeckung realisiert wird. Im Normalfall führt eine große Entdeckung zur Erforschung möglicher Anwendungen, dann zur Entwicklung neuer Produkte und schließlich zur „Adaption“ dieser neuen Produkte. Die Fokusbox „Die Verbreitung neuer Technologien: Hybrider Mais“ zeigt, zu welchen Ergebnissen eine der ersten Studien dieses Prozesses der Ideenverbreitung gelangte. Vertrauter ist uns das Beispiel des PC. Zwanzig Jahre nach der kommerziellen Einführung des PC kommt es uns immer noch so vor, als hätten wir eben erst damit begonnen, das damit ermöglichte Potenzial zu entdecken.

Immer wieder wird die Befürchtung geäußert, Forschung werde immer weniger produktiv. Die meisten großen Erfindungen seien längst schon gemacht; der technische Fortschritt verlangsame sich. Diese Angst mag im Bergbau begründet sein: Zuerst werden die qualitativ hochwertigsten Minen abgebaut; dann muss man immer mehr auf Minen von niedriger Qualität zurückgreifen. Bislang gibt es keine Beweise dafür, dass die Menge möglichen Wissens beschränkt ist und die Analogie abnehmender Erträge auch auf Investitionen in Forschung und Entwicklung zutrifft.

12.2.2 Profitabilität des Forschungsprozesses

Der zweite Aspekt des Ausmaßes von F&E ist die Durchsetzbarkeit von Eigentumsrechten an den Ergebnissen der Forschungsarbeit und damit der Profitabilität. Wenn ein Unternehmen nicht in der Lage ist, die Früchte der Entwicklung neuer Produkte zu ernten, dann wird es F&E erst gar nicht betreiben. Der technische Fortschritt kommt dann nur langsam voran. Auch hier spielen zahlreiche Faktoren eine Rolle:

- Die Natur des Forschungsprozesses selbst ist wichtig. Die Entdeckung eines neuen Produkts mag schnell zur Entdeckung eines noch besseren Produkts führen. Dann lohnt es sich nicht, der Erste zu sein. Ein hochproduktives Forschungsfeld muss also nicht unbedingt bedeuten, dass viel in F&E investiert wird. Dieses Beispiel ist extrem, aber aufschlussreich.
- Noch wichtiger ist der Schutz der Eigentumsrechte für neue Produkte. Ohne einen rechtlichen Schutz lässt sich mit der Entwicklung neuer Produkte so gut wie kein Gewinn machen. Zwar gibt es seltene Fälle, in denen ein erfolgreiches Produkt sein Geschäftsgeheimnis weltweit wahren kann (wie etwa Coca Cola). In der Regel wird es aber nicht lange dauern, bis andere Unternehmen das gleiche Produkt imitieren und so den Vorsprung eliminieren, den das innovative Unternehmen anfangs hatte. Dies ist der Grund, warum es das Patentrecht gibt. Patente geben dem Unternehmen, das ein neues Produkt entdeckt hat, für eine bestimmte Zeit das Recht, andere von der Produktion bzw. Nutzung dieses Produktes auszuschließen.

Wie sollte das Patentrecht konzipiert werden? Einerseits ist ein Schutz notwendig, um den Unternehmen Anreize zu geben, in F&E zu investieren. Andererseits, sobald erst einmal ein neues Produkt entdeckt wurde, wäre es gesellschaftlich effizient, das neue Wissen allgemein zugänglich zu machen: Information ist ein öffentliches Gut, sobald sie einmal produziert worden ist. Betrachten wir als Beispiel Forschung zur Bekämpfung von Aids oder Krebs. Nur die Aussicht auf große Gewinne veranlasst Unternehmen, in kostenintensive Forschung zu investieren. Sobald aber endlich ein Produkt entdeckt wird, das viele Leben retten könnte, wäre es eindeutig wünschenswert, es allen potenziellen Nutzern zu Selbstkosten zur Verfügung zu stellen. Eine solche Politik, würde sie systematisch betrieben, würde aber jeden Anreiz eliminieren, überhaupt zu forschen. Das Patentrecht muss einen schwierigen Mittelweg finden. Zu wenig Schutz führt zu wenig F&E. Zu viel Schutz erschwert es für neue F&E, auf bestehenden Ergebnissen aufzubauen, und kann damit auch zu wenig F&E führen.

Dieses Dilemma ist als „Zeitinkonsistenz" bekannt. Wir werden andere Beispiele sehen und ausführlich in Kapitel 24 diskutieren.

Das Problem geht weit über das Patentrecht hinaus. Um zwei kontroverse Fragen zu stellen: Sollte Microsoft als Ganzes bestehen bleiben oder zerschlagen werden, um so F&E anzuregen? Sollte die Regierung Preisgrenzen für Aids-Medikamente festlegen?

Länder, die weniger fortgeschritten sind, haben oft ein schwächeres Patentrecht. China beispielsweise ist ein Land, in dem Patentrechte so gut wie gar nicht garantiert werden. Unsere Diskussion hilft zu erklären, warum dies so ist. Viele Unternehmen in China sind deshalb produktiv, weil sie ausländische Erfindungen adaptieren, nicht weil sie eigene Erfindungen machen. In diesem Fall sind mit schwachem Patentschutz kaum Kosten verbunden, da es ohnehin nur wenige einheimische Erfindungen geben würde. Die Vorteile des schwachen Patentschutzes für das eigene Land sind offensichtlich: Es erlaubt einheimischen Unternehmen, Technologien zu nutzen und zu adaptieren, ohne dafür Gebühren an die ausländischen Unternehmen zu zahlen, die diese Technologien entwickelten.

Fokus: Die Ausbreitung neuer Technologien: Hybrider Mais

Neue Technologien werden nicht über Nacht entwickelt oder adaptiert. Eine der ersten Studien, wie sich neue Technologien verbreiten, hat Zvi Griliches 1957 durchgeführt. Er untersuchte die Verbreitung von hybridem Mais in den Bundesstaaten der USA.

Hybrider Mais ist, wie Griliches formulierte, „die Erfindung einer Methode des Erfindens". Die Herstellung von hybridem Mais erfordert es, verschiedene Maissorten zu kreuzen, um eine Sorte zu züchten, die an die lokalen Bedingungen angepasst ist. Die Einführung des hybriden Maises kann den Ertrag um bis zu 20% steigern.

Obwohl das Kreuzen bereits Anfang des zwanzigsten Jahrhunderts entdeckt wurde, wurde in den USA erst in den 1930ern damit begonnen, es kommerziell zu nutzen. Abbildung 1 zeigt, mit welcher Rate hybrider Mais in verschiedenen U.S.-Bundesstaaten im Zeitraum von 1932 bis 1956 angebaut wurde.

Die Abbildung verdeutlicht, dass sich hier zwei dynamische Prozesse abspielen. Der erste beschreibt die Entdeckung eines für die einzelnen Bundesstaaten geeigneten hybriden Maises. In den Südstaaten (Texas, Alabama) war hybrider Mais erst zehn Jahre später als in den Nordstaaten (Iowa, Wisconsin, Kentucky) verfügbar. Beim zweiten geht es um die Geschwindigkeit, mit der sich hybrider Mais in den einzelnen Bundesstaaten ausbreitete. Schon acht Jahre nach seiner Einführung wurde in Iowa praktisch nur mehr hybrider Mais angebaut. Im Süden verlief der Prozess dagegen viel langsamer. Mehr als 10 Jahre nach seiner Einführung machte hybrider Mais in Alabama nur 60% der gesamten Ernte aus.

Warum war die Verbreitungsgeschwindigkeit in Iowa so viel höher als im Süden? Der Aufsatz von Griliches zeigt, dass ökonomische Gründe ausschlaggebend waren: Wie schnell hybrider Mais sich in den einzelnen Bundesstaaten ausbreitete, hing davon ab, wie profitabel seine Einführung war. In Iowa war die Profitabilität weit höher als in den Südstaaten.

Quelle: Zvi Griliches, „Hybrid Corn: An Exploration in the Economics of Technological Change," Econometrica, Oktober 1957, S. 25–24.

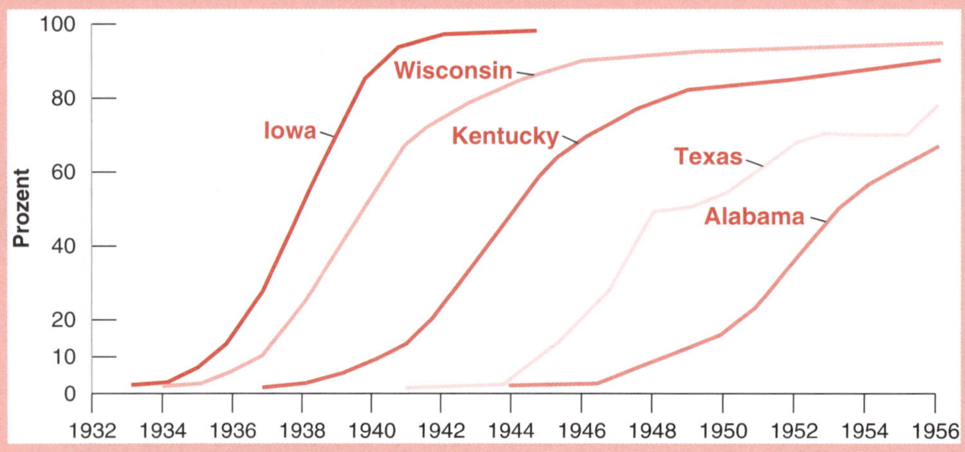

Abbildung 1: Prozent der gesamten Maisanbaufläche, die mit hybriden Samen bepflanzt ist – Ausgewählte US-Staaten, 1932-1956

Quelle: Vgl. Quellenangabe für diese Box.

12.3 Ein neuer Blick auf die Fakten des Wachstums

In Kapitel 10 haben wir das Wachstum in reichen Ländern seit 1950 untersucht und dabei vor allem drei Fakten herausgearbeitet:

- Dauerhaftes Wachstum, insbesondere in der Periode von 1950 bis Mitte der 70er Jahre
- Eine Abschwächung des Wachstums seit Mitte der 70er Jahre
- Konvergenz: Staaten, die 1950 weiter zurücklagen, sind schneller gewachsen

Wir wollen untersuchen, welches Licht die in den vergangenen Kapiteln entwickelten Theorien auf diese Fakten werfen.

12.3.1 Kapitalakkumulation versus Technischer Fortschritt

Betrachten wir ein ungewöhnlich schnell wachsendes Land – entweder im Vergleich zu den eigenen Wachstumsraten in der Vergangenheit oder im Vergleich zu anderen Ländern. Nach der Theorie kann dieses schnelle Wachstum zwei Ursachen haben.

- Der Grund kann in einer höheren Rate des technischen Fortschritts liegen. In diesem Fall ist das rasche Wachstum Zeichen eines ausgewogenen Pfads mit hoher Wachstumsrate. Länder mit hohem g_A haben auch eine hohe gleichgewichtige Wachstumsrate der Produktion ($g_Y = g_A + g_N$).
- Es kann aber auch die Anpassung des Verhältnisses von Kapital zu effektiver Arbeit (K/AN) an ein höheres Niveau widerspiegeln. Abbildung 12.4 macht deutlich, dass eine solche Anpassung für gewisse Zeit stärkeres Wachstum mit sich bringt, selbst wenn die Rate des technischen Fortschritt konstant geblieben ist.

Können wir beurteilen, wie viel vom Wachstum sich den verschiedenen Quellen zurechnen lässt? Ja. Wenn ein höherer ausgewogener Wachstumspfad die Ursache ist, dann sollte die Produktion je Beschäftigten *mit* der Rate des technischen Fortschritts wachsen (siehe Tabelle 12.1, Zeile 4). Ist das höhere Wachstum hingegen auf die Anpassung an ein neues, höheres Niveau zurückzuführen, dann sollte sich diese Anpassung darin widerspiegeln, dass die Produktion je Beschäftigten *schneller* wächst als der technische Fortschritt.

In den USA etwa nahm der Anteil der Beschäftigten an der Bevölkerung von 55% im Jahr 1950 auf 65% im Jahr 2000 zu. Dies bedeutet einen Anstieg von 0,17% pro Jahr. Die Produktion je Kopf ist in den USA also um 0,17% pro Jahr stärker gestiegen als die Produktion je Beschäftigten – ein kleiner Unterschied im Vergleich zu den Zahlen der Tabelle.

Es gibt geringe Unterschiede zwischen den Tabellen, da sie sich auf verschiedene Quellen und Zeitperioden beziehen.

Diese Überlegung liefert ein einfaches Rezept: Man berechne die Wachstumsraten der Produktion je Beschäftigten und die Rate des technischen Fortschritts für unsere fünf Länder seit 1950 und vergleiche beide Zahlen. Genau so ist Angus Maddison vorgegangen; Tabelle 12.2 fasst seine Ergebnisse zusammen. (Maddison hat die Wachstumsraten der Produktion *pro Kopf* berechnet; sie sind in Tabelle 12.2 angegeben. Bliebe das Verhältnis zwischen Beschäftigten und der Gesamtbevölkerung immer konstant, so wären die Wachstumsraten je Kopf und je Beschäftigten identisch. Das trifft zwar nicht ganz zu, aber der Unterschied kann hier ignoriert werden.)

Die ersten beiden Spalten entsprechen in etwa den ersten beiden Spalten der Tabelle 10.1. Sie geben die durchschnittlichen Wachstumsraten pro Jahr für die Produktion pro Kopf von 1950 bis 1973 bzw. 1973 bis 1987 wider. (Leider hat Maddison Daten nur bis 1987 zusammengetragen. Die Schlussfolgerung bliebe aber unverändert, wenn die zweite Periode auch die 90er Jahre umfassen würde.) Die dritte Spalte gibt an, wie sich die jährliche Wachstumsrate von der ersten zur zweiten Periode verändert hat.

Tabelle 12.2: Durchschnittliche Wachstumsraten der Produktion pro Kopf und des technischen Fortschritts in fünf reichen Staaten, 1950-1987

Der Durchschnitt ist einfach die durchschnittliche Wachstumsrate in jeder Spalte. Deutschland: Nur Westdeutschland.

	Wachstumsrate der Produktion pro Kopf (%)			Rate des technischen Fortschritts (%)		
	1950-1973 (1)	1973-1987 (2)	Veränderung (3)	1950-1973 (4)	1973-1987 (5)	Veränderung (6)
Deutschland	4,9	2,1	–2,8	5,6	1,9	–3,7
Frankreich	4,0	1,8	–2,2	4,9	2,3	–2,6
Großbritannien	2,5	1,8	–0,7	2,3	1,7	–0,6
Japan	8,0	3,1	–4,9	6,4	1,7	–4,7
Vereinigte Staaten	2,2	1,6	–0,6	2,6	0,6	–2,0
Durchschnitt	4,3	2,1	–2,2	4,4	1,6	–2,8

Quelle: Ermittelt aus den Tabellen 3-3, 5-3, 5-4, und 5-19 in Angus Maddison, Dynamic Forces in Capitalist Development (New York: Oxford University Press, 1991).

Die Spalten 4 und 5 geben die durchschnittlichen jährlichen Raten des technischen Fortschritts von 1950 bis 1973 bzw. 1973 bis 1987 an. Die sechste Spalte gibt an, wie sich die Rate des technischen Fortschritts von der ersten zur zweiten Periode verändert hat. Wie sich die Rate des technischen Fortschritts berechnen lässt – sie ist ja nicht direkt beobachtbar – zeigt der Anhang am Ende dieses Kapitels.

Interpretieren wir die drei zentralen stilisierten Fakten mit Hilfe der Tabelle:

1. Die Periode hohen Produktionswachstums zwischen 1950 bis 1973 ist auf rapiden technischen Fortschritt zurückzuführen, nicht auf ungewöhnlich hohe Kapitalakkumulation.

   Betrachten wir die Spalten 1 und 4 der Tabelle. In allen fünf Staaten war die Wachstumsrate der Produktion je Kopf von 1950 bis 1973 ungefähr gleich der Rate des technischen Fortschritts. Dies deutet darauf hin, dass sich die Staaten auf einem ausgewogenen Wachstumspfad befinden; die entscheidende Quelle für das hohe Wachstum zwischen 1950 und 1973 war folglich eine hohe Rate des technischen Fortschritts.

   Dies ist ein wichtiges Ergebnis: Es verwirft die Hypothese, dass das schnelle Wachstum zwischen 1950 und 1973 Ergebnis der Kapitalzerstörung während des 2. Weltkrieges war. Dies habe zu einem rapiden Wachstum des Kapitalstocks in der Nachkriegszeit geführt. Wie die Fokusbox in Kapitel 11 zeigte, kann dieses Argument das hohe Wachstum in Frankreich in der unmittelbaren Nachkriegszeit und wahrscheinlich auch von anderen Ländern zum Teil erklären. Es ist aber sicher nicht der Grund für das dauerhafte Wachstum in den 50ern und 60ern in den von uns untersuchten Ländern.

2. Die Abschwächung des Wachstums seit 1973 ist auf einen Rückgang der Rate des technischen Fortschritts zurückzuführen, nicht auf eine ungewöhnlich geringe Kapitalakkumulation.

   Diese Schlussfolgerung ergibt sich aus den Spalten 3 und 6 der Tabelle 12.2. Wäre die Kapitalakkumulation verantwortlich für den Rückgang des Wachstums, dann müsste das Wachstum der Produktion pro Kopf stärker zurückgehen als die Rate des technischen Fortschritts. Dies ist aber nicht der Fall, wie die Tabelle zeigt. In allen fünf Ländern geht der technische Fortschritt ungefähr mit der gleichen Rate zurück wie die Produktion pro Kopf.

   Im Gegensatz zu einer weit verbreiteten Meinung ist also die Abschwächung des Wachstums seit Mitte der 70er nicht Folge einer niedrigeren Sparquote, einem „Mangel an Tugend der Sparsamkeit". Sie ist Folge einer niedrigeren Rate des technischen Fortschritts. Sie ging von durchschnittlich 4,4% pro Jahr zwischen 1950-1973 auf nur 1,6% pro Jahr zwischen 1973-1987 zurück.

3. Auch die Konvergenz der Produktion je Kopf zwischen den Ländern beruht eher auf höherem technischen Fortschritt als auf schnellerer Kapitalakkumulation.

   Spalte 4 der Tabelle 12.2 macht deutlich, dass zwischen 1950 und 1973 die durchschnittliche Rate des technischen Fortschritts pro Jahr in Japan um 3,8, in Deutschland um 3,0 und in Frankreich um 2,3 Prozentpunkte höher lag als in den USA. Nur Großbritannien lag leicht unter den USA. Zwischen 1973 und 1987 verringerte sich der Unterschied auf 1,1 Prozentpunkte für Japan, 1,3 für Deutschland und 1,7 für Frankreich.

Diese Fakten führen zu einer wichtigen Schlussfolgerung:

Theoretisch gibt es zwei mögliche Ursachen für die Konvergenz zwischen den Ländern. Erstens, ärmere Länder sind deshalb arm, weil sie einen geringeren Kapitalbestand aufweisen. Im Zeitverlauf wächst der Kapitalbestand schneller als in reicheren Ländern, wodurch es zur Konvergenz kommt. Zweitens, ärmere Länder sind arm, weil sie technologisch nicht so fortgeschritten sind wie andere. In Zeitverlauf entwickeln sie sich weiter; sie importieren Technologien von weiter entwickelten Ländern oder entwickeln eigene. Sobald die Technologieniveaus konvergieren, nähert sich auch die Produktion pro Kopf an.

Aus Tabelle 12.2 kann man den Schluss ziehen, dass die zweite Ursache für die fünf betrachteten Länder ausschlaggebend war. Die Produktion je Beschäftigten in Japan etwa ist im Vergleich zu der in den USA nicht deshalb gestiegen, weil Japan extrem schnell Kapital akkumuliert hat, sondern vielmehr, weil sich während der letzten 40 Jahre der Stand der Technik in Japan sehr schnell verbessert hat.

12.3.2 Warum schwächte sich der technische Fortschritt in der Mitte der 70er Jahre ab?

Der letzte Abschnitt brachte uns Fortschritt (vielleicht nicht technischen, auf jeden Fall aber intellektuellen). Wenn technischer Fortschritt zentrale Bedeutung für das Wachstum hat, so wirft dies eine Vielzahl von Fragen auf. Die zentrale Frage ist dabei: Warum hat sich der technische Fortschritt in der Mitte der 70er Jahre abgeschwächt? Es wurde viel Forschung betrieben, um diese Frage zu klären. Eine ganze Reihe Hypothesen sind aufgestellt worden, angefangen von Messfehlern über das Wachstum des Dienstleistungssektors bis hin zu abnehmenden Erträgen von Forschungs- und Entwicklungsausgaben. Wir wollen die einzelnen Hypothesen nacheinander untersuchen.

Messfehler

Die erste Hypothese lautet, dass der technische Fortschritt sich de facto gar nicht abgeschwächt hat, dass hier vielmehr Messfehler vorliegen.

Dass Messfehler bedeutend sein könnten, wird augenfällig, wenn man sich ansieht, wie die Maße für die Produktion (etwa das BIP) konstruiert werden. In vielen Sektoren lässt sich Produktivität nicht ohne weiteres messen: Wie sollte man etwa Produktivitätssteigerungen von Ärzten messen (oder gar von Anwälten)? Wegen dieser Schwierigkeiten macht die Volkswirtschaftliche Gesamtrechnung eine Reihe einfacher Annahmen für bestimmte Sektoren. Diese Annahmen können sehr wohl falsch sein. So wird etwa angenommen, dass es bei Finanzdienstleistungen gar keinen technischen Fortschritt gibt. Zahlreiche Hinweise deuten aber auf das Gegenteil hin. Nehmen wir als Beispiel die Bearbeitung von Schecks: Die durchschnittliche Anzahl bearbeiteter Schecks lag 1971 bei 265 pro Angestellten, im Jahre 1986 aber bei 825, das ist ein Anstieg von 7,6% pro Jahr.

Es gibt einen interessanten Zusammenhang zwischen der Messung der Inflationsrate und der Messung des Produktivitätswachstums. Ist der Preisanstieg eines Produktes auf bessere Qualität zurückzuführen, wird dies aber von den Statistikern ignoriert, dann misst man etwas als Inflation (einen Anstieg der Preise), was eigentlich als Produktivitätswachstum (als Qualitätsverbesserung) gerechnet werden sollte. Die Studie der Boskin-Kommission kam zu dem Ergebnis, dass die Inflationsrate des Verbraucherpreisindexes in den USA um 0,6 Prozentpunkte pro Jahr überschätzt wurde, weil dieser Index unvollkommen an die Qualitätsverbesserungen angepasst wurde. Wenn sich diese Schlussfolgerung auf den BIP-Deflator übertragen lässt, dann bedeutet dies, dass das Produktivitätswachstum um 0,6 Prozentpunkte unterschätzt wurde.

Die Boskin-Kommission kam zu dem Schluss, dass der VPI die Inflation insgesamt um mehr als 1% übertreibt. Zum Teil hat das aber nichts mit dem Thema zu tun, das uns in diesem Kapitel beschäftigt. (Vgl. dazu Kapitel 2 und „Measuring the CPI", Journal of Economic Perspectives, 1998-1, Volume 12)

Zweifellos lassen sich Messfehler kaum vermeiden. Wir könnten technischen Fortschritt und Produktionswachstum systematisch unterschätzt haben. Dies ist ein wichtiger Punkt: Unser Lebensstandard mag schneller gestiegen sein als es die offiziellen Statistiken nahe legen. Um aber die Abschwächung seit Mitte der 70er zu erklären, müsste dieser Messfehler seitdem größer geworden sei (der technische Fortschritt müsste stärker als früher unterschätzt werden). Es gibt kaum Anhaltspunkte dafür, dass dies so ist.

Das Wachstum des Dienstleistungssektors

Die zweite Hypothese lautet, dass die Abschwächung des technischen Fortschritts nur widerspiegelt, dass die USA und andere reiche Länder zu einer postindustriellen Wirtschaft geworden sind: Der Anteil der Warenproduktion am BIP sinkt stetig; der Anteil der Dienstleistungen dagegen nimmt stetig zu. Dabei wird argumentiert, dass es bei Dienstleistungen viel weniger Spielraum für technischen Fortschritt gibt als bei der Produktion. Wie viel technischen Fortschritt sollte es denn beim Frisör geben?

Die Argumentation ist schlüssig. Die Fakten zeigen allerdings, dass die Verlagerung hin zu Dienstleistungen die Abschwächung nur sehr begrenzt erklären kann. Abbildung 12.5 zeigt die Veränderung des durchschnittlichen jährlichen Wachstums der Arbeitsproduktivität zwischen 1948-1973 und 1973-1987 in verschiedenen Industrien. Frappierend ist, dass sich die Abschwächung des Produktivitätswachstums auf fast alle Sektoren ausgewirkt hat. Nur in der Landwirtschaft und bei nicht-elektrischen Maschinen (hauptsächlich Computer) ist von der ersten auf die zweite Periode ein Anstieg des Wachstums der Arbeitsproduktivität zu verzeichnen. Der Rückgang war am stärksten im Bergbau (die am leichtesten zugänglichen Rohstoffe werden als Erstes abgebaut) und bei den Versorgungsunternehmen (dies spiegelt vor allem striktere Umweltregulierungen wider). Aufschlussreich ist für unsere Frage aber vor allem die Tatsache, dass der Rückgang im produzierenden Sektor und im Dienstleistungssektor in etwa gleich stark war. Die Verlagerung von der Produktion hin zu Dienstleistungen kann also die Abschwächung des Produktivitätswachstums nicht erklären.

Wegen der Verfügbarkeit von Daten beziehen sich die Zahlen in der Abbildung auf das Wachstum der Arbeitsproduktivität – also auf die Rate, mit der die Produktion je Beschäftigten wächst – nicht auf die Rate des technischen Fortschritts. Wenn unser Wissen über bestimmte Industrien übertragbar ist, sind die Ergebnisse vergleichbar, wenn man stattdessen Schätzungen für den technischen Fortschritt verwendet hätte.

Abbildung 12.5: Veränderungen des durchschnittlichen jährlichen Arbeitsproduktivitätswachstums, 1948-1973 im Vergleich zu 1973-1987, nach Industrien

Die meisten Sektoren der US-Wirtschaft haben einen Rückgang des Produktivitätswachstums erfahren.

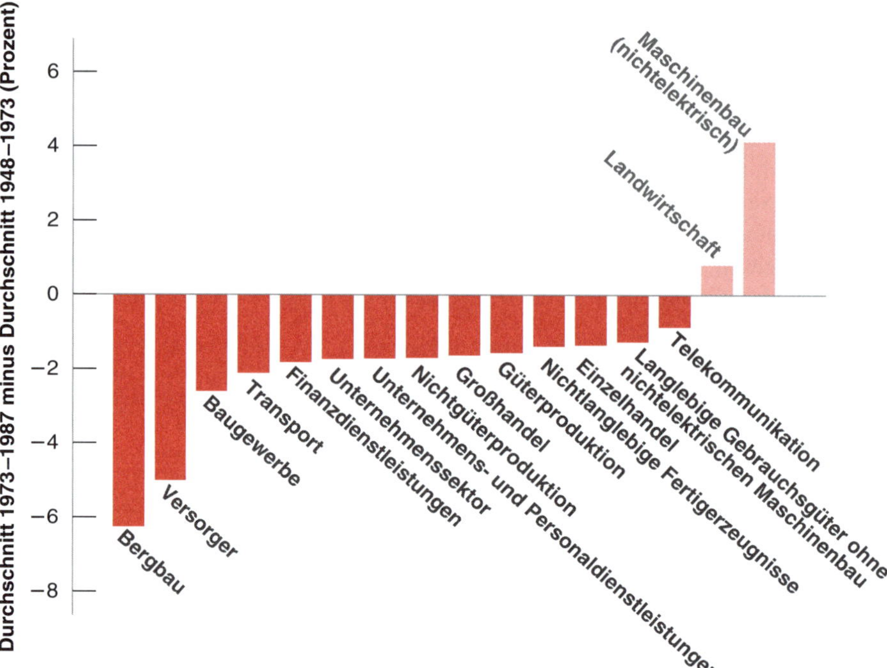

Rückgang der Ausgaben für Forschung und Entwicklung

Die dritte Hypothese konzentriert sich auf F&E. Weil sich das Produktivitätswachstum in der Produktion und bei den Dienstleistungen ungefähr vergleichbar abgeschwächt hat, müssen wir uns auf Faktoren konzentrieren, die einen generellen Rückgang erklären können. Eine natürliche Hypothese liegt darin, dass allgemein die Investitionen in F&E zurückgegangen sind, und sich so der technische Fortschritt verlangsamte. Es stellt sich heraus, dass die Fakten diese Hypothese nicht unterstützen. Tabelle 12.3 zeigt die Entwicklung der Ausgaben für F&E für alle fünf Länder. In allen Ländern blieben diese Ausgaben zwischen 1963 und 1989 konstant oder stiegen sogar als Anteil am BIP.

Tabelle 12.3: Ausgaben für F&E in Prozent des BIP

	1963	1975	1989
Deutschland	1,4	2,2	2,9
Frankreich	1,6	1,8	2,3
Großbritannien	2,3	2,0	2,3
Japan	1,5	2,0	3,0
Vereinigte Staaten	2,7	2,3	2,8

Quelle: Kumiharu Shigehara, Causes of Declining Growth in Industrialized Countries. In: Policies for Long-Run Economic Growth (Kansas City, MO: Kansas City Fed, 1993), Tabelle 4, S. 22.

Wahrscheinlich liegt also der Grund für die niedrigeren Raten des technischen Fortschritts nicht darin, dass sich die Ausgaben, sondern dass sich die Profitabilität von F&E abgeschwächt hat. Obwohl reiche Länder mindestens genauso viel forschen und entwickeln wie in der Vergangenheit, schwächte sich der gemessene technische Fortschritt ab. Das ist leider alles, was wir derzeit darüber wissen. Manche Ökonomen argumentieren, dies liege daran, dass es in dieser Zeit keine großen Entdeckungen gab. Andere argumentieren, dass die einzelnen Sektoren immer mehr sektorenspezifische Technologien entwickeln, mit dem Ergebnis, dass sich Entdeckungen auf eine viel kleinere Anzahl an Sektoren auswirken als früher. Es gibt weniger Spillover-Effekte zwischen den Sektoren. Diese Diskussion macht den Anstieg des Produktivitätswachstums in den USA Ende der 90er Jahre besonders spannend. Könnte es sein, dass wir, wie einige behaupten, in ein Zeitalter der „Neuen Ökonomie" eintreten mit höherer Produktivität als in der Vergangenheit? Die Fokusbox „Die Neue Ökonomie und das Produktivitätswachstum" gibt einen Überblick über die empirischen Belege, die bislang vorliegen. Die wesentliche Aussage: Die Behauptungen einiger Verfechter der Neuen Ökonomie erweisen sich als stark übertrieben; aber es gibt Grund für Optimismus.

Fokus: Die Neue Ökonomie und das Produktivitätswachstum

In den USA lag das durchschnittliche jährliche Produktivitätswachstum zwischen 1996 und 2000 bei 2,7% – im Vergleich zum Durchschnitt der vorangegangenen 20 Jahre von mageren 1% eine bemerkenswerte Zahl.

Ist dies ein Zeichen dafür, dass in den USA eine neue Ära hohen Produktivitätswachstums angebrochen ist, wie Verfechter der Neuen Ökonomie behaupten? Der heutige Stand der Forschung gibt sowohl Anlass zu Optimismus als auch zur Vorsicht.

Wir müssen eine klare Grenze ziehen zwischen dem Informations- und Kommunikations- (ICT) Sektor und dem Rest der Ökonomie, der diese Technologien nutzt. Zum ICT-Sektor (*Information and Communications Technology*) zählen etwa die Hardware-Produktion von Computern, Halbleitern, Kommunikationsanlagen (Kabelnetzen und Handys), aber auch Dienstleistungen wie Computer-Software.

- Im ICT-Sektor ging der technische Fortschritt mit unglaublicher Geschwindigkeit voran.

  Im Jahr 1965 sagte der damalige Forschungsdirektor von Fairchild Semiconductor und der spätere Gründer von Intel Corporation, Gordon Moore, voraus, dass sich die Anzahl an Transistoren in einem Chip alle 18 bis 24 Monate verdoppeln wird, so dass Computer immer leistungsfähiger würden. Wie Abbildung 1 zeigt, hat sich diese Beziehung – heute als Moores Gesetz bekannt – im Zeitverlauf sehr gut bestätigt. Der erste 1971 produzierte Computer-Chip hatte 2.300 Transistoren; der im Jahr 2000 eingeführte Pentium 4 hatte 42 Millionen.

  Auch im Rest des ICT-Sektors war der technische Fortschritt sehr hoch, wenn auch mit einer weniger extremen Geschwindigkeit. Der Anteil des ICT-Sektors am BIP stieg in den USA stetig von 3% 1980, über 4,5% 1990 bis auf heute über 7%. Die Kombination aus hohem technischen Fortschritt im ICT-Sektor und einem steigenden ICT-Anteil impliziert einen stetigen Anstieg der gesamtwirtschaftlichen Rate des technischen Fortschritts. Dies ist einer der treibenden Faktoren hinter dem hohen Produktivitätswachstum in der zweiten Hälfte der 90er.

  Die restlichen Sektoren aber (die „Alte Ökonomie", die auch in den USA immer noch mehr als 90% ausmacht) liefern wenig Hinweise für eine vergleichbare technische Revolution.

- Der Preisverfall von ICT-Gütern (eine Folge des technischen Fortschritts im ICT-Sektor) hat dazu geführt, dass auch die Unternehmen in der alten Ökonomie ihren Bestand an ICT-Kapital stark ausgebaut haben. Das hat zur Folge, dass auch dort der Kapitalbestand je Beschäftigten und damit das Produktivitätswachstum zugenommen hat.

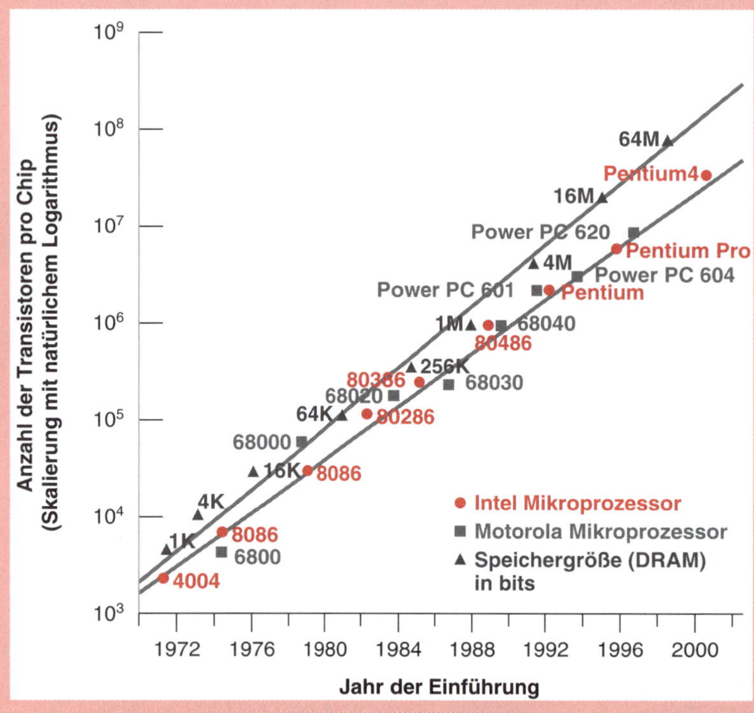

Abbildung 1: Moores Gesetz: Zahl der Transistoren pro Chip, 1970-2000

Quelle: Dale Jorgenson, post.economics.harvard.edu/faculty/jorgenson/papers/aea5.ppt.

Analysieren wir dieses Argument etwas formaler anhand von Gleichung (12.2). Sie stellt die Beziehung zwischen Produktion und Kapital dar, jeweils bezogen auf die effektive Arbeit.

$$\frac{Y}{AN} = f\left(\frac{K}{AN}\right)$$

Stellen wir uns nun vor, dass diese Gleichung die Beziehung in der alten Ökonomie widerspiegelt. Der enorme Preisrückgang für ICT-Güter veranlasste in den letzten Jahren die Unternehmen der alten Ökonomie, ihre Ausstattung mit ICT-Gütern und damit ihrem gesamten Kapitalbestand zu erhöhen. Mit anderen Worten: Das Verhältnis K/AN ist als Konsequenz immer billigerer Computer auch im Nicht-ICT-Sektor angestiegen. Dies führte zu einem Anstieg von Y/AN.

- Trotzdem scheint die ICT-Revolution sich nicht direkt auf die Geschwindigkeit des technischen Fortschritts im Nicht-ICT-Sektor ausgewirkt zu haben. Vielfach wurde argumentiert, die ICT-Revolution zwinge die Unternehmen zu einer drastischen Reorganisation; dies führe zu großen Produktivitätsgewinnen. Es mag zutreffen, dass sich Unternehmen reorganisieren. Bislang gibt es aber keine Belege dafür, dass dies zu großen Produktivitätsgewinnen führt: Die Maße für den technischen Fortschritt in den meisten Nicht-ICT-Sektoren – mit Ausnahme von Einzelhandel und Finanzdienstleistungen – verzeichnen keinen Anstieg der Rate des technischen Fortschritts gegenüber dem Durchschnitt nach 1973.

  Bezogen auf die gerade diskutierte Produktionsfunktion gibt es also keinen Hinweis darauf, dass die technische Revolution auch in der alten Ökonomie zu einer höheren Wachstumsrate von A geführt hätte.

Gibt es Gründe, in Zukunft ein höheres Produktivitätswachstum als in den letzten 25 Jahren zu erwarten? Die Antwort lautet Ja: Die gerade diskutierten Faktoren scheinen dauerhaft zu sein. Der technische Fortschritt im ICT-Sektor wird wahrscheinlich weiterhin hoch sein, weshalb der ICT-Anteil weiter steigen wird. Auch Unternehmen der alten Ökonomie werden daher vermutlich ihren Kapitalbestand an ICT-Gütern weiter ausbauen. Dies wird einen weiteren Anstieg der Produktivität nach sich ziehen.

Wie stark wird in Zukunft das Produktivitätswachstum sein? Sicherlich nicht so hoch wie in der zweiten Hälfte der 90er Jahre, weil ein großer Teil davon Zufall und das Ergebnis starker Expansion war. Aber vielleicht 0,5 Prozentpunkte über dem Durchschnitt nach 1973, wie es sich aus einigen Schätzungen ergibt: Dies ist zwar nicht das Wunder, das von einigen ausgerufen wurde; es ist aber immer noch ein beachtlicher Anstieg. Wenn er sich weiter fortsetzt, macht dies einen substanziellen Unterschied für den zukünftigen U.S.-Lebensstandard. Skeptiker verweisen allerdings darauf, dass diese Schätzungen zu optimistisch ausfallen, sofern sich die starken ICT-Investitionen in der zweiten Hälfte der 90er Jahre als Überinvestition erweisen sollten. In diesem Fall sei nicht damit zu rechnen, dass der Kapitalbestand je Beschäftigten weiter mit gleicher Rate wächst.

In Europa war das Produktivitätswachstum in der zweiten Hälfte der 90er Jahre wesentlich niedriger als in den Vereinigten Staaten. Wie lässt sich dieser Unterschied erklären? Kann Europa in den nächsten Jahren aufholen oder ist mit dauerhaft niedrigeren Wachstumsraten zu rechnen? Was sind die Ursachen für die starke Divergenz? Der Produktivitätsunterschied ist auf den ersten Blick ein Rätsel: Die neuen Technologien sind weltweit verfügbar; sie sind in Europa kaum teurer als in den USA. Warum schlägt sich der technische Fortschritt nicht auch in Europa in entsprechend hohen Wachstumsraten nieder? Sind die Europäer vielleicht zu dumm, um Computer richtig zu bedienen? Nun, das kann wohl nicht der Grund sein. Eine genaue Antwort verlangt umfangreiche empirische Analysen der Entwicklung in verschiedenen Sektoren und Regionen. Die dafür notwendigen disaggregierten Daten sind in Europa zum Teil gar nicht verfügbar. Dennoch lassen sich eine Reihe von Faktoren identifizieren; die Ökonomen sind sich bislang aber noch nicht einig, welche davon die entscheidende Rolle spielen.

Ein erster Aspekt beruht auf einem Messproblem: Viele europäische Staaten gehen erst seit kurzem dazu über, bei der Messung der Inflationsrate hedonische Verfahren zu verwenden, um den Produktivitätssteigerungen Rechnung zu tragen. Wie bereits im Anhang von Kapitel 2 ausgeführt, schätzt die deutsche Bundesbank, dass das reale Wachstum in Deutschland nach dem neuen Verfahren Ende der 90er Jahre jährlich um 0,2% höher ausgefallen wäre. Dies erklärt aber nur einen sehr kleinen Teil des Unterschieds.

Viel bedeutsamer ist die Tatsache, dass der überwiegende Teil des starken Produktivitätswachstums vor allem im ICT-Sektor selbst stattgefunden hat. Der Anteil dieses Sektors am BIP liegt in Europa niedriger als in den USA. Regional gibt es jedoch auch hier beträchtliche Unterschiede. In Finnland und Irland etwa ist der ICT-Sektor ein dominierender Wirtschaftszweig; die Produktivität ist in diesen Ländern ebenso stark gestiegen wie im Silicon Valley. In Südeuropa spielt der ICT-Sektor dagegen so gut wie keine Rolle.

In der Anwendung der neuen Technologien lassen sich Produktivitätsfortschritte auch in den USA bislang nur in den Sektoren Einzelhandel und Finanzdienstleistungen identifizieren. Große Unternehmen wie Wal-Mart entwickelten in den USA ganz neue Organisationsstrukturen, um Computer und Vernetzung effizient zu nutzen. Solche Verfahren haben sich in Europa bislang noch kaum durchgesetzt. Stärkere Regulierung wird oft als ein Faktor angeführt, der solche Umstrukturierungen in Europa erschwert. Dagegen ist die Produktivität in der – weitgehend deregulierten – Telekommunikationsindustrie in Europa besonders stark gestiegen. Welches Gewicht die einzelnen Faktoren haben, ist derzeit noch unklar. Eine überzeugende Antwort könnte wichtige Aufschlüsse für geeignete Wachstumsstrategien für Europa im nächsten Jahrzehnt liefern.

Mehr zu diesem Thema in „Information Technology and the U.S. Economy," von Dale Jorgenson, American Economic Review, März 2001, 91-1, S.1–32. Gründe für das unterschiedlich starke Produktivitätswachstum in Europa und den USA untersuchen Dale W. Jorgenson, Mun S. Ho und Kevin J. Stiroh in ihrem Aufsatz „Lessons for Europe from the U.S. Growth Resurgence" (CESifo Economic Studies Vol 49-1, 2003, S. 27-47). Vergleiche dazu auch Robert J. Gordon, „Hi-tech Innovation and Productivity Growth: Does Supply Create Its Own Demand?" NBER Working Paper 9437, Januar 2003.

Eine detaillierte disaggregierte Sektoranalyse für Europa liefern Bart van Ark, Robert Inklaar und Robert H. McGuckin in ihrem Beitrag „ICT and productivity in Europe and the United States. Where do the differences come from?", in CESifo Economic Studies Vol. 49, 2003.

12.4 Epilog: Das Geheimnis des Wachstums

Warum die Rate des technischen Fortschritts seit Mitte der 70er Jahre zurückgegangen ist, ist nicht die einzige offene Frage der Wachstumstheorie. Auch viele andere Fragen bleiben offen.

Wir verstehen sehr gut die grundlegenden Mechanismen des Wachstums in reichen Ländern. Spezifische Fragen zu beantworten, fällt dagegen viel schwerer. Etwa: Wählen die Regierungen das richtige Ausgabenniveau für die Grundlagenforschung? Sollte das Patentrecht verändert werden? Ist eine Industriepolitik notwendig, eine Politik, die darauf abzielt, bestimmten Sektoren gezielt zu helfen (beispielsweise Sektoren mit einem hohen Potenzial an technischem Fortschritt, die Spillovers auf den Rest der Wirtschaft erwarten lassen)? Wie viel zusätzliches Wachstum kann man erwarten, wenn sich die durchschnittliche Schulzeit um ein Jahr erhöht?

Wenn wir das Wachstum über einen längeren Zeitraum als seit 1950 oder von anderen als den reichen OECD-Staaten verstehen wollen, dann ist unser Wissen noch begrenzter.

Beispielsweise liegt in den meisten Ländern der Welt die Produktion je Beschäftigten bei weniger als einem Zehntel des Niveaus in den USA. Unsere in den vergangenen Kapiteln entwickelten theoretischen Ansätze liefern einen Rahmen, um zu verstehen, warum dies so ist. Bedenkt man, dass die Produktion je Beschäftigten von der physischen Kapitalintensität, dem Einsatz von Humankapital zur Beschäftigung (den beiden in Kapitel 11 angesprochenen Faktoren) und vom Stand der Technik (dem in diesem Kapitel betonten Faktor) abhängt, dann müssen wir fragen: Sind diese Länder ärmer, weil sie weniger physisches Kapital oder Humankapital besitzen oder weil sie nicht über den modernen Stand der Technik verfügen?

Vgl. Robert Hall und Charles Jones, „Why Do Some Countries Produce so much more Output than Others?", Quarterly Journal of Economics, Februar 1999, 114-1, S. 83-116.

Die Antwort hierauf lautet, dass der Großteil der Unterschiede in unterschiedlichen Technologieniveaus der verschiedenen Staaten begründet liegt. Betrachten wir beispielsweise die USA und China. Ausgehend von PPP-Zahlen, ist das BIP je Beschäftigten, Y/N, in den USA 16-mal höher als in China. Würde dieses Verhältnis nur Unterschiede in der Ausstattung mit physischem Kapital und Humankapital widerspiegeln, dann müssten beide Ökonomien den gleichen Wert für A aufweisen: Das Technologieniveau wäre in beiden Staaten das gleiche. Schätzungen zufolge liegt A in den USA aber in Wirklichkeit 10-mal höher als in China. Kurz gesagt, selbst wenn China plötzlich das gleiche Niveau an physischem Kapital und Bildung pro Beschäftigten hätte, wäre die Produktion je Beschäftigten immer noch nur ein Zehntel dessen, was sie in den USA ist.

Diese Antwort ist ein erster Schritt, sie wirft aber nur eine weitere Frage auf. Die armen Länder sollten eigentlich Zugang zu einem Großteil des technischen Wissens der gesamten Welt haben. Was hält ärmere Staaten davon ab, die Technologien der fortgeschrittenen Länder einfach zu adaptieren und so einen guten Teil der technischen Lücke schnell zu schließen? Um diese Frage zu beantworten, müssen wir Technologie breiter interpretieren als wir dies bisher in diesem Kapitel getan haben. Zahlreiche Faktoren, die wir bei der Untersuchung der Determinanten der Produktionsfunktion in Kapitel 10 vernachlässigt haben, spielen dabei eine wichtige Rolle. Hierzu zählen schwach etablierte Eigentumsrechte, politische Instabilität, ein Mangel an Unternehmern sowie schwach entwickelte Finanzmärkte. Die Liste kann beliebig fortgesetzt werden. Die spezifische Rolle jedes der einzelnen Faktoren ist schwer festzumachen. Das Problem ist nicht leicht zu lösen: Viele Faktoren sind ebenso Resultat niedriger Einkommen, wie sie auch Ursache dafür sind.

Diese Faktoren führen uns vom Gebiet der Wachstumstheorie zum Bereich der Entwicklungsökonomik.

Die Bedeutung dieser Faktoren wurde während des Wandels der osteuropäischen Staaten von Planwirtschaften hin zu Marktwirtschaften schmerzhaft deutlich. In vielen dieser Länder haben unzureichend definierte Eigentumsrechte, unvollkommene Durchsetzung von Gesetzen und Korruption das Wachstum neuer Unternehmen wesentlich eingeschränkt.

Eine Analyse der armen Länder, die in den letzten 20 Jahren sehr schnell gewachsen sind (wie die vier Tiger-Staaten: Hongkong, Taiwan, Singapur und Südkorea) oder der Länder, die in jüngster Vergangenheit schnell gewachsen sind (wie China, Indonesien, Malaysia und Thailand) scheint der beste Weg zu sein, das Geheimnis des Wachstums aufzudecken. Aber auch hier lassen sich keine einfache Lehren ziehen. In all diesen Ländern war Wachstum von rascher Akkumulation von physischem Kapital und von Humankapital begleitet. Und in all diesen Ländern ging das Wachstum einher mit zunehmender Bedeutung des internationalen Handels, einem Anstieg von Exporten und Importen. Von diesen beiden Faktoren abgesehen, sind aber klare Unterschiede erkennbar. Einige Volkswirtschaften wie zum Beispiel Hongkong setzten vor allem auf freie Märkte, also auf möglichst wenige Eingriffe der Regierung. Andere, wie Korea und Singapur, setzten auf staatliche Intervention und gezielte Industriepolitik zur Förderung des Wachstums bestimmter Industrien. (Die Fokusbox „Hongkong und Singapur: Die Geschichte zweier Stadtstaaten“ diskutiert ausführlich die Beispiele der beiden Stadtstaaten.) Die Quintessenz lautet, dass das Geheimnis des Wachstums bislang noch nicht gelüftet worden ist.

Politische Instabilität und ethnische Konflikte sind beispielsweise verantwortlich für die Stagnation der Produktion in einer Vielzahl afrikanischer Staaten. Umgekehrt trägt die Stagnation der Produktion zur politischen Instabilität und zur Verstärkung ethnischer Konflikte bei.

Fokus: Hongkong und Singapur: Die Geschichte zweier Stadtstaaten

Zwischen 1960 und 1985 lag die durchschnittliche Wachstumsrate der Produktion in Hongkong und Singapur bei 6,1% pro Jahr*. Wie war es möglich, dass Hongkong und Singapur so schnell wuchsen? Wenn man näher hinsieht, ist man sowohl von den Gemeinsamkeiten als auch von den Unterschieden überrascht.

Die Gemeinsamkeiten:

Hongkong und Singapur haben mehrere Dinge gemein: Beide sind britische Ex-Kolonien. Beide sind letztlich Städte, die ursprünglich als Handelshäfen mit einem geringen Produktionsanteil begannen. Die Nachkriegsbevölkerung bestand vor allem aus Chinesen, die aus Südchina immigrierten. In der Periode schnellen Wachstums haben sie ähnliche Phasen der Industrialisierung durchschritten, Singapur begann aber 10 bis 15 Jahre nach Hongkong. Die verschiedenen Phasen sind in Tabelle 1 zusammengefasst.

Hongkong		Singapur	
Frühe 1950er	Textilindustrie	Frühe 1960er	Textilindustrie
Frühe 1960er	Kleidung, Plastik	Späte 1960er	Elektronik, Erdölverarbeitung
Frühe 1970er	Elektronik	Frühe 1970er	Elektronik, Erdölverarbeitung, Textilindustrie, Kleidung
1980er	Handel, Banken	1980er	Banken, Elektronik

Tabelle 1: Entwicklungsphasen in Hongkong und Singapur seit Anfang 1950

Quelle: Vgl. die Quellenangaben zur Fokusbox.

Die Unterschiede:

Eine nähere Betrachtung zeigt allerdings, dass es zentrale Unterschiede in der Art und Weise gab, wie diese beiden Länder gewachsen sind.

Hongkong wuchs in einem Klima, in dem die Regierung kaum intervenierte. Sie beschränkte sich im Wesentlichen darauf, die Infrastruktur aufzubauen und das für weiteres Wachstum benötigte Land zu verkaufen. Im Gegensatz dazu wurde das Wachstum Singapurs von gezielten Regierungsinterventionen begleitet. Die Regierung sorgte für eine sehr hohe nationale Sparquote, indem sie Budgetüberschüsse erzielte und private Ersparnisse durch hohe Rentenbeiträge erzwang. Singapurs Anteil der Bruttoinvestitionen am BIP stieg von 9% 1960 auf 43% 1984, eine der höchsten Investitionsraten der Welt. Bestimmte Industrien entwickelten sich als Ergebnis systematischer staatlicher Interventionen, die vorwiegend aus starken Steueranreizen für ausländische Investoren bestanden.

Die relative Bedeutung von Kapitalakkumulation und technischem Fortschritt spiegelt die unterschiedlichen Strategien wider. In Hongkong lag die jährliche Wachstumsrate der Produktion je Beschäftigten zwischen 1970 und 1990 bei 2,4%, die Rate des technischen Fortschritts im gleichen Zeitraum bei 2,3%. Unserem Modell zufolge war das Wachstum in Hongkong also in etwa ausgewogen. In Singapur dagegen ist die Produktion je Beschäftigten zwischen 1971 und 1990 mit 1,5% gewachsen. Nach Alwyn Young, einem Ökonomen an der Universität Chicago, lag die Rate des technischen Fortschritts während dieser Periode nur bei überraschend niedrigen 0,1%.

Der Artikel von Young ist die Grundlage für diese sen ausgelöst, scheinen letztendlich aber richtig zu sein.) Singapur ist demnach fast ausschließlich auf Grund ungewöhnlich hoher Kapitalakkumulation gewachsen, nicht durch technischen Fortschritt. Das Wachstum Singapurs war also sehr unausgewogen.

Warum gab es in Singapur so wenig technischen Fortschritt? Alwyn Young argumentiert, dass Singapur zu schnell von einer Industrie zur nächsten wechselte. Auf Grund dieser schnellen Veränderungen war das Land nicht in der Lage zu lernen, in einer davon effizient zu produzieren. Weil es sich außerdem fast ausschließlich auf ausländische Investitionen verließ, verhinderte Singapur, dass inländische Unternehmer von den ausländischen Investitionen lernen und diese langfristig ersetzen konnten.

Was steht Singapur bevor, wenn Alwyn Young Recht hat? Dem in diesem Kapitel entwickelten Modell zufolge ist eine Verlangsamung des Wachstums unausweichlich. Hohe Investitionsraten können nur befristet hohes Wachstum stimulieren. Weil sich Hongkong auf einem ausgewogenen Wachstumspfad zu bewegen scheint, sieht es dort besser aus. Aber auch für Hongkong sind große Veränderungen zu erwarten: 1997 wurde Hongkong wieder ein Teil Chinas. Es bleibt abzuwarten, ob dies das Wachstum fördert oder hindert.

Quelle: Alwyn Young, „A Tale of Two Cities: Factor Accumulation and Technical Change in Hongkong and Singapur," NBER Macroeconomics Annual, 1992, 13–63.

*Diese Zahlen wurden unter Verwendung von PPP-Maßen aus dem BIP berechnet, nach Heston und Summers (vergleiche die Fokus Box zur Kaufkraftparität in Kapitel 10).

Zusammenfassung

- Um die Auswirkungen technischen Fortschritts auf den Wachstumsprozess zu verstehen, empfiehlt es sich, den technischen Fortschritt als eine Erweiterung der zur Verfügung stehenden effektiven Arbeit (dem Produkt aus Arbeit und dem Stand der Technik) aufzufassen. Man kann sich vorstellen, dass Produktion mit Kapital und effektiver Arbeit erzeugt wird.
- Im Steady-State ist das Verhältnis von Produktion und Kapital *je effektiver Arbeit* konstant. Anders formuliert, Produktion und Kapital *pro Kopf* wachsen mit der Rate des technischen Fortschritts. Wieder anders formuliert, Produktion und Kapital wachsen mit der gleichen Rate wie die effektive Arbeit. Diese Rate entspricht der Summe aus Wachstumsrate der Beschäftigten und der Rate des technischen Fortschritts.
- Befindet sich eine Ökonomie im Steady-State, dann sagt man, dass sie sich auf einem ausgewogenen Wachstumspfad befindet. Produktion, Kapital und effektive Arbeit wachsen ausgewogen, d.h. mit derselben Rate.
- Im Steady-State ist die Wachstumsrate unabhängig von der Sparquote. Die Sparquote beeinflusst allerdings das Steady-State-Niveau der Produktion je effektiver Arbeit. Ein Anstieg der Sparquote lässt die Wachstumsrate vorübergehend über das Wachstum im Steady-State ansteigen.
- Der technische Fortschritt hängt sowohl (1) von der Produktivität von F&E ab – davon, inwiefern Ausgaben für F&E neue Ideen und neue Produkte generieren, als auch (2) von der Profitabilität der Investitionen in F&E – dem Ausmaß, in dem Unternehmen von ihrer F&E profitieren können.
- Beim Patentrecht gibt es einen trade-off zwischen dem Schutz zukünftiger Entdeckungen (dem Anreiz zur Produktion von künftigen Wissen) und dem Wunsch, bestehende Entdeckungen potenziellen Nutzern frei zugänglich zu machen (der raschen Verbreitung vorhandenen Wissens).
- Deutschland, Frankreich, Großbritannien, Japan und die USA sind seit 1950 durch ein mehr oder weniger ausgewogenes Wachstum geprägt. Der Rückgang des Wachstums seit Mitte der 70er ist Folge einer niedrigeren Rate des technischen Fortschritts. Die Konvergenz der Produktion scheint vor allem auf einer Konvergenz der Technologieniveaus zu beruhen.
- Es gibt keine gute Erklärung dafür, warum die durchschnittliche Rate des technischen Fortschritts seit Mitte der 70er Jahre gesunken ist. Allgemeiner gesagt ist unser Verständnis der Determinanten des technischen Fortschritts, insbesondere seiner Beziehung zu Faktoren wie dem Rechtssystem oder dem politischen System, noch unvollkommen.

Übungsaufgaben

Verständnistests

1. Welche der folgenden Aussagen sind zutreffend, falsch oder unklar? Geben Sie jeweils eine kurze Erläuterung.
   a. Schreibt man die Produktionsfunktion in Abhängigkeit von Kapital und effektiver Arbeit, dann impliziert dies, dass sich bei einem Anstieg des Stands der Technik um einen bestimmten Prozentsatz die Anzahl der Beschäftigten, die benötigt wird, um dieselbe Produktionsmenge herzustellen, um den gleichen Prozentsatz verringert.
   b. Steigt die Rate des technischen Fortschritts, dann muss die Investitionsrate steigen, um das Verhältnis von Kapital zu effektiver Arbeit konstant zu halten.
   c. Im Steady-State wächst die Produktion je effektiver Arbeit mit der Rate des Bevölkerungswachstums.
   d. Im Steady-State wächst die Produktion je Beschäftigten mit der Rate des technischen Fortschritts.
   e. Eine höhere Sparquote impliziert ein höheres Niveau von Kapital je effektiver Arbeit im Steady-State und somit eine höhere Wachstumsrate der Produktion je effektiver Arbeit.
   f. Selbst wenn F&E-Ausgaben und Investitionen in neue Maschinen den gleichen potenziellen Gewinn aufweisen, so sind Ausgaben für F&E für eine Unternehmung riskanter als die Investition in neue Maschinen.
   g. Der Umstand, dass sich ein Theorem nicht patentieren lässt, wird Unternehmen davon abhalten, Grundlagenforschung zu betreiben.
   h. Die Verlangsamung des technischen Fortschritts seit den 70ern scheint auf einem weit verbreiteten Rückgang der F&E-Ausgaben in den meisten Industrieländern zu beruhen.
   i. In der Zukunft werden Singapur und Hongkong wahrscheinlich mit derselben Rate wachsen.

2. *F&E und Wachstum*
   a. Wie werden die Ausgaben für F&E von Regelungen der Eigentumsrechte und von der Produktivität des Forschungsprozesses beeinflusst?

   Bestimmen Sie die Auswirkungen der folgenden Politikvorschläge auf die Profitabilität und die Produktivität der Forschung sowie die erwarteten langfristigen Auswirkungen auf F&E und Produktion:

   b. Ein internationales Abkommen, das die Patente eines jeden Landes weltweit schützt.
   c. Steuererleichterungen für jeden in F&E investierten Euro.
   d. Eine Kürzung der Mittel für staatlich finanzierte Konferenzen zwischen Universitäten und Unternehmen.
   e. Die Abschaffung von Patenten für bahnbrechende Medikamente, damit diese, sobald verfügbar, zu geringen Kosten bezogen werden können.

3. Das gegenwärtige Rentenversicherungssystem kann am besten als Umlageverfahren bezeichnet werden: Die laufenden Auszahlungen werden größtenteils durch laufende Beitragseinnahmen finanziert. Ein alternatives System ist das Kapitaldeckungsverfahren. In diesem System werden die Beiträge der Beschäftigten gespart und im Rentenalter verzinst zurückgezahlt. Wie würde ein Wechsel zu einem Kapitaldeckungsverfahren die Produktion je Beschäftigten und das Wachstums der Produktion je Beschäftigten langfristig beeinflussen?

4. Wo liegen die Quellen technischen Fortschritts für die ökonomisch führenden Staaten der Welt? Haben Entwicklungsländer andere Alternativen? Sehen Sie irgendeinen Grund, warum sich Entwicklungsländer für ein schwaches Patentrecht entscheiden könnten? Birgt eine solche Politik irgendwelche Gefahren (für die Entwicklungsländer) in sich?

Vertiefungsfragen

5. Betrachten Sie die beiden folgenden Szenarien:
   i. Die Rate des technischen Fortschritts sinkt permanent.
   ii. Die Sparquote sinkt permanent.
   a. Was sind die Auswirkungen jedes dieser Szenarien für das ökonomische Wachstum in den nächsten fünf Jahren?
   b. In den nächsten sieben Jahrzehnten?

   Untersuchen Sie, wie sich die beiden Fälle sowohl auf die Wachstumsrate als auch auf das Produktionsniveau auswirken.

6. *Messfehler, Inflation und Produktionswachstum*

   Nehmen Sie an, in einer Ökonomie werden nur die beiden Güter Haarschnitte und Bankdienstleistungen produziert. Preise, Mengen und die Anzahl der in der jeweiligen Produktion eingesetzten Beschäftigten für Jahr 1 und Jahr 2 lauten wie folgt:

	Jahr 1			Jahr 2		
	P1	M1	B1	P2	M2	B2
Haarschnitte	10	100	50	12	100	50
Bankdienstleistungen	10	200	50	12	230	60

   a. Wie hoch ist das nominale BIP in jedem Jahr?
   b. Wie hoch ist das reale BIP des zweiten Jahres unter Verwendung der Preise aus dem ersten Jahr? Wie hoch ist die Wachstumsrate des realen BIP?
   c. Wie hoch ist die Inflationsrate unter Verwendung des BIP-Deflators?
   d. Wie hoch ist das reale BIP je Beschäftigten im Jahr 1 und im Jahr 2 unter Verwendung der Preise des ersten Jahres? Wie hoch ist das Arbeitsproduktivitätswachstum zwischen Jahr 1 und Jahr 2 für die ganze Ökonomie?
      Unterstellen Sie nun, dass die Bankdienstleistungen des ersten Jahres von denen des zweiten verschieden sind, da diese im Gegensatz zum ersten Jahr Telebanking enthalten. Die Technologie für Telebanking stand im Jahr 1 zur Verfügung, der Preis für Bankdienstleistungen mit Telebanking lag allerdings bei 13 € und das Paket wurde von niemand nachgefragt. Im zweiten Jahr lag der Preis für Bankdienstleistungen mit Telebanking dagegen bei 12 €. Alle entschieden sich, dieses Paket nachzufragen (im zweiten Jahr fragte also niemand das Paket des ersten Jahres nach, Bankdienstleistungen ohne Telebanking).
   e. Wie hoch ist unter Verwendung der Preise des ersten Jahres das reale BIP im Jahr 2? Wie hoch ist die Wachstumsrate des realen BIP?
   f. Wie hoch ist die Inflationsrate unter Verwendung des BIP-Deflators?
   g. Wie hoch ist das Arbeitsproduktivitätswachstum zwischen Jahr 1 und Jahr 2 für die ganze Ökonomie?
   h. „Werden Bankdienstleistungen falsch gemessen – beispielsweise, weil die Einführung des Telebanking nicht beachtet wurde – dann wird die Inflation überschätzt und das Produktivitätswachstum unterschätzt.“ Diskutieren Sie dies im Rahmen der Antworten a) bis g).

7. Nehmen Sie an, dass die Produktionsfunktion gegeben ist durch

$$Y = \sqrt{K}\sqrt{NA}\,.$$

Die Sparquote sei 16%; die Abschreibungsrate betrage 10%. Nehmen Sie weiterhin an, dass die Anzahl der Beschäftigten mit 2% pro Jahr wächst und dass die Rate des technischen Fortschritts 4% pro Jahr beträgt.

   a. Berechnen Sie die Steady-State-Werte
      des Kapitalbestands je Beschäftigten.
      der Produktion je effektiver Arbeit.
      der Wachstumsrate der Produktion je effektiver Arbeit.
      der Wachstumsrate der Produktion je Beschäftigten.
      der Wachstumsrate der Produktion.
   b. Nehmen Sie an, dass sich die Rate des technischen Fortschritts auf 8% verdoppelt. Berechnen Sie erneut die Größen aus a).
   c. Unterstellen Sie nun, dass die Rate des technischen Fortschritts weiterhin 4% beträgt, die Anzahl der Beschäftigten nun aber mit 6% jährlich wächst. Berechnen Sie erneut die Größen aus a). Geht es der Bevölkerung in a) oder in c) besser? Erläutern Sie.

8. Diskutieren Sie die potenzielle Bedeutung folgender Faktoren für das Steady-State-Niveau der Produktion je Beschäftigten. Zeigen Sie in jedem der Fälle auf, ob die Wirkung durch *A* und/oder *K* und *H* erzielt wird.
   a. Geografische Lage
   b. Bildung
   c. Schutz der Eigentumsrechte
   d. Offenheitsgrad der Volkswirtschaft (für Handel)
   e. Niedrige Steuersätze
   f. Gute öffentliche Infrastruktur
   g. Geringes Bevölkerungswachstum

Weiterführende Fragen

9. Schätzungen zur Messung des Technischen Fortschritts (Growth Accounting)

Im Anhang zu diesem Kapitel wird gezeigt, wie Daten über Produktion, Kapitals und Arbeit verwendet werden, um Schätzungen der Rate des technischen Fortschritts zu erstellen. Betrachten Sie folgende Produktionsfunktion, die eine gute Beschreibung für reiche Volkswirtschaften darstellt:

$$Y = K^{\frac{1}{3}}(NA)^{\frac{2}{3}}$$

Folgt man den gleichen Schritten wie im Anhang, so kann man zeigen, dass:

$$Residuum = \left[g_Y - \frac{1}{3}g_K - \frac{2}{3}g_N\right]$$

oder umgestellt:

$$Residuum = \left[(g_Y - g_N) - \frac{1}{3}(g_K - g_N)\right]$$

Die Rate des technischen Fortschritts erhält man dann, indem man das Residuum durch den Anteil der Arbeit an der Produktion teilt, der per Annahme unserer Produktionsfunktion 2/3 beträgt.

$$g_A = \frac{Residuum}{2/3} = \left(\frac{3}{2}\right) Residuum$$

Gehen Sie nun auf die Internetseite des National Bureau of Economic Research (NBER) `www.nber.org/data/` und öffnen Sie die Penn-World-Tabellen. Suchen Sie nach der Zeitreihe „Real GDP per worker“ (reales BIP je Beschäftigten) und „Nonresidential capital stock per worker“ (gewerblicher Kapitalbestand je Beschäftigten) sowohl für die USA als auch für Japan für den Zeitraum 1965-1992. (Leider steht die Zeitreihe für *K*/*N* vor 1965 nicht zur Verfügung.)

Geben Sie die Daten in ihr bevorzugtes Tabellenkalkulationsprogramm ein.

a. Berechnen Sie die Wachstumsrate $Y/N = (g_Y - g_N)$ und $K/N = (g_K - g_N)$ für jedes Jahr und jedes Land.
b. Berechnen Sie für jedes Land die Wachstumsraten für *Y*/*N* und *K*/*N* für die Teilperioden 1965-1973 und 1974-1992.
c. Berechnen Sie unter Verwendung der obigen Gleichungen die Rate des technischen Fortschritts für beide Teilperioden und beide Länder.
d. Finden Sie Hinweise für eine Verlangsamung? Für welche Teilperioden?
e. Die USA hatten die technische Führung in beiden Teilperioden. Warum ist dann die Rate des technischen Fortschritts in beiden Perioden in Japan so viel größer als in den USA? Warum verringert sich der Unterschied in der zweiten Periode?
f. Erklärt der Unterschied in g_A den gesamten Unterschied in $(g_Y - g_N)$? Wenn nicht, was erklärt dann den Rest?

Anhang: Wie man ein Maß für technischen Fortschritt erstellt

1957 machte Robert Solow einen Vorschlag, wie man den technischen Fortschritt schätzen könnte. Diese Methode wird heute noch verwendet. Sie geht von der wichtigen Annahme aus, dass jeder Produktionsfaktor mit seinem Grenzprodukt entlohnt wird.

Unter dieser Annahme ist es einfach zu berechnen, wie stark sich die Zunahme eines Produktionsfaktors auf die Produktion auswirkt. Beträgt etwa der Lohn eines Beschäftigten 30.000 € pro Jahr, dann ist sein Beitrag zur Produktion gleich 30.000 €. Wenn dieser Beschäftigte die Zahl seiner Arbeitsstunden um 10% erhöht, steigt die Produktion somit um 30.000 € ×10% oder 3.000 €.

Schreiben wir dies formaler: *Y* bezeichne die Produktion, *N* die Arbeit und *W*/*P* den Reallohn. Wie wir gerade herausgefunden haben, entspricht der Anstieg der Produktion genau dem Produkt aus Reallohn und Veränderung der Arbeit.

$$\Delta Y = \frac{W}{P}\Delta N$$

Teilt man beide Seiten der Gleichung durch *Y*, multipliziert die rechte Seite mit *N*/*N* und stellt die Gleichung um, erhält man

$$\frac{\Delta Y}{Y} = \frac{WN}{PY}\frac{\Delta N}{N}$$

Beachten Sie, dass der erste Term auf der rechten Seite (*WN*/*PY*) dem Anteil der Arbeit an der Produktion entspricht – die gesamten Lohnkosten in Euro geteilt durch den Wert der Produktion in Euro. Man bezeichne diesen Anteil mit α. Beachten Sie, dass $\Delta Y/Y$ der Wachstumsrate der Produktion entspricht, die mit g_Y bezeichnet werde. Entsprechend ist $\Delta N/N$ die Veränderungsrate des Arbeitseinsatzes, und wird mit g_N bezeichnet. Dann lässt sich die vorangegangene Beziehung wie folgt schreiben:

$$g_Y = \alpha g_N$$

Allgemeiner impliziert dies, dass der Anteil des Produktionswachstums, der dem Wachstum des Arbeitseinsatzes zugeschrieben werden kann, dem Produkt aus α und g_N entspricht. Beträgt das Beschäftigungswachstum beispielsweise 2% und der Arbeitsanteil 0,7, dann liegt das durch das Beschäftigungswachstum bedingte Produktionswachstum bei 1,4% (0,7 mal 2%).

Ähnlich kann der Anteil des Produktionswachstums, der dem Wachstum des Kapitalbestands zugeschrieben werden kann, berechnet werden. Da es nur zwei Produktionsfaktoren, Arbeit und Kapital, gibt, und der Arbeitsanteil α beträgt, muss der Kapitalanteil am Einkommen $(1 - \alpha)$ betragen. Beträgt die Wachstumsrate des Kapitals g_K, dann entspricht der Anteil des Produktionswachstums aus Kapitalwachstum dem Produkt aus $(1 - \alpha)$ und g_K. Beträgt das Kapitalwachstum beispielsweise 5% und der Kapitalanteil 0,3, dann beträgt das durch das Wachstum des Kapitalbestands bedingte Produktionswachstum 1,5% (0,3 mal 5%).

Fasst man die Anteile der Arbeit und des Kapitals zusammen, dann beträgt das durch Arbeit und Kapital insgesamt bedingte Produktionswachstum $[\alpha g_N + (1\text{-}\alpha)g_K]$.

Die Effekte des technischen Fortschritts messen wir mit dem, was Solow als Residuum bezeichnete: Es ist genau die Differenz zwischen dem tatsächlichen Produktionswachstum und dem Anteil, der dem Wachstum von Arbeit und Kapital zugerechnet werden kann $[\alpha g_N + (1 - \alpha)g_K]$.

$$\textit{Residuum} \equiv g_Y - \left[\alpha g_N + (1-\alpha)\, g_K\right]$$

Dieses Maß ist als Solow-Residuum bekannt. Es ist leicht zu berechnen: Alles, was man dazu wissen muss, ist: Wie stark sind die Produktion (g_Y), wie stark die Arbeit (g_N) und wie stark das Kapital (g_K) gewachsen. Außerdem müssen die Produktionsanteile von Arbeit α und Kapital $(1 - \alpha)$ bekannt sein.

Fahren wir mit dem vorherigen numerischen Beispiel fort. Angenommen, die Beschäftigung wächst mit 4%, der Kapitalstock mit 5% und der Anteil der Arbeit beträgt 0,7 (der Anteil des Kapitals somit 0,3). Dann beträgt der Teil des Produktionswachstums, der dem Wachstum von Arbeit und Kapital zugerechnet werden kann 2,9% (0,7-mal 2% plus 0,3-mal 5%). Liegt das Produktionswachstum beispielsweise bei 4%, so ergibt sich daraus als Solow-Residuum 1,1% (4% minus 2,9%).

Das Solow-Residuum wird manchmal als Wachstumsrate der totalen Faktorproduktivität (oder Rate des TFP-Wachstums) bezeichnet. Der Begriff totale Faktorproduktivität wird zur Abgrenzung von der Wachstumsrate der Arbeitsproduktivität verwendet, die als $(g_Y - g_N)$ definiert ist.

Das Solow-Residuum steht in einer einfachen Beziehung zur Rate des technischen Fortschritts. Das Residuum ist gleich dem Anteil der Arbeit mal der Rate des technischen Fortschritts.

$$\textit{Residuum} = \alpha g_A$$

Wir werden dieses Ergebnis hier nicht herleiten. Die Intuition dieser Beziehung liegt in dem Umstand, dass es in der Produktionsfunktion $Y = F(K/AN)$ (Gleichung [12.1]) auf das Produkt aus dem Stand der Technik und der Arbeit (*AN*) ankommt. Um den Beitrag des Wachstums der Arbeit zum Produktionswachstum zu erhalten, muss die Wachstumsrate der Arbeit mit deren Anteil multipliziert werden. Da N und A auf die gleiche Weise in die Produktionsfunktion eingehen, ist es nicht überraschend, dass man den Beitrag des technischen Fortschritts zum Produktionswachstum erhält, wenn man diesen auch mit dem Arbeitsanteil multipliziert.

Ist das Solow-Residuum gleich Null, so gibt es auch keinen technischen Fortschritt. Um eine Schätzung für den technischen Fortschritt zu konstruieren, muss man das Solow-Residuum berechnen und durch den Anteil der Arbeit teilen. So wurden die im Text verwendeten Schätzer für g_A konstruiert.

Im vorangegangenen numerischen Beispiel betrug das Solow-Residuum 1,1%; der Arbeitsanteil lag bei 0,7. Somit betrug die Rate des technischen Fortschritts, $g_A = 1{,}6\%$ (1,1% geteilt durch 0,7).

Halten Sie die beiden im Text verwendeten Produktivitätsbegriffe auseinander:

- Wachstum der Arbeitsproduktivität (äquivalent: Die Wachstumsrate der Produktion je Beschäftigten): $g_Y - g_N$
- Rate des technischen Fortschritts: g_A

Im Steady-State entsprechen sich das Wachstum der Arbeitsproduktivität ($g_Y - g_N$) und die Rate des technischen Fortschritts g_A. Außerhalb des Steady-States müssen sie allerdings nicht gleich sein: Ein Anstieg des Verhältnisses von Kapital zu effektiver Arbeit, beispielsweise auf Grund eines Anstiegs der Sparquote, lässt ($g_Y - g_N$) für einige Zeit über g_A steigen.

Quelle: Robert Solow, „Technical Change and the Aggregate Production Function", Review of Economics and Statistics, 1957, S. 312-320.

Kapitel 13 Technischer Fortschritt, Löhne und Arbeitslosigkeit

In Kapitel 12 haben wir die Vorzüge des technischen Fortschritts gefeiert. Wir argumentierten, dass technischer Fortschritt langfristig der Schlüssel zu dauerhaftem Wachstum der Produktion pro Kopf und damit zu einer Verbesserung des Lebensstandards ist.

Die Alltagsdiskussionen über technischen Fortschritt sind häufig weniger eindeutig. Seit Beginn der industriellen Revolution befürchten Arbeitnehmer, dass technischer Fortschritt ihre Arbeitsplätze vernichten und sie damit arbeitslos machen könnte. Im England des frühen 19. Jahrhunderts zerstörten Gruppen von Industriearbeitern neue Maschinen, die sie als direkte Bedrohung ihrer Arbeitsplätze empfanden. Sie wurden als Maschinenstürmer bekannt. Ähnliche Bewegungen gab es auch in anderen Ländern. Das Wort „Saboteur" hat seinen Ursprung in einer bestimmten Weise, wie französische Arbeiter Maschinen zerstörten: Sie stellten einfach ihre sabots (schwere, hölzerne Schuhe) in die Maschinen.

Das Thema der technisch bedingten Arbeitslosigkeit tritt normalerweise immer in den Vordergrund, wenn die Arbeitslosigkeit hoch ist. Während der großen Depression behaupteten Anhänger einer Bewegung, die sich als „Technokratie-Bewegung" bezeichnete, die hohe Arbeitslosigkeit sei Folge der Einführung von Maschinen; alles würde nur noch schlimmer, wenn man weiterhin technischen Fortschritt zuließe. Heute ist in Europa – wo die Arbeitslosigkeit hoch ist – in vielen Ländern die Unterstützung für kürzere Arbeitszeiten von 35 oder sogar nur 30 Stunden pro Woche weit verbreitet. Das Argument lautet, wegen des technischen Fortschritts gäbe es nicht mehr genug Arbeit, um allen Beschäftigten Vollzeit-Arbeitsplätze zu sichern. Als Lösung wird vorgeschlagen, jeden Beschäftigten eine geringere Stundenzahl (zum gleichen Stundenlohn) arbeiten zu lassen, um mehr Arbeitnehmer beschäftigen zu können.

In seiner einfachsten Form ist das Argument, technischer Fortschritt müsse zu Arbeitslosigkeit führen, offensichtlich falsch. Die enormen Verbesserungen des Lebensstandards, die die OECD-Länder im Lauf des 20. Jahrhunderts erfahren haben, waren mit großen *Beschäftigungszuwächsen* verbunden; es gab keinen systematischen Anstieg der Arbeitslosenquote. In den Vereinigten Staaten ist die Produktion pro Kopf seit 1900 um das sechsfache angestiegen. Die Beschäftigung hat nicht abgenommen, sondern ganz im Gegenteil um das 5-fache zugenommen (das spiegelt den entsprechenden Anstieg der amerikanischen Bevölkerung wider). Wenn man über die Ländergrenzen hinwegblickt, gibt es auch keine Anzeichen für eine systematische positive Beziehung zwischen Arbeitslosenquote und Produktivitätsniveau. Japan und die USA gehören zu den Ländern mit der höchsten Produktivität; sie haben zugleich besonders niedrige Arbeitslosenquoten im Vergleich zu den anderen OECD-Ländern.

Bedeutet dies, dass die Befürchtungen haltlos sind, die sich in den gängigen Auffassungen widerspiegeln? Um die Diskussion zu strukturieren, müssen wir zwischen zwei verwandten, aber getrennten Dimensionen des technischen Fortschritts unterscheiden:

1. Technischer Fortschritt ermöglicht es, eine größere Menge von Gütern mit derselben Zahl von Beschäftigten zu produzieren.

   Dies kann auf zwei Arten formuliert werden. Optimistisch: Technischer Fortschritt ermöglicht einer Volkswirtschaft, immer *mehr* Güter mit derselben Zahl von Beschäftigten zu produzieren. Pessimistisch: Technischer Fortschritt bedeutet, dass eine Volkswirtschaft die gleiche Produktionsmenge mit immer *weniger* Beschäftigten herstellen kann. Diejenigen, die über technischen Fortschritt besorgt sind, denken darüber in der pessimistischen Variante.

   Die Belege der vorangegangenen Kapitel zeigen, dass langfristig die Anpassung an technischen Fortschritt über Produktionszuwächse, nicht über Beschäftigungssenkungen erfolgt. Aber wie lange dauert dieser Anpassungsprozess? Steigt die Produktion nach einem Produktivitätsanstieg schnell genug an, um eine anhaltende Arbeitslosigkeit zu vermeiden? Indem wir in Kapitel 12 angenommen haben, dass die Beschäftigung konstant blieb – oder mit einer konstanten Rate wuchs – haben wir diese Frage einfach per Annahme ignoriert. Wir nehmen sie in den ersten beiden Abschnitten dieses Kapitels wieder auf.

- Der Abschnitt 13.1 betrachtet die Reaktion von Produktion und Arbeitslosigkeit auf Produktivitätszuwächse in der kurzen Frist.
- Der Abschnitt 13.2 betrachtet die Reaktion von Produktion und Arbeitslosigkeit auf Produktivitätszuwächse in der mittleren Frist.

   Wie wir sehen werden, unterstützen weder Theorie noch Empirie die Befürchtung, schnellerer technischer Fortschritt führe zu einer höheren Arbeitslosigkeit. Wenn überhaupt etwas passiert, scheint die Wirkung in die andere Richtung zu gehen: Produktivitätsrückgänge, nicht Produktivitätsgewinne, scheinen mit temporär höherer Arbeitslosigkeit verbunden zu sein.

2. Technischer Fortschritt führt zur Produktion neuer Güter und zum Verschwinden von alten Gütern.

   Mit technischem Fortschritt geht ein komplexer Prozess der Arbeitsplatzschaffung und Arbeitsplatzvernichtung einher. Das war das zentrale Thema der Arbeit von Joseph Schumpeter, einem österreichischen Ökonomen, der in Harvard lehrte. Er betonte in den 30er Jahren des 20. Jahrhunderts, dass der Wachstumsprozess im Grunde ein Prozess der kreativen Zerstörung ist. Für diejenigen, die ihre Arbeit verlieren und neue finden müssen, oder für diejenigen, deren Fähigkeiten nicht länger nachgefragt werden, kann technischer Fortschritt ein Fluch und kein Segen sein. Als Konsumenten profitieren sie von der Verfügbarkeit neuer Güter. Als Arbeitnehmer müssen sie aber unter anhaltender Arbeitslosigkeit leiden und sich mit niedrigeren Löhnen zufrieden geben, wenn sie eine neue Arbeit annehmen. Bedenken, dass technischer Wandel ungünstige Auswirkungen auf bestimmte Beschäftigungsgruppen haben könnte, sind heutzutage besonders in den USA relevant. Die letzten 20 Jahre waren dort von einem Rückgang des relativen Lohns der Geringqualifizierten gekennzeichnet. Die meisten Anzeichen deuten darauf hin, dass der technische Fortschritt die Hauptursache dafür gewesen ist.

- Der Abschnitt 13.3 erläutert die Verteilungseffekte des technischen Fortschritts.

13.1 Produktivität und Arbeitslosigkeit in der kurzen Frist

In Kapitel 12 stellten wir technischen Fortschritt als einen Anstieg von A, des Stands der Technik, in der Produktionsfunktion dar:

$$Y = F(K, AN)$$

Technischer Fortschritt und nicht die Kapitalakkumulation sind entscheidend für die Frage, die wir in diesem Kapitel diskutieren werden. Deshalb lassen wir der Einfachheit halber Kapital hier außer Acht und nehmen an, dass die Produktion gemäß der folgenden Produktionsfunktion erstellt wird:

$$Y = AN \tag{13.1}$$

Produktion erfolgt also nur durch Arbeitseinsatz, N, wobei jeder Beschäftigte A Einheiten der produzierten Güter herstellt. Ein Anstieg von A bezeichnet technischen Fortschritt.

Die Variable A lässt sich hier auf zwei Arten interpretieren. Zum einen als Stand der Technik. Zum anderen als Arbeitsproduktivität (Produktion je Beschäftigten). Dies folgt aus der Tatsache, dass $Y/N = A$. Deshalb werden wir, wenn wir uns auf Zuwächse von A beziehen, abwechselnd von technischem Fortschritt oder von Produktivitätswachstum sprechen.

„Produktion je Beschäftigten“ (Y/N) und „Stand der Technik“ (A) sind im Allgemeinen nicht dasselbe. Erinnern Sie sich an Kapitel 12: Ein Anstieg der Produktion je Beschäftigten kann durch einen Anstieg der Kapitalintensität erzielt werden, selbst wenn der Stand der Technik unverändert bleibt. Sie sind hier dasselbe, weil wir die Rolle des Kapitals bei der Produktion ignorieren, indem wir die Produktionsfunktion als Gleichung (13.1) schreiben.

Wir schreiben Gleichung (13.1) um zu

$$N = \frac{Y}{A} \tag{13.2}$$

Die Beschäftigung ist gleich der Produktion geteilt durch die Produktivität. Bei gegebener Produktion bedeutet das: Je höher das Produktivitätsniveau, desto niedriger das Beschäftigungsniveau. Das führt natürlich zu der Frage: Wenn sich die Produktivität erhöht, steigt dann die Produktion genügend, um einen Beschäftigungsrückgang – oder äquivalent, einen Anstieg der Arbeitslosigkeit – zu vermeiden? In diesem Abschnitt betrachten wir die Reaktionen von Produktion, Beschäftigung und Arbeitslosigkeit in der kurzen Frist. Im nächsten Abschnitt folgen die Reaktionen in der mittleren Frist und im Besonderen die Beziehung zwischen der natürlichen Arbeitslosenquote und der Rate des technischen Fortschritts.

13.1.1 Technischer Fortschritt, aggregiertes Angebot und aggregierte Nachfrage

Für die Analyse der kurz- und mittelfristigen Reaktionen der Produktion auf Veränderungen der Produktivität eignet sich das Modell des aggregierten Angebots und der aggregierten Nachfrage, das wir in Kapitel 7 entwickelt haben. Erinnern Sie sich an seine grundlegende Struktur:

- Die Produktion ist durch den Schnittpunkt der aggregierten Angebotskurve mit der aggregierten Nachfragekurve bestimmt.

Aggregierte Angebotskurve: Gegeben sei P^e, $Y\uparrow \Rightarrow u\downarrow \Rightarrow W\uparrow \Rightarrow P\uparrow$

- Die *aggregierte Angebotsfunktion* erfasst die Auswirkungen der Produktion auf das Preisniveau. Die aggregierte Angebotskurve verläuft steigend: Ein Anstieg des Produktionsniveaus führt zu einem Anstieg des Preisniveaus. Im Hintergrund läuft dabei folgender Mechanismus ab: Mit steigender Produktion nimmt die Arbeitslosigkeit ab. Der Rückgang der Arbeitslosigkeit wiederum lässt die Nominallöhne steigen. Dies zieht einen Anstieg der Preise und damit des Preisniveaus nach sich.

Aggregierte Nachfragekurve: $P\uparrow \Rightarrow \left(\frac{M}{P}\right)\downarrow \Rightarrow i\uparrow \Rightarrow Y\downarrow$

- Die *aggregierte Nachfragefunktion* erfasst die Auswirkungen des Preisniveaus auf die Produktion. Die aggregierte Nachfragekurve verläuft fallend: Ein Anstieg des Preisniveaus führt zu einem Rückgang der Nachfrage nach produzierten Gütern. Im Hintergrund läuft dabei folgender Mechanismus ab: Ein Anstieg des Preisniveaus reduziert die reale Geldmenge. Der Rückgang der realen Geldmenge wiederum lässt den Zinssatz steigen. Der Anstieg des Zinssatzes führt zu einem Rückgang der Güternachfrage und damit zu einem Produktionsrückgang.

Abbildung 13.1 enthält sowohl die aggregierte Angebotskurve (*AS*) als auch die aggregierte Nachfragekurve (*AD*). Der Schnittpunkt der beiden Kurven legt das Produktionsniveau *Y* fest, das mit Gleichgewichten auf dem Arbeits-, Güter- und Finanzmarkt vereinbar ist. Gegeben das gleichgewichtige Produktionsniveau *Y*, wird das Beschäftigungsniveau durch die Formel $N = Y/A$ bestimmt. Für ein gegebenes Produktionsniveau gilt also: Je höher das Produktivitätsniveau, desto geringer die Zahl der Beschäftigten, die für die Produktion notwendig sind.

A und A' beziehen sich hier auf Produktivitätsniveaus, nicht auf Punkte in der Grafik. (Um eine Verwechslung zu vermeiden, sind die Punkte in der Grafik mit B und B' bezeichnet.)

Nehmen Sie an, die Produktivität nimmt von *A* auf *A'* zu. Wie verändern sich Produktion, Beschäftigung und Arbeitslosigkeit in der kurzen Frist? Die Antwort hängt davon ab, wie der Produktivitätszuwachs die *AS*-Kurve und die *AD*-Kurve verschiebt.

Fangen wir mit der *AS*-Kurve an. Durch einen Produktivitätszuwachs muss weniger Arbeit für die Erstellung einer Produktionseinheit eingesetzt werden, wodurch die Kosten für die Unternehmen sinken. Deshalb senken die Unternehmen ihre Preise für jedes gegebene Produktionsniveau. Die *AS*-Kurve verschiebt sich nach unten, von *AS* auf *AS'* in Abbildung 13.2.

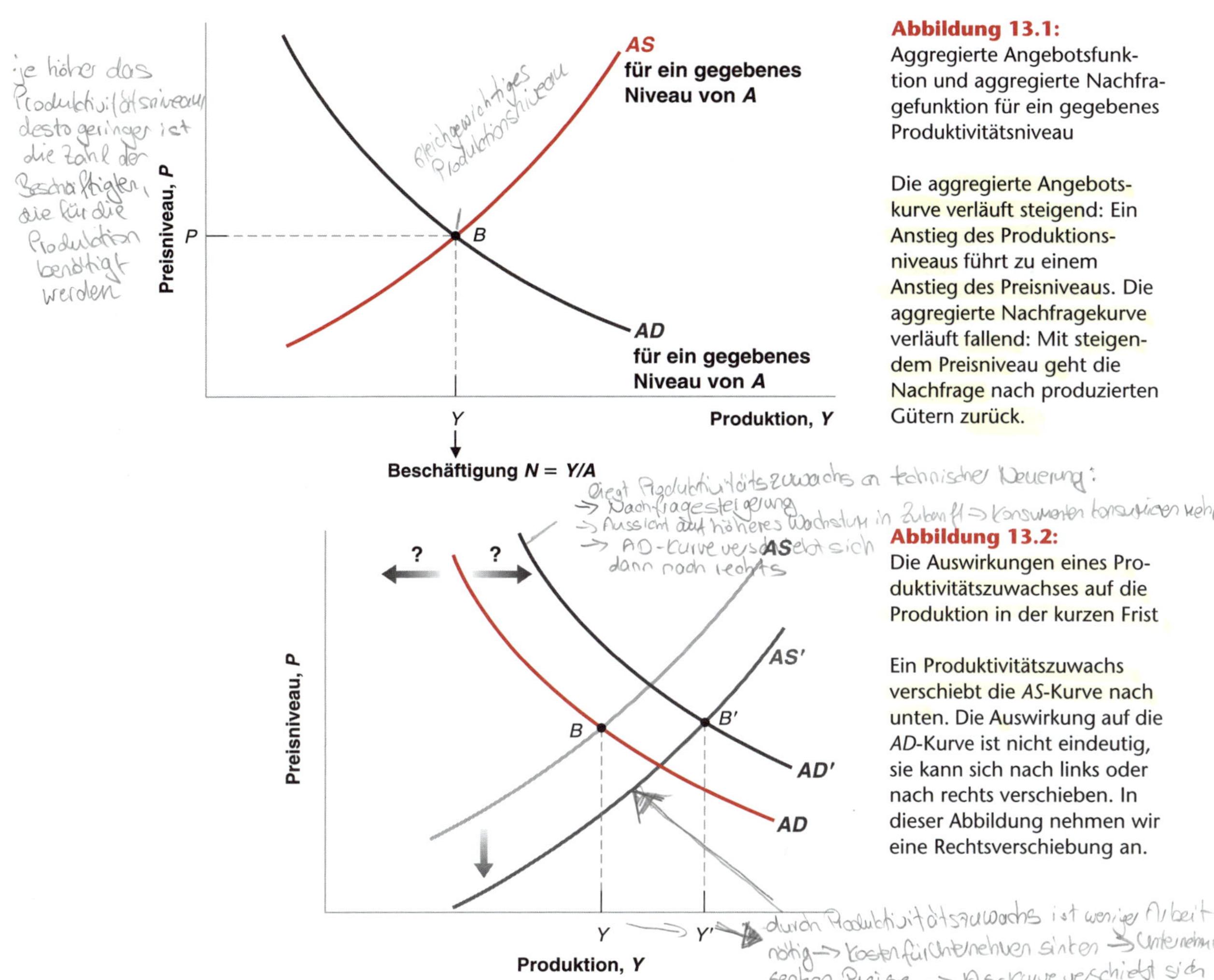

Abbildung 13.1: Aggregierte Angebotsfunktion und aggregierte Nachfragefunktion für ein gegebenes Produktivitätsniveau

Die aggregierte Angebotskurve verläuft steigend: Ein Anstieg des Produktionsniveaus führt zu einem Anstieg des Preisniveaus. Die aggregierte Nachfragekurve verläuft fallend: Mit steigendem Preisniveau geht die Nachfrage nach produzierten Gütern zurück.

Abbildung 13.2: Die Auswirkungen eines Produktivitätszuwachses auf die Produktion in der kurzen Frist

Ein Produktivitätszuwachs verschiebt die *AS*-Kurve nach unten. Die Auswirkung auf die *AD*-Kurve ist nicht eindeutig, sie kann sich nach links oder nach rechts verschieben. In dieser Abbildung nehmen wir eine Rechtsverschiebung an.

Betrachten wir nun die *AD*-Kurve. Führt ein Produktivitätszuwachs zu einem Anstieg oder einem Rückgang der Güternachfrage für ein gegebenes Preisniveau? Hierauf gibt es keine allgemeine Antwort, weil Produktivitätszuwächse nicht aus dem Nichts kommen. Was mit der *AD*-Kurve geschieht, hängt von der Ursache des Produktivitätszuwachses ab:

- Beginnen wir mit dem Fall, dass die Produktivitätszuwächse durch die weit verbreitete Umsetzung einer bedeutenden technischen Neuerung realisiert werden. Es ist einfach zu verstehen, wie diese Veränderung zu einer Nachfragesteigerung für ein gegebenes Preisniveau führen kann. Die Aussicht auf höheres Wachstum in der Zukunft veranlasst die Konsumenten, optimistischer in die Zukunft zu blicken. Sie erhöhen deshalb ihren Konsum, gegeben ihr gegenwärtiges Einkommen. Die Aussicht auf höhere Gewinne in der Zukunft zusammen mit der Notwendigkeit, die neue Technologie einzusetzen, kann auch zu einem Investitionsschub führen. In diesem Fall steigt die Güternachfrage für ein gegebenes Preisniveau, die *AD*-Kurve verschiebt sich nach rechts.

- Betrachten wir nun den Fall, dass die Produktivitätszuwächse nicht durch die Einführung neuer Technologien, sondern durch einen effizienteren Einsatz bereits bestehender Technologien erzielt werden. Eine der Folgen des gestiegenen internationalen Handelsvolumens ist eine Zunahme der ausländischen Konkurrenz. Dieser Wettbewerb hat viele Unternehmen zu Kosteneinsparungen durch Umorganisation der Produktion und durch Arbeitsplatzeinsparungen gezwungen (dies wird häufig als „Downsizing" oder *Gesundschrumpfen* bezeichnet). Wenn solche Umorganisationen die Ursache von Produktivitätswachstum sind, besteht kein Grund für die Vermutung, dass die aggregierte Nachfrage zunehmen könnte: Die Umorganisation der Produktion kann wenig oder keine neuen Investitionen erfordern. Die Zunahme der Unsicherheit und Ängste bezüglich der Arbeitsplatzsicherheit dürften die Beschäftigten veranlassen, mehr zu sparen und deshalb ihre Konsumausgaben gegeben ihr gegenwärtiges Einkommen zurückzufahren. In diesem Fall dürfte sich die *AD*-Kurve eher nach links als nach rechts verschieben.

Sollte Sie dies an die Ereignisse in den 90ern erinnern, liegen Sie richtig. Lesen Sie dazu die Fokusbox „Technischer Fortschritt, Arbeitslosigkeit und der Aufschwung in den USA Ende der 90er Jahre" am Ende des nächsten Abschnitts.

Lassen Sie uns den günstigsten Fall annehmen (der günstigste aus Sicht von Produktion und Beschäftigung), nämlich den Fall, bei dem sich die *AD*-Kurve durch den Produktivitätszuwachs nach rechts von *AD* auf *AD'* verschiebt. Gleichzeitig verschiebt sich die *AS*-Kurve von *AS* auf *AS'* nach unten. Beide Verschiebungen sind in Abbildung 13.2 enthalten. Sie tragen zu einem Anstieg der gleichgewichtigen Produktion von *Y* auf *Y'* bei. In diesem Fall führt der Produktivitätszuwachs eindeutig zu einem Produktionsanstieg. In Worten ausgedrückt verbinden sich niedrigere Kosten und hohe Nachfrage, um einen Wirtschaftsboom auszulösen.

Ohne weitere Informationen können wir hingegen nichts darüber sagen, was mit der Arbeitslosigkeit geschieht. Gleichung (13.2) beinhaltet ja folgende Beziehung:

Prozentuale Veränderung der Beschäftigung = Prozentuale Veränderung der Produktion – Prozentuale Veränderung der Produktivität

Beginnen wir mit der Produktionsfunktion: $Y = AN$. Aus Proposition 7 in Anhang 2 am Ende des Buches folgt, dass diese Funktion für die Wachstumsraten $g_Y = g_A + g_N$ impliziert. Äquivalent dazu ist: $g_N = g_Y - g_A$.

Folglich hängt die Auswirkung auf die Beschäftigung davon ab, ob die Produktion proportional, stärker oder schwächer als die Produktivität steigt. Nimmt die Produktivität um 2% zu, ist ein Produktionsanstieg um mindestens 2% nötig, um einen Beschäftigungsrückgang – das heißt, einen Anstieg der Arbeitslosigkeit – zu vermeiden. Ohne viel weitergehende Informationen über Steigungen und Ausmaß der Verschiebungen der *AS*- und der *AD*-Kurve können wir nicht feststellen, ob diese Bedingung in Abbildung 13.2 erfüllt ist. In der kurzen Frist können Produktivitätszuwächse zu einem Arbeitslosigkeitsanstieg führen, sie müssen es aber nicht. Die Theorie allein kann diese Frage nicht beantworten.

Bei dieser Diskussion haben wir eine konstante Wirtschaftspolitik unterstellt. Aber durch Verschiebungen der *AD*-Kurve können natürlich Fiskal- und Geldpolitik das Ergebnis beeinflussen. Nehmen Sie an, Sie wären für die Geldpolitik dieser Volkswirtschaft verantwortlich: Welches Produktionsniveau würden Sie zu erreichen versuchen?

13.1.2 Empirische Ergebnisse

Kann uns die Empirie helfen, zu einem Ergebnis zu kommen? Auf den ersten Blick scheint es so zu sein. Betrachten Sie Abbildung 13.3, in der das Produktionswachstum und das Produktivitätswachstum im Unternehmenssektor der Vereinigten Staaten von 1960 bis 2000 dargestellt sind.

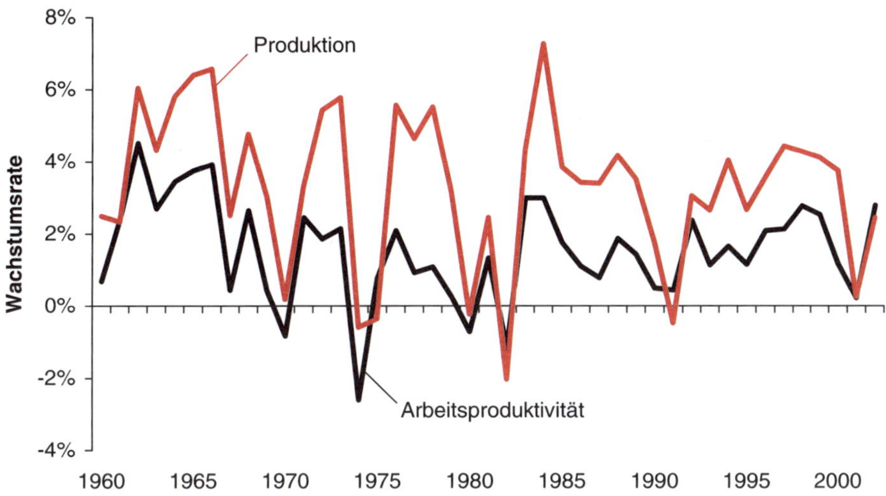

Quelle: US Department of Labor; Bureau of Labor Statistics.

Abbildung 13.3: Wachstum von Arbeitsproduktivität- und Produktion in den USA

Es besteht eine enge positive Beziehung zwischen Produktions- und Produktivitätswachstum. Aber die Kausalität verläuft vom Produktions- zum Produktivitätswachstum, nicht umgekehrt.

Die Abbildung zeigt eine enge positive Beziehung zwischen den jährlichen Veränderungen von Produktionswachstum und Produktivitätswachstum. Die Produktionszuwächse liegen zudem in der Regel über den Produktivitätssteigerungen. Dies würde bedeuten, dass die Produktion stärker zunimmt, als es durch das Produktivitätswachstum notwendig wäre, um negative Effekte auf die Beschäftigung zu vermeiden. Aber diese Schlussfolgerung wäre falsch. Der Grund dafür ist, dass *in der kurzen Frist* die kausale Beziehung hauptsächlich in der anderen Richtung verläuft, nämlich vom Produktions- zum Produktivitätswachstum.

Die Ursache hierfür haben wir gesehen, als wir das Gesetz von Okun in Kapitel 9 diskutiert haben: In schlechten Zeiten horten die Unternehmen Arbeitskräfte – sie behalten mehr Beschäftigte als für die gegenwärtige Produktion notwendig sind. Steigt die Güternachfrage aus irgendeinem Grund, reagieren die Unternehmen, indem sie zum Teil die Beschäftigung ausdehnen, zum Teil die bereits angestellten Beschäftigten härter arbeiten lassen. Daran liegt es, dass Produktionszuwächse zu Produktivitätszuwächsen führen. Genau das sehen wir in Abbildung 13.3: Ein hohes Wachstum der Produktion zieht ein höheres Wachstum der Produktivität nach sich. Das ist aber nicht die Beziehung, nach der wir suchen. Wir wollen stattdessen wissen, was mit Produktion und Arbeitslosigkeit passiert, wenn es zu einer *exogenen* Veränderung der Produktivität kommt – einer Veränderung der Produktivität, die auf einer technischen Veränderung beruht, nicht auf der Reaktion der Unternehmen auf Veränderungen der

Nachfrage. Abbildung 13.3 hilft uns hier nicht wirklich weiter. Und das Ergebnis der Forschungsarbeiten, die sich mit den Auswirkungen von exogenen Veränderungen des Produktivitätswachstums auf die Produktion beschäftigt haben, lautet, dass die Daten eine genauso wenig eindeutige Antwort geben wie die Theorie:

- Manchmal führen Produktivitätszuwächse zu Steigerungen der Produktion, die ausreichen, die Beschäftigung in der kurzen Frist beizubehalten oder sogar zu steigern.
- Manchmal führen sie aber nicht dazu. Die Arbeitslosigkeit steigt dann in der kurzen Frist.

13.2 Produktivität und natürliche Arbeitslosenquote

Bisher haben wir die *kurzfristigen* Auswirkungen einer Veränderung der Produktivität auf Produktion, Beschäftigung und Arbeitslosigkeit betrachtet. Wir wissen, dass die Volkswirtschaft in der mittleren Frist zu ihrem natürlichen Produktionsniveau zurückkehrt – zu dem Produktionsniveau, das mit der natürlichen Arbeitslosenquote vereinbar ist. Jetzt müssen wir uns fragen, ob die natürliche Arbeitslosenquote selbst von Veränderungen der Produktivität betroffen ist?

Erinnern wir uns an Kapitel 6: Die natürliche Arbeitslosenquote ist durch zwei Beziehungen bestimmt – Die Preissetzungs- und die Lohnsetzungsgleichung. Als ersten Schritt müssen wir also darüber nachdenken, wie Veränderungen der Produktivität jede dieser beiden Beziehungen beeinflussen.

13.2.1 Noch einmal: Preissetzung und Lohnsetzung

Betrachten wir zuerst die Preissetzung:

- Nach Gleichung (13.1) produziert jeder Beschäftigte A Produktionseinheiten; eine äquivalente Aussage ist, dass die Produktion von 1 Einheit $1/A$ Beschäftigte erfordert.
- Falls der Nominallohn gleich W ist, sind die nominalen Kosten der Produktion von 1 Einheit folglich gleich $(1/A)W = W/A$.
- Falls die Unternehmen ihre Preise gleich $1+\mu$ mal ihren Kosten setzen (wobei μ der Gewinnaufschlag ist), ist das Preisniveau bestimmt durch:

$$\text{Preissetzung:} \quad P = (1+\mu)\frac{W}{A} \tag{13.3}$$

Der einzige Unterschied zwischen dieser Gleichung und Gleichung (6.3) ist der Produktivitätsterm A (den wir in Kapitel 6 implizit gleich 1 gesetzt hatten). Ein Anstieg der Produktivität senkt die Kosten. Dies senkt das Preisniveau bei gegebenem Nominallohn.

Wenden wir uns der Lohnsetzung zu. Beobachtungen deuten darauf hin, dass die Löhne ceteris paribus so festgesetzt werden, dass sie Produktivitätsgewinne im Lauf der Zeit widerspiegeln. Ist die Produktivität für einige Zeit im Durchschnitt mit 3% pro Jahr gewachsen, dann schließen die Lohnkontrakte Lohnzuwächse von 3% pro Jahr ein. Das legt folgende Erweiterung unserer früheren Lohnsetzungsgleichung nahe:

$$\text{Lohnsetzung:} \quad W = A^e P^e F(u,z) \tag{13.4}$$

Betrachten Sie die drei Terme auf der rechten Seite der Gleichung (13.4):

- Zwei von ihnen, nämlich P^e und $F(u,z)$, sind uns aus Gleichung (6.1) bekannt. Die Löhne hängen (negativ) von der Arbeitslosenquote u sowie von institutionellen Faktoren, die in der Variablen z erfasst werden, ab. Außerdem sind für Arbeitnehmer Reallöhne und nicht Nominallöhne wichtig, so dass die Löhne vom erwarteten Preisniveau P^e abhängen.
- Der neue Term ist A^e: Die Löhne hängen jetzt also auch vom erwarteten Produktivitätsniveau A^e ab. Falls sowohl die Beschäftigten als auch die Unternehmen Produktivitätszuwächse erwarten, werden sie diese Erwartungen bei ihren Lohnverhandlungen berücksichtigen.

Stellen Sie sich diese Lohnverhandlungen folgendermaßen vor: Beschäftigte und Unternehmen setzen den Lohn so fest, dass sie die (erwartete) Produktion entsprechend ihrer relativen Verhandlungsmacht unter sich aufteilen. Falls beide Seiten einen Produktivitätszuwachs und somit eine Produktionserhöhung erwarten, wird sich dies in der Lohnvereinbarung widerspiegeln. Der Einfluss der Produktivität auf die Lohnvereinbarungen ist eine der Fragen, der Edmund Phelbs in seinem Buch „Structural Slumps" (Cambridge, MA: Harvard University Press, 1994) nachgeht, das bereits im sechsten Kapitel erwähnt wurde.

13.2.2 Die natürliche Arbeitslosenquote

Wir können nun die natürliche Arbeitslosenquote beschreiben. Sie wird durch die Preissetzungs- und die Lohnsetzungsfunktion bestimmt, unter der zusätzlichen Bedingung, dass sich die Erwartungen als richtig erweisen müssen. In konkreten Fall erfordert dies, dass sich die Erwartungen *sowohl* des Preisniveaus *als auch* der Produktivität als korrekt erweisen müssen, also $P^e = P$ und $A^e = A$.

Die Preissetzungsfunktion bestimmt den von den Unternehmen bezahlten Reallohn. Durch Umformen der Gleichung (13.3) erhalten wir

$$\frac{W}{P} = \frac{A}{1+\mu}. \tag{13.5}$$

Der von den Unternehmen bezahlte Reallohn W/P steigt 1:1 mit der Produktivität A: Je höher das Produktivitätsniveau, desto niedriger der von den Unternehmen festgesetzte Preis bei gegebenem Nominallohn und desto höher somit der von den Unternehmen bezahlte Reallohn.

Diese Gleichung wird in Abbildung 13.4 dargestellt. Der Reallohn ist auf der vertikalen, die Arbeitslosenquote auf der horizontalen Achse abgetragen. Die horizontale Linie bei $W/P = A/(1+\mu)$ entspricht Gleichung (13.5): Der durch die Preissetzungsgleichung implizierte Reallohn hängt nicht von der Arbeitslosenquote ab.

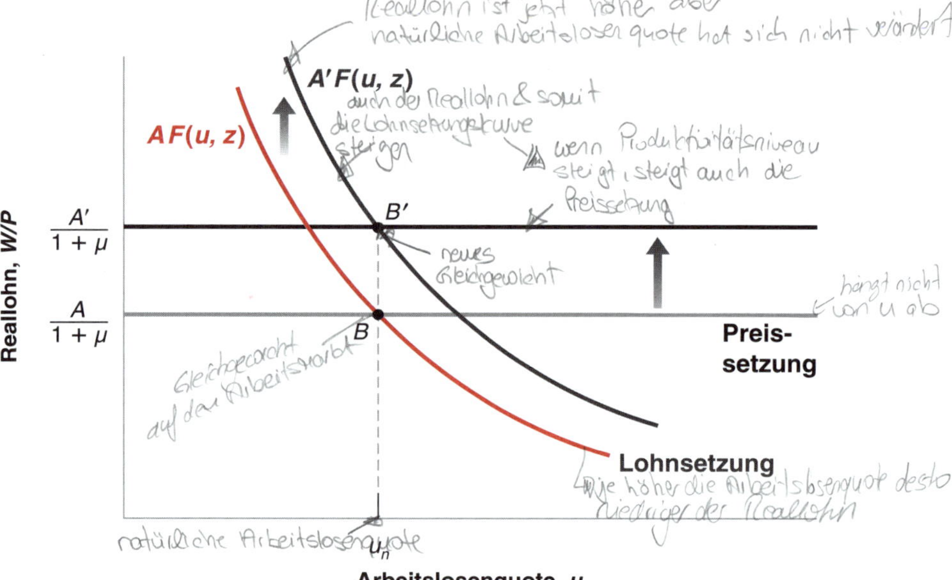

Abbildung 13.4: Die Auswirkungen eines Produktivitätszuwachses auf die natürliche Arbeitslosenquote

Ein Produktivitätsgewinn verschiebt sowohl die Lohnsetzungskurve als auch die Preissetzungskurve im selben proportionalen Ausmaß nach oben. Er hat somit keinen Effekt auf die natürliche Arbeitslosenquote.

Wenden wir uns nun der Lohnsetzungsgleichung zu: Unter der Bedingung, dass sich die Erwartungen als richtig erweisen, dass also sowohl $P^e = P$ als auch $A^e = A$, verändert sich die Lohnsetzungsgleichung (13.4) zu

$$\frac{W}{P} = AF(u,z). \tag{13.6}$$

Der durch die Lohnsetzungsverhandlungen implizierte Reallohn hängt sowohl vom Produktivitätsniveau als auch von der Arbeitslosenquote ab: Je höher das Produktivitätsniveau, desto höher der Reallohn. Je höher die Arbeitslosenquote, desto niedriger der Reallohn. Für ein gegebenes Produktivitätsniveau wird Gleichung (13.6) durch die fallende Kurve in Abbildung 13.4 dargestellt: Der durch die Lohnsetzungsgleichung implizierte Reallohn ist eine abnehmende Funktion der Arbeitslosenquote.

Dass wir *B* anstatt *A* zur Bezeichnung des Gleichgewichts verwenden, liegt daran, dass der Buchstabe *A* bereits das Produktivitätsniveau bezeichnet.

Das Gleichgewicht auf dem Arbeitsmarkt ist durch Punkt *B* gegeben, die natürliche Arbeitslosenquote liegt bei u_n. Eine nahe liegende Frage ist, was mit der natürlichen Arbeitslosenquote bei einem Produktivitätsanstieg passiert. Nehmen Sie an, *A* steigt um 5%, so dass das neue Produktivitätsniveau *A'* bei 1,05-mal *A* liegt.

- Aus Gleichung (13.5) sehen wir, dass der durch die Preissetzung implizierte Reallohn nun um 5% höher liegt: Die Preissetzungskurve verschiebt sich nach oben.
- Aus Gleichung (13.6) sehen wir, dass der durch die Lohnsetzung implizierte Reallohn ebenfalls um 5% angestiegen ist: Die Lohnsetzungskurve verschiebt sich nach oben.
- Beachten Sie, dass sich beide Kurven von der anfänglichen Arbeitslosenquote u_n im gleichen Umfang, nämlich um 5%, nach oben verschieben. Deshalb liegt das neue Gleichgewicht bei *B'* und damit direkt über *B*: Der Reallohn liegt um 5% höher, die natürliche Arbeitslosenquote hat sich aber nicht verändert.

Hinter diesem Ergebnis steckt eine einfache Intuition. Ein 5%-Produktivitätsanstieg lässt die Unternehmen ihre Preise um 5% senken. Das führt zu einem Reallohnanstieg um 5%. Dieser Anstieg entspricht genau dem Anstieg des Reallohns, der in den Lohnverhandlungen bei der anfänglichen Arbeitslosenquote vereinbart wurde. Die Reallöhne steigen um 5%; die natürliche Arbeitslosenquote verändert sich nicht.

Wir haben bisher einen einmaligen Produktivitätsanstieg untersucht, aber unsere Argumentation gilt ebenso für stetiges Produktivitätswachstum. Nehmen Sie an, die Produktivität steigt ständig, so dass A jedes Jahr um 5% zunimmt. Dann werden auch die Reallöhne jedes Jahr um 5% ansteigen und die natürliche Arbeitslosenquote wird sich nicht verändern.

13.2.3 Empirische Ergebnisse

Wir haben zwei starke Ergebnisse hergeleitet: *Die natürliche Arbeitslosenquote sollte weder vom Produktivitätsniveau noch von der Produktivitätswachstumsrate abhängen.* Wie gut entsprechen diese beiden Ergebnisse den Tatsachen?

Ein offensichtliches Problem ist, dass wir die natürliche Arbeitslosenquote nicht beobachten. Aber wir können dieses Problem umgehen, indem wir die Beziehung zwischen durchschnittlichem Produktivitätswachstum und durchschnittlicher Arbeitslosenquote für verschiedene Jahrzehnte betrachten. Da sich die tatsächliche Arbeitslosenquote um die natürliche Quote herum bewegt, sollte uns die durchschnittliche Arbeitslosenquote über ein Jahrzehnt einen guten Schätzwert für die natürliche Arbeitslosenquote dieses Jahrzehnts liefern. Die Betrachtung des durchschnittlichen Produktivitätswachstums über ein Jahrzehnt berücksichtigt auch ein anderes Problem, auf das wir bereits eingegangen sind: Während Veränderungen beim Horten von Arbeit große Effekte auf jährliche Veränderungen der Arbeitsproduktivität haben können, sollten diese Veränderungen des Hortens von Arbeit keinen großen Unterschied machen, wenn wir das durchschnittliche Produktivitätswachstum über ein Jahrzehnt betrachten.

Abbildung 13.5 zeigt für jedes Jahrzehnt seit 1890, wie hoch im Durchschnitt in den jeweiligen Jahrzehnten das Wachstum der Arbeitsproduktivität und die Arbeitslosenquote in den USA waren. Auf den ersten Blick scheint kaum eine Beziehung zwischen den beiden zu bestehen. Das Jahrzehnt der Weltwirtschaftskrise (1930-1939) war aber so außergewöhnlich, dass man es ignorieren sollte. Dann zeichnet sich doch eine – wenn auch nicht besonders starke – Beziehung zwischen Produktivitätswachstum und Arbeitslosenquote ab. Es handelt sich allerdings um eine Beziehung, die der Voraussage technisch bedingter Arbeitslosigkeit widerspricht:

Zeiten *hohen Produktivitätswachstums* wie zwischen den 40er und 60er Jahren waren mit einer *niedrigeren Arbeitslosenquote* verbunden. Zeiten *niedrigeren Produktivitätswachstums*, wie sie die Vereinigten Staaten in den 70er und 80er Jahren erfahren haben, waren mit einer *höheren Arbeitslosenquote* verbunden.

Vieles deutet darauf hin, dass die Abflachung des Produktivitätswachstums in Europa zum Anstieg der Arbeitslosigkeit in Europa seit den 70er Jahren beigetragen hat. Wir werden auf diese These ausführlich im Abschnitt 4 „Arbeitslosigkeit in Europa" von Kapitel 22 zurückkommen.

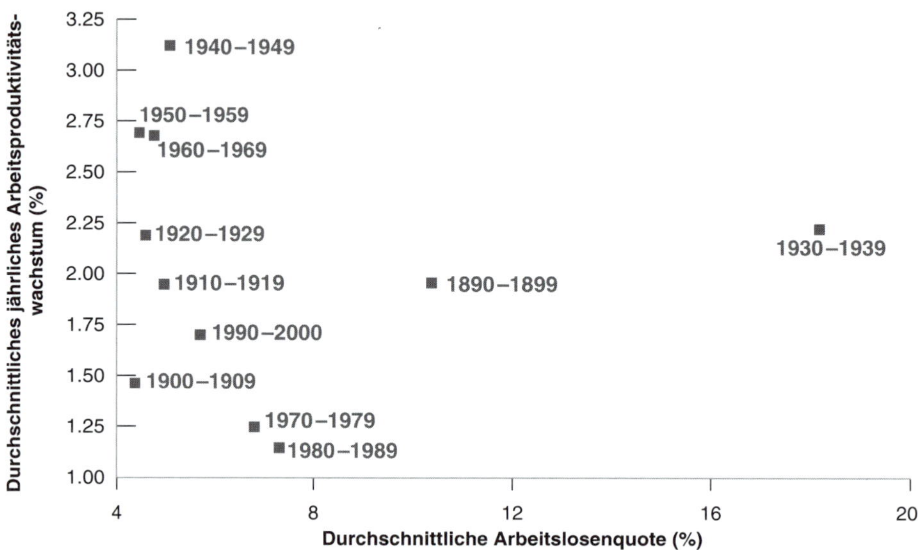

Abbildung 13.5: Produktivitätswachstum und Arbeitslosigkeit – Durchschnitte für Jahrzehnte von 1890-2000

Es besteht kaum ein Zusammenhang zwischen den Zehn-Jahres-Durchschnitten von Produktivitätswachstum und Arbeitslosenquote. Wenn überhaupt ein solcher Zusammenhang besteht, führt höheres Produktivitätswachstum zu einer Verringerung der Arbeitslosigkeit.
Quelle: U.S. Bureau of the Census, Historical Statistics of the United States.

Lässt sich die Theorie, die wir entwickelt haben, so erweitern, dass sie diese inverse Beziehung zwischen Produktivitätswachstum und Arbeitslosigkeit erklären kann? Die Antwort lautet ja. Um zu verstehen, warum das möglich ist, müssen wir die Erwartungsbildung bei der Lohnsetzung bezüglich der Produktivität genauer betrachten.

Bis jetzt haben wir die Arbeitslosenquote betrachtet, die sich ergibt, wenn sich die Erwartungen *sowohl* bezüglich des Preisniveaus *als auch* bezüglich der Produktivität als korrekt erweisen. Eine der Lehren aus den 70ern und 80ern ist jedoch, dass es sehr lange Zeit dauert, bis sich Produktivitätserwartungen an die Realität niedrigeren Produktivitätswachstums anpassen. Wenn sich das Produktivitätswachstum aus irgendeinem Grund verlangsamt, dauert es für die Gesellschaft als Ganzes und für die Arbeitnehmer im Besonderen lange Zeit, bis sie ihre Erwartungen anpassen. Unterdessen verlangen die Beschäftigten Lohnsteigerungen, die nicht mehr im Einklang mit der neuen, niedrigeren Produktivitätswachstumsrate stehen.

Um zu sehen, was aus dieser Beschreibung folgt, müssen wir uns überlegen, was mit der Arbeitslosenquote passiert, wenn sich die Erwartungen bezüglich des Preisniveaus als richtig erweisen (das heißt $P^e = P$), nicht aber die Erwartungen bezüglich der Produktivität A^e (A^e unterscheidet sich von A). In diesem Fall lauten die durch die Preissetzung und die Lohnsetzung implizierten Funktionen:

$$\text{Preissetzung: } \frac{W}{P} = \frac{A}{1+\mu}$$

$$\text{Lohnsetzung: } \frac{W}{P} = A^e\, F\,(u,z)$$

Angenommen, das Produktivitätswachstum nimmt ab: A wächst langsamer als zuvor. Falls sich die Erwartungen bezüglich des Produktivitätswachstums langsam anpassen, wird A^e für einige Zeit stärker wachsen als A. Was dann mit der Arbeitslosigkeit passiert, wird in Abbildung 13.6 dargestellt. Falls A^e um mehr als A ansteigt, verschiebt sich die Lohnsetzungskurve weiter nach oben als die Preissetzungskurve. Das Gleichgewicht wandert von B nach B'. Die natürliche Arbeitslosenquote steigt von u_n auf u_n'. Die natürliche Arbeitslosenquote bleibt so lange über dem alten Niveau, bis sich die Erwartungen bezüglich der Produktivität der neuen Realität angepasst haben, also bis sich A^e und A wieder entsprechen.

Die Preissetzungskurve verschiebt sich um den Faktor A nach oben. Die Lohnsetzungskurve verschiebt sich um den Faktor A^e nach oben. Falls A^e>A, verschiebt sich die Lohnsetzungskurve stärker als die Preissetzungskurve.

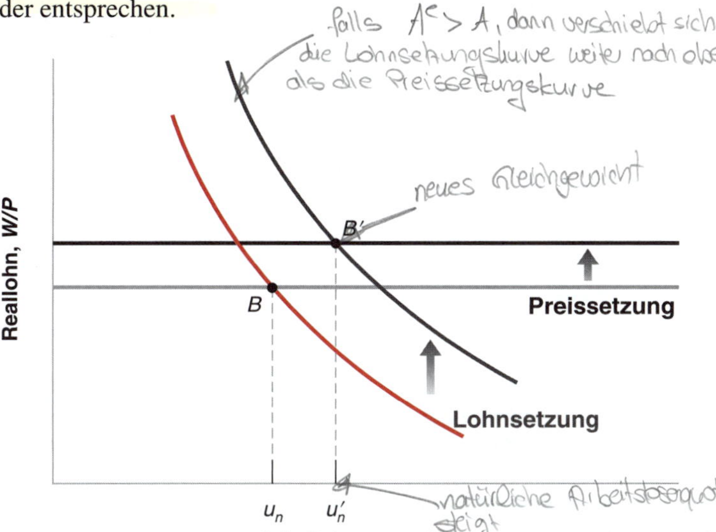

Abbildung 13.6: Die Auswirkungen einer Abnahme des Produktivitätswachstums auf die Arbeitslosenquote, wenn sich die Erwartungen über das Produktivitätswachstum langsam anpassen

Falls es dauert, bis die Beschäftigten ihre Erwartungen bezüglich des Produktivitätswachstums anpassen, erhöht eine Verlangsamung des Produktivitätswachstums die natürliche Arbeitslosenquote für einige Zeit.

Fassen wir zusammen, was wir bisher gesehen haben: Es gibt weder theoretisch noch empirisch überzeugende Argumente für die These, schnelleres Produktivitätswachstum führe zu höherer Arbeitslosigkeit:

- In der kurzen Frist besteht kein Grund, eine systematische Beziehung zwischen Veränderungen des Produktivitätswachstums und Veränderungen der Arbeitslosigkeit zu erwarten. Empirisch lässt sich eine solche Beziehung auch nicht beobachten.
- In der mittleren Frist scheint, wenn überhaupt, eine inverse Beziehung zwischen Produktivitätswachstum und Arbeitslosigkeit zu bestehen. Niedrigeres Produktivitätswachstum führt zu höherer Arbeitslosigkeit, höheres Produktivitätswachstum dagegen zu einem Rückgang der Arbeitslosigkeit. Tatsächlich sehen viele Ökonomen eine Verbindung zwischen der Abnahme der natürlichen Arbeitslosenquote und dem Anstieg des technischen Fortschritts in der zweiten Hälfte der 90er in den Vereinigten Staaten.

Angesichts dieser Ergebnisse, woher kommt dann die Furcht vor technisch bedingter Arbeitslosigkeit? Sie ist wahrscheinlich in einer Dimension des technischen Fortschritts begründet, die wir bisher vernachlässigt haben: Den Strukturwandel, also die Veränderung der Struktur einer Volkswirtschaft, die durch technischen Fortschritt ausgelöst wird. Für einige Beschäftigte, deren Fähigkeiten nicht mehr nachgefragt werden, kann Strukturwandel in der Tat gleichbedeutend mit Arbeitslosigkeit, niedrigeren Löhnen oder beidem sein.

Wir betrachten diese Frage genauer in der folgenden Fokusbox.

Fokus: Technischer Fortschritt, Arbeitslosigkeit und der Aufschwung in den USA Ende der 90er Jahre

Warum erging es der amerikanischen Volkswirtschaft in der zweiten Hälfte der 90er Jahre so gut? (Tabelle 1 wiederholt die wesentlichen Daten für Wachstum, Arbeitslosigkeit, Inflation und Arbeitsproduktivität.) Diese Frage stellten wir schon in Kapitel 1. In späteren Kapiteln betrachteten wir verschiedene Teilaspekte der Antwort. Jetzt fügen wir diese zusammen.

- In der zweiten Hälfte der 90er entstand ein regelrechter Hype um die Neue Ökonomie und den Aufstieg des Hochtechnologie-Sektors. Wie Sie in Kapitel 12 gesehen haben, gibt es in der Tat verschiedene Anzeichen für einen Anstieg der Rate des Produktivitätswachstums. Die wesentlichen Ursachen sind der hohe technische Fortschritt im ICT-Sektor zusammen mit dessen steigendem Anteil am BIP in den USA. Im Sinne von Abbildung 13.2 verschob sich die *AS*-Kurve nach unten.
- Mit dieser Entwicklung ging ein starker Anstieg der aggregierten Nachfrage einher. Hoffnungen auf hohe Gewinne führten zu einem Investitionsboom, hauptsächlich – wenn auch nicht ausschließlich – im ICT-Sektor. Die Antizipation höherer Einkommen in der Zukunft führte gleichzeitig zu einem Boom des Konsums. Im Sinne von Abbildung 13.2 verschob sich die *AD*-Kurve nach rechts. Dies führte zu einem großen Anstieg von Produktion und Beschäftigung und einer stetigen Abnahme der Arbeitslosigkeit.
- Der Rückgang der Arbeitslosenquote auf historisch niedrige Werte war nicht mit einem Anstieg der Inflation verbunden. Das legt einen Rückgang der natürlichen Arbeitslosenquote nahe. Wie in Kapitel 8 gezeigt, ist ein solcher Rückgang auf mehrere Faktoren zurückzuführen. Der Hauptgrund war aber wahrscheinlich der Anstieg des Produktivitätswachstums. Er erfolgte größtenteils unerwartet und führte deshalb, so unsere Argumentation in diesem Abschnitt, zu einem Rückgang der natürlichen Arbeitslosenquote.
- Ist es wahrscheinlich, dass die amerikanische Volkswirtschaft weiterhin durch hohes Produktionswachstum, niedrige Arbeitslosigkeit und niedrige Inflation gekennzeichnet ist? Hier ist es sinnvoll, zwischen tatsächlicher und natürlicher Arbeitslosenquote zu unterscheiden. In der kurzen Frist hängt die tatsächliche Arbeitslosenquote davon ab, was mit der aggregierten Nachfrage passiert. Der Optimismus, der in der zweiten Hälfte der 90er Jahre Unternehmen zu Investitionen und Konsumenten zu Konsumausgaben verleitet hat, ist mittlerweile zum größten Teil verschwunden. Die Investitionsausgaben sind stark zurückgegangen, die amerikanische Wirtschaft befindet sich in einer Abkühlungsphase, die tatsächliche Arbeitslosenquote ist stark angestiegen. Im Frühjahr 2002, und dann wieder im Jahr 2003, überstieg sie 6% und lag damit mehr als zwei Prozentpunkte über dem Niveau des Jahres 2000. Wie verhält es sich mit der natürlichen Arbeitslosenquote? Wie wir in diesem Abschnitt argumentiert haben, wird sich ein höheres Produktivitätswachstum, selbst wenn es nicht vorübergehend ist, nicht auf Dauer auf die natürliche Arbeitslosenquote auswirken. Früher oder später wird auch die natürliche Arbeitslosenquote wieder ansteigen. Wann und um wie viel ist schwierig vorherzusagen.

	1995	1996	1997	1998	1999	2000
BIP-Wachstum	2,7	3,6	4,4	4,4	4,2	5,0
Arbeitslosenquote	5,6	5,4	4,9	4,5	4,2	4,0
Inflationsrate	2,2	1,9	1,9	1,3	1,5	2,0
Arbeitsproduktivität	1,2	2,1	2,1	2,9	2,7	3,7

Tabelle 1:
Ausgewählte makroökonomische Variablen für die USA, 1995-2000 (Prozent)

Quelle: OECD Economic Outlook, Juni 2001. Inflationsrate: BIP-Deflator.

13.3 Technischer Fortschritt und Verteilungseffekte

Technischer Fortschritt ist ein Prozess des strukturellen Wandels. Neue Güter werden entwickelt und machen alte überflüssig. Neue Produktionsmethoden werden eingeführt, die neue Fähigkeiten erfordern und alte Fähigkeiten weniger nützlich werden lassen.

Viele Berufe wie Köhler, Schmied oder Trambahnschaffner sind für immer verschwunden, andere, wie der Buchsetzer, haben sich so fundamental gewandelt (vom ursprünglichen „Setzer" an der Druckpresse zum Computerexperten), dass völlig andere Kenntnisse erforderlich sind. Zu Beginn des 20. Jahrhunderts gab es in den USA mehr als 11 Millionen Landwirtschaftsarbeiter, heute sind es weniger als 1 Million. Dafür gibt es heute mehr als 3 Millionen LKW-, Bus- und Taxifahrer in den USA, während es 1900 noch keinen einzigen gab. Heute gibt es mehr als 1 Million Computerprogrammierer, um 1960 gab es praktisch keine.

13.3.1 Der Anstieg der Lohnspreizung

Für diejenigen, die in wachsenden Sektoren arbeiten, oder diejenigen, die mit den richtigen Fähigkeiten ausgestattet sind, bringt technischer Fortschritt neue Chancen und höhere Löhne. Aber für diejenigen, die in den schrumpfenden Sektoren arbeiten, oder diejenigen, die über Fähigkeiten verfügen, die nicht mehr so stark nachgefragt werden, kann technischer Fortschritt den Arbeitsplatzverlust, eine Zeit der Arbeitslosigkeit und möglicherweise deutlich niedrigere Löhne bedeuten. In den USA stieg die Lohnungleichheit während der letzten 20 Jahre stark an. Viele Ökonomen glauben, dass der technische Wandel einer der Hauptschuldigen für diesen Anstieg ist.

Abbildung 13.7a zeigt, wie sich die relativen Löhne von 1973 bis 1999 für verschiedene Beschäftigungsgruppen entwickelt haben – in Abhängigkeit von ihrem Ausbildungsstand. Die Abbildung basiert auf Informationen über einzelne Arbeitnehmer aus dem „Current Population Survey" (CPS). Jede der Linien in der Abbildung zeigt die Lohnentwicklung eines Beschäftigten – „High-School-Besuch ohne Abschluss", „High-School-Abschluss", „College-Besuch ohne Abschluss", „College-Abschluss" und „Hochschulabschluss" – *relativ* zum Lohn eines Beschäftigten mit einem bloßen High-School-Abschluss. Zudem sind alle relativen Löhne durch ihren eigenen Wert im Jahr 1973 geteilt, so dass die resultierenden Lohnzeitreihen alle mit eins im Jahr 1973 beginnen. Die Abbildung liefert eine sehr markante Schlussfolgerung.

Wir haben die CPS-Studie und ein paar ihrer Anwendungen in Kapitel 6 beschrieben.

Seit den frühen 80ern sind die relativen Löhne der Beschäftigten mit niedrigem Ausbildungsstand stetig gesunken. Am unteren Ende der Ausbildungsleiter sind die relativen Löhne von Arbeitnehmern, die keinen High-School-Abschluss erworben haben, um beinahe 15% gefallen. Das bedeutet, dass diese Arbeitnehmer in vielen Fällen nicht nur einen Rückgang ihres relativen Lohns, sondern auch ihres absoluten Reallohns hinnehmen mussten. Am oberen Ende der Ausbildungsleiter ist der relative Lohn derjenigen mit einem Hochschulabschluss seit den frühen 80ern um 20% gestiegen. Kurz gesagt, die Lohnspreizung ist in den USA in den vergangenen 20 Jahren stark angestiegen.

Abbildung 13.7a: Entwicklung der relativen Löhne, nach dem Ausbildungsstand, 1973-1999

Seit den frühen 80er Jahren sinkt der relative Lohn von Beschäftigten mit geringem Ausbildungsstand, während der relative Lohn von Beschäftigten mit hohem Ausbildungsstand steigt.

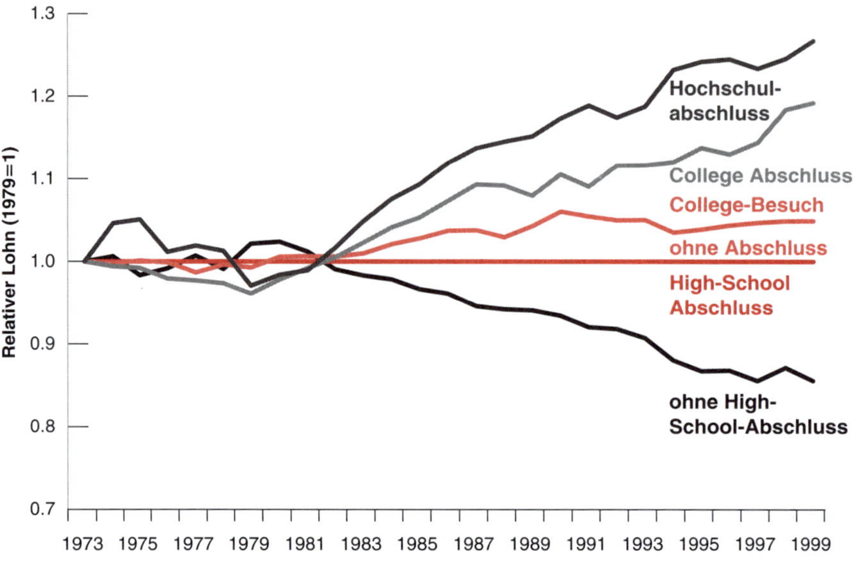

Quelle: Economic Policy Institute Datazone, www.epinet.org.

Abbildung 13.7b: Entwicklung der relativen Löhne in bei männlichen Berufsanfängern in Deutschland für unterschiedliche Qualifikationsgruppen, 1979 bis 1996

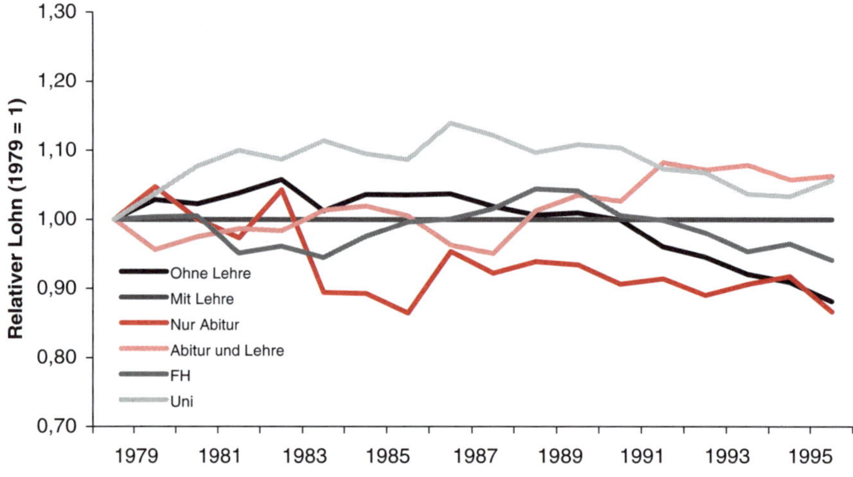

Quelle: Joachim Moeller, Institut für Volkswirtschaftslehre/Ökonometrie, Universität Regensburg.

Abbildung 13.7b stellt die Entwicklung der Lohnspreizung für Deutschland dar. Die zugrunde liegenden Daten stammen von einer Regionalstichprobe der Beschäftigtenstatistik, das heißt einer 1%-Stichprobe aller sozialversicherungspflichtigen Beschäftigten im Zeitraum 1979 bis 1997. Die Ergebnisse beruhen auf separaten Tobit-Schätzungen (ein bestimmtes ökonometrisches Verfahren) für folgende sechs Qualifikationsgruppen: „ohne Lehre (und ohne höhere Schulbildung)“, „mit Lehre (und ohne höhere Schulbildung)", „nur Abitur", „Abitur und Lehre", „Fachhochschul-Abschluss" sowie „Universitäts-Abschluss". Die Abbildung vergleicht die Entwicklung der Verdienste unterschiedlicher Qualifikationsgruppen. Weil sich die Qualifikationsgruppen zum Beispiel hinsichtlich der Geschlechterzusammensetzung, Berufserfahrung und Arbeitszeiten (z.B. Teilzeit!) deutlich unterscheiden, zeigt die Abbildung die Entwicklung der Lohnspreizung bei männlichen Berufsanfängern.

Es zeigt sich, dass es auch in Deutschland zumindest bei Berufsanfängern eine gewisse Auffächerung des Lohndifferenzials gibt, die aber an die dramatische Veränderung in den USA keineswegs herankommt. Arbeitnehmer ohne abgeschlossene Berufsausbildung verlieren gegenüber solchen mit abgeschlossener Berufsbildung. Die Verdienste junger Universitätsabsolventen entwickeln sich relativ zur Vergleichsgruppe günstig. Bei Absolventen mit 20 Jahren Berufserfahrung sieht das Bild aber ganz anders aus. Offensichtlich ist die Lohnspreizung in Deutschland und ganz Europa im Vergleich zu den USA wesentlich weniger ausgeprägt.

13.3.2 Die Ursachen für den Anstieg der Lohnspreizung

Was sind die Ursachen für den Anstieg der Lohnspreizung in den USA? Nach allgemeiner Auffassung liegt die Hauptursache für den Anstieg der Löhne der hoch qualifizierten im Vergleich zu den Löhnen der gering qualifizierten Beschäftigten darin, dass die Nachfrage nach Hochqualifizierten relativ zur Nachfrage nach Geringqualifizierten stetig angestiegen ist.

Dieser Trend ist nichts Neues; es gab ihn bereits in den 60er und 70er Jahren des 20. Jahrhunderts. Aber er wurde damals von einem stetigen Anstieg des relativen Angebotes von hoch qualifizierten Arbeitnehmern ausgeglichen: Ein ständig wachsender Anteil der Kinder beendete die High School, ging aufs College, erreichte einen Abschluss und so weiter. Seit den frühen 80ern ist das relative Angebot von Hochqualifizierten zwar weiter gestiegen, der Anstieg hat aber nicht ausgereicht, um die schneller ansteigende relative Nachfrage zu befriedigen. Deshalb sind die relativen Löhne der Hochqualifizierten im Vergleich zu den Niedrigqualifizierten stetig angestiegen.

Was kann diese stetige Veränderung der relativen Nachfrage erklären?

- Ein Argument konzentriert sich auf die Rolle des internationalen Handels. Es lautet, dass diejenigen amerikanischen Unternehmen, die einen größeren Anteil Geringqualifizierter beschäftigen, durch Importe ähnlicher Unternehmen aus Niedriglohnländern aus dem Markt gedrängt werden. Als Alternative müssen diese Unternehmen, um wettbewerbsfähig zu bleiben, einen Teil ihrer Produktion in Niedriglohnländer verlagern. In beiden Fällen ergibt sich ein stetiger Rückgang der relativen Nachfrage nach Geringqualifizierten in den USA. Es gibt klare Analogien zwischen den Auswirkungen von Handel und den Auswirkungen von technischem Fortschritt. Während sowohl Handel als auch technischer Fortschritt für die Volkswirtschaft als Ganzes positiv sind, führen beide zu Strukturwandel und stellen so manche Beschäftigten schlechter.

Eine nähere Betrachtung der Effekte des internationalen Handels würde den Rahmen dieses Buches sprengen. Für eine vertiefende Diskussion darüber, wer gewinnt und wer verliert, wenn Handel stattfindet, empfiehlt sich das Buch von Paul Krugman und Maurice Obstfeld, Internationale Wirtschaft, 6. Auflage (München: Pearson Studium, 2004).

Es ist keine Frage, dass Handel teilweise für die gestiegene Lohnspreizung verantwortlich ist. So ist zum Beispiel die Zahl der Beschäftigten in der Textilindustrie sowohl in den USA als auch in Deutschland besonders stark zurückgegangen. Die Textilindustrie ist zu großen Teilen in Niedriglohnländer abgewandert. Aber eine genauere Betrachtung zeigt, dass Handel nur einen Teil der Veränderung der relativen Nachfrage erklären kann. Das aufschlussreichste Indiz, das gegen Erklärungen spricht, die allein auf dem Handel beruhen, ist, dass die Veränderung der relativen Nachfrage hin zu Hochqualifizierten auch in Bereichen vorhanden zu sein scheint, die keinem ausländischen Wettbewerb gegenüber stehen, wie zum Beispiel am Rückgang der Angestellten in der Buchhaltung zu erkennen ist.

- Das zweite Argument konzentriert sich darauf, dass der technische Fortschritt nicht die Produktivität aller Qualifikationsgruppen gleichermaßen erhöht. Wir sprechen daher von „unausgewogenem (skill-biased) technischen Fortschritt". Neue Maschinen und neue Produktionsmethoden erfordern, heute noch mehr als früher, hoch qualifizierte Beschäftigte. Die Entwicklung von Computern verlangt, dass die Beschäftigten immer mehr mit Computern umgehen können. Die neuen Produktionsmethoden erfordern flexiblere Beschäftigte, die sich an neue Aufgaben besser anpassen können. Größere Flexibilität wiederum erfordert bessere Fähigkeiten und mehr Ausbildung.

  Anders als Erklärungen, die auf dem Handel beruhen, kann der unausgewogene technische Fortschritt erklären, warum es in beinahe allen Sektoren der Volkswirtschaft zu einer Veränderung der relativen Nachfrage gekommen ist. Heutzutage glauben die meisten Ökonomen, dass dies der entscheidende Faktor für die Erklärung der Zunahme der Lohnspreizung ist.

Bedeutet all dies, dass die USA zu einem stetigen Anstieg der Lohnungleichheit verdammt sind? Nicht notwendigerweise. Es gibt mindestens drei Gründe, warum sich die Zukunft von der unmittelbaren Vergangenheit unterscheiden könnte:

- Der Trend in der relativen Nachfrage könnte sich einfach verlangsamen. Zum Beispiel ist es wahrscheinlich, dass Computer in der Zukunft auch von Geringqualifizierten immer einfacher zu bedienen sein werden. Computer könnten sogar Hochqualifizierte ersetzen, nämlich diejenigen, deren Qualifikationen hauptsächlich Rechnen und Merkfähigkeit umfassen. Paul Krugman hat behauptet – nur zum Teil ironisch – dass Wirtschaftsprüfer, Rechtsanwälte und Ärzte die nächsten auf der Liste von Berufen sein könnten, die von Computern ersetzt werden.
- Technischer Fortschritt ist nicht exogen: Dieses Thema behandelten wir bereits in Kapitel 12. Wie viel die Unternehmen für F&E ausgeben und welche Art von Forschung sie betreiben, hängt direkt von ihren erwarteten Gewinnen ab. Der niedrige relative Lohn von Geringqualifizierten könnte die Unternehmen veranlassen, neue Technologien zu erforschen, um sich Geringqualifizierte zu Nutze zu machen. Marktkräfte könnten dazu führen, dass der technische Fortschritt in der Zukunft weniger unausgewogen bezüglich der Qualifikation ist.
- Das Angebot von hoch qualifizierten im Verhältnis zu gering qualifizierten Arbeitnehmern ist ebenfalls nicht exogen. Der starke Anstieg des relativen Lohns von Besserqualifizierten bedeutet, dass die Rendite einer besseren Ausbildung höher

ist als noch vor 10 oder 20 Jahren. Höhere Renditen auf Ausbildung können das relative Angebot Hochqualifizierter ansteigen lassen und dadurch mithelfen, dass ihr relativer Lohn nicht mehr weiter steigt. Viele Ökonomen glauben, dass die Politik hier eine wichtige Rolle zu spielen hat, um sicher zu gehen, dass sich die Qualität der primären und sekundären Bildung für die Kinder von Geringverdienern nicht weiter verschlechtert.

Damit endet unsere Diskussion der Verbindungen von technischem Fortschritt, Löhnen und Arbeitslosigkeit. In diesem Kapitel sind wir überwiegend auf die Situation in den USA eingegangen. Während dort eine starke Lohnspreizung zu beobachten ist, ist sie in Deutschland und ganz Europa wesentlich weniger ausgeprägt. Viele Ökonomen argumentieren deshalb, dass unausgewogener technischer Fortschritt sich in Europa in einem Anstieg der natürlichen Arbeitslosenquote widerspiegelt. Wir werden dieses Thema ausführlich in Kapitel 22 untersuchen.

Zusammenfassung

- Gängige Diskussionen spiegeln häufig Befürchtungen wider, technischer Fortschritt zerstöre Arbeitsplätze und führe zu höherer Arbeitslosigkeit. Solche Befürchtungen traten während der großen Depression auf. Sie sind im heutigen Europa wieder aufgetaucht. Dort gibt es eine weit verbreitete Unterstützung für kürzere Arbeitswochen, damit mehr Erwerbswillige auch tatsächlich eine Stelle bekommen können. Theorie und Empirie legen nahe, dass diese Befürchtungen zum großen Teil unbegründet sind. Es gibt sowohl in der Theorie als auch in den Daten kaum Unterstützung für die These, dass schnellerer technischer Fortschritt zu höherer Arbeitslosigkeit führt.
- In der kurzen Frist besteht kein Grund, eine systematische Beziehung zwischen Veränderungen der Produktivität und Veränderungen der Arbeitslosigkeit zu erwarten. Eine solche Beziehung wird in den Daten auch nicht sichtbar.
- Wenn es eine Beziehung zwischen Veränderungen der Produktivität und Veränderungen der Arbeitslosigkeit in der mittleren Frist gibt, erscheint sie als inverse Beziehung: Es zeigt sich, dass niedrigeres Produktivitätswachstum zu höherer Arbeitslosigkeit, höheres Produktivitätswachstum dagegen zu niedrigerer Arbeitslosigkeit führt. Eine plausible Erklärung ist, dass eine hohe Arbeitslosigkeit notwendig ist, um die Lohnvorstellungen der Beschäftigten mit dem geringeren Produktivitätswachstum wieder in Einklang zu bringen.
- Technischer Fortschritt ist kein reibungsloser Prozess, bei dem alle Beschäftigten gewinnen. Vielmehr handelt es sich um einen Prozess des strukturellen Wandels. Selbst wenn die meisten Leute vom Anstieg des durchschnittlichen Lebensstandards profitieren, gibt es auch Verlierer. Mit der Entwicklung neuer Güter und neuer Produktionsmethoden werden alte Güter und alte Produktionsmethoden überflüssig. Einige Beschäftigte sehen sich einer erhöhten Nachfrage nach ihren Fähigkeiten gegenüber; sie profitieren vom technischen Fortschritt. Einige sehen sich einer geringeren Nachfrage nach ihren Fähigkeiten gegenüber; sie leiden unter dem Rückgang ihres relativen Lohns oder ihrer Beschäftigung.
- Die Lohnspreizung in den USA hat in den letzten 20 Jahren zugenommen. Der Reallohn von Geringqualifizierten hat abgenommen, nicht nur relativ zum Reallohn der Hochqualifizierten. Die beiden Hauptgründe dafür sind der internationale Handel und der bezüglich der Qualifikation unausgewogene technische Fortschritt.

Übungsaufgaben

Verständnistests

1. Welche der folgenden Aussagen sind zutreffend, falsch oder unklar? Geben Sie jeweils eine kurze Erläuterung.
   a. Die Veränderung der Beschäftigung und der Produktion pro Kopf in den Vereinigten Staaten seit 1900 unterstützt das Argument, dass technischer Fortschritt zu einem stetigen Anstieg der Beschäftigung führt.
   b. Arbeitnehmer und Konsumenten profitieren gleichermaßen vom Prozess der kreativen Zerstörung.
   c. Während der letzten beiden Jahrzehnte ist der Reallohn der amerikanischen gering qualifizierten Beschäftigten sowohl relativ als auch absolut zurückgegangen.
   d. Technischer Fortschritt führt zu einem Rückgang der Beschäftigung dann und nur dann, wenn der Anstieg der Produktion kleiner ist als der Anstieg der Produktivität.
   e. Studien haben herausgefunden, dass exogene Produktivitätszuwächse manchmal zu Arbeitslosigkeit in der kurzen Frist führen.
   f. Der scheinbare Rückgang der natürlichen Arbeitslosenquote in den USA in der zweiten Hälfte der 90er Jahre kann durch die Tatsache erklärt werden, dass das Produktivitätswachstum während dieser Zeit unerwartet hoch war.
   g. Wenn wir technischen Fortschritt stoppen könnten, würde dies zu einem Rückgang der natürlichen Arbeitslosenquote führen.
   h. Während der letzten beiden Jahrzehnte mussten die Beschäftigten mit dem niedrigsten Ausbildungsniveau den größten Rückgang ihres Reallohns hinnehmen.
2. Nehmen Sie an, eine Volkswirtschaft sei durch die beiden folgenden Gleichungen gekennzeichnet:

$$\text{Preissetzung: } P = (1+\mu)\left(\frac{W}{A}\right)$$

$$\text{Lohnsetzung: } W = A^e P^e (1-u)$$

   a. Lösen Sie diese nach der Arbeitslosenquote auf, wenn gilt, dass $P^e = P$, aber A nicht notwendigerweise gleich A^e ist.
   Nehmen Sie nun an, dass die Erwartungen sowohl bezüglich des Preisniveaus als auch bezüglich der Produktivität korrekt sind.
   b. Lösen Sie nach der Arbeitslosenquote auf, wenn der Gewinnaufschlag 5% beträgt.
   c. Hängt die natürliche Arbeitslosenquote von der Produktivität ab? Erklären Sie.
3. "Höhere Arbeitsproduktivität ermöglicht den Unternehmen, mehr Güter mit der gleichen Anzahl von Beschäftigten zu produzieren und deshalb die Güter zu denselben oder sogar zu niedrigeren Preisen zu verkaufen. Deshalb können Arbeitsproduktivitätsgewinne die Arbeitslosenquote dauerhaft senken, ohne Inflation zu verursachen.“ Diskutieren Sie diese Aussage.
4. Wie dürfte sich jedes dieser folgenden Ereignisse auf die Lohnspreizung zwischen Geringqualifizierten und Hochqualifizierten in den USA auswirken?
   a. Anstieg der Ausgaben für Computer in öffentlichen Schulen.
   b. Beschränkungen auf die Zahl der ausländischen Saisonarbeiter für die Landwirtschaft, die in die USA einreisen dürfen.

c. Vergrößerung der Zahl öffentlicher Colleges.
d. Steuergutschriften für amerikanische Unternehmen in Zentralamerika.

5. Technischer Fortschritt führt zu langfristigem Wachstum. Aber viele Beobachter sagen, dass er auch zum Wirtschaftsboom der 90er Jahre in den USA geführt hat. Wie beeinflusst technischer Fortschritt die Produktion in der kurzen Frist?

Vertiefungsfragen

6. Technischer Fortschritt, Landwirtschaft und Beschäftigung

„Diejenigen, die behaupten, technischer Fortschritt führe nicht zu einem Beschäftigungsrückgang, sollten sich das Beispiel der Landwirtschaft vor Augen führen. Zu Beginn des letzten Jahrhunderts betrug die Bevölkerung in der Landwirtschaft 29 Millionen – 44% der Gesamtbevölkerung. 1990 war die Zahl auf 4 Millionen gesunken –2% der Gesamtbevölkerung. Wenn alle Sektoren anfingen, das gleiche Produktivitätswachstum zu erfahren wie die Landwirtschaft im 20. Jahrhundert, würde in hundert Jahren niemand mehr beschäftigt sein.“ Diskutieren Sie.

7. Produktivität und AS-Kurve

Betrachten Sie eine Volkswirtschaft, bei der die Produktion durch folgende Funktion gegeben ist:

$$Y = AN$$

Nehmen Sie an, dass Preissetzungsfunktion und Lohnsetzungsfunktion festgelegt sind als

$$\text{Preissetzung: } P = (1+\mu)\left(\frac{W}{A}\right)$$

$$\text{Lohnsetzung: } W = A^e P^e (1-u)$$

Erinnern Sie sich daran, dass die Beziehung zwischen Beschäftigung N, der Erwerbsbevölkerung L und der Arbeitslosenquote u gegeben ist durch

$$N = (1-u)\,L.$$

a. Leiten Sie die AS-Kurve her (das heißt, die Beziehung zwischen Preisniveau und Produktionsniveau gegeben des Gewinnaufschlags, des tatsächlichen und erwarteten Produktivitätsniveaus, der Erwerbsbevölkerung und des erwarteten Preisniveaus). Erklären Sie die Rolle jeder Variablen.
b. Zeigen Sie die Auswirkung eines Anstiegs sowohl der tatsächlichen Produktivität A als auch der erwarteten Produktivität A^e (so dass A^e/A gleich 1 bleibt) auf die Lage der AS-Kurve. Erklären Sie.
c. Nehmen Sie nun an, dass die tatsächliche Produktivität A ansteigt, sich aber die erwartete Produktivität A^e nicht verändert. Vergleichen Sie Ihr Ergebnis mit den Schlussfolgerungen aus (b). Erklären Sie den Unterschied.

Weiterführende Literatur

Um mehr über den Veränderungsprozess zu erfahren, der moderne Volkswirtschaften kennzeichnet, lessen Sie „The Churn: The Paradox of Progress“, einen Bericht von der Federal Reserve Bank of Dallas, 1993.

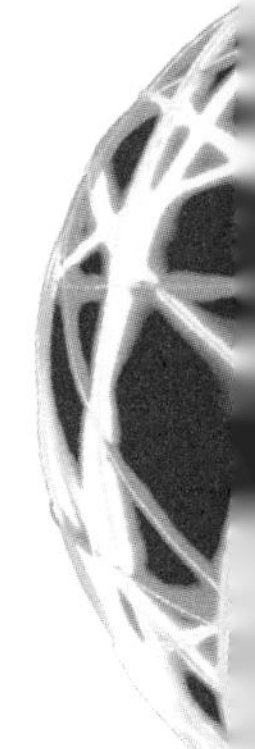

Teil 5 Erwartungen

Die nächsten vier Kapitel führen eine wichtige Erweiterung ein: Wir untersuchen, welche Bedeutung den Erwartungen zukommt

Kapitel 14

Kapitel 14 führt zwei wichtige Konzepte ein. Das erste ist die Unterscheidung zwischen Real- und Nominalzins. Das zweite ist der diskontierte erwartete Gegenwartswert. Das Kapitel behandelt abschließend die Hypothese von Fisher. Sie besagt, dass sich die Nominalzinsen mittelfristig an Inflationsrate und Geldmengenwachstum anpassen.

Kapitel 15

Kapitel 15 konzentriert sich auf die Rolle der Erwartungen auf den Finanzmärkten. Wir untersuchen zunächst, wie sich Preise und Renditen für Anleihen bestimmen und wie die Zinsstrukturkurve Aufschluss über die Erwartungen hinsichtlich des zukünftigen Zinsverlaufes gibt. Dann wenden wir uns Aktienkursen zu und fragen, wie diese von erwarteten Dividenden und Zinsen abhängen. Schließlich fragen wir, ob Aktienkurse sich immer an Fundamentalwerten orientieren oder ob sie Bubbles folgen können.

Kapitel 16

Kapitel 16 untersucht die Rolle der Erwartungen für Konsum- und Investitionsentscheidungen. Es zeigt, dass der Konsum nicht nur vom laufenden Einkommen, sondern auch von Human- und Finanzkapital abhängt. Investitionen hängen vom laufenden Cash Flow und dem Gegenwartswert der erwarteten zukünftigen Gewinne ab.

Kapitel 17

Kapitel 17 betrachtet die Rolle der Erwartungen in Bezug auf Produktionsschwankungen. Dazu wird im *IS-LM*-Modell das Gütermarktgleichgewicht modifiziert, um die Auswirkungen der Erwartungen auf die Ausgaben zu erfassen. Dann werfen wir nochmals einen Blick auf Geld- und Fiskalpolitik. Wir lernen, dass – im Gegensatz zu den Lektionen in den Kernkapiteln – eine restriktive Fiskalpolitik unter bestimmten Bedingungen selbst kurzfristig die Produktion stimulieren kann.

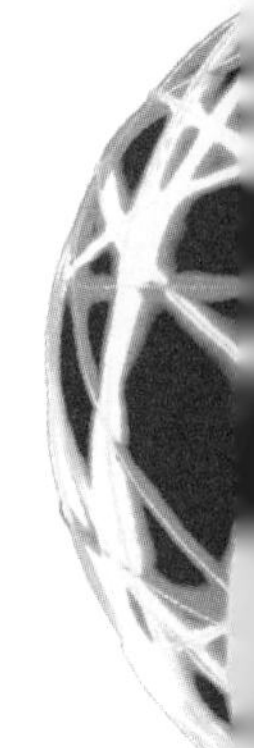

Kapitel 14 Erwartungen: Die Grundlagen

Wenn sich ein Konsument überlegt, ein neues Auto zu kaufen, muss er sich fragen: Kann ich unbesorgt einen Kredit aufnehmen? Mit welchen Gehaltssteigerungen kann ich in den nächsten Jahren rechnen? Droht vielleicht eine Rezession? Wie sicher ist überhaupt mein Arbeitsplatz?

Registriert ein Manager, dass die aktuellen Verkaufszahlen zunehmen, muss er sich fragen: Ist das nur ein kurzfristiger Boom, den ich mit der vorhandenen Kapazität abdecken kann oder sollte ich in neue Maschinen investieren, weil ein langfristiger Trend dahinter steht?

Beobachtet ein Fondmanager, dass die Aktienkurse steigen, so wird er sich fragen: Werden die Kurse noch weiter steigen oder wieder abbröckeln? Signalisieren die steigenden Aktienkurse optimistischere Erwartungen über zukünftige Unternehmensgewinne? Soll ich mich dieser Meinung anschließen und den Aktienanteil in meinem Portfolio ausbauen oder vielleicht besser zurückfahren?

Diese Beispiele verdeutlichen, dass viele wirtschaftliche Entscheidungen nicht nur davon abhängen, was heute passiert, sondern auch von den Erwartungen über die Zukunft. Mehr noch: Viele Entscheidungen haben kaum etwas damit zu tun, was heute passiert. Warum sollte ein Anstieg der Verkaufszahlen heute die Investitionspläne beeinflussen, wenn er nicht Erwartungen schürt, dass die Nachfrage auch in Zukunft hoch bleibt? Die neuen Maschinen sollten nicht erst einsatzbereit sein, wenn die Nachfrage schon längst wieder abgeflacht ist, so dass die Maschinen dann verrosten.

Wir haben bislang die Rolle von Erwartungen weitgehend vernachlässigt. Sowohl beim *IS-LM*-Modell als auch bei der Nachfrageseite des *AS-AD*-Modells, die ja auf dem *IS-LM* aufbaut, haben wir Erwartungen vollkommen ignoriert. Beim Gütermarkt haben wir unterstellt, dass die Konsumnachfrage vom laufenden Einkommen abhängt; die Investitionsnachfrage vom aktuellen Umsatz. Bei den Finanzmärkten haben wir das gesamte Vermögen aggregiert und nur Anleihen betrachtet. Wir konzentrierten uns auf die Wahl zwischen Geld und Anleihen. Dabei ignorierten wir Aktienanlagen und die Wahl zwischen kurz- und langfristigen Anleihen. Diese Vereinfachungen dienten dazu, eine Intuition für die grundlegenden Wirkungszusammenhänge aufzubauen. Jetzt wird es Zeit, den Einfluss von Erwartungen auf die Konjunkturschwankungen zu verstehen. Dies ist das Thema der nächsten Kapitel.

Dieses Kapitel liefert die Grundlagen. Die ersten beiden Abschnitte führen zwei zentrale Konzepte ein:

- Abschnitt 14.1 führt die Unterscheidung zwischen Real- und Nominalzins ein.
- Abschnitt 14.2 führt den diskontierten erwarteten Gegenwartswert ein.
- Das Kapitel behandelt abschließend die Hypothese von Fisher. Sie besagt, dass sich die Nominalzinsen mittelfristig an Inflationsrate und Geldmengenwachstum anpassen.
- Abschnitte 14.3 and 14.4 knüpfen dann an dem Unterschied zwischen Real- und Nominalzins an, um den Zusammenhang zwischen Geldmengenwachstum und Zinsen besser zu verstehen. Sie kommen zu einem überraschenden, wenngleich wichtigen Ergebnis: Stärkeres Geldmengenwachstum führt kurzfristig zu sinkenden Zinsen, lässt mittelfristig aber die Zinsen ansteigen.

14.1 Nominalzinsen vs. Realzinsen

Im Juni 1974 lag die Umlaufrendite für Bundesanleihen mit ein Jahr Restlaufzeit bei 9,5%. Im Juni 2000 ist die Rendite für solche Papiere auf nur mehr 4,7% gefallen. Wir können uns zwar nicht zu den gleichen Konditionen verschulden wie der Staat, aber auch Konsumentenkredite und Hypothekenzinsen waren 2000 erheblich niedriger als 1974. 2000 war es viel günstiger, einen Kredit aufzunehmen.

Stimmt das wirklich? 1974 lag die Inflationsrate bei rund 7%. 2000 ist die Inflationsrate (VPI) dagegen auf ca. 2% gefallen. Das ist von zentraler Bedeutung: Der Zins gibt an, wie viel in Euro wir in Zukunft zurückzahlen müssen, wenn wir heute einen Euro borgen wollen. Wir wollen aber nicht Euro sondern Güter kaufen.

Wenn wir einen Kredit aufnehmen, ist letztlich ausschlaggebend, auf wie viel Güter wir in Zukunft verzichten müssen, wenn wir heute mehr konsumieren. Umgekehrt, wenn wir Geld anlegen, fragen wir uns, wie viel Güter (nicht: wie viel Euro) wir uns in Zukunft leisten können, wenn wir heute auf Konsum verzichten. Inflation spielt dabei eine große Rolle. Was nützen uns die höchsten Zinsen, wenn die Erträge von der Inflation „aufgefressen" werden, wenn wir damit also nur wenige Güter kaufen können, weil die Preise in der Zwischenzeit stark gestiegen sind?

Aus diesem Grund ist die Unterscheidung zwischen Nominalzinsen und Realzinsen so wichtig:

Nominalzinsen: Zinsen in Euro (oder in einer anderen Währungseinheit) ▶

- Zinsen ausgedrückt in Euro (oder in einer anderen Währungseinheit) bezeichnet man als Nominalzinsen. Im Wirtschaftsteil der Tagungszeitungen finden Sie die aktuellen Nominalzinsen. Wenn die Zinsen auf Staatsanleihen mit einjähriger Laufzeit bei 4,7% liegen, dann verspricht der Staat, für jeden Euro, den er heute als Kredit aufnimmt, in einem Jahr 1,047 Euro zurückzahlen. Allgemeiner, wenn der Nominalzins im Jahr t i_t ist, muss man für jeden Euro, den man sich in t ausleiht, im nächsten Jahr $1+i_t$ Euro zahlen. (Präziser wäre: „heute" statt „dieses Jahr" und „heute in einem Jahr" statt „nächstes Jahr".)

- Zinsen ausgedrückt in Einheiten eines Warenkorbs bezeichnet man als Realzinsen. Für den Realzins im Jahr t schreiben wir r_t. Definitionsgemäß gilt: Wenn wir einen Betrag ausleihen, mit dem wir eine bestimmte Menge eines Warenkorbs kaufen können, müssen wir im nächsten Jahr einen Betrag zurückzahlen, der dem $(1 + r_t)$fachen der ursprünglichen Menge des Warenkorbs entspricht.

Realzinsen: Zinsen in Einheiten eines Warenkorbs

Welche Beziehung besteht zwischen Nominal- und Realzinsen? Wie können wir aus dem Nominalzins den Realzins (den wir ja nicht beobachten können) berechnen? Die Antwort lautet: Wir müssen den Nominalzins um die erwartete Inflationsrate bereinigen.

Machen wir dies Schritt für Schritt:

Nehmen wir zunächst an, es gibt nur ein Gut, nämlich Brot (später werden wir auch Marmelade und andere Güter zulassen). Der Nominalzins für einjährige Anleihen in Euro sei i_t: Wer sich heute einen Euro ausleiht, muss nächstes Jahr $1 + i_t$ Euro zurückzahlen. Aber wir sind nicht an Euro interessiert. Wir wollen wissen: Wenn wir heute Geld leihen, um 1 kg mehr Brot essen zu können, auf wie viel Brot müssen wir dann nächstes Jahr verzichten?

Abbildung 14.1 hilft uns bei der Antwort. Der obere Teil gibt wider, wie der Realzins definiert ist. Der untere Teil zeigt uns, wie wir den Realzins berechnen können aus den Daten über Nominalzins und Brotpreis.

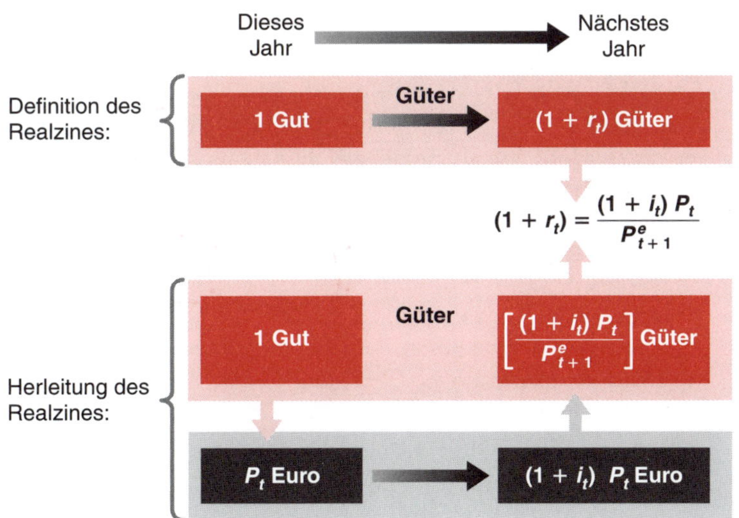

Abbildung 14.1: Definition und Ableitung des Realzinses

- Beginnen wir mit dem Pfeil, der im linken unteren Teil der Abbildung 14.1 nach unten zeigt. Beträgt der Preis für ein Kilo Brot in diesem Jahr P_t Euro, muss man sich P_t Euro ausleihen, um 1 kg mehr Brot essen zu können.
- Ist i_t der Nominalzins für einen einjährigen Kredit, muss man in einem Jahr $(1 + i_t)$ P_t Euro zurückzahlen, wenn man heute P_t Euro ausleiht. Dies zeigt der Pfeil von links nach rechts ganz unten in Abbildung 14.1.

- Aber uns geht es um Brot, nicht um Euro. Deshalb ist ein letzter Schritt nötig, um die Eurosumme nächstes Jahr in Broteinheiten umzurechnen. Angenommen, wir rechnen nächstes Jahr mit einem bestimmten Brotpreis (der Index *e* steht für erwartet: Wir kennen ja den Preis heute noch nicht). In Broteinheiten ausgedrückt rechnen wir also damit, dass wir im nächsten Jahr $(1 + i_t)\, P_t / P^e_{t+1}$ Kilo Brot zurückzahlen müssen [den Eurobetrag $(1 + i_t)\, P_t$ dividiert durch den für nächstes Jahr erwarteten Brotpreis P^e_{t+1}]. Dies zeigt der Pfeil rechts von ganz unten nach oben in Abbildung 14.1.

Wenn wir den oberen und den unteren Teil der Abbildung 14.1 zusammenführen, berechnet sich der Realzins, r_t, als:

$$1 + r_t = (1 + i_t)\frac{P_t}{P^e_{t+1}} \tag{14.1}$$

Die Gleichung sieht Furcht erregend aus, doch sie lässt sich schön vereinfachen:

Die erwartete Preissteigerungsrate π^e_t ergibt sich aus (14.2) durch Umformung als

$$\pi^e_t \equiv \frac{(P^e_{t+1} - P_t)}{P_t}$$

- Weil es nur ein Gut gibt (Brot), lässt sich aus dem erwarteten Brotpreis P^e_{t+1} die erwartete Preissteigerungsrate π^e_t berechnen aus der Beziehung:

$$P^e_{t+1} = (1 + \pi^e_t)\, P_t \tag{14.2}$$

Ersetzen wir in Gleichung (14.1) π^e_t durch die Definition in (14.2) $P^e_{t+1} = (1 + \pi^e_t)\, P_t$ und kürzen dann im Zähler und Nenner P_t heraus, so erhalten wir:

$$(1 + r_t) = \frac{1 + i_t}{1 + \pi^e_t} \tag{14.3}$$

- Gleichung (14.3) gibt die exakte Beziehung zwischen Realzins, Nominalzins und erwarteter Inflation an. Solange Nominalzins und erwartete Inflation nicht zu groß sind (sagen wir, weniger als 20% im Jahr), approximiert folgende, viel einfachere Gleichung diese Beziehung recht gut:

$$r_t \approx i_t - \pi^e_t \tag{14.4}$$

Vergleiche Proposition 6 im Anhang 2. Für i=10% und π^e_t =5%, liefert die exakte Gleichung (14.3) *r_t =4,8%*. Die Approximation von Gleichung (14.4) ergibt *r_t=5%*. Das kommt dem wahren Wert recht nahe. Bei hohen Werten aber kommt es zu großen Fehlern. Für i = 100% und π^e_t = 80% etwa ist der exakte Wert *r_t= 11%*., Die Approximation *r_t = 20%* liegt weit daneben.

Gleichung (14.4) ist einfach zu merken. Sie besagt, dass der Realzins (ungefähr) gleich dem Nominalzins ist, abzüglich der erwarteten Inflationsrate. Von nun an werden wir in der Regel Gleichung (14.4) verwenden, auch wenn sie nur eine Approximation ist.

Gleichung (14.4) liefert uns wichtige Einsichten:

- Ist die erwartete Inflation Null, dann entspricht der Realzins dem Nominalzins.
- Weil die erwartete Inflation in der Regel aber positiv ist, liegt der Nominalzins über dem Realzins.
- Bei gegebenem Nominalzins ist der Realzins umso niedriger, je höher die erwartete Inflation ist.

Betrachten wir den Fall genauer, dass die erwartete Inflation exakt dem Nominalzins entspricht. Dieser Fall verdeutlicht plastisch, was die Gleichung bedeutet. Angenommen, wir verschulden uns zum Nominalzins 10%, aber die erwartete Inflation liegt auch bei 10%. Für jeden heute geliehenen Euro müssen wir im nächsten Jahr 1,10

Euro zurückzahlen. Aber ein Euro ist nächstes Jahr in Broteinheiten 10% weniger wert. Also müssen wir, wenn wir heute Geld für 1 kg Brot ausgeliehen haben, nächstes Jahr real (in Broteinheiten) genau 1 kg wieder zurückzahlen. Der Realzins ist gleich Null. Wer umgekehrt heute Geld verliehen hat, erhält für jeden heute verliehenen Euro im nächsten Jahr 1,10 Euro zurück. Eine schöne Summe. Aber leider ist der Brotpreis auch um 10% gestiegen. Trotz des Nominalzinses von 10% kann er sich also im nächsten Jahr real auch nicht mehr als ein Kilo Brot kaufen.

Bislang haben wir angenommen, dass es nur Brot gibt. Aber die Überlegungen lassen sich problemlos verallgemeinern. Statt dem Preis für Brot müssen wir in den Gleichungen (14.1) bzw. (14.3) nur das Preisniveau (den Preis des Warenkorbs) einsetzen. Verwenden wir den Verbraucherpreisindex, dann zeigt uns der Realzins, auf wie viel Konsum wir morgen verzichten müssen, wenn wir heute eine Einheit mehr konsumieren.

14.1.1 Nominalzins und Realzins in Deutschland seit 1974

Kehren wir zu unserer Frage vom Anfang des Kapitels zurück. Wir können sie nun folgendermaßen umformulieren: Lag der Realzins 1998 niedriger als 1974? Wie hat sich seit 1974 der Realzins in Deutschland überhaupt entwickelt?

Die Antwort auf diese Frage ist nicht ganz einfach. Der Nominalzins ist leicht zu ermitteln. Wir messen ihn an der Verzinsung von Staatsanleihen mit einjähriger Laufzeit, die am Anfang des Jahres emittiert wurden. Wie aber lassen sich die Inflationserwartungen messen? Sie sind nicht direkt beobachtbar; es gibt dafür keine Marktdaten. Wir könnten uns auf Umfragen unter den Konsumenten oder unter professionellen Analysten stützen. Solche Daten sind in Deutschland jedoch nur für einen sehr begrenzten Zeitraum verfügbar. Stattdessen verwenden wir die OECD-Prognose der Inflation in Deutschland jeweils am Ende des vorausgehenden Jahres. So nehmen wir die im Dezember 1999 von der OECD veröffentlichte Inflationsprognose (sie lag bei 1,4%) als Proxy für die Inflationserwartungen Anfang 2000, um den Realzins für dieses Jahr zu konstruieren.

Den Realzins ($i - \pi^e$) berechnen wir auf Basis der Inflationserwartungen, weil die Nominalzinsen (genauso wie die Löhne) fest vereinbart werden, bevor die Inflation bekannt ist. Übersteigt die tatsächliche Inflationsrate die erwartete Rate, ist der effektive Realzins ($r_{ex\ post} = i - \pi$) ex post niedriger als der ursprünglich (ex ante) geforderte Realzins ($r_{ex\ ante} = i - \pi^e$). Ex ante bedeutet „vorher" (vor Kenntnis der Inflation); ex post bedeutet „nachher" (nach Realisation der Inflation).

Abbildung 14.2 zeigt, wie wichtig es ist, die Zinsen um Inflationserwartungen zu korrigieren. Zwar war der Nominalzins im Jahr 2000 niedriger als 1974, aber der geforderte Realzins war viel höher (3,3% im Jahr 2000 im Vergleich zu 2,5% 1974. Auch der effektive Realzins ex post war 2000 höher (nämlich 2,7%). Dies hängt damit zusammen, dass seit Anfang der 80er Jahre die Inflationsrate stetig gesunken ist. Im Jahr 2000 lag die tatsächliche (ex post) Inflationsrate höher als ursprünglich (ex ante) prognostiziert.

(ex ante) Realzins = Nominalzins – erwartete Inflationsrate (im Jahr 2000): $r_{ex\ ante} = i - \pi^e =$ 4,7% –1,4% =3,3%
(ex post) Realzins = Nominalzins – tatsächlich realisierte Inflationsrate (im Jahr 2000): $r_{ex\ post} = i - \pi$ = 4,7% – 2% = 2,7%

Abbildung 14.2: Nominal- und Realzins von Bundesanleihen mit einjähriger Laufzeit für Deutschland, 1974-2002

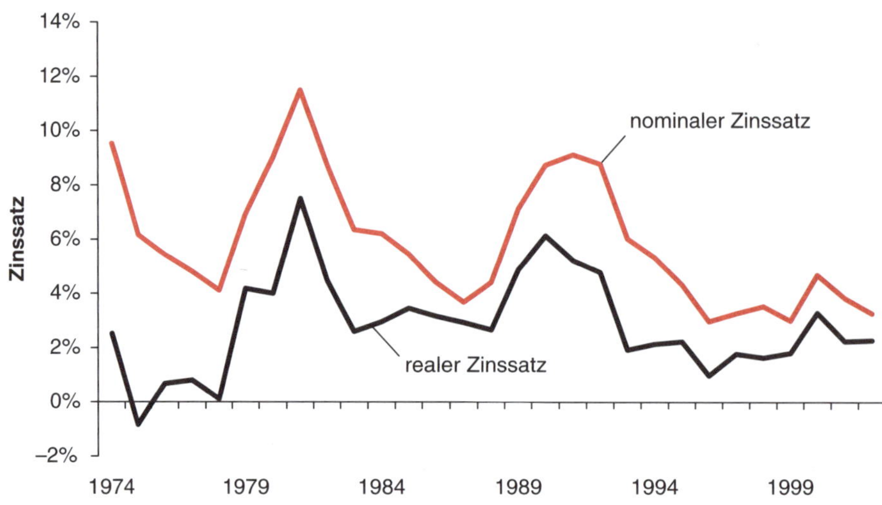

Fokus: Inflationserwartungen

Inflationserwartungen spielen in der gesamten Makroökonomie eine zentrale Rolle. Umso bedauerlicher, dass wir sie nicht direkt messen können. Lange Zeit behalfen sich die Makroökonomen damit, als Proxy (Hilfsgröße) die tatsächliche Inflationsrate des betreffenden Jahres oder (wenn man adaptive Erwartungen unterstellt) die Inflationsrate des vergangenen Jahres zu verwenden (so haben wir es in Kapitel 8 gemacht). In anspruchsvolleren Arbeiten wird ein gewichteter Durchschnitt der Inflationsraten der vergangenen Jahre berechnet (mit abnehmendem Gewicht für entfernter liegende Jahre). Ein Problem dabei ist, dass jeder empirische Test eines Modells immer nur unter der Hypothese gültig ist, dass der verwendete Proxy die Inflationserwartungen korrekt beschreibt.

Erfreulicherweise sind in jüngster Zeit verschiedene Verfahren entwickelt worden, um die Inflationserwartungen direkt zu messen. Dazu zählen Panelumfragen unter Konsumenten, in denen auch die Erwartungen über die Preisentwicklung abgefragt werden, oder unter professionellen Analysten. Seit Dezember 1991 führt etwa das ZEW in Mannheim monatliche Umfragen unter 350 Experten durch (vgl. www.zew.de). Ein zuverlässiges Maß liefern aber auch die jeweiligen Prognosen renommierter Forschungsinstitutionen. Ihre auf Basis umfangreicher ökonometrischer Modelle erstellten Prognosen beeinflussen sehr stark die Erwartungen von Konsumenten, Unternehmen und Finanzmärkten. Wir verwenden deshalb als Maß die OECD-Prognose der Inflation in Deutschland jeweils am Ende des vorausgehenden Jahres. Abbildung 1 vergleicht diese Prognosen mit dem tatsächlichen Verlauf der Inflationsrate. Sie zeigt, dass die Inflationsentwicklung (abgesehen von den Wendepunkten) meist recht gut abgebildet wird.

Inflationserwartungen sind ein wichtiger Bestimmungsfaktor für den Nominalzins. Viele Staaten geben aber auch indexierte Anleihen aus (vgl. dazu Kapitel 15). Diese Anleihen legen nur die Realverzinsung fest; die Verzinsung wird dann nachträglich immer an die tatsächliche Inflationsrate angepasst. Anleger können sich mit indexierten Anleihen ganz gegen Inflationsrisiken absichern: Der Realzins ex post entspricht immer der ex ante gewünschten Verzinsung. Die Differenz zwischen indexierten und nicht-indexierten Anleihen liefert einen guten Indikator (quasi einen Marktpreis) zur Messung von Inflationserwartungen. In Deutschland werden solche Anleihen aber nicht emittiert.

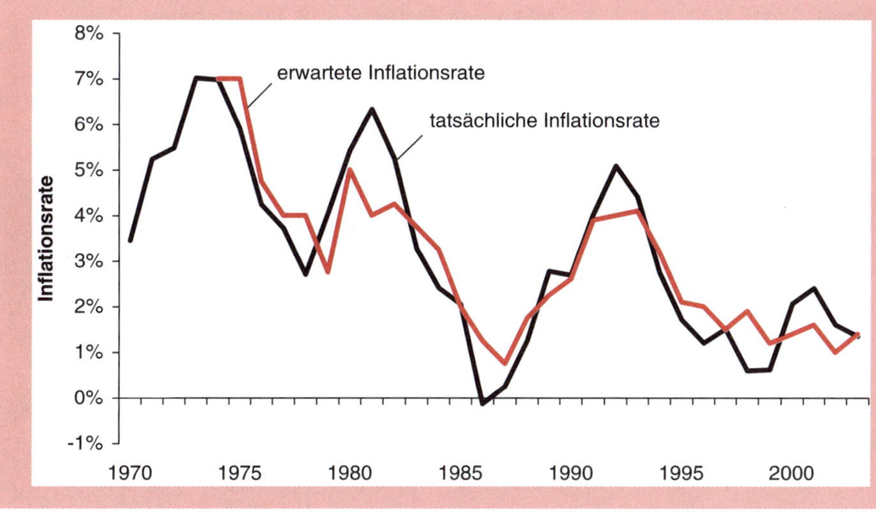

Abbildung 1: Erwartete und tatsächliche Inflationsrate für Deutschland, 1970-2003

14.2 Diskontierter erwarteter Gegenwartswert

Wenden wir uns nun dem zweiten zentralen Konzept dieses Kapitels zu, dem diskontierten erwarteten Gegenwartswert.

Was damit gemeint ist, macht das Beispiel des Managers klar, der überlegt, ob er in eine neue Maschine investieren soll. Die Investition kostet heute Geld. Andererseits ermöglicht sie Produktionssteigerungen und höhere Gewinne in der Zukunft. Die Frage ist, ob die zukünftigen Gewinne die Kosten von heute übersteigen. Solange die Zinsen positiv sind, müssen wir aber zukünftige Gewinne mit dem Zinssatz abdiskontieren. Wir müssen den diskontierten erwarteten Gegenwartswert der zukünftigen Einnahmeströme berechnen. Übersteigt dieser Wert die laufenden Kosten, ist die Investition rentabel. Ansonsten sollte sie besser unterbleiben.

Genau wie bei den Inflationserwartungen im vergangenen Abschnitt stellt sich aber das Problem, dass solche diskontierten erwarteten Gegenwartswerte nicht direkt beobachtbar sind. Sie müssen abgeleitet werden aus der Folge erwarteter Gewinne und den erwarteten Zinsen. Wie müssen wir dabei vorgehen?

14.2.1 Die Berechnung des diskontierten erwarteten Gegenwartswerts

Bei einem Nominalzins i_t, bringt das Verleihen eines Euros heute einen Ertrag von $1 + i_t$ im nächsten Jahr. Genauso muss ein Kredit von einem Euro heute mit $1 + i_t$ Euro im nächsten Jahr zurückgezahlt werden. Ein Euro heute ist also $1 + i_t$ Euro im nächsten Jahr wert. Die erste Zeile in Abbildung 14.3 verdeutlicht dies.

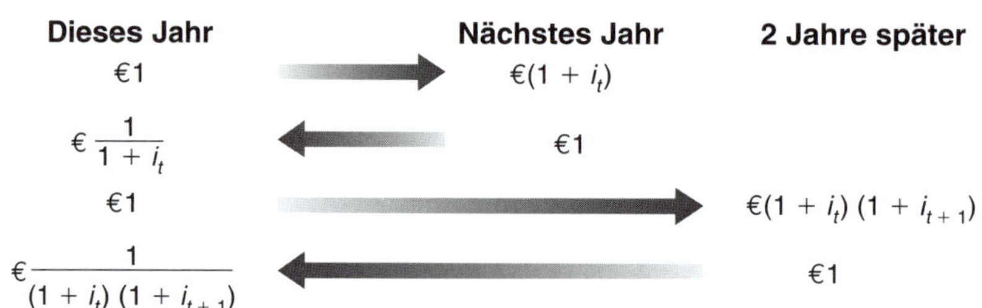

Abbildung 14.3: Berechnung des diskontierten Gegenwartswerts

Wir können das Argument aber auch umdrehen und fragen: Wie viel ist ein Euro im nächsten Jahr heute wert? Die erste Zeile in Abbildung 14.3 liefert die Antwort: Wer heute $1/(1 + i_t)$ Euro verleiht, bekommt in einem Jahr $1/(1 + i_t)$ mal $(1 + i_t) = 1$ Euro zurück. Wer heute $1/(1 + i_t)$ Euro ausleiht, muss in einem Jahr genau einen Euro zurückzahlen. Ein Euro im nächsten Jahr ist also heute $1/(1 + i_t)$ Euro wert.

$1/(1 + i_t)$ ist der diskontierte erwartete Gegenwartswert eines Euros aus dem nächsten Jahr.

Der Begriff Gegenwartswert besagt, dass wir den heutigen Wert (gemessen in Euro heute) zukünftiger Zahlungen betrachten.

„Diskontiert" bedeutet, dass zukünftige Zahlungen mit dem Diskontfaktor $1/(1 + i_t)$ abgezinst werden (der Zinssatz i_t wird auch als Diskontrate bezeichnet).

i_t: Diskontrate
$1/(1+i_t)$: Diskontfaktor.
Wenn die Diskontrate steigt, nimmt der Diskontfaktor ab.

Weil der Nominalzins positiv ist, ist der Diskontfaktor kleiner als Eins. Ein Euro im nächsten Jahr ist weniger wert als ein Euro heute. Je höher der Zins, desto niedriger der Gegenwartswert. Für $i = 5\%$, ist ein Euro, verfügbar im nächsten Jahr, heute $1/1{,}05 = 95$ Cents wert. Für $i = 10\%$ sinkt der Wert heute auf $1/1{,}10 = 91$ Cents.

Die gleiche Logik lässt sich natürlich auch auf einen Euro anwenden, der erst in zwei Jahren verfügbar ist. Nehmen wir momentan an, die Nominalzinsen seien heute schon mit Sicherheit bekannt. Gegeben sei i_t der Nominalzins in diesem Jahr, und i_{t+1} der Nominalzins im nächsten Jahr.

Wer heute einen Euro für zwei Jahre verleiht, erhält in zwei Jahren $(1 + i_t)(1 + i_{t+1})$ Euro. Anders formuliert: Ein Euro heute bringt in zwei Jahren $(1 + i_t)(1 + i_{t+1})$ Euro. Die dritte Zeile in Abbildung 14.3 verdeutlicht dies.

Umgekehrt gilt wiederum: Ein Euro, verfügbar in zwei Jahren, hat heute nur einen Gegenwartswert von $1/(1 + i_t)(1 + i_{t+1})$ Euro: Wer heute $1/[(1 + i_t)(1 + i_{t+1})]$ Euro verleiht, erhält in zwei Jahren exakt einen Euro. Diese Überlegung wird in der vierten Zeile in Abbildung 14.3 verdeutlicht. Sind etwa die Zinsen in beiden Jahren gleich hoch (bei 5%), beträgt der Gegenwartswert heute $1/(1{,}05)^2$ – ungefähr 91 Cents.

Eine allgemeine Formel

Vollzieht man diese Schritte nach, ist es einfach, den diskontierten Gegenwartswert für den allgemeinen Fall abzuleiten.

Betrachten wir einen Zahlungsstrom in Euro, der heute beginnt und sich zukünftig fortsetzt. Nehmen wir für den Moment an, dass diese zukünftigen Zahlungen mit Sicherheit bekannt sind. Die heutige Zahlung sei z_t, die Zahlung im nächsten Jahr sei z_{t+1}, in zwei Jahren z_{t+2} und so weiter.

Den diskontierten Gegenwartswert dieses Zahlungsstroms V_t – das ist der heutige in Euro ausgedrückte Wert aller Auszahlungen des Zahlungsstroms – erhält man durch:

$$V_t = z_t + \frac{1}{1+i_t} z_{t+1} + \frac{1}{(1+i_t)(1+i^e_{t+1})} z_{t+2} + \ldots$$

Jede zukünftige Zahlung wird mit ihrem jeweiligen Diskontfaktor multipliziert. Je weiter die Auszahlung entfernt ist, desto kleiner der Diskontfaktor und folglich auch der heutige Wert einer weit entfernten Auszahlung. Mit anderen Worten, zukünftige Auszahlungen werden stärker diskontiert, wodurch ihr Gegenwartswert geringer wird.

Wir haben bisher angenommen, dass zukünftige Zahlungen und Zinssätze mit Sicherheit bekannt sind. Tatsächlich müssen Entscheidungen jedoch auf den Erwartungen über das Ausmaß der künftigen Auszahlungen beruhen, anstatt auf ihrer tatsächlichen Höhe. Auf unser früheres Beispiel angewendet bedeutet das, dass sich die Managerin weder sicher sein kann, wie viel Gewinn die neue Maschine erwirtschaften wird, noch weiß sie, wie hoch die Zinssätze in der Zukunft sein werden. Das Beste, was sie machen kann, ist, den erwarteten diskontierten Gegenwartswert des Gewinns mit den exaktesten Vorhersagen auszurechnen, die sie bekommen kann.

Wie berechnen wir den erwarteten diskontierten Gegenwartswert, wenn zukünftige Zahlungen oder Zinssätze unsicher sind? Grundsätzlich genauso wie zuvor, aber wir ersetzen Auszahlungen und Zinssätze durch erwartete zukünftige Auszahlungen und erwartete Zinssätze. Formal bezeichnen wir erwartete Auszahlungen im nächsten Jahr mit z^e_{t+1}, erwartete Auszahlungen in zwei Jahren mit z^e_{t+2} und so weiter. Ganz ähnlich bezeichnen wir den erwarteten einjährigen Nominalzins im nächsten Jahr mit i^e_{t+1} und so weiter (der einjährige Nominalzins im aktuellen Jahr, i_t, ist heute bekannt, bedarf also keines Superskripts e). Den erwarteten diskontierten Gegenwartswert dieses erwarteten Zahlungsstroms berechnet man mit:

Diese Aussage beschönigt ein wichtiges Thema – Risiko. Gehen die Individuen ungern Risiken ein, dann wird der Wert einer unsicheren (und daher riskanten) Auszahlung, ob heute oder in Zukunft, geringer sein als der Wert einer sicheren Auszahlung, selbst wenn beide denselben Erwartungswert besitzen. Wir vernachlässigen diesen Effekt hier, kommen jedoch in Kapitel 15 darauf zurück.

$$V_t = z_t + \frac{1}{(1+i_t)} z^e_{t+1} + \frac{1}{(1+i_t)(1+i^e_{t+1})} z^e_{t+2} + \ldots \quad (14.5)$$

„Erwarteter diskontierter Gegenwartswert“ ist ein recht umständlicher Ausdruck; daher verwenden wir oft nur den Ausdruck Gegenwartswert. Es ist auch bequemer mit Kurzschreibweisen für Formeln wie Gleichung (14.5) zu arbeiten. Um den Gegenwartswert einer Reihe erwarteter Auszahlungen z zu beschreiben, werden wir $V(z_t)$ schreiben, oder einfach $V(z)$.

14.2.2 Anwendung von Gegenwartswerten: Beispiele

Gleichung (14.5) hat zwei wichtige Implikationen:

$z^e \uparrow \Rightarrow V \uparrow$

- Der Gegenwartswert hängt positiv von gegenwärtigen und zukünftigen Zahlungen ab. Nehmen entweder die heutigen Zahlungen z oder die zukünftigen z^e zu, so erhöht sich der Gegenwartswert.

$i^e \uparrow \Rightarrow V \downarrow$

- Der Gegenwartswert hängt negativ von gegenwärtigen und zukünftigen Zinssätzen ab. Eine Zunahme von i heute oder i^e in Zukunft lässt den Gegenwartswert sinken.

Gleichung (14.5) ist nicht ganz einfach. Die Intuition für diese Effekte vermitteln am besten einige Beispiele.

Konstante Zinssätze

Um uns darauf zu konzentrieren, wie sich der Zahlungsstrom auf den Gegenwartswert auswirkt, nehmen wir an, dass man über den gesamten Zeitraum mit konstanten Zinssätzen rechnet. Es gilt also $i_t = i^e_{t+1} = \ldots$ Den gemeinsamen Wert bezeichnen wir mit i. Die Formel für den Gegenwartswert (14.5) wird zu

$$V_t = z_t + \frac{1}{(1+i)} z^e_{t+1} + \frac{1}{(1+i)^2} z^e_{t+2} + \ldots \tag{14.6}$$

Die Gewichte entsprechen den Ausdrücken einer geometrischen Reihe. Vgl. dazu den Abschnitt: „Die geometrische Reihe" im Anhang 2 am Ende des Buches.

In diesem Fall ist der Gegenwartswert eine gewichtete Summe von gegenwärtigen und erwarteten zukünftigen Auszahlungen: Die Gewichte nehmen geometrisch mit der Zeit ab. Das Gewicht für eine Zahlung im laufenden Jahr ist Eins, das Gewicht einer Zahlung in n Jahren ist dagegen nur $(1/(1 + i))^n$. Bei positivem Zinssatz konvergiert dieses Gewicht gegen Null, je weiter man in die Zukunft blickt. Beträgt der Zinssatz beispielsweise 10%, wird eine Auszahlung, die erst in zehn Jahre anfällt, gewichtet mit $1/(1 + 0{,}10)^{10} = 0{,}386$. Eine Zahlung von 1.000 € in zehn Jahren ist heute also nur 386 € wert. Zahlungen in 30 Jahren werden diskontiert mit $1/(1 + 0{,}10)^{30} = 0{,}057$. Ein Betrag von 1.000 € in 30 Jahren ist heute lediglich 57 € wert!

Konstante Zinssätze und konstante Auszahlungen

In einigen Fällen ist es ganz einfach, den Gegenwartswert eines Zahlungsstroms auszurechnen. Bei einer 30-jährigen Hypothek mit fixem Zinssatz müssen wir zum Beispiel 30 Jahre lang die gleichen Zahlungen (in Euro) leisten. Betrachten wir eine Reihe von gleichen Zahlungen – nennen wir sie z ohne Zeitindex – über n Jahre einschließlich diesen Jahres. In diesem Fall vereinfacht sich die Formel für den Gegenwartswert in Gleichung (14.6) zu

$$V_t = z\left[1 + \frac{1}{(1+i)} + \ldots + \frac{1}{(1+i)^{n-1}}\right]$$

Da der Ausdruck in Klammern eine geometrische Reihe darstellt, können wir die Summe der Reihe ausrechnen. Wir erhalten

$$V_t = z\frac{1-\left[1/(1+i)^n\right]}{1-\left[1/(1+i)\right]}$$

Sie sollten mittlerweile mit geometrischen Reihen vertraut sein und diese Beziehung herleiten können. Falls Sie dabei Probleme haben, arbeiten Sie Anhang 2 am Ende des Buches durch.

Nehmen Sie an, Sie haben gerade eine Million Euro beim Lotto gewonnen und wollen einen sechsstelligen Scheck über 1.000.000 € entgegennehmen. Um sie vor verrückten Kaufinstinkten zu bewahren, aber auch vor Ihren vielen neuen „Freunden", zahlt Ihnen der Staat die Million aber stattdessen in gleichen jährlichen Raten von 50.000 € über die nächsten 20 Jahre aus. Wie hoch ist der Gegenwartswert Ihres Gewinns? Bei einem Zinssatz von 6% pro Jahr erhalten wir aus der vorherigen Gleichung $V = 50.000\,€ \times (0{,}688)/(0{,}057)$, also nur ca. 608.000 €. Nicht schlecht, aber der Gewinn hat Sie nicht zum Millionär gemacht.

Wie hoch ist der Gegenwartswert, falls *i* gleich 4%? 8%? (Antworten: 706.000 €, 530.000 €)

Konstante Zinssatz und Auszahlungen mit unendlichem Horizont

Wir gehen jetzt einen Schritt weiter und nehmen an, dass die Auszahlungen nicht nur konstant sind sondern auch für immer anhalten. Beispiele aus der Realität sind hierfür schwerer zu finden, aber ein Beispiel stammt aus dem England des 19. Jahrhunderts, als die Regierung so genannte „*Consols*" ausgegeben hat, Anleihen, die Jahr für Jahr ohne zeitliche Beschränkung einen fixen Betrag bezahlen. Gegeben sei z die konstante Zahlung. Nehmen wir zudem an, die Zahlungen beginnen nächstes Jahr anstatt sofort, wie im vorherigen Beispiel (das macht die Berechnungen einfacher). Aus Gleichung (14.6) erhalten wir nun:

Die meisten Consols wurden gegen Ende des 19. und Anfang des 20. Jahrhunderts von der britischen Regierung zurückgekauft. Einige sind aber immer noch im Umlauf.

$$V_t = \frac{1}{(1+i)}z + \frac{1}{(1+i)^2}z + \dots = \frac{1}{(1+i)}\left[1 + \frac{1}{(1+i)} + \dots\right]z$$

Den letzten Ausdruck auf der rechten Seite erhalten wir durch das Ausklammern von $1/(1 + i)$. Durch das Ausklammern ergibt sich eine unendliche geometrische Summe. Wir können also die Eigenschaften geometrischer Summen anwenden und den Gegenwartswert schreiben als

$$V_t = \frac{1}{1+i}\frac{1}{\left[1-\left(1/(1+i)\right)\right]}z$$

Oder noch einfacher als

$$V_t = \frac{z}{i}$$

Der Gegenwartswert eines unendlich anhaltenden konstanten Zahlungsstroms z entspricht dem Verhältnis von z zum Zinssatz i. Sei der erwartete Zinssatz zum Beispiel für immer 5% pro Jahr, dann wäre der Gegenwartswert eines Consols, das dem Besitzer 10 € pro Jahr verspricht, gleich 10 €/0,05 = 200 €. Falls der Zinssatz steigt und jetzt erwartet wird, dass er für immer 10% pro Jahr betragen wird, dann fällt der Wert des Consols auf 10 €/0,10 = 100 €.

Zinssatz von Null

Wegen der Diskontierung benötigt man für die Berechnung des diskontierten Gegenwartswerts normalerweise einen Taschenrechner. Es gibt jedoch einen Fall für den sich die Berechnungen vereinfachen. Das ist der Fall in dem der Zinssatz gleich Null ist: Für $i = 0$, ist $1/(1 + i)$ gleich Eins, ebenso auch $[1/(1 + i)^n]$ für alle n. Aus diesem Grund ist der diskontierte Gegenwartswert eines erwarteten Zahlungsstroms einfach gleich der Summe der erwarteten Zahlungen.

Da der Zinssatz in der Regel positiv ist, ist die Annahme eines Null-Zinssatzes lediglich eine Näherung. Aber eine sehr nützliche für Überschlagsrechnungen.

14.2.3 Nominal- und Realzinsen

Bislang haben wir den Gegenwartswert einer Folge von Geldzahlungen (in Euro) berechnet. Als Diskontfaktor haben wir den Nominalzins für in Euro ausgestellte Wertpapiere verwendet. Gleichung (14.5) lautete:

$$V_t = z_t + \frac{1}{(1+i_t)} z^e_{t+1} + \frac{1}{(1+i_t)(1+i^e_{t+1})} z^e_{t+2} + \ldots$$

mit i_t, i^e_{t+1},..., als Folge des aktuellen und der zukünftig erwarteten Nominalzinsen, und z_t, z^e_{t+1}, z^e_{t+2},..., als Folge aktueller zukünftiger Zahlungen in Euro.

Letztlich sind wir aber am realen Ertrag interessiert, (wie viel wir mit dem Geld in Einheiten Brot oder allgemeiner eines Güterbündels in jeder Periode konsumieren können), nicht an den Nominalbeträgen in Euro.

Gleichung (14.5) können wir aber leicht umformen, um den Realertrag als Folge zukünftiger realer Zahlungen, diskontiert mit dem erwarteten Realzins, zu berechnen. Wir erhalten dann:

$$\frac{V_t}{P_t} = \frac{z_t}{P_t} + \frac{1}{1+r_t} \frac{z^e_{t+1}}{P^e_{t+1}} + \frac{1}{(1+r_t)(1+r^e_{t+1})} \frac{z^e_{t+2}}{P^e_{t+2}} + \ldots \qquad (14.7)$$

r_t, ist der aktuelle Realzins; r^e_{t+1},..., die Folge der in Zukunft erwarteten Realzinsen und z^e_{t+1}/P^e_{t+1} $(i=1,2,\ldots)$, die Folge der zukünftig erwarteten Auszahlungen in Einheiten des Warenkorbs. Gleichung (14.7) lässt sich unmittelbar aus Gleichung (14.5) ableiten (unter Verwendung der Beziehung zwischen Real- und Nominalzins), die beiden Darstellungen sind äquivalent. Die Fokusbox „Vom Nominalzins zum Realzins“ zeigt, wie wir dabei vorgehen müssen.

Fokus: Vom Nominalzins zum Realzins

(14.5) und (14.7) sind äquivalente Berechnungen des Gegenwartswertes, auch wenn sie auf den ersten Blick ganz unterschiedlich aussehen. Es ist instruktiv, zu sehen, wie die beiden zusammenhängen. Wir gehen aus von Gleichung (14.5) und teilen zunächst einmal beide Seiten dieser Gleichung (die Eurobeträge) einfach durch den Brotpreis bzw. den Preisindex der laufenden Periode, P_t, (den BIP-Deflator, den wir in Kapitel 2 eingeführt haben).

$$\frac{V_t}{P_t} = \frac{z_t}{P_t} + \frac{1}{1+i_t}\frac{z^e_{t+1}}{P_t} + \frac{1}{(1+i_t)(1+i^e_{t+1})}\frac{z^e_{t+2}}{P_t} + \dots$$

Bislang haben wir nichts anderes gemacht, als beide Seiten der Gleichung durch einen konstanten Wert (den Preis P_t) zu dividieren. Wir sind jedoch eigentlich am realen Ertrag in jeder Periode interessiert, der vom Preis in der betreffenden Periode abhängt. Eine einfache Umformung führt uns aber in wenigen Schritten dort hin. Nach Gleichung (14.2) gilt ja: $P^e_{t+1} = (1 + \pi^e_t)\, P_t$; $P^e_{t+2} = (1 + \pi^e_{t+1})\, P^e_{t+1} = (1 + \pi^e_{t+1})\,(1 + \pi^e_t)\, P_t$ usw. Diese Ausdrücke lösen wir jeweils nach P_t auf und setzen sie an der entsprechenden Stelle in die Gleichung oben ein. Für den Gegenwartswert

$$\frac{1}{1+i_t}\frac{z^e_{t+1}}{P_t}$$

setzen wir zum Beispiel

$$P_t = \frac{P^e_{t+1}}{1+\pi^e_t}$$

oder vielmehr den Kehrwert

$$\frac{1}{P_t} = \frac{1+\pi^e_t}{P^e_{t+1}}$$

ein und können nun den Ausdruck schreiben als

$$\frac{1+\pi^e_t}{1+i_t}\frac{z^e_{t+1}}{P^e_{t+1}}.$$

In gleicher Weise gehen wir für Zahlungen in Periode *t+2* und alle anderen Perioden vor. So erhalten wir:

$$\frac{V_t}{P_t} = \frac{z_t}{P_t} + \frac{(1+\pi^e_t)}{(1+i_t)}\frac{z^e_{t+1}}{P^e_{t+1}} + \frac{(1+\pi^e_t)(1+\pi^e_{t+1})}{(1+i_t)(1+i^e_{t+1})}\frac{z^e_{t+2}}{P^e_{t+2}} + \dots$$

Unter Verwendung der Definitionsgleichung (14.3) für den Realzins ersetzen wir in einem letzten Schritt schließlich Nominalzins und Inflationsrate durch den Realzins. Setzen wir also den Realzins $1 + r^e_{t+i} = (1+i^e_{t+i})/(1+ \pi^e_{t+i})$ (oder vielmehr seinen Kehrwert) ein, erhalten wir einfach:

$$\frac{1}{1+r_t}\frac{z^e_{t+1}}{P^e_{t+1}};$$

und genauso für alle weiteren Periode *t+2*...

In Worten: Wir können den Realertrag eines Zahlungsstroms auf zwei Arten berechnen. Zum einen erhält man den Realertrag des in Euro ausgedrückten Zahlungsstroms, indem man mit dem Nominalzins diskontiert und diesen Wert durch das aktuelle Preisniveau teilt. Zum anderen kann man den realen Gegenwartswert des Zahlungsstroms durch Abdiskontierung mit dem Realzins erhalten. Beide Arten liefern dasselbe Ergebnis.

Benötigen wir beide Formeln? Ja. Es hängt allerdings vom Kontext ab, welche Methode nützlicher ist:

Betrachten wir beispielsweise Anleihen. Anleihen sind gewöhnlich Ansprüche auf nominale Zahlungsströme über mehrere Jahre. Zum Beispiel kann eine 10-jährige Anleihe eine jährliche Zahlung von 50 € über die nächsten zehn Jahre versprechen, zuzüglich der Rückzahlung von 1.000 € im letzten Jahr. Im Hinblick auf die Bewertung von Anleihen in Kapitel 15 sollten wir uns an Gleichung (14.5) halten (die in Euro, also in nominalen Einheiten rechnet) anstatt an Gleichung (14.7) (die in realen Einheiten rechnet).

Aber gelegentlich haben wir eine bessere Einschätzung der zukünftig erwarteten realen Werte als der nominalen Werte in Euro. Man hat meist wenig Ahnung davon, wie hoch das eigene Einkommen (in Euro) in 20 Jahren ist: Dies hängt sehr stark von der Inflationsentwicklung bis dahin ab. Man kann aber relativ sicher sein, dass das Nominaleinkommen zumindest mit der Rate der Inflation wächst – dass also kein realer Einkommensverlust entsteht. In diesem Fall bereitet Gleichung (14.5) eventuell Schwierigkeiten, da man sich Erwartungen über das künftige Einkommen (in Euro) bilden muss; Gleichung (14.7) erleichtert die Berechnung, da sich Erwartungen über das reale künftige Einkommen einfacher bilden lassen. Aus diesem Grund werden wir, im Bezug auf Konsum- und Investitionsentscheidungen in Kapitel 16, Gleichung (14.7) der Gleichung (14.5) vorziehen.

14.3 Nominalzinsen, Realzinsen und das *IS-LM*-Modell

Wir werden in den nächsten drei Kapiteln die gerade entwickelten Instrumente anwenden. Im Rest dieses Kapitels machen wir einen ersten Schritt. Wir führen die Unterscheidung zwischen Real- und Nominalzinsen im *IS-LM*-Modell ein. Anschließend untersuchen wir dann die Beziehung zwischen Geldmengenwachstum, Inflation, und Real- und Nominalzinsen.

Der Zinssatz kommt in dem in Kapitel 5 eingeführten *IS-LM*-Modell an zwei Stellen vor: Die Investitionen reagieren auf den Zins (die *IS*-Kurve). Auch die Geld und Wertpapiernachfrage in der *LM*-Funktion wird vom Zins beeinflusst. Von welchem Zinssatz – nominal oder real – ist aber jeweils die Rede?

Wir verzichten hier auf die Indexierung der Zeit; sie ist bis zum Ende dieses Kapitels nicht notwendig.

- Betrachten wir zuerst die *IS*-Funktion. Die Diskussionen in diesem Kapitel sollten klar gemacht haben, dass die Investitionsbereitschaft der Unternehmen vom Realzins abhängen: Unternehmen produzieren Güter. Sie wollen wissen, wie viel sie zurückbezahlen müssen, und zwar real, nicht in Geldeinheiten. Folglich geht es in der *IS*-Funktion um den Realzins. Wir bezeichnen ihn mit r. Die *IS*-Funktion muss daher modifiziert werden zu

$$Y = C\,(Y - T) + I\,(Y, r) + G \tag{14.8}$$

Gegenwärtig beschränken wir uns auf den Einfluss des Zinssatzes auf die Investitionen. In den Kapiteln 16 und 17 werden wir sehen, dass der Realzins auch auf den Konsum einwirkt.

  Investitionsausgaben und somit auch die Güternachfrage hängen vom Realzins ab (nicht vom Nominalzins, wie bisher angenommen).

- Betrachten wir nun die *LM*-Funktion. Bei der Herleitung der *LM*-Funktion haben wir mit der Abhängigkeit der Geldnachfrage vom Zinssatz argumentiert. Haben wir dabei Bezug auf den Nominal- oder den Realzins genommen?

  Die Antwort lautet: Auf den Nominalzins. Erinnern Sie sich, weshalb der Zinssatz die Geldnachfrage beeinflusst. Bei der Überlegung, ob man Geld oder Anleihen halten sollte, berücksichtigen die Individuen die Opportunitätskosten der Haltung von Geld, nicht von Anleihen. Die Opportunitätskosten sind der Verlust, den man erleidet, wenn man Geld statt Anleihen hält. Geld bringt einen Zins von Null, Anleihen dagegen eine Verzinsung in Höhe des Nominalzinses i. Folglich sind die Opportunitätskosten der Geldhaltung gleich der Differenz zwischen dem Zinssatz der Anleihen und dem Zinssatz des Geldes, $i - 0 = i$, die gleich dem Nominalzins ist. Deswegen bleibt die *LM*-Funktion immer noch

$$\frac{M}{P} = YL(i)$$

Verbindet man diese Gleichung, Gleichung (14.8), und die Beziehung zwischen dem realen und dem Nominalzins, ergibt sich das erweiterte *IS-LM*-Modell wie folgt

$$IS: \quad Y = C(Y - T) + I(Y, r) + G$$

$$LM: \quad \frac{M}{P} = YL(i)$$

$$\text{Realzins} \quad r \approx i - \pi^e$$

Beachten Sie die unmittelbaren Implikationen dieser drei Gleichungen:

- Der direkt durch die Geldpolitik beeinflusste Zinssatz (der Zinssatz, der in die *LM*-Gleichung eingeht), ist der Nominalzins.

Zinssatz in der *LM*-Funktion: Nominalzins, *i*

- Der Zinssatz, der die Ausgaben und die Produktion beeinflusst (der Zinssatz, der in die *IS*-Gleichung eingeht), ist der Realzins.

Zinssatz in der *IS*-Funktion: Realzins, *r*

- Folglich hängen die Auswirkungen der Geldpolitik auf die Produktion davon ab, wie sich Bewegungen des Nominalzinses in Bewegungen des Realzinses übertragen. Zur weiteren Untersuchung dieser Frage wirft der nächste Abschnitt einen Blick auf die Auswirkungen von Geldwachstum auf den Nominalzins und den Realzins, jeweils für die kurze und die mittlere Frist.

14.4 Geldmengenwachstum, Inflation, Nominal- und Realzinsen

"*Die Entscheidung der Fed, ein stärkeres Geldmengenwachstum zu erlauben, ist die treibende Kraft hinter den sinkenden Zinssätzen in den letzten sechs Monaten.*" (Imaginäres Zitat, ca. 2001)

"*Die Berufung von zwei linksgerichteten Gewerkschaftlern in das Direktorium der EZB, die beide keine harte Linie gegenüber der Inflation einnehmen, hat an den Finanzmärkten zur Besorgnis über ein höheres Geldmengenwachstum, höhere Inflation und höhere Zinssätze in der Zukunft geführt.*" (Imaginäres Zitat, aus dem Jahr 2010)

Diese beiden Zitate sind erfunden, aber sie basieren auf realistischen Beispielen. Welches ist richtig? Führt ein höheres Geldmengenwachstum zu niedrigeren Zinssätze, oder führt höheres Geldmengenwachstum zu höheren Zinssätzen? Die Antwort darauf lautet: Beides! Es gibt zwei Schlüssel zu der Antwort. Der eine ist die gerade eingeführte Unterscheidung zwischen realen und nominalen Zinssätzen. Der andere ist die in den Kernkapiteln entwickelte Unterscheidung zwischen der kurzen und der mittleren Frist. Die ganze Antwort lautet:

- Höheres Geldmengenwachstum führt zu einem niedrigeren Nominalzins in der kurzen Frist, aber zu höheren Nominalzins in der mittleren Frist.
- Höheres Geldmengenwachstum führt zu niedrigeren Realzinsen in der kurzen Frist, hat aber keine Auswirkungen auf den Realzins in der mittleren Frist.

Der folgende Abschnitt erläutert diese Antwort und zeigt ihre Implikationen auf.

14.4.1 Ein erneuter Blick auf das *IS-LM*-Modell

Wir haben drei Gleichungen abgeleitet – die *IS*-Funktion, die *LM*-Funktion und die Beziehung zwischen dem Real- und Nominalzins. Es ist praktischer, sie auf zwei Gleichungen zu reduzieren. Wir ersetzen einfach den Realzins in der *IS*-Funktion durch den Nominalzins abzüglich der erwarteten Inflationsrate. Dann erhält man

$$IS\colon\ Y = C\,(Y - T) + I(Y,\, i - \pi^e) + G$$

$$LM\colon\ \frac{M}{P} = YL(i)$$

Diese beiden Gleichungen sind dieselben wie in Kapitel 5, aber mit einem wichtigen Unterschied: Die Investitionsausgaben in der *IS*-Funktion hängen vom Realzins ab, der gleich dem Nominalzins ist, abzüglich der erwarteten Inflation.

Die entsprechenden *IS*- und *LM*-Kurven sind in Abbildung 14.4 dargestellt, für gegebene Werte von P, M, G und T, und für eine gegebene erwartete Inflationsrate π^e.

Abbildung 14.4: *IS-LM*-Gleichgewicht mit Realzins

Das Gleichgewicht von Produktion und Nominalzins ist durch den Schnittpunkt der IS-Kurve mit der *LM*-Kurve gegeben. Der Realzins entspricht dem Nominalzins abzüglich der erwarteten Inflation.

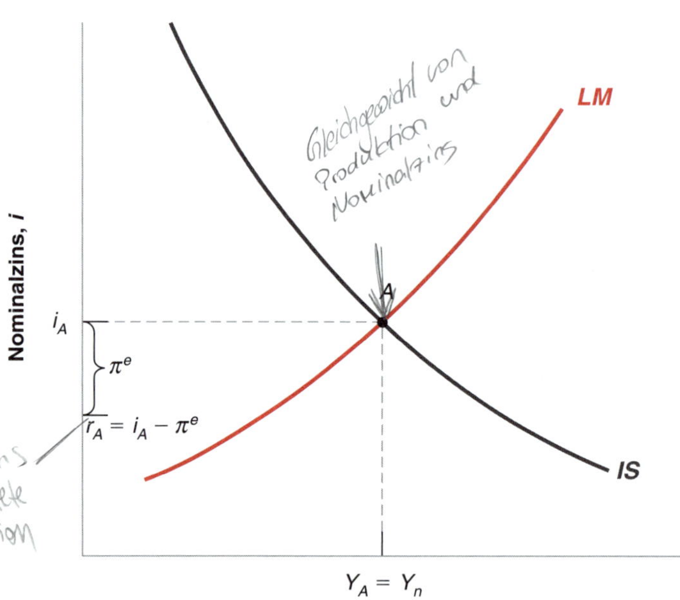

- Für eine gegebene erwartete Inflationsrate (π^e), bewegen sich Nominal- und Realzins gleich. Folglich impliziert ein abnehmender Nominalzins eine ebenso hohe Abnahme des Realzinses. Das führt zu einer Zunahme von Ausgaben und Produktion: Die IS-Kurve verläuft fallend.
- Die LM-Kurve verläuft steigend: Bei gegebener Geldmenge führt eine Zunahme der Produktion, die für eine steigende Geldnachfrage sorgt, zu einer Zunahme des Nominalzinses.
- Das Gleichgewicht befindet sich im Schnittpunkt zwischen der *IS*- und der *LM*-Kurve, im Punkt *A*, beim Produktionsniveau Y_A und Nominalzins i_A. Basierend auf dem Nominalzins i_A, erhält man den Realzins r_A, durch $r_A = i_A - \pi^e$.

Falls $r = i - \pi^e$, dann $\Delta r = \Delta i - \Delta\pi^e$. Falls π^e konstant ist, gilt $\Delta\pi^e = 0$. Dann ist $\Delta r = \Delta i$.

14.4.2 Nominal- und Realzinsen in der kurzen Frist

Wir gehen davon aus, dass die Produktion im Ausgangspunkt ihrem natürlichen Niveau entspricht. Es gilt also $Y_A = Y_n$. Jetzt nehmen wir an, dass die Zentralbank das Geldmengenwachstum erhöht. Was geschieht mit der Produktion, dem Nominalzins und dem Realzins in der kurzen Frist?

Eine wichtige Erkenntnis aus unserer Analyse der Geldpolitik in den Kernkapiteln war, dass in der kurzen Frist ein beschleunigtes Geldmengenwachstum nicht im gleichen Umfang das Preisniveau erhöht. Mit anderen Worten, ein erhöhtes nominales Geldmengenwachstum führt in der kurzen Frist zu einer Erhöhung der realen Geldmenge *(M/P)*. Das ist alles, was wir für unsere Zwecke benötigen. Was kurzfristig mit der Produktion und den Zinssätzen passiert, ist in Abbildung 14.5 dargestellt.

Die Zunahme der realen Geldmenge verschiebt die *LM*-Kurve nach unten, von *LM* zu *LM'*: Bei gegebenem Produktionsniveau lässt eine Erhöhung der realen Geldmenge den Nominalzins sinken. Wenn wir vernünftigerweise annehmen, dass die Individuen und Unternehmen ihre Inflationserwartungen nicht sofort revidieren, verschiebt sich die IS-Kurve nicht: Bei unveränderten Inflationserwartungen entspricht ein bestimmter Nominalzins demselben realen Zinssatz und demselben Ausgaben- und Produktionsniveau. Das Gleichgewicht bewegt sich entlang der *IS*-Kurve nach unten – von Punkt *A* zu Punkt *B*. Die Produktion steigt. Der Nominalzins ist niedriger und, bei gegebenen Inflationserwartungen, ebenso der Realzins.

Kurzfristig steigt bei einer Zunahme des Geldmengenwachstums *M/P*. Sowohl *i* als auch *r* fallen, und *Y* steigt.

Zusammenfassend: In der kurzen Frist lässt ein stärkeres nominales Geldmengenwachstum Nominal- und Realzins sinken; die reale Geldmenge steigt. Die höhere reale Kaufkraft lässt die Produktion steigen.

Betrachten wir noch einmal das erste Zitat: Das Ziel der Fed im Jahr 2001 war es, genau dieses Ergebnis zu erreichen. Besorgt über eine Verschärfung der Rezession erhöhte sie das Geldmengenwachstum, um den Realzins zu senken und die Produktion zu steigern.

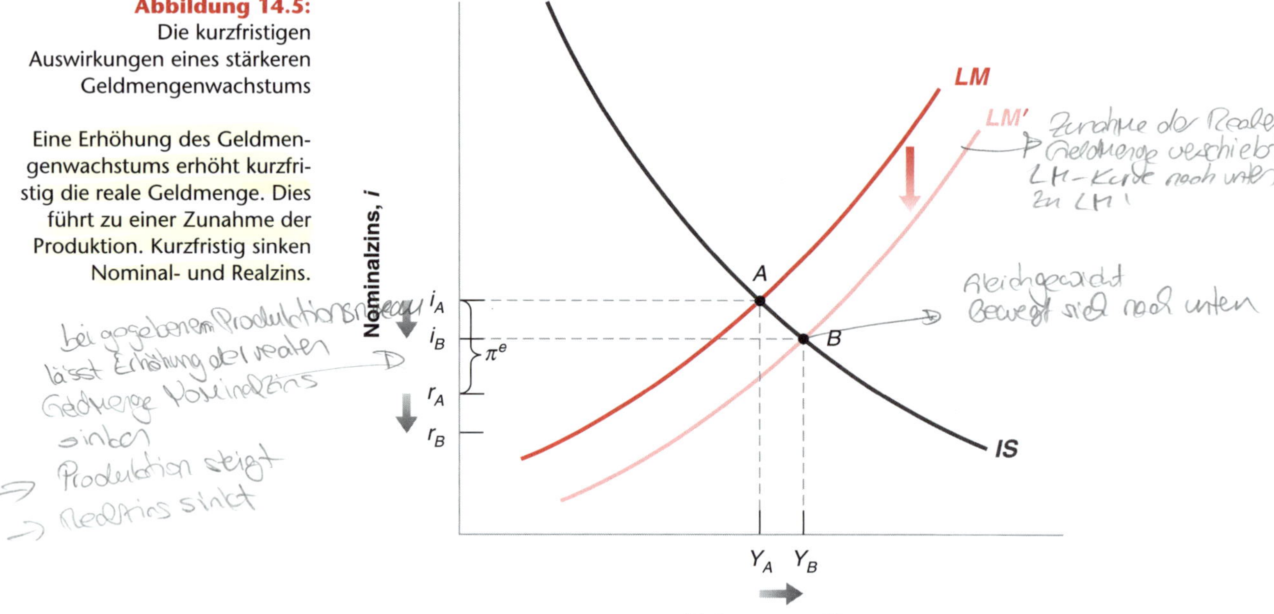

Abbildung 14.5: Die kurzfristigen Auswirkungen eines stärkeren Geldmengenwachstums

Eine Erhöhung des Geldmengenwachstums erhöht kurzfristig die reale Geldmenge. Dies führt zu einer Zunahme der Produktion. Kurzfristig sinken Nominal- und Realzins.

14.4.3 Nominal- und Realzinsen in der mittleren Frist

Betrachten wir nun die mittlere Frist. Nehmen wir an, die Zentralbank erhöht dauerhaft das Geldmengenwachstum. Was geschieht dann mittelfristig mit Produktion, Nominal- und Realzins?

Um diese Frage zu beantworten, erinnern wir uns an zwei zentrale Lehrsätze, die wir in den Kernkapiteln erarbeitet haben:

- Mittelfristig kehrt die Produktion zu ihrem natürlichen Niveau zurück.

  Wie Sie in Kapitel 6 gesehen haben, kehrt die Produktion zu ihrem natürlichen Niveau zurück, weil mittelfristig die Arbeitslosenquote zur natürlichen Arbeitslosenquote zurückgeht.

In der mittleren Frist gilt: $\pi = g_m - g_y$

- Mittelfristig entspricht die Inflationsrate der Wachstumsrate der Geldmenge abzüglich des Wachstums der Produktion.

  Diesen Schluss haben wir in Kapitel 9 gezogen. Die Intuition dahinter ist einfach: Ein wachsendes Produktionsniveau impliziert mehr Bedarf an Transaktionen und so eine höhere reale Geldnachfrage. Wächst die Produktion mit 3% im Jahr, muss auch die reale Geldmenge um 3% im Jahr wachsen. Falls die nominale Geldmenge nicht mit 3% im Jahr wächst, muss sich die Abweichung in Form von Inflation (oder Deflation) zeigen. Wächst die nominale Geldmenge beispielsweise mit 10% im Jahr, dann muss die Inflation gleich 7% im Jahr sein.

Während wir uns in den Kapiteln 10-13 mit dem Produktionswachstum im Zeitablauf beschäftigt haben, vernachlässigen wir von nun an aber zur Vereinfachung das Produktionswachstum. Wir nehmen im Folgenden also an, dass Y_n, das natürliche Produktionsniveau, über die Zeit konstant bleibt.

Wir vernachlässigen von nun an Produktionswachstum (also: $g_y = 0$). In der mittleren Frist gilt dann: $Y = Y_n$

Wenn wir annehmen, dass das Produktionswachstum gleich Null ist, vereinfacht sich unsere Aussage weiter: Mittelfristig gleicht die Inflationsrate der Wachstumsrate der nominalen Geldmenge.

In der mittleren Frist (sofern $g_y = 0$): $\pi = g_m$

Die Implikationen dieser beiden Lehrsätze für das Verhalten der realen und nominalen Zinssätze in der mittleren Frist sind offensichtlich:

- Betrachten wir zuerst den Realzins. Aus Bequemlichkeit schreiben wir die *IS*-Gleichung wie folgt:

$$Y = C\,(Y - T) + I\,(Y, r) + G$$

Die *IS*-Funktion können wir so interpretieren, dass sie uns für gegebene Werte von G und T verrät, welcher Realzins r nötig ist, um ein gegebenes Ausgaben- bzw. Produktionsniveau, Y, aufrechtzuerhalten. Entspricht die Produktion dem natürlichen Produktionsniveau, Y_n, lässt sich damit, für gegebene Werte von G und T, der Realzins wie folgt ermitteln:

$$Y_n = C\,(Y_n - T) + I\,(Y_n, r) + G$$

Ebenso wie wir das mittelfristige Produktionsniveau als „natürlich" bezeichnen, bezeichnen wir diesen Wert des Realzinses als den natürlichen Realzins r_n. Damit hat unser früherer Lehrsatz, dass mittelfristig die Produktion zu ihrem natürlichen Niveau, Y_n, zurückkehrt, eine direkte Implikation: Für gegebene Werte von G und T gleicht sich der Realzins mittelfristig dem natürlichen Realzins, r_n, an. Mit anderen Worten, mittelfristig hängen weder die Produktion noch der Realzins von der Wachstumsrate der Geldmenge ab.

- Wenden wir uns dem Nominalzins zu. Erinnern Sie sich an die Beziehung zwischen nominalem und realem Zinssatz:

$$i = r + \pi^e$$

Mittelfristig entspricht der Realzins aber dem natürlichen Realzins r_n. Also,

$$i = r_n + \pi^e$$

In der mittleren Frist entspricht zudem die erwartete Inflation der wirklichen Inflation (die Individuen können nicht ewig falsche Inflationserwartungen haben). Also,

$$i = r_n + \pi$$

In der mittleren Frist ist damit die Inflation gleich dem Geldmengenwachstum (erinnern Sie sich an unsere Annahme des Null-Wachstums der Produktion), also,

$$i = r_n + g_m$$

In Worten: In der mittleren Frist ist der Nominalzins gleich dem natürlichen Realzins zuzüglich der Wachstumsrate der Geldmenge. So führt eine Zunahme des Geldmengenwachstums zu einer gleich hohen Zunahme des Nominalzinses.

Fassen wir zusammen: Mittelfristig lässt Geldmengenwachstum den Realzins unverändert, es beeinflusst aber Inflation und Nominalzins 1:1.

Irving Fisher, 'The Rate of Interest' (New York: Macmillan, 1906)

Ein dauerhaft höheres Geldmengenwachstum (etwa um zehn Prozent) lässt mittelfristig Inflation und Nominalzins genau um 10% steigen. Der Realzins bleibt jedoch unverändert. Dieses Ergebnis, dass mittelfristig der Nominalzins 1:1 mit der Inflation zunimmt, ist als Fisher-Effekt oder Fisher-Hypothese bekannt, nach Irving Fisher, einem Ökonomen von der Yale Universität, der diesen Zusammenhang zu Beginn des 20. Jahrhunderts als Erster erkannte und begründete.

Aus diesem Grund werden vorwiegend konservativ gesinnte Zentralbanker in das Direktorium berufen, um zu signalisieren, dass die EZB an ihrer Politik der Preisstabilität festhält. Vgl. dazu auch Kapitel 24.

Dieses Ergebnis unterstreicht das zweite Zitat vom Anfang des Abschnitts: Sollten Finanzinvestoren wegen der Ernennung von Gewerkschaftsmitgliedern in das Direktorium der EZB besorgt sein, dass die Geldmenge in Zukunft schneller wächst, dann ist es rational, künftig tatsächlich mit höheren Zinsen zu rechnen.

14.4.4 Von der kurzen zur mittleren Frist

Wir haben nun gesehen, wie sich die beiden Zitate zu Beginn des Abschnitts in Einklang bringen lassen: Eine Zunahme des Geldmengenwachstums (eine expansive Geldpolitik) führt kurzfristig wahrscheinlich zu fallenden nominalen Zinssätzen, mittelfristig aber zu steigenden nominalen Zinssätzen.

Was geschieht zwischen der kurzen und der mittleren Frist? Eine vollständige Darstellung der Entwicklung von Real- und Nominalzinsen im Zeitablauf würde hier zu weit führen. Die Grundelemente des Anpassungsprozesses sind allerdings leicht zu umschreiben.

In der kurzen Frist fallen sowohl Real- als auch Nominalzins. Wieso bleiben sie nicht für immer niedrig? Vorweg kurz die Antwort, da es viele Schritte gibt: Niedrige Zinsen führen zu höherer Produktion, dies erhöht schließlich die Inflation; hohe Inflation lässt die reale Geldmenge sinken und die Zinssätze ansteigen. Nun aber die Antwort Schritt für Schritt:

In der kurzen Frist: $i\downarrow$ $r\downarrow$
$r < r_n \Rightarrow Y > Y_n$
$Y > Y_n \Rightarrow u < u_n$
$u < u_n \Rightarrow \pi\uparrow$

- Solange der Realzins unter dem natürlichen Realzins liegt – d.h. dem mit dem natürlichen Produktionsniveau korrespondierenden Wert – ist die Produktion über ihrem natürlichen Niveau. Gleichermaßen liegt die Arbeitslosigkeit unter ihrem natürlichen Niveau. Vom Phillipskurven-Zusammenhang wissen wir, dass die Inflation so lange steigt, wie die Arbeitslosigkeit unter ihrem natürlichen Niveau liegt.

Über die Zeit: Schließlich:
$\pi > g'_m \Rightarrow g'_m - \pi < 0$
$g'_m - \pi < 0 \Rightarrow i\uparrow$

- Der Anstieg der Inflation wird schließlich das nominale Geldmengenwachstum übersteigen, so dass die reale Geldmenge sinkt. Damit steigt der Nominalzins und ebenso der Realzins, bei gegebenen Inflationserwartungen.

- In der mittleren Frist steigt der Realzins wieder auf sein ursprüngliches Niveau. Die Produktion ist wieder auf ihrem natürlichen Niveau und auch die Arbeitslosigkeit hat wieder ihre natürliche Quote erreicht; die Inflation ändert sich nicht weiter. Während der Realzins gegen seinen Ausgangswert konvergiert, ist der Nominalzins nun höher, er entspricht dem Realzins zuzüglich der neuen, höheren Wachstumsrate der nominalen Geldmenge.

In der mittleren Frist:
$r = r_n$
$Y = Y_n$
$u = u_n$
$\pi = g_m$
$i = r_n + g_m$

Abbildung 14.6 fasst diese Ergebnisse zusammen, indem sie die Anpassungen von Real- und Nominalzins an eine Erhöhung des nominalen Geldmengenwachstums, von 0% auf 10%, im Zeitablauf darstellt, beginnend zum Zeitpunkt *t*. Vor dem Zeitpunkt *t* sind beide Zinssätze konstant und identisch. Der Realzins ist gleich r_n. Der Nominalzins ist auch r_n (da die wirkliche und die erwartete Inflation gleich Null sind).

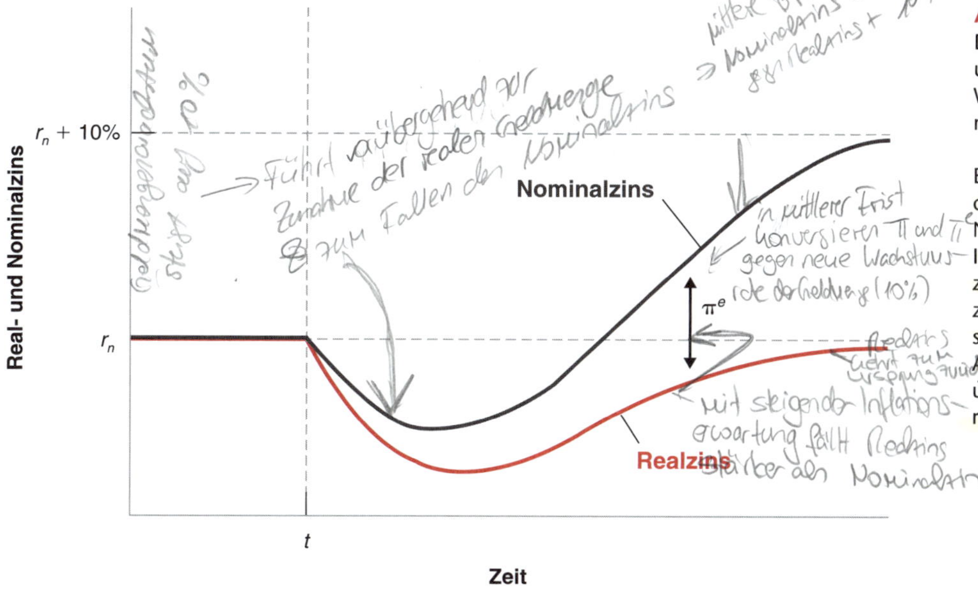

Abbildung 14.6: Die Anpassung von Nominal- und Realzins an eine erhöhte Wachstumsrate der Geldmenge

Eine erhöhte Wachstumsrate der Geldmenge lässt zunächst Nominal- und Realzins sinken. Im Zeitablauf kehrt der Realzins auf seinen Ausgangswert zurück. Der Nominalzins übersteigt mittelfristig seinen Anfangswert, und zwar genau um die erhöhte Wachstumsrate der Geldmenge.

Zum Zeitpunkt *t* steigt das Geldmengenwachstum von 0 auf 10%. Die Zunahme der nominalen Wachstumsrate der Geldmenge führt vorübergehend zu einer Zunahme der realen Geldmenge und zu einem Fallen des Nominalzinses. Mit steigenden Inflationserwartungen fällt der Realzins stärker als der Nominalzins.

Schließlich fangen Nominal- und Realzins an zu steigen. In der mittleren Frist kehrt der Realzins zu seinem Ausgangsniveau zurück. Die Inflation und die erwartete Inflation konvergieren gegen die neue Wachstumsrate der Geldmenge, also 10%. Der Nominalzins konvergiert gegen den Realzins zuzüglich 10%.

14.4.5 Evidenz der Fisher-Hypothese

Es gibt eine Menge von Belegen, dass eine expansive Geldpolitik den Nominalzins kurzfristig senkt (vgl. beispielsweise Abschnitt 5.5). Aber wie viele Belege gibt es für die Fisher-Hypothese, die Aussage, dass ein Anstieg der Inflation mittelfristig den Nominalzins 1:1 erhöht?

Ökonomen haben versucht, diese Frage zu beantworten, indem sie zwei Arten der Beweisführung betrachten. Die eine ist die Beziehung zwischen Nominalzins und Inflation über die Länder. Da die Beziehung nur für die mittlere Frist gilt, sollten wir nicht erwarten, dass die Inflation und der Nominalzins in jedem Land zu jeder Zeit nah aneinander liegen. Aber die Beziehung sollte im Durchschnitt halten. Dieser Ansatz wird in der Fokusbox „Nominale Zinssätze und Inflation in Lateinamerika am Anfang der 90er" weiter untersucht, wodurch die Fisher-Hypothese grundlegende Unterstützung findet.

Der andere Beweis stützt sich auf die Beziehung des Nominalzinses und der Inflation über die Zeit für ein Land. Erneut besagt die Fisher-Hypothese nicht, dass die beiden sich von Jahr zu Jahr im Einklang bewegen. Aber sie lässt darauf schließen, dass die langen Zyklen der Inflation sich schließlich auch in ähnlichen Zyklen der Zinssätze niederschlagen. Um Beweise aus diesen langen Zyklen zu erhalten, müssen wir den Betrachtungszeitraum so lange wählen, wie möglich. Abbildung 14.7 zeigt den Nominalzins und die Inflation in Deutschland seit 1960. Der Nominalzins ist der dreimonatige Zinssatz für Schatzwechsel und die Inflation ist die Veränderung des Konsumentenpreisindex.

Abbildung 14.7 liefert interessante Einsichten:

Abbildung 14.7: Der Zinssatz für Dreimonatsgeld und die Inflation, Deutschland, 1960-2000

Der Anstieg der Inflation Ende der 60er, Ende der 70er und Anfang der 90er war begleitet von einem Anstieg des Nominalzinses. Wenn die Inflation zurückgeht, sinkt auch der Nominalzins.

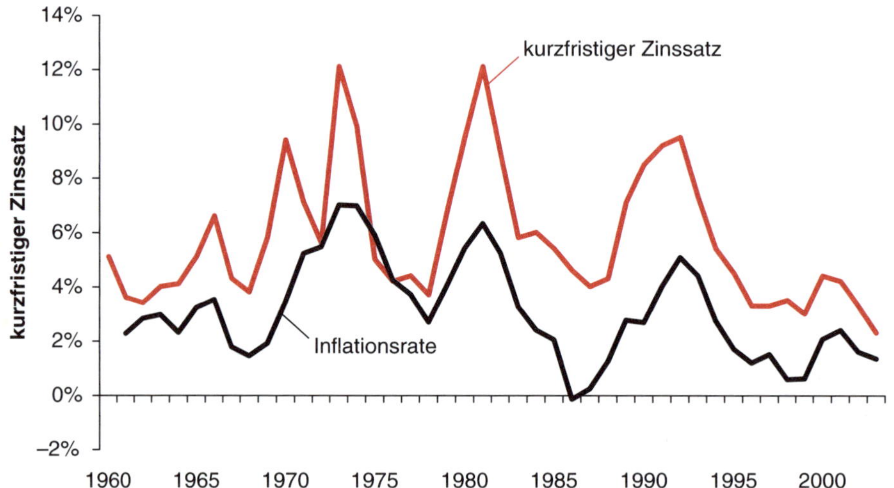

- Der Anstieg der Inflation war begleitet von einem Anstieg des Nominalzinses. Wenn die Inflation zurückgeht, sinkt auch der Nominalzins. Diese Entwicklungen unterstützen die Fisher-Hypothese.

- Nachweise für die kurzfristigen Einflüsse, die wir früher besprochen hatten, sind auch zu sehen. Die Nominalzinsen steigen meist schon, bevor die Inflation zunimmt. Bei abnehmender Inflation sinkt der Nominalzins erst mit einer gewissen Verzögerung.

Fokus: Nominalzinsen und Inflation in Lateinamerika in den frühen 90ern

Abbildung 1 stellt die Kombinationen der nominalen Zinssätze und Inflationsraten für acht lateinamerikanische Länder (Argentinien, Bolivien, Chile, Ecuador, Mexiko, Peru, Uruguay und Venezuela) in den Jahren 1992 und 1993 dar. Weil die Zahlen von Brasilien die der anderen Länder winzig erachten ließen, wurden sie nicht in die Abbildung aufgenommen. (1992 hatte Brasilien eine Inflationsrate von 1,008% und der Nominalzins betrug 1,560%. 1993 war die Inflation 2,140% und der Nominalzins 3,240%.) Die Zahlen für die Inflation beruhen auf der Wachstumsrate des Konsumentenpreisindex. Die Zahlen für den Nominalzins beziehen sich auf den Kreditzins. Die genaue Definition dieses Satzes ist von Land zu Land verschieden, aber Sie können ihn als äquivalent zum Zinssatz für Staatsanleihen sehen – der Zinssatz, den Schuldner mit der höchsten Bonität zahlen müssen.

Beachten Sie die große Bandbreite der Inflation zwischen 10% und 100%. Das ist der Grund für die Wahl lateinamerikanischer Daten aus den frühen 90ern. Aus diesen stark variierenden Inflationsraten können wir viel über die Beziehung zwischen Nominalzinsen und der Inflation lernen. Und die Abbildung zeigt tatsächlich einen deutlichen Zusammenhang zwischen Nominalzins und Inflation. Die durchgezogene Linie in der Abbildung zeigt den Nominalzins, wie sie die Fisher-Hypothese vorhersagt, wobei ein Realzins von 5% angenommen wird, sodass $i = 5\% + \pi$. Die Steigung der Linie beträgt Eins: Unter der Fisher-Hypothese sollte ein Anstieg der Inflation um 1% einen Anstieg des Nominalzinses um ebenfalls 1% nach sich ziehen.

Die Linie hat einen recht guten Fit; knapp die Hälfte der Punkte liegt über der Linie, die andere Hälfte darunter. Die Fisher-Hypothese scheint sich einigermaßen mit den realen Daten aus Lateinamerika aus den frühen 90ern zu decken.

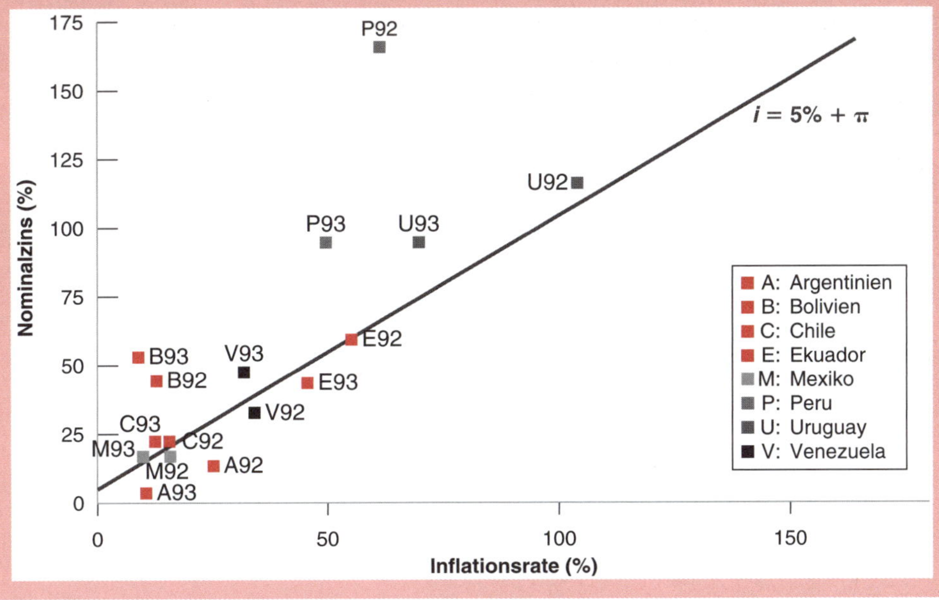

Abbildung 1: Nominalzinsen und Inflation: Lateinamerika, 1992-1993

Weil die Zinssätze Brasiliens weit jenseits der Skala liegen, sind sie in der Abbildung nicht aufgeführt.

Gewissenhaftere Untersuchungen bestätigen unsere grundlegende Schlussfolgerung. Die Fisher-Hypothese, dass ein Inflationsanstieg mittelfristig zu einem höheren Nominalzins führt, scheint durch die Daten ziemlich gut belegt. Aber die Anpassung geschieht über einen langen Zeitraum. Die Daten bestätigen den Schluss von Milton Friedman, den wir in der Fokusbox in Kapitel 8 zitierten, dass es gewöhnlich einige Jahrzehnte dauert, bis Nominalzinsen die höhere Inflation widerspiegeln.

Zusammenfassung

- Der Nominalzins gibt an, wie viele Euro man künftig zurückzahlen muss im Austausch für einen Euro heute.
- Der Realzins gibt an, wie viele Güter man in der Zukunft zurückerstatten muss im Austausch für ein Gut heute.
- Der Realzins ist näherungsweise gleich dem Nominalzins abzüglich der erwarteten Inflation.
- Der erwartete diskontierte Gegenwartswert eines Zahlungsstroms gleicht dem heutigen Wert des erwarteten Zahlungsstroms. Er hängt positiv von jetzigen und zukünftigen Zahlungen ab. Er hängt negativ von jetzigen und zukünftigen Zinssätzen ab.
- Bei der Diskontierung eines Zahlungsstroms mit heutigen und zukünftigen nominalen Auszahlungen sollte man den heutigen und künftig erwarteten Nominalzins verwenden. Bei der Diskontierung eines realen Zahlungsstroms mit heutigen und zukünftigen Zahlungen sollte man den gegenwärtigen und künftig erwarteten Realzins verwenden.
- Investitionsentscheidungen hängen vom Realzins ab. Die Wahl zwischen Geld und Anleihen wird vom Nominalzins bestimmt. Folglich geht der Realzins in die IS-Funktion ein, während der Nominalzins in der LM-Funktion eine Rolle spielt.
- In der kurzen Frist führt eine Erhöhung des Geldmengenwachstums typischerweise sowohl zu niedrigeren nominalen als auch zu niedrigeren realen Zinssätzen.
- In der mittleren Frist hat ein erhöhtes Geldmengenwachstum keinen Einfluss auf den Realzins, erhöht jedoch den Nominalzins 1:1.
- Der Lehrsatz, dass sich mittelfristig Änderungen der Inflationsrate 1:1 in einer Veränderung des Nominalzinses niederschlagen, ist als Fisher-Hypothese bekannt. Empirische Untersuchungen lassen vermuten, dass sich veränderte Inflationsraten nach einem langen Prozess schließlich in geänderten Nominalzinsen widerspiegeln.

Übungsaufgaben

Verständnistests

1. Welche der folgenden Aussagen sind zutreffend, falsch oder unklar? Geben Sie jeweils eine kurze Erläuterung.

   a. Solange die Inflation in etwa konstant bleibt, sind die Bewegungen des Realzinses und des Nominalzinses nahezu identisch.
   b. Stellt sich die Inflation höher als erwartet heraus, dann sind die realen Kreditkosten geringer als der Realzins.
   c. Der Ländervergleich verrät, dass die realen Zinssätze weitaus geringere Unterschiede aufweisen als die Nominalzinsen.
   d. Der Realzins ist gleich dem Nominalzins dividiert durch das Preisniveau.
   e. Mittelfristig ist der Realzins unabhängig vom Geldmengenwachstum.
   f. Die Fisher-Hypothese besagt, dass der Nominalzins mittelfristig nicht vom Geldmengenwachstum abhängt.
   g. Die Erfahrungen lateinamerikanischer Länder Anfang der 90er unterstützen die Fisher-Hypothese.
   h. Der heutige Wert einer zukünftigen nominalen Zahlung kann nicht größer sein, als die nominale Zahlung selbst.
   i. Der heutige reale Wert einer zukünftigen realen Zahlung kann nicht größer sein, als die reale Zahlung selbst.

2. Für welche der folgenden Problemstellungen würden Sie reale Zahlungen und reale Zinssätze verwenden, bzw. nominale Zahlungen und nominale Zinssätze, um den erwarteten diskontierten Gegenwartswert auszurechnen? Erklären Sie für jeden Fall, weshalb.

   a. Schätzen des Gegenwartswerts der Gewinne einer Investition in eine neue Maschine.
   b. Schätzen des Gegenwartswerts einer 20-jährigen Staatsanleihe.
   c. Entscheidung, ein Auto zu leasen oder zu kaufen.

3. Rechnen Sie für die folgenden Werte den Realzins mit der exakten Formel und der approximativen Formel aus:

   a. $i = 4\%$; $\pi^e = 2\%$
   b. $i = 15\%$; $\pi^e = 11\%$
   c. $i = 54\%$; $\pi^e = 46\%$

4. *Nominal- und Realzinsen weltweit*

   a. Kann der Nominalzins jemals negativ sein? Erklären Sie.
   b. Kann der Realzins jemals negativ sein? Unter welchen Umständen? Falls ja, weshalb sollte man dann nicht einfach Bargeld halten?
   c. Welche Auswirkungen hat ein negativer Realzins auf die Kreditnahme und -vergabe?
   d. Nehmen Sie eine aktuelle Ausgabe des "*The Economist*" und betrachten Sie die Tabellen am Ende der Zeitschrift (Economic Indicators and Financial Indicators). Nehmen Sie den dreimonatigen Geldmarktsatz als den Nominalzins und die letzte Veränderungsrate des Konsumentenpreisindex als erwartete Inflation (beides sind Jahresdaten). Welche Länder haben die niedrigsten nominalen Zinssätze? Welche Länder haben die geringsten realen Zinssätze? Sind diese Realzinssätze beinahe negativ?

5. Sie möchten heute 2.000 € für Ihren Ruhestand in 40 Jahren sparen. Sie müssen sich zwischen zwei Alternativen entscheiden (zwei in den USA mögliche Sparformen):
   i. Sie zahlen heute keine Steuern und legen das Geld auf ein Zins bringendes Konto, und zahlen 25% Steuern auf die gesamte Summe, die Sie zur Rente abheben. (In den Vereinigten Staaten ist dieses Konto als individuelles Rentenkonto – individual retirement account oder IRA – bekannt.)
   ii. Sie zahlen heute 20% Steuern der heutigen Sparsumme, und legen den Rest auf ein Zins bringendes Konto, zahlen aber bei Rentenbeginn keine Steuern mehr. (In den Vereinigten Staaten als Roth IRA bekannt.)
   a. Wie hoch ist der erwartete Gegenwartswert dieser Pläne bei einem Zinssatz von 1%? 10%?
   b. Welchen Plan würden Sie jeweils wählen?
6. Der Gegenwartswert eines unendlichen Zahlungsstroms von z (beginnend im nächsten Jahr) ist z/i, falls der Nominalzins, i, konstant ist. Diese Formel berechnet den Preis eines Consols – einer Anleihe, die für immer einen festen nominalen Betrag einmal im Jahr auszahlt. Sie ist auch eine gute Approximation für den Gegenwartswert eines Stroms konstanter Zahlungen über einen langen, aber nicht unendlichen Zeitraum, solange i konstant ist. Lassen Sie uns prüfen, wie gut die Approximation ist. Nehmen wir $i = 10\%$ an.
   a. Gegeben sei $z = 100$. Was ist der Gegenwartswert des Consols?
   b. Was ist der Gegenwartswert einer Anleihe, die jährlich z auszahlt über die nächsten 10 Jahre? 20 Jahre? 30 Jahre? 60 Jahre? (Hinweis: Nutzen Sie die Formel aus Kapitel 14, aber berücksichtigen Sie die Anpassung der ersten Zahlung.)
   c. Wiederholen Sie die Übung für $i = 5\%$, $i =2\%$ und $i = 5\%$.
7. *Die Fisher-Hypothese*
   a. Was ist die Fisher-Hypothese?
   b. Unterstützten oder widerlegen die Erfahrungen lateinamerikanischer Länder Anfang der 90er Jahre die Fisher-Hypothese? Erklären Sie.
   c. Betrachten Sie die Abbildung in der Fokusbox über Lateinamerika. Beachten Sie, dass die Gerade im Streudiagramm nicht durch den Ursprung geht. Unterstellt die Fisher-Hypothese, dass die Gerade durch den Ursprung gehen sollte? Erklären Sie.
   d. „Wenn die Fisher-Hypothese zutrifft, dann führen Veränderungen der Wachstumsrate der Geldmenge zu einer gleich hohen Änderung von i, und der Realzins bleibt unverändert. Folglich bleibt kein Spielraum für die Geldpolitik, um auf die reale wirtschaftliche Aktivität Einfluss zu nehmen.“ Diskutieren Sie.

Vertiefungsfragen

8. Bei der Betrachtung der kurzen Frist in Abschnitt 14.4, haben wir gezeigt, wie ein Anstieg des nominalen Geldmengenwachstums zu höherer Produktion, einem geringeren Nominalzins und einem niedrigeren Realzins führte.
   Die Analyse im Text (wie in Abbildung 14.5 zusammengefasst) ging davon aus, dass die erwartete Inflation, π^e, sich nicht ändert. Wir lockern jetzt diese Bedingung und nehmen dafür an, dass die erwartete Inflation um $\Delta\pi^e$ wächst.
   a. Zeigen Sie den Einfluss auf die *IS*-Kurve. Beschreiben Sie mit Worten.
   b. Zeigen den Einfluss auf die *LM*-Kurve. Beschreiben Sie mit Worten.
   c. Zeigen Sie den Einfluss auf Produktion und Nominalzins. Könnte der Nominalzins letztendlich höher ausfallen – nicht niedriger – als vor der Änderung des Geldmengenwachstums? Weshalb?
   d. Selbst wenn die Auswirkungen auf den nominalen Zins ambivalent sind, können Sie beschreiben, was mit dem Realzins geschieht? (Hinweis: Was geschieht mit der Produktion im Vergleich zu Abbildung 14.5? Welche Folgen hat das auf die Reaktion des Realzinses?)

Kapitel

15 Finanzmärkte und Erwartungen

Bei unserer ersten Begegnung mit Finanzmärkten in Kapitel 4 haben wir nur zwei Vermögensarten betrachtet: Bargeld und Anleihen mit einjähriger Laufzeit. Nun lassen wir reichhaltigere und realistischere Alternativen zur Bargeldhaltung zu: Kurzfristige Anleihen, langfristige Anleihen und Aktien.

Dieses Kapitel richtet den Blick auf die Rolle der Erwartungen bei der Bestimmung der Kurse (Preise) von Anleihen und Aktien.

- Abschnitt 15.1 untersucht, wie die Kurse von Anleihen und deren Renditen bestimmt werden. Dabei wird deutlich, dass Kurse und Renditen von den aktuellen und den künftig erwarteten kurzfristigen Zinsen abhängen. Anschließend zeigen wir, was man von der Zinsstrukturkurve über den künftig erwarteten Verlauf der kurzfristigen Zinsen lernen kann.
- Abschnitt 15.2 beschäftigt sich mit den Bestimmungsgrößen von Aktienkursen. Es wird gezeigt, dass die Aktienkurse von den künftig erwarteten Gewinnen und auch vom aktuellen und den erwarteten Zinsen anhängt. Anschließend wird diskutiert, wie sich veränderte wirtschaftliche Aktivität auf Aktienkurse auswirken.
- Abschnitt 15.3 diskutiert vorübergehende Launen und Blasen (Bubbles) am Aktienmarkt – Zeiten, in denen die Aktienkurse scheinbar von anderen Faktoren, nicht allein von Gewinnen und Zinsen, getrieben werden.

15.1 Kurse und Renditen von Anleihen

Anleihen unterscheiden sich in zwei wesentlichen Dimensionen:

1. Dem Ausfallrisiko. Das ist das Risiko, dass der Emittent der Anleihe (eine Regierung oder ein Unternehmen) die versprochene Rückzahlung der Anleihe nicht in vollem Umfang leisten kann.
2. Der Laufzeit. Das ist die Länge des Zeitraums, über den die Anleihe Zahlungen verspricht. Eine Anleihe, die in sechs Monaten eine einzelne Zahlung von 100 € verspricht, hat eine Laufzeit von sechs Monaten. Eine Anleihe, die für die nächsten 20 Jahre eine jährliche Zahlung von 100 € verspricht, zuzüglich der Rückzahlung von 100 € am Ende der 20 Jahre, hat eine Laufzeit von 20 Jahren. Die Laufzeit ist für unsere Zwecke die wichtigere Dimension; wir werden uns auf sie konzentrieren.

Machen Sie sich keine Sorgen: Diese Begriffe werden weiter unten sorgfältig definiert und erklärt.

Anleihen mit unterschiedlicher Laufzeit haben jeweils einen Kurs mit einem dazugehörigen Zinssatz, bezeichnet als Rendite einer Laufzeit oder einfach Rendite. Anleiherenditen kurzer Laufzeit, (gewöhnlich bis zu einem Jahr), heißen kurzfristige Zinsen. Anleiherenditen längerer Laufzeit heißen langfristige Zinsen.

Zinsstrukturkurve = Renditestrukturkurve

Suchen Sie die tagesaktuelle Zinsstrukturkurve im Finanzteil der FAZ!

Für jeden beliebigen Tag können wir die Anleiherenditen unterschiedlicher Laufzeiten beobachten und in einer Grafik den Zusammenhang von Laufzeit und Rendite abbilden. Diese Beziehung zwischen Laufzeit und Rendite ist als Zinsstrukturkurve bekannt. Sie zeigt die zeitliche Struktur der Zinsen (zeitlich bezieht sich auf die Laufzeit). Abbildung 15.1 zeigt als Beispiel die zeitliche Struktur deutscher Staatsanleihen für zwei Zeitpunkte: Zum einen für den 1. November 2000, zum zweiten für den 11. August 2003. Die Wahl dieser beiden Zeitpunkte ist kein Zufall. Es wird bald klar werden, warum sie gewählt wurden.

Abbildung 15.1: Zinsstrukturkurve für Deutschland: November 2000 und August 2003

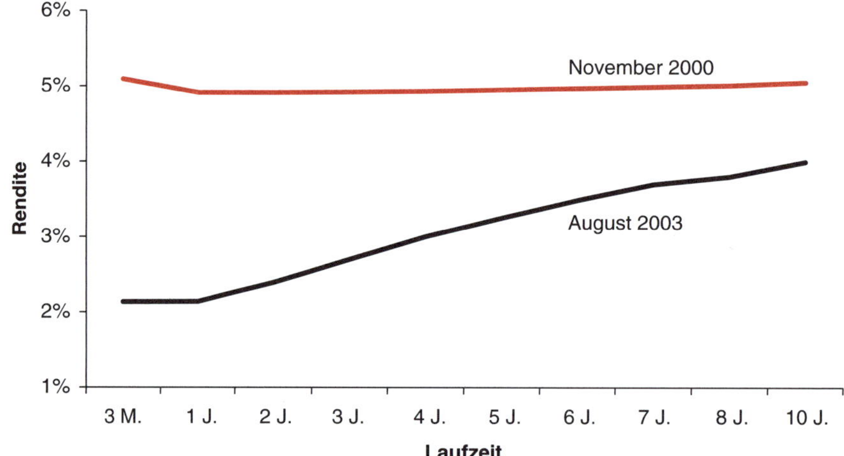

Beachten Sie, dass die Zinsstrukturkurve vom 1. November 2000 nur leicht steigend verläuft. Der dreimonatige Zinssatz lag mit 5,09% sogar leicht über dem Zinssatz für 10-jährige Bundesanleihen von 5,05%. Mit anderen Worten, die langfristigen Zinsen entsprechen fast den kurzfristigen Zinsen. Im Gegensatz dazu verläuft die Zinsstrukturkurve, am 11. August 2003, ausgehend von einem niedrigeren Niveau, stark steigend. Der dreimonatige Zinssatz liegt nur bei 2,135%, der Zinssatz für 10-jährige Bundesanleihen dagegen bei 4,066%. Mit anderen Worten, die langfristigen Zinsen sind viel höher als der kurzfristige Zinssatz.

Weshalb verläuft die Zinsstrukturkurve im November 2000 flach, im August 2003 dagegen steigend? Anders formuliert, weshalb sind im November 2000 lang- und kurzfristige Zinsen fast gleich, während dagegen im August 2003 die langfristigen Zinssätze wesentlich höher liegen als die kurzfristigen? Was haben die Akteure an den Finanzmärkten zu diesem Zeitpunkt gedacht? Um diese Fragen zu beantworten und um allgemein die Zinsstrukturkurve, die Beziehung zwischen kurz- und langfristigen Zinsen, zu verstehen, gehen wir in zwei Schritten vor:

Erstens leiten wir die Kurse von Anleihen verschiedener Laufzeit her.

Zweitens gehen wir von den Kursen zu den Renditen der Anleihen über und überprüfen die entscheidenden Faktoren der Zinsstrukturkurve, jene Faktoren, die eine Beziehung zwischen den lang- und den kurzfristigen Zinsen herstellen.

Fokus: Ein Wörterbuch der Anleihenmärkte

Versteht man die Grundbegriffe der Finanzmarkttheorie, erscheint vieles nicht mehr so mysteriös. Hier ist ein Überblick über den Grundwortschatz.

- Anleihen werden von Regierungen oder Unternehmen emittiert. Werden sie von der Regierung oder einer staatlichen Körperschaft begeben, bezeichnet man sie als Staatsanleihen (government bonds oder sovereign debt). Werden sie von Unternehmen begeben, heißen sie Unternehmensanleihen (corporate bonds).
- Viele Anleihen werden von drei privaten Rating-Unternehmen nach ihrem Ausfallrisiko bewertet (dem Risiko, dass sie nicht zurückbezahlt werden), der Standard & Poor's Corporation (S&P), Moody's Investors Service und Fitch. Die Ratings von Moody's reichen von Aaa für Anleihen mit beinah keinem Ausfallrisiko, wie z.B. U.S.-Staatsanleihen, bis C, das einen Zahlungsausfall signalisiert. Ein niedrigeres Rating impliziert gewöhnlich, dass die Anleihe einen höheren Zins zahlen muss, sonst werden die Anleger sie nicht kaufen. Die Differenz zwischen dem Zins, den eine gewisse Anleihe zahlt und dem Zins, den eine Anleihe mit dem höchsten (besten) Rating zahlt, nennt man die Risikoprämie der Anleihe. Anleihen mit hohem Ausfallrisiko werden manchmal Ramschanleihen (Junk Bonds) genannt.
- Anleihen, die nur eine einzige Zahlung am Ende der Laufzeit versprechen, heißen Diskontanleihen. Die einzelne Zahlung heißt Nominalwert der Anleihe.
- Anleihen, die mehrfache Zahlungen während der Laufzeit und eine Zahlung am Ende versprechen, heißen Kuponanleihen. Die Zahlungen während der Laufzeit nennt man Kuponzahlungen. Die abschließende Zahlung bezeichnet man als Nominalwert der Anleihe. Das Verhältnis von Kuponzahlung zu Nominalwert heißt Kuponzins. Die aktuelle Rendite ist das Verhältnis der Kuponzahlung zum Preis der Anleihe.

  Ein Beispiel: Eine Anleihe mit einer Kuponzahlung von 5 € in jedem Jahr, einem Nominalwert von 100 € und einem Preis von 80 €, hat einen Kuponzins von 5% und eine aktuelle Rendite von 5/80 = 0,0625 = 6,25%. Aus ökonomischer Sicht sind aber weder der Kuponzins noch die aktuelle Rendite interessante Maße. Das richtige Maß einer Anleihe ist ihre Effektivverzinsung, die Laufzeitrendite oder einfach Rendite. Man kann sie sich als den Durchschnittszins über die Restlaufzeit (die Restlaufzeit ist die bis zum Ablauf der Anleihe verbleibende Zeit) der Anleihe vorstellen. Wir werden die Laufzeitrendite später im Kapitel genauer definieren.
- Anleihen sind normalerweise Nominalanleihen: Sie versprechen eine Reihe fixer nominaler Zahlungen – in Einheiten der inländischen Währung (daher auch der Begriff „fixed income"). Es gibt jedoch auch andere Arten von Anleihen. Für Ökonomen besonders interessant sind indexierte Anleihen. Sie versprechen statt fixer nominaler Zahlungen um die Inflation bereinigte Zahlungen. Anstatt etwa in einem Jahr eine Zahlung von 100 € zu leisten, verspricht eine einjährige indexierte Anleihe $100 \times (1+\pi)$ € zu zahlen, wobei π die Inflationsrate ist, die im kommenden Jahr realisieren wird. Indexierte Anleihen sind in vielen Ländern beliebt, da sie die Anleger vor dem Inflationsrisiko schützen. Sie spielen in Großbritannien eine besonders wichtige Rolle, wo sie in den vergangenen 20 Jahren verstärkt zum Aufbau der Altersvorsorge verwendet wurden. Durch das Halten von langfristigen indexierten Anleihen können Anleger ihre Rente vor der Inflation schützen. Indexierte Anleihen (inflationsindexierte Anleihen genannt) gibt es zwar in Frankreich, aber nicht in Deutschland. In den Vereinigten Staaten wurden sie 1997 eingeführt. Sie machen derzeit nur einen geringen Teil der U.S.-Staatsanleihen aus, sie werden in der Zukunft aber wichtiger werden, sobald eine stärkere Absicherung gegen das Inflationsrisiko gewünscht wird.

15.1.1 Der Kurs von Anleihen: Gegenwartswerte

Beachten Sie, dass beide Anleihen Diskontanleihen sind (vgl. die Fokusbox vorhergehende Seite).

Wir werden in diesem Kapitel überwiegend nur zwei Arten von Anleihen betrachten, eine Anleihe, die eine Zahlung von 100 € in einem Jahr verspricht – eine einjährige Anleihe, und eine Anleihe, die eine Zahlung von 100 € in zwei Jahren verspricht – eine Anleihe mit zweijähriger Laufzeit. Wenn Sie einmal verstanden haben, wie sich ihre Preise und Renditen bestimmen lassen, wird es ein Leichtes sein, unsere Ergebnisse auf Anleihen jeglicher Laufzeit anzuwenden. Das werden wir später tun.

Beginnen wir mit der Herleitung der Kurse (Preise) dieser beiden Anleihen.

- Die einjährige Anleihe verspricht eine einmalige Zahlung von 100 € im nächsten Jahr. Dann folgt aus Abschnitt 14.2, dass ihr Preis, nennen wir ihn P_{1t}, gleich dem Gegenwartswert einer Zahlung von 100 € in einem Jahr sein muss. Nennen wir den aktuellen einjährigen Nominalzins i_{1t}. Beachten Sie, dass wir den einjährigen Zinssatz nun mit i_{1t} bezeichnen, statt i_t, wie in den vorangegangenen Kapiteln. Das soll Ihnen helfen, sich daran zu erinnern, dass es sich um den einjährigen Zinssatz handelt. Folglich gilt

$$P_{1t} = \frac{100}{1+i_{1t}} \qquad (15.1)$$

  Der Preis (Kurs) der einjährigen Anleihe verändert sich invers zum aktuellen einjährigen Nominalzins.

Der Preis (Kurs) von Anleihen und der Nominalzins verhalten sich invers zueinander. Lesen in Kapitel 4 nach, welches Arbitragekalkül hinter diesem Zusammenhang steht.

- Die zweijährige Anleihe verspricht eine Zahlung von 100 € in zwei Jahren. Dann muss ihr Preis, nennen wir ihn P_{2t}, gleich dem Gegenwartswert einer Auszahlung von 100 € in zwei Jahren sein.

$$P_{2t} = \frac{100}{(1+i_{1t})(1+i^e_{1t+1})} \qquad (15.2)$$

i_{1t} bezeichnet den einjährigen Zinssatz in diesem Jahr; i^e_{0t+1} den von den Finanzmärkten erwarteten einjährigen Zinssatz im nächsten Jahr. Der Preis der zweijährigen Anleihe hängt also sowohl invers vom jetzigen einjährigen Zinssatz ab als auch von dem im nächsten Jahr erwarteten einjährigen Zinssatz.

15.1.2 Arbitrage und Anleihekurse

Bevor wir weitere Implikationen der Gleichungen (15.1) und (15.2) untersuchen, werfen wir einen Blick auf eine alternative Herleitung von Gleichung (15.2). Diese alternative Herleitung führt in das wichtige Konzept der Arbitrage ein.

Nehmen Sie an, Sie haben die Wahl zwischen ein- und zweijährigen Anleihen. Sie kümmert letztlich aber nur der Wert der Anlage in einem Jahr. Welche Anleihen sollten Sie halten?

- Angenommen Sie halten einjährige Anleihen. Für jeden Euro, den sie in einjährige Anleihen stecken, erhalten Sie $(1 + i_{1t})$ Euro nächstes Jahr. Diese Beziehung wird in der ersten Zeile von Abbildung 15.2 dargestellt.
- Angenommen Sie halten zweijährige Anleihen. Da der Preis einer zweijährigen Anleihe P_{2t} ist, kauft heute jeder Euro, den Sie in eine zweijährige Anleihe stecken, $1/P_{2t}$ Anleihen.

  Im nächsten Jahr hat die Anleihe nur mehr eine Laufzeit von einem Jahr, folglich ist eine Anleihe mit zweijähriger Laufzeit in einem Jahr eine einjährige Anleihe. Deswegen ist der Preis, zu dem Sie erwarten können, die Anleihe im nächsten Jahr zu verkaufen, P^e_{1t+1}, der erwartete Preis einer einjährigen Anleihe im nächsten Jahr.

  Also können Sie erwarten, für jeden Euro, den Sie in zweijährige Anleihen stecken, $1/P_{2t}$ mal P^e_{1t+1}, oder gleichermaßen P^e_{1t+1}/P_{2t} Euro nächstes Jahr zu erhalten. Das ist in der zweiten Zeile von Abbildung 15.2 dargestellt.

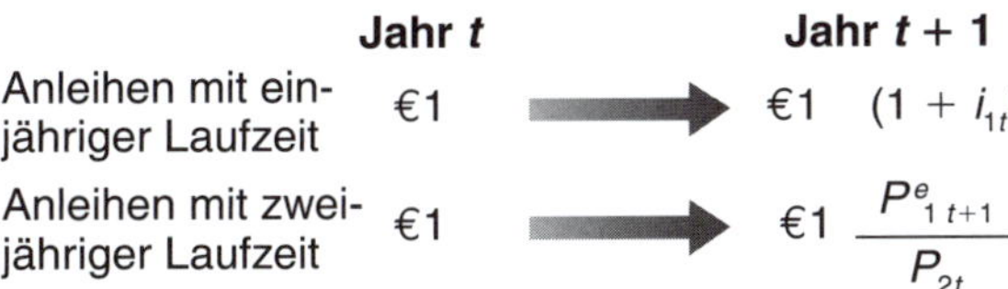

Abbildung 15.2: Jahresrendite von Anleihen mit einer Laufzeit von einem und von zwei Jahren

Welche Anleihe sollten Sie halten? Wir nehmen an, Sie und andere Finanzinvestoren kümmern sich allein um die erwartete Rendite. Diese Annahme ist als Erwartungshypothese bekannt. Sie ist eine starke Vereinfachung: Finanzinvestoren geht es in der Regel nicht nur um die erwartete Rendite sondern auch um das Risiko, das mit dem Halten der jeweiligen Anleihe verbunden ist. Halten Sie eine einjährige Anleihe, wissen Sie mit Sicherheit, wie viel Sie nächstes Jahr bekommen. Halten Sie dagegen eine zweijährige Anleihe, ist der Preis, zu dem Sie nächstes Jahr verkaufen können, unsicher; das Halten der zweijährigen Anleihe ist also riskant. Um dieses Risiko zu kompensieren, wird für Anleihen mit längerer Laufzeit in der Regel eine Risikoprämie gefordert. Normalerweise liegt die Rendite längerfristiger Anleihen also über der Rendite kurzfristiger Anleihen. Deshalb hat die „normale" Zinsstruktur einen steigenden Verlauf. Wir lassen diesen Aspekt hier beiseite, werden aber im Anhang zu diesem Kapitel kurz darauf eingehen.

Solange Investoren sich nur an der erwarteten Rendite orientieren, müssen beide Anleihen über das nächste Jahr dieselbe erwartete Rendite bieten. Angenommen diese Bedingung sei verletzt. Die Jahresrendite einjähriger Anleihen sei z.B. niedriger als die erwartete Jahresrendite zweijähriger Anleihen. Dann würde niemand die einjährigen Anleihen nachfragen wollen. Der Markt wäre nicht im Gleichgewicht. Nur falls die erwartete Jahresrendite bei beiden Anleihen gleich ist, sind die Finanzinvestoren bereit, sowohl ein- als auch zweijährige Anleihen zu halten.

Beide Anleihen bieten nur dann dieselbe erwartete Jahresrendite, wenn gilt (dies folgt aus Abbildung 15.2):

$$1+i_{1t} = \frac{P^e_{1t+1}}{P_{2t}} \tag{15.3}$$

Arbitrage ist hier die Bezeichnung der Aussage, dass zwei Wertpapiere dieselbe Rendite aufweisen. Manche Ökonomen reservieren Arbitrage für die engere Auslegung, dass risikolose Gewinnmöglichkeiten nicht ungenutzt bleiben.

Die linke Seite gibt die Rendite je Euro aus dem Halten der einjährigen Anleihe an; die rechte Seite gibt die erwartete Rendite je Euro der Anleihe mit zweijähriger Laufzeit an, sofern sie über das nächste Jahr gehalten wird. Gleichungen wie (15.3) – Gleichungen, die für zwei Vermögensgegenstände dieselbe erwartete Rendite fordern – bezeichnet man als Arbitragebeziehungen. Schreiben wir Gleichung (15.3) neu, als

$$P_{2t} = \frac{P^e_{1t+1}}{1+i_{1t}} \tag{15.4}$$

Arbitrage impliziert, dass der heutige Preis einer zweijährigen Anleihe gleich dem Gegenwartswert des erwarteten Preises der Anleihe im nächsten Jahr ist. Das stellt eine weitere Frage: Wovon hängt der erwartete Preis einjähriger Anleihen im nächsten Jahr, $P^e{}_{1t+1}$, ab?

Die Antwort ist offensichtlich. Der Preis einer einjährigen Anleihe nächstes Jahr hängt vom einjährigen Zinssatz im nächsten Jahr ab (genau so wie Gleichung (15.1) den Preis einer einjährigen Anleihe in diesem Jahr abgeleitet hat). Schreiben wir also Gleichung (15.1) für nächstes Jahr *(t+1)* und bezeichnen die Erwartungen wie gewohnt:

$$P^e_{1t+1} = \frac{100}{\left(1+i^e_{1t+1}\right)}$$

Der Preis der Anleihe im nächsten Jahr ist im Erwartungswert gleich der Endzahlung, 100 €, diskontiert mit dem einjährigen Zinssatz, der für nächstes Jahr erwartet wird.

Ersetzt man $P^e{}_{1t+1}$ durch $100/(1 + i^e{}_{1t+1})$ in Gleichung (15.4) erhält man:

$$P_{2t} = \frac{100}{\left(1+i_{1t}\right)\left(1+i^e_{1t+1}\right)} \tag{15.5}$$

Die Beziehung zwischen Arbitrage und Gegenwartswert: Arbitrage zwischen Anleihen verschiedener Laufzeit impliziert, dass die Anleihekurse dem erwarteten Gegenwartswert der Auszahlungen dieser Anleihen entsprechen.

Dieser Ausdruck ist derselbe, wie in Gleichung (15.2). Wir haben gezeigt, dass Arbitrage zwischen ein- und zweijährigen Anleihen impliziert, dass der Preis einer zweijährigen Anleihe gleich dem Gegenwartswert der Zahlung in zwei Jahren ist, nämlich 100 €, diskontiert mit dem jetzigen und dem in einem Jahr erwarteten einjährigen Zinssatz.

15.1.3 Von Kursen zu Renditen

Nach der Betrachtung der Kurse, beschäftigen wir uns nun mit den Renditen der Anleihen. Zunächst benötigen wir eine Definition für die Laufzeitrendite: Die Laufzeitrendite einer n-jährigen Anleihe, oder gleichermaßen, der n-jährige Zinssatz, ist als der konstante jährliche Zinssatz definiert, der den Anleihekurs heute gleich dem Gegenwartswert der künftigen Anleihe-Zahlungen macht.

Diese Definition ist leichter als sie klingt. Nehmen wir beispielsweise die bereits eingeführte zweijährige Anleihe. Ihre Rendite sei i_{2t}. Das Subskript 2 soll uns daran erinnern, dass es sich um die Laufzeitrendite einer zweijährigen Anleihe handelt, oder entsprechend um den zweijährigen Zinssatz. Der Definition der Laufzeitrendite folgend, ist diese Rendite der über zwei Jahre konstante Zinssatz, der den Gegenwartswert von 100€ in zwei Jahren gleich dem heutigen Anleihekurs macht. Also erfüllt er die folgende Beziehung:

$$P_{2t} = \frac{100}{(1+i_{2t})^2} \tag{15.6}$$

Angenommen, die Anleihe wird heute zu 90 € gehandelt. Dann ist der zweijährige Zinssatz i_{2t} durch $\sqrt{100/90}-1$ oder 5,4% gegeben. Mit anderen Worten, hält man die Anleihe über zwei Jahre – also bis zum Ende der Laufzeit – rentiert die Anleihe mit einem Zinssatz von 5,4% pro Jahr.

$90=100/(1+ i_{2t})^2$

$(1+ i_{2t})^2=100/90$

$(1+ i_{2t})= \sqrt{100/90}$

$i_{2t}=5,4\%$

In welcher Beziehung steht der zweijährige Zinssatz mit dem aktuellen einjährigen Zinssatz und dem für nächstes Jahr erwarteten einjährigen Zinssatz? Betrachten wir die Gleichungen (15.6) und (15.5). Eliminiert man in beiden P_{2t}, erhält man

$$\frac{100}{(1+i_{2t})^2} = \frac{100}{(1+i_{1t})(1+i^e_{1t+1})}$$

Umstellen und Kürzen liefert:

$$(1 + i_{2t})^2 = (1 + i_{1t})(1 + i^e_{1t+1})$$

Das gibt uns die exakte Beziehung zwischen dem zweijährigen Zinssatz i_{2t}, dem jetzigen Zinssatz i_{1t} und dem im nächsten Jahr erwarteten einjährigen Zinssatz i^e_{t+1}. Eine nützliche Approximation dieser Beziehung ist:

Wir haben eine ähnliche Approximation genutzt, als wir in Kapitel 14 die Beziehung zwischen Nominal- und Realzins betrachtet hatten. Vgl. Proposition 3 im Anhang 2.

$$i_{2t} \approx \frac{1}{2}\left(i_{1t} + i^e_{1t+1}\right) \tag{15.7}$$

Gleichung (15.7) besagt schlicht, dass der zweijährige Zinssatz (näherungsweise) gleich dem Durchschnitt des jetzigen und für nächstes Jahr erwarteten einjährigen Zinssatzes ist.

Wir haben uns bisher auf die Beziehung der Preise und Renditen ein- und zweijähriger Anleihen konzentriert. Aber unsere Ergebnisse lassen sich auf Anleihen jeder Laufzeit anwenden.

- Wir hätten Anleihen mit einer Laufzeit unter einem Jahr betrachten können. Zum Beispiel ist die Rendite einer sechsmonatigen Anleihe (näherungsweise) gleich dem Durchschnitt des jetzigen und für das nächste Quartal erwarteten dreimonatigen Zinssatzes.

- Wir hätten auch Anleihen mit längerer Laufzeit als zwei Jahre betrachten können. Zum Beispiel ist die Rendite einer 10-jährigen Anleihe (näherungsweise) gleich dem Durchschnitt des heutigen einjährigen Zinssatzes und der für die nächsten neun Jahre erwarteten einjährigen Zinssätze.

Einfach ausgedrückt, reflektieren die langfristigen Zinsen lediglich die aktuellen und künftig erwarteten kurzfristigen Zinsen.

Weil aber langfristige Anleihen auch riskanter sind; ist auch eine Risikoprämie enthalten (vgl. den Anhang des Kapitels). Unsere Aussage müssen wir dann nur etwas modifizieren: Die langfristigen Zinsen reflektieren die aktuellen und künftig erwarteten kurzfristigen Zinsen, zuzüglich einer Risikoprämie.

15.1.4 Interpretation der Zinsstrukturkurve

Die gerade abgeleiteten Beziehungen liefern uns den Schlüssel, den wir zur Interpretation der Steigung der Zinsstrukturkurve benötigen. Die Beobachtung der Anleiherenditen unterschiedlicher Laufzeit ermöglicht es uns, die Erwartungen die Finanzmärkte über die Entwicklung der zukünftigen kurzfristigen Zinsen abzuleiten.

Angenommen, wir möchten herausfinden, welche Erwartungen die Finanzmärkte über den einjährigen Zinssatz in einem Jahr haben. Wir müssen einfach die Rendite einer zweijährigen Anleihe, i_{2t}, und einer einjährigen Anleihe, i_{1t}, betrachten. Durch Erweitern der Gleichung (15.7) mit 2 und Umstellen erhalten wir

$$i^e_{1t+1} = 2i_{2t} - i_{1t} \tag{15.8}$$

Der für nächstes Jahr erwartete einjährige Zinssatz ist gleich der doppelten Rendite einer zweijährigen Anleihe abzüglich des heutigen einjährigen Zinssatzes. Nehmen wir als Beispiel die Zinsstrukturkurve vom 11. August 2003 aus Abbildung 15.1.

- Am 11. August 2003 lag der einjährige Zinssatz, i_{1t}, bei 2,1%.
- Am gleichen Tag lag der zweijährige Zinssatz, i_{2t}, bei 2,4%.
- Aus Gleichung (15.8) folgt, dass die Finanzmärkte am 11. August 2003 einen einjährigen Zinssatz im nächsten Jahr – d.h. den einjährigen Zinssatz am 11. August 2004 – in Höhe von 2 × 2,4% – 2,1% = 2,7% erwarteten – also um 0,6 Prozentpunkte höher als den einjährigen Zinssatz am 11. August 2003. In Worten: Am 11. August 2003 erwarteten die Finanzmärkte für das nächste Jahr einen deutlich höheren einjährigen Zinssatz.

Allgemeiner gesagt, wenn die Zinsstrukturkurve steigend verläuft, d.h. wenn die langfristigen Zinsen über den kurzfristigen Zinsen liegen, erwarten die Finanzmärkte in der Zukunft höhere Kurzfristzinsen. Verläuft die Zinsstrukturkurve fallend, d.h. liegen die langfristigen Zinsen unter den kurzfristigen Zinsen, erwarten die Finanzmärkte in der Zukunft niedrigere kurzfristige Zinsen.

15.1.5 Zinsstrukturkurve und wirtschaftliche Aktivität

Wir können jetzt zu der Frage zurückkehren: Weshalb ist zwischen November 2000 und August 2003 die Steigung der Zinsstrukturkurve steiler geworden? Gleichbedeutend, warum lagen die langfristigen Zinsen im August 2003 über den kurzfristigen Zinsen?

Die Antwort ist kurz: Weil die Abschwächung der Wirtschaftsaktivität zu einem starken Rückgang der kurzfristigen Zinsen führte. Aber selbst während des Abschwungs erwarteten die Finanzmärkte mittelfristig eine Erholung der Produktion. Sie sahen die kurzfristigen Zinsen künftig wieder in alten Höhen. Das führte zu einem weitaus schwächeren Fall der langfristigen Zinsen im Vergleich zu den kurzfristigen Zinsen.

Um die Antwort Schritt für Schritt zu analysieren, lassen Sie uns das *IS-LM*-Modell nutzen, das wir in Kapitel 5 entwickelt haben. Betrachten Sie den an der vertikalen Achse gemessenen Zinssatz als den kurzfristigen Nominalzins. Und zur Vereinfachung nehmen wir an, dass die erwartete Inflation gleich Null ist, damit wir nicht zwischen Nominal- und Realzins unterscheiden müssen, wie wir es in Kapitel 14 getan haben. Die Unterscheidung ist hier nicht bedeutend.

Wir werden das *IS-LM*-Modell in Kapitel 17 dahingehend erweitern, dass wir unsere Erkenntnisse im Hinblick auf die Rolle von Erwartungen im Entscheidungsprozess explizit berücksichtigen. Im Augenblick genügt uns das *IS-LM*-Grundmodell.

Es wäre leicht (und realistischer) eine konstante und positive erwartete Inflation anzunehmen (statt eine Inflation von Null). Die Schlussfolgerungen wären dieselben.

Zurück zur aktuellen Situation. Seit September 2001 deuteten Wirtschaftsindikatoren darauf hin, dass die Wirtschaft sich weltweit abschwächte. Was geschah, ist in Abbildung 15.3 dargestellt. Es gab zwei dominante Entwicklungen:

- Der weltweite Nachfrageeinbruch war stärker als erwartet. Die *IS*-Kurve verschob sich von *IS* nach *IS*'', wie in Abbildung 15.3 dargestellt wird. Wäre die Geldpolitik unverändert gewesen, hätte sich die Wirtschaft entlang der *LM*-Kurve bewegt. Das Gleichgewicht wäre von *A* nach *B* gewandert mit fallender Produktion und fallenden Zinsen.
- Es war allerdings noch mehr im Spiel. Als man erkannte, dass der Abschwung stärker als erwartet war, senkten die Zentralbanken in den USA und in Europa die Zinsen. Die expansive Geldpolitik führte zu einer Verschiebung der *LM*-Kurve nach unten. Durch die Verschiebung der *LM*-Kurve befand sich die Wirtschaft im Sommer 2003 im Punkt *A*' – anstatt im Punkt *B*. Die Produktion war höher und die Zinsen niedriger, als wenn man auf eine expansive Politik verzichtet hätte.

Vergleichen Sie Abbildung 4.7 aus Kapitel 7 und 25.3 aus Kapitel 25. Sie zeigen die Entwicklung der Zinssätze der EZB für die erste Hälfte von 2003.

In Worten: Die fallenden kurzfristigen Zinsen am kurzen Ende vom 1. November 2000 bis zum 11. August 2003 aus Abbildung 15.1 waren das Ergebnis eines unerwartet großen Einbruchs der Nachfrage, kombiniert mit einer starken Reaktion der Zentralbank, um diesen Einbruch abzumildern. Eine Frage bleibt noch offen: Weshalb verlief die Zinsstrukturkurve im August 2003 steil ansteigend? Anders formuliert, warum lagen die langfristigen Zinsen über den kurzfristigen Zinsen?

Abbildung 15.3: Wirtschaft im Euroraum in der ersten Hälfte des Jahres 2003

Ein Nachfrageeinbruch kombiniert mit expansiver Geldpolitik hat zu fallenden kurzfristigen Zinsen geführt.

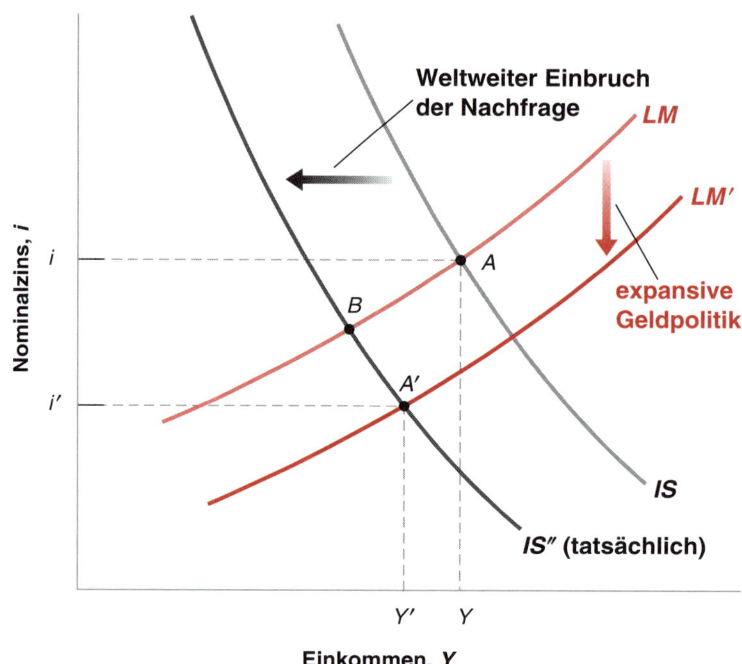

Um diese Frage zu beantworten, müssen wir uns die Erwartungen der Märkte über die künftige Entwicklung der Wirtschaft im Sommer 2003 ansehen. Betrachten wir zunächst die Prognosen der Finanzmärkte über die Entwicklung der kurzfristigen Zinsen im Lauf der nächsten 12 Monate. Wir können sie an der Entwicklung der Terminmärkte für Dreimonatsgeld ablesen. An diesem Terminmarkt werden schon heute Zinsen für Dreimonatsgeld gehandelt, das erst in einigen Monaten oder auch erst in einem Jahr oder noch später fällig wird. Die Terminkontrakte liefern uns also ein zuverlässiges Bild über die Erwartungen der kurzfristigen Zinsen etwa im Juni oder September 2004 zu dem Zeitpunkt, an dem die Kontrakte gehandelt werden. Die untere Kurve in Abbildung 15.4 gibt die Einschätzung der Finanzmärkte am 16. Juni, die mittlere die Einschätzung am 15. Juli und die obere am 12. August 2003 an. Es wird deutlich, dass die Finanzmärkte zwischen Juni und August immer stärker damit rechneten, dass die EZB die Zinsen im Lauf des Jahres 2004 anheben wird. Offensichtlich erwarteten sie eine Beschleunigung des Wachstums und rechneten damit, dass die Zentralbank trotz aktuell niedriger Inflation darauf mit Zinssteigerungen reagieren wird.

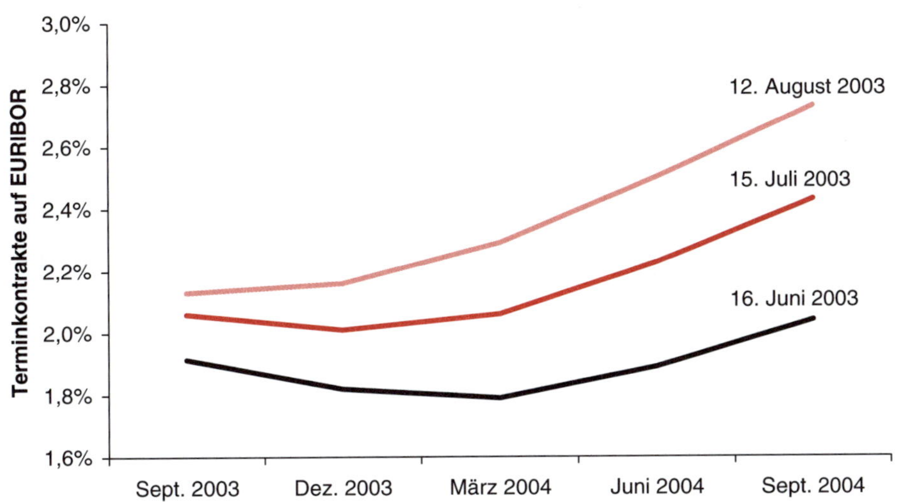

Abbildung 15.4: Terminmärkte für Dreimonatsgeld, am 16. Juni, am 15. Juli und am 12. August 2003

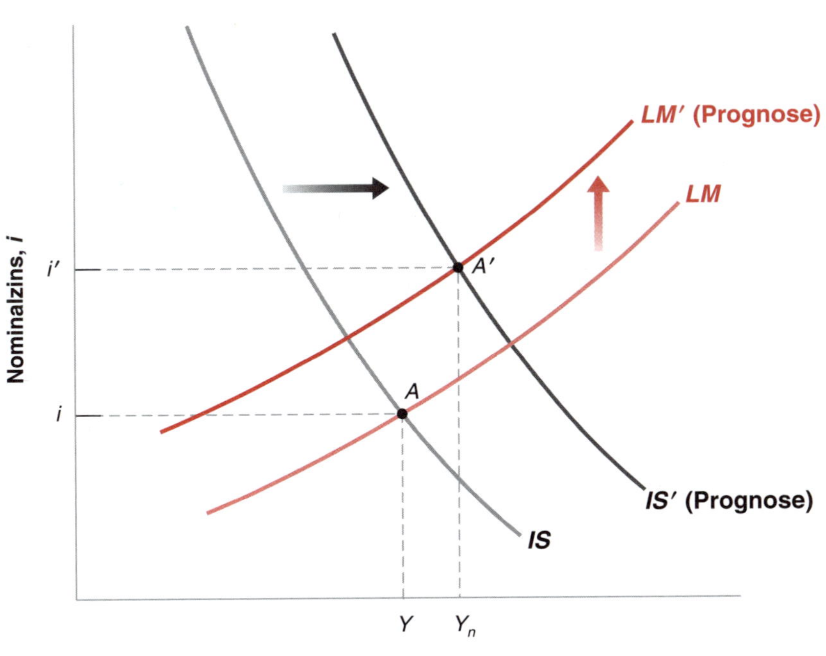

Abbildung 15.5: Der erwartete Anpassungspfad der Wirtschaft im Euroraum im Sommer 2003

Die Finanzmärkte rechneten mittelfristig mit steigender Nachfrage und einer strengeren Geldpolitik und somit mit einem Anstieg der kurzfristigen Zinsen.

Wie spiegeln sich diese Erwartungen in unserem *IS-LM*-Modell wieder? Dies sehen wir an Abbildung 15.5. Die Finanzmärkte erwarteten zwei wesentliche Entwicklungen:

Es gab damals allerdings auch skeptische Stimmen, die den Konjunkturoptimismus als stark übertrieben ansahen. Wenn Sie das Buch lesen, können Sie beurteilen, ob die Einschätzung der Finanzmärkte korrekt war. Versuchen Sie auch, anhand der neuesten Zinsstrukturkurve nachzuvollziehen, wie die Finanzmärkte Konjunkturlage und Geldpolitik aktuell einschätzen.

- Sie erwarteten ein Aufleben der Nachfrage, eine Verschiebung der *IS*-Kurve nach rechts von *IS* nach *IS´*. Der Grund war: Einige der Faktoren, die zum nachteiligen Nachfrageeinbruch im ersten Halbjahr 2003 beitrugen, wurden nun wieder freundlicher eingeschätzt. Man rechnete mit einer ansteigenden Konjunktur in den Vereinigten Staaten. Auch die Reformansätze der deutschen Regierung mit dem Versprechen, die Steuersenkung vorzuziehen, ließ steigende Konsumausgaben erwarten.
- Sie rechneten zudem damit, dass – sobald die *IS*-Kurve einmal anfange, sich nach rechts zu verschieben und die Wirtschaft sich langsam erhole – die Zentralbank ihre Politik der monetären Expansion allmählich zugunsten einer strengeren Geldpolitik aufgeben werde. Im Hinblick auf Abbildung 15.5, erwarteten sie also eine Verschiebung der *LM*-Kurve nach oben.

Beachten Sie, dass die Terminmärkte im Juni zunächst noch von anfangs fallenden Zinsen ausgingen. Was sagt Ihnen das darüber, wann die Finanzmärkte einen wirtschaftlichen Umschwung und steigende kurzfristige Zinsen erwarteten? (Antwort: Nicht sofort. Versichern Sie sich, dass Sie erklären können weshalb.)

Als Ergebnis beider Verschiebungen rechneten die Finanzmärkte damit, dass sich die Wirtschaft von Punkt *A* hin zu Punkt *A´* bewegt; sie erwarteten sowohl eine Erholung der Produktion als auch ein Ansteigen der kurzfristigen Zinsen. Die Antizipation höherer kurzfristiger Zinsen war der Grund für die weiterhin hohen langfristigen Zinsen, aufgrund derer die Zinsstrukturkurve im Sommer 2003 steil steigend verlief.

15.2 Kursbewegungen am Aktienmarkt

Wir haben uns bisher auf Anleihen konzentriert. Aber während sich Regierungen durch die Emission von Staatsanleihen finanzieren, trifft das auf Unternehmen nicht unbedingt zu. Sie finanzieren sich auf drei verschiedene Arten: Durch Verschuldung über Anleihen und Kredite; und durch die Emission von Aktien oder Unternehmensanteilen, wie Aktien auch genannt werden. Statt der Zahlung einer vorher festgelegten fixen Summe, wie bei Anleihen, bringen Aktien Dividenden, deren Höhe vom Unternehmen selbst bestimmt wird. Dividenden werden aus den Unternehmensgewinnen bezahlt. Sie sind gewöhnlich geringer als die Gewinne, da die Unternehmen einen Teil der Gewinne einbehalten, um ihre Investitionen zu finanzieren. Aber Dividenden bewegen sich mit den Gewinnen: Steigen die Gewinne, dann steigen meist auch die Dividenden.

Unser Blick ist in diesem Abschnitt auf die Bestimmung von Aktienkursen gerichtet. Zur Einführung zeigt Abbildung 15.6 die Bewegungen des deutschen Aktienindex (kurz DAX genannt) von 1960 bis Mitte 2003. Bewegungen des DAX messen die durchschnittlichen Kursbewegungen der Aktienkurse der 30 größten Werte deutscher Unternehmen. (Ähnliche Indizes existieren für andere Länder: Für die Aktienkursentwicklung in den USA liefert der Standard & Poor’s 500 Composite-Index, kurz S&P-Index, ein repräsentatives Bild; er erfasst die durchschnittlichen Bewegungen der Aktienkurse von 500 großen U.S.-Unternehmen. Der Nikkei-Index spiegelt die Aktienkursbewegungen in Tokio wider, während der FTSE und der CAC 40 die Aktienkursbewegungen in London bzw. Paris widerspiegeln.)

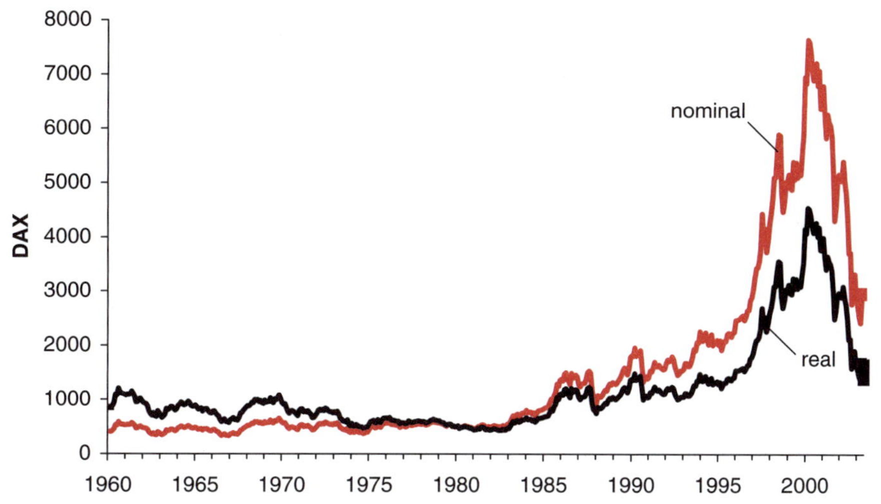

Abbildung 15.6: DAX Aktienpreisindex, in nominalen und realen Einheiten, 1960-2003

Nominale Aktienkurse sind bis 2000 auf das Achtzehnfache von 1960 gestiegen; reale Aktienkurse nur auf das Fünffache. Reale Aktienkurse gingen bis in die späten 80er Jahre durch ein tiefes Tal. Danach sind sie stark gestiegen, seit Februar 2000 aber wieder drastisch gefallen.

Abbildung 15.6 zeigt zwei Linien. Die eine zeigt die Entwicklung des Aktienindex, wie er in Zeitungen veröffentlicht oder in den Nachrichten verbreitet wurde. Ausgehend vom Wert 410 im Februar 1960, verlief der Index bis 1980 etwa konstant, stieg danach aber enorm an. Er stieg von 475 Punkten im Jahr 1980 auf mehr als 1.800 Punkte im Jahr 1990 und auf über 7.600 im Februar 2000. Im Dezember 2002 stand der DAX dann bei ca. 2.900.

Die historischen Werte für den DAX-Index bis 1998 sind in Euro umgerechnet.

Allerdings ist der Index nominal – d.h. er gibt die Aktienkursentwicklung in Euro (früher in DM) wieder. Uns interessiert aber die reale (um die Inflation bereinigte) Indexentwicklung. Die Entwicklung des realen Index erhält man, indem man für jedes Jahr den nominalen Kursindex durch den Verbraucherpreisindex (VPI) teilt. Sie ist ebenfalls in Abbildung 15.6 zu sehen. Der VPI wurde im Januar 1980 auf 1,0 gesetzt. Im Januar 1980 sind also nominaler und realer Preisindex identisch.

Die Kurve des realen Aktienindex zeigt ein etwas anderes Bild. Sie zeigt, wie trostlos die Entwicklung des Aktienmarktes in den späten 60ern und den 70ern war: Weitgehend konstante nominale Aktienkurse und ein stetig steigendes Preisniveau sorgten für stetig fallende reale Aktienkurse von 860 im Jahr 1960 auf 500 im Jahr 1980. Es dauerte bis Mitte 1985, bis die realen Aktienkurse wieder das Niveau zu Anfang der 60er erreicht hatten. Danach haben die realen Aktienkurse allerdings um einiges zugelegt. Im Februar 2000 entsprach der reale Indexstand mit 4.060 Punkten ungefähr dem 5-fachen Wert von August 1985, als der Index bei 870 Punkten stand.

Warum entwickelte sich der Aktienmarkt so lange so schlecht? Weshalb erholte er sich Anfang der 80er Jahre wieder? Warum stieg er in den 90ern so stark? Warum ist er seitdem wieder so stark gefallen? Allgemeiner gefragt, wie reagieren Aktienkurse auf Änderungen des wirtschaftlichen Umfeldes und der makroökonomischen Politik? Dies ist die Frage, mit der wir uns den Rest dieses Abschnitts beschäftigen werden.

15.2.1 Aktienkurse als Gegenwartswerte

Was bestimmt den Preis einer Aktie, die einen gewissen Dividendenstrom in der Zukunft verspricht? Aus Kapitel 14 ist Ihnen der Ansatz mittlerweile sicher vertraut, Sie kennen die Antwort bereits: Der Aktienkurs muss gleich dem Gegenwartswert der künftig erwarteten Dividenden sein.

Das ist lediglich eine Frage der Vereinbarung; wir könnten genauso gut den Kurs vor der Dividendenausschüttung betrachten. Welcher Ausdruck würde diesen Kurs beschreiben?

Q_t sei der Aktienkurs. D_t bezeichne die Dividende in diesem Jahr, D^e_{t+1} die im nächsten Jahr erwartete Dividende, D^e_{t+2} die in zwei Jahren erwartete Dividende usw.

Wir nehmen an, dass die Dividende für dieses Jahr bereits gezahlt wurde – der Aktienkurs wird dann mit ex Dividende beschrieben – so dass die erste Dividendenauszahlung nach dem Kauf der Aktie, die Dividende im nächsten Jahr ist. Der Kurs der Aktie ist dann gegeben durch:

$$Q_t = \frac{D^e_{t+1}}{1+i_{1t}} + \frac{D^e_{t+2}}{(1+i_{1t})(1+i^e_{1t+1})} + \ldots \quad (15.9)$$

Der Preis für die Aktie entspricht dem Gegenwartswert der Dividende im nächsten Jahr, die mit dem heutigen einjährigen Zinssatz diskontiert wird, zuzüglich dem Gegenwartswert der Dividende in zwei Jahren, die mit dem heutigen und dem in einem Jahr erwarteten einjährigen Zinssatz diskontiert wird, usw.

Der Anhang soll Ihr Verständnis für die Beziehung zwischen Arbitrage und Gegenwartswert verbessern, kann aber ohne Sorge überlesen werden.

Wie im Fall langfristiger Anleihen, lässt sich die Gegenwartswertbeziehung in Gleichung (15.9) aus dem Arbitragekalkül herleiten, nämlich von der Annahme, dass die erwartete Rendite je Euro aus dem Besitz einer Aktie für ein Jahr gleich der Rendite einer einjährigen Anleihe sein muss. Die Herleitung ist im Anhang zu diesem Kapitel aufgeführt.

Zwei äquivalente Methoden, den Aktienkurs auszudrücken: Der nominale Aktienkurs ist gleich dem erwarteten Gegenwartswert künftiger nominaler Dividenden, diskontiert mit dem aktuellen und den künftigen nominalen Zinssätzen. Der reale Aktienkurs ist gleich dem erwarteten Gegenwartswert zukünftiger realer Dividenden, diskontiert mit dem aktuellen und den künftigen realen Zinssätzen.

Gleichung (15.9) zeigt den Aktienkurs als Gegenwartswert nominaler Dividenden, diskontiert mit dem Nominalzins. Aus Kapitel 14 wissen wir, dass wir auch den realen Aktienkurs als Gegenwartswert realer Dividenden ausdrücken können, diskontiert mit dem realen Zinssatz. Dazu müssen wir den Aktienkurs und die Dividenden durch das erwartete Preisniveau der jeweiligen Periode teilen. Wir können den realen Aktienkurs also schreiben als

$$\frac{Q_t}{P_t} = \frac{1}{(1+r_{1t})}\frac{D^e_{t+1}}{P^e_{t+1}} + \frac{1}{(1+r_{1t})(1+r^e_{1t+1})}\frac{D^e_{t+2}}{P^e_{t+2}} + \ldots \quad (15.10)$$

Q_t/P_t und D_t/P_t bezeichnen den realen Kurs und die reale Dividende zum Zeitpunkt t. Der reale Aktienkurs ist der Gegenwartswert zukünftiger realer Dividenden, diskontiert mit der Reihe realer einjähriger Zinssätze.

Diese Beziehung hat zwei wichtige Implikationen:

Höher erwartete künftige reale Dividenden führen zu einem höheren realen Aktienkurs.

Höhere einjährige reale Zinssätze, für heute oder in Zukunft, führen zu einem niedrigeren realen Aktienkurs.

Lassen Sie uns nun sehen, wie viel Licht dies in die Bewegungen des Aktienmarktes bringt.

15.2.2 Der Aktienmarkt und die wirtschaftliche Aktivität

Abbildung 15.6 hat die großen Bewegungen der Aktienkurse über die vergangenen 40 Jahre gezeigt. Es ist nicht unüblich für den Index, 15% im Jahr zu steigen oder zu fallen. Im Jahr 1973 ging der Aktienmarkt real um mehr als 25% nach unten; im Jahr 1983 stieg er um 30%. Tägliche Bewegungen von 2% und mehr sind nicht ungewöhnlich. Was verursacht diese Bewegungen?

Zunächst müssen wir feststellen, dass diese Bewegungen unvorhersehbar sein sollten und es auch größtenteils sind. Den Grund dafür versteht man am besten, wenn man sich die Entscheidung zwischen der Alternative einer Anlage in Aktien oder Anleihen vorstellt. Falls allgemein damit gerechnet wird, dass innerhalb des nächsten Jahres der Kurs einer Aktie um 20% steigt, dann wäre es ungewöhnlich attraktiv, die Aktie ein Jahr lang zu halten – viel attraktiver als eine kurzfristige Anleihe. Die Nachfrage nach der Aktie wäre sehr groß. Ihr Kurs würde deshalb schon heute so weit steigen, bis die erwartete Rendite wieder genauso hoch ist, wie die von anderen Wertpapieren. Mit anderen Worten, die Erwartung eines hohen Aktienkurses im nächsten Jahr lässt heute schon den Aktienkurs steigen.

Die Wirtschaftswissenschaften betonen tatsächlich, dass die Unvorhersagbarkeit von Aktienkursbewegungen ein Zeichen für einen gut funktionierenden Aktienmarkt sei: Er verarbeitet nur dann alle Informationen effizient, wenn sämtliche bislang verfügbaren Informationen bereits im Aktienkurs enthalten sind. Diese Aussage ist allerdings zu streng: Zu jedem Zeitpunkt gibt es einige Investoren, die bessere Informationen besitzen oder einfach die Zukunft besser erahnen. Falls es nur einige sind, dann können sie vielleicht nicht genug von der Aktie kaufen, um den Kurs heute bereits ganz nach oben zu treiben. Diese Investoren erzielen vielleicht tatsächlich große Renditen. Aber die Grundidee ist trotzdem richtig. Die Gurus der Finanzmärkte, die regelmäßig große, für die nächsten Monate anstehende Aktienmarktbewegungen vorhersagen, sind Quacksalber. Große Aktienkursbewegungen können nicht vorhergesagt werden.

Sie kennen sicher die Aussage, Aktienkurse folgten einem Random Walk. Das ist ein technischer Begriff, aber leicht zu interpretieren: Etwas – das kann ein Molekül sein oder der Kurs einer Aktie – folgt einem Random Walk, wenn jeder Schritt, den es macht, mit gleicher Wahrscheinlichkeit nach oben oder nach unten geht. Seine Bewegungen sind daher unvorhersehbar.

Falls die Bewegungen im Aktienmarkt nicht vorhersehbar sind, falls sie vielmehr immer auf neue Informationen reagieren, was sollen wir dann machen? Wir können immer noch zwei Dinge tun:

- Wir können aus der Vergangenheit lernen, und herausfinden auf welche Nachrichten der Markt reagiert hat.
- Wir können "was wäre, wenn"-Fragen stellen. Z.B.: Wie würde der Aktienmarkt reagieren, wenn die EZB anfinge, eine expansivere Geldpolitik zu betreiben, oder falls die Konsumenten optimistischer würden und mehr kauften?

Lassen Sie uns zwei "was wäre, wenn"-Fragen mit Hilfe des *IS-LM*-Modells betrachten. Zur Vereinfachung lassen Sie uns, wie schon früher, annehmen, dass die Inflation Null sei, damit der Realzins dem Nominalzins entspricht.

Der Aktienmarkt bei expansiver Geldpolitik

Nehmen Sie an, die Wirtschaft befindet sich in einer Rezession. Die EZB geht zu einer expansiveren Geldpolitik über. Das erhöhte Geldangebot verschiebt die LM-Kurve in Abbildung 15.7 nach unten. Die gleichgewichtige Produktion wandert von Punkt *A* zu Punkt *A´*. Wie wird der Aktienmarkt reagieren?

Die Antwort hängt davon ab, welche Geldpolitik die Aktienmärkte vor der Änderung erwartet haben:

Falls der Aktienmarkt die expansive Politik bereits antizipiert hat, dann wird er gar nicht reagieren: Weder die Erwartungen über zukünftige Dividenden, noch die Erwartungen über zukünftige Zinssätze sind von einer bereits antizipierten Änderung betroffen. Folglich wird sich in Gleichung (15.9) nichts ändern; der Aktienkurs bleibt derselbe.

Nehmen Sie nun an, der Kurswechsel der EZB kommt wenigstens teilweise unerwartet. In diesem Fall werden die Aktienkurse steigen. Sie steigen aus zwei Gründen: Erstens impliziert eine expansivere Geldpolitik für einige Zeit geringere Zinsen. Zweitens führt eine derartige Politik vorübergehend zu höherem Wirtschaftswachstum (bis die Wirtschaft zu ihrem natürlichen Produktionsniveau zurückgekehrt ist), und lässt so höhere Dividenden erwarten. Gemäß Gleichung (15.9) führen sowohl niedrigere Zinsen als auch höhere Dividenden – heutige und erwartete – zu steigenden Aktienkursen.

Ein Anstieg der Konsumausgaben und der Aktienmarkt

Betrachten Sie jetzt eine Verschiebung der *IS*-Kurve nach rechts, die beispielsweise von unerwartet starken Konsumausgaben herrührt. Dies führt zu einem Anstieg der Produktion in Abbildung 15.8 a) von Punkt *A* zu Punkt *A´*.

Werden die Aktienkurse steigen? Sie sind vielleicht versucht, mit ja zu antworten: Eine stärkere Wirtschaft bedeutet für einige Zeit höhere Gewinne und höhere Dividenden. Aber diese Antwort ist aus mindestens zwei Gründen unvollständig:

Abbildung 15.7: Eine expansive Geldpolitik und der Aktienmarkt

Eine expansive Geldpolitik senkt den Zinssatz und erhöht die Produktion. Was mit dem Aktienmarkt geschieht, hängt davon ab, ob die Märkte die expansive Geldpolitik antizipiert haben.

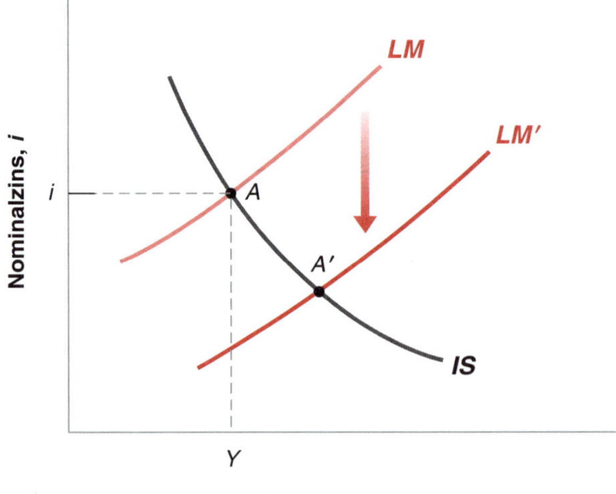

Erstens ignoriert die Antwort, dass die höhere Nachfrage sich auf die Zinssätze auswirkt: Die Bewegung entlang der *LM*-Kurve bedeutet, dass Produktion und Zinssätze steigen. Höhere Produktion bedeuten höhere Gewinne, und so höhere Aktienkurse. Höhere Zinsen aber bedeuten niedrigere Aktienkurse. Welcher der beiden Einflüsse – höhere Gewinne oder höhere Zinsen – dominiert? Die Antwort hängt von der Steigung der *LM*-Kurve ab. Dies wird in Abbildung 15.8 b) deutlich. Eine sehr flache *LM*-Kurve führt zu der Bewegung von *A* nach *A´*, mit einem geringen Zinsanstieg und einem großen Produktionsanstieg. Damit steigen die Aktienkurse. Eine sehr steile *LM*-Kurve dagegen führt zu der Bewegung von *A* nach *A´´*, mit einem großen Zinsanstieg, aber geringem Produktionsanstieg. Somit fallen die Aktienkurse.

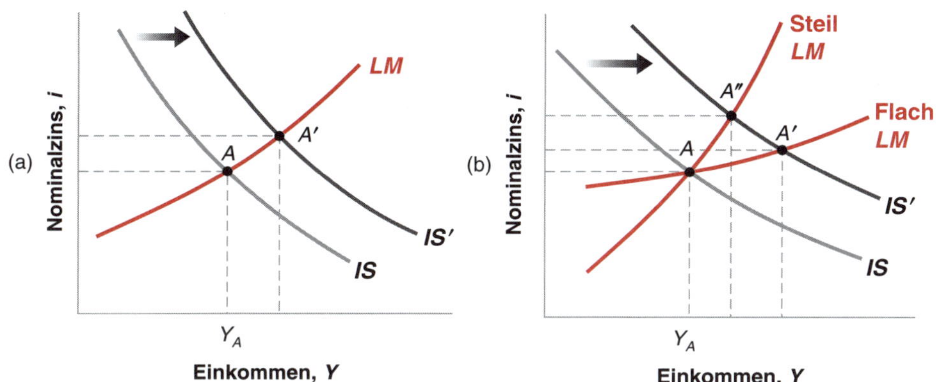

Abbildung 15.8:
Ein Anstieg der Konsumausgaben und der Aktienmarkt

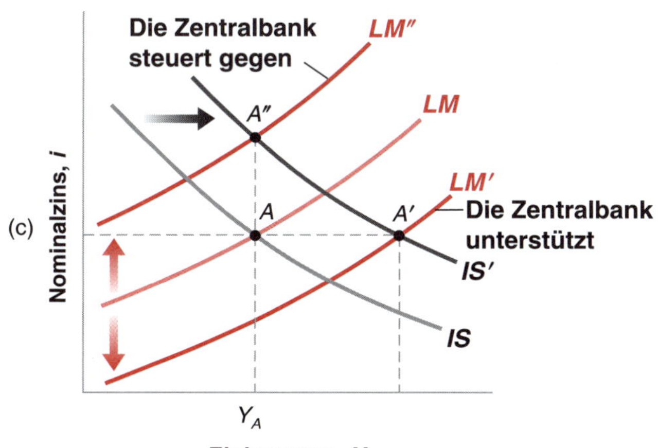

(a) Der Anstieg der Konsumausgaben lässt Zinssatz und Produktionsniveau steigen. Wie die Aktienmärkte reagieren, hängt von der Steigung der *LM*-Kurve und dem Verhalten der EZB ab:
(b) Verläuft die *LM*-Kurve steil, dann steigen die Zinsen stark an; die Produktion nimmt wenig zu. Die Aktienkurse fallen. Verläuft die *LM*-Kurve flach, steigt der Zinssatz geringfügig an und die Produktion nimmt stark zu; die Aktienkurse steigen.
(c) Stützt die EZB den Zinssatz auf dem alten Niveau, steigen die Zinsen nicht, nur die Produktion. Die Aktienkurse steigen. Dämpft die EZB hingegen, um die Produktion zu stabilisieren, steigt der Zinssatz, aber nicht die Produktion. Die Aktienkurse fallen.

Zweitens, die Antwort vernachlässigt den Effekt der Verschiebung der IS-Kurve auf das Verhalten der EZB. In der Praxis ist häufig dies der Punkt, auf den die Investoren am stärksten achten. Wenn neue Nachrichten über eine unerwartet starke wirtschaftliche Aktivität eintreffen, ist die Hauptfrage an den Finanzmärkten: Wie wird die Zentralbank darauf reagieren?

- Wird die Zentralbank die Verschiebung der *IS*-Kurve unterstützen – das bedeutet: Wird sie das Geldangebot im gleichen Umfang erhöhen, wie die Geldnachfrage steigt, um so zu vermeiden, dass die Zinsen steigen?

  Eine solch unterstützende Politik bedeutet eine Verschiebung der *LM*-Kurve nach unten, von *LM* nach *LM´* in Abbildung 15.8 c). In diesem Fall bewegt sich die Wirtschaft von Punkt *A* nach Punkt *A´*. Die Aktienkurse steigen, da eine Zunahme der Produktion, aber kein Zinsanstieg erwartet wird.
- Wird die Zentralbank stattdessen die bisherige Geldpolitik fortführen und die *LM*-Kurve unverändert lassen? In diesem Fall würde sich die Wirtschaft entlang der *LM*-Kurve bewegen. Wie wir schon früher gesehen haben, reagieren Aktienkurse dann ambivalent. Es werden höhere Gewinne erzielt, aber auch die Zinsen werden steigen.
- Oder wird die Zentralbank darüber besorgt sein, dass ein Produktionsanstieg über Y_A zu einem Anstieg der Inflation führen könnte? Das wird dann der Fall sein, wenn die Wirtschaft nahe an ihrem natürlichen Niveau produziert, falls also in Abbildung 15.8 c) Y_A nahe bei Y_n liegt. Dann besteht die Gefahr, dass bei einem weiteren Produktionsanstieg die Inflation ansteigt. Das aber möchte die Zentralbank verhindern. Eine Entscheidung, mit kontraktiver Geldpolitik gegenzusteuern, bedeutet, dass sich die *LM*-Kurve nach oben verschiebt, von *LM* nach *LM´´*. Dadurch bewegt sich die Wirtschaft von Punkt *A* nach Punkt *A´´*. Die Produktion bleibt konstant. In diesem Fall werden die Aktienkurse bestimmt fallen: Die erwarteten Gewinne bleiben gleich, aber die Zinsen werden wahrscheinlich für einige Zeit hoch sein.

Fassen wir zusammen:

Veränderungen der Produktion können, müssen aber nicht zu gleichgerichteten Veränderungen bei den Aktienkursen führen. Ob sie gleichgerichtet sind, hängt ab von:

- Den anfänglichen Erwartungen der Märkte,
- der Ursache der Schocks, und
- davon, mit welcher Reaktion der Zentralbank die Finanzmärkte rechnen.

Fokus: Berühmte Blasen (Bubbles): Von der Tulpenmanie Hollands im 17. Jahrhundert bis Russland im Jahr 1994

Tulpenmanie in Holland

Im 17. Jahrhundert erfreuten sich Tulpen zunehmender Beliebtheit in westeuropäischen Gärten. Es entwickelte sich in Holland ein reger Markt für seltene und ungewöhnliche Formen von Tulpenzwiebeln.

Der als "Tulpenblase" bekannte Zeitraum war zwischen 1634 und 1637. Im Jahr 1634 begann der Preis für seltene Knollen zu steigen. Der Markt geriet in helle Aufregung, als Spekulanten in Antizipation noch höherer Preise Tulpenzwiebeln kauften. Der Preis einer solchen Knolle, „Admiral van Eyck", stieg von 1.500 Guineas im Jahr 1634 auf 7.500 Guineas im Jahr 1637, äquivalent zum Preis eines Hauses zu dieser Zeit. Es kursieren Geschichten über einen Seemann, der aus Versehen Knollen gegessen hatte und erst später die Kosten seiner „Mahlzeit" realisierte. Anfang des Jahres 1637 stiegen die Preise schneller. Sogar die Preise einiger gewöhnlicher Knollen explodierten. Sie stiegen im Januar auf das 20-fache. Doch im Februar 1637 brachen die Preise zusammen. Einige Jahre später wurden Knollen für knapp 10% ihres Preises auf dem Höhepunkt der Blase gehandelt.

Die MMM-Pyramide in Russland

Im Jahr 1994 gründete der "Finanzier", Sergei Mavrody, ein Unternehmen namens MMM. Er begann damit, Aktien mit einer versprochenen Mindestrendite von 3000% pro Jahr (!) zu verkaufen. Das Unternehmen war ein sofortiger Erfolg. Die Aktie stieg von 1.600 Rubel im Februar (zu dieser Zeit entsprach das etwa einem Euro) auf 105.000 Rubel (51 €) im Juli. Bis Juli stieg nach den Angaben des Unternehmens die Anzahl der Aktionäre auf 10 Millionen an.

Das Problem war, dass das Unternehmen keinerlei produktive Tätigkeiten ausübte. Es besaß auch keine Vermögensgegenstände, mit Ausnahme von 140 Büros in Russland. Die Aktien waren im Prinzip wertlos. Der anfängliche Unternehmenserfolg basierte auf einem Standard-Pyramiden-Schema: MMM verwendete die Erlöse aus dem Verkauf neuer Aktien dazu, die versprochene Rendite für die alten Aktien zu zahlen. Trotz wiederholter Warnungen von Regierungsvertretern, einschließlich Boris Jelzin, dass der Aktienkurs von MMM eine reine Blase sei und keinen Wert habe, waren die versprochenen Renditen für viele Russen zu verlockend, insbesondere mitten in einer tiefen Rezession.

Das Schema konnte nur solange funktionieren, solange genügend neue Aktionäre eintraten, um die für die Ausschüttung an die bestehenden Aktionäre nötigen Mittel zu erwirtschaften. Ende Juli 1994 konnte das Unternehmen nicht länger seine Versprechen einhalten. Das Schema kollabierte. Das Unternehmen schloss die Pforten. Mavrody versuchte, die Regierung zu erpressen, die Aktionäre auszuzahlen, mit der Drohung, andernfalls würde eine Revolution oder ein Bürgerkrieg ausgelöst. Die Regierung weigerte sich. Das führte dazu, dass viele Aktionäre eher auf die Regierung als auf Mavrody wütend waren. Noch im selben Jahr bewarb sich Mavrody um einen Sitz im Parlament, als selbst ernannter Verteidiger von Aktionären, die ihre Ersparnisse verloren hatten. Er gewann!

Der Bericht über die Tulpenmanie ist aus Peter Garber, "Tulipmania", Journal of Political Economy, June 1989, S. 535–560.

Herr Mavrody war nicht der Erste (und wird sicher auch nicht der Letzte bleiben), der versuchte, durch ein Pyramiden-Schema reich zu werden. In Boston kam Charles Ponzi mit einem solchen Schema um 1920 zu großem Vermögen, bevor er arm im Gefängnis starb. In den Wirtschaftswissenschaften spricht man seitdem von der „No Ponzi Game"- Bedingung, wenn man solche Schemen ausschließen will. Im Dachauer Hinterland in der Nähe Münchens hat Adele Spitzeder mit dieser Methode um ca. 1870 31.000 Bauern und Arbeiter um ihre Ersparnisse gebracht. Ihre im Gefängnis geschriebenen Memoiren „Geschichte meines Lebens – Der große Münchner Bankenskandal" wurden im Buchendorfer Verlag, München 1996 neu aufgelegt.

Fokus: Warum ist der Aktienmarkt so stark gefallen?

Ende des Jahres 2000 standen die Aktienkurse amerikanischer Unternehmen real dreimal höher als noch 1990. Nach diesem enormen Anstieg warnten eine Reihe von Ökonomen davor, die Aktienmärkte seien überbewertet, eine starke Marktkorrektur (wie ein großer Kurssturz bei Aktien beschönigend genannt wird) stehe bevor.

Dass in den 90ern die Aktienkurse stiegen, ist an sich kein Rätsel. Nach der Rezession von 1990-1991, entwickelte sich die U.S.-Wirtschaft lange Zeit expansiv – viel länger als die meisten Ökonomen und Investoren vermuteten. Mit dem langen Aufschwung kamen hohe Gewinne und hohe Dividenden – viel höher als 1990 vermutet. Mit anderen Worten, es gab eine Menge guter Nachrichten in den 90ern. Diese guten Nachrichten sollten für höhere Aktienkurse als erwartet sorgen – was sie auch getan haben!

Die Frage ist, ob der starke Anstieg der Aktienkurse durch eine starke Erhöhung der Dividenden erklären lässt. Die Antwort darauf lautet: Nein. Wäre ein Anstieg der Dividenden der Grund für die höheren Kurse gewesen, dann hätten die Kurse und die Dividenden in etwa demselben Ausmaß steigen sollen. Anders ausgedrückt, das Dividenden-Kurs-Verhältnis (auch Dividendenrendite genannt) hätte ungefähr gleich bleiben müssen. Abbildung 1 zeigt die Entwicklung des Dividenden-Kurs-Verhältnisses für die Aktien des S&P-Index zwischen 1990 und 2000. Die Evidenz ist klar: Das Dividenden-Kurs-Verhältnis ist während dieser Zeit stetig gesunken, von 3,6% im Jahr 1990 auf 1,2% im Jahr 2000 – einem historischen Tief. Mit anderen Worten, die Aktienkurse sind in dieser Zeit viel stärker gestiegen als die Dividenden.

Die im Vergleich zu den Dividenden hohen Aktienkurse beweisen freilich nicht unbedingt, dass der Aktienmarkt überbewertet ist, zumindest aus drei Gründen:

- Hohe Aktienkurse können die Erwartung zukünftig noch viel höherer Dividenden widerspiegeln. Zurück zu Gleichung (15.10): Je höher die zukünftig erwarteten Dividenden, desto höher der Aktienkurs, selbst bei gegebener heutiger Dividende.
- Hohe Aktienkurse spiegeln vielleicht den Rückgang des realen Zinssatzes seit 1990 wider. Erneut zurück zu Gleichung (15.10): Für gegebene heutige und künftige Dividenden, steigt der Aktienkurs umso mehr, je tiefer der aktuelle und die künftig erwarteten realen Zinssätze sind.
- Hohe Aktienkurse spiegeln eventuell einen Faktor wider, den wir bislang in diesem Kapitel ignoriert haben: Eine abnehmende Risikoprämie für Aktien relativ zu Anleihen. In dem Ausmaß, in dem die Anleger Aktien weniger riskant finden als früher, sind sie unter Umständen bereit, einen höheren Preis als früher zu bezahlen. (Der Anhang zeigt, wie eine abnehmende Risikoprämie zu einem steigenden Aktienkurs führt.)

Ob diese Faktoren zusammen den gesamten Anstieg der Aktienkurse erklären können, ist Thema einer Vielzahl aktueller Forschungsarbeiten. In einem jüngst erschienenen Artikel führen John Campbell, von der Universität Harvard, und Robert Shiller, von der Universität Yale, empirische Belege an, die daran zweifeln lassen. Wenn das Dividenden-Preis-Verhältnis in der Vergangenheit niedrig war, haben sich die Aktienkurse die nächsten 20 Jahre für gewöhnlich schwach entwickelt, was zu einer viel geringeren Rendite aus dem Besitz von Aktien führte als aus dem Besitz von Anleihen.

Ein niedriges Dividenden-Preis-Verhältnis ging historisch immer einer schwachen Aktienmarktentwicklung über die kommenden Jahre voraus. Am Vorabend des Aktiencrashs von 1929 etwa lag das Dividenden-Preis-Verhältnis auf dem tiefsten Stand seit Jahrzehnten; über die folgenden 20 Jahre gingen die Aktienkurse um 86% zurück!

Robert Shiller veröffentlichte gerade Anfang 2001 sein Buch „Irrational Exuberance" (Princeton University Press), in dem er vor einem Kurssturz warnte. Seitdem sind die Aktienkurse stark gefallen; sein Prestige entsprechend gestiegen. Der DAX (wie Abbildung 2 deutlich macht, war er meist stark mit dem S&P-Index korreliert) ist noch viel stärker gefallen. Ob sich die Aktienkurse nun auch in den nächsten 20 Jahren wieder schwach entwickeln werden, wird erst die Zukunft zeigen.

Quelle: John Campbell und Robert Shiller, "Valuation Ratios and the Long-Run Stock Market Outlook: An Update," Cowles Foundation Discussion Paper number 1295, March 2001, (cowles.econ.yale.edu /P/ au/d_shiller/online.html).

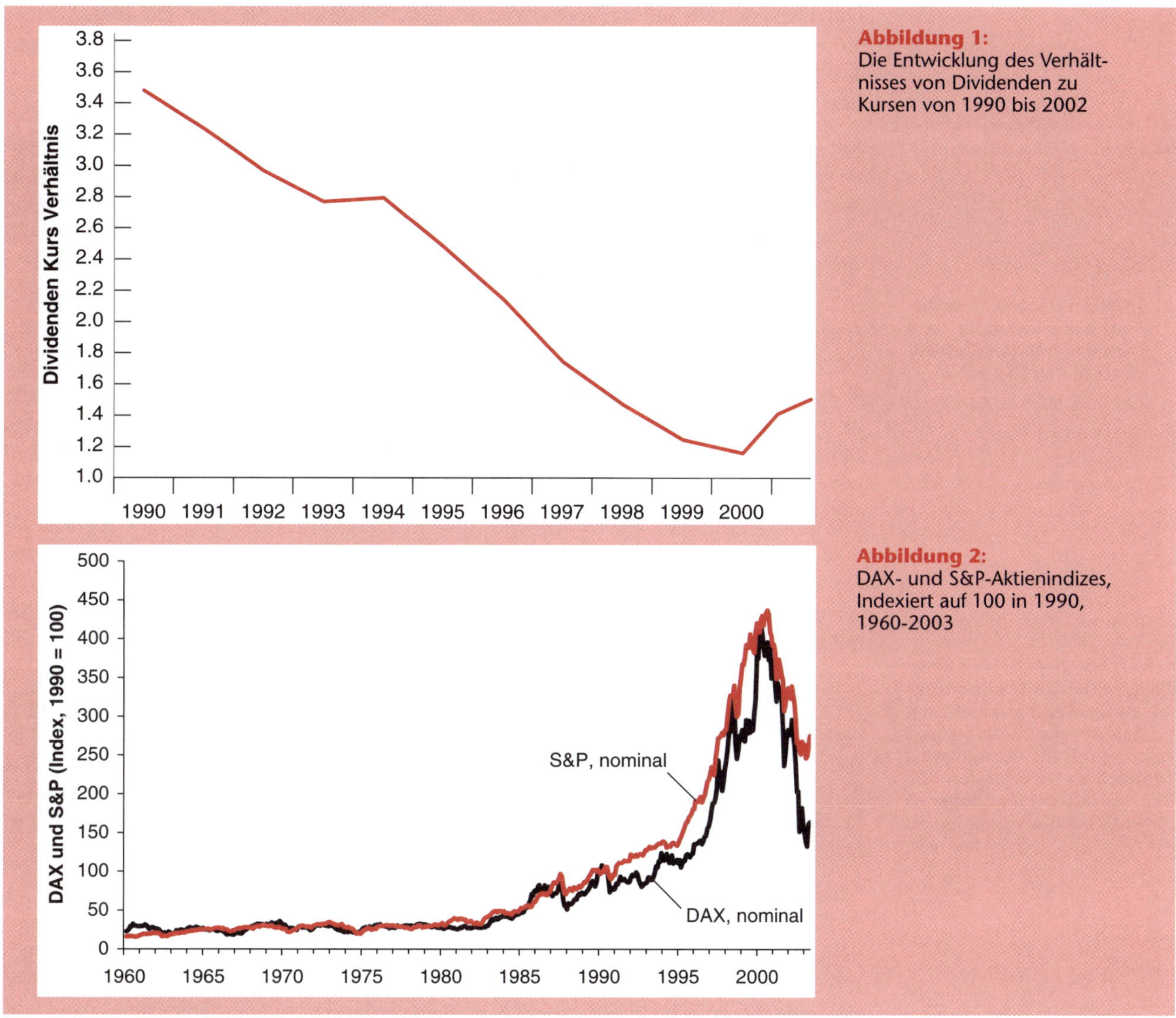

Abbildung 1: Die Entwicklung des Verhältnisses von Dividenden zu Kursen von 1990 bis 2002

Abbildung 2: DAX- und S&P-Aktienindizes, Indexiert auf 100 in 1990, 1960-2003

15.3 Blasen, Launen und Aktienkurse

Kommen alle Aktienkursbewegungen von neuen Nachrichten über künftige Dividenden und Zinsen? Viele Ökonomen bezweifeln das. Sie verweisen auf den schwarzen Oktober von 1929, als der U.S.-Aktienmarkt innerhalb von zwei Tagen um 23% fiel oder den 19. Oktober 1987, als der Dow Jones-Index 22,6% an einem einzigen Tag verlor. Sie verweisen auf den erstaunlichen Aufstieg japanischer Aktien in den 80ern, auf den ein tiefer Fall in den 90ern folgte: Wie wir in Kapitel 1 (Abbildung 1.6) gesehen haben, stieg der Nikkei-Index von etwa 13.000 im Jahr 1985 auf rund 35.000 im

Jahr 1989, nur um auf ein Niveau von rund 16.000 im Jahr 1992 zurückzufallen. Jeder dieser Fälle deutet auf einen Mangel an offensichtlichen Nachrichten hin, oder zumindest auf einen Mangel an Neuigkeiten, die wesentlich genug sind, um derart gewaltige Bewegungen zu rechtfertigen.

Aktienkurse entsprechen also nicht immer ihrem fundamentalen Wert, dem Gegenwartswert heutiger und künftig erwarteter Dividenden in Gleichung (15.10). Manchmal sind sie unter-, manchmal überbewertet. Die Überbewertung kommt irgendwann zu einem Ende, manchmal durch einen Crash, wie im Oktober 1929 oder durch ein langsames Absinken, wie im Fall des Nikkei-Index.

Erinnern sie sich, dass das Arbitragekalkül für zwei Finanzanlagen dieselbe erwartete Rendite verlangt.

Unter welchen Umständen können solche falschen Bewertungen auftreten? Die überraschende Antwort ist, dass sie selbst dann auftreten kann, wenn die Investoren rational sind und das Arbitragekalkül erfüllt ist. Um das zu verstehen, stellen Sie sich eine vollkommen wertlose Aktie vor (d.h. eine Aktie eines Unternehmens, von dem alle Investoren wissen, dass es niemals Gewinne machen wird und niemals Dividenden zahlen wird). Setzen wir D^e_{t+1}, D^e_{t+2} usw. in Gleichung (15.10) gleich Null, erhalten wir eine einfache und nicht überraschende Antwort: Der fundamentale Wert einer solchen Aktien ist gleich Null.

In einer spekulativen Blase liegen die Aktienkurse über ihrem Fundamentalwert. Anleger sind bereit, einen hohen Preis für die Aktien zu zahlen, da sie erwarten, die Aktie zu einem höheren Preis wieder verkaufen zu können.

Sind Sie vielleicht nicht doch bereit, einen positiven Preis für eine solche Aktie zu zahlen? Ja. Nämlich dann, wenn Sie erwarten, dass die Aktie im nächsten Jahr einen höheren Wert als in diesem Jahr haben wird. Dasselbe gilt für einen Käufer im nächsten Jahr: Er wird bereit sein, zu einem hohen Preis zu kaufen, falls er erwartet, im Folgejahr zu einem noch höheren Preis wieder verkaufen zu können. Dieser Vorgang zeigt, dass Aktienkurse steigen können, nur weil die Investoren es erwarten. Solche Aktienkursbewegungen heißen rationale spekulative Blasen: Anleger handeln rational, solange die Blase entsteht. Selbst jene Anleger, die Aktien zum Zeitpunkt eines Crashs halten, und daher große Verluste erleiden, können rational gewesen sein. Sie haben vielleicht damit gerechnet, dass ein Crash möglich ist, aber auch dass sich mit gewisser Wahrscheinlichkeit die Blase noch weiter aufbläht, und sie zu einem noch höheren Preis verkaufen können.

Unser Beispiel ging zur Vereinfachung von einer fundamental wertlosen Aktie aus. Das Argument gilt aber allgemein; es lässt sich ebenso auf Aktien mit positivem Fundamentalwert anwenden. Individuen sind möglicherweise bereit, mehr als den Fundamentalwert einer Aktie zu bezahlen, wenn sie künftig einen weiteren Preisanstieg erwarten. Dasselbe Argument gilt für andere Vermögensgegenstände, wie Wohnraum, Gold und Bilder. Zwei solcher Blasen sind in der Fokusbox „Berühmte Blasen: Von der Tulpenmanie Hollands im 17. Jahrhundert bis Russland im Jahr 1994“ beschrieben.

Im Zusammenhang mit dem U.S.-Aktienmarkt hat Alan Greenspan 1996 von „irrationalem Überschwang“ („irrational exuberance“) gesprochen.

Sind alle Abweichungen vom Fundamentalwert an den Finanzmärkten rationale Blasen? Wahrscheinlich nicht. Viele Anleger sind nicht rational. Steigt der Aktienkurs in der Vergangenheit aufgrund einer Reihe guter Meldungen, bildet sich oftmals übermäßiger Optimismus. Wenn Anleger lediglich aus der vergangenen Rendite auf die zukünftige Kursentwicklung schließen, kann eine Aktie einfach nur aus dem Grund steigen, dass sie in der Vergangenheit einmal stieg. Diese Art von Abweichung vom Fundamentalwert einer Aktie wird häufig Laune (fad) genannt. Wir alle kennen viele Launen im Alltagsleben; es gibt gute Gründe zu glauben, dass sie auch am Aktienmarkt vorkommen.

Die Fokusbox „Warum ist der Aktienmarkt so stark gefallen?“ untersucht die Evidenz und kommt zu dem Schluss, dass empirische Belege darauf hindeuten, dass sich die Aktienkurse die nächsten 20 Jahre meist für gewöhnlich schwach entwickeln, wenn das Dividenden-Preis-Verhältnis in der Vergangenheit niedrig lag.

Die grundlegende Frage nach den Bestimmungsfaktoren von Aktienkursen – nur Fundamentaldaten oder auch Launen und Blasen – ist eine wichtige Frage, nicht nur für Marktteilnehmer sondern auch für die Makroökonomie. Der Aktienmarkt ist mehr als ein Nebenschauplatz: Wie die beiden nächsten Kapitel zeigen, sind nicht nur die Aktienkurse von der wirtschaftlichen Aktivität betroffen, sondern umgekehrt auch die wirtschaftliche Aktivität von den Aktienkursen, durch ihren Einfluss auf Konsum und Investitionsausgaben. Viele Ökonomen glauben, der Aktien-Crash von 1929 war einer der Gründe für die große Depression. Wie wir kurz in Kapitel 1 angesprochen haben und in Kapitel 22 näher erläutern werden, scheint der lange und starke Fall des Nikkei, nach einer wahrscheinlich zum großen Teil spekulativen Blase in den 80ern, einer der Gründe für den starken Konjunkturrückgang seit den frühen 90ern zu sein.

Zusammenfassung

- Arbitrage zwischen Anleihen verschiedener Laufzeit impliziert, dass der Preis der Anleihe gleich dem Gegenwartswert der Zahlungen der Anleihe ist, diskontiert mit dem aktuellen und den künftigen, bis Ende der Laufzeit erwarteten, kurzfristigen Zinssätzen. Folglich führen höhere aktuelle oder zukünftig erwartete kurzfristige Zinsen zu niedrigeren Anleihekursen.
- Die Laufzeitrendite einer Anleihe ist (näherungsweise) gleich dem Durchschnitt aus dem heutigem Zinssatz und den erwarteten kurzfristigen Zinssätzen über die Restlaufzeit der Anleihe.
- Die Steigung der Zinsstrukturkurve (oder gleichbedeutend der Zeitstruktur) verrät uns die Erwartungen der Finanzmärkte in Bezug auf die zukünftigen kurzfristigen Zinssätze. Eine fallende Zinsstrukturkurve (die kurzfristigen Zinsen liegen über den langfristigen Zinsen) impliziert, dass der Markt fallende kurzfristige Zinsen erwartet; eine steigende Zinsstrukturkurve (die kurzfristigen Zinsen liegen unter den langfristigen Zinsen) impliziert, dass der Markt steigende kurzfristige Zinsen erwartet.
- Der Fundamentalwert einer Aktie ist der Gegenwartswert der zukünftig erwarteten realen Dividenden, diskontiert mit den aktuellen und den künftig erwarteten einjährigen realen Zinsen. Abgesehen von Blasen oder Launen, ist der Aktienkurs gleich seinem Fundamentalwert.
- Werden die Dividenden höher erwartet, dann steigt der fundamentale Wert der Aktien; steigen der aktuelle Zinssatz oder die erwarteten einjährigen Zinssätze, dann fällt ihr fundamentaler Wert.
- Ein verändertes Produktionsniveau kann, muss aber nicht die Aktienkurse in dieselbe Richtung bewegen. In welche Richtung sie sich bewegen hängt ab von (1) den anfänglichen Erwartungen der Märkte, (2) der Quelle der Schocks und (3) den Erwartungen der Märkte, wie die Zentralbank auf das veränderte Produktionsniveau reagieren wird.
- Aktienkurse können von Blasen oder Launen bestimmt werden, so dass der Aktienkurs von seinem Fundamentalwert abweichen kann. Blasen sind Zeiträume, in denen die Anleger Aktien zu einem höheren Kurs als fundamental gerechtfertigt in der Erwartung kaufen, die Aktie zu einem späteren Zeitpunkt noch teurer weiterveräußern zu können. Launen charakterisieren Zeiten, in denen Anleger, wegen einer Mode-Erscheinung oder aus Überoptimismus, bereit sind, mehr als den fundamentalen Wert für eine Aktie zu bezahlen.

Übungsaufgaben

Verständnistests

1. Welche der folgenden Aussagen sind zutreffend, falsch oder unklar? Geben Sie jeweils eine kurze Erläuterung.
   a. Ramschanleihen (Junk Bonds) sind Anleihen, die keiner halten möchte.
   b. Der Preis einer einjährigen Anleihe fällt, wenn der nominale einjährige Zinssatz steigt.
   c. Nach der Fisher-Hypothese deutet eine steigende Zinsstrukturkurve auf Inflationsängste der Finanzmärkte für die Zukunft hin.
   d. Langfristige Zinsen reagieren gewöhnlich stärker als kurzfristige Zinsen.
   e. Ein Anstieg der erwarteten Inflation und der nominalen Zinssätze aller Laufzeiten um denselben Betrag, sollte keinen Einfluss auf den Aktienmarkt haben.
   f. Eine expansive Geldpolitik führt zu einer steigenden Zinsstrukturkurve.
   g. Ein rationaler Investor sollte niemals einen positiven Preis für eine Aktie bezahlen, die niemals Dividenden ausschütten wird.
   h. Die starke Entwicklung des U.S.-Aktienmarktes in den 90er Jahren spiegelt die starke Entwicklung der US-Wirtschaft wider.
2. Bestimmen Sie die Laufzeitrenditen der folgenden Anleihen:
   a. Eine Diskontanleihe mit Nominalwert 1.000 €, einer Laufzeit von drei Jahren und einem Preis von 800 €.
   b. Eine Diskontanleihe mit Nominalwert 1.000 €, einer Laufzeit von vier Jahren und einem Preis von 800 €.
   c. Eine Diskontanleihe mit Nominalwert 1.000 €, einer Laufzeit von vier Jahren und einem Preis von 850 €.
3. Der diesjährige einjährige Zinssatz sei 5%. Nehmen sie an, dass die Finanzmärkte erwarten, dass der einjährige Zinssatz jedes Jahr um 0,5% für die folgenden drei Jahre steigt. Bestimmen Sie die Laufzeitrendite für:
   a. Eine einjährige Anleihe
   b. Eine zweijährige Anleihe
   c. Eine dreijährige Anleihe
4. Bestimmen Sie mit Hilfe des *IS-LM*-Modells den Einfluss der folgenden Zustände auf die Aktienkurse. (Ist ein Einfluss ambivalent, dann erklären Sie, welche zusätzliche Information nötig wäre, um eine eindeutige Lösung zu erhalten.)
   a. Eine unerwartet expansive Geldpolitik ohne Änderung der Fiskalpolitik.
   b. Eine vollständig erwartete expansive Geldpolitik ohne Änderung der Fiskalpolitik.
   c. Eine vollständig erwartete expansive Geldpolitik mit expansiver Fiskalpolitik.

Vertiefungsfragen

5. In Kapitel 14 untersuchten wir den Einfluss einer steigenden Wachstumsrate der Geldmenge auf die Zinsen und die Inflation.
   a. Zeichnen Sie den Anpassungspfad des Nominalzinses, der sich aufgrund einer steigenden Wachstumsrate der Geldmenge ergibt.
      Gehen Sie davon aus, dass der tiefste Punkt des Pfades nach einem Jahr erreicht ist und das langfristige Niveau nach drei Jahren erreicht wird.
   b. Zeigen sie die Zinskurse direkt nach der Anhebung der Wachstumsrate der Geldmenge, ein Jahr später und drei Jahre später.

6. *Interpretation der Zinsstrukturkurve*
   a. Erklären Sie, weshalb eine umgekehrte (fallende) Zinsstrukturkurve auf eine nahende Rezession hindeuten kann.
   b. Was impliziert eine steile Zinsstrukturkurve im Hinblick auf die zukünftige Inflation?
7. *Aktienkurse und die Risikoprämie*
   (Diese Problemstellung basiert auf dem Anhang zu diesem Kapitel.)
   Die erwartete Dividende einer Aktie für das nächste Jahr ist 1.000 € und man erwartet, dass der reale Wert der darauf folgenden Dividendenzahlung um 3% pro Jahr bis in alle Ewigkeit zulegen wird. Bestimmen Sie den aktuellen Aktienkurs, falls der reale Zinssatz als konstant angenommen wird, bei
   a. 5%; 8%
      Nehmen Sie jetzt an, die Anleger verlangen eine Risikoprämie für das Halten von Aktien (wie im Anhang beschrieben).
   b. Wiederholen Sie (a) für den Fall, dass die verlangte Risikoprämie 8% beträgt.
   c. Wiederholen Sie (a) für den Fall, dass die verlangte Risikoprämie 4% beträgt.
   d. Was denken Sie, wird mit den Aktienkursen geschehen, falls die Risikoprämie fällt? Erklären sie verbal.

Weiterführende Fragen

8. *Die abnehmende Inflation unter Volcker und die Zinsstruktur*

   In den späten 70er Jahren wuchs die U.S.-Inflation zweistellig und Paul Volcker wurde zum Vorsitzenden des Federal Reserve Board ernannt. Volcker traute man zu, die Inflation erfolgreich zu bekämpfen. Bei diesem Problem werden wir vergangene Zinsstrukturkurven nutzen, um festzustellen, ob die Finanzmärkte tatsächlich erwarteten, dass Volcker die Inflation in den Griff bekommen würde.

   Besuchen Sie die Internetseite der Federal Reserve Bank von St. Louis, `www.stls.frb.org/`. Folgen Sie den Links zu "Economic Research" und "FRED Economic Data". Gehen Sie dort auf "monthly price indexes" und dann zum saisonal bereinigten "CPI for all urban consumers". Speichern Sie die Internetseite als Textdatei ab und importieren sie die Seite in ihr bevorzugtes Datenverarbeitungsprogramm. Ebenso können Sie unter "FRED Economic Data," zu "Monthly Interest Rates" gehen und die Reihen "One-Year Treasury Constant Maturity Rate" und "Thirty-Year Treasury Constant Maturity Rate" in ihr Programm importieren.
   a. Wie kann die Fed die Inflation reduzieren? Was bedeutet das für den Nominalzins?
   b. Berechnen sie die jährliche Inflation als prozentuale Veränderung des Konsumentenpreisindex (CPI) vom letzten Jahr zu diesem Jahr. Stellen Sie die Inflationsrate und den einjährigen Zinssatz von 1977 bis 1998 in einer Grafik dar. Wann war die Inflation am höchsten?
   c. Berechnen Sie die Differenz (genannt Spread) zwischen der 30-jährigen Rendite des T-Bond und dem einjährigen T-Bill. Bilden Sie die Differenz in derselben Grafik mit dem einjährigen Zinssatz ab.
   d. Was impliziert ein abnehmender Spread im Hinblick auf die Erwartungen der Finanzmärkte? Was geschah mit dem einjährigen Zinssatz der T-Bill, als die Inflation in den späten 70er Jahren anstieg? Erwarteten die Finanzmärkte zukünftig eine Fortsetzung dieses Trends?
      Im Oktober 1979 kündigte die Fed mehrere Änderungen ihrer operativen Aktivitäten an, die weitläufig als Verpflichtung zur Bekämpfung der Inflation interpretiert wurden.

e. Finden Sie mit Hilfe des Zins-Spreads, den Sie für den Oktober 1979 ausgerechnet haben, Beweise für eine derartige Interpretation der Finanzmärkte? Erklären Sie.
In den frühen 80ern wurde klar, dass die Vereinigten Staaten in eine tiefe Rezession fallen würden. Die Fed ging von April bis Juli 1980 zu einer expansiven Geldpolitik über, um die Wirtschaft anzukurbeln.

f. Welchen Einfluss hatte der Politikwechsel auf den einjährigen Zinssatz?

g. Hatten die Finanzmärkte von April bis Juli 1980 erwartet, dass der Politikwechsel anhalten würde? Erklären Sie. Waren die Erwartungen der Finanzmärkte korrekt?

9. Gehen Sie auf die in Frage 8 genannte Internetseite und suchen die neuesten Beobachtungen der Zeitstruktur der Zinsen zwischen drei Monaten und 30 Jahren. Ist die Zeitstruktur steigend, fallend oder flach? Weshalb? Vergleichen Sie den Verlauf in den Vereinigten Staaten mit der Zinsstrukturkurve im Euroraum. Inwieweit gibt es Parallelen?

Anhang

Dieser Anhang hat zwei Teile.

Der erste zeigt, dass ohne spekulative Blasen die Arbitrage zwischen Aktien und Anleihen dazu führt, dass der Aktienkurs dem erwarteten Gegenwartswert der Dividenden entspricht.

Der zweite zeigt, wie man das Arbitragekalkül modifizieren muss, um die Risikoaversion der Anleger zu berücksichtigen. Es wird gezeigt, wie dies das Verhältnis des Gegenwartswerts zwischen Aktien und Dividenden verändert.

Arbitrage und Aktienkurse

Sie stehen vor der Wahl, entweder in eine einjährige Anleihe oder ein Jahr in Aktien zu investieren. Was sollten Sie wählen?

- Nehmen Sie an, Sie wählen einjährige Anleihen. Dann erhalten Sie für jeden investierten Euro $(1+i_{1t})$ Euro im nächsten Jahr. Diese Auszahlung ist in der oberen Zeile von Abbildung 15A.1 dargestellt.
- Nehmen Sie nun an, dass Sie ein Jahr lang Aktien halten. Das impliziert den Aktienkauf heute, den Erhalt der Dividende im nächsten Jahr und den anschließenden Verkauf der Aktie. Bei einem Aktienkurs von Q_t, kauft jeder investierte Euro $1/Q_t$ Aktien. Und für jede gekaufte Aktie erwarten Sie $(D^e_{t+1} + Q^e_{t+1})$ zu erhalten, die Summe aus erwarteter Dividende und Aktienkurs im nächsten Jahr. Daher erwarten Sie, für jeden Euro den Sie in Aktien investieren, $(D^e_{t+1} + Q^e_{t+1})/Q_t$ zu erhalten. Diese Auszahlung ist in der unteren Zeile von Abbildung 15A.1 dargestellt.

Nutzen wir dasselbe Arbitrage-Argument, wie bereits früher bei Anleihen. Falls die Investoren nur auf die erwartete Rendite achten, dann muss im Gleichgewicht die erwartete Rendite aus dem Besitz von Aktien für ein Jahr gleich der Rendite einer einjährigen Anleihe sein:

$$\frac{\left(D^e_{t+1} + Q^e_{t+1}\right)}{Q_t} = 1 + i_{1t}$$

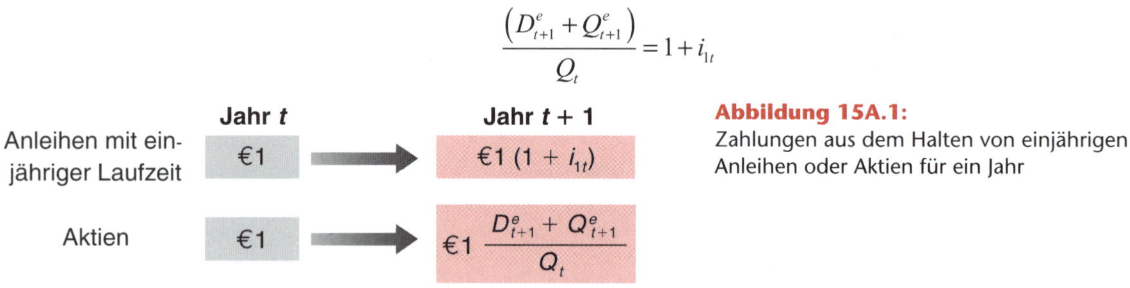

Abbildung 15A.1: Zahlungen aus dem Halten von einjährigen Anleihen oder Aktien für ein Jahr

Stellen wir die Gleichung um, zu

$$Q_t = \frac{D^e_{t+1}}{(1+i_{1t})} + \frac{Q^e_{t+1}}{(1+i_{1t})} \qquad (15.A1)$$

Arbitrage impliziert, dass der Kurs einer Aktie heute gleich dem Gegenwartswert der erwarteten Dividende zuzüglich dem Gegenwartswert des Aktienkurses im nächsten Jahr ist.

Im nächsten Schritt überlegen wir, was den erwarteten Aktienkurs im nächsten Jahr, Q^e_{t+1} , bestimmt. Im nächsten Jahr stehen die Anleger wieder vor der Wahl zwischen Aktien und einjährigen Anleihen. Es wird dasselbe Arbitragekalkül gelten. Schreiben wir die vorige Gleichung nun für $t+1$ und berücksichtigen die Erwartungen, so erhalten wir

$$Q^e_{t+1} = \frac{D^e_{t+2}}{(1+i^e_{1t+1})} + \frac{Q^e_{t+2}}{(1+i^e_{1t+1})}$$

Der erwartete Kurs im nächsten Jahr ist einfach der Gegenwartswert aus der Summe von erwarteter Dividende und Aktienkurs in zwei Jahren. Durch Ersetzen des erwarteten Preises $Q^e{}_{t+1}$ in Gleichung (15.A1), erhalten wir

$$Q_t = \frac{D^e_{t+1}}{(1+i_{1t})} + \frac{D^e_{t+2}}{(1+i_{1t})(1+i^e_{1t+1})} + \frac{Q^e_{t+2}}{(1+i_{1t})(1+i^e_{1t+1})}$$

Der Aktienkurs ist der Gegenwartswert der erwarteten Dividende im nächsten Jahr, zuzüglich dem Gegenwartswert der erwarteten Dividende in zwei Jahren, zuzüglich dem erwarteten Preis in zwei Jahren.

Ersetzen wir den erwarteten Kurs in zwei Jahren durch den Gegenwartswert des erwarteten Kurses und der Dividende in drei Jahren, und fahren so fort für n Jahre, dann erhalten wir

$$Q_t = \frac{D^e_{t+1}}{(1+i_{1t})} + \ldots + \frac{D^e_{t+n}}{(1+i_{1t})\ldots(1+i^e_{1t+n-1})} + \frac{Q^e_{t+n}}{(1+i_{1t})\ldots(1+i^e_{1t+n-1})} \qquad (15.A2)$$

Betrachten Sie den letzten Ausdruck in Gleichung (15.A2) – den Gegenwartswert des in n Jahren erwarteten Kurses. Solange die Individuen keinen explodierenden Aktienkurs in der Zukunft erwarten, geht dieser Ausdruck gegen Null, wenn wir weiterhin $Q^e{}_{t+n}$ ersetzen und n steigt. Um zu verstehen weshalb, nehmen Sie den Zinssatz i als konstant an. Der letzte Ausdruck wird zu

$$\frac{Q^e_{t+n}}{(1+i_{1t})\ldots(1+i^e_{1t+n-1})} = \frac{Q^e_{t+n}}{(1+i)^n}$$

Nehmen Sie weiter an, dass die Individuen für die ferne Zukunft erwarten, dass der Aktienkurs gegen einen gewissen Wert Q konvergiert. Dann wird der letzte Ausdruck zu

$$\frac{Q^e_{t+n}}{(1+i)^n} = \frac{\bar{Q}}{(1+i)^n}$$

Bei positivem Zinssatz geht dieser Ausdruck gegen Null, für große n. Gleichung (15.A2) reduziert sich zu Gleichung (15.9) im Textteil: Der heutige Preis ist gleich dem Gegenwartswert zukünftig erwarteter Dividenden.

Ein wichtiger Punkt: Die Bedingung, die Individuen erwarten, der Aktienkurs konvergiert mit der Zeit gegen einen bestimmten Wert, erscheint vernünftig. Sie scheint tatsächlich die meiste Zeit erfüllt zu sein. Sind die Kurse jedoch Ausdruck einer rationalen Blase [Abschnitt 15.3], erwarten die Anleger also starke Kursanstiege in der Zukunft, dann ist die Bedingung, dass die Kurse nicht explodieren, nicht erfüllt. Deswegen hilft beim Auftreten von Blasen unser soeben angeführtes Argument nicht weiter; der Aktienkurs entspricht nicht länger dem Gegenwartswert der erwarteten Dividenden.

Eine Erweiterung der Formel für den Gegenwartswert zur Berücksichtigung des Risikos

In den letzten Kapiteln sind wir davon ausgegangen, dass die Individuen nur die erwartete Rendite und nicht das Risiko berücksichtigen. Anders gesagt, gingen wir von risikoneutralen Anlegern aus. In Wirklichkeit sind die meisten Anleger risikoavers. Sie beachten beides, die erwartete Rendite, die sie mögen – und das Risiko, das sie vermeiden möchten.

Tatsächlich beschäftigt sich ein Großteil der Finanzmarkttheorie damit, wie risikoaverse Individuen Entscheidungen treffen, und was Risikoaversion für die Aktienkurse bedeutet. Diese Themen zu untersuchen, führt uns hier zu weit. Aber wir können wenigstens eine kleine Erweiterung unserer Rahmenbedingungen untersuchen, die Risikoaversion bei den Anlegern umfasst und verdeutlicht, wie das Arbitrage-Kalkül und das Konzept des Gegenwartswerts modifiziert werden müssen.

Halten Anleger Aktien im Vergleich zu Anleihen für riskanter und versuchen sie, Risiken zu vermeiden, ist es wahrscheinlich, dass sie eine Risikoprämie verlangen, um Aktien statt Anleihen zu halten. Die Risikoprämie bei Aktien nennt man Aktienprämie (equity premium). Sie wird mit θ bezeichnet (dem kleinen griechischen Buchstaben Theta). Ist θ beispielsweise 5%, dann werden die Anleger nur Aktien halten, falls die erwartete Rendite von Aktien die erwartete Rendite kurzfristiger Anleihen um 5% pro Jahr übersteigt.

In diesem Fall ändert sich die Arbitragegleichung zwischen Aktien und Anleihen zu

$$\frac{D^e_{t+1} + Q^e_{t+1}}{Q_t} = 1 + i_{1t} + \theta$$

Die einzige Veränderung ist der Term θ auf der rechten Seite der Gleichung. Vollziehen wir dieselben Schritte wie oben (ersetzen $Q^e{}_{t+1}$ durch seinen Ausdruck zum Zeitpunkt $t+1$ usw.), ist der Aktienkurs gleich:

$$Q_t = \frac{D^e_{t+1}}{(1 + i_{1t} + \theta)} + \ldots + \frac{D^e_{t+n}}{(1 + i_{1t} + \theta)\ldots(1 + i_{1t+n-1} + \theta)} + \ldots$$

Der Aktienkurs ist immer noch gleich dem Gegenwartswert der in Zukunft erwarteten Dividenden. Aber der Diskontsatz ist hier gleich dem Zinssatz zuzüglich der Aktienprämie. Beachten Sie, je höher die Prämie, desto geringer der Aktienkurs. Über die letzten 100 Jahre war die Aktienprämie in den Vereinigten Staaten etwa 5%. Aber (im Gegensatz zu unserer Annahme von vorhin, θ sei konstant) sie ist nicht konstant. Die Aktienprämie scheint z.B. gefallen zu sein, von rund 7% in den frühen 50ern auf unter 3% heute. Veränderungen der Aktienprämie sind eine weitere Quelle für Schwankungen der Aktienkurse.

Kapitel 16 Erwartungsbildung, Konsum und Investitionen

Welche Bedeutung haben Erwartungen für die Entwicklung der gesamtwirtschaftlichen Nachfrage? Um diese Frage in Kapitel 17 beantworten zu können, müssen wir zunächst untersuchen, welcher Zusammenhang zwischen Erwartungsbildung, Konsum und Investitionsausgaben besteht.

- Abschnitt 16.1 erweitert unsere Kenntnisse des Konsumverhaltens. Wir werden sehen, dass der Konsum nicht ausschließlich vom aktuellen Einkommen, sondern auch vom erwarteten zukünftigen Einkommen sowie von der Vermögensentwicklung abhängt.
- Abschnitt 16.2 zeigt, dass Investitionsentscheidungen von den aktuellen *und* den erwarteten Gewinnen sowie von den aktuellen *und* den erwarteten Zinsen abhängen.
- Abschnitt 16.3 untersucht die Entwicklung von Konsum und Investitionen im Zeitablauf und interpretiert die empirischen Gegebenheiten anhand der zuvor erzielten Erkenntnisse.

16.1 Erwartungen und Konsumnachfrage

Bisher nahmen wir an, dass die Konsumnachfrage ausschließlich vom aktuellen Einkommen abhängt. In der Realität zeigt sich, dass diese Sichtweise zu restriktiv ist. Wir müssen deshalb unsere Behandlung des Konsumverhaltens vertiefen. Hierbei zeigt sich, dass die Konsumentwicklung nicht ohne Berücksichtigung von Erwartungen verstanden werden kann.

Ausgangspunkt ist ein Ansatz, der im Laufe der 50er Jahre entwickelt wurde. Zu dieser Zeit erarbeiteten zwei Ökonomen unabhängig voneinander eine Theorie, die explizit die Erwartungen der Konsumenten berücksichtigte. Milton Friedman, Professor an der Universität von Chicago, nannte seinen Ansatz "Permanente Einkommenshypothese des Konsums", um zu betonen, dass Konsumenten Aspekte jenseits des aktuellen Einkommens berücksichtigen; Franco Modigliani, Ökonom am Massachusetts Institute of Technology, wählte die Bezeichnung „Lebenszyklus-Hypothese des Konsums", um hervorzuheben, dass die gesamte Lebensspanne als Planungshorizont der Wirtschaftssubjekte berücksichtigt werden muss.

Friedman erhielt den Nobelpreis für Ökonomie im Jahre 1976, Modigliani im Jahre 1985.

Seit dieser Zeit forschen viele Ökonomen über das Thema Konsumverhalten. Hierfür gibt es mehrere Gründe. Erstens macht der Konsum den weitaus größten Teil der aggregierten Nachfrage aus; er ist deshalb von erheblicher Bedeutung für die Makroökonomie.

In Deutschland beträgt der Anteil der Konsumausgaben an den Gesamtausgaben etwa 60%.

Zweitens verbessert sich die Datenlage beständig. Die Analyse neuer und verbesserter Datensätze ermöglicht weitaus detailliertere Untersuchungen und eine Vielzahl neuer Erkenntnisse bezüglich des tatsächlichen Konsumverhaltens. Dabei zeigen sich immer wieder gewisse Widersprüche, wenn die neuen empirischen Erkenntnisse mit den verfügbaren Theorien konfrontiert werden. Sie müssen durch neue Theoriebildung aufgelöst werden. Im Laufe dieses Forschungsprozesses wurden in den letzten Jahren eine Vielzahl spannender Erkenntnisse gewonnen. In diesem Abschnitt werden wir eine Auswahl dieser Einsichten kennen lernen.

16.1.1 Konsumverhalten bei perfekter Voraussicht

Wir beginnen mit einer extremen, aber nützlichen Annahme: Zunächst untersuchen wir das Entscheidungsproblem eines Konsumenten, der mit Sicherheit weiß, wie sich die Zukunft entwickeln wird. Zudem berücksichtigt er alle ihm zur Verfügung stehenden Informationen. Bei der Entscheidung über sein aktuelles Konsumniveau wird ein solches Individuum in zwei Schritten vorgehen:

Im Verlauf dieses Kapitels werden wir die Unterscheidung zwischen Immobilien- und Sachvermögen zuweilen vernachlässigen und nur vom Finanz- und Immobilienvermögen sprechen.

- Im ersten Schritt wird er den Gesamtwert seines Vermögens ermitteln. Hierzu wird er eine Aufstellung all seiner Vermögensgegenstände (z.B. den Wert seines Aktien- und Wertpapiervermögens, das Guthaben auf seinem Girokonto, den Verkehrswert seiner Eigentumswohnung etc.) erstellen. Davon muss er alle Verbindlichkeiten (beispielsweise den noch ausstehenden Hypothekenkredit samt der anfallenden Zinszahlungen) abziehen. Schließlich muss er zum Gesamtwert seines Finanz-, Immobilien- und Sachvermögens auch den Schätzwert seines Humanvermögens addieren.

  Zu diesem Zweck wird er den erwarteten Nettoverdienst während seines gesamten Arbeitslebens schätzen und den Gegenwartswert der Zahlungen ermitteln. Dieser erwartete Barwert des Arbeitseinkommens ist der Schätzwert des Humanvermögens des Konsumenten.

Wovon hängt der Wert des Humanvermögens ab? Folgen wir dem eigentlichen Wortsinn, würden wir vermuten, dass ausschließlich persönliche Eigenschaften wie Ausbildungsniveau, Intelligenz und Berufserfahrung entscheidend sind. Der von uns benutzte Schätzwert sollte jedoch sinnvollerweise auch andere Aspekte berücksichtigen, die sich auf die Verdienstmöglichkeiten auswirken, z.B. die Entwicklung der Arbeitslosenquote und der Steuersätze.

- Im zweiten Schritt wird der Konsument entscheiden, welchen Teil seines Gesamtvermögens er in der laufenden Periode für Konsumzwecke nutzen soll. Die meisten Ökonomen gehen davon aus, dass Konsumenten ungern allzu starke Schwankungen ihres Konsumniveaus hinnehmen. Es besteht eine Präferenz zur Glättung von Konsumausgaben im Zeitverlauf. Man sollte deshalb vermuten, dass das betrachtete Individuum den aktuellen Konsum genau so wählt, dass das Gesamtvermögen ausreicht, um in jeder Phase des Lebens ungefähr das gleiche Konsumniveau zu erreichen. Ist dieses Konsumniveau höher als das aktuelle Einkommen, wird der fehlende Betrag über Verschuldung abgedeckt. Im umgekehrten Fall wird der Restbetrag gespart, also zum Vermögensaufbau genutzt.

Der Begriff der Glättung von Konsumausgaben („consumption smoothing") ist zentral für das Verständnis der modernen Konsumforschung. Er beschreibt die in den Konsumpräferenzen begründete Abneigung gegen allzu starke Schwankungen des Konsumniveaus.

Formal lässt sich ein solches Entscheidungsverhalten folgendermaßen charakterisieren:

$$C_t = C\,(GV_t), \tag{16.1}$$

wobei C_t das Konsumniveau in Periode t und GV_t die Summe aus Finanz-, Immobilien- und Humanvermögen zum Zeitpunkt t repräsentiert.

Bevor wir uns den Problemen einer solchen Beschreibung widmen, betrachten wir ein Beispiel: Die Konsumentscheidung einer 21-jährigen Studentin.

Da wir alle Konsumenten sind, können wir durch Selbstbeobachtung die Plausibilität der hier beschriebenen Theorie überprüfen.

Wir wollen annehmen, dass die betrachtete Person plant, in drei Jahren ihr Studium zu beenden. Zum Zeitpunkt der Entscheidung verfügt sie über einige Vermögensgegenstände (wie ein Auto, eine Stereoanlage...) und einige Verbindlichkeiten, etwa einen Kredit, der zur Finanzierung des Autos aufgenommen wurde.

Zur Vereinfachung wollen wir annehmen, dass sich der Wert der Vermögensgegenstände und der Wert der Schulden genau ausgleichen. Zum Zeitpunkt der Entscheidung besteht das Gesamtvermögen also lediglich aus dem Gegenwartswert der erwarteten Nettoverdienste bzw. dem Humanvermögen. Bei der Ermittlung der Nettoverdienste müssen reale Größen verwendet werden. Erwartet die Studentin, nach Ende ihres Studiums ein Anfangsgehalt von 45.000 € pro Jahr erzielen zu können, wird sie diesen Nominalbetrag unter Verwendung der erwarteten Inflationsrate in Preise des aktuellen Jahres umrechnen. Unterstellen wir eine durchschnittliche erwartete Inflationsrate von 4%, so beträgt das reale Anfangsgehalt $45.000/(1{,}04)^3$ € = 40.000 €. Die jährliche erwartete (Real-)Lohnsteigerung betrage 3%. Im Alter von 60 Jahren plant die Studentin in Rente zu gehen. Sie versteuert ihr Einkommen mit einem durchschnittlichen Steuersatz von 25%.

Unter Verwendung von Gleichung (14.7) können wir nun den Gegenwartswert des Arbeitseinkommens bestimmen. Hierzu müssen die erwarteten Nettoverdienste mit dem Realzins diskontiert werden. Y_{Lt} sei das reale Arbeitseinkommen im Jahr t, T_t die reale Steuerlast und $HV(Y^e_{Lt} - T^e_t)$ das Humanvermögen, also der im Jahr t ermittelte Gegenwartswert der erwarteten Nettoverdienste.

Zur Vereinfachung nehmen wir an, der Realzins sei 0. Der erwartete Gegenwartswert entspricht dann einfach der Summe aller realen Arbeitseinkünfte, bzw. dem Netto-Anfangsgehalt (40.000 €)(1 – 0,25) multipliziert mit den erwarteten Lohnsteigerungen.

$$HV\,(Y^e_{Lt} - T^e_t) = (40.000)(0{,}75)[1 + (1{,}03) + (1{,}03)^2 + \ldots + (1{,}03)^{36}]$$

Der Term in eckigen Klammern berücksichtigt die Tatsache, dass das Nettogehalt während des Arbeitslebens (37 Jahre) um 3% pro Jahr ansteigt. Unter Verwendung der Eigenschaften geometrischer Reihen ergibt sich für diesen Ausdruck ein Wert von $(1 - 1{,}03^{37})/(1 - 1{,}03) = 66{,}2$. Wir erhalten:

$$GV = HV\,(Y^e_{Lt} - T^e_t) = 0{,}75\,(66{,}2)(40.000) = 1.986.000$$

Das Gesamtvermögen GV entspricht dem Humanvermögen HV und nimmt einen Wert von etwa 2 € Millionen an.

Um über ihr aktuelles Konsumniveau entscheiden zu können, muss die Studentin schließlich ihre Lebenserwartung bestimmen. Sie geht davon aus, nach der Pensionierung noch 16 Jahre zu leben. Ihr Vermögen muss somit auf die verbleibenden 56 Jahre aufgeteilt werden. Möchte Sie in diesem Zeitraum ein konstantes Konsumniveau aufrechterhalten, kann sie pro Jahr Ausgaben in Höhe von 1.986.000/56 € = 35.464 € tätigen. In den nächsten drei Jahren ohne Einkommen muss sie hierfür pro Jahr einen Kredit von 35.464 € aufnehmen. Sobald sie verdient, wird die Studentin den Kredit

Üblicherweise wird zusätzlich berücksichtigt, dass eine Präferenz für möglichst frühen Konsum besteht; wir wollen diese Komplikation hier vernachlässigen.

zurückzahlen und zu sparen beginnen, um für die Jahre nach ihrem Arbeitsleben vorzusorgen.

Die Berechnung des optimalen Konsumniveaus wird durch die Annahme erleichtert, dass der reale Zinssatz gleich Null ist. Allerdings zwingt diese Annahme uns, einen zentralen Aspekt der Konsumentscheidung zu vernachlässigen: Den Zusammenhang zwischen Realzins und Konsumniveau. Um diesen Zusammenhang zu verstehen, können wir das Entscheidungsproblem der Studentin auch folgendermaßen beschreiben: Sie muss zwischen der Alternative „Konsum heute" und der Alternative „Konsum in der Zukunft" wählen. Was sind die Vorteile des sofortigen Konsums? Im Wesentlichen besteht der Vorteil im sofort erzielbaren Nutzengewinn.

Wenn die Studentin heute eine Einheit weniger konsumiert, dann folgt aus der Annahme $r = 0$, dass sie im nächsten Jahr genau eine zusätzliche Einheit konsumieren kann. Dabei muss die Summe des Konsums bezogen auf die gesamte Lebenszeit dem Gesamtvermögen entsprechen. Wenn jährlich eine konstante Menge konsumiert werden soll, muss einfach das Vermögen durch die verbleibenden Lebensjahre dividiert werden. Bei positivem Realzins ist der potenzielle Zusatzkonsum und damit der Anreiz zur Ersparnisbildung größer.

Was sind die Nachteile des Konsums heute? Der wesentliche Nachteil ist offensichtlich der Verzicht auf Konsum in der Zukunft. Genau hier kommt der Realzins ins Spiel: Ist der Realzins Null, ermöglicht ein aktueller Konsumverzicht einen zukünftigen Zusatzkonsum in gleicher Höhe. Ist der Realzins positiv (bspw. 3%) so führt eine aktuelle Einschränkung des Konsums um 1 € zu einem größeren Zusatzkonsum in der Zukunft (z.B. in Höhe von 1,03 € im Folgejahr). Je höher der Realzins, desto größer sind also die Anreize zum Konsumverzicht bzw. zur Ersparnisbildung.

Viele Aspekte dieser Beschreibung des Konsumverhaltens sind auch in der Realität zu beobachten: Auch wir werden unseren Vermögensbestand sowie erwartete Einkommensgrößen bei Entscheidungen bzgl. des aktuellen Konsumniveaus berücksichtigen. Auf der anderen Seite wecken Berechnungen wie hier den Eindruck, dass sie ein zu großes Ausmaß an Voraussicht, Planungssicherheit und Rechengeschick verlangen. Wir müssen die soeben entwickelte Grundidee deshalb weiterentwickeln.

16.1.2 Weiterentwicklungen

Sicherlich ist dieser Betrag sehr hoch gegriffen. Sie sollten jedoch wissen, dass eine hohe Kreditaufnahme bei Studenten in Ländern wie den USA durchaus üblich ist, da hohe Studiengebühren zu finanzieren sind.

Ist es wirklich realistisch, dass eine Studentin in den ersten Semestern einen Kredit von 35.464 × 3 € = 106.392 € aufnehmen wird? Ihre eigene Erfahrung zeigt Ihnen, dass viele Gründe dagegensprechen.

Die Analyse des Konsumverhaltens muss sich deshalb detailliert mit den Präferenzen von Wirtschaftssubjekten auseinandersetzen: Verändern sich die Präferenzen im Verlauf des Lebens? Welche Rolle spielt der Wunsch, den Nachkommen ein Erbe zu hinterlassen oder das Bedürfnis, nicht weniger zu konsumieren als Nachbarn, Kollegen und andere Referenzgruppen?

1. Ein konstantes Konsumniveau über den gesamten Lebenszeitraum mag weniger erstrebenswert sein als in der bisherigen Analyse vermutet. Schließlich verändern sich die Lebensumstände im Zeitverlauf. Teure Ausgaben wie der Mitgliedsbeitrag im Golfclub oder die Reise auf einem Luxusdampfer werden häufig in spätere Lebensabschnitte verlagert. Zudem ist es sinnvoll, Zusatzausgaben in späteren Lebensabschnitten (z.B. für die Ausbildung und Versorgung der eigenen Kinder) bereits jetzt zu berücksichtigen.

2. Das Ausmaß an Rationalität, Rechenaufwand und Wissen in tatsächlichen Konsumentscheidungen mag wesentlich geringer sein, als bisher unterstellt.

3. Die bisherige Analyse vernachlässigt die Existenz von Unsicherheit. Die Natur von erwarteten Größen ist allerdings, dass die Dinge auch anders ablaufen können, als von uns erwartet. Krankheit oder Arbeitslosigkeit können die Pläne eines verschuldeten Individuums erheblich beeinträchtigen. Meist wird deshalb die Möglichkeit widriger Lebensumstände bei Konsum- und Sparentscheidungen berücksichtigt, indem man die Verschuldungshöhe begrenzt oder indem man aus Gründen der Vorsorge spart.

4. Selbst wenn unsere Studentin sich schließlich dazu entscheiden sollte, einen Kredit in Höhe von 106.392 € aufzunehmen, wird dies häufig nicht möglich sein. Gerade junge Menschen gelten bei Banken als wenig kreditwürdig. Häufig verlangen Kreditinstitute Sicherheiten, die eine Rückzahlung von Zinsen und Tilgung gewährleisten sollen. Wer solche Sicherheiten nicht aufbringen kann, unterliegt Kreditbeschränkungen, die eine Glättung der Konsumausgaben oft unmöglich machen.

Ökonomen unterstellen üblicherweise ein hohes Ausmaß an Rationalität. Jüngere Ansätze versuchen, die begrenzten Möglichkeiten menschlichen Entscheidungsverhaltens zu berücksichtigen.

Seine besondere Relevanz erhält dieser Aspekt durch die Tatsache, dass die meisten Wirtschaftssubjekte risikoscheu sind: Sie bevorzugen sichere Alternativen vor unsicheren. Auch das Ausmaß an Risikoaversion geht in die Präferenzen der Wirtschaftssubjekte ein.

Die Analyse von Kreditbeschränkungen nimmt einen zentralen Platz in der modernen Analyse des Konsumverhaltens ein. Insbesondere bei jüngeren und weniger vermögenderen Haushalte beeinflussen sie das Konsumverhalten entscheidend.

Alle genannten Gründe verdeutlichen, dass wir unsere Beschreibung des Konsumverhaltens aus Abschnitt 16.1.1 modifizieren müssen. Wie können wir dieses Ziel erreichen, ohne Gleichung (16.1) unnötig zu verkomplizieren? Es zeigt sich, dass eine äußerst einfache Erweiterung zumindest den drei letztgenannten Aspekten Rechnung tragen kann: Der aktuelle Konsum ist demnach nicht nur vom Gesamtvermögen, sondern auch vom aktuellen Einkommen abhängig.

So lässt der zweite Aspekt vermuten, dass Konsumenten dazu neigen, einfachen und überschaubaren Regeln zu folgen. Die empirische Forschung zeigt, dass viele Haushalte das aktuelle Einkommen nutzen, um solch eine überschaubare Regel zu formulieren.

Auch der dritte Aspekt sollte dazu führen, dass das aktuelle Einkommen eine wichtige Rolle bei Konsumentscheidungen spielt. Um Überschuldung zu vermeiden und für schwierige Lebenssituationen vorzusorgen ergibt es durchaus Sinn, das aktuelle Einkommensniveau als Richtschnur für die aktuellen Konsummöglichkeiten zu nutzen.

Besonders deutlich wird die Bedeutung des aktuellen Einkommens bei Betrachtung des vierten Aspekts: Wenn eine Ausdehnung des Konsums per Kreditaufnahme unmöglich ist, stellt das aktuelle Einkommen die natürliche Obergrenze für das Konsumniveau dar.

Um diese Erwägungen in möglichst einfacher Form zu erfassen, erweitern wir Gleichung (16.1) um das aktuell verfügbare Einkommen:

$$C_t = C\left(\underset{+}{GV_t}, \underset{+}{Y_{Lt} - T_t}\right) \tag{16.2}$$

Der Konsum ist eine steigende Funktion des Gesamtvermögens und des aktuellen Nettoverdienstes. Das Gesamtvermögen setzt sich weiterhin zusammen aus dem Finanz- und Immobilienvermögen sowie dem Humanvermögen, d.h. dem Gegenwartswert der Nettoverdienste.

Welche Gewichte sollten wir den beiden Determinanten des Konsumniveaus zuordnen? Bei der Beantwortung dieser Frage müssen wir berücksichtigen, dass sich eine Volkswirtschaft aus unterschiedlichen Haushalten zusammensetzt. Junge Haushalte werden ein anderes Konsummuster aufweisen als ältere Haushalte. Inhaber von Immobilien können Kreditsicherheiten aufbringen, die für Mieter nicht offen stehen. Generell wird der Konsum der Haushalte, die weniger gut situiert sind, enger mit dem aktuellen Einkommen zusammenhängen – Erwartungen spielen eine weniger bedeutsame Rolle. Vermögendere Haushalte werden hingegen dem aktuellen Einkommen ein geringeres Gewicht beimessen und großen Wert auf eine adäquate Einschätzung der Zukunftsentwicklung legen. Hieraus folgt, dass die Bedeutung des aktuellen Einkommens relativ zum Vermögen letztlich eine empirische Frage ist. Die beiden Fokusboxen "Welche Rolle spielen Erwartungen" (I) und (II) liefern Beispiele dafür, wie komplex die Beantwortung dieser Frage ist. Trotz allem zeigt sich, dass es überzeugende Hinweise für unsere These gibt, dass der Konsum eine Funktion des aktuellen Einkommens und des Vermögens ist.

16.1.3 Eine integrierte Sichtweise des Konsumverhaltens

Kommen wir zurück zu unserer Ausgangsfrage – welche Rolle spielen Erwartungen bei der Bestimmung des Konsums? In Gleichung (16.2) gehen Erwartungen auf zweierlei Weise ein:

- Erwartungen beeinflussen zunächst direkt die Ermittlung des Humanvermögens. Die Rolle von Erwartungen beschränkt sich hierbei nicht auf die Bestimmung der zukünftigen Verdienstmöglichkeiten: Um den erwarteten realen Nettoverdienst zu bestimmen, benötigt man Informationen über die Steuernentwicklung und die Inflationsrate; zur Abdiskontierung der zukünftigen Zahlungen muss ermittelt werden, welche Realzinsen sich zukünftig ergeben.

Erwartungen über ein stärkeres Wachstum in der Zukunft beeinflussen den Gegenwartskonsum:

Erwartete zukünftige Produktion ↑→ Erwartetes zukünftiges Arbeitseinkommen ↑ → Humanvermögen ↑ → Gegenwartskonsum ↑

Erwartetes zukünftiges Einkommen ↑ → Erwartete zukünftige Dividenden ↑ → Aktienkurse ↑ → Finanzvermögen ↑ → Gegenwartskonsum ↑

- Erwartungen beeinflussen indirekt die Höhe des Finanz- und Sachvermögens. Wie wir in Kapitel 15 sahen, wird der Wert von Vermögenswerten wie Aktien, festverzinslichen Wertpapieren und Immobilen auf den Finanzmärkten bestimmt. Erwartungen über die zukünftigen Zahlungsströme und Zinssätze spielen hierbei die entscheidende Rolle. Wir sahen, dass diese Erwartungen bei effizient funktionierenden Finanzmärkten adäquat in den Preisen der Vermögensgegenstände erfasst sind. Der Konsument kann dann den Wert seines Finanz- und Immobilienvermögens einfach als gegeben hinnehmen. Allerdings muss er berücksichtigen, dass Aktienkurse und Immobilienpreise teilweise stark schwanken. Ein Anstieg der Aktienkurse und damit des Aktienvermögens muss also nicht zwangsläufig zu einem dauerhaften Vermögensgewinn führen. Um zwischen nur temporären und permanenten Vermögensänderungen unterscheiden zu können, muss der Konsument deshalb Erwartungen über die Dauerhaftigkeit von Vermögensänderungen bilden. Die Fokusbox „Welche Rolle spielen Erwartungen (II): Aktienkursschwankungen und Konsum" beschäftigt sich mit diesem Aspekt.

Fokus: Welche Rolle spielen Erwartungen (I): Ergebnisse eines natürlichen Experiments

Welche Bedeutung hat das zukünftige Einkommen im Vergleich zum aktuellen Einkommen bei der Bestimmung des Konsumniveaus? Die Beantwortung dieser Frage steht vor dem Problem, dass das zukünftige Einkommen oft eng mit dem aktuellen Einkommen zusammenhängt: Ereignisse, die den Lohn heute beeinträchtigen (z.B. eine Beförderung) gehen meist mit einem dauerhaften Anstieg des Nettoverdienstes einher.

Um dieses Problem zu umgehen, sollte man nach Episoden suchen, in denen sich beide Größen entgegengesetzt entwickeln. Solche Episoden werden von der empirischen Forschung als natürliche Experimente bezeichnet. Wie in den Naturwissenschaften deutet der Begriff Experiment an, dass man mit Hilfe von, unter bekannten Umweltbedingungen zu Stande gekommenen, Beobachtungen, die Gültigkeit einer Theorie überprüfen möchte. Da sich eine Volkswirtschaft jedoch nicht im Labor abbilden lässt, muss man solche Situationen finden, in denen sich eine experimentelle Situation „natürlich" aus den tatsächlichen Geschehnissen ergibt.

Ein unter Volkswirten sehr bekanntes natürliches Experiment waren die Steuersenkungen der Regierung Reagan zwischen 1981-1983. Im Rahmen eines umfangreichen Programms sollten die Einkommenssteuersätze im ersten Jahr um 5%, im zweiten Jahr um 10% und im letzten Jahr um 8% gesenkt werden. Das Gesetz wurde im Juli 1981 vom Kongress verabschiedet und im August implementiert.

Eine in dieser Form angekündigte Steuerreform in mehreren Schritten stellt für Volkswirte ein willkommenes natürliches Experiment dar: Zum Zeitpunkt der Verabschiedung des Gesetzes war das aktuelle Einkommen noch unverändert, während das erwartete Netto-Einkommen in der Zukunft beträchtlich gestiegen war. Es ist deshalb möglich, zwischen aktuellen und erwarteten Änderungen des verfügbaren Einkommens zu unterscheiden und zu fragen: Ist aufgrund der erwarteten Steuersenkungen die Konsumnachfrage gestiegen, obwohl sich das aktuelle Einkommen noch nicht verändert hatte?

James Poterba vom *MIT* (Massachusetts Institute of Technology) untersucht genau diese Fragestellung. In einem Artikel aus dem Jahr 1988 kommt er zu dem Ergebnis, dass in den Monaten nach der Verabschiedung des Gesetzes kein signifikanter Anstieg des Konsums festzustellen ist.

Sollten wir aus diesem Ergebnis schließen, dass das erwartete Einkommen für aktuelle Konsumentscheidungen eine nur unbedeutende Rolle einnimmt? Wir sollten solche Aussagen mit Vorsicht betrachten, da auch andere Ansätze die Datenlage erklären können. Zum einen ist denkbar, dass die angekündigte Steuersenkung nicht glaubwürdig war: Die amerikanischen Haushalte könnten vermutet haben, dass der Kongress bei einem zu starken Rückgang der Steuereinnahmen das Gesetz rückgängig machen würde. Oder das im Nachhinein Steuererhöhungen in anderen Bereichen beschlossen würden. Zum anderen ist nicht auszuschließen, dass die Steuersenkungen in einer Phase beschlossen wurden, in denen die Entwicklung anderer Determinanten des Einkommensniveaus (wie die Arbeitslosenquote oder die Entwicklung der Aktienkurse) erheblichen Unsicherheiten unterlag. Tatsächlich war der Beginn der 80er Jahre durch erhebliche wirtschaftspolitische Probleme und einen starken Anstieg der Arbeitslosenquote geprägt. Es mag also sein, dass ein Konsumanstieg ausblieb, weil die erwartete Steuersenkung von erwarteten Einkommenseinbußen konterkariert wurde.

Quelle: James Poterba, "Are Consumers Forward Looking? Evidence from Fiscal Experiments," American Economic Review, Mai 1988, S. 413–418.

Gehen wir zurück zu den zwei Konsumfunktionen, die wir in den Kapiteln 3-5 bzw. 10-13 benutzten: In der kurzfristigen Betrachtung unterstellten wir eine Konsumfunktion der Form $C = c_0 + c_1 (Y - T)$. Daraus folgte, dass bei zunehmendem Einkommen der Durchschnittskonsum C/Y sank. Dies war angemessen, da wir unser Augenmerk auf transitorische, d.h. vorübergehende, Einkommensschwankungen richteten. In der langfristigen Betrachtung nahmen wir an, dass $S = sY$ bzw. $C = (1 - s)Y$. Daraus folgte, dass im Falle einer Einkommenserhöhung der Konsum proportional mit dem Einkommen zunahm (C/Y blieb konstant). Dies war angemessen, da wir uns auf langfristige bzw. permanente Veränderungen des Einkommens konzentrierten.

Aus diesen Erwägungen können wir zunächst folgende Schlussfolgerungen für das Verhältnis zwischen Konsum und Einkommen ziehen:

- Veränderungen des aktuellen Einkommens werden insgesamt nicht in vollem Umfang in Konsumänderungen umgesetzt. Entscheidend für die Stärke der Konsumreaktion ist, ob Einkommensänderungen als permanent oder als nur temporär eingeschätzt werden. Ein dauerhaftes Sinken des Einkommens reduziert das Humanvermögen und schränkt damit den Konsum stark ein. Vorübergehende Einkommenseinbußen haben hingegen schwächere Effekte. Da Rezessionen und Booms üblicherweise nur einige Quartale anhalten und die Volkswirtschaft mittelfristig zum natürlichen Produktionsniveau zurückkehrt, sollte der Konsum in solchen Situationen weniger stark reagieren.
- Selbst in Situationen, in denen das aktuelle Einkommen konstant ist, kann es zu Veränderungen der Konsumnachfrage kommen. Veränderte Zukunftsaussichten werden auch dann zu Konsumreaktionen führen, wenn sie das aktuelle Einkommen unberührt lassen.

Fokus: Welche Rolle spielen Erwartungen (II): Aktienkursschwankungen und Konsum

Die dramatischen Bewegungen an den Aktienmärkten haben in jüngster Zeit das öffentliche Interesse verstärkt auf den Zusammenhang zwischen Vermögenspreisentwicklung und Konsumverhalten gerichtet. Tatsächlich zeigt die erste Zeile von Tabelle 1, dass Aktienkursschwankungen große Vermögensänderungen auslösen können: Der Kurseinbruch seit dem Höchststand der Aktienkurse im Frühjahr 2000 löste einen erheblichen Rückgang des Aktienvermögens aus; die zwischen Ende 1999 und Ende 2002 akkumulierte Nettovermögensverluste bei von U.S.-Haushalten direkt oder indirekt gehaltenen Aktien belaufen sich auf über $ 7,4 Billionen. In den fünf Jahren zuvor war das Aktienvermögen um mehr als $ 11 Billionen gestiegen.

	1994	1999	2000	2001	2002
Aktienvermögen	5,67	17,26	15,26	13,02	9,8
Immobilienvermögen	8,28	11,52	12,67	13,76	14,86
Nettovermögen	24,72	42,27	41,76	40,89	39,14

Tabelle 1: Vermögensentwicklung in den Vereinigten Staaten (Billionen $).
Quelle: Siehe Quellenangabe zu dieser Box.

Diese starken Schwankungen lösten bei vielen Beobachtern erhebliche Befürchtungen aus: Während des starken Anstiegs in der zweiten Hälfte der 90er Jahre vermuteten die Kommentatoren, dass die Haushalte ihren Konsum „übermäßig stark" ausdehnen würden. Umgekehrt wurde für die Jahre ab 2000 gemutmaßt, es werde zu starken Rückgängen bei der Konsumnachfrage kommen, welche die durch einen starken Rückgang der Investitionen ausgelöste Rezession erheblich verschärfen würde. Bevor wir betrachten, was tatsächlich geschah, sind zwei Vorbemerkungen notwendig:

- Zunächst müssen wir verstehen, wie ein durch Aktienkursgewinne ausgelöster Konsumanstieg mit Konsumeinschränkungen bei einem Fall der Aktienkurse zusammenhängt. Was könnte mit der Aussage einer „übermäßig starken" Ausdehnung des Konsums gemeint sein? Unsere Überlegungen haben oben gezeigt, dass Konsumenten bei einem Anstieg ihres Vermögens zwischen temporären und dauerhaften Vermögensänderungen unterscheiden sollten. Ist der Vermögensanstieg dauerhaft, kann der Konsum unbedenklich ausgedehnt werden: Das Gesamtvermögen ist gestiegen; es kann über den gesamten Lebenskonsum aufgeteilt werden. Mehr noch: Ein Haushalt kann ohne Bedenken sein Aktienpaket behalten, um von weiteren Kursanstiegen zu profitieren, indem er den gewünschten Mehrkonsum durch eine zeitweilige Kreditaufnahme oder einen Abbau seiner jährlichen Ersparnis finanziert. Der Rückgang der Sparquote in den USA zeigt, dass viele sich tatsächlich so verhielten.

  Erweist sich der Anstieg der Aktienkurse allerdings wider Erwarten als vorübergehend, kann ein solches Verhalten schmerzhafte Konsequenzen haben. Der Haushalt hat in den Perioden steigender Aktienkurse einen zu großen Teil seines Vermögens verbraucht, weil er den Anstieg falsch eingeschätzt hat. Sobald er dies realisiert, wird er seinen Konsum in den Folgejahren stark einschränken müssen – vor allem dann, wenn er Kredite zurückzahlen muss, die er zur Finanzierung des Konsums aufgenommen hatte. Eine „übermäßig starke" Ausdehnung des Konsums bedeutet also, dass ein hoher Mehrkonsum auf nur temporären Vermögensgewinnen basiert.
- Zweitens müssen wir uns fragen, wie wir die beiden Fälle unterscheiden können. Wurde der Konsum zu stark (aus temporären Vermögensgewinnen) oder angemessen (aus dauerhaften Vermögensgewinnen) erhöht? Neue Methoden der empirischen Forschung erlauben eine solche Differenzierung. Sie kommen zu dem Ergebnis, dass Haushalte durchaus zwischen den beiden Situationen unterscheiden. Jüngste Untersuchungen für die USA zeigen, dass ein nur zeitweiliger Anstieg des Vermögens eine sehr schwache Erhöhung des Konsums bewirkt – ein Vermögensanstieg um $ 1 führt zu einer Ausdehnung des Konsums um nur 1-2 Cent. Bei einem dauerhaften Anstieg beträgt der entsprechende Anstieg zwischen 4 und 5 Cent. Der relativ moderate Konsumanstieg bei dauerhaften Zuwächsen erklärt sich genau aus den Erwägungen, die in diesem Kapitel besprochen wurden: Ein gegebener dauerhafter Vermögensgewinn muss auf alle zukünftigen Lebensjahre verteilt werden.

Verhalten sich die Konsumenten tatsächlich in dieser vorausschauenden Weise, kann selbst ein starker Rückgang der Aktienkurse ohne wesentliche Einschränkungen des Konsums verkraftet werden – der Zusatzkonsum lässt sich langfristig aufrechterhalten, sofern er sich aus dauerhaften Vermögensgewinnen speiste. Tatsächlich entwickelten sich die Konsumausgaben wesentlich robuster, als von den besorgten Beobachtern vermutet. Der Konsum erwies sich als bedeutsamer Faktor zur Stabilisierung der amerikanischen Wirtschaft seit 2000.

Zur Veranschaulichung dieses Ergebnisses dient Abbildung 1. Sie zeigt, wie sich das Verhältnis von Konsumausgaben C zu Nettovermögen NV in den USA entwickelt hat. Für die Größe C verwenden wir die gesamten Konsumausgaben der privaten Haushalte, für die Variable NV die Summe aus Finanz-, Sach- und Immobilienvermögen abzüglich der ausstehenden Verbindlichkeiten. Abbildung 1 zeigt zunächst, dass der Ausdruck C/NV eine hohe Volatilität aufweist. Die starken Schwankungen sind das Resultat der hohen Volatilität der Vermögenspreise, die wir in Kapitel 15 besprochen haben. Nach gewisser Zeit kehrt das Verhältnis aber zu seinem Durchschnittswert von ca. 18,5% zurück. Hieraus können wir ablesen, dass ein Großteil der Schwankungen von Aktienkursen und Immobilienpreisen temporär ist – auf einen starken Anstieg (Fall) der Kurse folgt eine Phase fallender (steigender) Preise.

Wie reagieren die Konsumenten auf diese Schwankungen? Besonders deutlich wird dies für die Zeitspanne ab Mitte der 90er Jahre. Das Verhältnis von Konsum zu Vermögen fiel außerordentlich stark ab und kehrte nach dem Fall der Aktienkurse wieder auf Normalwerte zurück. Da wir aus Tabelle 1 wissen, wie sich das Vermögen (der Nenner im Ausdruck *C/NV*) in dieser Zeit entwickelt hat, lässt dieser Verlauf den Schluss zu, dass die Konsumenten nur einen begrenzten Teil der Vermögensgewinne in Konsum umgesetzt haben: Pro Vermögenseinheit wurde weniger konsumiert. Die Quintessenz dieser Beobachtung lässt sich auch folgendermaßen formulieren: Bei ihren Konsumentscheidungen unterschieden die Haushalte sehr wohl zwischen temporären und dauerhaften Vermögenszuwächsen. Sie verhielten sich vorausschauend, berücksichtigten die Erwartung fallender Aktienkurse und konnten so allzu großen Einschränkungen ihres Konsumniveaus vorbeugen. Wäre dies nicht der Fall gewesen, wäre *C/NV* zunächst weniger stark gefallen und später sehr viel ausgeprägter gestiegen. Ein Anstieg aber ist gleichzusetzen mit einem sehr hohen Konsum pro Vermögenseinheit. Sobald die Haushalte realisieren, dass ein solchermaßen hohes Konsumniveau zu starken Einschränkungen der Konsummöglichkeiten in der Zukunft führt, würden sie ihren Konsum reduzieren.

Diese Aussagen unterliegen allerdings zwei Einschränkungen. Zum einen war zum Ende des Jahres 2002 noch nicht abzusehen, wie sich die Aktienkurse entwickeln würden. Wäre es zu einem weiterhin starken und zudem dauerhaften Fall der Kurse gekommen, hätten sich die Erwartungen der Konsumenten letztlich doch als zu optimistisch erwiesen. Dann wäre die *C/NV*-Relation noch weiter gestiegen, die Konsumenten hätten aber auch mit Ausgabenkürzungen reagieren müssen. Bis zum Zeitpunkt der Erstellung dieses Buches kam es noch nicht zu einer solchen Entwicklung; vielmehr erholten sich die Kurse deutlich.

Zum anderen besteht das Vermögen ja nicht nur aus Aktien. Die Vermögensverluste in diesem Bereich könnten deshalb teilweise durch Vermögensgewinne in anderen Bereichen, wie bei Anleihen, Immobilien oder beim Humanvermögen, aufgefangen worden sein. Tatsächlich zeigt Tabelle 1, dass das Nettovermögen (Zeile 3 in der Tabelle) keineswegs so stark gefallen ist wie das Aktienvermögen. Hauptgrund hierfür war der starke Anstieg der Hauspreise, der beträchtliche Vermögensgewinne bei Immobilien nach sich zog (Zeile 2).

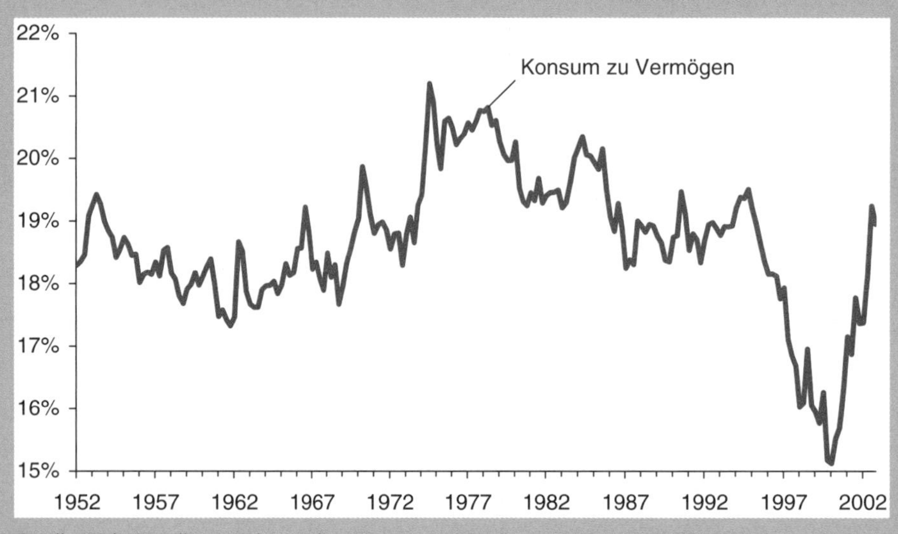

Abbildung 1: Das Verhältnis von Konsum zu Nettovermögen in den Vereinigten Staaten, 1952-2000

Quelle: Siehe Quellenangabe zu dieser Box

Die bisher erstaunlich robuste Entwicklung der amerikanischen Konsumausgaben hat somit zumindest zwei Gründe: Das vorrauschauende Verhalten der Haushalte und die Kompensation von Vermögensgewinnen bei Aktien durch Vermögensgewinne bei Immobilien. Was folgt aus dieser Analyse für die zukünftige Entwicklung des Konsums? Viele Beobachter gehen davon aus, dass wir in den nächsten Jahren unsere Aufmerksamkeit vor allem auf zwei Vermögenskomponenten konzentrieren sollten. Zum einen wird entscheidend sein, wie sich das Humanvermögen der Haushalte entwickelt. Es wird befürchtet, dass die Arbeitslosenquote dauerhaft ansteigen könnte, so dass sich Verdienstmöglichkeiten und somit das Humanvermögen stark reduzieren könnte. Zum anderen wird entscheidend sein, ob die Immobilienpreise das hohe Niveau beibehalten können. Sollte sich die bisherige Entwicklung ähnlich wie bei den Aktien als Übertreibung erweisen, könnte dies aus zwei Gründen besonders starke Effekte haben. Erstens hat sich eine beträchtliche Anzahl amerikanischer Haushalte verschuldet, um die in ihrem Eigenheim gebundenen Vermögenszuwächse in Konsum umzusetzen. Zweitens zeigt sich empirisch, dass Vermögensänderungen bei Immobilien zu besonders ausgeprägten Reaktionen der Konsumenten führen.

***Quelle*: Gerhard Illing und Ulrich Klüh, "Vermögenspreise und Konsum: Neue Erkenntnisse, Amerikanische Erfahrungen und Europäische Herausforderungen", erscheint in: Perspektiven der Wirtschaftspolitik, 2004.**

16.2 Investitionen

Wie entscheiden Unternehmen über ihre Investitionsausgaben? In Kapitel 5 nahmen wir an, dass die Investitionsnachfrage negativ vom aktuellen Zinssatz und positiv vom aktuellen Umsatz abhängt. In Kapitel 14 präzisierten wir diesen Zusammenhang, indem wir den Unterschied zwischen Realzins und Nominalzins einführten. Wir wollen nun untersuchen, welche Rolle Erwartungen bei der Investitionsentscheidung spielen.

Der Ausgangspunkt jeder Investitionsentscheidung ist denkbar einfach: Ein Unternehmen muss den erwarteten Gegenwartswert der in Betracht kommenden Investition, wie z.B. der Bau einer neuen Anlage oder der Kauf einer Maschine, mit den Kosten vergleichen, die bei Durchführung dieser Investition entstehen. Übersteigt der Gegenwartswert die Kosten, wird die Investition durchgeführt.

16.2.1 Gewinnerwartungen und Investitionen

In der Folge wollen wir diese Grundidee weiterentwickeln. Hierzu betrachten wir eine typische Investitionsentscheidung und verfolgen sie Schritt für Schritt. Zur Ermittlung des erwarteten Gegenwartswertes muss zunächst bestimmt werden, welche Auszahlungen von der betrachteten Investition im Zeitverlauf zu erwarten sind.

Abschreibungen

Nehmen wir an, dass ein Unternehmen eine größere Anzahl von Maschinen besitzt, so können wir uns δ als den Anteil der Maschinen vorstellen, die pro Jahr funktionsunfähig werden. Wenn zu Beginn eines Jahres *K* Maschinen betrieben werden, dann stehen im darauf folgenden Jahr nur noch (1 – δ)*K* Maschinen zur Verfügung.

Zunächst muss daher die erwartete Lebensdauer der Maschine sowie ihre Nützlichkeit in den nächsten Jahren ermittelt werden. Wir nehmen an, dass die Maschine mit jedem Jahr einen Teil ihrer Funktionsfähigkeit verliert – sie unterliegt einem natürlichen Verschleißprozess. Das Ausmaß dieses Verschleißes messen wir mit dem Parameter δ, der so genannten Abschreibungsrate. Der Wert einer Maschine beträgt im Jahr nach ihrer Anschaffung nur noch (1 – δ) Maschinen, im zweiten Jahr nur noch $(1-\delta)^2$ Maschinen und so fort.

Der Gegenwartswert der erwarteten Gewinne

Gegeben einen entsprechenden Wert für δ, muss ein Unternehmen dann den Gegenwartswert der Gewinne, die mit dieser Investition erwirtschaftet werden, ermitteln. Da es üblicherweise eine gewisse Zeit dauert, bis eine einmal getätigte Anschaffung im Produktionsprozess eingesetzt werden kann, nehmen wir an, dass eine im Jahr t gekaufte Maschine erst in der Folgeperiode $t+1$ eingesetzt werden kann. Auch der Verschleißprozess beginnt mit einer entsprechenden Verzögerung.

Angenommen, eine in t erworbene Maschine erwirtschaftet im Folgejahr einen erwarteten (realen) Gewinn in Höhe von Π^e_{t+1}. Der Gegenwartswert dieses erwarteten Gewinns ist dann

$$\frac{1}{1+r_t}\Pi^e_{t+1}\,.$$

In Abbildung 16.1 ist diese Vorgehensweise in der oberen Zeile abgebildet: Der erwartete reale Gewinn wird, wie in Kapitel 14 gezeigt, mit dem Realzins r diskontiert, um zu berücksichtigen, dass eine Zahlung in der Zukunft einen geringeren Wert aufweist als eine identische Zahlung heute.

Bezeichnen wir mit Π^e_{t+2} den erwarteten Gewinn pro vollwertiger Maschine in Periode $t+2$, so ergibt sich als Gegenwartswert:

$$\frac{1}{(1+r_t)(1+r^e_{t+1})}(1-\delta)\Pi^e_{t+2}$$

Π^e_{t+2} muss mit dem Term (1 – δ) multipliziert werden, da die Maschine nach einem Jahr einen Teil ihrer Funktionsfähigkeit eingebüßt hat. Die zweite Zeile in Abbildung 16.1 verdeutlicht den Zusammenhang zwischen erwartetem Gewinn pro Maschine, Realzins und Abschreibungsrate grafisch.

Wiederholen wir diese Berechnung für alle Perioden, in denen die Maschine in Gebrauch ist, können wird den Gegenwartswert der erwarteten Gewinne $V(\Pi^e_t)$ als Summe der einzelnen Gegenwartswerte ermitteln:

$$V(\Pi^e_t)=\frac{1}{1+r_t}\Pi^e_{t+1}+\frac{1}{(1+r_t)(1+r^e_{t+1})}(1-\delta)\Pi^e_{t+2}+\frac{1}{(1+r_t)(1+r^e_{t+1})}(1-\delta)^2\,\Pi^e_{t+3}\;\ldots \qquad (16.3)$$

Der Gegenwartswert entspricht dem diskontierten Wert der erwarteten Gewinne in allen Folgeperioden.

Fokus: Investitionstätigkeit und Aktienmarkt

Nehmen wir an, ein Unternehmen verfügt über 100 Maschinen und hat 100 Aktien ausgegeben. Nehmen wir zusätzlich an, dass die Aktien des Unternehmens an der Börse für einen Preis von 2 € gehandelt werden und dass der Einkaufspreis pro Maschine 1 € beträgt. Offensichtlich sind die Aktionäre bereit, für eine Maschine innerhalb des Unternehmens einen Betrag aufzubringen, der die Anschaffungskosten einer neuen Maschine deutlich übersteigt. Basieren die Einschätzungen der Aktionäre auf einer soliden Einschätzung der Unternehmensperspektiven, sollte das betrachtete Unternehmen erwägen, zusätzliche Investitionen zu tätigen.

Aufbauend auf dieser einfachen Einsicht hat der Ökonom James Tobin die These aufgestellt, dass ein enger Zusammenhang zwischen Aktienmarkt und Investitionstätigkeit besteht. Um seine Grundidee besonderes anschaulich zu präsentieren, argumentierte er, dass komplizierte Berechnungen wie in Abschnitt 16.2.1 unter Umständen gar nicht notwendig seien. Ein Unternehmen müsse lediglich den Einkaufspreis einer zusätzlichen Einheit Kapital mit dem eigenen Aktienkurs vergleichen. Dieser Aktienkurs zeige, wie die Börse jede eingesetzte Einheit Kapital bewerte. Übersteigt die Bewertung des Aktienmarktes den Einkaufspreis neuer Kapitalgüter, sollte das Unternehmen neue Kapitalgüter beschaffen und somit Investitionen tätigen, im umgekehrten Fall sollte hiervon abgesehen werden.

Tobin berechnete dann eine Größe, die den Wert einer eingesetzten Kapitaleinheit relativ zu ihrem Einkaufswert widerspiegeln sollte. Er bezeichnete sie mit dem Symbol "q" und untersuchte, welche Beziehung zwischen dieser Variablen und der Investitionstätigkeit besteht. Bei der Ermittlung der Größe, die seitdem einfach als "Tobin's q" bezeichnet wurde, geht man in zwei Schritten vor:

- Zunächst muss der Wert aller Aktiengesellschaften einer Volkswirtschaft berechnet werden. Hierzu bildet man die Summe der Marktkapitalisierungen aller an der Börse gehandelten Unternehmen (Die Marktkapitalisierung ergibt sich als Produkt des Aktienkurses und der Zahl ausstehender Aktien). Da Unternehmen sich nicht nur durch die Ausgabe von Aktien, sondern auch durch andere verzinsliche Wertpapiere finanzieren, muss zur Marktkapitalisierung der Börsenwert der anderen ausstehenden Wertpapiere addiert werden.
- Der sich ergebende Wert wird dann durch den Wert des Kapitalstocks zu Wiederbeschaffungskosten dividiert. Unter Wiederbeschaffungskosten versteht man den Preis, den Firmen zahlen müssten, um alle Maschinen, Anlagen etc. neu zu beschaffen. Üblicherweise enthalten die Bilanzen der Unternehmen entsprechende Informationen.

Die sich ergebende Größe q misst den Wert einer Einheit Kapital relativ zu ihrem aktuellen Einkaufspreis. Je höher q, desto höher schätzen die Finanzmärkte das Gewinnpotenzial des eingesetzten Kapitals ein. Ist q größer als 1 (wie im Beispiel oben), sollte das Unternehmen zusätzliche Investitionen tätigen.

Abbildung 1 bildet für die Vereinigten Staaten die Veränderungsrate von Tobin's q für jedes Jahr zwischen 1960 und 1999 ab (rechte Achse). Gleichzeitig enthält die Abbildung ein Maß für das Ausmaß der Investitionstätigkeit in jeder Periode: Auf der linken vertikalen Achse ist eine Variable abgetragen, die misst, wie stark sich das Verhältnis von Investitionen zu Kapitalstock in jedem Jahr verändert. Während für diese Größe die Werte des jeweiligen Jahres verwendet werden, wird bei Tobin's q jeweils der Wert des Vorjahres eingetragen. Für 1987 ist in der Abbildung demzufolge die Veränderungsrate von Tobin's q für 1986 eingetragen. Diese Vorgehensweise resultiert aus der Tatsache, dass die Investitionen zeitverzögert auf Änderungen der Marktbewertungen reagieren. Ein Grund hierfür könnte sein, dass Unternehmen eine gewisse Zeit benötigen, um Investitionsentscheidungen zu treffen.

Die Abbildung zeigt, dass ein enger Zusammenhang zwischen Tobin's q und Investitionen besteht. Können wir hieraus schließen, dass Unternehmen tatsächlich ihre Investitionsentscheidungen wie von Tobin vorgeschlagen treffen? Nur zum Teil. Bei der Interpretation der empirischen Evidenz ist zusätzlich zu beachten, dass die beiden Größen weitgehend den gleichen Einflussfaktoren unterliegen: Sowohl Investitionen als auch Aktienkurse reagieren auf erwartete Veränderungen von Gewinnen und Zinssätzen.

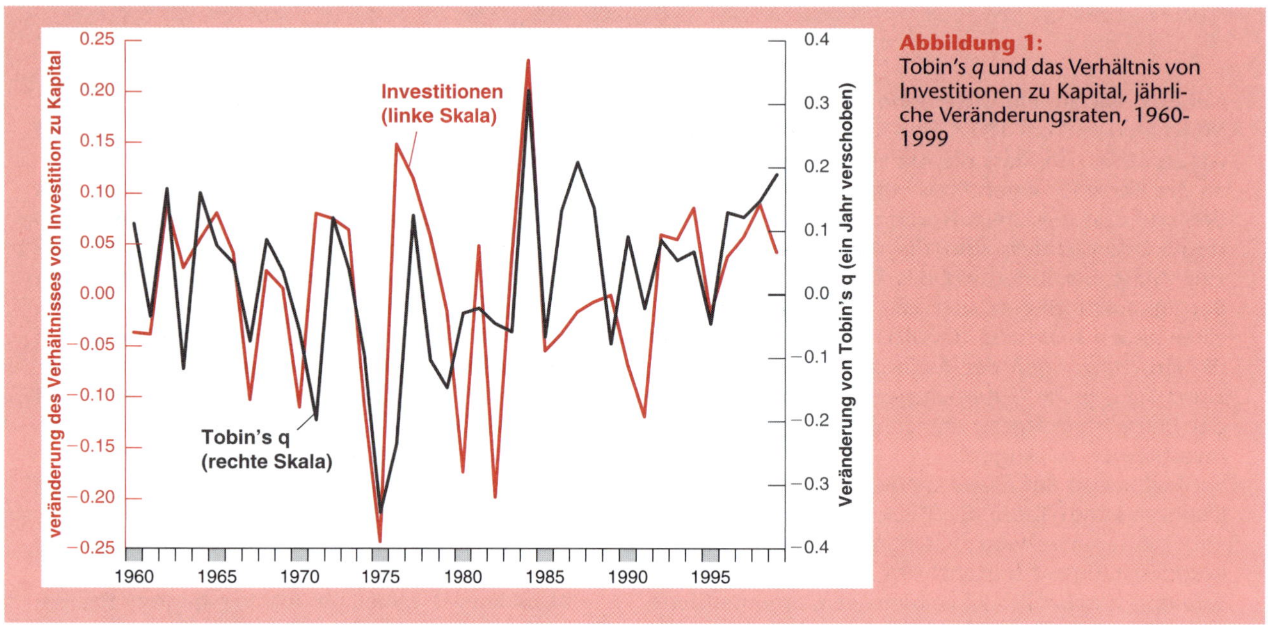

Abbildung 1:
Tobin's *q* und das Verhältnis von Investitionen zu Kapital, jährliche Veränderungsraten, 1960-1999

Die Investitionsentscheidung

Schließlich muss das Unternehmen entscheiden, ob die betrachtete Investition getätigt werden soll. Hierzu vergleicht es den Gegenwartswert der Maschine mit den Anschaffungskosten. Um die Notation zu vereinfachen nehmen wir an, dass der Preis einer Maschine in Gütereinheiten genau 1 beträgt: Ist der Gegenwartswert kleiner 1, sollte die Maschine nicht gekauft werden. Im umgekehrten Fall (> 1) übersteigen die diskontierten Gewinne die Anschaffungskosten und die Investition sollte getätigt werden.

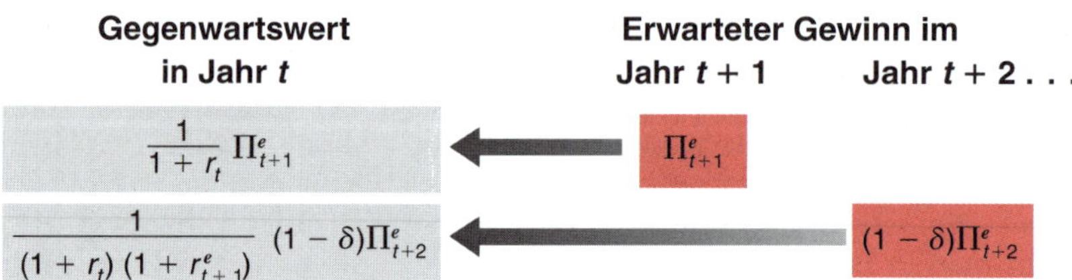

Abbildung 16.1:
Die Bestimmung des Gegenwartswertes der Gewinne

Was folgt aus diesen Erwägungen für die Investitionsnachfrage in der gesamten Volkswirtschaft? Bezeichnen wir mit I_t die aggregierte Investitionsnachfrage, mit Π_t den durchschnittlichen Gewinn pro Kapitaleinheit und mit $V(\Pi^e_t)$ den in Gleichung (16.3) definierten erwarteten Gegenwartswert der Gewinne pro Kapitaleinheit ergibt sich die folgende Investitionsfunktion:

$$I_t = I\left(\underset{+}{V\left(\Pi^e_t\right)}\right) \qquad (16.4)$$

Die Investitionsnachfrage hängt positiv vom erwarteten Gegenwartswert zukünftiger Gewinne ab. Dieser Gegenwartswert hängt wiederum positiv von den aktuellen und zukünftigen Gewinnen und negativ vom aktuellen und zukünftigen Realzins ab: Je besser die Gewinnaussichten und je niedriger der Realzins, desto höher ist die Investitionsnachfrage.

Die soeben vollzogenen Berechnungen erinnern stark an die Ermittlung des fundamentalen Aktienkurses aus Kapitel 15. In der Tat sind beide Konzepte eng verwandt. Es ist deshalb nicht verwunderlich, dass empirisch ein enger Zusammenhang zwischen Aktienkursen und Investitionstätigkeit besteht. In der Fokusbox "Investitionstätigkeit und Aktienmarkt" gehen wir detailliert auf diesen Zusammenhang ein.

16.2.2 Ein vereinfachter Spezialfall

Bevor wir auf die Implikationen von Gleichung (16.4) eingehen, wollen wir unser Verständnis der Zusammenhänge an einem vereinfachten Spezialfall vertiefen. Hierzu nehmen wir an, dass die Unternehmen der betrachteten Volkswirtschaft davon ausgehen, dass die zukünftigen Gewinne (pro Kapitaleinheit) sowie die Realzinsen in Zukunft den heute beobachteten Wert beibehalten:

$$\Pi^e_{t+1} = \Pi^e_{t+2} = \ldots = \Pi_t$$

und

$$r^e_{t+1} = r^e_{t+2} = \ldots = r_t$$

Von Ökonomen wird ein solches Verhalten als statische Erwartungsbildung bezeichnet. Wie im Anhang zu diesem Kapitel gezeigt, kann Gleichung (16.3) unter den gegebenen Annahmen umgeformt werden zu:

$$V\left(\Pi^e_t\right) = \left(\frac{\Pi_t}{r_t + \delta}\right) \tag{16.5}$$

Der Gegenwartswert der erwarteten Gewinne entspricht dem Verhältnis von Profitrate (dem Gewinn pro Kapitaleinheit) zur Summe aus Realzins und Abschreibungsrate.

Setzen wir Gleichung (16.5) in Gleichung (16.4) ein, erhalten wir als Investitionsfunktion:

$$I_t = I\left(\frac{\Pi_t}{r_t + \delta}\right) \tag{16.6}$$

Wie können wir Gleichung (16.6) interpretieren? Der Nenner des Ausdrucks in Klammern wird häufig als Gebrauchs- bzw. Mietkosten des Kapitals bezeichnet. Um diesen Ausdruck zu verstehen stellen wir uns vor, dass Unternehmen benötigte Kapitaleinheiten nicht unbedingt kaufen müssen. Alternativ könnten sie Maschinen und Anlagen von spezialisierten Leasing-Agenturen mieten. Wir können dann fragen, welchen Mietpreis ein solches Spezialunternehmen verlangen würde.

Derartige Abkommen existieren: Viele Firmen leasen z.B. ihre Fahrzeuge von Leasingfirmen.

- Damit sich das Leasinggeschäft überhaupt lohnt, muss der erzielte Preis mindestens dem Ertrag alternativer Anlagemöglichkeiten, z.B. dem Kauf festverzinslicher Wertpapiere, entsprechen. Lassen sich mit solchen alternativen Anlagemöglichkeiten Erträge in Höhe des Realzinses r_t erzielen, muss der Mietpreis zumindest r_t multipliziert mit dem Anschaffungspreis der Maschine betragen. Da wir einen Anschaffungspreis von 1 unterstellen, ist der Mindestpreis genau r_t.
- Zusätzlich muss die Leasing-Firma berücksichtigen, dass die Maschine im Laufe der Vermietung an Wert verliert. Deshalb wird sie über den Realzins hinaus einen Preisaufschlag in Höhe der Abschreibungsrate δ (multipliziert mit dem Maschinenpreis von 1) verlangen.

Aus diesen Erwägungen folgt:

$$\text{Mietkosten} = r_t + \delta\ .$$

Auch wenn die meisten Firmen ihre Kapitalgüter kaufen und nicht mieten, erfasst der Term ($r_t + \delta$) einen äußerst wichtigen Zusammenhang: Er beschreibt die impliziten Kosten, die einem Unternehmen entstehen, wenn es Kapitalgüter für 1 Jahr nutzt. Ökonomen bezeichnen diese Kosten häufig als Opportunitätskosten, um zu verdeutlichen, dass für die Investitionsentscheidung nicht die direkt beobachtbaren Anschaffungskosten, sondern vielmehr der Verzicht auf Erträge aus alternativen Anlageformen entscheidend sind.

Wenn erwartet wird, dass die Zukunft der Gegenwart entspricht, hängt das Investitionsniveau von dem Verhältnis aus Gewinn und der Summe aus Realzins und Abschreibungsrate ab.
Gewinn ↑→ Investitionen ↑
Realzins ↑→ Investitionen ↓

Auch wenn Gleichung (16.6) unter der unrealistischen Annahme statischer Erwartungen abgeleitet wurde, gehört sie zum zentralen Basiswissen für Makroökonomen. Sie verdeutlicht, dass die Investitionsnachfrage eine Funktion von Profitrate und Gebrauchskosten ist. Je höher die erzielbaren Gewinne pro Kapitaleinheit, desto mehr Investitionen werden nachgefragt. Je höher der Realzins, umso höher sind die Gebrauchskosten des Kapitals und umso niedriger sind die Investitionen.

16.2.3 Aktuelle versus zukünftige Gewinne

In Gleichung (16.3) sind die aktuellen Gewinne überhaupt nicht enthalten, da wir annahmen, neu installierte Kapitalgüter würden erst ein Jahr nach ihrer Anschaffung produktiv.

Unsere bisherige Analyse impliziert, dass die Investitionsnachfrage primär von den Gewinnerwartungen und nicht von den aktuellen Gewinnen abhängt.

In welchem Verhältnis steht unsere These zu den stilisierten Fakten des Investitionsverhaltens? Abbildung 16.2 bildet die Veränderung von Gewinnen und Investitionen für die Vereinigten Staaten seit 1960 ab. Die dargestellten Variablen werden folgendermaßen ermittelt: Zunächst werden Investitionen und Gewinne durch den in der jeweiligen Periode zur Verfügung stehenden Kapitalstock dividiert. Als Maß für die Investitionen verwenden wir alle Ausgaben für neue Anlagen und Ausrüstungen unter Ausschluss von Wohnungsbauinvestitionen. Als Maß für den Kapitalstock verwenden wir den Wert aller Anlagen und Ausrüstungen, ebenfalls unter Ausschluss des Wohnungsbaus. Als Maß für die Gewinne werden die aus den Bilanzen der Unternehmen entnommenen Nachsteuergewinne zuzüglich der geleisteten Zinszahlungen benutzt. Der Durchschnittswert für die Variable „Gewinn pro Kapitaleinheit" nimmt im betrachteten Zeitraum einen Wert von ungefähr 6% an; in den USA wird also mit einer

Einheit Kapital ein Gewinn von etwa 6 Cents erzielt. Die schraffierten Flächen repräsentieren Jahre, in denen eine Rezession herrschte.

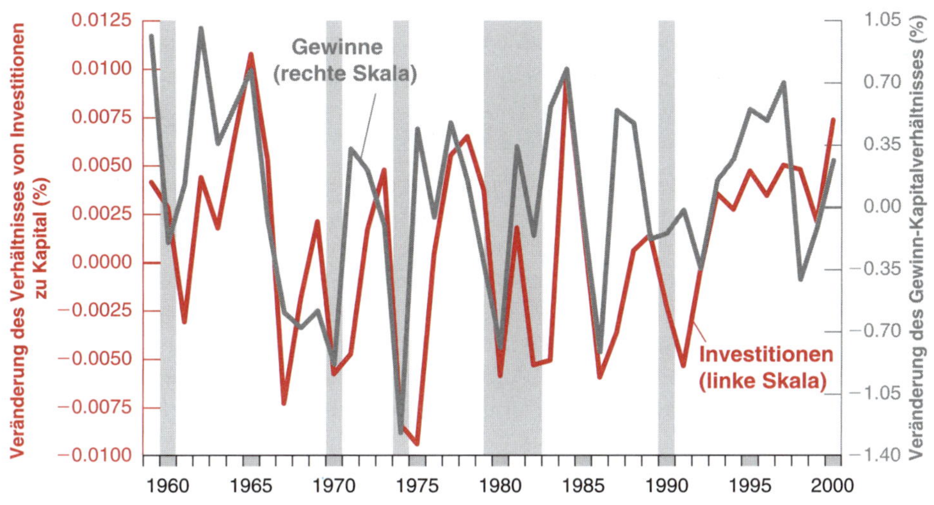

Abbildung 16.2: Der Zusammenhang zwischen Investitionen und aktuellen Gewinnen

Obwohl unsere Theorie vorhersagt, dass aktuelle Gewinne nur eine unbedeutende Rolle bei der Bestimmung der Investitionen einnehmen, weisen beide Größen einen engen empirischen Zusammenhang auf.

Die Abbildung zeigt einen klar positiven Zusammenhang zwischen aktuellen Gewinnen und Investitionstätigkeit. Wir müssen uns deshalb fragen, ob die bisher entwickelte Theorie in drastischem Widerspruch zum beobachteten Investitionsverhalten steht. Aus Abbildung 16.2 können wir eine solche Schlussfolgerung jedoch nicht ziehen: Wenn die Firmen einen Anstieg der aktuellen Gewinne als Hinweis für einen dauerhaften Gewinnzuwachs in der Zukunft interpretieren, entwickelt sich der Gegenwartswert aus Gleichung (16.3) parallel zu den aktuellen Gewinnen; das beobachtete Investitionsverhalten wäre dann konsistent mit unserer Theorie.

Dies ist allerdings nicht die Schlussfolgerung, die die Mehrzahl der Ökonomen zieht. Wie die Fokusbox "Profitabilität und Cashflow" zeigt, gibt es inzwischen erhebliche Hinweise für die Gegenthese, dass der Zusammenhang zwischen aktuellen Gewinnen und Investitionen stärker ist als von unserer Theorie vorhergesagt. Einerseits zeigt sich, dass Unternehmen mit profitablen Investitionsprojekten, aber niedrigen Gewinnen, tendenziell zu wenig investieren. Andererseits investieren Unternehmen mit hohen aktuellen Gewinnen oft in wenig profitable Projekte.

Wie können wir ein solches Verhalten erklären? Die Gründe, die sich anführen lassen, erinnern stark an unsere Argumentation aus Abschnitt 16.1. Ausgangspunkt ist der Umstand, dass Unternehmen mit aktuell niedrigen Gewinnen sich verschulden müssen, um Investitionen in zukunftsträchtige Projekte tätigen zu können. Unterschiedliche Ursachen können nun dazu führen, dass eine Firma nicht willens oder nicht in der Lage ist, die zur Finanzierung der Investition nötige Kreditaufnahme durchzuführen.

- Das Management eines Unternehmens könnte zu dem Ergebnis kommen, dass eine Verschuldung in der aktuellen Situation nicht wünschenswert ist: Der erwartete Gewinnzuwachs ist schließlich mit Unsicherheiten behaftet. Wenn sich die

Dinge wesentlich ungünstiger entwickeln als erwartet, könnte eine zu hohe Schuldenlast zu ernsthaften Problemen oder sogar zur Insolvenz führen. Risikoaverse Manager, die am Erhalt ihres gut dotierten Jobs interessiert sind, werden deshalb zögern, sinnvolle aber riskante Investitionen per Kreditaufnahme zu finanzieren. Sind die Gewinne in der laufenden Periode hoch, ergibt sich eine diametral andere Situation: Investitionen können nun über die Einbehaltung von Gewinnen relativ risikolos finanziert werden; viele Unternehmensvorstände werden sich nun für die Durchführung der Investition entscheiden.

- Selbst wenn ein Unternehmen entscheidet, die Investition per Kreditaufnahme zu finanzieren, ist noch nicht garantiert, dass sich die notwendigen Mittel am Kapitalmarkt aufbringen lassen. Banken und andere potenzielle Kreditgeber könnten bezweifeln, dass die geplante Investition wirklich profitabel genug ist, um eine Rückzahlung des Kredits zu gewährleisten. Dieses Problem entsteht insbesondere deshalb, weil Firmen üblicherweise bessere Informationen bzgl. der Qualität eines Investitionsprojektes haben als Außenstehende. Letztere werden sich deshalb entweder weigern, zu der Finanzierung des Projekts beizutragen, oder einen sehr hohen Zinssatz zur Entschädigung für die eingegangenen Risiken verlangen. Wiederum kann ein Unternehmen die hieraus resultierenden Probleme umgehen, wenn es die Investition aus der Einbehaltung aktuell hoher Gewinne finanziert.
- Das Problem der Mittelbeschaffung am Kapitalmarkt hat schließlich weitere Konsequenzen, die den engen Zusammenhang zwischen aktuellen Gewinnen und Investitionen motivieren können. So zeigt Abbildung 16.2, dass beide Größen eng mit der konjunkturellen Entwicklung korreliert sind. In Rezessionen nehmen sie niedrige, in Booms hohe Werte an. Auch Aktienkurse und Immobilienpreise entwickeln sich im Konjunkturverlauf ähnlich. Ausgehend von diesen Beobachtungen lassen sich zwei weitere Ansätze entwickeln, die für unsere Fragestellung von besonderer Bedeutung sind. Zum einen verlangen Kreditgeber üblicherweise Sicherheiten. Häufig verwendete Sicherheiten sind Immobilien und Aktienpakete. Ist der Wert dieser Sicherheiten gerade hoch, ist es leichter, die für einen Kredit verlangten Vermögenswerte bereitzustellen. In Situationen, in denen die aktuellen Gewinne gerade hoch sind, ist aber auch der Wert beleihbarer Vermögenswerte hoch – Investitionen können leichter durchgeführt werden. Zum anderen werden potenzielle Kreditgeber immer dann besonders vorsichtig agieren, wenn ihre eigene wirtschaftliche Situation problematisch ist. Umgekehrt sind sie in wirtschaftlichen Aufschwungphasen gerne bereit, Kredite zu vergeben. Gerade bei Banken ist ein solches Verhalten häufig zu beobachten: Im Boom (wenn die aktuellen Gewinne hoch sind) steigt die Bereitschaft zur Finanzierung riskanter Projekte an, in der Rezession sinkt sie überproportional.

Um diese Erkenntnisse zu berücksichtigen, müssen wir in der Investitionsfunktion aus Gleichung (16.6) berücksichtigen, dass die Investitionen nicht nur von den zukünftigen, sondern auch von den aktuellen Gewinnen abhängen:

$$I_t = I\left(\underset{+}{V(\Pi_t^e)}, \underset{+}{\Pi_t}\right) \tag{16.7}$$

Fokus: Profitabilität und Cashflow

Welche relative Bedeutung haben Profitabilität (der erwartete Gegenwartswert der zukünftigen Gewinne) und Cashflow (die aktuellen Nettogewinne bzw. der in einer Periode erzielte Zufluss an verfügbaren Mitteln) bei Investitionsentscheidungen? Ähnlich wie bei der Analyse des Zusammenhangs zwischen Erwartungen und Konsum in der Fokusbox „Welche Rolle spielen Erwartungen (I): Ergebnisse eines natürlichen Experiments" steht die empirische Beantwortung dieser Frage vor der Herausforderung, dass sich beide Größen meist simultan in die gleiche Richtung bewegen; ein Anstieg des Cashflows signalisiert häufig auch einen Anstieg der zukünftigen Gewinne. Wiederum müssen deshalb Situationen identifiziert werden, in denen die interessierenden Größen in messbarer Weise divergieren.

Owen Lamont von der Universität von Chicago stellt sich genau dieser Aufgabe. Um seine Herangehensweise zu verstehen, beginnen wir mit einem Beispiel. Wir betrachten zwei Firmen, A und B. Unternehmen A betreibt ausschließlich Stahlproduktion. Unternehmen B besteht aus zwei Tochterunternehmen, die unterschiedliche Geschäftsfelder haben: Stahlproduktion und Ölförderung.

Angenommen, es kommt zu einem starken Fall des Ölpreises. Ein solcher Schock reduziert den Cashflow von Unternehmen B. Wir können dann fragen: Welche Konsequenzen haben diese Einbußen für die Investitionstätigkeit von Firma B im Bereich der Stahlproduktion im Vergleich zu Firma A? Basiert die Investitionsentscheidung primär auf Erwägungen zur Profitabilität, sollte kein Unterschied zwischen A und B zu beobachten sein. Spielt der aktuelle Gewinn die entscheidende Rolle, sollte bei Firma B ein wesentlich geringeres Investitionsvolumen zu beobachten sein.

Owen Lamont nutzt diesen Zusammenhang, um zwischen Gewinnerwartungen und aktuellen Gewinnen zu differenzieren. Er betrachtet das Investitionsverhalten von Firmen im Jahre 1986, als ein außerordentlich starker Fall der Ölpreise zu großen Verlusten in der Ölbranche führte. Er fragt, ob Firmen der Ölindustrie ihre Investitionen in anderen Geschäftsfeldern deutlicher reduzierten als andere Firmen. In detaillierten Studien kommt er zu dem Ergebnis, dass dies tatsächlich der Fall war: Eine durch den Ölpreisfall ausgelöste Reduktion der aktuellen Gewinne um 1 € hatte eine Einschränkung der Investitionsausgaben um bis zu 20 Cents zur Folge.

Quelle: Owen Lamont, "Cash Flow and Investment: Evidence from Internal Capital Markets," Journal of Finance, March 1997.

16.2.4 Unternehmensumsatz und Unternehmensgewinn

Nachdem wir gezeigt haben, dass die Investitionsnachfrage von den tatsächlichen und erwarteten Gewinnen abhängt, müssen wir die Determinanten des Unternehmensgewinns ermitteln. Wir beschränken uns hierbei auf zwei zentrale Faktoren: Das Umsatzniveau und die Höhe des eingesetzten Kapitalstocks. Wenn der Umsatz eines Unternehmens relativ zu der eingesetzten Kapitalmenge niedrig ist, wird sich dies negativ auf den Gewinn pro Kapitaleinheit auswirken.

Bei gegebenem Kapitalstock steigt der Gewinn mit dem Umsatz, bei gegebenem Umsatz führt ein höherer Kapitalstock zu niedrigeren Gewinnen.

Um diesen Zusammenhang formal zu erfassen, vernachlässigen wir den Unterschied zwischen Umsatz und Produktionsniveau. Die Variable Y_t bezeichnet dann gleichzeitig die Höhe der Produktion und die Höhe des Umsatzes in Periode t, die Variable K_t den Kapitalstock. Gemäß unserer bisherigen Diskussion steigt der Gewinn pro Kapitaleinheit, wenn pro Kapitaleinheit größere Umsätze erzielt werden:

$$\Pi_t = \Pi\left(\underset{+}{\frac{Y_t}{K_t}}\right) \tag{16.8}$$

Ist die soeben abgeleitete Beziehung eine realistische Beschreibung der Realität? Abbildung 16.3 legt diesen Schluss nah. Sie vergleicht die jährliche Veränderung des Gewinns pro Kapitaleinheit (abgetragen auf der rechten vertikalen Achse) mit Veränderung der Größe Y_t/K_t (abgetragen auf der linken vertikalen Achse) für die Vereinigten Staaten im Zeitraum 1960 bis 2000. Für die Größe Produktion pro Kapitaleinheit dividieren wir das reale BIP durch den aggregierten Kapitalstock. Die schraffierten Flächen markieren wiederum Jahre, in denen eine Rezession herrschte.

Abbildung 16.3: Veränderung des Gewinns pro Kapitaleinheit und der Produktion pro Kapitaleinheit in den Vereinigten Staaten, 1960-2000

Normalerweise entwickeln sich Gewinne und Produktion gleichgerichtet.

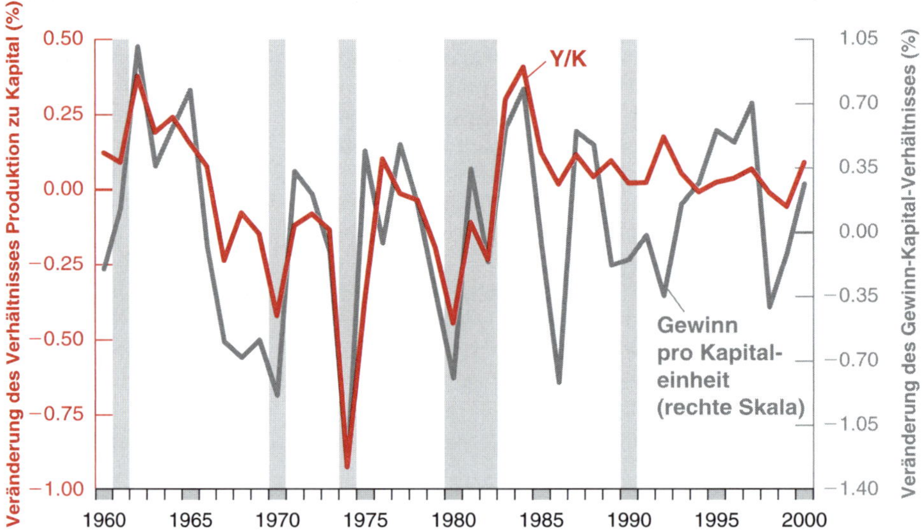

Abbildung 16.3 verdeutlicht, dass eine enge Beziehung zwischen beiden Größen besteht. Bei der Interpretation des empirischen Zusammenhangs müssen wir beachten, dass der Großteil der jährlichen Schwankungen der Variable “Produktion pro Kapitaleinheit” durch Schwankungen des BIP begründet ist: Der Kapitalstock verändert sich nur allmählich, selbst wenn die Investitionstätigkeit große Sprünge aufweist. Deshalb bedeutet diese Beziehung, dass ein starker Rückgang der Produktion in niedrigeren Gewinnen, ein starker Anstieg in höheren Gewinnen resultiert.

Dieser Zusammenhang wird sich als entscheidend für unsere Analyse im nächsten Kapitel erweisen. Er impliziert eine Beziehung zwischen aktueller und zukünftiger Produktion auf der einen und der Investitionsnachfrage auf der anderen Seite: Zukünftig erwartete Produktionssteigerungen führen zu einem Anstieg der zukünftigen Gewinne. Dies hat aber wiederum schon Auswirkungen auf die aktuelle Investitionstätigkeit. Beispielsweise wird die Erwartung einer langen und ausgeprägten Phase wirtschaftlichen Wachstums zu höheren Gewinnerwartungen führen. Als Folge steigen die Investitionen bereits heute. Es kommt deshalb zu einem sofortigen Anstieg der Nachfrage und damit der Produktion.

Ein erwarteter Anstieg des Produktionsniveaus führt zu hohen erwarteten Gewinnen und damit schon heute zu zusätzlicher Investitionsnachfrage.

16.3 Die Volatilität von Konsum und Investitionen

Zwischen der Behandlung des Konsums in Abschnitt 16.1 und der Analyse der Investitionstätigkeit in Abschnitt 16.2 besteht eine wichtige Parallele:

- Die Unterscheidung zwischen vorübergehenden (transitorischen) und permanenten Schwankungen des aktuellen Einkommens war entscheidend für unsere Analyse des Konsumverhaltens.
- In der gleichen Weise macht es für Unternehmen einen erheblichen Unterschied, ob ein Anstieg der Verkaufszahlen temporär oder dauerhaft ist. Erwarten Unternehmen, dass ein Umsatzanstieg nur von kurzer Dauer ist, wird sich ihre Einschätzung der Gewinnerwartungen und damit ihre Investitionsplanung nur wenig verändern. So hat zum Beispiel der Anstieg der Verkaufszahlen in der Adventszeit keine erhöhte Investitionstätigkeit zur Folge.

Allerdings bestehen auch erhebliche Unterschiede zwischen den beiden Variablen:

- Unsere Konsumtheorie impliziert, dass ein permanenter Einkommensanstieg höchstens zu einem Anstieg des aktuellen Konsums in gleicher Höhe führen wird. Würden die Haushalte einer Volkswirtschaft ihren Konsum in größerem Umfang ausdehnen, müssten sie sich heute verschulden und somit auf zukünftigen Konsum verzichten. Da der Konsum bei einem permanenten Einkommensanstieg jedoch in allen zukünftigen Perioden höher sein soll, ist ein solches Verhalten normalerweise auszuschließen.
- Dieses Verhalten steht im deutlichen Gegensatz zur Reaktion von Unternehmen auf einen als permanent wahrgenommenen Umsatzanstieg. Zwar führt die resultierende Revision der Gewinnerwartungen zu zusätzlichen Investitionen. Wir haben allerdings keinerlei Anlass zu vermuten, dass die Zuwächse beim Umsatz zu Investitionen in höchstens gleicher Höhe führen sollten. Vielmehr ist zu erwarten, dass es zu einem raschen und deutlichen Aufbaus zusätzlicher Produktionskapazitäten kommt. Die hiermit verbundene Investitionstätigkeit könnte durchaus den ursprünglichen Umsatzzuwachs übersteigen.

Nehmen wir beispielsweise an, dass ein Unternehmen für jede Verkaufseinheit 4 Kapitaleinheiten einsetzt. Das Verhältnis von Kapital zu Jahresumsatz beträgt dann 4. Ein dauerhafter Umsatzanstieg in Höhe von 10 € Millionen hätte dann zur Folge, dass Investitionen von 40 € Millionen getätigt werden müssten, um das ursprüngliche Verhältnis beibehalten zu können. Werden die zusätzlichen Kapitaleinheiten in der Periode getätigt, in denen der ursprüngliche Umsatzanstieg zu beobachten war, käme es zu einem Anstieg der Investitionen in vierfacher Höhe. In den Folgeperioden würde das Unternehmen zu seinem ursprünglichen Investitionsmuster zurückkehren. Üblicherweise werden Unternehmen ihren Kapitalstock zwar über mehrere Jahre anpassen; an der ursprünglichen Argumentation ändert sich hierdurch jedoch wenig. Selbst wenn sich der Prozess über drei Jahre hinzieht, übersteigt die Investitionssumme den Umsatzanstieg.

Wir können diese Zusammenhänge auch anhand von Gleichung (16.8) erläutern. Setzen wir wie üblich Produktion und Umsatzniveau gleich, führt ein anfänglicher Umsatzanstieg zu einem Anstieg von Y. Der Ausdruck Y/K nimmt somit einen höheren Wert an. Es kommt zu Gewinnzuwächsen, die wiederum zusätzliche Investitionen induzieren. Im Zeitverlauf führen höhere Investitionen zu einem größeren Kapitalstock K und der Kapitalstock pro Produktionseinheit kehrt zu seinem ursprünglichen Niveau zurück. Gleichzeitig sinken die Gewinne pro Produktionseinheit sowie die Investitionen. In Reaktion zu einem permanenten Umsatzanstieg kann es somit zu einer ausgeprägten sofortigen Reaktion der Investitionen kommen, die im Zeitverlauf dann abnimmt.

Diese Ausführungen lassen vermuten, dass die Schwankungen der Investitionsnachfrage wesentlich ausgeprägter sind als die Schwankungen der Konsumnachfrage. Abbildung 16.4 erlaubt eine Überprüfung dieser These. Sie zeigt die jährlichen Wachstumsraten von Konsum und Investitionen seit 1960. Um die Interpretation der Abbildung zu vereinfachen, ist jeweils die Abweichung von der durchschnittlichen Wachstumsrate abgetragen.

Abbildung 16.4 erlaubt die folgenden Schlussfolgerungen:

- Konsum und Investitionen bewegen sich üblicherweise gleichgerichtet: So sinken beispielsweise in Rezessionsjahren (durch Balken markiert) die Wachstumsraten deutlich.
- Die Schwankungen der Investitionsnachfrage sind wesentlich ausgeprägter als die Schwankungen der Konsumnachfrage. Die Volatilität der Investitionen ist also deutlich höher. Während die relative Wachstumsrate der Investitionen Werte zwischen –16 und 8% annimmt, schwankt der Konsum lediglich zwischen –4 und 5%.

Makroökonomische Modelle sollten in der Lage sein, diese Beobachtungen adäquat zu erklären. Den in diesem Kapitel vorgestellten Ansätzen gelingt dies. Gleichzeitig müssen die ermittelten stilisierten Fakten bei der Analyse konjunktureller Schwankungen berücksichtigt werden. In diesem Zusammenhang ist insbesondere folgende Einsicht entscheidend: Obwohl die Investitionen einen viel kleineren Teil der Gesamtnachfrage ausmachen, tragen sie in etwa gleichem Maße zu den Schwankungen der Gesamtproduktion bei, wie der mengenmäßig sehr viel bedeutsamere Konsum.

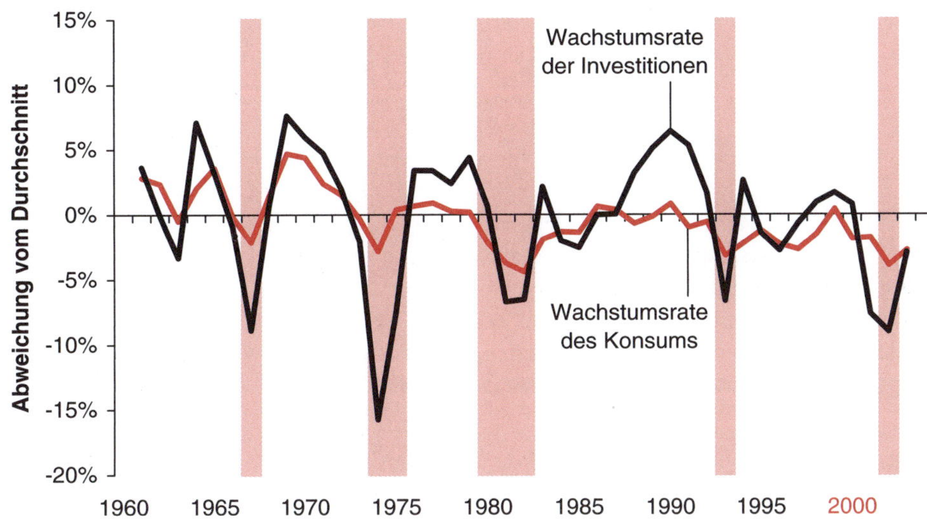

Abbildung 16.4: Relative Wachstumsraten von Konsum und Investitionen in Deutschland, 1960-2003

Die Volatilität des Konsums ist wesentlich geringer als die Volatilität der Investitionen.

Zusammenfassung

- Die Konsumnachfrage ist abhängig vom Gesamtvermögen und vom aktuellen Einkommen. Das Gesamtvermögen ergibt sich als die Summe aus Finanz-, Immobilien- und Sachvermögen und dem Humanvermögen, also dem erwarteten Gegenwartswert der zukünftigen Nettoverdienste.
- Da der Realzins in die Berechnung des Gesamtvermögens eingeht, bestimmt auch er das aktuelle Konsumniveau mit.
- Die Stärke der Konsumreaktion bei Einkommens- und Vermögensänderungen hängt davon ab, ob die beobachteten Änderungen als dauerhaft (permanent) oder vorrübergehend (transitorisch) wahrgenommen werden.
- Bei Einkommensänderungen wird die Konsumnachfrage üblicherweise weniger stark reagieren als im Verhältnis 1 zu 1.
- Die Investitionsnachfrage ist abhängig von der aktuellen Gewinnsituation und vom Gegenwartswert der in Zukunft erwarteten Gewinne.
- Da der Realzins in die Berechnung des Gegenwartswertes eingeht, bestimmt auch er das aktuelle Investitionsniveau mit.
- Veränderungen der Gewinne und Veränderungen der Produktionstätigkeit stehen in engem Zusammenhang. Deshalb können wir das Investitionsniveau als abhängig von dem tatsächlichen und erwarteten Produktionsniveau beschreiben. Eine dauerhafte Erhöhung des erwarteten Produktionsniveaus wird deshalb zu einer sofortigen Erhöhung der Investitionsnachfrage führen.
- Die Investitionsnachfrage ist wesentlich volatiler als die Konsumnachfrage. Obwohl sie einen viel geringeren Anteil der Gesamtnachfrage ausmacht, ist ihr Beitrag zu konjunkturellen Schwankungen trotzdem erheblich.

Übungsaufgaben

Verständnistests

1. Welche der folgenden Aussagen sind zutreffend, falsch oder unklar? Geben Sie jeweils eine kurze Erläuterung.
   a. Für den durchschnittlichen Studenten sind Humanvermögen und Gesamtvermögen ungefähr identisch.
   b. Ein hoher Wert für Tobin's q signalisiert, dass die Aktienmärkte Kapital für überbewertet halten und somit für eine Verringerung der Investitionsausgaben plädieren.
   c. Der empirisch zu beobachtende Zusammenhang zwischen aktuellen Gewinnen und Investitionen lässt sich vollständig durch die enge Beziehung zwischen aktuellen und zukünftigen Gewinnen erklären.
   d. Veränderungen von Konsum und Investitionen sind üblicherweise gleichgerichtet und von ähnlichem Ausmaß.
2. Ein Konsument verfüge über ein Finanzvermögen von 100.000 €. Er verdient 40.000 € in der aktuellen Periode und erwartet einen jährlichen Reallohnanstieg von 5% in den zwei Folgejahren. Danach beendet er sein Arbeitsleben. Der Realzins beträgt 0%. Es wird erwartet, dass er dieses Niveau beibehält. Der Steuersatz für sein Arbeitseinkommen beträgt 25%.
   a. Ermitteln Sie das Humanvermögen sowie das Gesamtvermögen des Konsumenten.
   b. Wie hoch sollte der aktuelle Konsum gewählt werden, wenn der Konsument erwartet, noch 10 Jahre zu leben und in jeder Periode den gleichen Betrag für Konsumzwecke nutzen möchte?
   c. Wie verändert sich das aktuelle Konsumniveau, wenn der betrachtete Konsument im Ausgangsjahr einen Lottogewinn von 20.000 € erzielt?
   d. Angenommen, die Rentenversicherung zahlt nach Eintritt ins Rentenalter 60% des letzten Bruttoverdienstes als Rente aus. Wie verändert sich das aktuelle Konsumniveau, wenn Rentenzahlungen nicht besteuert werden?
3. Eine Großbäckerei erwägt die Anschaffung eines neuen Backautomaten im Wert von 100.000 €. Die Abschreibungsrate beträgt 8% pro Jahr. Mit der neuen Maschine lassen sich zusätzliche Gewinne von 18.000 € im Folgejahr, 18.000 (1 – 0,08) € im zweiten Jahr, 18.000 $(1 - 0{,}08)^2$ € im dritten Jahr usw. erzielen. Sollte die Maschine angeschafft werden, wenn der Realzins folgende Werte annimmt?
   a. 5%
   b. 10%
   c. 15%
4. Ein Absolvent der Universität erhält mit 24 Jahren ein Jobangebot mit einem Jahresgehalt von 40.000 €. Er erwartet, dass der Reallohn bis zur Pensionierung konstant sein wird. Alternativ könnte er ein Auslandsstudium antreten, das zwei Jahre dauert. Nach Beendigung des Programms kann der Absolvent davon ausgehen, ein um 10% höheres Anfangsgehalt zu erzielen, dass danach ebenfalls konstant bleibt. Der Steuersatz auf Arbeitseinkommen sei in 40%.
   a. Gehen Sie von einem Realzins von 0% sowie einem Renteneintrittsalter von 62 Jahren aus. Ermitteln Sie den Betrag, den Sie zahlen würden, um das Auslandsstudium durchführen zu können.
   b. Wie verändert sich Ihre Antwort, wenn der Steuersatz auf 30% sinkt? Erläutern Sie Ihre Antwort.

Vertiefungsfragen

5. *Sparen und Kapitalakkumulation*

Nehmen Sie an, alle Konsumenten werden ohne Vermögensausstattung geboren und leben für 3 Perioden: Jung, Mittel und Alt. Alle Wirtschaftssubjekte sind in den ersten beiden Lebensabschnitten erwerbstätig und gehen im letzten Lebensabschnitt in Rente. Das Arbeitseinkommen beträgt 5 € in der ersten, 25 € in der zweiten und 0 € in der letzten Lebensperiode. Alle Wirtschaftssubjekte erwarten eine Inflationsrate und einen Realzins von 0%.

a. Wie hoch ist der erwartete Gegenwartswert des Arbeitseinkommens zu Beginn des Lebens? Welches Konsumniveau kann über den gesamten Lebenszeitraum aufrechterhalten werden, wenn in jeder Periode gleich viel konsumiert wird?
b. Wie hoch müssen die Ersparnisse in jedem Lebensabschnitt sein, um das Konsumniveau aus (a.) realisieren zu können? Erläutern Sie Ihr Ergebnis.
c. Nehmen Sie an, dass in jeder Periode *n* Personen geboren werden. Wie hoch ist die Gesamtersparnis der Volkswirtschaft in jeder Periode? Erklären Sie.
d. Welchen Wert nimmt das Gesamtvermögen der Volkswirtschaft an? (Ermitteln Sie das Finanzvermögen jeder Generation und summieren Sie über alle Generationen. Berücksichtigen Sie, dass das Finanzvermögen auch negativ werden kann, wenn sich eine Generation verschuldet.)
   Nehmen Sie nun an, die junge Generation habe keinen Zugang zu Krediten. Wiederum bestimmt jede Generation ihr Gesamtvermögen und entscheidet, welches Konsumniveau bei freiem Zugang zu Krediten aufrechterhalten werden kann. Ist dieser Betrag allerdings größer als das Einkommen zuzüglich des Finanzvermögens, kann maximal das Einkommen zuzüglich des Finanzvermögens konsumiert werden.
e. Bestimmen Sie das Konsumniveau in jeder Lebensperiode und vergleichen Sie Ihre Antwort mit Teilaufgabe (a.).
f. Ermitteln Sie die gesamten Ersparnisse und vergleichen Sie diese mit Ihrem Ergebnis aus Teilaufgabe (c.).
g. Ermitteln Sie das gesamte Finanzvermögen und vergleichen Sie dies mit Ihrem Ergebnis aus Teilaufgabe (d.).
h. „Eine Liberalisierung des Finanzmarktes birgt Vorteile für Konsumenten, erschwert jedoch die Kapitalakkumulation". Diskutieren Sie diese Aussage.

Anhang
Ableitung des erwarteten Gegenwartswertes zukünftiger Gewinne bei statischen Erwartungen

Ausgangspunkt der Ableitung ist der allgemeine Ausdruck für den Gegenwartswert der Gewinne in Gleichung (16.3)

$$V\left(\Pi_t^e\right)=\frac{1}{1+r_t}\Pi_{t+1}^e+\frac{1}{\left(1+r_t\right)\left(1+r_{t+1}^e\right)}(1-\delta)\Pi_{t+2}^e+\ldots$$

Erwarten die Unternehmen, dass die zukünftigen Gewinne sowie die zukünftigen Realzinsen stets den aktuellen Wert beibehalten ($\Pi^e_{t+1} = \Pi^e_{t+2} = \ldots = \Pi_t$ und $r^e_{t+1} = r^e_{t+2} = \ldots = r_t$), können wir Gleichung (16.3) umformen zu:

$$V\left(\Pi_t^e\right)=\frac{1}{1+r_t}\Pi_t+\frac{1}{\left(1+r_t\right)^2}(1-\delta)\Pi_t+\ldots$$

Ausklammern von $[1/(1 + r_t)]\ \Pi_t$ ergibt:

$$V\left(\Pi_t^e\right) = \frac{1}{1+r_t}\Pi_t\left(1+\frac{1-\delta}{1+r_t}+\ldots\right) \tag{16.A1}$$

Der Ausdruck in Klammern entspricht einer geometrischen Reihe der Form $1 + x + x^2 + \ldots$ Unter Anwendung von Proposition 2 im Anhang 2 am Ende dieses Buches können wir deshalb schreiben:

$$\left(1+x+x^2+\ldots\right)=\frac{1}{1-x}$$

Setzen wir x gleich $(1 - \delta)/(1 + r_t)$ ergibt sich

$$\left(1+\frac{1-\delta}{1+r_t}+\left(\frac{1-\delta}{1+r_t}\right)^2+\ldots\right)=\frac{1}{1-\left(\frac{1-\delta}{1+r_t}\right)}=\frac{1+r_t}{r_t+\delta}$$

Nach Einsetzen dieses Ausdrucks in Gleichung (16.A1) erhalten wir

$$V\left(\Pi_t^e\right)=\frac{1}{1+r_t}\frac{1+r_t}{r_t+\delta}\Pi_t$$

beziehungsweise

$$V\left(\Pi_t^e\right)=\left(\frac{\Pi_t}{r_t+\delta}\right) \tag{16.5}$$

Kapitel 17 Erwartungen, Wirtschaftsaktivität und Politik

Kapitel 15 zeigte, wie Erwartungen die Preise von Anleihen und Aktien beeinflussen. Kapitel 16 zeigte, wie Erwartungen sich auf Konsum- und Investitionsentscheidungen auswirken. Nun führen wir all diese Aspekte zusammen um zu untersuchen, wie sich Erwartungen auf Geld- und Fiskalpolitik auswirken.

- Abschnitt 17.1 fasst die bisher gewonnenen Einsichten zusammen: Erwartungen über zukünftige Wachstumsraten und Zinsen beeinflussen die aktuelle Nachfrage und damit die aktuelle Produktion.
- Abschnitt 17.2 betrachtet die Geldpolitik. Er zeigt, wie die Wirkung der Geldpolitik von der Reaktion der Erwartungen auf Politikmaßnahmen abhängt. Geldpolitik kann unmittelbar nur den kurzfristigen Zinssatz beeinflussen. Wie sich dies dann auf Nachfrage und Produktion auswirkt, hängt stark davon ab, wie Änderungen des kurzfristigen Zinssatzes die Erwartungen über die künftige Zinsentwicklung und den künftigen Konjunkturverlauf beeinflussen und welche Änderungen der Nachfrage dadurch ausgelöst werden.
- Abschnitt 17.3 wendet sich dann der Fiskalpolitik zu. Er zeigt, dass im Gegensatz zu unserem einfachen Modell in den Kernkapiteln eine restriktive Fiskalpolitik unter bestimmten Bedingungen sogar kurzfristig die Produktion stimulieren kann. Wiederum ist die entscheidende Frage, wie die Erwartungen auf die Politik reagieren.

17.1 Erwartungen und Nachfrage: Eine Zusammenfassung

Überlegen wir, was wir bisher gelernt haben und wie wir auf Basis unserer Erkenntnisse die Bedingungen für das Gleichgewicht auf Güter-, Geld- und Finanzmärkten – das IS-LM-Modell –revidieren sollten.

17.1.1 Konsum und Investitionsentscheidungen – die Rolle der Erwartungen

Die zentrale Botschaft von Kapitel 16 lautete, dass Konsum und Investitionsentscheidungen sehr stark von den Erwartungen über zukünftige Wachstumsraten und Zinsen beeinflusst werden. Die verschiedenen Kanäle, wie Erwartungen sich auf die aktuellen Konsum- und Investitionsentscheidungen auswirken, sind in Abbildung 17.1 zusammengefasst. Es ist bezeichnend, über wie viele verschiedene Kanäle sich zukünftige Erwartungen auf Konsum und Investitionen heute auswirken, sowohl direkt wie über die Vermögenspreise.

- Ein Anstieg des aktuellen oder zukünftig erwarteten Nettoarbeitseinkommens (nach Abzug von Steuern) erhöht ebenso wie niedrigere aktuelle oder zukünftig erwartete Realzinsen das Humanvermögen (den Gegenwartswert aller Arbeitseinkommen) und lässt daher den Konsum steigen.
- Ein Anstieg der aktuellen oder zukünftig erwarteten realen Dividenden lässt ebenso wie niedrigere aktuelle oder zukünftig erwartete Realzinsen die Aktienkurse steigen. Damit steigt das Finanzvermögen und auch der Konsum.
- Ein Rückgang der aktuellen oder zukünftig erwarteten Nominalzinsen lässt die Kurse der Anleihen steigen. Damit steigt das Finanzvermögen und auch der Konsum. (In diesem Fall sind es die Nominal-, nicht die Realzinsen, weil die Ansprüche von Anleihen in Euro festgelegt sind).
- Ein Anstieg der aktuellen oder zukünftig erwarteten realen Gewinne (nach Abzug von Steuern) erhöht ebenso den Gegenwartswert der realen Gewinne (und damit die Investitionen) wie niedrigere aktuelle oder zukünftig erwartete Realzinsen

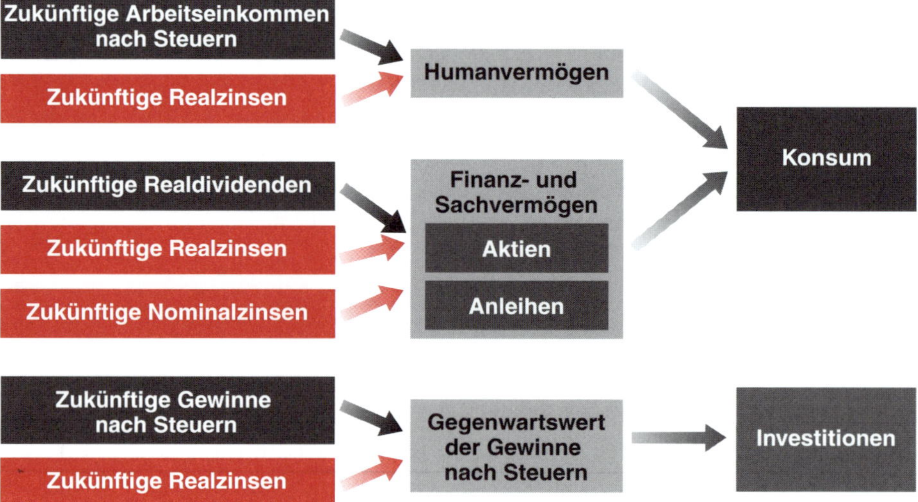

Abbildung 17.1: Erwartungskanäle und Nachfrage

Erwartungen wirken auf Konsum- und Investitionsentscheidungen, direkt, aber auch über die Vermögenspreise.

17.1.2 Die *IS*-Kurve mit Erwartungen

Ein Modell des Konsum- und Investitionsverhaltens, das alle Aspekte von Abbildung 17.1 enthält, wäre äußerst komplex. Ein solches Modell zu erstellen ist machbar, wie die großen empirischen makroökonomischen Modelle zeigen, die heute als Grundlage der Politikanalyse eingesetzt werden. Hier aber geht es nicht um ein solchermaßen komplexes Modell. Wir wollen den Kern dieser Einsichten erfassen (die Abhängigkeit der Konsum- und Investitionsentscheidungen von den Erwartungen), ohne uns in Details zu verlieren.

Daher nehmen wir einige Vereinfachungen vor. Wir reduzieren Gegenwart und Zukunft auf zwei Perioden: (1) Die laufende Periode (das aktuelle Jahr) und (2) Die Zukunft, zusammengefasst in eine Periode. So müssen wir nicht die Erwartungen für jedes einzelne Jahr in der Zukunft anführen.

Die Zeitaufteilung in „heute" und „später" nutzen viele von uns, um das eigene Leben zu organisieren: Wir teilen ein in „Dinge, die heute zu erledigen sind" und „Dinge, die warten können."

Wie sollen wir nun die *IS*-Kurve für die laufende Periode formulieren? Früher haben wir folgende Gleichung für die *IS*-Kurve abgeleitet:

$$Y = C\,(Y - T) + I\,(Y, r) + G$$

Wir haben angenommen, dass der Konsum nur vom aktuellen Einkommen abhängt, und die Investitionen nur von der aktuellen Nachfrage und dem aktuellen Zinssatz. Jetzt modifizieren wir dies und berücksichtigen auch die Auswirkungen der Erwartungen. Dabei gehen wir in zwei Schritten vor:

Siehe Gleichung (14.8) in Kapitel 14. Sie erweiterte die in Kapitel 5 abgeleitete Beziehung (Gleichung 5.2), um zwischen Real- und Nominalzinsen unterscheiden zu können.

- Erstens schreiben wir die Gleichung einfach in kompakterer Form, ohne dabei ihre Aussagen zu verändern. Wir definieren die gesamte private Nachfrage als Summe von Konsum- und Investitionsausgaben:

  $$A(Y,T,r) \equiv C(Y - T) + I(Y,r)$$

  A bezeichnet die gesamte private Nachfrage oder einfach die private Nachfrage. Nun können wir die *IS*-Kurve schreiben als:

  $$Y = A\left(\underset{+}{Y}, \underset{-}{T}, \underset{-}{r}\right) + G \qquad (17.1)$$

  Die Eigenschaften der privaten Nachfrage *A* folgen unmittelbar aus den Eigenschaften, die wir in den Kernkapiteln für Konsum- und Investitionsnachfrage abgeleitet haben.

  Die private Nachfrage *A* steigt mit dem Einkommen *Y* (sowohl Konsum wie Investitionen steigen mit *Y*). Sie geht mit steigenden Steuern *T* zurück, weil dann die Konsumnachfrage sinkt. Schließlich sinkt sie mit steigendem Realzins *r*, weil dann die Investitionen zurückgehen,

Wir wollen einfach die beiden Nachfragekomponenten, *C* und *I*, die von Erwartungen abhängig sind, zusammenfassen. Die Staatsausgaben *G* werden weiterhin als exogene Größe verwendet.

- Dieser erste Schritt vereinfacht nur unsere Notation. Jetzt erst kommen wir zu der eigentlichen Herausforderung, Gleichung (17.1) um Erwartungen zu erweitern. Eine nahe liegende Erweiterung besteht darin, dass die private Nachfrage auch von zukünftig erwarteten Werten abhängt:

  $$Y = A\left(\underset{+}{Y}, \underset{-}{T}, \underset{-}{r}, \underset{+}{Y'^{e}}, \underset{-}{T'^{e}}, \underset{-}{r'^{e}}\right) + G \qquad (17.2)$$

  Der Strich bezeichnet zukünftige Werte. Das hochgestellte *e* bedeutet „erwartet". Y'^e, T'^e und r'^e bezeichnen also erwartetes zukünftiges Einkommen, erwartete zukünftige Steuern und den erwarteten zukünftigen Realzins. Diese Notation mag kompliziert erscheinen; sie fasst aber wichtige Einsichten knapp zusammen:

Schreibweise: Striche stehen für Werte der Variablen in zukünftigen Perioden. Das Superskript *e* steht für „erwartet."

Y oder $Y'^e \uparrow \rightarrow A\uparrow$

Ein Anstieg des aktuellen oder des zukünftig erwarteten Einkommens lässt die private Nachfrage steigen.

T oder $T'^e \uparrow \rightarrow A\downarrow$

Werden die aktuellen oder die zukünftig erwarteten Steuern erhöht, geht die private Nachfrage zurück.

r oder $r'^e \uparrow \rightarrow A\downarrow$

Steigen die aktuellen oder die zukünftig erwarteten Realzinsen, dann reduziert dies die private Nachfrage.

Abbildung 17.2: Die neue *IS*-Kurve

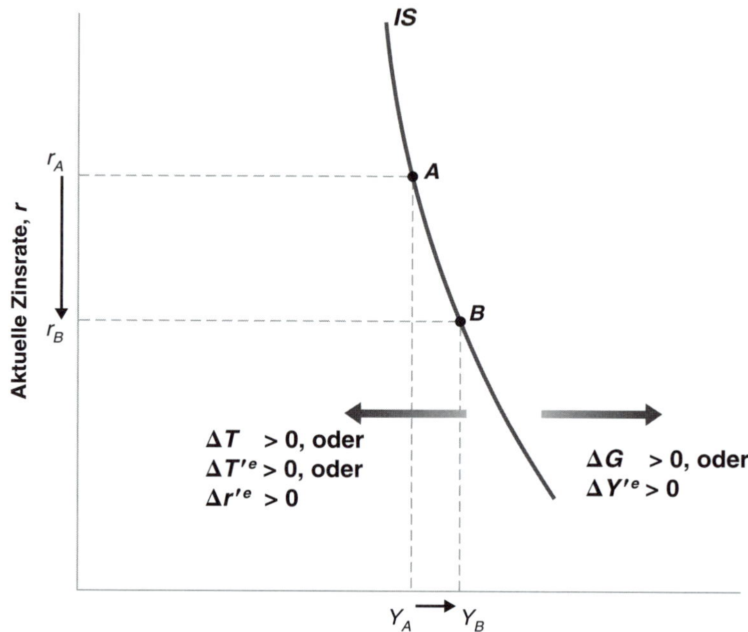

Bei gegebenen Erwartungen führt eine Verringerung der Realzinsen zu einem kleinen Anstieg der Produktion. Die *IS*-Kurve ist steil nach unten gerichtet. Eine Erhöhung der Staatsausgaben oder des erwarteten zukünftigen Einkommens verschieben die *IS*-Kurve nach rechts. Eine Erhöhung der Steuern, der erwarteten zukünftigen Steuern oder der erwarteten zukünftigen Realzinsen verschieben die *IS*-Kurve nach links.

Das Gleichgewicht auf dem Gütermarkt ist nun durch Gleichung (17.2) beschrieben, Abbildung 17.2 zeigt die neue *IS*-Kurve. Wie üblich, nehmen wir alle anderen Größen außer dem aktuellen Einkommen Y und dem heutigen Realzins r als gegeben an, um die Kurve zu zeichnen. Die *IS*-Kurve ist also gezeichnet für gegebene Werte der aktuellen und zukünftig erwarteten Steuern T und T'^e, für ein gegebenes zukünftig erwartetes Einkommen Y'^e und für gegebene zukünftig erwartete Realzinsen r'^e.

Auch die neue *IS*-Kurve, abgeleitet aus Gleichung (17.2), hat einen fallenden Verlauf – aus den gleichen Gründen wie in Kapitel 5. Sinkt heute der Realzins, so nimmt die Nachfrage zu. Über den Multiplikatoreffekt steigt dann auch das Einkommen. Wir können aber noch schärfere Aussagen treffen: Die neue *IS*-Kurve verläuft wesentlich steiler. Anders formuliert: Selbst ein starker Rückgang des aktuellen Realzinses wird nur einen kleinen Effekt auf das Gleichgewichtseinkommen haben.

Überlegen wir uns, warum der Effekt klein ist. Gehen wir von Punkt *A* auf der *IS*-Kurve in Abbildung 17.2 aus. Wie sich ein Rückgang des Realzinses auswirkt, hängt von zwei Faktoren ab: Die Auswirkung des Realzinses auf die private Nachfrage bei gegebenem Einkommen sowie die Höhe des Multiplikators. Betrachten wir die beiden Faktoren der Reihe nach:

Sie können sich den Zusammenhang anhand des folgenden Beispiels verdeutlichen: Sie nehmen ein Darlehen mit 30-jähriger Laufzeit auf. Der einjährige Zinssatz fällt von 5% auf 2%, aber alle zukünftigen Zinssätze für die Folgejahre bleiben unverändert. Wie stark sinkt der 30-jährige Zinssatz? (Falls nötig, sollten Sie den Zusammenhang zwischen kurz- und langfristigen Zinssätzen in Kapitel 15 wiederholen.)

- Ein Rückgang des aktuellen Realzinses wird sich nicht stark auf die Nachfrage auswirken, wenn die Erwartungen bzgl. des zukünftigen Realzinses unverändert bleiben. In den vergangenen Kapiteln haben wir gesehen, warum: Ändert sich nur der Realzins im aktuellen Jahr, verändern sich die Gegenwartswerte kaum, so dass sich auch die Nachfrage nur wenig verändert. Unternehmen werden ihre Investitionspläne kaum revidieren, wenn der Realzins im aktuellen Jahr zwar zurückgeht, sie aber nicht damit rechnen, dass auch in Zukunft die Realzinsen niedrig bleiben.
- Auch der Multiplikatoreffekt ist vermutlich klein. Seine Höhe hängt davon ab, wie stark eine Änderung des aktuellen Einkommens die Nachfrage beeinflusst. Wenn sich aber nur das aktuelle Einkommen verändert, während die Erwartungen über das zukünftige Einkommen konstant bleiben, kann dieser Nachfrageeffekt nicht besonders groß sein. Änderungen des Einkommens, die nur als temporär angesehen werden, beeinflussen Konsum- und Investitionsnachfrage nur wenig. Wenn Konsumenten erwarten, dass sich ihr Einkommen nur im aktuellen Jahr erhöht, werden sie ihren Konsum nur unterproportional zu ihrem Einkommensanstieg erhöhen. Rechnen Unternehmen damit, dass die Verkaufszahlen nur im aktuellen Jahr ansteigen, werden sie ihre Investitionspläne, wenn überhaupt, nur wenig revidieren.

Angenommen, Ihr Arbeitgeber entscheidet sich, allen Mitarbeitern einen einmaligen Bonus von 10.000 € zu zahlen. Eine Wiederholung wird nicht erwartet. Um wie viel werden Sie Ihren Konsum in diesem Jahr erhöhen? (Falls nötig, lesen Sie in Kapitel 16 die Ausführungen zum Konsumverhalten nach.)

Fassen wir zusammen: Ein starker Rückgang des Realzinses – von r_A auf r_B in Abbildung 17.2 – führt nur zu einem schwachen Anstieg des Einkommens, von Y_A auf Y_B. Die *IS*-Kurve, die durch die Punkte *A* und *B* verläuft, ist sehr steil.

Änderungen aller anderen Größen in Gleichung (17.2) außer Y und r verschieben die *IS*-Kurve:

- Ein Anstieg der aktuellen Staatsausgaben (G) verschiebt die *IS*-Kurve nach rechts; ein Anstieg der aktuellen Steuern (T) verschiebt sie nach links. Diese Verschiebungen sind in Abbildung 17.2 durch Pfeile angedeutet.
- Auch alle Änderungen der zukünftig erwarteten Variablen verschieben die IS-Kurve. Steigt das zukünftig erwartete Einkommen Y'^e, so verschiebt sich die IS-Kurve nach rechts. Die Konsumenten fühlen sich reicher und möchten schon heute mehr konsumieren. Liegt das zukünftig erwartete Einkommen höher, nehmen auch die erwarteten Gewinne zu. Die Investitionsbereitschaft steigt. Aufgrund der gleichen Logik schränken Konsumenten ihre aktuelle Nachfrage ein, wenn sie in Zukunft mit höheren Steuern rechnen Die *IS*-Kurve verschiebt sich nach links. Das Gleiche gilt, wenn mit einem Anstieg der zukünftigen Realzinsen gerechnet wird. Auch dies dämpft schon heute die aktuelle Nachfrage. Auch diese Verschiebungen sind in Abbildung 17.2 angedeutet.

17.1.3 Ein Blick auf die *LM*-Kurve

Die *LM*-Kurve haben wir in Kapitel 4 abgeleitet; sie ist durch die folgende Gleichung charakterisiert:

$$\frac{M}{P} = YL(i) \tag{17.3}$$

M/P ist das reale Geldangebot; *YL(i)* die reale Geldnachfrage. Die Geldnachfrage hängt vom aktuellen Realeinkommen und vom kurzfristigen Nominalzins (den Opportunitätskosten der Geldhaltung) ab. Wir leiteten diese Beziehung ab, bevor wir uns über Erwartungen Gedanken machten. Nun stellt sich die Frage, ob wir auch diese Gleichung anpassen müssen. Die Antwort lautet erfreulicherweise: Nein!

Denken wir über unsere eigene Geldnachfrage nach. Wie viel Geld wir heute halten wollen, hängt von den aktuellen Transaktionen ab, nicht davon, wie viele Transaktionen wir im nächsten oder übernächsten Jahr tätigen wollen. Wir verfügen über genügend Zeit, um unsere Geldhaltung dann anzupassen, wenn sich unsere Transaktionsnachfrage tatsächlich. Die Opportunitätskosten der Geldhaltung heute hängen vom aktuellen Nominalzins ab, nicht davon, mit welchen Zinsen wir im nächsten Jahr rechnen. Sollten die Nominalzinsen im nächsten Jahr steigen, dann werden wir unsere Geldhaltung im nächsten Jahr einschränken, nicht schon heute.

Im Gegensatz zu unseren Konsumplänen ist die Entscheidung darüber, wie viel Geld wir halten, kurzfristiger Natur. Wir können also immer noch davon ausgehen, dass die Geldnachfrage vom aktuellen Realeinkommen und vom aktuellen Nominalzins abhängt, dass also Gleichung (17.3) weiterhin gültig bleibt.

Fassen wir kurz zusammen: Erwartungen über die Zukunft spielen eine entscheidende Rolle bei den Nachfrageentscheidungen. Erwartungen gehen also in die IS-Kurve ein. Die private Nachfrage hängt nicht allein vom Einkommen und dem Realzins im laufenden Jahr ab, sondern auch vom zukünftig erwarteten Einkommen und dem zukünftig erwarteten Realzins. Im Gegensatz hierzu sind die Entscheidungen über die Geldhaltung kurzfristiger Natur. In die *LM*-Gleichung gehen daher weiterhin nur das Realeinkommen und der Nominalzins der laufenden Periode ein.

17.2 Geldpolitik und die Rolle von Erwartungen

Im *IS-LM* Modell von Kapitel 5 gab es nur einen Zinssatz, *i*. Er tauchte sowohl in der *IS*-Gleichung als auch in der *LM*-Gleichung auf. Erhöht die Zentralbank die Geldmenge, dann sinkt „der" Zinssatz, die Nachfrage nimmt zu. Aus den vergangenen drei Kapiteln lernten wir, dass es viele Zinssätze gibt. Wir müssen zwischen den folgenden Aspekten unterscheiden:

1. Dem Unterschied zwischen Nominal- und Realzins
2. Dem Unterschied zwischen den aktuellen und den zukünftigen, erwarteten Zinssätzen

Der Zinssatz in der *LM*-Gleichung ist der aktuelle Nominalzins. Diesen Zinssatz kann die Zentralbank direkt beeinflussen. Die private Nachfrage in der *IS*-Gleichung hängt dagegen von den aktuellen und den in der Zukunft erwarteten Realzinsen ab. Ökonomen betonen diesen Unterschied manchmal besonders stark, wenn sie argumentieren, dass die Zentralbank nur den kurzfristigen Nominalzins kontrolliert, während die langfristigen Realzinsen für die gesamtwirtschaftliche Nachfrage ausschlaggebend sind.

Schauen wir uns diesen Unterschied genauer an. Wie Kapitel 14 zeigte, entspricht der Realzins dem Nominalzins abzüglich der für dieses Jahr erwarteten Inflationsrate:

Für dieses Jahr erwartete Inflationsrate: Die heute für die aktuelle Periode (das laufende Jahr) erwartete Inflation.

$$r = i - \pi^e$$

In gleicher Weise entspricht der zukünftig erwartete Realzins dem zukünftig erwarteten Nominalzins abzüglich der in Zukunft erwarteten Inflationsrate:

Zukünftig erwartete Inflationsrate: Die heute für zukünftige Perioden (alle künftigen Jahre) erwartete Inflation.

$$r'^e = i'^e - \pi'^e$$

Weitet die Zentralbank die Geldmenge aus (senkt sie also den aktuellen Nominalzins *i*), dann hängt die Wirkung auf den heutigen und den zukünftig erwarteten Realzins von zwei Faktoren ab:

- Veranlasst die Änderung der Geldmenge die Finanzmärkte, ihre Erwartungen über den zukünftigen Nominalzins i'^e zu revidieren?
- Veranlasst die Änderung der Geldmenge die Finanzmärkte, ihre Erwartungen sowohl über die aktuelle wie über die zukünftige Inflationsrate π^e bzw. π'^e zu revidieren? Falls die Finanzmärkte etwa aufgrund des Anstiegs der Geldmenge damit rechnen, dass in Zukunft die Inflationsrate ansteigt (falls also π'^e steigt), nimmt der zukünftig erwartete Realzins r'^e bei einem gegebenen zukünftig erwarteten Nominalzins i'^e ab.

Wir haben die Bedeutung veränderter Inflationserwartungen für die Beziehung zwischen Nominal- und Realzins in Kapitel 14 analysiert. Um die Analyse einfach zu halten, vernachlässigen wir hier den Einfluss der Inflationserwartungen. Wir haben jedoch alle Instrumente, um die Effekte veränderter Inflationserwartungen zu untersuchen. Wie würden sich diese Erwartungen anpassen? Würde dies zu einem größeren oder kleineren Effekt auf die Produktion führen?

Zur Vereinfachung ignorieren wir hier den zweiten Faktor – die veränderten Inflationserwartungen. Wir konzentrieren uns auf die Bedeutung veränderter Erwartungen über den zukünftigen Nominalzins. Wir nehmen an, dass die Inflationserwartungen sowohl für die laufende Periode wie für die Zukunft gleich Null sind. Damit müssen wir nicht mehr zwischen Nominal- und Realzins unterscheiden. Wir bezeichnen also mit *r* den aktuellen Real- (und Nominal)zins, und mit r'^eden zukünftig erwarteten Real- (und Nominal)zins.

Mit dieser Vereinfachung können wir die *IS*- und *LM*-Gleichung (17.2) und (17.3) umformen zu:

Diese *IS*-Gleichung ist dieselbe wie Gleichung (17.2). Die *LM*-Gleichung ist nun abhängig vom realen Zinssatz, da dieser dem Nominalzins entspricht.

$$IS\colon\ Y = A(Y, T, r, Y'^e, T'^e, r'^e) + G \qquad (17.4)$$

$$LM\colon\ \frac{M}{P} = YL(r) \qquad (17.5)$$

Abbildung 17.3:
Das neue *IS*-*LM*-Modell

Die *IS*-Kurve ist steil nach unten geneigt: Wenn alle anderen Variablen unverändert bleiben, hat eine Veränderung des aktuellen Zinssatzes nur einen kleinen Effekt auf die Produktion. Das Gleichgewicht liegt im Schnittpunkt von *IS*- und *LM*-Kurve.

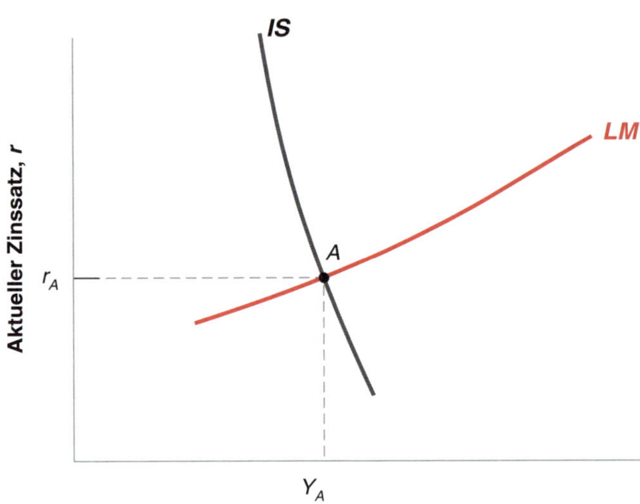

Die Unterscheidung zwischen Nominal- und Realzins kann entfallen, da beide Größen bei einer erwarteten Inflation von Null identisch sind.

Die entsprechenden *IS*- und *LM*-Kurven sind in Abbildung 17.3 eingezeichnet. An der vertikalen Achse ist der aktuelle Realzins *r* abgetragen, an der horizontalen Achse das aktuelle Einkommen *Y*.

Die *IS*-Kurve verläuft steil nach unten. Der Grund ist uns mittlerweile vertraut: Bei gegebenen Erwartungen über die Zukunft hat eine Änderung des heutigen Zinssatzes wenig Einfluss auf die private Nachfrage; zudem ist der Multiplikator klein. Die *LM*-Kurve hat einen steigenden Verlauf. Das Gleichgewicht ist durch den Schnittpunkt der beiden Kurven, Punkt *A*, charakterisiert.

Betrachten wir nun, was passiert, wenn die Wirtschaft sich in einer Rezession befindet und die Zentralbank die Geldmenge ausdehnt.

Bei gegebenen Erwartungen verschiebt eine Geldmengenerhöhung die *LM*-Kurve entlang der steilen *IS*-Kurve nach unten. *r* fällt stark, aber *Y* steigt nur wenig.

Zunächst gehen wir davon aus, dass die expansive Geldpolitik weder die Erwartungen über zukünftige Zinsen, noch die Erwartungen über die zukünftige Nachfrage verändert. In Abbildung 17.4, verschiebt sich die *LM*-Kurve nach unten, von *LM* nach *LM*" (einfache Striche bezeichnen bereits die zukünftig erwarteten Werte; daher verwenden wir einen Doppelstrich " für Kurvenverschiebungen). Das Gleichgewicht verschiebt sich von Punkt *A* nach Punkt *B*. Das Einkommen steigt; der Zinssatz sinkt. Weil aber die *IS*-Kurve steil verläuft, hat die expansive Geldpolitik nur einen geringen Effekt auf die Produktion: Solange Änderungen des aktuellen Zinssatzes die Erwartungen über die Zukunft nicht tangieren, haben sie nur geringe Wirkung auf Nachfrage und Produktion.

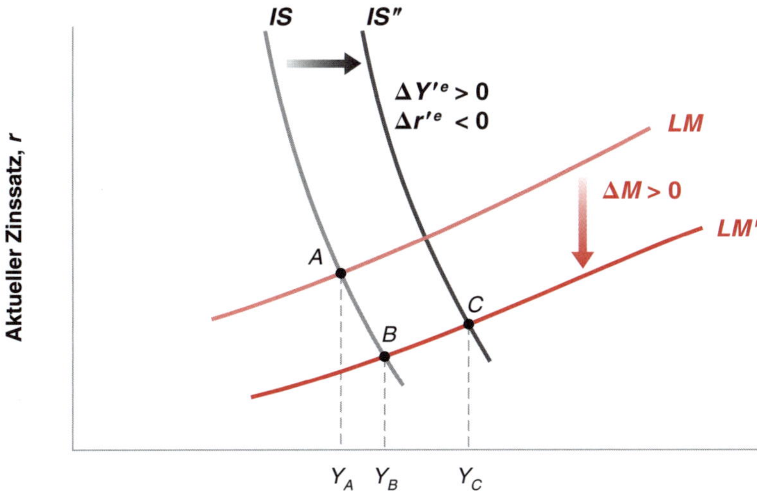

Abbildung 17.4: Die Effekte einer expansiven Geldpolitik

Der Effekt einer expansiven Geldpolitik hängt sehr stark davon ab, ob und wie Geldpolitik die Erwartungen beeinflusst.

Ist es aber vernünftig, davon auszugehen, dass die Erwartungen von der expansiven Geldpolitik unberührt bleiben? Ist es nicht viel plausibler, dass bei einer heutigen Zinssenkung die Finanzmärkte damit rechnen, dass auch die Zinsen in Zukunft niedrig bleiben? Dann werden sie auch erwarten, dass die zukünftige Nachfrage, dank der auch in Zukunft niedrigen Zinsen, stimuliert wird. Falls dies zutrifft, wird – bei einem gegebenen Zinssatz heute – die Aussicht auf niedrige Zinsen und hohe Nachfrage in der Zukunft auch heute schon Nachfrage und Produktion stimulieren; die *IS*-Kurve verschiebt sich nach rechts von *IS* nach *IS''*. Das neue Gleichgewicht liegt im Punkt *C*. Obwohl der direkte Effekt der expansiven Geldpolitik recht begrenzt ist, ist deshalb der Gesamteffekt unter Berücksichtigung veränderter Erwartungen wesentlich ausgeprägter.

Falls eine Geldmengenerhöhung Y'^e steigen und r'^e sinken lässt, dann verschiebt sich die *IS*-Kurve nach rechts, verbunden mit einem größeren Anstieg von *Y*.

Fassen wir zusammen: Die Wirkung von Geldpolitik hängt entscheidend davon ab, wie sie die Erwartungen beeinflusst.

- Falls expansive Geldpolitik die Finanzmärkte, Konsumenten und Unternehmen dazu veranlasst, auch die Erwartungen über zukünftige Zinssätze und Produktion zu revidieren, können die Auswirkungen einer expansiven Geldpolitik sehr groß sein.
- Falls aber die Erwartungen über die Zukunft von der Politik nicht berührt werden, wird sie nur einen geringen Effekt haben.

Diese Diskussion knüpft unmittelbar an die Ausführungen in Kapitel 15 über die Auswirkung von Geldpolitik auf die Aktienmärkte an. Dort spielten die gleichen Überlegungen eine Rolle. Falls eine Änderung der Politik Investoren, Unternehmen und Konsumenten nicht überrascht, werden sich die Erwartungen nicht ändern. Der Aktienmarkt wird nur schwach reagieren. Die Produktion wird sich, wenn überhaupt, kaum verändern. Kommt aber die Änderung unerwartet und rechnet man damit, dass sie anhält, dann werden die Erwartungen über zukünftige Zinsen nach unten revidiert.

Die Erwartungen über die zukünftige Nachfrageentwicklung verbessert sich und der Aktienmarkt wird boomen. Deshalb wird die Produktion schon heute ansteigen.

Vielleicht sind Sie jetzt sehr skeptisch geworden, ob Makroökonomen überhaupt viel über die Effekte von Politikmaßnahmen oder über die Effekte anderer Schocks sagen können. Wenn die Effekte so stark davon abhängen, wie die Erwartungen reagieren, kann man dann überhaupt darauf hoffen, vorhersagen zu können, was geschehen wird? Die Antwort lautet: Ja!

Rationale Erwartungsbildung: Wirtschaftssubjekte treffen Entscheidungen, indem sie die ihnen verfügbaren Informationen effizient nutzen.

Zu sagen, dass die Auswirkungen einer bestimmten Politik davon abhängen, wie die Erwartungen reagieren, bedeutet keineswegs, dass alles passieren kann. Erwartungen sind nicht arbiträr. Der Fondsmanager, der Anlageentscheidungen treffen muss, das Unternehmen, das über die Investition in eine neue Fabrik entscheiden muss, oder der Konsument, der über seine Rentenpläne nachdenkt – alle machen sich sorgfältig darüber Gedanken, was in Zukunft geschehen wird. Jeder einzelne bildet Zukunftserwartungen, indem er einzuschätzen versucht, welchen Verlauf die künftige Politik wahrscheinlich nehmen wird. Er überlegt dann sorgfältig, welche Konsequenzen das für seine eigenen Entscheidungen haben könnte. Auch wenn sie das nicht unbedingt selbst tun (die meisten von uns lösen nicht ständig komplexe Makromodelle, bevor sie Entscheidungen treffen), so tun sie es doch indirekt, indem sie in Zeitung und Fernsehen die Analysen von öffentlichen Institutionen und privaten Forschungsinstituten verfolgen. Ökonomen bezeichnen diese Form der zukunftsorientierten Erwartungsbildung als „Rationale Erwartungsbildung“. Die Einführung dieses Konzepts war eine der bedeutendsten Entwicklungen in der Makroökonomie während der vergangenen 25 Jahre. Sie hatte enormen Einfluss darauf, wie Makroökonomen über Politik denken. Die Fokusbox „Rationale Erwartungen“ geht darauf näher ein.

Wir könnten jetzt zu unserer Analyse zurückkehren und nach den Implikationen rationaler Erwartungen für die expansive Geldpolitik fragen. Es macht aber mehr Spaß, das Gleiche im Kontext der Fiskalpolitik zu tun. Das werden wir als Nächstes machen.

17.3 Abbau des Budgetdefizits bei rationalen Erwartungen

In den Kernkapiteln haben wir folgende Einsichten über die Auswirkungen des Abbaus von Budgetdefiziten gewonnen:

Wir haben die langfristigen Effekte von Änderungen der Fiskalpolitik in Kapitel 11.2 diskutiert.

- In der langen Frist dürfte sich ein Abbau des Budgetdefizits positiv auf die Wirtschaft auswirken. Mittelfristig ermöglicht er eine höhere private Ersparnis und einen Anstieg der privaten Investitionen. Langfristig steigen der Kapitalbestand und damit auch die Produktion.

Wir haben die kurz- und mittelfristigen Effekte von Änderungen der Fiskalpolitik in Kapitel 7.5 diskutiert.

- Kurzfristig aber kann der Abbau eines Budgetdefizits eine Rezession auslösen, wenn er nicht von einer expansiven Geldpolitik begleitet wird.

Fokus: Rationale Erwartungen

Die meisten Makroökonomen lösen heute ihre Modelle standardmäßig unter der Annahme rationaler Erwartungen. Dies ist jedoch eine relativ neue Entwicklung. Die letzten 25 Jahre der makroökonomischen Forschung bezeichnet man oft als die Revolution rationaler Erwartungen.

Die zentrale Bedeutung von Erwartungen ist ein altbekanntes Thema in der Makroökonomie. Doch bis in die frühen 70er Jahre dachten Makroökonomen über Erwartungen auf zwei Arten nach:

- Eine war die Idee der "animal spirits" (Keynes führte diesen Ausdruck in seiner „Allgemeinen Theorie" (vgl. Kapitel 27) ein, um damit ein verändertes Investitionsverhalten zu bezeichnen, das sich nicht durch den Einfluss anderer, ökonomischer Variablen erklären lässt). Verschiebungen der Erwartungen wurden als wichtig betrachtet; sie blieben aber unerklärt.
- Die zweite war das Ergebnis einfacher, rückwärtsgewandter, Regeln. Häufig unterstellte man, dass Wirtschaftssubjekte statische Erwartungen haben. Sie gehen davon aus, dass die Zukunft so aussieht wie die Gegenwart (diese Annahme verwendeten wir in Kapitel 16 bei Investitionsentscheidungen). Oder man unterstellte adaptive Erwartungen (diese Annahme verwendeten wir in Kapitel 8 bei der Analyse der Phillipskurve): Erwies sich etwa die Prognose einer bestimmten Variable als zu niedrig, ging man davon aus, dass die Wirtschaftssubjekte in der nächsten Periode ihre Erwartungen über diese Variable nach oben anpassten. Fiel etwa die tatsächliche Inflationsrate höher als erwartet aus, dann würden eben die Inflationserwartungen steigen.

In den frühen 70er Jahren kritisierte eine Gruppe von Makroökonomen, angeführt von Robert Lucas (Universität Chicago) und Thomas Sargent (damals auch in Chicago, nun in Stanford), dass diese Annahme nicht richtig wiedergibt, wie Erwartungen im Wirtschaftsablauf gebildet werden. (Für seine Arbeiten erhielt Robert Lucas 1995 den Nobelpreis). Sie argumentierten, Ökonomen sollten davon ausgehen, die Wirtschaftssubjekte versuchen, die zukünftige Entwicklung so gut wie nur möglich korrekt vorherzusagen. Das bedeutet nicht, anzunehmen, die Leute könnten die Zukunft vorhersehen, sondern nur, dass sie alle verfügbaren Informationen bestmöglich nutzen.

Anhand der damals populären makroökonomischen Modelle zeigten Lucas und Sargent, dass sich die Aussagen fundamental ändern, wenn man die traditionellen Annahmen zur Erwartungsbildung durch rationale Erwartungen ersetzt. In Kapitel 9 haben wir bereits gesehen, dass Lucas die These anzweifelte, Disinflation erfordere notwendigerweise einen Anstieg der Arbeitslosenquote. Er argumentierte, bei rationalen Erwartungen könnte eine glaubwürdige Politik die Inflation abbauen, ohne dass dies zu einem Anstieg der Arbeitslosigkeit führen müsse. Eine der zentralen Einsichten von Lucas und Sargent besteht darin, dass die Wirtschaftssubjekte in ihrem Verhalten auch Erwartungen über die zukünftige Wirtschaftspolitik einbeziehen. Dies erfordert aber einen ganz anderen Ansatz zur Analyse wirtschaftspolitischer Maßnahmen. Politiksimulationen in traditionellen Makromodellen unterstellten, dass die Leute auf Änderungen der Politik gar nicht reagieren. Damit unterstellt man jedoch, dass sie systematische Fehler begehen. Es wäre fahrlässig, Politikempfehlungen auf dieser Annahme zu basieren. Deshalb arbeiten seitdem fast alle makroökonomischen Modelle mit der Arbeitshypothese rationaler Erwartungen.

Warum hat es dann so lange gedauert, bis die Theorie rationaler Erwartungen zum Standard der modernen Makroökonomie geworden ist? Dies liegt im Wesentlichen an den technischen Komplikationen: Bei rationalen Erwartungen hängt das Verhalten heute davon ab, wie man die zukünftige Entwicklung einschätzt. Die zukünftige Entwicklung hängt aber wiederum vom Verhalten heute ab. Der Erfolg von Lucas und Sargent bestand vor allem auch darin, zu zeigen, wie man diese Interdependenz technisch lösen kann. Seitdem gelingt es, immer komplexere Modelle mit rationalen Erwartungen zu lösen. Auch in die meisten ökonometrischen Modelle ist mittlerweile die Annahme rationaler Erwartungen integriert. (Simulationen solcher Modelle wurden in Kapitel 7 präsentiert. Ein weiteres Beispiel findet sich in Kapitel 24.)

Aufgrund dieser negativen kurzfristigen Effekte schrecken viele Regierungen vor der Aufgabe zurück, das Defizit abzubauen (abgesehen davon, dass es unpopulär ist, Steuern zu erhöhen und Ausgaben zu kürzen). Warum sollte man jetzt die Gefahr einer Rezession riskieren, für Erträge, die erst viel später anfallen?

In jüngster Zeit haben einige Ökonomen aber argumentiert, ein Abbau des Budgetdefizits könne sogar kurzfristig die Produktion stimulieren. Wenn schon heute die zukünftigen Vorteile aus dem niedrigeren Defizit in das Kalkül der Wirtschaftssubjekte einbezogen werden, dann könnten die positiven Zukunftserwartungen bereits heute die Nachfrage und damit die Produktion stimulieren. Dieser Abschnitt analysiert dieses Argument genauer. Die Fokusbox „Kann der Abbau eines Budgetdefizits die Nachfrage stimulieren? Das Beispiel Irland" analysiert die empirische Evidenz.

Nehmen wir an, die Wirtschaft ist durch die Gleichungen (17.4) – (die *IS*-Funktion) – und (17.5) – (die *LM*-Gleichung) – charakterisiert. Gehen wir nun davon aus, die Regierung kündigt einen Abbau des Budgetdefizits an. Sie möchte sowohl die aktuellen wie die zukünftigen Ausgaben, G und G'^e, kürzen. Was passiert mit der Produktion heute?

17.3.1 Der Einfluss von Erwartungen über die Zukunft

Nehmen wir zunächst an, die Erwartungen über zukünftige Produktion (Y'^e) und zukünftige Realzinsen (r'^e) verändern sich nicht. Dann erhalten wir die Standardantwort: Die Kürzung der aktuellen Staatsausgaben verschiebt die *IS*-Kurve nach links; die Produktion geht zurück.

Die entscheidende Frage ist daher, was mit den Erwartungen passiert. Um sie zu beantworten, überlegen wir uns erst, wie sich der Abbau des Defizits mittel- und langfristig auswirkt.

- Auf mittlere Frist beeinflusst der Abbau eines Budgetdefizits die Produktion nicht. Die Zinsen aber sinken, die privaten Investitionen steigen. Das wurde in Kapitel 7 gezeigt. Welche Prozesse spielen sich dabei ab?

  Für die mittlere Frist ignorierten wir die Auswirkungen der Kapitalakkumulation auf die Produktion. Das natürliche Produktionsniveau hängt also nur von der Produktivität (die wir als gegeben annahmen) und der natürlichen Beschäftigung ab. Diese wiederum wird von der natürlichen Arbeitslosenquote bestimmt. Solange Staatsausgaben diese Quote nicht beeinflussen, wirken sich Änderungen der Staatsausgaben nicht auf die natürliche Arbeitslosenquote aus. Der Abbau des Budgetdefizits hat also mittelfristig keinen Effekt auf die Produktion.

  Mittelfristig verändert sich das Produktionsniveau nicht; höhere Investitionen gleichen den Rückgang der Investitionen aus.

  Die Produktion ist aber gleich der Summe aus privater und staatlicher Nachfrage. Geht die staatliche Nachfrage zurück, dann müssen die privaten Ausgaben steigen. Niedrigere Zinsen stimulieren die privaten Investitionen. Der Anstieg der privaten Investitionen gleicht mittelfristig den Rückgang der Staatsausgaben gerade aus; die Gesamtproduktion bleibt unverändert.

- Langfristig (also unter Berücksichtigung der Kapitalakkumulation auf die Produktion) erhöhen die zusätzlichen privaten Investitionen den Kapitalstock und damit das Produktionsniveau.

  Dies war eine der zentralen Einsichten aus Kapitel 11. Je größer die Sparquote (je mehr also investiert wird), desto höher der Kapitalbestand, desto größer der langfristige Effekt auf das Produktionsniveau.

Langfristig: Die zusätzlichen Investitionen führen zu einer Ausweitung des Kapitalstocks; hierdurch steigt die Produktion.

Stellen wir uns vor, die Zukunft umfasst sowohl die mittlere wie die lange Frist. Falls Konsumenten, Unternehmen und Finanzmärkte rationale Erwartungen haben, dann werden sie diese mittel- und langfristige Entwicklung in ihr Kalkül einbeziehen. Wenn die Regierung einen Abbau des Budgetdefizits ankündigt, wird für die Zukunft mit einem höheren Produktionsniveau (Y'^e steigt) und einem niedrigeren Zinsniveau (r'^esinkt) gerechnet.

17.3.2 Effekte in der aktuellen Periode

Fragen wir uns nun, was heute passiert, wenn die Regierung ihr Programm zum Abbau des Defizits ankündigt und erste Schritte umsetzt. Abbildung 17.5 zeigt die *IS*- und *LM*-Kurven der laufenden Periode. Als Reaktion auf die Ankündigung müssen wir nun drei Faktoren berücksichtigen, die die IS-Kurve verschieben können:

- Die aktuellen Staatsausgaben (G) gehen zurück und verschieben die IS-Kurve nach links. Dies ist der Standardeffekt einer Kürzung der Staatsausgaben; der einzige, der im Grundmodell der *IS-LM*-Analyse berücksichtigt wurde.
- Die zukünftig erwartete Produktion Y'^e steigt. Dies verschiebt die *IS*-Kurve nach rechts. Bei gegebenen Zinsen lässt ein Anstieg der zukünftig erwarteten Produktion schon heute die private Nachfrage und damit die Produktion steigen.

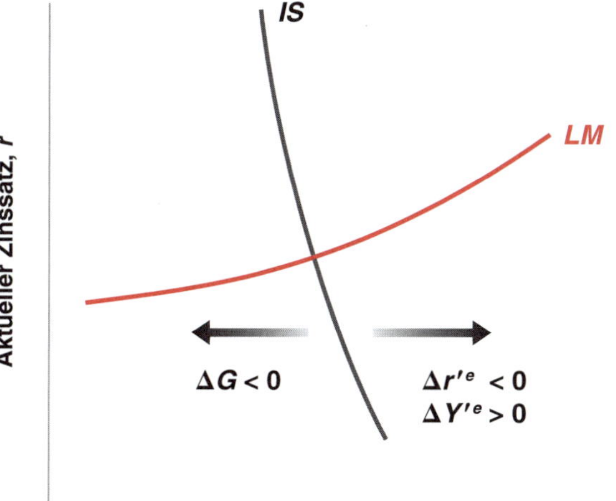

Abbildung 17.5: Die Effekte eines Abbaus des Defizits auf die gegenwärtige Produktion

Ein Abbau des Defizits führt bei Berücksichtigung von Erwartungseffekten nicht unbedingt zu einem Rückgang der Produktion.

- Der zukünftig erwartete Zinssatz r'^e sinkt. Auch dies verschiebt die *IS*-Kurve nach rechts. Die Erwartung sinkender Zinsen in der Zukunft stimulieren schon heute die private Nachfrage und die Produktion, selbst wenn die aktuellen Zinsen konstant bleiben.

Was ist der Nettoeffekt all dieser Verschiebungen? Kann die Stimulierung der privaten Nachfrage durch positive Zukunftserwartungen den Rückgang der Staatsausgaben kompensieren? Ohne genauere Informationen über den Verlauf der *IS*- und *LM*-Kurve und über die Details des Regierungsprogramms lässt sich nicht sagen, welcher Effekt dominiert. Wir sehen aber, dass die aktuelle Produktion bei einer Kürzung der Staatsausgaben nicht unbedingt sinken muss, sondern möglicherweise sogar steigen kann. Wir haben auch Informationen darüber, unter welchen Bedingungen es zu einem Anstieg kommen würde. Je kleiner die aktuellen Kürzungen der Staatsausgaben (G), desto kleiner der negative Effekt auf die aktuelle Nachfrage. Je größer der erwartete Rückgang zukünftiger Staatsausgaben (G'^e) , desto stärker der Effekt auf zukünftig erwartete Zinsen und Produktion, desto stärker also der positive Nachfrageeffekt. Eine Verschiebung des Defizitabbaus in die Zukunft (kleine Einschnitte heute, starke Kürzungen später) wird also die aktuelle Produktion eher stimulieren.

Eine solche Verschiebung wirft aber andere Probleme auf: Verschiebt man schmerzhafte Kürzungen schon bei ihrer Ankündigung in die Zukunft, dürfte das die Glaubwürdigkeit des Programms ernsthaft beschädigen: Es besteht die Gefahr, dass die privaten Akteure dann erst gar nicht damit rechnen, dass die Kürzungen tatsächlich vorgenommen werden. Es besteht also eine schwierige Balance: Die aktuellen Kürzungen müssen stark genug sein, die Entschiedenheit des Programms zu demonstrieren; sie sollten aber die aktuelle Nachfrage nicht zu stark dämpfen.

Die zentrale Botschaft unserer Überlegungen lautet aber, dass die schmerzhaften kurzfristigen Auswirkungen eines Kürzungsprogramms umso kleiner sind, je besser es gelingt, die Zukunftserwartungen positiv zu beeinflussen. Zwei Beispiele können dies verdeutlichen:

- Maßnahmen, die von Unternehmen und Finanzmärkten als ein Abbau von Verzerrungen in der Wirtschaft interpretiert werden, dürften sich schon auf die aktuelle Produktion positiv auswirken. Nehmen wir die Arbeitslosenunterstützung als ein Beispiel. Kapitel 6 zeigte, dass Kürzungen in diesem Bereich die natürliche Arbeitslosenquote senken und so die Produktion steigern. Eine Reform des Sozialversicherungssystems, das großzügige Regelungen der Arbeitslosenunterstützung abbaut, hat in der kurzen Frist deshalb zwei Auswirkungen:
  - Zum einen geht der Konsum der Arbeitslosen zurück. Niedrigere Arbeitslosenunterstützung verringert ihr Einkommen und damit ihren Konsum.
  - Zum anderen aber kann die private Nachfrage aufgrund des Erwartungseffekts steigen. Die Antizipation einer stärkeren Wirtschaftsaktivität in der Zukunft kann schon heute Konsum und Investitionen stimulieren.

  Dominiert der zweite Effekt, dann ist durchaus denkbar, dass insgesamt die Nachfrage und damit die Produktion steigen, und zwar nicht nur mittel- sondern auch kurzfristig. (Das bedeutet freilich keineswegs, dass die Arbeitslosenunterstützung ganz eliminiert werden sollte. Selbst wenn im Aggregat die Produktion steigt, müssen wir die Effekte auf die Einkommensverteilung berücksichtigen.)

- Ein anderes Beispiel: Betrachten wir eine Regierung, die jede Kontrolle über ihr Budget verloren hat. Die Staatsausgaben sind hoch, die Steuereinnahmen niedrig, und das Defizit enorm. Unter solchen Bedingungen dürfte sich ein glaubwürdiges Stabilisierungsprogramm auch kurzfristig positiv auf die Wirtschaftsaktivität auswirken. Vor der Ankündigung rechneten die Leute vermutlich mit einer weiteren Verschlechterung der wirtschaftlichen und politischen Lage. Die Ankündigung eines Reformprogramms könnte dazu beitragen, das Vertrauen in die Zukunft zu stärken. Weniger pessimistische Zukunftsaussichten könnten heute schon die Nachfrage stimulieren, selbst wenn die Steuern als Teil des Programms steigen.

In Kapitel 23 werden wir sehen, dass ein sehr großes Defizit zu einer sehr hohen Geldschöpfung und damit zu einer sehr hohen Inflationsrate führt. Sehr hohe Inflation führt nicht nur zu ökonomischen Problemen sondern auch zu politischer Instabilität.

Fassen wir zusammen: Ein glaubwürdiges Programm zum Abbau des Staatsdefizits kann selbst kurzfristig die Wirtschaft stimulieren. Ob dies gelingt, hängt unter anderem von folgenden Faktoren ab:

- Glaubwürdigkeit des Programms: Werden die für die Zukunft angekündigten Ausgabenkürzungen und Steuererhöhungen auch wirklich durchgeführt?
- Zeitpfad des Programms: Wie stark sind die künftigen Kürzungen im Vergleich zu den Sofortmaßnahmen?
- Zusammensetzung des Programms: Baut das Programm bestehende Verzerrungen ab?
- Zustand der Staatsfinanzen: Wie hoch ist das Ausgangsdefizit? Ist die geplante Korrektur wirklich die letzte Chance? Was passiert, wenn das Programm fehlschlägt?

All dies verdeutlicht, wie entscheidend Erwartungen für den Erfolg eines Konsolidierungsprogramms sind und welch komplexe Prozesse dabei in der Fiskalpolitik ablaufen.

Fokus: Kann der Abbau eines Budgetdefizits die Nachfrage stimulieren? Das Beispiel Irland

Im Lauf der 80er Jahre gab es in Irland zwei Programme zum Abbau des Staatsdefizits:

- Das erste Programm begann 1982. Im Jahr davor, 1981, erreichte das Defizit einen Rekordwert von 13,0% des BIP. Die Schuldenquote war auf 77% gestiegen. Die Regierung musste die Kontrolle über das Budget wiedererlangen. Im Verlauf der nächsten drei Jahre sollte der Defizitabbau vor allem über Steuererhöhungen erfolgen. Man plante ein ambitioniertes Programm. Wäre die Wirtschaft weiter wie bisher gewachsen, wäre das Defizit um 5 Prozentpunkte zurückgegangen.

  Das Ergebnis des Programms war katastrophal. Aus Zeile 2 in Tabelle 1 wird deutlich, dass das Wachstum im Jahr 1982 niedrig war, 1983 sogar negativ. Es kam zu einem massiven Anstieg der Arbeitslosigkeit, von 9,5% im Jahr 1981, auf 15% im Jahr 1984 (Zeile 3). Als Folge des niedrigen Wachstums waren die Steuereinnahmen (sie hängen vom Konjunkturverlauf ab) niedriger als erwartet. Das Defizit wurde kaum abgebaut; die Schuldenquote stieg weiter auf 97% im Jahr 1984.
- Ein zweiter Versuch wurde im Februar 1987 in Angriff genommen. Zu dieser Zeit war die Lage noch immer prekär. 1986 belief sich das Defizit auf 10,7% des BIP. Die Schuldenquote erreichte ein Rekordniveau von 116%.

Das neue Programm unterschied sich stark vom alten: Es ging mehr darum, die Rolle des Staates in der Wirtschaft einzuschränken, also um Ausgabenkürzungen statt um Steuererhöhungen. Die Steuereinnahmen sollten durch eine Verbreitung der Steuerbasis erhöht werden, ohne den Grenzsteuersatz anzuheben. Wieder war das Programm sehr ambitioniert. Wäre die Wirtschaft weiter wie zuvor gewachsen, wäre das Defizit um 6,4 Prozentpunkte zurückgegangen.

	1981	1982	1983	1984	1986	1987	1988	1989
1. Budgetdefizit (% des BIP)	–13,0	–13,4	–11,4	–9,5	–10,7	–8,6	–4,5	–1,8
2. Wachstumsrate des BIP (%)	3,3	2,3	–0,2	4,4	–0,4	4,7	5,2	5,8
3. Arbeitslosenquote (%)	9,5	11,0	13,5	15,0	17,1	16,9	16,3	15,1
4. Private Sparquote (%)	17,9	19,6	18,1	18,4	15,7	12,9	11,0	12,6

Tabelle 1: Fiskalpolitische und makroökonomische Indikatoren, Irland, 1981-1984, und 1986-1989
Quelle: OECD Economic Outlook, June 1998

Das Ergebnis könnte sich kaum drastischer vom ersten Programm unterscheiden: 1987 bis 1989 kam es zu einem starkem Wachstum mit Raten von durchschnittlich mehr als 5%%. Die Arbeitslosenquote ging von 17% auf 15% zurück. Wegen des unerwartet starken Wachstums stiegen auch die Steuereinnahmen schneller als geplant; das Defizit sank von 10,7% auf 1,8%

Einige Ökonomen vertreten die Meinung, der frappierende Unterschied zwischen beiden Programmen sei darauf zurückzuführen, dass die Erwartungen jeweils sehr unterschiedlich reagierten. Weil das erste Paket auf höhere Steuern fixiert war, änderte es nicht die vorherrschende Einschätzung, dass der Staat zu stark in den Wirtschaftsprozess eingreife. Das zweite Programm mit dem Schwerpunkt auf Ausgabenkürzungen hatte einen viel stärkeren Effekt auf die Erwartungen und wirkte sich so positiv auf Nachfrage und Produktion aus.

Stimmt das? Eine Variable, die private Sparquote (definiert als verfügbares Einkommen minus Konsum, dividiert durch verfügbares Einkommen), legt in der Tat nahe, dass die Erwartungen eine wichtige Rolle spielten. Um die Entwicklung der Sparquote zu verstehen, greifen wir die Erkenntnisse von Kapitel 16 über das Konsumverhalten nochmals auf. Steigt das verfügbare Einkommen in einer Rezession unerwartet langsam (oder geht es gar zurück), dann schwächt sich der Konsum weniger stark ab, weil viele Menschen damit rechnen, dass es wieder besser wird. Die Sparquote geht dann also zurück. Schauen wir uns aber in Spalte 4 an, was zwischen 1981 und 1984 passierte: Trotz Rezession nahm die Sparquote sogar zu. Die Leute schränkten also ihren Konsum stärker ein als das verfügbare Einkommen; sie schätzten die Zukunft wohl sehr pessimistisch ein.

Blicken wir nun auf die Jahre 1986 bis 1989. In dieser Zeit war das Wachstum ungewöhnlich stark. Nach der gleichen Logik sollte also der Konsum schwächer steigen, die Sparquote also zunehmen. Tatsächlich aber ging sie stark zurück, von 15,7% im Jahr 1986 auf 12,6% 1989. Die Stimmung der Konsumenten verbesserte sich wohl so stark, dass sie ihren Konsum relativ zum verfügbaren Einkommen stark erhöhten.

Kann der starke Unterschied der Erwartungseffekte die Unterschiede der beiden Budgetprogramme ganz erklären? Die Antwort lautet: Nein! Irland änderte sich in der Zeit des zweiten Programms in vielfältiger Weise. Die Produktivität stieg viel schneller als die Reallöhne, so dass die Arbeitskosten sanken. Niedrige Steuersätze, niedrige Arbeitskosten und eine gut ausgebildete Erwerbsbevölkerung zogen viele ausländische Unternehmen an, die in Irland neue Produktionsstätten aufbauten. Diese Faktoren spielten eine zentrale Rolle bei der Erfolgsgeschichte der späten 80er Jahre. Auch in den 90er Jahren ist Irlands Wirtschaft stark gewachsen, im Durchschnitt mit über 6%%. Viele andere Faktoren außer der Fiskalpolitik trugen hierzu bei. Aber der Wechsel 1987 half sicher mit, Konsumenten, Unternehmen (auch im Ausland) und Finanzmärkte davon zu überzeugen, dass ein solider Wandel bevorstand. Zumindest löste der starke Abbau des Defizits in der Zeit von 1987-1989 keine Rezession aus, wie die einfache Version unseres *IS-LM*-Modells vorhersagen würde.

Eine detailliertere Analyse findet sich in Francesco Giavazzi und Marco Pagano, "Can Severe Fiscal Contractions Be Expansionary? Tales of Two Small European Countries," NBER Macroeconomics Annual, 1990, 75-110.

Einen Überblick über die weltweiten Erfahrungen mit Programmen zum Abbau von Staatsdefiziten liefert der Aufsatz "An Empirical Analysis of Fiscal Adjustments", John McDermott und Robert Wescott, IMF working paper, 1996.

Zusammenfassung

- Die Nachfrage auf dem Gütermarkt hängt von der aktuellen und der zukünftig erwarteten Produktion sowie vom aktuellen und dem zukünftig erwarteten Realzins ab.
- Erwartungen beeinflussen die Nachfrage und damit die Produktion. Eine veränderte Einschätzung der zukünftig erwarteten Produktion oder des zukünftig erwarteten Realzinses verändert schon heute Nachfrage und Produktion.
- Die Auswirkung wirtschaftspolitischer Maßnahmen hängen deshalb stark davon ab, wie diese Maßnahmen die Erwartungen über die Zukunft beeinflussen.
- Die Methode rationaler Erwartungen geht davon aus, dass in die Einschätzung von Konsumenten, Unternehmen und Finanzmärkte über die Entwicklung der Zukunft auch ihre Erwartungen über den Verlauf der Wirtschaftspolitik einfließen. Sie rechnen sich dann aus, welche Konsequenzen sich daraus für zukünftige Realzinsen und Produktion ergeben. Die meisten Wirtschaftssubjekte machen dies zumindest indirekt, indem sie die Zukunftsanalysen von öffentlichen Institutionen und privaten Forschungsinstituten verfolgen.
- Die Annahme rationaler Erwartungen liefert den besten Referenzpunkt, um alternative wirtschaftspolitische Maßnahmen bewerten zu können. Es wäre fahrlässig, Politikempfehlungen auf Modellen zu basieren, die unterstellen, dass die Leute systematisch Fehler machen.
- Änderungen der Geldmenge beeinflussen die kurzfristigen Nominalzinsen. Die Nachfrage hängt dagegen von den aktuellen und künftig erwarteten Realzinsen ab. Die Wirksamkeit von Geldpolitik hängt daher entscheidend davon ab, ob und wie stark Änderungen des kurzfristigen Nominalzinses die aktuellen und künftig erwarteten Realzinsen beeinflussen.
- Der Abbau eines Budgetdefizits kann unter Umständen die aktuelle Produktion stimulieren statt sie zu dämpfen. Erwartungen über in Zukunft höhere Produktion und niedrigere Realzinsen stimulieren die Nachfrage in der laufenden Periode. Übersteigt dieser Effekt den direkten, negativen Nachfrageffekt, dann erhöht sich heute schon die Produktion.

Übungsaufgaben

Verständnistests

1. Welche der folgenden Aussagen sind zutreffend, falsch oder unklar? Geben Sie jeweils eine kurze Erläuterung.
   a. Änderungen des zukünftig erwarteten Realzinses für einjährige Anleihen haben einen viel stärkeren Effekt als eine gleich hohe Änderung des Realzinses der laufenden Periode.
   b. Die Berücksichtigung von Erwartungen auf dem Gütermarkt bedeutet, dass die *IS*-Kurve nun viel flacher, wenn auch weiterhin fallend, verläuft.
   c. Die Geldnachfrage in der laufenden Periode hängt sowohl vom aktuellen wie vom zukünftig erwarteten Nominalzins ab.
   d. Die Annahme rationaler Erwartungen bedeutet, dass Konsumenten die Auswirkungen zukünftiger Fiskalpolitik auf die Produktion in ihr Kalkül einbeziehen.
   e. Die zukünftig erwartete Fiskalpolitik beeinflusst die Wirtschaftsaktivität in der Zukunft, nicht aber die Produktion in der laufenden Periode.
   f. Je nach den Auswirkungen auf die Erwartungen kann ein Abbau des Budgetdefizits die aktuelle Wirtschaftsaktivität stimulieren.
   g. Der äußerst unterschiedliche Verlauf der Programme zum Abbau des Defizits in Irland 1982 und 1987 liefert wenig Unterstützung für eine bestimmte Erwartungstheorie.

2. Im Lauf der zweiten Hälfte der 90er Jahre argumentierten viele Beobachter, dass die Vereinigten Staaten in ein Zeitalter der Neuen Ökonomie gewechselt wären. Dies rechtfertige die damals herrschenden hohen Aktienkurse.
   a. Diskutieren Sie, wie sich dies auf die Konsumentscheidungen auswirkt.
   b. Der Aktienmarkt ist später eingebrochen. Diskutieren Sie, wie sich dies auf die Konsumentscheidungen auswirkt
3. Bestimmen Sie für die folgenden Ereignisse, ob sich *IS*-Kurve und/oder *LM*-Kurve verschieben. Unterstellen Sie jeweils, dass die Inflationserwartungen in der laufenden Periode und in der Zukunft Null sind und dass sich keine exogene Variable verändert.
   a. Ein Rückgang des zukünftig erwarteten Realzinses.
   b. Eine steilere Zinsstrukturkurve.
   c. Ein Anstieg der Geldmenge in der laufenden Periode.
   d. Eine Zunahme des künftig erwarteten Geldangebots.
   e. Eine Zunahme der künftig erwarteten Steuern.
   f. Ein Rückgang des künftig erwarteten Einkommens.
4. Die Annahme rationaler Erwartungen ist unrealistisch. Sie bedeutet letztlich, dass man davon ausgeht, alle Wirtschaftssubjekte hätten eine perfekte Kenntnis der Volkswirtschaft. Diskutieren Sie diese These.
5. Der gerade neu gewählte Bundeskanzler hat im Wahlkampf Steuersenkungen versprochen. Die Wähler vertrauen darauf, dass die Versprechen eingehalten werden. Sie rechnen aber damit, dass die Steuersenkungen erst in der Zukunft vorgenommen werden. Bestimmen Sie, wie sich der Wahlausgang in der laufenden Periode auf Produktion, Zinssatz und private Nachfrage auswirkt. Unterscheiden Sie dabei folgende Fälle (für jeden Fall sollten Sie angeben, wie sich Y'^e, r'^e und T'^e verändern und wie sich die veränderten Erwartungen auf die Produktion heute auswirken.)
   a. Die Zentralbank lässt ihre Politik unverändert.
   b. Die Zentralbank handelt so, dass es zu keiner Änderung der Produktion in der Zukunft kommen wird.
   c. Die Zentralbank handelt, um einen Anstieg des zukünftigen Realzinses zu verhindern.

Vertiefungsfragen

6. *Das Defizitpaket unter der Regierung Clinton in den USA*
   1992 lag das Staatsdefizit in den USA bei $ 290 Mrd. Im Wahlkampf war das große Defizit ein Hauptthema. Nach seinem Wahlsieg hatte der Abbau des Staatsdefizits für die neue Regierung Clinton Priorität.
   a. Wie wirkt sich der Abbau des Staatsdefizits mittel- bis langfristig aus? Was sind die Vorteile einer solchen Politik?
      Die vom Kongress gebilligte Endversion des Programms zur Haushaltskonsolidierung vom August 1993 beinhaltete einen Abbau des Staatsdefizits um $ 20 Mrd. im ersten Jahr, der dann langsam auf $ 131 Mrd. vier Jahre später anstieg.
   b. Was ist die Rechtfertigung für die Verschiebung des Abbaus in die Zukunft? Worin bestehen Vor- und Nachteile eines solchen Vorgehens?
      Im Februar 1993 präsentierte Clinton sein Budget in einer öffentlichen Rede. Er bat Alan Greenspan, den Präsidenten der Fed, während dieser Rede neben seiner Frau Hillary Clinton Platz zu nehmen.
   c. Worin könnte der Sinn dieser Geste liegen? Wie kann die Bereitschaft einer Zentralbank, in Zukunft expansive Geldpolitik einzusetzen, sich auf die Wirtschaftsaktivität in der laufenden Periode auswirken?

Teil 6
Die offene Volkswirtschaft

Die nächsten vier Kapitel beschäftigen sich mit der offenen Volkswirtschaft

Kapitel 18

Kapitel 18 diskutiert die Implikationen von offenen Güter- und Finanzmärkten. Offene Gütermärkte ermöglichen es, zwischen in- und ausländischen Gütern zu wählen. Eine entscheidende Rolle spielt dabei der reale Wechselkurs: Das ist der relative Preis ausländischer Güter, ausgedrückt in Einheiten inländischer Güter. Offene Finanzmärkte ermöglichen den Anlegern die Wahl zwischen in- und ausländischen Finanzanlagen. Arbitragegeschäfte bewirken einen engen Zusammenhang zwischen in- und ausländischem Zinsniveau und dem Wechselkurs (dem aktuellen wie auch dem in Zukunft erwarteten) – dieser Zusammenhang wird Zinsparität genannt.

Kapitel 19

In Kapitel 19 steht das Gleichgewicht auf dem inländischen Gütermarkt einer offenen Volkswirtschaft im Mittelpunkt. Es wird gezeigt, dass die Nachfrage nach inländischen Gütern nun auch vom realen Wechselkurs abhängt. Wir untersuchen, wie die Fiskalpolitik sowohl die Produktion als auch die Handelsbilanz beeinflusst. Wir analysieren, unter welchen Bedingungen eine reale Abwertung die Handelsbilanz verbessert und die Produktion erhöht.

Kapitel 20

Kapitel 20 charakterisiert das Gleichgewicht auf Güter- und Finanzmärkten in einer offenen Volkswirtschaft. Anders formuliert, wir entwickeln eine Version des *IS-LM*-Modells für die offene Volkswirtschaft. Wir zeigen, dass Geldpolitik bei flexiblen Wechselkursen die Produktion nicht nur über den Zinskanal, sondern auch über den Wechselkurskanal beeinflusst. Ein Übergang zu festen Wechselkursen bedeutet den Verzicht auf die Möglichkeit, den Zinssatz zu beeinflussen.

Kapitel 21

Kapitel 21 diskutiert die Eigenschaften unterschiedlicher Wechselkursregime. Wir zeigen, wie sich in der mittleren Frist der reale Wechselkurs auch unter einem Regime fester Wechselkurse anpassen kann. Zudem betrachten wir Wechselkurskrisen bei festen Wechselkursen und die Entwicklung der Wechselkurse bei einem flexiblen Währungsregime. Abschließend werden die Vor- und Nachteile unterschiedlicher Wechselkursregime diskutiert, angefangen von der Einführung einer gemeinsamen Währung wie dem Euro über die Einrichtung eines Currency Boards bis hin zur Dollarisierung.

Kapitel

18 Offene Güter- und Finanzmärkte

Bisher sind wir von einer geschlossenen Volkswirtschaft ausgegangen – von einer Volkswirtschaft, die keinerlei Beziehungen mit dem Rest der Welt hat. Wir haben so angefangen, um die Zusammenhänge möglichst einfach zu halten und so ein Verständnis für die wichtigsten makroökonomischen Mechanismen zu entwickeln. Wir sind nun in der Lage, diese Annahme aufzuheben und beschäftigen uns in den nächsten Kapiteln mit den Implikationen der offenen Volkswirtschaft.

Die Offenheit einer Volkswirtschaft hat drei Dimensionen:

1. Offene Gütermärkte – sie ermöglichen es Konsumenten und Unternehmen, zwischen in- und ausländischen Gütern zu wählen.

   In keinem Land der Welt ist diese Wahlmöglichkeit ohne Einschränkungen gegeben. Selbst in Ländern, die sich ganz dem Freihandel verpflichtet haben, gibt es Zölle, Steuern auf importierte Güter – und zumindest auf einige Güter auch Quoten – Beschränkungen der Gütermengen, die importiert werden dürfen. In den meisten Industrieländern sind die Zölle im Durchschnitt aber niedrig und sie werden immer niedriger.

2. Offene Finanzmärkte – sie ermöglichen es den Anlegern, zwischen in- und ausländischen Finanzanlagen zu wählen.

   Bis vor kurzem gab es sogar in einigen der reichsten Länder der Welt Kapitalkontrollen. Darunter versteht man Beschränkungen der ausländischen Anlagen, die Inländer halten dürfen und Beschränkungen der inländischen Anlagen, die Ausländer halten dürfen. Solche Kapitalkontrollen werden immer stärker abgebaut – die Weltfinanzmärkte wachsen immer enger zusammen.

3. Offene Faktormärkte – sie ermöglichen es den Unternehmen, zu entscheiden, wo sie produzieren wollen und den Arbeitnehmern, zu entscheiden, wo sie arbeiten wollen.

   Auch hier zeichnen sich deutliche Trends ab. Die Produktionsstandorte multinationaler Unternehmen sind über die ganze Welt verstreut. Die Unternehmen produzieren dort, wo sie von niedrigen Kosten profitieren können. Bei der Diskussion über die Osterweiterung der Europäischen Union spielte die Befürchtung vor der Konkurrenz billiger Arbeitskräfte aus Osteuropa eine große Rolle. Die Einwanderung aus Niedriglohnländern ist in vielen Ländern ein heißes Eisen, angefangen von Deutschland bis zu den Vereinigten Staaten. Als die NAFTA, das North American Free Trade Agreement, 1993 von den USA, Kanada und Mexiko unterzeichnet wurde, konzentrierte sich die Diskussion in den USA auf die Frage, welche Auswirkungen die NAFTA auf die Standortverlagerung von US-amerikanischen Unternehmen nach Mexiko hat.

In der kurzen Frist und mittleren Frist – und darauf liegt der Schwerpunkt in diesem und in den nächsten drei Kapiteln – spielt die Offenheit der Faktormärkte eine weit geringere Rolle als die Offenheit der Güter- und Finanzmärkte. Daher werden wir auf die Faktormärkte nicht weiter eingehen und uns hier auf die ersten beiden Dimensionen der Offenheit konzentrieren.

- Abschnitt 18.1 beschäftigt sich mit der Offenheit der Gütermärkte: Welche Faktoren sind für die Entscheidung zwischen inländischen und ausländischen Gütern relevant? Welche Rolle spielt der reale Wechselkurs?
- Abschnitt 18.2 beschäftigt sich mit der Offenheit der Finanzmärkte: Welche Faktoren sind für die Entscheidung zwischen in- und ausländischen Finanzanlagen ausschlaggebend? Welche Rolle spielen dabei Zinssätze und Wechselkurse?
- Abschnitt 18.3 liefert einen Überblick über die drei folgenden Kapitel.

18.1 Offene Gütermärkte

Betrachten wir uns zunächst, wie viel Deutschland an den Rest der Welt verkauft und wie viel es umgekehrt aus dem Ausland kauft. Dieses Faktenwissen macht es leichter, die Entscheidung über den Kauf von in- und ausländischen Gütern zu analysieren. Dabei lernen wir die Bedeutung des relativen Preises von ausländischen Gütern ausgedrückt in Einheiten inländischer Güter – des realen Wechselkurses – kennen.

18.1.1 Exporte und Importe

Beim Export (wie beim Import) müssen wir zwischen Waren und Dienstleistungen unterscheiden. Wenn ausländische Unternehmen oder Konsumenten bestimmte Produkte aus Deutschland beziehen, wird dies in der Handelsbilanz erfasst. Wenn wir im Ausland Urlaub machen, importieren wir Dienstleistungen (nämlich Tourismus). Das Gleiche gilt, wenn ein deutsches Unternehmen seine Software von einem indischen Programmierer bezieht. Solche Transaktionen fließen in die Dienstleistungsbilanz ein. Wenn wir auf eigene Faust eine Urlaubsreise nach Italien machen, lässt sich dieser Konsum statistisch aber nicht exakt erfassen. Die Dienstleistungsbilanz ist deshalb auf Schätzungen und Umfragen angewiesen. Exporte und Importe von Waren durch Unternehmen lassen sich zuverlässiger ermitteln. Betrachten wir zunächst den Warenhandel.

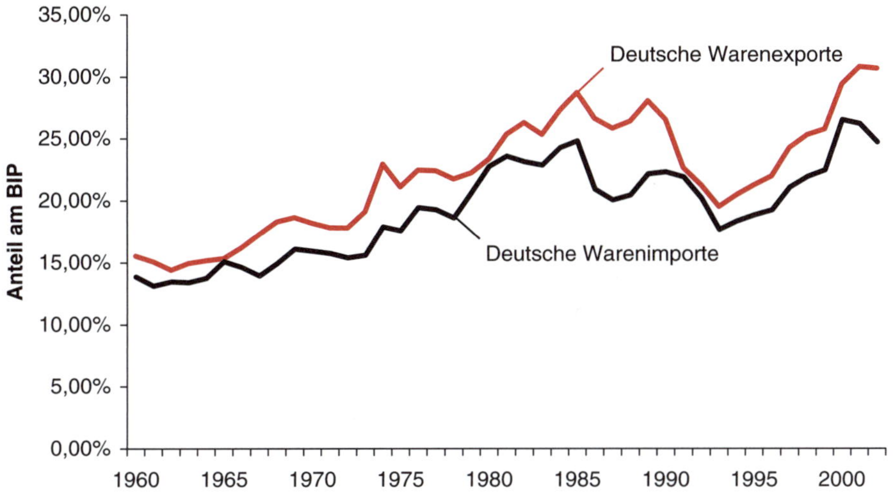

Abbildung 18.1: Deutsche Warenexporte und Warenimporte als Anteil am BIP, 1960-2002

Seit den 60er Jahren haben sich die Anteile der Warenexporte und Warenimporte am BIP verdoppelt. *Quelle: Statistisches Bundesamt/Spezialhandel.*

Abbildung 18.1 stellt die Entwicklung der Exporte und Importe von Waren als Anteil des deutschen BIP seit 1960 dar (deutsche Warenexporte stehen für die Exporte von Waren aus Deutschland, deutsche Warenimporte stehen für Importe von Waren nach Deutschland.). Sowohl der Anteil der Exporte wie der Importe von Waren hat im Zeitverlauf deutlich zugenommen. Eine gute Kennzahl für das Ausmaß der Handelsverflechtungen mit dem Rest der Welt ist die **Außenhandelsquote**. Darunter versteht man den Durchschnitt aus der Summe von Warenimporten und Warenexporten, gemessen als Anteil am BIP. In den 60er Jahren lag die Außenhandelsquote im Durchschnitt bei 15% des BIP, mittlerweile ist sie auf ungefähr 28% gestiegen (die Warenexporte sind auf 30,7% gestiegen, die Warenimporte auf 24,7%). Deutschland handelt fast doppelt so viel (relativ zum BIP) mit dem Rest der Welt wie vor 40 Jahren.

Außenhandelsquote: Durchschnitt aus der Summe von Warenimporten und Warenexporten, gemessen als Anteil am BIP.

Wenn man sich Abbildung 18.1 genauer ansieht, dann fallen noch zwei weitere interessante Punkte auf.

- Obwohl Warenexporte und Warenimporte demselben Trend folgten, übertrafen die Exporte doch immer die Importe. Die deutsche Handelsbilanz weist also einen Überschuss aus. Aber nicht nur der Anteil am BIP, sondern auch der Anteil am weltweiten Warenexport ist hoch: Der Weltmarktanteil betrug 2001 9%, hinter den USA mit 12% und vor Japan mit 7%. Deutschland wird daher oft als Exportweltmeister bezeichnet.

Handelsbilanz: Warenexporte minus Warenimporte

Warenexporte>Warenimporte: Handelsbilanzüberschuss

Warenexporte<Warenimporte: Handelsbilanzdefizit

- Der Anteil des Handelsüberschusses am BIP variierte während der letzten 40 Jahre stark. Drei Zeitpunkte fallen auf:

  1. 1980 erreichte der Handelsüberschuss nur 0,6% des BIP. Der Rückgang des Handelsüberschusses findet seine Begründung in den erhöhten Ölpreisen während der Ölkrise.

  2. Anfang der 90er Jahre haben die Importe im Zuge der deutschen Wiedervereinigung zugenommen, die Exporte gleichzeitig abgenommen.

3. Im Jahr 2002 ergab sich ein Rekordüberschuss in der Handelsbilanz – das Verhältnis von Handelsüberschuss zu BIP stieg auf 6%. Es handelt sich um einen historischen Höchstwert.

Während Deutschland traditionell Handelsbilanzüberschüsse erwirtschaftet, weist die **Dienstleistungsbilanz** ein Defizit auf. Die Dienstleistungsbilanz wird sehr stark vom Reiseverkehr dominiert. Mit anderen Worten: Die Dienstleistungsbilanz ist defizitär, weil mehr Deutsche Urlaub im Ausland machen als Ausländer nach Deutschland reisen. Das Defizit im Reiseverkehr entspricht dem Defizit der Dienstleistungsbilanz. Insgesamt ist aber die Summe aus Handels- und Dienstleistungsbilanz positiv. Die Summe der Nettoexporte von Waren und Dienstleistungen zusammen bezeichnet man als **Außenbeitrag**. Deutschland wies im Jahr 2002 einen positiven Außenbeitrag in Höhe von 4%% des BIP auf.

Außenbeitrag: Nettoexporte von Waren und Dienstleistungen

Tabelle 18.1 stellt die Außenhandelsquoten für einige OECD-Länder dar. Die USA und Japan nehmen mit einer Außenhandelsquote von 9% im Ländervergleich die letzten Plätze ein. Die großen europäischen Länder, etwa Deutschland und Großbritannien, haben zwei- oder dreifach höhere Prozentsätze. Für die kleineren europäischen Länder sind die Quoten sogar noch höher, angefangen von 35% für Österreich bis zu 67% für Belgien. (Berücksichtigt man auch die Dienstleistungen, ergibt sich das gleiche Bild. Bei Belgien beträgt die Quote dann sogar bei 80%. Dies wirft die Frage auf: Könnten die Exporte eines Landes größer als das BIP werden? Die Antwort auf diese Frage lautet: Ja. Die Fokusbox „Können die Exporte eines Landes das BIP übersteigen?“ liefert die Erklärung dafür).

Mehr Informationen über die OECD und ihre Mitglieder liefert Kapitel 1

Liegen die niedrigen Werte für Japan und die USA daran, dass es dort stärkere Handelsbarrieren gibt als etwa in Deutschland oder Belgien? Nein. Die wichtigsten Bestimmungsfaktoren für die Unterschiede der Außenhandelsquoten sind die geografische Lage und die Größe eines Landes. Die geringe Quote Japans lässt sich teilweise aus der großen geografischen Entfernung zu anderen Märkten erklären. Je kleiner ein Land, desto mehr muss es sich auf die Produktion und den Export einiger weniger Produkte spezialisieren und dafür andere Güter importieren. Belgien kann es sich nicht leisten, dieselbe Bandbreite von Gütern wie die Vereinigten Staaten zu produzieren, ein Land, das wirtschaftlich gesehen 40-mal so groß ist. Aus diesem Grund ist die Außenhandelsquote des Euroraums mit 14% auch viel kleiner als die der einzelnen Länder. (Im Extremfall, wenn der ganze Handel nur innerhalb des Euroraums stattfände, wäre diese Quote gleich Null.)

Allein 38% der deutschen Warenexporte entfallen auf unsere acht unmittelbaren Nachbarländer.

Island ist geografisch isoliert und klein. Welche Exportquote erwarten Sie? (Antwort: 34%)

Bedeuten die geringen Außenhandelsquoten Japans und der USA, dass diese Länder weniger dem internationalen Wettbewerb ausgesetzt sind? Nicht unbedingt. Das Handelsvolumen ist kein gutes Maß für den Grad der Offenheit einer Volkswirtschaft. Viele Sektoren einer Volkswirtschaft sind dem internationalen Wettbewerb ausgesetzt, ohne dass sich dieser Wettbewerb in hohen Importen niederschlagen muss: Wenn diese Sektoren wettbewerbsfähig sind, können sie ihren Marktanteil im Inland verteidigen und Importe abwehren. Ein besseres Maß für die Offenheit einer Wirtschaft ist der Anteil von **handelbaren Gütern** an der Gesamtproduktion. Darunter versteht man Güter, die mit ausländischen Gütern entweder auf dem Inlandsmarkt oder auf dem

Handelbare Güter: Autos, Computer etc. Nicht handelbare Güter: Wohnungen, Haarschnitte, ärztliche Untersuchungen etc.

Auslandsmarkt in Wettbewerb stehen. Schätzungen haben ergeben, dass die handelbaren Güter in den USA heute ungefähr 60% der Gesamtproduktion ausmachen.

Tabelle 18.1: Außenhandelsquoten für ausgewählte OECD-Staaten, 2002

Land	Außenhandelsquote (%)	
	Nur Waren	Waren und Diensteistungen
Deutschland	28	34
Großbritannien	20	27
Japan	9	11
Vereinigte Staaten	9	11
Belgien	67	80
Niederlande	47	60
Österreich	35	51
Euroraum[1]	15	-

Quelle: OECD, [1] Ohne den Handel innerhalb des Euroraums.

Fokus: Können die Exporte eines Landes das BIP übersteigen?

Kann die Exportquote eines Landes (der Anteil der Exporte am BIP) größer als Eins werden? Auf den ersten Blick scheint dies unmöglich zu sein. Ein Land kann nicht mehr exportieren als es produziert, daher sollte das Verhältnis von Exporten zum BIP kleiner Eins sein. Diese Antwort stimmt aber nicht. Der Schlüssel zur richtigen Antwort liegt darin, dass in den Exporten und Importen auch Zwischenprodukte enthalten sind.

Betrachten wir ein Land, das Zwischenprodukte im Wert von 1 Milliarde € importiert. Nehmen wir an, das Land verarbeitet sie weiter zu Endprodukten und setzt dabei nur den Faktor Arbeit ein. Die gesamten Löhne und Gehälter belaufen sich auf 200 Millionen €; es werden keine Gewinne erwirtschaftet. Der Wert der Endprodukte ist in diesem Fall 1,2 Milliarden €. Gehen wir zudem davon aus, dass Endprodukte im Wert von 1 Milliarde € exportiert werden; der Rest wird im Inland konsumiert.

Sowohl Exporte wie Importe belaufen sich auf 1 Milliarde €. Wie groß ist das BIP in dieser Volkswirtschaft? Es ist die Wertschöpfung der inländischen Volkswirtschaft (Kapitel 2). In unserem Beispiel beträgt das BIP also genau 200 Millionen €. Die Exportquote (das Verhältnis von Exporten zum BIP) ist damit gleich 1.000 €/200 € = 5.

Die Exporte eines Landes können also das BIP übersteigen. Für manche kleinen Länder, deren Wirtschaft sich auf einen Hafen und Export-Import-Geschäfte beschränkt, ist dies tatsächlich der Fall. Sogar auf kleine Länder, in denen die verarbeitende Industrie eine große Rolle spielt, kann dies zutreffen – zum Beispiel Singapur. Dort betrug die Exportquote im Jahr 1999 135%.

18.1.2 Die Wahl zwischen in- und ausländischen Gütern

Wie wirkt sich die Offenheit der Gütermärkte auf unsere Analyse des Gütermarktgleichgewichts aus?

In der geschlossenen Volkswirtschaft treffen die Individuen nur eine Entscheidung: Sparen oder kaufen. In der offenen Volkswirtschaft stehen sie vor zwei Entscheidungen: Sparen, inländische oder ausländische Waren kaufen.

Bisher haben wir uns beim Entscheidungsproblem des Konsumenten auf die Wahl zwischen Konsum und Sparen konzentriert. Bei offenen Gütermärkten stehen die inländischen Konsumenten jedoch vor einer zweiten Entscheidung: Sollen sie in- oder ausländische Produkte kaufen? Auch alle anderen Nachfrager – die Unternehmen oder der Staat im Inland und die Nachfrager im Ausland – stehen vor einer ähnlichen Entscheidung. Sie wirkt sich unmittelbar auf die inländische Produktion aus: Entscheiden sich die Nachfrager, mehr inländische Güter zu kaufen, dann nimmt die Nachfrage nach Gütern im Inland und damit auch die inländische Produktion zu. Kaufen sie stattdessen mehr ausländische Güter, dann steigt die Produktion im Ausland.

Ausschlaggebend für diese Kaufentscheidung ist, wie teuer ausländische Güter im Vergleich zu inländischen Güter sind. Wir bezeichnen diesen Preis als **realen Wechselkurs**. Der reale Wechselkurs lässt sich nicht direkt beobachten; man kann ihn nicht in der Zeitung nachlesen. In der Zeitung stehen nur die nominalen Wechselkurse, das Austauschverhältnis zwischen Währungen. Beschäftigen wir uns zunächst mit den nominalen Wechselkursen. Anschließend untersuchen wir, wie wir aus den nominalen Wechselkursen reale Wechselkurse bestimmen können.

18.1.3 Nominale Wechselkurse

***E*: Nominaler Wechselkurs in Preisnotierung – Preis für eine Einheit der ausländischen Währung in inländischer Währung. (Aus Sicht des Euroraums der Preis eines Dollars in Euroeinheiten.)**

Nominale Wechselkurse zwischen zwei Währungen lassen sich auf zwei ganz unterschiedliche Arten definieren. Betrachten wir als Beispiel den Wechselkurs zwischen dem Euroraum und den Vereinigten Staaten. Den Euro bezeichnen wir als inländische Währung, den Dollar als ausländische Währung:

- Die **Preisnotierung:** Sie gibt den Preis für eine Einheit der ausländischen Währung in inländischer Währung an. Der nominale Wechselkurs in Preisnotierung gibt an, wie teuer es (gemessen in Euro) ist, einen Dollar zu kaufen (€/$). Im Juni 2003 lag der auf diese Weise definierte Wechselkurs im Durchschnitt bei 0,85 €/$ (1 $ = 0,85 €).
- Die **Mengennotierung:** Sie gibt an, wie viele Einheiten der ausländischen Währung man für eine Einheit inländischer Währung bekommt. Wenn wir unser Beispiel fortführen, dann gibt der nominale Wechselkurs in Mengennotierung an, wie viele Dollar wir für einen Euro bekommen ($/€). Die EZB gibt den Wechselkurs in der Mengennotierung an. Im Juni 2003 betrug der so definierte Wechselkurs 1,1765 $/€ (1,1765 $ = 1 €).

Beide Definitionen sind korrekt, wichtig ist nur, dass man konsistent bleibt. In diesem Buch werden wir den **nominalen Wechselkurs** immer in der **Preisnotierung** definieren – der Preis der ausländischen Währung in Einheiten der inländischen Währung. Wir bezeichnen ihn mit E. Wenn wir beispielsweise den Wechselkurs zwischen dem Euroraum und den Vereinigten Staaten betrachten (mit dem Euro als inländischer Währung), dann bezeichnet E den Preis eines Dollars in Euroeinheiten – im Juni 2003 galt demnach $E = 0{,}85$. Der Wechselkurs in **Mengennotierung** ist einfach der Kehrwert von E, nämlich $1/E = 1{,}1765$.

Warnung: Die Preisnotierung wird konventionell in Lehrbüchern und wissenschaftlichen Artikeln benutzt. In der Presse findet man dagegen häufiger die Mengennotierung.

Die Wechselkurse zwischen dem Euro und den meisten ausländischen Währungen verändern sich täglich, sogar jede Minute. Diese Veränderungen bezeichnet man als *nominale* Ab- bzw. Aufwertungen – kurz: Als Ab- bzw. Aufwertungen. Eine Aufwertung der inländischen Währung bedeutet, dass wir für eine Einheit der ausländischen Währung nun weniger in Einheiten inländischer Währung zahlen müssen: Die ausländische Währung ist billiger geworden.

In unserer **Preisnotierung** bedeutet eine Aufwertung der inländischen Währung deshalb ein Sinken des Wechselkurses E. Umgekehrt bedeutet eine Abwertung der inländischen Währung, dass die ausländische Währung teurer geworden ist: Für eine Einheit ausländischer Währung müssen wir in inländischer Währung mehr zahlen, wenn sich unsere Währung abgewertet hat. Nach unserer Definition bedeutet eine Abwertung der inländischen Währung, dass der Wechselkurs E gestiegen ist.

Dieser Zusammenhang lässt sich erst auf den zweiten Blick intuitiv verstehen: Betrachten wir wieder den Euro und den Dollar (aus Sicht der Euroraum):

- Eine Aufwertung des Euro bedeutet, dass der Preis eines Euro in Dollar-Einheiten steigt. Gleichermaßen bedeutet eine Aufwertung des Euro, dass der Preis eines Dollars in Euro-Einheiten sinkt oder auch, dass der Wechselkurs sinkt.
- Eine Abwertung des Euro bedeutet, dass der Preis eines Euro in Dollar-Einheiten sinkt. Gleichermaßen bedeutet eine Abwertung des Euro aber auch, dass der Preis eines Dollars in Euro-Einheiten steigt oder auch, dass der Wechselkurs steigt.

Die Aufwertung des Euro entspricht also einem Sinken des Wechselkurses; eine Abwertung des Euro entspricht dagegen einem Anstieg des Wechselkurses. Dies erscheint zunächst verwirrend –fast allen Ökonomen geht das am Anfang so. Aber mit der Zeit erscheint diese Konvention ganz selbstverständlich. Bis dieses Stadium erreicht ist, sollte man Abbildung 18.2 zu Hilfe nehmen.

Aufwertung bedeutet ein Sinken des Wechselkurses; Abwertung bedeutet ein Anstieg des Wechselkurses.

Abbildung 18.3 zeigt die Entwicklung des nominalen Wechselkurses zwischen Euro und Dollar seit 1975 (vor 1999 liegt der Berechnung des nominalen Wechselkurses der DM-Kurs zugrunde). Bei der Analyse dieser Abbildung ist es wichtig, sich die gerade erarbeiteten Definitionen immer wieder ins Gedächtnis zurückzurufen. Zwei Punkte fallen bei der Analyse der Abbildung auf:

Abbildung 18.2: Der nominale Wechselkurs zwischen Euro und Dollar (aus Sicht des Euroraumes): Aufwertung und Abwertung

Der nominale Wechselkurs zwischen Deutschland und den Vereinigten Staaten aus der Sicht Deutschlands

Nominaler Wechselkurs *E*

Der Preis eines Dollars in Euroeinheiten

Aufwertung des Euro

Der Preis eines Euro steigt
oder:
Der Preis eines Dollar in Euroeinheiten fällt
oder:
Der nominale Wechselkurs fällt: *E*↓

Abwertung des Euro

Der Preis eines Euro in Dollareinheiten fällt
oder:
Der Preis eines Dollar in Euroeinheiten steigt
oder:
Der nominale Wechselkurs steigt: *E*↑

Abbildung 18.3: Der nominale Wechselkurs zwischen Euro und Dollar, 1975-2002

Der Wechselkurs ist sehr volatil. Dennoch ist langfristig eine leichte Abwertung des Dollars zu beobachten.

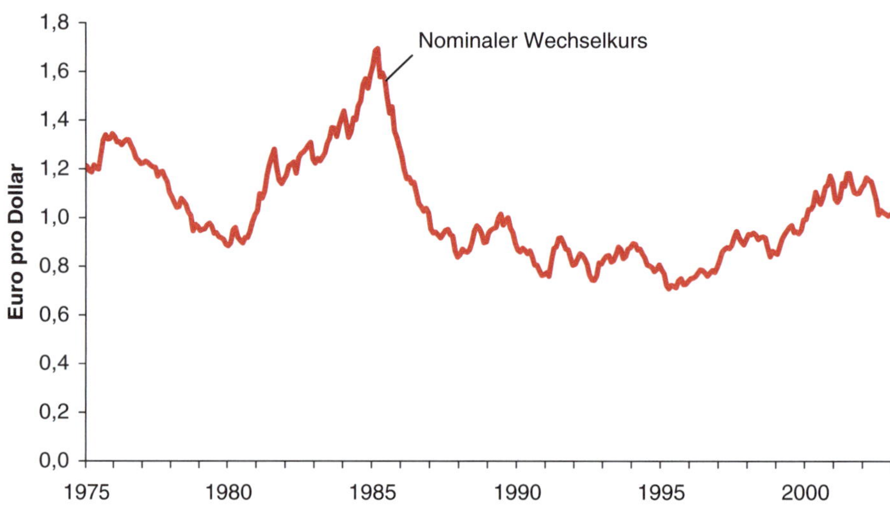

Quelle: Deutsche Bundesbank

1975 lag der Kurs von DM/$ bei 2,46. In Euro umgerechnet entspricht das 1,26 €/$.

- Wir beobachten einen fallenden Trend für den Wechselkurs. 1975 war ein Dollar 1,26 € wert. Im Jahr 2002 lag der Wert des Dollar bei 1,06 €. Anders ausgedrückt, der Euro hat sich während dieses Zeitraums gegenüber dem Dollar aufgewertet.

Der DM/$-Kurs war im Januar 1980: 1,73 DM/$; im März 1985 3,30 DM/$; im Dezember 1987: 1,63 DM/$. Wie viel ist das umgerechnet in Euro? Wie hat sich der €/$-Kurs in Preisnotierung seit Januar 1999 entwickelt?

- Wir beobachten starke Schwankungen des Wechselkurses. In einem Zeitraum von nur 5 Jahren Anfang der 80er Jahre stieg der Wert des Dollars von 0,89 €/$ auf 1,70 €/$. In den folgenden drei Jahren hat sich dieser Anstieg wieder vollständig umgekehrt. Ende 1987 fiel der Wert des Dollars zurück auf 0,83 €/$.

  Der Dollar hat sich also in der ersten Hälfte der 80er Jahre stark aufgewertet, gefolgt von einer ebenso großen Abwertung in den folgenden drei Jahren. Eine ähnliche Entwicklung beobachten wir seit der Einführung des Euros Anfang 1999 bis zum Juni 2003. Worauf sind diese Schwankungen zurückzuführen? Wie haben sie sich auf die Volkswirtschaften ausgewirkt? Auf diese Frage werden wir in den nächsten Kapiteln zurückkommen.

Bei der Entscheidung, ob wir lieber in- oder ausländische Güter kaufen sollen, bildet der nominale Wechselkurs aber nur einen Teilaspekt. Abbildung 18.3 zeigt uns ja nur, wie sich der relative Preis der beiden Währungen, von Euro und Dollar, bewegt hat. Für einen deutschen Touristen jedoch, der die USA besuchen will, stellt sich weniger die Frage, wie viele Dollar er im Austausch für seine Euro bekommt, sondern wie viel Güter er sich in den Vereinigten Staaten leisten kann. Wie teuer sind sie im Vergleich zu den Preisen in Deutschland? Damit kommen wir zum nächsten Schritt – der Konstruktion des realen Wechselkurses.

18.1.4 Vom nominalen zum realen Wechselkurs

Wie können wir den realen Wechselkurs zwischen Deutschland und den Vereinigten Staaten berechnen – den Preis amerikanischer Güter ausgedrückt in Einheiten deutscher Güter?

Nehmen wir an, in den USA wird nur ein einziges Gut produziert, ein Cadillac, und in Deutschland ein VW Golf. (Diese Annahme ist zwar vollkommen unrealistisch, aber wir werden uns der Realität bald wieder annähern). Die Konstruktion des realen Wechselkurses, des Preises amerikanischer Güter ausgedrückt in Einheiten deutscher Güter, ist in diesem Fall einfach.

- Im ersten Schritt würde man den Dollarpreis des Cadillacs in Euro umrechnen. Der Preis eines Cadillacs in den USA sei 30.000 \$. Ein Dollar sei 0,85 Euro wert. Der Preis des Cadillacs in Euro ist demnach 30.000 \$ × 0,85 Euro pro Dollar = 25.500 Euro.
- Im zweiten Schritt müssen wir das Verhältnis zwischen dem Preis des Cadillacs in Euro und dem Preis des VW Golfs in Euro berechnen. Der Preis eines VW Golfs in Deutschland sei 15.000 Euro. Der Preis eines Cadillacs ausgedrückt in Golf-Einheiten, also der reale Wechselkurs zwischen Deutschland und den USA wäre demnach 25.500 € / 15.000 € = 1,7.

Berechnung des relativen Preises eines Cadillacs in Einheiten eines VW Golfs:
30.000 \$ × 0,85 € = 25.500 €
VW Golf: 15.000 €

Relativer Preis eines Cadillacs in Einheiten eines VW Golfs: $\frac{25.500\ €}{15.000\ €} = 1{,}7$

Können wir das Beispiel verallgemeinern? Deutschland und die Vereinigten Staaten produzieren viele andere Produkte als nur Cadillacs und VW Golf. Wir wollen einen realen Wechselkurs konstruieren, der den relativen Preis aller in den Vereinigten Staaten produzierter Güter in Einheiten aller in Deutschland produzierten Güter zuverlässig abbildet.

Unsere Berechnung zeigt, wie wir vorgehen müssen. Anstatt den Dollarpreis des Cadillacs und den Europreis des VW Golfs zu verwenden, müssen wir für alle in den USA produzierten Güter einen Dollar-Preisindex und für alle in Deutschland produzierten Güter einen Euro-Preisindex verwenden. Der BIP-Deflator, den wir in Kapitel 2 eingeführt haben, ist für diese Aufgabenstellung perfekt geeignet. Der BIP-Deflator ist ja definitionsgemäß ein Preisindex für die in einer Volkswirtschaft erstellten Endprodukte und Dienstleistungen.

Bezeichnen wir also den BIP-Deflator für Deutschland mit P, den BIP-Deflator für die USA mit P^* (generell kennzeichnen wir ausländische Variable immer mit einem Stern). Der nominale Dollar-Euro-Wechselkurs ist E. In Abbildung 18.4 sind die für die Konstruktion des realen Wechselkurses nötigen Schritte noch einmal zusammengefasst.

Abbildung 18.4: Die Konstruktion des realen Wechselkurses

- Der Preis der amerikanischen Güter in Dollar ist P^*. Wir multiplizieren P^* mit dem Wechselkurs E, dem Preis des Dollars in Euro, und erhalten so den Preis der amerikanischen Güter in Euro, EP^*.

ε: Realer Wechselkurs – der Preis ausländischer Güter in Einheiten inländischer Güter.

- Der Preis der deutschen Güter in Euro ist P. Der reale Wechselkurs, der Preis der amerikanischen Güter ausgedrückt in Einheiten deutscher Güter, den wir mit ε bezeichnen (das griechische Epsilon) ergibt sich dann als:

$$\varepsilon = \frac{EP^*}{P} \tag{18.1}$$

Der reale Wechselkurs ist der nominale Wechselkurs multipliziert mit dem ausländischen Preisniveau, dann dividiert durch das inländische Preisniveau – genau wie bei unserem Beispiel. Es gibt jedoch einen wichtigen Unterschied zwischen dem Beispiel und der allgemeineren Berechnung:

Ein Index ist eine Zahl, die in einem frei gewählten Jahr, dem Basisjahr, einen frei gewählten Wert annimmt (oft 1 oder 100). Weil sowohl das Basisjahr als auch der Wert frei gewählt sind, ist auch das Niveau des Indizes beliebig und an sich nicht aussagekräftig. Dagegen ist aber die Änderungsrate des Indizes informativ, weil sie weder vom Basisjahr, noch von dem dort festgelegten Wert abhängt. Dass der deutsche BIP-Deflator den Wert 200 annimmt, sagt beispielsweise nichts aus. Nimmt er aber im folgenden Jahr den Wert 210 an, können wir mit seiner Hilfe die Inflationsrate berechnen. Eine 5%-Änderung des BIP-Deflators entspricht einer Inflationsrate in Höhe von 5%.

Im Gegensatz zum Preis des Cadillacs zum Golf ist der reale Wechselkurs ein Index: Sein Niveau ist für sich allein betrachtet nicht besonders aussagekräftig, weil die verwendeten BIP-Deflatoren ihrerseits Indexzahlen sind. Wie wir in Kapitel 2 gesehen haben, sind sie im frei gewählten Basisjahr immer normiert auf 1 (oder 100). Aber auch wenn das Niveau des realen Wechselkurses an sich keine Bedeutung hat, so sind die Veränderungen des realen Wechselkurses um so aussagekräftiger: Wenn der reale Wechselkurs zwischen Deutschland und den Vereinigten Staaten etwa um 10% steigt, dann bedeutet dies, dass deutsche Güter nun im Vergleich zu amerikanischen Gütern um 10% billiger geworden.

Wie die nominalen Wechselkurse verändern sich auch die realen Wechselkurse im Zeitverlauf. Werden ausländische Güter in Einheiten der inländischen Güter billiger, so bezeichnet man dies als **reale Aufwertung**. Steigt der relative Preis der ausländischen Güter ausgedrückt in Einheiten der inländischen Güter, so wird dies **reale**

Abwertung genannt. Real im Gegensatz zu nominal bedeutet, dass wir uns auf Veränderungen der relativen Preise von Gütern und nicht auf Veränderungen der nominalen Wechselkurse beziehen.

- Nach unserer Definition des realen Wechselkurses in Preisnotierung entspricht eine reale Aufwertung einem Rückgang des realen Wechselkurses ε. Der Preis der ausländischen Güter ausgedrückt in Einheiten der inländischen Güter wird billiger.
- Umgekehrt entspricht eine reale Abwertung einem Anstieg des realen Wechselkurses ε. Diese Definitionen sind in Abbildung 18.5 zusammengefasst. Sie zeigt für den realen Wechselkurs, was Abbildung 18.2 für den nominalen Wechselkurs abbildet.

Der reale Wechselkurs zwischen Deutschland und den Vereinigten Staaten aus der Sicht Deutschlands

Realer Wechselkurs, ε

Preis US-amerikanischer Güter in Einheiten deutscher Güter

Reale Aufwertung

Der Preis deutscher Güter in Einheiten US-amerikanischer Güter steigt
oder:
Der Preis US-amerikanischer Güter in Einheiten deutscher Güter fällt
oder:
Der reale Wechselkurs fällt: $\varepsilon \downarrow$

Reale Abwertung

Der Preis deutscher Güter in Einheiten US-amerikanischer Güter fällt
oder:
Der Preis US-amerikanischer Güter in Einheiten deutscher Güter steigt
oder:
Der reale Wechselkurs steigt: $\varepsilon \uparrow$

Abbildung 18.5: Der reale Wechselkurs zwischen deutschen und U.S.-amerikanischen Gütern (aus der Sicht Deutschlands): Reale Aufwertung und reale Abwertung

Abbildung 18.6 stellt die Entwicklung des gemäß Gleichung (18.1) konstruierten realen Wechselkurses zwischen Deutschland und den Vereinigten Staaten von 1975 bis 2002 dar. Für die Zeit vor 1999 liegt der Berechnung des nominalen Wechselkurses wieder der DM-Kurs zugrunde. Zusätzlich ist auch der nominale Wechselkurs aus Abbildung 18.3 übernommen. Beide BIP-Deflatoren sind für das Jahr 1995 auf den Wert 1 festgesetzt worden. Per Konstruktion entspricht also in diesem Jahr der nominale dem realen Wechselkurs.

Abbildung 18.6:
Realer und nominaler Wechselkurs zwischen Deutschland und den Vereinigten Staaten, 1975-2003

Nominaler und realer Wechselkurs entwickeln verlaufen nahezu parallel.

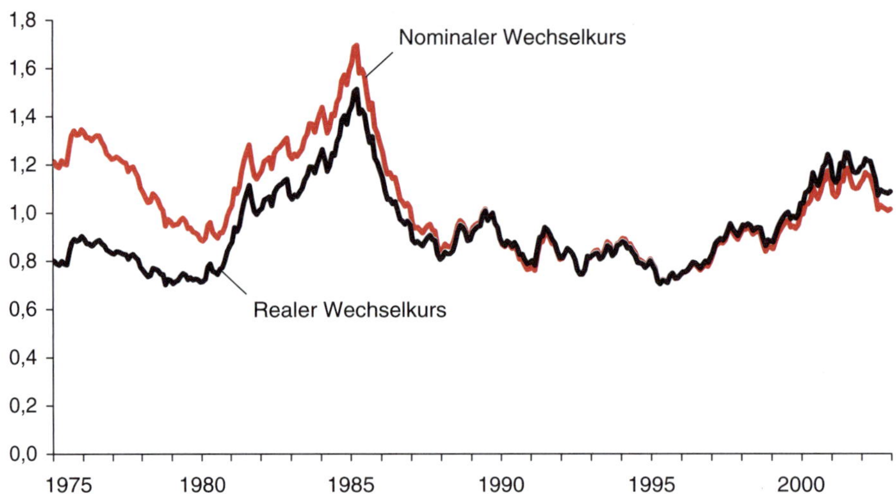

Zwei Punkte fallen in Abbildung 18.6 auf:

- Im Jahr 1998 war der reale Wechselkurs gleich hoch wie der Wert von 1975. In anderen Worten: Der relative Preis amerikanischer Güter war 1998 derselbe wie 1975.

  Wie lässt sich die Tatsache, dass sich der Euro gegenüber dem Dollar nominal aufwertete, damit in Einklang bringen, dass der Preis deutscher Güter, ausgedrückt in Einheiten amerikanischer Güter, konstant blieb? Gehen wir zurück zur Definition des realen Wechselkurses:

$$\varepsilon = E\frac{P^*}{P}$$

  Zwei Dinge sind seit 1975 passiert:

  Erstens, E ist gesunken: Der Dollar, ausgedrückt in Euro, ist gefallen. Der Euro hat sich nominal aufgewertet.

  Zweitens, die Inflation in den Vereinigten Staaten war höher als in Deutschland. Das amerikanische Preisniveau P^* ist also im Vergleich zum deutschen Preisniveau P stärker gestiegen. Die Zunahme von P^*/P entsprach in etwa der Abnahme des Wechselkurses E, so dass der reale Wechselkurs ε insgesamt konstant geblieben ist.

  Was bedeutete das nun 1998 für den deutschen Touristen, der die USA besuchen wollte? Er konnte für einen Euro mehr Dollar kaufen als im Jahr 1975. Bedeutet dies, dass seine Reise ausgedrückt in Einheiten deutscher Güter im Vergleich zu 1975 billiger geworden ist? Nein. Er musste bei der Ankunft in dem USA entdecken, dass die Preise der Güter dort stärker gestiegen sind als die Preise in Deutschland. Der Kursanstieg des Euro kompensierte also gerade die höhere Inflationsrate in den USA. Der Tourist muss also erkennen, dass seine Reise ausgedrückt in Einheiten deutscher Güter genauso teuer war wie im Jahr 1975.

Die allgemeine Aussage hinter dieser Beobachtung ist, dass sich nominaler und realer Wechselkurs über längere Zeiträume hinweg ganz unterschiedlich entwickeln können, wenn die Inflationsraten zwischen den Ländern recht unterschiedlich verlaufen. In Kapitel 20 werden wir auf dieses Thema zurückkommen.

Kann es eine reale Aufwertung ohne nominale Aufwertung geben? Kann es eine nominale Aufwertung ohne reale Aufwertung geben? (Die Antwort ist in beiden Fällen: Ja.)

- Die starken Schwankungen des nominalen Wechselkurses, die man in Abbildung 18.3 erkennen konnte, zeigen sich auch im realen Wechselkurs.

Die Erklärung dafür liegt nahe: Seit den 80er Jahren waren die Inflationsraten in den Vereinigten Staaten und Deutschland sehr ähnlich. Deshalb fielen die jährlichen Veränderungen von P^*/P im Vergleich zu den starken Bewegungen des nominalen Wechselkurses E kaum ins Gewicht. Die Schwankungen des realen Wechselkurses ε von Jahr zu Jahr oder sogar über einen Zeitraum von mehreren Jahren hinweg sind also in erster Linie auf Schwankungen des nominalen Wechselkurses E zurückzuführen. Es ist auffallend, dass sich der nominale und der reale Wechselkurs seit Mitte der 80er Jahre nahezu gleichlaufend entwickelt haben. Diese Beobachtung spiegelt wider, dass die Inflationsraten in den beiden Ländern seit Mitte der 80er Jahre sehr ähnlich waren. Die Schwankungen der nominalen Wechselkurse sind also nicht auf Unterschiede der Inflationsraten zurückzuführen.

Bei identischen Inflationsraten wäre P^*/P konstant. E und ε würden dann parallel verlaufen.

18.1.5 Von bilateralen zu multilateralen Wechselkursen

Wir benötigen einen letzten Schritt. Bisher haben wir uns auf den Wechselkurs zwischen Deutschland und den USA konzentriert. Deutschland steht jedoch mit vielen Ländern in Handelsbeziehungen, nicht nur mit den Vereinigten Staaten. In Tabelle 18.2 ist die geografische Struktur der deutschen Importe und Exporte dargestellt. Die Zahlen beziehen sich ausschließlich auf den Export und den Import von Waren. Nicht enthalten ist der Export und der Import von Dienstleistungen, insbesondere Tourismus, da dafür die Aufteilung nach Ländern nicht verfügbar ist.

Wie kommen wir von bilateralen Wechselkursen, wie dem Wechselkurs zwischen Deutschland und den Vereinigten Staaten, zu multilateralen Wechselkursen? Das ist nicht kompliziert. Wenn wir den durchschnittlichen Preis deutscher Güter in Relation zum durchschnittlichen Preis der Güter der deutschen Handelspartner setzen wollen, dann ist es sinnvoll den deutschen Anteil am Handel mit jedem Land als Gewicht für dieses Land zu verwenden. Wenn wir die Exportanteile verwenden, dann können wir einen „realen Exportwechselkurs" berechnen. Einen „realen Importwechselkurs" können wir berechnen, indem wir die Importanteile verwenden. Da es mühsam ist, zwei unterschiedliche Wechselkurse zu verfolgen, verwenden wir den multilateralen Wechselkurs meist als Durchschnitt aus Exportanteilen und Importanteilen. Diesen Wechselkurs bezeichnet man auch als realen Außenwert einer Währung. Auf diese Variable beziehen wir uns, wenn wir vom deutschen multilateralen Wechselkurs, beziehungsweise vom deutschen realen Wechselkurs sprechen. Seit der Einführung des Euro im Januar 1999 wird bei der Berechnung des multilateralen Wechselkurses natürlich nur mehr der Handel mit den Staaten außerhalb der Währungsunion berücksichtigt. Da-

Realer Außenwert und realer multilateraler Wechselkurs sind Synonyme. Daneben existiert auch der Ausdruck realer effektiver Wechselkurs. Ein Beispiel: 10% der deutschen Exporte gehen in die Vereinigten Staaten. 8% der deutschen Importe stammen aus den Vereinigten Staaten. Bei der Berechnung des realen DM-Außenwertes erhält der Dollar ein Gewicht von (10%+8%)/2 = 9%.

durch hat sich das Gewicht vor allem des Britischen Pfund, des Dollar, des Schweizer Franken und des Japanischen Yen erhöht. Über 50% des externen Güterhandels der Währungsunion werden mit den Ländern dieser Währungen abgewickelt.

Abbildung 18.7 zeigt die Entwicklung dieses multilateralen realen Wechselkurses, dem durchschnittlichen Preis ausländischer Güter relativ zum durchschnittlichen Preis deutscher Güter, von 1975 bis 1998. Genauso wie die bilateralen realen Wechselkurse, die wir weiter oben betrachtet haben, ist auch der multilaterale reale Wechselkurs eine Indexzahl. Sein Niveau ist demnach willkürlich; hier ist der Wert für Februar 1998 gleich 1 gesetzt.

Abbildung 18.7:
Der reale DM-Außenwert, 1975-1998

Während ausländische Güter in Deutschland bis Mitte der 80er Jahre real teurer wurden, wurden sie bis Mitte der 90er Jahre wieder billiger. Insgesamt sind deutsche Güter zwischen 1975 und 1998 im Ausland günstiger geworden.

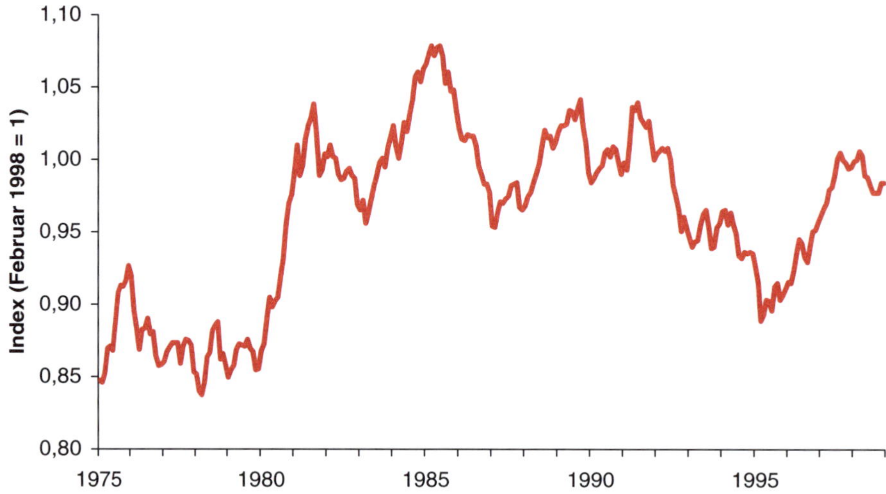

Nochmals zur Wiederholung:
Anstieg des realen Wechselkurses ⇔ reale Abwertung
Sinken des realen Wechselkurses ⇔ reale Aufwertung

An der Abbildung fällt eine Entwicklung auf, die bereits am bilateralen Wechselkurs zwischen Deutschland und den Vereinigten Staaten in Abbildung 18.6 zu erkennen war. Der deutliche Anstieg des realen Wechselkurses in den 80er Jahren. Ausländische Güter waren Mitte der 80er Jahre im Vergleich zu deutschen Gütern deutlich teurer als am Anfang oder am Ende des Jahrzehnts. Anders ausgedrückt, für deutsche Güter konnte man in der ersten Hälfte der 80er Jahre real immer weniger im Ausland kaufen, Mitte 1985 kehrte sich der Trend um. In den folgenden Kapiteln werden wir analysieren, worauf dieser Ausschlag zurückzuführen war und welche Auswirkungen diese Entwicklung des realen Wechselkurses auf das Handelsdefizit und die wirtschaftliche Aktivität hatten.

Tabelle 18.2:
Deutscher Warenhandel nach Regionen, 2002

Länder / Regionen	Exporte nach		Importe aus	
	Milliarden €	Prozent	Milliarden €	Prozent
Europäische Union	355	55	269	52
Europäische Reformländer[1]	75	12	70	13
Andere Europäische Industrieländer[2]	40	6	39	7
USA	67	10	40	8
Südostasiatische Schwellenländer[3]	25	4	26	5
China	14	2	21	4
Japan	12	2	19	4
OPEC	15	2	7	1
Andere	45	7	30	6
Total	648	100	522	100

Quelle: Deutsche Bundesbank, Spezialhandel nach Ländergruppen und Ländern, 2002.
OPEC: Organization of Petroleum Exporting Countries.
[1] Albanien, Belarus, Bosnien-Herzegowina, Bulgarien, ehem. jugoslaw. Republik, Mazedonien, Estland, Kroatien, Lettland, Litauen, Moldau, Polen, Rumänien, Russland, Serbien/Montenegro, Slowakei, Slowenien, Tschechische Republik, Ukraine, Ungarn.
[2] Andorra, Ceuta und Melilla, Färöer, Gibraltar, Island, Liechtenstein, Malta, Norwegen, San Marino, Schweiz, Türkei, Vatikanstadt, Zypern.
[3] Hongkong, Singapur, Südkorea, Taiwan, Brunei, Indonesien, Malaysia, Philippinen, Thailand.

18.1.6 Das Gesetz des einheitlichen Preises und die Kaufkraftparität (PPP)

In unserem Autobeispiel war der Europreis eines VW Golfs billiger als der eines Cadillacs. Wird sich ein amerikanischer Autokäufer deshalb für einen VW Golf entscheiden? In der Realität unterscheiden sich die Autos hinsichtlich vieler Kriterien, aber was müsste geschehen, wären beide Autos gleichwertig? Ignoriert man die Transportkosten, müssten amerikanische Autokäufer verstärkt die billigeren Volkswagen nachfragen. Verschiedene Anpassungsprozesse sind nun denkbar; sie können gleichzeitig ablaufen:

- Durch die erhöhte Nachfrage nach deutschen PKWs steigt der Europreis des Golfs.
- Der Nachfragerückgang nach amerikanischen Autos führt zu sinkenden Dollarpreisen des Cadillacs.
- Da amerikanische Käufer Autos in Deutschland mit Euro bezahlen, steigt die Nachfrage nach Euro. Dadurch steigt der Dollarpreis einer Euroeinheit. Der Euro wird aufgewertet.

Alle drei Prozesse bewirken, dass deutsche Autos im Verhältnis zu amerikanischen Autos teurer werden. Ein Gleichgewicht wird erreicht, wenn deutsche und amerikanische Autos ausgedrückt in Einheiten derselben Währung gleich teuer sind. Die Hypothese, dass dieses Gleichgewicht erreicht wird, nennt man Gesetz des einheitlichen Preises. Zwischen den USA und Deutschland werden nicht nur Autos, sondern ganze Güterbündel gehandelt. Wenn das Gesetz des einheitlichen Preises für alle Güter gilt, müsste der Europreis eines amerikanischen Güterbündels EP^* gleich dem Preis eines deutschen Güterbündels P sein. Der reale Wechselkurs wäre immer $\varepsilon = EP^*/P$ gleich Eins. Die Hypothese, dass Arbitrage bei freiem Warenhandel zu gleichen Preisen für in- und ausländische Güterbündel führt, nennt man Kaufkraftparitätentheorie. Die hohe Volatilität des realen Wechselkurses in Abbildung 18.6 macht deutlich, dass die Kaufkraftparität kurzfristig meist nicht erfüllt ist. Dies liegt an Handelsbarrieren, an der Tatsache, dass nicht alle Güter handelbar sind, aber auch daran, dass kurzfristig viele Preise starr sind. Die Kaufkraftparität (Purchasing Power Parity, kurz PPP) haben wir bereits in Kapitel 10 kennen gelernt (vgl. die Fokusbox in Abschnitt 10.1)

Der PPP-Kurs gibt an, wie hoch der Wechselkurs sein müsste, damit ein Big Mac weltweit in allen Ländern gleich viel kostet wie in den USA, damit also $\varepsilon = EP^*/P = 1$ oder $E = P/P^*$ mit $P^* = 2{,}71$ \$ (dem Preis eines Big Mac in den USA). Im Euroraum liegt der PPP-Kurs bei 2,71 €/ 2,71 \$ = 1 €/\$. Dem Index zufolge war der Euro im April 2003 um 10% überbewertet.

Tabelle 18.3 zeigt die populärste Darstellung der Kaufkraftparität, den von der Zeitschrift "*The Economist*" veröffentlichten Big Mac-Index. Ein Big Mac schmeckt weltweit gleich – egal ob in den USA, in Europa oder in China. Gleichwohl variieren die zum aktuellen Wechselkurs in Dollar umgerechneten Preise zwischen den einzelnen Ländern enorm. Am teuersten ist der Big Mac in Island mit einem Preis von umgerechnet 5,79 \$. In China gibt es den Burger indessen schon für 1,20 \$. Sicher lässt sich ein frischer Big Mac nur schwer von China nach Island exportieren; er ist kein handelbares Gut. Der Index ist aber trotzdem ein erstaunlich zuverlässiger Indikator dafür, ob eine Währung über- oder unterbewertet sein könnte.

Tabelle 18.3: Der Big Mac-Index im April 2003

Land	Big Mac-Preis		Wechselkurs am 22. April 2003 (lokale Währung je Dollar)	PPP-Kurs (Preis in lokaler Währung /2,71 \$)
	in lokaler Währung	Preis in Dollar		
USA	2,71 \$	2,71		–
Euroraum	2,71 €	2,98	0,91	1
Island	439 Kronur	5,79	75,8	162
Schweiz	6,30 SFr	4,60	1,37	2,32
China	9,90 Yuan	1,20	8,28	3,65
Japan	262 ¥	2,18	120	96,68
Großbritannien	1,99 £	3,16	0,63	0,73
Brasilien	4,55 Real	1,48	3,07	1,68

Quelle: The Economist, www.economist.com/markets/Bigmac/Index.cfm.

18.2 Offene Finanzmärkte

Offene Finanzmärkte ermöglichen es den Anlegern, ihr Portfolio zu diversifizieren, um sowohl inländische als auch ausländische Anlagen zu halten, Zinsarbitrage zwischen In- und Ausland zu betreiben, auf Veränderungen des Wechselkurses zu spekulieren usw.

Tatsächlich findet in großem Umfang Diversifikations- und Arbitragegeschäfte statt. Der Kauf oder Verkauf von ausländischen Finanzanlagen ist mit dem Kauf oder dem Verkauf ausländischer Währung verbunden – man bezeichnet dies auch als Devisenmarkttransaktionen. Das Volumen der Transaktionen am Devisenmarkt kann uns ein Gefühl dafür geben, wie wichtig die internationalen Finanztransaktionen sind. Im Jahr 2000 belief sich das Tagesvolumen der Devisenmarkttransaktionen in der Welt auf 3 Billionen Dollar. In 80% dieser Transaktionen – ungefähr 2,4 Billionen – ist der Dollar auf einer Seite der Transaktion involviert.

Tägliches Transaktionsvolumen mit Dollarbeteiligung: 2,4 Billionen $. Tägliches Warenhandelsvolumen der USA mit dem Rest der Welt: 2,4 Milliarden $ (0,3% der Währungstransaktionen).

Um ein Gefühl für die Größe dieser Zahlen zu bekommen: Die Summe der amerikanischen Exporte und Importe für das Jahr 2000 belief sich auf 2,5 Billionen Dollar, beziehungsweise auf den Tag umgerechnet, auf 7 Milliarden Dollar pro Tag. Nehmen wir an, die Dollartransaktionen am Devisenmarkt hätten ausschließlich in dem Verkauf von – durch den Export eingenommenen – ausländischen Währungen durch amerikanischer Exporteure und in dem Kauf von – zum Kauf ausländischer Güter benötigten – ausländischen Währungen durch amerikanische Importeure bestanden. Das Transaktionsvolumen wäre dann 7 Milliarden $ am Tag gewesen, oder ungefähr 0,3% des tatsächlichen täglichen Transaktionsvolumens an den Devisenmärkten, an dem Dollar beteiligt sind (2,4 Billionen $). Diese Rechnung zeigt uns, dass die meisten Transaktionen am Devisenmarkt nicht mit Export oder Import zusammenhängen, sondern mit dem Kauf und dem Verkauf von Finanzanlagen. Das Transaktionsvolumen am Devisenmarkt ist nicht nur groß; es nimmt laufend weiter zu. Das Volumen der Devisenmarktoperationen in New York ist heute ungefähr 15-mal so groß wie im Jahr 1980. Diese Entwicklung spiegelt zum größten Teil eine Zunahme der Finanztransaktionen wider, weniger eine Zunahme des Güterhandels in den letzten 20 Jahren. Der tägliche Umsatz am Devisenmarkt ist mit der Einführung des Euro allerdings etwas zurückgegangen – aber nur deshalb, weil der Handel mit den früheren Währungen des Euroraums weggefallen ist.

Für ein Land als Ganzes gesehen, hat die Offenheit der Finanzmärkte noch eine andere wichtige Implikation. Sie ermöglichen es erst, Handelsüberschüsse oder -defizite zu erzielen. Erinnern wir uns: Ein Land, das ein Handelsdefizit aufweist, kauft mehr vom Rest der Welt als es an den Rest der Welt verkauft. Um die Differenz zwischen dem, was es kauft, und dem, was es verkauft, bezahlen zu können, muss sich das Land beim Rest der Welt verschulden. Es verschuldet sich, indem es inländische Finanzanlagen für ausländische Anleger so attraktiv macht, dass diese vermehrt in inländische Finanzanlagen investieren – das heißt nichts anderes, als dass sie dem Land Kredit gewähren.

Wir wollen zunächst den Zusammenhang zwischen Handels- und Finanzströmen näher betrachten. Dann sind wir in der Lage, die Bestimmungsgrößen der Finanzströme zu analysieren.

18.2.1 Die Zahlungsbilanz

Alle Transaktionen der Wirtschaftseinheiten eines Landes mit dem Rest der Welt – sowohl Handelsströme als auch Finanzströme – werden in einem Kontensystem erfasst. Dieses System bezeichnet man als Zahlungsbilanz. Unter den Wirtschaftseinheiten eines Landes verstehen wir Einwohner, Unternehmen, Regierungen und andere Institutionen mit Sitz im Inland. Tabelle 18.4 zeigt die deutsche Zahlungsbilanz für das Jahr 2002. Die Tabelle unterteilt sich in die Leistungsbilanz und in die Kapital- und Devisenbilanz

Die Leistungsbilanz

Leistungsbilanztransaktionen erfassen den internationalen Tausch von Waren, Dienstleistungen sowie Faktoreinkommen, aber auch unilaterale Transfers, wie sie im Rahmen der Entwicklungshilfe geleistet werden.

- In den ersten beiden Zeilen werden die Werte der Exporte und Importe von Gütern und Dienstleistungen erfasst. Importe werden als Zahlungsverpflichtungen, Exporte als Zahlungsforderungen gebucht. Dabei spielt es keine Rolle, ob tatsächlich eine Zahlung stattgefunden hat. Auch Gütertransaktionen, deren Bezahlung zu einem späteren Zeitpunkt erfolgt, werden erfasst. Im Jahr 2002 überstiegen die Warenexporte die Warenimporte, so dass sich für Deutschland ein Handelsüberschuss in Höhe von 126,2 Milliarden Euro ergab. Gleichzeitig wies die Dienstleistungsbilanz ein Defizit von 38,3 Milliarden Euro auf. Die Summe aus Außenhandels- und Dienstleistungsbilanz bezeichnet man als Außenbeitrag.
- Exporte und Importe sind nicht die einzige Quelle für Zahlungen vom Rest der Welt und an den Rest der Welt. Inländer erhalten Kapitalerträge aus ihren ausländischen Kapitalanlagen und Lohneinkommen aus dem Ausland. Ausländer wiederum erhalten Kapitalerträge aus ihren Kapitalanlagen in Deutschland und Lohneinkommen aus ihrer Arbeitstätigkeit hier. Den Saldo aller Faktoreinkommen zwischen Inländern und Ausländern bezeichnet man als Saldo der Erwerbs- und Vermögenseinkommen oder auch als Saldo der Primäreinkommen. Es ist dieser Saldo, der das BIP vom BNE unterscheidet (siehe dazu die Fokusbox weiter unten). Im Jahr 2002 wies der Saldo der Erwerbs- und Vermögenseinkommen ein Defizit auf. Netto wurden Faktoreinkommen in Höhe von 6,7 Milliarden Euro an den Rest der Welt gezahlt.
- Die meisten Länder leisten oder empfangen Entwicklungshilfe. Der Nettowert dieser Zahlungen wird als laufende Übertragung erfasst. Neben der Entwicklungshilfe zählen dazu auch die Nettozahlungen an internationale Organisationen wie die Europäische Union. Die Nettotransfers beliefen sich im Jahr 2002 auf 26,6 Milliarden Euro. Der negative Wert zeigt, dass Deutschland im Jahr 2002 – wie auch in den Jahren zuvor – netto betrachtet Auslandshilfe geleistet hat und ein Geberland war.

Tabelle 18.4: Wichtige Posten der deutschen Zahlungsbilanz, 2002 (Mrd. €)

Leistungsbilanz			
Warenexporte	648,3		
Warenimporte	522,1		
(1) Handelsbilanz		126,2	
Dienstleistungsexporte	114,2		
Dienstleistungsimporte	152,5		
(2) Dienstleistungsbilanz		-38,3	
(3) Außenbeitrag (1+2)		87,9	
(4) Nettoerwerbseinkommen		-0,4	
(5) Nettovermögenseinkommen		-6,3	
(6) Saldo der Erwerbs- und Vermögenseinkommen (4+5)		-6,7	
(7) Laufende Übertragungen		-26,6	
(8) Unaufgeschlüsselte Posten		-5,8	
(9) Saldo der Leistungsbilanz (3+6+7+8)			48,9
Kapitalbilanz			
(10) Kapitalexport	255,8		
(11) Kapitalimport	177,1		
(12) Saldo der Kapitalbilanz (11-10)			-78,7
Devisenbilanz			
(13) Saldo der Devisenbilanz			2
Statistische Diskrepanz (9+12+13)			-27,8

Quelle: Deutsche Bundesbank. Vorläufige Zahlen; Stand April 2003.

Die Leistungsbilanz ist die Summe der oben aufgeführten Salden. Was bedeutet ein Leistungsbilanzüberschuss? Die Leistungsbilanz erfasst alle im Laufe eines Jahres neu entstandenen Zahlungsforderungen und Zahlungsverpflichtungen gegenüber dem Rest der Welt. Güterexporte führen zu Zahlungsforderungen; Güterimporte zu Zahlungsverpflichtungen gegenüber dem Rest der Welt. Auch die Zinserträge ausländischer Kapitaleigner oder die im Inland erwirtschafteten Löhne ausländischer Arbeitnehmer stellen Zahlungsverpflichtungen dar. Der Saldo der Leistungsbilanz erfasst die Veränderung des Nettoauslandsvermögens bzw. der Nettoauslandsschuld des Inlandes gegenüber dem Ausland. Man spricht von einem Leistungsbilanzüberschuss, wenn die im Laufe eines Jahres neu entstandenen Zahlungsforderungen die neu entstanden Zahlungsverpflichtungen gegenüber dem Ausland überstiegen.

Kann ein Land gleichzeitig ein Handelsbilanzdefizit und eine ausgeglichene Leistungsbilanz aufweisen? Oder ein Leistungsbilanzdefizit ohne Handelsbilanzdefizit? (Die Antwort ist in beiden Fällen: Ja.)

Zählt man alle neu entstandenen Zahlungsverpflichtungen und Zahlungsforderungen gegenüber dem Rest der Welt zusammen, dann wies Deutschland 2002 einen Leistungsbilanzüberschuss in Höhe von 48,9 Milliarden € auf. Der Leistungsbilanzüberschuss belief sich demnach auf 2,32% des BIP. Dieser Leitungsbilanzüberschuss ist aus folgenden Gründen kleiner als der Handelsbilanzüberschuss in Höhe von 126,2 Milliarden Euro: (a) Weil die Dienstleistungsbilanz negativ ist; (b) netto wurden Zinsen und Löhne an ausländische Kapitaleigner und Lohnempfänger geleistet; (c) Deutschland hat Nettozahlungen an die EU und im Rahmen der Entwicklungshilfe geleistet.

Die Kapital- und Devisenbilanz

Die Tatsache, dass Deutschland im Jahr 2002 einen Leistungsbilanzüberschuss in Höhe von 48,9 Milliarden € aufwies, bedeutet, dass Deutschland 48,9 Milliarden € an den Rest der Welt verliehen hat. Auf welchem Weg diese zusätzlichen Ersparnisse gebildet wurden, zeigen die Kapitalmarkttransaktionen, die in der Kapitalbilanz erfasst werden.

Der Bestand deutscher Kapitalanlagen im Ausland nahm um 255,8 Milliarden Euro zu. Gleichzeitig nahm aber auch der Bestand ausländischer Kapitalanlagen in der Bundesrepublik um 177,1 Milliarden Euro zu; die Nettozunahme der deutschen Ersparnis belief sich demnach auf 255,8 €–177,1 € = 78,7 € Milliarden Dollar. In diesem Umfang hat sich der Nettobestand deutscher Kapitalanlagen im Ausland erhöht. Diesen Saldo bezeichnet man als Kapitalbilanz. Eine Nettozunahme deutscher Kapitalanlagen im Ausland bedeutet einen Kapitalexport. Wenn mehr Kapital exportiert als importiert wurde, spricht man – widersprüchlich zum Sprachgebrauch bei der Handelsbilanz – von einem Kapitalbilanzdefizit. Dies ist der Fall, weil Kapitalexporte nach dem System der doppelten Buchführung mit einem negativen Vorzeichen gebucht werden. Deutschland wies 2002 ein Kapitalbilanzdefizit in Höhe von 78,7 Milliarden € aus. Das entspricht 3,7% des deutschen BIP.

Die Devisenbilanz erfasst die Änderung der Währungsreserven der Deutschen Bundesbank. Zu den Währungsreserven gehören die Bestände an ausländischen Devisen, daneben aber auch die Sonderziehungsrechte beim Internationalen Währungsfonds und die Goldbestände. 2002 nahmen die Währungsreserven der Deutschen Bundesbank um 2 Milliarden Euro ab. Eine Abnahme ausländischer Devisen ist dabei gleichbedeutend mit einer Abnahme der Forderungen an das Ausland.

Bei einer ausgeglichenen Devisenbilanz und einem Leistungsbilanzdefizit, muss ein Land netto Kapital importiert haben: Die Kapitalbilanz weist einen Überschuss auf.

Im Prinzip sollte die Summe der Kapital- und der Devisenbilanz das Spiegelbild der Leistungsbilanz sein. Und zwar deshalb, weil eine Zahlungsverpflichtung gegenüber dem Ausland, wie sie beim Güterimport entsteht und in der Leistungsbilanz erfasst wird, gleichzeitig auch als Kapitalmarkttransaktion erfasst werden müsste. Kapitalmarkttransaktionen sind komplex. Ein einfaches Beispiel soll verdeutlichen, wie das Prinzip der doppelten Buchführung innerhalb der Zahlungsbilanz funktionieren sollte: Der Wert eines importierten Cadillacs aus den USA wird als Zahlungsverpflichtung in der Leitungsbilanz erfasst. Wird der importierte Wagen direkt in Euro bezahlt, legt der ausländische Exporteur die Eurosumme aber bei einer deutschen Bank an, so hat er eine inländische Kapitalanlage erworben.

Fokus: Bruttoinlandsprodukt versus Bruttonationaleinkommen: Die Beispiele Kuwait und Irland.

Die Wertschöpfung einer offenen Volkswirtschaft lässt sich messen als:

- Bruttoinlandsprodukt (BIP) – Die Wertschöpfung im Inland (die Produktion innerhalb des Landes), oder
- Bruttonationaleinkommen (BNE) – Die Wertschöpfung, die durch Produktionsfaktoren im Besitz von Inländern geschaffen wird.

Beide Konzepte liefern wichtige Informationen. Das BIP erfasst die Wertschöpfung im Inland. Das BNE dagegen erfasst das Einkommen der Inländer, egal wo es geschaffen wurde. Sie unterscheiden sich, weil ein Teil der inländischen Produktion meist mit Kapital produziert wird, das sich im Besitz von Ausländern befindet, während sich vielleicht ein Teil des ausländischen Kapitals im Besitz von Inländern befindet. Das BNE entspricht dem BIP zuzüglich dem Saldo der Erwerbs- und Vermögenseinkommen. Für die meisten Länder ist die Differenz zwischen BNE und BIP klein, da sich die Faktoreinkommen aus dem Rest der Welt und an den Rest der Welt annähernd aufheben. Für Deutschland betrug die Differenz zwischen BIP und BNE im Jahr 2002 nur 0,43% des BIP.

Es gibt jedoch ein paar Ausnahmen. Eine davon ist Kuwait. Als in Kuwait Öl gefunden wurde, beschloss die kuwaitische Regierung, einen Teil der Öl-Einnahmen zu sparen und im Ausland zu investieren, um für künftige kuwaitische Generationen mit Kapitalerträgen vorzusorgen, falls die Öl-Einnahmen eines Tages versiegen. Kuwait hatte riesige Leistungsbilanzüberschüsse und vergrößerte so stetig sein Auslandsvermögen. Im Ergebnis hat Kuwait heute einen großen Bestand an ausländischen Kapitalanlagen. Es erzielt deshalb in großem Umfang Kapitaleinkommen vom Rest der Welt. In Abbildung 1 ist das Verhältnis von BIP zu BNE für Kuwait von 1980 bis 2002 dargestellt. Wegen des positiven Saldos des Erwerbs- und Vermögenseinkommens liegt der Anteil des BIP am BNE in Kuwait weit unter 1.

Es ist bemerkenswert, um wie viel größer das BNE während des ganzen Zeitraums im Vergleich zum BIP war. Es ist jedoch auch auffallend, dass der Saldo der Erwerbs- und Vermögenseinkommen nach 1989 zurückging. Der Grund dafür liegt darin, dass Kuwait seinen Verbündeten im Golfkrieg 1990-1991 einen Teil der Kosten des Krieges und des Wiederaufbaus erstatten musste. Kuwait wies deshalb ein Leistungsbilanzdefizit aus – anders ausgedrückt, es reduzierte seinen Bestand an Auslandsvermögen. Dies wiederum führte zu einem Rückgang der Einkommen aus ausländischen Anlagen und zu einer Abnahme der Nettofaktoreinkommen.

Bemerkenswert ist auch die Entwicklung in Irland. Abbildung 1 verdeutlicht, dass das BIP dort das BNE bei weitem übersteigt, 2002 machte das BIP in Irland ganze 125% des BNE aus. Offensichtlich haben im vergangenen Jahrzehnt viele ausländische Unternehmen stark in Irland investiert. Die dabei erzielten Gewinne fließen zum Großteil an die ausländischen Anteilseigner zurück, sodass das Einkommen der Iren niedriger liegt als die Produktionsleistung. Die starke Präsenz ausländischer Unternehmen ist Zeichen der hohen Attraktivität Irlands als Produktionsstandort im Euroraum. Ein wesentlicher Faktor sind dabei die niedrigen irischen Steuersätze. Sie machen es für viele Unternehmen attraktiv, ihre Gewinne dort zu versteuern.

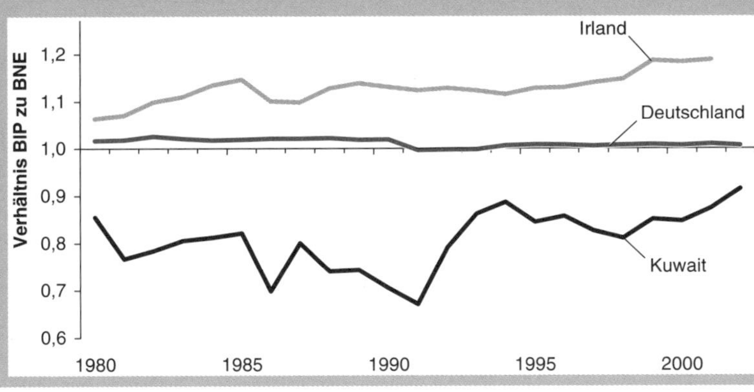

Abbildung 1: Anteil des BIP am BNE in Deutschland, Kuwait und Irland

In der Praxis ist die Summe der Leistungs-, der Kapital- und der Devisenbilanz – also der Saldo der Zahlungsbilanz – jedoch nur selten Null, da die Zahlen für die Leistungsbilanz- und die Kapitalbilanztransaktionen unter Verwendung unterschiedlicher Quellen konstruiert werden. Im Jahr 2002 betrug die Differenz, die statistische Diskrepanz, –27,8 Milliarden Euro. Dieses Beispiel verdeutlicht uns, dass auch für Deutschland die ökonomischen Daten alles andere als perfekt sind. Dieses Messproblem zeigt sich noch auf eine andere Art: Die Summe der Leistungsbilanzdefizite aller Länder der Welt sollte gleich Null sein; das Defizit eines Landes sollte genau dem Überschuss entsprechen, den alle anderen Länder in Summe ausweisen. In den Daten ist dies jedoch nicht der Fall: Wenn wir die veröffentlichten Leistungsbilanzdefizite aller Länder der Welt zusammenzählen würden, kämen wir zu dem Ergebnis, dass die Welt insgesamt ein großes Leistungsbilanzdefizit ausweisen würde. Einige Ökonomen scherzen, es könnte sich bei diesem Defizit um nicht erfassten Handel mit den grünen Männchen vom Mars handeln. Die meisten jedoch machen Messfehler für das Ergebnis verantwortlich.

Da wir uns nun mit der Leistungsbilanz etwas genauer beschäftigt haben, können wir zu einem Thema zurückkehren, das wir in Kapitel 2 angeschnitten haben, dem Unterschied zwischen dem Bruttoinlandsprodukt, dem Maß für die aggregierte Produktion, und dem Bruttonationaleinkommen, einem Maß für das aggregierte Einkommen. Die Fokusbox „Bruttoinlandsprodukt versus Bruttonationaleinkommen: Die Beispiele Kuwait und Irland“ behandelt dieses Thema.

18.2.2 Die Wahl zwischen in- und ausländischen Kapitalanlagen

Kapitalanleger können in einer Welt offener Finanzmärkte entscheiden, wie viel inländische und ausländische Kapitalanlagen sie in ihr Portfolio aufnehmen wollen.

Es gibt zwei Ausnahmen:
- **Im Ausland werden Euro oftmals für illegale Transaktionen gehalten. Sie sind leicht einzutauschen und ihre Spur lässt sich nicht verfolgen.**
- **In Ländern mit Hyperinflation erfüllt ausländische Währung eine Wertaufbewahrungsfunktion.**

Müssen wir uns nun auch mit der Wahl zwischen in- und ausländischer Geldhaltung beschäftigen? Nein, denn die Wirtschaftssubjekte halten Geld nur, um Transaktionen zu tätigen. Ausländisches Bargeld ist auch als Kapitalanlage nicht attraktiv im Vergleich zu ausländischen Zins bringenden Wertpapieren. Für jemanden, der in Deutschland lebt und seine Transaktionen in Euro abwickelt, macht es deshalb keinen Sinn, ausländische Devisen (in Form von Bargeld) zu halten. Daher können wir uns darauf beschränken, die Entscheidung zwischen in- und ausländischen Kapitalanlagen zu analysieren.

Wir beschränken uns dabei zunächst auf Wertpapiere mit einjähriger Laufzeit. Betrachten wir das Kalkül eines deutschen Kapitalanlegers der entscheidet, ob er in ein deutsches Wertpapier mit einjähriger Laufzeit oder ein amerikanisches mit gleicher Laufzeit investieren soll. Wir müssen prüfen, welche Anlage eine höhere Rendite verspricht.

- Betrachten wir zunächst die Rendite einer deutschen Anleihe mit einjähriger Laufzeit:

  i_t sei der Nominalzinssatz für deutsche Anleihen. Für jeden Euro, den man in deutsche Wertpapiere investiert, erzielt man im folgenden Jahr $(1+i_t)$ Euro. (Dies wird in der Abbildung 18.8 durch den oberen nach rechts weisenden Pfeil dargestellt.)

- Vergleichen wir damit die Rendite einer amerikanischen Anleihe mit gleicher Laufzeit:

  Bevor der deutsche Investor die Anleihe kaufen kann, muss er zunächst amerikanische Dollar kaufen. E_t sei der nominale Wechselkurs zwischen Euro und Dollar. Für jeden Euro erhält man $(1/E_t)$ Dollar. (Dies ist in der Abbildung durch den nach unten weisenden Pfeil dargestellt.)

  i_t^* bezeichnet den Nominalzinssatz auf amerikanische einjährige Anleihen. Am Ende des Jahres erhält der Anleger $(1/E_t)(1+i_t^*)$ Dollar. (Dies ist in der Abbildung durch den unteren nach rechts weisenden Pfeil dargestellt.)

  Hiermit endet die Geschichte aber noch nicht. Nach Ablauf des Jahres muss der Anleger seine Dollar wieder in Euro umtauschen. Rechnet er damit, dass der nominale Wechselkurs am Ende des Jahres gleich E^e_{t+1} ist, dann erwartet er, dass er am Ende des Jahres für jeden Euro, den er investiert hat $(1/E_t)(1+i_t^*)\ E^e_{t+1}$ Euro zurück bekommt. (Dies ist in der Abbildung durch den nach oben weisenden Pfeil dargestellt.)

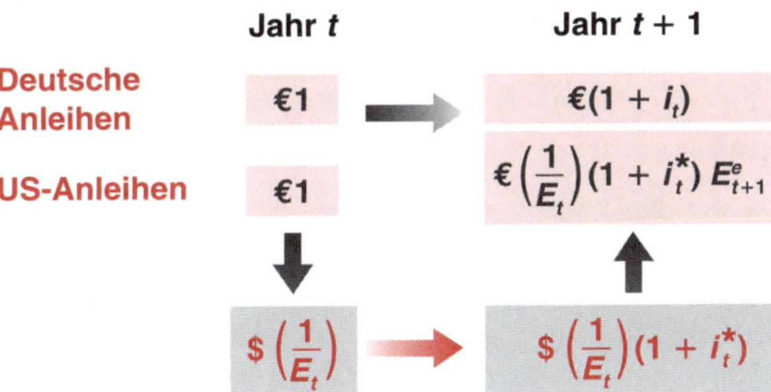

Abbildung 18.8: Die erwartete Rendite einjähriger deutscher und US-amerikanischer Wertpapiere

Die zentrale Aussage hinter diesen Überlegungen ist offensichtlich: Vergleicht man die Renditen deutscher und amerikanischer Wertpapiere miteinander, dann kommt es nicht nur auf die Zinsunterschiede an, man muss auch überlegen, wie sich der Wechselkurs zwischen dem Euro und dem Dollar im Lauf des Jahres entwickeln wird.

Die Entscheidung, im Inland oder im Ausland zu investieren, hängt nicht nur von den Zinssätzen ab. In das Kalkül fließen immer auch die Wechselkurserwartungen ein.

Wie bereits in Kapitel 14 nehmen wir nun an, dass die Anleger einzig und allein an der erwarteten Rendite interessiert sind. Sie werden nur das Wertpapier in ihrem Portfolio halten, das die höchste erwartete Rendite verspricht. Das bedeutet aber: deutsche und amerikanische Wertpapiere müssen genau die gleiche erwartete Rendite erzielen; niemand wäre bereit, ein Papier mit niedrigerer Rendite zu halten. Es muss also folgende **Arbitrage-Bedingung** erfüllt sein:

Arbitrage führt dazu, dass sich die Rendite der beiden nun risikolosen Anlageformen angleicht.

$$1+i_t = \left(\frac{1}{E_t}\right)\left(1+i_t^*\right)\left(E_{t+1}^e\right)$$

Umstellen der Gleichung liefert:

$$1+i_t = \left(1+i_t^*\right)\left(\frac{E_{t+1}^e}{E_t}\right) \qquad (18.2)$$

Welche der beiden Anlageformen riskanter ist, hängt von unserem Standpunkt ab. Aus Sicht des Inlandes sind inländische Wertpapiere mit einem geringeren Risiko verbunden. Aus Sicht des Auslandes sind deutsche Anlagen die riskantere Alternative. (Warum?)

Gleichung (18.2) bezeichnet man als ungedeckte Zinsparität oder auch einfach nur als Zinsparität.

Die Annahme, dass die Anleger allein an der erwarteten Rendite interessiert sind (sie also nur das Wertpapier halten wollen, das die höchste erwartete Rendite verspricht), ist sicher unrealistisch, und dies aus zwei Gründen:

- Sie vernachlässigt Transaktionskosten. Die Anlage in amerikanischen Wertpapieren erfordert drei Transaktionen; bei jeder dieser drei Transaktionen fallen Transaktionskosten an: Erst müssen Dollar gekauft werden, mit den Dollar wird die Anleihe gekauft; die Dollarerträge müssen schließlich in Euro zurückgetauscht werden.
- Sie berücksichtigt nicht das Risiko. Der Wechselkurs in einem Jahr ist eine unsichere Größe. Die Anlage in amerikanischen Wertpapieren, ausgedrückt in Euro, ist mit höheren Risiken verbunden als die Anlage in deutschen Wertpapieren.

Die ungedeckte Zinspariät ist von der gedeckten Zinsparität zu unterscheiden. Die gedeckte Zinsparität lässt sich durch folgendes Kalkül ableiten: Kaufe deutsche Wertpapiere oder tausche Euro gegen Dollar und kaufe damit einjährige amerikanische Wertpapiere. Schließe gleichzeitig ein Termingeschäft ab. Das heißt, vereinbare schon heute, nach Ablauf des Jahres Dollar zu einem festgelegten Kurs – den Terminkurs – gegen Euro zu tauschen.

Am Terminmarkt kann der Anleger sich gegen das Risiko absichern. Er kann heute schon vereinbaren, dass seine Dollar im nächsten Jahr zu einem festen Kurs wieder in Euro umgetauscht werden. Solche Absicherungsgeschäfte bezeichnet man als Swaps. Ersetzt man in Gleichung (18.2) den erwarteten Wechselkurs durch den Terminkurs, spricht man von gedeckter Zinsparität.

Um die Kapitalbewegungen zwischen den größten Finanzplätzen der Welt (New York, Frankfurt, London und Tokio) zu charakterisieren, ist die Annahme der ungedeckten Zinsparität gar nicht so weit hergeholt. Kleine Veränderungen der Zinssätze und Gerüchte über bevorstehende Ab- oder Aufwertungen können innerhalb von Minuten enorme Kapitalbewegungen von Hunderten von Milliarden Dollar auslösen. Für die reichen Länder der Welt ist die Arbitrage-Bedingung aus Gleichung (18.2) also eine gute Annäherung der Realität. In anderen Ländern mit kleiner und weniger weit entwickelten Kapitalmärkten oder Ländern, bei denen verschiedene Formen von Kapitalkontrollen wirksam sind, besteht mehr Spielraum bei der Wahl des inländischen Zinssatzes als Gleichung (18.2) nahe legt. Wir werden auf diesen Punkt am Ende von Kapitel 20 zurückkommen.

18.2.3 Zinssätze und Wechselkurse

Wir wollen versuchen, ein besseres Verständnis für die Implikationen der Zinsparität aufzubauen. Zunächst formulieren wir Gleichung (18.2) um:

$$1+i_t = \left(1+i_t^*\right)\left(1+\frac{E_{t+1}^e - E_t}{E_t}\right) \qquad (18.3)$$

Gleichung (18.3) beschreibt einen Zusammenhang zwischen dem nominalen inländischen Zinssatz i_t, dem nominalen ausländischen Zinssatz i_t^* und der erwarteten Abwertungsrate, $(E^e_{t+1} - E_t)/E_t$. Solange die Zinssätze oder die erwartete Abwertungsrate nicht zu groß sind – sagen wir, kleiner 20% im Jahr), stellt der folgende Ausdruck eine gute Näherung für Gleichung 18.3 dar.

Dies folgt aus Proposition 3 im Anhang 2 am Ende des Buches.

Zur Erinnerung: Ein Anstieg von E entspricht einer Abwertung, $[E^e_{t+1} - E_t]/E_t$ ist demnach die erwartete Abwertungsrate der inländischen Währung. Wenn für die inländische Währung eine Aufwertung erwartet wird, dann ist dieser Ausdruck negativ.

$$i_t \approx i_t^* + \frac{E^e_{t+1} - E_t}{E_t} \qquad (18.4)$$

Diesen Zusammenhang muss man immer im Kopf haben. Arbitrage impliziert, dass der inländische Zinssatz dem ausländischen Zinssatz entsprechen muss, korrigiert um die erwartete Abwertungsrate der inländischen Währung.

Eine wichtige Regel: Unter der Annahme der ungedeckten Zinsparität entspricht der inländische Zinssatz näherungsweise der Summe aus dem ausländischen Zins und der erwarteten Abwertung der heimischen Währung.

Wenden wir diese Gleichung auf unser Beispiel an. Beträgt der einjährige Nominalzinssatz in Deutschland 4%, in den Vereinigten Staaten dagegen 2,5%, wo sollten wir dann unser Geld investieren? Die Antwort lautet:

- Die Entscheidung hängt davon ab, welche Erwartungen wir über den Kurs des Euro gegenüber dem Dollar im Lauf des nächsten Jahres haben. Wertet er sich um mehr oder um weniger ab als der Zinsvorsprung von 1,5% der deutschen Anleihen? (4%-2,5% = 1,5%).
- Erwarten wir, dass sich der Euro um mehr als 1,5% abwertet, dann sind amerikanische Anleihen attraktiver, obwohl der Zinssatz in den USA niedriger ist als in Deutschland. Amerikanische Anleihen bringen zwar im nächsten Jahr geringere Zinserträge, wir rechnen aber damit, dass der Dollar im nächsten Jahr gegenüber dem Euro so viel an Wert gewinnen wird, dass die Effektivrendite amerikanischer Anleihen trotzdem attraktiver ist.
- Erwarten wir dagegen, dass der Euro um weniger als 1,5% abwertet, oder rechnen wir sogar mit einer Aufwertung, dann ist umgekehrt die Anlage in deutschen Anleihen rentabler als die Anlage in den USA.

In anderen Worten, die ungedeckte Zinsparität sagt uns, dass die internationalen Anleger für das nächste Jahr im Durchschnitt eine Abwertung des Euro gegenüber dem Dollar um 1,5% erwarten müssen. Nur dann sind sie bereit, amerikanische Anleihen trotz des niedrigeren Zinssatzes im Portfolio zu halten. Arbitragegeschäfte sorgen dafür, dass der Zinsunterschied genau den Abwertungserwartungen entspricht (Ein anderes Beispiel liefert die Fokusbox „Der Kauf brasilianischer Wertpapiere")

Die Arbitrage-Bedingung zwischen den Zinssätzen und dem Wechselkurs aus Gleichung (18.4) spielt in den nächsten Kapiteln eine zentrale Rolle. Sie deutet darauf hin, dass sich in- und ausländische Zinssätze sehr wahrscheinlich gleich entwickeln – jedenfalls, wenn die Länder nicht willens sind, große Schwankungen ihrer Wechselkurse hinzunehmen. Betrachten wir den Extremfall zweier Länder, die sich verpflichtet haben, ihren bilateralen Wechselkurs auf einem festen Wert zu halten. Ist diese

Wenn $E^e_{t+1} = E_t$, dann impliziert die Zinsparitäten-Bedingung $i_t = i_t^*$

Verpflichtung für die Finanzmärkte glaubhaft, dann rechnen die Anleger mit einem konstanten Wechselkurs; die erwartete Abwertung ist also gleich Null. Die Arbitrage-Bedingung verlangt in diesem Fall, dass sich die Zinssätze in den beiden Ländern exakt gleich entwickeln müssen. Wir werden sehen, dass Regierungen meistens keine Verpflichtungen bezüglich des Wechselkurses eingehen, die so absolut formuliert sind. Sie versuchen jedoch oft, große Schwankungen im Wechselkurs zu vermeiden. Damit setzen sie ihrem Spielraum bei der Festsetzung der Zinssätze enge Grenzen, denn der Zinssatz kann nicht zu weit von den Zinsen der übrigen Welt abweichen.

Vergleichen Sie doch zwischenzeitig die kurzfristigen Zinsen unterschiedlicher Länder mit den Zinsen des Euroraumes. Man findet sie auf den letzten Seiten einer aktuellen Ausgabe des *Economist*. Im Vergleich zu welchen Währungen wird eine Euroabwertung erwartet?

Inwieweit verlaufen die Zinssätze der größeren Länder in der Realität im Gleichklang? Abbildung 18.9 zeigt den einjährigen Nominalzins in den Vereinigten Staaten und in Deutschland seit 1975. Aus der Abbildung kann man erkennen, dass beide Zinssätze in einem engen Zusammenhang stehen, aber nicht völlig parallel verlaufen. Zu Beginn der 80er Jahre waren die Zinssätze in beiden Ländern sehr hoch. Zinssätze in dieser Höhe wurden in späteren Jahren in beiden Länder nicht mehr erreicht. Seit dem Jahr 2000 sind die Zinssätze in beiden Ländern relativ niedrig. Gleichwohl gab es auch Phasen, in denen die Zinssätze stark voneinander abwichen: So lag der amerikanische Zins 1981 mehr als 7 Prozentpunkte über dem deutschen Zins. In den folgenden Kapiteln werden wir darauf zurückkommen, warum solche Unterschiede entstehen und was für Konsequenzen sie mit sich bringen können.

Abbildung 18.9: Einjährige nominale Zinssätze in Deutschland und den Vereinigten Staaten, 1975-2003

Die Zinssätze in Deutschland und den Vereinigten Staaten entwickelten sich relativ gleichlaufend.

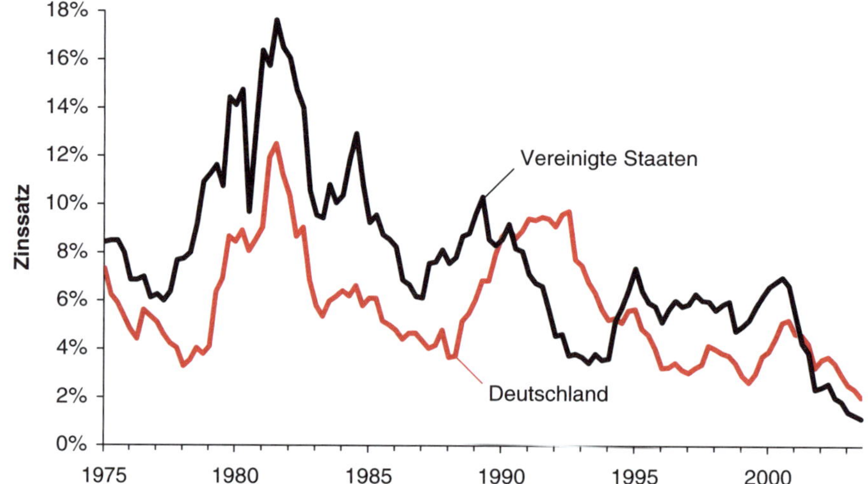

18.3 Schlussfolgerungen und Ausblick

Wir haben nun den Rahmen für die Analyse der offenen Volkswirtschaft gesetzt:

- Offene Gütermärkte ermöglichen die Wahl zwischen in- und ausländischen Gütern. Sie hängt in erster Linie vom realen Wechselkurs ab – dem relativen Preis ausländischer Güter ausgedrückt in inländischen Gütern.
- Offene Finanzmärkte ermöglichen eine Wahl zwischen inländischen und ausländischen Kapitalanlagen. Diese Wahl hängt von den relativen Renditen ab, die wiederum von den inländischen und den ausländischen Zinssätzen und der erwarteten Abwertungsrate der inländischen Währung abhängen.

Im nächsten Kapitel, Kapitel 19, beschäftigen wir uns mit der Offenheit auf den Gütermärkten. In Kapitel 20 betrachten wir zudem auch die Finanzmärkte. Kapitel 21 diskutiert die Vor- und Nachteil verschiedener Wechselkursregimes.

Fokus: Der Kauf brasilianischer Wertpapiere

Gehen wir zurück zum September 1993. Brasilien hatte damals extrem hohe Zinssätze. Die brasilianischen Wertpapiere brachten eine monatliche (!) Rendite von 36,9%. Dieser Zinssatz erscheint traumhaft, vor allem im Vergleich mit dem amerikanischen Zinssatz von 3% pro Jahr. Das entspricht einem monatlichen Zinssatz von mageren 0,2%. Sollten wir in dieser Situation nicht alle nur brasilianische Wertpapiere kaufen?

Unsere Analyse hat gezeigt, dass wir noch einen wichtigen Punkt berücksichtigen müssen, mit welchen Veränderungen der brasilianischen Währung – dem Cruzeiro (so der damalige Name der brasilianischen Währung; heute heißt die Währung Real) rechnen wir gegenüber dem Dollar? Diese Information ist von entscheidender Bedeutung; der Ertrag in Dollar aus einer einmonatigen Investition in brasilianische Wertpapiere entspricht ja folgendem Ausdruck:

$$\left(1+i_t^*\right)\frac{E_{t+1}^e}{E_t}=\left(1{,}369\right)\frac{E_{t+1}^e}{E_t}$$

Welche Abwertungsrate für den Cruzeiro erwarten wir für den kommenden Monat? Nehmen wir an, die Abwertungsrate für den nächsten Monat entspreche der Abwertungsrate des vergangenen Monats. Wir wissen, dass 100.000 Cruzeiro Ende Juli 1993 1,01 Dollar wert waren. Einen Monat später, Ende August 1993 waren sie nur noch 0,75 Dollar wert. Wertet sich der Cruzeiro weiter mit der gleichen Geschwindigkeit ab, dann ergibt sich die folgende Rendite für die einmonatige Investition in brasilianische Wertpapiere:

$$\left(1+i_t^*\right)\frac{E_{t+1}^e}{E_t}=\left(1{,}369\right)\left(\frac{0{,}75}{1{,}01}\right)=1{,}016$$

Die erwartete Rendite aus einer Anlage in brasilianischen Wertpapieren ist also nur (1,016 – 1) = 1,6% pro Monat – weit entfernt von den attraktiven 36,9% im Monat. Die brasilianische Rendite von 1,6% im Monat ist zwar immer noch höher als der monatliche Zinssatz auf amerikanische Anleihen (ungefähr 0,2%). Wenn wir aber Risiko und Transaktionskosten berücksichtigen – all die Elemente, die wir bei der Ableitung der Arbitrage-Bedingung außer Acht gelassen haben –, dann erscheint eine Entscheidung gegen eine Anlage in brasilianischen Wertpapieren als durchaus vernünftig.

Zusammenfassung

- Offene Gütermärkte ermöglichen es den Nachfragern – einzelnen Wirtschaftssubjekten und Unternehmen – zwischen inländischen und ausländischen Gütern zu wählen. Offene Finanzmärkte ermöglichen es den Kapitalanlegern, in ihrem Portfolio inländische oder ausländische Anlagen zu halten.
- Der nominale Wechselkurs ist der Preis der ausländischen Währung ausgedrückt in Einheiten der inländischen Währung. Aus Sicht des Euroraums ist der nominale Wechselkurs zwischen dem Euroraum und den Vereinigten Staaten der Preis eines Dollars ausgedrückt in Euro.
- Eine nominale Aufwertung (kurz: eine Aufwertung) verbilligt den Preis der ausländischen Währung ausgedrückt in Einheiten der inländischen Währung. Eine nominale Aufwertung entspricht also einem Sinken des Wechselkurses.
- Eine nominale Abwertung (kurz: eine Abwertung) verteuert den Preis der ausländischen Währung ausgedrückt in Einheiten der inländischen Währung. Eine nominale Abwertung entspricht einem Anstieg des Wechselkurses.
- Der reale Wechselkurs ist der relative Preis ausländischer Güter ausgedrückt in Einheiten inländischer Güter. Er entspricht dem nominalen Wechselkurs multipliziert mit dem ausländischen Preisniveau und dividiert durch das inländische Preisniveau.
- Eine reale Aufwertung verbilligt den relativen Preis ausländischer Güter ausgedrückt in Einheiten inländischer Güter; eine reale Aufwertung entspricht einem Sinken des realen Wechselkurses.
- Eine reale Abwertung verteuert den relativen Preis ausländischer Güter ausgedrückt in Einheiten inländischer Güter; eine reale Abwertung entspricht einem Anstieg des realen Wechselkurses.
- Der multilaterale reale Wechselkurs, oder kurz, der reale Wechselkurs, ist ein gewichteter Durchschnitt bilateraler realer Wechselkurse, wobei als Gewicht für jedes ausländische Land der jeweilige Anteil am Handel verwendet wird.
- Die Zahlungsbilanz erfasst die Transaktionen eines Landes mit dem Rest der Welt. Die Leistungsbilanz ist die Summe aus Handels- und Dienstleistungsbilanz, dem Saldo der Primäreinkommen und den vom Rest der Welt erhaltenen Nettotransfers. Die Kapitalbilanz ist gleich den Kapitalzuflüssen aus dem Rest der Welt minus der Kapitalabflüsse an den Rest der Welt.
- Leistungsbilanz und die Summe der Kapital- und Devisenbilanz verhalten sich spiegelbildlich zueinander. Abgesehen von statistischen Problemen sollten sich Leistungsbilanz und die Summe aus Kapital- und Devisenbilanz zu Null aufsummieren. Ein Leistungsbilanzdefizit wird durch Nettokapitalzuflüsse vom Rest der Welt finanziert, also durch einen Kapitalbilanzüberschuss. Gleichermaßen ist ein Leistungsbilanzüberschuss mit einem Kapitalbilanzdefizit verbunden.

Übungsaufgaben

Verständnistests

1. Welche der folgenden Aussagen sind zutreffend, falsch oder unklar? Geben Sie jeweils eine kurze Erläuterung.
   a. Länder mit Nettokapitalzuflüssen müssen ein Leistungsbilanzdefizit aufweisen.
   b. Während das Verhältnis von Exporten zum BIP größer als Eins sein kann – wie zum Beispiel in Singapur – ist dies für das Verhältnis von Importen zum BIP nicht möglich.
   c. Die Tatsache, dass ein reiches Land wie Japan ein solch niedriges Verhältnis von Importen zum BIP aufweist, ist ein klarer Beweis für ein unfaires Verhalten der Japaner den amerikanischen Exporteuren gegenüber.
   d. Die ungedeckte Zinsparität impliziert, dass die realen Zinssätze über alle Länder hinweg gleich sein müssen.
   e. Wenn der nominale Wechselkurs zwischen dem Euro und dem Dollar 0,90 ist, dann bedeutet dies, dass ein Euro 90 Cent wert ist.
   f. Wenn der reale Wechselkurs zwischen Großbritannien und den Vereinigten Staaten gleich 2 ist, dann bedeutet dies, dass Güter in Großbritannien doppelt so teuer sind wie in den Vereinigten Staaten.
2. Betrachten Sie zwei fiktive Volkswirtschaften, die eine wird als Inland bezeichnet, die andere als Ausland. Stellen Sie die Zahlungsbilanz für beide Länder auf, die auf den folgenden Transaktionen basiert.
   - Das Inland kauft Öl im Wert von 100 € vom Ausland.
   - Ausländische Touristen geben auf inländischen Skipisten 25 € aus.
   - Inländer investieren 45 € in eine Lebensversicherung im Ausland.
   - Inländer kaufen für 5 € illegale Substanzen von Ausländern.
   - Ausländischen Anleger erhalten 15 € Dividenden aus ihren inländischen Finanzanlagen.
   - Inländer spenden 25 € an ausländische Hilfsorganisationen.
   - Ausländische Geschäftsleute zahlen Bestechungsgelder in Höhe von 35 € an inländische Regierungsmitglieder.
   - Inländische Unternehmen nehmen bei ausländischen Banken Kredite in Höhe von 65 € auf.
   - Ausländische Anleger investieren 15 € in inländische junk bonds.
   - Inländische Anleger verkaufen ausländische Staatsanleihen im Wert von 50 €.
3. Betrachten Sie zwei Wertpapiere, das eine wird in Deutschland in Euro emittiert, das andere in den USA in Dollar. Nehmen Sie an, dass es sich bei beiden um einjährige Wertpapiere handelt, bei denen der Nennwert des Wertpapiers in einem Jahr zurückgezahlt wird. Der Wechselkurs E entspricht 1 Dollar = 0,95 Euro.

   Die Nennwerte und die Preise der beiden Wertpapiere sind in der folgenden Tabelle enthalten:

	Nennwert	Kurs
Einjährige US-Anleihe	13.333 $	12.698,10 $
Einjährige deutsche Anleihe	10.000 €	9.615,38 €

   a. Berechnen Sie für beide Wertpapiere den nominalen Zinssatz.
   b. Berechnen Sie den für das nächste Jahr erwarteten Wechselkurs, der mit der ungedeckten Zinsparität konsistent ist.
   c. Wenn Sie für den Dollar relativ zum Euro eine Abwertung erwarten, welches Wertpapier sollten Sie dann kaufen?

d. Nehmen Sie an, Sie sind ein deutscher Anleger. Sie tauschen Euro gegen Dollar und kaufen das U.S.-Wertpapier. Nach Ablauf eines Jahres stellt es sich heraus, dass der Wechselkurs E gleich 0,90 ist (1 Dollar = 0,90 Euro). Welche Rendite, ausgedrückt in Euro, konnten Sie für das amerikanische Wertpapier im Vergleich zur Rendite des deutschen Wertpapiers erzielen?
e. Sind die Unterschiede in den Renditen aus Teilaufgabe (d.) konsistent mit der ungedeckten Zinsparität? Warum oder warum nicht?

Vertiefungsfragen

4. 43% der deutschen Warenexporte fließen in den Euroraum. Bedeutet das, dass die deutsche Exportwirtschaft seit der Einführung des Euro viel weniger von Wechselkursschwankungen betroffen ist als früher zu Zeiten der DM? Diskutieren Sie dabei, ob das Handelsvolumen ein zuverlässiger Indikator der Wettbewerbsintensität einer Volkswirtschaft ist.

5. Suchen Sie auf der Homepage des *Economist*, `www.economist.com/markets/Bigmac/Index.cfm` die aktuellen Big Mac-Preise für die Länder aus Tabelle 18.3 Berechnen Sie die Kaufkraftparität und ermitteln Sie, welche Währungen gegenüber dem Dollar über-, welche unterbewertet sind. Diskutieren Sie dabei, welche Argumente dagegen sprechen könnten, den Index als zuverlässigen Indikator für kurz- bzw. langfristige Wechselkursveränderungen anzusehen. Inwieweit ist der Index als Wechselkurs für Vergleiche des Lebensstandards geeignet? Vergleichen Sie den Preis eines Big Mac´s in Ihrer Stadt mit dem für den Euroraum angegebenen Preis. Erklären sie eventuelle Preisdifferenzen.

6. Als Ronald Reagan Präsident der Vereinigten Staaten war, stieg das amerikanische Handelsdefizit deutlich an. Die Demokraten interpretierten diesen Sachverhalt als Beweis dafür, dass die amerikanische Wirtschaft nicht mehr wettbewerbsfähig sei. Ronald Reagan interpretierte die großen Nettokapitalzuflüsse dagegen als Zeichen dafür, dass die amerikanische Wirtschaft sehr attraktiv für ausländischen Anleger geworden sei. Wer hatte Recht?

7. Nehmen Sie an, es gibt einen Markt, auf dem man Devisen für ein Jahr im Voraus zu einem heute festgelegten Preis kaufen und verkaufen kann – dieser Preis wird als Terminkurs bezeichnet. Bezeichnen Sie den Terminkurs für einen Dollar in Euro mit F. Anders ausgedrückt, es ist möglich, heute einen Vertrag abzuschließen, der festlegt, dass man in einem Jahr einen Dollar für F Euro verkauft.

   a. Leiten Sie die folgende Näherung für die gedeckte Zinsparität ab, wobei i den einjährigen Zinssatz und ein Stern eine ausländische Variable bezeichnet:

   $$i = i^* + \left(\frac{F - E}{E}\right)$$

   b. Gehen Sie von den beiden Staatsanleihen und dem Wechselkurs aus Aufgabe 3) aus und finden sie den Terminkurs für einen Dollar, der mit der gedeckten Zinsparität konsistent ist.
   c. Wie sollte man handeln, wenn der tatsächliche Terminkurs von dem gerade berechneten abweicht?
   d. Nehmen Sie an, der tatsächliche Terminkurs entspricht dem in Aufgabe b) berechneten. Sie kaufen heute Dollar, kaufen heute die amerikanische Staatsanleihe, und Sie schließen heute einen Vertrag ab, die Dollar, die Sie in einem Jahr erhalten werden, zum Terminkurs gegen Euro zu verkaufen. Beeinflusst eine überraschende Entwicklung des Wechselkurses im Laufe des nächsten Jahres die Rendite Ihrer Anlage? Warum oder warum nicht?

Weiterführende Fragen

8. Holen Sie sich den nominalen Wechselkurs zwischen Japan und den Vereinigten Staaten aus dem Internet. Die folgende kanadische Internetseite ist nützlich und frei zugänglich. Sie ermöglicht es, online Grafiken zu entwickeln: `www.pacific.commerce.ubc.ca/xr`.
   a. Stellen sie den nominalen Wechselkurs zwischen Yen und Dollar für die Zeit ab 1979 grafisch dar. Wann wertete sich der Yen auf? Wann wertete sich der Yen ab?
   b. Japan befindet sich derzeit in einer schweren Krise. Ein Weg, die Nachfrage zu erhöhen, wäre es, japanische Güter attraktiver zu machen. Ist dazu eine Aufwertung oder eine Abwertung des Yen nötig?
   c. Wie hat sich der Yen in den letzten Jahren entwickelt? Hat er sich aufgewertet oder abgewertet? War die Entwicklung gut oder schlecht für Japan?
9. Rufen Sie die folgende Internetseite der Federal Reserve Bank of St. Louis auf: `www.stls.frb.org./fred/data/exchange.html`. Suchen Sie Zahlen zu „Balance on the current account" und „U.S. Assets Abroad, Net: Outflow (-)." (Eine negative Zahl ist ein Kapitalabfluss). Betrachten Sie die Zahlen für den Zeitraum von 1990 bis 2000. Warum sind so viele U.S.-amerikanische Anlagen in den Besitz von Ausländern übergegangen?

Weiterführende Literatur

Ein gutes Lehrbuch zum Thema internationaler Handel und internationale Wirtschaftsbeziehungen: Internationale Wirtschaft: Theorie und Politik der Außenwirtschaft, Paul Krugman und Maurice Obstfeld, 6. Auflage, München, Pearson Studium, 2003.

Auf der folgenden Internetseite sind die aktuellen Wechselkurse fast aller Länder der Welt erhältlich: `www.oanda.com`.

Kapitel 19 Der Gütermarkt in einer offenen Volkswirtschaft

Zum Zeitpunkt der Fertigstellung des Buches hoffte man weltweit darauf, dass die Konjunktur in den Vereinigten Staaten wieder anzieht. Der Rest der Welt machte sich dabei jedoch keine Sorgen um die Vereinigten Staaten, sondern um die eigene Wirtschaftsentwicklung. Man hoffte, dass ein Aufschwung in den Vereinigten Staaten auch die Konjunktur im eigenen Land stimulieren könnte. Andererseits fürchtete man sich vor einer Abwertung des Dollars. Eine solche Abwertung würde zwar die Exporte der USA stimulieren; für die anderen Länder bringt sie aber eine Verteuerung ihrer Exporte in die USA, eine Verschlechterung ihrer Handelsbilanz und damit ein verschärftes Risiko, dass der Abschwung im eigenen Land sich verstärkt.

Ist die Besorgnis gerechtfertigt? Könnte ein Aufschwung in den Vereinigten Staaten die Weltkonjunktur stimulieren? Besteht die Gefahr eines Abwertungswettlaufs? Wenn zwischen den Ländern ein solch enger Zusammenhang besteht, wäre dann nicht eine weltweite Koordinierung der Wirtschaftspolitik wünschenswert? Wenn dies zutrifft, warum scheint es dann so schwierig zu sein, sich zu koordinieren? Um auf diese Fragen eine Antwort zu finden, müssen wir zunächst unsere Analyse des Gütermarktes aus Kapitel 3 erweitern, und die Offenheit der Gütermärkte in die Analyse integrieren. Dies ist die Aufgabe des vorliegenden Kapitels.

- Abschnitt 19.1 charakterisiert das Gleichgewicht auf dem Gütermarkt für eine offene Volkswirtschaft.
- Die Abschnitte 19.2 und 19.3 untersuchen, welche Auswirkungen in- und ausländische Schocks auf die inländische Produktion und die inländische Handelsbilanz haben.
- In den Abschnitten 19.4 und 19.5 werden die Auswirkungen einer realen Abwertung auf Produktion und Handelsbilanz analysiert.
- Abschnitt 19.6 gibt eine alternative Charakterisierung des Gleichgewichts. Sie zeigt den engen Zusammenhang zwischen Ersparnis, Investitionen und der Leistungsbilanz.

19.1 Die *IS*-Funktion in der offenen Volkswirtschaft

Die Begriffe inländische Güternachfrage und Nachfrage nach inländischen Gütern werden leicht verwechselt. In der offenen Volkswirtschaft sind sie aber nicht gleichbedeutend. Ein Teil der inländischen Güternachfrage fällt auf ausländische Güter, ein Teil der ausländischen Güternachfrage fällt auf inländische Güter.

Solange wir die Handelsbeziehungen mit dem Rest der Welt ignorierten, brauchten wir nicht zwischen der inländischen Güternachfrage und der Nachfrage nach inländischen Gütern unterscheiden. Beide waren identisch. Von nun an müssen wir zwischen beiden differenzieren: Ein Teil der inländischen Nachfrage entfällt auf ausländische Güter; ein Teil der Nachfrage nach inländischen Gütern kommt wiederum aus dem Ausland. Wir wollen nun diesen Unterschied genauer betrachten.

19.1.1 Die Nachfrage nach inländischen Gütern

In einer offenen Volkswirtschaft ist die Nachfrage nach inländischen Gütern durch die folgende Gleichung beschrieben:

$$Z \equiv C + I + G - \varepsilon IM + X \qquad (19.1)$$

Die ersten drei Terme – Konsum C, Investitionen I und Staatsausgaben G – beschreiben die inländische Güternachfrage. In einer geschlossenen Volkswirtschaft würde $C + I + G$ gleichzeitig auch die Nachfrage nach inländischen Gütern beschreiben. Deshalb haben wir bisher nur $C + I + G$ betrachtet. Jetzt müssen wir jedoch zwei Anpassungen vornehmen:

In Kapitel 3 haben wir den realen Wechselkurs nicht berücksichtigt und statt ε *IM* einfach *IM* abgezogen. Das war eine Vereinfachung, weil wir zu Beginn des Buches das Ganze noch nicht so kompliziert darstellen wollten.

- Zunächst müssen wir die Importe abziehen, den Teil der inländischen Nachfrage, der auf ausländische Güter und nicht auf inländische Güter entfällt. Dabei müssen wir aber aufpassen: Ausländische Güter unterscheiden sich von inländischen Gütern; wir können nicht einfach die Importmengen IM abziehen. Würden wir dies tun, dann würden wir Äpfel (ausländische Güter) von Birnen (inländischen Güter) abziehen. Wir müssen zunächst den Wert der Importe in Einheiten inländischer Güter ausdrücken. Dafür steht der Ausdruck εIM in Gleichung (19.1): ε ist der reale Wechselkurs, den wir in Kapitel 18 kennen gelernt haben – der Preis ausländischer Güter ausgedrückt in Einheiten inländischer Güter. Der Ausdruck εIM (der Preis multipliziert mit der Importmenge) entspricht dem Wert der Importe in Einheiten inländischer Güter.

Inländische Güternachfrage ($C + I + G$), minus inländische Nachfrage nach ausländischen Gütern (Importe, εIM), plus ausländische Nachfrage nach inländischen Gütern (Exporte, X) ist gleich der Nachfrage nach inländischen Gütern ($C + I + G - \varepsilon IM + X$).

- Zweitens müssen wir die Exporte addieren, die Nachfrage nach inländischen Gütern, die aus dem Ausland kommt. Dafür steht der Term X in Gleichung (19.1).

19.1.2 Die Bestimmungsgrößen der Nachfrage nach inländischen Gütern

Im nächsten Schritt müssen wir die Bestimmungsgrößen der einzelnen Nachfragekomponenten spezifizieren. Fangen wir mit der inländischen Nachfrage an, also C, I und G.

Die Bestimmungsgrößen von *C*, *I* und *G*

Wie müssen wir unsere Analyse von Konsum, Investitionen und Staatsausgaben in einer offenen Volkswirtschaft anpassen? Die Antwort auf diese Frage lautet: Kaum, wenn überhaupt. Die Entscheidung der Konsumenten, wie viel sie ausgeben, hängt immer noch von ihrem Einkommen und ihrem Vermögen ab. Der reale Wechselkurs beeinflusst mit Sicherheit die Aufteilung der Konsumausgaben auf inländische und ausländische Güter; auf das Niveau der Konsumausgaben wirkt er sich aber nur wenig aus. Dasselbe gilt für die Investitionen: Der reale Wechselkurs beeinflusst vor allem die Entscheidung der Unternehmen, ob sie in- oder ausländische Maschinen kaufen, weniger das Niveau der gesamten Investitionsausgaben.

Zugegebenermaßen sind wir hier wieder etwas nachlässig: Wir erwähnen Dienstleistungen nicht mehr explizit. Wir erlauben uns diesen Luxus, weil der Unterschied zwischen Waren und Dienstleistungen für die folgenden Analysen nicht von Bedeutung ist. Der Begriff Güter steht im Folgenden in der Regel sowohl für Waren wie für Dienstleistungen. Die Begriffe Handelsbilanz und Nettoexporte verwenden wir synonym zum Außenbeitrag; sie schließen von nun an also auch Dienstleistungen ein.

Wir können also unsere Analyse von Konsum, Investitionen und Staatsausgaben, die wir bereits im Rahmen der geschlossenen Volkswirtschaft erarbeitet haben, weiter verwenden. Es gilt daher:

$$\textit{Inländische Nachfrage}: C + I + G = C\left(\underset{+}{Y - T}\right) + I\left(\underset{+}{Y}, \underset{-}{r}\right) + G$$

Der Konsum hängt positiv vom verfügbaren Einkommen $Y - T$ ab. Die Investitionen hängen positiv von der Produktion Y und negativ vom realen Zinssatz r ab. Die Staatsausgaben G betrachten wir weiterhin als gegeben. Die Verfeinerungen, die wir in den Kapiteln 14 bis 17 vorgenommen haben, als wir uns mit der Rolle der Erwartungen beschäftigten, lassen wir hier beiseite. Es ist vernünftig, sich immer auf eine Sache zu konzentrieren, und an dieser Stelle geht es um die Konsequenzen der Öffnung der Volkswirtschaft. Manche Verfeinerungen werden wir später wieder einführen.

Die inländische Nachfrage ($C + I + G$) hängt vom Einkommen, Y, dem Zins, r, den Steuern, T, und der Höhe der Staatsausgaben, G, ab.

Die Bestimmungsgrößen der Importe

Wovon hängt die Menge der Importe IM ab? In erster Linie vom Gesamtniveau der inländischen Nachfrage: Je höher die inländische Nachfrage, desto höher die Gesamtnachfrage nach allen Gütern, egal ob in- oder ausländischen. Natürlich sind die Importe IM auch vom realen Wechselkurs abhängig: Je höher der Preis der ausländischen Güter relativ zum Preis der inländischen Güter, desto niedriger ist die inländische Nachfrage nach ausländischen Gütern relativ zur inländischen Nachfrage nach inländischen Gütern, und desto niedriger ist die Menge der Importe. Dies war der Ausgangspunkt des Kapitels: Der Rest der Welt macht sich Sorgen um eine Abwertung des Dollars, weil dies für den Rest der Welt niedrigere Exporte in die USA bedeutet.

Vorsicht: In der offenen Volkswirtschaft muss das Einkommen nicht unbedingt der Produktion entsprechen. Wir müssen zwischen dem Einkommen der Inländer (BNE) und der inländischen Produktion (BIP) unterscheiden. Zunächst unterstellen wir aber, dass Einkommen und Produktion gleich sind. Erst in Abschnitt 19.6 untersuchen wir, welche Modifikationen nötig werden, wenn der Saldo der Primäreinkommen nicht Null ist.

Daher können wir die Importnachfrage wie folgt schreiben:

$$IM = IM\left(\underset{+}{Y}, \underset{-}{\varepsilon}\right) \quad (19.2)$$

Wieder vereinfachen wir hier. Eigentlich müssten wir annehmen, dass die Importe von der inländischen Nachfrage, $C + I + G$, und nicht vom Einkommen, Y, abhängen. Darüber hinaus könnte man die Annahme kritisieren, dass die Importe allein von der Höhe der Nachfrage und nicht von deren Zusammensetzung abhängen. Ein Beispiel: Viele arme Länder importieren den Großteil der Kapitalgüter, konsumieren aber fast ausschließlich heimische Güter. In diesem Fall hätte die Zusammensetzung der Nachfrage einen Einfluss auf die Höhe der Importe.

- Die Menge der Importe hängt vom Gesamteinkommen Y ab: Ein höheres Einkommen führt zu höheren Importen.
- Die Menge der Importe hängt auch vom realen Wechselkurs ab. Erinnern wir uns daran, dass der reale Wechselkurs ε als der Preis der ausländischen Güter in Einheiten inländischer Güter definiert ist. Ein höherer realer Wechselkurs führt dazu, dass die ausländischen Güter relativ teurer werden. Dies wiederum führt zu einem Rückgang der Importe IM. Dieser negative Effekt des realen Wechselkurses auf die Importe wird durch das Minuszeichen unter dem realen Wechselkurs ε in Gleichung (19.2) dargestellt. (Wenn ε steigt, sinkt IM. Daher lässt sich nicht eindeutig sagen, wie sich der Wert der Importe in Einheiten inländischer Güter, εIM, entwickelt. Wir werden auf diesen Punkt in Kürze zurückkommen.)

Die Bestimmungsgrößen der Exporte

Die Importmenge, IM, hängt von der Höhe des Einkommens, Y, und dem realen Wechselkurs, ε, ab.

Ausländische Variablen kennzeichnen wir mit einem Sternchen.

Die Exporte eines Landes sind definitionsgemäß die Importe eines anderen Landes. Wenn wir überlegen, durch welche Faktoren die deutschen Exporte bestimmt werden, dann können wir genauso gut überlegen, durch welche Faktoren die ausländischen Importe bestimmt werden. Aus unserer Diskussion der Bestimmungsgrößen der Importe im letzten Absatz wissen wir, dass sie vom Produktionsniveau der ausländischen Wirtschaft und vom relativen Preis der ausländischen Güter abhängen. Die Produktion der restlichen Welt Welt bezeichnen wir mit Y^*.

Dann können wir die Exporte wie folgt schreiben:

$$X = X\Big(\underset{+}{Y^*}, \underset{+}{\varepsilon}\Big) \tag{19.3}$$

- Ein Anstieg der ausländischen Produktion führt zu einem Anstieg der ausländischen Nachfrage nach allen Gütern, ein Teil dieser zusätzlichen Nachfrage entfällt auf deutsche Güter, so dass die Exporte zunehmen.

Die Exporte hängen von der Höhe des ausländischen Einkommens, Y^*, und vom realen Wechselkurs, ε, ab.

- Steigt der reale Wechselkurs ε – (ausländische Güter werden in Einheiten deutscher Güter teurer) –, führt dies dazu, dass die deutschen Güter attraktiver werden, so dass die Exporte zunehmen.

Dies können wir auch grafisch darstellen. In Abbildung 19.1 sind die verschiedenen Bestandteile der Nachfrage als Funktion der Produktion abgetragen; alle anderen Variablen, die die Nachfrage beeinflussen (der Zinssatz, die Steuern, die Staatsausgaben, die ausländische Produktion und der reale Wechselkurs) werden konstant gehalten.

Die Gerade DD in Abbildung 19.1a beschreibt die inländische Nachfrage $C + I + G$ als Funktion des Einkommens. Dieser Zusammenhang zwischen Nachfrage und Einkommen ist aus Kapitel 3 bekannt. Weiterhin unterstellen wir, dass die Nachfrage mit steigendem Einkommen zunimmt, dass die Steigung aber kleiner als Eins ist. (In diesem Kapitel zeichnen wir die Nachfragefunktion und auch die anderen Funktionen als Gerade, nicht als Kurven. Die einzige Rechtfertigung dafür ist Bequemlichkeit. Die folgende Analyse gilt aber ganz generell).

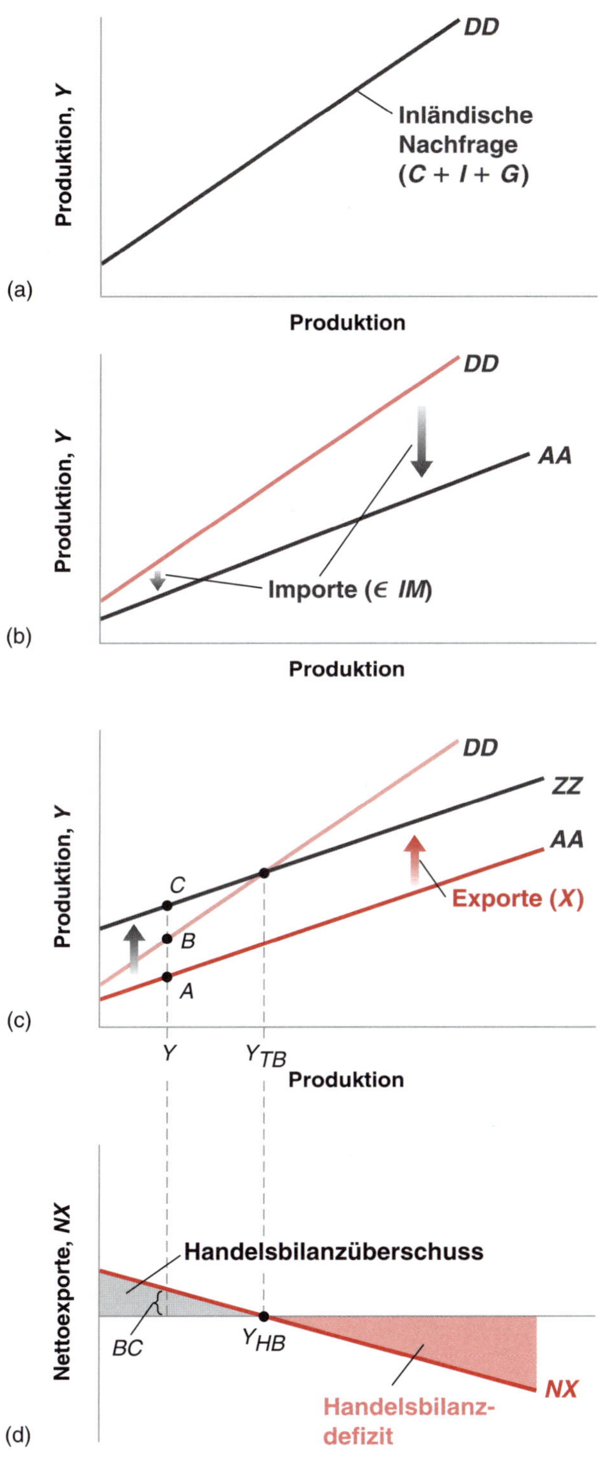

Abbildung 19.1: Nachfrage nach inländischen Gütern und Nettoexporte

Die Nachfrage nach inländischen Gütern hängt positiv vom Einkommen ab. Wir erhalten sie, indem wir von der inländischen Nachfrage den Importwert abziehen und anschließend die Exporte addieren.

Der Importwert, εIM, der Wert der Importe in Einheiten inländischer Güter, verläuft für einen gegebenen realen Wechselkurs, ε, proportional zu *IM*, der Importmenge.

Um die Nachfrage nach inländischen Gütern zu erhalten, müssen wir zunächst die Importe abziehen. In Abbildung 19.1b erhalten wir so die Gerade *AA*. Die Gerade *AA* beschreibt die inländische Nachfrage nach inländischen Gütern. Der Abstand zwischen *DD* und *AA* entspricht dem Wert der Importe εIM. Da die Importe mit dem Einkommen zunehmen, wird der Abstand zwischen den beiden Geraden mit zunehmendem Einkommen immer größer. Wir können die Gerade *AA* durch zwei Aussagen charakterisieren, die für die weitere Analyse in diesem Kapitel nützlich sein werden.

1. Die Gerade *AA* ist flacher als die Gerade *DD*: Wenn das Einkommen steigt, dann fällt ein Teil der zusätzlichen inländischen Nachfrage nicht auf inländische, sondern auf ausländische Güter. Die Nachfrage nach inländischen Gütern steigt also weniger als die gesamte inländische Nachfrage.
2. Solange ein Teil der zusätzlichen Nachfrage auf inländische Güter entfällt, hat die Gerade *AA* eine positive Steigung: Ein Anstieg des Einkommens führt zu einem Anstieg der Nachfrage nach inländischen Gütern.

Im nächsten Schritt müssen wir die Exporte addieren. In Abbildung 19.1c erhalten wir so die Gerade *ZZ*, die oberhalb der Geraden *AA* liegt. Die Gerade *ZZ* beschreibt die Gesamtnachfrage nach inländischen Gütern. Der Abstand zwischen der Geraden *ZZ* und der Geraden *AA* ist gleich den Exporten. Da die Exporte nicht von der inländischen Produktion abhängen, ist der Abstand zwischen *ZZ* und *AA* konstant, so dass die beiden Geraden parallel verlaufen. Da *AA* flacher ist als *DD*, ist auch *ZZ* flacher als *DD*.

Nettoexporte und Handelsbilanz sind Synonyme. Positive Nettoexporte entsprechen einem Handelsbilanzüberschuss, negative Nettoexporte bezeichnen ein Handelsbilanzdefizit.

Aus Abbildung 19.1c können wir ableiten, dass die Nettoexporte – die Differenz zwischen Exporten und Importen ($X - \varepsilon IM$) – eine Funktion des Einkommens sind. Beim Einkommensniveau *Y* beispielsweise entsprechen die Exporte dem Abstand *AC* und die Importe dem Abstand *AB*, so dass sich die Nettoexporte als Abstand *BC* ergeben.

Dieser Zusammenhang zwischen den Nettoexporten und Einkommen wird durch die Gerade *NX* (*NX* für Nettoexporte) in Abbildung 19.1d dargestellt. Die Nettoexporte sind eine abnehmende Funktion des Einkommens: Mit zunehmendem Einkommen steigen die Importe, die Exporte bleiben unverändert, so dass sich insgesamt niedrigere Nettoexporte ergeben. Bezeichnen wir das Einkommensniveau, für das der Wert der Importe genau gleich den Exporten ist mit Y_{HB} (HB für Handelsbilanz). Beim Einkommen Y_{HB} sind die Nettoexporte gleich Null. Einkommen höher als Y_{HB} führen zu höheren Importen, so dass sich ein Handelsbilanzdefizit einstellt. Einkommen kleiner als Y_{HB} führen zu niedrigeren Importen, so dass sich ein Handelsbilanzüberschuss einstellt.

19.2 Handelsbilanz und Produktion im Gleichgewicht

Der Gütermarkt ist im Gleichgewicht, wenn die inländische Produktion der Nachfrage nach inländischen Gütern entspricht.

Bei einem Gleichgewicht auf dem Gütermarkt entspricht die inländische Produktion der Nachfrage nach inländischen Gütern.

$$Y = Z$$

Wenn wir für alle Bestandteile der Nachfrage nach inländischen Gütern Z die gerade abgeleiteten Gleichungen einsetzen, erhalten wir:

$$Y = C\,(Y - T) + I\,(Y, r) + G - \varepsilon IM\,(Y, \varepsilon\ ) + X\,(Y^*\ , \varepsilon\ ) \qquad (19.4)$$

Durch diese Gleichgewichtsbedingung wird die Produktion zu einer Funktion aller Variablen, die wir als gegeben annehmen, angefangen von den Steuern, dem realen Wechselkurs, bis hin zum ausländischen Produktion. Diese Beziehung ist nicht einfach; in Abbildung 19.2 ist sie auf benutzerfreundlichere Art grafisch dargestellt.

In Abbildung 19.2a wird die Nachfrage auf der vertikalen Achse abgetragen, die Produktion (oder äquivalent das Einkommen) auf der horizontalen Achse. Die Gerade *ZZ* beschreibt die Nachfrage als Funktion des Einkommens. Diese Gerade entspricht der Geraden *ZZ* in Abbildung 19.1: *ZZ* verläuft steigend, mit einer Steigung kleiner Eins.

Das Gleichgewicht befindet sich in dem Punkt, indem die Nachfrage gleich der Produktion ist, im Schnittpunkt der Geraden *ZZ* und der 45-Grad-Linie: Dieser Schnittpunkt ist der Punkt *A*, damit verbunden ist die Produktion *Y*.

Abbildung 19.2b reproduziert Abbildung 19.1d. Die Nettoexporte sind eine abnehmende Funktion des Einkommens. Es gibt keinen Grund, warum das Gleichgewichtseinkommen *Y* genau dem Einkommen Y_{HB} entsprechen sollte, für das die Handelsbilanz ausgeglichen ist. In Abbildung 19.2 ist das Gleichgewichtseinkommen mit einem Handelsbilanzdefizit in Höhe von *BC* verbunden.

Die gleichgewichtige Produktion wird durch die Bedingung $Y = Z$ bestimmt. Das Produktionsniveau bei dem die Handelsbilanz ausgeglichen ist, ist durch die Gleichung $X = \varepsilon IM$ gegeben. Es handelt sich um zwei unterschiedliche Bedingungen.

Mit den eben erarbeiteten Werkzeugen werden wir in den folgenden Abschnitten die Fragen beantworten, die wir zu Beginn des Kapitels gestellt haben.

Abbildung 19.2: Produktion im Gleichgewicht und Nettoexporte

Der Gütermarkt befindet sich im Gleichgewicht, wenn die Produktion der Nachfrage nach inländischen Gütern entspricht. Beim gleichgewichtigen Produktionsniveau kann die Handelsbilanz sowohl ein Defizit als auch einen Überschuss aufweisen.

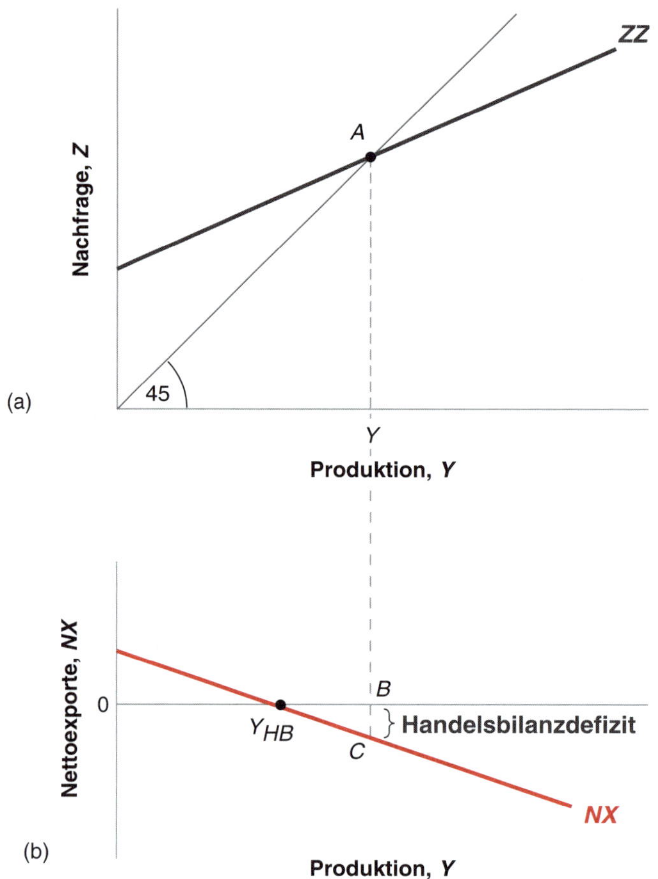

19.3 Ein Anstieg von in- und ausländischer Nachfrage

Welche Auswirkungen haben Veränderungen der Nachfrage auf die Produktion in einer offenen Volkswirtschaft? Beginnen wir mit einem altbekannten Beispiel – einer Erhöhung der Staatsausgaben. Im Anschluss daran werden wir eine neue Fragestellung untersuchen – wie wirkt sich eine höhere Nachfrage im Ausland aus?

19.3.1 Ein Anstieg der inländischen Nachfrage

Nehmen wir an, die Volkswirtschaft befindet sich in einer Rezession und die Regierung beschließt, die Staatsausgaben zu erhöhen, um auf diesem Weg die inländische Nachfrage zu erhöhen. Wie wird sich diese Maßnahme auf Produktion und Handelsbilanz auswirken?

Wie im Hauptteil des Buches beginnen wir zunächst mit dem Gütermarkt. Wenn wir später Finanz- und Arbeitsmärkte integrieren, werden sich unsere Ergebnisse nur wenig ändern.

Die Antwort gibt Abbildung 19.3. Vor der Erhöhung der Staatsausgaben war die Nachfrage durch die Gerade *ZZ* in Abbildung 19.3a beschrieben. Das Gleichgewicht befand sich in Punkt *A*, die Produktion im Gleichgewicht war *Y*. Zur Vereinfachung unterstellen wir, dass die Handelsbilanz in der Ausgangssituation ausgeglichen war – es gibt allerdings keinen Grund, warum dies der Fall sein sollte. In Abbildung 19.3b gilt demnach $Y = Y_{HB}$.

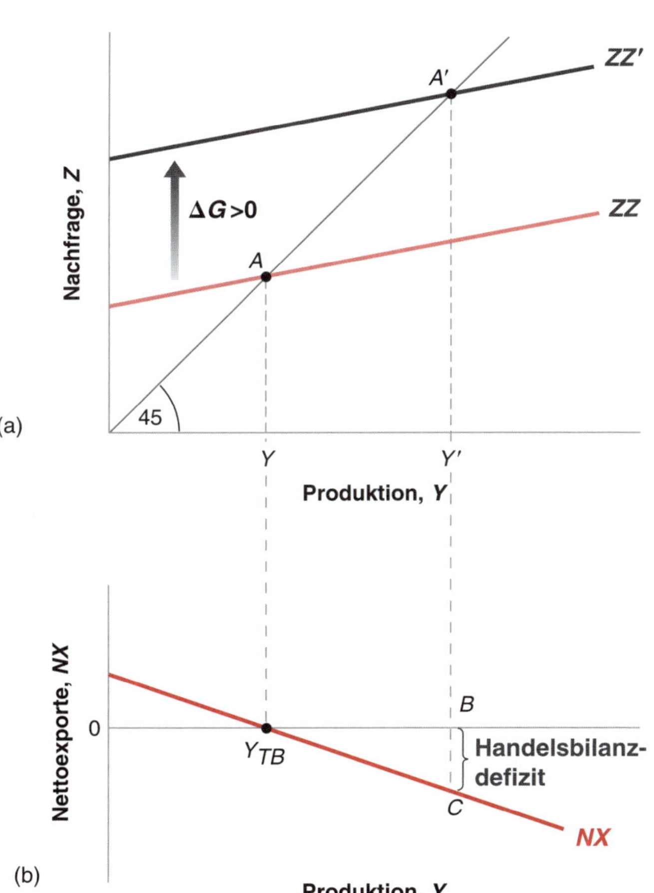

Abbildung 19.3: Auswirkungen einer Erhöhung der Staatsausgaben

Die Erhöhung der Staatsausgaben führt zu einer Ausweitung der Produktion und zu einem Handelsbilanzdefizit.

Was geschieht, wenn die Staatsausgaben um ΔG erhöht werden? Für jedes Produktionsniveau ist die Nachfrage nun um ΔG höher; die Nachfragefunktion verschiebt sich also um ΔG von *ZZ* nach oben auf *ZZ'*. Das Gleichgewicht verschiebt sich von *A* nach *A'*. Die Produktion steigt von *Y* auf *Y'*. Die Produktion steigt um mehr als die Staatsausgaben: Grund dafür ist der Multiplikatoreffekt.

Bis zu diesem Punkt klingt die Geschichte ganz ähnlich wie in der geschlossenen Volkswirtschaft in Kapitel 3. Es gibt jedoch zwei wichtige Unterschiede:

Ausgehend von einer ausgeglichenen Handelsbilanz führt eine Erhöhung der Staatsausgaben zu einem Handelsbilanzdefizit.

- Auch die Handelsbilanz verändert sich nun. Da die Staatsausgaben weder in die Exportfunktion noch in die Importfunktion direkt eingehen, verschiebt sich die Relation zwischen den Nettoexporten und der Produktion in Abbildung 19.3b nicht. Der Anstieg der Produktion von *Y* auf *Y'* führt demnach zu einem Handelsbilanzdefizit in Höhe von *BC*.

Steigende Staatsausgaben führen zu einer größeren Produktion. Der Multiplikator ist kleiner als in der geschlossenen Volkswirtschaft.

- Die Erhöhung der Staatsausgaben führt in einer offenen Volkswirtschaft nicht nur zu einem Handelsbilanzdefizit, zudem ist auch der Effekt auf die Produktion geringer als in einer geschlossenen Volkswirtschaft. Erinnern wir uns an Kapitel 3: Je flacher die Steigung der Nachfragefunktion, desto kleiner der Multiplikator (würde beispielsweise *ZZ* horizontal verlaufen, dann wäre der Multiplikator gerade Eins.) Aus Abbildung 19.1 wissen wir, dass die Nachfragefunktion *ZZ* in der offenen Volkswirtschaft flacher verläuft als die Kurve *DD* in der geschlossenen Volkswirtschaft. Aus diesem Grund ist der Multiplikator in der offenen Volkswirtschaft kleiner.

Der kleinere Multiplikator und das Handelsbilanzdefizit haben die gleiche Ursache: Ein Teil der inländischen Güternachfrage entfällt auf ausländische und nicht auf heimische Güter.

Das Handelsbilanzdefizit und der kleinere Multiplikator haben dieselbe Ursache: Der Anstieg der Nachfrage betrifft jetzt nicht mehr ausschließlich inländische Güter, sondern kommt zum Teil auch ausländischen Gütern zugute. Wenn das Einkommen steigt, ist die Wirkung auf die Nachfrage nach inländischen Gütern daher kleiner als in einer geschlossenen Volkswirtschaft; der Multiplikator wird kleiner. Da ein Teil des Nachfrageanstiegs nun eben auf Importe entfällt – während die Exporte unverändert bleiben –, ergibt sich ein Handelsbilanzdefizit.

Dies sind zwei wichtige Einsichten. In einer offenen Volkswirtschaft wirkt sich eine höhere inländische Nachfrage einerseits nicht mehr so stark auf die Produktion wie in der geschlossenen Volkswirtschaft; andererseits ergibt sich ein negativer Effekt auf die Handelsbilanz. Je offener die Volkswirtschaft, desto kleiner der Effekt auf die Produktion und desto größer der negative Effekt auf die Handelsbilanz. Betrachten wir das Beispiel Belgien. Das Verhältnis von Importen zum BIP beträgt für Belgien 82%. Wenn in Belgien die inländische Nachfrage steigt, dann wird dies wahrscheinlich zum größten Teil die Nachfrage nach ausländischen, nicht nach inländischen Gütern stimulieren. Eine Staatsausgabenerhöhung wird daher eher das belgische Handelsbilanzdefizit als die inländische Produktion steigen lassen. Eine Ausweitung der inländischen Nachfrage ist daher für Belgien keine besonders attraktive wirtschaftspolitische Maßnahme. Selbst für die Vereinigten Staaten, mit einem Verhältnis von Importen zu BIP von 14%, geht ein Anstieg der Nachfrage mit einer Verschlechterung der Handelsbilanz einher. (Diese Schlussfolgerung wird im ersten Anhang zu diesem Kapitel „Multiplikatoren: Belgien vs. Vereinigte Staaten“ noch weiter vertieft).

19.3.2 Ein Anstieg der ausländischen Nachfrage

Betrachten wir nun einen Anstieg der ausländischen Produktion Y^*. Dies könnte etwa auf höhere Staatsausgaben G^* im Ausland zurückzuführen sein – (wir haben gerade einen Anstieg der inländischen Staatsausgaben analysiert, die gleiche Maßnahme im Ausland wirkt sich analog auf die inländische Nachfrage aus). Um die Auswirkungen auf die inländische Produktion zu analysieren, ist es jedoch egal, worauf der Anstieg der ausländischen Produktion zurückzuführen ist.

Abbildung 19.4 zeigt die Effekte der höheren Wirtschaftsaktivität im Ausland auf inländische Produktion und Handelsbilanz. Die Nachfrage nach inländischen Gütern in der Ausgangssituation wird durch die Gerade *ZZ* in Abbildung 19.4a dargestellt. Das Gleichgewicht befindet sich in Punkt *A*, mit der Produktion *Y*. Nehmen wir wieder an, die Handelsbilanz ist zunächst ausgeglichen. In Abbildung 19.4b sind also die Nettoexporte beim Produktionsniveau *Y* gleich Null ($Y = Y_{HB}$).

Für das weitere Vorgehen erweist es sich als nützlich, in Abbildung 19.4a die Gerade einzuzeichnen, die die inländische Güternachfrage *C+I+G* als Funktion des Einkommens darstellt. Wir bezeichnen diese Gerade mit *DD*. Wir wissen aus Abbildung 19.1, dass *DD* steiler als *ZZ* verläuft. Die Differenz zwischen *ZZ* und *DD* entspricht den Nettoexporten. Wenn die Handelsbilanz im Punkt A ausgeglichen ist, dann schneiden sich *ZZ* und *DD* im Punkt *A*.

_DD_ bezeichnet die inländische Güternachfrage, _ZZ_ die Nachfrage nach inländischen Gütern. Die Differenz entspricht der Handelsbilanz.

Betrachten wir nun eine Zunahme der ausländischen Produktion um ΔY^*. Die höhere ausländische Produktion erhöht auch die ausländische Nachfrage nach deutschen Gütern. Als direkter Effekt nehmen daher die deutschen Exporte zu. Bezeichnen wir die Zunahme der Exporte mit ΔX.

Bei gegebenem Produktionsniveau lassen die gestiegenen Exporte die Nachfrage nach deutschen Gütern um Δ steigen. Die Gerade, die die Nachfrage nach inländischen Gütern als Funktion der Produktion beschreibt, verschiebt sich dadurch um ΔX nach oben, von *ZZ* nach *ZZ*'.

Bei gegebenem Produktionsniveau nehmen die Nettoexporte um ΔX zu. Daher verschiebt sich auch die Gerade, die in Abbildung 19.4b die Nettoexporte als Funktion der Produktion beschreibt, um ΔX nach oben, von *NX* nach *NX*'.

In Abbildung 19.4a befindet sich das neue Gleichgewicht in Punkt *A*' bei der gleichgewichtigen Produktion *Y*'. Die Zunahme der ausländischen Produktion lässt die inländische Produktion steigen. Die Wirkungskette ist klar: Die höhere Produktion im Ausland stimuliert die Exporte inländischer Güter, so dass Produktion und Güternachfrage im Inland über den Multiplikator zunehmen.

Abbildung 19.4: Auswirkungen einer höheren ausländischen Nachfrage

Eine steigende ausländische Nachfrage erhöht die inländische Produktion und führt zu einem Handelsbilanzüberschuss.

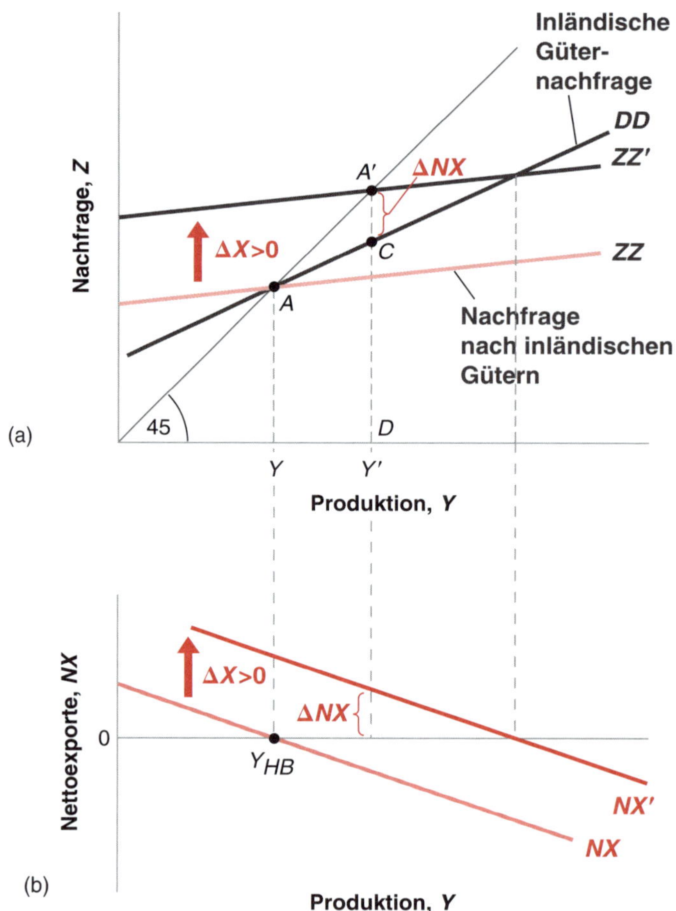

Y^* beeinflusst die Exporte direkt und steht dadurch in Beziehung zur Nachfrage nach inländischen Gütern und zur Produktion. Ein Anstieg von Y^* verschiebt *ZZ* nach oben. Y^* hat keinen direkten Einfluss auf den Konsum, die Investitionen oder die Staatsausgaben und steht somit nicht in Beziehung zur inländischen Güternachfrage. Ein Anstieg von Y^* verschiebt *DD* deshalb nicht. Ein Anstieg der ausländischen Produktion erhöht die inländische Produktion und verbessert die Handelsbilanz.

Was geschieht mit der Handelsbilanz? Wir wissen, dass die Exporte zunehmen. Könnte es jedoch sein, dass der Anstieg der inländischen Produktion gleichzeitig die Importe so stark steigen lässt, dass sich die Handelsbilanz am Ende verschlechtert? Nein, die Handelsbilanz muss sich verbessern. Warum? Wenn die ausländische Nachfrage steigt, dann verschiebt sich die Nachfrage nach inländischen Gütern nach oben, von *ZZ* nach *ZZ*'; die Gerade *DD* jedoch, die die inländische Güternachfrage als Funktion der Produktion beschreibt, verschiebt sich nicht. Beim neuen gleichgewichtigen Produktionsniveau *Y*' entspricht die inländische Nachfrage *DC* und die Nachfrage nach inländischen Gütern entspricht *DA*'. Die Nettoexporte entsprechen demnach dem Abstand *CA*', der, da *DD* notwendigerweise unterhalb von *ZZ*' verläuft, positiv ist. Die Importe nehmen zwar zu, aber die Zunahme gleicht die Zunahme der Exporte nicht aus und die Handelsbilanz verbessert sich.

19.3.3 Unerfreuliche Spiele zwischen Ländern

Bisher haben wir zwei grundlegende Ergebnisse abgeleitet:

1. Ein Anstieg der inländischen Nachfrage führt zu einem Anstieg der inländischen Produktion, aber auch zu einem Handelsbilanzdefizit. (Wir haben eine Erhöhung der Staatsausgaben analysiert, die Ergebnisse wären jedoch dieselben gewesen für eine Steuersenkung, einen Anstieg der Konsumausgaben usw.)
2. Ein Anstieg der ausländischen Nachfrage (der auf dieselben Veränderungen zurückzuführen sein könnte, diesmal aber für das Ausland) führt zu einem Anstieg des inländischen Produktion und zu einem Handelsbilanzüberschuss.

Die meisten Regierungen sind über Handelsbilanzdefizite nicht glücklich, und das aus guten Gründen. Der Hauptgrund: Ein Land, das regelmäßig ein Handelsbilanzdefizit ausweist, akkumuliert einen Schuldenberg gegenüber dem Rest der Welt, so dass es immer höhere Zinszahlungen an den Rest der Welt leisten muss. (Wir vertiefen diesen Punkt in der Fokusbox „Eine dynamische Analyse der Leistungsbilanz“ am Ende des Kapitels). Aus diesem Grund ist es nicht überraschend, dass die Länder einen Anstieg der ausländischen Nachfrage – der zu einer Verbesserung der Handelsbilanz führt – gegenüber einem Anstieg der inländischen Nachfrage – der zu einer Verschlechterung der Handelsbilanz führt – bevorzugen.

Dies kann gravierende Konsequenzen haben. Stellen wir uns eine Gruppe von Ländern mit intensiven Handelsbeziehungen vor. Ein Nachfrageanstieg in einem Land wird dann zum größten Teil als Anstieg der Nachfrage nach den in anderen Ländern produzierten Gütern wirksam. Nehmen wir an, all diese Länder befinden sich gerade in einer Rezession und alle Länder weisen eine ausgeglichene Handelsposition auf. Unter solchen Umständen ist wahrscheinlich kein Land bereit, Maßnahmen zur Steigerung der inländischen Nachfrage zu ergreifen: Jedes einzelne Land könnte damit nur einen geringen Effekt auf die inländische Produktion erzielen; es müsste zudem noch ein großes Handelsbilanzdefizit hinnehmen. Jedes einzelne Land wird deshalb lieber darauf warten, dass die anderen Länder ihre Nachfrage erhöhen. Wenn aber alle warten, dann geschieht gar nichts; die Rezession wird sich lange Zeit hinziehen.

Gibt es einen Weg, der aus dieser Patt-Situation herausführen könnte? Theoretisch ja. Würden alle Länder ihre Wirtschaftspolitik so koordinieren, dass sie gleichzeitig die Nachfrage erhöhen, dann könnte jedes Land expandieren, ohne sein Handelsbilanzdefizit vergrößern zu müssen (zumindest das Handelsbilanzdefizit gegenüber dem Rest der Gruppe, das gemeinsame Handelsbilanzdefizit gegenüber dem Rest der Welt würde sich auch bei koordinierter Wirtschaftspolitik vergrößern). Der Grund ist klar: Die koordinierte Nachfragesteigerung würde dazu führen, dass sowohl die Exporte als auch die Importe in allen Ländern zunehmen würden. Die Expansion der Nachfrage im Inland wird zwar immer noch zu vermehrten Importen führen, dieser Anstieg bei den Importen wird jedoch durch den Anstieg bei den Exporten ausgeglichen, der auf die Expansion der Nachfrage im Ausland zurückzuführen ist.

„Koordination" ist ein Begriff, der von den meisten Regierungen gerne und häufig verwendet wird. Die acht größten Länder der Welt – die so genannten G-8-Länder (die Vereinigten Staaten, Japan, Frankreich, Deutschland, Großbritannien, Italien und Kanada sowie Russland; das G steht dabei für Gruppe) treffen sich regelmäßig um ihre wirtschaftliche Lage zu diskutieren, im Kommuniqué am Ende des Treffens fehlt der Begriff „Koordination" nur selten. Die Realität zeigt jedoch, dass die wirtschaftspolitische Koordination zwischen Ländern nicht sehr ausgeprägt ist. Es gibt einige Gründe, warum dies der Fall ist:

- Koordination impliziert unter Umständen, dass einige Länder mehr zu tun haben, als andere. Es kann sein, dass sie dazu nicht bereit sind.

  Nehmen wir an, dass sich nur einige Länder in einer Rezession befinden. Die Länder, die sich nicht in einer Rezession befinden, sind vermutlich nicht bereit, ihre eigene Nachfrage auszuweiten. Wenn sie ihre Nachfrage jedoch nicht ausweiten, dann wird die Handelsbilanz der Länder, die eine expansive Wirtschaftspolitik implementieren, defizitär gegenüber den Ländern, die keine expansive Wirtschaftspolitik implementieren.

  Oder nehmen wir an, dass einige Länder bereits ein großes Budgetdefizit ausweisen. Diese Länder werden ihre Steuern nicht weiter senken oder ihre Staatsausgaben weiter erhöhen wollen, stattdessen werden sie die anderen Länder bitten, mehr von der Anpassung zu übernehmen. Die anderen Länder werden dazu nicht unbedingt bereit sein.

- Länder haben einen großen Anreiz, zunächst zu versprechen, ihre Wirtschaftspolitik zu koordinieren, sie werden sich dann aber in der Regel nicht an ihr Versprechen halten.

  Nehmen wir beispielsweise an, alle Länder hätten vereinbart, die Staatsausgaben zu erhöhen. Sobald diese Vereinbarung getroffen ist, hat jedes Land einen Anreiz, sein Versprechen nicht zu erfüllen. Auf diese Weise könnte es von der Ausweitung der Nachfrage in den anderen Ländern profitieren und gleichzeitig seine Handelsposition verbessern. Wenn jedoch jedes Land betrügt oder sein Versprechen nicht in vollem Umfang erfüllt, dann wird die Expansion der Nachfrage nicht ausreichen, um die Rezession zu überwinden.

Als die europäischen Länder letztendlich die Staatsausgaben erhöhten, hatte sich die europäische Wirtschaft schon wieder erholt, so dass die expansive Fiskalpolitik nicht mehr nötig war.

Hier handelt es sich nicht um eine rein akademische Diskussion. Die Länder der Europäischen Union, die eng miteinander verflochten sind, haben in den letzten 30 Jahren oft unter derartigen Koordinationsproblemen gelitten. Nachdem Ende der 70er Jahre ein Koordinationsversuch fehlgeschlagen war, fehlte den meisten Ländern die Lust, es erneut zu versuchen. Anfang der 80er Jahre unternahmen die Franzosen einen Alleingang, der zu einem großen Handelsbilanzdefizit führte und schließlich auch zu einem Politikwechsel (Dieses Beispiel wird in der Fokusbox „Die expansive Wirtschaftspolitik der französischen Sozialisten, 1981-1983" beschrieben). Nach diesen Erfahrungen entschieden sich die meisten Länder, lieber auf Nachfragesteigerung aus dem Ausland zu warten als die eigene Nachfrage anzukurbeln. In Europa ist seit damals eine Koordination der Fiskalpolitik in nur sehr geringem Umfang zustande gekommen.

Fokus: Die expansive Wirtschaftspolitik der französischen Sozialisten, 1981-1983

Im Mai 1981 gingen in Frankreich die Sozialisten als Sieger aus den Wahlen hervor. Die wirtschaftliche Lage war durch eine Arbeitslosenrate von mehr als 7% gekennzeichnet. Angesichts dieser Lage beschlossen die Sozialisten ein Wirtschaftsprogramm mit dem Ziel, die Nachfrage durch großzügigere sozialpolitische Maßnahmen und durch die Subventionierung neuer Jobs anzukurbeln. Sozialleistungen und Renten wurden angehoben. Arbeitsplätze im öffentlichen Sektor und Weiterbildungsmaßnahmen für Jugendliche und Arbeitslose wurden geschaffen. Tabelle 1 fasst die makroökonomischen Auswirkungen dieser Maßnahmen zusammen.

Die fiskalpolitische Expansion zeigt sich deutlich in den Daten: 1980 war der Haushalt noch ausgeglichen, 1982 machte das Budgetdefizit 2,8% des BIP aus. Die Auswirkungen auf das Wachstum sind evident. Die durchschnittliche Wachstumsrate 1981-1982 betrug 1,85% – das ist keineswegs eine beeindruckende Wachstumsrate, sie lag jedoch deutlich über den durchschnittlichen 0,45% der Europäischen Union insgesamt während desselben Zeitraums.

Trotzdem gaben die Sozialisten ihren wirtschaftspolitischen Kurs im März 1983 auf. Die letzte Zeile in Tabelle 1 zeigt uns warum. Da Frankreich schneller expandierte als seine Handelspartner, kam es zu einem starken Anstieg des Handelsbilanzdefizits und der Inflation. Selbst wenn die Regierung mit dem Handelsbilanzdefizit hätte leben können, die Finanzmärkte waren um diese Entwicklung sehr besorgt. Sie waren wegen der sozialistischen Regierung ohnehin schon reichlich nervös. Sie rechneten mit negativen Auswirkungen der hohen Inflationsraten auf das Regime fixer Wechselkurse im EWS und erzwangen drei Abwertungen des Francs innerhalb von 18 Monaten. Die erste Abwertung erfolgte im Oktober 1981, um 8,5% gegenüber der DM; die zweite im Juni 1982, um 10% gegenüber der DM; die dritte schließlich erfolgte im März 1983, um 8% gegenüber der DM. Im März 1983 war die französische Regierung nicht länger bereit, weiteren Attacken auf den Franc zuzuschauen. Sie machte sich Sorgen um das Handelsbilanzdefizit und gab deshalb den Versuch auf, nachfrageorientierte Politikmaßnahmen einzusetzen, um die Arbeitslosigkeit zu reduzieren. Stattdessen ging sie zu einer neuen Politik selbstauferlegter Sparsamkeit über – einer Politik, die auf eine niedrige Inflation, einen ausgeglichenen Staatshaushalt und eine ausgeglichene Handelsbilanz ohne weitere Abwertungen zielte. Diese Politik wurde seitdem von allen nachfolgenden französischen Regierungen – sowohl rechts- als auch linksgerichtet – beibehalten.

	1980	1981	1982	1983
BIP-Wachstum (%)	1.6	1.2	2.5	0.7
EU-Wachstum (%)	1.4	0.2	0.7	1.6
Inflationsrate (VPI, %)	13,6	13,4	11,8	9,6
Haushaltsdefizit	0.0	1.9	2.8	3.2
Leistungsbilanzdefizit	0.6	0.8	2.2	0.9

Tabelle 1: Makroökonomische Indikatoren, Frankreich: 1980-1983

Haushalts- und Leistungsbilanzdefizit sind als Anteile am BIP angegeben. Das EU-Wachstum wurde als durchschnittliches Wachstum der EU-Mitglieder berechnet.

Quelle: OECD Economic Outlook, Dezember 1993.

19.4 Abwertungen, Handelsbilanz und Produktion

Nehmen wir an, wirtschaftspolitische Maßnahmen haben eine Abwertung zum Ziel. (In Kapitel 20 werden wir sehen, wie dies durch den Einsatz von Geldpolitik erreicht werden kann; jetzt gehen wir einfach davon aus, dass die Politik den Wechselkurs frei wählen kann).

Gegeben P und P^*, $E\uparrow \Rightarrow \varepsilon = EP^*/P \uparrow$. In Worten: Bei gegebenen Preisniveaus im In- und Ausland führt eine nominale Abwertung auch zu einer realen Abwertung.

Erinnern wir uns daran, dass der reale Wechselkurs durch folgende Gleichung definiert ist:

$$\varepsilon \equiv \frac{EP^*}{P}$$

Vorschau: In Kapitel 21 werden wir die Wirkungen einer nominalen Abwertung für den Fall flexibler Preise untersuchen. Eine nominale Abwertung führt dann kurzfristig, nicht aber langfristig, zu einer realen Abwertung.

Der reale Wechselkurs ε (der Preis der ausländischen Güter in Einheiten inländischer Güter) ist gleich dem nominalen Wechselkurs E (der Preis der ausländischen Währung in Einheiten der inländischen Währung) multipliziert mit dem ausländischen Preisniveau P^*, dividiert durch das inländische Preisniveau P. In diesem Kapitel gehen wir von konstanten Preisniveaus aus. Eine nominale Abwertung führt dann zu einer realen Abwertung im gleichen Umfang. Konkreter, wenn sich der Dollar um 10% gegenüber dem Euro abwertet (eine 10-prozentige nominale Abwertung), und wenn die Preisniveaus im Euroraum und in den USA unverändert bleiben, dann werden die U.S.-amerikanischen Güter im Vergleich zu den europäischen Gütern um 10% billiger (eine 10-prozentige reale Abwertung).

Wir wollen nun untersuchen, welche Auswirkungen diese reale Abwertung auf Handelsbilanz und Produktion haben wird.

19.4.1 Abwertung und Handelsbilanz: Die Marshall-Lerner-Bedingung

Die Nettoexporte sind wie folgt definiert:

$$NX \equiv X - \varepsilon IM$$

Wenn wir X und IM durch die Gleichungen (19.2) und (19.3) ersetzen, erhalten wir:

$$NX = X(Y^*, \varepsilon) - \varepsilon IM(Y, \varepsilon)$$

Was passiert, wenn der Euro sich gegenüber dem Yen um 10% abwertet?

Der reale Wechselkurs ε geht auf der rechten Seite der Gleichung an drei Stellen ein: Die reale Abwertung – ein Anstieg von ε – beeinflusst die Handelsbilanz auf drei Wegen.

Deutsche Güter werden in Japan günstiger. Dadurch werden mehr deutsche Güter nach Japan exportiert.

1. *Die Exporte X nehmen zu.* Die reale Abwertung macht inländische Güter im Ausland relativ billiger. Dies führt zu einem Anstieg der ausländischen Nachfrage nach inländischen Gütern – also zu einem Anstieg der Exporte.

2. *Die Importe IM gehen zurück.* Die reale Abwertung macht ausländische Güter relativ teuerer. Dies führt zu einer Verschiebung der inländischen Nachfrage hin zu inländischen Gütern. Die Menge der Importe geht dadurch zurück.

Japanische Güter werden in Deutschland teurer. Deshalb werden weniger japanische Güter nach Deutschland importiert.

3. *Der relative Preis der ausländischen Güter* ε *steigt.* Dadurch *steigt* die Rechnung für die Importe εIM. Dieselbe Menge an Importgütern kostet nun in Einheiten inländischer Güter mehr als vorher.

Japanische Güter werden teurer. Für eine gegebene Importmenge nimmt der Wert der Importe aus Japan zu.

Damit sich die Handelsbilanz als Reaktion auf eine Abwertung verbessert, müssen die Exporte stark genug zunehmen (Punkt 1) und die Importe stark genug zurückgehen (Punkt 2), um den Preisanstieg bei den Importen (der dritte Punkt) zu kompensieren. Die Bedingung, unter der eine reale Abwertung zu einem Anstieg der Nettoexporte führt, ist als **Marshall-Lerner-Bedingung** bekannt. (Die Marshall-Lerner-Bedingung wird am Ende des Kapitels, im zweiten Anhang „Ableitung der Marshall-Lerner-Bedingung" formal abgeleitet.) Es zeigt sich – mit einer Einschränkung, auf die wir stoßen werden, wenn wir später in diesem Kapitel dynamische Aspekte einführen –, dass diese Bedingung in der Realität erfüllt ist. Daher werden wir für den Rest des Buches annehmen, dass eine reale Abwertung – ein Anstieg von ε zu einem Anstieg der Nettoexporte – zu einem Anstieg von NX – führt.

Die Bedingung ist nach Alfred Marshall und Abba Lerner benannt, die sie erstmals hergeleitet haben.

19.4.2 Die Auswirkungen einer Abwertung

Wir haben gerade die *direkten* Effekte einer Abwertung auf die Handelsbilanz analysiert – das heißt, die Effekte einer Abwertung bei *gegebener in- und ausländischer Produktion*. Dies sind aber nicht die einzigen Auswirkungen. Die Veränderung der Nettoexporte verändert auch die inländische Produktion. Auf diesem Weg werden die Nettoexporte zusätzlich beeinflusst.

Da die Effekte einer realen Abwertung den Effekten eines Anstiegs der ausländischen Produktion sehr ähnlich sind, können wir wieder Abbildung 19.4 verwenden.

Genauso wie ein Anstieg der ausländischen Produktion führt bei Gültigkeit der Marshall-Lerner-Bedingung auch eine Abwertung für jedes Produktionsniveau zu einer Zunahme der Nettoexporte. Sowohl die Nachfragefunktion (ZZ in Abbildung 19.4a) als auch die Funktion, die die Nettoexporte beschreibt (NX in Abbildung 19.4b) verschieben sich nach oben. Das Gleichgewicht verschiebt sich von A nach A', die Produktion steigt von Y auf Y'. Analog zur selben Argumentation wie oben verbessert sich die Handelsbilanz: Der Anstieg der Importe, der durch den Anstieg der Produktion induziert wird, fällt kleiner aus als die direkte Verbesserung der Handelsbilanz, die durch die Abwertung hervorgerufen wurde.

Marshall-Lerner-Bedingung: Bei gegebener Produktion lässt eine reale Abwertung die Nettoexporte steigen.

Zusammenfassend lässt sich sagen: *Die Abwertung bewirkt eine Verschiebung der Nachfrage, sowohl der in- wie der ausländischen, hin zu inländischen Gütern. Aufgrund dieser Nachfrageverschiebung steigt die inländische Produktion; die Handelsbilanz verbessert sich.*

Als Alternative zu sozialen Unruhen könnte die Regierung höhere Löhne zulassen. Wenn aber die Löhne steigen, steigen mittelfristig auch die Preise. Dies wiederum konterkariert die reale Abwertung. Um den Zusammenhang zwischen Abwertung und Lohn- und Preisreaktionen zu verstehen, müssen wir die Angebotsseite stärker als bislang beachten. Wir kommen in Kapitel 21 darauf zurück.

Nach der Wiedervereinigung kam es in Ostdeutschland genau zum gegenteiligen Effekt – einer dramatischen Aufwertung. Sie sollte den Lebensstandard der ostdeutschen Bevölkerung verbessern, zementierte zugleich aber auch die mangelnde Wettbewerbsfähigkeit der ostdeutschen Wirtschaft.

Deshalb spricht man in diesem Zusammenhang von einer „Beggar thy neighbour"-Politik: Die Abwertung exportiert Rezession und Arbeitslosigkeit ins Nachbarland.

Abwertung und Anstieg der ausländischen Produktion wirken auf die inländische Produktion und die Handelsbilanz in gleicher Weise. Es gibt jedoch einen zwar subtilen, dennoch wichtigen Unterschied zwischen beiden Fällen. Eine Abwertung wirkt, indem sie die ausländischen Güter relativ zu den inländischen Gütern teurer macht. Dies bedeutet jedoch, dass sich die Situation der inländischen Konsumenten und Produzenten bei gegebenem Einkommen verschlechtert hat: Sie müssen nach der Abwertung mehr bezahlen, um ausländische Güter kaufen zu können. Vor allem bei drastischen Abwertungen führt das zu Problemen: Versuchen Regierungen, eine starke Abwertung durchzusetzen, werden sie als Reaktion oft mit Streiks und Straßenunruhen konfrontiert. Dies war beispielsweise 1994-1995 in Mexiko der Fall, als eine starke Abwertung des Peso – von 3,44 Peso pro Dollar im November 1994 auf 5,88 Peso pro Dollar im Mai 1995 – zu einem deutlichen Rückgang des Lebensstandards der Arbeiter führte. Die Abwertung half zwar der mexikanischen Wirtschaft sich zu erholen, der Preis dafür waren jedoch nicht unbedeutende soziale Unruhen.

Einer Abwertung sind aber auch dadurch Grenzen gesetzt, dass sie nicht im Alleingang durchgesetzt werden kann. Dies aus folgendem Grund: Eine reale Abwertung der eigenen Währung ist gleichbedeutend mit einer Aufwertung der Währung des Handelspartners. Dort wird eine Aufwertung über den eben beschriebenen Wirkungszusammenhang zu einer Verschlechterung der Handelsbilanz und zu einer Rezession führen. Warum sollte das Nachbarland sich damit abfinden? Wahrscheinlich wird es ebenfalls mit einer Abwertung reagieren, um diesen unerwünschten Effekten entgegen zu wirken. Wählt der Handelspartner diese Option, war der Versuch, die eigene Wirtschaft mit Hilfe der Wechselkurspolitik zu stimulieren, vergeblich. Die Abwertung der eigenen Währung kann auf Dauer nur Bestand haben, wenn sie auch den Interessen des Handelspartners entspricht. Ohne Kooperation kann eine einseitige Abwertung allenfalls eine Art wechselseitige Abwertungsspirale auslösen, deren einzige Folge ein stärker fluktuierender Wechselkurs wäre.

19.4.3 Die Kombination von Wechselkurs und Fiskalpolitik

Dieses Beispiel beschreibt die Situation der USA Ende der 90er Jahre: Eine stark wachsende Wirtschaft, kombiniert mit einem hohen Leistungsbilanzdefizit.

Nehmen wir an, eine Regierung verfolgt das Ziel, das Handelsbilanzdefizit bei unveränderter Produktion zu reduzieren. Durch eine Abwertung allein kann dieses Ziel nicht erreicht werden: Eine Abwertung reduziert das Handelsbilanzdefizit, lässt aber gleichzeitig auch die Produktion steigen. Auch eine kontraktive Fiskalpolitik ist nicht geeignet: Sie reduziert zwar das Handelsbilanzdefizit, gleichzeitig aber sinkt die Produktion.

Wie kann die Regierung ihr Ziel erreichen? Die Antwort ist, die Regierung muss die richtige Kombination aus Abwertung und kontraktiven fiskalpolitischen Maßnahmen einsetzen. Abbildung 19.5 zeigt, wie diese Kombination aussehen muss.

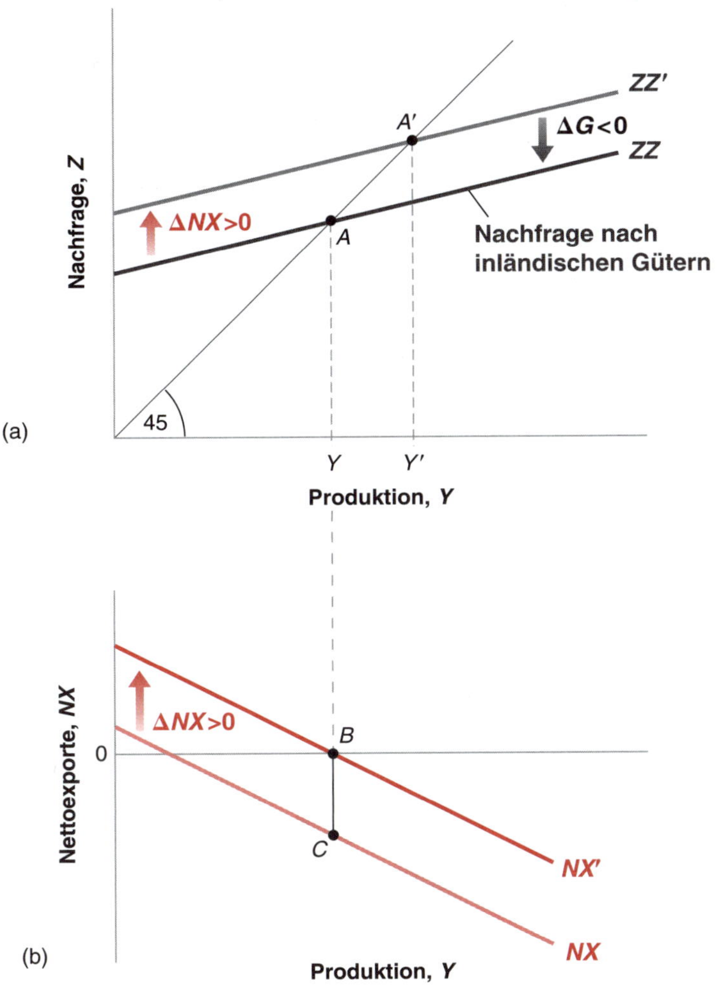

Abbildung 19.5: Das Handelsbilanzdefizit bei konstanter Produktion abbauen

Um das Handelsbilanzdefizit abzubauen, ohne dabei die Produktion zu verändern, muss die Reagierung zwei Instrumente nutzen: Eine reale Abwertung und kontraktive Fiskalpolitik.

Ausgangspunkt	Handelsbilanzüberschuss	Handelsbilanzdefizit
Niedrige Produktion	ε ? G↑	ε↑ G ?
Hohe Produktion	ε↓G ?	ε ? G↓

Tabelle 19.1: Kombinationen von Wechselkurs- und Fiskalpolitik

Das Gleichgewicht im Ausgangspunkt in Abbildung 19.5a, liegt in Punkt *A*. Die gleichgewichtige Produktion ist Y. Das Handelsbilanzdefizit entspricht der Strecke *BC* in Abbildung 19.5b. Möchte die Regierung das Handelsbilanzdefizit abbauen, ohne dabei das Produktionsniveau zu verändern, muss sie zwei Dinge tun:

1. Die Regierung muss eine Abwertung erreichen, die ausreicht, um das Handelsbilanzdefizit zu beseitigen. Die Abwertung muss demnach genau so groß sein,

dass sich die Funktion der Nettoexporte in Abbildung 19.5b von *NX* nach *NX'* verschiebt.

Das Problem dabei ist, dass durch diese Abwertung und den damit verbundenen Anstieg der Nettoexporte auch die Nachfragefunktion in Abbildung 19.5a verschoben wird, und zwar von *ZZ* nach *ZZ'*. Die Produktion würde dadurch von *Y* auf *Y'* steigen. Würde die Regierung keine zusätzlichen anderen Maßnahmen ergreifen, würde sich das Gleichgewicht von A nach *A'* verschieben; die Produktion würde von *Y* auf *Y'* steigen.

2. Um den Anstieg der Produktion zu verhindern, muss die Regierung die Staatsausgaben senken, und zwar genau so, dass sich *ZZ'* wieder zurück nach *ZZ* verschiebt. Diese Kombination aus Abwertung und kontraktiver Fiskalpolitik führt zu einer verbesserten Handelsbilanz bei einem unveränderten Produktionsniveau.

Eine wichtige Regel: Möchte man zwei Ziele erreichen (Produktion und Handelsbilanz beeinflussen), sollte man zwei Instrumente nutzen (Fiskalpolitik und Wechselkurs).

Hinter diesem Beispiel verbirgt sich eine allgemeine Einsicht: Will man *sowohl* das Produktionsniveau *als auch* die Handelsbilanz beeinflussen, dann braucht man zwei wirtschaftspolitische Instrumente: *Nicht nur* den Wechselkurs, *sondern auch* die Staatsausgaben. Wir haben gerade ein Beispiel dafür analysiert. Die angemessene Kombination hängt von der Ausgangssituation ab. Tabelle 19.1 stellt dar, welche Politikkombinationen je nach Ausgangssituation von Produktion und Handelsbilanz angemessen sind. Betrachten wir beispielsweise die rechte obere Ecke der Tabelle. Die Produktion ist in der Ausgangssituation zu niedrig (anders ausgedrückt, die Arbeitslosigkeit zu hoch), die Volkswirtschaft weist zudem ein Handelsbilanzdefizit aus. Eine Abwertung kann in diesem Fall an beiden Fronten Abhilfe schaffen: Sie reduziert das Handelsbilanzdefizit; die Produktion nimmt zu. Es ist jedoch nicht zu erwarten, dass die Abwertung exakt sowohl den erwünschten Anstieg der Produktion wie auch den Ausgleich der Handelsbilanz erreichen kann. Ob die Regierung zusätzlich zur Abwertung die Staatsausgaben erhöhen oder senken muss, hängt wieder von der Ausgangssituation, aber auch davon ab, wie die Abwertung sich auf Produktion und Handelsbilanz auswirkt. In der Tabelle deutet das Fragezeichen an, dass die erforderliche Richtung der Staatsausgaben nicht eindeutig ist. Es ist wichtig, den logischen Zusammenhang hinter allen Fällen zu verstehen. Die soeben entwickelten Argumente wenden wir in der Fokusbox an: „Das U.S.-amerikanische Handelsbilanzdefizit: Ursachen und Implikationen".

Fokus: Das U.S.-amerikanische Handelsbilanzdefizit: Ursachen und Implikationen

Das U.S.-amerikanische Handelsbilanzdefizit stieg Ende der 90er Jahre stetig an, im Jahr 2000 belief es sich auf 3,6% des BIP. Das amerikanische Leistungsbilanzdefizit – das zum Handelsbilanzdefizit noch die Nettozinszahlungen an den Rest der Welt addiert – stieg sogar noch mehr an und erreichte im Jahr 2000 einen Wert von 4,5% des BIP. (In den ersten beiden Zeilen von Tabelle 1 sind die Zahlen für die 90er Jahre für das Handelsbilanzdefizit und das Leistungsbilanzdefizit enthalten. Warum stieg das Leistungsbilanzdefizit stärker als das Handelsbilanzdefizit?)

Diese Defizite der Handelsbilanz und der Leistungsbilanz sind die größten (sowohl die absoluten Werte als auch relativ zum BIP), die in der U.S.-amerikanischen Geschichte bisher aufgezeichnet wurden. Die Vereinigten Staaten müssen einen sehr großen Betrag – 400 Milliarden Dollar für das aktuelle Leistungsbilanzdefizit – vom Rest der Welt leihen.

Worauf sind Handels- und Leistungsbilanzdefizit zurückzuführen? Es gibt in erster Linie zwei Gründe:

- *Das im Vergleich zu den Handelspartnern sehr hohe Wirtschaftswachstum der USA während der zweiten Hälfte der 90er Jahre.* Von 1996 bis 2000 lag die durchschnittliche jährliche Wachstumsrate in den Vereinigten Staaten bei 4,3% (während dieser 5 Jahre stieg das reale BIP damit insgesamt um 21%), in der EU nur 2,6% (das reale BIP stieg insgesamt um 12,5%) und in Japan 1,3% (das entspricht einem Gesamtzuwachs des realen BIP um 6,7%). Die Importe – die vom BIP in den USA abhängen – haben deshalb weit stärker zugenommen als die Exporte – sie hängen davon ab, was im Rest der Welt geschieht. Damit kam es zum stetig steigenden Handelsbilanzdefizit.

  Ein höheres Wachstum muss nicht notwendigerweise zu einem höheren Handelsbilanzdefizit führen: Sind Nachfrageanstieg und Wachstum vor allem Konsequenz steigender ausländischer Nachfrage, dann kann ein Land schnell wachsen und dennoch eine ausgeglichene Handelsbilanz oder sogar einen Handelsbilanzüberschuss aufweisen. Im Fall der Vereinigten Staaten Ende der 90er Jahre war jedoch der starke Anstieg der inländischen Nachfrage ausschlaggebend. Hohe Konsum- und Investitionsnachfrage waren für die anhaltende Expansion verantwortlich. Deshalb ging mit dem hohen Wachstum ein steigendes Handelsbilanzdefizit einher.
- *Die stetige reale Aufwertung der U.S.-amerikanischen Güter – die Abnahme des realen Außenwertes des Dollars.* Selbst wenn – bei gegebenem realen Wechselkurs – starkes Wachstum zu einem Handelsbilanzdefizit führt, könnte eine reale Abwertung für eine ausgeglichene Handelsbilanz sorgen. Sie macht die inländischen Güter wettbewerbsfähiger. Der reale Wechselkurs der USA entwickelte sich jedoch Ende der 90er Jahre genau in der entgegengesetzten Richtung: Statt einer realen Abwertung erlebten die Vereinigten Staaten eine reale Aufwertung. In Tabelle 1 sieht man, dass der reale Außenwert des Dollars, der 1996 gleich 1 gesetzt wurde, bis zum Jahr 2000 auf den Wert 0,8 fiel – diese Entwicklung entspricht einer 20-prozentigen realen Aufwertung. Das Ergebnis war eine weitere Verschlechterung der Handelsbilanz.

Kann man darauf hoffen, dass das große Handels- und Leistungsbilanzdefizit in der Zukunft auf ganz natürlichem Weg von selbst verschwinden? Bei einem unveränderten realen Wechselkurs ist dies eher unwahrscheinlich. Gesetzt den Fall, das Wachstum der Handelspartner wäre im nächsten Jahrzehnt viel höher als das der Vereinigten Staaten. Dann könnten wir davon ausgehen, dass derselbe Prozess stattfinden würde, den wir in den 90er Jahren beobachtet haben, nur dieses Mal in entgegengesetzter Richtung: Das niedrigere Wachstum in den Vereinigten Staaten würde das Handelsbilanzdefizit allmählich abbauen. Dieser Fall ist jedoch extrem unwahrscheinlich. Zwar werden die Vereinigten Staaten die Wachstumsraten der späten 90er Jahre kaum wiederholen können, sie dürften im nächsten Jahrzehnt aber auch nicht weit darunter liegen. Derzeit gibt es kaum jemand, der ein anhaltend hohes Wachstum für die EU prognostizieren würde, und noch viel weniger für Japan.

Können es sich die Vereinigten Staaten leisten, über viele Jahre hinweg ein großes Handels- und Leistungsbilanzdefizit auszuweisen? Auch auf diese Frage lautet die Antwort wieder: wahrscheinlich nicht. Bisher waren die internationalen Anleger bereit, den Vereinigten Staaten Kapital zur Verfügung zu stellen; es könnte sich jedoch als schwierig erweisen, auch in der Zukunft weiterhin jedes Jahr 400 Milliarden Dollar Kredit aufzunehmen. Und selbst wenn die internationalen Anleger bereit wären, weiterhin Kredite zu geben, stellt sich immer noch die Frage, ob es für die Vereinigten Staaten eine weise Politik wäre, einen derart großen Schuldenberg gegenüber dem Rest der Welt zu akkumulieren.

Daraus ergeben sich zwei Folgerungen:

1. Das Handels- und Leistungsbilanzdefizit der Vereinigten Staaten muss in den nächsten Jahren reduziert werden.
2. Ohne eine reale Abwertung des Dollars lässt sich dies nicht erreichen. Wie groß müsste eine reale Abwertung sein? Schätzungen reichen von 20% – 40% – es ist also eine substanzielle reale Abwertung erforderlich.

Zum Zeitpunkt der Fertigstellung des Buchs hat sich der Dollar zwar zum Euro stark abgewertet, der multilaterale reale Wechselkurs des Dollars ist aber nur wenig gesunken. Dies liegt vor allem daran, dass viele asiatische Staaten (etwa China) versuchen, ihre Währung an den Dollar zu binden.

Kehren wir zu den Themen aus Tabelle 1 zurück. Wird es notwendig sein, die Abwertung durch andere wirtschaftspolitische Maßnahmen, wie eine kontraktive Fiskalpolitik, zu ergänzen, um sicherzustellen, dass der Produktion nicht zu weit von seinem natürlichen Niveau abweicht? Dies hängt davon ab, wie sich die inländische Nachfrage entwickelt. Erfolgt die reale Abwertung zu einer Zeit, wenn die inländische Nachfrage schwach ist und sich die U.S.-amerikanische Wirtschaft immer noch in einem Abschwung befindet, dann besteht keine Notwendigkeit, die reale Abwertung mit kontraktiver Fiskalpolitik zu kombinieren. Im Gegenteil, indem die reale Abwertung die ausländische Nachfrage ansteigen lässt, kann sie der Schwäche der inländischen Nachfrage entgegenwirken und dazu beitragen, dass die Volkswirtschaft wieder wächst. Anders ausgedrückt, eine reale Abwertung könnte den Vereinigten Staaten helfen, einerseits das Handelsbilanzdefizit abzubauen und andererseits die Volkswirtschaft aus dem Abschwung heraus zu führen – aus Sicht der USA eine glückliche Kombination.

	1990-1995 (Durchschnitt)	1996	1997	1998	1999	2000
Handelsbilanzdefizit (% des BIP)	-0.9	-1.1	-1.1	-1.7	-2.7	-3.6
Leistungsbilanzdefizit (% des BIP)	-1.0	-1.6	-1.7	-2.5	-3.6	-4.5
Realer $-Außenwert (1996:1=1)	0.97	1.00	0.92	0.86	0.85	0.80
US-Wachstumsrate (%)	2.3	3.6	4.4	4.4	4.2	4.1
EU-Wachstumsrate (%)	1.8	1.6	2.6	2.8	2.6	3.3
Japanische Wachstumsrate (%)	2.0	3.5	1.8	21.1	0.8	1.5

Tabelle 1: US-Handels- und Leistungsbilanzdefizit, realer $-Außenwert und die Wachstumsraten der USA, der EU und Japans.

19.5 Eine dynamische Analyse: Die J-Kurve

Bisher haben wir in diesem Kapitel dynamische Aspekte vernachlässigt. Es ist jetzt an der Zeit, sie in die Analyse aufzunehmen. Die dynamischen Aspekte in Zusammenhang mit den Variablen Konsum, Investitionen, Absatz und Produktion, die wir in Kapitel 3 diskutiert haben, sind in der offenen Volkswirtschaft genauso relevant wie in der geschlossenen Volkswirtschaft. Es treten jedoch zusätzliche Effekte auf, die aus den dynamischen Aspekten der Exporte und der Importe resultieren. Wir wollen uns hier auf diese Effekte konzentrieren.

Wir wollen uns noch einmal mit den Auswirkungen des Wechselkurses auf die Handelsbilanz beschäftigen. Wir haben weiter oben argumentiert, dass eine Abwertung die Exporte steigen, die Importe sinken lässt. Diese Effekte werden jedoch nicht über Nacht wirksam. Betrachten wir beispielsweise eine 10-prozentige Abwertung des Dollars gegenüber dem Euro aus der Sicht der Vereinigten Staaten:

In den ersten Monaten nach der Abwertung wird sich die Abwertung mit großer Wahrscheinlichkeit viel mehr in den Preisen als in den Mengen widerspiegeln. Die Dollarpreise der europäischen Exporte in die USA steigen, die Europreise der Importe aus den USA sinken. Dieser Effekt beruht allein auf der Veränderung des Wechselkurses unter der Annahme, dass der Europreis der europäischen Exporte und der Dollarpreis der Importe aus den USA konstant bleiben. Die Export- und Import-Mengen werden sich jedoch wahrscheinlich nur langsam anpassen: Es dauert eine Weile, bis die Konsumenten realisieren, dass sich die Preise verändert haben und bis die Unternehmer zu billigeren Anbietern gewechselt haben. Teilweise sind Liefermengen auch für einen längeren Zeitraum vertraglich fixiert, so dass sich die Im- und Exportmengen kurzfristig gar nicht ändern können. Es kann daher der Fall eintreten, dass eine Abwertung zunächst die Handelsbilanz sogar verschlechtert. Aus der Perspektive der Vereinigten Staaten steigt ε, aber weder X noch IM passen sich zunächst in großem Umfang an. Dies hat zur Folge, dass die U.S.-amerikanische Handelsbilanz ($X–\varepsilon IM$) noch weiter ins Defizit gerät.

Mit der Zeit wird sich dann aber die Veränderung der relativen Preise sowohl auf Exporte wie auf Importe stärker auswirken. Billigere amerikanische Güter führen dazu, dass die Konsumenten und Unternehmen in den Vereinigten Staaten ihre Nachfrage nach europäischen Gütern reduzieren: Die U.S.-amerikanischen Importe gehen zurück. Billigere amerikanische Güter im Euroraum führen dazu, dass europäische Konsumenten und Unternehmen ihre Nachfrage nach U.S-amerikanischen Gütern erhöhen: Die amerikanischen Exporte nehmen zu. Wenn die Marshall-Lerner-Bedingung am Ende gilt – und wir haben argumentiert, dass dies der Fall ist –, dann wird die Reaktion der Exporte und der Importe schließlich stärker sein als der negative Preiseffekt. Die Abwertung führt dann zu einer Verbesserung der U.S.-amerikanischen Handelsbilanz.

Die Reaktion der Handelsbilanz auf eine reale Abwertung:

Anfangs:
(X, IM) konstant,
$\varepsilon\uparrow \Rightarrow (X - \varepsilon IM)\downarrow$

Eventuell später:
$(X\uparrow, IM\downarrow, \varepsilon\uparrow) \Rightarrow (X - \varepsilon IM)\uparrow$

Abbildung 19.6 zeigt die Reaktion der Handelsbilanz auf eine reale Abwertung im Zeitablauf. Vor der Abwertung ist das Handelsbilanzdefizit $0A$. Die Abwertung führt zunächst zu einer Verschlechterung der Handelsbilanz. Das Handelsbilanzdefizit steigt auf $0B$: ε steigt, aber weder IM noch X verändern sich unmittelbar. Im Zeitverlauf steigen die Exporte und fallen die Importe, so dass das Handelsbilanzdefizit kleiner wird. Schließlich (wenn die Marshall-Lerner-Bedingung gilt) verbessert sich die Handelsbilanz über den ursprünglichen Wert hinaus. Dies geschieht in der Abbildung ab dem Punkt C. Dieser Anpassungsprozess wird von den Ökonomen als J-Kurve bezeichnet, da die Kurve in der Abbildung – zugegebenermaßen nur mit ein bisschen Phantasie – dem Buchstaben J ähnelt: Zunächst runter, dann rauf.

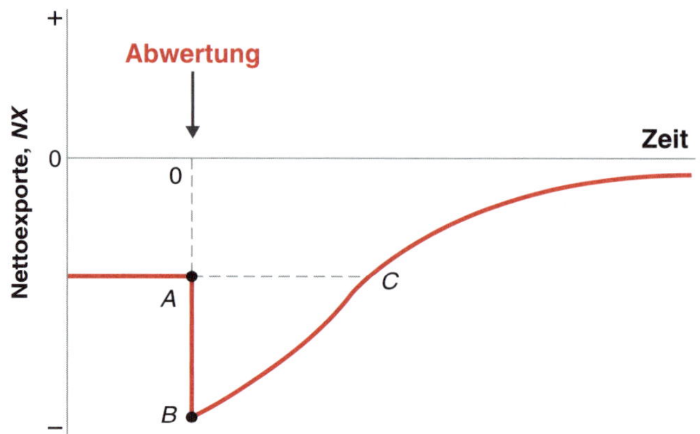

Abbildung 19.6:
Die J-Kurve

Eine reale Abwertung führt zunächst zu einer Verschlechterung und erst dann zu einer Verbesserung der Handelsbilanz.

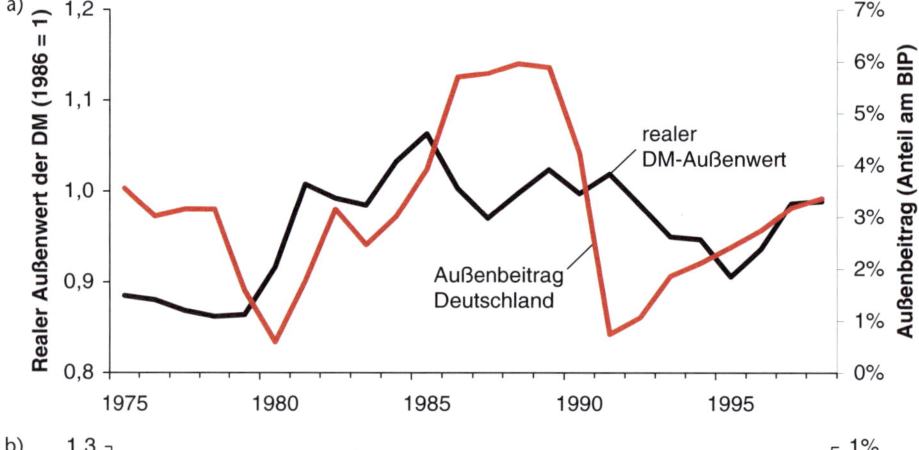

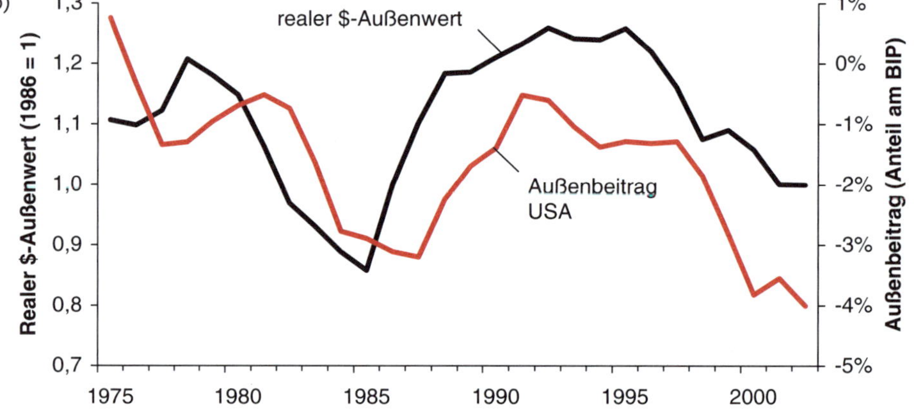

Abbildung 19.7:
a) Realer DM-Außenwert und Anteil des Außenbeitrags am BIP, Deutschland, 1975-1998
b) Realer $Außenwert und Anteil des Außenbeitrags am BIP, Vereinigte Staaten, 1975-2002

Die reale Abwertung und die reale Aufwertung der DM in den 80er Jahren spiegelten sich zunächst in steigenden und dann in abnehmenden Handelsbilanzüberschüssen wider. Die Entwicklung in den USA war gegenläufig. Es kam jedoch zu deutlichen Verzögerungen in den Auswirkungen des realen Wechselkurses auf die Handelsbilanz.

Ein Beweis für die Bedeutung der dynamischen Effekte des realen Wechselkurses auf die Handelsbilanz sind die Daten der USA und Deutschlands Anfang der 80er Jahre: In Abbildung 19.7a sind der Außenbeitrag (Summe aus Handels- und Dienstleistungsbilanz) Deutschlands und der reale DM-Außenwert abgetragen. Abbildung 19.7b zeigt den Außenbeitrag der Vereinigten Staaten und den realen $-Außenwert. Wie wir im letzten Kapitel gesehen haben, kam es im Zeitraum von 1980 bis 1985 zu einer starken realen Aufwertung des Dollars, im Zeitraum von 1985 bis Mitte der 90er Jahre folgte dann eine starke reale Abwertung. Die Entwicklung in Deutschland verläuft gerade spiegelbildlich. Wenn wir uns den Außenbeitrag ansehen, der als Anteil am BIP dargestellt ist, dann treten zwei Punkte deutlich hervor:

1. Entwicklungen des realen Wechselkurses spiegelten sich in parallelen Entwicklungen des Außenbeitrags wider. Die Abwertung war mit einer starken Verbesserung der Handelsbilanz verbunden, die Aufwertung war mit einer Verschlechterung der Handelsbilanz verbunden.

Das Bild wird in Deutschland Anfang der 90er Jahre durch die Effekte der Wiedervereinigung verzerrt.

2. Es gab jedoch deutliche Verzögerungen in der Reaktion der Handelsbilanz auf die Veränderungen des realen Wechselkurses. Während die reale Abwertung der DM schon 1979 einsetzte, verbesserte sich der Außenbeitrag erst ab dem Jahr 1980. In den USA blieb das Defizit der Handelsbilanz zwischen 1981 und 1983 trotz der rasanten realen Aufwertung zunächst klein.

Allgemein lassen ökonometrische Analysen, die den dynamischen Zusammenhang zwischen Exporten, Importen und dem realen Wechselkurs untersuchen, den Schluss zu, dass eine reale Abwertung in allen OECD-Ländern letztlich zu einer Verbesserung der Handelsbilanz führt. Sie zeigen jedoch auch, dass dieser Prozess eine Weile dauert, im Allgemeinen zwischen sechs Monaten und einem Jahr. Diese Verzögerungen haben nicht nur Implikationen für die Effekte einer Abwertung auf die Handelsbilanz, sondern auch für die Effekte einer Abwertung auf die Produktion. Wenn eine Abwertung bei unverändertem Außenhandelsvolumen zunächst zu einer Verteuerung der Importe führt, dann bedeutet dies, dass sie zunächst auch einen kontraktiven Einfluss auf die Produktion ausübt, weil das verfügbare Einkommen der Inländer zurückgeht. Wenn sich eine Regierung daher auf eine Abwertung verlässt, um sowohl die Handelsbilanz zu verbessern als auch die inländische Produktion auszuweiten, dann werden die Effekte für eine Weile in die falsche Richtung gehen.

19.6 Ersparnis, Investitionen und Leistungsbilanz

Kapitel 3 hat gezeigt, dass die Gleichgewichtsbedingung für den Gütermarkt äquivalent ist zu der Bedingung, dass die Investitionen der Ersparnis – der Summe aus privater und staatlicher Ersparnis – entsprechen müssen. Offene Finanzmärkte ermöglichen es für ein Land als Ganzes, sich auch im Ausland zu verschulden oder Ersparnisse im Ausland anzulegen. Wie muss die Bedingung „Investitionen gleich Ersparnis“ in der offenen Volkswirtschaft modifiziert werden? Wir werden sehen, dass uns diese alternative Betrachtungsweise des Gleichgewichts wichtige neue Einsichten bringt.

Inländische Produktion: Y (=BIP)

Beginnen wir mit unserer Gleichgewichtsbedingung am Gütermarkt. Die Nachfrage nach inländischen Gütern muss gleich der inländischen Produktion sein:

$$Y = C + I + G - \varepsilon IM + X$$

Die inländische Ersparnis hängt vom Einkommen der Inländer, dem Bruttonationaleinkommen (BNE), ab. In einer geschlossenen Volkswirtschaft entspricht das Einkommen immer der inländischen Produktion (dem BIP). In einer offenen Volkswirtschaft kann sich das BNE aber stark vom BIP unterscheiden. Wir müssen den Saldo der Primäreinkommen (Erwerbs- und Vermögenseinkommen) berücksichtigen: Hat ein Land in der Vergangenheit hohes Auslandsvermögen angespart, erzielt es hohe Vermögenseinkommen. Umgekehrt muss ein Land, das sich stark im Ausland verschuldet hat, hohe Zinszahlungen zurückzahlen. Dies haben die Beispiele Kuwaits und Irlands in der Fokusbox in Kapitel 18 deutlich gemacht.

In den vorhergehenden Abschnitten sind wir immer davon ausgegangen, dass SP = 0. Diese Annahme heben wir nun auf.

Das BNE unterscheidet sich vom BIP durch den Saldo der Primäreinkommen. Das BIP haben wir mit dem Buchstaben Y abgekürzt. Bezeichnen wir den Saldo der Primäreinkommen mit SP dann lässt sich die Beziehung zwischen BNE und BIP so schreiben:

$$\text{BNE} = Y + SP$$

Substituiert man in der oben angegebenen Gleichgewichtsbedingung Y durch BNE – SP, erhält man:

$$\text{BNE} = C + I + G - \varepsilon IM + X + SP$$

Der Ausdruck $X - \varepsilon IM + SP$, die Summe aus Handelsbilanz und dem Saldo der Erwerbs- und Vermögenseinkommen, entspricht exakt unserer Definition der Leistungsbilanz in Abschnitt 18.2 (dabei vernachlässigen wir die laufenden Übertragungen). Wir kürzen die Leistungsbilanz mit den Buchstaben LB ab.

$$LB = X - \varepsilon IM + SP$$

Setzen wir diese Definition der Leistungsbilanz ein, vereinfacht sich unsere Gleichung für das BNE so:

$$\text{BNE} = C + I + G + LB$$

Die private Ersparnis ist durch die Gleichung $S = (BNE - T) - C$ gegeben. Wir subtrahieren nun $C + T$ auf beiden Seiten und verwenden die Definition der privaten Ersparnis. Dadurch erhalten wir:

$$S = I + G - T + LB$$

Wir können diese Gleichung auch umstellen. Dann ergibt sich für die Leistungsbilanz:

$$LB = S + (T - G) - I \tag{19.5}$$

Diese Gleichung besagt, dass die Leistungsbilanz LB immer der Ersparnis des Landes im Ausland entspricht. Die Leistungsbilanz eines Landes ist die Summe der privaten Ersparnis S und der staatlichen Ersparnis $(T - G)$ abzüglich der privaten Investitionen I im Inland. Ein Leistungsbilanzüberschuss bedeutet also, dass die inländische Ersparnis die inländischen Investitionen übersteigen; ein Leistungsbilanzdefizit bedeutet umgekehrt, dass die inländischen Investitionen größer sind als die Ersparnis im Inland.

Um eine präzisere Intuition für diesen Zusammenhang aufzubauen, kehren wir zu unserer Diskussion von Leistungs- und Kapitalbilanz in Kapitel 18 zurück. Wir haben dort gesehen, dass ein Land mit einem Leistungsbilanzüberschuss netto Kredit an den Rest der Welt vergibt. Ein Leistungsbilanzdefizit impliziert, dass sich das Land netto beim Rest der Welt verschuldet. Betrachten wir nun ein Land, das mehr investiert als es spart. Dann ist die Summe $S + (T - G) - I$ negativ. Dieses Land muss in Höhe der Differenz Kredit beim Rest der Welt aufnehmen; es weist also ein Leistungsbilanzdefizit auf.

In Kapitel 18 sind wir von einem ausgeglichenen Saldo der Primäreinkommen (*SP* = 0) ausgegangen. Die Leistungsbilanz entspricht dann dem Außenbeitrag. Erläutern Sie verbal, warum ein Handelsbilanzdefizit nicht zu einer Neuverschuldung im Ausland führen muss, wenn das Land einen positiven Saldo der Primäreinkommen erzielt.

Folgende Aussagen lassen sich aus Gleichung (19.5) ableiten:

- Ein Anstieg der Investitionen muss sich entweder in einem Anstieg der privaten Ersparnis, der staatlichen Ersparnis oder in einer Verschlechterung der Leistungsbilanz widerspiegeln (einem Rückgang des Leistungsbilanzüberschusses bzw. einem Anstieg des Leistungsbilanzdefizits).
- Ein Anstieg des staatlichen Budgetdefizits muss sich entweder in einem Anstieg der privaten Ersparnis, einem Rückgang der Investitionen oder in einer Verschlechterung der Leistungsbilanz widerspiegeln.
- Ein Land mit einer hohen Sparrate, privat oder staatlich, weist entweder ein hohes Niveau privater Investitionen auf oder einen großen Leistungsbilanzüberschuss.

Abbildung 19.8 verdeutlicht am Beispiel der USA den Zusammenhang zwischen Leistungsbilanz, Staatsbudget und privater Nettoersparnis (der Differenz zwischen privater Ersparnis und privaten Investitionen).

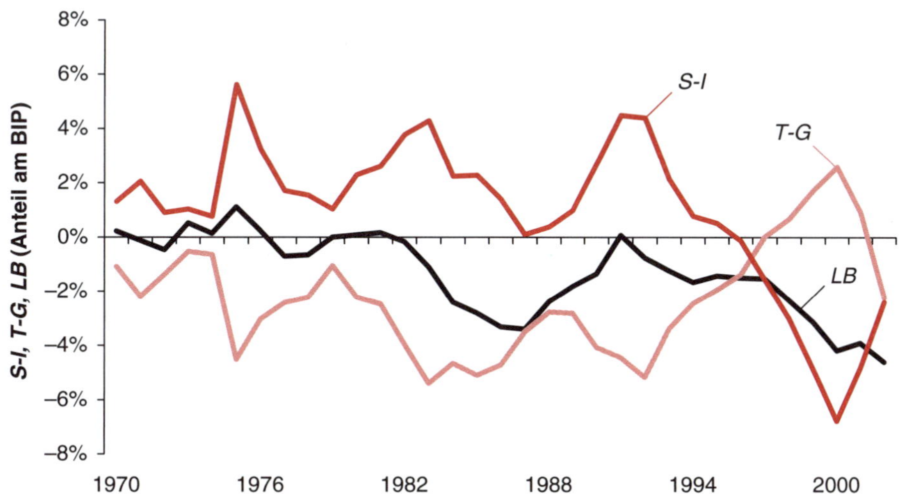

Charakteristisch für die 80er Jahre in den USA ist das so genannte Doppeldefizit: Die hohe Neuverschuldung des Staates spiegelt sich in einem hohen Leistungsbilanzdefizit wider. Ende der 90er Jahre wies der Staatshaushalt Überschüsse auf; das hohe Leistungsbilanzdefizit ist nun ein Spiegelbild hoher privater Investitionen (bei niedriger privater Ersparnis).

Abbildung 19.8: $LB = S + (T - G) - I$; Der Zusammenhang zwischen Leistungsbilanz, Staatsbudget und privater Nettoersparnis. Das Beispiel USA,1970-2002

Es ist jedoch auch wichtig, zu verstehen, was wir aus Gleichung (19.5) nicht erkennen können. Gleichung (19.5) sagt nichts darüber aus, ob ein Budgetdefizit zu einem Leistungsbilanzdefizit, zu einem Anstieg der privaten Ersparnis oder zu einem Rückgang der Investitionen führen wird. Um herauszufinden, wie ein höheres Budgetdefizit finanziert wird, müssen wir explizit prüfen, wie sich die verschiedenen Bestimmungsgrößen der Produktion entwickeln. Wir müssen also untersuchen, wie sich Konsum, private Investitionen, Exporte und Importe verändern. Als ein Beispiel für eine Fehlinterpretation der Gleichung (19.5) betrachten wir folgende Argumentation (in der einen oder anderen Form ist sie häufig in den Zeitungen zu lesen.):

„Es ist klar, dass die Vereinigten Staaten ihr großes Leistungsbilanzdefizit (derzeit über 4,6 % des BIP) durch eine Abwertung nicht abbauen können. Gleichung (19.5) zeigt doch, dass das Leistungsbilanzdefizit den Investitionen abzüglich der Ersparnis entsprechen muss. Warum sollte eine Abwertung die Ersparnis oder die Investitionen beeinflussen? Wie kann dann eine Abwertung das Leistungsbilanzdefizit beeinflussen?"

Dieses Argument klingt auf den ersten Blick recht überzeugend. Dennoch wissen wir, dass es falsch ist. Wir haben früher gezeigt, dass eine Abwertung die Produktion steigen lässt und damit die Handelsbilanz verbessert. Eine Verbesserung der Handelsbilanz ist gleichbedeutend mit einer Verbesserung der Leistungsbilanz, wenn wir von einem unveränderten Saldo der Primäreinkommen ausgehen. Wo liegt also der Fehler in dem gerade zitierten Argument? Eine Abwertung beeinflusst die Ersparnis und die Investitionen: Indem sie die Nachfrage nach inländischen Gütern beeinflusst, lässt sie die Produktion ansteigen. Eine höhere Produktion führt aber dazu, dass die Ersparnis über die Investitionen steigt. Dies ist äquivalent zu einem Rückgang des Leistungsbilanzdefizits.

Zeigen Sie, dass ein Anstieg der ausländischen Nachfrage folgende Wirkungen hat: Ein Anstieg der privaten Ersparnis, höhere Investitionen (die Zunahme ist geringer als die der Ersparnis), keine Veränderung des Budgetdefizits, eine Verbesserung der Leistungsbilanz.

▶ Um sicherzustellen, dass man die Inhalte dieses Kapitels verstanden hat, sollte man zurückblättern und alle Fallbeispiele, die wir analysiert haben, noch einmal betrachten, angefangen bei Veränderungen der Staatsausgaben, über Veränderungen der ausländischen Produktion, bis hin zu den Kombinationen aus Abwertung und kontraktiver Fiskalpolitik. Für jeden dieser Fälle sollte man untersuchen, was mit den vier Bestandteilen von Gleichung (19.5) geschieht: Mit der privaten Ersparnis, der staatlichen Ersparnis (äquivalent: Budgetüberschuss), den Investitionen, und der Leistungsbilanz. Unterschiede zwischen der Leistungs- und Handelsbilanz können unter der Annahme eines ausgeglichenen Saldos der Erwerbs- und Vermögenseinkommen vernachlässigt werden. Wichtig ist, die Ergebnisse in Worten darzustellen. Wer dazu in der Lage ist, ist gut vorbereitet für Kapitel 20.

Fokus: Eine dynamische Analyse der Leistungsbilanz

Eine offene Volkswirtschaft kann Ersparnisse im Ausland bilden oder Kredite im Ausland aufnehmen. Ein Leistungsbilanzüberschuss bedeutet nach Gleichung (19.5), dass private und staatliche Ersparnis im Inland die inländischen Investitionen übersteigen. Die Überschüsse der Ersparnisse werden im Ausland angelegt. Der Leistungsbilanzüberschuss (eine Stromgröße) erhöht das Nettoauslandsvermögen der Inländer (eine Bestandsgröße). Gehen wir davon aus, dass das Nettoauslandsvermögen eines Landes zu Beginn der Periode 1 gleich Null ist. Wenn die Inländer in der Periode 1 nun einen Leistungsbilanzüberschuss in Höhe von LB_1 erwirtschaften, dann verfügen sie zu Beginn der nächsten Periode 2 über das Nettoauslandsvermögen V_2:

$$V_2 = LB_1$$

Das Nettoauslandsvermögen bringt den Inländern Zinseinkünfte in Höhe von $r\ V_t$. Sie werden im Saldo der Primäreinkommen als Vermögenseinkommen der Inländer erfasst. Ein Leistungsbilanzüberschuss führt also in Periode 2 zu den Zinseinnahmen:

$$r\ V_2 = r\ LB_1$$

Wir nehmen an, dass der Saldo der Erwerbseinkommen ausgeglichen ist. Dann entspricht der Saldo der Primäreinkommen SP_t gerade den Vermögenseinkommen $r\ V_t$. Das *BNE* in Periode 2 beträgt somit:

$$\text{BNE}_2 = Y_2 + r\ V_2 = Y_2 + r\ LB_1$$

Ein Leistungsbilanzüberschuss heute lässt also das Einkommen der Inländer in der Zukunft steigen. Ein Leistungsbilanzüberschuss heute bedeutet aber auch, dass in der laufenden Periode im Inland weniger konsumiert bzw. investiert werden kann – die Absorptionsmöglichkeiten des Inlandes heute werden eingeschränkt. Die inländische Absorption ist die Summe aus privatem und staatlichem Konsum sowie den privaten Investitionen. Sie ist also definiert als $C + I + G$. Somit besteht folgender Zusammenhang zwischen BNE, Absorption und Leistungsbilanz:

$$\text{BNE}_1 = C_1 + I_1 + G_1 + LB_1$$

Das in Periode 1 verfügbare Einkommen (BNE) kann entweder für die heutige inländische Absorption (Konsum oder Investition) verwendet werden oder zum Aufbau eines Leistungsbilanzüberschusses.

Ist ein Leistungsbilanzüberschuss nun gut oder schlecht? Das ist nicht die richtige Frage. Ein Überschuss bedeutet, dass das Inland zukünftig über mehr Absorptionsmöglichkeiten verfügt; dafür aber ist die inländische Absorption heute kleiner. Bei einem Defizit ist es gerade umgekehrt. Es geht also um einen Tausch von Konsum heute gegen Konsum morgen.

- Betrachten wir nochmals das Beispiel Kuwaits: Wenn das Land einen Teil seiner Erdöleinnahmen im Ausland anlegt, verzichtet es zwar kurzfristig auf Konsummöglichkeiten, durch die zukünftigen Zinseinkünfte kann das Land aber in Zukunft ein hohes Konsumniveau aufrecht erhalten, auch wenn die Ölreserven einmal versiegen sollten.
- Ein anderes Beispiel: Betrachten wir ein Land mit sehr geringer Kapitalintensität. In Kapitel 11 haben wir gesehen, dass Investitionen in einem solchen Land sehr rentabel sein sollten (je geringer die Kapitalintensität – der Bestand an Kapital pro Kopf –, desto größer die Grenzproduktivität des Kapitals). Verschuldet sich dieses Land nun im Rest der Welt (baut es ein Leistungsbilanzdefizit auf), kann es seine gegenwärtigen Investitionen erhöhen (Kapital im Inland aufbauen), ohne dabei die Ersparnis steigern und damit auf gegenwärtigen Konsum verzichten zu müssen. In Zukunft muss es dann zwar Zinsen an den Rest der Welt zahlen, bis dahin wird aber – zumindest wenn alles gut läuft – die inländische Produktion dank der zusätzlichen Investitionen gestiegen sein. Durch das Wirtschaftswachstum kann es sowohl ein höheres Konsumniveau erreichen als auch seine Auslandsschulden samt Zinszahlungen begleichen.
- Als weiteres Beispiel betrachten wir die Veränderung des Nettoauslandsvermögens der Vereinigten Staaten seit 1975. Anfang der 70er Jahre waren die USA ein Netto-Gläubiger-Land. Als Folge des hohen Leistungsbilanzdefizits wurden die USA im Lauf der 80er zu einem Schuldnerland. Mit dem anhaltenden Leistungsbilanzdefizit erhöhte sich die Auslandsverschuldung im Lauf der 90er weiter.

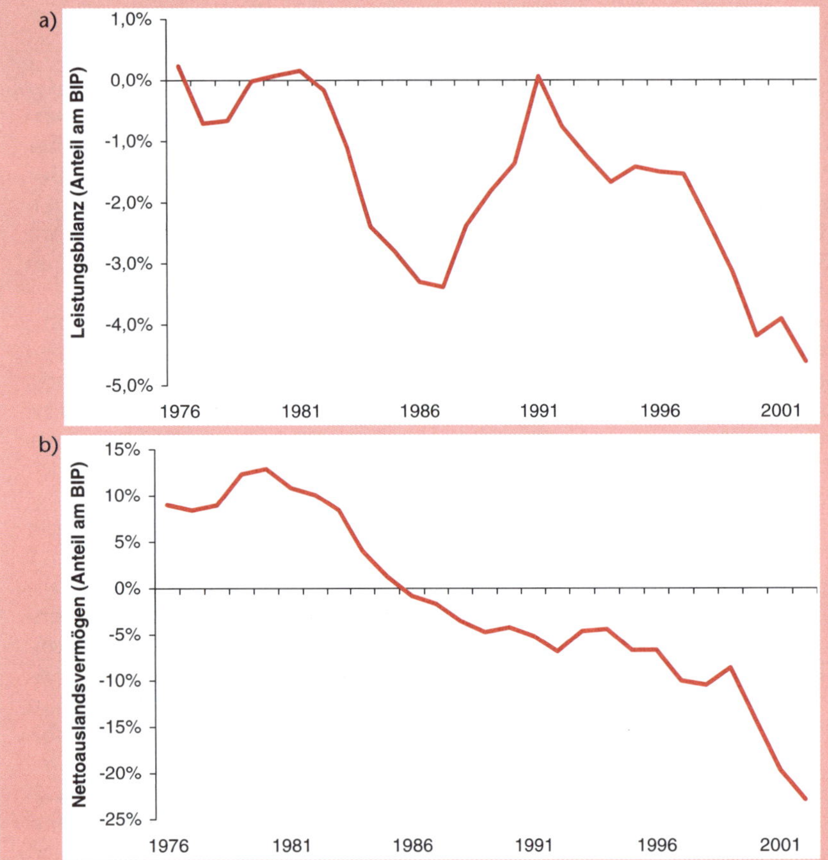

Abbildung 1: Der Zusammenhang zwischen Leistungsbilanz und Nettoauslandsvermögen – Das Beispiel USA: a) Leistungsbilanz (Anteil am BIP), 1975-2002 b) Nettoauslandsvermögen (Anteil am BIP), 1975-2002 *Quelle: Flow of funds accounts of the United States, Board of Governors of the Federal Reserve System, Washington, DC: 2002.*

Zusammenfassung

- In einer offenen Volkswirtschaft ist die Nachfrage nach inländischen Gütern gleich der inländischen Güternachfrage (Konsum plus Investitionen plus Staatsausgaben) abzüglich des Wertes der Importe (in Einheiten inländischer Güter), zuzüglich der Exporte.
- In einer offenen Volkswirtschaft führt ein Anstieg der inländischen Nachfrage zu einem kleineren Anstieg der Produktion als dies in einer geschlossenen Volkswirtschaft der Fall wäre, da ein Teil der zusätzlichen Nachfrage auf Importe entfällt. Aus demselben Grund führt ein Anstieg der inländischen Nachfrage auch zu einer Verschlechterung der Handelsbilanz.
- Ein Anstieg der ausländischen Nachfrage führt, auf Grund der Zunahme der Exporte, sowohl zu einer Zunahme der inländischen Produktion als auch zu einer Verbesserung der Handelsbilanz.
- Da eine Zunahme der ausländischen Nachfrage die Handelsbilanz verbessert und eine Zunahme der inländischen Nachfrage die Handelsbilanz verschlechtert, könnten die Länder in Versuchung geraten, auf einen Anstieg der ausländischen Nachfrage zu warten, um aus einer Rezession herauszukommen. Wenn sich eine ganze Gruppe von Ländern in einer Rezession befindet, dann kann Koordination zwischen den Ländern dazu beitragen, aus der Rezession herauszukommen.

- Wenn die Marshall-Lerner-Bedingung gilt – und die Empirie lässt den Schluss zu, dass dies der Fall ist –, dann führt eine reale Abwertung zu einer Verbesserung der Nettoexporte.
- Eine reale Abwertung führt zunächst zu einer Verschlechterung der Handelsbilanz und erst dann zu einer Verbesserung. Dieser Anpassungsprozess wird J-Kurve genannt.
- Die Gleichgewichtsbedingung für den Gütermarkt kann umformuliert werden zur Bedingung, dass die Ersparnis (privat und staatlich) minus der Investitionen gleich der Leistungsbilanz sein muss. Ein Leistungsbilanzüberschuss geht mit einem Überschuss der Ersparnis über die Investitionen einher. Ein Leistungsbilanzdefizit geht mit einem Überschuss der Investitionen über die Ersparnis einher.

Übungsaufgaben

Verständnistests

1. Welche der folgenden Aussagen sind zutreffend, falsch oder unklar? Geben Sie jeweils eine kurze Erläuterung.
   a. Im Allgemeinen sind Leistungsbilanzdefizite ein Zeichen für hohe Investitionen.
   b. Haushaltsdefizite verursachen Leistungsbilanzdefizite.
   c. Es ist für die Regierung einer kleinen offenen Volkswirtschaft sehr viel leichter die Produktion auf einem gegebenem Niveau zu halten als für die Regierung einer großen geschlossenen Volkswirtschaft.
   d. Die einzige Maßnahme, durch die ein Land einen Handelsbilanzüberschuss abbauen kann, ist eine reale Aufwertung.
   e. Eine kleine offene Volkswirtschaft kann ihr Handelsbilanzdefizit durch eine kontraktive Fiskalpolitik zu geringeren Kosten (in Form von Produktion) abbauen als eine große Volkswirtschaft.
   f. Wenn die Handelsbilanz ausgeglichen ist, dann ist die inländische Nachfrage nach Gütern gleich der Nachfrage nach inländischen Gütern.
   g. Das aktuelle hohe U.S.-amerikanische Handelsbilanzdefizit ist das Ergebnis des im Vergleich zum Rest der Welt höheren U.S.-amerikanischen Wachstums seit Mitte der 90er Jahre.
2. *Der nominale Wechselkurs, der reale Wechselkurs, die inländische und die ausländischen Inflation*
   a. Verwenden Sie die Definition des realen Wechselkurses und zeigen Sie, dass der folgende Zusammenhang wahr ist. (Man kann Proposition 7 und 8 aus Anhang 2 am Ende des Buches verwenden.):

$$\frac{\Delta\varepsilon}{\varepsilon} = \frac{\Delta E}{E} + \frac{\Delta P^*}{P^*} - \frac{\Delta P}{P}$$

   b. Wenn die inländische Inflation höher ist als die ausländische Inflation, das Inland sich aber auf einen festen Wechselkurs verpflichtet hat, wie entwickelt sich dann der reale Wechselkurs im Zeitverlauf? Nehmen Sie an, die Marshall-Lerner-Bedingung gilt. Wie entwickelt sich dann die Handelsbilanz? Erklären Sie verbal.
3. *Die möglichen Auswirkungen einer Rezession in Japan auf die U.S.-amerikanische Volkswirtschaft*
   a. 10% der U.S.-amerikanischen Exporte sind Exporte nach Japan. Die U.S.-amerikanischen Exporte machen wiederum 10% des U.S.-amerikanischen BIP aus. Wie groß ist der Anteil der japanischen Ausgaben für amerikanische Güter relativ zum amerikanischen BIP?
   b. Nehmen wir an, der Multiplikator in den Vereinigten Staaten ist gleich 2, und eine Rezession in Japan hat dazu geführt, dass dort der Produktion um 5% relativ zu seinem natürlichen Niveau gesunken ist. Welche Auswirkungen hat der Abschwung in Japan auf das U.S.-amerikanischen BIP?

c. Wenn die Rezession in Japan auch zu einem Abschwung in den anderen Volkswirtschaften führen würde, die Güter aus den Vereinigten Staaten importieren, dann könnte der Effekt größer ausfallen. Nehmen Sie an, die amerikanischen Exporte fallen insgesamt um 5%. Welche Auswirkungen hat dies auf das amerikanische BIP?
d. Kommentieren Sie die folgende Aussage eines Wirtschaftswissenschaftlers im Fernsehen: „Wenn Japan nicht schnell einen Weg aus der Rezession findet, dann wird das Wachstum in der ganzen Welt zum Stillstand kommen."

4. Betrachten Sie eine Volkswirtschaft mit einem festen Wechselkurs. Nehmen Sie an, dass das Preisniveau fest ist.
   a. Welche Auswirkungen hat eine Abwertung in den ersten sechs Monaten nach der Abwertung auf die Produktion und die Handelsbilanz?
   b. Welche Auswirkungen hat die Abwertung nach den ersten sechs Monaten nach der Abwertung auf die Produktion und die Handelsbilanz?

Vertiefungsfragen

5. *Das Zusammenspiel und die Koordination zwischen Ländern*

Betrachten Sie die folgende offene Volkswirtschaft. Der reale Wechselkurs ist fest und gleich Eins. Der Konsum, die Investitionen, die Staatsausgaben und die Steuern sind wie folgt gegeben:

$$C = 10 + 0{,}8\,(Y - T);\ I = 10;\ T = 10$$

Die Importe und die Exporte sind durch die folgenden Gleichungen gegeben:

$$IM = 0{,}3Y;\ X = 0{,}3Y^*$$

Das Sternchen * kennzeichnet ausländische Variablen.

   a. Lösen Sie bei gegebener ausländischer Produktion nach der gleichgewichtigen Produktion im Inland auf. Wie groß ist der Multiplikator in dieser Volkswirtschaft? Wenn das Inland seine Handelsbeziehungen zum Ausland einstellen würde, so dass die Exporte und die Importe gleich Null wären, wie groß wäre dann der Multiplikator? Warum sind die beiden Multiplikatoren unterschiedlich?
   b. Nehmen Sie an, die ausländische Volkswirtschaft könne durch dieselben Gleichungen beschrieben werden wie die inländische Volkswirtschaft (mit umgekehrten Sternchen). Verwenden Sie die beiden Gleichungssysteme um für jedes Land nach der gleichgewichtigen Produktion aufzulösen. Wie groß ist nun der Multiplikator für jedes Land? Warum unterscheiden sich die Multiplikatoren von denen der offenen Volkswirtschaft, die in Teilaufgabe a) berechnet wurden?
   c. Nehmen Sie an, beide Volkswirtschaften streben ein Produktionsniveau von 125 an. Welcher Anstieg der Staatsausgaben G wird in einem Land benötigt, um die angestrebte Produktion zu erreichen, unter der Annahme, dass das andere Land seine Staatsausgaben nicht verändert? Lösen Sie für beide Länder nach den Nettoexporten und nach dem Haushaltsdefizit auf.
   d. Welcher Anstieg der Staatsausgaben wird in beiden Ländern benötigt, um in beiden Ländern das angestrebte Produktionsniveau zu erreichen?
   e. Warum ist es in der Praxis schwer, eine Koordination der Fiskalpolitik zu erreichen (so wie die gemeinschaftliche Staatsausgabenerhöhung in Teilaufgabe d)?

6. *Die makroökonomischen Auswirkungen einer Zollkrieges*

   Betrachten Sie zwei offene *IS-LM*-Volkswirtschaften.

   a. Betrachten Sie eine Steuer in Höhe der Rate τ auf Importe von ausländischen Gütern (eine derartige Steuer auf ausländische Güter wird als Zoll bezeichnet). Wie wird dadurch die Importfunktion verändert? Wie wird dadurch die Exportfunktion verändert?
   b. Welche Auswirkungen ergeben sich für die gleichgewichtige inländische Produktion und die inländischen Nettoexporte auf Grund der Einführung einer Steuer auf ausländische Güter im Inland?
   c. Welche Auswirkungen hat dieselbe Steuer auf die ausländischen Produktion und die ausländischen Nettoexporte im Gleichgewicht?
   d. Nehmen Sie an, dass das Ausland auf den inländischen Zoll reagiert, indem es seinerseits eine ähnliche Steuer auf seine Importe einführt. Welche zusätzlichen Wirkungen ergeben sich auf Grund dieser ausländischen Vergeltungsmaßnahme für die Produktion und das Handelsvolumen im Gleichgewicht? (Nehmen Sie an, dass die beiden Volkswirtschaften identisch sind und dass die ausländische Steuer gleich der inländischen Steuer ist).

7. Holen Sie sich aus ihrer Bibliothek eine aktuelle Ausgabe des „OECD Economic Outlook" der jedes Jahr im Juni und im Dezember veröffentlicht wird:

   a. Sehen Sie sich die Liste der Länder im Inhaltsverzeichnis an und machen Sie sich eine Liste von fünf Ländern, für die Sie ein hohes Verhältnis von Importen zum BIP erwarten würden. Schlagen Sie dann die Seite für jedes Land auf und suchen Sie die Zahlen für die Importe (imports of goods and services) und für das BIP für das aktuellste verfügbare Jahr. (Achten Sie darauf, dass Sie Importe und BIP in denselben Einheiten vergleichen – entweder in der inländischen Währung oder in Dollar. Wenn eine der Variablen in inländischer Währung dargestellt ist, und die andere in Dollar, dann verwenden Sie den Wechselkurs, um beide in dieselbe Einheit umzurechnen). Berechnen Sie die Importquoten. Für welche Länder haben sich Ihre Erwartungen bestätigt?
   b. Diskutieren Sie, in welchem der von Ihnen gewählten Länder eine expansive Fiskalpolitik die größte Wirkung auf die inländische Produktion haben könnte. Begründen Sie ihre Antwort auch formal. Hinweis: Lesen Sie Anhang 1: Multiplikatoren – Belgien versus die Vereinigten Staaten. Ersetzen Sie die marginale Importneigung durch die in a) berechnete Importquote.
   c. Suchen Sie die Zahlen für die Importe und das BIP für den Euroraum als Ganzes. Eine gute Quelle ist der Monatsbericht der Europäischen Zentralbank, der allerdings keine Daten über Dienstleistungsimporte enthält (external trade in goods). Berechnen Sie die Importquote für den Euroraum und vergleichen Sie ihn mit der Importquote Deutschlands. Diskutieren Sie, ob Deutschland von einer koordinierten Fiskalpolitik im Euroraum profitieren würde oder alleine eine effektivere Fiskalpolitik durchführen könnte.

Weiterführende Literatur

Eine gute Diskussion der Zusammenhänge zwischen Handelsbilanzdefiziten, Haushaltsdefiziten, der privaten Ersparnis und den Investitionen findet man in Savings and Investment in a global Economy, Barry Bosworth, Washington, D.C., Brookings Institution, 1993

Die Implikationen für die Vereinigten Staaten untersuchen Maurice Obstfeld und Kenneth Rogoff, Perspectives on OECD Economic Integration: Implications for U.S. Current Account Adjustment, 2000, Federal Reserve Bank of Kansas City, www.kc.frb.org/PUBLICAT/SYMPOS/2000/S00rogo.pdf

Anhang 1: Multiplikatoren – Belgien versus die Vereinigten Staaten

Wenn wir annehmen, dass die Zusammenhänge in Gleichung (19.4) linear sind, können wir die Effekte der Staatsausgaben, der ausländischen Produktion usw. sowohl auf die Produktion als auch auf die Handelsbilanz berechnen. In diesem Anhang betrachten wir die Unterschiede in den Auswirkungen der Staatsausgaben in einem großen Land wie den Vereinigten Staaten und in einem kleinen Land wie Belgien.

Nehmen wir an, der Konsum und die Investitionen werden für ein gegebenes Land durch die folgenden Gleichungen beschrieben:

$$C = c_0 + c_1 (Y - T)$$

$$I = d_0 + d_1 Y - d_2 r$$

Der Konsum C steigt mit dem verfügbaren Einkommen $(Y - T)$. Die Investitionen I steigen mit der Produktion Y und sinken mit dem realen Zinssatz r. c_0, c_1, d_0, d_1, d_2 sind Parameter.

Aus Gründen der Einfachheit vernachlässigen wir Bewegungen des realen Wechselkurses ε und nehmen $\varepsilon = 1$ an. Die Exporte und die Importe sind durch die folgenden Gleichungen gegeben:

$$IM = im_1 Y$$

$$X = x_1 Y^*$$

Die Importe IM verhalten sich proportional zur inländischen Produktion Y. Die Exporte X verhalten sich proportional zur ausländischen Produktion Y^*. Die Parameter sind im_1 und x_1. Genauso wie wir c_1 in Kapitel 3 als marginale Konsumneigung bezeichnet haben, so bezeichnen wir im_1 als marginale Importneigung.

Die Gleichgewichtsbedingung verlangt, dass die Produktion gleich der Nachfrage nach inländischen Gütern ist:

$$Y = C + I + G - IM + X$$

(Zur Erinnerung: Wir nehmen an, dass ε gleich Eins ist, so dass εIM einfach zu IM wird.) Ersetzen wir C, I, G, IM und X durch die jeweiligen Gleichungen:

$$Y = [c_0 + c_1(Y - T)] + (d_0 + d_1 Y - d_2 r) + G - im_1 Y + x_1 Y^*$$

Umstellen ergibt:

$$Y = (c_1 + d_1 - im_1)\, Y + (c_0 + d_0 - c_1 T - d_2 r + G + x_1 Y^*)$$

Wir fassen alle Terme, die Y enthalten, zusammen und lösen nach der Produktion auf:

$$Y = \left[\frac{1}{1 - (c_1 + d_1 - im_1)}\right]\left(c_0 + d_0 - c_1 T - d_2 r + G + x_1 Y^*\right)$$

Die Produktion ist gleich dem Multiplikator (der Term in eckigen Klammern) multipliziert mit den autonomen Ausgaben (der Term in runden Klammern, der den Effekt all der Variablen beinhaltet, die wir bei der Erklärung der Produktion als gegeben betrachten).

Betrachten wir den Multiplikator, insbesondere den Ausdruck $(c_1 + d_1 - im_1)$ im Nenner. Wie auch in der geschlossenen Volkswirtschaft zeigt $(c_1 + d_1)$ den Effekt eines Anstiegs der Produktion auf die Konsum- und die Investitionsnachfrage; $(- im_1)$ zeigt, dass ein Teil der zusätzlichen Nachfrage nicht auf inländische Güter sonder auf ausländischen Güter entfällt.

- In dem Extremfall, in dem die gesamte zusätzliche Nachfrage auf ausländische Güter fällt – wenn $im_1 = c_1 + d_1$ – hat ein Anstieg der Produktion keine Rückwirkung auf die Nachfrage nach inländischen Gütern; in diesem Fall ist der Multiplikator gleich Eins.
- Im Allgemeinen ist im_1 kleiner als $(c_1 + d_1)$, so dass der Multiplikator größer Eins ist. Der Multiplikator ist jedoch kleiner als er in einer geschlossenen Volkswirtschaft sein würde.

Unter Verwendung dieser Gleichung ist es nicht schwer, die Auswirkungen einer Erhöhung der Staatsausgaben in Höhe von ΔG zu beschreiben:

Der Anstieg der Produktion ist gleich dem Multiplikator multipliziert mit der Veränderung der Staatsausgaben:

$$\Delta Y = \left[\frac{1}{1-(c_1 + d_1 - im_1)}\right]\Delta G$$

Der Anstieg der Importe, der aus dem Anstieg der Produktion folgt, impliziert die folgende Veränderung der Nettoexporte:

$$\Delta NX = -im_1 \Delta Y = -\frac{im_1}{1-(c_1 + d_1 - im_1)}\Delta G$$

Wir wollen nun analysieren, was diese Formeln implizieren, indem wir numerische Werte für die Parameter wählen.

Nehmen wir an, dass $c_1 + d_1$ den Wert 0,6 annimmt. Welchen Wert sollen wir für im_1 wählen? Wir haben in Kapitel 18 gesehen, dass ein Land umso unabhängiger ist, je größer es ist, so dass es auch umso weniger importiert. Wählen wir daher zwei Werte für im_1, einen kleinen Wert, beispielsweise 0,1, für ein großes Land wie die Vereinigten Staaten, und einen großen Wert, beispielsweise 0,5, für ein kleines Land wie Belgien. Der Anteil einer Nachfragesteigerung, der auf die Importe entfällt, ist gleich $im_1 / (c_1 + d_1)$. (Eine Nachfragesteigerung in Höhe von einem Euro führt zu einem Anstieg der Ausgaben um $(c_1 + d_1)$ Euro. Davon wird ein Anteil von im_1 Euro für ausländische Güter ausgegeben.) Unsere Wahl von im_1 können wir daher äquivalent auch so beschreiben, dass im großen Land 1/6 (0,1 dividiert durch 0,6) der Nachfrage auf Importe entfällt, während im kleinen Land 5/6 (0,5 dividiert durch 0,6) der Nachfrage auf Importe entfällt.

Wir kehren nun zu den Ausdrücken für Produktion und Handelsbilanz zurück.

Für das große Land:

- Die Auswirkungen einer Veränderung der Staatsausgaben auf die Produktion ergeben sich als:

$$\Delta Y = \frac{1}{1-(0{,}6-0{,}1)}\Delta G = 2{,}0\,\Delta G$$

- Die Auswirkungen einer Veränderung der Staatsausgaben auf die Handelsbilanz ergeben sich als:

$$\Delta NX = -0{,}1\Delta Y = \frac{-0{,}1}{1-(0{,}6-0{,}1)}\Delta G = -0{,}2\Delta G$$

Für das kleine Land:

- Die Auswirkungen einer Veränderung der Staatsausgaben auf die Produktion ergeben sich als:

$$\Delta Y = \frac{1}{1-(0{,}6-0{,}5)}\Delta G = 1{,}11\Delta G$$

- Die Auswirkungen einer Veränderung der Staatsausgaben auf die Handelsbilanz ergeben sich als:

$$\Delta NX = -0{,}5\Delta Y = \frac{-0{,}5}{1-(0{,}6-0{,}5)}\Delta G = -0{,}65\Delta G$$

Diese Berechnungen zeigen, dass in beiden Ländern sehr unterschiedlichen Zielkonflikte existieren.

- Für das große Land ist die Wirkung eines Anstiegs von G auf die Produktion groß und die Wirkung auf die Handelsbilanz klein.
- Für das kleine Land ist die Wirkung eines Anstiegs von G auf die Produktion klein und die Verschlechterung der Handelsbilanz ist groß – sie entspricht der Hälfte der Staatsausgabenerhöhung.

Dieses Beispiel zeigt, dass offene Gütermärkte dazu führen, dass es vor allem in kleinen Ländern schwieriger wird, Fiskalpolitik einzusetzen, um die Produktion zu beeinflussen. Je offener die Volkswirtschaft ist, desto kleiner ist die Wirkung der Fiskalpolitik auf die Produktion und desto größer ist die Wirkung auf die Handelsbilanz. Wir werden in den nächsten Kapiteln noch mehr Beispielen für diesen Zusammenhang begegnen.

Anhang 2: Die Ableitung der Marshall-Lerner-Bedingung

Beginnen wir mit der Definition der Nettoexporte, $NX = X - \varepsilon IM$, und nehmen wir an, dass die Handelsbilanz in der Ausgangssituation ausgeglichen ist, so dass $X = \varepsilon IM$ gilt. Die Marshall-Lerner-Bedingung ist die Bedingung, unter der eine reale Abwertung, ein Anstieg von ε, zu einem Anstieg der Nettoexporte führt.

Um diese Bedingung abzuleiten betrachten wir einen Anstieg des realen Wechselkurses in Höhe von $\Delta\varepsilon$. Die Veränderung der Handelsbilanz wird durch die folgende Gleichung beschrieben:

$$\Delta NX = \Delta X - \varepsilon(\Delta IM) - IM(\Delta\varepsilon)$$

Der erste Term auf der rechten Seite, ΔX, entspricht der Veränderung der Exporte. Der zweite Term, $\varepsilon(\Delta IM)$, ist gleich dem realen Wechselkurs multipliziert mit der Veränderung der Menge der Importe. Der dritte Term, $IM\ (\Delta\varepsilon)$, ist gleich der Menge der Importe, multipliziert mit der Veränderung des realen Wechselkurses.

Wenn wir beide Seiten der Gleichung durch X dividieren, dann erhalten wir:

$$\frac{\Delta NX}{X} = \frac{\Delta X}{X} - \varepsilon\frac{\Delta IM}{X} - \frac{IM\Delta\varepsilon}{X}$$

Wir verwenden die Tatsache, dass $\varepsilon IM = X$, um ε / X im zweiten Term auf der rechten Seiten durch $1 / IM$ zu ersetzen, und um IM / X im dritten Term auf der rechten Seite durch $1 / \varepsilon$ zu ersetzen. Durch diese Substitution erhalten wir:

$$\frac{\Delta NX}{X} = \frac{\Delta X}{X} - \frac{\Delta IM}{IM} - \frac{\Delta\varepsilon}{\varepsilon}$$

Die Veränderung der Handelsbilanz (im Verhältnis zu den Exporten) in Reaktion auf eine reale Abwertung ist gleich der Summe aus drei Termen:

- Der erste Term ist die proportionale Veränderung der Exporte, $\Delta X/X$, die durch die reale Abwertung induziert wird.
- Der zweite Term ist gleich minus der proportionalen Veränderung der Importe, $-\Delta IM/IM$, die durch die reale Abwertung induziert wird.

- Der dritte Term ist gleich minus der proportionalen Veränderung des realen Wechselkurses, $-\Delta\varepsilon/\varepsilon$, oder äquivalent dazu, minus der Rate der realen Abwertung.

Die Marshall-Lerner-Bedingung besagt, dass die Summe aus diesen drei Termen positiv sein muss. Wenn die Marshall-Lerner-Bedingung gilt, dann führt eine reale Abwertung zu einer Verbesserung der Handelsbilanz.

Ein Zahlenbeispiel soll die Bedingung verdeutlichen. Nehmen wir an, dass eine Abwertung von 1% zu einem relativen Anstieg der Exporte von 0,9% und zu einer relativen Abnahme der Importe von 0,8% führt. (Ökonometrische Analysen zur Reagibilität der Exporte und der Importe auf den realen Wechselkurs rechtfertigen diese Zahlen). In diesem Fall ist die rechte Seite der Gleichung gleich 0,9%–(–0,8%)–1% = 0,7%. Die Handelsbilanz verbessert sich demnach: die Marshall-Lerner-Bedingung gilt.

Kapitel 20 Produktion, Zinssatz und Wechselkurs

In Kapitel 19 haben wir den Wechselkurs behandelt, als ob er ein Politikinstrument des Staates wäre. Der Wechselkurs wird jedoch auf dem Devisenmarkt bestimmt, einem Markt, der – wie wir in Kapitel 18 gesehen haben – durch ein enormes Handelsvolumen charakterisiert ist. Daraus ergeben sich zwei nahe liegende Fragen: Wovon wird der Wechselkurs bestimmt? Wie kann Wirtschaftspolitik den Wechselkurs beeinflussen?

Diese Fragen stehen im Mittelpunkt dieses Kapitels. Allgemeiner formuliert beschäftigen wir uns mit dem simultanen Gleichgewicht auf dem Gütermarkt und auf den Finanzmärkten, einschließlich des Devisenmarktes. Wir können so charakterisieren, wie sich Produktion, Zinssatz und Wechselkurs in einer offenen Volkswirtschaft bestimmen. Das Modell erweitert das *IS-LM*-Modell aus Kapitel 5 auf die offene Volkswirtschaft. Es wird Mundell-Fleming-Modell genannt, nach den beiden Ökonomen Robert Mundell und Marcus Fleming, die es in den 60er Jahren entwickelt haben. (Das Modell in diesem Kapitel entspricht im Großen und Ganzen dem Original, weicht jedoch in Details davon ab.)

- Abschnitt 20.1 behandelt das Gleichgewicht auf dem Gütermarkt.
- Abschnitt 20.2 behandelt das Gleichgewicht auf den Finanzmärkten, einschließlich des Devisenmarktes.
- In Abschnitt 20.3 betrachten wir die beiden Gleichgewichtsbedingungen zusammen und analysieren, wie Produktion, Zinssatz und Wechselkurs bestimmt werden.
- Abschnitt 20.4 untersucht die Rolle der Politik bei flexiblen Wechselkursen.
- Abschnitt 20.5 analysiert die Rolle der Politik in einem Regime fester Wechselkurse.

20.1 Das Gleichgewicht auf dem Gütermarkt

Das Gleichgewicht auf dem Gütermarkt stand im Mittelpunkt von Kapitel 19. Dort haben wir folgende Gleichgewichtsbedingung (Gleichung 19.4) abgeleitet:

$$Y = C\Big(\underset{+}{Y - T}\Big) + I\Big(\underset{+}{Y}, \underset{-}{r}\Big) + G - \varepsilon IM\Big(\underset{+}{Y}, \underset{-}{\varepsilon}\Big) + X\Big(\underset{+}{Y^*}, \underset{+}{\varepsilon}\Big)$$

Gütermarktgleichgewicht (*IS*): Produktion = Nachfrage nach inländischen Gütern.

In einem Gleichgewicht auf dem Gütermarkt muss die Produktion (die linke Seite der Gleichung) der Nachfrage nach inländischen Gütern (der rechten Seite der Gleichung) entsprechen.

Die Nachfrage ergibt sich als Summe aus Konsum, C, Investitionen, I, Staatsausgaben, G, abzüglich der Importe, εIM, und zuzüglich der Exporte, X.

Der Konsum, C, hängt positiv vom verfügbaren Einkommen, $Y - T$, ab.

Die Investitionen, I, hängen positiv von der Produktion Y und negativ vom realen Zinssatz r ab.

Die Staatsausgaben, G, betrachten wir als gegeben.

Das Importvolumen, IM, hängt positiv von der Produktion Y ab und negativ vom realen Wechselkurs, ε.

Die Exporte, X, hängen positiv von der ausländischen Produktion, Y^*, ab und positiv vom realen Wechselkurs, ε.

Für später erweist es sich als nützlich, die letzten beiden Terme unter dem Begriff Nettoexporte zusammenzufassen, die Differenz zwischen Exporten und Importen, $X - \varepsilon IM$:

$$NX(Y, Y^*, \varepsilon) \equiv X(Y^*, \varepsilon) - \varepsilon IM(Y, \varepsilon)$$

Zur Erinnerung: Eine reale Abwertung entspricht einem Anstieg des realen Wechselkurses – die Preise der ausländischen Güter in Einheiten inländischer Güter steigen.

Aus unseren Annahmen folgt, dass die Nettoexporte, NX, von der inländischen Produktion, Y, von der ausländischen Produktion, Y^*, und vom realen Wechselkurs, ε, abhängen. Eine Zunahme der inländischen Produktion lässt die Importe steigen, damit gehen die Nettoexporte zurück. Nimmt die ausländische Produktion zu, erhöhen sich die Exporte und damit auch die Nettoexporte. Auch ein Anstieg von ε – eine reale Abwertung – lässt die Nettoexporte steigen.

Wir nehmen im ganzen Kapitel an, dass die Marshall-Lerner-Bedingung gilt, das heißt, dass eine reale Abwertung die Handelsbilanz verbessert (siehe Kapitel 19).

Mit Hilfe der Nettoexporte können wir die Gleichgewichtsbedingung wie folgt umformulieren:

$$Y = C\Big(\underset{+}{Y-T}\Big) + I\Big(\underset{+}{Y}, \underset{-}{r}\Big) + G + NX\Big(\underset{-}{Y}, \underset{+}{Y^*}, \underset{+}{\varepsilon}\Big) \qquad (20.1)$$

Die wichtigste Implikation von Gleichung (20.1) liegt in der Abhängigkeit der Nachfrage – und damit auch der Produktion – sowohl vom realen Zinssatz wie vom realen Wechselkurs:

- Ein Anstieg des realen Zinssatzes führt zu einem Rückgang der Investitionsausgaben und damit zu einem Rückgang der Nachfrage nach inländischen Gütern. Dies führt, über den Multiplikator, zu einem Rückgang der Produktion.
- Ein Anstieg des realen Wechselkurses – eine reale Abwertung – verschiebt die Nachfrage hin zu inländischen Gütern; die Nettoexporte steigen. Die Zunahme der Nettoexporte lässt die Produktion ansteigen.

Für den Rest des Kapitels vereinfachen wir Gleichung (20.1) in zweierlei Hinsicht:

- In unserer Analyse der kurzen Frist (dem *IS-LM*-Modell) haben wir angenommen, dass das (inländische) Preisniveau gegeben war. Diese Annahme weiten wir auch auf das ausländische Preisniveau aus. Damit bewegen sich der reale Wechselkurs ($\varepsilon = EP^*/P$) und der nominale Wechselkurs (E) im Gleichklang. Eine nominale Abwertung ist unter dieser Annahme identisch mit einer realen Abwertung. Um unsere Notation einfach zu halten, wählen wir P und P^* so, dass $P^*/P = 1$. Dann gilt $\varepsilon = E$. Wir können also in Gleichung (20.1) ε durch E ersetzen.
- Wir unterstellen ein konstantes inländisches Preisniveau. Damit gibt es keine Inflation, weder heute noch in der Zukunft, also auch keine erwartete Inflation. Der nominale Zinssatz entspricht daher dem realen Zinssatz. Wir können den realen Zinssatz r in Gleichung (20.1) durch den nominalen Zinssatz i ersetzen.

Erste Vereinfachung: $P = P^* = 1$, **also** $\varepsilon = E$
Wir können dies tun, da es sich um Indexzahlen handelt.

Zweite Vereinfachung: $\pi^e = 0$, **so dass r = i**

Unter Berücksichtigung dieser beiden Vereinfachungen wird aus Gleichung (20.1):

$$Y = C\Big(\underset{+}{Y - T}\Big) + I\Big(\underset{+\ \ -}{Y, i}\Big) + G + NX\Big(\underset{-\ \ +\ \ +}{Y, Y^*, \varepsilon}\Big) \qquad (20.2)$$

Die Produktion hängt sowohl vom nominalen Zinssatz als auch vom nominalen Wechselkurs ab.

20.2 Das Gleichgewicht auf den Finanzmärkten

Als wir die Finanzmärkte im *IS-LM*-Modell analysierten, haben wir lediglich die Wahl zwischen zwei Anlageformen betrachtet, zwischen Geld und Wertpapieren. In einer offenen Volkswirtschaft mit offenen Finanzmärkten müssen wir berücksichtigen, dass die Wirtschaftssubjekte auch zwischen in- und ausländischen Wertpapieren wählen können. Wir betrachten nun beide Anlageentscheidungen gemeinsam.

Wir vernachlässigen hier andere Anlageentscheidungen – zwischen Wertpapieren mit kurzer und langer Laufzeit, und zwischen verzinslichen Wertpapieren und Aktien –, die wir in Kapitel 15 analysiert haben.

20.2.1 Geld vs. Wertpapiere

Im *IS-LM*-Modell lautete die Bedingung, das Geldangebot muss gleich der Geldnachfrage sein:

$$\frac{M}{P} = YL(i) \qquad (20.3)$$

Das reale Geldangebot (die linke Seite von Gleichung (20.3)) haben wir als gegeben betrachtet. Wir haben angenommen, dass die reale Geldnachfrage (die rechte Seite von Gleichung (20.3)) vom Transaktionsvolumen in der Volkswirtschaft abhängt (gemessen durch die reale Produktion Y), und von den Opportunitätskosten der Geldhaltung im Vergleich zur Anlage in Wertpapieren, dem Nominalzins auf Wertpapiere, i.

Wie müssen wir diese Bedingung ändern, wenn wir eine offene Volkswirtschaft analysieren? Die Antwort auf diese Frage ist erfreulich: In einem Regime flexibler Wechselkurse ändert sich eigentlich sehr wenig, wenn überhaupt.

Zwei Einschränkungen aus Kapitel 18: (1) Die Dollar bzw. Euro, mit denen illegale Transaktionen im Ausland abgewickelt werden, sowie (2) die Dollar und Euro, die in Ländern mit sehr hoher Inflation für inländische Transaktionen verwendet werden. Wir vernachlässigen hier beide Einschränkungen.

In einer offenen Volkswirtschaft ist die Nachfrage nach inländischem Geld immer noch in erster Linie eine Nachfrage der Inländer. Es gibt kaum einen Grund, warum etwa ein Europäer U.S.-amerikanische Münzen und Banknoten oder ein Girokonto in Dollar halten sollte. Für Transaktionen in Europa braucht man Euro, keine Dollar. Wenn ein Europäer Anlagen in Dollar halten will, ist es besser für ihn, U.S.-Wertpapiere zu halten, da diese einen positiven Zinsertrag bringen. Die Nachfrage nach Geld durch Inländer hängt für jedes Land immer noch von denselben Faktoren ab wie in der geschlossenen Volkswirtschaft: Vom Transaktionsniveau, das wir durch die inländische reale Produktion messen, und von den Opportunitätskosten der Geldhaltung, dem Nominalzins auf Wertpapiere.

Gleichgewicht auf den Finanzmärkten. Bedingung 1 (*LM*): Geldangebot = Geldnachfrage

Bei flexiblen Wechselkursen wird das reale Geldangebot im Inland von der Zentralbank bestimmt. Wir können also Gleichung (20.3) weiterhin verwenden, um das Gleichgewicht in der offenen Volkswirtschaft zu analysieren. Der Zinssatz muss sich so einstellen, dass das Geldangebot der Geldnachfrage entspricht. Eine Erhöhung des Geldangebots lässt den Zinssatz sinken. Ein Anstieg der Geldnachfrage, beispielsweise aufgrund eines Anstiegs der Produktion, führt zu einem Anstieg des Zinssatzes.

20.2.2 Inländische vs. ausländische Wertpapiere

Bei der Analyse der Entscheidung zwischen in- und ausländischen Wertpapieren gehen wir wie in Kapitel 18 weiterhin davon aus, dass die Kapitalanleger in die Anlage mit dem höchsten erwarteten Ertrag investieren, egal ob es sich um in- oder ausländische Kapitalanleger handelt. Daraus folgt, dass in- und ausländische Wertpapiere im Gleichgewicht denselben erwarteten Ertrag bringen müssen. Andernfalls wären die Anleger nur bereit, entweder das eine oder das andere Wertpapier zu halten, aber nicht beide. Dies kann im Gleichgewicht nicht der Fall sein.

Wie in Kapitel 18 impliziert diese Annahme folgende Arbitrage-Bedingung – die Bedingung der Zinsparität:

$$i_t = i_t^* + \frac{E_{t+1}^e - E_t}{E_t}$$

Gleichgewicht auf den Finanzmärkten. Bedingung 2 (Arbitrage):
Der erwartete Ertrag auf in- und ausländische Wertpapiere muss gleich sein. Äquivalent dazu: Der Zinssatz im Inland muss gleich sein dem Zinssatz im Ausland plus der erwarteten Abwertungsrate der inländischen Währung.

Der inländische Zinssatz, i_t, muss gleich dem ausländischen Zinssatz, i_t^*, plus der erwarteten Abwertungsrate der inländischen Währung $(E_{t+1}^e - E_t)/E_t$ sein.

In diesem Kapitel gehen wir davon aus, dass der in Zukunft (im nächsten Jahr) erwartete Wechselkurs konstant ist. Wir bezeichnen ihn mit $\overline{E}^e$. (Wir werden diese Annahme in Kapitel 21 lockern). Wenn wir den Zeitindex weglassen, dann wird aus der Zinsparität der folgende Ausdruck:

$$i = i^* + \frac{\bar{E}^e - E}{E} \tag{20.4}$$

Wenn wir beide Seiten mit E multiplizieren, alle Terme mit E auf die linke Seite bringen und beide Seiten durch $(1 + i - i^*)$ dividieren, erhalten wir den aktuellen Wechselkurs als Funktion des erwarteten zukünftigen Wechselkurses, sowie des in- und ausländischen Zinssatzes:

$$E = \frac{\bar{E}^e}{1 + i - i^*} \tag{20.5}$$

Aus Gleichung (20.5) folgt ein negativer Zusammenhang zwischen inländischem Zinssatz und Wechselkurs. Bei gegebenem zukünftig erwartetem Wechselkurs und gegebenem Zinssatz im Ausland *führt ein Anstieg des inländischen Zinssatzes zu einer Abnahme des Wechselkurses – äquivalent dazu: Zu einer Aufwertung der inländischen Währung. Fällt der Zinssatz im Inland, steigt der Wechselkurs – die inländische Währung wertet ab.*

Dieser Zusammenhang zwischen Wechselkurs und inländischem Zinssatz spielt in der realen Welt eine zentrale Rolle. Sie ist auch in diesem Kapitel von zentraler Bedeutung. Um diesen Zusammenhang zu verstehen, vollziehen wir gedanklich nach, welche Folge von Ereignissen auf den Finanzmärkten und auf dem Devisenmarkt eintreten, wenn der Zinssatz in Deutschland über den U.S.-amerikanischen Zinssatz steigt.

$i\uparrow \Rightarrow E\downarrow$
$i\downarrow \Rightarrow E\uparrow$

- Im Ausgangspunkt sei der deutsche und der U.S.-Zinssatz gleich, so dass $i = i^*$. Gleichung (20.5) impliziert für diesen Fall, dass der aktuelle Wechselkurs gleich dem erwarteten zukünftigen Wechselkurs ist: $E = E^e$.
- Nehmen wir nun an, dass der deutsche Zinssatz aufgrund einer kontraktiven geldpolitischen Maßnahme steigt. Bei unverändertem Wechselkurs wird es nun attraktiver, deutsche Wertpapiere zu halten. Die Kapitalanleger wollen aus den U.S.-amerikanischen Wertpapieren in deutsche wechseln. Dafür müssen sie zunächst ihre U.S.-Wertpapiere gegen Dollar verkaufen, dann Dollar gegen Euro verkaufen, und schließlich mit den Euro deutsche Wertpapiere kaufen. Da die Anleger Dollar verkaufen und Euro kaufen, wertet sich der Euro auf.
- Dass ein Anstieg des deutschen Zinssatzes zu einer Aufwertung des Euro führt, ist intuitiv einsichtig: Die stärkere Nachfrage nach Euro lässt den Preis des Euro steigen. Weniger offensichtlich ist, wie stark sich der Euro aufwerten muss. Die Antwort auf diese Frage liefert folgende Überlegung: Solange die Anleger ihre Erwartungen über den zukünftigen Wechselkurs nicht verändern, rechnen sie in Zukunft mit einer umso stärkeren Abwertung, je stärker sich der Euro heute aufwertet (sie erwarten ja, dass der Wechselkurs in Zukunft zu einem bestimmten Wert zurückkehren wird). Ceteris paribus, wenn alle anderen Dinge gleich bleiben, werden U.S.-amerikanische Wertpapiere damit wieder attraktiver: Je höher die in Zukunft erwartete Abwertung des Euros, desto weniger attraktiv ist es, von Dollar in Euro umzuschichten, auch wenn der Zins in Deutschland höher ist.

- Dies beantwortet unsere Frage: Der Euro muss sich gerade so stark aufwerten, dass die dann in Zukunft erwartete Abwertung des Euro den Anstieg des deutschen Zinssatzes exakt kompensiert. Wenn dies der Fall ist, sind die Kapitalanleger wieder indifferent; es herrscht wieder Gleichgewicht.

Ein numerisches Beispiel soll helfen, diesen Zusammenhang zu verstehen. Nehmen wir an, dass bislang die Zinsen für einjährige Staatspapiere in den USA und in Deutschland gleich hoch waren, und zwar 4%. Nun steige der deutsche Zinssatz auf 10%. Wenn sich der für das nächste Jahr erwartete Wechselkurs nicht verändert, dann wird sich der Euro heute genau um 6% aufwerten. Warum? Wenn sich der Euro heute um 6% aufwertet und die Anleger ihre Erwartungen für den Wechselkurs in einem Jahr nicht verändern, dann bedeutet dies, dass die Anleger für das kommende Jahr eine Abwertung des Euro von 6% erwarten. Anders ausgedrückt, sie rechnen damit, dass sich der Dollar im Lauf des kommenden Jahres um 6% gegenüber dem Euro aufwertet. U.S.-amerikanische Wertpapiere bringen dann einen erwarteten Ertrag von 10%: 4% Ertrag in Dollar plus der erwarteten Aufwertung des Dollar gegenüber dem Euro um 6%. In Euro gemessen, erzielt ein Anleger den gleichen erwarteten Ertrag von 10%, egal ob er amerikanische oder deutsche Wertpapiere hält. Die Kapitalanleger sind indifferent zwischen beiden Wertpapieren. Damit herrscht Gleichgewicht auf dem Devisenmarkt.

Es ist wichtig, alle Schritte der Argumentationskette zu verstehen:
- **Der einjährige Zinssatz auf deutsche Wertpapiere steigt um 6 Prozentpunkte.**
- **Die Kapitalanleger kaufen deutsche Wertpapiere. Um sie zu bezahlen, müssen sie zunächst Euro kaufen.**
- **Der Euro wertet sich solange auf, bis man für den Euro im kommenden Jahr mit einer Abwertung von 6% rechnet.**
- **Man erwartet, dass sich der Euro im kommenden Jahr um 6% abwertet, wenn er sich heute um 6% aufgewertet hat.**

Wir können unser numerisches Beispiel in Gleichung (20.4) einsetzen:

$$i = i^* + \frac{\bar{E}^e - E}{E}$$

$$10\% = 4\% + 6\%$$

Der Ertrag aus der Anlage in deutsche Wertpapiere (die linke Seite) beträgt 10%. Der erwartete Ertrag aus Anlage in U.S.-Wertpapiere, ausgedrückt in Euro, (die rechte Seite) ist gleich dem U.S.- Zinssatz, 4%, plus der erwarteten Abwertung des Euro, 6%.

Abbildung 20.1 zeigt den Zusammenhang zwischen dem (inländischen) Zinssatz und dem Wechselkurs, der durch Gleichung (20.5), durch die Zinsparitätenbedingung, impliziert wird. Der Zusammenhang ist für einen gegebenen erwarteten zukünftigen Wechselkurs, E^e, und für einen gegebenen ausländischen Zinssatz, i^*, gezeichnet. Je niedriger der Zinssatz, desto höher der Wechselkurs: die Kurve verläuft fallend. Gleichung (20.5) impliziert auch, dass der Wechselkurs dem erwarteten zukünftigen Wechselkurs entspricht, wenn in- und ausländischer Zinssatz gleich sind: Wenn $i = i^*$, dann gilt $E = E^e$. Dieser Punkt wird in Abbildung 20.1 mit A bezeichnet.

Was geschieht mit der Kurve, wenn i^* steigt? Was, wenn $\bar{E}^e$ steigt?

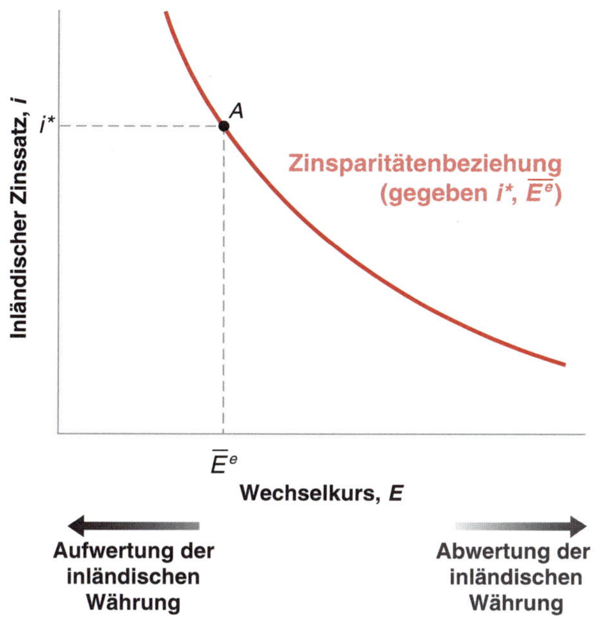

Abbildung 20.1: Der Zusammenhang zwischen Zinssatz und Wechselkurs unter der Zinsparitätentheorie.

Ein niedriger inländischer Zinssatz führt zu einem hohen Wechselkurs – einer Abwertung. Ein hoher inländischer Zinssatz führt zu einem niedrigen Wechselkurs – einer Aufwertung.

Man muss sich bewusst machen, dass unsere Argumentation stark von der Annahme abhängt, dass der erwartete Wechselkurs bei einer Veränderung des Zinssatzes unverändert bleibt. Jede Aufwertung heute bedeutet dann, dass man in der Zukunft mit einer Abwertung rechnet – es wird ja erwartet, dass der Wechselkurs in der Zukunft zu einem bestimmten konstanten Wert zurückkehrt. Eine Begründung für konstante Erwartungen könnte sein, dass die Anleger langfristig den Wechselkurs erwarten, der den Bedingungen der Kaufkraftparität genügt. Bei fixen Preisniveaus im In- und Ausland gibt es nur einen Wechselkurs, der die Preise in- und ausländischer Güterbündel, ausgedrückt in Einheiten nur einer Währung, gleich teuer macht. Anders ausgedrückt: Die Anleger glauben, Güterarbitrage werde bei fixen Preisen langfristig dazu führen, dass der Wechselkurs seinen Gleichgewichtswert erreicht. Wir werden die Annahme, dass der zukünftige Wechselkurs gegeben ist, in Kapitel 21 lockern. Die zentrale Schlussfolgerung wird jedoch auch dann Bestand haben: Ein Anstieg des inländischen Zinssatzes relativ zum ausländischen Zinssatz führt zu einer Aufwertung.

Die ursprüngliche Version des Mundell-Fleming-Modells unterstellte statische Erwartungen: Der erwartete Wechselkurs passt sich immer an den gegenwärtigen Wechselkurs an. Wir sprechen von statischen Erwartungen, weil die Wirtschaftssubjekte davon ausgehen, dass der zukünftige Wechselkurs nicht vom gegenwärtigen abweichen wird. Unter dieser Annahme folgt aus der Zinsparität, dass sich der inländische Zins immer an den ausländischen Zins anpassen muss. Überlegen Sie, welche Anpassungsprozesse dann ablaufen werden.

20.3 Der Gütermarkt und die Finanzmärkte

Wir sind nun in der Lage, das Zusammenspiel von Produktion, Zinssatz und Wechselkurs zu verstehen.

Ein Gleichgewicht auf dem Gütermarkt impliziert, dass die Produktion, unter anderem, vom Zinssatz und vom Wechselkurs abhängt.

$$Y = C\,(Y - T) + I\,(Y, i) + G + NX\,(Y, Y^*, E)$$

Der Zinssatz seinerseits wird durch die Gleichheit von Geldangebot und Geldnachfrage bestimmt:

$$\frac{M}{P} = YL(i)$$

Die Zinsparität impliziert einen negativen Zusammenhang zwischen dem inländischen Zinssatz und dem Wechselkurs:

$$E = \frac{\overline{E}^e}{1+i-i^*}$$

Diese drei Bedingungen bestimmen gemeinsam Produktion, Zinssatz und Wechselkurs. Die Arbeit mit diesen drei Funktionen ist nicht einfach. Wir können sie jedoch auf zwei Funktionen reduzieren: Unter Verwendung der Zinsparität können wir den Wechselkurs in der Gleichgewichtsbedingung für den Gütermarkt eliminieren. Dann erhalten wir folgende zwei Gleichungen, Versionen der bekannten *IS*- und *LM*-Funktionen für die offene Volkswirtschaft:

$$IS:\quad Y = C(Y-T) + I(Y,i) + G + NX\left(Y, Y^*, \frac{\overline{E}^e}{1+i-i^*}\right)$$

$$LM:\quad \frac{M}{P} = YL(i)$$

Betrachten wir zunächst die *IS*-Funktion. Analysieren wir die Auswirkungen eines Zinsanstiegs auf die Produktion. Ein Zinsanstieg hat nun zwei Effekte:

- Der erste Effekt, der Zinskanal, existierte bereits in der geschlossenen Volkswirtschaft. Es ist der direkte Effekt auf die Investitionen. Ein höherer Zinssatz führt zu einem Rückgang der Investitionen und damit zu einem Rückgang von Nachfrage und Produktion nach inländischen Gütern.
- Der zweite Effekt, der Wechselkurskanal, wirkt nur in der offenen Volkswirtschaft. Ein Anstieg des inländischen Zinssatzes führt zu einer Aufwertung der inländischen Währung. Die Aufwertung verteuert die inländischen Güter relativ zu den ausländischen Gütern. Damit gehen die Nettoexporte, also die Nachfrage nach inländischen Gütern und die gesamte Produktion zurück.

Beide Effekte wirken in dieselbe Richtung: Ein Anstieg des Zinssatzes reduziert die Nachfrage auf direktem und auf indirektem Weg – durch den negativen Effekt der Aufwertung auf die Nachfrage.

In Abbildung 20.2a ist die *IS*-Kurve zwischen Zinssatz und Produktion für gegebene Werte aller anderen Variablen – T, G, Y^*, i^* und $\overline{E}^e$ – dargestellt. Die *IS*-Kurve verläuft fallend: Ein Anstieg des Zinssatzes führt zu einem Rückgang der Produktion. Diese *IS*-Kurve sieht der *IS*-Kurve einer geschlossenen Volkswirtschaft sehr ähnlich, in der offenen Volkswirtschaft versteckt sich dahinter jedoch ein sehr viel komplizierterer Zusammenhang: Der Zinssatz beeinflusst die Produktion nicht nur direkt über den Zinskanal, sondern auch indirekt über den Wechselkurskanal.

Ein Anstieg des Zinssatzes führt sowohl direkt als auch indirekt (über den Wechselkurskanal) zu einem Rückgang der Produktion.

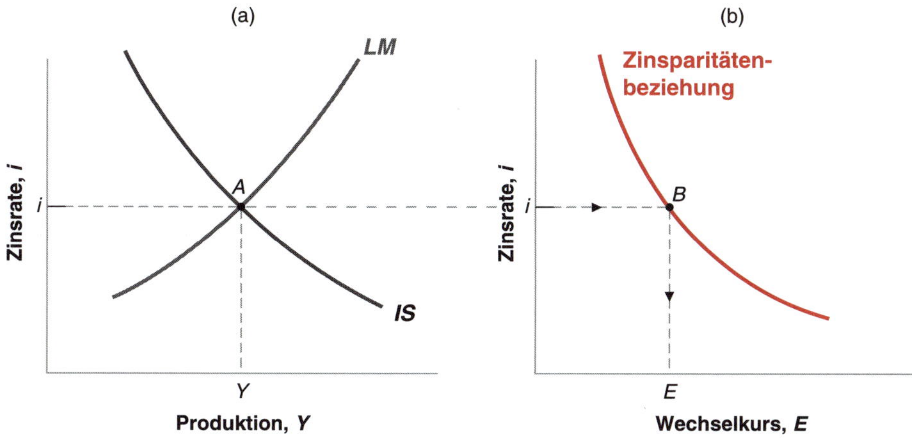

Abbildung 20.2:
Das *IS*-*LM*-Modell in der offenen Volkswirtschaft.

Ein steigender Zinssatz führt zu einer sinkenden Produktion direkt und indirekt (über den Wechselkurs): Die *IS*-Kurve hat eine negative Steigung. Für eine gegebene Geldmenge führt ein steigendes Einkommen zu einem steigenden Zinssatz: Die *LM*-Kurve hat einen steigenden Verlauf.

Die *LM*-Kurve ist die gleiche wie in der geschlossenen Volkswirtschaft. Sie verläuft steigend. Für eine gegebene reale Geldmenge *M*/*P* führt eine Zunahme der Produktion zu einem Anstieg der Geldnachfrage und zu einem Anstieg des gleichgewichtigen Zinssatzes.

Das simultane Gleichgewicht auf dem Gütermarkt und auf den Finanzmärkten wird in Abbildung 20.2a in Punkt *A* erreicht, mit der Produktion *Y* und dem Zinssatz *i*. Der gleichgewichtige Wert des Wechselkurses kann nicht direkt aus der Grafik abgelesen werden. Er lässt sich jedoch leicht aus Abbildung 20.2b ablesen. Abbildung 20.2b entspricht Abbildung 20.1 und stellt für jeden gegebenen Zinssatz den durch die Zinsparität bedingten Wechselkurs dar. *E* ist der Wechselkurs zum gleichgewichtigen Zinssatz *i*.

Fassen wir zusammen: Wir haben die *IS*- und die *LM*-Funktion für die offene Volkswirtschaft abgeleitet.

Die IS-Kurve verläuft fallend: Ein Anstieg des Zinssatzes führt direkt und indirekt (über den Wechselkurs) zu einem Rückgang der Nachfrage und zu einem Rückgang der Produktion.

Die LM-Kurve verläuft steigend: Ein Anstieg des Einkommens lässt die Nachfrage nach Geld steigen, so dass ein Anstieg des gleichgewichtigen Zinssatzes nötig wird.

Die gleichgewichtige Produktion und der gleichgewichtige Zinssatz befinden sich im Schnittpunkt der *IS*- und der *LM*-Kurve. *Bei gegebenem ausländischen Zinssatz und gegebenem erwarteten zukünftigen Wechselkurs bestimmt der gleichgewichtige Zinssatz den gleichgewichtigen Wechselkurs.*

20.4 Die Auswirkungen von Wirtschaftspolitik in einer offenen Volkswirtschaft

Nun, da wir das *IS-LM*-Modell für die offene Volkswirtschaft abgeleitet haben, können wir mit seiner Hilfe analysieren, wie sich wirtschaftspolitische Maßnahmen auswirken.

20.4.1 Die Wirkungen von Fiskalpolitik in einer offenen Volkswirtschaft

Betrachten wir wieder eine Veränderung der Staatsausgaben. Nehmen wir an, dass die Regierung, ausgehend von einem ausgeglichenen Staatshaushalt, beschließt, die Infrastrukturausgaben zu erhöhen, ohne die Steuern zu erhöhen, so dass es zu einem Budgetdefizit kommt. Was geschieht mit der Produktion? Wie verändert sich die Zusammensetzung der Produktion? Was geschieht mit dem Zinssatz? Wie reagiert der Wechselkurs?

Abbildung 20.3: Auswirkungen einer expansiven Fiskalpolitik

Steigende Staatsausgaben führen zu einer größeren Produktion, einem höheren Zinssatz und zu einer Aufwertung.

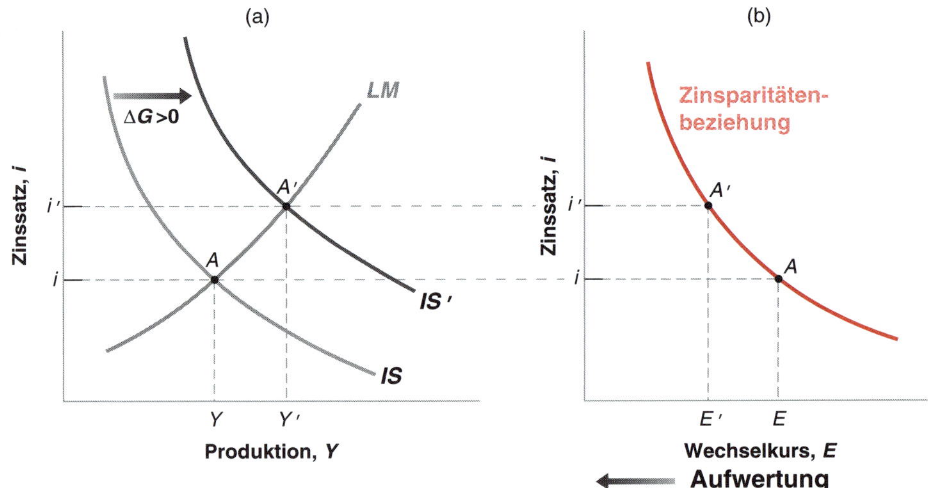

Eine Erhöhung der Staatsausgaben verschiebt die IS-Kurve nach rechts. Die LM-Kurve und die Zinsparitätenkurve werden durch die Erhöhung der Staatsausgaben nicht beeinflusst.

Die Antworten auf diese Fragen werden in Abbildung 20.3 gegeben. Die Volkswirtschaft befindet sich in der Ausgangssituation in Punkt *A*. Der Anstieg der Staatsausgaben in Höhe von $\Delta G > 0$ führt dazu, dass die Produktion bei gegebenem Zinssatz zunimmt, so dass sich die *IS*-Kurve nach rechts verschiebt, in Abbildung 20.3a von IS nach *IS'*. Da die Staatsausgaben nicht in die *LM*-Funktion eingehen, verschiebt sich die *LM*-Kurve nicht. Das neue Gleichgewicht befindet sich in Punkt *A'*, mit einem höheren Produktionsniveau und einem höheren Zinssatz. In Abbildung 20.3b führt der gestiegene Zinssatz zu einem Rückgang des Wechselkurses – zu einer Aufwertung der inländischen Währung. Eine Erhöhung der Staatsausgaben führt also zu einer Zunahme der Produktion, zu einem Anstieg des Zinssatzes und zu einer Aufwertung der inländischen Währung.

In Worten: Eine Erhöhung der Staatsausgaben führt zu einem Anstieg der Nachfrage, die wiederum zu einem Anstieg der Produktion führt. Mit steigender Produktion steigt auch die Geldnachfrage, so dass ein Aufwärtsdruck für den Zinssatz resultiert. Der Anstieg des Zinssatzes, der die inländischen Wertpapiere attraktiver macht, führt zu einer Aufwertung der inländischen Währung. Sowohl der gestiegene Zinssatz als auch die Aufwertung der inländischen Währung reduzieren die inländische Güternachfrage, so dass der Effekt der Staatsausgaben auf die Nachfrage und auf die Produktion teilweise kompensiert wird.

Können wir eine Aussage treffen, wie sich die einzelnen Komponenten der Nachfrage entwickeln werden?

- Der Konsum steigt, die Staatsausgaben ebenfalls. Der Konsum steigt aufgrund des Einkommensanstiegs, die Staatsausgaben steigen per Annahme.
- Wie sich die Investitionen entwickeln werden, ist nicht eindeutig. Die Investitionen hängen sowohl von der Produktion als auch vom Zinssatz ab: $I = I(Y, i)$. Einerseits steigt die Produktion, so dass die Investitionen zunehmen. Andererseits jedoch steigt auch der Zinssatz, so dass die Investitionen abnehmen. Ob die Investitionen zu- oder abnehmen, hängt davon ab, welcher der beiden Effekte dominiert, beides ist möglich. Kurz zusammengefasst: Der Effekt der Staatsausgaben auf die Investitionen war in der geschlossenen Volkswirtschaft nicht eindeutig zu bestimmen; er lässt sich auch in der offenen Volkswirtschaft nicht eindeutig bestimmen.
- Die Nettoexporte hängen von der in- und ausländischen Produktion und vom Wechselkurs ab: $NX = NX(Y, Y^*, E)$. Sowohl die Aufwertung als auch der Anstieg der Produktion lassen die Nettoexporte zurückgehen: Durch die Aufwertung nehmen die Exporte ab, die Importe zu, der Anstieg der Produktion lässt die Importe noch weiter ansteigen. Das Budgetdefizit führt also zu einer Verschlechterung der Handelsbilanz. Wenn die Handelsbilanz in der Ausgangssituation ausgeglichen war, dann führt das Budgetdefizit zu einem Handelsbilanzdefizit. Wichtig ist, dass eine Ausweitung des Budgetdefizits zwar zu einer Ausweitung des Handelsbilanzdefizits führt, dieser Effekt aber alles andere als mechanisch ist. Zunächst wirkt das Budgetdefizit auf die Produktion und auf den Wechselkurs, dies wiederum wirkt auf das Handelsdefizit.

20.4.2 Die Wirkungen von Geldpolitik in einer offenen Volkswirtschaft

Eine kontraktive Geldpolitik verschiebt die *LM*-Kurve nach oben. Die *IS*-Kurve und die Zinsparitätenkurve bleiben durch die kontraktive Geldpolitik unverändert.

Die Auswirkungen unserer zweiten schon vertrauten Politikmaßnahme, einer kontraktiven Geldpolitik, sind in Abbildung 20.4 dargestellt. Beginnen wir mit Abbildung 20.4a. Bei gegebenem Produktionsniveau lässt eine Reduktion der Geldmenge in Höhe von $\Delta M < 0$ den Zinssatz steigen: Die *LM*-Kurve verschiebt sich nach oben, von *LM* nach *LM′*. Da die Geldmenge nicht direkt in die *IS*-Funktion eingeht, verschiebt sich die IS-Kurve nicht. Das Gleichgewicht verschiebt sich von *A* nach *A′*. In Abbildung 20.4b führt der Anstieg des Zinssatzes zu einer Aufwertung der inländischen Währung.

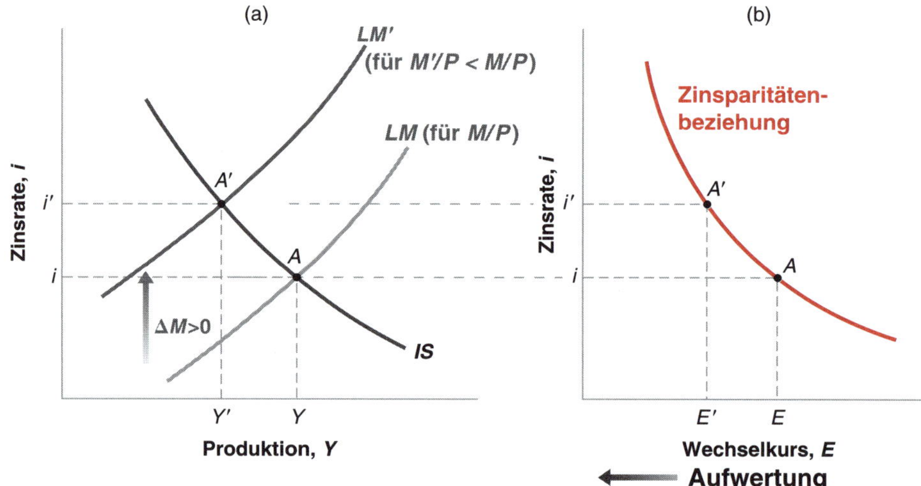

Abbildung 20.4: Wirkungen einer kontraktiven Geldpolitik

Eine Reduktion der Geldmenge führt zu einer sinkenden Produktion, einem steigenden Zinssatz und einer Aufwertung.

Eine kontraktive Geldpolitik löst also einen Rückgang der Produktion aus, einen Anstieg des Zinssatzes und eine Aufwertung der inländischen Währung. Die Geschichte, die sich dahinter verbirgt, ist leicht zu erzählen. Eine kontraktive Geldpolitik lässt den Zinssatz im Inland steigen. Sie macht dadurch inländische Wertpapiere attraktiver und löst eine Aufwertung aus. Sowohl der höhere Zinssatz als auch die Aufwertung verursachen einen Rückgang von Nachfrage und Produktion. Mit dem Rückgang der Produktion geht auch die Geldnachfrage zurück, dies wiederum lässt den Zinssatz sinken, so dass der ursprüngliche Anstieg des Zinssatzes und die Aufwertung teilweise aufgehoben werden.

Können Sie eine Aussage treffen, wie sich Konsum, Investitionen und Nettoexporte entwickeln?

Robert Mundell erhielt 1999 den Nobelpreis für Wirtschaftswissenschaften.

Diese Version des *IS-LM*-Modells für die offene Volkswirtschaft wurde 1960 von zwei Ökonomen, Robert Mundell von der Columbia University und Marcus Fleming vom IWF, entwickelt. Aus diesem Grund wird es Mundell-Fleming-Modell genannt. Wie gut bildet das Mundell-Fleming-Modell die Realität ab? Um diese Frage zu beantworten, könnte man sich nur schwer ein besseres Experiment ausdenken, als die drastischen geld- und fiskalpolitischen Kursänderungen, welche die U.S.-amerikanische Volkswirtschaft in den 80er Jahren durchlief. Die Fokusbox „Kontraktive Geldpolitik und expansive Fiskalpolitik: Die Vereinigten Staaten in den frühen 80er Jahren" testet das Mundell-Fleming-Modell. Ergebnis: Das Mundell-Fleming-Modell und seine Vorhersagen bestehen die Prüfung mit Auszeichnung.

Fokus: Kontraktive Geldpolitik und expansive Fiskalpolitik: Die Vereinigten Staaten in den frühen 80er Jahren

Die frühen 80er Jahre waren in den Vereinigten Staaten von drastischen Kursänderungen sowohl in der Geld- als auch in der Fiskalpolitik geprägt.

Die Ursachen der Kursänderung in der Geldpolitik haben wir bereits in Kapitel 9 diskutiert. Ende der 70er Jahre kam der Präsident der Fed, Paul Volcker, zu dem Schluss, dass die U.S.-amerikanische Inflation zu hoch wäre, und dass sie reduziert werden müsste. Ende 1979 schlug er einen stark kontraktiven geldpolitischen Kurs ein. Es war ihm klar, dass dies zu einer Rezession führen könnte, aber dass damit in der mittleren Frist eine niedrigere Inflation erreicht werden würde.

Die Kursänderung in der Fiskalpolitik wurde durch die Wahl von Ronald Reagan im Jahr 1980 ausgelöst. Reagan war aufgrund seines Versprechens, eine konservativere Politik machen zu wollen – Steuersenkungen und eine Begrenzung der Rolle des Staates in der Wirtschaft – gewählt worden. Dieses Versprechen war die Grundlage für den Economic Recovery Act im August 1981. Die Einkommenssteuer wurde in drei Stufen von 1981 bis 1983 um 23% gesenkt. Die Unternehmenssteuern wurden gleichermaßen gesenkt. Diese Steuersenkungen wurden jedoch nicht von einem entsprechenden Abbau der Staatsausgaben begleitet. Das Ergebnis war ein rasanter Anstieg des Budgetdefizits, das im Jahr 1983 einen Spitzenwert von 5,6% des BIP erreichte. Tabelle 1 enthält Zahlen zu Staatsausgaben und Steuereinnahmen für den Zeitraum von 1980 bis 1984.

Welche Motivation hatte die Reagan-Administration, die Steuern zu senken, ohne auch die Ausgaben entsprechend zu senken? Diese Frage wird bis heute diskutiert, es besteht jedoch Übereinstimmung über die zwei wichtigsten Beweggründe.

Ein Beweggrund lag in der Überzeugung einer einflussreichen Randgruppe von Ökonomen, den so genannten „supply siders", die argumentierten, dass eine Steuersenkung Arbeitnehmer und Unternehmen dazu bringen würde, viel härter und produktiver zu arbeiten, und dass der daraus resultierende Anstieg der Aktivität zu einer Zunahme und nicht zu einem Rückgang der Steuereinnahmen führen würde. Wie Erfolg versprechend auch immer das Argument damals ausgesehen haben mag, es erwies sich als falsch. Selbst wenn manche Arbeitnehmer nach der Steuersenkung tatsächlich härter und produktiver gearbeitet haben sollten, die Steuereinnahmen gingen zurück, das Budgetdefizit stieg.

	1980	1981	1982	1983	1984
Ausgaben	22,0	22,8	24,0	25,0	23,7
Einnahmen	20,2	20,8	20,5	19,4	19,2
Personensteuern	9,4	9,6	9,9	8,8	8,2
Unternehmenssteuern	2,6	2,3	1,6	1.6	2,0
Budgetdefizit	-1,8	-2,0	-3,5	-5,6	-4,5

Tabelle 1: Das Aufkommen großer U.S.-amerikanischer Budgetdefizite, 1980-1984

Die Zahlen beziehen sich auf das fiskalische Jahr, das im Oktober des Vorjahres beginnt. Alle Zahlen sind als Anteile am BIP dargestellt.
Quelle: Historical Tables, Office of Management and Budget.

Der andere Beweggrund war die Hoffnung, dass die Steuersenkung und der daraus resultierende Anstieg des Budgetdefizits den Kongress einschüchtern und unter Druck setzen würde, die Ausgaben zu kürzen oder zumindest nicht weiter zu erhöhen. Diese Hoffnung erwies sich zumindest teilweise als richtig. Der Kongress stand selbst unter einem enormen Druck, die Staatsausgaben nicht weiter zu erhöhen. Das Wachstum der Staatsausgaben fiel in den 80er Jahren sicher geringer aus als es sonst der Fall gewesen wäre. Dieser Rückgang der Staatsausgaben war aber nicht genug, um den Steuerausfall aufzufangen und den schnellen Anstieg des Defizits zu vermeiden.

Was auch immer die Gründe für die Defizite gewesen sein mögen, die kombinierten Effekte der kontraktiven Geldpolitik und der expansiven Fiskalpolitik entsprachen genau dem, was das Mundell-Fleming-Modell vorhersagt. Tabelle 2 charakterisiert die Entwicklung der wichtigsten makroökonomischen Variablen von 1980 bis 1984.

	1980	1981	1982	1983	1984
BIP-Wachstum (%)	-0,5	1,8	-2,2	3,9	6,2
Arbeitslosenrate (%)	7,1	7,6	9,7	9,6	7,5
Inflation (VPI) (%)	12,5	8,9	3,8	3,8	3,9
Zinssatz (nominal) (%)	11,5	14,0	10,6	8,6	9,6
(real) (%)	2,5	4,9	6,0	5,1	5,9
Realer Wechselkurs	117	99	89	85	77
Handelsbilanzdefizit (% des BIP)	-0,5	-0,4	-0,6	-1,5	-2,7

Tabelle 2: Makroökonomische Indikatoren, USA, 1980-1984

Inflation: Änderungsrate des Verbraucherpreisindex. Der Nominalzins bezieht sich auf dreimonatige Staatsanleihen. Der Realzins entspricht dem Nominalzins abzüglich der von DRI, einem privaten Prognoseunternehmen, prognostizierten Inflation. Der reale Wechselkurs entspricht dem realen $-Außenwert, 1973 = 100.

Von 1980 bis 1982 war die Entwicklung der Wirtschaft geprägt von den Auswirkungen der kontraktiven Geldpolitik. Sowohl die nominalen als auch die realen Zinssätze stiegen deutlich an. Dies führte zu einer starken Aufwertung des Dollars (zu einer Abnahme des Wechselkurses) und zu einer Rezession. Das Ziel, die Inflation zu senken, wurde erreicht, wenn auch nicht unmittelbar. 1982 war die Inflation auf ungefähr 4% gesunken. Die niedrigere Produktion und die Aufwertung des Dollars hatten gegensätzliche Effekte auf die Handelsbilanz (die niedrigere Produktion führte zu einem Rückgang der Importe und zu einer Verbesserung der Handelsbilanz; die Aufwertung des Dollars aber zu einer Verschlechterung der Handelsbi-

Von 1982 an war die Entwicklung der Wirtschaft von den Auswirkungen der expansiven Fiskalpolitik geprägt. Wie unser Modell vorhersagt, bestanden diese Auswirkungen in einem starken Wirtschaftswachstum, hohen Zinsen und einer weiteren Aufwertung des Dollars. Die Auswirkungen des starken Wirtschaftswachstums und der Aufwertung des Dollars waren ein Anstieg des Handelsdefizits auf 2,7% des BIP 1984. Mitte der 80er Jahre waren die „twin deficits“, die Zwillingsdefizite von Budget- und Handelsdefizit, zum wichtigsten makroökonomischen Politikthema geworden. Sie blieben die ganzen 80er Jahre hindurch und auch in der ersten Hälfte der 90er Jahre das wichtigste Thema.

20.5 Feste Wechselkurse

Bisher haben wir angenommen, dass die Zentralbank die Geldmenge festlegt und zulässt, dass sich der Wechselkurs so anpasst, dass ein Gleichgewicht auf dem Devisenmarkt herrscht. Für die meisten Länder ist diese Annahme nicht realistisch: Die meisten Zentralbanken verfolgen implizit oder explizit bestimmte Wechselkursziele. Sie setzen geldpolitische Maßnahmen ein, um diese Ziele zu erreichen. Die Ziele können implizit oder explizit sein; manchmal bestehen die Ziele in spezifischen Werten, manchmal in Bandbreiten. Diese Arrangements für den Wechselkurs (Wechselkursregime genannt) haben viele verschiedenen Namen; wir wollen uns zunächst einmal damit beschäftigen, was die einzelnen Namen bedeuten.

20.5.1 Feste Wechselkurse, gleitende Bandbreiten, Bandbreiten, das Europäische Währungssystem (EWS), und der Euro

Am einen Ende des Spektrums liegen Länder mit flexiblen Wechselkursen, wie die Vereinigten Staaten, Japan oder der Euroraum. Diese Länder verfolgen keine expliziten Wechselkursziele. Auch wenn die Zentralbanken die Entwicklung des Wechselkurses sicher nicht ignorieren, haben sie doch in der Vergangenheit ihre Bereitschaft bewiesen, starke Fluktuationen des Wechselkurses zuzulassen.

Analog zum „Tanz des Dollars" in den 80er Jahren (siehe Kapitel 18), gab es in den 90er Jahren einen „Tanz des Yen", mit einer scharfen Aufwertung des Yen in der ersten Hälfte der 90er Jahre, gefolgt von einer scharfen Abwertung in der zweiten Hälfte der 90er Jahre.

Am anderen Ende des Spektrums liegen Länder, die unter festen Wechselkursen operieren. Diese Länder halten einen festen Wechselkurs in Einheiten einer ausländischen Währung. Einige Länder binden ihre Währung an den Dollar. Argentinien zum Beispiel band seine Währung, den Peso, von 1991 bis 2001 an den Dollar, und zwar zu dem symbolischen Wechselkurs von einem Dollar für einen Peso (Kapitel 21 wird sich ausführlicher mit diesem Beispiel beschäftigen.) Andere Länder haben früher ihre Währung an den französischen Franc gebunden (in erster Linie die ehemaligen französischen Kolonien); da der Franc mittlerweile aber durch den Euro ersetzt wurde, sind sie nun an den Euro gebunden. Wieder andere Länder binden ihre Währung an einen Währungskorb, mit Gewichten, die der Zusammensetzung ihres Handels entsprechen.

Die Bezeichnung „fest" ist etwas irreführend: Die Wechselkurse von Ländern, die unter festen Wechselkursen operieren, sind nicht grundsätzlich unveränderlich. Veränderungen sind jedoch selten. Ein extremes Beispiel sind die afrikanischen Länder, die ihre Währung an den Franc gebunden hatten. Als sie ihre Wechselkurse im Januar 1994 anpassten, war dies die erste Anpassung seit 45 Jahren.

Erinnern wir uns an die Definition des realen Wechselkurses, $\varepsilon = EP^*/P$. Wenn die inländische Inflation höher ist als die ausländische Inflation, dann bedeutet dies: P steigt schneller als P^*. Dies bedeutet: P^*/P sinkt. Wenn E fest ist, dann sinkt EP^*/P. Es kommt also zu einer stetigen realen Aufwertung: Die inländischen Güter werden relativ zu den ausländischen Gütern immer teuerer.

Zwischen diesen beiden Extremen liegen viele Länder, die sich in unterschiedlichem Maß auf ein Wechselkursziel verpflichtet haben. Manche Länder beispielsweise haben sich für gleitende Bandbreiten, „crawling pegs", entschieden. Diese Länder sind meist durch Inflationsraten gekennzeichnet, die über der Inflationsrate des Leitwährungslandes liegen (des Landes, an das sie ihre Währung anbinden). Wenn sie ihren nominalen Wechselkurs fest binden würden, dann würde der Anstieg des inländischen Preisniveaus relativ zum Preisniveau des Leitwährungslandes zu einer stetigen realen Aufwertung führen. Die inländischen Güter würden nicht mehr wettbewerbsfähig bleiben. Um diesen Effekt zu vermeiden, legen diese Länder von vornherein bestimmte Abwertungsraten gegenüber der Leitwährung fest. Die Währung bewegt sich „kriechend" (englisch: crawl) gegenüber der Leitwährung.

Wir beschäftigen uns mit der Krise des EWS 1992 in Kapitel 21.

Wenn sich Länder für eine gemeinsame Währung entscheiden, dann ist das, als ob sie eine extreme Form fester Wechselkurse einführen würden: Ihr „Wechselkurs" ist für jedes Paar von Ländern auf 1:1 fixiert.

Eine wiederum andere Regelung besteht darin, dass bestimmte Länder untereinander ihre bilateralen Wechselkurse (die wechselseitigen Wechselkurse zwischen allen Ländern aus dieser Gruppe) innerhalb festgesetzter Bandbreiten halten. Das bekannteste Beispiel dafür war das Europäische Währungssystem (EWS), durch das Wechselkursschwankungen innerhalb der Europäischen Union von 1978 bis 1998 geregelt wurden. Gemäß der Regeln des EWS verpflichteten sich die Mitgliedsländer, ihre Wechselkurse gegenüber den anderen Währungen des Systems innerhalb enger Bandbreiten um eine zentrale Parität herum – einen gegebenen Wert für den Wechselkurs – zu halten. Veränderungen der zentralen Parität und Neubewertungen einzelner Währungen waren möglich, es mussten jedoch alle Länder zustimmen. Nach einer größeren Krise 1992/93, die dazu führte, dass einige Länder ganz aus dem EWS ausschieden, wurden Anpassungen der Wechselkurse immer seltener. Die meisten beteiligten Länder gingen noch einen Schritt weiter und führten am 1. Januar 1999 eine gemeinsame Währung ein, den Euro. Wir kommen auf die Implikationen der Euro-Einführung in Kapitel 21 zurück.

Wir werden die Vor- und Nachteile dieser verschiedenen Wechselkursregimes im nächsten Kapitel diskutieren. Zunächst jedoch müssen wir analysieren, wie die Entscheidung für einen festen Wechselkurs die Geld- und Fiskalpolitik beeinflusst. Damit beschäftigen wir uns im Rest dieses Abschnitts.

20.5.2 Die Entscheidung für einen festen Wechselkurs und die monetäre Kontrolle

Nehmen wir an, ein Land entscheidet sich, seinen Wechselkurs zu einer anderen Währung auf einen bestimmten Wert zu fixieren. Nennen wir diesen Wert $\overline{E}$. Wie kann es diese Entscheidung in der Realität umsetzen? Die Regierung kann nicht einfach den Wert des Wechselkurses bekannt geben und sich dann zur Ruhe setzen. Sie muss Maßnahmen ergreifen, um sicher zu stellen, dass der gewählte Wechselkurs auf dem Devisenmarkt auch Bestand hat. Diese Maßnahmen wollen wir uns genauer ansehen.

Ob ein Land seinen Wechselkurs fixiert oder nicht, Wechselkurs und nominaler Zinssatz müssen die Bedingung der Zinsparität erfüllen:

$$i_t = i_t^* + \frac{E_{t+1}^e - E_t}{E_t}$$

Nehmen wir nun an, das Land fixiert seinen Wechselkurs auf $\bar{E}$, so dass der aktuelle Wechselkurs $E_t = \bar{E}$ ist. Wenn die Finanzmärkte und die Devisenmärkte daran glauben, dass der Wechselkurs auch in Zukunft auf diesem Wert fixiert bleiben wird, dann rechnen sie damit, dass der zukünftige Wechselkurs E^e_{t+1} ebenfalls gleich $\bar{E}$ ist. Die Zinsparitätenbedingung wird dann zu:

$$i_t = i_t^* + \frac{\bar{E} - \bar{E}}{\bar{E}} = i_t^*$$

In Worten: Wenn die Kapitalanleger erwarten, dass der Wechselkurs unverändert bleibt, dann fordern sie in beiden Ländern den gleichen Zinssatz. Unter festen Wechselkursen und perfekter Kapitalmobilität muss in- und ausländischer Zinssatz gleich sein.

Diese Bedingung hat eine weitere wichtige Implikation. Kehren wir zu der Gleichgewichtsbedingung zurück, die verlangt, dass das Geldangebot gleich der Geldnachfrage sein muss. Da nun $i = i^*$ gilt, wird aus dieser Bedingung:

Unter perfekter Kapitalmobilität bedeutet die Entscheidung, den Wechselkurs zu fixieren, dass man die Freiheit aufgibt, den inländischen Zinssatz frei zu wählen, da dieser gleich dem ausländischen Zinssatz bleiben muss.

$$\frac{M}{P} = YL(i) \tag{20.6}$$

Nehmen wir an, aufgrund eines Anstiegs der inländischen Produktion steigt die Geldnachfrage. In einer geschlossenen Volkswirtschaft könnte die Zentralbank die Geldmenge unverändert lassen. Dies würde zu einem Anstieg des Zinssatzes führen. In einer offenen Volkswirtschaft und unter einem System flexibler Wechselkurse kann die Zentralbank immer noch dasselbe tun: Das Ergebnis wäre nun aber neben dem Anstieg des Zinssatzes auch eine Aufwertung der inländischen Währung. In einem Regime fester Wechselkurse kann die Zentralbank die Geldmenge aber nicht unverändert lassen. Würde sie dies tun, dann würde der höhere Zinssatz im Inland eine Aufwertung der inländischen Währung auslösen. Um den Wechselkurs auf seinem fixierten Wert zu halten, muss die Zentralbank auf die gestiegene Geldnachfrage mit einer Ausweitung des Geldangebots in gleicher Höhe reagieren, damit sich der gleichgewichtige Zinssatz nicht verändert. Bei einem gegebenen Preisniveau P muss sich die nominale Geldmenge M so anpassen, dass Gleichung (20.6) weiterhin erfüllt ist.

Diese Ergebnisse hängen sehr stark von der Bedingung der Zinsparität ab. Sie gilt zwingend bei perfekter Kapitalmobilität (Kapitalanleger entscheiden sich immer für den höchsten erwarteten Ertrag). Der Fall fester Wechselkurse in Kombination mit unvollkommener Kapitalmobilität – der für manche Länder in Lateinamerika oder in Asien relevanter ist – wird im Anhang zu diesem Kapitel behandelt.

Fassen wir zusammen: *Unter festen Wechselkursen gibt die Zentralbank die Geldpolitik als Politikinstrument auf.* Ein fester Wechselkurs bedeutet, dass in- und ausländischer Zinssatz gleich sind. Die Geldmenge muss sich so anpassen, dass dieser Zinssatz aufrechterhalten wird.

20.5.3 Fiskalpolitik unter festen Wechselkursen

Wenn die Geldpolitik unter festen Wechselkursen nicht mehr eingesetzt werden kann, wie steht es dann mit der Fiskalpolitik? Um diese Frage zu beantworten, betrachten wir Abbildung 20.5.

Abbildung 20.5 baut auf Abbildung 20.3a auf. Wir haben sie verwendet, um die Auswirkungen von Fiskalpolitik in einem Regime flexibler Wechselkurse zu analysieren. Wir sahen, dass eine expansive fiskalpolitische Maßnahme ($\Delta G > 0$) die *IS*-Kurve nach rechts verschob. Unter flexiblen Wechselkursen blieb die Geldmenge unverändert, das Gleichgewicht bewegte sich von Punkt *A* nach Punkt *B*. Damit verbunden war ein Anstieg der Produktion von Y_A auf Y_B, ein Anstieg des Zinssatzes und eine Abnahme des Wechselkurses – eine Aufwertung der inländischen Währung.

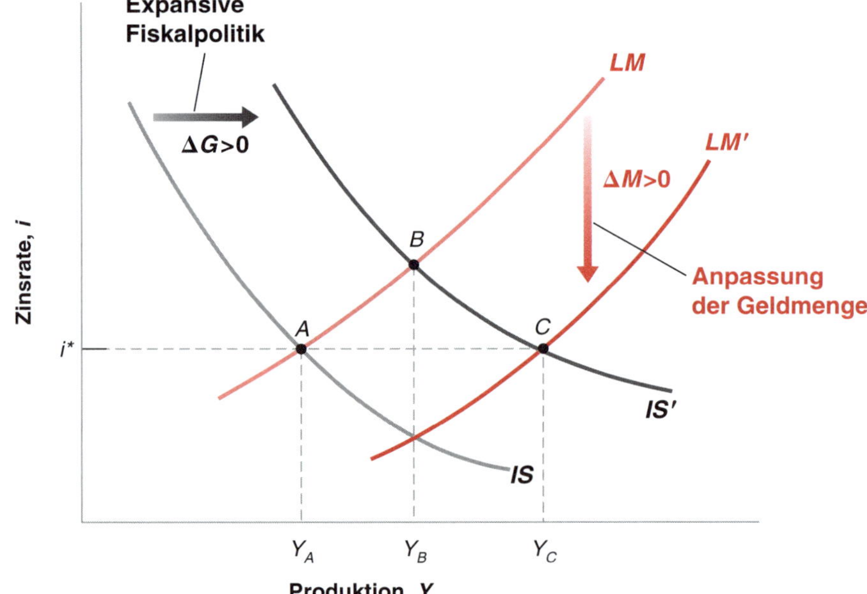

Abbildung 20.5: Auswirkungen der expansiven Fiskalpolitik bei fixen Wechselkursen

Bei flexiblen Wechselkursen führt expansive Fiskalpolitik zu einem Produktionswachstum von Y_A zu Y_B. Bei fixen Wechselkursen steigt die Produktion von Y_A zu Y_C.

Unter festen Wechselkursen jedoch kann die Zentralbank nicht zulassen, dass sich die Währung aufwertet. Da der Anstieg der Produktion die Geldnachfrage erhöht, muss die Zentralbank die gestiegene Geldnachfrage befriedigen, indem sie die Geldmenge ausweitet. In Abbildung 20.5 muss die Zentralbank die *LM*-Kurve nach unten verschieben, wenn sich die *IS*-Kurve nach rechts verschiebt, damit sich Zinssatz und Wechselkurs nicht verändern. Das Gleichgewicht bewegt sich daher von *A* nach *C*, mit der höheren Produktion Y_C, einem unveränderten Zinssatz und einem unveränderten Wechselkurs. *Unter festen Wechselkursen ist Fiskalpolitik daher wirksamer als unter flexiblen Wechselkursen.* Der Grund dafür liegt darin, dass die Fiskalpolitik eine Anpassung der Geldpolitik auslöst.

In welchem Fall ist die Wirkung der Fiskalpolitik stärker? In einer geschlossenen Volkswirtschaft oder in einer offenen Volkswirtschaft mit festen Wechselkursen? (Hinweis: Die Antwort ist nicht eindeutig).

Gegen Ende dieses Kapitels drängt sich eine Frage auf: Warum sollte sich ein Land überhaupt dafür entscheiden, seinen Wechselkurs zu fixieren? Wir haben bereits mehrere Gründe gefunden, warum das eine schlechte Idee zu sein scheint:

- Wenn ein Land seinen Wechselkurs fixiert, gibt es ein sehr wirksames Instrument (die Geldpolitik) auf, mit dem es Handelsungleichgewichte korrigieren und die Konjunktur beeinflussen kann.
- Wenn sich ein Land verpflichtet, einen bestimmten Wechselkurs aufrechtzuerhalten, gibt es die Kontrolle über seinen Zinssatz auf. Nicht nur das, es muss auch noch Bewegungen des Zinssatzes im Ausland nachvollziehen, mit dem Risiko, dass dies unerwünschte Effekte auf die eigenen Konjunktur hat. Ein Beispiel dafür findet sich in Europa, zu Beginn der 90er Jahre. Aufgrund der gestiegenen Nachfrage in Folge der Wiedervereinigung in Deutschland fürchtete die stabilitätsorientierte Bundesbank die Gefahr einer Inflation und erhöhte daraufhin die Leitzinsen. Um die Parität mit der DM zu halten, waren nun auch andere Länder im EWS gezwungen, ihre Zinssätze anzuheben, obwohl sie vorgezogen hätten, dies nicht zu tun. (Dieses Beispiel ist das Thema der Fokusbox „Die deutsche Wiedervereinigung und das EWS").
- Auch wenn das Land die Kontrolle über seine Fiskalpolitik behält, so ist ein Politikinstrument doch nicht genug. Wie wir beispielsweise in Kapitel 19 gesehen haben, kann eine expansive Fiskalpolitik dazu beitragen, eine Rezession zu bewältigen, aber nur auf Kosten eines größeren Handelsdefizits. Darüber hinaus kann ein Land, das sein Budgetdefizit abbauen will, unter festen Wechselkursen nicht auf geldpolitische Maßnahmen zurückgreifen, um die kontraktiven Effekte seiner Fiskalpolitik auf die Produktion aufzufangen.

Warum entscheiden sich dann manche Länder dafür, ihren Wechselkurs zu fixieren? Warum haben 12 europäische Länder eine gemeinsame Währung eingeführt? Um diese Fragen zu beantworten, müssen wir unsere Analyse noch etwas weiter fortführen. Wir dürfen uns nicht allein wie in diesem Kapitel mit der kurzen Frist beschäftigen, sondern müssen auch beachten, dass sich mittelfristig das Preisniveau anpassen kann. Wir müssen uns mit den Eigenschaften von Wechselkurskrisen beschäftigen. Erst wenn wir all diese Themen analysiert haben, sind wir in der Lage, eine Beurteilung der Vor- und Nachteile verschiedener Wechselkursregimes abzugeben. Dies wird unsere Vorgehensweise in Kapitel 21 sein.

Fokus: Die deutsche Wiedervereinigung und das EWS

Unter einem Regime fester Wechselkurse, wie dem Europäischen Währungssystem (EWS), kann kein Land allein seinen Zinssatz verändern, wenn nicht auch die anderen Länder ihre Zinssätze verändern (abgesehen von einem gewissen Grad an Flexibilität, die durch die Bandbreiten ermöglicht wurde). Wie verändern sich dann die Zinssätze in der Realität? Zwei Möglichkeiten sind denkbar: Eine mögliche Regelung wäre, dass alle Länder Veränderungen in ihren Zinssätzen abstimmen und koordinieren. Eine andere Möglichkeit wäre, dass ein Land die Führungsrolle übernimmt und alle anderen Länder folgen müssen – genau dies geschah im EWS, wobei Deutschland die Führungsrolle übernahm.

Während der 80er Jahre verfolgten die meisten europäischen Zentralbanken ähnliche Ziele und waren zufrieden damit, der Bundesbank (der deutschen Zentralbank) die Führungsrolle zu überlassen. Im Jahr 1990 jedoch führte die Wiedervereinigung zu einer starken Divergenz der Ziele der Bundesbank und der Ziele der Zentralbanken der anderen EWS-Mitgliedsländer. Erinnern wir uns an die makroökonomischen Implikationen der Wiedervereinigung aus Kapitel 5: Sowohl die großen Transferzahlungen nach Ostdeutschland als auch der Investitionsboom ließ die Nachfrage in Deutschland stark steigen. Die Bundesbank fürchtete, dass diese Verschiebung zu einer Überhitzung der Konjunktur führen könnte, und entschied sich daher für eine restriktive Geldpolitik. Das Ergebnis war ein starkes Wachstum in Deutschland, kombiniert mit einem starken Anstieg der Zinssätze.

Auch wenn diese Politik für Deutschland geeignet war, war sie für die anderen Länder weit weniger attraktiv. Diese hatten keine vergleichbare Nachfragesteigerung. Um jedoch im EWS verbleiben zu können, waren sie gezwungen, den hohen deutschen Zinssätzen zu folgen. Es kam zu einem starken Rückgang der Nachfrage und der Produktion in den anderen Ländern. Diese Ergebnisse sind in Tabelle 1 dargestellt. Sie enthält die nominalen Zinssätze, die Inflationsraten und das BIP-Wachstum von 1990 bis 1992 für Deutschland und für zwei seiner EWS-Partnerländer, Frankreich und Belgien.

Interessant ist zunächst, in welchem Ausmaß sowohl Frankreich als auch Belgien mit ihren Zinssätzen den hohen deutschen Zinssätzen folgten. Die nominalen Zinssätze waren in Frankreich in allen drei Jahren sogar höher als in Deutschland! Dies lag daran, dass Frankreich höhere Zinssätze als Deutschland benötigte, um die Parität zwischen dem Franc und der DM aufrechtzuerhalten; der Grund dafür war, dass die Finanzmärkte nicht sicher waren, ob Frankreich die Parität zwischen dem Franc und der DM wirklich halten würde. Da die Kapitalanleger eine mögliche Abwertung des Franc befürchteten, verlangten sie einen höheren Zinssatz auf französische Wertpapiere als auf deutsche Wertpapiere.

	Nominalzinsen (%)			Inflation (%)		
	1990	1991	1992	1990	1991	1992
Deutschland	8,5	9,2	9,5	2,7	3,7	4,7
Frankreich	10,3	9,6	10,3	2,9	3,0	2,4
Belgien	9,6	9,4	9,4	2,9	2,7	2,4
	Realzinsen			**BIP-Wachstum (%)**		
	1990	1991	1992	1990	1991	1992
Deutschland	5,7	5,5	4,8	5,7	4,5	2,1
Frankreich	7,4	6,6	7,9	2,5	0,7	1,4
Belgien	6,7	6,7	7,0	3,3	2,1	0,8

Tabelle 1: Die deutsche Wiedervereinigung, Zinssätze und Produktionswachstum: Deutschland, Frankreich, Belgien, 1990-1992

Der Nominalzins ist der kurzfristige Nominalzins. Der Realzins entspricht dem tatsächlich realisierten Realzins, also dem Nominalzins abzüglich der Jahresinflationsrate. Alle Raten sind Jahresraten.
Quelle: OECD Economic Outlook.

Frankreich und Belgien waren gezwungen, den deutschen Zinssätzen zu folgen — oder ihre Zinssätze sogar noch stärker anzuheben. Beide Länder hatten jedoch eine niedrigere Inflation als Deutschland. Das Resultat waren sehr hohe Realzinsen, viel höher als in Deutschland. Sowohl in Frankreich als auch in Belgien lagen die durchschnittlichen Realzinsen von 1990 bis 1992 nahe bei 7%. Und in beiden Ländern war der Zeitraum von 1990 bis 1992 gekennzeichnet durch langsames Wachstum und steigende Arbeitslosigkeit. 1990 betrug die Arbeitslosigkeit in Frankreich 8,9%, 1992 betrug sie 10,4%. Die entsprechenden Zahlen für Belgien waren 8,7% und 12,1%.

Wir haben nur zwei der deutschen EWS-Partnerländer betrachtet, die Entwicklung in den anderen EWS-Ländern verlief jedoch ähnlich. 1990 betrug die durchschnittliche Arbeitslosigkeit in der EU noch 8,7%, 1992 war sie auf 10,3% angestiegen. Die Effekte der hohen realen Zinssätze auf die Ausgaben waren nicht der einzige Grund für Abschwächung der Konjunktur, aber der wichtigste.

1992 standen eine steigende Zahl von Ländern vor der Frage, ob sie ihre EWS-Parität weiter verteidigen, oder aber, ob sie die Parität aufgeben und ihre Zinssätze senken sollten. Aus Sorge über das Risiko von Paritätsanpassungen verlangten die Finanzmärkte höhere Zinssätze in den Ländern, für die sie eine Paritätsanpassung als am wahrscheinlichsten betrachteten. Das Ergebnis waren zwei größere Wechselkurskrisen, eine im Herbst 1992 und eine andere im Sommer 1993. Zwei Länder, Italien und Großbritannien, mussten das EWS verlassen. Wir werden uns mit diesen Krisen, ihren Ursachen und ihren Implikationen in Kapitel 21 beschäftigen.

Zusammenfassung

- In einer offenen Volkswirtschaft hängt die Nachfrage nach Gütern sowohl vom Zinssatz als auch vom Wechselkurs ab. Ein niedriger Zinssatz und auch ein Anstieg des Wechselkurses – eine Abwertung – lässt die Nachfrage nach Gütern steigen.
- Der Zinssatz wird durch die Gleichheit von Geldangebot und Geldnachfrage bestimmt. Der Wechselkurs wird durch die Bedingung der Zinsparität bestimmt. Sie verlangt, dass der inländische Zinssatz gleich dem ausländischen Zinssatz plus der erwarteten Abwertungsrate sein muss.
- Bei gegebenem erwarteten zukünftigen Wechselkurs und gegebenem ausländischen Zinssatz führt ein Anstieg des inländischen Zinssatzes zu einer Abnahme des Wechselkurses (einer Aufwertung). Sinkt der inländische Zinssatz, so führt dies zu einem Anstieg des Wechselkurses (einer Abwertung).
- Unter flexiblen Wechselkursen führt eine expansive Fiskalpolitik zu einem Anstieg der Produktion, zu einem Anstieg des Zinssatzes und zu einer Aufwertung. Eine kontraktive Geldpolitik führt zu einem Rückgang der Produktion, zu einem Anstieg des Zinssatzes und zu einer Aufwertung.
- Es gibt viele unterschiedliche Wechselkursregimes. Sie reichen von vollkommen flexiblen Wechselkursen über gleitende Bandbreiten und feste Wechselkurse bis hin zur Einführung einer gemeinsamen Währung. Unter festen Wechselkursen fixiert ein Land seinen Wechselkurs in Einheiten einer ausländischen Währung oder in Einheiten eines Währungskorbes.
- Unter festen Wechselkursen und unter der Zinsparitätenbedingung muss ein Land seinen Zinssatz gleich dem ausländischen Zinssatz halten. Die Zentralbank verliert die Geldpolitik als wirtschaftspolitisches Instrument. Die Fiskalpolitik ist jedoch wirksamer als unter flexiblen Wechselkursen, da Fiskalpolitik eine monetäre Anpassung auslöst und so nicht zu nachteiligen Veränderungen des inländischen Zinssatzes und des Wechselkurses führt.

Übungsaufgaben

Verständnistests

1. Welche der folgenden Aussagen sind zutreffend, falsch oder unklar? Geben Sie jeweils eine kurze Erläuterung.
   a. Da der Multiplikator in einer offenen Volkswirtschaft kleiner ist als in einer geschlossenen Volkswirtschaft, ist Fiskalpolitik in einer offenen Volkswirtschaft weniger wirksam als in einer geschlossenen Volkswirtschaft.
   b. Die Geldpolitik ist in einer geschlossenen Volkswirtschaft wirksamer als in einer offenen Volkswirtschaft mit flexiblen Wechselkursen.
   c. Wenn die Kapitalanleger erwarten, dass der Wechselkurs nächstes Jahr höher sein wird, dann impliziert die Zinsparität, dass der Wechselkurs heute höher sein wird.
   d. Wenn die Kapitalanleger erwarten, dass sich der Dollar gegenüber dem Yen im Lauf des nächsten Jahres abwertet, dann werden die einjährigen Zinssätze in den Vereinigten Staaten höher sein als in Japan.
   e. Wenn der japanische Zinssatz gleich Null ist, dann werden Ausländer keinen Anreiz haben, japanische Wertpapiere zu halten.
   f. Unter festen Wechselkursen muss die Geldmenge konstant sein.
2. *Abwertungen und Glaubwürdigkeit*
   a. Nehmen wir an, ein Land wertet ab. Nehmen wir weiter an, die Märkte glauben, dass die neue Parität halten wird. Sie erwarten daher keine weitere Abwertung. Welche Konsequenzen hat die Abwertung für die Produktion und den Zinssatz?
   b. Nehmen wir nun an, dass die Märkte, nachdem sie Zeuge der Abwertung geworden sind, eine weitere Abwertung für die Zukunft erwarten. Welche Effekte haben die Abwertung und die veränderten Erwartungen auf die Produktion und den Zinssatz? Wie unterscheidet sich Ihre Antwort von Teilaufgabe (a.) und warum?
3. *Leitwährungen*
   Betrachten wir eine Gruppe von offenen Volkswirtschaften; unterstellen wir perfekte Kapitalmobilität.
   a. Nehmen wir an, es gibt ein Land, das die Führungsrolle übernimmt, das Leitwährungsland. Alle anderen Länder fixieren ihren Wechselkurs gegenüber dem Leitwährungsland. Diskutieren Sie die Wirksamkeit der Geldpolitik in den anderen Ländern.
   b. Wenn alle Länder ihren Wechselkurs gegenüber dem Leitwährungsland fixieren, bedeutet dies nicht auch, dass der Wechselkurs des Leitwährungslandes fixiert ist? Was impliziert dies für die Wirksamkeit der Geldpolitik des Leitwährungslandes?
   c. Wenn das Leitwährungsland seine Geldmenge reduziert, um die Inflation zu bekämpfen, wie müssen sich die anderen Länder verhalten, um ihre festen Wechselkurse aufrechtzuerhalten? Welche Auswirkungen ergeben sich für ihre Volkswirtschaften? Was würde in den anderen Ländern geschehen, wenn sie ihre Geldmenge nicht anpassen würden?
4. Betrachten wir die *IS*- und die *LM*-Gleichung in Abschnitt 20.3.
   a. Zeigen Sie den Effekt eines Rückganges der ausländischen Produktion, Y^*, auf die inländischen Produktion, Y. Erklären Sie in Worten.
   b. Zeigen Sie den Effekt eines Anstiegs des ausländischen Zinssatzes i^* auf die inländischen Produktion, Y. Erklären Sie in Worten.
   c. „Eine kontraktive Geldpolitik im Ausland führt mit großer Wahrscheinlichkeit zu einer Rezession zu Hause.“ Diskutieren Sie die Aussage.

5. Betrachten Sie eine kleine offene *IS-LM*-Volkswirtschaft mit flexiblen Wechselkursen, deren Produktion sich auf dem natürlichen Niveau befindet, die jedoch ein Handelsdefizit ausweist. Was ist in diesem Fall der geeignete geldfiskalpolitische Politik-Mix?
6. Betrachten Sie eine expansive Geldpolitik in einer Volkswirtschaft mit flexiblen Wechselkursen. Diskutieren Sie die Effekte auf den Konsum, die Investitionen und die Nettoexporte.

Vertiefungsfragen

7. Zu Beginn der 80er Jahre war die U.S.-amerikanische Volkswirtschaft geprägt von kontraktiver Geldpolitik gefolgt von expansiver Fiskalpolitik.
   a. Welche Effekte prognostiziert das Mundell-Fleming-Modell für eine kontraktive Geldpolitik?
   b. Welche Effekte prognostiziert das Mundell-Fleming-Modell für eine expansive Fiskalpolitik?
   c. Betrachten Sie Tabelle 1 in der Fokusbox „Kontraktive Geldpolitik und expansive Fiskalpolitik: Die Vereinigten Staaten in den frühen 80er Jahren.“ Unterstützen die Zahlen für die U.S.-amerikanische Volkswirtschaft das Mundell-Fleming-Modell?

Weiterführende Literatur

Einen faszinierenden Bericht über die Politik hinter der Fiskalpolitik während der Reagan-Administration gibt David Stockman, der damals der Direktor der Office of Management and Budget (OMB) war, in The Triumph of Politics: Why the Reagan Revolution Failed (New York, NY: Harper & Row, 1986).

Gute Bücher über die Entwicklung der Wechselkursregime in Europa sind European Monetary Integration: From the European Monetary System to Economic and Monetary Union, 2nd ed., von Daniel Gros und Niels Thygesen (New York, NY: Addison-Wesley-Longman, 1998) sowie Economics of Monetary Union, 5. Auflage von Paul de Grauwe (Oxford, Oxford University Press, 2003).

Anhang: Feste Wechselkurse, Zinssätze und Kapitalmobilität

Die Annahme perfekter Kapitalmobilität ist sinnvoll für Länder mit hoch entwickelten Kapitalmärkten und geringen Kapitalverkehrskontrollen, wie zum Beispiel Deutschland, die Vereinigten Staaten und Japan. Die Annahme beschreibt jedoch nicht so gut die Situation in Ländern, deren Finanzmärkte weniger weit entwickelt sind oder in denen es Kapitalverkehrskontrollen gibt. In solchen Ländern verfügen inländische Kapitalanleger unter Umständen weder über das praktische Know-how noch über das gesetzliche Recht, ausländische Wertpapiere zu kaufen, wenn die inländischen Zinssätze niedrig sind. Die Zentralbank eines solchen Landes kann in solchen Ländern zumindest zeitweise sowohl den Zinssatz senken als auch einen konstanten Wechselkurs aufrechterhalten.

Um dies zu verstehen, müssen wir uns noch einmal mit der Bilanz einer Zentralbank beschäftigen. In Kapitel 4 haben wir angenommen, dass die Zentralbank ausschließlich inländische Wertpapiere hält. In einer offenen Volkswirtschaft hält die Zentralbank tatsächlich zwei Arten von Wertpapieren: (1) inländische Wertpapiere und (2) Devisenreserven. Unter den Devisenreserven können wir uns ausländische Währungen vorstellen, auch wenn sie in der Realität die Form von ausländischen Wertpapieren oder ausländischen Zins tragenden Titeln annehmen können. Gehen wir von einer Bilanz der Zentralbank wie in Abbildung 20A.1 aus:

Vermögensanlagen	Verbindlichkeiten
Anleihen Währungsreserven	Geldbasis

Abbildung 20A.1: Zentralbankbilanz

Auf der Aktivseite befinden sich Wertpapiere und Devisenreserven, und auf der Passivseite die Geldbasis. Die Zentralbank kann die Geldbasis nun auf zwei Arten verändern: Sie kauft oder verkauft inländische Wertpapiere im Rahmen von Offenmarktgeschäften, oder sie kauft oder verkauft ausländische Währung auf dem Devisenmarkt. (Falls Sie Abschnitt 4.3 im Kernbereich des Buches nicht gelesen haben, ersetzen sie den Begriff „Geldbasis" einfach durch „Geldangebot", dann sind Sie in der Lage, der Argumentation zu folgen. Wenn Sie den Abschnitt 4.3 gelesen haben, dann erinnern Sie sich daran, dass das Geldangebot gleich der Geldbasis multipliziert mit dem Geldmultiplikator ist. Wenn wir den Geldmultiplikator als gegeben betrachten, können unsere Schlussfolgerungen bezüglich der Geldbasis ohne Schwierigkeiten auf das Geldangebot ausgeweitet werden).

Perfekte Kapitalmobilität und feste Wechselkurse

Betrachten wir zunächst die Effekte einer Offenmarktoperation bei Bedingung perfekter Kapitalmobilität und festen Wechselkursen (diesen Fall haben wir auch im letzten Abschnitt dieses Kapitels betrachtet).

- Wieder gehen wir davon aus, dass inländischer und ausländischer Zinssatz in der Ausgangssituation gleich sind, dass also $i = i^*$. Nehmen wir an, die Zentralbank entscheidet sich für eine expansive Offenmarktoperation. Sie kauft inländische Wertpapiere in Höhe von ΔB und schafft dafür im Austausch Geld – sie weitet die Geldbasis aus. Der Wertpapierkauf führt dazu, dass der inländische Zinssatz i fällt. Das ist jedoch nur der Anfang der Geschichte.
- Da der inländische Zinssatz nun unter dem ausländischen liegt, bevorzugen die Kapitalanleger die Anlage in ausländischen Wertpapieren. Um diese kaufen zu können, müssen sie zunächst ausländische Währung kaufen. Sie gehen an den Devisenmarkt und verkaufen inländische gegen ausländische Währung.
- Würde die Zentralbank nicht eingreifen, würde der Preis der inländischen Währung fallen; es käme zu einer Abwertung. Da sich das Land aber auf einen festen Wechselkurs verpflichtet hat, kann die Zentralbank eine Abwertung nicht zulassen. Daher muss sie auf dem Devisenmarkt intervenieren und ausländische gegen inländische Währung verkaufen. Indem die Zentralbank ausländische Währung verkauft und inländische kauft, wird die Geldbasis kleiner.
- Wie viel ausländische Währung muss die Zentralbank verkaufen? Sie muss solange verkaufen, bis die Geldbasis wieder so groß ist wie vor der Offenmarktoperation. Nur dann sind inländischer und ausländischer Zinssatz wieder gleich; nur dann sind die Kapitalanleger bereit, inländische Wertpapiere zu halten.

Wie lange dauert es, bis all diese Schritte abgelaufen sind? Bei perfekter Kapitalmobilität kann sich das alles innerhalb weniger Minuten nach der anfänglichen Offenmarktoperation abspielen. Nach diesen Schritten sieht die Bilanz der Zentralbank so aus, wie in Abbildung 20A.2 dargestellt. Der Wertpapierbestand hat sich um ΔB erhöht, die Devisenreserven haben sich dagegen im selben Umfang, also auch um ΔB verringert. Die Geldbasis aber ist unverändert: Zunächst hat sie sich durch die Offenmarktoperation um ΔB erhöht, dann hat sie sich in Folge des Verkaufs der Devisenreserven wieder um ΔB verringert.

Vermögensanlagen	Verbindlichkeiten
Anleihen: ΔB	Geldbasis
Währungsreserven: $-\Delta B$	$\Delta B - \Delta B = 0$

Abbildung 20A.2: Zentralbankbilanz nach einer Offenmarktoperation und der Intervention auf dem Devisenmarkt

Um zusammenzufassen: Unter festen Wechselkursen und perfekter Kapitalmobilität besteht der einzige Effekt der Offenmarktoperation darin, dass sich die Zusammensetzung der Bilanz der Zentralbank verändert, nicht aber die Geldbasis.

Unvollkommene Kapitalmobilität und feste Wechselkurse

Rücken wir nun von unserer Annahme perfekter Kapitalmobilität ab. Nehmen wir an, es dauert eine gewisse Zeit, bis Kapitalanleger von inländischen in ausländische Wertpapiere wechseln können und umgekehrt.

Nun kann eine expansive Offenmarktoperation den inländischen Zinssatz anfangs unter den ausländischen senken. Im Laufe der Zeit jedoch werden die Anleger in ausländische Wertpapiere gehen. Das lässt auf dem Devisenmarkt die Nachfrage nach ausländischer Währung steigen. Um eine Abwertung der inländischen Währung zu vermeiden, muss die Zentralbank wieder bereitstehen, ausländische Währung zu verkaufen und inländische zu kaufen. Schließlich muss sie genug inländische Währung kaufen, um die Effekte der ursprünglichen Offenmarktoperation auszugleichen. Die Geldbasis ist dann wieder so groß, wie sie vor der Offenmarktoperation war; auch der Zinssatz befindet sich wieder auf seinem ursprünglichen Niveau. Die Zentralbank hält nun mehr inländische Wertpapiere und geringere Devisenreserven.

Der Unterschied zwischen diesem und dem vorangegangenen Fall besteht darin, dass die Zentralbank nun den Zinssatz zumindest für eine gewisse Zeit senken kann, sofern sie bereit ist, einen Verlust an Devisenreserven zu akzeptieren. Wenn es nur ein paar Tage dauert, bis sich die Kapitalanleger anpassen können, dann kann der Zielkonflikt sehr unattraktiv sein – viele Länder mussten dies aus eigener Erfahrung lernen; sie mussten einen großen Verlust an Reserven hinnehmen, ohne den Zinssatz stark beeinflusst zu haben. Vermag die Zentralbank den inländischen Zinssatz jedoch für ein paar Wochen oder Monate zu beeinflussen, dann ist sie vielleicht in manchen Situationen bereit, dies zu tun.

Rücken wir nun noch weiter von der Annahme der perfekten Kapitalmobilität ab. Nehmen wir an, dass die Kapitalanleger als Reaktion auf eine Reduktion des inländischen Zinssatzes entweder nicht in der Lage oder nicht bereit sind, viel von ihrem Portfolio in ausländischen Wertpapieren anzulegen. Ein Grund könnten administrative oder gesetzliche Kapitalkontrollen sein, die es für Inländer entweder illegal oder sehr teuer machen, außerhalb des Landes zu investieren. Für die meisten Länder mit mittlerem Einkommen, von Lateinamerika bis Asien, ist dies der Fall.

Nach einer expansiven Offenmarktoperation fällt der inländische Zinssatz; inländische Wertpapiere werden weniger attraktiv. Manche inländischen Anleger gehen in ausländische Wertpapiere, verkaufen inländische gegen ausländische Währung. Um den Wechselkurs zu halten, muss die Zentralbank inländische Währung kaufen und ausländische bereitstellen. Die Intervention der Zentralbank fällt nun jedoch wahrscheinlich relativ zur ursprünglichen Offenmarktoperation vergleichsweise gering aus. Sofern die Kapitalverkehrskontrollen die Anleger ganz davon abhalten, überhaupt in ausländische Anlagen zu gehen, mag überhaupt keine Notwendigkeit für Devisenmarktinterventionen bestehen.

Selbst wenn wir diesen extremen Fall außer Acht lassen, die Nettoeffekte der ursprünglichen Offenmarktoperation und der dadurch induzierten Devisenmarktinterventionen werden wahrscheinlich ein Anstieg der Geldbasis, ein Fallen des inländischen Zinssatzes, ein Anstieg des Wertpapierbestandes der Zentralbank und ein gewisser – wenn auch begrenzter – Verlust an Devisenreserven sein. Dabei sollte klar geworden sein, dass die Begrenztheit ausländischer Devisenreserven der Zentralbank einer solchen Politik enge Grenzen setzt. Unter unvollkommener Kapitalmobilität verfügt ein Land über eine gewisse Freiheit, seinen Zinssatz zu wählen, und kann dennoch seinen Wechselkurs halten. Diese Freiheit hängt in erster Linie von drei Faktoren ab:

- Dem Entwicklungsgrad der Finanzmärkte sowie dem Ausmaß, zu dem die in- und ausländischen Kapitalanleger willens sind, zwischen in- und ausländischen Anlagen zu wechseln.
- Dem Grad der Kapitalverkehrskontrollen, die es für in- und ausländische Anleger einführen kann.
- Der Menge an Devisenreserven, über die es verfügen kann: Je mehr Reserven das Land hat, desto mehr Reserven kann es sich leisten zu verlieren, wenn es den Zinssatz bei einem gegebenen Wechselkurs senken will.

Kapitel 21 Unterschiedliche Wechselkursregimes

Im Juli 1944 trafen sich Repräsentanten von 44 Ländern in Bretton Woods, New Hampshire, um ein neues internationales Geld- und Wechselkurssystem zu entwerfen. Das System, für das sie sich entschieden, basierte auf festen Wechselkursen. Alle Länder, mit Ausnahme der Vereinigten Staaten, fixierten ihre Währung in Einheiten des Dollars. 1973 beendete eine Folge von Wechselkurskrisen das so genannte „Bretton Woods-System". Seit damals hat die Welt viele nebeneinander existierende Wechselkursregelungen erlebt. Einige Länder operieren unter flexiblen Wechselkursen, andere unter festen Wechselkursen, wieder andere wechseln zwischen verschiedenen Regelungen hin und her. Welches Wechselkursregime das Beste für ein Land ist, ist eine der umstrittensten Fragen der Makroökonomie. In diesem Kapitel wird diese Frage diskutiert.

- Abschnitt 21.1 analysiert die mittlere Frist. Wir werden zeigen, dass eine Volkswirtschaft in der mittleren Frist, im Gegensatz zu den Ergebnissen, die wir in Kapitel 20 für die kurze Frist abgeleitet haben, immer beim selben realen Wechselkurs und derselben Produktion endet, unabhängig davon, ob sie feste oder flexible Wechselkurse gewählt hat. Dieses Ergebnis bedeutet natürlich nicht, dass die Wahl des Wechselkursregimes irrelevant wird – die kurze Frist ist von großer Bedeutung – aber es handelt sich um eine wichtige Erweiterung und Einschränkung unserer vorangegangenen Analyse.
- Abschnitt 21.2 betrachtet einen anderen Aspekt des Systems fester Wechselkurse, die Wechselkurskrisen. Ein Land, das unter festen Wechselkursen operiert, sieht sich während einer Wechselkurskrise meist unter dramatischen Bedingungen dazu gezwungen, seine Parität aufzugeben und abzuwerten. Solche Krisen verursachten den Zusammenbruch des Bretton Woods-Systems. Zu Beginn der 90er Jahre erschütterten Wechselkurskrisen das Europäische Währungssystem. In der Asienkrise Ende der 90er Jahre spielten sie ebenfalls eine größere Rolle. Es ist wichtig, die Gründe und die Implikationen von Wechselkurskrisen zu verstehen.
- Abschnitt 21.3 wendet sich dem Verhalten der Wechselkurse unter einem Regime flexibler Wechselkurse zu. Es wird gezeigt, dass Wechselkurse und insbesondere der Einfluss der Geldpolitik tatsächlich weit komplexer sind als wir in Kapitel 20 angenommen haben. Große Schwankungen des Wechselkurses und die Schwierigkeit, den Wechselkurs durch den Einsatz von Geldpolitik zu beeinflussen, lassen flexible Wechselkurse weniger attraktiv erscheinen als es in Kapitel 20 der Fall war.

- Abschnitt 21.4 fasst alle diese Ergebnisse zusammen und beurteilt flexible und feste Wechselkurse noch einmal neu. Es werden zwei aktuelle und wichtige Entwicklungen diskutiert, die Entscheidung für eine gemeinsame Währung in Europa und die weltweite Tendenz zu relativ starken Formen fester Wechselkursregime, angefangen von Currency Boards bis hin zur Dollarisierung.

21.1 Feste Wechselkurse: Die Anpassung des realen Wechselkurses in der mittleren Frist

Die Ergebnisse aus Kapitel 20 zeigten für die kurze Frist einen scharfen Kontrast zwischen dem Verhalten einer Volkswirtschaft unter flexiblen und unter festen Wechselkursen.

- Unter flexiblen Wechselkursen konnte ein Land, das eine reale Abwertung erreichen wollte, (etwa um sein Handelsdefizit abzubauen oder um aus einer Rezession zu kommen), durch den Einsatz von Geldpolitik den Zinssatz senken und so auch eine reale Abwertung (einen Anstieg des Wechselkurses) erreichen.
- Unter festen Wechselkursen konnte ein Land dagegen auf diese beiden Instrumente nicht mehr zurückgreifen: Definitionsgemäß war der nominale Wechselkurs fixiert, er konnte daher nicht angepasst werden. Der feste Wechselkurs implizierte zusammen mit der Zinsparitätenbedingung, dass das Land seinen Zinssatz nicht anpassen konnte; der inländische Zinssatz musste gleich dem ausländischen Zinssatz bleiben.

Dies ließ flexible Wechselkurse viel attraktiver erscheinen als feste Wechselkurse: Warum sollte man zwei makroökonomische Instrumente aufgeben? Wir verschieben nun unseren Blickwinkel von der kurzen Frist auf die mittlere Frist. Dabei wird deutlich, dass diese Schlussfolgerungen einer Revision bedürfen. Die Ergebnisse gelten zwar für die kurze Frist, in der mittleren Frist jedoch verschwimmen die Unterschiede zwischen beiden Regimes. Konkreter, in der mittleren Frist erreicht die Volkswirtschaft denselben realen Wechselkurs und dasselbe Produktionsniveau, unabhängig davon, ob sie unter festen oder flexiblen Wechselkursen operiert.

Die Intuition hinter diesem Ergebnis ist einleuchtend. Erinnern wir uns an die Definition des realen Wechselkurses:

$$\varepsilon = \frac{EP^*}{P}$$

Der reale Wechselkurs ε ist gleich dem nominalen Wechselkurs E (dem Preis der ausländischen Währung in Einheiten der inländischen Währung) multipliziert mit dem ausländischen Preisniveau P^* dividiert durch das inländische Preisniveau P. Es gibt zwei Möglichkeiten, wie sich der reale Wechselkurs anpassen kann:

- Durch eine Veränderung des nominalen Wechselkurses E. Diese Möglichkeit ist nur bei flexiblen Wechselkursen gegeben. Wenn wir annehmen, dass sich das ausländische Preisniveau P^* und das inländische Preisniveau P in der kurzen Frist nicht verändern, dann ist dies die einzige Möglichkeit, wie sich der reale Wechselkurs in der kurzen Frist anpassen kann.

- Durch eine Veränderung des inländischen Preisniveaus P relativ zum ausländischen Preisniveau P^*: In der mittleren Frist besteht diese Option sogar für ein Land, das unter festen nominalen Wechselkursen operiert. Und dieser Anpassungsprozess spielt sich tatsächlich bei festen Wechselkursen ab. Die Anpassung erfolgt über das Preisniveau, nicht über den nominalen Wechselkurs.

Wir werden dieses Argument Schritt für Schritt erarbeiten. Zunächst leiten wir die aggregierte Nachfrage-Relation und die aggregierte Angebots-Relation für eine offene Volkswirtschaft unter festen Wechselkursen ab.

21.1.1 Die aggregierte Nachfrage bei festen Wechselkursen

Gehen wir von der Gleichgewichtsbedingung für den Gütermarkt aus, die wie in Kapitel 20 abgeleitet haben, Gleichung (20.1):

$$Y = C\,(Y - T) + I\,(Y, r) + G + NX\,(Y, Y^*, \varepsilon) \qquad (21.1)$$

Die Bedingung besagt, dass der Gütermarkt im Gleichgewicht ist, wenn die Produktion der Nachfrage nach inländischen Gütern entspricht – also der Summe aus Konsum, Investitionen, Staatsausgaben und Nettoexporten.

Eine Warnung: Die nächsten Abschnitte bauen auf Inhalten vorangegangener Kapitel auf. Daher ist es wichtig, sich an folgende Definitionen zu erinnern: die Definition des Realzinses aus Kapitel 14, die Definition des realen Wechselkurses aus Kapitel 18 und die Zinsparitätenbedingung aus Kapitel 18.

Erinnern wir uns im nächsten Schritt an folgende Relationen:

- Der reale Zinssatz r ist gleich dem Nominalzins i^* minus der erwarteten Inflation π^e:

$$r = i - \pi^e$$

- Der reale Wechselkurs ε ist definiert als

$$\varepsilon = \frac{EP^*}{P}$$

- Unter festen Wechselkursen ist der nominale Wechselkurs E definitionsgemäß fixiert. Den Wert, auf den der Wechselkurs fixiert ist, bezeichnen wir mit $\overline{E}$, sodass:

$$E = \overline{E}$$

- Bei festen Wechselkursen und perfekter Kapitalmobilität muss der inländische Zinssatz i gleich dem ausländischen Zinssatz i^* sein:

$$i = i^*$$

Verwenden wir diese vier Gleichungen, können wir Gleichung (21.1) wie folgt umformulieren:

$$Y = C(Y - T) + I(Y, i^* - \pi^e) + G + NX\left(Y, Y^*, \frac{\overline{E}P^*}{P}\right) \qquad (21.2)$$

Diese etwas komplizierte Gleichgewichtsbedingung ist sehr aussagekräftig. Sie besagt, dass die Produktion im Gleichgewicht (oder präziser: das Produktionsniveau, das durch das Gleichgewicht auf Güter-, Finanz- und Devisenmärkten impliziert wird) in einer offenen Volkswirtschaft mit festen Wechselkursen von folgenden Variablen abhängt:

- Von den Staatsausgaben G und den Steuern T. Eine Erhöhung der Staatsausgaben ebenso wie eine Steuersenkung lässt die Produktion steigen.
- Vom ausländischen Nominalzins i^* abzüglich der erwarteten Inflation π^e. Ein Anstieg des ausländischen Nominalzinses erfordert einen parallelen Anstieg des inländischen Zinssatzes. Bei gegebener erwarteter Inflationsrate bedeutet ein höherer inländischer Nominalzins auch einen Anstieg des inländischen Realzinses. Es kommt zu einem Rückgang der Nachfrage und der Produktion.
- Von der ausländischen Produktion Y^*. Ein Anstieg der ausländischen Produktion führt zu einem Anstieg der Exporte und damit zu einem Anstieg der Nettoexporte. Dieser Anstieg der Nettoexporte erhöht das Produktionswachstum im Inland.
- Vom realen Wechselkurs ε. Er entspricht dem festen nominalen Wechselkurs $\bar{E}$, multipliziert mit dem ausländischen Preisniveau P^*, dividiert durch das inländische Preisniveau P. Ein Anstieg des realen Wechselkurses oder äquivalent dazu, eine reale Abwertung, lässt Nettoexporte und Produktion steigen.

In der geschlossenen Volkswirtschaft mussten wir sowohl die *IS*- als auch die *LM*-Funktion verwenden, um die aggregierte Nachfragefunktion abzuleiten. Unter festen Wechselkursen benötigen wir die *LM*-Funktion nicht, da in diesem Fall der nominale Zinssatz nicht durch die *IS*-Funktion in Kombination mit der *LM*-Funktion bestimmt wird, sondern durch den ausländischen Zinssatz, an den sich der inländische Zinssatz anpassen muss. (Die *LM*-Funktion hält nach wie vor, aber, wie wir in Kapitel 20 gesehen haben, bestimmt sie lediglich die Geldmenge.)

**In einer geschlossenen Volkswirtschaft gilt: $P\uparrow \Rightarrow (M/P)\downarrow \Rightarrow i\uparrow \Rightarrow Y\downarrow$
In einer offenen Volkswirtschaft mit festen Wechselkursen gilt: $P\uparrow \Rightarrow (EP^*/P)\downarrow \Rightarrow NX\downarrow \Rightarrow Y\downarrow$**

Wir werden uns hier auf die Effekte von nur drei Variablen konzentrieren: die Effekte des realen Wechselkurses, der Staatsausgaben und der Steuern. Den Zusammenhang zwischen diesen drei Variablen und der Produktion können wir so darstellen:

$$Y = Y\left(\underset{+}{\frac{EP^*}{P}}, \underset{+}{G}, \underset{-}{T}\right) \qquad (21.3)$$

Ein Anstieg des realen Wechselkurses – eine reale Abwertung – lässt die Produktion steigen. Gleiches gilt für eine Staatsausgabenerhöhung oder eine Steuersenkung. Alle anderen Variablen, die die Produktion in Gleichung (21.2) beeinflussen, betrachten wir hier als gegeben. Um die Darstellung zu vereinfachen, lassen wir sie in Gleichung (21.3) weg.

Gleichung (21.3) liefert uns die aggregierte Nachfrage-Relation, den Zusammenhang zwischen der Produktion und dem Preisniveau, der sich durch die Gleichgewichte auf Güter- und Finanzmärkten ergibt. Wie in der geschlossenen Volkswirtschaft impliziert ▶ diese aggregierte Nachfrage-Funktion einen negativen Zusammenhang zwischen Preisniveau und Produktion. Aber auch wenn das Vorzeichen des Effektes des Preisniveaus auf die Produktion in dieser aggregierten Nachfrage-Relation dasselbe ist wie in der geschlossenen Volkswirtschaft, so steht doch eine ganz andere Wirkungsweise ▶ dahinter:

- In der geschlossenen Volkswirtschaft beeinflusst das Preisniveau die Produktion durch den Effekt auf die reale Geldmenge und den dadurch resultierenden Effekt auf den Zinssatz.

- In der offenen Volkswirtschaft mit festen Wechselkursen ist der Zinssatz fest. Er wird durch den ausländischen Zinssatz bestimmt. Hier beeinflusst das Preisniveau die Produktion über den realen Wechselkurs. Bei gegebenem nominalem Wechselkurs $\bar{E}$ und gegebenem ausländischem Preisniveau P^* bedeutet ein Anstieg des inländischen Preisniveaus P einen Rückgang des realen Wechselkurses $\bar{E}P^*/P$ – eine reale Aufwertung. Diese reale Aufwertung reduziert die Nettoexporte, die Gesamtnachfrage und schließlich die Produktion. Einfacher ausgedrückt, ein Anstieg des Preisniveaus verteuert die inländischen Güter und lässt dadurch die Nachfrage nach inländischen Gütern zurückgehen, so dass die Produktion sinkt.

21.1.2 Das Gleichgewicht in der kurzen und in der mittleren Frist

Die aggregierte Nachfragekurve, bestimmt durch Gleichung (21.3), ist als AD-Kurve in Abbildung 21.1 dargestellt. Sie verläuft fallend: ein Anstieg des Preisniveaus lässt die Produktion zurückgehen. Wie immer ist die Relation für gegebene Werte aller anderen Variablen gezeichnet, in diesem Fall für gegebene Werte von $\bar{E}$, P^*, G, und T.

Für die aggregierte Angebotskurve greifen wir auf die Beziehung zurück, die wir im Kernbereich in Kapitel 7, Gleichung (7.2) abgeleitet haben:

$$P = P^e\,(1+\mu)\,F\left(1-\frac{Y}{L}, z\right) \tag{21.4}$$

Das Preisniveau P hängt vom erwarteten Preisniveau P^e und vom Produktionsniveau Y ab. Erinnern wir uns an die zwei Wirkungsmechanismen:

- Das erwartete Preisniveau beeinflusst die Nominallöhne. Diese wiederum beeinflussen das Preisniveau. ◂ $P^e \uparrow \Rightarrow W \uparrow \Rightarrow P \uparrow$
- Eine höhere Produktion führt zu einem Anstieg der Beschäftigung, also zu einem Rückgang der Arbeitslosigkeit. Dies wiederum führt zu höheren Löhnen, die zu einem höheren Preisniveau beitragen. ◂ $Y \uparrow \Rightarrow u \downarrow \Rightarrow W \uparrow \Rightarrow P \uparrow$

Die aggregierte Angebotskurve ist als *AS*-Kurve in Abbildung 21.1 für ein gegebenes erwartetes Preisniveau dargestellt. Sie verläuft steigend: eine höhere Produktion führt zu einem höheren Preisniveau.

Das kurzfristige Gleichgewicht befindet sich im Schnittpunkt von aggregierter Nachfrage- und aggregierter Angebotskurve, Punkt *A* in Abbildung 21.1. Wie auch in der geschlossenen Volkswirtschaft gibt es keinen Grund, warum das kurzfristige Gleichgewichtsniveau der Produktion Y dem natürlichen Produktionsniveau Y_n entsprechen sollte. Die Abbildung ist so gezeichnet, dass Y kleiner als Y_n ist. Die Produktion befindet sich also unter dem natürlichen Produktionsniveau.

Abbildung 21.1: Aggregierte Nachfrage und aggregiertes Angebot

Ein steigendes Preisniveau bedeutet eine reale Aufwertung und so einen Rückgang der Nachfrage: Die aggregierte Nachfragekurve hat eine negative Steigung. Die aggregierte Angebotskurve hat dagegen eine positive Steigung: Bei stärkerer Produktion steigt das Preisniveau:

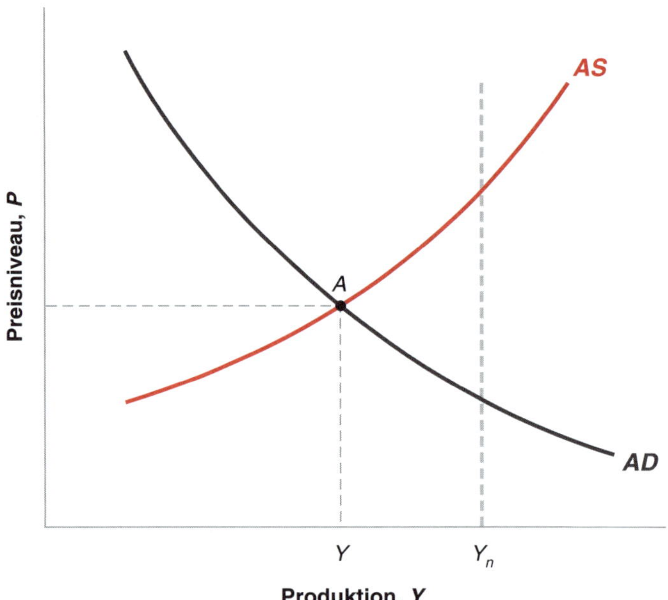

Wer diesen Schritt nicht verstanden hat, sollte zur Auffrischung zu Abschnitt 7.1 zurückblättern.

Das Ergebnis, dass das Preisniveau entlang des Anpassungspfades zurückgeht, folgt aus unserer Annahme eines konstanten ausländischen Preisniveaus. Hätten wir stattdessen angenommen, dass das ausländische Preisniveau im Zeitverlauf ansteigt, dann müsste das inländische Preisniveau langsamer steigen als das ausländische Preisniveau, um dasselbe Ergebnis zu erhalten. Anders ausgedrückt, die inländische Inflation muss für eine gewisse Zeit niedriger sein als die Inflation im Ausland.

Was geschieht nun im Zeitverlauf? Im Grunde können wir den Anpassungsprozess aus der geschlossenen Volkswirtschaft auf die offene Volkswirtschaft übertragen. Er ist in Abbildung 21.2 grafisch dargestellt. Solange die Produktion niedriger als das natürliche Produktionsniveau ist, verschiebt sich die aggregierte Angebotskurve nach unten. Die Erklärung: Solange sich die Produktion unterhalb ihres natürlichen Niveaus befindet, liegt das tatsächliche Preisniveau unter dem erwarteten. Dies führt dazu, dass die an der Lohnsetzung Beteiligten ihre Preiserwartungen nach unten korrigieren. Für jedes Produktionsniveau ergibt sich also ein niedrigeres Preisniveau; die aggregierte Angebotskurve verschiebt sich nach unten. Daher bewegt sich die Volkswirtschaft ausgehend von Punkt *A* im Zeitverlauf entlang der aggregierten Nachfragekurve, bis sie Punkt *B* erreicht. In Punkt *B* ist die Produktion gleich der natürlichen Produktion. Das Preisniveau ist niedriger als in *A*. Damit aber ist der reale Wechselkurs in *B* höher als in *A*. In Worten: Solange die Produktion unter der natürlichen Produktion liegt, geht das Preisniveau zurück. Der Rückgang des Preisniveaus bewirkt eine stetige reale Abwertung. Diese reale Abwertung lässt Nachfrage und Produktion steigen, bis wieder das natürliche Produktionsniveau erreicht ist.

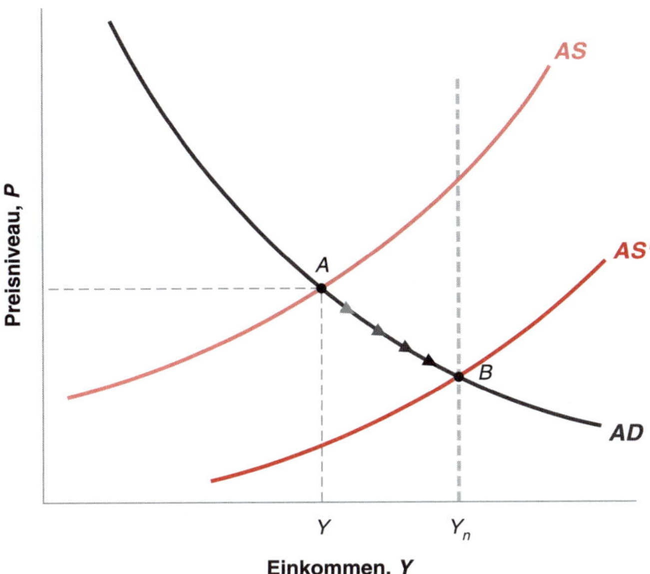

Abbildung 21.2: Anpassung bei fixen Wechselkursen

Die aggregierte Angebotskurve verschiebt sich im Zeitverlauf nach unten. Mit sinkendem Preisniveau kommt es zu einer realen Abwertung und zu höherer Produktion. Der Anpassungsprozess endet, sobald das natürliche Produktionsniveau erreicht wird.

Kurz gefasst: In der mittleren Frist erreicht die Volkswirtschaft trotz fixer Wechselkurse eine reale Abwertung. Dies führt die Produktion wieder zu ihrem natürlichen Niveau zurück. Das ist eine wichtige Einschränkung der Schlussfolgerungen des letzten Kapitels. Dort hatten wir uns nur auf die kurze Frist konzentriert:

- In der kurzen Frist impliziert ein fester nominaler Wechselkurs einen fixen realen Wechselkurs.
- In der mittleren Frist kommt es trotz festem nominalen Wechselkurs zu einer Anpassung des realen Wechselkurses. Die Anpassung erfolgt über Veränderungen des Preisniveaus.

21.1.3 Das Für und Wider einer Abwertung

Das Ergebnis, dass die Volkswirtschaft in der mittleren Frist auch bei festen Wechselkursen zum natürlichen Produktionsniveau zurückkehrt, ist wichtig. Der Anpassungsprozess kann jedoch lang und schmerzhaft sein: Die Produktion kann für lange Zeit zu niedrig, die Arbeitslosigkeit für lange Zeit zu hoch bleiben. Gibt es nicht schnellere und bessere Methoden, um die Produktion auf ihr natürliches Niveau zu bringen? Im Rahmen unseres Modells ist die Antwort ein klares Ja.

Nehmen wir an, die Regierung entscheide sich für ein Regime fester Kurse, lasse jedoch eine einmalige Abwertung zu. Bei gegebenem Preisniveau bedeutet eine nominale Abwertung (ein Anstieg des nominalen Wechselkurses) eine reale Abwertung (auch der reale Wechselkurs steigt). Es kommt zu einem Anstieg der Produktion. In anderen Worten, eine Abwertung verschiebt die aggregierte Nachfragekurve nach rechts: Die Produktion ist bei jedem Preisniveau höher als vor der Abwertung.

Aus diesem Zusammenhang folgt, dass eine Abwertung die Volkswirtschaft direkt von Y nach Y_n bringen kann, wenn sie im richtigen Ausmaß erfolgt. Dies ist in Abbildung 21.3 dargestellt. Nehmen wir an, die Volkswirtschaft befindet sich ursprünglich in Punkt A, in demselben Punkt A wie in Abbildung 21.2. Eine Abwertung in der richtigen Größenordnung verschiebt die aggregierte Nachfragekurve von AD nach AD', so dass sich das Gleichgewicht von A nach C verschiebt. In C entspricht die Produktion dem natürlichen Niveau Y_n. Der reale Wechselkurs ist derselbe wie in Punkt B. (Wir wissen dies, da die Produktion in den Punkten B und C gleich groß ist. Solange G und T konstant bleiben, impliziert Gleichung (21.3), dass dann auch der reale Wechselkurs gleich geblieben sein muss.)

Abbildung 21.3: Anpassung durch Abwertung

Eine Abwertung in der richtigen Größenordnung verschiebt die aggregierte Nachfragekurve so nach rechts, dass die Volkswirtschaft *C* erreicht. In *C* ist die Produktion wieder auf ihrem natürlichen Niveau.

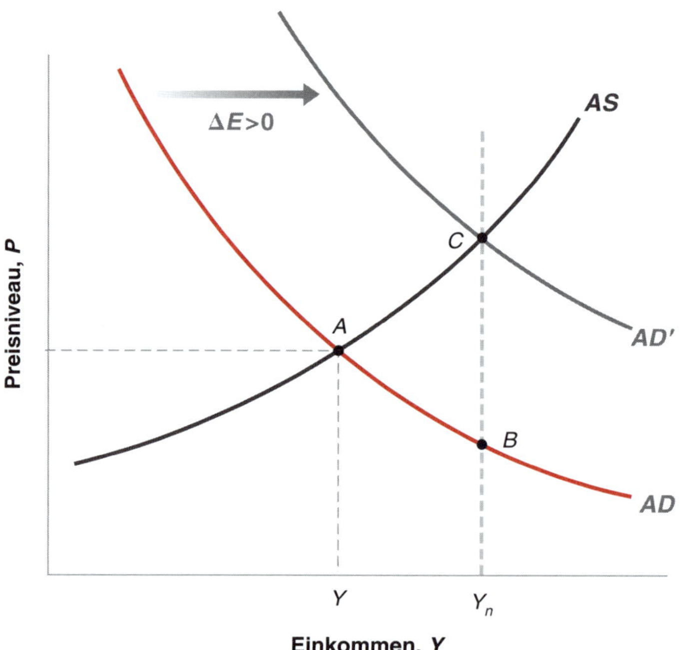

Die Aussage, dass eine Abwertung in der richtigen Größenordnung die Produktion unmittelbar auf ihr natürliches Niveau bringen kann, klingt nicht nur zu gut um wahr zu sein. Auch die Praxis zeigt, dass die Dinge eben nicht so einfach liegen. Es ist leichter, in einer Grafik die erforderliche Abwertung – also genau die Abwertung, die die Produktion direkt zu Y_n bringt – zu erreichen als in der Realität:

Siehe Abschnitt 19.5 zum Thema J-Kurve. ▸

- Im Gegensatz zu unserer einfachen Nachfragerelation (21.3) treten die Effekte der Abwertung auf die Produktion eben nicht über Nacht ein. Wie wir in Kapitel 19 gesehen haben, kann eine Abwertung zunächst sogar kontraktiv wirken: Die Importe werden teurer, ohne dass sich Import- und Exportmengen unmittelbar anpassen.
- Im Gegensatz zu unserer einfachen Angebotsrelation (21.3), ergibt sich wahrscheinlich auch ein direkter Effekt der Abwertung auf das Preisniveau. Steigt der Preis der importierten Güter, dann steigt auch der Preis des konsumierten Waren-

korbes. Dieser Anstieg führt aller Wahrscheinlichkeit nach dazu, dass die Arbeitnehmer höhere Nominallöhne verlangen. Die Unternehmen sind dann ihrerseits gezwungen, die Preise zu erhöhen.

Indessen beeinflussen all diese Komplikationen die grundlegende Schlussfolgerung nicht: Lässt man eine Anpassung des nominalen Wechselkurses zu, dann kehrt die Produktion, wenn zwar nicht sofort, so doch sicherlich schneller als ohne Abwertung zu ihrem natürlichen Niveau zurück. Wenn sich ein Land unter einem Regime fester Wechselkurse mit einem großen Handelsdefizit oder einer schweren Rezession konfrontiert sieht, entsteht daher starker politischer Druck, entweder das Festkursregime völlig aufzugeben oder wenigstens eine einmalige Abwertung durchzuführen. Keynes lieferte vor 80 Jahren die wohl überzeugendsten Argumente für diese Sichtweise, als er der Entscheidung Winston Churchills im Jahr 1925 widersprach, der mit dem britischen Pfund wieder zur Vorkriegsparität zurückkehren wollte. Seine Argumente sind in der Fokusbox „Die Rückkehr Großbritanniens zum Goldstandard: Keynes gegen Churchill" dargestellt. Die meisten Wirtschaftshistoriker sind der Überzeugung, dass die Geschichte Keynes Recht gab und die Überbewertung des Pfunds einer der wichtigsten Gründe für die schlechte wirtschaftliche Leistung Großbritanniens nach dem ersten Weltkrieg war.

Diejenigen, die einen Übergang zu flexiblen Wechselkursen oder eine Abwertung ablehnen, nennen gleichwohl einen Grund für ihre Position. Die grundsätzliche Bereitschaft der Regierung, Abwertungen zuzulassen, erhöhe die Wahrscheinlichkeit von Wechselkurskrisen. Um dieses Argument besser verstehen zu können, wollen wir uns im folgenden Abschnitt mit Wechselkurskrisen, deren Ursachen und Folgen beschäftigen.

21.2 Wechselkurskrisen bei festen Wechselkursen

Betrachten wir ein Land mit festen Wechselkursen. Nehmen wir an, die Kapitalanleger rechnen damit, dass es bald zu einer Anpassung des Wechselkurses kommen könnte – entweder zu einer Abwertung, oder zu einem mit einer Abwertung verbundenen Übergang zu flexiblen Wechselkursen.

Soeben haben wir mögliche Gründe für eine solche Situation gesehen:

- Die inländische Währung könnte überbewertet sein. Dann wäre eine reale Abwertung nötig. Auch wenn dies in der mittleren Frist ohne Abwertung erreicht werden könnte, könnten die Kapitalanleger dennoch zu dem Schluss kommen, dass die Regierung den schnellsten Weg wählen wird – und sich daher für eine Abwertung entscheiden wird.
- Zu solchen Überbewertungen kommt es oft in Ländern, die ihren nominalen Wechselkurs fixieren, deren Inflationsrate jedoch die Rate in dem Land übersteigt, an das sie ihren Wechselkurs gebunden haben. Eine höhere relative Inflation bedeutet, dass der Preis der inländischen Güter relativ zu den ausländischen Gütern stetig ansteigt. Es kommt zu einer stetigen realen Aufwertung und damit einer Verschlechterung der Handelsposition. Im Lauf der Zeit wird der Zwang zu einer Anpassung des realen Wechselkurses immer größer; die Kapitalanleger werden immer nervöser.

Fokus: Die Rückkehr Großbritanniens zum Goldstandard: Keynes gegen Churchill

1925 entschloss sich Großbritannien, zum Goldstandard zurückzukehren. Der Goldstandard war ein System, in dem jedes Land den Preis seiner Währung in Goldeinheiten festlegte und bereit war, zu dieser Parität Gold gegen Währung zu tauschen. Das System implizierte feste nominale Wechselkurse zwischen den Ländern.

Der Goldstandard war das von 1870 bis zum ersten Weltkrieg herrschende Wechselkursregime. Um den Krieg zum Teil durch Geldschöpfung finanzieren zu können, setzte Großbritannien den Goldstandard 1914 aus. 1925 entschloss sich Winston Churchill, der damalige britische Finanzminister, zum Goldstandard zurückzukehren, und zwar zur Vorkriegsparität – also zum Vorkriegswert des Pfundes in Gold. Da jedoch die Preise in England schneller gestiegen waren als die Preise vieler britischer Handelspartner, war eine Rückkehr zur Vorkriegsparität gleichbedeutend mit einer starken realen Aufwertung: Beim selben nominalen Wechselkurs wie vor dem Krieg waren britische Güter nun relativ zu ausländischen Gütern teurer geworden. (Die Definition des realen Wechselkurses ist: $\varepsilon = EP^*/P$. Das Preisniveau in Großbritannien P war schneller gestiegen als das ausländische Preisniveau P^*. Bei gegebenem nominalem Wechselkurs E implizierte dies ein niedrigeres ε und damit eine reale Aufwertung für Großbritannien.)

Die Entscheidung, zur Vorkriegsparität zurückzukehren, wurde von Keynes scharf kritisiert. In dem Buch „The Economic Consequences of Mr. Churchill", das er 1925 veröffentlichte, argumentierte er wie folgt: Wenn Großbritannien schon zum Goldstandard zurückkehren wolle, dann müsse es dies zu einem höheren Goldpreis in Pfundeinheiten tun, zu einem höheren nominalen Wechselkurs als dem Vorkriegswechselkurs. In einem Zeitungsartikel stellte er seine Meinung wie folgt dar:

> „Es bleibt jedoch angesichts der möglichen Konsequenzen für Handel und Beschäftigung der Einwand gegen die Rückkehr zum Gold zu den aktuell gegebenen Bedingungen bestehen, auf den ich nie aufgehört habe hinzuweisen. Ich glaube, dass unser Preisniveau, wenn es zur Parität in Gold konvertiert wird, im Vergleich zu den Goldpreisen anderswo zu hoch ist. Selbst wenn wir nur die Preise der Artikel betrachten, die international nicht gehandelt werden, und der Dienstleistungen, also der Löhne, dann zeigt sich, dass diese viel zu hoch sind, um nicht weniger als 5%, wahrscheinlich sogar um 10%. Wenn daher die Preise in den anderen Ländern nicht steigen, dann zwingt uns der Finanzminister zu einer Politik, die von uns verlangt, die Löhne um ungefähr 2 Schilling pro Pfund zu senken.
>
> Ich kann nicht glauben, dass dies ohne schweren Schaden für die Gewinne und für den Frieden in der Industrie erreicht werden kann. Ich würde es vorziehen, den Goldwert unserer Währung dort zu lassen, wo er vor einigen Monaten war, statt einen Kampf mit allen Gewerkschaften im Land anzufangen, um die Löhne zu senken. Es erscheint mir weiser, einfacher und gesünder, es für einige Zeit der Währung selbst zu überlassen, ihren Wert zu finden, als eine Situation zu erzwingen, in der die Unternehmen mit der Alternative konfrontiert sind, entweder zu schließen oder die Löhne zu senken, egal was das kostet.
>
> Deshalb bleibe ich bei meiner Meinung, dass der Finanzminister schlecht beraten war – deshalb, weil wir enorme Risiken eingehen, ohne dabei etwas gewinnen zu können."

Es stellte sich heraus, dass Keynes Voraussagen richtig waren. Während andere Ländern auf einen Wachstumspfad zurückkehrten, verharrte Großbritannien für den Rest des Jahrzehnts in einer Rezession. Die meisten Wirtschaftshistoriker machen die Überbewertung des Pfunds zu einem großen Teil dafür verantwortlich.

Quelle: „The Nation and Athenaeum ", 2. Mai 1925.

- Die Situation im Inland erfordert unter Umständen einen niedrigeren inländischen Zinssatz. Unter festen Wechselkursen lässt sich das aber nicht erreichen. Erst wenn das Land bereit ist, zu flexiblen Wechselkursen überzugehen, also den Wechselkurs floaten zu lassen, kann der Zinssatz im Inland sinken. Wie wir aus Kapitel 20 wissen, wird dies zu einem Anstieg des nominalen Wechselkurses führen – zu einer nominalen Abwertung.

Sobald die Finanzmärkte davon überzeugt sind, dass es zu einer Abwertung kommen könnte, lässt sich der feste Wechselkurs nur mehr halten, wenn der inländische Zinssatz steigt, und dies meist recht deutlich. Dies erkennen wir unmittelbar an der Zinsparitätenbedingung, die wir in Kapitel 18 abgeleitet haben:

Da es bequemer ist, verwenden wir die Approximation, Gleichung (18.4); nicht die originale Zinsparitätenbedingung, Gleichung (18.2).

$$i_t = i_t^* + \frac{\left(E_{t+1}^e - E_t\right)}{E_t} \tag{21.5}$$

In Kapitel 18 haben wir diese Gleichung als Beziehung zwischen dem Nominalzins für einjährige Papiere im In- und Ausland, dem aktuellen Wechselkurs und dem erwarteten Wechselkurs interpretiert. Die Wahl einer einjährigen Periode war jedoch willkürlich. Der Zusammenhang gilt genauso für einen Tag, eine Woche oder einen Monat. Rechnen die Finanzmärkte damit, dass der Wechselkurs in einem Monat um 2% höher sein wird, dann werden sie nur bereit sein, inländische Wertpapiere zu halten, wenn der inländische Zinssatz für einen Monat den ausländischen Zinssatz um 2% übersteigt (wenn wir den Zinssatz als Zinssatz pro Jahr ausdrücken, dann muss der inländische Zinssatz den ausländischen Zinssatz sogar um 2% × 12 = 24% übersteigen.).

Unter festen Wechselkursen ist der aktuelle Wechselkurs E_t auf einen bestimmten Wert $E_t = \overline{E}$ fixiert. Erwarten die Märkte, dass die Parität aufrechterhalten wird, dann gilt auch: $E_{t+1}^e = \overline{E}$. Die Zinsparitätenbedingung besagt einfach, dass inländischer und ausländischer Zinssatz gleich sein müssen.

Nehmen wir jedoch an, die Kapitalanleger auf den Finanzmärkten erwarten eine Abwertung – einen Anstieg des Wechselkurses. Sie rechnen zum Beispiel damit, dass die Parität mit einer Wahrscheinlichkeit von 75% aufrechterhalten wird, dass es aber mit einer Wahrscheinlichkeit von 25% im nächsten Monat zu einer 20-prozentigen Abwertung kommen wird. Der Term $(E_{t+1}^e - E_t)/E_t$ in der Zinsparitätenbedingung Gleichung (21.5), den wir bisher gleich Null setzten, verändert sich nun zu 0,75 × 0% + 0,25 × 20% (eine 75-prozentige Chance, dass keine Veränderung eintritt, plus eine 25-prozentige Chance, dass eine Abwertung von 20% eintritt). Er ist nun also gleich 5%.

Möchte die Zentralbank die bestehende Parität aufrechterhalten, muss sie deshalb einen um 5% höheren Zinssatz im Monat anbieten – der jährliche Zinssatz muss um 60% höher liegen (12 Monate × 5% pro Monat)! Der Zinsunterschied, der nötig ist, um die Investoren zu überzeugen, inländische Wertpapiere den ausländischen vorzuziehen, beträgt enorme 60%.

In den meisten Ländern ist die Regierung formal berechtigt, die Wechselkursparität festzulegen. Die Zentralbank ist formal dafür verantwortlich, die Parität aufrechtzuerhalten. In der Praxis jedoch kann man die Wahl der Parität und das Einhalten der Parität nicht voneinander trennen, so dass die Regierung und die Zentralbank gemeinsam die Verantwortung tragen.

Im Sommer 1998 erklärte Boris Jelzin, dass die russische Regierung keine Absicht hätte, den Rubel abzuwerten. Zwei Wochen später brach der Rubel zusammen.

Welche Möglichkeiten haben Regierung und Zentralbank in einer solchen Situation?

- Zunächst einmal können sie versuchen, die Märkte davon zu überzeugen, dass sie keinerlei Abwertungsabsicht verfolgen. Dies ist immer die erste Verteidigungslinie: Kommuniqués werden veröffentlicht. Premierminister oder Präsidenten erscheinen im Fernsehen, um noch einmal nachdrücklich zu betonen, dass sie der bestehenden Parität absolut verpflichtet sind. Solche Worte sind jedoch nicht viel wert; sie überzeugen die Kapitalanleger nur äußerst selten.
- Als Nächstes kann die Zentralbank den Zinssatz anheben. Meist aber um weniger als notwendig wäre, um Gleichung (21.5) zu erfüllen – in unserem Beispiel, um weniger als 60%. Obwohl die Zinssätze im Inland hoch sind, sind sie doch nicht hoch genug, um das Abwertungsrisiko zu kompensieren. Diese Maßnahme führt typischerweise zu einem großen Kapitalabfluss, da es die Kapitalanleger immer noch vorziehen, aus den inländischen in ausländische Anleihen zu gehen. Sie verkaufen inländische Anleihen gegen inländische Währung, tauschen diese am Devisenmarkt in ausländische Währung um und kaufen damit ausländische Anleihen. Würde die Zentralbank auf dem Devisenmarkt nicht intervenieren, würden die massiven Verkäufe von inländischer Währung zu einer Abwertung führen. Solange die Zentralbank den Wechselkurs halten will, muss sie bereit sein, zum aktuellen Wechselkurs inländische Währung zu kaufen. Sie muss dafür ausländische Währung verkaufen. So verliert sie oft einen Großteil ihrer Reserven an ausländischer Währung. (Im Anhang zu Kapitel 20 wurde der Mechanismus einer Zentralbankintervention beschrieben.)
- Schließlich – nach ein paar Stunden oder auch erst nach ein paar Monaten – steht die Zentralbank vor der Wahl, den Zinssatz so weit anzuheben, dass Gleichung (21.5) erfüllt wird, oder die Erwartungen der Märkte zu erfüllen und abzuwerten. Wird der kurzfristige inländische Zinssatz sehr stark erhöht, kann dies einen verheerenden Effekt auf Nachfrage und Produktion haben. Diese Vorgehensweise macht nur Sinn, wenn (1) die Marktteilnehmer die Wahrscheinlichkeit einer Abwertung als so niedrig einstufen, dass der Zinssatz nicht allzu stark angehoben werden muss und wenn (2) die Regierung daran glaubt, dass die Märkte bald zu der Überzeugung gelangen, dass keine Abwertung bevorsteht, so dass der inländische Zinssatz wieder sinken kann. Wenn diese Bedingungen nicht gegeben sind, dann bleibt eine Abwertung die einzige Option.

Kurz gesagt: Erwartungen, dass eine Abwertung bevorstehen könnte, können eine Wechselkurskrise auslösen. Angesichts solcher Erwartungen gibt es nur zwei Optionen:

1. Nachgeben und abwerten oder
2. kämpfen und die Parität aufrechterhalten. Diese Entscheidung bringt enorme Kosten in Form hoher Zinssätze und einer potenziellen Rezession mit sich. Es ist zudem damit zu rechnen, dass Kämpfen ohnehin nicht hilft: Die Rezession würde die Regierung später dazu zwingen, den Kurs der Politik zu ändern oder aus dem Amt zu scheiden.

Eine interessante Komplikation besteht darin, dass es zu einer Abwertung kommen kann, selbst wenn der Glaube, dass es zu einer Abwertung kommen müsse, ursprünglich unbegründet war. Selbst wenn die Regierung ursprünglich keinerlei Absicht hatte, abzuwerten, kann sie zu einer Abwertung gezwungen werden, wenn die Finanzmärkte nur fest genug daran glauben: Die Kosten, die Parität aufrechtzuerhalten, bestehen in einer langen Periode hoher Zinssätze und einer schlimmen Rezession. Die Regierung zieht es daher unter Umständen vor, abzuwerten.

21.2.1 Die Krise des EWS im Jahr 1992

Ein Beispiel für die Probleme, die wir in diesem Abschnitt diskutiert haben, ist die Wechselkurskrise, die das Europäische Währungssystem (EWS) zu Beginn der 90er Jahre erschütterte.

Zu Beginn der 90er Jahre schien das EWS gut zu funktionieren. Das EWS ist 1979 gegründet worden. Es basierte auf festen Paritäten mit Bandbreiten: Jedes Mitgliedsland (darunter Deutschland, Frankreich, Italien und von 1990 an auch Großbritannien) war verpflichtet, seinen Wechselkurs gegenüber allen anderen Mitgliedsländern innerhalb enger Bandbreiten aufrechtzuerhalten. In den ersten Jahren lief das System noch nicht reibungslos, es kam zu vielen Anpassungen der Paritäten zwischen den Mitgliedsländern. Doch von 1987 bis 1992 kam es nur noch zweimal zu Anpassungen. Es wurde immer häufiger davon gesprochen, die Bandbreiten noch enger zu definieren und sogar zur nächsten Stufe überzugehen – zu einer gemeinsamen Währung.

1992 gelangten die Finanzmärkte jedoch zu der Überzeugung, dass einige Anpassungen bevorstehen würden. Der Grund dafür waren die makroökonomischen Implikationen der deutschen Wiedervereinigung. Wegen des Nachfragedrucks, der aus der Wiedervereinigung resultierte, hielt die Bundesbank die Zinsen hoch, um einen zu starken Anstieg von Produktion und Inflation in Deutschland zu vermeiden. Obwohl die Partnerländer im EWS niedrige Zinssätze benötigt hätten, um die steigende Arbeitslosigkeit in ihren Ländern zu bekämpfen, sahen sie sich gezwungen, den deutschen Zinssätzen zu folgen, um ihre EWS-Paritäten aufrechtzuerhalten. Für die Finanzmärkte erschienen die Positionen der deutschen Partnerländer im EWS zunehmend unhaltbar. Niedrigere Zinssätze außerhalb von Deutschland und damit Abwertungen vieler Währungen gegenüber der DM erschienen zunehmend wahrscheinlich.

Zur Ergänzung: Siehe Fokusbox in Kapitel 5, „Die deutsche Wiedervereinigung und das Tauziehen zwischen Geld- und Fiskalpolitik" und Fokusbox in Kapitel 20 „Die deutsche Wiedervereinigung und das EWS."

Im Laufe des Jahres 1992 sahen sich einige der deutschen Handelspartner deshalb gezwungen, höhere nominale Zinssätze als Deutschland zu wählen. Zur ersten größeren Krise kam es jedoch erst im September 1992. Die Entwicklung im Detail ist in der Fokusbox „Anatomie einer Krise: Die EWS-Krise vom September 1992" dargestellt. Die Überzeugung, dass einige Länder bald abwerten würden, führte im September 1992 zu spekulativen Attacken auf bestimmte Währungen. Da die Kapitalanleger mit einer baldigen Abwertung rechneten, verkauften sie diese Währungen. Alle oben dargestellten Verteidigungslinien wurden von Zentralbanken und Regierungen der angegriffenen Länder aufgebaut. Zunächst wurden ernste Kommuniqués verlesen. Sie zeigten jedoch keinen erkennbaren Erfolg. Dann wurden die Zinssätze angehoben, der

Tagesgeldsatz in Schweden stieg bis auf 500% (ausgedrückt als Zinssatz per annum). Dies reichte jedoch nicht aus, um Kapitalabflüsse und große Verluste an Währungsreserven der unter Druck geratenen Zentralbanken zu vermeiden. Als Nächstes wurden in einzelnen Ländern unterschiedliche Maßnahmen ergriffen: Spanien wertete ab, Italien und Großbritannien setzten ihre Teilnahme am ganz EWS aus. Frankreich entschied sich, der Krise mit Hilfe höherer Zinssätze zu trotzen, bis der Sturm vorüber war.

Ende September 1992 erwarteten die Finanzmärkte keine unmittelbar bevorstehenden Abwertungen mehr. Einige Länder waren nicht mehr im EWS, andere hatten abgewertet, aber waren im EWS verblieben. Diejenigen, die ihre Parität verteidigt hatten, hatten ihre Entschiedenheit gezeigt, im EWS zu bleiben, obwohl dies mit sehr hohen Zinsen verbunden war. Das Problem an sich jedoch, die hohen deutschen Zinssätze, war immer noch vorhanden. Es war nur eine Frage der Zeit, bis die nächste Krise kommen würde. Im November 1992 erzwang eine weitere Spekulationswelle eine Abwertung der spanischen Peseta, des portugiesischen Escudo und der schwedischen Krone. Peseta und Escudo wurden im Mai 1993 noch weiter abgewertet. Nachdem es im Juli 1993 zu einer weiteren spekulativen Attacke kam, entschieden sich die EWS-Länder, die Bandbreiten um die zentralen Paritäten herum zu erweitern (auf plus oder minus 15%). Sie gingen damit zu einem System über, das sehr große Schwankungen des Wechselkurses zuließ. Dieses System breiter Bandbreiten wurde bis zur Einführung einer gemeinsamen Währung im Januar 1999 beibehalten.

Fassen wir zusammen: 1992 kam es zur Krise des EWS, weil die Finanzmärkte davon überzeugt waren, dass die hohen Zinssätze, die nach den Regeln des EWS auch in den Partnerstaaten Deutschlands notwendig wurden, mit der Zeit zu kostspielig würden.

Die Überzeugung, dass einige Länder eine Abwertung anstrebten oder das EWS verlassen würden, führte dazu, dass die Kapitalanleger immer höhere Zinsen verlangten, so dass es für diese Länder noch teurer wurde, ihre Parität zu verteidigen.

Am Ende konnten einige Länder die Kosten nicht mehr tragen; einige werteten ab, andere verließen das EWS. Manche blieben ohne Kursänderung im EWS und mussten dabei substanzielle Kosten (Produktionseinbußen) in Kauf nehmen.

Fokus: Anatomie einer Krise: Die EWS-Krise vom September 1992

- 5. und 6. September. Die Finanzminister der EU treffen sich in Bath, England. Das offizielle Kommuniqué am Ende des Treffens bestätigt noch einmal ihre Entschiedenheit, die bestehenden Paritäten des Wechselkursmechanismus des EWS aufrechtzuerhalten
- 8. September. Die erste Spekulationswelle. Diese Spekulationswelle richtet sich nicht gegen eine der Währungen des EWS, sondern gegen die Währungen der skandinavischen Länder, die ebenfalls an die DM gebunden sind. Finnland gibt nach, und entscheidet sich, die finnische Währung, die Markka, floaten zu lassen – die Zentralbank überlässt es dem Devisenmarkt, den Wechselkurs zu bestimmen, ohne zu intervenieren. Die Markka wertet sich um 13% gegenüber der DM ab. Schweden entscheidet sich, seine Parität zu verteidigen und hebt daher seinen Tagesgeldsatz auf 24% (per annum) an. Zwei Tage später wird er nochmals angehoben, auf 75%.
- 10. und 11. September. Die zweite Spekulationswelle. Die italienische Zentralbank interveniert massiv, um die Parität der Lira zu verteidigen. Sie verliert dadurch in großem Umfang ausländische Währungsreserven. Am 13. September jedoch wird die Lira um 7% gegenüber der DM abgewertet.
- 16. und 17. September. Die dritte Spekulationswelle. Es kommt zu Spekulation gegen das britische Pfund. Die britische Zentralbank verliert in großem Umfang ausländische Währungsreserven. Die Bank von England erhöht ihren Tagesgeldsatz von 10% auf 15%. Die Spekulation gegen das Pfund und gegen die Lira setzt sich jedoch trotz der bereits erfolgten Abwertung fort. Sowohl England als auch Italien geben bekannt, dass sie ihre Teilnahme am EWS zeitweilig aussetzen. Im Lauf der folgenden Wochen werten sich beide Währungen um ungefähr 15% gegenüber der DM ab.
- 16. und 17. September. Nachdem Pfund und Lira aus dem EWS ausgeschieden sind, wendet sich die Spekulationswelle gegen andere Währungen. Um seine Parität zu verteidigen, erhöht Schweden seinen Tagesgeldsatz auf 500%. Irland erhöht seinen Tagesgeldsatz auf 300%. Spanien entscheidet sich, im EWS zu bleiben, wertet aber um 5% ab.
- 20. September. In einer Volksabstimmung nimmt Frankreich den Vertrag von Maastricht (der Vertrag, der den Zeitplan für den Übergang zu einer gemeinsamen Währung setzt) knapp an. Eine Ablehnung hätte die Krise sicherlich noch weiter verschärft. Das knappe, aber positive Votum wird als Zeichen gewertet, dass das Schlimmste hoffentlich vorbei ist, und dass der Vertrag am Ende von allen EU-Mitgliedsländern akzeptiert werden wird.
- 23. bis 28. September. Spekulation gegen den Franc zwingt die Bank von Frankreich, ihren kurzfristigen Zinssatz um 2,5% anzuheben. Sowohl Spanien als auch Irland führen erneut Kapitalverkehrskontrollen ein, um ihre Parität verteidigen zu können, ohne ihre kurzfristigen Zinssätze stark anheben zu müssen.
- Ende September. Die Krise ist vorerst zu Ende. Zwei Länder, Großbritannien und Italien haben das EWS verlassen und ihre Währungen abwerten lassen. Spanien bleibt im EWS, aber nur nach einer Abwertung. Die anderen Länder haben ihre Paritäten gehalten, einige davon haben jedoch Währungsreserven in großem Umfang verloren.

Quelle: World Economic Outlook, October 1993.

21.3 Bewegungen der Wechselkurse bei flexiblen Kursen

Dieser Zusammenhang ist in Abbildung 20.1 dargestellt.

In dem Modell, das wir in Kapitel 20 entwickelt haben, bestand ein einfacher Zusammenhang zwischen dem Zinssatz und dem Wechselkurs: Je niedriger der Zinssatz, desto höher der Wechselkurs. Ein Land, das einen stabilen Wechselkurs halten wollte, musste seinen Zinssatz lediglich nahe dem ausländischen Zinssatz halten. Ein Land, das eine bestimmte Abwertung erreichen wollte, musste seinen Zinssatz lediglich im richtigen Umfang senken.

In der Realität ist der Zusammenhang zwischen Wechselkurs und Zinssatz nicht so einfach. Wechselkurse verändern sich oft, ohne dass sich die Zinssätze verändert haben. Wie groß der Effekt einer bestimmten Reduktion des Zinssatzes auf den Wechselkurs sein wird, ist schwer vorherzusagen. Für die Geldpolitik wird es daher sehr viel schwerer, das gewünschte Ergebnis zu erreichen.

Um zu sehen, warum die Dinge komplizierter sind, müssen wir noch einmal auf die Zinsparitätenbedingung zurückgreifen, die wir in Kapitel 18, Gleichung (18.2) abgeleitet haben:

$$1+i_t=\left(\frac{1}{E_t}\right)\left(1+i_t^*\right)\left(E_{t+1}^e\right)$$

Wir können diese Gleichung auch wie folgt schreiben:

$$E_t=\frac{1+i_t^*}{1+i_t}E_{t+1}^e \tag{21.6}$$

Stellen wir uns den Zeitraum von t bis t+1 als ein Jahr vor. Der aktuelle Wechselkurs hängt vom Zinssatz für einjährige Papiere im In- und Ausland und von dem für das nächste Jahr erwarteten Wechselkurs ab. In Kapitel 20 haben wir den für das nächste Jahr erwarteten Wechselkurs E_{t+1}^e als konstant angenommen. Dies war jedoch eine Vereinfachung. Der für nächstes Jahr erwartete Wechselkurs ist nicht konstant. Wenn wir wieder Gleichung (21.6) verwenden, dieses Mal aber für das nächste Jahr, dann wird deutlich, dass der Wechselkurs für das kommende Jahr von dem in einem Jahr erwarteten Zinssatz für einjährige Papiere im In- und Ausland sowie von dem dann für das darauf folgende Jahr erwarteten Wechselkurs abhängt usw. Das heißt, jede Veränderung in den Erwartungen für aktuelle und zukünftige Zinssätze im In- und Ausland und jede Veränderung des in ferner Zukunft erwarteten Wechselkurses wird den aktuellen Wechselkurs beeinflussen.

Untersuchen wir diesen Sachverhalt etwas genauer. Schreiben wir Gleichung (21.6) nicht für das Jahr t sondern für das darauf folgende Jahr t+1:

$$E_{t+1}=\frac{1+i_{t+1}^*}{1+i_{t+1}}E_{t+2}^e$$

Der Wechselkurs für das Jahr t+1 hängt vom erwarteten Zinssatz im In- und Ausland für einjährige Papiere im Jahr t+1 sowie von dem für das Jahr t+2 erwarteten zukünftigen Wechselkurs ab. Der zum Zeitpunkt t für das Jahr t+1 erwartete Wechselkurs hängt also wiederum von dem zwei Jahre später erwarteten Kurs ab:

$$E_{t+1}^{e} = \frac{1+i_{t+1}^{*e}}{1+i_{t+1}^{e}} E_{t+2}^{e}$$

Ersetzen wir E_{t+1}^{e} in Gleichung (21.6), dann ergibt sich:

$$E_{t} = \frac{\left(1+i_{t}^{*}\right)\left(1+i_{t+1}^{*e}\right)}{\left(1+i_{t}\right)\left(1+i_{t+1}^{e}\right)} E_{t+2}^{e}$$

Der aktuelle Wechselkurs hängt sowohl vom laufenden Zinssatz im In- und Ausland als auch von den für das nächste Jahr erwarteten Zinssätzen im In- und Ausland sowie von dem für in zwei Jahren erwarteten Wechselkurs ab. Wenn wir weiter auf dieselbe Weise in die Zukunft gehen, (indem wir nach E_{t+2}^{e}, E_{t+3}^{e} usw. bis, sagen wir, $t + n$, auflösen), dann erhalten wir:

$$E_{t} = \frac{\left(1+i_{t}^{*}\right)\left(1+i_{t+1}^{*e}\right)\ldots\left(1+i_{t+n}^{*e}\right)}{\left(1+i_{t}\right)\left(1+i_{t+1}^{e}\right)\ldots\left(1+i_{t+n}^{e}\right)} E_{t+n+1}^{e} \qquad (21.7)$$

Nehmen wir an, dass n sehr groß ist, beispielsweise 10 Jahre (Gleichung (21.7) gilt für jeden Wert von n). Diese Gleichung sagt uns, dass der aktuelle Wechselkurs von zwei Faktoren abhängt:

- Von den aktuellen und von den für die nächsten 10 Jahre erwarteten Zinssätzen im In- und Ausland.
- Von dem in 11 Jahren erwarteten Wechselkurs.

Es kann sinnvoll sein, noch einen Schritt weiter zu gehen und einen Zusammenhang zwischen den aktuellen und den zukünftigen *realen* Zinssätzen im In- und Ausland und dem erwarteten zukünftigen *realen* Wechselkurs abzuleiten. Im Anhang zu diesem Kapitel ist diese Ableitung dargestellt. (Diesen Zusammenhang abzuleiten macht nicht besonders viel Spaß, aber es ist eine nützliche Übung. Mit ihr lässt sich der Zusammenhang zwischen den Real- und Nominalzinsen und den realen und nominalen Wechselkursen nochmals auffrischen.) Gleichung (21.7) reicht jedoch aus, um die folgenden drei Aussagen zu treffen.

1. Alle Faktoren, die den erwarteten zukünftigen Wechselkurs E_{t+n+1} beeinflussen, tangieren auch den aktuellen Wechselkurs E_t. Wenn erwartet wird, dass der Zinssatz im In- und Ausland in beiden Ländern von t bis $t + n$ gleich sein werden, dann wird der Bruch auf der rechten Seite von Gleichung (21.7) gleich Eins, so dass sich die Gleichung auf $E_t = E_{t+n+1}^{e}$ reduziert: Eine Veränderung des erwarteten zukünftigen Wechselkurses wirkt sich auf den aktuellen Wechselkurs im Verhältnis 1:1 aus.

Wenn wir von einem sehr großen n ausgehen, beispielsweise 10 Jahre oder mehr, dann können wir uns E_{t+n+1} als den Wechselkurs vorstellen, der benötigt wird, um in der mittleren Frist oder in der langen Frist eine ausgeglichene Leistungsbilanz zu gewährleisten: Ein Land kann nicht bis in alle Ewigkeit Kredite aufnehmen – also ein Leistungsbilanzdefizit ausweisen – gleichermaßen wird ein Land auch nicht bis in alle Ewigkeit Kredite geben wollen – also einen Leistungsbilanzüberschuss ausweisen. Daher ist es wahrscheinlich, dass jede Neuigkeit, die die Prognosen für die Leistungsbilanz in der Zukunft beeinflusst, auch einen Einfluss auf den erwarteten zukünftigen Wechselkurs haben wird und damit wiederum auch auf den aktuellen Wechselkurs. Die Ankündigung beispielsweise, dass das Handelsdefizit größer ausfallen wird als erwartet, könnte dazu führen, dass die Kapitalanleger erwarten, dass zu irgendeinem Zeitpunkt eine Abwertung nötig werden wird, um wieder zu einer ausgeglichenen Leistungsbilanz zu kommen. Daher wird E^e_{t+n+1} steigen und damit wiederum heute schon den aktuellen Wechselkurses E_t ansteigen lassen.

2. Alle Faktoren, die die aktuellen oder erwarteten Zinssätze im In- und Ausland zwischen t und $t+n$ beeinflussen, beeinflussen den aktuellen Wechselkurs. Bei gegebenen Zinssätzen im Ausland zum Beispiel, führt ein Anstieg des aktuellen oder des erwarteten Zinssatzes im Inland zu einem Rückgang von E_t, also zu einer Aufwertung.

   Alle Variablen, die die Erwartungen der Kapitalanleger über die zukünftigen Zinssätze verändern, werden Auswirkung auf den aktuellen Wechselkurses haben. Der „Tanz des Dollars“ in den 80er Jahren beispielsweise, den wir in den Kapitel 18 und 20 diskutiert haben – die starke Aufwertung des Dollars in der ersten Hälfte des Jahrzehnts, gefolgt von der gleichermaßen starken Abwertung – kann zu einem großen Teil durch die Bewegungen der aktuellen und der erwarteten Zinssätze in den USA im Vergleich zu den Zinssätzen im Rest der Welt während dieses Zeitraums erklärt werden. Während der ersten Hälfte der 80er Jahre führte die Kombination von kontraktiver Geldpolitik und expansiver Fiskalpolitik in den USA zu einem Anstieg der kurz- und langfristigen Zinssätze. Der Anstieg der langfristigen Zinssätze spiegelte dabei die Erwartung hoher kurzfristiger Zinssätze in der Zukunft wider. Dieser Anstieg war wiederum ein Hauptgrund für die Aufwertung des Dollars. Sowohl die Geld- als auch die Fiskalpolitik änderten sich in der zweiten Hälfte des Jahrzehnts, so dass die U.S.-amerikanischen Zinssätze fielen und es zu einer Abwertung des Dollars kam.

Kapitel 15 beschäftigt sich ausführlicher mit dem Zusammenhang zwischen langfristigen Zinssätzen und aktuellen und zukünftig erwarteten kurzfristigen Zinssätzen.

3. Die dritte Implikation folgt aus den ersten beiden. In der Realität, im Gegensatz zu unserer Analyse in Kapitel 20, ist der Zusammenhang zwischen dem Zinssatz i_t und dem Wechselkurs E_t alles andere als mechanisch. Wenn die Zentralbank den Zinssatz senkt, dann müssen die Finanzmärkte sich eine Meinung darüber bilden, ob diese Aktion ein Signal für eine größere Kursänderung der Geldpolitik darstellt. Ist diese Reduktion des Zinssatzes nur die erste von mehreren Schritten, oder handelt es sich nur um eine vorübergehende Zinssenkung? Ankündigungen der Zentralbank sind in diesem Zusammenhang nicht unbedingt hilfreich: Es kann sein, dass die Zentralbank selbst nicht weiß, wie sie sich in der Zukunft verhalten

wird. Im Normalfall reagiert sie auf frühe Signale, die sich unter Umständen später umkehren. Die Finanzmärkte müssen sich auch eine Meinung darüber bilden, wie die ausländischen Zentralbanken reagieren werden. Werden sie ihren Kurs beibehalten werden oder werden sie sich anschließen und ihre Zinsen ebenfalls senken? All dies macht es sehr viel schwerer, vorherzusagen, welche Auswirkungen eine Veränderung des Zinssatzes auf den Wechselkurs haben wird.

Ein konkretes Beispiel: Gehen wir zurück zu Gleichung (21.7). Nehmen wir an, dass $E^e_{t+n+1}=1$. Nehmen wir zudem an, dass der aktuelle und die erwarteten Zinssätze im In- und Ausland alle gleich 5% sind. Der aktuelle Wechselkurs ergibt sich dann als:

$$E_t = \frac{(1,05)^n}{(1,05)^n} 1 = 1$$

Betrachten wir nun eine expansive geldpolitische Maßnahme, durch die der aktuelle inländische Zinssatz i_t, von 5% auf 3% fällt. Wird diese Maßnahme zu einer Zunahme von E_t – also zu einer Abwertung – führen, und wenn ja, um wie viel? Die Antwort darauf ist: Es kommt darauf an.

Dies erinnert an unsere Diskussion der Auswirkungen der Geldpolitik auf die Aktienkurse in Kapitel 15. Dies ist kein Zufall: Genauso wie die Aktienkurse hängt auch der Wechselkurs von den Erwartungen für Variablen weit in der Zukunft ab. Das Ergebnis wird sehr stark davon beeinflusst, wie sich Erwartungen als Reaktion auf Veränderungen einer aktuellen Variablen (hier ist es der Zinssatz) verändern.

Nehmen wir an, die Anleger erwarten, dass der Zinssatz nur für den Zeitraum von einem Jahr niedriger sein wird, so dass die zukünftig erwarteten n–1 Zinssätze unverändert bleiben. Der aktuelle Wechselkurs steigt dann auf:

$$E_t = \frac{(1,05)^n}{(1,03)(1,05)^{n-1}} = \frac{1,05}{1,03} = 1,02$$

Die expansive Geldpolitik führt zu einem Anstieg des Wechselkurses – zu einer Abwertung – von nur 2%.

Nehmen wir nun alternativ an, dass die Kapitalanleger, wenn sie die Reduktion des aktuellen Zinssatzes von 5% auf 3% beobachten, erwarten, dass diese Zinssatzsenkung fünf Jahre lang anhalten wird (so dass $i_{t+4} = \ldots = i_{t+1} = i_t = 3\%$). Der Wechselkurs steigt dann auf:

$$E_t = \frac{(1,05)^n}{(1,03)^5 (1,05)^{n-5}} = \frac{1,05^5}{1,03^5} = 1,10$$

Die expansive Geldpolitik führt nun zu einer viel größeren Abwertung von 10%.

Es ist nicht schwer, sich weitere Ergebnisse auszudenken. Nehmen wir an, die Kapitalanleger hätten die Reduktion des Zinssatzes durch die Zentralbank antizipiert, die tatsächliche Reduktion des Zinssatzes sei jedoch geringer ausgefallen als von den Kapitalanlegern antizipiert. Die Kapitalanleger werden ihre Erwartungen über den zukünftigen Nominalzins nach oben revidieren. Statt zu einer Abwertung der Währung kommt es dann zu einer Aufwertung!

Als am Ende des Bretton Woods-Systems die Länder von festen zu flexiblen Wechselkursen übergingen, rechneten die meisten Ökonomen damit, dass die Wechselkurse stabil sein würden. Die starken Schwankungen, die sich dann entwickelten und die bis zum heutigen Tag andauern, waren eine Überraschung. Einige Zeit lang glaubte man,

Das erste Mal wurde diese Erklärung 1976 von Rüdiger Dornbusch vom MIT gegeben. Mehr zu diesem Beitrag enthält Kapitel 27.

dass diese Schwankungen das Ergebnis irrationaler Spekulation auf den Devisenmärkten seien. Erst Mitte der 70er Jahre erkannten die Ökonomen, dass diese großen Bewegungen durch die rationale Reaktion der Finanzmärkte auf Neuigkeiten über zukünftige Zinssätze und zukünftige Wechselkurse erklärt werden könnten – so wie wir es hier getan haben. Daraus folgt eine wichtige Implikation: Ein Land, das sich für flexible Wechselkurse entscheidet, muss die Tatsache akzeptieren, das es im Zeitverlauf großen Schwankungen des Wechselkurses ausgesetzt sein wird.

21.4 Die Wahl zwischen unterschiedlichen Wechselkursregimes

Wir wollen nun zu unserer Ausgangsfrage zurückkommen: Sollte sich ein Land für flexible oder für feste Wechselkurse entscheiden? Gibt es Rahmenbedingungen, unter denen flexible Wechselkurse dominieren und Rahmenbedingungen, unter denen feste Wechselkurse dominieren?

Viel von dem, was wir in diesem Kapitel und im vorhergehenden erarbeitet haben, scheint für flexible Wechselkurse zu sprechen:

- In Abschnitt 21.1 wurde argumentiert, dass das Wechselkursregime in der mittleren Frist unter Umständen keine Bedeutung hat. Es bleibt jedoch die Tatsache bestehen, dass es in der kurzen Frist von Bedeutung ist. In der kurzen Frist geben Länder, die unter festen Wechselkursen und perfekter Kapitalmobilität operieren, zwei makroökonomische Instrumente auf, den Zinssatz und den Wechselkurs. Dadurch werden nicht nur ihre Möglichkeiten beschränkt, auf Schocks zu reagieren, sondern es kann auch zu Wechselkurskrisen kommen.
- In Abschnitt 21.2 wurde gezeigt, dass Abwertungserwartungen in einem Regime fixer Wechselkurse eine tatsächliche Abwertung bewirken können, weil Kapitalanleger hohe Zinsen verlangen. Hohe Zinsen verschlechtern die wirtschaftliche Situation des Landes weiter und üben auf die Regierung Druck aus, tatsächlich abzuwerten – dies ist ein weiteres Argument gegen feste Wechselkurse.
- In Abschnitt 21.3 wurde dagegen ein Argument gegen flexible Wechselkurse vorgestellt: Der Wechselkurs kann unter flexiblen Wechselkursen sehr volatil werden und durch Geldpolitik nur sehr schwer zu kontrollieren sein.

Netto betrachtet scheinen aus makroökonomischer Sicht, flexible Wechselkurse festen Wechselkursen überlegen zu sein. Dies scheint auch der Konsens zu sein, der sich unter Ökonomen und Wirtschaftspolitikern herausgebildet hat.

Der Konsens sieht wie folgt aus: Im Allgemeinen sind flexible Wechselkurse zu bevorzugen. Es gibt jedoch zwei Ausnahmen:

1. Wenn eine Gruppe von Ländern bereits stark integriert ist, dann kann eine gemeinsame Währung die richtige Lösung sein.

2. Wenn man sich nicht darauf verlassen kann, dass die Zentralbank unter flexiblen Wechselkursen eine verantwortungsbewusste Geldpolitik verfolgt. In diesem Fall kann eine starke Form fester Wechselkurse, wie ein currency board oder die Dollarisierung eine Lösung darstellen.

Wir wollen nun diese beiden Ausnahmen diskutieren.

21.4.1 Gebiete mit einer gemeinsamen Währung

Länder, die unter einem System fester Wechselkurse operieren, sind gezwungen, denselben Zinssatz aufrechtzuerhalten. Welche Kosten verursacht dieser Zwang? Wenn die Länder mit ähnlichen makroökonomischen Problemen und denselben Schocks konfrontiert sind, dann hätten sie sich ohnehin für ähnliche Politikmaßnahmen entschieden. Der Zwang einer gemeinsamen Geldpolitik stellt unter diesen Umständen keine starke Einschränkung dar.

Dieses Argument wurde zuerst von Robert Mundell untersucht, der analysierte, unter welchen Bedingungen eine Gruppe von Ländern ein Regime fester Wechselkurse oder sogar eine gemeinsame Währung einführen sollte. Damit eine Gruppe von Ländern einen optimalen Währungsraum konstituiert, muss sie gemäß Mundell zwei Bedingungen erfüllen.

- Die Länder müssen ähnlichen Schocks ausgesetzt sein. Den Grund dafür haben wir bereits gesehen: Wenn die Länder ähnlichen Schocks ausgesetzt sind, dann hätten sie ohnehin die annähernd gleiche Geldpolitik gewählt.
- Wenn die Länder unterschiedlichen Schocks ausgesetzt sind, dann müssen sie einen hohen Grad an Faktormobilität aufweisen. Sind die Arbeitnehmer bereit, aus einem Land, das sich in einer schlechten wirtschaftlichen Situation befindet, in ein Land zu gehen, das sich im Boom befindet, dann trägt die Faktormobilität an Stelle der Wirtschaftspolitik dazu bei, dass sich die Länder an Schocks anpassen. Ist die Arbeitslosenrate in einem Land hoch, dann verlassen die Arbeitnehmer dieses Land, um in anderen Ländern Jobs anzunehmen. Die Arbeitslosenrate in diesem Land geht dann auf den Normalwert zurück. Wenn die Arbeitslosenrate in einem Land sehr niedrig ist, dann kommen die Arbeitnehmer in dieses Land und die Arbeitslosenrate steigt auf den Normalwert. Der Wechselkurs wird nicht als Ausgleichsmechanismus benötigt.

Aufbauend auf der Analyse von Mundell glauben die meisten Ökonomen, dass der Währungsraum, den die 50 Staaten der Vereinigten Staaten bilden, einem optimalen Währungsraum sehr nahe kommt. Die erste Bedingung ist zwar nicht erfüllt: die einzelnen Staaten sind unterschiedlichen Schocks ausgesetzt. Kalifornien wird von Nachfrageverschiebungen aus Asien mehr beeinflusst als der Rest der Vereinigten Staaten. Texas wird mehr davon beeinflusst, wie sich der Ölpreis entwickelt usw. Die zweite Bedingung ist jedoch im Großen und Ganzen erfüllt. Die Mobilität der Arbeit ist in den Vereinigten Staaten beträchtlich. Wenn die wirtschaftliche Lage in einem Staat schlecht ist, dann verlassen die Arbeitnehmer diesen Staat. Wenn die wirtschaft-

Jeder U.S.-amerikanische Bundesstaat könnte seine eigene Währung haben und diese gegenüber den Währungen der anderen Bundesstaaten frei floaten lassen. Die Realität sieht jedoch anders aus: Die Vereinigten Staaten sind ein Währungsraum mit einer Währung, dem Dollar.

liche Lage in einem Staat gut ist, dann gehen die Arbeitnehmer in diesen Staat. Die Arbeitslosenraten in den einzelnen Staaten kehren schnell zu ihrem Normalwert zurück, und dies nicht auf Grund der Wirtschaftspolitik auf der Ebene der einzelnen Staaten, sondern auf Grund der Arbeitsmobilität.

Die Verwendung einer gemeinsamen Währung bringt viele Vorteile mit sich. Man muss sich nur vorstellen, wie kompliziert das Leben wäre, müsste man jedes Mal, wenn man die Grenze überschreitet, Geld wechseln. Die Vorteile gehen jedoch über die niedrigeren Transaktionskosten hinaus. Sind die Preise in derselben Währung ausgezeichnet, dann wird es für die Käufer viel leichter, die Preise zu vergleichen. Dadurch nimmt der Wettbewerb zwischen den Unternehmen zu, wodurch die Konsumenten profitieren.

Mit der Einführung des Euro hat Europa dieselbe Entscheidung getroffen wie die Vereinigten Staaten. Als Anfang 2002 der Prozess des Übergangs von den nationalen Währungen zum Euro abgeschlossen war, wurde der Euro zumindest für zwölf europäische Länder zu einer gemeinsamen Währung (siehe die Fokusbox: „Der Euro: Eine kurze Zusammenfassung“ in Kapitel 1). Sind die Argumente für diese gemeinsame Währung aus wirtschaftlicher Sicht ebenso zwingend wie im Fall der Vereinigten Staaten?

Es steht außer Frage, dass eine gemeinsame Währung für Europa viele, der auch in den Vereinigten Staaten existierenden, Vorteile mit sich bringt. Ein Bericht der Europäischen Kommission schätzt, dass die Abschaffung der Devisentransaktionen innerhalb des Euroraumes zu Kosteneinsparungen in Höhe von 0,5% des gemeinsamen BIP führt. Es gibt bereits deutliche Anzeichen dafür, dass die Verwendung einer gemeinsamen Währung den Wettbewerb fördert. So suchen europäische Konsumenten beim Kauf eines Autos nach dem niedrigsten Europreis im ganzen Euroraum. In einigen Ländern führte dies bereits zu einem Rückgang der Autopreise.

Die Frage jedoch, ob Europa einen optimalen Währungsraum darstellt, ist umstritten. Der Grund dafür ist, dass keine der beiden Mundell-Bedingungen erfüllt zu sein scheint. Auch wenn die Zukunft anders aussehen mag, in der Vergangenheit waren die europäischen Länder ganz unterschiedlichen Schocks ausgesetzt; erinnern wir uns an die deutsche Wiedervereinigung, und wie unterschiedlich die Auswirkungen auf Deutschland und auf die anderen europäischen Länder waren. Auch die Arbeitsmobilität ist in Europa sehr gering. Sie wird wahrscheinlich auch in Zukunft gering bleiben. Die Arbeitnehmer sind schon innerhalb der einzelnen europäischen Länder weit weniger mobil als die Arbeitnehmer innerhalb der Vereinigten Staaten. Angesichts der sprachlichen und der kulturellen Unterschiede zwischen den europäischen Ländern, liegt die Mobilität zwischen den Ländern vermutlich noch niedriger. Es besteht daher das Risiko, dass ein oder mehrere Länder des Euroraumes mit einem starken Rückgang der Nachfrage und der Produktion konfrontiert werden, aber weder Zinssatz noch Wechselkurs einsetzen können, um die Konjunktur zu stimulieren. Wie wir in Abschnitt 21.1 gesehen haben, muss die Anpassung in der mittleren Frist dennoch erfolgen. Wir haben indes auch gesehen, dass dieser Anpassungsprozess lang und schmerzhaft sein kann.

21.4.2 Currency Boards und Dollarisierung

Das zweite Argument für feste Wechselkurse unterscheidet sich deutlich vom ersten Argument. Es beruht auf der Erfahrung, dass es Zeiten geben kann, in denen ein Land seine Freiheit zur eigenständigen Geldpolitik einschränken will. Wir werden uns mit diesem Argument in Kapitel 23 und in Kapitel 25 ausführlicher beschäftigen. In Kapitel 23 werden wir die Dynamik von Hyperinflationen untersuchen und in Kapitel 25 die Geldpolitik im Allgemeinen – der Kern des Arguments ist jedoch einfach.

Betrachten wir ein Land, das in letzter Zeit eine sehr hohe Inflationsrate aufwies. Grund dafür könnte sein, dass es nicht in der Lage war, sein Budgetdefizit anders als durch Geldschöpfung zu finanzieren, so dass es zu einem starken Geldmengenwachstum und zu Inflation kam. Nehmen wir an, dieses Land entscheidet sich, Geldmengenwachstum und Inflation zu reduzieren. Eine Möglichkeit, die Finanzmärkte von der Ernsthaftigkeit dieser Absicht zu überzeugen, besteht darin, den Wechselkurs zu fixieren: Der Zwang, die Parität aufrechtzuerhalten, bindet dann die Hände der Zentralbank. In dem Ausmaß, in dem die Finanzmärkte erwarten, dass die Parität aufrechterhalten wird, werden sich ihre Sorgen verringern, dass das Geldmengenwachstum zur Finanzierung des Budgetdefizits eingesetzt wird.

Wichtig ist die Einschränkung „in dem Ausmaß, in dem die Finanzmärkte erwarten, dass die Parität aufrechterhalten wird". Das Fixieren des Wechselkurses ist keine magische Lösung. Das Land muss die Kapitalanleger überzeugen, dass der Wechselkurs nicht nur heute sondern auch in Zukunft fixiert bleiben wird. Daraus ergeben sich zwei Implikationen:

1. Das Fixieren des Wechselkurses muss Teil eines umfassenden wirtschaftspolitischen Pakets sein. Wenn der Wechselkurs fixiert wird, gleichzeitig aber weiterhin ein großes Budgetdefizit bestehen bleibt, kommen die Finanzmärkte zu der Überzeugung, dass das Geldmengenwachstum wieder eingesetzt wird und dass es bald zu einer Abwertung kommen wird.

2. Es kann auch nützlich sein, eine Änderung der Parität symbolisch oder technisch zu erschweren. Dieser Ansatz wird Hard Peg genannt.

   Eine extreme Form eines Hard Peg besteht darin, die inländische Währung einfach durch eine ausländische Währung zu ersetzen. Da es sich bei der gewählten ausländischen Währung typischerweise um den Dollar handelt, ist dieses Vorgehen auch als Dollarisierung bekannt.

   Nur wenige Länder sind jedoch bereit, ihre Währung aufzugeben und die Währung eines anderen Landes zu akzeptieren. Eine weniger extreme Form ist die Einführung eines Currency Boards. Unter einem Currency Board ist eine Zentralbank bereit, ausländische Währung gegen inländische Währung zum offiziellen Wechselkurs zu tauschen; zusätzlich kann die Zentralbank keine Offenmarktoperationen vornehmen. Das heißt, sie kann keine Staatsanleihen kaufen oder verkaufen.

   Als Israel in den 80er Jahren unter hoher Inflation litt, schlug ein israelischer Finanzminister Dollarisierung als Teil eines Stabilisierungsprogramms vor. Sein Proposition wurde als Angriff auf die Souveränität Israels interpretiert. Er wurde kurz danach entlassen.

   Das wahrscheinlich bekannteste Beispiel für ein Currency Board ist das von Argentinien 1991 eingeführte, das jedoch Ende 2001 nach einer Krise aufgegeben wurde. Die Geschichte wird in der Fokusbox „Das Currency Board in Argentinien“ dargestellt. Die Ökonomen sind sich nicht einig, welche Schlussfolgerungen man aus den Ereignissen in Argentinien ziehen sollte. Einige schließen daraus, dass Currency Boards nicht „hart“ genug seien: durch sie könnten Wechselkurskrisen nicht vermieden werden. Wenn sich daher ein Land für die Einführung eines festen Wechselkurses entscheide, dann solle es nicht auf halbem Weg aufhören, sondern dollarisieren. Andere Ökonomen schließen daraus, dass feste Wechselkurse eine schlechte Idee seien. Wenn Currency Boards überhaupt verwendet würden, dann solle dies nur für eine kurze Zeit geschehen, bevor das Land wieder zu einem Regime flexibler Wechselkurse zurückkehre.

Fokus: Das Currency Board in Argentinien

Als Carlos Menem 1989 Präsident von Argentinien wurde, erbte er ein wirtschaftliches Chaos. Die Inflation betrug mehr als 30% im Monat. Das Wirtschaftswachstum war negativ.

Menem und sein Wirtschaftsminister Dominigo Cavallo kamen zu dem Schluss, unter den gegebenen Bedingungen bestehe die einzige Möglichkeit, das Geldmengenwachstum – und damit die Inflation – unter Kontrolle zu bringen, darin, den Peso (die argentinische Währung) an den Dollar zu binden. 1991 gab Cavallo daher bekannt, dass Argentinien ein Currency Board einführen würde. Die Zentralbank sei bereit, Peso gegen Dollar einzutauschen, und zwar zum symbolischen Kurs von einem Dollar für einen Peso.

Mit der Schaffung eines Currency Boards und der Wahl eines symbolischen Wechselkurses wurde ein und dieselbe Absicht verfolgt: Man wollte die Finanzmärkte überzeugen, dass es der Regierung mit der Dollarbindung ernst war. Gleichzeitig wollte man es zukünftigen Regierungen erschweren, die Parität aufzugeben und abzuwerten. Indem man den fixierten Wechselkurs auf diese Weise glaubwürdiger machte, hoffte man, das Risiko von Wechselkurskrisen zu verringern.

Eine Zeit lang schien das Currency Board sehr gut zu funktionieren. Die Inflation, die 1990 noch mehr als 2.300% betrug, ging bis 1994 auf 4% zurück! Dies war eindeutig das Ergebnis der Beschränkungen, die das Currency Board für das Geldmengenwachstum festlegte. Noch beeindruckender war, dass dieser Rückgang der Inflation von einem starken Produktionswachstum begleitet wurde. Von 1991 bis 1999 betrug das Produktionswachstum im Durchschnitt 5% pro Jahr.

Von 1999 an jedoch kam es zu negativen Wachstumsraten; Argentinien fiel in eine lange und tiefe Rezession. War das Currency Board für die Rezession verantwortlich? Ja und Nein:

- Während der zweiten Hälfte der 90er Jahre wertete sich der Dollar gegenüber den anderen bedeutenden Währungen der Welt stetig auf. Da der Peso an den Dollar gebunden war, wertete auch er sich auf. Ende der 90er Jahre war es offensichtlich, dass der Peso überbewertet war. Das führte zu einem Rückgang der Nachfrage nach Gütern aus Argentinien, zu einem Rückgang der Produktion und zu einem Anstieg des Handelsdefizits.
- Das Currency Board war aber nicht allein für die Rezession verantwortlich. Es gab auch andere Gründe. Das Currency Board machte es jedoch viel schwerer, die anderen Gründe zu bekämpfen. Niedrigere Zinssätze und eine Abwertung des Peso hätten der Wirtschaft geholfen, sich zu erholen. Unter dem Currency Board waren diese Maßnahmen indessen keine Option.

Im Jahr 2001 wurde aus der wirtschaftlichen Krise eine gravierende Finanz- und Wechselkurskrise, so wie wir sie in Abschnitt 21.2 beschrieben haben:

- Auf Grund der Rezession stiegen Budgetdefizit und Schuldenstand an. Die Kapitalanleger begannen zu fürchten, die Regierung könnte ihre Schulden nicht mehr bezahlen. Daher verlangten sie hohe Zinssätze auf Staatsanleihen. Dies machte das Budgetdefizit noch größer und erhöhte gleichzeitig das Ausfallrisiko noch weiter.

- Aus Furcht, die Regierung könnte das Currency Board aufgeben und abwerten, um die Rezession zu bekämpfen, begannen die Kapitalanleger sehr hohe Zinsen auf Pesoanleihen zu verlangen, so dass es für die Regierung kostspieliger wurde, die Parität mit dem Dollar aufrechtzuerhalten. Durch die Abwertungserwartung stieg die Wahrscheinlichkeit, dass das Currency Board aufgegeben werden könnte.

Im Dezember 2001 kam es nach Unruhen zu einem Regierungswechsel. Die Regierung konnte einen Teil ihrer Schulden nicht mehr bezahlen. Anfang 2002 gab sie das Currency Board auf und ließ den Peso floaten.

Die wirtschaftliche Lage in Argentinien war danach lange äußerst düster. Argentinien wechselte dreimal innerhalb eines Monats seinen Präsidenten. Der Peso hat sich drastisch abgewertet; es kam zu einem dramatischen Produktionseinbruch. Da ein Großteil der Schulden in Fremdwährung (Dollar- oder Euroanleihen) aufgenommen wurde, hat die Abwertung die reale Schuldenlast enorm steigen lassen. Ob die Regierung ihre Schulden zurückzahlen wird, ist unklar. Ebenfalls unklar ist, wie sich das Bankensystem entwickeln wird. Erst im Laufe des Jahres 2003 lässt allmählich die verstärkte Exportnachfrage – dank der drastischen Abwertung – die Produktion wieder steigen. Ein neuer Präsident, Néstor Kirchner, wurde gewählt. Die Aufgabe, die er lösen muss, ist schwierig.

Können wir daraus die Schlussfolgerung ziehen, dass das Currency Board eine schlechte Idee war? Die Ökonomen sind sich immer noch nicht einig.

- Einige sind der Meinung, dass das Currrency Board eine gute Idee gewesen sei, jedoch sei es nicht weit genug gegangen. Argentinien hätte einfach dollarisieren, das heißt, den Dollar als Währung einführen und den Peso völlig abschaffen sollen. Durch Abschaffung der inländischen Währung hätte man das Risiko einer Abwertung vollkommen eliminieren können. Man könne aus der argentinischen Erfahrung lernen, dass die Anbindung des Wechselkurses durch ein Currency Board nicht ausreichend fest sei. Nur die Dollarisierung könne helfen.
- Andere argumentieren, dass das Currency Board anfangs vielleicht eine gute Idee gewesen sei, dass man es aber nicht so lange hätte beibehalten sollen. Argentinien hätte, nachdem die Inflation unter Kontrolle gebracht worden war, das Currency Board aufgeben und wieder zu flexiblen Wechselkursen übergehen sollen. Das Problem sei, dass Argentinien die feste Parität mit dem Dollar für zu lange Zeit aufrechterhalten habe, bis zu einem Punkt, an dem der Peso überbewertet war und eine Wechselkurskrise unausweichlich war.

Die Debatte wird wahrscheinlich noch weiter gehen. In der Zwischenzeit steht Argentinien vor der Aufgabe, seine Wirtschaft wieder aufzubauen.

Zusammenfassung

- Auch unter einem Regime fester Wechselkurse können Länder ihre realen Wechselkurse in der mittleren Frist anpassen. Sie können diese Anpassung erreichen, indem sie sich auf Anpassungen des Preisniveaus verlassen. Nichtsdestoweniger kann der Anpassungsprozess lang und schmerzhaft sein. Anpassungen des Wechselkurses ermöglichen es der Wirtschaft, sich schneller anzupassen. Auf diese Weise werden die Probleme, die aus einem langen Anpassungsprozess entstehen, abgemildert.
- Typischerweise beginnen Wechselkurskrisen, wenn die Teilnehmer auf den Finanzmärkten erwarten, dass eine Währung bald abgewertet wird. Um die Parität zu verteidigen, werden dann sehr hohe Zinssätze nötig, die möglicherweise stark nachteilige makroökonomische Auswirkungen mit sich bringen. Diese nachteiligen Auswirkungen zwingen ein Land, unter Umständen abzuwerten, auch wenn es ursprünglich keine Pläne für eine derartige Abwertung gab.
- Der aktuelle Wechselkurs hängt ab von
  (1.) der Differenz zwischen dem aktuellen und den erwarteten zukünftigen inländischen Zinssätzen und dem aktuellen und den erwarteten zukünftigen ausländischen Zinssätzen, und von
  (2.) dem erwarteten Wechselkurs in der Zukunft.
  Alle Faktoren, die den aktuellen oder die erwarteten zukünftigen inländischen Zinssätze steigen lassen, führen heute zu einem Rückgang des Wechselkurses.
  Alle Faktoren, die den aktuellen oder die erwarteten zukünftigen ausländischen Zinssätze ansteigen lassen, führen heute zu einem Anstieg des Wechselkurses.
  Alle Faktoren, die die Erwartungen für den zukünftigen Wechselkurs verändern, führen dazu, dass sich der gegenwärtige Wechselkurs verändert.
- Unter den Ökonomen herrscht Übereinstimmung, dass ein Regime flexibler Wechselkurse im Allgemeinen ein Regime fester Wechselkurse dominiert. Es gibt gleichwohl zwei Ausnahmen:

1. Wenn eine Gruppe von Ländern stark integriert ist und einen optimalen Währungsraum bildet. (Man kann sich eine gemeinsame Währung einer Gruppe von Ländern als eine extreme Form fester Wechselkurse innerhalb dieser Gruppe von Ländern vorstellen.) Damit Länder einen optimalen Währungsraum bilden, müssen sie entweder ähnlichen Schocks ausgesetzt sein oder die Mobilität des Faktors Arbeit muss zwischen diesen Ländern hoch sein.
2. Wenn man einer Zentralbank nicht vertrauen kann, dass sie unter flexiblen Wechselkursen eine verantwortungsbewusste Geldpolitik verfolgt. In diesem Fall stellt eine starke Form von festen Wechselkursen, wie zum Beispiel die Dollarisierung oder ein Currency Board eine Möglichkeit dar, die Hände der Zentralbank zu binden.

Übungsaufgaben

Verständnistests

1. Welche der folgenden Aussagen sind zutreffend, falsch oder unklar? Geben Sie jeweils eine kurze Erläuterung.
   a. Großbritanniens Rückkehr zum Goldstandard war die Ursache mehrerer Jahre hoher Arbeitslosigkeit.
   b. Anleger, die plötzlich eine starke Abwertung in einem Land erwarten, das unter festen Wechselkursen operiert, können eine Krise auslösen.
   c. Da spekulatives Verhalten ausländischer Anleger Wechselkurskrisen auslösen kann, wäre es für kleine Länder besser, sie würden Ausländern nicht erlauben, inländische Anlagen zu halten.
   d. Die Länder Südostasiens sollten eine gemeinsame Währung einführen, da sie ähnliche Güter produzieren und im Großen und Ganzen ähnlichen Schocks ausgesetzt sind.
   e. Die große Zahl von Immigranten aus Mexiko in die Vereinigten Staaten jedes Jahr ist ein Hinweis darauf, dass die Arbeitsmobilität zwischen den beiden Ländern sehr ausgeprägt ist und dass sie daher einen optimalen Währungsraum bilden.
2. Betrachten Sie die Spezifikation einer aggregierten Nachfragefunktion in einer offenen Volkswirtschaft mit festen Wechselkursen aus Gleichung (21.2):

$$Y = C(Y-t) + I(Y, i^* - \pi^e) + G + NX\left(Y, Y^*, \frac{\bar{E}P^*}{P}\right)$$

   Diskutieren Sie die Auswirkungen auf die Produktion bei einem gegebenen inländischen Preisniveau und folgenden Fällen:
   a. Ein Anstieg des ausländischen Preisniveaus. Erklären Sie in Worten.
   b. Ein Anstieg der erwarteten Inflation. Erklären Sie in Worten.
   c. Diskutieren Sie die folgende Aussage: „Warum behaupten die Ökonomen, Inflation sei schlecht? Sowohl eine hohe Inflation im Ausland als auch eine hohe erwartete Inflation im Inland lassen die Produktion steigen."
3. Betrachten Sie ein unter festen Wechselkursen operierendes Land mit der folgenden aggregierten Nachfrage und dem folgenden aggregierten Angebot:

$$Y_t = Y\left(\frac{\bar{E}P^*}{P_t}, G, T\right)$$

$$P_t = P_{t-1}(1+\mu)F\left(1 - \frac{Y_t}{L}, z\right)$$

   Nehmen Sie an, die Volkswirtschaft befindet sich in der Ausgangssituation im mittelfristigen Gleichgewicht, mit konstanten Preisen und einer Produktion, die der natürlichen Produktion entspricht. Beschreiben Sie die kurzfristigen und mittelfristigen Effekte eines Anstiegs der Staatsausgaben auf die folgenden Variablen:
   a. Produktion, realer Wechselkurs und Zinssatz.
   b. Die Bestandteile der Ausgaben: Konsum, Investitionen und Nettoexporte.
   c. Kommentieren Sie die folgende Aussage: „Budgetdefizite führen zu Handelsbilanzdefiziten".

4. *Erwartete nominale und reale Abwertungen* (die Frage bezieht sich auf den Anhang zu diesem Kapitel)

   Nehmen Sie an, dass der einjährige nominale Zinssatz im Inland 10% und im Ausland 6% beträgt. Nehmen Sie weiter an, dass die erwartete Inflation für das kommende Jahr im Inland gleich 6% und im Ausland gleich 3% ist. Gehen Sie davon aus, dass die Zinsparitätenbedingung gilt.

   a. Wie groß muss die erwartete nominale Abwertung der inländischen Währung für das kommende Jahr sein?
   b. Wie groß muss die erwartete reale Abwertung sein?
   c. Wenn Sie eine nominale Aufwertung der Währung für das kommende Jahr erwarten, welches Wertpapier werden Sie dann kaufen?

Vertiefungsfragen

5. Als es 1990 zur Wiedervereinigung von Ost- und Westdeutschland kam, wurde der Wechselkurs zwischen den beiden Ländern für immer fixiert. In einer symbolischen Geste, um die Gleichheit der beiden Länder zu zeigen, wurde festgelegt, dass eine ostdeutsche Mark denselben Wert wie eine westdeutsche Mark hat. Dies, obwohl die ostdeutsche Währung wahrscheinlich sehr viel weniger wert war.

   a. Betrachten wir Ostdeutschland als das Inland. Nehmen wir an, dass sich Ostdeutschland vor der Wiedervereinigung im mittelfristigen Gleichgewicht befand (diese Annahme entspricht in diesem Fall offensichtlich nicht der Realität, aber man muss ja irgendwo anfangen) und dass dann der Wechselkurs (gegenüber Westdeutschland) viel zu niedrig festgesetzt wurde. Diskutieren Sie die Auswirkungen dieser Entscheidung auf die Produktion im Gleichgewicht und die Arbeitslosigkeit in Ostdeutschland unter Verwendung des *AS-AD*-Modells. Erklären Sie in Worten.
   b. Wie verläuft der Anpassungsprozess zurück zum mittelfristigen Gleichgewicht?
   c. Nehmen Sie an, dass die Preise in Westdeutschland konstant sind –, dass es dort keine Inflation gibt. Wie müssen sich die Preise und die Löhne in Ostdeutschland entwickeln?

6. Im Januar 1999 war Brasilien gezwungen, seine Währung, den Real, um 8% gegenüber dem Dollar abzuwerten, obwohl es noch im November vom IWF ein Milliarden-Dollar-Paket erhalten hatte, um die Währung verteidigen zu können. In der Woche vor der Abwertung gingen die brasilianischen Aktienkurse fast um die Hälfte zurück. Nach der Abwertung, stiegen die Aktienindizes jedoch wieder auf das Niveau vor der Krise.

   Können Sie die Entwicklung der Aktienkurse sowohl vor als auch nach der Abwertung erklären?

   (Um mehr über die Krise zu erfahren, suchen Sie sich die Ausgabe des Economist vom 16. Januar 1999, entweder in Ihrer Bibliothek oder in einem Online-Archiv, unter `www.economist.com`)

Anhang: Der reale Wechselkurs und in- und ausländische reale Zinssätze

Wir haben in Abschnitt 21.3 einen Zusammenhang zwischen dem aktuellen nominalen Wechselkurs, dem aktuellen und den erwarteten zukünftigen inländischen und ausländischen nominalen Zinssätzen und dem erwarteten zukünftigen nominalen Wechselkurs abgeleitet (Gleichung 21.7). In diesem Anhang wird ein ähnlicher Zusammenhang abgeleitet, jedoch für die realen Zinssätze und den realen Wechselkurs. Es wird dann kurz diskutiert, wie dieser alternative Zusammenhang verwendet werden kann, um Entwicklungen des realen Wechselkurses zu analysieren.

Die Ableitung der realen Zinsparitätenbedingung

Gehen wir von der nominalen Zinsparitätenbedingung aus, von Gleichung (18.2):

$$(1+i_t)=(1+i_t^*)\frac{E_{t+1}^e}{E_t}$$

Erinnern wir uns an die Definition des Realzinses aus Kapitel 14, Gleichung (14.3):

$$(1+r_t)=\frac{(1+i_t)}{(1+\pi_t^e)}$$

wobei $\pi_t^e \equiv (P_{t+1}^e - P_t)/P_t$ gleich der erwarteten Inflationsrate ist. Analog dazu ist der ausländische reale Zinssatz durch die folgende Gleichung gegeben:

$$(1+r_t^*)=\frac{(1+i_t^*)}{(1+\pi_t^{*e})}$$

wobei $\pi_t^{*e} \equiv (P_{t+1}^{*e} - P_t^*)/P_t^*$ gleich der erwarteten ausländischen Inflation ist.

Wir verwenden diese beiden Funktionen, um den Nominalzins in der Zinsparitätenbedingung zu eliminieren:

$$(1+r_t)=(1+r_t^*)\left[\frac{E_{t+1}^*(1+\pi_t^{*e})}{E_t(1+\pi_t^e)}\right] \tag{21.A1}$$

Erinnern wir uns, dass gemäß der Definition der Inflation $(1+\pi_t^e)=P_{t+1}^e/P_t$ und $(1+\pi_t^{*e})=P_{t+1}^{*e}/P_t^*$ gilt.

Wenn wir diese beiden Funktionen in den Klammerausdruck einsetzen, ergibt sich:

$$\frac{E_{t+1}^e(1+\pi_t^{*e})}{E_t(1+\pi_t^e)}=\frac{E_{t+1}^e P_{t+1}^{*e}/P_t^*}{E_t P_{t+1}^e/P_t}$$

Wenn wir die Gleichung umstellen, erhalten wir:

$$\frac{E_{t+1}^e P_{t+1}^{*e}/P_t^*}{E_t P_{t+1}^e/P_t}=\frac{E_{t+1}^e P_{t+1}^{*e}/P_{t+1}^e}{E_t P_t^*/P_t}$$

Wir verwenden die Definition des realen Wechselkurses zum Zeitpunkt *t* und *t+1*:

$$\frac{E_{t+1}^e P_{t+1}^{*e}/P_{t+1}^e}{E_t P_t^*/P_t}=\frac{\varepsilon_{t+1}^e}{\varepsilon_t}$$

Wenn wir diesen Ausdruck in Gleichung (21.A1) einsetzen, erhalten wir:

$$(1+r_t)=(1+r_t^*)\frac{\varepsilon_{t+1}^e}{\varepsilon_t}$$

Oder, äquivalent dazu:

$$\varepsilon_t=\frac{1+r_t^*}{1+r_t}\varepsilon_{t+1}^e \tag{21.A2}$$

Der aktuelle reale Wechselkurs hängt vom gegenwärtigen Realzins im In- und Ausland und vom erwarteten zukünftigen realen Wechselkurs ab. Diese Gleichung entspricht Gleichung (21.6) im Text, nun aber für den realen und nicht für den nominalen Wechselkurs und für die realen und nicht die nominalen Zinssätze.

Die Auflösung der realen Zinsparitätenbedingung

Der nächste Schritt besteht darin, Gleichung (21.A2) vorwärts aufzulösen, genau so, wie wir dies mit Gleichung (21.6) im Text gemacht haben. Die obige Gleichung impliziert, dass der reale Wechselkurs im Jahr $t+1$ wie folgt gegeben ist:

$$\varepsilon_{t+1} = \frac{1+r_{t+1}^{*}}{1+r_{t+1}}\varepsilon_{t+2}^{e}$$

Wir bilden in t Erwartungen für das Jahr $t+1$:

$$\varepsilon_{t+1}^{e} = \frac{1+r_{t+1}^{*e}}{1+r_{t+1}^{e}}\varepsilon_{t+2}^{e}$$

Wir ersetzten ε_{t+1}^{e} in der vorherigen Gleichung:

$$\varepsilon_{t} = \frac{\left(1+r_{t}^{*}\right)\left(1+r_{t+1}^{*e}\right)}{\left(1+r_{t}\right)\left(1+r_{t+1}^{e}\right)}\varepsilon_{t+2}^{e}$$

Wenn wir ε_{t+2}^{e} und die erwarteten Wechselkurse in den folgenden Perioden nach demselben Lösungsverfahren ersetzen, ergibt sich:

$$\varepsilon_{t} = \frac{\left(1+r_{t}^{*}\right)\left(1+r_{t+1}^{*e}\right)\ldots\left(1+r_{t+n}^{*e}\right)}{\left(1+r_{t}\right)\left(1+r_{t+1}^{e}\right)\ldots\left(1+r_{t+n}^{e}\right)}\varepsilon_{t+n+1}^{e}$$

Dieser Ausdruck beschreibt den aktuellen realen Wechselkurs als Funktion der Differenz zwischen dem aktuellen und den erwarteten zukünftigen realen Zinssätzen im In- und Ausland und dem erwarteten realen Wechselkurs im Jahr $t+n+1$.

Der Vorteil dieses Zusammenhangs gegenüber dem Zusammenhang, den wir im Text zwischen dem nominalen Wechselkurs und den nominalen Zinssätzen in Gleichung (21.7) abgeleitet haben, besteht darin, dass es im Allgemeinen einfacher ist, den zukünftigen realen Wechselkurs vorherzusagen als den zukünftigen nominalen Wechselkurs. Wenn die Wirtschaft beispielsweise unter einem großen Handelsbilanzdefizit leidet, können wir zuversichtlich sein, dass es zu einer realen Abwertung kommen wird – dass also ε_{t+n+1}^{e} steigen wird. Ob es zu einer nominalen Abwertung kommen wird – was mit E_{t+n+1}^{e} geschehen wird – ist schwerer zu sagen: Es hängt davon ab, wie sich die Inflation in den nächsten n Jahren entwickelt, sowohl im Inland als auch im Ausland.

Teil 7

Pathologien

Manchmal gehen die Dinge – aus makroökonomischer Sicht – ziemlich schief: Es kommt zu einem starken Produktionseinbruch. Oder die Arbeitslosenquote verharrt über sehr lange Zeit hinweg auf einem hohen Niveau. Oder die Inflationsrate steigt auf extrem hohe Werte an. In den nächsten beiden Kapiteln werden wir solche Pathologien in den Mittelpunkt der Analyse stellen.

Kapitel 22

Kapitel 22 beschäftigt sich mit schweren Konjunktureinbrüchen und Wirtschaftskrisen, mit Perioden, in denen die Produktion weit unter das natürliche Niveau fällt und dann für lange Zeit auf einem niedrigen Niveau verharrt. Wir diskutieren die nachteiligen Effekte der Deflation und die Konsequenzen der Liquiditätsfalle. Anschließend analysieren wir die Weltwirtschaftskrise. Wir fragen, wodurch wurde sie ausgelöst, warum war sie so gravierend, was hat schließlich den Aufschwung der Wirtschaft eingeleitet? Dann wenden wir uns der aktuellen Krise in Japan zu, einer Krise, die Anfang der 90er Jahre begann und bis heute andauert. Wir werden sehen, dass viele der Faktoren, die für die Weltwirtschaftskrise verantwortlich waren, auch heute in Japan anzutreffen sind. Schließlich analysieren wir die hohe Arbeitslosigkeit in Europa. Wir fragen, welche Rolle spielen aggregierte Nachfrage und aggregiertes Angebot bei der Erklärung dieser Entwicklung.

Kapitel 23

Kapitel 23 beschäftigt sich mit Phasen hoher Inflation. Wir beginnen mit dem Beispiel Deutschlands Anfang der 20er Jahre und wenden uns dann Lateinamerika in den 80er und 90er Jahren zu. Wir fragen, welche Rolle die Geldpolitik und die Fiskalpolitik bei der Entstehung von hoher Inflation spielen. Budgetdefizite führen zu einem höheren nominalen Geldmengenwachstum. Ein höheres nominales Geldmengenwachstum führt zu höherer Inflation. Im Anschluss daran wird untersucht, wie hohe Inflationen zu einem Ende kommen, welche Rolle dabei Stabilisierungsprogramme spielen und wie derartige Stabilisierungsprogramme aussehen können.

Kapitel

22 Depression, Deflation und Arbeitslosigkeit

Eine der Kernaussagen dieses Buches bestand bisher darin, dass Volkswirtschaften in der kurzen Frist Schwankungen durchlaufen, in der mittleren Frist jedoch dazu tendieren, zu ihrem normalen Niveau zurückzukehren. Ein negativer Schock kann eine Rezession auslösen, die Volkswirtschaft wird sich jedoch bald wieder erholen; die Produktion kehrt wieder zu ihrem natürlichen Niveau zurück.

Meistens geschieht genau dies. Ab und zu jedoch gehen die Dinge schief. Die Produktion bleibt viele Jahre lang weit unter ihrem natürlichen Niveau. Die Arbeitslosigkeit verharrt hartnäckig auf einem hohen Niveau. Einfach ausgedrückt, es scheint so, als würde die Volkswirtschaft feststecken und nicht in der Lage sein, zur Normalität zurückzukehren. Der bekannteste Fall ist mit Sicherheit die Weltwirtschaftskrise, die von Beginn der 20er Jahre bis zum Zweiten Weltkrieg den größten Teil der Welt heimsuchte. (Auch wenn es keine allseits akzeptierte Definition gibt, verwenden die Ökonomen meist den Begriff Depression, um eine tiefe und lang anhaltende Rezession zu beschreiben). Nach der Weltwirtschaftskrise waren die Ökonomen lange Zeit zuversichtlich, dass sie aus dieser Krise gelernt hätten: Die Wirtschaftspolitik würde sicherstellen, dass es nie mehr zu einer derartigen Krise kommen würde. Mittlerweile sind sie nicht mehr so zuversichtlich. Seit Beginn der 90er Jahre befindet sich Japan in einer anhaltenden Wirtschaftskrise. Die japanische Wirtschaftskrise ist zwar keine Depression – sie ist nicht so schlimm wie die Weltwirtschaftskrise, sie weist jedoch einige Charakteristika auf, die auch die Weltwirtschaftskrise kennzeichneten. Zum Zeitpunkt der Erstellung dieses Buches ist noch nicht klar, wie die japanische Wirtschaft diese Krise bewältigen wird und wann das Wachstum wieder positiv verläuft. Die Arbeitslosenquote in Europa hat sich schließlich seit den 70er Jahren immer weiter nach oben verschoben. Selbst in Zeiten starken Wirtschaftswachstums geht sie kaum zurück; sie verharrt vielmehr auf einem sehr hohen Niveau. Auch wenn die Entwicklung nicht mit der Weltwirtschaftskrise vergleichbar ist, so ist sie doch sehr beunruhigend.

- Was geht in solchen Episoden schief?
- Handelt es sich um extrem schwere Schocks?
- Brechen die normalen Anpassungsmechanismen zusammen?
- Oder beruhen sie darauf, dass verfehlte wirtschaftspolitische Maßnahmen eingesetzt wurden?
- Mit diesen Fragen werden wir uns in diesem Kapitel beschäftigen.

- Abschnitt 22.1 beschäftigt sich mit den zwei Mechanismen, die sowohl in der Weltwirtschaftskrise als auch in Japan eine zentrale Rolle gespielt haben, beziehungsweise immer noch spielen: Die negativen Effekte der Deflation und die Liquiditätsfalle.
- Abschnitt 22.2 gibt einen Überblick über die Weltwirtschaftskrise.
- Abschnitt 22.3 gibt einen Überblick über die japanische Wirtschaftskrise.
- Abschnitt 22.4 wendet sich dann der Arbeitslosigkeit in Europa zu.

22.1 Disinflation, Deflation und Liquiditätsfalle

Betrachten wir zunächst nochmals das Argument, die Produktion tendiere in der mittleren Frist dazu, zu ihrem natürlichen Niveau zurückzukehren. Es lässt sich am einfachsten mit Hilfe des *IS-LM*-Diagramms in Abbildung 22.1 darstellen. Auf der vertikalen Achse ist der Nominalzins abgetragen, auf der horizontalen Achse die Produktion.

Die Argumentationskette in Kapitel 7 lautete folgendermaßen:

Zur Erinnerung: Das natürliche Produktionsniveau ist das Niveau, bei dem die Arbeitslosenquote der natürlichen Arbeitslosenquote entspricht. Siehe Kapitel 6.

- Nehmen wir an, ein negativer Schock hat zu einem Produktionsrückgang geführt. Die Wirtschaft befindet sich im Punkt *A*, mit einem Produktionsniveau *Y* unterhalb ihres natürlichen Niveaus Y_n. In diesem Zusammenhang ist unwichtig worin der Schock bestand: Es könnte sich um einen Rückgang der Konsumausgaben oder der Investitionsausgaben der Unternehmen gehandelt haben, Wichtig ist hier nur, dass sich die Produktion unterhalb ihres natürlichen Niveaus befindet.
- Die Tatsache, dass sich die Produktion unterhalb des natürlichen Niveaus befindet, lässt im Lauf der Zeit das Preisniveau sinken. Bei gegebener Geldmenge führt dieser Rückgang des Preisniveaus zu einem Anstieg der realen Geldmenge. Das verschiebt die *LM*-Kurve nach unten. Der Zinssatz sinkt, die Produktion steigt. Nach einer gewissen Zeit wird sich die Wirtschaft dann etwa in Punkt *B* mit der Produktion *Y'* wiederfinden.
- Solange die Produktion unter ihrem natürlichen Niveau liegt, sinkt das Preisniveau weiter; die *LM*-Kurve wird sich weiter nach unten verschieben. Die Volkswirtschaft wird sich entlang der IS-Kurve bewegen, bis sie Punkt *C* erreicht hat. Nun ist die Produktion wieder auf das Niveau Y_n zurückgekehrt. Kurz zusammengefasst, eine Produktion unterhalb der natürlichen Produktion lässt das Preisniveau sinken, und zwar solange, bis die Volkswirtschaft wieder zu ihrem natürlichen Niveau zurückgekehrt ist.

Für ein gegebenes M: $P\downarrow \Rightarrow M/P\uparrow \Rightarrow LM$ verschiebt sich nach unten, $Y\uparrow$.

Die in Kapitel 7 entwickelte Argumentationskette basierte auf der stark vereinfachenden Annahme einer konstanten Geldmenge. Dies implizierte, dass in der mittleren Frist auch das Preisniveau konstant war. Die Anpassung der Produktion auf ihr natürliches Niveau musste durch einen Rückgang des Preisniveaus erfolgen. In der Realität beobachten wir jedoch nur höchst selten, dass das Preisniveau sinkt. In den Kapiteln 8 und 9 analysierten wir eine realistischere Version des Modells. Wir ließen positives Wachstum der Geldmenge – und damit positive Inflation in der mittleren Frist – zu. Dieses Modell lieferte eine reichhaltigere Erklärung des Anpassungsprozesses von Produktion und Inflation in Reaktion auf Schocks. Für die Fragen in diesem Kapitel liefert es jedoch dieselben grundlegenden Implikationen wie die einfachere Modellversion von Kapitel 7: Die Volkswirtschaft tendiert im Lauf der Zeit zurück zu ihrem natürlichen Produktionsniveau.

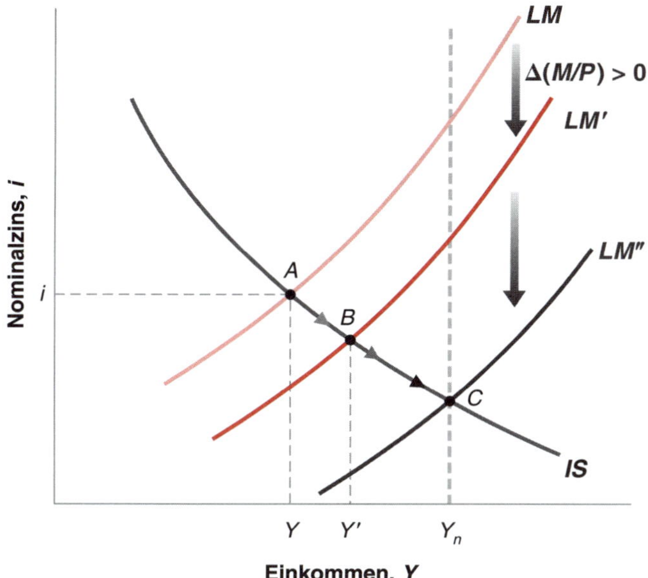

Abbildung 22.1: Die Rückkehr der Produktion zu ihrem natürlichen Niveau

Eine niedrigere Produktion lässt das Preisniveau sinken. Dies führt zu einem Anstieg der realen Geldmenge. Die *LM*-Kurve verschiebt sich immer weiter nach unten, bis die Produktion wieder zu ihrem natürlichen Niveau zurückgekehrt ist.

Die Argumentationskette sieht nun wie folgt aus:

- Nehmen wir an, die Produktion befindet sich wie in Abbildung 22.1 unter ihrem natürlichen Niveau – oder äquivalent ausgedrückt, die Arbeitslosenquote übersteigt die natürliche Arbeitslosenquote.

  In diesem Fall geht die Inflationsrate gemäß der Phillipskurven-Relation im Zeitverlauf zurück.

Aus Gleichung (8.10): Wenn die Arbeitslosenquote die natürliche Arbeitslosenquote übersteigt, dann geht die Inflation zurück.

- Nehmen wir an, dass das Wachstum der nominalen Geldmenge in der Ausgangssituation gleich der Inflation war, so dass das reale Geldmengenwachstum (die Differenz zwischen dem nominalen Geldmengenwachstum und der Inflation) ursprünglich gleich Null war.

  Wenn die Inflationsrate sinkt und damit unter die Wachstumsrate der nominalen Geldmenge fällt, dann kommt es zu einem positiven Wachstum der realen Geldmenge. Äquivalent dazu – die reale Geldmenge steigt.

- Dieser Anstieg der realen Geldmenge verschiebt die *LM*-Kurve nach unten, so dass die Produktion zunimmt. Die *LM*-Kurve verschiebt sich weiter nach unten, bis die Produktion schließlich zu ihrem natürlichen Niveau zurückgekehrt ist.

Nehmen wir an, dass die Wachstumsrate der nominalen Geldmenge, g_m, und die Inflationsrate, π, in der Ausgangssituation gleich sind: $g_m = \pi$. Dann gilt für ein gegebenes g_m: $\pi \downarrow \Rightarrow g_m - \pi > 0 \Rightarrow M/P \uparrow \Rightarrow$ *LM* verschiebt sich nach unten, $Y \uparrow$.

- Der Anpassungsprozess sieht demnach genauso aus wie in Abbildung 22.1. Eine niedrigere Produktion führt zu einer Erhöhung der realen Geldmenge, bis die Produktion zu ihrem natürlichen Niveau zurückgekehrt ist.

Es scheint demnach so, als würden die Volkswirtschaften über einen starken endogenen Stabilisierungsmechanismus verfügen, der sie aus Rezessionen herausführen kann:

- Ein Niveau der Produktion unterhalb des natürlichen Niveaus lässt die Inflation sinken.
- Ein Rückgang der Inflation führt wiederum zu einem höheren realen Geldmengenwachstum.
- Ein höheres reales Geldmengenwachstum führt im Lauf der Zeit zu einem Anstieg der Produktion.

Die Analyse von Wirtschaftskrisen zeigt uns jedoch, dass dieser endogene Stabilisierungsmechanismus nicht narrensicher ist. Die Dinge können auf viele verschiedene Weisen schief gehen. Wir wollen uns nun mit einigen dieser Schwierigkeiten beschäftigen.

22.1.1 Nominalzins, Realzins und erwartete Inflation

Bei der Analyse des Anpassungsprozesses in Abbildung 22.1 haben wir den Unterschied zwischen Nominalzins und Realzins ignoriert. Es ist nun an der Zeit, diesen Unterschied wieder einzuführen. Erinnern wir uns an Kapitel 14:

- Ausschlaggebend für die Güternachfrage, und damit die Variable, die in die *IS*-Funktion eingeht, ist der Realzins – der Zinssatz, ausgedrückt in Gütereinheiten.
- Ausschlaggebend für die Geldnachfrage, und damit die Variable, die in die *LM*-Funktion eingeht, ist der Nominalzins – der Zinssatz, ausgedrückt in Euro.

Erinnern wir uns auch an den Zusammenhang zwischen beiden Zinssätzen: Der Realzins ist gleich dem Nominalzins minus der erwarteten Inflation.

r ist der Realzins, i ist der Nominalzins und π^e ist die erwartete Inflation. Dann folgt aus Gleichung (14.4): $r = i - \pi^e$.

Die Implikation dieses Unterschiedes ist in Abbildung 22.2 dargestellt. Nehmen wir an, die Volkswirtschaft befindet sich in der Ausgangssituation in Punkt *A*: Die Produktion befindet sich unterhalb ihres natürlichen Niveaus.

Da sich die Produktion unterhalb ihres natürlichen Niveaus befindet, geht die Inflation zurück.

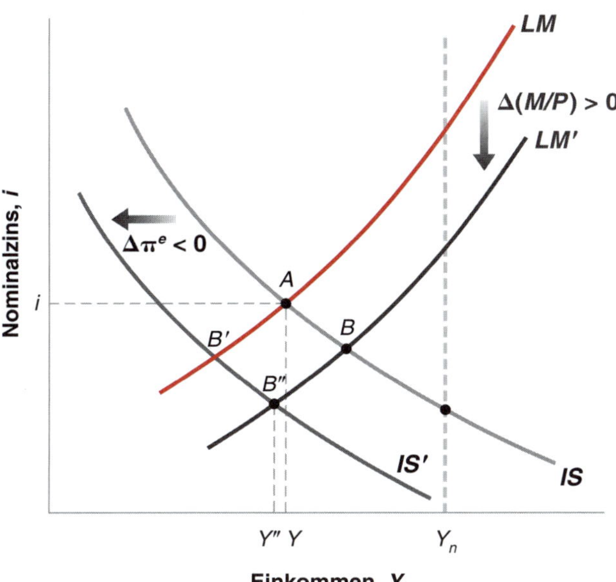

Abbildung 22.2:
Die Effekte einer niedrigeren Inflation auf die Produktion

Wenn die Inflation als Reaktion auf eine niedrigere Produktion zurückgeht, dann treten zwei Effekte ein: (1) Die reale Geldmenge nimmt zu, so dass sich die *LM*-Kurve nach unten verschiebt. (2) Die erwartete Inflation geht zurück, so dass sich die *IS*-Kurve nach links verschiebt. Das Ergebnis kann ein weiterer Rückgang der Produktion sein.

- Der Rückgang der Inflation führt zu einem Anstieg der realen Geldmenge und verschiebt die *LM*-Kurve nach unten, von *LM* nach *LM'*. Die Verschiebung der *LM*-Kurve – auf Grund des Anstiegs von *M*/*P* – entspricht der Verschiebung, der wir in Abbildung 22.1 begegnet sind. Diese Verschiebung der *LM*-Kurve erhöht tendenziell die Produktion. Wenn dies die einzige Verschiebung wäre, dann würde sich die Volkswirtschaft von *A* nach *B* bewegen.

- Es stellt sich nun jedoch ein zweiter Effekt ein: Nehmen wir an, der Rückgang der Inflation führt zu einem Rückgang der erwarteten Inflation. Für einen gegebenen Nominalzins lässt der Rückgang der erwarteten Inflation dann den Realzins ansteigen. Der Anstieg des Realzinses führt wiederum zu niedrigeren Ausgaben und zu einer niedrigeren Produktion. Bei gegebenem Nominalzins ist daher die durch das Gleichgewicht auf dem Gütermarkt implizierte Produktion niedriger. Die *IS*-Kurve verschiebt sich nach links, von *IS* nach *IS'*. Die Verschiebung der *IS*-Kurve – auf Grund des Rückgangs von π^e – lässt die Produktion tendenziell sinken. Wenn dies die einzige Verschiebung wäre, dann würde sich die Volkswirtschaft von *A* nach *B'* bewegen.

$r = i - \pi^e$. Für ein gegebenes i gilt daher: $\pi^e\downarrow \Rightarrow r\uparrow \Rightarrow y\downarrow$. Die *IS*-Kurve verschiebt sich nach links.

Steigt oder sinkt die Produktion nun als Ergebnis dieser beiden Verschiebungen? Wir können diese Frage nicht beantworten. Der kombinierte Effekt beider Verschiebungen besteht darin, dass sich die Volkswirtschaft von *A* nach *B''* bewegt, so dass sich eine Produktion *Y''* einstellt. Ob *Y''* größer oder kleiner *Y* ist, hängt davon ab, welche Verschiebung dominiert. Dies ist nicht eindeutig.

Die Abbildung ist so gezeichnet, dass Y'' kleiner Y ist. In diesem Fall kehrt die Produktion nicht zu ihrem natürlichen Niveau zurück, sondern entfernt sich sogar noch weiter davon: Die Dinge werden nicht besser, sondern noch schlechter.

Das folgende numerische Beispiel trägt hoffentlich dazu bei, die beiden Effekt der Inflation auf die Produktion auseinander zu halten:

In Kapitel 9 haben wir gezeigt, dass in der mittleren Frist die Inflation dem Geldmengenwachstum abzüglich der normalen Wachstumsrate der Produktion entspricht. Zur Vereinfachung gehen wir in diesem Beispiel davon aus, dass die normale Wachstumsrate der Produktion gleich Null ist, so dass die Inflation und das Geldmengenwachstum gleich groß sind.

- Nehmen wir an, nominales Geldmengenwachstum, Inflation und erwartete Inflation liegen in der Ausgangssituation je bei 5%.

  Nehmen wir an, der Nominalzins ist gleich 7%, so dass der Realzins gleich 7% – 5% = 2% ist.
- Nehmen wir an, dass, da sich die Produktion unter ihrem natürlichen Niveau befindet, die Inflation nach einem Jahr von 5% auf 3% zurückgeht.
- Das reale Geldmengenwachstum – das nominale Geldmengenwachstum minus der Inflation – ist nun gleich 5% – 3% = 2%. Äquivalent formuliert, die reale Geldmenge steigt um 2%.

  Nehmen wir an, dieser Anstieg der realen Geldmenge lässt den Nominalzins von 7% auf 6% sinken. Dies ist der erste Effekt, den wir oben dargestellt haben: Eine niedrigere Inflation lässt die reale Geldmenge und den Nominalzins sinken.
- Nehmen wir an, der Rückgang der Inflation führt dazu, dass die Wirtschaftssubjekte für dieses Jahr eine um 2% niedrigere Inflation als letztes Jahr erwarten, so dass die erwartete Inflation von 5% auf 3% zurückgeht.
- Dies impliziert, dass der Realzins, für jeden Nominalzins, um 2% steigt. Dies ist der zweite Effekt, den wir oben dargestellt haben: Bei gegebenem Nominalzins lässt ein Rückgang der erwarteten Inflation den Realzins steigen.
- In der Kombination der beiden Effekte sinkt der Nominalzins von 7% auf 6%. Die erwartete Inflation sinkt von 5% auf 3%. Der Realzins steigt daher von 7% – 5% = 2% auf 6% – 3% = 3%.

  In Worten: Der Nettoeffekt der niedrigeren Inflation besteht in einem Anstieg, nicht in einem Rückgang des Realzinses.

Wir haben gerade analysiert, was zu Beginn des Anpassungsprozesses geschieht. Es ist jedoch nicht schwer, sich ein Szenario vorzustellen, in dem sich die Situation der Wirtschaft im Lauf der Zeit immer mehr verschlechtert. Der Rückgang der Produktion von Y auf Y'' führt zu einem weiteren Rückgang der Inflation und zu einem weiteren Rückgang der erwarteten Inflation. Dies führt zu einem weiteren Anstieg des Realzinses, was wiederum zu einem weiteren Rückgang der Produktion führt usw. Anders ausgedrückt, die anfängliche Rezession kann sich zu einer richtigen Wirtschaftskrise ausweiten, in der die Produktion weiter abnimmt, anstatt zu ihrem natürlichen Produktionsniveau zurückzukehren. Der Stabilisierungsmechanismus, den wir in früheren Kapiteln beschrieben haben, bricht einfach zusammen.

22.1.2 Die Liquiditätsfalle

Aus dem gerade beschriebenen Szenario könnte mancher folgende Schlussfolgerung ziehen: Wir brauchen uns keine Sorgen zu machen, da sich dieses Szenario durch den geeigneten Einsatz von Wirtschaftspolitik – insbesondere von Geldpolitik – leicht vermeiden lässt. Das Szenario wurde abgeleitet unter der Annahme einer unveränderten Geldpolitik (unter der Annahme einer unveränderten Wachstumsrate der nominalen Geldmenge). Wenn die Zentralbank jedoch einen Rückgang der Produktion befürchtet, dann – so scheint es – muss sie einfach eine expansive Geldpolitik betreiben. Im Rahmen von Abbildung 22.2, die Zentralbank muss lediglich die nominale Geldmenge ausweiten, um die *LM*-Kurve nach unten zu verschieben. Sie muss dabei sicherstellen, dass die Verschiebung der *LM*-Kurve ausreicht, um die Produktion zu erhöhen.

Der Vorschlag, dass Geldpolitik in diesem Zusammenhang angewendet werden sollte, ist mit Sicherheit richtig. Den Möglichkeiten der Zentralbank sind jedoch Grenzen gesetzt: Die Zentralbank kann den Nominalzins nicht unter Null senken. Ist die erwartete Inflation niedrig, oder sogar negativ (erwarten die Wirtschaftssubjekte eine Deflation), dann kann es sein, dass der implizierte Realzins immer noch nicht niedrig genug ist, um die Wirtschaft aus der Rezession zu bringen. Dieses Argument steht im Mittelpunkt der Diskussionen über die aktuelle Krise in Japan. Wir wollen uns nun mit diesem Argument etwas detaillierter beschäftigen.

Gehen wir zurück zur Charakterisierung von Geldnachfrage und Geldangebot in Kapitel 4. Dort haben wir die Geldnachfrage, für ein gegebenes Einkommensniveau, als fallende Funktion des Nominalzinses gezeichnet. Je niedriger der Nominalzins, desto größer die Geldnachfrage – oder äquivalent dazu, desto kleiner die Nachfrage nach Wertpapieren. In Kapitel 4 haben wir aber nicht untersucht, was geschieht, wenn der Zinssatz auf Null sinkt. Die Antwort auf diese Frage ist: Ab dem Punkt, an dem die Wirtschaftssubjekte genug Geld für Transaktionszwecke halten, sind sie indifferent, ob sie den Rest ihres Finanzvermögens in Form von Geld oder in Form von Wertpapieren halten. Sie sind deshalb indifferent, weil sowohl Geld als auch Wertpapiere denselben Nominalzins bringen, nämlich einen Zinssatz von Null. Die Geldnachfrage verläuft demnach wie in Abbildung 22.3 dargestellt:

In Abbildung 4.1 haben wir das Problem umgangen: Wir haben die Geldnachfrage für Zinssätze nahe Null gar nicht gezeichnet.

- Mit abnehmendem Nominalzins wollen die Wirtschaftssubjekte mehr Geld halten (und damit weniger Wertpapiere): Die Geldnachfrage steigt.
- Nähert sich der Nominalzins Null an, dann wollen die Wirtschaftssubjekte mindestens Geld in Höhe von *OB* halten: Diese Menge benötigen sie für Transaktionszwecke. Sie sind jedoch bereit, sogar noch mehr Geld zu halten (und damit noch weniger Wertpapiere), da sie indifferent zwischen dem Halten von Geld und dem Halten von Wertpapieren sind. Ab Punkt *B* verläuft die Geldnachfrage daher horizontal.

Abbildung 22.3:
Geldnachfrage, Geldangebot und die Liquiditätsfalle

Sinkt der Nominalzins auf Null, dann sind die Wirtschaftssubjekte indifferent zwischen dem Halten von Geld und dem Halten von Wertpapieren, sobald sie genügend Geld für Transaktionszwecke halten. Die Geldnachfrage wird horizontal. Dies impliziert, dass bei einem Nominalzins von Null eine weitere Erhöhung der Geldmenge keine Auswirkungen auf den Nominalzins hat.

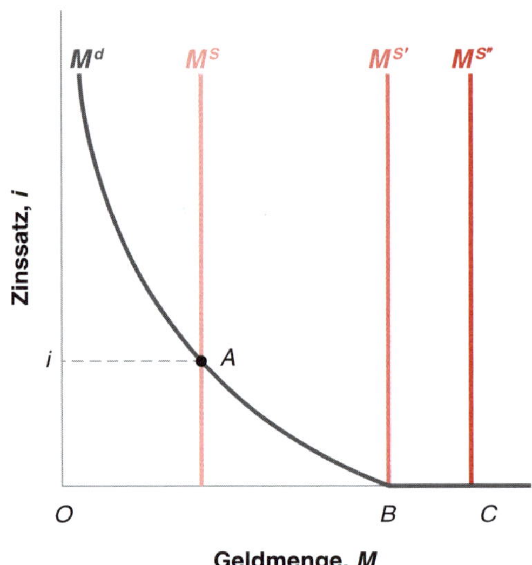

Betrachten wir nun die Auswirkungen einer Ausweitung des Geldangebots:

- Betrachten wir zunächst den Fall, dass das Geldangebot gleich M^s, ist. Der mit dem Gleichgewicht auf den Finanzmärkten konsistente Nominalzins ist positiv, nämlich gleich *i* (diesen Fall haben wir in Kapitel 4 betrachtet). Ausgehend vom Gleichgewicht in Abbildung 22.3 lässt eine Ausweitung des Geldangebots – Verschiebung der M^s-Geraden nach rechts – den Nominalzins sinken.
- Betrachten wir nun den Fall, dass das Geldangebot gleich $M^{s'}$ (bzw. $M^{s''}$) ist. Das Gleichgewicht befindet sich nun in Punkt *B* (bzw. in Punkt *C*). In beiden Fällen ist der Nominalzins in der Ausgangssituation gleich Null. In beiden Fällen hat eine Ausweitung des Geldangebots keine Auswirkungen auf den Nominalzins. Stellen wir uns die Situation so vor: Nehmen wir an, die Zentralbank erhöht das Geldangebot durch eine Offenmarktoperation. Sie kauft Wertpapiere und bezahlt durch zusätzliche Geldschöpfung. Da der Nominalzins gleich Null ist, sind die Wirtschaftssubjekte indifferent, wie viel Geld oder Wertpapiere sie halten; sie sind daher bereit, zum selben Nominalzins (dem Zinssatz von Null) weniger Wertpapiere und mehr Geld zu halten. Das Geldangebot steigt, ohne dass dies jedoch einen Effekt auf den Nominalzins hätte.

Aus Kapitel 4: Die Zentralbank verändert die Geldmenge durch Offenmarktoperationen, in denen sie Wertpapiere im Austausch gegen Geld kauft oder verkauft. ▶

Kurz zusammengefasst: Liegt der Nominalzins bei Null, dann verfügt eine expansive Geldpolitik über keine Macht mehr. Oder, um die Formulierung von Keynes zu verwenden, der als Erster auf dieses Problem hingewiesen hat, wir befinden uns in einer Liquiditätsfalle: Die Wirtschaftssubjekte sind bereit, zum selben Nominalzins immer mehr Geld (mehr Liquidität) zu halten.

Nachdem wir das Gleichgewicht auf den Finanzmärkten analysiert haben, wollen wir uns nun dem *IS-LM*-Modell zuwenden, und untersuchen, wie es modifiziert werden muss, wenn wir die Liquiditätsfalle mit berücksichtigen.

Die Ableitung der *LM*-Kurve ist in Abbildung 22.4a und Abbildung 22.4b dargestellt. Erinnern wir uns daran, dass die *LM*-Kurve für eine gegebene reale Geldmenge den Zusammenhang zwischen dem Nominalzins und dem Einkommensniveau beschreibt, der durch das Gleichgewicht auf den Finanzmärkten impliziert wird. Um die *LM*-Kurve abzuleiten, betrachten wir in Abbildung 22.4a das Gleichgewicht auf den Finanzmärkten für einen gegebenen Wert der realen Geldmenge und für drei unterschiedliche Geldnachfragekurven. Sie entsprechen jeweils einem anderen Einkommensniveau:

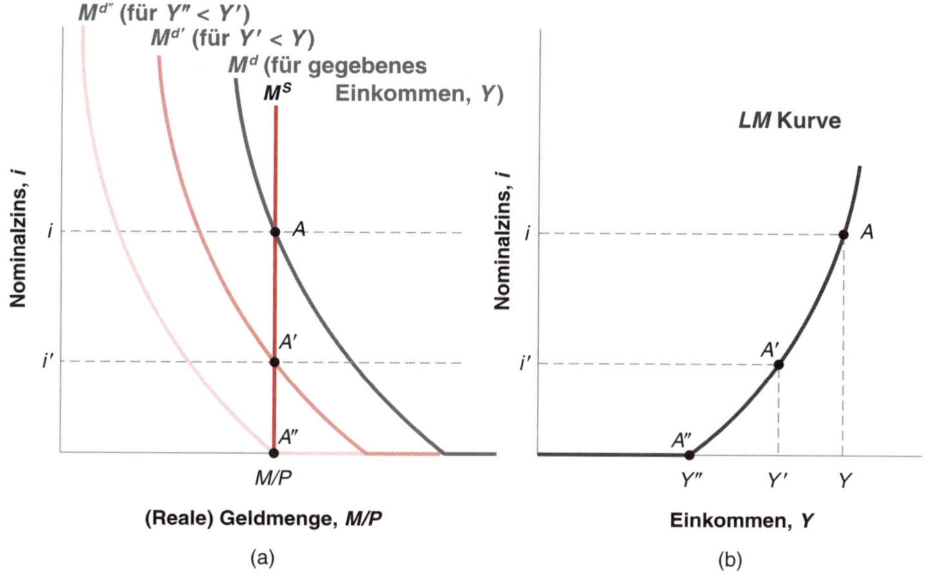

Abbildung 22.4: Die Ableitung der *LM*-Kurve für den Fall der Liquiditätsfalle

Für niedrige Produktionsniveaus verläuft die *LM*-Kurve horizontal, bei einem Nominalzins von Null. Für höhere Produktionsniveaus verläuft die *LM*-Kurve steigend: Ein Anstieg des Einkommens führt zu einem Anstieg des Nominalzinses.

- M^d beschreibt die Geldnachfrage für ein gegebenes Einkommensniveau *Y*. Das Gleichgewicht befindet sich in Punkt *A*; der Nominalzins ist gleich *i*. Diese Kombination aus Einkommen *Y* und Zinssatz *i* gibt uns einen ersten Punkt auf der *LM*-Kurve, den Punkt *A* in Abbildung 22.4b.
- $M^{d'}$ beschreibt die Geldnachfrage für ein niedrigeres Einkommensniveau, $Y' < Y$. Ein niedrigeres Einkommen ist gleichbedeutend mit weniger Transaktionen, und damit mit einer niedrigeren Geldnachfrage bei jedem Zinssatz. In diesem Fall befindet sich das Gleichgewicht in Punkt *A'*; der dazugehörige Zinssatz ist gleich *i'*. Diese Kombination aus Einkommen *Y'* und Nominalzins *i'* gibt uns einen zweiten Punkt auf der *LM*-Kurve, den Punkt *A'* in Abbildung 22.4b.

Bis zu diesem Punkt unterscheidet sich die Ableitung der *LM*-Kurve nicht von Kapitel 5. Erst wenn das Einkommen unter *Y''* sinkt, wird der Unterschied deutlich.

- $M^{d''}$ beschreibt die Geldnachfrage für ein noch niedrigeres Einkommensniveau, $Y'' < Y'$. In diesem Fall befindet sich das Gleichgewicht in Punkt *A''*, der dazugehörige Zinssatz ist genau gleich Null. Der Punkt *A''* in Abbildung 22.4b entspricht dem Punkt *A''* in Abbildung 22.4a.
- Was geschieht, wenn das Einkommen unter *Y''* fällt, so dass sich die Geldnachfrage in Abbildung 22.4a noch weiter nach links verschiebt? Der Schnittpunkt zwischen der Geldangebotskurve und der Geldnachfragekurve fällt dann in den horizontalen Abschnitt der Geldnachfragekurve. Das Gleichgewicht bleibt weiterhin in Punkt *A''*; der Nominalzins bleibt weiterhin gleich Null.

Fassen wir zusammen: In einer Liquiditätsfalle sieht die *LM*-Kurve aus, wie wir sie in Abbildung 22.4b gezeichnet haben.

Für Einkommenswerte größer *Y''* verläuft die *LM*-Kurve steigend – so wie in Kapitel 5, als wir die *LM*-Kurve das erste Mal charakterisiert hatten.

Für Einkommenswerte kleiner *Y''* verläuft sie horizontal beim Zinssatz $i = 0$: Der Nominalzins kann nicht unter Null fallen.

Nachdem wir nun die *LM*-Kurve für den Fall der Liquiditätsfalle abgeleitet haben, können wir das gesamte *IS-LM*-Modells betrachten. Nehmen wir an, die Volkswirtschaft befindet sich in der Ausgangssituation in Punkt *A* in Abbildung 22.5. Im Ausgangsgleichgewicht ist der Schnittpunkt zwischen *IS*-Kurve und *LM*-Kurve durch Produktion *Y* und Nominalzins *i* charakterisiert. Wir gehen zudem davon aus, dass diese Produktion weit unter dem natürlichen Produktionsniveau Y_n liegt. Die Frage lautet: Kann Geldpolitik dazu beitragen, dass die Volkswirtschaft wieder zum Produktionsniveau Y_n zurückkehrt?

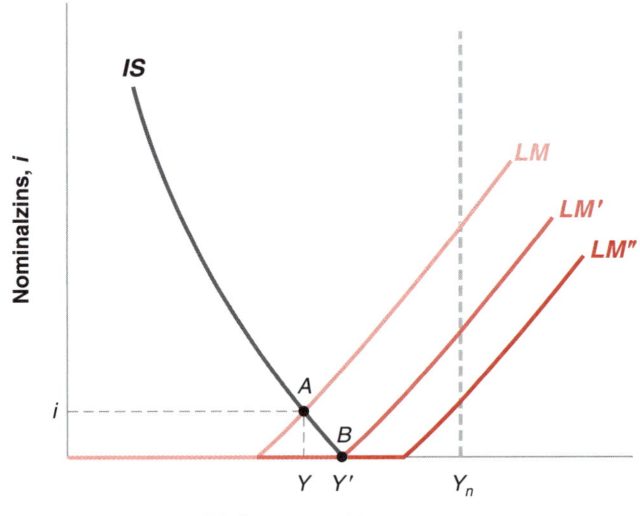

Abbildung 22.5: Das *IS-LM*-Modell und die Liquiditätsfalle

In einer Liquiditätsfalle kann die Produktion durch Geldpolitik nur in begrenztem Ausmaß erhöht werden. Es kann sein, dass die Geldpolitik nicht in der Lage ist, die Produktion zu ihrem natürlichen Produktionsniveau zurückzubringen.

Wenn die Zentralbank das Geldangebot so erhöht, dass sich die *LM*-Kurve von *LM* nach *LM'* verschiebt, verschiebt sich das Gleichgewicht von Punkt *A* nach unten, zu Punkt *B*. Der Nominalzins sinkt von *i* auf Null; die Produktion steigt von *Y* auf *Y'*. In diesem Ausmaß kann die expansive Geldpolitik die Produktion tatsächlich erhöhen.

Was geschieht jedoch, wenn die Zentralbank, ausgehend von Punkt *B*, das Geldangebot noch weiter ausweitet, so dass sich die *LM*-Kurve beispielsweise von *LM'* nach *LM''* verschiebt? Der Schnittpunkt der *IS*-Kurve mit der *LM''*-Kurve ist immer noch Punkt *B*; die Produktion verharrt auf dem Niveau *Y'*. Expansive Geldpolitik hat keinen Effekt auf die Produktion mehr; sie kann nicht dazu beitragen, dass die Produktion zum natürlichen Produktionsniveau Y_n zurückkehrt.

In Worten: Wenn der Nominalzins gleich Null ist, dann befindet sich die Volkswirtschaft in einer „Liquiditätsfalle". Die Zentralbank kann zwar die „Liquidität" erhöhen, das heißt, sie kann die Geldmenge erhöhen. Diese „Liquidität" sitzt jedoch in einer „Falle": Die Anleger sind bereit, das zusätzliche Geld beim unveränderten Zinssatz von Null zu halten. Wenn aber beim Nominalzins von Null die Güternachfrage immer noch zu niedrig ist, dann gibt es nichts, was Geldpolitik weiter tun könnte, um die Produktion zu ihrem natürlichen Produktionsniveau zurückzubringen.

22.1.3 Die Kombination aus Liquiditätsfalle und Deflation

Viele sind vielleicht skeptisch gewesen, als wir weiter oben die negativen Effekte einer niedrigeren Inflation analysiert haben. Anlass zur Skepsis kann auch die Frage bieten, ob die Liquiditätsfalle wirklich ein ernst zu nehmendes Problem darstellt: Es handelt sich schließlich bei einem Nominalzins von Null um einen sehr niedrigen Zinssatz. Sollte ein Zins von Null nicht ausreichen, um die Ausgaben stark zu stimulieren und so eine Rezession zu vermeiden?

Die Antwort auf diese Frage lautet: Nein. Um dies zu verstehen, müssen wir wieder auf den Unterschied zwischen Real- und Nominalzins zurückkommen. Ausschlaggebend für die Ausgaben ist der Realzins. Wie groß der Realzins bei einem Nominalzins von Null ist, hängt von der erwarteten Inflation ab:

- Nehmen wir an, die Inflationsrate, tatsächlich oder erwartet, ist hoch, beispielsweise 10%. Ein Nominalzins von Null entspricht in diesem Fall einem Realzins von –10%. Wenn der Realzins derart negativ ist, sind Konsum und Investitionsausgaben wahrscheinlich sehr hoch, hoch genug, um eine ausreichende Nachfrage zu gewährleisten, welche die Produktion zu ihrem natürlichen Niveau zurückbringt. Bei einer hohen Inflationsrate ist die Liquiditätsfalle daher aller Wahrscheinlichkeit kein ernsthaftes Problem.
- Nehmen wir nun dagegen an, die Inflationsrate ist negativ – die Volkswirtschaft erlebt eine Deflation, etwa in Höhe von 5%. Dann beträgt die Inflationsrate –5%. Selbst bei einem Nominalzins von Null liegt der Realzins nun bei 5%. Es kann gut sein, dass ein solcher Realzins zu hoch ist, um die Ausgaben ausreichend zu sti-

◄ **$r = i - \pi^e = 0\% - 10\% = -10\%$**

◄ **Ein Blick auf die Investitionsentscheidungen in Kapitel 16 könnte nützlich sein. Warum sind hohe Investitionen wahrscheinlich, wenn Unternehmen zu einem Realzins von –10% Kredite aufnehmen können? (Hinweis: Womit vergleichen Unternehmen den Realzins?)**

◄ **$r = i - \pi^e = 0\% - (-5\%) = 5\%$**

mulieren. In diesem Fall gibt es nichts, was traditionelle Geldpolitik tun könnte, um die Produktion zu erhöhen.

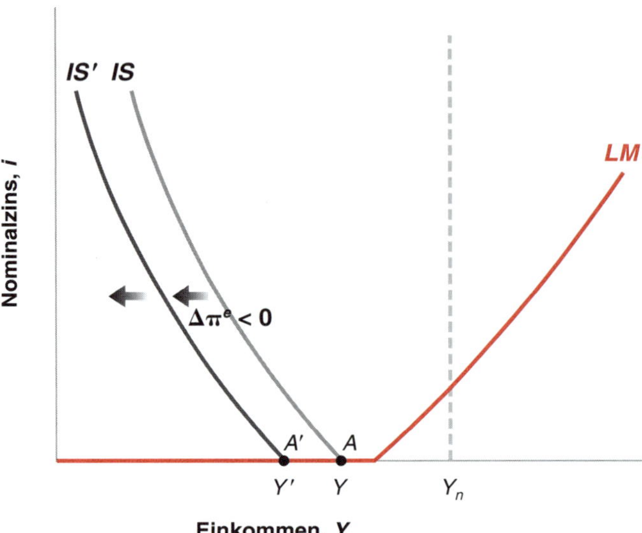

Abbildung 22.6: Liquiditätsfalle und Deflation

Nehmen wir an, die Volkswirtschaft befindet sich in einer Liquiditätsfalle. Gleichzeitig herrscht Deflation. Liegt die Produktion unterhalb dem natürlichen Niveau kommt es im Lauf der Zeit zu vermehrter Deflation. Das bedeutet einen weiteren Anstieg des Realzinses und eine weitere Verschiebung der *IS*-Kurve nach links. Diese Verschiebung führt zu einem weiteren Rückgang der Produktion, das löst wiederum mehr Deflation aus usw.

Es wird nun deutlich, wie die beiden Mechanismen, die wir in diesem Abschnitt beschrieben haben – die Effekte der erwarteten Inflation auf den Realzins und die Liquiditätsfalle –, so zusammenwirken können, dass aus Rezessionen Wirtschaftskrisen werden.

Nehmen wir an, die Volkswirtschaft befindet sich seit einiger Zeit in einer Rezession. Die Inflation ist stetig gesunken und schließlich zu einer Deflation geworden. Nehmen wir an, die Geldpolitik hat den Nominalzins auf Null gesenkt. Deflationäre Erwartungen bedeuten, dass der Realzins selbst bei diesem Nominalzins von Null immer noch positiv ist.

Als Ergebnis einer solchen Situation befinde sich die Volkswirtschaft in Punkt *A* in Abbildung 22.6 im Schnittpunkt von *IS*- und *LM*-Kurve. Der Nominalzins ist gleich Null. Die Produktion *Y* liegt unter der natürlichen Produktion, Y_n.

Offensichtlich kann die Geldpolitik in dieser Situation nichts tun, um die Produktion zu stimulieren. Es ist wahrscheinlich, dass sich die Situation im Zeitverlauf noch verschlechtert.

Da sich die Produktion unterhalb des natürlichen Niveaus befindet, wird die Rate der Deflation, tatsächlich und erwartet, wahrscheinlich weiter zunehmen (die Inflation wird noch negativer werden). Bei gegebenem Nominalzins erhöht ein Anstieg der erwarteten Deflation den Realzins; die *IS*-Kurve verschiebt sich in Abbildung 22.6 nach links, von *IS* nach *IS'*, so dass es zu einem weiteren Rückgang der Produktion von *Y* auf *Y'* kommt.Dies lässt die Deflation und damit den Realzins noch weiter steigen. Die Produktion geht noch weiter zurück, das wiederum ... usw.

Die Volkswirtschaft gerät in einen Teufelskreis: Eine niedrigere Produktion schürt Deflationserwartungen. Damit steigt der Realzins, die Produktion geht noch weiter zurück; es gibt nichts, was die Geldpolitik tun könnte. Dieses Szenario scheint exotisch zu klingen. Aber auch wenn es vielleicht exotisch erscheint, es ist alles andere als irrelevant. Das zeigt sich, wenn wir uns nun mit der Weltwirtschaftskrise und dann mit der japanischen Wirtschaftskrise beschäftigen.

22.2 Die Weltwirtschaftskrise

1929 betrug die U.S.-amerikanische Arbeitslosenquote 3,2%. Bis zum Jahr 1933 stieg sie auf 24,9%! Erst 10 Jahre später, 1942, ist die Arbeitslosenquote wieder auf 4,7% gesunken. (Abbildung 22.7 zeigt ihre Entwicklung von 1929 bis 1950). Diese „Great Depression“ war weltweit verbreitet: Die durchschnittliche Arbeitslosenquote von 1930 bis 1938 betrug in Großbritannien 15,4%, in Frankreich 10,2% und in Deutschland 21,2%. Wir konzentrieren uns hier jedoch auf die Vereinigten Staaten und beschäftigen uns mit folgenden drei Fragen:

Eine Warnung: Die Qualität der Zahlen zur Arbeitslosigkeit ist für die Zeit vor dem Zweiten Weltkrieg viel schlechter als für die Zeit nach dem Zweiten Weltkrieg. Ländervergleiche sind deshalb besonders gefährlich.

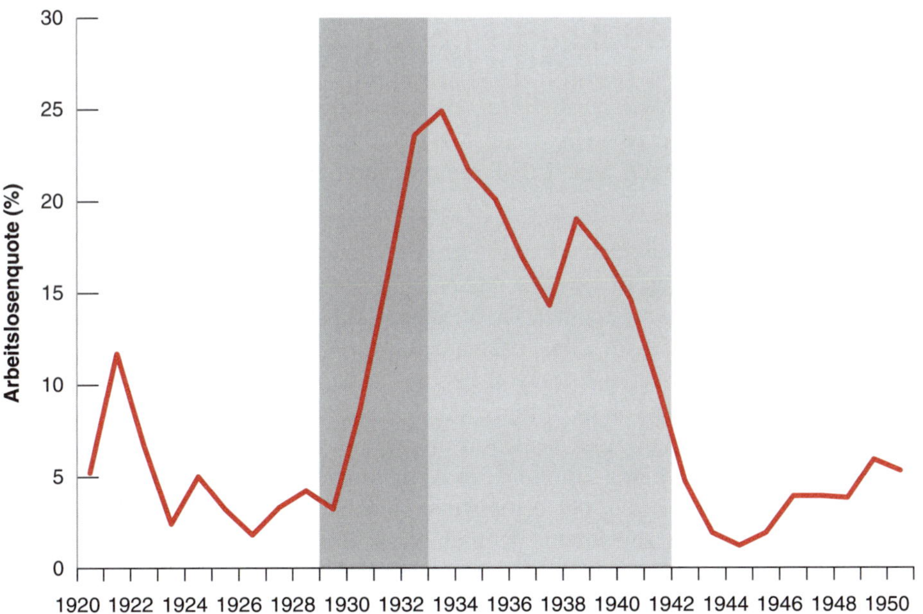

Abbildung 22.7: Die Arbeitslosenquote in den USA, 1920 bis 1950

Die Weltwirtschaftskrise war von einem scharfen Anstieg der Arbeitslosenquote gekennzeichnet, gefolgt von einem langsamen Rückgang.

- Wodurch wurde der ursprüngliche Anstieg der Arbeitslosenquote ausgelöst?
- Warum dauerte die Krise so lange?
- Wie gelangte die Wirtschaft am Ende zurück zu niedriger Arbeitslosigkeit?

Einen Überblick über den Verlauf der Weltwirtschaftskrise in anderen Ländern bietet Peter Tenim`s Lessons from the Great Depression (Cambridge, MA: MIT Press, 1989). Die Entwicklung in Deutschland analysiert Harold James detailliert, Deutschland in der Weltwirtschaftskrise 1924-1936, DVA Stuttgart, 1988.

Tabelle 22.1 zeigt die Entwicklung von Arbeitslosenquote, Wachstumsrate der Produktion, Verbraucherpreisindex und Geldmenge in den USA von 1929 bis 1942. Wenn wir uns zunächst einmal nur auf Arbeitslosigkeit und Produktion konzentrieren, dann fallen zwei Punkte auf:

- Größenordnung und Geschwindigkeit des Produktionseinbruchs am Anfang der Krise. Die durchschnittliche jährliche Wachstumsrate der Produktion von 1929 bis 1932 betrug erstaunliche –8,6%. Dies führte innerhalb von vier Jahren zu einem Anstieg der Arbeitslosenquote um mehr als 20 Prozentpunkte (von 3,2% auf 24,9%).
- Die Dauer der Erholungsphase. Die durchschnittliche jährliche Wachstumsrate von 1933 bis 1941 betrug beachtliche 7,7%. Dennoch lag die Arbeitslosenquote 1941, am Vorabend des Eintritts der USA in den Zweiten Weltkrieg, immer noch bei hohen 9,9%. (Hier liegt kein Widerspruch vor, es ist nur ein Beispiel für das Gesetz von Okun: Eine lange Phase mit hohem Wachstum war nötig, um die Arbeitslosenquote zu reduzieren).

Aus Abschnitt 9.1: Das Gesetz von Okun stellt einen Zusammenhang zwischen der Veränderung der Arbeitslosenquote und der Abweichung des Produktionswachstums vom normalen Wachstum her. In den Vereinigten Staaten führt heute ein Produktionswachstum von 1% über dem normalen Produktionswachstum zu einem Rückgang der Arbeitslosenquote von ungefähr 0,4%. Untersuchen Sie unter der Annahme, dass das normale Produktionswachstum 2% beträgt, unter Verwendung von Tabelle 22.1, wie gut diese Zahlen den Zusammenhang zwischen Produktionswachstum und Arbeitslosenquote für die Jahre 1933 bis 1941 abbildet.

Betrachten wir nun beide Aspekte nacheinander.

22.2.1 Der Produktionseinbruch am Anfang der Krise

Oft liest man, die Weltwirtschaftskrise sei durch den Börsenkrach 1929 ausgelöst worden. Diese Aussage ist nicht richtig. Bereits vor dem Börsenkrach hatte eine Rezession eingesetzt, auch andere Faktoren spielten später in der Wirtschaftskrise eine zentrale Rolle.

Interessant ist die Parallele der Entwicklung der Aktienkurse während der 20er Jahre und während der 90er Jahre. Das Verhältnis von Dividenden zu Aktienkursen betrug 1991 in den USA 3,2%, Ende 2000 1,2%. (Siehe auch die Fokusbox in Kapitel 15: „Warum ist der Aktienmarkt so stark gefallen?")

Trotzdem war der Börsenkrach wichtig. Der Aktienmarkt befand sich zwischen 1921 bis 1929 in einem langen Boom. Die Aktienkurse waren viel schneller gestiegen als die von den Unternehmen gezahlten Dividenden – das Verhältnis von Dividenden zu Aktienkurs war von 6,5% im Jahr 1921 auf 3,5% im Jahr 1929 gesunken. Am 28. Oktober 1929 fiel der Aktienindex von 298 auf 260. Am nächsten Tag fiel er dann weiter auf 230. Innerhalb von zwei Tagen war er damit um 23% gefallen, im Vergleich zum Spitzenwert Anfang September sogar um 40%. Im November lag der Index nur mehr bei 198. Auf eine kurze Erholung des Aktienmarktes zu Beginn des Jahres 1930 folgte ein weiterer Rückgang der Aktienkurse, als das Ausmaß der Wirtschaftskrise für die Marktteilnehmer zunehmend deutlich wurde. Im Juni 1932 erreichte der Index seinen Tiefstwert bei 47 Punkten. (Die Entwicklung des Index von Januar 1920 bis Dezember 1950 ist in Abbildung 22.8 dargestellt.)

Zur Wiederholung: Dividenden, Kurse, Blasen und Börsenkräche in Abschnitt 15.3.

Wurde der Börsenkrach 1929 dadurch ausgelöst, dass die Wirtschaftssubjekte plötzlich erkannten, dass eine Rezession droht? Die Antwort lautet: Nein. Es gibt keine Hinweise auf größere Neuigkeiten im Oktober. Die Ursache des Börsenkrachs war aller Wahrscheinlichkeit nach das Ende einer spekulativen Blase. Aktionäre, die Aktien zu hohen Preisen gekauft hatten und davon ausgegangen waren, dass die Preise noch weiter steigen, bekamen Angst und versuchten ihre Aktien zu verkaufen. Das Ergebnis war ein starker Einbruch der Preise.

Abbildung 22.8:
Der S&P-Index, 1920:1 – 1950:12

Von September 1929 bis Juni 1932 fiel der Aktienindex von 313 auf 47. Danach kam es zu einer langsamen Erholung.

Tabelle 22.1:
U.S.-Arbeitslosigkeit, Produktionswachstum, Preise und Geldmenge, 1929-1942

Jahr	Arbeitslosenquote (%)	Wachstumsrate der Produktion (%)	Preisniveau	Nominale Geldmenge
1929	3,2	-9,8	100,0	26,4
1930	8,7	-7,6	97,4	25,4
1931	15,9	-14,7	88,8	23,6
1932	23,6	-1,8	79,7	19,4
1933	24,9	9,1	75,6	21,5
1934	21,7	9,9	78,1	25,5
1935	20,1	13,9	80,1	29,2
1936	16,9	5,3	80,9	30,3
1937	14,3	-5,0	83,8	30,0
1938	19,0	8,6	82,2	30,0
1939	17,2	8,5	81,0	33,6
1940	14,6	16,1	81,8	39,6
1941	9,9	12,9	85,9	46,5
1942	4,7	13,2	95,1	55,3

Quellen: Arbeitslosenquote: Serie D85-8; Wachstumsrate der Produktion (BNE) (in Preisen von 1958), Serie F31; Preisniveau: VPI (1929 = 100), Serie E135; Geldmenge: M1 (in Mrd.$), Serie X414. Historical Statistics of the United States, U.S. Department of Commerce.

Der Börsenkrach vernichtete nicht nur einen Großteil des Vermögens der Konsumenten, sondern erhöhte auch ihre Unsicherheit über die Zukunft. Aufgerüttelt durch den Börsenkrach und mit starker Sorge über die Zukunft entschieden sich die Konsumenten und die Unternehmen abzuwarten, wie sich die Dinge weiter entwickeln würden. Käufe von Gebrauchsgütern und Investitionsgütern wurden verschoben. So brach etwa in den Monaten unmittelbar nach dem Börsenkrach der Absatz von Autos enorm ein – eine solche Anschaffung konnte leicht zurückgestellt werden. Die industrielle Produktion, die von August bis Oktober 1929 um 1,8% zurückgegangen war, fiel von Oktober bis Dezember um 9,8% und von Dezember 1929 bis Dezember 1930 nochmals um 24%.

22.2.2 Die Kontraktion der Geldmenge

Die Auswirkungen des Börsenkrachs wurden durch einen großen Fehler der Wirtschaftspolitik verschärft, nämlich eine deutliche Reduktion der nominalen Geldmenge. Die erste Spalte von Tabelle 22.2 gibt den Verlauf der nominalen Geldmenge an, gemessen durch $M1$ ($M1$ ist die Summe aus Bargeld, Reiseschecks und Sichtguthaben). Von 1929 bis 1933 fiel $M1$ von 26,4 Mrd. Dollar auf 19,4 Mrd. Dollar, ein Rückgang von 27%.

Die folgende Erläuterung basiert auf der Darstellung des Gleichgewichts auf den Finanzmärkten mit Geschäftsbanken (Abschnitt 4.3 aus Kapitel 4).

Um zu verstehen, warum die nominale Geldmenge so stark abnahm, müssen wir den Zusammenhang zwischen Geldmenge und Geldbasis aus Kapitel 4 wieder aufgreifen: Die Geldmenge (die Summe aus Bargeld und Sichteinlagen) ist größer als die monetäre Basis H (die Summe aus Bargeld und den Reserven der Banken), weil Konsumenten und Unternehmen einen Teil des Gelds in Form von Sichteinlagen halten. Der Zusammenhang zwischen Geldmenge und Geldbasis ist durch die folgende Gleichung gegeben:

$$M1 = H \times \text{Geldschöpfungsmultiplikator}$$

Der Geldschöpfungsmultiplikator hängt davon ab, wie viele Reserven die Geschäftsbanken in Verhältnis zu ihren Sichteinlagen halten und welchen Anteil des Geldes die Wirtschaftssubjekte in Form von Bargeld, statt in Form von Sichteinlagen halten. Von 1929 bis 1933 nahm die monetäre Basis, H, (in der zweiten Spalte von Tabelle 22.2) von 7,1 Milliarden Dollar auf 8,2 Milliarden Dollar zu. Dies bedeutet, dass die Abnahme von $M1$ nicht auf eine Abnahme der Geldbasis zurückzuführen war, sondern vielmehr auf einer Abnahme des Geldschöpfungsmultiplikators, $M1/H$, (in der dritten Spalte von Tabelle 22.3). Er fiel von 3,7 im Jahr 1929 auf 2,4 im Jahr 1933. Warum ging der Geldschöpfungsmultiplikator so weit zurück? Die Antwort darauf ist: als Folge von Bankenzusammenbrüchen.

Die klassische Beschreibung der Geschehnisse ist das Buch von Milton Friedmann und Anna Schwartz, „A monetary history of the United States, 1867-1960" (Princeton, NJ: Princeton University Press, 1963).

Aufgrund des starken Produktionseinbruchs konnten immer weniger Kreditnehmer ihre Kredite an die Banken zurückzahlen. Viele Banken wurden zahlungsunfähig und mussten schließen. Bankenzusammenbrüche nahmen von 1929 bis 1933 dramatisch zu, bis die Zahl der Bankenzusammenbrüche 1933 einen Höchstwert von 4.000 erreichte, von ungefähr 20.000 Banken, die damals am Markt waren.

Jahr	Nominale Geldmenge (*M1*)	Geldbasis (*H*)	Geldschöpfungsmultiplikator (*M1/H*)	Reale Geldmenge (*M1/P*)
1929	26,4	7,1	3,7	26,4
1930	25,4	6,9	3,7	26,0
1931	23,6	7,3	3,2	26,5
1932	20,6	7,8	2,6	25,8
1933	19,4	8,2	2,4	25,6

Quelle: M1: Serie X414; H: Serie X422 plus Serie X423: P: Serie E135. Historical Statistics of the United States, U.S. Department of Commerce.

Tabelle 22.2:
Geldmenge, Nominal und Real, 1929–1933

Die Bankenzusammenbrüche wirkten sich direkt auf das Geldangebot aus: Die bei den in Konkurs gegangenen Banken gehaltenen Sichteinlagen wurden wertlos. Die wichtigere Auswirkung auf das Geldangebot war jedoch indirekt: Viele Leute befürchteten, dass ihre Bank ebenfalls zusammenbrechen könnte. Sie nahmen daher ihr Geld aus dem Bankensystem ganz heraus und wechselten von Sichteinlagen zu Bargeld. Das Verhältnis von Bargeld zu Sichteinlagen stieg enorm an; damit aber nahmen der Geldschöpfungsmultiplikator und so auch das Geldangebot ab. Machen wir uns den Mechanismus so klar: Hätten die Leute all ihre Sichtguthaben aufgelöst und von den Geschäftsbanken im Austausch Bargeld verlangt, wäre der Geldschöpfungsmultiplikator auf 1 gefallen: Die Wirtschaftssubjekte hätten ausschließlich Zentralbankgeld gehalten; *M1* hätte genau der monetären Basis *H* entsprochen. Die Umschichtung von Sichteinlagen zu Bargeld war zwar weniger dramatisch; der Multiplikator fiel aber von 3,7 im Jahr 1929 auf 2,4 im Jahr 1933. Das führte zu einer Kontraktion des Geldangebots, obwohl die Geldbasis gestiegen war.

Aus Kapitel 4: Der Geldschöpfungsmultiplikator ist gleich $1/(c + \theta(1 - c))$. Der Parameter *c* ist der Anteil des Geldes, den die Wirtschaftssubjekte in Form von Bargeld halten wollen, und θ ist das Verhältnis von Reserven zu Sichteinlagen. Je größer *c* ist, desto kleiner ist der Multiplikator. Wenn $c = 1$ – wenn die Wirtschaftssubjekte ausschließlich Bargeld halten wollen –, dann ist der Multiplikator gleich 1.

Aus Sicht unseres Modells sind die Implikation eindeutig: Die Kontraktion der Geldmenge von 1929 bis 1933 war ungefähr proportional zum Rückgang des Preisniveaus. Deshalb blieb die reale Geldmenge (in der vierten Spalte von Tabelle 22.2) annähernd konstant. Dies eliminiert einen der Mechanismen, der zu einer Erholung der Wirtschaft hätte beitragen können. In anderen Worten, die *LM*-Kurve blieb mehr oder weniger unverändert – sie verschob sich nicht nach unten. Wäre die nominale Geldmenge konstant geblieben und hätte sich dadurch die reale Geldmenge erhöht, wäre es dagegen zu einer solchen Verschiebung gekommen.

Dies ist der Grund, weshalb Milton Friedman und Anna Schwartz argumentieren, die Fed sei für die Schwere der Wirtschaftskrise verantwortlich: Sie war zwar nicht direkt verantwortlich für die Kontraktion der nominalen Geldmenge. Sie hätte jedoch Schritte einleiten müssen, um den Rückgang des Geldmultiplikators durch eine viel aggressivere Ausweitung der Geldbasis aufzufangen als sie dies tatsächlich getan hat.

22.2.3 Die negativen Effekte der Deflation

Mit dem Einbruch der Nachfrage und der Kontraktion der nominalen Geldmenge konnten sich die Mechanismen entfalten, die wir in Abschnitt 22.1 analysiert haben. Sie machten aus dem Rückgang der Produktion eine richtige Wirtschaftskrise.

Die erste Spalte von Tabelle 22.3 macht deutlich, dass in Folge der Kontraktion der Geldmenge der Nominalzins kaum zurückging. Der Nominalzins, gemessen durch den Zinssatz auf einjährige Unternehmensanleihen, lag 1928 bei 4,1%, stieg dann 1929 auf 5,3% und fiel von dort aus nur langsam, bis auf 2,6% im Jahr 1933.

Zur selben Zeit kam es als Resultat der niedrigen Produktion zu einer starken Deflation (die zweite Spalte von Tabelle 22.3). Die Deflation erreichte 1931 9,2%, 1932 sogar 10,8%! Wenn wir annehmen, dass die erwartete Deflation in jedem Jahr der tatsächlichen Deflation entsprochen hat, dann können wir eine Zeitreihe für den Realzins konstruieren. Die letzte Spalte von Tabelle 22.3 berechnet diese Zeitreihe. Sie liefert eine überzeugende Erklärung, warum die Produktion bis 1933 weiter zurückging. Der Realzins stieg im Jahr 1931 auf 12,3%, im Jahr 1932 auf 14,8%. Auch im Jahr 1933 belief er sich immer noch auf hohe 7,8%. Es ist nicht sehr überraschend, dass bei diesen Zinssätzen sowohl die Konsum- als auch die Investitionsnachfrage auf sehr niedrigem Niveau verharrten und die Wirtschaftskrise immer schlimmer wurde.

Tabelle 22.3: Nominalzins, Inflation und Realzins in den USA, 1929-1933

Jahr	Nominalzins (%) (einjährige Anleihen)	Inflationsrate (%), π	Realzins (%) (einjährige Anleihen)
1929	5,3	-0,0	5,3
1930	4,4	-2,5	6,9
1931	3,1	-9,2	12,3
1932	4,0	-10,8	14,8
1933	2,6	-5,2	7,8

Quelle: Zinssätze, Serie X487-491, Inflationsrate VPI, E135-166. Realzins: Nominalzins minus Inflationsrate. Historical Statistics of the United States, U.S. Department of Commerce.

22.2.4 Die Erholung

Die Erholung setzte 1933 ein. Mit Ausnahme eines weiteren scharfen Einbruchs der Wachstumsraten im Jahr 1937 (siehe Tabelle 22.1) blieb das Wachstum anhaltend hoch. Die durchschnittliche Wachstumsrate pro Jahr betrug von 1933 bis 1941 7,7%. Makroökonomen und Wirtschaftshistoriker haben sich mit dem Ende der Wirtschaftskrise und der einsetzenden Erholung weitaus weniger beschäftigt als mit dem Beginn der Wirtschaftskrise. Es bleiben immer noch viele offenen Fragen.

Einer der Faktoren, der zur Erholung beitrug, ist unstrittig. Nach der Wahl von Franklin Roosevelt im Jahr 1932 kam es zu einer Kursänderung in der Geldpolitik und zu einem dramatischen Anstieg des nominalen Geldmengenwachstums. Von 1933 bis 1941 nahm die nominale Geldmenge um 140% zu, die reale Geldmenge um 100%. Dieser Anstieg war auf eine Ausweitung der Geldbasis, nicht auf eine Erhöhung des Geldschöpfungsmultiplikators zurückzuführen. Christina Romer, eine Wirtschaftshistorikerin von der University of California, aus Berkeley, argumentiert, die Produktion im Jahr 1937 wäre im Vergleich zur tatsächlichen Entwicklung um 25% niedriger gewesen, und im Jahr 1942 sogar um 50% niedriger, wenn der Kurs der Geldpolitik sich 1933 nicht geändert hätte. Diese Zahlen sind sehr groß. Selbst wenn wir davon ausgehen, dass sie die Effekte der Geldpolitik überschätzen, scheint dennoch die Schlussfolgerung gerechtfertigt, dass die Geldpolitik bei der Erholung der Wirtschaft eine wichtige Rolle gespielt hat.

Christina Romer, „What ended the Great Depression?", Journal of Economic History, December 1992, 757-784.

Welche Rolle andere Faktoren gespielt haben, angefangen vom Budgetdefizit bis zum New Deal – das Programm, das von Roosevelt implementiert wurde, um die Wirtschaft in den USA aus der Krise zu führen – ist weniger klar.

Ein New Deal-Programm zielte darauf ab, die Funktionsweise der Banken zu verbessern. Es wurde die Federal Deposit Insurance Corporation (FDIC) geschaffen, die Sichteinlagen versichern und so Runs auf die Banken und Bankenzusammenbrüche vermeiden sollte. Tatsächlich kam es nach 1933 zu weniger Bankenzusammenbrüchen.

Andere Programme bestanden in Hilfsprogrammen und Arbeitsbeschaffungsmaßnahmen für Arbeitslose. Ein Programm, das von der National Recovery Administration (NRA) durchgeführt wurde, hatte den Zweck, einen „geordneten Wettbewerb" in der Industrie sicherzustellen. Die meisten Ökonomen sind sich einig, dass diese Programme auf direktem Weg nur wenig zur Wiederbelebung der Wirtschaft beitrugen. Manche argumentieren jedoch, dass die indirekten Effekte dieser Programme – vor allem die Wahrnehmung, dass die Regierung sich verpflichtet hatte, die Volkswirtschaft aus der Krise herauszuführen – insofern wichtig waren, als sie die Erwartungen für 1933 und die folgenden Jahre positiv beeinflussten. Wir haben bereits in früheren Kapiteln gesehen, wie wichtig die Auswirkungen der Politik auf die Erwartungsbildung sein können. Es ist jedoch schwierig, die Bedeutung dieser Effekte zu messen.

Der Aufschwung stellt uns jedoch auch vor ein Rätsel. Im Jahr 1933 endete die Deflation. Der Rest des Jahrzehnts war durch niedrige, aber positive Inflationsraten gekennzeichnet. Der Verbraucherpreisindex betrug im Jahr 1940 81,8, im Vergleich zu einem Wert von 75,6 im Jahr 1933. Das Ende der Deflation trug mit großer Wahrscheinlichkeit zum Aufschwung bei. Der Übergang von Deflation zu relativer Preisstabilität implizierte sehr viel niedrigere reale Zinsen als im Zeitraum von 1929 bis 1933.

Das Rätsel besteht darin, warum die Deflation 1933 endete: 1932 herrschte noch hohe Deflation; die Arbeitslosigkeit war auf ein Rekordniveau gestiegen. Nach der Theorie der Lohnsetzung, die wir in früheren Kapiteln entwickelt haben, müsste es in einer derartigen Situation zu weiteren großen Lohnsenkungen und weiterer Deflation kommen. Eine solche Entwicklung ist jedoch nicht eingetreten. Im Phillipskurven-Diagramm, das Samuelson und Solow für die Vereinigten Staaten konstruierten (Abbildung 8.1), sind die Jahre von 1933 bis 1939 deutliche Ausreißer. Warum also endete die Deflation?

- Eine unmittelbare Ursache könnte in den Maßnahmen bestehen, die von der Roosevelt Regierung implementiert worden waren. Der National Industrial Recovery Act (NIRA), der im Juni 1933 verabschiedet worden war, verlangte von der Industrie, Mindestlöhne einzuführen und keinen Vorteil aus der hohen Arbeitslosenquote durch weitere Lohnsenkungen zu ziehen. Im Allgemeinen bezweifeln die Ökonomen, dass solche Ermahnungen von Unternehmen viel Wirkung zeigen könnten. Der NIRA bot den Unternehmen jedoch im Austausch eine Gegenleistung an: Im Endeffekt eine Reduktion des Wettbewerbs auf den Gütermärkten, versteckt hinter dem Begriff „geordneter Wettbewerb". Das bedeutete ein Potenzial für höhere Gewinne, sofern die Auflagen akzeptiert wurden. Vermutlich hatte NIRA tatsächlich einen Effekt auf die Lohnsetzung.
- Ein anderer Grund könnte darin liegen, dass die Arbeitslosigkeit zwar immer noch hoch war, dass das Produktionswachstum aber ebenfalls hoch war. Es kam zu Engpässen in der Produktion. Die Unternehmen erhöhten bei gegebenen Löhnen ihre Preise. Dank eines scharfen Anstieges der Nachfrage wurden auch die Preise der Rohmaterialien nach oben getrieben, so dass die Kosten stiegen. Die Unternehmen waren wieder gezwungen ihre Preise bei gegebenen Löhnen zu erhöhen. Kurz zusammengefasst – und im Gegensatz zu unserer einfachen Formulierung der Preissetzung, nach der die Preise lediglich von den Löhnen abhängen – das schnelle Wachstum führt zu einem Preisanstieg bei konstanten Löhnen. Auf diese Weise wurde der deflationäre Druck der Arbeitslosigkeit reduziert.
- Die Deflation kam Mitte der 30er Jahre in den meisten Ländern zu einem Ende, auch in den Ländern, die keine mit dem New Deal vergleichbaren Programme implementiert hatten. Solche Länder konnten nicht dieselben schnellen Wachstumsraten wie die Vereinigten Staaten nach 1933 aufweisen. Aber vielleicht spielten doch auch noch andere Faktoren eine Rolle. Eine Möglichkeit besteht darin, dass eine hohe Arbeitslosigkeit nach einer gewissen Zeit weniger Druck auf die Inflation ausübt. Wenn Arbeitnehmer für lange Zeit arbeitslos gewesen sind, geben sie die Suche nach einem Arbeitsplatz auf und werden im Endeffekt irrelevant für den Lohnsetzungsprozess. Im Ergebnis hat die Arbeitslosigkeit weniger Wirkung auf die Löhne und damit auch weniger Wirkung auf die Inflation. Wir werden diesen Gedanken bei der Analyse der europäischen Arbeitslosigkeit in den 80er und 90er Jahren wieder aufgreifen

Warum beschäftigen wir uns überhaupt damit, warum in den Vereinigten Staaten 1933 aus einer Deflation eine Inflation wurde? Die Antwort auf diese Frage hat auch für das heutige Japan große Relevanz. Eine der wichtigsten Herausforderungen, mit denen Japan heute konfrontiert ist, besteht darin, von der Deflation loszukommen, den Realzins zu senken und das Wachstum zu stimulieren. Dies ist das Thema unseres nächsten Abschnitts.

22.3 Die Krise in Japan

Vom Ende des zweiten Weltkrieges an bis zum Beginn der 90er Jahre war die wirtschaftliche Leistung Japans spektakulär: Von 1950 bis 1973 betrug die durchschnittliche Wachstumsrate 8% pro Jahr. Wie auch in anderen OECD-Ländern nahm die durchschnittliche Wachstumsrate nach 1973 ab. Von 1973 bis 1991 belief sich die durchschnittliche Wachstumsrate immer noch auf respektable 4% pro Jahr, damit wies Japan eine höhere Wachstumsrate auf als die meisten OECD-Länder. Als Ergebnis dieses Wachstums ist in Japan die Produktion pro Kopf (gemessen in Kaufkraftparitäteneinheiten, in PPP-Einheiten), die 1950 nur 17% des U.S.-amerikanischen Niveaus ausmachte, 1990 auf 80% des amerikanischen Niveaus gestiegen.

Vergleiche die Diskussion über die Abschwächung des Wachstums in den größeren OECD-Ländern nach 1973 in Kapitel 12.

In Kapitel 10 können Sie die Definition des BIP in PPP-Einheiten auffrischen.

Tabelle 22.4: Produktionswachstum, Arbeitslosigkeit, Inflation, Japan, 1990-2003

Jahr	Wachstumsrate der Produktion (%)	Arbeitslosenquote (%)	Inflationsrate (%)
1990	5,2	2,1	3,1
1991	3,3	2,1	3,2
1992	1,0	2,2	1,7
1993	0,3	2,5	1,3
1994	1,0	2,9	0,7
1995	1,9	3,1	-0,1
1996	3,4	3,4	0,1
1997	1,8	3,4	1,7
1998	-1,1	4,1	0,7
1999	0,1	4,7	-0,3
2000	2,8	4,7	-0,7
2001	0,4	5,0	-0,7
2002	0,3	5,4	-0,9
2003[1]	1,0	5,7	-0,9

Quelle: OECD Economic Outlook, Juni 2003. [1] *Prognosen*

Dieses Wachstum kam zu Beginn der 90er Jahre zu einem abrupten Ende. Tabelle 22.4 zeigt, wie sich Wachstumsrate des BIP, Arbeitslosenquote und Inflationsrate von 1990 bis 2003 entwickelten.

- Seit 1992 war die jährliche Wachstumsrate entweder positiv, aber klein, oder negativ. Insgesamt lag die durchschnittliche Wachstumsrate von 1992 bis 2001 bei weniger als 1%, weit unter den Werten der vergangenen Jahrzehnte. Diese lange Periode mit geringem Wachstum wird die japanische Krise genannt. Offensichtlich ist sie nicht so tief wie die Weltwirtschaftskrise. (Erinnern wir uns an Tabelle 22.1. Die durchschnittliche jährliche Wachstumsrate in den Vereinigten Staaten von 1929 bis 1932 lag bei –8,6%.) Dennoch handelt es sich um eine substanzielle Krise. Machen wir uns das so klar: Wäre die Produktion mit derselben Rate weiter gewachsen wie im Zeitraum von 1973 bis 1991, dann läge die Produktion in Japan um 30% höher als sie es heute tatsächlich ist.

Die Ursache für die niedrige Arbeitslosenquote in Japan liegt in der Organisation der Unternehmen und des japanischen Arbeitsmarktes begründet. Wie wir bereits in Kapitel 8 gesehen haben, bieten die japanischen Unternehmen ihren Arbeitern und Angestellten einen ausgeprägten Kündigungsschutz. Wenn japanische Unternehmen mit einem Rückgang ihrer Produktion konfrontiert werden, dann behalten sie im Allgemeinen ihre Beschäftigten. Der Rückgang der Produktion hat also nur einen geringen Effekt auf die Beschäftigung und damit wiederum einen geringen Effekt auf die Arbeitslosenquote. Siehe die Fokusbox: „Die Arbeitslosenquote in Japan" in Kapitel 8

- Das geringe Produktionswachstum ließ die Arbeitslosenquote stetig ansteigen. Wenn man die Entwicklung der Arbeitslosenquote in Japan seit 1990 in der zweiten Spalte von Tabelle 22.4 betrachtet, dann könnte man zu dem Schluss kommen, dass diese Entwicklung eigentlich gar nicht so schlecht aussieht. Sie ist zwar von 2,1% im Jahr 1990 auf 5% im Jahr 2001 gestiegen. 5% sind aber immer noch niedriger als etwa die durchschnittliche Arbeitslosenquote der Vereinigten Staaten während der letzten 40 Jahre. 5% ist eine Arbeitslosenquote, von der die meisten europäischen Länder nur träumen können. Dennoch ist es die höchste Arbeitslosenquote in Japan seit dem Zweiten Weltkrieg.

  Einen anderen Ansatz, die Entwicklung der Arbeitslosigkeit in Japan zu verstehen, liefert das Gesetz von Okun. Den Zusammenhang zwischen Produktionswachstum und Arbeitslosigkeit haben wir bereits in Kapitel 9 kennen gelernt: In den Vereinigten Staaten beträgt der Okun-Koeffizient 0,4. Ein Rückgang der Wachstumsrate von 1% für ein Jahr führt zu einem Anstieg der Arbeitslosenquote um 0,4%. In Japan liegt der Okun-Koeffizient bei 0,1. Ein Rückgang der Wachstumsrate von 1% für ein Jahr führt zu einem Anstieg der Arbeitslosenquote von nur 0,1%. Da das kumulierte Produktionswachstum in Japan seit 1992 um 30% unter dem normalen Produktionswachstum lag, führte dies zu einem Anstieg der Arbeitslosenquote von $0{,}1 \times 30\% = 3\%$. In den Vereinigten Staaten hätte ein Ausfall des Wachstums in gleicher Höhe zu einem Anstieg der Arbeitslosigkeit von $0{,}4 \times 30\% = 12\%$ geführt, also zu einem viel größeren Anstieg.

Siehe die Fokusbox: "Das Gesetz von Okun im Ländervergleich" in Kapitel 9.

- Niedriges Wachstum und eine für japanische Verhältnisse hohe Arbeitslosigkeit haben seit 1990 zu einem stetigen Rückgang der Inflation geführt. Wie aus Tabelle 22.4 ersichtlich, war die Inflationsrate bereits zu Beginn der 90er Jahre niedrig. Seit 1995 ist aus der Inflation eine Deflation geworden, ein Phänomen, das in den OECD-Ländern seit der Weltwirtschaftskrise nicht mehr beobachtet worden war.

Die Zahlen in Tabelle 22.4 werfen eine Reihe von Fragen auf:

- Wodurch wurde diese Krise ausgelöst?
- Warum dauert diese Krise so lange an?
- Wurden Geld- und Fiskalpolitik falsch eingesetzt, oder scheiterten sie?
- Was wird in Zukunft geschehen?

22.3.1 Anstieg und Fall des Nikkei

In den 80er Jahren gab es am japanischen Aktienmarkt einen bis dahin beispiellosen Boom: Der Nikkei-Index, ein breiter Index von japanischen Aktienwerten, stieg von 7.000 im Jahr 1980 auf 35.000 Ende 1989 – ein Anstieg auf das Fünffache. Dann, innerhalb von zwei Jahren, fiel der Index deutlich, auf 16.000 Ende 1992. Für den Rest des Jahrzehnts blieb der Index niedrig. Im April 2003 stand der Index bei 7.800, einem Wert, der fast nur ein Fünftel des Höchstwertes ausmachte.

Die Entwicklung des Nikkei-Indexes ist in Abbildung 1.7 in Kapitel 1 dargestellt.

Warum stieg der Nikkei-Index in den 80er Jahren so stark an, warum fiel er dann so stark zu Beginn der 90er Jahre? Erinnern wir uns an Kapitel 15. Es gibt zwei Erklärungen für den Anstieg eines Aktienkurses:

- Eine Veränderung des Fundamentalwertes. Er kann auf einen Anstieg der aktuellen oder der erwarteten zukünftigen Dividenden zurückzuführen sein. Wenn die Anleger damit rechnen, dass die Aktie entweder jetzt oder in der Zukunft höhere Dividenden bringen wird, sind sie bereit, heute mehr für die Aktie zu bezahlen. Der Aktienkurs steigt demnach.
- Eine spekulative Blase (ein Bubble): Die Anleger kaufen zu einem höheren Preis, aus dem einzigen Grund: Sie erwarten, dass die Preise in der Zukunft noch weiter nach oben gehen werden.

Erinnern wir uns an Kapitel 15: Wenn keine spekulative Blase vorliegt, ist der Kurs einer Aktie gleich dem erwarteten Gegenwartswert der zukünftigen Dividenden.

Abbildung 22.9 zeigt Dividenden und Aktienkurse in Japan von 1980 bis 2001. Die obere Linie zeigt die Entwicklung des Aktienindexes (des Nikkei); die untere Linie zeigt die Entwicklung der Dividenden. Zur besseren Handhabung sind beide Variablen für das Jahr 1980 auf den Wert Eins normalisiert worden. Ein Blick auf die Abbildung liefert eine eindeutige Schlussfolgerung: Während der Aktienindex in den 80er Jahren anstieg, blieb der Dividendenindex flach. Diese Beobachtung ist aber noch kein Beweis dafür, dass es sich bei der Entwicklung des Nikkei um eine Blase handelte: Eine mögliche Erklärung wäre, dass die Anleger einen starken Anstieg der zukünftigen Dividenden erwarteten, auch wenn die aktuellen Dividenden noch nicht anstiegen. Dennoch lässt die Beobachtung den Schluss zu, dass der Anstieg des Nikkei mit hoher Wahrscheinlichkeit eine große Blasen-Komponente beinhaltete und dass der spätere Einbruch des Nikkei in erster Linie ein Platzen dieser Blase darstellte.

Was auch immer die Gründe gewesen sein mögen, der schnelle Einbruch der Aktienkurse hatte eine starke Wirkung auf Nachfrage und Produktion. Tabelle 22.5 zeigt die Entwicklung des Produktionswachstums, des Konsums und der Investitionen von 1988 bis 1993. Die Investitionen waren während des Anstiegs des Nikkei eine tragende Komponente der Nachfrage. Sie brachen dann aber ganz zusammen. Im Gegensatz zur Weltwirtschaftskrise, in der nach dem Börsenkrach der Konsum drastisch eingebrochen war, zeigte sich der Konsum in Japan relativ stabil. Die Stärke des Konsums reichte jedoch nicht aus, um einen scharfen Rückgang der Gesamtausgaben und des BIP-Wachstums von 6,5% im Jahr 1988 auf 0,4% im Jahr 1993 zu verhindern.

Siehe auch die Diskussion der Effekte der Aktienkurse auf Konsum und Investitionen in den Kapiteln 16 und 17.

Abbildung 22.9: Aktienkurse und Dividenden, Japan, 1980- 2001

Zum Anstieg der Aktienkurse in den 80er Jahren und dem darauf folgenden Einbruch gab es keine parallele Entwicklung bei den Dividenden.

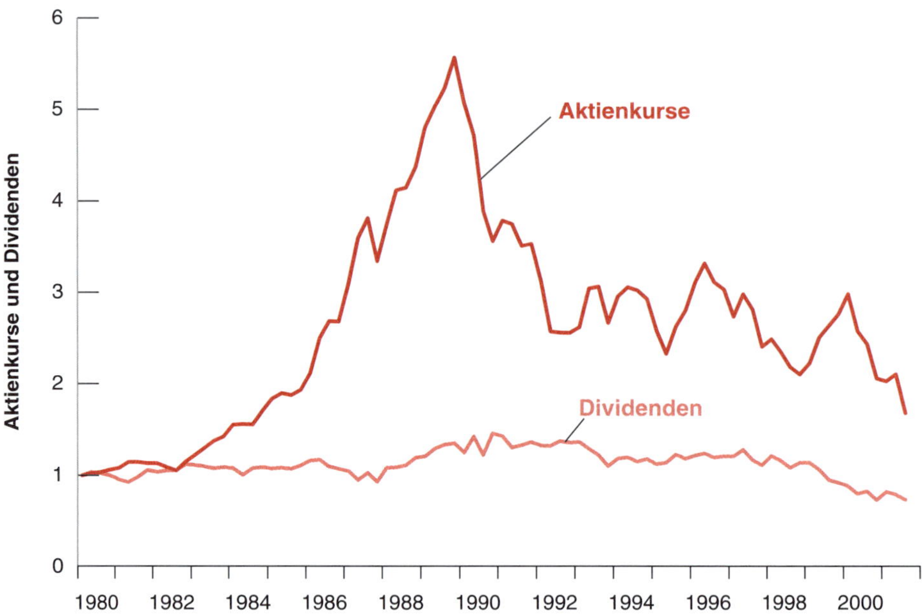

Kurz zusammengefasst, die Antwort auf die Frage, warum es in Japan zu einer Wirtschaftskrise kam, ist kein großes Rätsel. Die schwierigere Frage besteht darin, warum die japanische Wirtschaftskrise so lange andauert. Die wichtigste Lehre, die man aus der Weltwirtschaftskrise ziehen kann, besteht schließlich darin, dass Wirtschaftspolitik eingesetzt werden kann und auch eingesetzt werden sollte, um die Wirtschaft wieder auf einen Wachstumspfad zurückzubringen. Wurden in Japan wirtschaftspolitische Maßnahmen eingesetzt? Wenn ja, warum schlugen sie fehl? Mit diesen beiden Fragen werden wir uns nun beschäftigen.

22.3.2 Das Versagen der Geld- und der Fiskalpolitik

Geldpolitik wurde eingesetzt, allerdings zu spät. Als sie schließlich eingesetzt wurde, sah sie sich mit den in Abschnitt 22.1 diskutierten Problemen der Liquiditätsfalle und der Deflation konfrontiert.

Der Punkt wird in Abbildung 22.10 deutlich. Sie zeigt die Entwicklung des Nominalzinses und des Realzinses in Japan, von 1990 bis 2003. (Als Proxy für die erwartete Inflation nehmen wir wieder – wie in Kapitel 14 – die OECD-Prognose der Inflation für Japan jeweils am Ende des vorausgehenden Jahres.)

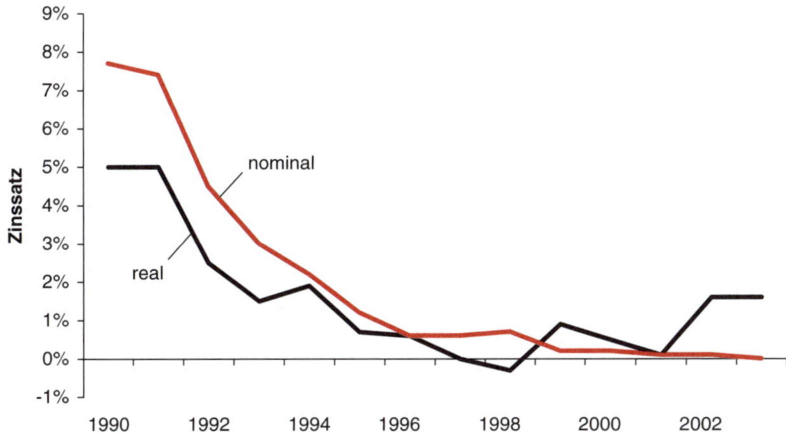

Abbildung 22.10: Nominal- und Realzins in Japan, 1990-2003

Japan befindet sich in der Liquiditätsfalle: Der Nominalzins liegt nahe bei Null. Wegen der Deflation ist der Realzins aber trotz einem Nominalzins von Null positiv.

Tabelle 22.5: BIP, Konsum und Investitionswachstum, Japan, 1988-1993

Jahr	BIP (%)	Konsum (%)	Investitionen (%)
1988	6,5	5,1	15,5
1989	5,3	4,7	15,0
1990	5,3	4,4	11,5
1991	3,1	2,1	4,4
1992	0,9	2,2	27,3
1993	0,4	2,5	211,6

Quelle: OECD Economic Outlook. December 2001. Investitionen: Private Anlageinvestitionen unter Ausschluss des Wohnungsbaus.

1990 war der Nominalzins sehr hoch, nahe 8%. Dies war teilweise darauf zurückzuführen, dass die Bank von Japan über den Anstieg des Nikkei besorgt war, und versuchte, die Aktienkurse durch hohe Zinssätze zum Sinken zu bringen. Bei einer Inflation von 3% implizierte dieser Nominalzins einen Realzins von ungefähr 5%.

Zur Erinnerung: Der Aktienkurs hängt positiv von den aktuellen und den erwarteten Dividenden ab, und negativ von den aktuellen und den zukünftigen Zinssätzen.

Als das Wachstum zurückging, senkte die Bank von Japan die nominalen Zinsen. Sie senkte die Zinsen jedoch sehr langsam. 1996, als der Nominalzins auf weniger als 1% gesenkt worden war, hatte der kumulierte Effekt des niedrigen Wachstums die Inflation zu einer Deflation gemacht. Seit Mitte der 90er Jahre befindet sich Japan in einer Liquiditätsfalle. Der kurzfristige Nominalzins liegt nun bei Null; er kann nicht weiter sinken. Gleichzeitig befindet sich die Arbeitslosigkeit weiter auf einem hohen Niveau, was wiederum zu Deflation führt, so dass der Realzins positiv ist.

Zum Zeitpunkt der Erstellung dieses Buches liegt der Realzins bei ungefähr 1,6%. Es ist nicht niedrig genug, um die Nachfrage zu stimulieren und die Produktion steigen zu lassen. Japan befindet sich in dem Teufelskreis, den wir in Abschnitt 22.1 beschrieben haben: Eine hohe Arbeitslosigkeit führt zu höherer Deflation, die wiederum zu einem höheren Realzins führt. Der höhere Realzins führt zu einer geringeren Nachfrage, dadurch steigt die Arbeitslosigkeit noch weiter an.

Auch Fiskalpolitik wurde genutzt. Abbildung 22.11 zeigt, wie sich Budgetdefizit und Staatsverschuldung (jeweils als Anteil der Staatsverschuldung am BIP) von 1965 bis 2003 entwickelten. Die Abbildung verdeutlicht, dass sich der Haushaltsüberschuss 1990 seitdem in ein Defizit verwandelt hat, das stetig bis auf aktuell nahezu 8% angestiegen ist. Dies hängt mit dem Rückgang der Steuereinnahmen zu Beginn der Wirtschaftskrise, vor allem aber mit dem stetigen Anstieg der Staatsausgaben im Laufe des Jahrzehnts zusammen. Ein Großteil der höheren Staatsausgaben entfiel auf Arbeitsbeschaffungsmaßnahmen. Der Nutzen mancher dieser Maßnahmen lässt sich bezweifeln. Vom Gesichtspunkt der Stimulierung der Nachfrage jedoch ist ein Projekt so gut wie das andere, so dass diese Erhöhung der Staatsausgaben insgesamt zu einem Anstieg der Nachfrage hätte beigetragen sollen.

Ein Witz, der in Japan gerne erzählt wird: Als Ergebnis der Arbeitsbeschaffungsmaßnahmen wird, wenn die Wirtschaftskrise vorbei ist, die ganz Küstenlinie des japanischen Archipels in Beton gegossen sein.

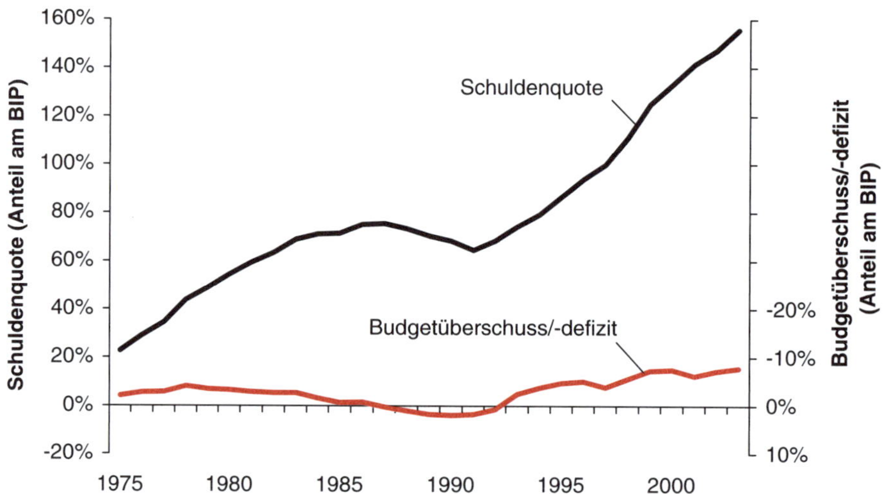

Abbildung 22.11: Schuldenquote und Budgetüberschuss/-defizit, Japan, 1975-2003

Das Budgetdefizit nahm in den 90er Jahren kontinuierlich zu; die Schuldenquote hat sich dramatisch erhöht.

Hat sie wirklich dazu beigetragen? Ökonomen, die sich mit dieser Frage beschäftigt haben, sind zu dem Schluss gekommen, dass die Erhöhung der Staatsausgaben zwar die Nachfrage stimulierte, aber nicht ausreichend, um die Produktion wirklich steigen zu lassen. Anders ausgedrückt, ohne die Erhöhung der Staatsausgaben wäre die Produktion sogar noch weiter zurückgegangen. Die Fiskalpolitik begrenzte den Rückgang, sie konnte aber keinen Aufschwung herbeiführen. Daher ist die japanische Regierung heute mit folgendem Problem konfrontiert: Hohe Staatsausgaben und niedrige Steuern haben zu einer langen Serie von Budgetdefiziten geführt und die Staatsschuld dramatisch ansteigen lassen. Wie Abbildung 22.11 zeigt, ist sie (das Verhältnis von Staatsverschuldung zum BIP) von 61% im Jahr 1990 auf mittlerweile über 150% dramatisch angestiegen. Gegenwärtig liegt der Zinssatz auf Staatsanleihen nahe bei Null, so dass die Zinszahlungen noch relativ klein sind. Wenn jedoch der Zinssatz in der Zukunft ansteigen sollte, dann würden die Zinszahlungen eine sehr schwere Belastung für das Staatsbudget darstellen. Aus diesem Grund zögert die japanische Regierung aus verständlichen Gründen, weiterhin Fiskalpolitik einzusetzen. Dies spiegelt sich seit 1999 im Anstieg des Verhältnisses von Steuern zum BIP wider.

Bei einem Zinssatz von 1% per annum impliziert eine Staatsschuld von 150% Zinszahlungen von 1,5% des BIP. Bei einem Zinssatz von beispielsweise 6% per annum impliziert dasselbe Verhältnis von Schuldenstand zu BIP-Zinszahlungen in Höhe von 9% des BIP.

22.3.3 Wie geht es weiter?

Es ist nicht schwer zu verstehen, warum viel Makroökonomen die unmittelbaren Zukunftsaussichten Japans recht düster beurteilen: Die Geldpolitik kann den Zinssatz nicht weiter senken. Der Spielraum für Fiskalpolitik ist nach einem Jahrzehnt großer Budgetdefizite zumindest begrenzt, wenn nicht ausgeschöpft. Welche Instrumente stehen denn den Politikern überhaupt noch zur Verfügung? Die Politikempfehlungen kann man in zwei Hauptkategorien einordnen:

- Inflation erzeugen.

  In der seltsamen Welt der Liquiditätsfalle ist ein Mehr an Inflation etwas Positives, Wünschenswertes. Wenn die Japaner plötzlich zu der Überzeugung kommen würden, dass in der Zukunft Inflation droht, dann würde der Realzins sinken. Dies würde Nachfrage und Produktion stimulieren. Und die tatsächliche Inflation würde ebenfalls steigen; erinnern wir uns daran, dass die Phillipskurven-Beziehung impliziert, dass ein Anstieg der erwarteten Inflation im Verhältnis 1:1 zu einem Anstieg der tatsächlichen Inflation führt.

  $\pi = \pi^e - \alpha (u - u_n)$. Bei gegebener Arbeitslosenquote u führt ein Anstieg von π^e zu einem Anstieg von π in gleicher Höhe.

  Die Frage ist, ob und wie die Bank von Japan die Japaner überzeugen kann, dass es in der Zukunft zu Inflation kommen wird. Es wurden bereits verschiedene Vorschläge gemacht. Ein Vorschlag besteht darin, die Bank von Japan solle ein Inflationsziel bekannt geben, eine Inflationsrate, die sie in den nächsten Jahren zu erreichen versuchen wird. Wenn die Wirtschaftssubjekte diese Ankündigung für glaubhaft halten, dann wird die erwartete Inflation – und in ihrem Zuge auch die tatsächliche Inflation – wirklich ansteigen, so dass sie japanische Wirtschaft dabei unterstützt wird, den Weg aus der Krise zu finden. Ob dieser Vorschlag funktioniert, ist jedoch unsicher: Wenn die Wirtschaftssubjekte die Ankündigung nicht für glaubhaft halten und weiterhin Deflation erwarten, dann wird die Deflation weitergehen und es gibt wenig, was sie Bank von Japan dagegen tun könnte.

  Diese Diskussion ist symmetrisch zu der Diskussion in Kapitel 9, ob eine Zentralbank Disinflation zu geringen oder gar keinen Produktionskosten erreichen kann. Damals war die Antwort: Wenn die Zentralbank die Wirtschaftssubjekte glaubhaft überzeugen kann, dass die Inflation niedriger sein wird, dann ist sie unter Umständen in der Lage, eine niedrigere Inflation zu niedrigeren Produktionskosten zu erreichen.

  Kurz zusammengefasst, der Erfolg einer solchen Ankündigung beinhaltet ein klares, selbst-erfüllendes Element: Wenn die Ankündigung glaubwürdig ist, dann wird die Ankündigung mit großer Wahrscheinlichkeit erfolgreich sein. Wenn die Ankündigung unglaubwürdig ist, dann wird sie nicht erfolgreich sein. Die Ereignisse während der Weltwirtschaftskrise im Jahr 1933 könnten in diesem Zusammenhang relevant sein. Man könnte das Verhalten von Roosevelt im Jahr 1933 als Koordination eines Übergangs von Deflation zu Inflation interpretieren, der zur Wiederbelebung der U.S.-Wirtschaft beitrug. Wir können nur hoffen – sicher sein können wir nicht –, dass auch Japan diesen Übergang schaffen wird.

- Das Bankensystem bereinigen.

  Viele Politikempfehlungen gehen davon aus, dass die japanische Wirtschaft heute unter einer großen Zahl von Strukturproblemen leidet.

  Eines der wichtigsten Strukturprobleme ist der schlechte Zustand des Bankensystems: Viele Unternehmen sind derzeit, in erster Linie auf Grund der Wirtschaftskrise, nicht sehr erfolgreich. In den Büchern der Banken stehen deshalb viele schlechte Forderungen. Die Kreditnehmer werden diese Forderungen nicht zurückzahlen können. (Warum dies der Fall ist, und wie es dazu kam, veranschaulicht die Fokusbox „Das japanische Bankenproblem"). Eine Konsequenz ist, dass viele Unternehmen, die Verlust machen und ihre Geschäftstätigkeit aufgeben sollten, weiterhin von den Banken finanziert werden und so weiterhin ihre Geschäftstätigkeit fortsetzen. Ein großer Teil der Bankenmittel fließt weiterhin an Unternehmen mit faulen Krediten. „Gute Unternehmen" – Unternehmen mit guten Aussichten und guten Investitionsprojekten – können daher keine Finanzierung finden und nicht investieren.

Die richtige Politik besteht – nach dieser Argumentation – darin, das Problem fauler Kredite zu eliminieren: Unternehmen, die ihre Kredite nicht zurückzahlen können, sollten entweder geschlossen oder umorganisiert werden. Die Banken, die zu viele faule Kredite vergeben haben, sollten ebenfalls geschlossen oder umorganisiert werden. Diese Maßnahmen hätten zwei Effekte:

Die schlechten Unternehmen werden eliminiert. Wenn diese Unternehmen durch produktivere Unternehmen ersetzt werden, wird dies zu höherer Produktivität und zu einem Anstieg des natürlichen Produktionsniveaus führen.

Unternehmen mit guten Investitionsprojekten werden endlich in die Lage versetzt, zu investieren. Das lässt Investitionsausgaben, Nachfrage und gesamtwirtschaftliche Produktion steigen.

Nicht alle Ökonomen sind sich einig. Es besteht zwar Übereinstimmung, dass viele Forderungen der Banken schlecht sind, und dass es nötig ist, das Bankensystem zu bereinigen. Es ist aber keineswegs klar, dass ein derartiges „Bereinigen" des Bankensystems dazu beitragen wird, Japan in der kurzen Frist aus der Krise herauszuführen. In der kurzen Frist impliziert eine solche Politik, dass viele Banken und Unternehmen schließen müssen. Viele Ökonomen befürchten, dass dies in der kurzen Frist zu einem weiteren Rückgang der Produktion führen könnte, so dass dadurch die Krise noch verschärft werden könnte, bevor die positiven Effekte des „Bereinigens" wirksam werden. Die Furcht, dass sich die wirtschaftliche Lage zunächst verschlechtern könnte, bevor sie sich verbessert, ist einer der Hauptgründe, warum alle japanischen Regierungen bisher zögerten, eine generelle Reorganisation des Bankensystems in Angriff zu nehmen.

Kurz zusammengefasst, es könnte sein, dass entweder die japanischen Konsumenten oder die japanischen Unternehmen bald optimistischer werden und ihre Ausgaben erhöhen, so dass es zu einem Anstieg der Produktion kommt. Wenn dieser Fall jedoch nicht eintritt, dann scheint es angesichts der Tatsache, dass die beiden wichtigsten makroökonomischen Politikinstrumente nicht zur Verfügung stehen, keine einfache Lösung für das Problem zu geben, Japan aus der derzeitigen Wirtschaftskrise herauszuführen. Die Lösungsansätze, die derzeit erwogen werden, haben das Problem, dass man sich nicht sicher sein kann, ob sie zum Erfolg führen werden, oder dass sie mit großen Schmerzen verbunden sind.

Fokus: Das japanische Bankenproblem

Eine der Konsequenzen des scharfen Rückgangs des Produktionswachstums in Japan zu Beginn der 90er Jahre bestand darin, dass – wie auch in der Weltwirtschaftskrise – viele Unternehmen nicht mehr in der Lage waren, ihre Bankkredite zurückzuzahlen.

Die Situation wurde durch zwei Fakten noch verschärft:

In den 80er Jahren hatten die japanischen Banken angefangen, ihre besten Kreditnehmer zu verlieren, nämlich die großen japanischen Unternehmen. Sie finanzierten sich zunehmend durch die Ausgabe eigener Anleihen statt über Bankkredite. Die Banken sahen sich deshalb genötigt, Kredite an risikoreichere Kreditnehmer zu vergeben, die auch ohne die Wirtschaftskrise Schwierigkeiten gehabt hätten, ihre Kredite zurückzuzahlen.

Gleichzeitig hatten die Unternehmen für viele dieser Kredite Grundstücke als Sicherheiten eingesetzt. (Der Begriff „Sicherheiten" steht für alle Vermögensgegenstände, die ein Kreditnehmer der Bank übereignet, falls er seinen Kredit nicht zurückzahlen kann.) Die Grundstückspreise brachen jedoch genau zur gleichen Zeit zusammen wie die Aktienkurse, also zu Beginn der 90er Jahre. Der Wert dieser Sicherheiten schrumpfte dramatisch.

Während der Weltwirtschaftskrise kam es zu einer Serie von Bankenzusammenbrüchen und Runs auf die Banken (siehe die Fokusbox: „Bankenzusammenbrüche" in Kapitel 4). Eine der Lehren aus der Weltwirtschaftskrise bestand darin, dass der Staat die Einleger versichern sollte, um derartige Runs auf die Banken zu verhindern. In den Vereinigten Staaten wurde 1934 die so genannte „Federal Deposit Insurance" eingeführt. Ähnliche Versicherungssysteme wurden später in den meisten Ländern eingeführt, einschließlich Japan.

Eine Einlagenversicherung löst ein Problem: Sie eliminiert das Risiko von Runs auf die Bank. Eine Einlagenversicherung schafft jedoch ein anderes Problem, das in Japan in den 90er Jahren besonders deutlich wurde. Um dieses Problem zu verstehen, gehen wir von einer Geschäftsbank aus, deren Bilanz in Abbildung 1 dargestellt ist.

- Auf der Aktivseite der Bilanz stehen Kreditforderungen in Höhe von 100 €.
- Auf der Passivseite der Bilanz stehen Einlagen in Höhe von 50 €.
- Der Nettowert der Bank, die Differenz zwischen dem Vermögen und den Verbindlichkeiten, beträgt daher 100 € – 50 € = 50 €.

Aktiva	Passiva
Kredit-forderungen: $100	Einlagen: $50 Nettovermögen: $50

Abbildung 1: Bilanz einer Geschäftsbank

(Es ist wichtig, den Unterschied zwischen dieser Bilanz und den Bilanzen zu sehen, die wir in Kapitel 4 analysiert haben. Zunächst einmal lassen wir hier die Reserven außen vor. Sie waren für die Argumente in Kapitel 4 von Bedeutung; hier jedoch nicht. Zudem nahmen wir in Kapitel 4 an, dass das Vermögen den Verbindlichkeiten entsprach, dass also das Nettovermögen gleich Null war. Im Normalfall ist der Nettowert positiv, diese Tatsache spielt hier eine wichtige Rolle).

Nehmen wir nun an, es stellt sich heraus, dass der Kredit faul ist: Das Unternehmen, an das der Kredit vergeben wurde, kann ihn nicht in vollem Umfang zurückzahlen. Was sollte geschehen?

- Der Wert der Forderung ist nun gleich Null: Die Bank sollte die Forderung abschreiben. Die Bank hat immer noch Verbindlichkeiten in Höhe der Einlagen von 50 €, sie kann sie aber nicht zurückzahlen. Damit sollte die Einlagenversicherung den Anlegern 50 € zahlen; die Bank sollte schließen.
- Dies wird jedoch aller Wahrscheinlichkeit nicht passieren. Um seinen Job nicht zu verlieren, wird der Manager der Bank vielleicht vorgeben, es wäre nichts passiert; die Forderung sei immer noch gut. Der Manager wird sich vielleicht sogar entschließen, dem Unternehmen weitere Kredite zu geben, damit das Unternehmen den alten Kredit zurückzahlen kann und es so aussieht, als würden die Geschäfte völlig normal laufen. Auf diese Weise wirft er zwar gutes Geld schlechtem Geld hinterher, aber so gewinnt er Zeit und behält seinen Job, zumindest für eine gewisse Zeit.

- Selbst die Eigentümer der Bank werden unter Umständen diese Vorgehensweise billigen: Wenn die Bank zu diesem Zeitpunkt schließen muss, dann verlieren sie alles (der Nettowert ist eindeutig gleich Null). Wenn jedoch die leiseste Chance besteht, das Unternehmen könnte sich erholen und wieder in der Lage sein, die Kredite zurückzuzahlen, dann könnten sie vielleicht doch noch mit einem positiven Nettovermögen enden (dies wird durch den Begriff „gambling for resurrection" beschrieben). Selbst wenn die Chancen sehr schlecht stehen, kann es sein, dass die Bank dem Unternehmen weiterhin Kredite gibt.
- Die Anleger kümmern sich nicht darum, wie sich die Bank verhält: ihre Einlagen sind versichert, wie auch immer die Bank handelt. Selbst die Regulierungsbehörde wird sich unter Umständen dazu entschließen, lieber ihre Augen zu schließen: Die Anerkennung fauler Kredite und die Tatsache, dass die Bank geschlossen werden muss, wirft vielleicht ein schlechtes Licht auf die Regulierungsbehörde – vielleicht ist es also besser zu warten.

Im Ergebnis werden die Banken mit großer Wahrscheinlichkeit die faulen Kredite erneuern, oder sogar neue Kredite an die schlechten Unternehmen vergeben werden. Dies geschieht auf Kosten der guten Unternehmen. Je mehr Zeit verstreicht, desto schlimmer wird das Problem der schlechten Forderungen.

Genau dies ist in Japan in den 90er Jahren geschehen. Bis 1993 veröffentlichten die Banken keinerlei Informationen über schlechte Forderungen. Seit damals haben sie widerwillig die Existenz von schlechten Forderungen in ihren Büchern zugegeben. Der Gesamtbetrag der schlechten Forderungen hat aber stetig zugenommen, von 12 Billionen Yen im Jahr 1993 auf 30 Billionen Yen im Jahr 1998, auf 44 Billionen im Jahr 2001. Aber sogar dieser Wert liegt vielleicht weit unter dem wahren Wert. Eine Schätzung der OECD kommt zu einem Gesamtwert der schlechten Forderungen von 237 Billionen Yen, oder beinahe 45% des BIP. Darin liegt eines der Hauptprobleme, mit dem Japan heute konfrontiert ist.

22.4 Arbeitslosigkeit in Europa

Bis Ende der 70er Jahre war die Arbeitslosenquote in Europa weit niedriger als in den Vereinigten Staaten. Abbildung 22.12a zeigt aber, dass seit Mitte der 70er Jahre ein starker Anstieg zu verzeichnen ist. Anfang der 80er Jahre nahm die Arbeitslosigkeit zunächst sowohl in Europa wie in den USA besonders stark zu. Während sie aber in den USA seit 1982 stetig zurückging, hat sich der Trend in Europa immer weiter fortgesetzt. Einem leichten Rückgang Ende der 80er Jahre folgte ein neuer dramatischer Anstieg Anfang der 90er Jahre. Die Arbeitslosenquote hat sich also im Durchschnitt immer weiter nach oben verschoben, auch wenn sie in vielen europäischen Staaten Ende der 90er Jahre wieder leicht zurückging.

22.4.1 Die Rolle von Schocks

Eine entscheidende Frage ist, ob dies eine strukturelle Verschiebung der natürlichen Arbeitslosenquote bedeutet oder ob die tatsächliche Quote weit über die natürliche gestiegen ist? Abbildung 22.12b zeigt, wie sich Arbeitslosigkeit und Inflation im Euroraum seit 1970 entwickelt haben. Sie liefert uns wichtige Einsichten:

- Der Anstieg der Arbeitslosigkeit Mitte der 70er Jahre ging mit einem Anstieg der Inflationsrate einher. Dies deutet darauf hin, dass Angebotsschocks die Ursache waren. In Kapitel 7 konnten wir sehen, dass sich Arbeitslosigkeit und Inflation bei Nachfrageschocks invers verhalten, bei Angebotsschocks dagegen in die gleiche Richtung bewegen. Hier gibt es eine ganze Reihe von Verdächtigen, insbesondere die beiden Ölpreisschocks Mitte und Ende der 70er Jahre sowie die Abschwächung des Produktivitätswachstums ab Mitte der 70er Jahre. In dieser Zeit ist also nicht nur die tatsächliche, sondern auch die natürliche Quote stark angestiegen.
- Ebenso wie in den USA war der Anstieg der Arbeitslosigkeit Anfang der 80er Jahre von einem starken Rückgang der Inflation begleitet. Unsere Analyse der Disinflation in Kapitel 9 legt nahe, dass die steigende Arbeitslosigkeit in dieser Phase zu einem großen Teil auf den Versuch der Geldpolitik zurückzuführen ist, die Inflationsrate dauerhaft zu senken. Die tatsächliche Quote lag also über der natürlichen.
- Seit Ende der 80er Jahre ist die Inflation dann aber nur mehr sehr langsam zurückgegangen und schließlich weitgehend stabil geblieben. Aufbauend auf unserer Diskussion in Kapitel 6 und 8 können wir den Schluss ziehen, dass im Euroraum die natürliche Arbeitslosenquote heute sehr nahe an der tatsächlichen Arbeitslosenquote liegt – bei etwa 8,5%.

Bevor wir versuchen, diese Entwicklung zu erklären, wollen wir uns fragen, ob es überhaupt sinnvoll ist, über *die* hohe Arbeitslosenquote im Euroraum zu reden. Gibt es nicht doch starke Unterschiede zwischen den verschiedenen Ländern? Die Antwort liefert uns Abbildung 22.13. Sie zeigt den Verlauf der Arbeitslosigkeit in einzelnen Staaten Europas seit 1970.

Abbildung 22.12:
(a) Arbeitslosenquote im Euroraum und den USA: Bis Ende der 70er Jahre lag die Arbeitslosenquote in Europa weit niedriger als in den USA. Seitdem ist sie stark gestiegen und verharrt auf einem hohen Niveau.
(b) Arbeitslosenquote und Inflation im Euroraum: Obwohl die Arbeitslosenquote in Europa sehr hoch ist, geht die Inflation kaum zurück.

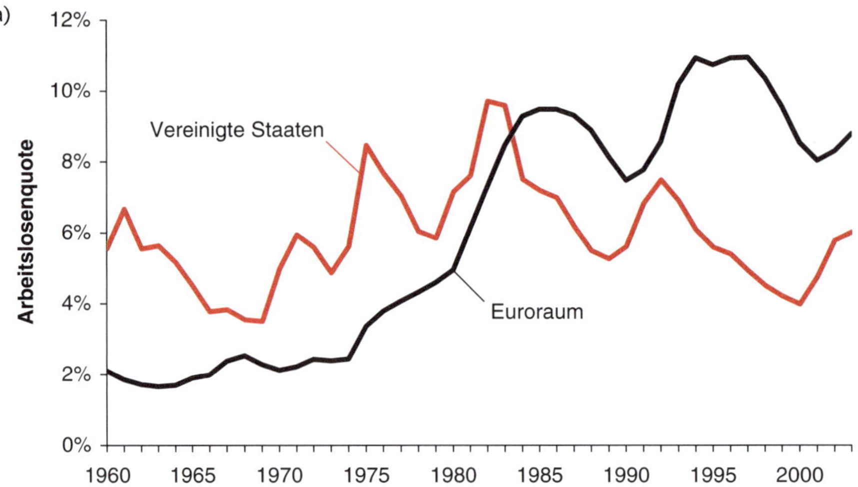

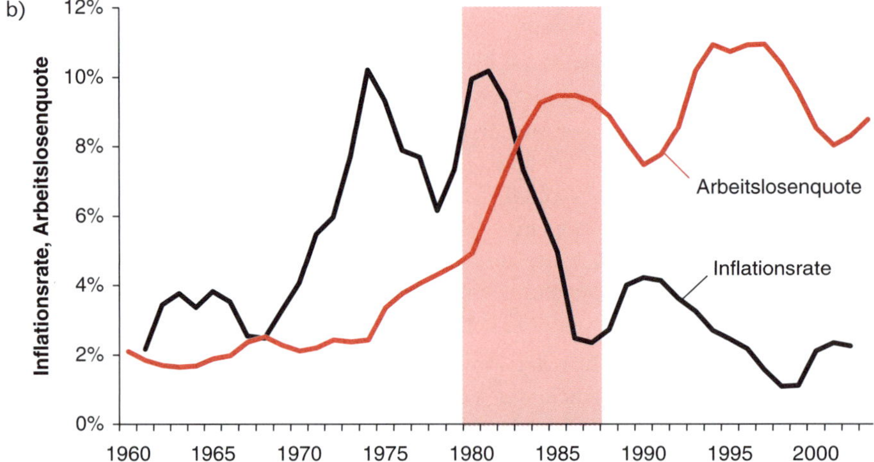

- Gerade die großen europäischen Staaten wie Frankreich, Italien und Spanien sind in der Tat durch hohe Arbeitslosigkeit gekennzeichnet. In Deutschland ist die Arbeitslosenquote in den 90er Jahren stark angestiegen.
- Es gibt aber auch eine Reihe von Ländern mit relativ niedrigen Arbeitslosenquoten. In den Niederlanden, Großbritannien und Irland ist die Arbeitslosigkeit gerade im Lauf der 90er Jahre zurückgegangen. Andere Staaten, wie Österreich und die Schweiz waren im gesamten Zeitraum durch niedrige Arbeitslosigkeit gekennzeichnet.

Wir können also durchaus von *dem* europäischen Arbeitslosenproblem sprechen. Zugleich aber sollte man bei der Suche nach den Ursachen nicht die Unterschiede innerhalb Europas vergessen.

a)
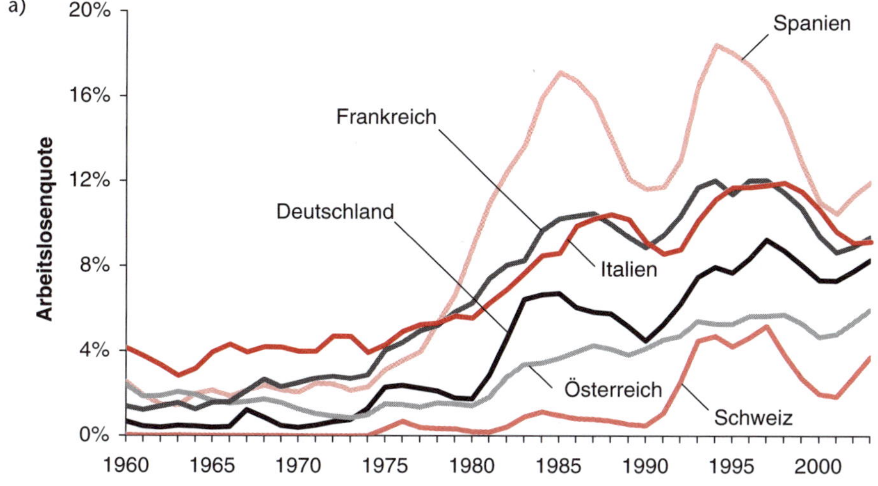

b)
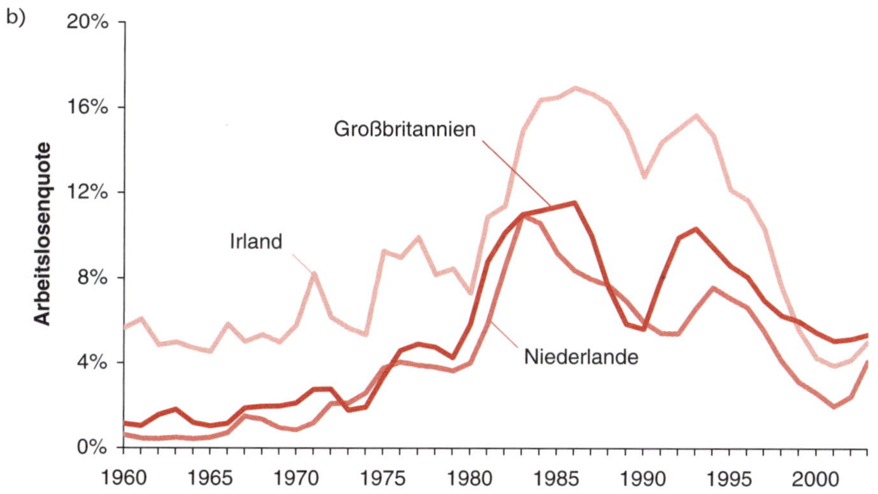

Abbildung 22.13: Arbeitslosenquoten im Ländervergleich:

(a) Frankreich, Italien und Spanien sind durch hohe Arbeitslosigkeit gekennzeichnet. In Deutschland ist sie stark angestiegen. Manche Länder haben im gesamten Zeitraum niedrige Quoten.
(b) In den Niederlanden, Großbritannien und Irland ist die Arbeitslosigkeit im Lauf der 90er Jahre zurückgegangen.

Die natürliche Arbeitslosenquote ist in den 70er Jahren stark gestiegen und seitdem hoch geblieben. Worauf ist diese bedenkliche Entwicklung zurückzuführen? In den 70er Jahren gab es zwei negative Angebotsschocks:

- Die Ölpreisschocks. Wir haben bereits in unserem Modell in Kapitel 7 untersucht, wie sich solche Schocks auswirken. Sie haben zweifellos zu dem starken Anstieg der Arbeitslosenquote in Europa in den 70er Jahren beigetragen. Dieser Faktor kann jedoch nicht erklären, warum die Quote in den 80er Jahren dann noch weiter angestiegen ist. Der Ölpreis ist in dieser Zeit stark gesunken; trotzdem ist die Arbeitslosigkeit weiter gestiegen.
- Der Rückgang des Produktivitätswachstums seit Mitte der 70er Jahre. Wir haben dieses Phänomen in den Kapiteln 10 und 12 ausführlich diskutiert. Zwischen 1950 und 1973 war die Rate des technischen Fortschritts gerade in den europäischen Ländern sehr hoch: 4,9% in Deutschland; 4% in Frankreich (vgl. Tabelle 12.2). Zwischen

1973 und 1987 hat es sich dann aber stark abgeschwächt auf 2,1% in Deutschland und 1,8% in Frankreich. In Abschnitt 12.2 haben wir beschrieben, wie sich dieser Rückgang auswirkt. Es dauert längere Zeit, bis die Beschäftigten, die Reallohnsteigerungen von 4 bis 5% gewohnt waren, ihr Anspruchsniveau anpassen. Sie (und ihre Gewerkschaften) verlangen weiterhin hohe Lohnsteigerungen, Steigerungen, die nun im Vergleich zum Produktivitätswachstum aber zu hoch sind. Die niedrigen, oft sogar negativen Realzinsen im Lauf der 70er Jahre wirkten sich zunächst dämpfend aus, mit dem Anstieg der Realzinsen im Lauf der 80er Jahre wurde das Problem dann aber um so gravierender. Es kam zu einem starken Anstieg der Arbeitslosenquote.

Es ist plausibel, anzunehmen, dass es einige Jahre dauert, bis die Beschäftigten den Rückgang des Produktivitätswachstums realisieren. Es ist aber unplausibel, dass es 25 Jahre dauern sollte. In den meisten Ländern im Euroraum liegt die natürliche Arbeitslosenquote jedoch immer noch sehr hoch. Was sind die Ursachen? Offensichtlich haben institutionelle Regelungen starken Einfluss darauf, wie der Arbeitsmarkt auf Schocks reagiert.

22.4.2 „Eurosklerose" – Rigiditäten auf dem Arbeitsmarkt

Sklerose bedeutet Verkalkung der Arterien. Damit ist gemeint, dass die vielen Rigiditäten in Europa zu einer wenig flexiblen Wirtschaftsstruktur führen – vgl. Kapitel 6.

Nach vorherrschender Sicht ist das europäische Arbeitslosenproblem das Resultat von Rigiditäten. Sie legen den Unternehmen zu starke Restriktionen auf, hindern sie daran, Anpassungen an veränderte Bedingungen vorzunehmen, führen zu überhöhten Kosten und damit, so wird argumentiert, zu hoher Arbeitslosigkeit. Das Wort „Eurosklerose" wurde geprägt, um dieses Problem zu charakterisieren.

Als wesentliche Rigiditäten am europäischen Arbeitsmarkt werden folgende Punkte angeführt:

- Die Nettolöhne sind nur ein Teil der gesamten Arbeitskosten. Einkommenssteuer und Lohnnebenkosten wie die Arbeitgeberbeiträge zur Renten- und Sozialversicherung liegen in Europa viel höher als in den Vereinigten Staaten.
- Für Unternehmen, die Arbeitskräfte entlassen wollen, fallen hohe Kündigungskosten an. Kündigungsschutz und Abfindungszahlungen erfordern komplexe, langwierige juristische Verfahren, um überhaupt Entlassungen genehmigt zu bekommen. Diese hohen Kosten machen es nicht nur schwierig, Arbeitskräfte zu entlassen. Sie führen vor allem auch dazu, dass sich Unternehmen zweimal überlegen, ob sie überhaupt neue Arbeitskräfte einstellen sollten.
- Gewerkschaften sind in Europa viel mächtiger als in den Vereinigten Staaten. Sie drängen auf hohe Lohnabschlüsse und begrenzen die Flexibilität, mit der Unternehmen sich an Veränderungen anpassen können.
- Die Arbeitslosenunterstützung ist in Europa großzügiger als in den Vereinigten Staaten. Es ist leichter, einen Anspruch darauf zu bekommen; die Zahlungen werden auch über einen längeren Zeitraum geleistet, so dass die Anreize vermindert werden, nach einem neuen Arbeitsplatz zu suchen.

- In vielen europäischen Ländern sind die Mindestlöhne im Vergleich zum Durchschnittslohn relativ hoch. In Verbindung mit den Lohnnebenkosten machen sie es unprofitabel, ungelernte Arbeitskräfte einzustellen. Ungelernte bleiben daher arbeitslos und verlieren die Möglichkeit, am Arbeitsplatz Fähigkeiten zu trainieren und sich so zu qualifizieren.

Wieso führen diese Faktoren zu einer hohen natürlichen Arbeitslosenquote? Erinnern wir uns an die Bestimmungsgründe dieser Quote in Kapitel 6. Sie ist durch zwei Gleichungen charakterisiert:

Die erste ist die Lohnsetzungsgleichung:

$$\frac{W}{P} = F\underset{(-,+)}{(u, z)}$$

Diese Gleichung ergibt sich aus dem Lohnsetzungsverhalten, zusammen mit der Annahme, dass das erwartete Preisniveau dem tatsächlichen entspricht. Der Reallohn sinkt mit der Arbeitslosenquote u und steigt mit allen anderen (mit z bezeichneten) Faktoren, die die Lohnsetzung beeinflussen. Die Lohnsetzung wird in Abbildung 22.14 durch die fallende Kurve *WS* repräsentiert. Die zweite ist die Preissetzungsgleichung

$$\frac{W}{P} = \frac{1}{1+\mu}$$

mit μ als Gewinnaufschlag der Preise über die Löhne. Sie ist in Abbildung 22.14 durch die horizontale Kurve *PS* repräsentiert. Das Gleichgewicht ist durch den Schnittpunkt beider Kurven (Punkt *A*).

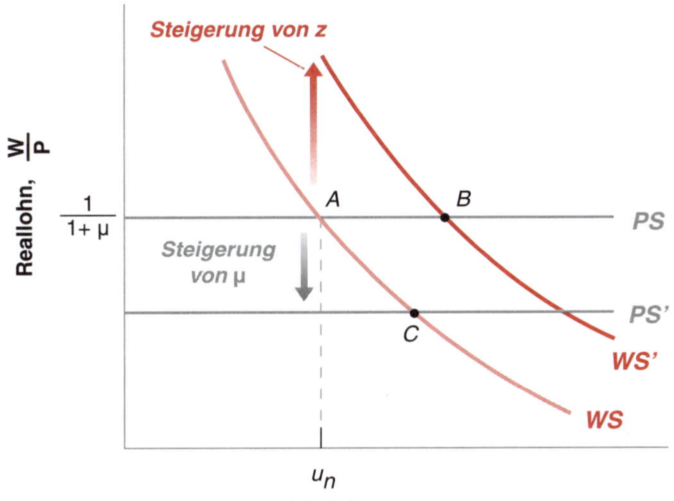

Abbildung 22.14: Die Determinanten der natürlichen Arbeitslosenquote. Ein Anstieg von z oder von μ erhöhen jeweils die natürliche Arbeitslosenquote u_n.

Ein Anstieg von z erhöht den Reallohn bei gegebener Arbeitslosenquote und verschiebt damit die *WS*-Kurve nach rechts. Das neue Gleichgewicht mit einer höheren natürlichen Arbeitslosenquote liegt in Punkt B. Ein höherer Gewinnaufschlag verschiebt die *PS*-Kurve nach unten. Das neue Gleichgewicht, wieder mit einer höheren natürlichen Arbeitslosenquote, liegt in Punkt C.

Die verschiedenen Faktoren, die wir oben anführten, lassen entweder z oder μ steigen:

- Eine hohe Steuerbelastung und hohe Lohnnebenkosten erhöhen die Kosten und damit den Gewinnaufschlag μ.
- Gewerkschaften verringern die Flexibilität der Unternehmen, sich effizient anzupassen. Sie führen zu höheren Kosten und damit zu einem Anstieg von μ.
- Stärkere Verhandlungsmacht der Arbeitnehmer lässt z steigen. Die Löhne steigen bei gegebener Arbeitslosenquote.
- Arbeitslosenunterstützung macht Arbeitslosigkeit erträglicher und steigert damit wieder z. Die Löhne steigen bei gegebener Arbeitslosenquote.

Wie überzeugend ist die These, „Eurosklerose" sei der Kern des europäischen Arbeitslosenproblems? Ein Problem dieser These liegt darin, dass es viele der angeführten Faktoren bereits im Europa der 60er Jahre gab, als die Arbeitslosigkeit hier noch sehr niedrig war. Obwohl in den 70er und frühen 80er Jahren manche Rigiditäten verschärft wurden, setzte seitdem in den meisten Ländern eine gegenläufige Bewegung ein, um die Arbeitsmärkte flexibler zu machen. Viele der angeführten Rigiditäten sind heute schwächer ausgeprägt als vor zehn Jahren.

So geht etwa die Macht der Gewerkschaften eindeutig zurück. Seit den frühen 80er Jahren hat die Gewerkschaftsdichte in den meisten Staaten Europas abgenommen. Viele Länder haben Gesetzgebungen verabschiedet, die Teilzeitarbeit oder begrenzte Arbeitsverträge erleichtern.

Wenn das Argument, Rigiditäten auf dem Arbeitsmarkt seien für den Anstieg der Arbeitslosigkeit in Europa verantwortlich, zutrifft, muss es daran liegen, dass ihre Auswirkungen auf die Arbeitslosigkeit nun gravierender geworden sind, obwohl sich die institutionellen Regelungen nicht verschlechtert haben. Das erscheint durchaus plausibel. Die ökonomischen Bedingungen haben sich seit den 80er Jahren enorm verändert. Die Wachstumsraten gingen stark zurück. Der Strukturwandel hat sich beschleunigt; der internationale Wettbewerb ist härter geworden. Unter solch veränderten Bedingungen können Rigiditäten durchaus größere Bedeutung haben. Unternehmen mit stabiler Nachfrage müssen nie Leute entlassen; Kündigungsschutz ist für sie kein Hindernis. Sind Unternehmen dagegen gezwungen, sich schnell anzupassen, um zu überleben, dann können solche Restriktionen verheerende Auswirkungen haben. Die gleichen Restriktionen, die in den 60er Jahren vielleicht angemessen waren, können sich also heute als unpassend erweisen.

Gibt es Beweise, dass Europa heute einem stärkeren strukturellen Wandel unterliegt? Angesichts der vielen Reden über zunehmenden internationalen Wettbewerb und den rapiden Wandel in den Sektoren der Neuen Ökonomie mag es überraschen, dass Ökonomen bislang wenig Evidenz dafür fanden.

Ein Maß für Strukturwandel ist die Dispersion der Änderungsraten der Beschäftigung in den verschiedenen Sektoren. Wachsen alle Sektoren mit der gleichen Rate, ist die Dispersion klein – ein Indiz für geringen Strukturwandel. Falls einige Sektoren schnell wachsen, andere dagegen schrumpfen, müssten Dispersion und Strukturwandel hoch sein. Dispersionsmaße für die einzelnen europäischen Staaten zeigen aber keine klare Tendenz. Sie sind heute in der Regel nicht höher als vor 30 oder 40 Jahren. So gesehen gibt es wenig Anzeichen für einen verstärkten Strukturwandel.

Veränderungen in der sektoralen Zusammensetzung der Beschäftigung sind aber nur eine Dimension des Strukturwandels. Es gibt eine andere Dimension, wo sich in der Tat in den letzten 20 Jahren etwas verändert hat: Die Nachfrage nach ungelernten Arbeitskräften ist sowohl in Europa wie den Vereinigten Staaten relativ zur Nachfrage nach Qualifizierten stark zurückgegangen. Manche Ökonomen sagen, dass der Arbeitsmarkt in Europa auf diese Veränderung anders reagiert hat als in den USA. In den USA ist eine steigende Lohnspreizung zu beobachten. Ungelernte Arbeitskräfte bleiben beschäftigt, wenn auch zu niedrigeren Löhnen. In Europa dagegen sind die Reallöhne der ungelernten Arbeitskräfte nicht zurückgegangen; stattdessen ist die Arbeitslosigkeit in diesem Bereich stark angestiegen.

Für einen Vergleich der Lohnspreizung zwischen Deutschland und den USA vgl. Abschnitt 13.3.

Dieses Argument erfasst einen wichtigen Aspekt der Arbeitsmarktentwicklung in Europa. Der relative Lohn von ungelernten Arbeitskräften ist in den meisten Ländern Europas nicht so stark gesunken wie in den Vereinigten Staaten. In manchen Staaten ist er sogar gestiegen. Die Arbeitslosenquoten dieser Gruppe liegen hier höher als in den USA. Die Daten ergeben aber kein einheitliches Bild. So ist etwa der relative Lohn ungelernter Arbeitskräfte in Großbritannien stark gesunken; die Arbeitslosigkeit dieser Gruppe aber stark gestiegen.

Eine andere Erklärung für den starken Anstieg der Arbeitslosigkeit ungelernter Arbeitskräfte hat wenig mit der Lohnstruktur zu tun. Wenn die Arbeitslosigkeit insgesamt ansteigt, steigt sie bei den ungelernten Arbeitskräften besonders stark, weil die Unternehmen zunächst einmal die weniger qualifizierten Arbeitskräfte freisetzen. Die hohe Arbeitslosigkeit der Ungelernten ist dann einfach ein Reflex des allgemein hohen Niveaus, weniger der Lohnstruktur.

22.4.3 Hysterese

Eine alternative (durchaus komplementäre) Erklärung der Entwicklung in Europa setzt an folgendem Phänomen an: Ebenso wie die USA wurde Europa im Lauf der 70er Jahre durch eine Reihe von negativen Angebotsschocks getroffen. Anfang der 80er Jahre setzte sich der Rückgang der Beschäftigung dann im Zuge der Disinflation durch kontraktive Geldpolitik fort. In den Vereinigten Staaten aber wurde die kontraktive Geldpolitik begleitet von einer expansiven Fiskalpolitik mit enormen Budgetdefiziten in der Zeit der Reagan-Regierung. Weil im Gegensatz dazu in Europa auch die Fiskalpolitik restriktiv war, blieb die Arbeitslosigkeit hier viel höher als in den USA.

Vergleiche dazu die Fokusbox „Kontraktive Geldpolitik und expansive Fiskalpolitik" in Kapitel 20.

Dies wirft natürlich unmittelbar folgende Frage auf: Wenn makroökonomische Politik verantwortlich ist, müsste die tatsächliche Arbeitslosenquote weit über der natürlichen liegen; wir sollten dann aber einen stetigen Rückgang der Inflation beobachten. Dies trifft aber nicht zu. Die Inflation ist in Europa niedrig, sie geht aber kaum mehr weiter zurück.

Der Begriff Hysterese stammt aus dem Griechischen. Er bezeichnete in der Physik das "Nachhinken" einer Wirkung hinter ihrer Ursache, etwa bei der Analyse von Magnetfeldern: Die Wirkung dauert fort, auch wenn die Ursache schon längst abgeklungen ist. Das Wort wird heute allgemein verwendet für Systeme, deren Gleichgewichte vom Zeitpfad abhängen.

Hier nun wird das Argument der Hysterese relevant. Ihr zufolge ist die natürliche Arbeitslosenquote nicht, wie bislang unterstellt, unabhängig von der tatsächlichen Entwicklung am Arbeitsmarkt: Eine lange Zeit hoher Arbeitslosigkeit lässt die natürliche Quote vielmehr ansteigen. Bei persistent hoher Arbeitslosigkeit nimmt der Druck auf die Inflation immer mehr ab, so dass die Inflation in Europa nicht mehr stärker zurückgeht. Hysterese liefert auch eine Erklärung dafür, warum in der Weltwirtschaftskrise die Deflation trotz hoher Arbeitslosigkeit zu einem Ende kam.

Eine zentrale Rolle bei diesem Argument spielt die Langzeitarbeitslosigkeit. Der Anteil der Beschäftigten, die mehr als ein Jahr arbeitslos sind, ist in Europa auf über 30% angestiegen. Je länger die Arbeitslosigkeit andauert, desto mehr gehen Qualifikation und Arbeitsmotivation verloren, desto größer die psychischen Probleme. Es kommt zu einem gefährlichen Teufelskreis: Unternehmen scheuen sich, Langzeitarbeitslose einzustellen; sie bleiben weiter unbeschäftigt und haben keinen Einfluss mehr auf den Prozess der Lohnbildung. Unternehmen können nicht glaubhaft damit drohen, Langzeitarbeitslose zu beschäftigen, um von ihren Mitarbeitern Lohnzugeständnisse zu erhalten.

Sofern Langzeitarbeitslose bei der Lohnsetzung gar keine Rolle spielen, ist die Arbeitslosenquote für den Lohnprozess kaum mehr von Bedeutung. Der geforderte Lohn wird von der hohen Zahl der langfristig Unbeschäftigten gar nicht tangiert. In Abbildung 22.15 bedeutet das: Mit steigendem Anteil von Langzeitarbeitslosen verschiebt sich die Lohnsetzungskurve nach oben, von *WS* zu *WS'*. Dies verschiebt die natürliche Arbeitslosenquote von u_n auf u'_n.

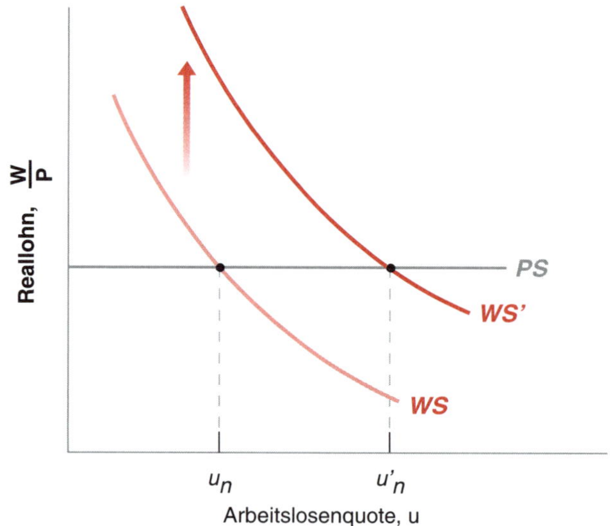

Abbildung 22.15: Hysterese

Ist der Anteil von Langzeitarbeitslosen hoch, hat die Arbeitslosenrate keinen dämpfenden Effekt auf die Lohnbildung. Es kommt zu einer Verschiebung der natürlichen Arbeitslosenquote.

Eurosklerose und **Hysterese** sind durchaus komplementäre Erklärungsansätze für die Entwicklung in Europa. Auch Hysterese hängt von den konkreten Arbeitsmarktinstitutionen ab. Großzügige Regelungen bei der Unterstützung von langfristig Arbeitslosen reduzieren den Druck, weniger attraktive Jobs anzunehmen. Dies kann dazu beitragen, den beschriebenen Teufelskreis in Gang zu setzen. Mittlerweile herrscht weitgehender Konsens unter Makroökonomen darüber, dass die institutionellen Regelungen am Arbeitsmarkt von zentraler Bedeutung sind. Das Zusammentreffen von negativen Schocks und ungeeigneten Arbeitsmarktinstitutionen liefert eine überzeugende Erklärung dafür, warum die Arbeitslosigkeit in vielen Ländern Europas so lange so hoch geblieben ist.

Zusammenfassung

- Im Allgemeinen führt eine Rezession zu einem Rückgang der Inflation. Bei gegebenem nominalem Geldmengenwachstum führt der Rückgang der Inflation zu einem Anstieg des realen Geldmengenwachstums. Der Nominalzins sinkt; die Produktion steigt wieder auf das natürliche Niveau.
- Ein Grund, aus dem dieser Anpassungsprozess scheitern könnte, liegt darin, dass der Rückgang der Inflation zu einem Anstieg des Realzinses führen könnte. Wenn die erwartete Inflation stärker als der Nominalzins sinkt, dann steigt der Realzins. Da die Investitionsausgaben vom Realzins abhängen, wird der Anstieg des Realzinses zu einem weiteren Rückgang der Produktion führen.
- Geldpolitik kann eingesetzt werden, um den Nominalzins noch weiter zu senken, um so die Produktion zu steigern. Die Geldpolitik kann den Nominalzins jedoch nicht unter Null senken. Wenn dieser Fall eintritt, dann sagt man, die Wirtschaft befindet sich in einer Liquiditätsfalle.
- Die Kombination aus Liquiditätsfalle und Deflation kann aus einer Rezession eine schwere Wirtschaftskrise machen. Wenn der Nominalzins gleich Null ist, und die Wirtschaft eine Deflation erlebt, dann ist der Realzins positiv. Er ist vielleicht zu hoch, um Ausgaben und Produktion zu stimulieren. Die Produktion geht unter Umständen weiter zurück. Das führt zu höherer Deflation, zu einem höheren Realzins usw.

Die Weltwirtschaftskrise in den Vereinigten Staaten:

- Die Arbeitslosenquote stieg von 3,2% im Jahr 1929 auf 24,9% im Jahr 1933.
- Auslöser für diesen Anstieg der Arbeitslosigkeit war eine starke negative Verschiebung der Nachfrage. Sie wurde durch den Börsenkrach 1929 und die damit steigende Unsicherheit über die Zukunft ausgelöst.
- Als Ergebnis hoher Arbeitslosigkeit kam es zu starker Deflation von 1929 bis 1933.
- Der günstige Effekt des Rückgangs der Preisniveaus auf die reale Geldmenge wurde jedoch durch eine ungefähr gleich große Kontraktion der nominalen Geldmenge zunichte gemacht. Diese Kontraktion war auf Bankenzusammenbrüche und auf einen sinkenden Geldschöpfungsmultiplikator zurückzuführen. Der Haupteffekt der Deflation bestand in einer starken Erhöhung des Realzinses, der zu einem weiteren Rückgang der Nachfrage und der Produktion führte.
- Der Aufschwung setzte 1933 ein. Von 1933 bis 1941 betrug das durchschnittliche Wachstum hohe 7,7% per annum. Die Arbeitslosigkeit ging zurück, belief sich jedoch 1941 immer noch auf 9,9%. Im Gegensatz zu den Vorhersagen der Phillipskurve wurde von 1934 an aus der Deflation Inflation, trotz einer sehr hohen Arbeitslosigkeit.

- Was den Aufschwung angeht, bleiben viele Fragen offen: Klar ist nur, dass das hohe nominale Geldmengenwachstum, das zu einem hohen realen Geldmengenwachstum führte, eine wichtige Rolle in der Wiederbelebung der Wirtschaft gespielt hat.

Die Wirtschaftskrise in Japan:

- Nach einer Periode sehr hohen Wachstums konnte Japan seit 1992 nur noch ein sehr niedriges Wachstum aufweisen. Diese lange Periode mit niedrigem Wachstum wird als japanische Wirtschaftskrise bezeichnet.
- Die Krise wurde durch den Einbruch der japanischen Aktienkurse Ende der 80er Jahre ausgelöst, der zu einem starken Rückgang der Investitionsausgaben und dadurch wiederum zu einem Rückgang der Produktion führte.
- Die Geldpolitik wurde in den 90er Jahren eingesetzt, um die Produktion zu steigern. Japan befindet sich aber in einer Liquiditätsfalle, mit einem Nominalzins sehr nahe bei Null. Da Japan eine Deflation durchlebt, ist der Realzins positiv.
- Die Fiskalpolitik wurde ebenfalls eingesetzt, um die Produktion in den 90er Jahren zu erhöhen. Nach einem Jahrzehnt hoher Budgetdefizite ist die Staatsschuld jedoch auf über 150% des BIP angewachsen. Die japanische Regierung zögert, den Schuldenstand noch weiter zu erhöhen.
- Könnte man die Deflation in eine Inflation überführen, würde der Realzins sinken. Dies würde der japanischen Wirtschaft bei der Bewältigung der Wirtschaftskrise helfen. Die Frage ist, wie die Bank von Japan eine solche Veränderung bewerkstelligen kann.
- Es ist wünschenswert, das Bankensystem von faulen Krediten zu bereinigen. Es ist jedoch nicht klar, ob eine solche Politik in der kurzen Frist die Produktion steigern würde.

Arbeitslosigkeit in Europa:

- Bis Ende der 70er Jahre lag die Arbeitslosenquote in Europa weit niedriger als in den USA. Seitdem ist sie stark gestiegen und verharrt auf einem hohen Niveau.
- Während im Lauf der 80er Jahre der Anstieg der Arbeitslosigkeit von einem starken Rückgang der Inflation begleitet wurde, ist die Inflation nur mehr sehr langsam zurückgegangen und schließlich weitgehend stabil geblieben. Dies legt nahe, dass sich die Arbeitslosenquote nahe an ihrem natürlichen Niveau befindet.
- Die institutionellen Regelungen sind von zentraler Bedeutung dafür, wie der Arbeitsmarkt auf Schocks reagiert.
- Eine Erklärung für die hohe Arbeitslosigkeit liegt in den Rigiditäten auf dem Arbeitsmarkt wie hohen Lohnnebenkosten, Kündigungsschutz, starker Gewerkschaftsmacht und großzügiger Arbeitslosenunterstützung.
- Eine alternative (durchaus komplementäre) Erklärung betont Hysterese: Bei einem hohen Anteil von Langzeitarbeitslosen hat die Arbeitslosenrate keinen dämpfenden Effekt auf die Lohnbildung. Hohe Arbeitslosigkeit führt dann auch zu einer hohen natürlichen Arbeitslosenquote.

Übungsaufgaben

Verständnistests

1. Verwenden Sie die Informationen, die sie in diesem Kapitel erhalten haben; kennzeichnen Sie die folgenden Aussagen mit wahr, falsch oder unsicher. Erklären Sie Ihre Antwort kurz.
   a. Der Börsenkrach im Jahr 1929 spiegelte wider, dass die Anleger erkannt hatten, dass die Weltwirtschaftskrise im Kommen war.
   b. Die Fed hätte mehr tun können, um die Krise zu verhindern oder um zumindest ihr Ausmaß zu begrenzen.
   c. Wir haben gelernt, wie man Geld- und Fiskalpolitik einsetzt, um eine zukünftige Weltwirtschaftskrise zu verhindern.
   d. Die japanische Krise in den 90er Jahren wurde durch den scharfen Einbruch der japanischen Aktienkurse Ende der 80er Jahre ausgelöst.
   e. Die japanische Zentralbank kann zu einer Erholung der Wirtschaft beitragen, indem sie die Inflation sehr niedrig hält.
2. *Die Auswirkungen der Langzeitarbeitslosigkeit auf die natürliche Arbeitslosenquote*
   Nehmen Sie an, dass die Preissetzung durch den folgenden Zusammenhang beschrieben wird:
   $$\frac{W}{P} = \frac{1}{1+0{,}1}$$
   Die Lohnsetzung wird beschrieben durch:
   $$\frac{W}{P} = 1-(u_S + 0{,}5u_L)$$
   wobei
   u_S der Anteil der kurzfristig Arbeitslosen zu den Erwerbspersonen ist.
   u_L der Anteil der Langzeitarbeitslosen an den Erwerbspersonen ist.
   Nehmen Sie weiter an, dass der Anteil der Langzeitarbeitslosen an den gesamten Arbeitslosen β beträgt, so dass $u_L = \beta\, u$, und $u_S = (1-\beta)\, u$.
   a. Welche Art von Arbeitslosigkeit hat gemäß der Lohnsetzungsgleichung eine stärkere Auswirkung auf die Löhne, die kurzfristige oder die langfristige Arbeitslosigkeit? Erklären Sie Ihre Antwort!
   b. Leiten Sie die natürliche Arbeitslosenquote ab. (Hinweis: Substituieren Sie $u_L = \beta u$ und $u_S = (1-\beta)\, u$ in die Lohnsetzungsgleichung. Die natürliche Arbeitslosenquote wird von β abhängen.)
   c. Berechnen Sie die natürliche Arbeitslosenquote, wenn $\beta = 0{,}0;\ 0{,}4;\ 0{,}8$. Erklären Sie Ihre Antwort.
3. *Der Effekt der Langzeitarbeitslosigkeit auf die Inflation*
   Erinnern Sie sich an Gleichung (8.6) in Kapitel 8:
   $$\pi_t - \pi_{t-1} = (\mu + z) - \alpha u_t$$
   a. Interpretieren Sie die Gleichung. Warum führt eine höhere Arbeitslosigkeit bei einer gegebenen Inflation in der Vergangenheit zu niedrigerer Inflation? Zeichnen Sie die Veränderung der Inflation gegen die Arbeitslosenquote.
   Schreiben Sie die Arbeitslosenquote, u, als $u = u_S + u_L$, wobei u_S die kurzfristige Arbeitslosenquote beschreibt (den Anteil der kurzfristig Arbeitslosen an den Erwerbspersonen) und u_L die Arbeitslosenquote der Langzeitarbeitslosen (der Anteil der Langzeitarbeitslosen an den Erwerbspersonen).

b. Nehmen Sie nun an, dass die Langzeitarbeitslosen keinen Einfluss auf die Lohnverhandlungen haben. Zeigen Sie, wie in diesem Fall die obige Gleichung modifiziert werden müsste.
c. Nehmen Sie an, der Anteil der Langzeitarbeitslosen an den Arbeitslosen insgesamt steigt (bei einem gegebenem u steigt u_L und sinkt u_S). Zeigen Sie, wie sich die Funktion verändert, die den Zusammenhang zwischen der Veränderung der Inflation und der Arbeitslosenquote u grafisch beschreibt.
d. „Eine Disinflation erfordert für eine gewisse Zeit hohe Arbeitslosigkeit. Eine hohe Arbeitslosigkeit führt zu einem steigenden Anteil von Langzeitarbeitslosen. Wenn die Langzeitarbeitslosen keine Rolle in den Lohnverhandlungen spielen, dann werden die Kosten der Disinflation höher sein als die Kosten, die wir in Kapitel 8 abgeleitet haben." Diskutieren Sie diese Argumentation.

4. „Die japanische Zentralbank sollte einfach die Wachstumsrate der nominalen Geldmenge erhöhen, um die Wirtschaft aus der Krise zu führen". Diskutieren Sie die Aussage.

Vertiefungsfragen

5. Gehen Sie von einer Volkswirtschaft aus, die sich in einer Rezession befindet. Nehmen Sie weiter an, dass der Nominalzins nahe Null liegt. (Ein Beispiel für diese Situation wäre Japan im Jahr 2001). Nehmen Sie an, dass es nur zwei für die wirtschaftspolitischen Entscheidungen relevante Perioden gibt, die aktuelle und die zukünftige Periode.

a. Zeichnen Sie das *IS-LM*-Diagramm für die aktuelle Periode. (Zeichnen Sie die *IS*- und die *LM*-Funktion so, dass sich ein Gleichgewichtszinssatz nahe Null ergibt).
b. Kann Geldpolitik in der aktuellen Periode den aktuellen Produktion erhöhen? (Hinweis: Kann die *LM*-Kurve die horizontale Achse schneiden?).
c. Kann eine erwartete zukünftige Geldpolitik die aktuellen Produktion erhöhen? Wie? Unter welchen Bedingungen?
d. Wenn Sie der Präsident der Zentralbank wären, wie würden Sie die Wirtschaftssubjekte, die Unternehmen und die Kapitalanleger überzeugen, dass sie diese Geldpolitik in der Zukunft implementieren werden?
e. Wenn wir beobachten, wie sich die Zinsstruktur heute verändert, können wir davon ableiten, wie erfolgreich die Zentralbank bei dem Versuch war, die Wirtschaftssubjekte davon zu überzeugen, dass sie diese Geldpolitik in der Zukunft implementieren wird?

(Eine ausführliche Diskussion in Zusammenhang mit Japan findet sich in Krugman, „Japan: still trapped", unter `web.mit.edu/krugman/www/japtrap2.html`.)

Weiterführende Literatur

Die wichtigsten Fakten zur Weltwirtschaftskrise enthält „America`s Greatest Depression“ von Lester Chandeler (New York, NY: Harper&Row, 1970) oder „The Great Depression“ von John A. Garraty (New York, NY: Harcourt Brace Jovanovich, 1986).

Die Entwicklung in Deutschland analysiert Harold James detailliert, Deutschland in der Weltwirtschaftskrise 1924-1936, DVA Stuttgart, 1988.

Das Buch von Peter Temin „Did Monetary Forces cause the Great Depression?“ (New York, NY: W.W.Norton, 1976) beschäftigt sich in erster Linie mit den makroökonomischen Aspekten. Denselben Fokus haben Artikel in einem Symposium über die Weltwirtschaftskrise im Journal of Economic Perspectives, 1993.

Eine Beschreibung der Weltwirtschaftskrise aus Sicht eines Betroffenen findet sich in „Hard Times: An Oral History of the Great Depression in America“ von Studs Terkel (New York, NY: Pantheon Books, 1970).

Ein gutes, wenn auch ein bisschen überholtes, Buch über die japanische Wirtschaft ist „The Japanese Economy“ von Takatoshi Ito (Cambridge, MA: MIT Press, 1992).

Paul Krugman bietet eine Webseite zum Thema Japan an, auf der die aktuellen wirtschaftlichen Probleme Japans diskutiert werden: `www.wws.princeton.edu/pkrugman`. Auch zu diesem Thema: „Restoring Japan`s Economic Growth“ von Adam Posen, (Washington, D.C.: Institute for International Studies, 1998).

Einen Überblick über die Probleme am Arbeitsmarkt bieten Steven Nickell und Richard Layard, in ihrem Survey „Labour market institutions and economic performance“, Handbook of Labor Economics, North Holland, Amsterdam.

Zum Vergleich der Arbeitsmärkte in Europa und den USA ist der Aufsatz von Steven Nickell, zu empfehlen: Unemployment and labor market rigidities: Europe versus North America, Journal of Economic Perspectives 11(3), 1997, S. 55-74.

Kapitel

23 Hohe Inflation

1913 belief sich der Wert der gesamten in Deutschland zirkulierenden Währung auf 6 Milliarden Mark. Zehn Jahre später, im Oktober 1923, reichten 6 Milliarden Mark kaum aus, um in Berlin einen Laib Brot zu kaufen. Einen weiteren Monat später war der Preis für den Laib Brot auf 428 Milliarden Mark gestiegen.

Die deutsche Hyperinflation zu Beginn der 20er ist die wahrscheinlich bekannteste Hyperinflation. (Hyperinflation bedeutet hohe Inflation). Es gibt aber auch viele andere Beispiele für Hyperinflationen. In Tabelle 23.1 sind die sieben größten Hyperinflationen, die dem Ersten und dem Zweiten Weltkrieg folgten, aufgeführt. Diese Hyperinflationen weisen einige Gemeinsamkeiten auf. Alle waren sie kurz (sie dauerten ca. ein Jahr), aber intensiv, mit monatlichen Inflationsraten von 50% pro Monat oder mehr. In all diesen Hyperinflationen kam es zu einem dramatischen Preisanstieg. Der größte Preisanstieg wurde nicht in der deutschen Hyperinflation erreicht, sondern in Ungarn nach dem Zweiten Weltkrieg. Was in Ungarn im August 1945 einen Pengö kostete, kostete weniger als ein Jahr später 3.800 Trillionen Pengös.

Tabelle 23.1: Die sieben Hyperinflationen in den 20er und 40er Jahren

P_T/P_0: Preisniveau im letzten Monat der Hyperinflation, dividiert durch das Preisniveau im ersten Monat.

Land	Beginn	Ende	P_T/P_0	Durchschnittliche monatliche Inflationsrate (%)	Durchschnittliches monatliches Geldmengenwachstum (%)
Österreich	Okt. 1921	Aug. 1922	70	47	31
Deutschland	Aug. 1922	Nov. 1923	$1{,}0 \times 10^{10}$	322	314
Griechenland	Nov. 1943	Nov. 1944	$4{,}7 \times 10^{6}$	365	220
Ungarn 1	März 1923	Feb. 1924	44	46	33
Ungarn 2	Aug. 1945	Jul. 1946	$3{,}8 \times 10^{27}$	19.800	12.200
Polen	Jan. 1923	Jan. 1924	699	82	72
Russland	Dez. 1921	Jan. 1924	$1{,}2 \times 10^{5}$	57	49

Quelle: Philip Cagan, "The Monetary Dynamics of Hyperinflation," in Milton Friedman, ed., Studies in the Quantity Theory of Money (Chicago: University of Chicago Press, 1956), Tabelle 1.

Derart hohe Inflationsraten sind weder vorher beobachtet worden, noch sind sie seit damals wieder aufgetreten. Die Inflationsrate der jüngeren Vergangenheit, die diesen Beispielen am nächsten kommt, wurde in Bolivien gemessen. Von Januar 1984 bis September 1985 betrug die durchschnittliche Inflation in Bolivien 40% pro Monat. Das bedeutet, dass das Preisniveau innerhalb von 21 Monaten ungefähr tausendfach gestiegen ist. (Bei einer Inflationsrate von 40% pro Monat ergibt sich nach 21 Monaten ein Preisniveau in Höhe von $(1+0.4)^{21} = 1.171$, mal dem anfänglichen Preisniveau.) Viele Länder, vor allem lateinamerikanische, hatten jedoch mit längeren Phasen hoher Inflation zu kämpfen. Tabelle 23.2 stellt die durchschnittlichen monatlichen Inflationsraten für vier lateinamerikanische Länder seit 1976 dar. Alle vier Länder weisen zumindest fünf Jahre eine durchschnittliche Inflationsrate von mehr als 20% pro Monat auf. In Argentinien und in Brasilien betrug die Inflationsrate länger als ein Jahrzehnt mehr als 10% pro Monat. Alle vier Länder sind mittlerweile zu niedrigen Inflationsraten zurückgekehrt – in Argentinien ist aus der Inflation in den 90er Jahren sogar eine Deflation geworden.

Tabelle 23.2: Hohe Inflation in Lateinamerika, 1976-2000

	Durchschnittliche monatliche Inflationsrate (%)				
	1976-1980	1981-1985	1986-1990	1991-1995	1996-2000
Argentinien	9,3	12,7	20,0	2,3	0,0
Brasilien	3,4	7,9	20,7	19,0	0,6
Nicaragua*	1,4	3,6	35,6	8,5	0,8
Peru	3,4	6,0	23,7	4,8	0,8

Quelle: International Financial Statistics, IMF, verschiedene Bände.
**Nicaragua: Die letzte Spalte bezieht sich auf den Zeitraum von 1996-1999.*

Was sind die Ursachen einer Hyperinflation? In Kapitel 9 haben wir gesehen, dass Inflation letztlich immer in einem hohen nominalen Geldmengenwachstum begründet liegt. Der Zusammenhang zwischen dem nominalen Geldmengenwachstum und der Inflation wird durch die letzten beiden Spalten in Tabelle 23.1 bestätigt: Die Zahlen zeigen deutlich, dass in jedem Land hohe Inflationsraten mit einem entsprechend hohen nominalen Geldmengenwachstum einhergingen. Warum war das nominale Geldmengenwachstum so hoch? Es zeigt sich, dass die Antwort für alle Hyperinflationen die gleiche ist: Das nominale Geldmengenwachstum ist hoch, weil das Budgetdefizit groß ist. Das Budgetdefizit ist groß, weil die Volkswirtschaft mit größeren Schocks zu kämpfen hat, die es für die Regierung schwer oder unmöglich machen, ihre Ausgaben auf anderem Wege als durch Geldschöpfung zu finanzieren.

In diesem Kapitel betrachten wir die Antwort im Detail. Wir ziehen dazu Beispiele verschiedener Hyperinflationen heran.

- Abschnitt 23.1 analysiert den Zusammenhang zwischen Budgetdefiziten und Geldschöpfung.
- Abschnitt 23.2 untersucht die Beziehung zwischen der Inflation und der realen Geldmenge.

- Abschnitt 23.3 fügt beide Analysen zusammen. Es wird gezeigt, wie ein großes Budgetdefizit zu hoher und ansteigender Inflation führen kann.
- Abschnitt 23.4 beschäftigt sich damit, wie Hyperinflationen beendet werden.
- In Abschnitt 23.5 werden wir Schlussfolgerungen aus den beiden Kapiteln über Pathologien ziehen, aus Kapitel 22 zum Thema Wirtschaftskrisen und aus Kapitel 23 zum Thema hohe Inflation.

23.1 Budgetdefizite und Geldschöpfung

Eine Regierung kann ein Budgetdefizit auf zwei Arten finanzieren:

- Eine Regierung kann Geld leihen, wie jeder andere auch. Wir würden einen Kredit aufnehmen. Regierungen leihen Geld, indem sie Staatsanleihen ausgeben.
- Eine Regierung kann aber noch einen anderen Weg gehen, der den normalen Bürgern versperrt ist. Sie kann ein Defizit finanzieren, indem sie im Endeffekt Geld schafft. „Im Endeffekt" deshalb, weil, wie wir aus Kapitel 4 wissen, nicht die Regierungen, sondern die Zentralbanken Geld schaffen. Wenn die Zentralbank aber kooperiert, dann kann sich die Regierung letztlich selbst durch Geldschöpfung finanzieren: Die Regierung kann Staatsanleihen ausgeben und die Zentralbank auffordern, diese Anleihen zu kaufen. Die Zentralbank bezahlt dann die Regierung mit dem von ihr geschaffenen Geld. Es wird dazu verwendet, das Defizit zu finanzieren. Diesen Prozess bezeichnet man als Monetarisierung der öffentlichen Schuld.

Oft und in den meisten Ländern werden Defizite in erster Linie durch Kreditaufnahme, nicht durch Geldschöpfung finanziert. In einer Hyperinflation treten aber gewöhnlich zwei Veränderungen ein:

- Es kommt zu einer Budgetkrise: Die Ursache ist in der Regel ein größeres soziales oder wirtschaftliches Problem.

  Es kann sich um einen Bürgerkrieg oder um eine Revolution handeln, die dem Staat die Möglichkeit nimmt, Steuern zu erheben. Dies war beispielsweise in Nicaragua in den 80er Jahren der Fall.

  Die Ursache kann auch in den Nachwirkungen eines Krieges liegen – so wie nach dem Ersten und dem Zweiten Weltkrieg –, wenn eine Regierung nur noch über geringe Steuereinnahmen verfügen kann, gleichzeitig aber große Ausgaben für den Wiederaufbau tätigen muss. Ein Beispiel dafür ist Deutschland nach dem Ersten Weltkrieg. Deutschland hatte hohe Reparationszahlungen an die Alliierten zu leisten. Das Budgetdefizit machte mehr als zwei Drittel der Ausgaben aus.

Auch ein schwerer wirtschaftlicher Schock kann zu einer Budgetkrise führen – zum Beispiel ein starker Preiseinbruch bei einem Rohstoff, der für ein Land das wichtigste Exportgut und damit die Haupteinnahmequelle ist. Die Fokusbox, die sich mit der bolivianischen Hyperinflation beschäftigt, zeigt, dass in Bolivien in den 80er Jahren genau dieser Fall eintrat. Der Preisverfall bei Zinn, Boliviens wichtigstem Exportgut, war einer der Hauptgründe für die bolivianische Hyperinflation.

- Es wird für die Regierung zunehmend schwieriger, bei der Öffentlichkeit oder im Ausland Kredite aufzunehmen, um das Budgetdefizit zu finanzieren. Die Ursache dafür ist die Größe des Budgetdefizits. Aus Sorge, die Regierung könnte in der Zukunft nicht in der Lage sein, die Schulden zurückzuzahlen, fordern die potenziellen Kreditgeber immer höhere Zinsen. Manchmal entscheiden sich ausländische Kreditgeber, die Kreditvergabe an die Regierung völlig einzustellen. Als Konsequenz wendet sich die Regierung immer mehr der alternativen Finanzierungsquelle zu – der Geldschöpfung. Am Ende wird der Großteil des Defizits durch Geldschöpfung finanziert.

Wie groß ist die Wachstumsrate der nominalen Geldmenge, die benötigt wird, um ein gegebenes Ausgabenniveau zu finanzieren?

- Bezeichnen wir mit M die nominale Geldmenge, gemessen am Ende jedes Monats. (Im Fall einer Hyperinflation entwickeln sich die Dinge sehr schnell. Daher ist es besser, nicht zu analysieren, was von Quartal zu Quartal oder von Jahr zu Jahr, sondern was von Monat zu Monat geschieht.) Bezeichnen wir mit ΔM die Veränderung der nominalen Geldmenge vom Ende des letzten Monats bis zum Ende dieses Monats – die nominale Geldschöpfung während des Monats.
- Die Einnahmen in realen Einheiten (das heißt in Gütereinheiten), die die Regierung generieren kann, indem sie Geld im Umfang von ΔM schöpft, sind daher gleich $\Delta M/P$ – die nominale Geldschöpfung während des Monats dividiert durch das Preisniveau. Diese realen Einnahmen aus der Geldschöpfung werden Seignorage genannt. Die Bezeichnung zeigt den historischen Hintergrund: Das Recht, Geld auszugeben, bedeutete für die Seigneurs der Vergangenheit eine wertvolle Einnahmequelle: Sie konnten die von ihnen gewünschten Güter kaufen, indem sie ihr eigenes Geld ausgaben und es für die Bezahlung der Güter verwendeten.

Wir können das bisher gelernte wie folgt zusammenfassen:

Wir vereinfachen hier. Auf der rechten Seite der Gleichung sollte eigentlich die Veränderung der Geldbasis stehen – des Geldes, das von der Zentralbank geschöpft wird; nicht die Veränderung der Geldmenge (die Bargeld und Sichteinlagen beinhaltet). Diese Unterscheidung lassen wir hier beiseite, sie spielt in der folgenden Argumentation keine wichtige Rolle.

$$Seignorage = \frac{\Delta M}{P} \tag{23.1}$$

Die Seignorage ist gleich der Geldschöpfung, dividiert durch das Preisniveau. Um zu sehen, welche Wachstumsrate der nominalen Geldmenge erforderlich ist, um eine gegebene Seignorage zu generieren, schreiben wir den Ausdruck $\Delta M/P$ wie folgt um:

$$\frac{\Delta M}{P} = \frac{\Delta M}{M}\frac{M}{P}$$

In Worten: Wir können uns die Seignorage, $\Delta M/P$, als Produkt aus der Wachstumsrate der nominalen Geldmenge, $\Delta M/M$, und der realen Geldmenge, M/P, vorstellen. Je größer die reale Geldmenge ist, die in der Volkswirtschaft gehalten wird, desto größer ist die Seignorage, die mit einer gegebenen Wachstumsrate der nominalen Geldmenge verbunden ist. Wenn wir diesen Ausdruck in Gleichung (23.1) einsetzten, erhalten wir:

$$Seignorage = \frac{\Delta M}{M}\frac{M}{P} \tag{23.2}$$

Auf diese Weise erhalten wir den Zusammenhang zwischen Seignorage, der Wachstumsrate der nominalen Geldmenge und der realen Geldmenge. Um die Größenordnungen einschätzen zu können, ist es hilfreich, beide Seiten von Formel (23.2) durch das Realeinkommen Y (gemessen als Realeinkommen pro Monat), zu dividieren:

Zur Erinnerung: Das Einkommen ist eine Stromgröße, hier handelt es sich um das monatliche Realeinkommen.

$$\frac{Seignorage}{Y} = \frac{\Delta M}{M}\left(\frac{M/P}{Y}\right) \tag{23.3}$$

Nehmen wir an, die Regierung weist ein Budgetdefizit in Höhe von 10%% des Realeinkommens aus, und sie entscheidet sich, dieses Defizit durch Seignorage zu finanzieren, so dass gilt: $Defizit/Y = Seignorage/Y = 0{,}1$. Nehmen wir weiter an, die Wirtschaftssubjekte halten Geld im Umfang von zwei Monatseinkommen, so dass $(M/P)\,Y = 2$. Dies impliziert, dass das nominale Geldmengenwachstum die folgende Gleichung erfüllen muss:

$$0{,}1 = \frac{\Delta M}{M} \times 2 \Rightarrow \frac{\Delta M}{M} = 0{,}05$$

Um ein Defizit in Höhe von 10% des realen Einkommens durch Seignorage finanzieren zu können, muss die nominale Geldmenge im Monat um 5% wachsen.

Bedeutet dies, dass die Regierung ein Defizit in Höhe von 20% des Realeinkommens durch ein Geldmengenwachstum von 10%, ein Defizit in Höhe von 40% des Realeinkommens durch ein Geldmengenwachstum von 20% usw. finanzieren kann? Nein. Wenn die Wachstumsrate der nominalen Geldmenge steigt, dann steigt auch die Inflation. Mit steigender Inflation steigen auch die Opportunitätskosten der Geldhaltung; die Wirtschaftssubjekte schränken ihre reale Geldhaltung daher ein. In Formel (23.2) bedeutet dies, dass eine Zunahme der Wachstumsrate der nominalen Geldmenge, $\Delta M/M$ die reale Geldhaltung M/P sinken lässt. Eine Erhöhung des Geldmengenwachstums führt also nicht zu einer proportionalen Zunahme der Seignorage; sie ist vielmehr kleiner. Entscheidend ist dabei, wie stark die Wirtschaftssubjekte ihre Geldhaltung als Reaktion auf Inflation anpassen. Mit dieser Frage werden wir uns nun beschäftigen.

23.2 Inflation und reale Geldmenge

Was bestimmt die reale Geldmenge, die die Wirtschaftssubjekte halten wollen? Wie hängt diese reale Geldmenge vom Geldmengenwachstum ab?

Kehren wir zur LM-Funktion zurück, die wir in Kapitel 5 abgeleitet haben:

$$\frac{M}{P} = Y\underset{(-)}{L(i)}$$

Ein höheres Realeinkommen führt dazu, dass die Wirtschaftssubjekte mehr Realkasse halten. Ein höherer Nominalzins erhöht die Opportunitätskosten der Geldhaltung im Vergleich zu Wertpapieren. Die Wirtschaftssubjekte werden daher weniger Realkasse halten.

„Realkasse" ist einfach eine andere Bezeichnung für die reale Geldmenge.

Diese Charakterisierung gilt sowohl in wirtschaftlich stabilen Zeiten als auch in Zeiten der Hyperinflation. In Zeiten der Hyperinflation können wir sie jedoch weiter vereinfachen:

Zur Erinnerung aus Kapitel 14: $r = i - \pi^e$ oder $i = r + \pi^e$.

- Zunächst formulieren wir die *LM*-Funktion um, indem wir den Zusammenhang zwischen Nominal- und Realzins nutzen, $i = r + \pi^e$:

$$\frac{M}{P} = YL\left(r + \pi^e\right)$$

  Die Realkasse hängt vom Realeinkommen *Y*, vom Realzins *r* und von der erwarteten Inflation π^e ab.

- Vermutlich verändern sich alle drei Variablen (*Y*, *r*, und π^e) während einer Hyperinflation, mit großer Wahrscheinlichkeit wird sich jedoch die erwartete Inflation viel stärker verändern als die beiden anderen Variablen: In einer typischen Hyperinflation kann die tatsächliche Inflation – und vermutlich auch die erwartete Inflation – von 0 bis auf 50% pro Monat steigen.

  Deshalb ist die Annahme, dass sowohl das Einkommen als auch der Realzins konstant sind, keine schlechte Näherung. Wir können uns dann auf die Veränderungen der erwarteten Inflation konzentrieren und schreiben die Gleichung wie folgt:

$$\frac{M}{P} = \overline{Y}L\left(\overline{r} + \underset{(-)}{\pi^e}\right) \qquad (23.4)$$

  Die Querstriche über *Y* und *r* sollen zum Ausdruck bringen, dass wir sowohl das Einkommen als auch den Realzins als konstant betrachten. Gleichung (23.4) sagt aus, dass die Realkasse in Zeiten der Hyperinflation in erster Linie von der erwarteten Inflation abhängt. Wenn die erwartete Inflation steigt und es damit immer kostspieliger wird, Geld zu halten, reduzieren die Wirtschaftssubjekte ihre Geldhaltung.

Als Keynes die österreichische Hyperinflation in den 20er Jahren beschrieb, konstatierte er: „In Wien, während der Periode des Zusammenbruchs, schossen Wechselstuben an jeder Straßenecke wie Pilze aus dem Boden. In diesen Wechselstuben konnte man seine Krone innerhalb von wenigen Minuten, nachdem man sie erhalten hatte, in Schweizer Franken wechseln, um so das Risiko des Wertverlustes während des Ganges zur Hausbank zu vermeiden."

Neben dem Dollar wird auch der Euro als bevorzugte ausländische Währung verwendet. (Sollte die Europäische Union dies begrüßen?) Wir können deshalb neben der Dollarisierung auch von Euroisierung sprechen.

Während einer Hyperinflation finden die Wirtschaftssubjekte tatsächlich viele Wege, ihre Geldhaltung einzuschränken. Wenn die monatliche Inflationsrate beispielsweise 100%, beträgt und man Bargeld einen Monat lang hält, dann würde man die Hälfte des realen Wertes verlieren (alle Dinge kosten einen Monat später ja doppelt so viel). Die Wirtschaftssubjekte werden in dieser Situation vermehrt zu Tauschhandel übergehen, dem Austausch von Gütern gegen andere Güter. Die Lohnzahlungen erfolgen viel häufiger – manchmal werden die Löhne zweimal pro Woche ausgezahlt. Sobald die Löhne ausgezahlt wurden, eilen die Leute zu den Geschäften, um Waren zu kaufen. Die Regierung erklärt es zwar oft für illegal, andere Währungen zu verwenden, als die Währung, die sie selbst druckt; die Wirtschaftssubjekte verwenden dennoch ausländische Währungen zur Wertaufbewahrung. Und selbst wenn es illegal ist, wird auch ein wachsender Anteil der Transaktionen in ausländischen Währungen abgewickelt. Während der lateinamerikanischen Hyperinflationen der 80er Jahre gingen die Wirtschaftssubjekte zu U.S.-amerikanischen Dollar über. Der Einsatz des Dollars an Stelle der inländischen Währung ist in der Welt mittlerweile derart weit verbreitet, dass er einen Namen bekommen hat: Dollarisierung (die Verwendung des Dollar für inländische Transaktionen in einem anderen Land).

In welchem Umfang geht die Realkasse zurück, wenn die Inflation steigt? In Abbildung 23.1 wird das Beispiel der ungarischen Hyperinflation Anfang der 20er Jahre untersucht. Aus Abbildung 23.1 lassen sich einige wichtige Erkenntnisse gewinnen.

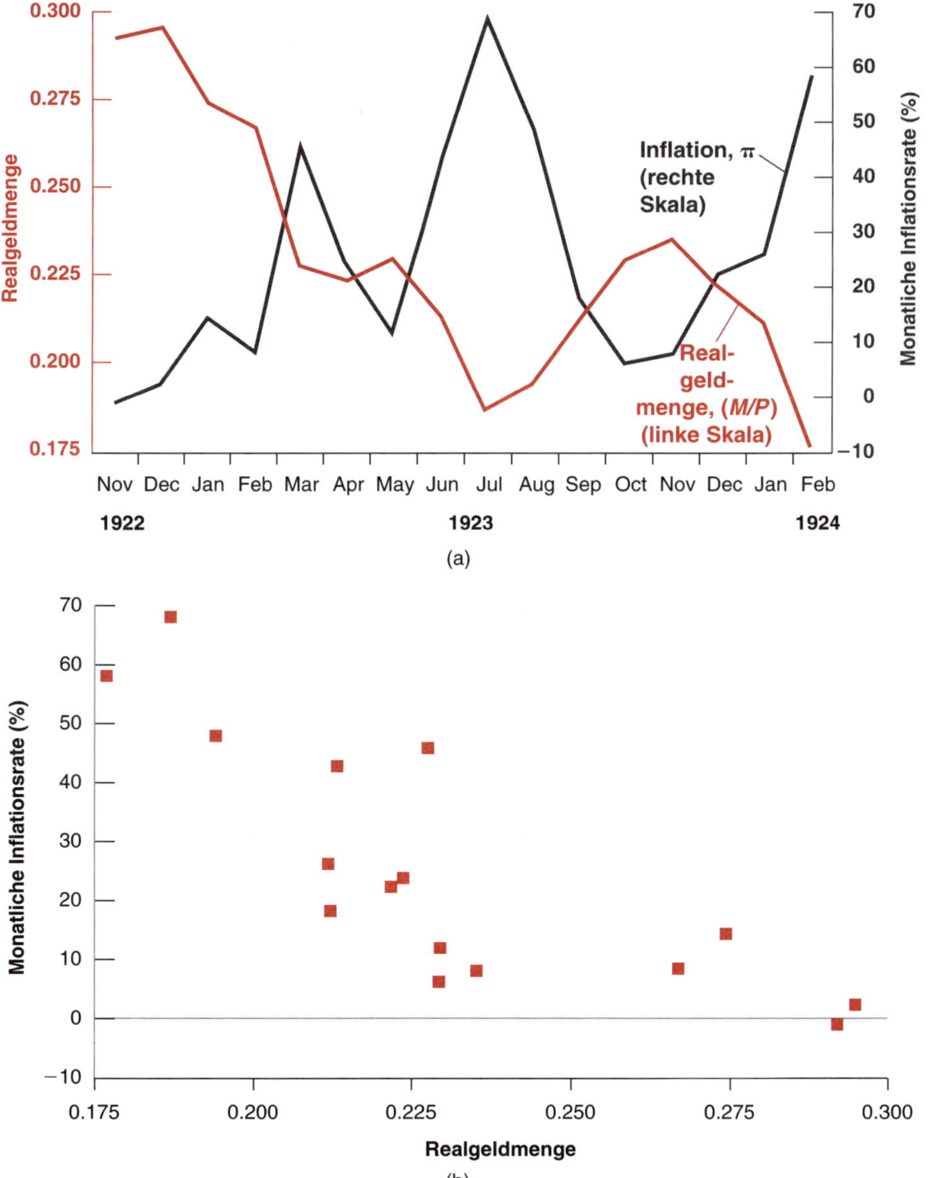

Abbildung 23.1: Die Inflation und die reale Geldmenge in Ungarn, November 1922 bis Februar 1924

Am Ende der ungarischen Hyperinflation war die reale Geldmenge nur noch ungefähr halb so groß wie vor der Hyperinflation.

Dieser Rückgang der Realkasse erklärt, warum in allen sieben Nachkriegshyperinflationen aus Tabelle 23.1 die durchschnittliche Inflation höher ist als das durchschnittliche nominale Geldmengenwachstum: Der Rückgang der Realkasse *M/P* während einer Hyperinflation impliziert, dass die Preise P um mehr steigen müssen als M – die durchschnittliche Inflation muss höher sein als das durchschnittliche nominale Geldmengenwachstum.

- Abbildung 23.1a stellt die reale Geldmenge und die monatliche Inflationsrate von November 1922 bis Februar 1924 dar. Es fällt auf, dass sich die Entwicklung der Inflation in gegenläufigen Veränderungen der realen Geldmenge widerspiegelt. Der kurzzeitige Rückgang der Inflation von Juli bis Oktober 1923 spiegelt sich in einem gleichermaßen kurzzeitigen Anstieg der realen Geldmenge wider. Am Ende der Hyperinflation im Februar 1924 ist die reale Geldmenge auf die Hälfte ihres Wertes zu Beginn der Hyperinflation gesunken.
- Abbildung 23.1b präsentiert dieselbe Information wie in Abbildung 23.1a, diesmal jedoch als Streudiagramms. Auf der horizontalen Achse ist die monatliche reale Geldmenge abgetragen, auf der vertikalen Achse die Inflation. (Eigentlich würden wir gerne die erwartete Inflation darstellen. Da wir jedoch die erwartete Inflation nicht beobachten können, verwenden wir stattdessen die tatsächliche Inflation). Es zeigt sich, dass die Punkte eine abwärts geneigte Geldnachfragekurve beschreiben: Bei ansteigender Inflation – und vermutlich auch bei ansteigender erwarteter Inflation – geht die Geldnachfrage stark zurück.

Fassen wir zusammen: Eine steigende Inflation führt dazu, dass die Wirtschaftssubjekte ihre Geldhaltung einschränken, so dass die Realkasse sinkt.

23.3 Defizite, Seignorage und Inflation

Wir haben zwei Zusammenhänge abgeleitet:

- Den Zusammenhang zwischen der Seignorage, dem nominalen Geldmengenwachstum und der realen Geldmenge (Gleichung (23.2)).
- Den Zusammenhang zwischen der realen Geldmenge und der Inflation (Gleichung (23.4)).

Wenn wir beide kombinieren, erhalten wir:

$$Seignorage = \left(\frac{\Delta M}{M}\right)\left(\frac{M}{P}\right) = \left(\frac{\Delta M}{M}\right)\left[\bar{Y}L(\bar{r}+\pi^e)\right] \tag{23.5}$$

Die erste Zeile wiederholt Gleichung (23.2): Die Seignorage entspricht der nominalen Geldmengenwachstumsrate multipliziert mit der realen Geldmenge. In der zweiten Zeile ersetzen wir die reale Geldmenge durch den Ausdruck aus Gleichung (23.4). Er enthält die erwartete Inflation.

Wenn wir den Zusammenhang zwischen Seignorage, Wachstumsrate der nominalen Geldmenge und erwarteter Inflationsrate aus dem zweiten Ausdruck von Gleichung (23.5) verwenden, können wir zeigen, dass die Notwendigkeit, ein großes Defizit durch Seignorage zu finanzieren, nicht nur zu hoher Inflation führen kann, sondern, wie es bei Hyperinflationen der Fall ist, auch zu hoher und zudem stetig steigender Inflation.

23.3.1 Der Fall eines konstanten nominalen Geldmengenwachstums

Nehmen wir an, die Regierung wählt eine konstante Wachstumsrate der nominalen Geldmenge und hält diese Wachstumsrate für immer aufrecht. (Natürlich entspricht diese Annahme nicht dem, was während einer Hyperinflation geschieht, da dort die Wachstumsrate der nominalen Geldmenge typischerweise im Verlauf der Hyperinflation zunimmt; später werden wir uns der Realität mehr annähern.) Wie viel Seignorage kann diese konstante Wachstumsrate der nominalen Geldmenge generieren?

Ist die Wachstumsrate der nominalen Geldmenge konstant, dann müssen Inflation und erwartete Inflation schließlich ebenfalls konstant sein. Nehmen wir ein Produktionswachstum von Null an. Dann müssen tatsächliche und erwartete Inflation beide gleich dem nominalen Geldmengenwachstum sein:

Zur Erinnerung: In der mittleren Frist gilt Gleichung (9.8):
$\pi = g_m - \bar{g}_y$
$\bar{g}_y = 0 \Rightarrow \pi = g_m$

$$\pi^e = \pi = \frac{\Delta M}{M}$$

Ersetzen wir π^e in Gleichung (23.5) durch $\Delta M/M$, so erhalten wir:

$$Seignorage = \frac{\Delta M}{M}\left[\bar{Y}L\left(\bar{r} + \frac{\Delta M}{M}\right)\right] \tag{23.6}$$

Das nominale Geldmengenwachstum, $\Delta M/M$, geht an zwei Stellen in die Formel ein. Es hat zwei gegensätzliche Effekte auf die Seignorage:

- Bei gegebener realer Geldmenge erhöht nominales Geldmengenwachstum die Seignorage. Dieser Effekt wird durch den ersten Term $\Delta M/M$ in Gleichung (23.6) beschrieben.
- Ein Anstieg des nominalen Geldmengenwachstums erhöht aber auch die Inflation und reduziert so die reale Geldmenge. Dieser Effekt ist durch $\Delta M/M$ im zweiten Term auf der rechten Seite von Gleichung (23.6) beschrieben.

$\Delta M/M \uparrow \Rightarrow$ ***Seignorage*** $\uparrow$

$\Delta M/M \uparrow \Rightarrow \pi \uparrow \Rightarrow \pi^e \uparrow \Rightarrow L(\bar{r} + \pi^e) \downarrow \Rightarrow M/P \downarrow \Rightarrow$ ***Seignorage*** $\downarrow$

Der Nettoeffekt des nominalen Geldmengenwachstums auf die Seignorage ist daher nicht eindeutig. Die Empirie zeigt, dass der Zusammenhang zwischen der Seignorage und dem nominalen Geldmengenwachstum so aussieht, wie in Abbildung 23.2 dargestellt. Die Funktion weist einen buckelförmigen Verlauf auf.

Bei niedrigen Wachstumsraten der nominalen Geldmenge, so wie wir es heute in Europa oder in den Vereinigten Staaten beobachten, führt ein Anstieg der nominalen Geldmenge zu einer nur geringen Reduktion der realen Geldmenge. Ein höheres Geldmengenwachstum führt daher zu einem Anstieg der Seignorage.

Ist die Wachstumsrate der nominalen Geldmenge (und damit auch die Inflation) dagegen sehr hoch, dann wird durch das höhere nominale Geldmengenwachstum ein immer größer werdender Rückgang der realen Geldmenge ausgelöst. Schließlich wird eine Wachstumsrate der nominalen Geldmenge erreicht – in Punkt *A* in Abbildung 23.2 – für die gilt, dass ein weiterer Anstieg des nominalen Geldmengenwachstums die Seignorage sogar reduziert.

Die Form der Funktion in Abbildung 23.2 wird denen, die Steuertheorie studiert haben, unter Umständen vertraut vorkommen. Die Einnahmen aus der Einkommenssteuer ergeben sich als Produkt aus dem Steuersatz auf das Einkommen und dem Einkommen – der Steuerbasis. Bei einem niedrigen Steuersatz hat der Steuersatz nur wenig Einfluss auf die Entscheidung, wie viel die Wirtschaftssubjekte arbeiten. Die Steuereinnahmen steigen mit dem Steuersatz an. Wenn der Steuersatz jedoch noch weiter ansteigt, dann beginnen manche Wirtschaftssubjekte, weniger zu arbeiten – oder sie versteuern einen Teil ihres Einkommens nicht mehr – und die Steuerbasis nimmt ab. Wenn der Einkommenssteuersatz ein sehr hohes Niveau erreicht, dann führt ein weiterer Anstieg des Steuersatzes zu einem Rückgang der Steuereinnahmen. Steuersätze in Höhe von 100% bedeuten offensichtlich Steuereinnahmen von Null: Warum sollte man arbeiten, wenn der Staat das ganze Einkommen nimmt?

Abbildung 23.2: Seignorage und nominales Geldmengenwachstum

Die Seignorage ist zunächst eine steigende und dann eine fallende Funktion des nominalen Geldmengenwachstums.

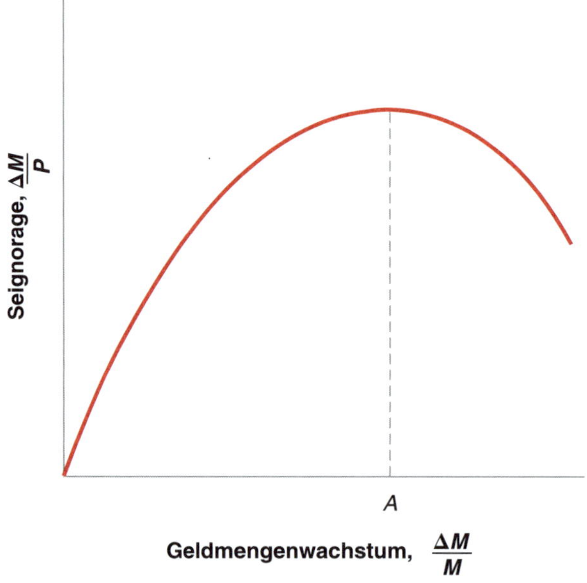

Dieser Zusammenhang zwischen den Steuereinnahmen und dem Steuersatz wird oft als Laffer-Kurve bezeichnet, nach dem Ökonomen Arthur Laffer, der Anfang der 80er Jahre argumentierte, dass eine Reduktion des Steuersatzes in den USA zu steigenden Steuereinnahmen führen würde. Er hat jedoch offensichtlich bei der Beantwortung der Frage, auf welchem Punkt der Kurve sich die Vereinigten Staaten befinden, einen Fehler gemacht: Die Senkung der Steuersätze führte nicht zu einer Erhöhung, sondern vielmehr zu einem Rückgang der Steuereinnahmen. Die allgemeine Aussage bleibt davon unberührt: Sind die Steuersätze hoch genug, dann kann eine weitere Erhöhung zu einem Rückgang der Steuereinnahmen führen.

Siehe auch die Fokusbox: „Kontraktive Geldpolitik und expansive Fiskalpolitik: Die Vereinigten Staaten zu Beginn der 80er Jahre" in Kapitel 20.

Dies ist mehr als nur eine einfache Analogie. Man kann sich die Inflation als Steuer auf die Realgeldhaltung vorstellen. Der Steuersatz ist die Inflationsrate π. Sie reduziert den realen Wert der Geldbestände. Die Steuerbasis ist die reale Geldmenge, M/P. Das Produkt beider Variablen, $\pi(M/P)$ wird als Inflationssteuer bezeichnet. Es besteht jedoch ein subtiler Unterschied zu anderen Formen der Besteuerung: Was die Regierung auf Grund der Geldschöpfung erhält, ist nicht die Inflationssteuer, sondern die Seignorage, $(\Delta M/M)\times(M/P)$. Inflationssteuer und Seignorage stehen jedoch in einem engen Zusammenhang. Bei konstantem Geldmengenwachstum muss die Inflation schließlich gleich dem nominalen Geldmengenwachstum sein, so dass:

Wenn die Inflationsrate 5% beträgt, dann verliert man 5% des Wertes seiner Realkasse. Man kann sich das so vorstellen, als ob man eine Steuer in Höhe von 5% auf seine Realkasse zahlen würde.

$$Inflationssteuer = \pi\left(\frac{M}{P}\right) = \left(\frac{\Delta M}{M}\right)\left(\frac{M}{P}\right) = Seignorage$$

Welche Wachstumsrate der Geldmenge bringt die maximale Seignorage mit sich? Wie hoch sind die Seignorage-Einnahmen die dabei erzielt werden? Genau diese Fragen stellte Philip Cagan in einem klassischen Artikel zum Thema Hyperinflationen, den er 1956 verfasste. In einer der ersten Anwendungen ökonometrischer Methoden überhaupt schätzte Cagan den Zusammenhang zwischen der Geldnachfrage und der erwarteten Inflation (Gleichung (23.4)) während jeder der Hyperinflationen aus Tabelle 23.1. Dann berechnete er unter Verwendung von Gleichung (23.6) die Wachstumsrate der nominalen Geldmenge, durch die die Seignorage maximiert wurde und die damit verbundene Höhe der Seignorage. Seine Antworten sind in den ersten beiden Spalten von Tabelle 23.3 dargestellt. Die dritte Spalte führt die tatsächlichen Geldmengenwachstumsraten aus Tabelle 23.1 nochmals auf.

Tabelle 23.3: Nominales Geldmengenwachstum und Seignorage

Monatliche Wachstumsrate der nominalen Geldmenge, in Prozent.

	Seigniorage-maximierende Wachstumsrate der nominalen Geldmenge (% pro Monat)	Implizierte Seignorage (% des BIP)	Tatsächliches Geldmengenwachstum (% pro Monat)
Österreich	12	13	31
Deutschland	20	14	314
Griechenland	28	11	220
Ungarn 1	12	19	33
Ungarn 2	32	6	12.200
Polen	54	5	72
Russland	39	1	49

Quelle: Philip Cagan, "The Monetary Dynamics of Hyperinflation," in Milton Friedman, ed., Studies in the Quantity Theory of Money (Chicago: University of Chicago Press, 1956).

Diese Tabelle zeigt einen sehr interessanten Sachverhalt: In allen sieben Hyperinflationen lag das tatsächliche durchschnittliche nominale Geldmengenwachstum (Spalte 3) weit über der nominalen Geldmengenwachstumsrate, die die Seignorage maximiert hätte (Spalte 1). Die tatsächliche durchschnittliche nominale Geldmengenwachstumsrate in Ungarn nach dem Zweiten Weltkrieg betrug zum Beispiel 12.200%, die nominale Geldmengenwachstumsrate, die die Seignorage maximiert hätte, lag dagegen nur bei 32%. Dieser Vergleich scheint unsere bisherige Argumentation ernsthaft in Frage zu stellen. Wenn die Motivation für die Geldschöpfung darin bestand, das Budgetdefizit zu finanzieren, warum lag dann die tatsächliche nominale Geldmengenwachstumsrate so weit über dem Wert, der die Seignorage maximiert hätte? Die Antwort auf diese Frage liegt in der Dynamik der Anpassung der Volkswirtschaft an ein hohes Wachstum der nominalen Geldmenge. Wir werden uns nun genau damit beschäftigen.

23.3.2 Dynamik und steigende Inflation

Kommen wir noch einmal auf das gerade entwickelte Argument zurück: Würde eine höhere Wachstumsrate der nominalen Geldmenge für immer aufrecht erhalten, dann führt dies schließlich zu einem proportionalen Anstieg sowohl der tatsächlichen als auch der erwarteten Inflation, und damit zu einem Rückgang der realen Geldmenge. Liegt die Wachstumsrate der nominalen Geldmenge höher als der Wert, der die Seignorage maximiert, dann wird der Anstieg der Geldmengenwachstumsrate zu einem Rückgang der Seignorage führen.

Die entscheidenden Punkte dieser Argumentation sind „für immer aufrecht erhalten“ und „schließlich“. Stellen wir uns eine Regierung vor, die plötzlich ein viel größeres Defizit finanzieren muss, und die sich entscheidet, dieses Defizit über Geldschöpfung zu finanzieren. Die Geldmengenwachstumsrate steigt nun an, aber es kann einige Zeit dauern, bis sich Inflation und erwartete Inflation anpassen. Selbst wenn die erwartete Inflation steigt, wird noch geraume Zeit verstreichen, bis die Wirtschaftssubjekte ihre Geldhaltung anpassen: Der Aufbau von Tauschbeziehungen braucht Zeit; der Einsatz von ausländischen Währungen für Transaktionen entwickelt sich nur langsam usw.

Wir stellen diese Überlegung nun etwas formaler dar. Erinnern wir uns an unsere Gleichung, die die Seignorage beschreibt:

$$Seignorage = \left(\frac{\Delta M}{M}\right)\left(\frac{M}{P}\right)$$

- In der kurzen Frist führt ein Anstieg der Wachstumsrate der nominalen Geldmenge $\Delta M/M$ unter Umständen nur zu geringen Veränderungen der realen Geldmenge M/P. Anders ausgedrückt, wenn eine Regierung willens ist, das nominale Geldmengenwachstum in ausreichendem Maße zu erhöhen, dann kann sie in der kurzen Frist nahezu jede gewünschte Menge an Seignorage generieren. Die Seignorage kann demnach kurzfristig weit höhere Werte annehmen als diejenigen, die in der zweiten Spalte von Tabelle 23.3 abgebildet sind.
- Im Lauf der Zeit jedoch, wenn sich die Preise angepasst haben und die reale Geldmenge sinkt, wird diese Regierung herausfinden, dass dieselbe Wachstumsrate der nominalen Geldmenge immer weniger Seignorage generiert (M/P geht zurück. Das führt bei gegebener Wachstumsrate der Geldmenge zu einer niedrigeren Seignorage DM/M).

- Wenn die Regierung daher weiterhin versucht, ein Defizit zu finanzieren, das größer ist als die maximal erziehlbaren Einnahmen aus Seignorage (in Prozent des BIP), welche in der zweiten Spalte von Tabelle 23.3 dargestelltet sind (zum Beispiel, wenn Österreich versucht, ein Defizit zu finanzieren das größer als 13% des BIP ist), dann wird sich herausstellen, dass dies mit einer konstanten Wachstumsrate der Geldmenge nicht vereinbart werden kann. Die einzige Möglichkeit, dieses Ziel zu erreichen, besteht darin, die Geldmengenwachstumsrate stetig weiter zu steigern. Aus diesem Grund übersteigt die tatsächliche Geldmengenwachstumsrate die Werte in der ersten Spalte, und daher sind Hyperinflationen nahezu immer durch ein steigendes Geldmengenwachstum und steigende Inflation charakterisiert.

Es kommt noch ein weiterer Effekt zum Tragen, den wir bisher vernachlässigt haben. Wir haben das Defizit als gegeben betrachtet. Wird jedoch die Inflation sehr hoch, dann wird das Budgetdefizit im Normalfall größer. Zum Teil hat dies mit Zeitverzögerungen bei der Steuererhebung zu tun. Dieser Effekt ist unter dem Namen Tanzi-Olivera-Effekt bekannt, nach den Ökonomen Vito Tanzi und Julio Olivera, die seine Bedeutung hervorgehoben haben. Da Steuern auf das Nominaleinkommen der vergangenen Periode erhoben werden, verringert sich bei Inflation der reale Wert der Steuerzahlungen. Wird die Einkommenssteuer beispielsweise dieses Jahr auf das Einkommen des letzten Jahres gezahlt, ist aber das Preisniveau dieses Jahr 10-mal so hoch wie das Preisniveau des letzten Jahres, dann beträgt der tatsächliche Steuersatz nur ein Zehntel des offiziellen Steuersatzes. Daher reduziert eine hohe Inflation im Normalfall die Einnahmen des Staates, so dass sich das Defizitproblem noch verschlimmert. Das Problem wird auch durch andere Effekte auf der Ausgabenseite oftmals noch weiter verschärft: Regierungen versuchen häufig, die Inflation dadurch zu verlangsamen, dass sie den Unternehmen unter Kontrolle des Staates verbieten, ihre Preise zu erhöhen, obwohl ihre Kosten mit der Inflation ansteigen. Der direkte Effekt auf die Inflation ist bestenfalls gering, die Unternehmen weisen jedoch ein Defizit aus, das wiederum von der Regierung finanziert werden muss, so dass das Budgetdefizit noch größer wird. Mit einem immer größer werdenden Budgetdefizit steigt die Notwendigkeit der Seignorage und damit auch die Notwendigkeit von noch höherem Geldmengenwachstum.

23.3.3 Hyperinflationen und Konjunktur

Wir haben uns bisher auf Veränderungen des Geldmengenwachstums und der Inflation konzentriert – auf die Veränderungen also, die das Wirtschaftsgeschehen während einer Hyperinflation klar dominieren. Hyperinflationen wirken sich auf die Volkswirtschaft jedoch auch auf andere Weise aus:

Anfangs führt ein höheres Geldmengenwachstum zu einer Steigerung der Produktion. Es dauert eine gewisse Zeit, bis sich das erhöhte Geldmengenwachstum in Inflation niederschlägt. Während dieser Zeit wirkt das höhere Geldmengenwachstum expansiv: Wie wir in Kapitel 14 gesehen haben, lässt ein höheres Geldmengenwachstum zunächst die nominalen und die realen Zinssätze sinken. Das führt schließlich zu einem Anstieg von Nachfrage und Produktion.

In der kurzen Frist:
$g_m \uparrow \Rightarrow i \downarrow$
und
$g_m \uparrow \Rightarrow \pi^e \uparrow$
aus beiden Gründen
$r = i - \pi^e \downarrow$

Wenn die Inflation jedoch sehr hoch wird, dann dominieren die negativen Effekte der Hyperinflation:

- Das Transaktionssystem funktioniert schlechter und schlechter. Ein berühmtes Beispiel für ineffiziente Transaktionen finden wir gegen Ende der deutschen Hyperinflation: Um das ganze Bargeld tragen zu können, das sie für ihre Transaktionen benötigten, verwendeten die Leute Schubkarren.
- Die Preissignale verlieren immer mehr an Aussagekraft: Da sich die Preise so oft verändern, ist es für Konsumenten und Produzenten schwierig, die relativen Preise der Güter zu beurteilen und gut informierte Entscheidungen zu treffen. Die Empirie zeigt, dass die Variation in den relativen Preisen der Güter umso höher liegt, je höher die Inflation ist. Das Preissystem, das für das Funktionieren einer Marktwirtschaft essenziell ist, verliert immer mehr an Effizienz.

Während der hohen Inflation der 80er Jahre erzählte man sich in Israel den folgenden Witz: "Warum ist es billiger, ein Taxi und nicht den Bus zu nehmen? Weil man im Bus das Ticket zu Beginn der Fahrt bezahlen muss. Im Taxi muss man erst am Ende der Fahrt bezahlen."

- Die Schwankungen der Inflationsrate werden größer. Es wird immer schwieriger, die Inflation für die nahe Zukunft vorherzusagen, ob sie zum Beispiel für das nächste Jahr 500% oder 1.000% betragen wird. Die Kreditaufnahme zu einem festen nominalen Zinssatz wird zu einem Glücksspiel. Wenn man beispielsweise einen Kredit zu einem Zins von 1.000% pro Jahr aufnimmt, dann kann es sein, dass man entweder einen realen Zins von 500% oder 0%: zahlt: Ein erheblicher Unterschied! Die Konsequenz ist, dass Kreditvergabe und Kreditaufnahme in den letzten Monaten einer Hyperinflation mehr oder weniger zum Erliegen kommen, so dass die Investitionen stark zurückgehen.

Wir haben hier die Kosten von sehr hohen Inflationsraten diskutiert. Die aktuelle Diskussion in den OECD-Ländern dreht sich um die Kosten einer Inflation von 4% vs. 0%. Diese Diskussion unterscheidet sich deutlich von der Problematik in diesem Kapitel. Wir werden in Kapitel 25 darauf zurückkommen.

Wenn daher die Inflation ansteigt und die damit verbundenen Kosten höher werden, entsteht im Normalfall ein Konsens, dass die Inflation gestoppt werden sollte. Damit kommen wir zum nächsten Abschnitt: Wir beschäftigen uns damit, wie Hyperinflationen zu Ende gehen.

23.4 Wie gehen Hyperinflationen zu Ende?

Hyperinflationen sterben an keinem natürlichen Tod. Sie müssen vielmehr durch ein Stabilisierungsprogramm gestoppt werden.

23.4.1 Die Elemente eines Stabilisierungsprogramms

Die notwendigen Maßnahmen, um eine Hyperinflation zu stoppen, folgen aus unserer Analyse der Ursachen einer Hyperinflation:

- Notwendig ist eine Reform der Fiskalpolitik und eine glaubwürdige Reduktion des Budgetdefizits. Diese Reform muss sowohl auf der Ausgabenseite als auch auf der Einnahmenseite des Budgets erfolgen.

  Auf der Ausgabenseite impliziert eine Reform typischerweise eine Reduktion der Subventionen, die während einer Hyperinflation oft wie Pilze aus dem Boden schießen. Hilfreich bei der Reduktion der Ausgaben ist auch, wenn eine Stundung der Zinszahlungen auf die Auslandsschuld erreicht werden kann. Ein wichtiger

Bestandteil der Stabilisierung in Deutschland im Jahr 1923 war die Reduktion der Reparationszahlungen.

Auf der Einnahmenseite ist nicht so sehr eine Erhöhung aller Steuern erforderlich, sondern eher eine veränderte Zusammensetzung der Steuern. Dieser Punkt ist sehr wichtig. Wir haben gesehen, dass die Wirtschaftssubjekte während einer Hyperinflation im Endeffekt eine Steuer zahlen, und zwar die Inflationssteuer. Stabilisierung impliziert, dass die Inflationssteuer durch andere Steuern ersetzt wird. Die Herausforderung besteht darin, diese Umschichtung in Angriff zu nehmen und die anderen Steuern zu erheben. Diese Umschichtung kann nicht über Nacht erfolgen, aber es ist essenziell, die Wirtschaftssubjekte davon zu überzeugen, dass diese Umschichtung erfolgen wird, dass also das Budgetdefizit reduziert werden wird.

- Die Zentralbank muss eine glaubwürdige Verpflichtung eingehen, die Staatsschuld nicht länger automatisch zu monetarisieren. Diese Glaubwürdigkeit kann auf mehreren Wegen erreicht werden. Es kann der Zentralbank per Gesetz verboten werden, Staatsanleihen zu kaufen, so dass eine Monetarisierung der Schuld nicht mehr möglich ist. Oder die Zentralbank kann den Wechselkurs an die Währung eines Landes mit niedriger Inflation binden. Ein noch drastischerer Schritt wäre eine Dollarisierung, wenn also eine ausländische Währung wie der U.S.-Dollar zur offiziellen Währung des Landes erhoben wird. Dieser Schritt ist deshalb drastisch, weil dadurch auf die Möglichkeit der Seignorage völlig verzichtet wird und weil dieser Schritt oft als Verlust an Unabhängigkeit des betroffenen Landes interpretiert wird.

Diese Maßnahme wurde von Argentinien im Jahr 1991 gewählt. Argentinien führte ein currency board ein und fixierte den Wechselkurs auf einen Dollar für einen Peso. Siehe auch die Diskussion über currency boards und die Entwicklung der argentinischen Wirtschaft seit 1991 in Kapitel 21.

- Sind noch weitere Maßnahmen notwendig? Manche Ökonomen argumentieren, dass zusätzlich zu den fiskal- und geldpolitischen Maßnahmen auch einkommenspolitische Maßnahmen implementiert werden sollten – das heißt, Lohn- und Preisrichtlinien oder Kontrollen –, um der Volkswirtschaft zu helfen, eine neue, niedrigere Inflationsrate zu erreichen. Sie sind der Meinung, dass einkommenspolitische Maßnahmen dazu beitragen, dass die privaten Wirtschaftssubjekte ihre Erwartungen anpassen, um eine neue, niedrigere Inflationsrate zu ermöglichen. Wenn die Unternehmen wissen, dass die Löhne nicht mehr ansteigen werden, dann werden sie die Preise nicht erhöhen. Wenn die Arbeitnehmer wissen, dass die Preise nicht ansteigen werden, dann werden sie keine Lohnerhöhungen fordern und die Inflation kann leichter eliminiert werden.

Andere Ökonomen argumentieren, dass ausschließlich eine glaubwürdige Defizitreduktion und eine unabhängige Zentralbank benötigt werden. Sie sind der Überzeugung, dass eine geeignete Kursänderung in der Politik, wenn sie glaubwürdig ist, zu drastischen Veränderungen der Erwartungen und damit fast über Nacht zur Eliminierung der erwarteten und der aktuellen Inflation führen kann. Diese Ökonomen weisen auf die möglichen Gefahren von Lohn- und Preiskontrollen hin. Es kann der Fall eintreten, dass sich Regierungen auf die Kontrollen verlassen und die schmerzhaften aber notwendigen fiskal- und geldpolitischen Maßnahmen unterlassen, so dass sie letztlich scheitern. Ein anderes Argument gegen Lohn- und Preiskontrollen besteht darin, dass Preiskontrollen das Risiko mit sich bringen, dass, wenn die Struktur der relativen Preise in der Ausgangssituation verzerrt war, diese Verzerrungen aufrechterhalten werden.

Dieses Argument war für die Stabilisierungen in Osteuropa zu Beginn der 90er Jahre besonders relevant. Dort unterschied sich in der Ausgangssituation die Struktur der relativen Preise auf Grund der Zentralplanung stark von der Struktur der relativen Preise in einer Marktwirtschaft. Hätte man Lohn- oder Preiskontrollen implementiert, dann hätten die relativen Preise nicht ihren richtigen Marktwert finden können.

Stabilisierungsprogramme, die keine einkommenspolitischen Maßnahmen beinhalten, werden orthodox genannt, die anderen heterodox (da sie sich sowohl auf geld- und fiskalpolitische Veränderungen als auch auf einkommenspolitische Maßnahmen verlassen). Die Hyperinflationen aus Tabelle 23.1 wurden alle durch orthodoxe Stabilisierungsprogramme beendet. Viele der lateinamerikanischen Stabilisierungsversuche der 80er Jahre und 90er Jahre basierten auf heterodoxen Programmen.

23.4.2 Können Stabilisierungsprogramme scheitern?

Manchmal scheitern Programme, weil sie verpfuscht werden oder halbherzig sind. Eine Regierung implementiert zwar Lohnkontrollen, ergreift aber nicht die notwendigen Maßnahmen, um das Defizit und das nominale Geldmengenwachstum zu reduzieren. Lohnkontrollen können nicht wirken, wenn das nominale Geldmengenwachstum weitergeht, so dass das Stabilisierungsprogramm am Ende scheitert.

Siehe, zum Beispiel, der gescheiterte Stabilisierungsversuch in Bolivien im April 1984, der in der Fokusbox in diesem Kapitel beschrieben wird.

Hier haben wir eine Variation der Thematik von sich selbst erfüllenden Wechselkurskrisen, die in Kapitel 21 dargestellt wurde.

Können Stabilisierungsprogramme scheitern? Ja. Sie können scheitern. Tatsächlich scheitern sie sogar sehr oft. Argentinien implementierte von 1984 bis 1989 fünf Stabilisierungsprogramme bevor die Inflation zu Beginn der 90er Jahre schließlich stabilisiert werden konnte. Brasilien war erst 1995 in seinem sechsten Versuch innerhalb von 12 Jahren erfolgreich.

Manchmal scheitern Stabilisierungsprogramme aufgrund politischer Opposition. Wenn ein sozialer Konflikt der Auslöser für das Budgetdefizit in der Ausgangssituation und damit die Wurzel der Hyperinflation war, dann besteht dieser soziale Konflikt unter Umständen immer noch. Er kann während der Stabilisierung genauso schwer gelöst werden. Die Verlierer der fiskalpolitischen Reform, die zum Abbau des Budgetdefizits nötig ist, werden das Stabilisierungsprogramm ablehnen und die Regierung unter Umständen zum Rücktritt zwingen. Manchmal nehmen die Arbeitnehmer einen Anstieg der Preise öffentlicher Leistungen oder einen Anstieg der Steuern wahr, übersehen jedoch zum Teil den Rückgang der Inflationssteuer. Es kann sein, dass sie dann streiken oder dass es sogar zu Unruhen kommt, so dass das Stabilisierungsprogramm scheitert.

Das Scheitern kann auch darauf zurückzuführen sein, dass ein solches Scheitern erwartet wurde. Nehmen wir an, als Teil des Stabilisierungsprogramms wurde der Wechselkurs an den Dollar gebunden. Nehmen wir weiter an, die Teilnehmer der Finanzmärkte erwarten, dass die Regierung bald zu einer Abwertung gezwungen sein wird. Daher fordern sie als Kompensation für das Abwertungsrisiko einen sehr hohen Zinssatz, um inländische Wertpapiere und nicht U.S.-amerikanische Wertpapiere zu halten. Diese sehr hohen Zinssätze führen zu einer schweren Rezession. Diese Rezession zwingt die Regierung zur Abwertung, so dass sich die ursprünglichen Befürchtungen der Märkte als gerechtfertigt erweisen. Hätten die Märkte dagegen geglaubt, dass die Regierung den Wechselkurs aufrechterhalten kann, dann wäre das Abwertungsrisiko geringer gewesen, die Zinssätze wären niedriger und die Regierung wäre in der Lage gewesen, die Stabilisierung erfolgreich weiterzuführen. Für viele Ökonomen scheint Erfolg oder Scheitern eines Stabilisierungsprogramms Elemente einer sich selbst erfüllenden Prophezeiung aufzuweisen. Selbst gut ausgearbeitete Programme können nur funktionieren, wenn erwartet wird, dass sie funktionieren. Anders ausgedrückt, sowohl Glück als auch gute Public Relations spielen eine Rolle.

23.4.3 Die Kosten der Stabilisierung

Wir haben in Kapitel 9 gesehen, dass die U.S.-amerikanische Disinflation zu Beginn der 80er Jahre mit einer Rezession und einem starken Anstieg der Arbeitslosigkeit verbunden war. Die Disinflation in Europa in den 80er Jahren war ebenfalls mit einem starken Anstieg der Arbeitslosigkeit verbunden. Wir könnten daraus die Schlussfolgerung ziehen, dass die sehr viel größeren Disinflationen am Ende einer Hyperinflation ebenfalls mit sehr schweren Rezessionen oder sogar mit schweren Wirtschaftskrisen verbunden sein müssten. Dies ist jedoch normalerweise nicht der Fall.

Um zu verstehen, warum nicht, müssen wir uns an unsere Diskussion der Disinflation in Abschnitt 9.3 erinnern. Wir haben argumentiert, dass es drei Gründe gibt, warum die Inflation vielleicht nicht so schnell zurückgeht wie das nominale Geldmengenwachstum, so dass es zu einer Rezession kommt:

- Die Löhne werden im Normalfall für einen bestimmten Zeitraum in nominalen Einheiten festgelegt. Viele Löhne sind daher bereits determiniert, wenn die Entscheidung zur Disinflation getroffen wird.
- Arbeitsverträge sind im Normalfall gestaffelt, so dass es schwierig ist, eine Verlangsamung des Lohnanstiegs für alle Löhne zum selben Zeitpunkt zu erreichen.
- Die Kursänderung der Geldpolitik ist vielleicht nicht sofort und in vollem Ausmaß glaubwürdig.

Zur Erinnerung: Die Rate des realen Geldmengenwachstums ist gleich der Rate des nominalen Geldmengenwachstums minus der Inflationsrate. Wenn die Inflation weniger zurückgeht als das nominale Geldmengenwachstum, dann impliziert dies ein negatives reales Geldmengenwachstum – eine Reduktion der realen Geldmenge. Dieser Rückgang der realen Geldmenge führt dann zu einem Anstieg der Zinsen, der wiederum eine Rezession auslösen kann.

Eine Hyperinflation eliminiert aber die ersten beiden Gründe. Während einer Hyperinflation werden Löhne und Preise so oft angepasst, dass sowohl die nominalen Rigiditäten als auch die Staffelung der Lohnentscheidung nahezu irrelevant werden.

Der Aspekt der Glaubwürdigkeit hingegen bleibt bestehen. Die Tatsache, dass sogar kohärente Programme scheitern können, impliziert, dass kein Programm von Anfang an völlig glaubwürdig ist. Wenn sich eine Regierung beispielsweise dafür entscheidet, den Wechselkurs zu fixieren, dann wird anfangs vielleicht ein hoher Zinssatz benötigt, um die Wechselkursparität aufrecht zu erhalten. Stabilisierungsprogramme, die sich als erfolgreich erweisen, sind diejenigen, bei denen eine gestiegene Glaubwürdigkeit im Zeitverlauf zu niedrigeren Zinsen führt. Selbst wenn die Glaubwürdigkeit des neuen geldpolitischen Kurses schließlich gegeben ist, führen die anfänglich zu hohen Zinsen oftmals zu einer Rezession. Die Empirie zeigt, dass die meisten, aber nicht alle Hyperinflationen mit Kosten in Form von Produktionseinbußen verbunden sind.

Wie sollte ein Stabilisierungsprogramm aussehen, damit diese Wohlfahrtskosten möglichst niedrig gehalten werden können? Sollte das Stabilisierungsprogramm orthodox oder heterodox sein? Sollte das nominale Geldmengenwachstum beschränkt werden oder sollte der Wechselkurs fixiert werden? Zum jetzigen Zeitpunkt kämpfen nur wenige Länder mit hoher Inflation, so dass diese Fragen auf den Tagesordnungen der Politiker nicht weit oben stehen. Wenn man sich jedoch an der Geschichte orientiert, dann kann man davon ausgehen, dass einige Länder wieder die Kontrolle über ihr Budget verlieren werden. Sie werden das Budget über Geldschöpfung finanzieren und hohe Inflation, wenn nicht Hyperinflation erleben. Diese Fragen werden dann mit Sicherheit wieder zurückkommen.

Derzeit weisen alle reichen und die meisten Länder der Welt mit mittlerem Einkommen niedrige Inflationsraten auf. Ein paar wenige, wie zum Beispiel Japan, haben sogar Deflation. Das Land mit mittlerem Einkommen mit einer der höchsten Inflationsrate zum Zeitpunkt der Erstellung dieses Buches ist die Türkei, mit einer Inflationsrate von über 60% pro Jahr.

Argentinien konnte 10 Jahre lang mit Hilfe eines currency boards eine niedrige Inflation aufrechterhalten. Nun ist Argentinien jedoch wieder in Gefahr. Das currency board ist zusammengebrochen, der Peso hat abgewertet, das Budgetdefizit wird immer größer. Die Inflation ist wieder angestiegen. Noch lassen sich aber keine Anzeichen erkennen, dass es wieder zu einer Hyperinflation kommen könnte.

23.5 Schlussfolgerungen

Im Kern dieses Buches wurde immer wieder herausgearbeitet, dass die Produktion in der kurzen Frist zwar um das natürliche Produktionsniveau schwankt, dass er in der mittleren Frist jedoch immer wieder dorthin zurückkehren würde. Würde die Anpassung zu langsam erfolgen, dann könnte man Geld- und Fiskalpolitik einsetzen, um die Anpassung zu beschleunigen. Meistens trifft dies zu. In den letzten beiden Kapiteln haben wir jedoch gesehen, dass dies nicht immer der Fall ist.

- Manchmal bricht der Anpassungsmechanismus, der die Volkswirtschaft zu ihrem natürlichen Niveau zurückbringen soll, zusammen. Eine Volkswirtschaft in einer Rezession oder in einer Wirtschaftskrise kann in eine Deflation geraten. Deflation verschlechtert die Situation eher, statt sie zu verbessern.
- Es kann sich herausstellen, dass die Geld- und die Fiskalpolitik nicht in der Lage sind, Abhilfe zu schaffen. In einer Rezession können der Geldpolitik durch die Liquiditätsfalle Grenzen gesetzt sein: Die Nominalzinsen können nicht negativ werden. Eine Regierung kann Budgetdefizite und damit eine höhere Nachfrage und eine höhere Produktion nicht für immer aufrechterhalten; wenn sie es versucht, dann wird der Anstieg der Staatsverschuldung schließlich zu einem eigenständigen Problem.
- Regierungen können die Kontrolle über die Geld- und die Fiskalpolitik verlieren. Konfrontiert mit größeren negativen Schocks – wie Krieg, Bürgerkrieg, ein Zusammenbruch der Exporte, eine soziale Explosion – können sie die Kontrolle über ihr Budget verlieren. Sie weisen ein immer größeres Budgetdefizit aus und haben schließlich keine andere Wahl, als das Defizit durch Geldschöpfung zu finanzieren. Das Ergebnis kann eine hohe Inflation oder sogar eine Hyperinflation sein.

Fokus: Die Hyperinflation in Bolivien während der 80er Jahre

In den 70er Jahren erreichte Bolivien ein starkes Produktionswachstum, in erster Linie auf Grund der hohen Weltmarktpreise für seine Exporte: Zinn, Silber, Coca, Öl und Erdgas. Am Ende des Jahrzehnts begann sich die wirtschaftliche Lage jedoch zu verschlechtern, da der Zinnpreis zurückging. Die Auslandsverschuldung, durch die in den 70er Jahren ein Großteil der bolivianischen Ausgaben finanziert wurde, wurde stark eingeschränkt. Die ausländischen Kreditgeber fingen an, sich Sorgen um die Rückzahlung zu machen. Zum Teil als Ergebnis, zum Teil auf Grund der schon lang andauernden sozialen Konflikte, brach politisches Chaos aus. Von 1979 bis 1982 hatte das Land zwölf Präsidenten, neun aus dem Militär und drei zivile Präsidenten.

Als 1982 der erste frei gewählte Präsident seit 18 Jahren die Macht übernahm, war er mit einer fast unlösbaren Aufgabe konfrontiert. Die U.S.-amerikanischen Banken und andere ausländischen Kreditgeber waren verängstigt. Sie wollten keinerlei neuen Kredite an Bolivien vergeben und sie forderten die Rückzahlung alter Kredite. Die private Kreditvergabe an die bolivianische Regierung (mittelfristig und langfristig) war netto von 3,5% des BIP im Jahr 1980 auf –0,3% im Jahr 1982, und auf –1,0% im Jahr 1983 zurückgegangen. Da die Regierung keine andere Wahl hatte, griff sie auf Geldschöpfung zurück, um das Budgetdefizit zu finanzieren.

Inflation und Budgetdefizite

Die nächsten drei Jahre waren durch die Interaktion von stetig höherer Inflation und Budgetdefiziten charakterisiert.

Tabelle 1 enthält die Zahlen für das Budgetdefizit für den Zeitraum von 1981 bis 1986. Auf Grund der Verzögerungen in der Steuererhebung resultierte die steigende Inflation in einer starken Reduktion der realen Steuereinnahmen. Der Versuch der Regierung, die Preise für öffentliche Leistungen niedrig zu halten, führte zu hohen Defiziten der staatlichen Unternehmen. Da diese Defizite durch Subventionen des Staates finanziert wurden, war das Ergebnis ein weiterer Anstieg des Budgetdefizits. 1984 erreichte das Budgetdefizit erdrückende 31,6% des BIP.

Das Ergebnis der höheren Budgetdefizite und der Notwendigkeit höherer Seignorage war, dass das nominale Geldmengenwachstum und die Inflation anstiegen. 1981 betrug die Inflation 2,5% pro Monat, 1982 stieg sie auf 7% und 1983 auf 11%. Abbildung 1 zeigt die monatliche Inflationsrate in Bolivien von Januar 1984 bis April 1986 (die vertikale Gerade zeigt den Beginn des Stabilisierungsprogramms). Die Inflationsrate stieg 1984 und 1985 dramatisch an und erreichte im Februar 1985 182%.

Es gab mehrere Versuche, die Wirtschaft zu stabilisieren. Stabilisierungsprogramme wurden im November 1982, im November 1983, im April 1984, im August 1984, und im Februar 1985 durchgeführt. Bei dem Stabilisierungsprogramm vom April 1984 handelte es sich um ein orthodoxes Programm in dessen Zentrum die Ankündigung einer Steuerreform und eine Anhebung der Preise für öffentliche Leistungen stand. Die Opposition der Gewerkschaften erwies sich jedoch als zu stark und das Programm wurde wieder aufgegeben.

Nach der Wahl eines neuen Präsidenten wurde im September 1985 wieder ein Stabilisierungsversuch unternommen. Dieser war letztendlich erfolgreich. Im Mittelpunkt des Stabilisierungsplanes stand die Eliminierung des Budgetdefizits. Seine wichtigsten Eigenschaften waren:

- Fiskalpolitik: Die Preise im öffentlichen Sektor wurden erhöht, Lebensmittelpreise und Energiepreise wurden angehoben, die Arbeitsentgelte im öffentlichen Sektor wurden eingefroren und eine Steuerreform angekündigt, die darauf abzielte, die Steuerbasis wiederherzustellen und zu verbreitern.
- Geldpolitik: Das Stabilisierungsprogramm setzte den offiziellen Wechselkurs des Peso gleich dessen Schwarzmarktwert, also dem Kurs, zu dem man während der Hyperinflation auf dem Schwarzmarkt Peso in Dollar umtauschen konnte. Der Wechselkurs wurde auf 1,1 Millionen Pesos pro Dollar festgesetzt. Im Vormonat hatte der Wechselkurs noch 67.000 Pesos pro Dollar betragen. Nach dieser Maßnahme konnte der Wechselkurs innerhalb einer festgesetzten Bandbreite schwanken.
- Die Wiederherstellung der internationalen Kreditwürdigkeit: Es wurden Verhandlungen mit internationalen Organisationen und Banken aufgenommen, um die Schulden zu restrukturieren. Neun Monate später, im Juni 1986, konnte eine Vereinbarung mit den ausländischen Kreditgebern und dem IMF getroffen werden.

Wie bei den vorangegangenen Stabilisierungsversuchen riefen auch dieses Mal die Gewerkschaften einen Generalstreik aus. Als Antwort darauf erklärte die Regierung den Ausnahmezustand. Der Streik wurde bald beendet. Nach so vielen gescheiterten Versuchen, die Hyperinflation zu stoppen, war die öffentliche Meinung eindeutig für eine Stabilisierung.

Prozent des BIP	1981	1982	1983	1984	1985	1986
Einnahmen	9,4	4,6	2,6	2,6	1,3	10,3
Ausgaben	15,1	26,9	20,1	33,2	6,1	7,7
Budgetdefizit	-5,7	-22,3	-17,5	-31,6	-4,8	2,6

Tabelle 1: Einnahmen, Ausgaben und das Haushaltsdefizit in Prozent des bolivianischen BIP. Einnahmen und Ausgaben der Zentralregierung

Quelle: Jeffrey Sachs, "The Bolivian Hyperinflation and Stabilization," National Bureau of Economic Research, working paper No. 2073, November 1986, Tabelle 3.

Die Auswirkungen auf die Inflation waren dramatisch. Am Ende der zweiten Septemberwoche war die Inflationsrate sogar negativ! Die Inflation blieb nicht für sehr lange Zeit negativ, aber die durchschnittliche monatliche Inflationsrate lag von 1986 bis 1989 unterhalb von 2%. Tabelle 1 zeigt, dass das Budgetdefizit 1986 drastisch reduziert wurde und dass das durchschnittliche Defizit für den Rest des Jahrzehnts weniger als 5% des BNE betrug.

Hatte die Stabilisierung einen negativen Effekt auf die Produktion? Wahrscheinlich ja. Die realen Zinssätze blieben für mehr als ein Jahr nach der Stabilisierung auf einem sehr hohen Niveau. Der Effekt dieser hohen realen Zinssätze auf die Produktion ist schwer zu bestimmen, da Bolivien zur selben Zeit, als die Stabilisierung implementiert wurde, von weiteren starken Preiseinbrüchen bei Zinn und Erdgas getroffen wurde. Dazu kam, dass eine größere Kampagne gegen Drogen die Produktion von Coca störte. Welcher Anteil der bolivianischen Rezession des Jahres 1986 auf die Stabilisierung zurückzuführen ist, und welcher Anteil auf jene anderen Faktoren, ist schwer zu beurteilen.

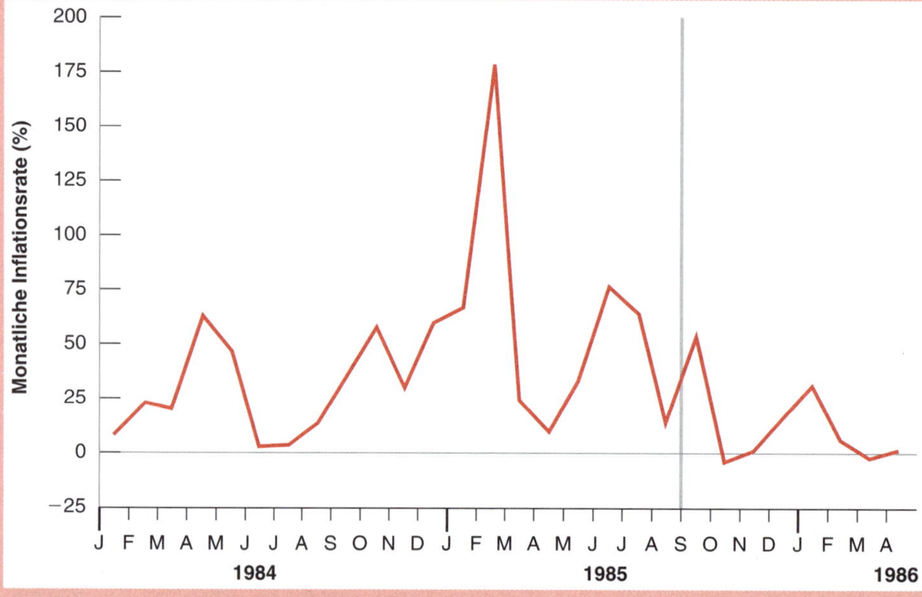

Abbildung 1: Monatliche Inflationsrate, Bolivien, Januar 1984 bis April 1986

Quelle:
Das Material in dieser Fokusbox kommt in erster Linie aus dem Working Paper „The Bolivian Hyperinflation and Stabilization" von Jeffrey Sachs, NBER working paper, 1986. Sachs war einer der Architekten des Stabilisierungsprogramms.

Siehe auch Juan Antonio Morales, „The Transition from Stabilization to Sustained Growth in Bolivia," in Michael Bruno et al., eds., Lessons of Economic Stabilization and its Aftermath (Cambridge, MA: MIT Press, 1991).

Zusammenfassung

- Hyperinflationen sind Perioden mit hoher Inflation. Die extremsten Beispiele findet man in Europa nach dem Ersten und nach dem Zweiten Weltkrieg. Es gab jedoch in Lateinamerika Episoden hoher Inflation, die noch gar nicht so lange zurückliegen, zu Beginn der 90er Jahre.
- Hohe Inflation ist auf hohes nominales Geldmengenwachstum zurückzuführen. Hohes Geldmengenwachstum entsteht, wenn große Budgetdefizite vorliegen und es gleichzeitig unmöglich ist, diese großen Budgetdefizite durch Kreditaufnahme zu finanzieren.
- Die Einnahmen aus Geldschöpfung werden Seignorage genannt. Seignorage ist das Produkt des nominalen Geldmengenwachstums und der realen Geldmenge. Je kleiner die reale Geldmenge, desto höher ist die erforderliche Wachstumsrate der nominalen Geldmenge, und desto höher ist daher die zur Generierung einer bestimmten Seignorage erforderliche Inflationsrate.
- Hyperinflationen sind im Allgemeinen durch eine steigende Inflation gekennzeichnet. Dafür gibt es zwei Gründe: Der erste Grund ist, dass ein höheres Geldmengenwachstum zu höherer Inflation führt, so dass die Wirtschaftssubjekte veranlasst werden, ihre Realkasse zu reduzieren, so dass ein noch höheres Geldmengenwachstum notwendig wird (so dass die Inflation noch weiter ansteigt), um dasselbe Defizit zu finanzieren. Der zweite Grund ist, dass eine höhere Inflation oftmals das Defizit noch vergrößert, so dass ein höheres Geldmengenwachstum notwendig wird, und damit eine noch höhere Inflation.
- Hyperinflationen werden durch Stabilisierungsprogramme gestoppt. Damit ein Stabilisierungsprogramm erfolgreich ist, muss es fiskalpolitische Maßnahmen beinhalten, die das Ziel verfolgen, das Budgetdefizit zu reduzieren, und geldpolitische Maßnahmen, die das Ziel verfolgen, die Geldschöpfung als Finanzierungsquelle für das Defizit zu reduzieren oder zu eliminieren. Manche Stabilisierungsprogramme enthalten auch Lohn- und Preisrichtlinien oder Kontrollen.
- Ein Stabilisierungsprogramm, das nur Lohn- und Preiskontrollen festlegt, ohne den Kurs der Geld- und der Fiskalpolitik zu ändern, wird scheitern. Aber selbst in sich stimmige und gut ausgearbeitete Programme sind nicht immer erfolgreich. Wenn ein Scheitern erwartet wird, kann dies sogar zum Scheitern eines gut ausgearbeiteten Plans führen.

Übungsaufgaben

Verständnistests

1. Welche der folgenden Aussagen sind zutreffend, falsch oder unklar? Geben Sie jeweils eine kurze Erläuterung.
   a. In der kurzen Frist können Regierungen Defizite jeder Größenordnung durch nominales Geldmengenwachstum finanzieren.
   b. Die Inflationssteuer ist immer gleich der Seignorage.
   c. Hyperinflationen können die Preise verzerren, sie haben aber keinen Effekt auf die reale Produktion.
   d. Es ist einfach eine Hyperinflation zu stoppen: Man muss lediglich Löhne und Preise einfrieren und die Inflation wird gestoppt.
   e. Da Inflation im Allgemeinen für diejenigen gut ist, die Kredite aufnehmen wollen, sind Hyperinflationen der beste Zeitpunkt, große Kredite aufzunehmen.
   f. Budgetdefizite werden durch Hyperinflationen im Allgemeinen kleiner.
2. Nehmen Sie an, dass die Geldnachfrage die folgende Form annimmt:
   $$\frac{M}{P} = Y\left[1 - \left(r + \pi^e\right)\right]$$
   mit $Y = 1.000$ und $r = 0.1$.
   a. Nehmen Sie an, dass π^e in der kurzen Frist konstant gleich 25% ist. Berechnen Sie die Seignorage, wenn die Wachstumsrate der Geldmenge $\Delta M/M$ die folgenden Werte annimmt:
      1. 25%. 2. 50%. 3. 75%.
   b. In der mittleren Frist gilt: $\pi^e = \pi = \Delta M/M$. Berechnen Sie den Wert der Seignorage, der mit den drei Geldmengenwachstumsraten aus Frage (a.) verbunden ist. Erklären Sie, warum Ihre Antworten von denen in Frage (a.) abweichen.
3. Wie würden die folgenden Veränderungen den Tanzi-Olivera-Effekt beeinflussen?
   a. Monatliche Steuerzahlungen der Haushalte an Stelle einer jährlichen Steuerzahlung.
   b. Verschiebung der Auszahlung der Sozialversicherungsleistungen um zwei Monate
   c. Eine Reduktion der Einkommenssteuer, und eine Erhöhung der Mehrwertsteuer.
4. Sie sind der Wirtschaftsberater eines Landes, das unter einer Hyperinflation leidet. Diskutieren Sie die folgenden Aussagen von Politikern, die über den richtigen Stabilisierungskurs diskutieren:

   „Diese Krise wird nicht zu Ende gehen, bevor nicht die Arbeitnehmer ihren gerechten Anteil an der Steuerlast tragen."

   „Die Zentralbank hat demonstriert, dass sie ihre Möglichkeit, Geld zu schöpfen, nicht verantwortungsvoll einsetzt. Daher haben wir keine andere Wahl, als ein currency board einzusetzen".

   „Um diese verrückte Situation zu beenden, sind Preiskontrollen nötig."

   „Eine Stabilisierung kann nur erfolgreich sein, wenn es zu einer starken Rezession kommt und zu einem substanziellen Anstieg der Arbeitslosigkeit."

   „Schieben wir die Schuld nicht auf die Zentralbank. Das Problem ist die Fiskalpolitik, nicht die Geldpolitik."

Weiterführende Frage

5. Mit Bezug zu Frage 2, wie hoch ist in der mittleren Frist die Wachstumsrate der Geldmenge, die die Seignorage maximiert?

Weiterführende Literatur

Um mehr über die Hyperinflation in Deutschland zu erfahren, sollten Sie folgendes Buch lesen: Steven Webb, Hyperinflation and Stabilization in the Weimar Republic (New York, NY: Oxford University Press, 1989).

Zwei gute Zusammenfassungen von dem, was Volkswirte über Hyperinflationen wissen und von dem, was sie nicht wissen, bieten:

Rüdiger Dornbusch, Federico Sturzenegger, und Holger Wolf, „Extreme Inflation: Dynamics and Stabilization," Brookings Papers on Economic Activity, 1990-2, S. 1-84.

Pierre Richard Agenor und Peter Montiel, Development Macroeconomics (Princeton, NJ: Princeton University Press, 1995), Kapitel 8 bis 11. Kapitel 8 ist sehr leicht zu lesen; die anderen Kapitel sind schwieriger.

Die Erfahrungen Israels, das in den 80er Jahren eine hohe Inflation und eine Stabilisierung erlebte, werden in Michael Bruno's Crisis, Stabilization and Economic Reform (New York, NY: Oxford University Press, 1993) beschrieben, vor allem in den Kapiteln 2 bis 5. Michael Bruno war für den Großteil dieser Periode Präsident der israelischen Zentralbank.

Zu der Frage, wie man Hyperinflationen stoppen kann:

Einer der klassischen Artikel ist "The Ends of Four Big Inflations," von Thomas Sargent, in Robert Hall, ed., Inflation: Causes and Effects (Chicago: NBER and the University of Chicago, 1982), S. 41-97. In diesem Artikel argumentiert Sargent, dass ein glaubwürdiges Stabilisierungsprogramm die Stabilisierung erreichen kann, zu geringen oder zu gar keinen Kosten in Form von Produktionseinbußen.

Rüdiger Dornbusch und Stanley Fischer, "Stopping Hyperinflations, Past and Present," Weltwirtschaftlichers Archiv, 1986-1, S. 1-47, bietet eine gut lesbare Beschreibung des Endes der Hyperinflationen in Deutschland, Österreich und Polen in den 20er Jahren, und in Italien 1947, Israel 1985, und Argentinien 1985.

Teil 8
Zurück zur Politik

Wir haben uns in beinahe jedem Kapitel dieses Buches mit der Rolle der Politik auseinander gesetzt. In den nächsten drei Kapiteln werden wir all unsere Erkenntnisse zusammenfügen.

Kapitel 24

Kapitel 24 beschäftigt sich mit zwei Fragen: Wäre es angesichts der Unsicherheit über die Auswirkungen makroökonomischer Politikmaßnahmen nicht besser, ganz darauf zu verzichten, aktive Politik zu betreiben? Und selbst wenn wir davon ausgehen könnten, dass die Wirtschaftspolitik im Prinzip von Nutzen sein kann, können wir den Entscheidungsträgern in Politik und Wirtschaft vertrauen, dass sie die richtigen Politikmaßnahmen implementieren? Die Antworten auf diese Fragen sind: Unsicherheit setzt der Rolle der Politik Grenzen; die Entscheidungsträger tun nicht immer das Richtige. Mit geeigneten Institutionen jedoch kann die Politik helfen und sollte auch eingesetzt werden.

Kapitel 25

Kapitel 25 beschäftigt sich mit der Geldpolitik. In diesem Kapitel fassen wir zunächst noch einmal zusammen, was wir bisher gelernt haben, Kapitel für Kapitel. Dann konzentrieren wir uns auf zwei Themen. Das erste Thema ist die optimale Inflationsrate: Eine hohe Inflationsrate ist schlecht, aber wie niedrig sollte die von der Zentralbank angestrebte Inflationsrate sein? Das zweite Thema ist das Design der Politik: sollte die Zentralbank ein Geldmengenwachstumsziel oder ein Inflationsziel verfolgen? Welche Regel sollte die Zentralbank verwenden, um die Zinsen anzupassen? Das Kapitel endet mit einer Beschreibung der Geldpolitik in den Vereinigten Staaten.

Kapitel 26

Kapitel 26 beschäftigt sich mit der Fiskalpolitik. Zunächst fassen wir zusammen, was wir bisher gelernt haben. Dann beschäftigen wir uns etwas ausführlicher mit den durch die Budgetrestriktion des Staates implizierten Zusammenhängen zwischen Staatsverschuldung, Steuern und Staatsausgaben. Im Anschluss daran werden mehrere Themen behandelt, angefangen mit der Finanzierung von Kriegen bis hin zu den Gefahren der Akkumulierung einer zu großen öffentlichen Schuld.

Kapitel 24 Sollten Politiker in ihrer Entscheidungsfreiheit beschränkt werden?

In diesem Buch konnte man an vielen Stellen erkennen, wie die richtige Mischung aus Geld- und Fiskalpolitik dazu beitragen kann, ein Land aus einer Rezession herauszuführen, seine Handelsposition zu verbessern, ohne die Produktion zu stimulieren und die Inflation anzuheizen, eine überhitzte Wirtschaft zu dämpfen, oder Investitionen und Kapitalakkumulation zu stimulieren, und vieles mehr.

Diese Schlussfolgerung steht jedoch in Widerspruch zu den immer lauter werdenden Forderungen, die Entscheidungsfreiheit von Politikern einzuschränken: In der Europäischen Union haben sich die Länder, die den Euro eingeführt haben, verpflichtet, ihr Budgetdefizit unter 3% des nominalen BIP zu halten. Der Europäische Stabilitäts- und Wachstumspakt von 1997 schränkt den Spielraum der Fiskalpolitik noch weiter ein: Er verpflichtet dazu, mittelfristig einen ausgeglichenen Haushalt anzustreben. Auch in den Vereinigten Staaten forderten die Republikaner 1994, das Postulat eines ausgeglichenen Budgets in die Verfassung aufzunehmen. Da das Defizit in den USA in der zweiten Hälfte der 90er Jahre eliminiert werden konnte, wurden diese Forderungen zwar leiser; das Thema wird nun aber mit dem starken Anstieg des Budgetdefizits wieder aktuell. In vielen Ländern unterliegt die Geldpolitik nicht mehr dem direkten politischen Zugriff. In Anlehnung an das Modell der Bundesbank ist die EZB weitgehend unabhängig von staatlichen Interventionen. Aber auch viele andere Staaten (wie etwa Neuseeland oder Großbritannien) räumten in den 90er Jahren ihrer Zentralbank große Unabhängigkeit vom politischen Prozess ein.

Dieses Kapitel untersucht das Für und Wider von Beschränkungen der Wirtschaftspolitik.

- Die Abschnitte 24.1 und 24.1 beschäftigen sich mit der Argumentation, dass die Politiker vielleicht gute Absichten verfolgen mögen, dass sie aber am Ende mehr Schlechtes als Gutes bewirken.
- Abschnitt 24.3 beschäftigt sich mit einer anderen – zynischeren – Argumentationsrichtung, die die Überzeugung vertritt, dass die Politiker das tun, was gut für sie ist, und dass dies nicht notwendigerweise das Beste für das Land sei.

24.1 Unsicherheit und Politik

Das erste Argument zur Rechtfertigung von Beschränkungen der politischen Handlungsfreiheit kann man auf nicht besonders elegante Weise so formulieren: Wer wenig weiß, sollte auch wenig tun. Dieses Argument basiert auf zwei Teilen: Die Makroökonomen, damit auch die politischen Entscheidungsträger, die sich auf den Rat der Makroökonomen verlassen, wissen wenig; deshalb sollten sie auch wenig tun. Wir werden die beiden Teile des Arguments nacheinander analysieren.

24.1.1 Wie viel wissen Makroökonomen eigentlich?

Makroökonomen lassen sich mit Ärzten vergleichen, die Krebs behandeln. Sie wissen viel, es gibt aber auch eine ganze Menge, was sie nicht wissen.

Betrachten wir eine Volkswirtschaft, die unter hoher Arbeitslosigkeit leidet. Die Zentralbank erwägt, die Konjunktur mit expansiver Geldpolitik anzukurbeln. Erinnern wir uns an die Kausalkette zwischen einer Erhöhung der Geldmenge und einer Erhöhung der Produktion – an all die Fragen, mit denen eine Zentralbank konfrontiert ist, wenn sie entscheiden muss, ob und um wie viel sie die Geldmenge erhöhen soll:

- Liegt die derzeit hohe Arbeitslosenquote über der natürlichen Arbeitslosenquote, oder ist die natürliche Arbeitslosenquote selbst angestiegen (Kapitel 8 und 9)?
- Wenn die Arbeitslosenquote nahe bei der natürlichen Arbeitslosenquote liegt, besteht dann nicht ein Risiko, dass eine expansive Geldpolitik zu einem Rückgang der Arbeitslosigkeit unter die natürliche Arbeitslosenquote und zu einem Anstieg der Inflation führt (Kapitel 8 und 9)?
- Wie stark lässt eine Ausdehnung der Geldmenge den kurzfristigen Zinssatz senken (Kapitel 4)? Wie wirkt sich der Rückgang des kurzfristigen auf den langfristigen Zinssatz aus (Kapitel 15)? Um wie viel werden die Aktienkurse steigen (Kapitel 15)? Um wie viel wird sich die Währung abwerten (Kapitel 20 und 21)?
- Wie lange wird es dauern, bis die niedrigeren langfristigen Zinssätze und die höheren Aktienkurse die Investitions- und die Konsumausgaben beeinflussen (Kapitel 16)? Wie lange wird es dauern, bis die J-Kurven-Effekte abgeklungen sind, und sich die Handelsbilanz verbessert (Kapitel 19)? Wie groß ist die Gefahr, dass die Wirkungen zu spät einsetzen, wenn sich die Wirtschaft bereits wieder erholt hat?

Bei der Beurteilung dieser Fragen operieren Zentralbanken – allgemeiner: alle makroökonomische Entscheidungsträger – nicht in einem Vakuum. Sie verlassen sich in erster Linie auf makroökonometrische Modelle. Die Gleichungen in diesen Modellen liefern Schätzwerte für die einzelnen Beziehungen in der Vergangenheit. Unterschiedliche Modelle liefern jedoch unterschiedliche Antworten. Dies liegt daran, dass sie sich in der Struktur, in der Menge der Gleichungen und in der Menge der Variablen unterscheiden.

Abbildung 24.1 zeigt diese Diversität. Das Beispiel ist aus einer Studie genommen, die Ende der 80er Jahre vom Brookings Institute in Auftrag gegeben wurde – einem Forschungsinstitut in Washington, D.C. In dieser Studie wurden die Betreuer von 12 makroökonometrischen Modellen aufgefordert, die gleichen Fragen zu beantworten. (Die Modelle sind in der Fokusbox „Zwölf makroökonometrische Modelle" beschrieben). Das Ziel der Studie bestand darin, herauszufinden, wie sich die Antworten über die Modelle hinweg unterscheiden würden. Eine Frage lautete:

Eine Beschreibung der einzelnen Modelle und der Studie findet sich in Ralph Bryant et al., Empirical Macroeconomics for Interdependent Economies (Washington, DC: Brookings Institutions, 1988). Die Studie zeigt nicht nur die Effekte von Geldpolitik, sondern auch von Fiskalpolitik. (Bei der Simulation, die im Text beschrieben wird, handelt es sich um die Simulation E im supplemental volume.)

Gehen Sie von einem Fall aus, in dem die U.S.-amerikanische Wirtschaft mit ihrer normalen Wachstumsrate wächst und in dem die Arbeitslosenquote gleich der natürlichen Arbeitslosenquote ist. Nehmen Sie diesen Fall als Ausgangspunkt. Nehmen Sie nun an, dass die FED über einen Zeitraum von einem Jahr die Geldmenge stärker ausweitet. Die nominale Geldmenge ist nach diesem Jahr also um 4% höher, als ohne diese Maßnahme. Von da an wächst die nominale Geldmenge wieder mit der gleichen Rate wie im Ausgangspunkt. Die nominale Geldmenge bleibt somit dauerhaft um 4% höher als im Vergleichsfall. Nehmen Sie weiter an, dass die Zinsen im Rest der Welt unverändert bleiben. Wie wird sich der U.S.-amerikanische Produktion entwickeln?

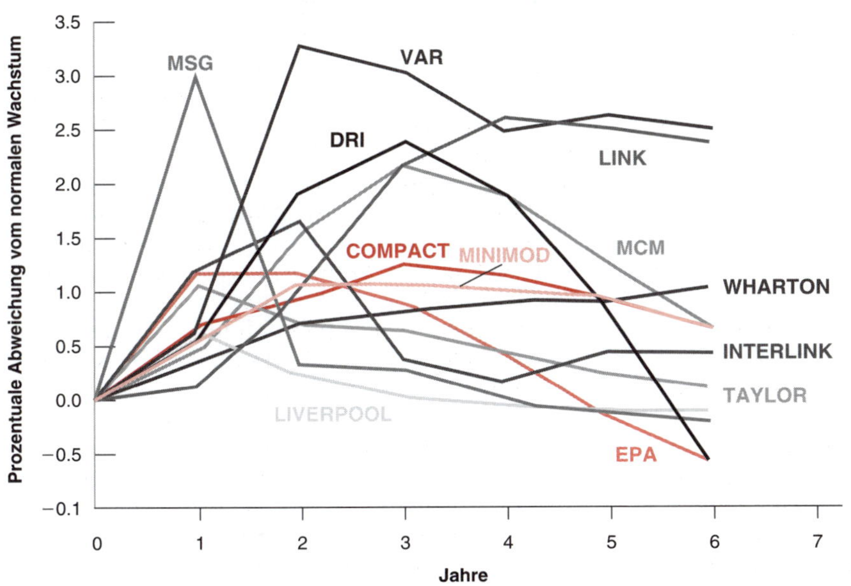

Abbildung 24.1: Wie reagiert das Wachstum auf eine Expansion der Geldmenge?

Die Prognosen von 12 Modellen. Alle 12 Modelle prognostizieren für gewisse Zeit ein stärkeres Wachstum; die Antworten unterscheiden sich aber stark über Ausmaß und Dauer der realen Effekte.

Abbildung 24.1 zeigt, welche Abweichungen der Produktion von den 12 Modellen prognostiziert werden. Alle 12 Modelle sagen voraus, dass die Produktion für eine gewisse Zeit nach der Geldmengenerhöhung ansteigen wird. Nach einem Jahr ist die durchschnittliche Abweichung vom Vergleichsfall positiv. Die Bandbreite der Prognosen ist jedoch groß, angefangen von beinahe keiner Abweichung bis zu einem Anstieg von nahezu 3%; selbst wenn man die extremste Prognose weglässt, beträgt die Bandbreite immer noch mehr als 1%. Nach zwei Jahren beträgt die durchschnittliche Abweichung immer noch 1,2%; wenn man wieder die extremste Prognose weglässt, dann beträgt die Bandbreite immer noch 2%. Nach sechs Jahren beträgt die durchschnittliche Abweichung 0,6% und die Antworten reichen von –0,3% bis 2,5%. Kurz gesagt, wenn wir Unsicherheit an der Bandbreite der Antworten messen, dann besteht in der Tat eine substanzielle Unsicherheit über die Effekte von Politikmaßnahmen.

Fokus: Zwölf makroökonometrische Modelle

Die Klasse der Modelle, die sich an der Brookings-Studie beteiligten, ist repräsentativ für die unterschiedlichen Typen von makroökonometrischen Modellen, die heute für Prognosen und zur Politikberatung eingesetzt werden.

- Bei zwei Modellen, DRI (Data Resources Incorporated) und Wharton, handelt es sich um kommerzielle Modelle. Sie werden regelmäßig verwendet, um ökonomische Prognosen zu erstellen und die Ergebnisse an Unternehmen und Finanzinstitutionen zu verkaufen.
- Fünf Modelle werden als Prognoseinstrument zur Unterstützung von Politikentscheidungen eingesetzt. MCM (MultiCountryModel) wird vom Federal Reserve Board in Washington für die Geldpolitik verwendet. INTERLINK wird von der OECD in Paris eingesetzt. COMPACT verwendet die Kommission der Europäischen Union in Brüssel; EPA die Japanese Planning Agency. Jedes dieser vier Modelle wurde von einem Team von Wissenschaftlern entwickelt, die die ganze Arbeit erledigten, das heißt, die Erstellung von Untermodellen für Länder oder Gruppen von Ländern und deren Verknüpfung durch Handels- und Finanzströme. Im Gegensatz dazu besteht das fünfte Modell, LINK, aus individuellen Ländermodellen – aus Modellen, die für jedes Land von Wissenschaftlern aus diesem Land konstruiert und dann durch Handels- und Finanzrelationen verknüpft wurden. Der Vorteil dieses Ansatzes besteht darin, dass die Wissenschaftler aus einem bestimmten Land dieses Land wahrscheinlich sehr gut verstehen; der Nachteil besteht darin, dass die einzelnen Ländermodelle recht unterschiedliche Strukturen aufweisen können und unter Umständen schwer zu verknüpfen sind.
- Vier Modelle beziehen explizit rationale Erwartungen ein: das LIVERPOOL-Modell, mit Basis in England; MIN/MOD, verwendet vom Internationalen Währungsfonds; MSG, entwickelt von Warwick McKibbin und Jeffrey Sachs an der Harvard University; und das Taylor Modell – das wir in Abschnitt 7.4 kennen gelernt haben – von John Taylor von der Stanford University. Da es technisch schwierig ist, große Modelle mit rationalen Erwartungen zu lösen, handelt es sich bei diesen Modellen typischerweise um kleinere Modelle, die weniger Details enthalten als die oben aufgelisteten Modelle. Diesen Modellen gelingt es jedoch besser, die Effekte verschiedener Politikmaßnahmen auf die Erwartungen zu erfassen.
- Das letzte Modell, VAR, (VAR steht für Vector AutoRegression, die Schätzmethode, die bei der Konstruktion des Modells verwendet wurde), entwickelt von Christopher Sims und Robert Litterman in Minnesota, unterscheidet sich deutlich von den anderen. Es handelt sich nicht um ein strukturiertes Modell, sondern eher um eine statistische Zusammenfassung der Zusammenhänge zwischen unterschiedlichen Variablen, ohne explizite ökonomische Interpretation. Die Stärke dieses Modells liegt darin, dass es die Daten gut abbildet, mit einem Minimum an Restriktionen. Seine Schwäche liegt darin, dass es im Prinzip eine (sehr große) Black Box ist.

24.1.2 Sollte die Unsicherheit politische Entscheidungsträger veranlassen, weniger zu tun?

Sollte diese große Unsicherheit die Entscheidungsträger dazu veranlassen, weniger zu tun? Die Antwort lautet: Im Prinzip Ja. Betrachten wir folgendes Beispiel. Es baut auf der Simulation auf, die wir gerade betrachtet haben (Sie beschreibt recht gut die Situation der Vereinigten Staaten Ende 2001).

Nehmen wir an, die U.S.-amerikanische Wirtschaft befindet sich in einer Rezession. Die Arbeitslosenquote beträgt 7% und die Fed erwägt, mit Geldpolitik die Produktion zu stimulieren. Um uns auf die Unsicherheit über die Effekte von Politikmaßnahmen konzentrieren zu können, nehmen wir an, dass die Fed alles andere mit Sicherheit weiß. Auf Basis ihrer Prognosen weiß sie, dass die Arbeitslosenquote ohne Veränderungen der Geldpolitik im nächsten Jahr immer noch 7% betragen wird. Sie weiß, dass die natürliche Arbeitslosenquote 5% beträgt, die tatsächliche Quote also 2% darüber liegt. Schließlich weiß sie, auf Grund des Gesetzes von Okun, dass die Arbeitslosenquote um 0,4% zurückgeht, wenn das Produktionswachstum ein Jahr lang um 1% höher liegt.

In der realen Welt weiß die Fed von all diesen Dingen nichts mit absoluter Sicherheit. Sie kann nur Prognosen erstellen. Sie kennt weder den exakten Wert der natürlichen Arbeitslosenquote noch den exakten Koeffizienten im Gesetz von Okun. Würden wir auch diese Quellen für Unsicherheit berücksichtigen, würde unsere grundlegende Schlussfolgerung noch verstärkt werden.

Die Fed weiß also, dass sie für das nächste Jahr ein um 5% höheres Produktionswachstum erreichen müsste, um die Arbeitslosenquote auf die natürliche Rate von 5% zu senken (5% Wachstum reduziert in einem Jahr die Arbeitslosigkeit um 0.4 x 5% = 2%). Aber um wie viel müsste die Fed die Geldmenge erhöhen?

Wenn wir vom Durchschnitt der Antworten der verschiedenen Modelle aus Abbildung 24.1 ausgehen, dann lässt eine Erhöhung der Geldmenge um 4% die Produktion im ersten Jahr um 0,85% steigen. Äquivalent dazu: Eine Erhöhung der Geldmenge um 1% führt zu einem Anstieg der Produktion von 0,85/4 = 0,21%.

Nehmen wir an, die Fed geht davon aus, dass dieser durchschnittliche Zusammenhang mit Sicherheit gilt. Dann ist die Frage, was sie tun sollte, leicht zu beantworten. Um die Arbeitslosenquote innerhalb von einem Jahr auf die natürliche Arbeitslosenquote zu senken, ist ein höheres Produktionswachstum von 5% erforderlich. Dies erfordert, dass die Fed die Geldmenge um 5%/0,21 = 23,8% erhöht. Die Fed müsste also die Geldmenge um 23,8% erhöhen. Entspricht die Reaktion der Volkswirtschaft dem, was die 12 Modelle im Durchschnitt prognostizieren, dann wird eine solche Geldmengenerhöhung die Volkswirtschaft zum Ende des Jahres zur natürlichen Arbeitslosenquote zurückbringen.

Nehmen wir an, die Fed erhöht die Geldmenge wirklich um 23,8%. Berücksichtigen wir nun jedoch die Unsicherheit, wie sie durch die Bandbreite der Antworten der verschiedenen Modelle aus Abbildung 24.1 gemessen wird. Erinnern wir uns daran, dass die Bandbreite der Reaktion der Produktion auf eine 4-prozentige Geldmengenerhöhung nach einem Jahr von 0% bis 3% reichte; äquivalent führte eine einprozentige Erhöhung der Geldmenge zu einer Bandbreite der Erhöhung der Produktion von 0% bis 0,75%. Diese Bandbreiten bedeuten, dass eine Geldmengenerhöhung um 23,8% je nach Modell die Produktion um einen Satz steigen lässt, der irgendwo zwischen 0% und 17,9% (23,8% × 0,75) liegt. Diese Zahlen bedeuten wiederum, dass die Arbeitslosenquote in einer Bandbreite von 0 bis 7 Prozentpunkte zurückgehen wird. Anders ausgedrückt: Die Arbeitslosenquote liegt in einem Jahr zwischen 7% und 0%!

Dies ist ein Beispiel für multiplikative Unsicherheit. Da die Auswirkungen von Politikmaßnahmen unsicher sind, erhöht eine aktivere Politik die Bandbreite der Unsicherheit. Diese Einsicht basiert auf William Brainard, „Uncertainty and the Effectiveness of Policy", American Economic Review, Mai 1967, 411-425.

Die Schlussfolgerung ist klar: Angesichts der großen Unsicherheit über die Effekte der Geldpolitik wäre eine solch starke Erhöhung der Geldmenge um 23,8% unverantwortlich. Wenn die Geldmenge sich so stark auf die Produktion auswirkt, wie es von einem der 12 Modelle prognostiziert wird, dann könnte die Arbeitslosenquote am Ende des Jahres sogar um 5 Prozentpunkte unter der natürlichen Arbeitslosenquote liegen. Das würde zu einem enormen Inflationsdruck führen. Angesichts dieser Unsicherheit sollte die Fed die Geldmenge um weit weniger als um 23,8% erhöhen. Eine Erhöhung der Geldmenge von beispielsweise 10% führt zu einer Bandbreite für die Arbeitslosigkeit in einem Jahr von 7% bis 4%. Dabei handelt es sich um eine deutlich niedrigere Bandbreite.

24.1.3 Unsicherheit und Beschränkungen der Entscheidungsfreiheit in der Politik

Zusammenfassend lässt sich sagen: Es besteht erhebliche Unsicherheit über die Effekte makroökonomischer Politikmaßnahmen. Diese Unsicherheit sollte die Politiker dazu veranlassen, vorsichtiger zu agieren, also eine weniger aktive Politik zu betreiben. Politikmaßnahmen sollten breit angelegt sein mit dem Ziel, lang anhaltende Rezessionen, eine Überhitzung im Boom und inflationären Druck zu vermeiden. Je höher Inflation oder Arbeitslosigkeit, desto aktiver sollte die Politik sein. Aber sie sollte nicht den Versuch einer Feinsteuerung unternehmen, oder den Versuch, eine bestimmte Arbeitslosenquote oder ein bestimmtes Produktionswachstum zu erreichen.

Bei Friedman und Modigliani handelt es sich um die beiden Ökonomen, die unabhängig voneinander die moderne Konsumtheorie entwickelten, die wir in Kapitel 16 kennen gelernt haben.

Diese Schlussfolgerungen wären vor zwanzig Jahren noch umstritten gewesen. Damals gab es eine hitzige Debatte zwischen zwei Gruppen von Ökonomen. Eine Gruppe, angeführt von Milton Friedman aus Chicago, argumentierte, dass aktive Politik wegen langer und unterschiedlicher Verzögerungen mehr Schaden anrichten als Gutes tun würde. Die andere Gruppe, angeführt von Franco Modigliani vom MIT, hatte gerade die erste Generation großer makroökonometrischer Modelle entwickelt. Sie war der Überzeugung, dass sich unter den Ökonomen genug Wissen angesammelt hat, um eine Feinsteuerung der Volkswirtschaft zu ermöglichen. Heute akzeptieren die meisten Ökonomen, dass eine substanzielle Unsicherheit über die Auswirkungen von Politikmaßnahmen herrscht. Sie akzeptieren auch die Implikation, dass diese Unsicherheit zu einer weniger aktiven Politik führen sollte.

Bislang haben wir ein Argument betrachtet, das eine Selbstbeschränkung der Politiker nahe legt. Daraus folgt aber noch nicht, dass den Politikern Beschränkungen auferlegt werden sollten. Wenn die politischen Entscheidungsträger die Implikationen der Unsicherheit verstehen – es gibt keinen Grund anzunehmen, dass sie dies nicht tun –, werden sie von sich aus eine weniger aktive Politik verfolgen. Dies liefert keinen

Grund, warum man den Politikern weitere Beschränkungen auferlegen sollte, wie etwa die Forderung nach einem konstanten Geldmengenwachstum oder einem ausgeglichenen Budget. Wir wollen uns nun Argumenten zuwenden, die für solche Beschränkungen der Politiker sprechen.

24.2 Erwartungen und Politik

Eine zentrale Ursache für die Unsicherheit über Effekte makroökonomischer Politik liegt in der Interaktion zwischen Politik und Erwartungen. Wie eine Politikmaßnahme wirkt, und manchmal sogar, ob sie überhaupt wirkt, hängt nicht nur davon ab, wie sie die aktuellen Variablen beeinflusst, sonder auch davon, wie sie die Erwartungen für die Zukunft beeinflusst (das Hauptthema von Kapitel 17). Die Bedeutung der Erwartungen für die Politik geht jedoch weit darüber hinaus. Dies bringt uns zur Einbeziehung spieltheoretischer Konzepte.

Bis vor 20 Jahren wurde makroökonomische Politik so betrachtet, als handle es sich um die Kontrolle einer komplizierten Maschine. Methoden der optimalen Kontrolltheorie, ursprünglich zur Lenkung von Raketen entwickelt, wurden zunehmend auch verwendet, um makroökonomische Politikmaßnahmen auszuarbeiten. Mittlerweile denken die Ökonomen darüber ganz anders. Es ist klar geworden, dass sich die Volkswirtschaft auf fundamentale Weise von einer Maschine unterscheidet, selbst von einer sehr komplizierten. Im Gegensatz zu einer Maschine besteht die Volkswirtschaft aus menschlichen Wesen und Unternehmen, die versuchen, das Verhalten von politischen Entscheidungsträgern vorherzusagen. Sie reagieren dabei nicht nur auf die aktuelle Politik, sondern auch auf die Erwartungen für die zukünftige Politik. Daher muss man sich makroökonomische Politik als Spiel zwischen den politischen Entscheidungsträgern und „der Volkswirtschaft“ vorstellen – konkreter, zwischen den politischen Entscheidungsträgern und den Menschen und den Unternehmen in der Volkswirtschaft. Wenn wir uns daher mit Politik beschäftigen, dann benötigen wir keine optimale Kontrolltheorie, sondern vielmehr die Spieltheorie.

Eine Warnung: Wenn Ökonomen von Spielen sprechen, dann meinen sie damit keineswegs Unterhaltung, sondern vielmehr die strategische Interaktion zwischen Spielern. Im Kontext der makroökonomischen Politik sind die Spieler die politischen Entscheidungsträger und die Wirtschaftssubjekte – Haushalte und Unternehmen. Die strategischen Interaktionen sind offensichtlich: Das Verhalten von Haushalten und Unternehmen hängt von den Erwartungen ab, die sie über das Verhalten der Politiker bilden. Umgekehrt hängt das Verhalten der Politiker davon ab, was in der Volkswirtschaft geschieht.

Die Spieltheorie ist zu einem wichtigen Werkzeug in allen Zweigen der Wirtschaftswissenschaften geworden. Der Nobelpreis im Jahr 1994 ging an drei Spieltheoretiker, John Nash aus Princeton, John Harsanyi aus Berkeley und Reinhard Selten aus Deutschland.

Die Spieltheorie hat den Ökonomen viele Erkenntnisse vermittelt. Durch die Spieltheorie kann oftmals erklärt werden, warum ein scheinbar seltsames Verhalten Sinn macht, wenn man verstanden hat, welche Art von Spiel gespielt wird. Eine dieser Erkenntnisse ist für unsere Diskussion der Beschränkungen besonders wichtig: Manchmal kann man in einem Spiel erfolgreicher sein, wenn man auf einige seiner Optionen verzichtet. Um zu sehen, warum dies der Fall ist, wollen wir mit einem Beispiel beginnen, das keinen volkswirtschaftlichen Hintergrund hat: Maßnahmen einer Regierung, die mit einer Entführung konfrontiert ist.

24.2.1 Entführungen und Verhandlungen

Die meisten Regierungen behaupten, dass sie im Fall einer Flugzeugentführung mit den Entführern nicht verhandeln würden. Was sie mit dieser Aussage bezwecken, ist offensichtlich: Sie wollen potenzielle Flugzeugentführer abschrecken, indem sie Flugzeugentführungen unattraktiv machen.

Nehmen wir an, dass es trotz dieser Ankündigung zu einer Flugzeugentführung kommt. Wenn das Flugzeug nun schon einmal entführt ist, warum sollte man dann aber nicht verhandeln? Welche Kompensation auch immer die Entführer verlangen, sie ist wahrscheinlich weniger kostspielig als die Alternative – die Gefahr, dass beim Versuch die Entführung mit Gewalt zu beenden, Menschenleben verloren gehen. Die beste Politik scheint darin zu bestehen, einerseits anzukündigen, dass im Fall einer Flugzeugentführung keine Verhandlungen geführt werden, andererseits aber doch zu verhandeln, sofern es tatsächlich zu einer Flugzeugentführung kommt.

Wer genauer darüber nachdenkt, wird bald feststellen, dass dies eine sehr schlechte Politik wäre. Die Entscheidungen der Flugzeugentführer hängen nicht von den Ankündigungen ab, sondern von ihren Erwartungen darüber, was geschehen wird, falls sie tatsächlich ein Flugzeug entführen. Wenn sie wissen, dass in jedem Fall verhandelt wird, dann betrachten sie die Ankündigungen als irrelevant. Flugzeugentführungen werden also stattfinden.

Was ist nun die beste Politik? Sicher ermöglichen Verhandlungen im Allgemeinen eine bessere Lösung, sobald einmal tatsächlich eine Flugzeugentführung stattgefunden hat. Die optimale Politik besteht aber gerade darin, glaubwürdig zu machen, dass auf keinen Fall verhandelt wird. Mit dem Verzicht auf die Option von Verhandlungen lassen sich Flugzeugentführungen viel eher von vornherein verhindern.

Dieses Beispiel wurde von Finn Kydland, von Carnegie Mellon und von Edward Prescott von der University of Minnesota entwickelt, in „Rules rather than Discretion: The Inconsistency of Optimal Plans", Journal of Political Economy, 85-3, Juni 1977, 473-492. Es wurde aufgegriffen von Robert Barro und David Gorden in: "Rules, Discretion, and Reputation in a Model of Monetary Policy", Journal of Monetary Economics, 12, 1983, 101-20.

Wir wenden uns nun einem makroökonomischen Beispiel zu, das auf genau dieser Logik basiert. Das Beispiel betrachtet den Zusammenhang zwischen Inflation und Arbeitslosigkeit.

24.2.2 Inflation und Arbeitslosigkeit – Ein frischer Blick

In Kapitel 8 (Formel [8.9] leiteten wir die Phillipskurve ab. Sie lieferte folgende Beziehung zwischen Inflation und Arbeitslosenquote (wir ignorieren dabei die Zeitindizes):

$$\pi = \pi^e - \alpha(u - u_n) \qquad (24.1)$$

Die Inflation π hängt zum einen von der erwarteten Inflation π^e ab, (die erwarteten Preissteigerungen bestimmen, welche Lohnsteigerungen vereinbart werden), zum anderen von der Differenz zwischen tatsächlicher und natürlicher Arbeitslosenquote $u - u_n$. Der Koeffizient α misst, wie stark sich die Arbeitslosenquote bei gegebenen Erwartungen auf die Inflation auswirkt. Übersteigt die Arbeitslosenquote das natürliche Niveau, ist die Inflation niedriger als erwartet; im umgekehrten Fall liegt sie über der erwarteten Rate.

Zur Auffrischung: Gegeben die Lage am Arbeitsmarkt und gegeben ihre Erwartungen über die Preisentwicklung, vereinbaren die Tarifparteien feste Nominallöhne. Ausgehend von diesen Tarifvereinbarungen, legen die Unternehmen ihre Preise fest. Die Veränderungen der Preise (also die Inflationsrate) hängen also von der erwarteten Preisentwicklung (der erwarteten Inflationsrate) und der Lage am Arbeitsmarkt ab. Genau das beschreibt Gleichung (24.1).

Nehmen wir an, die Zentralbank kündigt eine Politik völliger Preisstabilität an. Schenken die Tarifparteien diesen Versprechungen Glauben, dann richten sie ihre Lohnabschlüsse an Inflationserwartungen von Null ($\pi^e = 0$) aus. Sobald die Lohnabschlüsse vertraglich fixiert sind, gilt nun für die Phillipskurve:

$$\pi = -\,\alpha(u - u_n) \qquad (24.2)$$

Würde die Zentralbank ihre Ankündigung einer Politik der Preisstabilität einhalten, gäbe es tatsächlich keine Inflation; die Arbeitslosenquote würde auf dem natürlichen Niveau verharren.

Mit nur 1% mehr Inflation ließe sich freilich die Arbeitslosenquote schon um 1% drücken (wir gehen von $\alpha = 1$ aus). Überlegen wir, warum eine Regierung versucht sein könnte, die Arbeitslosenquote unter u_n zu drücken. In Kapitel 6 haben wir gelernt, dass u_n alles andere als "*natürlich*" ist, sie ist vielmehr ineffizient hoch – das Resultat struktureller Rigiditäten auf den Güter- und Arbeitsmärkten. Es wäre sozial effizient, die Beschäftigungsquote zu steigern. Ausgehend von Inflationserwartungen $\pi^e = 0$, ließe sich durch eine lockerere Geldpolitik die gesamtwirtschaftliche Wohlfahrt steigern.

Der frühere Bundeskanzler Helmut Schmidt hat einmal formuliert, „5% Inflation sind mir lieber als 5% Arbeitslosigkeit." Das war in den 70er Jahren, als man in Deutschland noch viel niedrigere Arbeitslosenquoten gewohnt war.

Machen wir uns das anhand von Abbildung 24.2 klar. Aus gesamtwirtschaftlicher Sicht wäre völlige Preisstabilität in Kombination mit Null-Arbeitslosigkeit (Punkt B in Abbildung 24.2) ideal. Dann fallen keine Inflationskosten an; zudem würde das sozial effiziente Beschäftigungsniveau realisiert. Jede Abweichung von der Kombination B ist mit Wohlfahrtsverlusten verbunden, weil Inflation und Arbeitslosenquote von der Ideallösung abweichen. Wir erfassen das mit der gesamtwirtschaftlichen Verlustfunktion: $L = \pi^2 + u^2$. Je höher Inflation oder Arbeitslosenquote, desto weiter bewegen wir uns von B weg. Umso höher sind dann die gesellschaftlichen Verluste (wir nehmen an, dass sie quadratisch mit π und u ansteigen).

Die in Abbildung 24.2 eingezeichneten Kurven geben Kombinationen zwischen π und u wider, die gesamtwirtschaftlich jeweils gleiche hohe Verluste bringen. Je weiter eine Kurve von B entfernt ist, umso höher die Verluste.

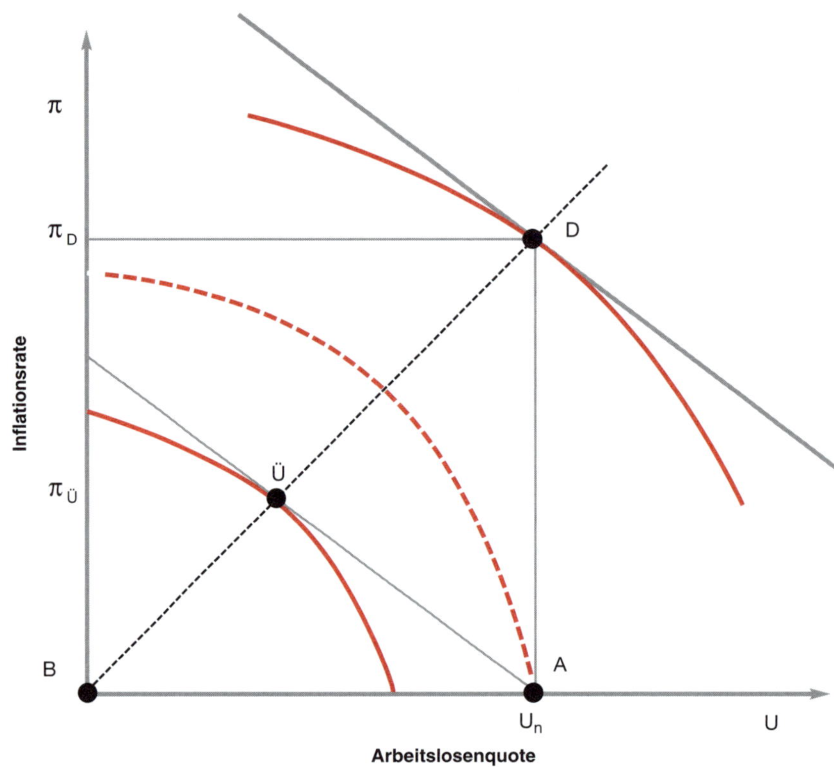

Abbildung 24.2: Anreize für eine Überraschungsinflation

Von allen mittelfristig realisierbaren Lösungen bringt Punkt *A* die geringsten Wohlfahrtsverluste. Kurzfristig gibt es aber starke Anreize, durch eine Überraschungsinflation Punkt *Ü* zu erreichen. Wird dies antizipiert, kommt es zu hoher Inflation (Punkt *B*).

Zur Vereinfachung gehen wir davon aus, dass sich die Inflationsrate exakt steuern lässt. Wir ignorieren hier also Unsicherheit, das Thema von Abschnitt 24.1.

Welche Kombination sollte man anstreben? Offensichtlich wäre Punkt *B* der Idealpunkt. Aufgrund der strukturellen Ineffizienzen auf Güter- und Arbeitsmärkten wird die Arbeitslosenquote jedoch mittelfristig immer bei u_n liegen – ganz egal, wie hoch die Inflation ist. Letztlich sind also nur Kombinationen auf der mittelfristigen Phillipskurve realisierbar (der vertikalen Gerade, die durch u_n verläuft). Unter allen Punkten auf dieser Linie bringt Punkt *A* mit ($u = u_n$; $\pi = 0$) die geringsten Verluste. Insofern erscheint es ratsam, eine Politik der Preisstabilität anzukündigen.

Ist eine solche Ankündigung aber wirklich glaubhaft? Vertrauen die Tarifparteien darauf, gehen sie also von $\pi^e = 0$ aus, vereinbaren sie entsprechend niedrige Löhne. Sobald aber die Löhne festgelegt wurden, ist nun die kurzfristige Phillipskurve relevant. Für $\pi^e = 0$ verläuft sie durch den Punkt *A* mit der Steigung $\alpha = -1$. Kurzfristig gibt es einen trade off zwischen Inflation und Arbeitslosigkeit. Die beste (Verlust minimierende) Kombination unter allen erreichbaren Punkten auf dieser kurzfristigen Phillipskurve ist aber Punkt *Ü*: Bei Inflationserwartungen $\pi^e = 0$ gibt es also starke Anreize, die Beschäftigung durch eine Überraschungsinflation zu steigern. Zwar muss dies mit einer im Vergleich zu Punkt *A* etwas höheren Inflationsrate $\pi_Ü$ erkauft werden. Weil es dadurch aber gelingt, die strukturell zu hohe Arbeitslosenquote zu reduzieren, bringt eine solche Politik gesamtwirtschaftlich kurzfristig eindeutig Vorteile.

In der Spieltheorie bezeichnet man den Anreiz, von der ursprünglich angekündigten Politik abzuweichen, als das Problem der Zeitinkonsistenz. Es handelt sich dabei um ein Spiel zwischen der Geldpolitik und den Tarifpartnern. In der ersten Stufe des Spiels geht es darum, einen Punkt auf der mittelfristigen Phillipskurve anzustreben. Zunächst gibt es also gute Gründe, eine Politik der Preisstabilität anzukündigen, um die Inflationserwartungen der Tarifpartner niedrig zu halten. Gelingt dies, haben die Tarifpartner also niedrige Lohnabschlüssen vereinbart, so verändern sich die Optionen: Die Politik kann nun zwischen allen Kombinationen auf der kurzfristigen Phillipskurve auswählen. Unter diesen Punkten ist *Ü* aber eindeutig besser als *A*. Ein bisschen mehr Inflation ist besser als ein bisschen mehr Arbeitslosigkeit.

- Das Problem ist freilich, dass die Geschichte noch nicht zu Ende ist. Die Tarifpartner werden diesen Anreiz antizipieren und von Anfang an mit einer höheren Inflationsrate rechnen, etwa mit $\pi_{\ddot{U}}$. Das bedeutet aber: Die kurzfristige Phillipskurve verschiebt sich nach oben; Punkt *Ü* ist dann gar nicht mehr realisierbar. Ausgehend von $\pi_{\ddot{U}}$ kann die Geldpolitik nur mit einer noch stärkeren Dosis Inflation die strukturelle Arbeitslosenquote bekämpfen. Dies antizipierend werden die Tarifpartner mit noch höherer Inflation rechnen; die Phillipskurve verschiebt sich immer weiter nach oben. Letztlich endet die Geschichte damit, dass dieses Spiel nur zu hoher Inflation führt, ohne die Arbeitslosenquote unter ihr natürliches Niveau u_n drücken zu können. Der gut gemeinte Versuch, die Ausgangssituation *A* zu verbessern, macht also letztlich alles nur noch schlimmer: Die Arbeitslosenquote verharrt bei $u = u_n$; dafür aber steigt die Inflation stark an. Wir enden in Punkt *D* mit der hohen Inflationsrate π_D. Dort sind die Inflationserwartungen schon so hoch, dass es keinen Anreiz mehr gibt, die Beschäftigung noch weiter zu stimulieren. In *D* übersteigen die Wohlfahrtsverluste aus noch höherer Inflation den möglichen Gewinn aus höherer Beschäftigung.

Wie relevant ist dieses Beispiel? Sehr relevant. Dies wird deutlich, wenn man Kapitel 8 nochmals liest. Wir können die Geschichte der Phillipskurve und den Anstieg der Inflation in den 70er Jahren exakt als Versuche interpretieren, eine Arbeitslosenquote unterhalb der natürlichen Arbeitslosenquote aufrechtzuerhalten. Dies führte zu einer immer höheren erwarteten Inflation und zu einer immer höheren tatsächlichen Inflation. In diesem Licht kann die Verschiebung der Phillipskurve als Anpassung der Erwartungen der an der Lohnsetzung Beteiligten an das Verhalten der Zentralbank interpretiert werden.

Welche Politik sollte eine Zentralbank in diesem Fall demnach wählen? Die beste Politik besteht darin, eine glaubwürdige Verpflichtung einzugehen, gar nicht zu versuchen, die Arbeitslosigkeit unter die natürliche Rate zu senken. Wenn die Zentralbank auf die Option verzichtet, von ihren Ankündigungen abzuweichen, dann kann sie Nullinflation erreichen; und die Arbeitslosenquote bleibt auf der natürlichen Rate. Die Analogie zur Flugzeugentführung ist klar: Indem sich die politischen Entscheidungsträger glaubwürdig verpflichten, etwas nicht zu tun, was zu einem bestimmten Zeitpunkt wünschenswert erscheint, können sie insgesamt ein besseres Ergebnis erreichen: Keine Flugzeugentführung im Beispiel des letzten Abschnitts, keine Inflation im aktuellen Beispiel.

Fokus: Anreize zur Überraschungsinflation – Ein Spiel zwischen Regierung und Tarifparteien:

Spieltheoretisch lässt sich das Problem dynamischer Konsistenz durch ein Spiel zwischen Regierung und Tarifparteien darstellen. Es läuft in drei Stufen ab:

- **Stufe 1)**
  Die Regierung kündigt eine bestimmte Geldpolitik (und damit eine bestimmte Inflationsrate) an.
- **Stufe 2)**
  Die Tarifparteien vereinbaren Lohnsteigerungen, ausgehend von ihren Inflationserwartungen π^e.
- **Stufe 3)**
  Die Regierung führt eine bestimmte Geldpolitik aus (sie realisiert eine bestimmte Inflationsrate π).
- **Die zentrale Botschaft der Analyse im Text lautet, dass es unvorsichtig wäre, den Ankündigungen in der ersten Stufe allzu viel Vertrauen zu schenken. Rationale Tarifparteien werden sich vielmehr daran orientieren, was die Regierung in Stufe 3) machen wird, also sobald die Inflationserwartungen π^e und die Lohnkontrakte festliegen. In der Spieltheorie bezeichnet man das als teilspielperfektes Gleichgewicht. Es lässt sich leicht ausrechnen: Die Regierung wird in Stufe 3 versuchen, die Wohlfahrtsverluste bei gegebenem π^e zu minimieren.**
  Ihr Optimierungsproblem lautet: Min $L = \pi^2 + u^2$ unter der Nebenbedingung $\pi = \pi^e - (u - u_n)$

Lösen wir die Nebenbedingung nach u auf, erhalten wir $u = u_n + \pi^e - \pi$. Eingesetzt in L erhalten wir $L = \pi^2 + (u_n + \pi^e - \pi)^2$. Abgeleitet nach π folgt als Bedingung erster Ordnung: $2\pi - 2(u_n + \pi^e - \pi) = 0$ oder $2\pi - \pi^e - u_n = 0$. Nach π aufgelöst, erhalten wir daraus die Reaktionsfunktion

$$\pi = \frac{1}{2}\pi^e + \frac{1}{2}u_n$$

- **Ausgehend von Punkt A in Abbildung 24.2 mit niedrigen Erwartungen $\pi^e = 0$ wäre eine Überraschungsinflation optimal:**

$$\pi_{\ddot{U}} = \frac{1}{2}(u_n).$$

Sie drückt die Arbeitslosenquote auf

$$u_{\ddot{U}} = \frac{1}{2}(u_n)$$

– vgl. Punkt *Ü* mit den Verlusten

$$L_{\ddot{U}} = \frac{1}{4}(u_n)^2 + \frac{1}{4}(u_n)^2 = \frac{1}{2}(u_n)^2.$$

- **Vorausschauende Tarifparteien antizipieren diesen Anreiz jedoch; sie bilden in Stufe 2 ihre Erwartungen so, dass sie in Stufe 3 nicht mehr überrascht werden. Die dynamisch konsistente (teilspielperfekte) Lösung besteht im Punkt *D* mit hoher Inflation π_D, ohne damit irgendeinen Beschäftigungseffekt zu erzielen. Für π_D muss in der Reaktionsfunktion gelten $\pi_D = \pi^e$, so dass $\pi = u_n$ mit $u = u_n$ und den Verlusten $L_D = 2(u_n)^2$.**

D bezeichnet man als teilspielperfektes Gleichgewicht – ein Gleichgewicht mit rationalen Erwartungen. Das Ergebnis ist klar schlechter als Punkt *A*, also als wenn sich die Regierung auf eine preisstabile Politik gebunden hätte: $\pi = \pi^e = 0$; $u = u_n$; $L_A = (u_n)^2 < L_D$. Eine Möglichkeit, in Stufe 1 eine glaubwürdige Bindung einzugehen, besteht darin, die Geldpolitik einer unabhängigen Zentralbank zu übertragen.

24.2.3 Der Aufbau von Glaubwürdigkeit

Wie kann sich eine Zentralbank glaubwürdig verpflichten, nicht von ihrer angekündigten Politik abzuweichen? Gerade für die EZB, die Anfang 1999 ohne „Track Record“ ihre Arbeit aufnehmen musste, lag eine zentrale Herausforderung darin, Glaubwürdigkeit aufzubauen.

Eine Möglichkeit für die Zentralbank, Glaubwürdigkeit herzustellen, besteht darin, auf ihr Potenzial zur Politikgestaltung ganz zu verzichten, – etwa indem ihr dieses

Potenzial durch ein Gesetz genommen wird. Das Mandat der Zentralbank könnte etwa durch ein Gesetz als einfache Regel definiert werden, das Geldmengenwachstum müsse für immer auf 0% fixiert bleiben. (Eine Alternative, die wir in Abschnitt 2.1 diskutiert haben, besteht darin, eine Wechselkursfixierung einzuführen, etwa ein currency board oder gar die Dollarisierung. In diesem Fall verzichtet die Zentralbank auf die Möglichkeit, Wechselkurs und Zinssatz als Politikinstrument einzusetzen.)

Ein solches Gesetz würde zwar das Zeitinkonsistenzproblem lösen, eine derart rigide Beschränkung bedeutet jedoch, das Kind mit dem Bade auszuschütten. Sicher sollten wir verhindern, dass die Zentralbank die Geldmenge zu stark ausdehnt in dem Versuch, die Arbeitslosenquote unter die natürliche Rate zu senken. Wir sollten jedoch immer noch – unter all den Einschränkungen, die wir in Abschnitt 24.1 diskutiert haben – ermöglichen, dass die Zentralbank die Geldmenge ausweiten kann, wenn die Arbeitslosigkeit weit über der natürlichen Rate liegt, und die Geldmenge zu reduzieren, wenn die Arbeitslosigkeit weit darunter liegt. Eine rigide Regel, die ein konstantes Geldmengenwachstum vorschreibt, würde dies unmöglich machen. Es gibt bessere Wege, mit dem Problem der Zeitinkonsistenz umzugehen

1. Zunächst einmal sollte die Zentralbank unabhängig gemacht werden. Wenn man Zentralbanker für längere Amtszeiten ernennt und es schwieriger macht, sie abzulösen, dann wird es wahrscheinlicher, dass sie politischem Druck, die Arbeitslosigkeit unter die natürliche Arbeitslosenquote zu senken, widerstehen können.
2. Zum zweiten sollte man konservative Zentralbanker wählen, also Personen, die Inflation ablehnen, und die nicht willens sind, ein Mehr an Inflation im Austausch gegen weniger Arbeitslosigkeit zu akzeptieren, wenn die Arbeitslosigkeit der natürlichen Arbeitslosenquote entspricht. Wenn sich die Volkswirtschaft auf dem natürlichen Niveau befindet, wird ein solcher Zentralbanker nicht in Versuchung geraten, eine expansive Geldpolitik zu verfolgen. Damit wird das Problem der Zeitinkonsistenz vollständig verschwinden.

Jemanden zum Zentralbankpräsidenten zu ernennen, dessen Präferenzen nicht denen der Allgemeinheit entsprechen, scheint eine Lösung zu sein, die sich nur Spieltheoretiker ausdenken können. Aber viele Länder haben genau so auf das Problem der Zeitinkonsistenz in der Geldpolitik reagiert. Viele Länder haben ihren Zentralbanken in den letzten beiden Jahrzehnten mehr Unabhängigkeit eingeräumt. Und meistens haben die Regierungen Zentralbanker ernannt, die konservativer waren als die Regierungen selbst – Zentralbanker, die sich mehr um die Inflation und weniger um die Arbeitslosigkeit zu sorgen schienen als die Regierungen selbst. (Siehe auch die Fokusbox: „War Alan Blinder schlecht beraten, die Wahrheit zu sagen?“)

Abbildung 24.3 gibt Grund zu der Vermutung, dass dieser Ansatz erfolgreich war. Auf der vertikalen Achse ist die durchschnittliche jährliche Inflationsrate in 18 OECD-Ländern für den Zeitraum von 1960 bis 1990 abgetragen. Auf der horizontalen Achse ist der Wert eines Indexes der Zentralbankunabhängigkeit abgetragen, der konstruiert wurde, indem man einige gesetzliche Bestimmungen in der Charter der Bank betrachtete – beispielsweise ob und wie die Regierung den Präsidenten der Bank ablösen kann. Es existiert eine deutliche inverse Beziehung zwischen den beiden Variablen, die durch die Regressionsgerade abgebildet wird: Ein Mehr an Zentralbankunabhängigkeit scheint systematisch mit niedrigerer Inflation verbunden zu sein.

Dies beweist nicht unbedingt, dass die Unabhängigkeit der Zentralbank zu geringerer Inflation führt. Es könnte auch sein, dass Länder, die Inflation ablehnen, dazu tendieren, sowohl ihren Zentralbankern mehr Unabhängigkeit zu geben als auch eine niedrigere Inflation zu wählen. (Ein anderes Beispiel für den Unterschied zwischen Korrelation und Kausalität wird im Anhang 3 am Ende des Buches diskutiert.)

Abbildung 24.3: Zentralbankunabhängigkeit und Inflation

Für OECD-Länder gilt: Je höher der Grad der Unabhängigkeit der Zentralbanken, desto niedriger die Inflation.

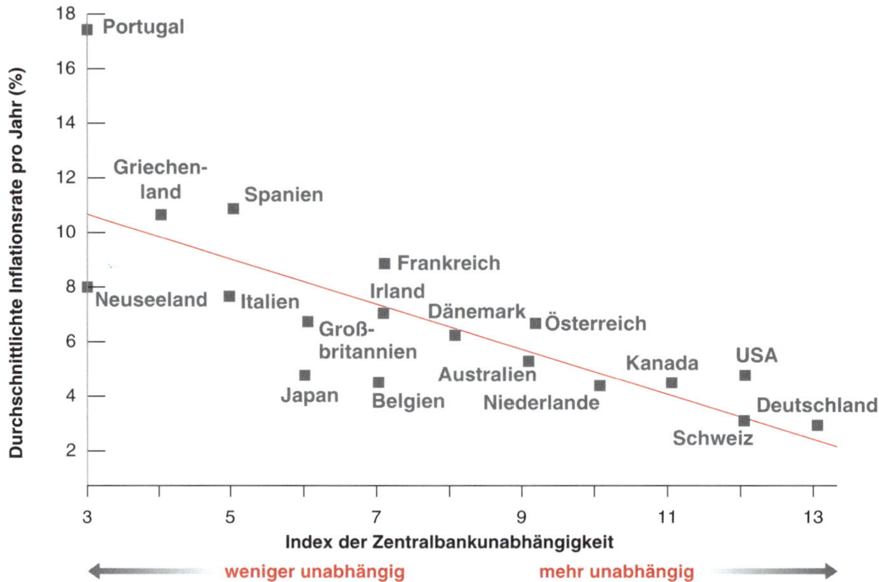

Quelle: Vittorio Grilli, Donato Masciandaro und Guido Tabellini „Political and Monetary Institutions and Public Financial Policies in the Industrial Countries," Economic Policy, 6(2), 1991, S. 341-392.

Fokus: War Alan Blinder schlecht beraten, die Wahrheit zu sagen?

Im Sommer 1994 ernannte Präsident Clinton Alan Blinder, einen Ökonomen aus Princeton zum Vizepräsidenten der Fed, der U.S.-amerikanischen Zentralbank. Ein paar Wochen später deutete Blinder, als er auf einer Wirtschaftskonferenz sprach, an, dass er der Überzeugung sei, dass die Fed sowohl die Verantwortung dafür trage als auch über die Möglichkeiten dazu verfüge, bei hoher Arbeitslosigkeit Geldpolitik einzusetzen, um zur Erholung der Wirtschaft beizutragen. Diese Aussage wurde sehr negativ aufgenommen. Die Aktienkurse fielen und die meisten Zeitungen brachten Leitartikel, die Blinder kritisierten.

Warum fiel die Reaktion der Märkte und der Zeitungen derart negativ aus? Mit Sicherheit war die Aussage Blinders nicht falsch. Es bestehen keine Zweifel daran, dass Geldpolitik eingesetzt werden kann und eingesetzt werden sollte, um dazu beizutragen, die Volkswirtschaft aus einer Rezession herauszuführen. Der Federal Reserve Bank Act von 1978 verpflichtet die Fed sogar, sowohl das Ziel der Vollbeschäftigung als auch das Ziel einer niedrigen Inflation zu verfolgen.

Die Reaktion fiel negativ aus – entsprechend dem Argument, das wir im Text entwickelt haben –, weil Blinder durch seine Aussage enthüllte, dass er kein konservativer Zentralbanker war, dass er sich sowohl um die Arbeitslosigkeit als auch um die Inflation sorgte. Die Arbeitslosenquote lag zum damaligen Zeitpunkt bei 6,1% und damit nahe dem Wert der natürlichen Arbeitslosenquote, den man zum damaligen Zeitpunkt annahm. Die Märkte interpretierten demnach Blinders Aussage so, als hätte er die Absicht, die Arbeitslosigkeit unter die natürliche Arbeitslosenquote zu senken. Die Zinssätze stiegen, da eine höhere Inflation erwartet wurde – die Aktienkurse fielen.

Die Moral der Geschichte: Welche Ansichten auch immer Zentralbanker vertreten, sie sollten versuchen konservativ zu wirken und sich konservativ anzuhören ... Aus diesem Grund geben viele Zentralbankpräsidenten – zumindest in der Öffentlichkeit – nur widerstrebend zu, dass es überhaupt einen Zielkonflikt zwischen der Arbeitslosigkeit und der Inflation gibt, sogar in der kurzen Frist.

24.2.4 Zeitinkonsistenz und Beschränkungen der politischen Entscheidungsträger

Wir wollen nun zusammenfassen, was wir in diesem Abschnitt gelernt haben:

- Wir haben auf der Basis des Problems der Zeitinkonsistenz Argumente für Beschränkungen der politischen Entscheidungsträger analysiert.
- Wir haben den Fall der Geldpolitik behandelt. Ähnliche Themen tauchen jedoch auch in Zusammenhang mit der Fiskalpolitik auf: In Kapitel 26 werden wir beispielsweise das Thema Schuldenrückzahlung diskutieren und dabei die Anreize einer Regierung betrachten, ihren Zahlungsverpflichtungen aus der Kreditaufnahme nicht nachzukommen. Wir werden sehen, dass die Schlussfolgerungen denen im Fall der Geldpolitik sehr ähnlich sind.
- Wenn Zeitinkonsistenzprobleme auftreten, dann lässt sich das rigide lösen, indem den politischen Entscheidungsträgern klare und enge Beschränkungen auferlegt werden – wie im Fall der Geldpolitik eine starre Regel, die ein konstantes Geldmengenwachstum vorschreibt. Eine solch starre Lösung ist jedoch meist mit hohen Kosten verbunden, weil sie den Einsatz von makroökonomischer Politik generell ausschließt. Bessere Lösungen lassen sich dadurch erreichen, dass bessere Institutionen (wie eine unabhängige Zentralbank) gestaltet werden. Sie können das Problem der Zeitinkonsistenz mildern, ohne Geldpolitik als makroökonomisches Instrument völlig auszuschließen.

24.3 Politökonomische Aspekte

Wir sind bisher von wohlmeinenden politischen Entscheidungsträgern ausgegangen, die versuchen, das Beste für ihr Land zu tun. Die öffentliche Diskussion legt jedoch etwas anderes nahe: Oft hört man die Meinung, dass die Politiker das tun, was für sie selbst am besten sei, dies sei aber nicht immer das Optimale für das Land.

Die Argumente sind allen wohl bekannt: Politiker gehen schweren Entscheidungen aus dem Weg, sie reden ihren Wählern nach dem Mund, Parteipolitik führt zu einer Pattsituation, nichts geht voran. Die Mängel der Demokratie zu diskutieren, ginge für dieses Buch zu weit. Wir wollen hier nur untersuchen, in wie weit diese Argumente auf die makroökonomische Politik zutreffen. Dann werden wir uns mit der Empirie beschäftigen und untersuchen, welches Licht sie auf das Thema der Politikbeschränkungen wirft.

24.3.1 Spiele zwischen politischen Entscheidungsträgern und Wählern

Bei vielen makroökonomischen Entscheidungen geht es um das Abwägen zwischen kurzfristigen Einbußen und langfristigen Gewinnen – oder, der symmetrische Fall, kurzfristige Gewinne vs. langfristige Einbußen.

Betrachten wir als Beispiel Steuersenkungen. Sie ermöglichen heute niedrigere Steuern und stimulieren für eine gewisse Zeit in der Regel auch die Produktion. Geht die Steuersenkung jedoch nicht mit dem Abbau von Staatsausgaben im selben Umfang einher, dann steigt das Budgetdefizit und damit der Zwang zu Steuererhöhungen in der Zukunft. Sind die Wähler kurzsichtig, werden die Politiker den Verlockungen einer Steuersenkung erliegen. Mit einer solchen Politik werden systematisch Defizite aufgebaut, zumindest bis der Schuldenberg so groß geworden ist, dass die Politiker endlich zum Handeln gezwungen werden.

Zu Beginn der 80er Jahre senkte die Reagan-Regierung die Steuersätze; die Produktion nahm zu (Siehe auch die Fokusbox in Kapitel 20). Es folgte aber auch eine lange Periode von Defiziten. Es dauerte fast zwei Jahrzehnte, bis diese eliminiert werden konnten. Mit dem Zusammenhang zwischen aktuellen und zukünftigen Steuern beschäftigen wir uns ausführlicher, wenn wir die Implikationen der staatlichen Budgetbeschränkung in Kapitel 26 analysieren.

Übertragen wir diese Überlegungen allgemein auf die Wirtschaftspolitik. Nehmen wir wieder an, dass die Wähler kurzsichtig sind. Ist das Hauptziel der Politiker, wiedergewählt zu werden, könnte es dann eine bessere Politik geben, als die aggregierte Nachfrage vor Wahlen auszuweiten, um Wachstum und Beschäftigung zu stimulieren? Zwar lässt sich ein Wachstum über das normale Maß hinaus nicht aufrechterhalten, letztlich muss die Wirtschaft wieder zum natürlichen Niveau zurückkehren. Mit dem richtigen Timing lassen sich jedoch mit höherem Wachstum bei kurzsichtigen Wählern die Wahlen gewinnen. Daher sollten wir einen deutlichen politischen Konjunkturzyklus erwarten: Im Durchschnitt sollte das Wachstum vor den Wahlen höher sein als danach.

Nach dem Gesetz von Okun lässt ein Produktionswachstum über das normale Niveau hinaus die Arbeitslosenquote unter die natürliche Rate sinken. Wir wissen, dass die Arbeitslosenquote in der mittleren Frist wieder zur natürlichen Arbeitslosenquote zurückkehren muss. Dies wiederum erfordert, dass das Produktionswachstum für eine gewisse Zeit unter dem Normalwachstum liegen muss. Siehe auch Kapitel 9 (vor allem Tabelle 9.1).

William Nordhaus hat als erster eine Theorie des politischen Konjunkturzyklus entwickelt in seinem Aufsatz „The Political Business Cycle", Review of Economic Studies, 1975, Bd. 42, S. 169-190.

Diese Argumente haben Sie in der einen oder anderen Form sicher schon einmal gehört. Ihre Logik ist überzeugend. Es kommt daher vielleicht überraschend, dass diese Argumente die Realität nicht immer gut abbilden.

Die Diskussion zur Besteuerung etwa lässt vermuten, dass Budgetdefizite und hohe Staatsverschuldung schon immer Probleme bereiteten, und dass es sie auch immer geben wird. Abbildung 24.4a zeigt jedoch, dass dies zumindest in den USA nicht zutrifft. Die Abbildung stellt die Entwicklung der Schuldenquote, des Verhältnisses von Staatsverschuldung zum BIP in den Vereinigten Staaten seit 1900 dargestellt ist, Zunächst einmal ist auffällig, dass die ersten drei Anstiege der Schuldenquote alle unter ganz besonderen Umständen eintraten: der Erste Weltkrieg, die Weltwirtschaftskrise und der Zweite Weltkrieg – Perioden, in denen die Produktion ungewöhnlich stark einbrach oder in denen ungewöhnlich hohe Rüstungsausgaben erforderlich waren. Bemerkenswert ist auch, dass vom Ende des Zweiten Weltkrieges an bis Ende der 70er Jahre das Verhältnis von Staatsverschuldung zum BIP stetig abnahm. 1979 betrug das Verhältnis von Verschuldung zum BIP nur 33%, 1946 lag es noch bei 130%.

Sicher passt der stetige Anstieg der Staatsverschuldung von Beginn der 80er Jahre an bis Mitte der 90er Jahre ziemlich gut zu dem Argument kurzsichtiger Politiker. In dieser Zeit ist die Schuldenquote ständig angestiegen, von 31,6% im Jahr 1981 auf 68,2% im Jahr 1995. Dann ist sie jedoch wieder zurückgegangen. Zwischen 1998 und 2000 wies der Staatshaushalt. sogar einen Überschuss auf.

Der Zusammenhang zwischen Staatsdefizit, Staatsverschuldung und BIP wird in Kapitel 26 ausführlich analysiert. In Kapitel 26 untersuchen wir alternative Erklärungen für die Entwicklung der Staatsverschuldung, sowohl im Zeitverlauf als auch über Länder hinweg.

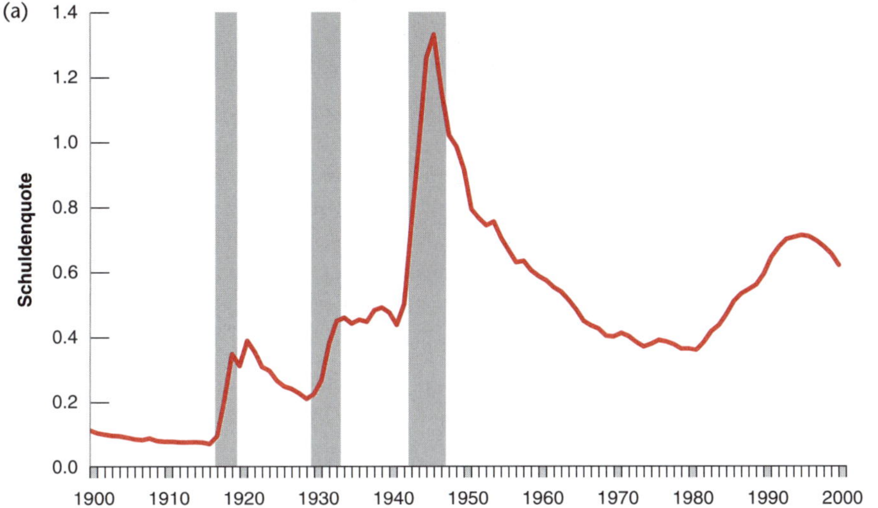

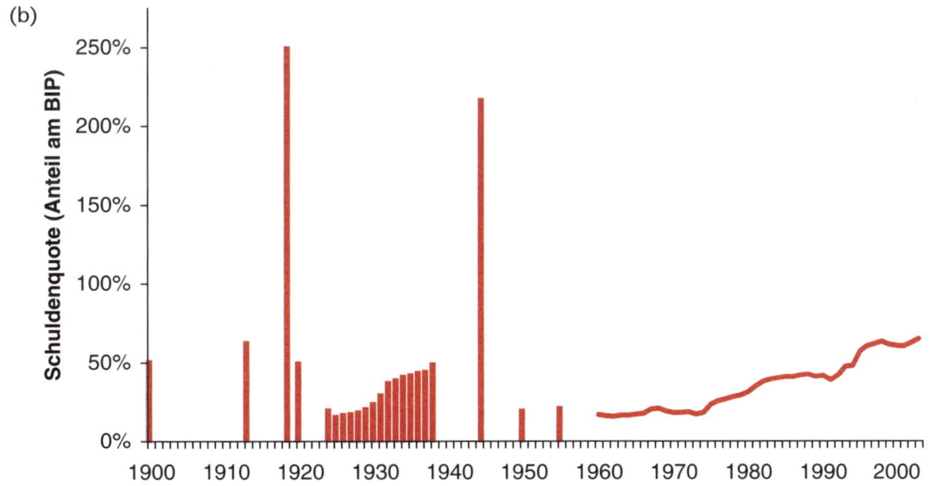

Abbildung 24.4: Die Entwicklung der Schuldenquote, (a) USA; (b) Deutschland, 1900-2003

Die drei stärksten Anstiege der Schuldenquote in den USA seit 1900 erfolgten im 1. und 2. Weltkrieg und in der Weltwirtschaftskrise. In Deutschland ist die Schuldenquote meist auch in Friedenszeiten angestiegen.

Quelle: USA: Historical Statistics of the United States, Department of Commerces, and Economic Report of the President; Deutschland: Albrecht Ritschl, Humboldt Universität Berlin.

Abbildung 24.4b zeigt, dass die Dinge in Deutschland anders liegen. Dort ist die Schuldenquote meist auch in Friedenszeiten angestiegen. Schon zwischen 1900 und 1913 stieg sie von 51% auf 63%. Die im Lauf des ersten Weltkriegs dramatisch gestiegene inländische Kriegsschuld entwertete sich aber rasch mit der schon 1918 einsetzenden rasanten Inflation.

Diese Schuldenquote in Deutschland enthält nicht die (in Auslandswährung festgesetzten) Reparationslasten Deutschlands an die Alliierten, da wir hier die vom innenpolitischen Prozess bestimmte Entwicklung betrachten wollen.

Zur Entwicklung in Deutschland vgl. Albrecht Ritschl, „Sustainability of High Public Debt: what the Historical Record Shows." Swedish Economic Policy Review 1996, 3: S.175-198 sowie: Albrecht Ritschl, Deutschlands Krise und Konjunktur, 1924-1934. Binnenkonjunktur, Auslandsverschuldung und Reparationsproblem zwischen Dawes-Plan und Transfersperre. Berlin, Akademie-Verlag, 2002.

Bereits 1920 war sie auf nur mehr ein Zehntel geschrumpft (mit fatalen Folgen für das Vertrauen derjenigen, die Kriegsanleihen gezeichnet hatten, in die Glaubwürdigkeit des Staates). Schon in der Weimarer Republik stieg die Schuldenquote wieder von 16% (1925) auf 39% (1933). Im Jahr 1938 lag sie bei über 49%. Nach dem Zweiten Weltkrieg wurde die Staatsverschuldung (von einigen Ausnahmen abgesehen) auf Null abgewertet. Die niedrige Schuldenquote Deutschlands nach 1950 ist also keineswegs das Resultat weitsichtiger, sparsamer Politiker. Der starke Anstieg der Schuldenquote zwischen 1991 und 1998 von 38,8% auf 63,2% ist Folge der Lasten der Wiedervereinigung.

Ein guter Überblick findet sich in Alberto Alesina und Roberto Perotti (1995), The Political Economy of Budget Deficits, IMF Staff Papers, 42, S. 1-31.

Offensichtlich hat Kurzsichtigkeit von Politikern in manchen Ländern stärkere Bedeutung als in anderen. Viele Makroökonomen führen dies auf unterschiedliche institutionelle Rahmenbedingungen des politischen Prozesses zurück: Empirische Studien zeigen, dass eine ständige Akkumulierung hoher Staatsverschuldung vor allem in solchen Ländern zu beobachten ist, wo ein proportionales Wahlrecht (statt einem Mehrheitswahlrecht wie in den USA oder Großbritannien) und ein zersplittertes Parteiensystem vorherrscht.

Auch für Deutschland lässt sich ein politischer Konjunkturzyklus in der Periode 1950 bis 1998 nicht nachweisen, wenn man die Zielgrößen der Wirtschaftspolitik (BIP-Wachstum, Arbeitslosigkeit, Inflation) betrachtet. Es gibt keine signifikanten Anzeichen für Versuche, Fiskalpolitik zu nutzen, um vor der Wahl einen künstlichen Aufschwung zu entfachen (vgl. Helge Berger und Ulrich Woitek „Searching for Political Business Cycles in Germany", Public Choice, 1997, 91, S. 179-197.

Kommen wir noch einmal auf das Argument des politischen Konjunkturzyklus zurück. Diesem Argument zufolge versuchen Politiker vor den Wahlen ein hohes Produktionswachstum zu erreichen, um wieder gewählt zu werden. Wenn der politische Konjunkturzyklus wichtig wäre, dann würden wir vor den Wahlen ein schnelleres Wachstum als nach den Wahlen erwarten. Tabelle 24.1 zeigt die BIP-Wachstumsraten für alle Vier-Jahres-Zyklen der U.S.-amerikanischen Regierung seit Präsident Truman. Das Wachstum war im Durchschnitt tatsächlich immer im letzten Jahr einer Regierung am höchsten gewesen. Die durchschnittliche Differenz zwischen den Jahren ist jedoch sehr klein: 3,7% im letzten Jahr einer Regierung vs. 3,3% im ersten Jahr einer Regierung. (Es finden sich noch andere interessante Punkte in der Tabelle, wie zum Beispiel der Unterschied zwischen republikanischen und demokratischen Regierungen; wir werden in Kürze auf diese Punkte zurückkommen.) Es gibt nur wenige Beweise für eine Manipulation – oder zumindest für eine erfolgreiche Manipulation – der Volkswirtschaft, um Wahlen zu gewinnen.

Tabelle 24.1: BIP-Wachstum in der Regierungszeit der Demokratischen und der Republikanischen Partei (% im Jahr)

	Jahr			
	erstes	zweites	drittes	viertes
Demokratische Partei				
Truman	0,0	8,5	10,3	3,9
Kennedy/Johnson	2,6	5,3	4,1	5,3
Johnson	5,8	5,8	2,9	4,1
Carter	4,7	5,3	2,5	–0,2
Clinton I	2,7	4,0	2,7	3,6
Clinton II	4,4	4,3	4,1	4,1
Durchschnitt: Demokratische Partei	3,4	5,5	4,4	3,5

	Jahr			
	erstes	zweites	drittes	viertes
Republikanische Partei				
Eisenhower	4,0	–1,3	5,6	2,1
Nixon	2,4	–0,3	2,8	5,0
Nixon/Ford	5,2	–0,5	–1,3	4,9
Reagan I	1,9	–2,5	3,6	6,4
Reagan II	3,6	3,0	2,7	3,0
Bush	2,5	1,2	–0,7	2,6
Bush (George W)	1,1			
Durchschnitt: Republikanische Partei	3,3	–0,1	2,1	4,0
Durchschnitt	3,3	2,6	3,2	3,7

24.3.2 Spiele zwischen politischen Entscheidungsträgern

Eine weitere Diskussion konzentriert sich nicht so sehr auf Spiele zwischen Politikern und Wählern, sondern auf Spiele zwischen politischen Parteien. Betrachten wir zum Beispiel das Thema der Rückführung des Budgetdefizits in den Vereinigten Staaten. Obwohl große Budgetdefizite bereits Mitte der 80er Jahre von einer breiten Mehrheit als eines der größten makroökonomischen Probleme der Vereinigten Staaten betrachtet wurden, dauerte es nochmals 15 Jahre, bis das Defizit eliminiert werden konnte. Manche Verzögerungen sind Teil des normalen demokratischen Prozesses: Um ein Budgetdefizit zu reduzieren, sind schmerzvolle Entscheidungen nötig, und es dauert seine Zeit, bis ein Konsens gefunden ist. Es scheinen jedoch auch noch andere Faktoren am Werk zu sein. Auch wenn sich die beiden politischen Parteien einig sind, was die Notwendigkeit einer Defizitreduktion angeht, so sind sie doch unterschiedlicher Ansicht, was die Frage betrifft, wie die Rückführung des Budgetdefizits erfolgen sollte. Da die Republikaner eine geringere Rolle des Staates anstreben, legen sie ihren Schwerpunkt auf eine Reduktion der Ausgaben. Die Demokraten dagegen stehen Steuererhöhungen aufgeschlossener gegenüber. Jede Seite beharrt auf ihrem Standpunkt, in der Hoffnung, die andere Seite wird nachgeben.

Spieltheoretiker bezeichnen derartige Situationen als Zermürbungskriege. Die Hoffnung auf ein Nachgeben der anderen Seite führt häufig zu langen und kostspieligen Verzögerungen. Derartige Zermürbungskriege finden oft in Zusammenhang mit der Fiskalpolitik statt. Reduktionen des Budgetdefizits erfolgen daher häufig viel später als eigentlich erforderlich. Dies wird in Zeiten der Hyperinflation besonders deutlich. Wie wir in Kapitel 23 gesehen haben, entstehen Hyperinflationen auf Grund des Einsatzes von Geldschöpfung um große Budgetdefizite zu finanzieren. Meistens wird die Notwendigkeit der Reduktion von Budgetdefiziten sehr früh anerkannt, die Unterstützung für Stabilisierungsprogramme – die die Eliminierung dieser Budgetdefizite beinhalten – wird jedoch oft erst dann geleistet, wenn die Inflation ein so hohes Niveau erreicht hat, dass die Wirtschaft ernsthaft in Mitleidenschaft gezogen worden ist.

Ein anderes Beispiel für Spiele zwischen politischen Parteien sind die Schwankungen der Wirtschaftsaktivität, die durch Regierungswechsel ausgelöst werden. Im Allgemeinen sind in den USA die Republikaner im Vergleich zu den Demokraten stärker um Inflation, weniger um Arbeitslosigkeit besorgt. Daher würde man unter demokratischen Regierungen ein stärkeres Wachstum, niedrigere Arbeitslosigkeit und höhere Inflation erwarten. Dies scheint die Fakten recht gut abzubilden. Betrachten wir noch einmal Tabelle 24.1. Der auffälligste Unterschied in den Wachstumsraten findet sich immer im zweiten Jahr jeder Regierung. Unter jeder demokratischen Regierung seit Truman war das Wachstum im zweiten Jahr sehr hoch. Unter jeder republikanischen Regierung war das Wachstum im zweiten Jahr sehr niedrig. Unter vier der sechs republikanischen Regierungen war das Wachstum im zweiten Jahr negativ.

Eine interessante Frage ist, warum der Effekt vor allem im zweiten Jahr der Regierung so stark ist. Die Theorie der Arbeitslosigkeit und der Inflation, die wir in Kapitel 9 entwickelt haben, legt eine plausible Antwort nahe. Die Effekte von Politikmaßnahmen treten mit Verzögerungen ein. Aus diesem Grund dauert es mindestens ein Jahr, bis eine neue Regierung die Wirtschaft beeinflussen kann. Wenn man jedoch eine Wachstumsrate, die über die normale Wachstumsrate hinausgeht, für zu lange Zeit aufrechterhalten würde, dann würde dies zu steigender Inflation führen. Aus diesem Grund wird es auch eine demokratische Regierung nicht anstreben, während der gesamten Amtszeit eine höhere Wachstumsrate aufrechtzuerhalten. Daher liegen die Wachstumsraten in der zweiten Hälfte von republikanischen und demokratischen Regierungen viel näher zusammen, als während der ersten Hälfte.

24.3.3 Regeln für ein ausgeglichenes Staatsbudget

Am Ende dieses Kapitels kehren wir noch einmal zu der Frage zurück, die wir eingangs gestellt haben: Ist es sinnvoll, Regeln zu verankern, die ein ausgeglichenes Budget vorschreiben? In der Öffentlichkeit herrscht die Vorstellung von kurzsichtigen Politikern, die sich bei den Wählern einschmeicheln. Schwere Entscheidungen werden oft aufgeschoben. Der Abbau von Budgetdefiziten kommt oft spät, erst dann, wenn die Staatsverschuldung auf ein hohes Niveau angestiegen ist.

1997 wurde der Europäische Stabilitäts- und Wachstumspakt (ESWP) in den EU-Vertrag aufgenommen. In den USA gibt es schon seit 1985 gesetzliche Beschränkungen des Budgetprozesses. Manche wollen sie durch ein Balanced-Budget Amendment verschärfen, einen Zusatzartikel zur U.S.-amerikanischen Verfassung, der ein ausgeglichenes Budget gesetzlich verankern soll.

Rechtfertigen diese Probleme einen Zusatzartikel zur amerikanischen Verfassung, ein Balanced-Budget Amendment? Worin bestehen die Vor- und Nachteile dieser Proposition?

Was gegen ein Balanced-Budget Amendment spricht:

Ein Balanced-Budget Amendment würde das Problem von Defiziten aus der Welt schaffen. Es würde jedoch auch den Einsatz von Fiskalpolitik als makroökonomisches Politikinstrument eliminieren. Dies wäre ein sehr hoher Preis.

Wenn wir nun die Realität betrachten, dann legt dies die Vermutung nahe, dass das Problem nicht darin besteht, dass die Politiker systematisch Defizite anstreben. Die Schwierigkeit für die Politiker scheint eher darin zu bestehen, sich – wenn es notwendig ist – auf einen Plan zur Reduktion des Budgetdefizits zu einigen und diesen zu implementieren. Eine Kontrolle und eine Reduktion des Defizits kann auch mit in Vergleich zu einem Amendment zur Verfassung lockereren Beschränkungen und Mechanismen erreicht werden.

Betrachten wir zum Beispiel einen Mechanismus, der automatische Kürzungen bei den Ausgaben mit sich bringt, wenn das Defizit zu groß wird (dabei handelt es sich um eine deutlich lockerere Beschränkung der Fiskalpolitik als durch ein Balanced-Budget Amendment). Nehmen wir beispielsweise an, dass das Budgetdefizit zu groß ist, und dass es wünschenswert wäre, die Ausgaben allgemein um 5% zu kürzen. Für einen Kongressabgeordneten ist es unter Umständen schwierig, seinem Wahlkreis zu erklären, warum sein Lieblingsausgabenprogramm um 5% gekürzt wurde. Nehmen wir nun alternativ an, dass das Defizit automatisch, ohne dass der Kongress tätig werden muss, eine allgemeine Ausgabenkürzung von 5% auslöst. Wenn ein Kongressabgeordneter weiß, dass andere Ausgabenprogramme ebenfalls gekürzt werden, dann fällt es ihm vielleicht leichter, auch Kürzungen in seinem Lieblingsprogramm zu akzeptieren. Dazu kommt, dass es für ihn vielleicht einfacher ist, Schuldzuweisungen wegen der Kürzungen abzuwehren: Kongressabgeordnete, die es schaffen, die Kürzung ihres Lieblingsausgabenprogramms auf beispielsweise 4% zu beschränken – indem sie den Kongress davon überzeugen, andere Programme vermehrt zu kürzen, um das niedrigere allgemeine Ausgabenniveau zu gewährleisten –, können dann in ihren Wahlkreis zurückkehren und den Erfolg dafür beanspruchen, dass sie größere Kürzungen vermeiden konnten.

Was für ein Balanced-Budget Amendment spricht:

Andere Ökonomen dagegen bejahen die Notwendigkeit eines Balanced-Budget Amendments. Diese Ökonomen sind typischerweise skeptischer, was die Nützlichkeit von makroökonomischer Politik im Allgemeinen und von Fiskalpolitik im Besonderen angeht. Sie befürchten, dass Defizite während einer Rezession negative Effekte auf die Finanzmärkte haben könnten, so dass sie die Wirtschaft eher behindern als zu ihrer Erholung beitragen (diese möglicherweise widernatürlichen Effekte der Fiskalpolitik haben wir in Kapitel 17 diskutiert). Auf Grund der Verzögerungen, die im legislativen Prozess entstehen, sind sie auch skeptisch, was die Möglichkeiten des Kongresses angeht, den Kurs der Fiskalpolitik rechtzeitig zu verändern, um die Wirtschaft zu stabilisieren. Daher wollen sie auf die Fiskalpolitik als makroökonomisches Politikinstrument verzichten.

Diese Ökonomen beurteilen auch Regeln skeptisch, die sich der Kongress selbst auferlegen kann, die er aber durch eine Abstimmung später selbst wieder außer Kraft setzen kann. Daher kommen sie zu dem Schluss, dass einzig und allein ein Amendment zur Verfassung dafür Sorge tragen kann, dass Budgetdefizite für immer ausgeschlossen werden.

Im Licht dieser Debatte ist der Rückgang des Budgetdefizits in den 90er Jahren besonders interessant. Ist dieser Rückgang auf den Einsatz von geschickt ausgearbeiteten, aber flexiblen Regeln zur Reduktion des Defizits zurückzuführen? Die Gegner eines strikten Balanced-Budget Amendments sind der Meinung, dass dies der Fall ist. Oder haben die Befürworter eines strikten Balanced-Budget Amendments Recht, die argumentieren, dass die Reduktion des Budgetdefizits in erster Linie auf Glück zurückzuführen war, auf ein ungewöhnlich starkes Produktionswachstum, das in den Vereinigten Staaten in den 90er Jahren zu hohen Staatseinnahmen führte? Wir werden dieses Thema in der Fokusbox „Konnten Regeln dazu beitragen, das U.S.-amerikanische Budgetdefizit zu reduzieren?“ genauer analysieren. Man kann die Fakten so interpretieren, dass das Wachstum einen Großteil der Reduktion des Defizits erklären kann, dass Regeln jedoch dazu beigetragen haben. Zumindest für die Vereinigten Staaten wird ein Balanced-Budget Amendment nicht benötigt; auch flexiblere Regeln können die Aufgabe übernehmen.

Zwei andere Fokusboxen, die in Zusammenhang mit diesem Thema stehen, sind: „Kontraktive Geldpolitik und expansive Fiskalpolitik: Die Vereinigten Staaten zu Beginn der 80er Jahre“ in Kapitel 20, und „Der Politik-Mix von Clinton und Greenspan“ in Kapitel 5.

Fokus: Konnten Regeln dazu beitragen, das U.S.-amerikanische Budgetdefizit zu reduzieren?

Abbildung 1 zeigt die Entwicklung des Budgetdefizits im Verhältnis zum BIP für die Vereinigten Staaten seit 1980. (Da die Budgetzahlen auf diese Weise konstruiert und dargestellt werden, entsprechen die Jahre in der Abbildung und im Rest der Fokusbox nicht Kalenderjahren, sondern Haushaltsjahren. Das Haushaltsjahr beginnt am 1. Oktober des vorangegangenen Kalenderjahres und endet am 30. September des aktuellen Kalenderjahres. Das Haushaltsjahr 1990 zum Beispiel beginnt im Oktober 1989 und endet im September 1990.) Die Defizite haben in den 80er Jahren stark zugenommen. 1983 wurden 6,1% des BIP erreicht. Dann gingen sie zunächst zurück, stiegen dann aber wieder an, so dass 1992 4,7% erreicht wurden. Seit 1992 sind sie jedoch stetig zurückgegangen; 1998 konnte ein Budgetüberschuss ausgewiesen werden, das erste Mal seit 30 Jahren.

Wir haben in Kapitel 20 gesehen, dass die Defizite durch die starken Steuersenkungen während der Reagan-Regierung ausgelöst wurden. Hier konzentrieren wir uns auf die Frage, wie die Defizite reduziert und schließlich eliminiert werden konnten.

1. Das Gramm-Rudman-Hollings-Gesetz

Der erste ernsthafte Versuch, das Defizit zu reduzierten, erfolgte 1985. Zwei republikanische Senatoren, Gramm und Rudman, und ein demokratischer Senator, Hollings, die auf Grund der Unfähigkeit des Kongresses, eine Reduktion des Defizits zu erreichen, frustriert waren, brachten gemeinsam ein Gesetz ein, dass eine Reduktion des Defizits mit Hilfe von Beschränkungen des Budgetprozesses erzwingen sollte.

Das Gesetz ging sowohl im Senat als auch im Kongress leicht durch. Es basierte auf einem einfachen Prinzip: Das Gesetz legte Obergrenzen für das Budget für jedes Haushaltsjahr fest, mit dem Ziel, das Defizit bis zum Jahr 1991 zu eliminieren. Wenn das vom Kongress vorgeschlagene Budget über der Obergrenze liegen sollte, dann sollte eine Prozedur mit Namen Sequestration automatisch in Kraft treten, die die Ausgaben aller Programme um den zur Erreichung des angestrebten Defizits benötigten selben Prozentsatz kürzen sollte.

Einige Ausgabenprogramme wurden von den Kürzungen ausgenommen, in erster Linie Zinszahlungen auf die Staatsverschuldung, Sozialleistungen und einige Transferzahlungen für Empfänger niedriger Einkommen. Es waren auch Ausweichklauseln vorgesehen, damit die Reduktion des Defizits der makroökonomischen Stabilisierung nicht im Weg stehen würde. Wenn zum Beispiel das prognostizierte Wachstum einen Wert unter 3% annehmen sollte, dann würde die Obergrenze des Defizits im Verhältnis zur Differenz zwischen dem prognostizierten Wachstum und den 3% gelockert werden.

Wie funktionierte Gramm-Rudman-Hollings (GRH) in der Praxis? Das Gesetz hatte eine kurze und bewegte Geschichte.

Das erste Hindernis bestand in einer Verfassungsbeschwerde, die besagte, dass GRH zu viel Macht von der Legislative nehmen würde. Tatsächlich wurde das Gesetz 1986 durch den obersten Gerichtshof als nicht verfassungskonform erklärt. Das Urteil basierte jedoch in erster Linie auf technischen Fehlern, so dass 1987 ein zweites GRH-Gesetz, das die vom obersten Gerichtshof aufgeführten Probleme vermied, verabschiedet wurde. Die Gelegenheit wurde jedoch ergriffen, die Obergrenzen anzuheben und den angestrebten Zeithorizont für ein ausgeglichenes Budget von 1991 auf 1993 nach hinten zu verschieben!

Die spätere Geschichte von GRH war voll von Hintertürchen, optimistischen Prognosen und anderen Spielereien:

- Da die GRH-Obergrenze nur auf das Budget des kommenden Jahres angewendet werden musste, begann der Kongress, systematisch Ausgaben in das vorhergehende Jahr zu verschieben. Diese kreative Buchhaltung ließ das Defizit des vorangegangenen Haushaltsjahres schlechter aussehen. Das Budgetdefizit des aktuellen Jahres konnte aber auf diese Weise die GRH-Obergrenze leichter erfüllen.
- Staatliches Vermögen wurde verkauft, und die Erlöse aus den Verkäufen als Einnahmen verbucht, so dass das gemessenen Budget reduziert wurde, ohne dass das echte Defizit reduziert wurde.
- Es wurden optimistische Konjunkturprognosen verwendet. Diese resultierten in optimistischen Einnahmenprognosen und optimistisch niedrigen Prognosen für das Defizit.

Wie effektiv war GRH angesichts all dieser Spielereien bei der Reduktion der Defizite? Tabelle 1 enthält die ursprünglichen Obergrenzen (GRH I), die überarbeiteten Obergrenzen (GRH II) und die tatsächlichen Defizite – in aktuellen Dollar und im Verhältnis zum BIP – für alle Haushaltsjahre von 1986 bis 1990. 1990 wurde GRH durch ein anderes Regelwerk ersetzt, den „Budget Enforcement Act" (vgl. unten).

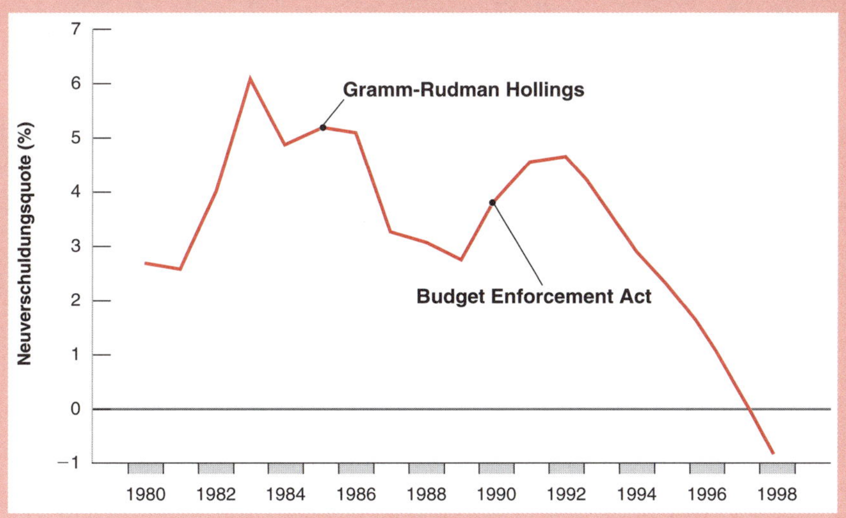

Abbildung 1: Defizit der Vereinigten Staaten, 1980-1998 (Anteil am BIP)

In allen Haushaltsjahren von 1987 bis 1989 erfüllte das vom Kongress verabschiedete Budget die GRH-Obergrenze. In all diesen Jahren war jedoch das tatsächliche Defizit größer als die GRH-Obergrenze, irgendwo zwischen 6 Milliarden Dollar im Jahr 1987 bis hin zu 16 Milliarden Dollar im Jahr 1989. Dennoch war die Periode durch einen kontinuierlichen Rückgang des Verhältnisses von Defizit zu BIP charakterisiert, von 5,1% im Jahr 1986 auf 2,8% im Jahr 1989.

1990 jedoch lag das tatsächliche Defizit um 121 Milliarden Dollar über der GRH-Obergrenze. Dafür gab es zwei Hauptgründe: (1) die Konjunktur erwies sich als schwächer als in der Prognose, als das Budget verabschiedet worden war; das Wachstum des BIP betrug 1990 lediglich 1,2%. (2) Die Regierung war mit einer savings-and-loans-Krise (ähnlich einer Bausparkasse) konfrontiert: viele S&L-Institutionen waren insolvent geworden, und der Staat musste sein Versprechen, die Anleger gegen Verluste zu versichern, einlösen.

Beide Phänomene – das ungewöhnlich niedrige Produktionswachstum und die S&L-Krise – waren vorübergehender Natur und rechtfertigten ein höheres Defizit. Da jedoch das tatsächliche Defizit um so viel höher war als die Obergrenze, hatte GRH seine Glaubwürdigkeit eingebüßt. Ein neues Regelwerk, bekannt unter „Budget Enforcement Act of 1990", wurde eingeführt.

2. Der Budget Enforcement Act of 1990

Dieses neue Regelwerk unterschied sich von GRH in einigen Punkten:

- Erstens legte es ausschließlich für die Ausgaben Beschränkungen fest. Die Ausgaben wurden in zwei Kategorien unterteilt, diskretionäre Ausgaben (Ausgaben für Güter und Dienstleistungen, einschließlich Verteidigungsausgaben) und obligatorische Ausgaben (Transferzahlungen an Individuen). Beschränkungen, Caps genannt, wurden für die diskreten Ausgaben für die nächsten fünf Jahr festgelegt. Diese Caps wurden so festgesetzt, dass sie eine geringe aber kontinuierliche Rückführung der diskretionären Ausgaben in realen Einheiten erforderlich machten. Für Notfälle wurden explizit Vorkehrungen getroffen. Die Ausgaben für die Operation Desert Storm während des Golfkrieges 1991 waren zum Beispiel nicht den Caps unterworfen.
- Zweitens konnten neue Transferprogramme nur verabschiedet werden, wenn gezeigt werden konnte, dass sie die Defizite in der Zukunft nicht erhöhen würden (entweder durch die Schaffung von neuen Einnahmen oder durch die Reduktion der Ausgaben in einem anderen bereits bestehenden Programm.) Diese Regel ist unter dem Begriff pay-as-you-go oder PAYGO-Regel bekannt.

Fiskaljahr	Defizitgrenzen nach: GRH I (Mrd. US $)	Tatsächliches Defizit GRH II (Mrd. US $)	tatsächliches Defizit Anteil am BIP (%)	Defizitgrenzen nach:
1986	172		221	51
1987	144		150	3,3
1988	108	144	155	3,1
1989	72	136	152	2,8
1990	36	100	221	3,9

Tabelle 1: Gramm-Rudman-Hollings Grenzen und tatsächliche Defizite

Dieses Regelwerk hatte, indem es die Ausgaben und nicht das Defizit in den Mittelpunkt stellte, eine wichtige Implikation. Im Fall einer Rezession, die zu einem Rückgang der Einnahmen führen würde, konnte das Defizit ansteigen ohne einen Rückgang der Ausgaben auszulösen. Dies geschah 1991 und 1992, als auf Grund der Rezession das Defizit anstieg – obwohl die Ausgaben die Beschränkungen durch die Caps erfüllten. Die Verschiebung des Schwerpunktes hatte zwei wünschenswerte Effekte: (1) es wurde ein größeres Defizit während einer Rezession ermöglicht – wünschenswert aus Sicht der makroökonomischen Politik – und (2) es wurde der Druck vermindert, die Regeln während einer Rezession zu verletzen – wünschenswert aus politischer Sicht.

Oberflächlich betrachtet scheint der Budget Enforcement Act von 1990 (der durch die neue Regierung 1993 und 1997 verlängert wurde) ein großer Erfolg gewesen zu sein: 1998 war das Defizit verschwunden. Wenn man den Sachverhalt jedoch etwas näher betrachtet, dann ist die Antwort nicht mehr so eindeutig. Tabelle 2 enthält die Entwicklung der Ausgaben, der Einnahmen und des Defizits für alle Haushaltsjahre von 1990 bis 1998. Zusätzlich ist auch die Aufteilung der Ausgaben auf diskretionäre Ausgaben (für die wiederum zwischen Verteidigungsausgaben und Nicht-Verteidigungsausgaben unterschieden wird) und obligatorische Ausgaben dargestellt.

Wenn wir zunächst die Gesamtausgaben, die Gesamteinnahmen und das Defizit in den Spalten (4) bis (6) betrachten, dann wird deutlich, dass die Reduktion des Defizits von 1990 bis 1998 annähernd zu gleichen Teilen auf einen Rückgang der Ausgaben und einen Anstieg der Steuereinnahmen (relativ zum BIP) zurückzuführen war. Der Anstieg der Steuereinnahmen kann in erster Linie auf das Wachstum zurückgeführt werden. Da die Einkommenssteuer progressiv ist – der Steuersatz nimmt mit steigendem Einkommen zu – lässt ein höheres Wachstum die Steuereinnahmen als Anteil des BIP ansteigen; genau dies geschah in den 90er Jahren. Vor allem aber stiegen dank der Aktienrallye auch die Steuereinnahmen aus Kapitalgewinnen rasant an. Wenn wir uns dem Rückgang der Ausgaben zuwenden, dann zeigt ein Vergleich der Spalte (4) (der Gesamtausgaben) und der Spalte (3) (der diskretionären Ausgaben), dass der Rückgang der Ausgaben von 21,8% 1990 auf 19,1% 1998 zu einem großen Teil auf einen Rückgang der diskretionären Ausgaben von 8,7% 1990 auf 6,4% 1998 zurückzuführen ist. Dabei scheint es sich aus Sicht der Anhänger des Regelwerks um gute Nachrichten zu handeln, da es sich bei den diskretionären Ausgaben um den Teil der Ausgaben handelt, der den Caps unterworfen war. Wenn wir jedoch einen Blick auf Spalte (1) werfen, dann zeigt sich, dass ein anderer Faktor den Großteil der Anerkennung verdient: das Ende des Kalten Krieges und der daraus resultierende Rückgang der Verteidigungsausgaben, von 5,2% auf 3,1%.

Bedeutet dies, dass der Budget Enforcement Act keinerlei Wirkungen hatte? Wahrscheinlich nicht. Wenn man von den Trends der Vergangenheit ausgeht, dann wären wohl ohne den Budget Enforcement Act sowohl die Nicht-Verteidigungsausgaben als auch die obligatorischen Ausgaben als Anteil des BIP viel stärker gestiegen.

Welche Lehren sollten wir aus der U.S.-amerikanischen Erfahrung ziehen? Beschränkungen können helfen, aber eine gute Ausgestaltung dieser Beschränkungen ist von essenzieller Bedeutung. Es ist wichtig, einerseits die Zahl der Hintertürchen zu begrenzen, andererseits aber realistische Ausweichklauseln zuzulassen (Fälle, in denen die Regeln außer Kraft gesetzt werden können). Eine gewisse Zahl von Hintertürchen kann sogar dazu führen, dass die Beschränkungen flexibler und dadurch leichter zu akzeptieren werden. Die Ergebnisse von 1986 bis 1989 können in diesem Licht gesehen werden: Trotz des Einsatzes von kreativer Buchhaltung und optimistischen Prognosen wurde das Verhältnis von Defizit zu BIP stetig reduziert. Realistische Ausweichklauseln oder Ausnahmen sind ebenfalls wichtig. Angesichts des niedrigen Wachstums und der S&L-Krise war das Defizit des Jahres 1990 größtenteils gerechtfertigt. Da es jedoch um so viel höher ausfiel als die GRH-Obergrenze, wurde die Glaubwürdigkeit von GRH zerstört. Es musste ein anderes System implementiert werden. Dieses neue System war flexibler; zusammen mit dem Wachstum der Wirtschaft konnte es schließlich sein Ziel erreichen.

Aber wie lange wird dieses Ziel aufrechterhalten? Seit 2001 haben sich die Budgetüberschüsse durch drastische Steuersenkungen und hohe Verteidigungsausgaben wieder in Defizite gewandelt. Viele Leute machen sich Sorgen, dass eine Kombination aus niedriger privater Ersparnis und hoher staatlicher Budgetdefizite in Zukunft große Probleme für die Vereinigten Staaten bringen könnte. Eine solche Kombination ist angesichts der zukünftigen Belastungen der Rentenversicherung und des Gesundheitssystems als Folge der Überalterung der Bevölkerung dauerhaft nicht tragbar – spätestens dann, wenn die Baby Boom-Generation von 2010 an das Rentenalter erreicht und der Anteil der über 65-jährigen stark ansteigen wird.

Jahr	Diskretionäre Ausgaben			Ausgaben	Einnahmen	Defizit
	Verteidigung (1)	Ohne Verteidigung (2)	Total (3)	Gesamt (4)	Gesamt (5)	(6)
1990	5,2	3,5	8,7	21,8	18,0	3,8
1991	5,4	3,6	9,0	22,3	17,8	4,5
1992	4,9	3,7	8,6	22,2	17,5	4,7
1993	4,5	3,8	8,2	21,5	17,6	3,9
1994	4,1	3,7	7,8	21,1	18,1	2,9
1995	3,7	3,7	7,4	20,7	18,5	2,2
1996	3,5	3,5	7,0	20,3	18,9	1,4
1997	3,3	3,4	6,7	19,6	19,3	0,3
1998	3,1	3,2	6,4	19,1	19,9	–0,8
1999	3,0	3,2	6,3	18,7	20,0	–1,4
2000	3,0	3,3	6,3	18,2	20,6	–2,4

Tabelle 2: Ausgaben, Einnahmen und Defizit (jeweils % des BIP), 1990-2000
Quelle: Historical Tables, Budget of the United States Government, Fiscal Year 2004.

Fokus: Der Europäische Stabilitäts- und Wachstumspakt

Unter europäischen Ökonomen und Politikern wird derzeit intensiv über eine Vereinbarung diskutiert, die 1997 auf Initiative der deutschen Regierung in den EU-Vertrag aufgenommen wurde: Der Europäische Stabilitäts- und Wachstumspakt (ESWP). Zunächst soll kurz dargestellt werden, was im ESWP eigentlich festgelegt ist, und warum dies so beschlossen wurde. Anschließend gehen wir auf die aktuelle Diskussion ein.

a)

b)

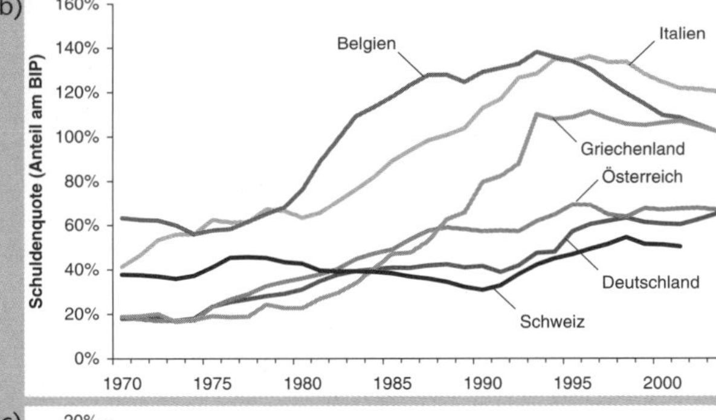

c)

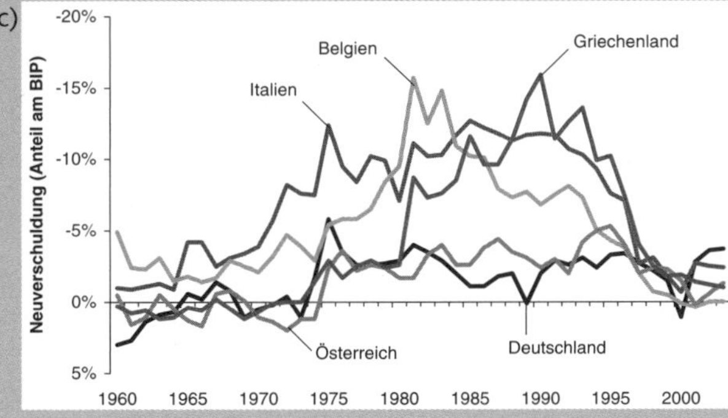

Die Mitgliedsstaaten der EU haben sich im Rahmen des ESWP verpflichtet, übermäßige öffentliche Defizite zu vermeiden und mittelfristig zumindest einen ausgeglichenen Haushalt anzustreben. In der Fortschreibung der Konvergenzkriterien des Vertrags von Maastricht für den Beitritt zur europäischen Währungsunion (EWU) (vgl. Fokusbox zum Euro in Kapitel 21) gelten dabei als Referenzwerte eine Defizitquote für das nominale Budgetdefizit von 3% und eine Schuldenquote für die nominale Staatsverschuldung von 60% des jeweiligen BIP. Abbildung 1 zeigt, wie sich Schulden- und Defizitquote in einzelnen Ländern des Euroraums seit 1970 entwickelt haben. Abbildung 1a) zeigt, dass die Schuldenquote im Euroraum insgesamt sich nicht allzu stark von der Entwicklung in den Vereinigten Staaten unterscheidet, während sie in Japan in jüngster Zeit stark angestiegen ist. Abbildung 1b) verdeutlicht aber die starken Unterschiede innerhalb der Länder des Euroraums: Die Schuldenquoten von Italien, Belgien und Griechenland lagen Mitte der 90er Jahre weit über 100%, auch wenn sie seitdem etwas zurückgegangen sind. Abbildung 1c) zeigt die hohen Defizitquoten, die für diesen Anstieg verantwortlich waren.

Die Referenzwerte im Vertrag von Maastricht setzten einen Rückgang des Trends zu hoher Verschuldung als Bedingung für den Beitritt. Der ESWP sollte dann sicherstellen, dass auch nach dem Beitritt übermäßige Defizite vermieden werden. Als Frühwarnsystem fungieren so genannte jährliche Stabilitätsprogramme der Euro-Mitgliedsländer. Dort müssen die einzelnen Länder detailliert beschreiben, wie sie die Ziele des ESWP erreichen wollen.

Die größte Aufmerksamkeit richtet sich auf die Feststellung übermäßiger öffentlicher Defizite auf Grundlage der Stabilitätsprogramme und der tatsächlichen Haushaltsdaten.

Abbildung 1:
Schuldenquoten, Neuverschuldung
a) Schuldenquote: Euroraum, Japan, USA
b) Schuldenquote: Belgien, Deutschland, Griechenland, Italien, Österreich, Schweiz
c) Neuverschuldung: Belgien, Deutschland, Griechenland, Italien, Österreich

Wird ein solches übermäßiges Defizit durch ein geplantes oder tatsächliches Überschreiten des Referenzwerts von 3% des BIP in einem Mitgliedsland festgestellt, folgen nach dem Ablauf verschiedener Fristen, in denen das Land seine Fiskalpolitik korrigieren kann, genau, aber nicht verbindlich festgelegte Sanktionen: Im Wesentlichen soll dieser Staat verpflichtet werden, zunächst eine unverzinsliche Einlage bei der Kommission zu hinterlegen. Die Einlage setzt sich aus einer einmaligen fixen Komponente (0,2% des jeweiligen BIP) und einer jährlichen variablen Komponente (10% des Betrags, um den das Defizit über 3% liegt) zusammen, darf aber jährlich 0,5% des BIP nicht überschreiten. Die Einlage wird zurückgezahlt, sobald das Defizit des betreffenden Staates nicht mehr als übermäßig eingestuft wird. Erfolgt innerhalb von zwei Jahren keine Korrektur der Fiskalpolitik, soll die Einlage in eine nicht mehr rückzahlbare Geldbuße umgewandelt werden.

Es besteht allerdings kein Sanktions-Automatismus. Wenn entweder die Defizitquote erheblich und laufend zurückgegangen ist sowie nahe des Referenzwertes liegt oder die Überschreitung der 3%-Quote nur ausnahmsweise und vorübergehend ist, soll keine Bestrafung erfolgen. Letzteres ist bei außergewöhnlichen Ereignissen wie einer Naturkatastrophe oder bei einem schwer wiegenden Wirtschaftsabschwung der Fall, der laut ESWP zwingend bei einem BIP-Rückgang von mehr als 2% oder auf besonderen Beschluss bereits ab einem BIP-Rückgang von 0,75% bzw. ausnahmsweise auch bei einer schwächeren Rezession vorliegt.

Aus politökonomischer Sicht ist bemerkenswert, dass die Überprüfung der Stabilitätsprogramme und die Beurteilung der Übermäßigkeit von Defiziten zwar durch die Europäische Kommission (der Exekutive der EU) und den Rat (der aus Vertretern der nationalen Regierungen besteht) erfolgen. Die Entscheidungsbefugnis über die Feststellung der Übermäßigkeit und anschließende Sanktionen liegt aber allein beim Rat und damit bei den nationalen Regierungen.

Wieso hat allen voran die deutsche Regierung darauf bestanden, solche Sanktionsmechanismen im Zusammenhang mit der EWU einzuführen? Dahinter stand die Befürchtung, dass durch eine langfristig nicht tragfähige Fiskalpolitik eines einzelnen Landes ein negativer externer Effekt auf die anderen Länder entsteht, sofern sich die mangelnde Tragfähigkeit nicht voll in den Risikoprämien für dieses Land auf den Finanzmärkten widerspiegelt. Dies ist dann der Fall, wenn die Finanzmärkte davon ausgehen, dass die anderen Länder diesem Land im Falle des Staatsbankrotts beistehen werden, um negative Auswirkungen auf alle EWU-Mitglieder zu verhindern. Eigentlich besteht nach dem EG-Vertrag keine derartige Verpflichtung, die möglichen schwer wiegenden Folgen für die gesamte EWU lassen ein solches Verhalten aber vermuten.

Ein weiterer Grund ist, dass Fiskal- und Geldpolitik langfristig nicht völlig unabhängig voneinander sind. Vielmehr könnte durch übermäßige Defizite und damit einen zu hohen Schuldenstand politischer Druck auf die Europäische Zentralbank (EZB) entstehen, die Zinsen zu senken bzw. die Geldmenge auszuweiten. Da die Nominalzinsen nach der Fisherhypothese (vgl. Kapitel 14) durch den Realzins und die Inflationserwartung bestimmt sind ($i = r + \pi^e$), würde eine Überraschungsinflation ($\pi > \pi^e$) den effektiven Realzins und damit die reale Staatsschuld senken. Folglich besteht neben dem im Abschnitt 24.2 diskutierten Zeitinkonsistenzproblem noch ein weiteres: Der Anreis zu einer Überraschungsinflation, um die Belastungen der Staatsschuld zu reduzieren. Rechnen die Finanzmärkte damit, dass die Zentralbank diesem Druck nachgibt, kommt es ganz analog zur Argumentation bei der Phillipskurve zu höheren Inflationserwartungen.

Das zentrale Ziel des ESWP liegt deshalb darin, die Glaubwürdigkeit des primären Ziels der EZB, der Preisstabilität, sicherzustellen und damit die funktionelle Unabhängigkeit der EZB zu stützen. Die Regelungen des ESWP sollten helfen, durch möglichst zeitnahe Sanktionen ohne einen großen Ermessensspielraum die Tradition der Bundesbank bei der Inflationsbekämpfung auf die EZB zu übertragen.

Spätestens seit der ersten Rezession nach Einführung der EWU im Jahr 2001 ist der ESWP aber erheblich in die Kritik geraten: Manche sehen die Ausgestaltung der Regelungen des ESWP als nicht optimal an. Das Verfahren sei zu langwierig und die möglichen Ausnahmen verhinderten einen automatischen Sanktionsmechanismus. Des Weiteren bestehe durch die Abstimmung der Regierungsvertreter im Rat die Möglichkeit zu Koalitionsbildungen von Defizitsündern.

Andere Kritiker dagegen halten den ESWP an sich für verkehrt: Die Mitgliedsstaaten seien durch den ESWP neben der unabhängigen Geldpolitik auch des zweiten Pfeilers der Wirtschaftspolitik, der Fiskalpolitik, beraubt. Außerdem seien die 3% willkürlich gewählt; der ESWP sei unflexibel und ökonomisch unsinnig, weil er sich am nominalen und nicht am eigentlich relevanten konjunkturbereinigten Defizit orientiere. (Der Unterschied zwischen dem konjunkturbereinigten und dem ausgewiesenem Defizit wird in Kapitel 26 erörtert.) Dadurch könnten die automatischen Stabilisatoren nicht wirken. Die notwendigen Sparmaßnahmen in der Rezession führten zu einer prozyklischen (die Konjunkturschwankungen verstärkenden) Fiskalpolitik.

Was ist von dieser Kritik zu halten? Die aktuelle Entwicklung der Haushalte in der EU im Vergleich zu den USA und Japan (Abb. 1a) zeigt, dass der ESWP durchaus disziplinierend wirkt. Allerdings sind mittlerweile Defizitverfahren gegen Deutschland, Frankreich und Portugal eingeleitet worden. Deutschland verhinderte 2002 trotz einer sich klar abzeichnenden Überschreitung des Defizit-Referenzwertes eine Warnmeldung („blauer Brief aus Brüssel") durch eine Koalitionsbildung mit Kritikern des ESWP im Rat. Hält man die grundsätzlichen Regelungen des ESWP für richtig, zeigt sich also, dass die Ausgestaltung noch nicht optimal ist.

Die andere, grundsätzlichere Kritiklinie bezieht sich auf die Beschränkungen der Fiskalpolitik und insbesondere der automatischen Stabilisatoren. Wie Kapitel 26 zeigen wird, ist dieses Argument stichhaltig. Es bestehen aber zwei wichtige Einschränkungen: Zum einen fordert der ESWP keinen Verzicht auf die automatischen Stabilisatoren, sondern einen mittelfristig zumindest ausgeglichenen Haushalt. Dahinter verbirgt sich nichts anderes, als der Ausschluss eines konjunkturbereinigten Defizits. Sofern die Staaten kein konjunkturbereinigtes Defizit aufweisen, sollten bei normalen Rezessionen die automatischen Stabilisatoren auch innerhalb der Defizitgrenze von 3% wirken können (vgl. die Daumenregel in Abschnitt 26.2). Eine andere Frage ist, ob die Forderung nach einem ausgeglichenen nominalen Haushalt sinnvoll ist. Sie bedeutet nämlich, dass der Staatshaushalt real Überschüsse erwirtschaften muss und langfristig die reale Schuldenquote gegen Null konvergieren würde (vgl. Abschnitt 26.1). Angesichts der zu erwartenden Belastungen durch die demografische Entwicklung für die Altenversorgung und die Gesundheitssysteme in allen europäischen Ländern könnte ein vorausschauendes sparsames Haushalten heute aber durchaus sinnvoll sein. Die zweite Einschränkung ergibt sich unmittelbar aus der Diskussion des konjunkturbereinigten Defizits in diesem Kapitel: Seine exakte Bestimmung ist angesichts der notwendigen Schätzungen sehr schwierig. Diese Schätzungen eröffnen aber den Regierungen einen gewissen Manipulationsspielraum, um eine kurzsichtige Verschuldungspolitik auf Kosten der anderen EWU-Mitglieder zu betreiben. Eine flexible Regelung, die sich auf das konjunkturbereinigte Defizit bezieht, wäre mit Sicherheit die ökonomisch vernünftigere Lösung, unter politökonomischen Gesichtspunkten muss diese Aussage aber relativiert werden.

Wie geht es mit dem ESWP weiter? Im Sommer 2003 ist seine Glaubwürdigkeit auf jeden Fall beschädigt. Die aktuellen Entwicklungen in den beiden größten EWU-Ländern Deutschland und Frankreich zusammen mit der beständigen Kritik aus südeuropäischen Ländern sowie aus Großbritannien haben die Verbindlichkeit des ESWP stark beeinträchtigt. Die großen Probleme bereits in der ersten Konjunkturkrise nach Einführung der EWU könnten den Schluss nahe legen, dass der ESWP schon überholt sei. Momentan ist er jedoch zumindest formal noch in Kraft und wird dies auf Grund seines hohen Symbolgehalts wohl noch einige Zeit bleiben.

Eine in der Zielsetzung dem ESWP vergleichbare Regelung erscheint durchaus sinnvoll und notwendig. Es gibt aber keinen Zweifel, dass der Pakt heute ganz anders aussehen würde, wenn man ihn von Anfang neu konzipieren könnte. Das Beispiel des Budget Enforcement Acts in den USA zeigt gerade, dass gewisse Hintertürchen und Ausweichklauseln die Glaubwürdigkeit solcher Regeln durchaus stärken könnten. Derzeit werden verschiedene Vorschläge diskutiert, wie der ESWP modifiziert werden kann, um die damit verbundenen Ziele glaubwürdig durchsetzen zu können. Eine Änderung des Vertragstextes dürfte extrem schwierig sein, da sie von allen nationalen Regierungen gebilligt werden müsste. Realistisch erscheint aber eine flexiblere Interpretation. So erwägt die EU-Kommission, vom konjunkturbereinigten statt vom ausgewiesenen Defizit auszugehen. Eine Überwachung durch unabhängige Komitees könnte den befürchteten Manipulationsspielraum einschränken.

Zudem sollen Maßnahmen für strukturelle Reformen, die zwar kurzfristig kostspielig sind, aber mittel- bis langfristig die öffentlichen Finanzen verbessern könnten (wie eine Steuerreform) als temporäre Abweichungen akzeptiert werden. Ein anderer Vorschlag bezieht sich darauf, öffentliche Investitionen aus der Defizitberechnung herauszunehmen.

Eine ausführliche Dokumentation aller relevanten Rechtstexte findet sich auf der Webseite der EU-Kommission unter http://europa.eu.int/comm/economy_finance/about/activities/sgp/sgp_en.htm

Zusammenfassung

- Die Effekte makroökonomischer Politikmaßnahmen sind immer unsicher. Diese Unsicherheit sollte die politischen Entscheidungsträger dazu veranlassen, vorsichtiger zu sein und eine weniger aktive Politik zu verfolgen. Politikmaßnahmen sollten breit angelegt sein und darauf abzielen, lang anhaltende Rezessionen zu vermeiden, Booms zu dämpfen und inflationären Druck zu vermeiden. Je höher die Arbeitslosigkeit oder die Inflation ist, desto aktiver sollte sich die Politik verhalten. Die Politik sollte jedoch keine Feinsteuerung versuchen, oder eine konstante Arbeitslosigkeit oder ein konstantes Produktionswachstum anstreben.
- Der Einsatz von makroökonomischen Politikmaßnahmen zur Kontrolle der Wirtschaft unterscheidet sich substanziell von der Kontrolle einer Maschine. Im Gegensatz zu einer Maschine setzt sich die Wirtschaft aus Individuen und Unternehmen zusammen, die versuchen, das Handeln der politischen Entscheidungsträger vorherzusagen, die nicht nur auf die aktuelle Politik sondern auch auf Erwartungen bezüglich der zukünftigen Politik reagieren. Aus dieser Sicht heraus kann man sich makroökonomische Politik als ein Spiel zwischen den politischen Entscheidungsträgern und der Wirtschaft vorstellen.
- Wenn ein Spiel gespielt wird, ist es für einen Spieler oft vorteilhaft, auf einige seiner Optionen zu verzichten. Wenn es beispielsweise zu einer Flugzeugentführung kommt, dann ist es am besten, mit den Flugzeugentführern zu verhandeln. Eine Regierung jedoch, die sich glaubwürdig dazu verpflichtet, keine Verhandlungen mit Flugzeugentführern zu führen – die also auf die Option von Verhandlungen verzichtet – kann potenzielle Flugzeugentführer mit einer größeren Wahrscheinlichkeit davon abhalten, überhaupt eine Flugzeugentführung zu versuchen.
- Dieselbe Argumentation trifft auf verschiedene Aspekte der makroökonomischen Politik zu. Eine Zentralbank kann, indem sie sich glaubwürdig dazu verpflichtet, die Geldpolitik nicht einzusetzen, um die Arbeitslosenquote unter die natürliche Rate der Arbeitslosigkeit zu senken, Befürchtungen abschwächen, dass es zu hohem Geldmengenwachstum kommen könnte, und auf diese Weise kann die Zentralbank sowohl die erwartete als auch die tatsächliche Inflation reduzieren. Wenn das Thema Zeitinkonsistenz relevant ist, dann können enge Beschränkungen der politischen Entscheidungsträger – wie zum Beispiel im Fall der Geldpolitik eine Regel, die ein festes Geldmengenwachstum vorgibt – eine grobe Lösung schaffen. Eine derartige Lösung ist jedoch vielleicht mit hohen Kosten verbunden, wenn sie den Einsatz von makroökonomischen Politikinstrumenten völlig ausschließt. Bessere Methoden beinhalten typischerweise das Design von besseren Institutionen (wie zum Beispiel eine unabhängige Zentralbank), die das Problem der Zeitinkonsistenz reduzieren können, ohne dass die Geldpolitik als makroökonomisches Politikinstrument völlig eliminiert wird.
- Ein anderes Argument für Beschränkungen der politischen Entscheidungsträger besteht darin, dass die Politiker unter Umständen Spiele mit der Öffentlichkeit oder untereinander spielen, was zu nicht erstrebenswerten Ergebnissen führen könnte. Die Politiker versuchen vielleicht, kurzsichtige Wähler zu täuschen, indem sie Politikmaßnahmen implementieren, die mit kurzfristigen Nutzen aber hohen langfristigen Kosten verbunden sind – zum Beispiel große Budgetdefizite. Politische Parteien verschieben unter Umständen schmerzhafte Entscheidungen in der Hoffnung, dass die andere Partei die Anpassung vornehmen und die Schuldzuweisungen erhalten wird. Diese Probleme existieren in der Realität, sie sind jedoch weniger weit verbreitet als oftmals angenommen wird. In derartigen Fällen können enge Beschränkungen der Politik, wie zum Beispiel ein Zusatzartikel zur Verfassung, mit dem Ziel ein ausgeglichenes Budget zu gewährleisten, wieder eine grobe Lösung schaffen. Bessere Methoden beinhalten bessere Institutionen und eine bessere Ausgestaltung des politischen Entscheidungsprozesses.

Übungsaufgaben

Verständnistests

1. Welche der folgenden Aussagen sind zutreffend, falsch oder unklar? Geben Sie jeweils eine kurze Erläuterung.
   a. Es besteht so viel Unsicherheit bezüglich der Effekte der Geldpolitik, dass es für uns besser wäre, sie nicht einzusetzen.
   b. Wenn man eine niedrige Arbeitslosigkeit haben möchte, muss man einen Demokraten zum Präsidenten wählen.
   c. Es gibt klare Beweise für einen politischen Konjunkturzyklus in den Vereinigten Staaten: Während der Wahlperiode ist die Arbeitslosigkeit niedrig, während der übrigen Zeit ist die Arbeitslosigkeit höher.
   d. Regeln sind nicht geeignet, um Budgetdefizite zu reduzieren.
   e. Es wäre weise, wenn Regierungen ankündigen würden, mit Geiselnehmern nicht zu verhandeln.
   f. Regierungen sollten unter keinen Umständen jemals mit Geiselnehmern verhandeln.
   g. Unter rationalen Erwartungen erwarten die Wirtschaftssubjekte immer genau das, was auch immer die Politiker tun. Daher kann makroökonomische Politik keine Effekte auf die Wirtschaft haben.
2. Sind Sie dem Problem der Zeitinkonsistenz jemals in ihrem Privatleben begegnet? Wer waren die Spieler in diesem Spiel?
3. Sie sind der wirtschaftspolitische Berater eines neu gewählten Präsidenten. In vier Jahren wird er sich wieder einer Wahl stellen müssen. Die Inflation betrug letztes Jahr 3% und die Arbeitslosenquote war gleich der natürlichen Arbeitslosenquote. Die Phillipskurve sieht wie folgt aus:

$$\pi_t = \pi_{t-1} - \alpha(u_t - u_n)$$

   a. Nehmen Sie an, Sie könnten Fiskalpolitik und Geldpolitik einsetzen, um genau die von Ihnen angestrebte Arbeitslosenquote für die nächsten vier Jahre zu erreichen. Schreiben Sie ein kurzes Memo an den Präsidenten, welche Arbeitslosenquote und welche Inflationsrate er anstreben sollte.
   b. Wenn die Phillipskurve durch die folgende Gleichung beschrieben wird

$$\pi_t = \pi_t^e - \alpha(u_t - u_n)$$

   wie würden Sie dann den Inhalt Ihres Memos ändern? (Die Fakten zeigen, dass die Wirtschaftssubjekte rationale Erwartungen bilden.)
4. Welche Vorkehrungen würden Sie treffen, um mit Geiselnahmen durch Terroristen umzugehen? (Zusatzartikel zur Verfassung, Gesetzgebung, technologische Mittel)
5. Neuseeland verfasste zu Beginn der 90er Jahre eine neue Charter für seine Zentralbank, um eine niedrige Inflationsrate zum einzigen Ziel der Zentralbank zu machen. Welche Motive hatte Neuseeland?

Vertiefungsfragen

6. Es gibt zwei Parteien: die Demokraten, die sich viel mehr um die Arbeitslosigkeit sorgen als um die Inflation, und die Republikaner, die sich viel mehr um die Inflation als um die Arbeitslosigkeit sorgen.

   Die Phillipskurve wird durch die folgende Gleichung beschrieben:

$$\pi_t = \pi_t^e - \alpha(u_t - u_n)$$

   wobei π_t^e beschreibt, welche Inflationsrate im Jahr $t-1$ für das Jahr t erwartet wird.

   Am Ende des Jahres finden Wahlen statt. Demokraten und Republikaner haben die gleichen Chancen, die Wahlen zu gewinnen und das nächste Jahre an der Macht zu sein.

a. Beschreiben Sie, wie die Wirtschaftssubjekte ihre Inflationserwartungen für das nächste Jahr bilden werden.
b. Gegeben diese Erwartungen, beschreiben Sie, wie sich die Inflation und die Arbeitslosigkeit im nächsten Jahr entwickeln werden, wenn die Demokraten gewinnen.
c. Gegeben diese Erwartungen, beschreiben Sie, wie sich die Inflation und die Arbeitslosigkeit im nächsten Jahr entwickeln werden, wenn die Republikaner gewinnen.
d. Passen diese Ergebnisse zu den Fakten in Tabelle 25.1? Warum oder warum nicht?
e. Nehmen Sie nun an, dass alle einen Wahlsieg der Demokraten erwarten. Nehmen Sie an, dass die Demokraten tatsächlich gewinnen. Wie entwickelt sich die Inflation und die Arbeitslosigkeit im nächsten Jahr?

7. Nehmen Sie an, es liegt ein Budgetdefizit vor. Es kann reduziert werden, indem entweder die Rüstungsausgaben gekürzt werden, oder indem Sozialleistungen gekürzt werden, oder beides.

Die Demokraten müssen sich entscheiden, ob sie Kürzungen der Sozialleistungen unterstützen sollen. Die Republikaner müssen sich entscheiden, ob sie Kürzungen der Rüstungsausgaben unterstützen sollen. Jede Partei muss sich entscheiden, ohne die Entscheidung der anderen Partei zu kennen.

Die möglichen Ergebnisse können in einer Tabelle dargestellt werden:

		Sozialleistungen kürzen	
		Ja	**Nein**
Rüstungsausgaben kürzen	**Ja**	(R = 1, D = 1)	(R = –2, D = 3)
	Nein	(R = 3, D = –2)	(R = –1, D = –1)

Um die Tabelle lesen zu können, sehen Sie sich zum Beispiel das untere rechte Kästchen in der Box an. Wenn die Demokraten eine Kürzung der Sozialleistungen unterstützen, und die Republikaner eine Kürzung der Rüstungsausgaben ablehnen, dann ist das Ergebnis, dass die Republikaner sehr glücklich, die Demokraten aber sehr unglücklich sind. Die Republikaner erhalten 3, die Demokraten erhalten –2. Es ist wichtig, dass Sie alle vier Kästchen in der Tabelle verstehen.

a. Wenn sich die Republikaner für eine Kürzung der Rüstungsausgaben entscheiden, was ist dann die beste Antwort der Demokraten? Wie viel erhalten die Republikaner bei dieser Antwort?
b. Wenn die Republikaner eine Kürzung der Rüstungsausgaben ablehnen, was ist dann die beste Antwort der Demokraten? Wie viel erhalten die Demokraten bei dieser Antwort?
c. Wie werden sich die Republikaner entscheiden? Wie werden sich die Demokraten entscheiden? Wird es zu einer Reduktion des Budgetdefizits kommen? Warum oder warum nicht? (Es handelt sich hier um ein Beispiel für ein Spiel, das in der Spieltheorie als Gefangenendilemma bekannt ist) Gibt es eine Möglichkeit, das Ergebnis zu verbessern?

Weiterführende Literatur

Ein führender Anhänger der Meinung, dass sich Regierungen schlecht benehmen und dass sie engen Beschränkungen unterworfen sein sollten, ist James Buchanan von der George Mason University. Buchanan erhielt 1986 den Nobelpreis für seine Arbeit auf dem Gebiet der Public Choice. Empfehlenswert ist sein Buch, das er zusammen mit Richard Wagner geschrieben hat: Democracy in Deficit: The political legacy of Lord Keynes (New York, NY: Academic Press, 1977).

Einen Überblick über die Politik hinter der Fiskalpolitik liefert Alberto Alesina und Roberto Perotti, „The Political Economy of Budget Deficits," IMF Staff Papers, 1995. Siehe auch James Poterba, „Do Budget Rules work?" in Alan Auerbach, ed., Fiscal Policy. Lessons from Economic Research (Cambridge, MA: MIT Press, 1997).

Mehr Informationen zur Politik hinter der Geldpolitik liefert Alberto Alesina und Lawrence Summers, „Central Bank Independence and Macroeconomic Performance: Some comparative Evidence", Journal of Money, Credit and Banking, May 1993, 289-297.

Kapitel

25 Die Geldpolitik – Eine Zusammenfassung

In fast allen Kapiteln dieses Buches haben wir uns mit bestimmten Aspekten der Geldpolitik beschäftigt. Nun fassen wir unsere bisherigen Erkenntnisse zusammen und ordnen sie, soweit noch nicht geschehen, in eine gemeinsame Perspektive ein.

Fassen wir zunächst einmal kurz zusammen, was wir bisher gelernt haben (die Fokusbox „Geldpolitik: Was haben wir bisher gelernt?" bietet eine detaillierte Zusammenfassung):

- In der kurzen Frist beeinflusst die Geldpolitik sowohl die Höhe der Produktion als auch ihre Zusammensetzung:
  - Ein Anstieg der Geldmenge führt zu sinkenden Zinsen und zu einer Abwertung der Währung.
  - Der Zinsrückgang und die Abwertung lassen die Nachfrage nach Gütern und damit die Produktion ansteigen.
- Auf mittlere und lange Frist ist Geldpolitik neutral:
  - Veränderungen der Geldmenge oder Veränderungen der Wachstumsrate der Geldmenge haben mittelfristig keine Auswirkungen auf Produktion oder Beschäftigung.
  - Veränderungen der Geldmenge führen zu einem proportionalen Anstieg der Preise.
  - Veränderungen der Wachstumsrate der Geldmenge führen zu entsprechenden Veränderungen der Inflationsrate.

Ausgehend von diesen Schlussfolgerungen wollen wir in diesem Kapitel drei Themen analysieren:

- Abschnitt 25.1 diskutiert, welche Inflationsrate Zentralbanken auf mittlere und lange Frist anstreben sollten.
- Abschnitt 25.2 untersucht, wie Geldpolitik gestaltet sein sollte, damit diese Inflationsrate auf mittlere und lange Frist erreicht wird, gleichzeitig in der kurzen Frist aber auch Produktionsschwankungen gedämpft werden können.
- Abschnitt 25.3 beschreibt, wie die Geldpolitik der EZB heute gestaltet wird.

Fokus: Geldpolitik: Was haben wir bisher gelernt?

- In Kapitel 4 haben wir uns mit den Bestimmungsgrößen von Geldnachfrage und Geldangebot beschäftigt und die Auswirkungen der Geldpolitik auf den Zinssatz analysiert. Wir haben gesehen, wie eine über Offenmarktoperationen gesteuerte Ausweitung des Geldangebots die Zinsen senkt.
- Kapitel 5 beschäftigte sich mit den kurzfristigen Effekten der Geldpolitik auf die Produktion. Wir haben gesehen, wie der sinkende Zinssatz die Nachfrage und damit die Produktion steigen lässt.
- In Kapitel 7 haben wir untersucht, wie sich nicht nur in der kurzen Frist, sondern auch in der mittleren Frist Veränderungen der Geldmenge auf Produktion und Preise auswirken. Wir haben gesehen, dass Geld auf mittlere Frist neutral ist: Veränderungen der Geldmenge spiegeln sich vollständig in Veränderungen des Preisniveaus wider.
- In Kapitel 9 haben wir den Zusammenhang zwischen Geldmengenwachstum, Inflation und Arbeitslosigkeit analysiert. Wir haben gesehen, dass sich Geldmengenwachstum auf mittlere Frist im Verhältnis 1:1 in Inflation niederschlägt, ohne die Arbeitslosenquote zu beeinflussen. Wir haben jedoch auch gesehen, dass ein Rückgang des nominalen Geldmengenwachstums in der kurzen Frist für gewisse Zeit die Produktion dämpft und die Arbeitslosigkeit ansteigen lässt.
- In Kapitel 14 haben wir die Unterscheidung zwischen Nominal- und Realzinssatz eingeführt. Wir haben gesehen, wie ein höheres Geldmengenwachstum in der kurzen Frist sowohl den Nominal- wie den Realzins sinken lässt, in der mittleren Frist jedoch zu einem höheren Nominalzinssatz führt bei unverändertem Realzins.
- In Kapitel 17 kehrten wir zu den kurzfristigen Effekten der Geldpolitik auf die Produktion zurück. Dabei haben wir die Auswirkungen der Geldpolitik auf die Erwartungen berücksichtigt. Wir haben gesehen, dass Geldpolitik den kurzfristigen Nominalzins beeinflusst, dass die Nachfrage jedoch in erster Linie vom aktuellen wie vom künftig erwarteten kurzfristigen Realzins abhängt. Wir haben gesehen, dass die Effekte der Geldpolitik auf die Produktion stark davon abhängen, wie die Erwartungen auf die Geldpolitik reagieren.
- In Kapitel 20 haben wir uns mit den Effekten der Geldpolitik in einer offenen Volkswirtschaft – mit offenen Güter- und Finanzmärkten – beschäftigt. Wir haben gesehen, wie die Geldpolitik in einer offenen Volkswirtschaft Einkommen und Produktion nicht allein durch den Zinssatz beeinflusst, sondern auch über den Wechselkurs. Eine Geldmengenerhöhung führt sowohl zu einem Rückgang des Zinssatzes als auch zu einer Abwertung. Beides lässt Nachfrage und Produktion steigen.
- In Kapitel 21 haben wir Vor- und Nachteile verschiedener geldpolitischer Regime diskutiert, flexibler Wechselkurse vs. fester Wechselkurse. Wir haben Vor- und Nachteile der Einführung einer gemeinsamen Währung wie des Euro bzw. eines völligen Verzichts auf Geldpolitik durch die Einführung eines currency boards oder der Dollarisierung diskutiert.
- In Kapitel 22 haben wir die Implikationen der Liquiditätsfalle analysiert. Mit dem Begriff „Liquiditätsfalle" wird die Tatsache bezeichnet, dass die Geldpolitik den Nominalzins nicht unter Null senken kann. Wir haben gesehen, wie Liquiditätsfalle und Deflation so zusammenwirken können, dass aus einer Rezession eine schwere Wirtschaftskrise wird.
- In Kapitel 23 haben wir uns mit Hyperinflationen, den Bedingungen, unter denen derartige Situationen entstehen, und dem Weg, wie sie schließlich zu einem Ende kommen, beschäftigt. Wir haben uns auf den Zusammenhang zwischen Budgetdefizit, nominalem Geldmengenwachstum und Inflation konzentriert. Wir haben gesehen, dass ein großes Budgetdefizit zu einem starken Geldmengenwachstum und damit wiederum zu Hyperinflation führen kann.

- **In Kapitel 24 haben wir uns mit den Problemen beschäftigt, mit denen die Wirtschaftspolitik im Allgemeinen und die Geldpolitik im Besonderen konfrontiert ist.**

  Wir haben gesehen, dass Unsicherheit über die Auswirkungen von Politikmaßnahmen zu einem vorsichtigeren Politikeinsatz führen sollte. Wir haben auch gesehen, dass selbst wohlmeinende politische Entscheidungsträger unter Umständen nicht immer das tun, was das Beste ist, dass es also Argumente für Beschränkungen von politischen Entscheidungsträgern gibt. Wir haben uns auch mit den Vorteilen einer unabhängigen Zentralbank und der Ernennung eines konservativen Zentralbankers beschäftigt.
- **In diesem Kapitel beschäftigen wir uns nun mit der optimalen Inflationsrate, dem modernen Verständnis von Geldpolitik und der Frage, wie die EZB ihre Geldpolitik im Euroraum konkret durchführt.**

25.1 Die optimale Inflationsrate

Tabelle 25.1 zeigt, dass die Inflation in den reichen Ländern seit den 80er Jahren kontinuierlich zurückgegangen ist. Während 1981 die durchschnittliche Inflationsrate in der OECD 10,5% betrug, war sie 2000 auf 2,5% gesunken. 1981 wiesen nur 2 von 30 Ländern eine Inflationsrate von unter 5% auf; 2000 war die Anzahl der Länder auf 24 gestiegen.

Bedeutet dies, dass die meisten Zentralbanken nun ihr Ziel erreicht haben? Oder sollten sie eine noch niedrigere Inflationsrate anstreben, vielleicht 0%? Die Antwort hängt von Kosten und Nutzen der Inflation ab.

Tabelle 25.1: Inflation in den OECD-Staaten, 1981-2000

Jahr	1981	1985	1990	1995	2000
OECD-Durchschnitt (%)*	10,5	6,6	6,2	5,2	2,5
Anzahl der Staaten mit einer Inflation unter 5%**	2	10	15	21	24

* Durchschnitt der Inflationsraten nach dem BIP-Deflator, gewichtet mit dem relativen Anteil des BIP nach Kaufkraftparität.
**Von insgesamt 30 Staaten.

25.1.1 Die Kosten der Inflation

Wir haben in Kapitel 23 gesehen, wie eine sehr hohe Inflation – von beispielsweise 30% im Monat oder noch mehr – die wirtschaftliche Aktivität zum Erliegen bringen kann. Die Debatte, die in den OECD-Ländern heute geführt wird, dreht sich jedoch nicht um die Kosten von Inflationsraten von 30% oder mehr. Die Diskussion konzentriert sich stattdessen darauf, ob etwa 0% oder 4% Inflation im Jahr besser sind. Innerhalb dieser Bandbreite identifizieren Ökonomen vier Hauptkosten der Inflation: (1) Schuhsohleneffekte (Transaktionskosten), (2) Steuerverzerrungen, (3) Geldillusion und (4) die Volatilität der Inflation.

Schuhsohleneffekte

Auf mittlere Frist wird der Realzins von der Inflation nicht beeinflusst (vgl. Kapitel 14). Ein Anstieg der Inflationsrate bedeutet also einen Anstieg des Nominalzinses in gleicher Höhe (der Fisher-Effekt).

Mittelfristig lässt eine höhere Inflationsrate den Nominalzins und damit die Opportunitätskosten der Geldhaltung steigen. Dies hat zur Folge, dass die Wirtschaftssubjekte ihre Geldhaltung einschränken. Sie gehen häufiger zur Bank – ihre Schuhsohlen werden stärker abgenutzt. Bei niedrigerer Inflation könnte man auf solche Bankbesuche verzichten und stattdessen produktivere Dinge tun, etwa mehr arbeiten oder auch mehr Freizeit genießen.

Wer in Ländern mit Hyperinflation die langen Schlangen vor den Bankschaltern gesehen hat, die ihr Geld schnell abheben wollen, versteht plastisch, was mit Schuhsohleneffekt gemeint ist. Heutzutage bestehen die Kosten eher in der Zeit, die man am PC mit Homebanking verbringen müsste, statt im Internet surfen zu können.

In Zeiten einer Hyperinflation können die Schuhsohleneffekte enorm werden. In Zeiten mäßiger Inflation sind sie aber sehr begrenzt. Wenn die Leute bei einer Inflation von 4% vielleicht einmal im Monat öfter zur Bank gehen, um eine Umbuchung mehr vorzunehmen, kann man kaum von hohen Kosten sprechen.

Steuerverzerrungen

Die zweite Kostenart der Inflation ergibt sich aus der Interaktion zwischen dem Steuersystem und der Inflation.

Betrachten wir beispielsweise die Besteuerung von Kapitalgewinnen. Die Steuern auf Kapitalgewinne werden auf die Nominalzinsen erhoben. Weil der Nominalzins mit der Inflation ansteigt, ist die Steuer umso höher, je höher die Inflation ist. Folgendes Beispiel soll diesen Sachverhalt verdeutlichen:

- Nehmen wir an, Sie halten ein Wertpapier von 5.000 €. Der Realzins liegt bei $r = 3\%$; der marginale Steuersatz bei 50%. Der Nominalzins entspricht dem Realzins plus der erwarteten Inflationsrate. Ohne Inflation ($\pi = 0\%$) liegt der Nominalzins bei $i = r = 3\%$. Von Ihren Zinserträgen in Höhe von 150 € müssen Sie 50%, also 75 € als Zinssteuer an den Staat abführen.
- Nehmen wir nun an, die Inflation betrage $\pi = 3\%$. Der Nominalzins steigt dann auf $i = r + \pi = 6\%$, die gesamten Zinserträge steigen auf 300 €. Die Hälfte davon (150 €) dient aber nur dazu, den Wertverlust durch Inflation zu kompensieren; sie stellen nur sicher, dass Sie nächstes Jahr real nicht weniger Güter konsumieren können wie heute. Einen positiven Realzins könnten Sie nur bei einer Effektivverzinsung über diese Mindestkompensation hinaus erzielen. Wenn Sie aber den Rest (150 € = 50% der Nominalzinsen) an den Staat als Zinssteuer abführen müssen, bleibt Ihnen real keine Rendite mehr.
- Bei einer Inflation von $\pi = 5\%$ und einem Nominalzins $i = r + \pi = 8\%$ müssen Sie als Zinssteuer 200 € abführen. Ihnen bleiben zwar noch 200 € Rendite übrig; aber das ist weniger als der Wertverlust durch die Inflation (5.000 € × 5% = 250 €). Die reale Effektivrendite nach Steuern ist also negativ.

Die Probleme, die sich aus dem Zusammenspiel zwischen Besteuerung und Inflation ergeben, gehen über die Besteuerung von Zinsgewinnen hinaus. Um nur ein weiteres Beispiel zu nennen: Verschiedene Einkommensstufen werden mit unterschiedlichen Grenzsteuersätzen besteuert. Die Einkommensstufen werden aber nicht automatisch an die Inflation angepasst. Mit steigendem Nominaleinkommen rutschen die Steuerpflichtigen somit zwangsläufig in höhere Steuerstufen, selbst wenn ihr reales Einkommen konstant bleibt. Diesen Effekt bezeichnet man als schleichende Steuerprogression.

Man könnte argumentieren, dass es sich bei diesen Kosten nicht um Kosten der Inflation an sich handelt, sonder eher um die Kosten eines schlecht konzipierten Steuersystems. In unserem Zinsbeispiel könnte die Regierung das Problem dadurch beseitigen, dass sie die Steuern nur auf die Realzinsen erhebt, also eine Inflationsbereinigung vornimmt. In unserem Beispiel werden also immer nur die Realzinsen in Höhe von 150 € besteuert, so dass 75 € als Zinssteuer an den Staat abzuführen sind. Die Steuergesetzgebung sieht aber nur in den seltensten Fällen solche systematischen Anpassungen vor. Deshalb ist die Inflationsrate von großer Bedeutung und führt zu Verzerrungen.

Freibeträge auf Kapitalerträge sind zum Teil als Kompensation für die Inflationsbesteuerung gedacht; sie lösen das Problem aber nicht.

Geldillusion

Die dritte Art von Kosten der Inflation ergibt sich aus der Geldillusion – aus der Tatsache, dass den Wirtschaftssubjekten bei der Unterscheidung zwischen nominalen und realen Veränderungen offenbar systematische Fehler unterlaufen. Eine Vielzahl von Rechnungen, die bei Preisstabilität ganz einfach wären, werden komplizierter, sobald es Inflation gibt. Wenn wir das Einkommen des aktuellen Jahres mit früheren Einkommen vergleichen wollen, müssen wir über die Entwicklung der Inflation Bescheid wissen. Wenn wir zwischen verschiedenen Vermögensanlagen wählen oder über die Aufteilung zwischen Konsum und Sparen entscheiden, dann müssen wir den Unterschied zwischen Realzins und Nominalzins kennen. Viele Alltagsbeispiele machen aber deutlich, dass die meisten Leute solche Berechnungen sehr schwierig finden und oftmals nicht die richtigen Entscheidungen treffen können. Ökonomen und Psychologen haben formale Beweise für diese Behauptung gesammelt. Sie legen nahe, dass Inflation in vielen Fällen zu falschen Entscheidungen von Haushalten und Unternehmen führt (siehe auch die Fokusbox: „Geldillusion"). Trifft dies zu, besteht die einfachste Lösung für das Problem darin, keine Inflation zuzulassen.

Die Volatilität der Inflation

Diese Kosten der Inflation ergeben sich aus der Tatsache, dass eine höhere Inflation im Normalfall auch mit *höherer Volatilität* der Inflation einhergeht. Höhere Volatilität bedeutet wiederum, dass Finanzanlagen, wie etwa Wertpapiere mit fest vereinbarten Nominalzahlungen in der Zukunft, riskanter werden.

Betrachten wir ein Wertpapier, das in 10 Jahren eine Zahlung von 1.000 € verspricht. Bei einer konstanten Inflation über die nächsten 10 Jahre hinweg ist nicht nur der Nominalwert, sondern auch der Realwert des Wertpapiers in 10 Jahren mit Sicherheit bekannt – wir können genau berechnen, wie viel ein Euro in 10 Jahren wert sein wird. Ist die Inflation jedoch volatil, dann wird der reale Wert der 1.000 € in 10 Jahren unsicher. Je höher die Volatilität ist, desto größer die Unsicherheit. Es wird schwierig, für die Rente vorzusorgen. Diejenigen, die in Wertpapiere investiert haben, profitieren, wenn die tatsächliche Inflationsrate niedriger liegt als ursprünglich erwartet; im umgekehrten Fall verlieren sie. Wenn die Nominalerträge bei zu hoher Inflation nicht mehr ausreichen, den realen Lebensstandard zu sichern, kann Inflation sogar den Abstieg in die Armut zur Folge haben. Deshalb haben Rentner, deren Einkommen zum Teil nominal festgesetzt sind, in der Regel mehr Angst vor Inflation als andere Bevölkerungsgruppen.

Man könnte auch hier, wie im Fall der Besteuerung, argumentieren, dass diese Kosten nicht auf Inflation an sich zurückzuführen sind, sondern eher auf das Unvermögen der Finanzmärkte, Anlageformen zur Verfügung zu stellen, die Anleger vor der Inflation schützen. Anstatt nur nominale Schuldverschreibungen auf den Markt zu bringen (Schuldverschreibungen, die eine feste nominale Zahlung in der Zukunft versprechen), könnten Staat oder Unternehmen auch indexierte Schuldverschreibungen emittieren. Das sind Schuldverschreibungen, die einen nominalen Betrag versprechen, der um die Inflation korrigiert wird. In diesem Fall müssten sich die Wirtschaftssubjekte keine Sorgen um den realen Wert ihrer Schuldverschreibungen zum Zeitpunkt des Ruhestandes machen. Wie wir in Kapitel 15 gesehen haben, wurden derartige Schuldverschreibungen mittlerweile in mehreren Ländern wie in Großbritannien und Frankreich eingeführt, so dass sich die Wirtschaftssubjekte nun besser gegen Schwankungen der Inflation schützen können.

Fokus: Geldillusion

Die Tatsache, dass viele bei ihren Finanzrechnungen die Wirkung der Inflation nicht korrekt erfassen, ist Gegenstand zahlreicher Anekdoten. In letzter Zeit haben Ökonomen und Psychologen jedoch begonnen, sich mit dem Thema der Geldillusion im Detail zu beschäftigen. In einer kürzlich erschienenen Studie haben zwei Psychologen, Eldar Shafir aus Princeton und Amos Tversky aus Stanford, und ein Ökonom, Peter Diamond vom MIT, eine Befragung vorgenommen, um die Bestimmungsgründe von Geldillusion herauszufinden. Eine der Fragen, die sie den Teilnehmern aus ganz verschiedenen Gruppen (Personen am Newark International Airport, Personen in zwei New Jersey-Einkaufszentren, und einer Gruppe von Studienanfängern an der Universität Princeton) stellten, lautete wie folgt:

Nehmen Sie an, Adam, Ben und Carl haben jeder eine Erbschaft von 200.000 € gemacht. Alle drei haben diese Erbschaft sofort zum Kauf eines Hauses verwendet. Alle drei haben ihr Haus ein Jahr nach dem Kauf wieder verkauft. Die wirtschaftliche Lage war jedoch in jedem Fall ganz unterschiedlich.

- **In der Zeit, als Adam sein Haus besaß, kam es zu einer Deflation von 25% – die Preise aller Güter und Dienstleistungen gingen um ungefähr 25% zurück. Ein Jahr nach dem Erwerb des Hauses verkaufte Adam das Haus für 154.000 € (um 23% weniger als er es gekauft hatte).**
- **Während der Zeit, in der Ben das Haus besaß, gab es weder Inflation noch Deflation – die Preise aller Güter und Dienstleistungen veränderten sich während dieses Jahres nicht signifikant. Ein Jahr nach dem Erwerb des Hauses verkaufte Ben das Haus für 198.000 € (um 1% weniger als er es gekauft hatte).**
- **Während der Zeit, in der Carl das Haus besaß, gab es Inflation in Höhe von 25% – die Preise aller Güter und Dienstleistungen stiegen während des Jahres um ungefähr 25% an. Ein Jahr nach dem Erwerb des Hauses verkaufte Carl das Haus für 246.000 € (das sind 23% mehr als er es gekauft hatte).**

Bitte ordnen Sie Adam, Ben und Carl nach dem Erfolg bei ihrer Haustransaktion. Kennzeichnen Sie die Person, die das beste Geschäft gemacht hat, mit 1, und die Person, die das schlechteste Geschäft gemacht hat, mit 3.

Nominal gerechnet, hat Carl sicher das deutlich beste Geschäft gemacht, gefolgt von Ben und Adam. Hier geht es jedoch um die Frage, wie die drei real abgeschnitten haben – also korrigiert um die Inflation. In realen Einheiten ist die Reihenfolge aber gerade umgekehrt: Adam, mit einem Realgewinn von 2% machte das beste Geschäft, gefolgt von Ben (mit einem realen Verlust in Höhe von 1%), gefolgt von Carl (mit einem realen Verlust von 2%).

Die Antworten bei der Befragung sind in der folgenden Tabelle zusammengefasst:

Rang	Adam (%)	Ben (%)	Carl (%)
1.	37	15	48
2.	10	74	16
3.	53	11	36

Carl wurde von 48% der Befragten an die erste Stelle gesetzt. Adam wurde gar von 53% der Befragten an die dritte Stelle gesetzt. Diese Antworten lassen vermuten, dass Geldillusion wirklich eine große Rolle spielt. Anders ausgedrückt, vielen Wirtschaftssubjekten (selbst Studienanfängern in Princeton) fällt es schwer, mit Inflation umzugehen.

25.1.2 Die Vorteile der Inflation

Inflation ist aber nicht nur etwas Schlechtes. Man kann drei Vorteile der Inflation identifizieren: (1) Einnahmen des Staates aus Geldschöpfung (Seignorage), (2) die Möglichkeit, negative Realzinsen als wirtschaftspolitisches Instrument einzusetzen und (3) – etwas paradox – die Tatsache, dass Inflation und Geldillusion genutzt werden können, um Reallohnanpassungen zu erleichtern.

Einnahmen aus Geldschöpfung (Seignorage)

Geldschöpfung – letztlich die Ursache von Inflation – ist ein Weg, um Ausgaben der Regierung zu finanzieren. Anders ausgedrückt, Geldschöpfung ist eine Alternative zur öffentlichen Kreditaufnahme oder zur Besteuerung.

Wie wir in Kapitel 23, gesehen haben, setzt die Regierung Geldschöpfung im Normalfall nicht ein, um ihre Ausgaben zu finanzieren. Im Allgemeinen emittiert und verkauft die Regierung Anleihen, um bestimmte Ausgaben zu finanzieren. Werden die Anleihen jedoch von der Zentralbank aufgekauft, und schöpft die Zentralbank Geld, um sie zu bezahlen, dann kommt es zum selben Ergebnis: Ceteris paribus – wenn alle anderen Dinge unverändert bleiben – ermöglichen es die Einnahmen aus der Geldschöpfung – die so genannten Seignorage-Einnahmen – der Regierung, die öffentliche Kreditaufnahme einzuschränken oder die Steuern zu senken.

Wie hoch sind die Einnahmen aus Geldschöpfung in der Praxis? Als wir uns in Kapitel 23, mit Hyperinflationen beschäftigt haben, wurde deutlich, dass die Seignorage in Ländern mit hohen Inflationsraten oft eine wichtige Finanzierungsquelle des Staates ist. Für die Länder der OECD dagegen spielen solche Einnahmen heute fast keine Rolle mehr. Betrachten wir den Euroraum als Beispiel. Das Verhältnis der Geldbasis – das von der EZB emittierte Zentralbankgeld (siehe Kapitel 4) – zum BIP beträgt ungefähr 6,8%.

Im Euroraum lag die Geldbasis *H* (von der EZB als Basisgeld bezeichnet) im Dezember 2002 bei 480,5 Mrd. € (Tabelle 1.5, S. 11*, EZB-Monatsbericht). Das BIP lag 2002 bei 7.063,5 Mrd. € (Tabelle 5.1, S. 52*, ebd.).

H sei die Geldbasis. Die Geldschöpfung entspricht der Zunahme der Geldbasis. Als Anteil am BIP berechnet gilt:

$$\frac{\Delta H}{PY} = \frac{\Delta H}{H} \frac{H}{PY}$$

mit $\Delta H/H$ als Wachstumsrate der Geldbasis und H/PY als Verhältnis der Geldbasis zum BIP. (Mit steigender Inflation geht aber auch die Nachfrage nach Zentralbankgeld zurück, so dass die tatsächlichen Einnahmen noch niedriger ausfallen dürften als in unserer Modellrechnung unterstellt.)

Ein Anstieg des Geldmengenwachstums um 4 % pro Jahr lässt die Inflation mittelfristig um 4% ansteigen. Die Einnahmen aus Geldschöpfung würden dadurch um 4 × 6,8%, oder um 0,27% des BIP zunehmen. Für 4% mehr Inflation ließen sich also nur wenig mehr Einnahmen generieren.

Einnahmen aus Geldschöpfung spielen in Volkswirtschaften ohne funktionierendes Steuer- und Finanzsystem eine wichtige Rolle. Für die Frage, ob OECD-Länder heute eine Inflationsrate von 0% oder von 4% anstreben sollten, sind sie aber irrelevant.

Spielraum für Stabilisierungspolitik: Der Optionswert negativer Realzinsen

Bei der Frage nach der optimalen Inflationsrate geht es darum, welche Rate mittelfristig im Durchschnitt angestrebt werden sollte. Liegt die durchschnittliche Inflationsrate bei 0%, so ist auch der Nominalzins im Durchschnitt entsprechend niedrig. Geldpolitik ist jedoch auch ein wirksames Stabilisierungsinstrument. Je niedriger der Nominalzins, desto größer aber die Gefahr, dass die Wirtschaft in einer starken Rezession nicht mehr stimuliert werden kann:

Der Nominalzins von Null ist eine natürliche Untergrenze: Bei einem negativem Zins würde jeder seine Sichteinlagen lieber in Bargeld wechseln. Dieses Argument ist Basis der makroökonomischen Implikationen der Liquiditätsfalle (vgl. Kapitel 22).

In der Schweiz waren die Zinsen eine Zeit lang leicht negativ. Erst wenn sie noch tiefer gefallen wären, hätte es sich für die Anleger wohl rentiert, mit dem Koffer nach Zürich zu fahren, um das Geld vom Konto abzuheben.

Der Nominalzins kann ja nicht kleiner als Null werden. Ein Beispiel soll zeigen, was das bedeutet.

- Betrachten wir zwei Volkswirtschaften, beide mit einem Realzins von $r = 2\%$. In der ersten Volkswirtschaft strebt die Zentralbank eine durchschnittliche Inflationsrate von $\pi = 4\%$ an. Im Durchschnitt spielt sich dann ein Nominalzins von $i = r + \pi = 2\% + 4\% = 6\%$ ein. In der zweiten Volkswirtschaft will die Zentralbank dagegen eine durchschnittliche Inflationsrate von $\pi = 0\%$ durchsetzen. Der Nominalzins liegt hier im Durchschnitt bei $i = r + \pi = 2\% + 0\% = 2\%$.
- Beide Volkswirtschaften werden von einem starken negativen Schock getroffen, der bei gegebenem Zinssatz kurzfristig Nachfrage und Produktion einbrechen lässt. In der ersten Volkswirtschaft kann die Zentralbank den nominalen Zinssatz von 6% bis auf 0%, senken, eine Reduktion um 6 Prozentpunkte. Wenn sich die erwartete Inflation nicht unmittelbar anpasst, sondern bei 4% bleibt, sinkt damit der effektive (ex post) Realzins von 2% auf –4%. Dies wird in der Regel die Nachfrage stark stimulieren und so zu einer Erholung der Volkswirtschaft beitragen. In der zweiten Volkswirtschaft dagegen kann der Nominalzins nur von 2% auf 0% gesenkt werden, eine Reduktion von nicht mehr als 2 Prozentpunkten. Wenn sich die erwartete Inflation nicht unmittelbar anpasst, sondern bei 0% bleibt, sinkt der reale Zinssatz bestenfalls um 2 Prozentpunkte, von 2% auf 0%. Dieser kleine Rückgang des realen Zinssatzes wird die Nachfrage weit weniger stimulieren als im ersten Fall.

Kurz zusammengefasst: Eine Volkswirtschaft mit einer im Durchschnitt höheren Inflationsrate verfügt über einen größeren geldpolitischen Spielraum, um Rezessionen zu bekämpfen. Ist die Inflationsrate dagegen im Durchschnitt sehr niedrig, dann besteht die Gefahr, dass Geldpolitik gar nicht mehr in der Lage ist, die Nachfrage hinreichend zu stimulieren. Kapitel 22 machte deutlich, dass es sich dabei keineswegs nur um eine theoretische Möglichkeit handelt. Japan ist genau in einer solchen Situation. Die Rezession hat sich dort zu einer richtigen Wirtschaftskrise ausgeweitet. Einige Ökonomen befürchten, dass auch andere Länder in Gefahr geraten könnten, in die gleiche Lage zu kommen. Viele Länder, einschließlich Deutschland und die Vereinigten Staaten, haben niedrige Inflation und niedrige Nominalzinsen. Kommt es zu weiteren negativen Schocks, wäre der Spielraum für den Einsatz konventioneller Geldpolitik zur Vermeidung eines Nachfrageeinbruchs deutlich begrenzt.

Rigide Nominallöhne – Eine neue Sicht der Geldillusion

Paradoxerweise ergibt sich gerade aus der Geldillusion ebenfalls ein Argument dafür, positive Inflationsraten anzustreben.

Um dies zu verstehen, betrachten wir zwei Szenarien. Im ersten Szenario beträgt die Inflation 4%; unser Lohn steigt nominal, also in Euro, um 1%. Im zweiten Szenario liegt die Inflation bei 0%; unser Lohn sinkt nominal um 3%. Was ist schlimmer? In beiden Fällen sinkt der Reallohn um denselben Prozentsatz – nämlich um 3%. Eigentlich sollten wir also zwischen beiden Szenarien indifferent sein. Tatsächlich jedoch akzeptieren viele den Einschnitt beim Reallohn im ersten Fall viel leichter als im zweiten Fall.

Ein Beispiel dafür sind die Ergebnisse einer Umfrage unter Managern von Alan Blinder und Don Choi, in „A Shred of Evidence on Theories of Wage Rigidity", Quarterly Journal of Economics, 1990, S.1003-1016.

Warum ist dieses Beispiel für unsere Diskussion relevant? Der Grund liegt darin, dass in dem permanenten Umstrukturierungsprozess, dem unsere modernen Volkswirtschaften ausgesetzt sind, manche Arbeitnehmer mitunter reale Lohneinbußen hinnehmen müssen (vgl. die Ausführungen in Kapitel 13). Ein bisschen Inflation – so das Argument – vereinfacht solche Reallohnanpassungen nach unten: Der Reallohn kann selbst bei konstantem Nominallohn sinken. Dieses Argument ist plausibel. Bislang ist allerdings noch nicht nachgewiesen, wie gravierend dieses Argument ist, weil die Periode sehr niedriger Inflationsraten in vielen Volkswirtschaften noch zu kurz ist, um zuverlässige Schlüsse ziehen zu können.

Beachten Sie den Gegensatz zwischen zwei Metaphern: Weil ein bisschen mehr Inflation Reallohnanpassungen erleichtert, sprechen manche Ökonomen davon, dass Inflation wie ein „Schmieröl" für die Räder der Volkswirtschaft wirkt. Andere Ökonomen sprechen davon, dass Inflation „Sand in die Getriebe" der Volkswirtschaft streut. Sie stellen die negativen Effekte der Inflation in den Vordergrund. Beide Sichtweisen müssen nicht unbedingt im Widerspruch zueinander stehen: Wegen rigider Nominallöhne und der Zinsuntergrenze mag bei niedrigen Inflationsraten ein bisschen mehr Inflation als Schmieröl wirken; steigt die Inflation aber stark genug an, bringt sie Sand ins Getriebe. Diese Überlegung macht deutlich, dass die natürliche Wachstumsrate der Wirtschaft durchaus von der durchschnittlichen Inflationsrate abhängen könnte. Geld ist auch mittelfristig nicht unbedingt neutral, wenn die durchschnittliche Inflationsrate zu niedrig oder zu hoch liegt!

Die optimale Inflationsrate: Die aktuelle Diskussion

In den OECD-Ländern gibt es derzeit heiße Diskussionen zwischen den Befürwortern einer leicht positiven Inflation (von bis zu ca. 4%) und denen, die für absolute Preisstabilität (eine Inflationsrate von 0%) plädieren.

Die Befürworter einer positiven Inflationsrate heben hervor, dass die Vorteile einer Inflationsrate von 0% im Vergleich zu einer Rate von 4% sehr gering sind. Viele Kosten der Inflation könnten durch Indexierung des Steuersystems und die Ausgabe indexierter Wertpapiere vermieden werden. Umgekehrt, so argumentieren sie, sind dagegen die Kosten eines weiteren Rückgangs der Inflation auf 0% sehr hoch: Zumindest für gewisse Zeit müsse dies mit einem Anstieg der Arbeitslosigkeit erkauft werden. Bei einer durchschnittlichen Rate von 0% bestehe zudem die Gefahr, dass Stabilisierungspolitik an Grenzen stößt, weil der Nominalzins nicht unter die Schranke von Null sinken kann. Die Kosten würden also die in Aussicht gestellten Vorteile überwiegen.

Diejenigen, die eine Inflation von 0% anstreben, stellen dagegen die Tatsache in den Vordergrund, dass sich ein solches Ziel sehr deutlich von allen anderen Zielen unterscheidet: Es bedeutet absolute Preisstabilität. Dies an sich sei bereits wünschenswert.

Das Wissen, dass das Preisniveau in 10 oder 20 Jahren mehr oder weniger dasselbe wie heute sein wird, vereinfache viele Entscheidungen; es eliminiere die Gefahr der Geldillusion. Hinzu komme, dass ein Inflationsziel glaubwürdig und einfach formuliert sein sollte, um das Problem der Zeitinkonsistenz (siehe Kapitel 24) überzeugend zu lösen. Absolute Preisstabilität könne diese Ziele viel besser erreichen als jedes andere Inflationsziel, egal ob 2%, 4% oder mehr.

Die Diskussion ist noch im Gange. Derzeit scheinen die meisten Zentralbanken eine geringe aber positive Inflationsrate anzustreben, das heißt, Inflationsraten um 2%.

25.2 Moderne Konzepte der Geldpolitik

Bis in die 1990er Jahre hinein stand das Geldmengenwachstum im Zentrum der Geldpolitik, angefangen von der Festlegung eines Ziels für die Wachstumsrate der Geldmenge bis hin zur Frage, wie das Geldmengenwachstum auf kurzfristige Schwankungen der Produktion reagieren sollte. Im vergangenen Jahrzehnt haben sich jedoch ganz neue Konzepte der Geldpolitik durchgesetzt. Immer mehr Zentralbanken verfolgen nun ein explizites *Inflationsziel*; die Zentralbanken konzentrieren sich auf die *Zinssteuerung*, die Wachstumsrate der Geldmenge spielt nur mehr eine untergeordnete Rolle.

25.2.1 Ziele für das Geldmengenwachstum und Bandbreiten

Betrachten wir folgende Aussagen:

- Mit der Wahl einer optimalen Inflationsrate legt die Zentralbank die Rate des nominalen Geldmengenwachstums fest, die sie in der mittleren Frist erreichen sollte.

  Diese Wachstumsrate der nominalen Geldmenge sollte gleich sein der angestrebten Inflationsrate plus der normalen Wachstumsrate der Produktion (der Rate, die durch die Wachstumsrate des technischen Fortschritts und der Bevölkerung bestimmt ist). Liegt beispielsweise die angestrebte Inflationsrate bei 2% und die normale Wachstumsrate der Produktion bei 2%, dann sollte die Zentralbank ein Wachstum der Geldmenge von 4% anstreben.

  Nimmt auch der Kassenhaltungskoeffizient zu (etwa um 0,5%), dann sollte das Geldmengenwachstum entsprechend höher ausfallen (in unserem Beispiel also 4,5%) (vgl. die Quantitätsgleichung im Kapitel 9).

- Da Geldpolitik zur Stabilisierung kurzfristiger Produktionsschwankungen genutzt werden kann, lässt die Zentralbank unter Umständen zu, dass das tatsächliche Wachstum der Geldmenge von der angestrebten mittelfristigen Zielrate abweicht. In einer Rezession kann die Zentralbank das Geldmengenwachstum über den mittelfristigen Wert hinaus erhöhen, um niedrigere Zinsen und damit eine raschere Erholung der Produktion zu ermöglichen.
- Um der Öffentlichkeit ihre Absichten zu kommunizieren, gibt die Zentralbank ein explizites Ziel für das Geldmengenwachstum bekannt. Sie will damit verdeutlichen, welche Inflationsrate sie mittelfristig anstrebt und zudem klar machen, warum sie von

diesem Ziel in der kurzen Frist eventuell abweicht. Möglicherweise zieht es die Zentralbank vor, eine Bandbreite statt einem Zielwert bekannt zu geben – eine Bandbreite, innerhalb derer sie das Wachstum der Geldmenge in der kurzen Frist steuern will.

Bis vor kurzem haben diese Aussagen die Geldpolitik in den meisten Ländern gut beschrieben. Zwar gab es Unterschiede in den Details. Die Deutsche Bundesbank etwa legte meist eine Bandbreite (ein oberes und ein unteres Band) für die Wachstumsrate der Geldmenge fest. Sie war zudem bereit, diese Bandbreiten zu überschreiten, wenn die wirtschaftlichen Bedingungen (so genannte Sonderfaktoren) es erforderlich machten. Manche Zentralbanken gaben dagegen einen festen Zielwert vor. Im letzten Jahrzehnt haben sich die meisten Zentralbanken jedoch von diesem Ansatz wegbewegt. Wir wollen nun die Gründe dafür analysieren.

25.2.2 Geldmengenwachstum und Inflation: Eine andere Sichtweise

Die Orientierung der Geldpolitik am Wachstum der Geldmenge basiert auf der Annahme, dass zwischen Inflation und Geldmengenwachstum auf mittlere Frist ein enger Zusammenhang besteht. In der Realität ist dieser Zusammenhang aber keineswegs besonders eng. Zwar ist bei hohem Geldmengenwachstum die Inflation ebenfalls hoch; umgekehrt bei niedrigem Geldmengenwachstum. Die Beziehung ist jedoch nicht so eng, dass die Zentralbank durch die Festlegung auf eine bestimmte Wachstumsrate der Geldmenge die von ihr angestrebte Inflationsrate erreichen kann, nicht einmal auf mittlere Frist.

Erinnern wir uns an den engen Zusammenhang zwischen Inflation und Geldmengenwachstum in Perioden der Hyperinflation.

Das Wachstum von *M1* und die Inflation

Der Zusammenhang zwischen Inflation und Wachstum der Geldmenge im Euroraum ist in Abbildung 25.1 dargestellt. In dieser Abbildung tragen wir gleitende Durchschnitte der Inflationsrate, jeweils über 8 Quartale berechnet (als Preisindex verwenden wir den VPI), gegen die gleitenden Durchschnitte (wieder von 8 Quartalen) der Wachstumsrate der Geldmenge (*M1*) von 1983 bis Mitte 2003 ab. Es sollte klar sein, warum wir gleitende Durchschnitte über 8 Quartale verwenden: In der kurzen Frist beeinflussen Veränderungen des Geldmengenwachstums in erster Linie die Produktion, nicht die Inflation. Erst auf mittlere Frist sollte sich ein Zusammenhang zwischen Geldmengenwachstum und Inflation herauskristallisieren. Die Verwendung gleitender Durchschnitte über 8 Quartale sowohl beim Geldmengenwachstum als auch bei der Inflation ist ein Weg, um einen solchen mittelfristigen Zusammenhang aufzudecken. Die Wachstumsraten von *M1* sind jeweils um ein Jahr verschoben eingezeichnet, weil sich geldpolitische Maßnahmen erst mit Verzögerung auf die Preisentwicklung auswirken.

Aus Kapitel 4: *M1* ist ein Maß für die Geldmenge in der Volkswirtschaft. Sie ist die Summe von Bargeld und Sichteinlagen. Die EZB kann *M1* nicht direkt kontrollieren. Sie kontrolliert nur *H*, die Geldbasis. Sie könnte bestenfalls versuchen, durch geeignete Wahl von *H* den gewünschten Wert für *M1* zu erreichen.

So ist etwa die Wachstumsrate von *M1* für das Jahr 2002 in der Abbildung also erst im Jahr 2003 eingetragen. Gleitende Durchschnittswerte der Inflation für das Jahr 2003 waren zum Zeitpunkt der Fertigstellung des Buches noch nicht verfügbar.

Abbildung 25.1 zeigt, dass der Zusammenhang zwischen dem Wachstum von *M1* und der Inflation im Euroraum nicht besonders eng ist. Auffallend ist, dass die Inflation bereits zu Beginn der 80er Jahre zu sinken begann, während das Wachstum von *M1* erst Anfang der 90er Jahre zurückging. Ab 1996 ist *M1* dann stark gewachsen, ohne dass sich dies in einem Anstieg der Inflationsrate niedergeschlagen hat.

Für die Zeit vor 1999 hat die EZB aus den Daten der nationalen Zentralbanken aggregierte Daten über Inflation und *M1* bzw. *M3* Wachstum für den Euroraum nachträglich konstruiert. Für Deutschland ergäbe sich aber eine vergleichbare Entwicklung. Zur Aussagekraft monetärer Aggregate aus Sicht der EZB vgl. den Aufsatz „Gestaltungsrahmen und Instrumentarium der monetären Analyse" im Monatsbericht der EZB vom Mai 2001.

Abbildung 25.1: *M1* Wachstum und Inflation: Gleitende Durchschnitte über 8 Quartale, 1983-2003

Es besteht kein enger Zusammenhang zwischen dem Wachstum von *M1* und der Inflation, nicht einmal in der mittleren Frist.

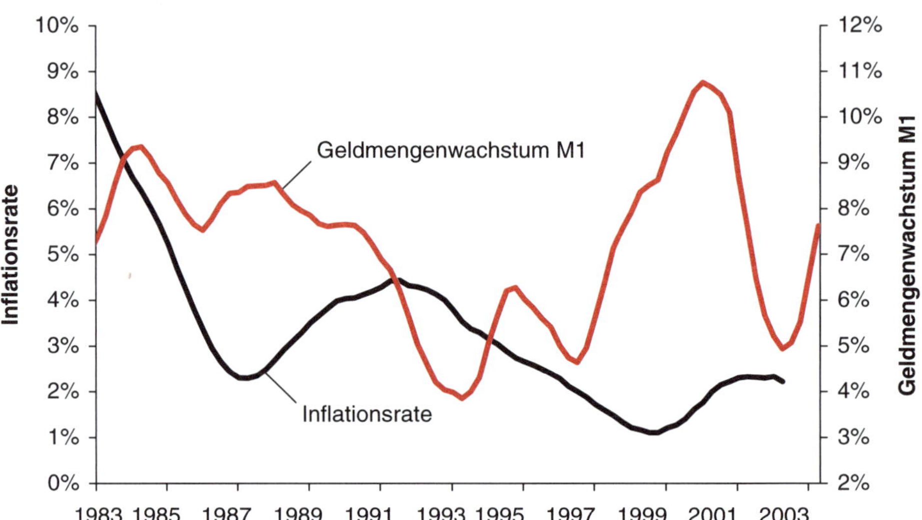

Von *M1* zu *M2*, *M3*, und anderen Geldmengenaggregaten

Die hohe Volatilität von *M1* hängt zudem auch damit zusammen, dass *M1* sehr empfindlich auf Zinsänderungen reagiert (vgl. Kapitel 4).

Warum ist der Zusammenhang zwischen dem Wachstum von *M1* und der Inflation nicht enger? Die Antwort auf diese Frage lautet: Weil die Geldnachfrage nicht stabil ist.

Aus Gleichung (5.3) (die *LM*-Gleichung): Das reale Geldangebot (die linke Seite) muss gleich der realen Geldnachfrage (die rechte Seite) sein:

$$\frac{M}{P} = YL(i)$$

Ein Beispiel sollte sich hier als hilfreich erweisen. Nehmen wir an, dass sich die Haushalte nach der Einführung von Kreditkarten nur noch die Hälfte an Geld halten wie vor der Einführung der Kreditkarten. Anders ausgedrückt, die reale Geldnachfrage geht um die Hälfte zurück. In der mittleren Frist muss die reale Geldmenge ebenfalls um die Hälfte zurückgehen. Bei gegebener nominaler Geldmenge würde sich damit das Preisniveau verdoppeln. Jede vernünftige Zentralbank würde aber auf den Rückgang der Geldnachfrage mit einer Einschränkung des Geldangebots reagieren. In dieser Zeit lässt sich kein enger Zusammenhang zwischen dem Geldmengenwachstum (das negativ ist) und der Inflation (die konstant bleibt) erkennen.

Dass die Geldnachfrage nicht stabil ist, geht über die Einführung von Kreditkarten hinaus. Um dies zu verstehen, müssen wir eine Annahme aufgeben, die uns bisher das Leben leicht machte, nämlich die Vorstellung, dass eine deutliche Trennung zwischen Geld und anderen Vermögensanlagen existiert. In der Realität gibt es viele Finanzanlagen, die Geld sehr nahe kommen. Sie können zwar nicht direkt für Transaktionen eingesetzt werden – zumindest nicht ohne Einschränkungen – aber sie können zu nur geringen Kosten in Geld umgewandelt werden. Anders ausgedrückt, sie sind sehr liquide. Dies macht sie zu attraktiven Substituten für Geld. Verschiebungen zwischen Geld und derartigen Finanzanlagen sind der Hauptfaktor für die Verschiebungen der Geldnachfrage.

Wenn sich, als Ergebnis der Einführung von Kreditkarten, die reale Geldnachfrage halbiert, dann gilt:

$$\frac{M}{P} = \frac{1}{2} YL(i)$$

Für ein gegebenes Produktionsniveau und einen gegebenen Zinssatz muss sich daher *M/P* ebenfalls halbieren. Versucht die Zentralbank, *P* stabil zu halten, wird sie auch *M* halbieren.

Betrachten wir als Beispiel Geldmarktfonds. Geldmarktfonds sind Finanzintermediäre, deren Vermögen aus kurzfristig fälligen Interbankeneinlagen besteht und deren Verbindlichkeiten aus Einlagen bestehen (sie werden als Anteile bezeichnet). Die Fonds zahlen den Anlegern einen Zinssatz, der nahe dem Zinssatz der Euribor (dem Zins auf dem europäischen Interbankenmarkt) abzüglich der Verwaltungskosten des Fonds liegt. Einlagen können zwar jederzeit und zu sehr geringen Kosten in Geld umgewandelt werden, sie lassen sich aber nicht direkt für Überweisungen einsetzen. Wegen dieser Einschränkung sind Geldmarktfonds nicht in *M1* enthalten. Als diese Fonds in Deutschland Anfang der 90er Jahre eingeführt wurden, konnten die Anleger erstmals sehr liquide Anlagen halten und dennoch einen attraktiven Zinssatz erzielen. Viele Anleger reduzierten ihre Sichteinlagen und gingen in Geldmarktfonds. Auch manche Spareinlagen sind fast so liquide wie Sichteinlagen.

Die Verschiebungen zwischen Geld und anderen liquiden Vermögensanlagen haben die Zentralbanken dazu veranlasst, Maßzahlen zu konstruieren und zu beobachten, die nicht nur Geld, sondern auch andere liquide Vermögensanlagen beinhalten. Diese Maßzahlen werden als Geldmengenaggregate bezeichnet. Sie haben den Namen *M2*, *M3* usw. Im Euroraum umfasst *M2* neben *M1* (Bargeld und Sichteinlagen) auch Termineinlagen (Einlagen, die nach einer bestimmten Frist (ein paar Monate bis zu zwei Jahren) fällig sind und deren vorzeitige Kündigung Strafzahlungen kostet) sowie Spareinlagen mit bis zu dreimonatiger Kündigungsfrist. Die von der EZB favorisierte Abgrenzung *M3* schließt neben *M2* auch noch Geldmarktfondanteile, Geldmarktpapiere und Repogeschäfte ein. Diese Abgrenzung soll vermeiden, dass reine Umschichtungen zwischen Geld und geldnahen Aktiva das statistische Aggregat verzerren könnten. Tabelle 25.2 gibt einen Überblick über die verschiedenen Geldmengenaggregate im Eurogebiet.

Im Dezember 2002 war *M3* gleich 5.787,8 Mrd. €, im Vergleich zu 2.432,8 Mrd. € für M1.

Tabelle 25.2: Geldmengenaggregate im Euro-Währungsgebiet Dezember 2002, Mrd. €

M3						5.787,9
M2			4.962,7			
M1	2.423,9					
Bargeldumlauf	Täglich fällige Einlagen	Termineinlagen mit Laufzeiten bis zu 2 Jahren	Spareinlagen mit bis zu dreimonatiger Kündigungsfrist	Repogeschäfte	Geldmarktfondanteile	Schuldverschreibungen von bis zu 2 Jahren (einschließlich Geldmarktpapieren)
341,2	2.082,7	1.075,3	1.463,5	226,9	470,6	127,7

*Quelle: Monatsbericht der EZB, Juli 2003, Tabelle 2.4, S. 16*f.*

Man könnte hoffen, dass die Konstruktion von *M3* und anderen Geldmengenaggregaten eine Lösung für unser oben diskutiertes Problem darstellt: Wenn ein Großteil der Verschiebungen in der Geldnachfrage zwischen *M1* und anderen Anlagen in *M3* stattfindet, dann sollte die Nachfrage nach *M3* stabiler sein als die Nachfrage nach *M1*, so dass es einen engeren Zusammenhang zwischen dem Wachstum von *M3* und der Inflation als zwischen dem Wachstum von *M1* und der Inflation geben sollte. Wenn dies der Fall wäre, dann könnte die Zentralbank Ziele für das Wachstum von *M3* an Stelle von *M1* festlegen. Genau diesen Weg haben tatsächlich viele Zentralbanken gewählt. Auch das hat jedoch nicht besonders gut funktioniert. Zwei Gründe sind dafür maßgeblich:

Die hohe Wachstumsrate von *M3* im Jahr 2002 ist in der Abbildung also erst im Jahr 2003 eingetragen. Wenn Sie das Buch in der Hand haben, sind auch die Daten für die Inflationsrate 2003 verfügbar. Prüfen Sie, ob das *M3*-Wachstum der Vorperioden ein guter Indikator war.

- Auch wenn der Zusammenhang zwischen dem Wachstum von *M3* und der Inflation enger ist als der Zusammenhang zwischen dem Wachstum von *M1* und der Inflation, so ist er immer noch nicht sehr eng. Dies ist in Abbildung 25.2 dargestellt. Dort sind die gleitenden Durchschnitte der Inflationsrate und der Wachstumsrate von *M3* abgebildet und wieder jeweils über 8 Quartale berechnet. Die Wachstumsraten von *M3* sind wieder jeweils um ein Jahr verschoben eingegetragen. Die Entwicklung des Wachstums von *M3* verläuft näher an der Entwicklung der Inflation als es für das Wachstum von *M1* der Fall war. Dennoch ist der Zusammenhang immer noch nicht eng. Es fällt beispielsweise auf, dass die Inflationsrate Anfang der 80er Jahre viel eher zurückging als das Wachstum von *M3*.
- Wichtiger noch ist die Tatsache, dass die Zentralbank *M3* viel weniger als *M1* kontrollieren kann. Wenn die Anleger von Bundesanleihen in Geldmarktfonds umschichten, dann führt dies zu einem Anstieg von *M3*, denn *M3* beinhaltet Geldmarktfonds, nicht jedoch Bundesanleihen. Die Zentralbank kann und sollte nichts dagegen tun, um solch einen Anstieg von *M3* zu verhindern: Solange reine Portfolioerwägungen dafür verantwortlich sind, wird der Zuwachs der Geldmenge nicht kaufkraftwirksam. *M3* ist daher eigentlich keine Zielgröße: Denn sie befindet sich weder unter der direkten Kontrolle der Zentralbank, noch ist sie ein Ziel, das für die Zentralbank letztlich von Bedeutung ist.

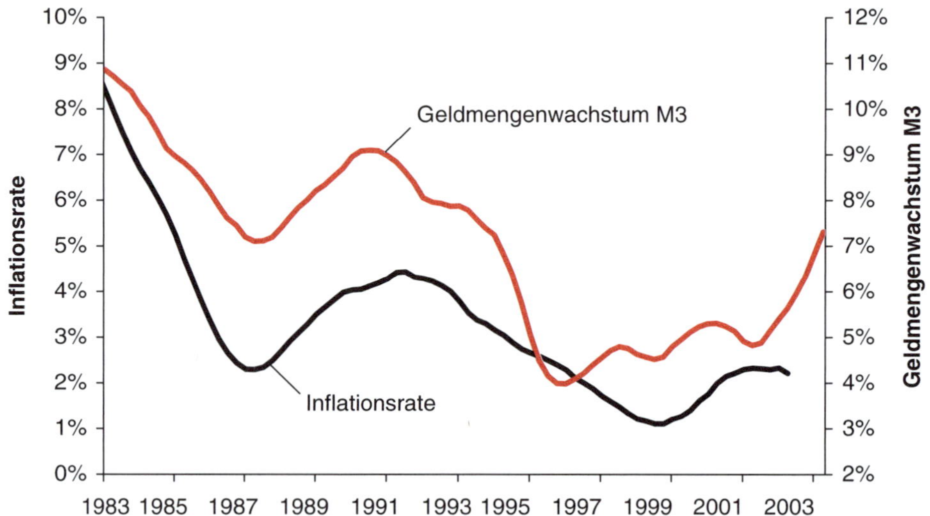

Abbildung 25.2: *M3*-Wachstum und Inflation, gleitende Durchschnitte über 8 Quartale, 1983-2003

Der Zusammenhang zwischen dem Wachstum von *M3* und der Inflation ist enger als der Zusammenhang zwischen dem Wachstum von *M1* und der Inflation; er ist aber immer noch nicht sehr eng.

Das Wachstum von M3: Zielbandbreite und Realisierung

Verschiebungen der Geldnachfrage (egal ob es sich um *M1* oder *M3* handelt) einerseits, der schwache Zusammenhang zwischen dem *M3*-Wachstum und Inflation andererseits und schließlich das Problem, *M3* überhaupt zu kontrollieren, hat einen vorhersehbaren Effekt gehabt: Das Wachstum von *M3* lag oft weit entfernt von dem von der Zentralbank angekündigten Ziel.

Die Deutsche Bundesbank war die Zentralbank, die am vehementesten die Geldmengenstrategie propagierte. Ausgehend von der Quantitätstheorie, legte sie seit 1975 jedes Jahr im Dezember eine Bandbreite (einen so genannten Korridor) für das Wachstum von *M3* fest. Diesen von ihr festgelegten Zielkorridor hat sie aber in mehr als der Hälfte aller Jahre verfehlt. Viel erfolgreicher war sie dagegen darin, das angestrebte Ziel niedriger Inflation zu erreichen.

Abbildung 25.3 zeigt beispielhaft die Entwicklung für die Jahre 1996 bis 1998. Für diese Jahre ist der tatsächliche Wert des Wachstums von *M3* und der Korridor (die obere und untere Grenze für das von der Bundesbank angekündigte Zielwachstum von *M3)* eingezeichnet. 1996 lag das Wachstum von *M3* mit 8,1% weit über dem angestrebten Durchschnittswert von 5%. Weltweit mussten alle Zentralbanken diese Erfahrung machen. So lag auch in den USA das tatsächliche Wachstum von *M2* (für diese Zielgröße kündigte die Fed zu Beginn jeden Jahres Bandbreiten an), in 11 der 26 Jahre seit 1975 außerhalb der Bandbreite. Das häufige Verfehlen der Zielbandbreite führt zu einer nahe liegenden Frage: Welcher Nutzen liegt darin, eine Bandbreite anzukündigen, wenn die Bandbreite so oft verfehlt wird. Zu genau dieser Schlussfolgerung kam auch die Fed im Jahr 2000. Sie kündigt seitdem keine Zielbandbreite mehr an.

Die EZB gibt nur mehr einen Referenzwert (4,5%) für das Wachstum von *M3* an. Auffallend ist, dass seit Mitte 2001 *M3* wesentlich stärker gewachsen ist als dieser Referenzwert. Angesichts der Tatsache, dass die Inflation auf einem sehr niedrigen Niveau geblieben ist, hat dieses Überschießen die Marktteilnehmer auf den Finanzmärkten nicht beunruhigt. Sie machten Verschiebungen in der Nachfrage nach *M3* für das hohe Wachstum von *M3* verantwortlich.

Abbildung 25.3: Das Wachstum von *M3*:
a) tatsächliche Wachstumsrate in Deutschland und Zielkorridor für das *M3*-Wachstum der Bundesbank 1996-1998. Das tatsächliche Wachstum von *M3* lag oft außerhalb des von der Deutschen Bundesbank angekündigten Zielkorridors.
b) tatsächliche Wachstumsrate im Euroraum und Referenzwert der EZB für das *M3*-Wachstum 2000-2003. Das tatsächliche Wachstum von *M3* lag meist über dem Referenzwert der EZB.

(a)

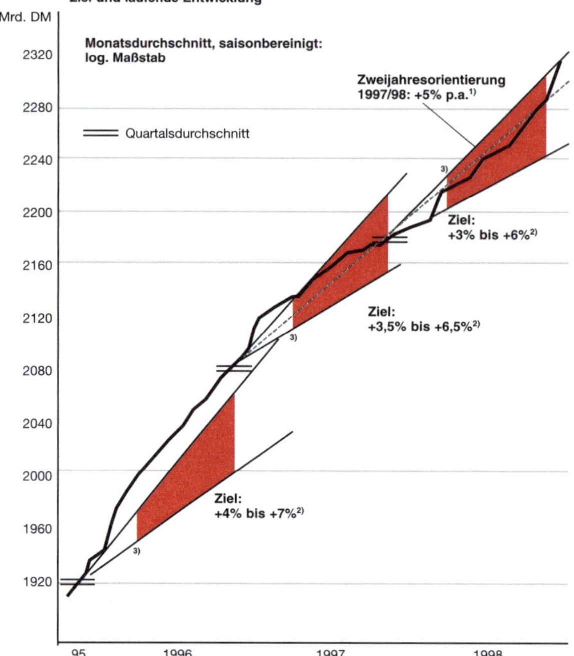

* Gemittelt aus fünf Bankwochenstichtagen; dabei Ultimostände jeweils zur Hälfte angerechnet. – 1) Vom vierten Quartal 1996 bis zum vierten Quartal 1998. – 2) Jeweils vom vierten Quartal des vorangegangenen Jahres bis zum vierten Quartal des laufenden Jahres. – 3) der Zielkorridor wurde jeweils bis März nicht schraffiert, weil M3 um die Jahreswende in der Regel stärkeren Zufallsschwankungen unterliegt.

Deutsche Bundesbank

(b)

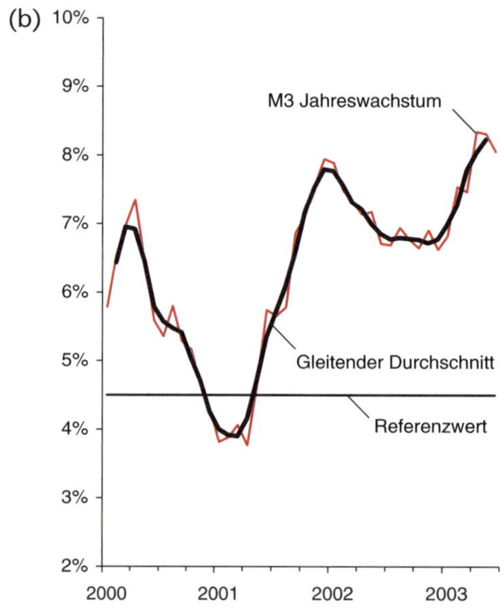

25.2.3 Zinssteuerung vs. Geldmengensteuerung

Die Erkenntnis, dass eine Geldmengensteuerung Probleme bereitet, wenn die Geldnachfrage sehr volatil ist, haben Ökonomen schon lange erkannt. William Poole hat dies bereits 1970 im Rahmen des traditionellen *IS*-*LM*-Modells gezeigt.

Schauen wir uns sein Argument mit Hilfe von Abbildung 25.4 genauer an. Schwankungen der Geldnachfrage verschieben (bei konstantem Geldangebot) die *LM*-Kurve. Im Durchschnitt rechnen wir damit, dass Nachfrage und Angebot am Geldmarkt entlang der Kurve *LM* im Gleichgewicht sind. Nehmen wir nun an, dass etwa auf Grund hoher Unsicherheit auf den Aktienmärkten eine Flucht in liquide Anlagen einsetzt. Solange aber das Geldangebot starr bleibt, treibt die verstärkte Liquiditätsnachfrage den Zinssatz nach oben: Ein positiver Geldnachfrageschock erhöht für jedes Einkommensniveau Y die Geldnachfrage; bei konstantem M muss der Zins steigen, damit Geld- und Finanzmarkt weiterhin im Gleichgewicht sind. Die *LM*-Kurve in Abbildung 25.4 verschiebt sich also nach oben, solange das Geldangebot auf die gestiegene Nachfrage nicht reagiert. Umgekehrt verschiebt sich die *LM*-Kurve bei einem negativen Geldnachfrageschock nach unten. Wäre die Zentralbank starr auf das Ziel fixiert, die Geldmenge stabil zu halten, dann würde dies also starke Zinsschwankungen auslösen; damit aber würde auch das Produktionsniveau entsprechend stark fluktuieren (bewegt sich in Abbildung 25.4 die *LM*-Kurve aufgrund von Geldnachfrageschocks zwischen *AA* und *BB*, so schwankt der Zins zwischen i_A und i_B, das Einkommen fluktuiert zwischen Y_A und Y_B).

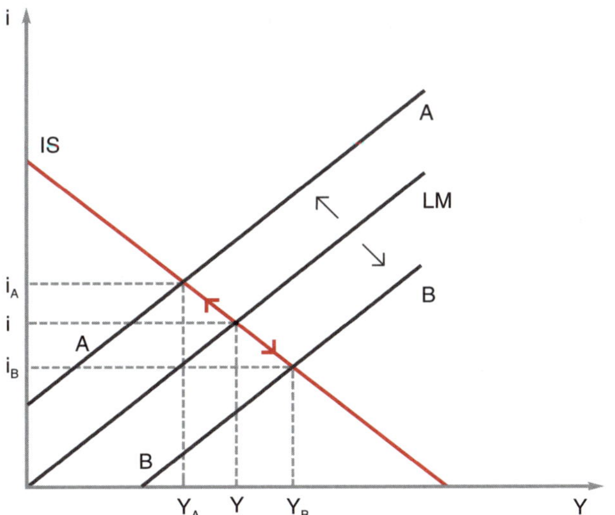

Abbildung 25.4: Zinssteuerung vs. Geldmengensteuerung

Bei Finanzmarktschocks kann eine Zinssteuerung die Produktion stabilisieren, während eine Geldmengensteuerung zu starken Produktionsschwankungen führen würde.

Die Deutsche Bundesbank hat nie starr daran festgehalten, ein fixes Geldmengenziel durchzusetzen. Bei Verschiebungen der Geldnachfrage ließ sie Abweichungen immer zu; sie begründete dies mit so genannten Sonderfaktoren. Ähnlich begründet die EZB das starke Wachstum von *M3* seit Mitte 2001 mit einer stärkeren Liquiditätspräferenz, die durch eine außergewöhnlich lang anhaltende Volatilität der Vermögenspreise hervorgerufen wurde. Als Ende der 70er Jahre die Fed für kurze Zeit eine rigide Geldmengenpolitik betrieb, kam es zu starken Schwankungen des Geldmarktzinses; sie hat diese Politik bereits nach kurzer Zeit wieder eingestellt.

Es gibt keinen vernünftigen Grund, bei Verschiebungen der Geldnachfrage starr am Ziel festzuhalten, das Geldangebot nicht zu verändern. Die erhöhte Liquiditätsnachfrage bedeutet ja keine zusätzliche Güternachfrage, sondern ist nur Folge von Umschichtungen zwischen unterschiedlichen Vermögensanlagen. Die hohen Ausschläge von Zinssatz und Einkommen sind demnach eindeutig das Ergebnis verfehlter Geldpolitik. William Poole zeigte, dass sich das Problem durch eine einfache Alternative reibungslos lösen lässt: Betreibt die Zentralbank eine Zinssteuerung (fixiert sie also den Zinssatz statt der Geldmenge), dann werden Nachfrageschocks auf Geld- und Finanzmärkten automatisch stabilisiert. Überlegen wir kurz, wie eine Zinssteuerung in Abbildung 25.4 funktioniert. Die Zentralbank stellt bei einer Zinssteuerung zu dem von ihr festgelegten Zinssatz beliebig viel Liquidität bereit. Rechnet sie im Durchschnitt mit einer Geldnachfrage *LM*, wird sie den Zinssatz auf *i* festsetzen. Kommt es nun zu einer Flucht in liquide Anlagen, dann wird die erhöhte Liquiditätsnachfrage zu dem festgesetzten Zinssatz automatisch akkommodiert. Das Geldangebot passt sich also solange an die gestiegene Nachfrage an, bis sich die *LM*-Kurve wieder auf das ursprüngliche Niveau zurückbewegt hat. Eine solche Politik stabilisiert nicht nur den Zins, sondern auch das Einkommen. Gleiches gilt im umgekehrten Fall eines negativen Liquiditätsschocks. Bei einer Zinssteuerung passt sich also die Geldmenge (zumindest teilweise) endogen an die Liquiditätsnachfrage an.

Unsere Überlegungen gelten, sofern Finanzmarktschocks starke Schwankungen der *LM*-Kurve auslösen. Falls dagegen die *IS*-Kurve starken Schwankungen ausgesetzt ist, wirkt Geldmengensteuerung stabilisierender als Zinssteuerung. Versuchen Sie das anhand einer entsprechenden Grafik selbst zu zeigen!

25.2.4 Inflationsziele und Zinsregeln

Die meisten Zentralbanken sind heute auf der Suche nach einer besseren Ausgestaltung der Geldpolitik. Im letzten Jahrzehnt hat sich tatsächlich eine neue Form der Geldpolitik entwickelt, die auf Inflationszielen und Zinsregeln basiert. Wir wollen nun beide Aspekte nacheinander diskutieren.

Inflationsziele

Neuseeland war 1990 das erste Land, das ein Inflationsziel einführte, und zwar eine Bandbreite von 0 bis 2%; später wurde sie auf 0-3% ausgeweitet. Das nächste Land war Kanada, mit einer Bandbreite für die Inflation von 0-2%. Seit damals wurden Inflationsziele unter anderem von Großbritannien, Schweden, Israel und Tschechien festgelegt.

In vielen Ländern haben die Zentralbanken das Erreichen einer niedrigen Inflationsrate als ihr wichtigstes und manchmal als ihr einziges Ziel definiert, sowohl in der kurzen als auch in der mittleren Frist. Dies ist als Inflationsziel bekannt.

Wie wir gesehen haben, ist der Erfolg der Deutschen Bundesbank darin begründet, dass sie das angestrebte Ziel niedriger Inflationsraten erreicht hat, ganz unabhängig davon, dass sie ihr Geldmengenziel häufig verfehlt hat.

- Der Versuch, in der mittleren Frist ein gegebenes Inflationsziel zu erreichen, ist eine deutliche Verbesserung gegenüber dem Versuch, eine bestimmte Wachstumsrate der nominalen Geldmenge einzuhalten. Schließlich besteht das vorrangige Ziel der Geldpolitik in der mittleren Frist darin, eine gegebene Inflationsrate zu erreichen. Folglich ist es besser, die Inflationsrate und nicht das nominale Geldmengenwachstum als Ziel zu haben.
- Der Versuch, in der kurzen Frist ein gegebenes Inflationsziel zu erreichen, ist weit umstrittener. Die ausschließliche Konzentration auf die Inflationsrate bedeutet auf den ersten Blick, dass Geldpolitik darauf verzichten muss, Schwankungen der Wirtschaftsaktivität zu glätten. Dies ist jedoch nicht der Fall. Um das zu verstehen, greifen wir auf den Phillipskurven-Zusammenhang zwischen der Inflation π_t, der

Inflation der Vorperiode π_{t-1}, und der Abweichung der Arbeitslosenquote u_t von der natürlichen Arbeitslosenquote u_n zurück (Gleichung (8.10)):

$$\pi_t = \pi_{t-1} - \alpha(u_t - u_n)$$

Wir bezeichnen das Inflationsziel mit π^*. Nehmen wir an, die Zentralbank könnte ihr Inflationsziel in jeder Periode exakt erreichen. Der Zusammenhang würde dann wie folgt aussehen:

$$\pi^* = \pi^* - \alpha(u_t - u_n)$$

Die Arbeitslosenquote u_t wäre immer gleich der natürlichen Arbeitslosenquote u_n. Das bedeutet, dass die Produktion immer auf Höhe des natürlichen Produktionsniveaus wäre. Das Inflationsziel würde also automatisch auch dazu führen, dass die Zentralbank alle Abweichungen der Produktion vom natürlichen Produktionsniveau eliminiert.

◀ $0 = -\alpha(u_t - u_n) \Rightarrow u_t = u_n$

Die Intuition: Würde die Zentralbank erkennen, dass ein negativer Nachfrageschock zu einer Rezession führte, würde sie wissen, dass es ohne eine geldpolitische Expansion zu einem Rückgang der Inflation unter das Inflationsziel käme. Um eine stabile Inflation sicherzustellen, würde sich die Zentralbank dann auf eine monetäre Expansion einlassen, um die Rezession abzuwenden. Das Gleiche würde für einen positiven Nachfrageschock gelten: Auf Grund der Befürchtung, dass es zu einem Anstieg der Inflation über das Inflationsziel hinaus kommen könnte, würde sich die Zentralbank auf eine monetäre Kontraktion einlassen, um ein Überhitzen der Volkswirtschaft zu vermeiden und die Produktion auf ihrem natürlichen Niveau zu halten. Kurz zusammengefasst: Als Ergebnis dieser aktiven Geldpolitik würde die Produktion die ganze Zeit auf ihrem natürlichen Niveau bleiben.

Das gerade abgeleitete Ergebnis ist beeindruckend: Das Verfolgen eines Inflationszieles kann auch Abweichungen der Produktion vom natürlichen Niveau eliminieren. Aus zwei Gründen muss man diese starke Aussage jedoch abschwächen:

- In der kurzen Frist kann die Zentralbank nicht immer die von ihr angestrebte Inflationsrate erreichen. Nehmen wir beispielsweise an, dass es die Zentralbank im Vorjahr nicht geschafft hat, die angestrebte Inflationsrate zu erreichen, so dass π_{t-1} höher als π^* ist. In diesem Fall ist es nicht selbstverständlich, dass die Zentralbank im aktuellen Jahr versuchen sollte, ihr Ziel zu erreichen, so dass $\pi_t = \pi^*$: Die Phillipskurven-Relation impliziert, dass eine derartige Reduktion der Inflation einen möglicherweise starken Anstieg der Arbeitslosigkeit erfordern würde. Wir werden auf diesen Punkt später noch einmal zurückkommen.
- Wie alle anderen makroökonomischen Zusammenhänge gilt auch die obige Phillipskurven-Relation nicht exakt. Es wird zum Beispiel der Fall eintreten, dass die Inflation steigt, obwohl die Arbeitslosigkeit gleich der natürlichen Arbeitslosenquote ist. In diesem Fall wird die Zentralbank vor einer schwereren Entscheidung stehen: Soll sie die Arbeitslosigkeit auf ihrem natürlichen Niveau lassen und gleichzeitig zulassen, dass die Inflation ansteigt, oder soll sie, um die Inflation im Griff zu behalten, die Arbeitslosenquote über das natürliche Niveau hinaus ansteigen lassen?

Diese beiden Einschränkungen sind wichtig, dennoch bleibt die grundlegende Aussage bestehen: In der mittleren Frist ist es sinnvoll, ein Inflationsziel zu verfolgen. In der kurzen Frist ermöglicht es ein solches Ziel, mit Hilfe der Geldpolitik die Produktion um ihr natürliches Niveau herum zu stabilisieren.

Die Taylor-Regel

Die nächste Frage besteht darin, wie das Inflationsziel erreicht werden kann. Die Inflation befindet sich sicherlich nicht unter der direkten Kontrolle der Zentralbank. John Taylor von der Stanford University argumentierte bei der Beantwortung dieser Frage, dass die Zentralbank die Wahl des Zinssatzes und nicht die Wachstumsrate der nominalen Geldmenge in den Mittelpunkt stellen sollte, weil es der Zinssatz ist, der die Ausgaben direkt beeinflusst. Er schlug eine Regel vor, der die Zentralbank folgen könnte. Die Taylor-Regel lautet wie folgt:

Aus Kapitel 14: In der mittleren Frist ist der reale Zinssatz als $r_n$gegeben, so dass sich der nominale Zinssatz im Verhältnis 1:1 mit der Inflationsrate bewegt: Wenn r_n = 2% und das Inflationsziel π^* = 2% ist, dann ergibt sich das nominale Zinsziel als i^* = 2%+2% = 4%. Wenn das Inflationsziel π^* = 0% ist, dann ergibt sich i^* = 2%+0% = 2%.

- π_t sei die Inflationsrate und p^* das Inflationsziel.
- it sei der nominale Zinssatz und i^* das nominale Zinsziel – der nominale Zins satz, der sich in der mittleren Frist aus dem Inflationsziel π^* ergibt.
- u_t sei die Arbeitslosenquote und u_n die natürliche Arbeitslosenquote.

Nehmen Sie an, die Zentralbank wählt nun den nominalen Zinssatz *i*. (Wenn wir uns an Kapitel 4 erinnern, wissen wir, dass die Zentralbank durch Offenmarktoperationen jeden von ihr angestrebten kurzfristigen Zinssatz erreichen kann.) Dann, so argumentiert Taylor, sollte die Zentralbank der folgenden Regel folgen:

$$i_t = i^* + a\,(\pi_t - \pi^*) - b\,(u_t - u_n)$$

wobei *a* und *b* positive Koeffizienten sind. Wir wollen nun analysieren, was diese Regel aussagt.

Ursprünglich wurde bei der Taylor-Regel statt $(u_t - u_n)$ die Abweichung der tatsächlichen Produktion Y_t vom natürlichen Produktionsniveau Y_n, also die Produktionslücke verwendet. Der Unterschied besteht lediglich im entgegengesetzten Vorzeichen und einem anderen Wert für *b*; der genaue Zusammenhang ergibt sich aus dem Okun'schen Gesetz, vgl. Kapitel 9, Gleichung (9.3).

- Wenn die Inflationsrate gleich dem Inflationsziel ($\pi_t = \pi^*$) und die Arbeitslosenquote gleich der natürlichen Arbeitslosenquote ($u_t = u_n$) ist, sollte die Zentralbank den Zinssatz i_t gleich dem Zinsziel i^* setzen. Auf diese Weise kann die Volkswirtschaft auf ihrem Pfad bleiben, mit einer Inflationsrate, die dem Inflationsziel entspricht, und einer Arbeitslosenquote, die gleich der natürlichen Arbeitslosenquote ist.
- Wenn die Inflationsrate höher als das Inflationsziel ist ($\pi_t > \pi^*$), dann sollte die Zentralbank den nominalen Zinssatz i_t, über i^* hinaus anheben. Dieser höhere Zinssatz wird die Arbeitslosigkeit ansteigen lassen und dieser Anstieg der Arbeitslosigkeit wird zu einem Rückgang der Inflation führen.

  Der Koeffizient *a* spiegelt daher wider, wie hoch die Zentralbank die Arbeitslosigkeit im Vergleich zur Inflation gewichtet. Je größer *a* ist, desto mehr wird die Zentralbank den Zinssatz als Reaktion auf Inflation anheben, desto mehr wird die Volkswirtschaft abgebremst werden, desto mehr wird die Arbeitslosigkeit ansteigen und desto schneller wird die Inflation zum Inflationsziel zurückkehren.

Taylor argumentierte, dass a in jedem Fall größer 1 sein sollte. Warum? Die entscheidende Größe für die Ausgaben ist der reale Zinssatz und nicht der nominale Zinssatz. Wenn die Inflation steigt, dann muss die Zentralbank den realen Zinssatz anheben, wenn sie die Ausgaben und die Produktion dämpfen will. Anders ausgedrückt, sie muss den nominalen Zinssatz stärker als im Verhältnis 1:1 zur Inflation erhöhen.

Die Regel $a > 1$ wird auch als „Taylor-Prinzip" bezeichnet.

- Wenn die Arbeitslosenquote höher ist als die natürliche Arbeitslosenquote ($u > u_n$), sollte die Zentralbank den nominalen Zinssatz senken. Der niedrigere nominale und damit für jede gegebene Inflationsrate auch niedrigere reale Zinssatz wird die Produktion ansteigen lassen, so dass es zu einem Rückgang der Arbeitslosigkeit kommt. Wie der Koeffizient a spiegelt auch b wider, wie hoch die Zentralbank die Arbeitslosigkeit relativ zur Inflation gewichtet. Je größer b ist, desto mehr wird die Zentralbank willens sein, vom Inflationsziel abzuweichen, um die Arbeitslosenquote nahe der natürlichen Arbeitslosenquote zu halten.

Als Taylor diese Regel aufstellte, forderte er nicht, dass sie blindlings befolgt werden müsse: Es gibt viele denkbare Ereignisse, wie etwa eine Wechselkurskrise oder die Notwendigkeit, die Nachfrage und damit den Mix von Geld- und Fiskalpolitik zu verändern, die eine Veränderung des nominalen Zinssatzes rechtfertigen – unabhängig von den Gründen, die in der Taylor-Regel enthalten sind. Er argumentierte jedoch, dass die Regel als Referenzpunkt der Geldpolitik dienen könnte. Eine zentrale Einsicht dieser Regel liegt darin, dass die Zentralbank nicht nur die aktuelle Inflationsrate berücksichtigen sollte, sondern auch die aktuelle Arbeitslosenquote bzw. Abweichungen des Wachstums von der natürlichen Rate.

Seit die Taylor-Regel entwickelt wurde, wird sie sowohl von Seiten der Forschung als auch von Seiten der Zentralbanken stark beachtet:

- Interessanterweise haben Wissenschaftler, die sich mit dem Verhalten der Fed in den Vereinigten Staaten und der Bundesbank in Deutschland beschäftigt haben, herausgefunden, dass die Taylor-Regel das Verhalten beider Zentralbanken über den Zeitraum der letzten 15 bis 20 Jahre recht gut beschreibt, obwohl beide Zentralbanken sicherlich nicht bewusst der Taylor-Regel gefolgt sind.
- Andere Wissenschaftler haben untersucht, ob es möglich ist, diese einfache Regel noch weiter zu verbessern: Sollte beispielsweise zugelassen werden, dass der nominale Zinssatz nicht nur auf die aktuelle Inflation reagiert, sondern auch auf die erwartete zukünftige Inflation?
- Wieder andere Wissenschaftler haben diskutiert, ob die Zentralbanken eine explizite Zinsregel einführen und diese streng befolgen sollten, oder ob sie diese Regel eher informell nutzen und die Freiheit haben sollten, von der Regel abzuweichen, wenn es angebracht ist. Wir werden auf diesen Punkt zurückkommen, wenn wir im nächsten Abschnitt das Verhalten der EZB diskutieren.

Allgemein sind die meisten Zentralbanken mittlerweile in der Praxis dazu übergegangen, den Zinssatz statt die Wachstumsrate der Geldmenge zu steuern. Was auch immer die Implikationen einer Zinsregel für das Geldmengenwachstum sein mögen, diese Implikationen werden zunehmend sowohl von der Zentralbank als auch von den Finanzmärkten als unwichtig betrachtet. Um ein Beispiel zu nennen: Die hohen Wachstumsraten von *M3* im Euroraum bzw. *M2* in den Vereinigten Staaten während der letzten Jahre, scheinen weder Zentralbanken noch Finanzmärkte zu beunruhigen. Sie werden als Verschiebungen der Geldnachfrage interpretiert, die man akkomodieren kann, ohne das Risiko einer höheren Inflation einzugehen.

25.3 Geldpolitik in der Praxis – Die Strategie der EZB

Werfen wir am Ende dieses Kapitels einen Blick in die Praxis der Geldpolitik der EZB.

25.3.1 Der Auftrag der EZB

Die geldpolitische Zielsetzung der EZB ist im Vertrag der Europäischen Gemeinschaft von Maastricht vom 7.2.1992 geregelt. Artikel 105 (1) des Vertrags gibt eine eindeutige Zielhierarchie vor. Er verpflichtet die EZB auf das „vorrangige Ziel, die Preisstabilität zu gewährleisten“. Weitere Ziele darf sie nur dann verfolgen, wenn diese die Preisstabilität nicht beeinträchtigen. Diese untergeordneten Zielsetzungen formuliert der Maastrichter Vertrag vage als die Unterstützung der allgemeinen Wirtschaftspolitik der Gemeinschaft. Im Gegensatz dazu ist die Fed durch den Humphrey-Hawkins Act von 1978 (Full Employment and Balanced Growth Act) gehalten, ihre Geldpolitik an den Zielen „maximaler Beschäftigung, stabiler Preise und moderater langfristiger Zinsen“ zu orientieren.

25.3.2 Der Aufbau der EZB

Die Europäische Zentralbank in Frankfurt bildet zusammen mit den nationalen Zentralbanken der zwölf Mitgliedsländer des Euroraums das so genannte „Eurosystem“. Zentrales Beschlussorgan der EZB ist der EZB-Rat, der in der Regel zweimal im Monat tagt. In diesem Gremium treffen sich:

- Das Direktorium der EZB. Das Direktorium besteht aus dem Präsidenten und dem Vizepräsidenten sowie (vier) weiteren Mitgliedern. Die Mitglieder des EZB-Direktoriums werden für acht Jahre nominiert; ihre Amtszeit kann nicht verlängert werden. Die Ernennung der Mitglieder erfolgt einvernehmlich durch die Regierungen der Mitgliedsstaaten auf der Ebene der Staats- und Regierungschefs.
- Die Präsidenten der nationalen Zentralbanken der Mitgliedsländer. Sie werden von den einzelnen Mitgliedsstaaten berufen; ihre Amtszeit wird durch nationale Regelungen festgelegt, sie muss aber mindestens fünf Jahre betragen.

Im letzten Kapitel haben wir die Bedeutung der Unabhängigkeit von Zentralbanken herausgearbeitet. Die EZB ist eine der unabhängigsten Zentralbanken der Welt. Um sicherzustellen, dass die EZB bei der Verfolgung dieser Ziele nicht von politischen Instanzen beeinträchtigt wird, ist es ihr untersagt, Weisungen von anderen Organen der Europäischen Gemeinschaft oder ihrer Mitgliedsstaaten entgegenzunehmen; sie darf außerdem staatlichen Organen keinen Kredit zur Finanzierung von Defiziten gewähren. Dass die Amtszeit ihrer Mitglieder nicht verlängert werden kann, soll deren persönliche Unabhängigkeit sicherstellen.

Beschlüsse des EZB-Rates erfordern die einfache Mehrheit der anwesenden Mitglieder. Jedes Mitglied im EZB-Rat verfügt derzeit über eine Stimme. Allerdings macht die Erweiterung der Europäischen Union eine Änderung des Entscheidungsprozesses im Eurosystem notwendig. Nach der Aufnahme der zehn neuen Mitglieder in die Europäische Union am 1. Mai 2004 können die beitretenden Länder einen Antrag stellen, sich am Wechselkursmechanismus zu beteiligen. Wenn sie dann im Verlauf von zwei Jahren unter Beweis stellen, dass sie die Beitrittskriterien für das Eurosystem ohne Spannungen und ohne Abwertung erfüllen, werden sie in das Eurosystem aufgenommen.

De facto kommt es im EZB-Rat zu keinen Mehrheitsabstimmungen. Die Entscheidungen des EZB-Rats werden nach dem Konsensprinzip immer einstimmig getroffen.

Würden aber zehn weitere Zentralbankpräsidenten mit abstimmen, wäre der Entscheidungsprozess des Gremiums schon auf Grund der großen Zahl der Mitglieder erheblich erschwert. Zudem würde sich die Balance zwischen dem Direktorium und den nationalen Zentralbanken stark zu Gunsten letzterer verschieben. Schließlich sind die einzelnen Länder im Euroraum sehr heterogen – sowohl gemessen am Bevölkerungsanteil wie an der Wirtschaftsleistung (ihrem Anteil am gesamteuropäischen BIP). Die Mitglieder des EZB-Rates betonen zwar, dass sie sich nicht an nationalen oder regionalen Interessen orientieren, sondern an den Bedürfnissen des gesamten Euroraums. Es besteht aber die Gefahr, dass ein Zusammenschluss sehr kleiner Länder (wie Luxemburg und Lettland) mit einfacher Mehrheit eine Geldpolitik beschließt, die nicht den Bedürfnissen des Euroraums als Ganzes angemessen ist.

Um solche Gefahren auszuschließen, muss der Entscheidungsprozess reformiert werden. Dafür wurden unterschiedliche Modelle diskutiert:

1. Eine Zentralisierung der Entscheidungen auf das Direktorium (eventuell nach einer Erweiterung dieses Gremiums);
2. Die Rotation der Stimmrechte (die Fed in den USA wendet diese Regelung an; dort dürfen zwar alle zwölf regionalen Präsidenten an den Sitzungen teilnehmen, nur fünf davon haben aber jeweils Stimmrecht. Lediglich der Präsident der New York Fed ist immer stimmberechtigt);
3. Die Repräsentation mehrerer kleinerer Länder durch nur einen Vertreter.

Am 21. März 2003 haben sich die Staats- und Regierungschefs der Mitgliedsländer auf Proposition der EZB auf ein gewichtetes Rotationsmodell geeinigt – eine Mischung aus (2) und (3): Nicht mehr als 15 nationale Zentralbankpräsidenten sollen stimmberechtigt sein. Das Stimmrecht soll in Zukunft rotieren, wobei Vertreter von Ländern mit stärkerer Wirtschaftskraft und größerem Finanzsektor häufiger abstimmen dürfen. Diese Regelung soll in Kraft treten, sobald 15 oder mehr Länder dem Eurosystem beigetreten sind. Alle 15 nationalen Parlamente der bisherigen Europäischen Union müssen allerdings erst noch die damit notwendige Änderung des EU-Vertrags ratifizieren.

25.3.3 Die geldpolitische Strategie der EZB

Der Vertrag von Maastricht überlässt es dem EZB-Rat, das Ziel „Preisstabilität" selbst zu konkretisieren und eine geeignete geldpolitische Strategie festzulegen, um Preisstabilität im Euro-Raum zu gewährleisten. Die EZB spezifizierte ihre Zielsetzung im Oktober 1998. Preisstabilität sieht sie demnach dann als erreicht an, wenn „der harmonisierte und über die Mitgliedsländer der Währungsunion aggregierte Verbraucherpreisindex (HVPI) mittelfristig einen jährlichen Anstieg von weniger als zwei Prozent aufweist." Der HVPI misst die Preisentwicklung eines repräsentativen Korbs von Konsumgütern und Dienstleistungen der privaten Haushalte. Kapitel 2 zeigte, wie er berechnet wird. Die Verwendung des HVPI soll transparent machen, dass die Geldpolitik einen umfassenden, effektiven Schutz gegen Kaufkraftverluste der Verbraucher gewährleisten will. Manche Kritiker plädieren dafür, statt dem HVPI die „*Kerninflationsrate*" zu Grunde zu legen. Diese versucht, volatilere Komponenten und vorübergehende Faktoren herauszufiltern, um so die fundamentalen Trends der Preisentwicklung aufzuzeigen. Weil es aber keine eindeutige, unumstrittene Methode zur Berechnung solcher Messgrößen gibt, würde ein solches Konzept Manipulationsspielräume eröffnen.

Die Formulierung *„über die Mitgliedsländer der Währungsunion aggregiert"* soll signalisieren, dass die EZB sich an der Entwicklung im gesamten Euroraum, nicht aber an den Bedürfnissen einzelner Länder orientiert. Die Formulierung „*mittelfristig*" soll andeuten, dass die EZB zukunftsorientiert die mittelfristig zu erwartende Inflationsrate zu steuern versucht, dass sie dabei aber bereit ist, kurzfristige Schwankungen der Inflationsrate zu tolerieren. Eine Feinsteuerung der wirtschaftlichen Entwicklung oder der Preise auf kurze Sicht wird nicht angestrebt. Die mittelfristige Ausrichtung soll die erforderliche Flexibilität verleihen, um in geeigneter Weise auf verschiedene wirtschaftliche Schocks zu reagieren.

Viele Ökonomen kritisierten, dass bei der Formulierung der geldpolitischen Strategie keine Untergrenze für die Inflationsrate festgelegt wurde. Damit sei unklar, welche Schwankungen toleriert werden. Es bestehe insbesondere die Gefahr, dass eine zu niedrige Inflationsrate angestrebt werde. Kapitel 2 machte bereits deutlich, dass der VPI die wahre Inflationsrate (etwa aufgrund von Substitutionseffekten) eher überschätzt. Im Rahmen einer Überprüfung ihrer geldpolitischen Strategie stellte der EZB-Rat am 8. Mai 2003 klar, dass die EZB eine Inflation von unter, aber *nahe* zwei Prozent anstrebe. Diese Sicherheitsmarge trage eventuellen Messfehlern beim HVPI Rechnung und auch den Auswirkungen von Inflationsunterschieden innerhalb des Euroraums.

Als geldpolitische Strategie formulierte der EZB-Rat 1998 ein Zwei-Säulen-Konzept. Es wurde am 8. Mai 2003 ebenfalls präzisiert. Dabei handelt es sich zum einen um die *wirtschaftliche Analyse* zur Feststellung kurz- bis mittelfristiger Risiken für die Preisstabilität, zum anderen um die *monetäre Analyse* zur Beurteilung mittel- bis langfristiger Inflationstrends. Dieses Konzept ist eine Mischung aus Inflations- und Geldmengensteuerung.

Bei der *wirtschaftlichen Analyse* geht es letztlich um eine mittelfristige Inflationsprognose. Sie versucht, anhand einer umfassenden Beurteilung der aktuellen wirtschaftlichen und finanziellen Entwicklungen die impliziten kurz- bis mittelfristigen Risiken für die Preisstabilität zu erfassen. Sie betrachtet das Zusammenspiel zwischen Angebot und Nachfrage an den Güter-, Dienstleistungs- und Faktormärkten über diese Zeithorizonte. Zu den betrachteten Variablen gehören die Entwicklung der Produktion insgesamt, die Gesamtnachfrage und ihre Komponenten, die Fiskalpolitik, die Kapitalkosten, Arbeitsmarktbedingungen, eine breite Palette von Preis- und Kostenindikatoren, die Wechselkursentwicklung, die Entwicklungen in der Weltwirtschaft und der Zahlungsbilanz für das Eurogebiet sowie die Finanzmärkte. Eine wichtige Rolle spielen dabei gesamtwirtschaftliche Projektionen, die von Experten des Eurosystems erstellt werden. Kurz formuliert: Es geht um eine Einschätzung all der Variablen, die wir bei der Analyse der kurzen und mittleren Frist kennen gelernt haben.

Die *monetäre Analyse* konzentriert sich auf die Entwicklung der Geldmenge. Sie ist von der Überzeugung geleitet, dass mittel- bis langfristig ein enger Zusammenhang zwischen Inflation und dem Wachstum der Geldmenge (in der Abgrenzung von *M3*) besteht. 1998 hat der EZB-Rat (in Anlehnung an die frühere Strategie der deutschen Bundesbank) beschlossen, einen Referenzwert für *M3* festzulegen. Dieser Referenzwert leitet sich ab aus Prognosen über die mittelfristige Entwicklung des Potenzialwachstums und die Veränderung des Kassenhaltungskoeffizienten für *M3*, sowie aus der angestrebten Inflationsrate. Hinter diesem Konzept steht die Quantitätstheorie, die wir in Kapitel 9 kennen gelernt haben. Der von der EZB festgesetzte Referenzwert für das Geldmengenwachstum liegt bei 4,5%.

Bis zum Jahr 2002 hat der EZB-Rat jeweils zum Jahresende die Annahmen überprüft, die der Ableitung des Referenzwerts zu Grunde lagen. Der Referenzwert wurde aber nicht verändert, obwohl das tatsächliche Geldmengenwachstum im Euroraum in der Regel über dem Referenzwert lag. Wie im vergangenen Kapitel gezeigt, ist kurz- bis mittelfristig keine enge Korrelation zwischen Geldmengenwachstum und Inflation zu beobachten. Der EZB-Rat verpflichtete sich, der Öffentlichkeit die Gründe darzulegen, die für die Abkehr vom Referenzwert verantwortlich waren. Die EZB begründet das starke Wachstum von *M3* seit Mitte 2001 mit einer stärkeren Liquiditätspräferenz, die durch eine außergewöhnlich lang anhaltende Volatilität der Vermögenspreise hervorgerufen wurde. Am 8. Mai 2003 entschied der EZB-Rat, in Zukunft keine jährliche Überprüfung des Referenzwerts mehr vorzunehmen. Die Erklärung vom 8. Mai 2003 betont aber die Beibehaltung des Zwei-Säulen-Konzepts. Sie verweist darauf, dass die *monetäre Analyse* Informationen über mittel- bis langfristige Bestimmungsgrößen der Inflation liefert.

25.3.4 Das geldpolitische Instrumentarium der EZB

Die Geldpolitik der EZB verwendet als wesentliches Instrument die Zinssteuerung zur Liquiditätsversorgung der Geschäftsbanken. Die EZB bestimmt über Offenmarktgeschäfte und ständige Fazilitäten den Zinssatz, zu dem sich Geschäftbanken Zentralbankgeld verschaffen können. Damit steuert sie weitgehend den Tagesgeldzins im Interbankenmarkt und so indirekt das gesamte Zinsniveau. Damit beeinflusst sie unmittelbar die wirtschaftliche Aktivität über den Zinskanal (vgl. Kapitel 5) und den

Wechselkurskanal. Ebenso wichtig ist aber auch der Einfluss auf die Inflationserwartungen. Eine besondere Rolle kommt dabei der Kommunikation mit der Öffentlichkeit, insbesondere mit den Finanzmärkten, zu. Durch hohe Transparenz der Zentralbank soll die Tendenz der zukünftigen Geldpolitik von den Märkten antizipiert werden, um so die Inflationserwartungen zu beeinflussen.

Offenmarktgeschäfte

Die EZB führt wöchentlich Offenmarktgeschäfte durch. Im Rahmen von Tendergeschäften versteigert sie Liquidität an die Geschäftsbanken. Die Details haben wir bereits in Kapitel 4 besprochen.

Die EZB nutzt zur Versteigerung zwei verschiedene Auktionsverfahren:

1. Bei einem Mengentender legt sie den Zinssatz (den so genannten Hauptrefinanzierungssatz) vorab fest; die Geschäftsbanken geben die zu diesem Zins von ihnen gewünschte Liquiditätsnachfrage an. Zuteilungsquoten stellen sicher, dass bei einer Überbietung nicht mehr Liquidität bereitgestellt wird als von der Zentralbank gewünscht.
2. Bei einem Zinstender geben die Banken in ihren Geboten sowohl Zinssatz als auch nachgefragte Menge an. Die EZB legt einen Mindestbietungssatz fest, unter dem sie keine Liquidität bereitstellt. Seit Juni 2000 folgt sie diesem Verfahren. Nach Eingang der Gebote bestimmt die EZB den marginalen Zinssatz, zu dem sie Liquidität bereitstellt. Die Zuteilung auf die einzelnen Bieter erfolgt dabei nach dem so genannten amerikanischen Verfahren: Alle Banken, die einen höheren Zins geboten haben, erhalten eine volle Zuteilung. Die Banken, die den marginalen Zins bieten, werden nur mit einer bestimmten Zuteilungsquote bedient. Alle anderen gehen leer aus; sie müssen sich Liquidität auf dem Tagesgeldmarkt verschaffen.
   In den Abbildungen 1.4 (Kapitel 1) und 4.9 (Kapitel 4) haben wir den Leitzins durch den Mindestbietungssatz repräsentiert. Abbildung 25.5 macht deutlich, dass dies nicht ganz korrekt ist: Ausschlaggebend ist der Hauptrefinanzierungssatz, das ist der marginale Zuteilungssatz, der sich nach Eingang aller Gebote einstellt. Insbesondere dann, wenn die Geschäftsbanken mit steigenden Zinsen rechnen, liegt der marginale Zuteilungssatz über dem Mindestbietungssatz. Der Tagesgeldsatz, der durch den kurzfristigen Liquiditätsbedarf der Geschäftsbanken am Interbankenmarkt bestimmt wird, weicht manchmal stark vom Mindestbietungssatz ab. Solche Abweichungen sind immer dann zu beobachten, wenn alle Geschäftsbanken zusammen im Vergleich zu ihren Mindestreserveverpflichtungen über zu wenig oder zu viel Liquidität verfügen.

Damit die Zinsen am Tagesgeldmarkt nicht zu stark schwanken, legt die EZB zusätzlich eine Ober- und Untergrenze in Form der ständigen Fazilitäten fest: Der Spitzenrefinanzierungssatz bildet die Obergrenze (zu diesem Satz können sich Geschäftsbanken refinanzieren, die dringend zusätzliche Liquidität benötigen); der Einlagesatz bildet die Untergrenze. Abbildung 25.5 zeigt, dass der Tagesgeldsatz sich immer in diesem Zinskorridor bewegt.

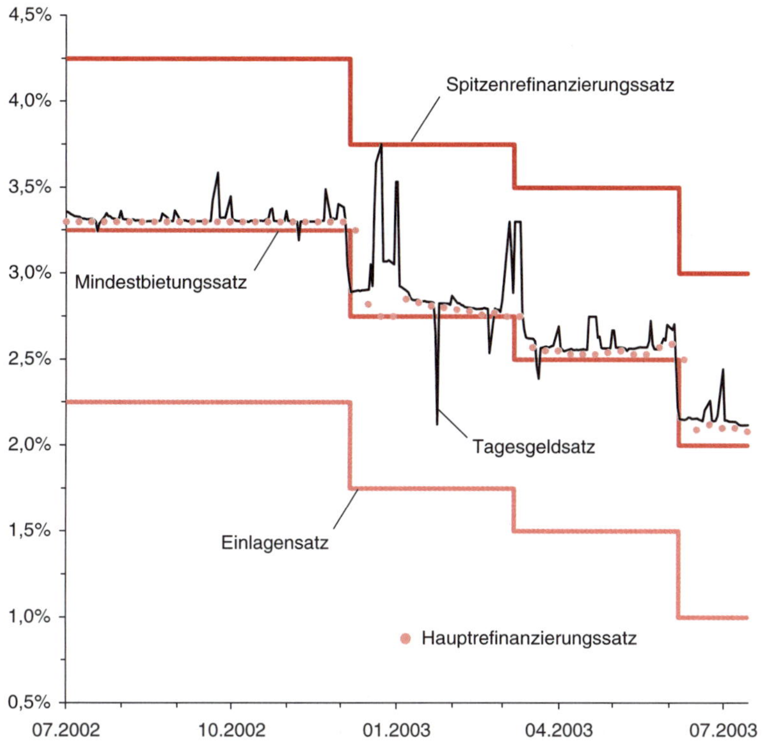

Abbildung 25.5: Zinspolitik der EZB, Juli 2002 - Juli 2003

Der Hauptrefinanzierungssatz (der niedrigste Zins, zu dem die EZB den Geschäftsbanken Liquidität zuteilt, kann über dem Mindestbietungssatz liegen. Der Zins am Tagesgeldmarkt bewegt sich im Zinskorridor zwischen Spitzenrefinanzierungssatz und Einlagesatz.

Zinsentscheidungen werden in der Regel einmal im Monat auf der ersten Sitzung des EZB-Rats getroffen. Für diese Sitzung bereitet der große Mitarbeiterstab umfangreiche Analysen der wirtschaftlichen und monetären Entwicklung vor. Mitglieder des EZB-Rates signalisieren meist schon im Vorfeld die Richtung der Zinsentscheidungen, um die Erwartungen der Marktteilnehmer in die gewünschte Richtung zu lenken. An den Terminkursen für kurzfristige Zinsen lässt sich die Richtung der Zinsentscheidungen ablesen, die von den Märkten erwartetet werden. Analysen dieser Terminkurse zeigen, dass die Zinsentscheidungen meist sehr gut antizipiert wurden. Dass kaum überraschende Entscheidungen getroffen werden, lässt sich als Indiz für eine gute Kommunikationsstrategie werten. In Krisenfällen kann die EZB aber auch außerhalb der regulären Sitzungstermine durch Feinsteuerungsoperationen rasch auf einen veränderten Liquiditätsbedarf reagieren. Mit Schnelltendern kann sie innerhalb von Stunden befristete Liquidität bereitstellen. So führte die EZB etwa nach dem Anschlag auf das World Trade Center am 11. September 2001 mehrere Schnelltender durch und sorgte damit für eine Beruhigung der Märkte.

Die EZB hat am 1. Januar 1999 ihre Arbeit aufgenommen. Ohne „Track Record“ aus der Vergangenheit musste sie, unterstützt durch die oben dargestellten institutionellen Rahmenbedingungen, rasch Glaubwürdigkeit aufbauen. Gemessen am Verlauf der langfristigen Zinssätze ist es ihr gelungen, die Inflationserwartungen im Euroraum niedrig zu halten. Viele Beobachter werfen ihr sogar vor, dass sie sich – etwa im Vergleich zur Fed – zu strikt am Ziel der Preisstabilität orientiert. Erste empirische Studien über die EZB zeigen aber, dass sie eine recht pragmatische Politik verfolgt. Schätzungen zufolge liegen die EZB-Zinsen im Jahr 2003 sogar unter dem Niveau, das die Taylor-Regel vorschlagen würde. Der Schätzwert von a (die Reaktion auf Abweichungen der Inflationsrate) ist sogar kleiner als 1, wenn man von der traditionellen Taylor-Regel ausgeht. Versteht man die EZB aber als vorausschauende Zentralbank, die sich bei ihrer Zinspolitik an der Zukunft, also an der erwarteten Inflation und der erwarteten realen Entwicklung orientiert, erhält man Ergebnisse, die mit denen der Bundesbank vergleichbar sind.

Vergleiche die Studie „Using Taylor Rules to Understand ECB Monetary Policy“ von Stephan Sauer und Jan-Egbert Sturm 2003, verfügbar unter `www.sfm.vwl.uni-muenchen.de`.

Zusammenfassung

Zur optimalen Inflationsrate

- Die Inflation ist in den meisten OECD-Ländern auf ein sehr niedriges Niveau zurückgegangen. Die Zentralbanken stehen nun vor der Frage, ob sie versuchen sollten, absolute Preisstabilität zu erreichen – also eine Inflationsrate von 0%.
- Die wichtigsten Argumente für Nullinflation lauten:

  Inflation in Verbindung mit einem nicht perfekt indexierten Steuersystem führt oft zu Steuerverzerrungen.

  Auf Grund von Geldillusion führt Inflation dazu, dass die Wirtschaftssubjekte und die Unternehmen falsche Entscheidungen treffen.

  Eine höhere Inflation geht im Normalfall einher mit höherer Volatilität der Inflation. Dies steigert die Unsicherheit; es wird für Haushalte und Unternehmen schwieriger, Entscheidungen zu treffen.

  Das Ziel absoluter Preisstabilität ist einfacher und glaubwürdiger als ein Inflationsziel mit positiver Rate.
- Gegenargumente, die für eine niedrige, aber positive Inflationsrate sprechen, sind:

  Einnahmen aus Geldschöpfung – Seignorage – ermöglichen niedrigere Steuersätze. Dieses Argument ist jedoch beim Vergleich von Inflationsraten von 0% bis 4% quantitativ zu vernachlässigen.

  Eine im Durchschnitt positive Inflationsrate ermöglicht es der Zentralbank, durch drastische Zinssenkungen negative Realzinsen zu erreichen. Diese Option kann bei der Bekämpfung einer Rezession hilfreich sein.

  Eine positive Inflation ermöglicht es, reale Lohnsenkungen zu erreichen, ohne dass die Nominallöhne gesenkt werden müssen.

  Ein weiterer Rückgang der aktuellen Inflationsrate auf Null würde für gewisse Zeit die Arbeitslosigkeit ansteigen lassen; diese Übergangskosten könnten möglicherweise die Vorteile einer solchen Politik übersteigen.

Zur Ausgestaltung der Geldpolitik

- Traditionell konzentrierte sich Geldpolitik auf das Geldmengenwachstum. Die Zentralbanken legten die Wachstumsrate der Geldmenge fest, die mit der angestrebten Inflationsrate konsistent war. Sie kündigten dieses Ziel (oder Bandbreiten) öffentlich an.
- Auf Grund des schwachen Zusammenhangs zwischen der Inflation und dem Geldmengenwachstum, sei es in der Definition von *M1* oder *M3*, wurde dieser Ansatz von den meisten Zentralbanken mittlerweile aufgegeben.
- Immer mehr Zentralbanken verfolgen ein explizites Inflationsziel; die Zentralbanken konzentrieren sich auf die Zinssteuerung; die Wachstumsrate der Geldmenge spielt nur mehr eine untergeordnete Rolle.
- Die Taylor-Regel liefert ein nützliches Instrumentarium, um Zinsentscheidungen zu analysieren. Die Regel besagt, die Zentralbank sollte ihren Zinssatz in Reaktion auf zwei Hauptfaktoren verändern: die Abweichung der Inflationsrate vom Inflationsziel und die Abweichung der tatsächlichen von der natürlichen Arbeitslosenquote. Eine Zentralbank, die dieser Regel folgt, stabilisiert die Wirtschaft und erreicht auf mittlere Frist ihr Inflationsziel.

Die Europäische Zentralbank

- Die EZB ist eine der unabhängigsten Zentralbanken der Welt. Es ist ihr untersagt, Weisungen von anderen Organen der Europäischen Gemeinschaft oder ihrer Mitgliedsstaaten entgegenzunehmen; sie darf außerdem staatlichen Organen keinen Kredit zur Finanzierung von Defiziten gewähren. Die Mitglieder des EZB-Direktoriums werden für acht Jahre nominiert; ihre Amtszeit kann nicht verlängert werden. Dies soll ihre persönliche Unabhängigkeit sicherstellen.
- Vorrangiges Ziel der EZB ist es, Preisstabilität zu gewährleisten. Die EZB definiert Preisstabilität so, dass der harmonisierte und über die Mitgliedsländer der Währungsunion aggregierte Verbraucherpreisindex (HVPI) mittelfristig einen jährlichen Anstieg von knapp unter, aber *nahe* bei zwei Prozent aufweist.
- Die EZB verfolgt ein Zwei-Säulen-Konzept. Dabei handelt es sich zum einen um die *wirtschaftliche Analyse* zur Feststellung kurz- bis mittelfristiger Risiken für die Preisstabilität, zum anderen um die *monetäre Analyse* zur Beurteilung mittel- bis langfristiger Inflationstrends.
- Die Liquiditätssteuerung der Geschäftsbanken erfolgt mittels der Zinssteuerung. Zinsentscheidungen werden in der Regel einmal im Monat auf der ersten Sitzung des EZB-Rats getroffen. In wöchentlichen Offenmarktgeschäften versteigert die EZB dann in einem Auktionsverfahren Liquidität an die meistbietenden Geschäftsbanken über Mengen- oder Zinstender. Bei einem Zinstender geben die Banken in ihren Geboten sowohl Zinssatz wie nachgefragte Menge an. Die EZB legt einen Mindestbietungssatz fest, unter dem sie keine Liquidität bereitstellt.

Übungsaufgaben

Verständnistests

1. Welche der folgenden Aussagen sind zutreffend, falsch oder unklar? Geben Sie jeweils eine kurze Erläuterung.
   a. Das wichtigste Argument für eine positive Inflationsrate in OECD-Ländern ist die Seignorage.
   b. Die EZB sollte ein Ziel für das Wachstum von *M3* verfolgen, da sich *M3* relativ eng mit der Inflation bewegt.
   c. Der Kampf gegen die Inflation sollte die einzige Aufgabe der EZB sein.
   d. Die Ankündigung von Zielbandbreiten für das Geldmengenwachstum würde die Flexibilität und damit die Nützlichkeit der Geldpolitik einschränken.
   e. Wir würden genauso gut fahren, wenn wir den Präsidenten der EZB durch eine Taylor-Regel ersetzen würden.
   f. Je höher die Inflationsrate ist, desto höher ist die effektive Einkommenssteuer.
   g. Die amerikanische Geldpolitik ist seit Beginn der 80er Jahre sehr erfolgreich.
2. Erklären Sie, wie in den folgenden Fällen die Nachfrage nach *M1* und *M3* beeinflusst wird:
   a. Die Banken senken ihre Gebühren für die Entnahme aus Sparkonten vor Ablauf der Kündigungsfrist.
   b. Die Regierung verbietet das Ausstellen von Schecks auf Geldmarktfonds.
   c. Es wird eine Steuer auf alle Transaktionen am Geldautomaten und am Bankterminal erhoben.
   d. Der Kongress beschließt, eine Steuer auf alle Transaktionen zu erheben, die mit kurzfristigen Staatsanleihen verbunden sind.
3. Nehmen Sie an, Sie haben eine Hypothek von 50.000 € aufgenommen. Betrachten Sie die folgenden zwei Fälle:
   – Die erwartete Inflation ist 0%, der nominale Zinssatz auf die Hypothek beträgt 4%.
   – Die erwartete Inflation ist 10%, der nominale Zinssatz auf die Hypothek beträgt 14%.
   a. Wie hoch ist der reale Zinssatz auf die Hypothek in den beiden Fällen?
   b. Nehmen Sie an, Sie können die nominalen Zinszahlungen auf Ihre Hypothek steuerlich geltend machen und von Ihrem Einkommen abziehen, bevor Sie Einkommenssteuer entrichten (so wie es etwa in den Vereinigten Staaten der Fall ist). Nehmen Sie an, der Steuersatz beträgt 25%. Für jeden Euro an Zinszahlungen auf die Hypothek zahlen Sie daher 25 Cent weniger an Steuern, so dass Sie im Prinzip eine Subvention für Ihre Hypothekenkosten vom Staat erhalten. Berechnen Sie für jeden Fall den realen Zinssatz, den Sie auf Ihre Hypothek zahlen, unter Berücksichtigung dieser Subvention.
   c. „In den Vereinigten Staaten ist die Inflation gut für die Hausbesitzer." Diskutieren Sie die Aussage.
4. Nehmen Sie an, dass das Wachstum von *M1* sehr hoch ist, das Wachstum von *M3* jedoch gleich Null. Sollte man sich in diesem Fall Sorgen wegen der Inflation machen?
5. Verwenden Sie die Formel

   $$H = [c + \theta(1 - c)]\, PYL(i)$$

   Zeigen Sie die drei Wege, auf denen die Geldpolitik den gleichgewichtigen Zinssatz bei einem gegebenen Niveau des Outputs senken kann. Erklären Sie für jeden Fall, wie der Mechanismus funktioniert.

Vertiefungsfragen

6. „Die Befürchtung, dass im Fall von Deflation die realen Zinssätze nicht negativ sein können, ist nicht angebracht. Die Fiskalpolitik kann die Kosten der Kreditaufnahme so weit senken wie sie will, indem sie die Kreditnehmer subventioniert." Diskutieren Sie die Aussage.

7. Weltweit haben viele Länder explizite Inflationsziele für die Zentralbank festgesetzt. Nehmen Sie an, das Inflationsziel ist π^* und die Phillipskurve entspricht der in diesem Kapitel beschriebenen:

$$\pi_t = \pi_{t-1} + \alpha(u_t - u_n)$$

   a. Die Zentralbank sei in der Lage, in jeder Periode eine Inflationsrate gleich dem Inflationsziel zu gewährleisten. Bedeutet dies, dass es zu dramatischen Fluktuationen bei der Arbeitslosigkeit kommen wird?
   b. Basierend auf Ihrer Antwort auf (a.), sollten alle Länder Inflationsziele einführen?

Weiterführende Fragen

8. Gehen Sie auf die Webseite der EZB `www.ecb.int` und studieren Sie die aktuellsten Monatsberichte.
   a. Wie hat sich die Wachstumsrate der Geldmenge im letzten Monat entwickelt?
   b. Scheint die EZB sich eher wegen einer Abschwächung der wirtschaftlichen Aktivität oder wegen eines Anstiegs der Inflation Sorgen zu machen?
   c. Wie entwickelte sich der Leitzins, der Hauptrefinanzierungszins?
   d. Welches Gewicht scheint die EZB bei ihrem Zwei-Säulen-Konzept in den vergangenen Monaten der *wirtschaftlichen Analyse,* welches der *monetären Analyse* zugemessen zu haben?

Weiterführende Literatur

Alan Blinder, ein Ökonom der Princeton University, war einige Zeit Mitglied des Direktoriums der Fed in Washington. Wie seine praktischen Erfahrungen die theoretische Analyse beeinflussen, schildert er in dem Band „Central Banking in Theory and Practise", Cambridge, MIT Press, 1998.

Ein kurzer Überblick über die Strategie des Inflationsziels findet sich in „Inflation Targeting: A New Framework for Monetary Policy?" von Ben Bernanke und Frederic Mishkin, Journal of Economic Perspectives, Spring 1997, S. 97–116.

Ökonomen der EZB geben einen umfassenden Überblick über ihre geldpolitische Strategie in dem Buch Monetary Policy in the Euro Area, Cambridge, London: Cambridge University Press, 2001. Als pdf-Version in Deutsch auch unter: `www.ecb.int/pub/pdf/monetarypolicy2001de.pdf`.

Kontroverse Argumente zur Bestimmung der optimalen Inflationsrate finden sich in dem Konferenzband „Why price stability? First ECB Central Banking Conference", November 2000, Frankfurt, `www.ecb.int/pub/pdf/whypricestability.pdf`.

Die Monatsberichte der Europäischen Zentralbank bieten (ebenso wie der jeweils im April erscheinende Geschäftsbericht) eine Fülle von detaillierten Hintergrundanalysen. Sie sind zugänglich auf der Homepage der EZB (`www.ecb.int`). Sie sollten ebenso zur regelmäßigen Lektüre angehender Wirtschaftswissenschaftler gehören wie die Monatsberichte der Deutschen Bundesbank (`www.bundesbank.de`).

Die Erklärung zur Überprüfung der geldpolitischen Strategie der EZB vom 8. Mai 2003 ist in ihrem Monatsbericht vom Juni 2003 nachzulesen. Zur Vorbereitung dieser Erklärung wurden umfangreiche Studien erstellt. Sie sind abrufbar auf der Homepage der EZB unter `www.ecb.int/pub/strategy/strategy.htm`.

In seinem Buch „Die Bank" (München, Karl Blessing Verlag, 1999) liefert der Journalist Matt Marschall eine unterhaltsame Darstellung des Starts der EZB mit vielen interessanten Anekdoten.

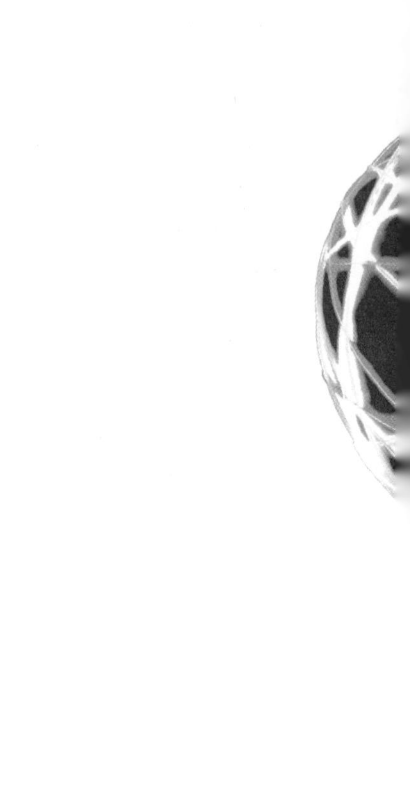

Kapitel 26 Die Fiskalpolitik – Eine Zusammenfassung

In Kapitel 25 haben wir uns einen Überblick über das Thema Geldpolitik verschafft. In diesem Kapitel fassen wir nun zusammen, was wir bisher über Fiskalpolitik gelernt haben und stellen, soweit noch nicht vorhanden, Zusammenhänge her.

Zunächst einmal fassen wir kurz zusammen, was wir bisher gelernt haben (die Fokusbox „Die Fiskalpolitik: Was wir bisher gelernt haben“ bietet eine detailliertere Zusammenfassung):

- In der kurzen Frist führt ein Budgetdefizit (etwa als Folge einer Steuersenkung) zu einer Erhöhung von Nachfrage und Produktion. Wie sich die Investitionen entwickeln, ist nicht eindeutig.
- In der mittleren Frist kehrt die Produktion zu ihrem natürlichen Niveau zurück. Der Zinssatz und die Zusammensetzung der Ausgaben haben sich dann jedoch verändert. Der Zinssatz ist höher; die privaten Investitionen niedriger.
- In der langen Frist implizieren niedrigere Investitionen einen kleineren Kapitalstock, und damit ein niedrigeres Produktionsniveau.

Bei der Ableitung dieser Schlussfolgerungen sind wir auf die staatliche Budgetrestriktion nicht ausdrücklich eingegangen, das heißt, auf den Zusammenhang zwischen Staatsverschuldung, Budgetdefizit, Staatsausgaben und Steuern. Unsere Diskussion der Fiskalpolitik in Japan in Kapitel 22 machte aber bereits deutlich, dass dieser Zusammenhang von großer Bedeutung ist: Nach einem Jahrzehnt großer Budgetdefizite ist die Staatsverschuldung in Japan enorm angestiegen. Dies schränkt wiederum den Spielraum für den weiteren Einsatz von Fiskalpolitik stark ein. Unsere wichtigste Aufgabe in diesem Kapitel besteht daher darin, die staatliche Budgetrestriktion und ihre Implikationen zu analysieren.

- In Abschnitt 26.1 leiten wir die staatliche Budgetrestriktion ab. Wir untersuchen ihre Implikationen für den Zusammenhang zwischen Budgetdefiziten, dem Zinssatz, der Wachstumsrate und der Staatsverschuldung.
- In Abschnitt 26.2 beschäftigen wir uns mit einigen Bereichen der Fiskalpolitik, für die diese Restriktion eine zentrale Bedeutung hat, angefangen mit der Aussage, dass Budgetdefizite nicht wirklich von Bedeutung sind, bis hin zu den Gefahren der Akkumulierung einer sehr hohen Staatsverschuldung.

Fokus: Die Fiskalpolitik: Was wir bisher gelernt haben

- In Kapitel 3 haben wir uns mit der Rolle von Staatsausgaben und Steuern bei der Bestimmung der Nachfrage und der Produktion in der kurzen Frist beschäftigt. Wir haben gesehen, wie in der kurzen Frist eine expansive Fiskalpolitik – das heißt, ein Anstieg der Staatsausgaben oder eine Steuersenkung – die Produktion steigen lässt.
- In Kapitel 5 haben wir uns mit den kurzfristigen Effekten der Fiskalpolitik auf Produktion und Zinssatz beschäftigt. Wir haben gesehen, wie bei einer expansiven Fiskalpolitik sowohl Produktion als auch Zinssatz steigen. Wir haben auch gesehen, wie Fiskal- und Geldpolitik koordiniert eingesetzt werden können, um sowohl das Niveau als auch die Zusammensetzung der Produktion zu beeinflussen.
- In Kapitel 7 haben wir uns mit den Effekten der Fiskalpolitik in der kurzen und in der mittleren Frist beschäftigt. Wir haben gesehen, dass sich eine expansive Fiskalpolitik in der mittleren Frist (bei gegebenem Kapitalstock) nicht auf das Produktionsniveau auswirkt, sondern auf die Zusammensetzung der Ausgaben. Der Zinssatz ist höher, die privaten Investitionen niedriger.
- In Kapitel 11 haben wir uns damit beschäftigt, wie die Ersparnis und somit auch das Budgetdefizit die Kapitalakkumulation und das Produktionsniveau in der langen Frist beeinflussen. Wenn wir die Wirkung auf die Kapitalakkumulation berücksichtigen, so reduziert ein größeres Budgetdefizit und eine entsprechend geringere volkswirtschaftliche Sparquote die Kapitalakkumulation. In der langen Frist liegt das Produktionsniveau also niedriger.
- In Kapitel 17 sind wir wieder zu den Effekten der Fiskalpolitik in der kurzen Frist zurückgekehrt. Wir haben dabei nicht nur die direkten Effekte der Fiskalpolitik durch Steuern und Staatsausgaben berücksichtigt, sondern auch die Effekte der Fiskalpolitik auf die Erwartungen. Wir haben gesehen, wie die Effekte der Fiskalpolitik davon abhängen, welche Erwartungen über die zukünftige Fiskal- und Geldpolitik vorherrschen. Dabei wurde transparent, wie eine Rückführung des Budgetdefizits unter gewissen Umständen zu einem Anstieg der Produktion – sogar in der kurzen Frist – führen kann.
- In Kapitel 19 haben wir uns mit den Effekten der Fiskalpolitik beschäftigt, wenn die Volkswirtschaft durch offene Gütermärkte charakterisiert ist. Wir haben gesehen, wie die Fiskalpolitik sowohl die Produktion als auch die Handelsbilanz beeinflusst, und wir haben den Zusammenhang zwischen dem Budgetdefizit und dem Handelsdefizit analysiert. Wir haben gesehen, wie Fiskalpolitik und Wechselkursanpassungen eingesetzt werden können, um das Niveau der Produktion und seine Zusammensetzung zu beeinflussen.
- In Kapitel 20 haben wir uns mit der Rolle der Fiskalpolitik in einer Volkswirtschaft beschäftigt, die sowohl offene Gütermärkte als auch offene Finanzmärkte aufweist. Wir haben gesehen, wie unter internationaler Kapitalmobilität die Effekte der Fiskalpolitik vom Wechselkursregime abhängen. Fiskalpolitik hat bei festen Wechselkursen eine sehr viel stärkere Wirkung auf die Produktion als bei flexiblen Wechselkursen.
- In Kapitel 23 haben wir uns mit dem Zusammenhang zwischen Fiskalpolitik, Geldmengenwachstum und Inflation beschäftigt. Wir haben gesehen, wie Budgetdefizite entweder durch Kreditaufnahme oder durch Geldschöpfung finanziert werden müssen. Wenn die Geldschöpfung zur hauptsächlichen Finanzierungsquelle wird, dann führen große Budgetdefizite zu hohem Geldmengenwachstum und hoher Inflation.
- In Kapitel 24 haben wir uns mit den Problemen beschäftigt, mit denen die politischen Entscheidungsträger konfrontiert sind, angefangen bei der Unsicherheit bezüglich der Wirkung von Politikmaßnahmen bis hin zu den Themen Zeitinkonsistenz und Glaubwürdigkeit. Wir haben die Vor- und die Nachteile von Beschränkungen der Fiskalpolitik gesehen, wie zum Beispiel von einem Verfassungszusatz, der ein ausgeglichenes Budget verlangt.
- In diesem Kapitel beschäftigen wir uns weiter mit den Implikationen der Budgetrestriktion, der sich die Regierung gegenübersieht, und diskutieren anschließend aktuelle Themen der Fiskalpolitik.

26.1 Die staatliche Budgetrestriktion

Nehmen wir an, dass die Regierung, ausgehend von einem ausgeglichenen Budget, Steuersenkungen verabschiedet und so ein Budgetdefizit herbeiführt. Wie wird sich die Staatsverschuldung im Zeitverlauf entwickeln? Wird die Regierung in Zukunft gezwungen sein, die Steuern zu erhöhen? Wenn ja, um wie viel wird sie die Steuern erhöhen müssen?

26.1.1 Die Arithmetik von Defiziten und Staatsverschuldung

Um diese Fragen beantworten zu können, müssen wir mit der Definition des Budgetdefizits beginnen. Die staatliche Budgetrestriktion besagt, dass die Veränderung der Staatsverschuldung während des Jahres *t* dem Defizit entspricht, das während des Jahres *t* entsteht.

$$Defizit_t = B_t - B_{t-1} = i\,B_{t-1} + G_t - T_t \qquad (26.1)$$

- B_{t-1} ist die Staatsverschuldung am Ende des Jahres $t-1$, oder, äquivalent, zu Beginn des Jahres t; B_t ist die Staatsverschuldung am Ende des Jahres t, i ist der Nominalzins. Der Term iB_{t-1} beschreibt demnach die nominalen Zinszahlungen auf die Staatsverschuldung im Jahr t.
- G_t sind die Staatsausgaben für Güter und Dienstleistungen während des Jahres t.
- T_t sind die Steuern abzüglich der Transfers während des Jahres t.

Nach unserer Definition bezeichnen die Staatsausgaben *G* die Ausgaben für Güter und Dienstleistungen. Transferzahlungen sind in *G* nicht enthalten. Die Transferzahlungen werden stattdessen von *T* abgezogen; *T* steht für die Steuern abzüglich der Transferzahlungen.

In Worten ausgedrückt: Das Budgetdefizit ist gleich den Staatsausgaben, einschließlich der Zinszahlungen auf die Staatsverschuldung, abzüglich der, um die Transferzahlungen korrigierten, Steuereinnahmen. Wird ein Defizit ausgewiesen, dann nimmt die Staatsverschuldung zu. Bei einem Überschuss nimmt die Staatsverschuldung ab.

Die Begriffe Defizit und Staatsverschuldung dürfen nicht verwechselt werden (Viele Journalisten und Politiker verwechseln sie). Die Staatsverschuldung ist eine Bestandsgröße, also das, was der Staat als Ergebnis früherer Defizite schuldet. Das Defizit ist eine Stromgröße und sagt aus, wie viel neue Schulden die Regierung während eines gegebenen Jahres aufnimmt.

Die staatliche Budgetrestriktion verknüpft die Veränderung der Staatsverschuldung mit dem anfänglichen Niveau der Staatsverschuldung (welches die Höhe der Zinszahlungen beeinflusst) und mit den aktuellen Staatsausgaben und Steuern. Es ist oftmals hilfreich, das Defizit in die Summe aus zwei Termen zu zerlegen:

- Die Zinszahlungen auf die Staatsverschuldung, $i\,B_{t-1}$.
- Die Differenz zwischen Staatsausgaben und Steuern, $G_t - T_t$. Dieser Term wird als Primärdefizit bezeichnet (äquivalent wird $T_t - G_t$ als Primärüberschuss bezeichnet).

Mit dieser Aufspaltung können wir Gleichung (26.1) wie folgt darstellen:

$$\overbrace{B_t - B_{t-1}}^{\text{Veränderung der Staatsverschuldung}} = \overbrace{i\,B_{t-1}}^{\text{Zinszahlungen}} + \overbrace{(G_t - T_t)}^{\text{Primärdefizit}}$$

Oder, wenn wir B_{t-1} auf die rechte Seite bringen und die Gleichung umstellen:

$$\underbrace{B_t}_{\text{Staatsverschuldung am Ende von Jahr t}} = \underbrace{(1+i)B_{t-1}}_{(1+i)B_{t-1}\text{ am Ende von Jahr } t-1} + \underbrace{G_t - T_t}_{\text{Primärdefizit}} \tag{26.2}$$

Die Staatsverschuldung am Ende des Jahres t, B_t, ergibt sich als Summe aus dem Schuldenstand am Ende des Jahres t–1, B_{t-1}, multipliziert mit $(1 + i)$ und dem Primärdefizit während des Jahres t, $(G_t - T_t)$. Dieser Zusammenhang wird sich für unsere weitere Vorgehensweise als sehr nützlich erweisen.

Gleichung (26.2) zeigt uns, wie sich die nominale Staatsschuld verändert. Letztlich sind wir aber an der realen Schuldenbelastung interessiert. In Zeiten hoher Inflation verringert sich der reale Schuldenstand ganz einfach deshalb, weil mit steigender Inflation fixe nominale Zahlungen real immer weniger wert werden. Die nominalen Zahlen können daher äußerst irreführend sein. Wie in Kapitel 14 lassen sich Nominalwerte und Nominalzinsen aber einfach in reale Werte und Realzinsen überführen, indem wir Gleichung (26.2) durch den jeweiligen Preisindex dividieren. Die reale Maßzahl für das Defizit wird oft als inflationsbereinigtes Defizit bezeichnet. In der Fokusbox „Inflationsbereinigte Maßzahlen für das Budgetdefizit" wird gezeigt, dass die Zinszahlungen auf diese Weise korrekt gemessen werden.

Wenn wir durch den Preisindex teilen, können wir die staatliche Budgetrestriktion wie folgt umformulieren:

$$\frac{B_t}{P_t} = (1+r)\frac{B_{t-1}}{P_{t-1}} + \frac{G_t - T_t}{P_t} \tag{26.3}$$

Bei allen Größen zur Berechnung des realen Budgetdefizits im Jahr t handelt es sich um reale Variablen. Auch die Zinszahlungen messen wir als reale Zinszahlungen – das heißt, es handelt sich hier um das Produkt aus dem realen Zinssatz und den existierenden Schulden, nicht um die nominalen Zinszahlungen.

Fokus: Inflationsbereinigte Maßzahlen für das Budgetdefizit

Die offiziellen Maßzahlen für das Budgetdefizit (Gleichung (26.1)) sind so konstruiert, dass sich das Budgetdefizit als Summe aus den nominalen Zinszahlungen, *iB*, und den Staatsausgaben für Güter und Dienstleistungen, *G*, abzüglich der um die Transferzahlungen bereinigten Steuern, *T*, ergibt. Dieser Ausdruck misst den Cash-Flow des Staates. Ist diese Maßzahl positiv, dann gibt der Staat mehr aus als er einnimmt; er muss daher Kredit aufnehmen. Wenn die Maßzahl negativ ist, dann kauft der Staat einen Teil seiner in der Vergangenheit ausgegebenen Schulden zurück.

Dieser Ausdruck ist jedoch keine zuverlässige Maßzahl für die Veränderung der realen Staatsverschuldung – das heißt, für die Veränderung der Schulden des Staates, ausgedrückt in Gütern, nicht in Euro.

Um zu sehen, warum dies nicht der Fall ist, betrachten wir das folgende Beispiel: Nehmen wir an, die offizielle Maßzahl für das Budgetdefizit ist gleich Null, so dass der Staat weder Schulden aufnimmt, noch Schulden zurückzahlt. Nehmen wir zudem an, die Inflation sei 10%. Dann ist am Ende des Jahres der reale Wert der Schuld um 10% gesunken.

Wenn wir das Defizit als Veränderung des realen Wertes der Staatsverschuldung definieren – so wie wir es sollten – dann hat der Staat im Lauf des Jahres seine reale Verschuldung um 10% reduziert. Anders ausgedrückt, der Staat hat einen Budgetüberschuss in Höhe von 10% der ursprünglichen Staatsverschuldung erzielt.

Allgemeiner formuliert: Wenn B für die Staatsverschuldung steht, und π für die Inflation, dann überschätzt die offizielle Maßzahl für das Budgetdefizit die korrekte Maßzahl um einen Betrag in Höhe von πB. Man erhält die korrekte Maßzahl für das Budgetdefizit, indem wir Gleichung (26.2) zunächst durch das Preisniveau dividieren:

$$\frac{B_t}{P_t} = (1+i_t)\frac{B_{t-1}}{P_t} + \frac{G_t - T_t}{P_t}.$$

Setzen wir die Definition der Inflationsrate $P_t = P_{t-1}\,(1 + \pi_t)$an geeigneter Stelle ein, erhalten wir:

$$\frac{B_t}{P_t} = (1+i_t)\frac{B_{t-1}}{P_{t-1}\,(1+\pi_t)} + \frac{G_t - T_t}{P_t}$$

oder umgeformt:

$$\frac{B_t}{P_t} = \frac{1+i_t}{1+\pi_t}\frac{B_{t-1}}{P_{t-1}} + \frac{G_t - T_t}{P_t}.$$

Wie Anhang A2.6 zeigt, gilt näherungsweise:

$$\frac{1+i_t}{1+\pi_t} \approx 1 + i_t - \pi_t\,.$$

Der ex post realisierte Realzins entspricht nun gerade dem Nominalzins, korrigiert um die tatsächliche Inflationsrate. Deshalb gilt: $1 + i_t - \pi_t = 1 + r_t$. Setzen wir diese Ausdrücke in Gleichung (26.2) ein, erhalten wir das korrekte Maß für das Budgetdefizit, Gleichung (26.3).

Die korrekte Maßzahl für das reale Budgetdefizit entspricht den realen Zinszahlungen plus den Staatsausgaben abzüglich der, um die Transferzahlungen bereinigten, Steuern. Diese Maßzahl haben wir im Text verwendet. (Wichtig ist hier, dass r gleich dem nominalen Zinssatz abzüglich der aktuellen Inflation ist. Es wäre genauer, r als „ex post realisierten realen Zinssatz" zu bezeichnen, um ihn vom ex ante geforderten realen Zinssatz zu unterscheiden. Dieser entspricht dem nominalen Zinssatz abzüglich der erwarteten Inflation.)

Die Differenz zwischen der offiziellen und der korrekten Maßzahl für das Budgetdefizit ist gleich πB. Je höher die Inflationsrate π und je höher die Staatsverschuldung B, desto unzuverlässiger die offizielle Maßzahl. In Ländern, in denen sowohl die Inflation als auch die Staatsverschuldung hoch sind, weist die offizielle Maßzahl unter Umständen ein sehr hohes Budgetdefizit aus, obwohl die reale Staatsverschuldung de facto abnimmt. Aus diesem Grund sollte man immer um die Inflation bereinigen, bevor man Schlussfolgerungen bezüglich der Position der Fiskalpolitik ableitet.

Abbildung 1 gibt die offizielle Maßzahl und die inflationsbereinigte Maßzahl für das Budgetdefizit der Vereinigten Staaten für die Haushaltsjahre von 1968 bis 2001 wieder. (Zur Erinnerung: Das Haushaltsjahr beginnt am ersten Oktober des vorangegangenen Kalenderjahres und endet am 30. September des aktuellen Kalenderjahres). Der offiziellen Maßzahl zufolge ergibt sich für sämtliche Jahre von 1970 bis 1997 ein Budgetdefizit (ein negativer Wert entspricht einem Budgetdefizit). Nach der inflationsbereinigten Maßzahl dagegen wechseln sich Defizite und Überschüsse bis Ende der 70er Jahre ab. Beide Maßzahlen zeigen jedoch, um wie viel größer das Defizit nach 1980 wurde, und wie sich die Situation in den 90er Jahren verbessert hat. Bei einer Inflation von ungefähr 2,5% und einem Verhältnis von Staatsverschuldung zu BIP von ungefähr 30% beträgt die Differenz zwischen den beiden Maßzahlen ungefähr 2,5% mal 30%, oder 0,7% des BIP. Anders ausgedrückt, ein offizielles Budgetdefizit von 0,0% des BIP entspricht einem tatsächlichen Budgetüberschuss von ungefähr 0,7%.

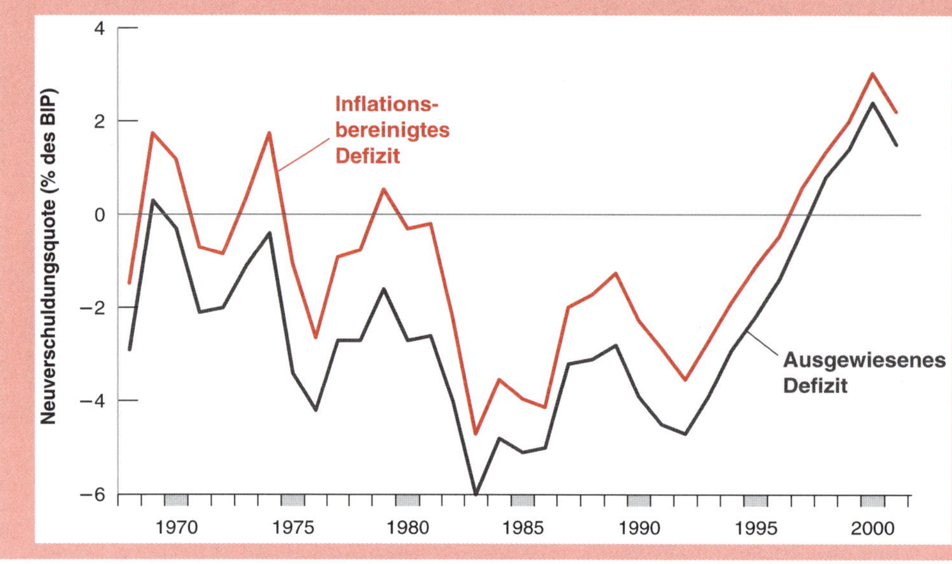

Abbildung 1: Das offizielle Budgetdefizit und das inflationsbereinigte Budgetdefizit für die Vereinigten Staaten, 1968-2001

26.1.2 Aktuelle Steuern versus zukünftige Steuern

Welche Implikationen ergeben sich für die Entwicklung der Staatsverschuldung und der zukünftigen Steuern, wenn die Steuern über den Zeitraum eines Jahres hinweg gesenkt werden? Gehen wir von einer Situation aus, in der das Budget bis zum Jahr 1 ausgeglichen war. Die anfängliche Staatsverschuldung ist also gleich Null. Während des Jahres 1 senkt die Regierung die Steuern für den Zeitraum eines Jahres um 1 (zum Beispiel um 1 Milliarde Euro). Die Staatsverschuldung am Ende des Jahres 1, B_1, ist daher gleich 1. Wir beschäftigen uns nun mit der Frage, was in dieser Situation weiter geschieht.

Volle Rückzahlung im Jahr 2

Gleichung (26.3) gibt uns die Budgetrestriktion für das Jahr 2 an:

$$B_2 = (1 + r)B_1 + (G_2 - T_2)$$

In diesem Abschnitt gehen wir davon aus, dass es keine Inflation gibt, dass also Real- und Nominalzins identisch sind. Wir können dann das Preisniveau normieren auf $P_t = P_{t-1} = 1$. Prüfen Sie selbst, welche Modifikationen bei positiver Inflation notwendig werden.

Nehmen wir an, die Regierung beschließt, die Staatsverschuldung während des Jahres 2 vollständig zurückzuzahlen. Dann ist die Staatsverschuldung am Ende des Jahres 2 gleich Null: $B_2 = 0$. Ersetzten wir B_1 durch 1 und B_2 durch 0 und stellen wir den Ausdruck um, dann erhalten wir:

$$T_2 - G_2 = (1 + r)\, B_1 = (1 + r)$$

Um die Staatsverschuldung während des Jahres 2 vollständig zurückzahlen zu können, muss die Regierung ein Primärdefizit in Höhe von $(1 + r)$ erzielen. Dies kann sie auf zwei verschiedene Wege erreichen: Eine Reduktion der Ausgaben oder eine Erhöhung der Steuern. Wir werden hier und im Weiteren annehmen, dass die Anpassung über die Steuern erfolgt, so dass der Pfad der Ausgaben nicht beeinflusst wird. Die im

Jahr 1 durchgeführte Steuersenkung in Höhe von 1 muss dann im Jahr 2 durch eine Steuererhöhung in Höhe von $(1 + r)$ ausgeglichen werden.

Der Pfad der Steuern und der Staatsverschuldung für diesen Fall ist in Abbildung 26.1a dargestellt: Wird die Staatsverschuldung im Jahr 2 vollständig zurückgezahlt, dann erfordert die Steuersenkung um 1 im Jahr 1 eine Steuererhöhung in Höhe von $(1 + r)$ im Jahr 2.

Volle Rückzahlung im Jahr 2: $T_1 \downarrow$ **um 1** $\Rightarrow T_2 \uparrow$ **um** $(1+r)$

Volle Rückzahlung im Jahr t

Nehmen wir nun an, die Regierung beschließt, bis zum Jahr t zu warten, bis sie die Staatsverschuldung zurückzahlt. Von Jahr 2 an bis zum Jahr $t - 1$ bleibt das Primärdefizit also gleich Null – Steuereinnahmen und Staatsausgaben sind gleich groß, wenn wir die Zinszahlungen auf die Staatsverschuldung nicht berücksichtigen.

Auch während des zweiten Jahres ist das Primärdefizit gleich Null. Aus Gleichung (26.3) wissen wir daher, dass die Staatsverschuldung am Ende des zweiten Jahres gleich dem folgenden Ausdruck ist:

$$B_2 = (1 + r)B_1 + 0 = (1 + r)1 = (1 + r)$$

Das zweite Gleichheitszeichen folgt aus der Tatsache, dass $B_1 = 1$.

Das Primärdefizit im dritten Jahr ist immer noch gleich Null, so dass sich für das Ende des dritten Jahres ein Schuldenstand in Höhe des folgenden Ausdrucks ergibt:

$$B_3 = (1 + r)B_2 + 0 = (1 + r)(1 + r)1 = (1 + r)^2$$

Wenn wir nach dem Schuldenstand am Ende des vierten Jahres und so weiter auflösen, dann wird klar, dass die Staatsverschuldung, solange die Regierung ein Primärdefizit von Null ausweist, mit einer Wachstumsrate in Höhe des Zinssatzes wächst. Am Ende des Jahres t-1 nimmt die Staatsverschuldung folgenden Wert an:

$$B_{t-1} = (1 + r)^{t-2} \tag{26.4}$$

Obwohl die Steuern ausschließlich im ersten Jahr gesenkt wurden, wächst die Staatsverschuldung im Lauf der Zeit an. Die Wachstumsrate ist gleich dem Zinssatz. Der Grund dafür ist einfach: Das Primärdefizit ist zwar gleich Null, die Staatsverschuldung ist jedoch positiv, es sind also Zinszahlungen auf die Staatsverschuldung zu entrichten. Jedes Jahr muss die Regierung zusätzlichen Kredit aufnehmen, um die Zinsen auf die existierende Staatsverschuldung bezahlen zu können.

Im Jahr t, in dem Jahr, in dem die Regierung beschließt die Schulden zurückzuzahlen, ergibt sich die folgende Budgetrestriktion:

$$B_t = (1 + r)B_{t-1} + (G_t - T_t)$$

Werden die Schulden im Jahr t vollständig zurückgezahlt, dann ergibt sich am Ende des Jahres ein Schuldenstand B_t in Höhe von Null. Wenn wir B_t durch den Wert Null ersetzen und B_{t-1} durch den Ausdruck aus Gleichung (26.4), dann erhalten wir:

$$0 = (1 + r)(1 + r)^{t-2} – 1\ (G_t - T_t)$$

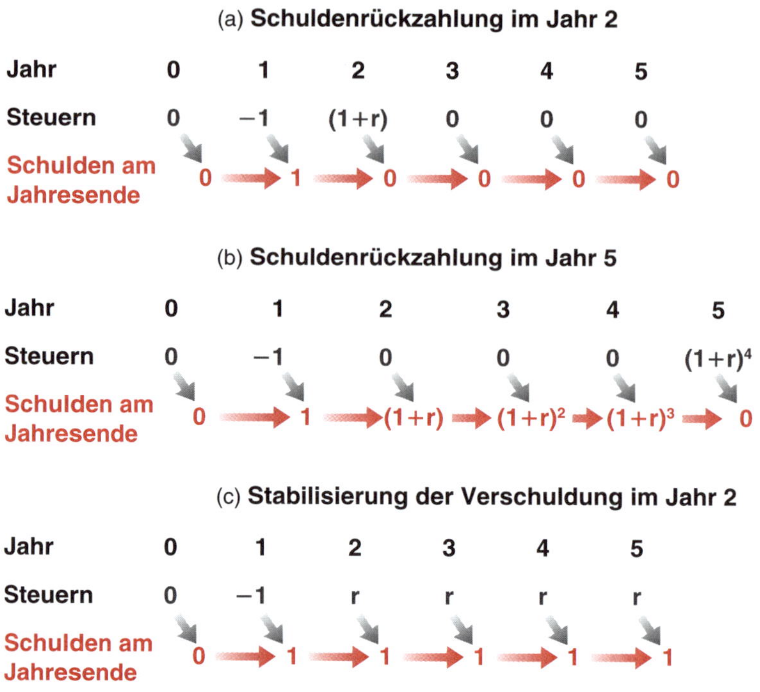

Abbildung 26.1: Steuersenkungen, Schuldenrückzahlung und Stabilisierung der Staatsverschuldung

a): Wird die Staatsverschuldung im zweiten Jahr vollständig zurückgezahlt, dann erfordert eine Steuersenkung in Höhe von 1 im ersten Jahr eine Steuererhöhung in Höhe von $(1 + r)$ im zweiten Jahr.

b): Wird die Staatsverschuldung erst im fünften Jahr vollständig zurückgezahlt, dann erfordert eine Steuersenkung in Höhe von 1 im ersten Jahr eine Steuererhöhung in Höhe von $(1 + r)^4$ im fünften Jahr.

c): Wenn die Staatsverschuldung vom zweiten Jahr an stabilisiert wird, dann müssen die Steuern vom zweiten Jahr an permanent um r höher sein.

(a) **Schuldenrückzahlung im Jahr 2**

Jahr	**0**	**1**	**2**	**3**	**4**	**5**
Steuern	0	−1	(1+r)	0	0	0
Schulden am Jahresende	0	1	0	0	0	0

(b) **Schuldenrückzahlung im Jahr 5**

Jahr	**0**	**1**	**2**	**3**	**4**	**5**
Steuern	0	−1	0	0	0	$(1+r)^4$
Schulden am Jahresende	0	1	(1+r)	$(1+r)^2$	$(1+r)^3$	0

(c) **Stabilisierung der Verschuldung im Jahr 2**

Jahr	**0**	**1**	**2**	**3**	**4**	**5**
Steuern	0	−1	r	r	r	r
Schulden am Jahresende	0	1	1	1	1	1

Die Exponenten werden addiert: $(1 + r)(1 + r)^{t-2} = (1 + r)^{t-1}$ **Siehe auch Anhang 2 am Ende des Buches.**

Wenn wir die Gleichung umstellen und $(G_t - T_t)$ auf die linke Seite bringen, dann ergibt sich:

$$T_t - G_t = (1 + r)^{t-1}$$

Vollständige Rückzahlung im fünften Jahr: $T_1 \downarrow$ um 1 $\Rightarrow T_5 \uparrow$ um $(1+r)^4$

Um die Schulden zurückzuzahlen, muss die Regierung im Jahr t einen Primärüberschuss in Höhe von $(1 + r)^{t-1}$ ausweisen. Wenn die Anpassung durch Steuern erfolgt, dann führt die ursprüngliche Steuersenkung im ersten Jahr zu einer Steuererhöhung im Jahr t in Höhe von $(1 + r)^{t-1}$. Der Pfad der Steuern und der Staatsverschuldung für den Fall, dass die Schulden im fünften Jahr zurückgezahlt werden, ist in Abbildung 26.1b dargestellt.

Aus diesem Beispiel können wir unsere ersten Schlussfolgerungen ableiten:

- Wenn die Staatsausgaben unverändert bleiben, dann muss eine Steuersenkung schließlich irgendwann in der Zukunft durch eine Steuererhöhung ausgeglichen werden.
- Je länger die Regierung wartet, die Steuern zu erhöhen, oder je höher der reale Zinssatz ist, desto höher ist die am Ende benötigte Steuererhöhung.

Stabilisierung der Staatsverschuldung im Jahr *t*

Bisher haben wir angenommen, dass die Regierung die Schulden vollständig zurückzahlt. Wir wollen nun analysieren, wie sich die Steuern entwickeln, wenn die Regierung die Staatsverschuldung lediglich stabilisiert. (Unter Stabilisierung der Staatsverschuldung versteht man, dass die Steuern oder die Staatsausgaben so verändert werden, dass die Staatsverschuldung konstant bleibt.)

Nehmen wir an, die Regierung beschließt, die Staatsverschuldung vom zweiten Jahr an zu stabilisieren. Eine Stabilisierung der Staatsverschuldung vom zweiten Jahr an bedeutet, dass die Staatsverschuldung am Ende des zweiten Jahres und in den darauf folgenden Jahren auf demselben Niveau wie am Ende des ersten Jahres verbleibt.

Aus Gleichung (26.3) erhalten wir die Budgetrestriktion für das zweite Jahr:

$$B_2 = (1 + r)\, B_1 + (G_2 - T_2)$$

Unter unserer Annahme, dass die Staatsverschuldung im zweiten Jahr stabilisiert wird, gilt $B_2 = B_1 = 1$. Setzen wir dies in die vorangegangene Gleichung ein, erhalten wir:

$$1 = (1 + r) + (G_2 - T_2)$$

Wir stellen die Gleichung um und bringen $(G_2 - T_2)$ auf die linke Seite:

$$T_2 - G_2 = (1 + r) - 1 = r$$

Um einen weiteren Anstieg der Staatsverschuldung im zweiten Jahr zu vermeiden, muss die Regierung einen Primärüberschuss in Höhe der realen Zinszahlungen auf die existierende Staatsverschuldung ausweisen. In den folgenden Jahren muss die Regierung ebenfalls einen Primärüberschuss in Höhe der realen Zinszahlungen auf die existierende Staatsverschuldung ausweisen: Jedes Jahr muss der Primärüberschuss groß genug sein, um die Zinszahlungen abzudecken, so dass die Höhe der Staatsverschuldung unverändert bleibt. Der Pfad der Steuern und der Staatsverschuldung ist in Abbildung 26.1c dargestellt: Die Staatsverschuldung bleibt vom ersten Jahr an gleich 1; die Steuern bleiben von Ende des ersten Jahres an auf einem um r höheren Niveau; äquivalent, vom Ende des ersten Jahres an weist die Regierung einen Primärüberschuss in Höhe von r aus.

Stabilisierung der Staatsverschuldung vom zweiten Jahr an:
$T_1 \downarrow$ um 1 $\Rightarrow T_2, T_3, \ldots \uparrow$ um r

Die Logik hinter dieser Argumentation lässt sich direkt auf den Fall ausweiten, in dem die Regierung bis zum Jahr t wartet, bis sie die Staatsverschuldung stabilisiert. Wann auch immer die Regierung die Staatsverschuldung stabilisiert, muss sie von diesem Zeitpunkt an einen Primärüberschuss ausweisen, der ausreicht, um die Zinszahlungen auf die Staatsverschuldung begleichen zu können.

Dieses Beispiel liefert uns unsere zweiten Schlussfolgerungen:

- Das Vermächtnis von Budgetdefiziten in der Vergangenheit besteht in einer höheren Staatsverschuldung.
- Um die Staatsverschuldung zu stabilisieren, muss die Regierung das Budgetdefizit eliminieren.
- Um das Budgetdefizit zu eliminieren, muss die Regierung einen Primärüberschuss in Höhe der Zinszahlungen auf die existierende Staatsverschuldung ausweisen.

26.1.3 Die Entwicklung der Schuldenquote

Wir haben uns bisher auf die Entwicklung des Niveaus der Staatsverschuldung konzentriert. In einer Volkswirtschaft, in der die Produktion im Zeitverlauf wächst, ist es jedoch sinnvoller, sich stattdessen auf die Schuldenquote – das Verhältnis von Staatsverschuldung zum BIP – zu konzentrieren. Um zu sehen, wie durch diese Veränderung des Blickwinkels unsere Schlussfolgerungen modifiziert werden, müssen wir von Gleichung (26.2) zu einer modifizierten Gleichung übergehen. Sie beschreibt die Entwicklung der Schuldenquote.

Die Arithmetik der Schuldenquote

Um die Entwicklung der Schuldenquote abzuleiten, brauchen wir mehrere Schritte; doch keine Sorge, die Gleichung, die wir am Ende erhalten, ist leicht zu verstehen.

Zunächst müssen wir beide Seiten von Gleichung (26.2) durch das nominale BIP, P_tY_t, dividieren. Wir erhalten dann:

$$\frac{B_t}{P_t\,Y_t} = (1+i_t)\frac{B_{t-1}}{P_t\,Y_t} + \frac{G_t - T_t}{P_t\,Y_t}$$

Im nächsten Schritt schreiben wir

B_{t-1}/P_tY_t als $(B_{t-1}/P_{t-1}Y_{t-1})(Y_{t-1}/Y_t)(P_{t-1}/P_t)$, also:

$$\frac{B_t}{P_t\,Y_t} = (1+i_t)\left(\frac{P_{t-1}}{P_t}\right)\left(\frac{Y_{t-1}}{Y_t}\right)\frac{B_{t-1}}{P_{t-1}\,Y_{t-1}} + \frac{G_t - T_t}{P_t\,Y_t}$$

Wir definieren nun die Schuldenquote als die Verschuldung bezogen auf das nominale BIP, so dass:

$$b_t = \frac{B_t}{P_t\,Y_t};\; b_{t-1} = \frac{B_{t-1}}{P_{t-1}\,Y_{t-1}}$$

Beginnen wir mit $Y_t = (1 + g_t)\,Y_{t-1}$. Wir dividieren beide Seiten durch Y_t und erhalten: $1 = (1 + g_t)\,Y_{t-1}/Y_t$. Umstellung ergibt: $Y_{t-1}/Y_t = 1/(1 + g_t)$. Genauso können wir für die Entwicklung des Preisniveaus schreiben: $P_{t-1}/P_t = 1/(1 + \pi_t)$

und vereinfachen so den Ausdruck zu:

$$b_t = (1+i_t)\left(\frac{P_{t-1}}{P_t}\right)\left(\frac{Y_{t-1}}{Y_t}\right)b_{t-1} + \frac{G_t - T_t}{P_t\,Y_t}$$

Um diese Gleichung zu vereinfachen verwenden wir die Definition der Inflationsrate und der Wachstumsrate der Produktion (wir bezeichnen sie mit g_t, so dass Y_{t-1}/Y_t als $1/(1 + g_t)$ geschrieben werden kann). Schließlich nutzen wir die Approximation

Diese Approximation wird ergibt sich aus Proposition 6 in Anhang 2 am Ende des Buches.

$$\frac{1+i_t}{(1+\pi_t)\,(1+g_t)} \approx 1 + i_t - \pi_t - g_t = 1 + r_t - g_t$$

So lässt sich die vorangegangene Gleichung wie folgt darstellen:

$$b_t = (1 + r_t - g_t)\, b_{t-1} + \frac{G_t - T_t}{P_t\, Y_t}$$

Wenn wir die Gleichung umstellen, dann erhalten wir:

$$b_t - b_{t-1} = (r_t - g_t) b_{t-1} + \frac{G_t - T_t}{P_t\, Y_t} \qquad (26.5)$$

Auch wenn einige Zwischenschritte nötig waren, haben wir nun eine Gleichung, die sehr leicht zu interpretieren ist. Die Veränderung der Schuldenquote im Zeitverlauf (die linke Seite der Gleichung) setzt sich aus zwei Termen zusammen:

- Der erste Term ist die Differenz aus dem realen Zinssatz und der Wachstumsrate, multipliziert mit der ursprünglichen Schuldenquote.
- Der zweite Term ist das Verhältnis des Primärdefizits zum BIP.

Vergleichen wir nun Gleichung (26.5), durch welche die Entwicklung der Schuldenquote beschrieben wird, mit Gleichung (26.1), durch welche die Entwicklung des Niveaus der Staatsverschuldung beschrieben wird. Der Unterschied besteht in dem Ausdruck $(r - g)$ in Gleichung (26.5) im Vergleich zu i in Gleichung (26.1). Dieser Unterschied lässt sich leicht erklären: Zum einen haben wir durch die Betrachtung von Quoten die nominale Verschuldung um Inflationseffekte bereinigt, so dass nun der Realzins ausschlaggebend ist. Zum anderen müssen wir die Effekte einer wachsenden Wirtschaft berücksichtigen. Nehmen wir an, das Primärdefizit ist gleich Null. Die Staatsverschuldung wächst dann mit einer Wachstumsrate gleich dem realen Zinssatz r. Wenn jedoch das BIP ebenfalls wächst, dann wird die Schuldenquote langsamer wachsen; sie wird nur mit einer Rate gleich dem realen Zinssatz abzüglich der Wachstumsrate der Produktion, $(r - g)$, wachsen.

Wenn zwei Variablen (hier die Staatsverschuldung und das BIP) mit den Raten r und g wachsen, dann wächst das Verhältnis der beiden Variablen mit der Rate $(r - g)$. Siehe Proposition 8 in Anhang 2 am Ende des Buches.

Die Entwicklung der Schuldenquote in OECD-Ländern

Gleichung (26.5) impliziert, dass der Anstieg der Schuldenquote umso stärker sein wird:

je höher der reale Zinssatz,
je niedriger die Wachstumsrate der Produktion,
je höher die ursprüngliche Schuldenquote,
je höher das Verhältnis des Primärdefizits zum BIP.

Diese Liste liefert uns nützliche Anhaltspunkte für die Beurteilung der Entwicklung der Schuldenquote während der letzten vier Jahrzehnte in den OECD-Ländern.

Zu den OECD-Ländern zählen die meisten reichen Länder der Welt. (In Kapitel 1 findet sich eine Beschreibung und eine Liste der Länder.)

- Die 60er Jahre waren durch starkes Wachstum gekennzeichnet, so stark, dass die durchschnittliche Wachstumsrate in den meisten Ländern den durchschnittlichen realen Zinssatz überstieg. $(r - g)$ war daher negativ. Die meisten Länder konnten ihre Schuldenquote zurückführen, ohne große Primärüberschüsse ausweisen zu müssen.

60er Jahre: hohes g, niedriges $r \Rightarrow B/Y \downarrow$

70er Jahre: geringeres g, sehr niedriges $r \Rightarrow B/Y \downarrow$

- Die 70er Jahre waren durch ein geringeres Wachstum gekennzeichnet, jedoch auch durch sehr niedrige reale Zinssätze (die nominalen Zinssätze waren hoch, die erwartete Inflation war jedoch ebenfalls hoch). Daher war $(r - g)$ im Durchschnitt wieder negativ, so dass es in den meisten OECD-Ländern zu einem weiteren Rückgang der Schuldenquote kam.

Tabelle 26.1: Schuldenquote und Primärüberschüsse für die Vereinigten Staaten, die Europäische Union und ausgewählte europäische Staaten, 1981-2000 (Prozent des BIP)

Die Schuldenquote bezieht sich auf die Bruttoverschuldung. Der Primärüberschuss gibt den Überschuss von Einnahmen über Ausgaben (ohne Zinszahlungen) als Anteil am BIP an.

	Schuldenquote (%)			Primärüberschuss (%)
Land	1981	1995	2000	2000
Vereinigte Staaten	44,4	74,2	58,8	4,1
Europäische Union	40,2	81,3	75,7	3,7
Deutschland	34,8	57,1	60,5	4,0
Italien	65,5	133,9	124,3	5,3
Belgien	88,8	133,9	109,6	6,6

Quelle: OECD Economic Outlook, Juni 2003.

80er Jahre: niedriges g, hohes $r \Rightarrow B/Y \uparrow$

- Die Situation veränderte sich dramatisch zu Beginn der 80er Jahre. Die realen Zinssätze stiegen an; gleichzeitig gingen die Wachstumsraten zurück. Um einen Anstieg ihrer Schuldenquoten zu vermeiden, hätten die OECD-Länder hohe Primärüberschüsse ausweisen müssen. Dies haben sie jedoch nicht getan; ihre Schuldenquoten stiegen schnell an.

90er Jahre: niedriges g, hohes r, Primärüberschuss $> 0 \Rightarrow B/Y \rightarrow$

- In den 90er Jahren blieben die realen Zinssätze auf einem hohen Niveau; die Wachstumsraten blieben niedrig. Es wurde zunehmend deutlich, dass den meisten Ländern nur eine einzige Alternative offen stand, um ihre Schuldenquoten zu stabilisieren: Das Ausweisen von größeren Primärüberschüssen. Die meisten OECD-Länder haben diesen Weg eingeschlagen. Am Ende der 90er Jahre weisen die meisten Länder Primärüberschüsse aus, um einen Rückgang ihrer Schuldenquoten zu erreichen.

Tabelle 26.1 zeigt die Entwicklung der Schuldenquote für die Vereinigten Staaten und die Europäischen Union, sowie für drei einzelne Länder, Deutschland, Belgien und Italien, von 1981 bis 2000.

Auffallend ist, wie stark die Schuldenquoten sowohl in den Vereinigten Staaten als auch in der Europäische Union seit Beginn der 80er Jahre angestiegen sind. Seit Mitte der 90er Jahre sind die Schuldenquoten (mit Ausnahme von Deutschland) langsam zurückgegangen. Wie in der letzten Spalte zu sehen ist, liegt die Ursache für diesen Umschwung darin, dass sowohl die Vereinigten Staaten als auch die Europäische Union Primärüberschüsse aufwiesen. Der Anstieg der Schuldenquoten in Italien und Belgien war besonders markant. Diese Länder weisen Schuldenquoten von über 100% des BIP auf. In diesen Ländern führen Primärüberschüsse nur langsam zu einem Rückgang der Schuldenquoten.

Die Rückführung der Defizite in Europa spielte im Vertrag von Maastricht eine zentrale Rolle (vgl. dazu auch Kapitel 24). Der Vertrag legt für die Länder des Euroraumes eine Obergrenze für Defizitquote und Schuldenquote von 3% bzw. 60% fest. Überlegen wir uns, wie diese Regeln sich langfristig auswirken. Was würde passieren, wenn die Staaten im Euroraum jedes Jahr eine konstante Defizitquote von 3% aufweisen? Die nominale Defizitquote erhalten wir, indem wir Gleichung (26.1) durch das BIP dividieren:

Mehr zum Vertrag von Maastricht sowie zur aktuellen Entwicklung der Budgetdefizite in den Vereinigten Staaten und im Euroraum findet sich in Kapitel 24.

$$(B_t - B_{t-1})/P_t\, Y_t = (i\, B_{t-1} + G_t - T_t)/\mathrm{P}_t\, Y_t = d$$

Unterstellen wir eine konstante Defizitquote d, so verändert sich die Schuldenquote Gleichung (26.5) entsprechend $b_t - b_{t-1} = d - (g + \pi)\, b_{t-1}$

Bei konstanter Defizitquote, konstanter Inflation und konstanter Wachstumsrate konvergiert die Schuldenquote langfristig gegen einen konstanten Wert. Diesen Wert können wir berechnen, indem wir $b_t - b_{t-1} = b$ setzen. Wir erhalten dann $b = d\,/(g + \pi)$.

Zum Zeitpunkt des Vertrags von Maastricht ging man von einer Inflationsrate $\pi = 0.02 = 2\%$ und einem Wachstum von ca. $g = 0.03 = 3\%$ aus. Für diese Konstellation konvergiert die Schuldenquote bei einer nominalen Defizitquote $d = 0{,}03$ langfristig gegen $b = 0{,}03/(0{,}03+0{,}02) = 0{,}6 = 60\%$.

Der Stabilitäts- und Wachstumspakt verlangt mittelfristig einen ausgeglichenen nominalen Haushalt, also $d = 0$. Bei einem ausgeglichenen Haushalt wird die Schuldenquote langfristig gegen $b = 0$ konvergieren.

Was haben wir in diesem Abschnitt gelernt? Wir haben die staatliche Budgetrestriktion analysiert. Wir haben gesehen, dass die Veränderung der Schuldenquote als Summe des Verhältnisses des Primärdefizits zum BIP und des Verhältnisses von Staatsverschuldung zum BIP multipliziert mit dem realen Zinssatz minus der Wachstumsrate ausgedrückt werden kann.

In den 80er Jahren trugen hohe Zinssätze, ein niedriges Wachstum und Primärdefizite zu einem Anstieg der Staatsverschuldung in den meisten OECD-Ländern bei.

In den 90er Jahren haben die meisten Länder Primärüberschüsse erzielt; die Schuldenquoten sind in den meisten Ländern zurückgegangen.

26.2 Fünf Themen aus der Fiskalpolitik

Bisher haben wir die Mechanismen analysiert, die hinter der staatlichen Budgetrestriktion stehen, wir können uns nun mit fünf Themen beschäftigen, für die diese Restriktion eine zentrale Rolle spielt.

26.2.1 Die Ricardianische Äquivalenz

Wie beeinflusst die Beachtung der staatlichen Budgetrestriktion die Sicht, die wir von den Auswirkungen von Budgetdefiziten auf die Produktion haben sollten?

Ricardo entwickelte zwar die Logik dieses Arguments, trotzdem zeigte er viele Gründe auf, warum das Argument in der Praxis aus seiner Sicht nicht relevant ist. Im Gegensatz zu Ricardo argumentiert Barro, dass das Argument nicht nur aus logischer Sicht korrekt ist, sondern auch eine gute Beschreibung der Realität darstellt.

Eine extreme Sichtweise ist, dass weder Budgetdefizite noch Staatsverschuldung einen Effekt auf die wirtschaftliche Aktivität haben, sobald man die staatliche Budgetrestriktion berücksichtigt! Dieses Argument ist als Ricardianische Äquivalenz bekannt. David Ricardo, ein englischer Ökonom des 19. Jahrhunderts, hat dieses Argument als Erster vorgebracht. Es wurde in den 70er Jahren von Robert Barro – damals an der University of Chicago, jetzt an der Harvard University – weiterentwickelt und bekannt gemacht. Aus diesem Grund ist das Argument auch als Ricardo-Barro-Proposition bekannt.

Die Logik lässt sich am besten verstehen, wenn wir das Beispiel der Steueränderungen aus Abschnitt 26.1 verwenden:

- Nehmen wir an, die Regierung senkt die Steuern dieses Jahr um 1 (zum Beispiel um 1 Milliarde Euro). Gleichzeitig kündigt die Regierung an, dass sie, um die Schulden zurückzahlen zu können, im folgenden Jahr die Steuern um $(1 + r)$ erhöhen wird. Welche Auswirkungen wird die anfängliche Steuersenkung auf den Konsum haben?
- Eine Antwort auf diese Frage ist: keine Auswirkungen. Warum? Der Grund ist, dass die Verbraucher realisieren, dass ihnen durch die Steuersenkung nichts geschenkt wird: Die niedrigeren Steuern in diesem Jahr werden durch die höheren Steuern im nächsten Jahr – bezogen auf den Barwert – genau ausgeglichen. Anders ausgedrückt, das Humanvermögen der Konsumenten – der Barwert der Arbeitseinkommen nach Steuern – wird nicht beeinflusst. Die aktuellen Steuern sinken um 1, aber der Barwert der Steuern des nächsten Jahres steigt genau um $(1 + r)/(1 + r) = 1$, der Nettoeffekt dieser beiden Veränderungen ist also genau gleich Null.

Siehe Kapitel 16 für eine Definition des Humanvermögens und eine Diskussion, welche Rolle es beim Konsum spielt.

- Zur selben Antwort kommt man auch auf andere Weise, wenn man die Ersparnis und nicht den Konsum betrachtet: Die Aussage, dass die Verbraucher ihren Konsum in Reaktion auf eine Steuersenkung nicht verändern, ist gleichbedeutend mit der Aussage, dass die private Ersparnis im Verhältnis 1:1 mit dem Budgetdefizit zunimmt. Das Ricardianische Äquivalenztheorem sagt daher aus, dass, wenn eine Regierung einen gegebenen Pfad der Staatsausgaben durch Budgetdefizite finanziert, die private Ersparnis im Verhältnis 1:1 mit dem Rückgang der staatlichen Ersparnis zunehmen wird, so dass die gesamte Ersparnis unverändert bleibt. Das, was für private Investitionen zur Verfügung steht, wird nicht beeinflusst. Im Zeitverlauf lassen die Mechanismen der staatlichen Budgetrestriktion die Staatsverschuldung ansteigen. Dieser Anstieg erfolgt jedoch nicht auf Kosten der Kapitalakkumulation.

Unter dem Ricardianischen Äquivalenztheorem gibt die lange Reihe von Defiziten und der Anstieg der Staatsverschuldung, durch den die Länder der OECD über einen Großteil der letzten zwanzig Jahre charakterisiert waren, keinen Anlass zur Besorgnis. In dem Maß, in dem die Regierungen entspart haben, haben die Wirtschaftssubjekte, die höheren Steuern in der Zukunft voraussehend, gemäß dem Ricardianischen Äquivalenztheorem mehr gespart. Der Rückgang der staatlichen Ersparnis wurde durch einen gleichgroßen Anstieg der privaten Ersparnis ausgeglichen. Die Volkswirtschaften der OECD verfügen heute über denselben Kapitalstock, über den sie auch ohne den Anstieg der Staatsverschuldung verfügt hätten. Eine hohe Staatsverschuldung ist kein Grund zur Besorgnis.

Wie ernst sollten wir das Ricardianische Äquivalenztheorem nehmen? Die meisten Ökonomen würden antworten: „Ernst, aber nicht so ernst, dass man zu der Überzeugung gelangt, Budgetdefizite und Staatsverschuldung seien nicht relevant." Ein wichtiges Thema in diesem Buch war, dass Erwartungen eine große Rolle spielen. Konsumentscheidungen hängen nicht nur vom aktuellen Einkommen ab, sondern auch vom zukünftigen Einkommen. Wenn es die allgemeine Überzeugung wäre, dass auf eine Steuersenkung in diesem Jahr im nächsten Jahr eine Steuererhöhung folgt, welche die ursprüngliche Steuersenkung genau ausgleicht, dann wären die Auswirkungen auf den Konsum wahrscheinlich gering. Viele Konsumenten würden den Großteil der Steuersenkung, oder die gesamte Steuersenkung, in Antizipation der höheren Steuern im nächsten Jahr sparen. (Wenn wir „Jahr" durch „Monat" oder „Woche" ersetzen, dann wird das Argument sogar noch überzeugender.)

Natürlich sind Steuersenkungen selten mit der Ankündigung einer entsprechenden Steuererhöhung im nächsten Jahr verbunden. Die Konsumenten müssen erraten, wann und wie die Steuern letztlich erhöht werden. Diese Tatsache an sich entkräftet das Ricardianische Äquivalenztheorem aber nicht: Ganz egal, wann die Steuern erhöht werden, die staatliche Budgetrestriktion impliziert in jedem Fall, dass der Barwert der zukünftigen Steuererhöhungen immer gleich der Steuersenkung heute sein muss. Nehmen wir das zweite Beispiel, das wir in Abschnitt 26.1 analysiert haben – dargestellt in Abbildung 26.1b – in dem die Regierung t Jahre wartet, bis sie die Steuern schließlich um $(1 + r)^{t-1}$ erhöht. Der Barwert dieser erwarteten Steuererhöhung im Jahr 0 ist gleich $(1 + r)^{t-1}/(1 + r)^{t-1} = 1$ und ist damit genau gleich der ursprünglichen Steuersenkung. Die Veränderung des Humanvermögens, die aus der Steuersenkung resultiert, ist immer noch gleich Null.

Die Steuererhöhung in t Jahren ist gleich $(1 + r)^{t-1}$. Der Diskontfaktor für einen Euro in t Jahren ist $1/(1 + r)^{t-1}$. Der Wert der Steuererhöhung in t Jahren heute ist daher $(1 + r)^{t-1}/(1 + r)^{t-1} = 1$.

Je weiter entfernt jedoch die zukünftigen Steuererhöhungen liegen, je unsicherer der genaue Zeitpunkt erscheint, desto wahrscheinlicher wird es, dass die Konsumenten diese zukünftigen Steuererhöhungen nicht beachten. Dies könnte der Fall sein, weil sie erwarten, zu sterben, bevor die Steuern erhöht werden, oder, wahrscheinlicher, weil sie einfach nicht so weit in die Zukunft vorausdenken. Egal welcher Fall zutrifft, das Ricardianische Äquivalenztheorem wird wahrscheinlich nicht mehr gelten.

Wir können daher ohne Bedenken die Schlussfolgerung treffen, dass Budgetdefizite einen wichtigen Effekt auf die Aktivität haben, auch wenn dieser Effekt vielleicht kleiner ist als wir gedacht hätten, bevor wir das Ricardianische Äquivalenztheorem kennen gelernt haben. In der kurzen Frist führen größere Budgetdefizite mit großer Wahrscheinlichkeit zu einer höheren Nachfrage und zu einer höheren Produktion. In der langen Frist führt eine höhere Staatsverschuldung zu einer geringeren Kapitalakkumulation und, als Ergebnis, zu einer niedrigeren Produktion.

26.2.2 Defizite, Stabilisierung und das konjunkturbereinigte Defizit

Hier gibt es eine Analogie zur Geldpolitik: Die Tatsache, dass ein höheres Geldmengenwachstum in der langen Frist zu mehr Inflation führt, impliziert nicht, dass Geldmengenwachstum nicht zur Stabilisierung eingesetzt werden sollte.

Die Tatsache, dass Budgetdefizite langfristig negative Effekte auf die Kapitalakkumulierung und damit auch auf die Produktion haben, impliziert nicht, dass Fiskalpolitik nicht eingesetzt werden sollte, um konjunkturelle Schwankungen zu reduzieren. Sie impliziert vielmehr, dass Defizite, die während Rezessionen entstehen, durch Budgetüberschüsse in Boomphasen ausgeglichen werden sollten, damit es nicht zu einem stetigen Anstieg der Staatsverschuldung kommt.

Um besser beurteilen zu können, ob sich die Fiskalpolitik innerhalb dieses Rahmens bewegt, haben die Ökonomen Maßzahlen für das Defizit entwickelt, die zeigen, wie groß das Defizit unter den existierenden Regeln bezüglich der Steuern und der Staatsausgaben sein würde, wenn die Produktion gleich dem natürlichen Produktionsniveau wäre. Derartige Maßzahlen verbergen sich hinter vielen verschiedenen Namen, angefangen von Vollbeschäftigungsdefizit (full-employment deficit), bis hin zu strukturellem Defizit (dieser Begriff wird von der OECD verwendet). Wir werden hier den Begriff konjunkturbereinigtes Defizit verwenden, da er recht intuitiv ist.

In diesem Abschnitt ignorieren wir das Produktionswachstum und damit auch den Unterschied zwischen der Stabilisierung der Staatsverschuldung und der Stabilisierung der Schuldenquote (es bietet sich an, zu verifizieren, dass die hier vorgebrachten Argumente auch für den Fall gelten, in dem die Produktion wächst).

Eine derartige Maßzahl liefert eine einfache Vergleichszahl, anhand derer die Richtung der Fiskalpolitik beurteilt werden kann: Wenn das tatsächliche Defizit groß ist, aber das konjunkturbereinigte Defizit gleich Null ist, dann kommt es durch die aktuelle Fiskalpolitik nicht zu einem systematischen Anstieg der Staatsverschuldung im Zeitverlauf. Die Staatsverschuldung wird nur solange anwachsen, solange sich die Produktion unterhalb der natürlichen Produktion befindet; wenn die Produktion jedoch zu ihrem natürlichen Produktionsniveau zurückkehrt, dann wird das Defizit verschwinden, und die Staatsverschuldung wird sich stabilisieren.

Aus dieser Überlegung folgt nicht, dass das Ziel der Fiskalpolitik darin bestehen sollte, jederzeit ein konjunkturbereinigtes Defizit von Null aufrechtzuerhalten. In einer Rezession wird die Regierung unter Umständen ein Defizit ausweisen wollen, das so groß ist, dass sogar das konjunkturbereinigte Defizit einen positiven Wert annimmt. In diesem Fall liefert die Tatsache, dass das konjunkturbereinigte Defizit positiv ist, eine nützliche Warnung. Die Warnung lautet, dass die Rückkehr der Produktion zum natürlichen Produktionsniveau nicht ausreichen wird, um die Staatsverschuldung zu stabilisieren: Die Regierung wird gezwungen sein, spezifische Maßnahmen zu ergreifen, angefangen von Steuererhöhungen bis hin zu Einschnitten bei den Ausgaben, um das Defizit irgendwann in der Zukunft zurückzuführen.

Die Theorie hinter dem Konzept des konjunkturbereinigten Defizits ist einfach. In der Praxis hat sich das Konzept jedoch als schwer fassbar erwiesen. Um zu sehen, warum dies der Fall war, müssen wir uns damit beschäftigen, wie die Maßzahlen für das konjunkturbereinigte Defizit konstruiert werden. Die Konstruktion erfolgt in zwei Schritten: Zunächst muss bestimmt werden, um wie viel geringer das Defizit ausfallen würde, wenn die Produktion beispielsweise um 1% höher wäre. Im zweiten Schritt muss abgeschätzt werden, wie weit die Produktion von der natürlichen Produktion abweicht.

- Der erste Schritt ist unproblematisch: Eine verlässliche Daumenregel besagt, dass ein Rückgang der Produktion um 1% automatisch zu einem Anstieg des Defizits um 0,5% des BIP führt. Dieser Anstieg ergibt sich daraus, dass die meisten Steuern proportional zur Produktion sind, wohingegen der Großteil der Staatsausgaben nicht vom Niveau der Produktion abhängt. Daraus folgt, dass ein Rückgang der Produktion, der zu einem Rückgang der Einnahmen, nicht jedoch zu einer bedeutenden Veränderung der Ausgaben führt, in einem größeren Defizit resultiert.

  Wenn die Produktion beispielsweise 5% unter der natürlichen Produktion liegt, dann wird die Schuldenquote ungefähr um 2,5% größer sein als wenn die Produktion gleich der natürlichen Produktion wäre. (Diese Auswirkung der Konjunktur auf das Defizit wird als automatischer Stabilisator bezeichnet: Eine Rezession generiert auf natürlichem Wege ein Defizit und damit eine fiskalische Expansion, die der Rezession zum Teil entgegenwirkt.)

- Der zweite Schritt ist komplizierter. Erinnern wir uns an Kapitel 6: Das natürliche Niveau der Produktion ist das Niveau, das erreicht werden würde, wenn die Arbeitslosenrate der Volkswirtschaft der natürlichen Arbeitslosenrate entsprechen würde. Wenn der Schätzwert für die natürliche Arbeitslosenrate zu niedrig ist, dann wird dies zu einem zu hohen Schätzwert für die natürliche Produktion führen und damit zu einem zu optimistischen Wert für das konjunkturbereinigte Defizit.

  Diese Schwierigkeit erklärt zum Teil, was sich in Europa in den 80er Jahren abspielte. Ausgehend von der Annahme einer unveränderten natürlichen Arbeitslosenrate sahen die konjunkturbereinigten Defizite der 80er Jahre gar nicht so schlecht aus: Wäre die europäische Arbeitslosigkeit zu dem Niveau zurückgekehrt, das in den 70er Jahren vorlag, dann hätte der damit verbundene Anstieg der Produktion ausgereicht, um in den meisten Ländern wieder ein ausgeglichenes Budget sicherzustellen. Es stellte sich jedoch heraus, dass ein Großteil des Anstieges der Arbeitslosigkeit einen Anstieg der natürlichen Arbeitslosenrate widerspiegelte; die Arbeitslosigkeit verharrte während der 80er Jahre auf einem hohen Niveau. Das Ergebnis war ein Jahrzehnt hoher Defizite und eines starken Anstiegs der Schuldenquote.

Siehe auch weiter oben unsere Diskussion der Entwicklung der Schuldenquoten in der OECD.

Zur Diskussion der hohen europäischen Arbeitslosigkeit siehe Kapitel 1, 9 und 13.

26.2.3 Kriege und Defizite

Kriege bringen im Allgemeinen große Defizite mit sich. Wie wir in Kapitel 24 gesehen haben, erfolgten die beiden größten Zuwächse der U.S.-amerikanischen Staatsverschuldung im zwanzigsten Jahrhundert während des Ersten und des Zweiten Weltkrieges. Mit dem Beispiel des Zweiten Weltkrieges beschäftigen wir uns ausführlicher in der Fokusbox „Defizite, Konsum und Investitionen in den Vereinigten Staaten während des Zweiten Weltkrieges“.

Ist es gerechtfertigt, dass sich Regierungen bei der Finanzierung von Kriegen so stark auf Defizite verlassen? Schließlich weisen Volkswirtschaften, die sich im Krieg befinden, typischerweise eine sehr niedrige Arbeitslosigkeit auf, so dass die Argumente für Defizite, die wir weiter oben diskutiert haben und die auf der Stabilisierung der Produktion beruhen, irrelevant sind. Trotzdem ist die Antwort Ja. Tatsächlich existieren zwei gute Gründe, warum während eines Krieges Defizite ausgewiesen werden sollten:

Siehe Abb. 24.4: Die zwei Höchstwerte liegen im Ersten und Zweiten Weltkrieg.

- Der erste Grund ist verteilungstheoretischer Natur: Defizitfinanzierung ist eine Möglichkeit, einen Teil der Kriegslasten an diejenigen weiterzugeben, die nach dem Krieg leben, und es scheint nur fair zu sein, wenn auch zukünftige Generationen einen Teil der Opfer bringen müssen, die der Krieg erfordert.
- Der zweite Grund ist noch mehr volkswirtschaftlicher Natur: Defizitfinanzierte Ausgaben tragen dazu bei, Steuerverzerrungen zu reduzieren.

Wir wollen uns nun nacheinander mit diesen beiden Argumenten beschäftigen:

Die Weitergabe der Kriegslasten

Kriege führen zu einem starken Anstieg der Staatsausgaben. Überlegen wir uns, welche Implikationen die Finanzierung dieser erhöhten Ausgaben durch erhöhte Steuern einerseits und durch Staatsverschuldung andererseits hätte. Um diesen Fall von dem Fall der Produktionsstabilisierung zu unterscheiden, den wir weiter oben diskutiert haben, wollen wir zusätzlich annehmen, dass die Produktion auf dem natürlichen Produktionsniveau fixiert ist.

- Nehmen wir an, die Regierung greift auf Kreditfinanzierung zurück. Auf Grund des scharfen Anstiegs der Staatsausgaben wird es zu einem sehr großen Anstieg der Güternachfrage kommen. Gegeben unsere Annahme, dass die Produktion gleich bleibt, muss der Zinssatz genügend ansteigen, um das Gleichgewicht aufrechtzuerhalten. Die Investitionen, die vom Zinssatz abhängen, werden stark zurückgehen.
- Nehmen wir stattdessen an, die Regierung finanziert den Anstieg der Staatsausgaben durch eine Steuererhöhung, beispielsweise durch eine Erhöhung der Einkommenssteuer. Der Konsum wird stark zurückgehen. Um wie viel der Konsum zurückgehen wird, hängt von den Erwartungen der Konsumenten ab: Je länger die von ihnen erwartete Dauer des Krieges, desto länger werden sie auch höhere Steuern erwarten und desto mehr werden sie ihren Konsum einschränken. Auf jeden Fall wird der Anstieg der Staatsausgaben zum Teil durch einen Rückgang des Konsums ausgeglichen werden. Die Zinssätze werden um weniger ansteigen als im Fall der Kreditfinanzierung. Die Investitionen werden um weniger zurückgehen.

Betrachten wir eine geschlossene Volkswirtschaft, so dass $Y = C + I + G$. Nehmen wir an, dass G steigt und Y gleich bleibt. Dann muss $C + I$ sinken. Wenn die Steuern nicht erhöht werden, dann kommt ein Großteil des Rückgangs von einer Reduktion von I. Wenn die Steuern erhöht werden, dann kommt ein Großteil des Rückgangs von einer Reduktion von C.

Kurz zusammengefasst, bei gegebener Produktion erfordert der Anstieg der Staatsausgaben entweder einen Rückgang des Konsums oder einen Rückgang der Investitionen. Welche Anpassung bei einem Anstieg der Staatsausgaben stärker ist – die des Konsums oder die der Investitionen –, hängt davon ab, ob die Regierung auf Steuererhöhungen oder auf Defizite zurückgreift.

Welche Auswirkungen haben all diese Überlegungen darauf, wer die Last des Krieges trägt? Je mehr sich die Regierung auf Defizitfinanzierung verlässt, desto geringer fällt der Rückgang des Konsums während des Krieges aus, und desto größer ist der Rückgang der Investitionen. Geringere Investitionen sind gleichbedeutend mit einem kleineren Kapitalstock nach dem Krieg und damit auch mit einer niedrigeren Produktion nach dem Krieg. Indem die Kapitalakkumulierung reduziert wird, werden Defizite zu einer Möglichkeit, einen Teil der Kriegslast an zukünftige Generationen weiterzugeben.

Fokus: Defizite, Konsum und Investitionen in den Vereinigten Staaten während des Zweiten Weltkrieges

Im Jahr 1939 betrug der Anteil der U.S.-amerikanischen Staatsausgaben für Güter und Dienstleistungen am BIP 15%. 1945 war der Anteil auf 45% gestiegen. Der Anstieg war auf die erhöhten Ausgaben für die nationale Verteidigung zurückzuführen, die von 1% des BIP 1939 auf 36% des BIP 1944 angestiegen waren.

Konfrontiert mit einem derart massiven Anstieg der Ausgaben reagierte die U.S.-amerikanische Regierung mit starken Steuererhöhungen. Das erste Mal in der amerikanischen Geschichte wurde die Einkommenssteuer zu einer bedeutenden Einnahmequelle: Die Einnahmen aus der Einkommenssteuer, die 1939 noch 1% des BIP ausmachten, stiegen auf 8,5% im Jahr 1944. Die Steuererhöhungen waren jedoch immer noch viel geringer als der Anstieg der Ausgaben. Der Anstieg der Einnahmen auf Bundesebene von 7,2% des BIP 1939 auf 22,7% des BIP 1944 war kaum mehr als halb so hoch wie der Anstieg der Ausgaben.

Das Ergebnis war eine Reihe von großen Budgetdefiziten. 1944 erreichte das Defizit auf Bundesebene 22% des BIP. Die Schuldenquote, die 1939 mit 53% bereits auf Grund der Defizite der Regierung während der Weltwirtschaftskrise sehr hoch war, betrug 110%.

Wurde der Anstieg der Staatsausgaben auf Kosten des Konsums oder der privaten Investitionen erreicht? (Wie wir in Kapitel 18 gesehen haben, hätte der Anstieg prinzipiell auch durch höhere Importe und ein Leistungsbilanzdefizit erreicht werden können. Die Vereinigten Staaten konnten jedoch während des Krieges keine Schulden aufnehmen; sie vergaben vielmehr ihrerseits Kredite an einige ihrer Verbündeten: Die Transferzahlungen der U.S.-amerikanischen Regierung an das Ausland betrugen 1944 6% des U.S.-amerikanischen BIP.)

Die Antwort auf die Frage lautet: Der Anstieg wurde auf Kosten sowohl des Konsums als auch der Investitionen erreicht. Der Anteil des Konsums am BIP ging um 23% zurück, von 74% auf 51%. Ein Teil des Rückgangs des Konsums könnte auf die Antizipation höherer Steuern nach dem Krieg zurückzuführen sein; ein Teil war das Ergebnis der Nichtverfügbarkeit von vielen Gebrauchsgütern; und auch der Patriotismus spielte wahrscheinlich eine große Rolle. Er veranlasste die Amerikaner, mehr zu sparen und Kriegsanleihen zu kaufen, die von der Regierung zur Finanzierung des Kriegs herausgegeben wurden. Der Anstieg der Käufe des Staates wurde jedoch auch durch einen 6-prozentigen Rückgang des Anteils der privaten Investitionen am BIP aufgefangen – von 10% auf 4%. Ein Teil der Kriegslast wurde demnach in Form einer geringeren Kapitalakkumulation an die Nachkriegsgenerationen weitergegeben.

Die Reduktion von Steuerverzerrungen

Es existiert noch ein weiteres Argument für Defizite, nicht nur in Kriegszeiten, sondern allgemeiner in Zeiten, in denen die Staatsausgaben außergewöhnlich hoch sind. Denken wir beispielsweise an den Wiederaufbau nach einem Erdbeben oder an die Kosten, die mit der Wiedervereinigung Deutschlands zu Beginn der 90er Jahre einhergingen.

Siehe auch die Fokusbox: „Die deutsche Wiedervereinigung und das Tauziehen zwischen Geld- und Fiskalpolitik" in Kapitel 5.

Das Argument lautet so: Würde die Regierung die Erhöhung der Staatsausgaben durch eine Erhöhung der Steuern finanzieren, dann müssten die Steuersätze sehr hoch sein. Sehr hohe Steuersätze können zu sehr großen ökonomischen Verzerrungen führen: Wenn sich die Wirtschaftssubjekte sehr hohen Einkommenssteuersätzen gegenübersehen, dann arbeiten sie unter Umständen weniger oder auf dem Schwarzmarkt, wo keine Steuern zu entrichten sind. Anstatt den Steuersatz abwechselnd nach oben oder nach unten zu setzen, um ein ausgeglichenes Budget aufrechtzuerhalten, ist es besser (zur Reduktion von Verzerrungen), einen relativ konstanten Steuersatz festzulegen, um die Steuern zu glätten. Das Glätten der Steuern impliziert, dass immer dann große Defizite anfallen, wenn die Staatsausgaben außergewöhnlich hoch sind. In der restlichen Zeit werden sie durch kleine Überschüsse ausgeglichen.

26.2.4 Defizite und die Überalterung der Bevölkerung

Der Europäische Stabilitäts- und Wachstumspakt fordert mittelfristig einen ausgeglichenen nominalen Haushalt. Wie wir in Abschnitt 26.1 gesehen haben, bedeutet dies, dass der reale Haushalt einen Überschuss aufweisen muss. Langfristig würde die staatliche Schuldenquote dann gegen Null konvergieren. Kann eine solche Politik überhaupt sinnvoll sein? Wenn man weit in die Zukunft blickt, dann werden demografische Veränderungen einen starken Anstieg der Ausgaben verschiedener staatliche Programme erzwingen. Viele Ökonomen sind deshalb der Überzeugung, dass die Regierungen bereits jetzt auf diesen Anstieg reagieren sollten, indem sie Einnahmen generieren und Budgetüberschüsse ausweisen. Sie halten also größere Überschüsse für erstrebenswert.

Der prognostizierte Anstieg ist darauf zurückzuführen, dass ein hoher Anteil der staatlichen Ausgaben auf Rentenversicherung und Gesundheitswesen entfällt. Die Ausgaben in diesen Sektoren steigen aus zwei Gründen:

Siehe auch die Fokusbox „Rentenversicherung, Rentenversicherungsreform und Kapitalakkumulation" in Kapitel 11. ▶

- Die erste und wichtigste Ursache ist das Altern der Bevölkerung, der schnelle Anstieg des Anteils der über 65-jährigen, der dann erfolgen wird, wenn die Babyboom-Generation anfangen wird, das Rentenalter zu erreichen, von 2010 an. Steigende Lebenserwartung und sinkende Geburtenraten führen zu einer Überalterung der Gesellschaft. Geht man in Zukunft von einem Renteneintrittsalter von durchschnittlich 65 Jahren aus, dann wird der Altenquotient – das Verhältnis der Bevölkerung ab 65 Jahren zu der Bevölkerung zwischen 20 und 64 Jahren – in Deutschland laut Prognose von 24,7% im Jahr 1995 auf über 54,5% im Jahr 2050 ansteigen. Für eine Person über 65 Jahre werden statt bislang 4 nur mehr 1,8 Junge zur Verfügung stehen. In Spanien und Italien wird sogar eine Rate von 1:1 prognostiziert. Diese Entwicklung wird zu einem hohen Wachstum der Rentenversicherungsleistungen und der Gesundheitsausgaben führen.
- Die zweite Ursache sind die stetig steigenden Kosten im Gesundheitswesen.

Es ist klar, dass größere Veränderungen in den Ausgabenprogrammen erfolgen müssen. Rentenversicherungsleistungen werden vermutlich reduziert werden, die Bereitstellung von medizinischen Leistungen wird unter Umständen begrenzt werden müssen. Es besteht ebenfalls wenig Zweifel darüber, dass Steuern, die zur Finanzierung der Rentenversicherung verwendet werden, ebenfalls erhöht werden müssen.

Es ist aber genauso klar, dass man nicht warten darf, etwas zu tun, bis die Ausgaben anfangen zu steigen. Wenn man so lange wartet, wird es zu spät sein. Die dann benötigte Reduktion der Leistungen oder der dann benötigte Anstieg der Steuern zur Finanzierung der Programme würde viel zu groß ausfallen. Um nur die prognostizierten Rentenversicherungsleistungen zu finanzieren, müssten die Lohnnebenkosten dann auf ein Niveau ansteigen, das den Jungen kaum mehr Anreize bietet, überhaupt zu arbeiten. Die Finanzierung der höheren Gesundheitsausgaben würde die Steuersätze noch weiter steigen lassen. Es besteht eine weitgehende Übereinstimmung darüber, dass die Regierungen nicht warten sollten, sondern bereits jetzt Maßnahmen treffen sollten.

Worauf sollten diese Maßnahmen abzielen? Sie müssen Steuererhöhungen und Leistungskürzungen kombinieren, um schon jetzt Budgetüberschüsse zu erzielen und angesichts der Ausgaben in der Zukunft Vermögen zu akkumulieren. Je länger mit solchen Maßnahmen gewartet wird, desto schwieriger wird eine Anpassung. Dies nicht nur deshalb, weil Kapitalakkumulation ein langsamer Prozess ist (wie in Kapitel 11 diskutiert), sondern auch, weil es mit steigender Überalterung immer schwieriger wird, eine Mehrheit der Wählerstimmen für solche Maßnahmen zu gewinnen. Alle OECD-Länder, auch die Vereinigten Staaten, sind mit den Problemen der Überalterung der Bevölkerung und dem Anstieg der Kosten im Gesundheitswesen konfrontiert. In vielen Ländern wie Deutschland, Frankreich und Italien werden die Rentenversicherungsleistungen im Umlageverfahren finanziert. Die hohen zukünftigen Belastungen aus der Überalterung der Bevölkerung bedeuten, dass die effektive Schuldenquote (unter Berücksichtigung der zukünftigen impliziten Zahlungsverpflichtungen des Staates) wesentlich höher liegt als die ausgewiesene Nominalverschuldung. Die Forderung nach einem ausgeglichenen Haushalt dürfte für manche dieser Länder gar nicht ausreichen, um das Problem zu lösen. Andere Staaten mit weitgehend privater Altersvorsorge (wie Großbritannien oder die Niederlande) sind davon weniger betroffen.

26.2.5 Die Gefahren sehr hoher Staatsverschuldung

Wir haben nun zwei Belastungen durch eine hohe Staatsverschuldung kennen gelernt – eine geringere Kapitalakkumulation, sowie höhere Steuersätze und höhere Verzerrungen. Die aktuellen Erfahrungen einiger Länder mit hohen Schuldenquoten weisen jedoch noch auf eine andere Art von Kosten hin: Eine hohe Staatsverschuldung kann zu einem Teufelskreis führen; sie kann den Einsatz von Fiskalpolitik extrem erschweren.

Um zu sehen, warum dies der Fall ist, kehren wir zu Gleichung (26.5) zurück. Sie beschreibt die Entwicklung der Schuldenquote:

$$\frac{B_t}{Y_t} - \frac{B_{t-1}}{Y_{t-1}} = (r-g)\frac{B_{t-1}}{Y_{t-1}} + \frac{(G_t - T_t)}{Y_t}$$

Betrachten wir ein Land mit hoher Schuldenquote, etwa von 100%. Nehmen wir an, der reale Zinssatz beträgt 3% und die Wachstumsrate 2%. Der erste Term auf der rechten Seite ergibt dann (3% – 2%) $\times$ 100% = 1% des BIP. Nehmen wir weiter an, dass die Regierung einen Primärüberschuss von 1% ausweist, also gerade genug, um die Schuldenquote konstant zu halten [die gesamte rechte Seite der Gleichung ist gleich 1% + (–1%) = 0%].

Nehmen wir nun an, dass die Kapitalanleger beginnen, einen höheren Zinssatz für das Halten von Staatsanleihen zu fordern. Diese Forderung nach einem höheren Zinssatz könnte darauf zurückzuführen sein, dass die Anleger befürchten, dass die Regierung nicht in der Lage sein könnte, das Defizit unter Kontrolle zu halten und die Anleihen in der Zukunft zurückzuzahlen. Der genaue Grund ist für unsere Analyse nicht von Bedeutung. Um einen konkreten Fall analysieren zu können, nehmen wir an, dass der inländische reale Zinssatz von 3% auf beispielsweise 12% ansteigt.

Betrachten wir die resultierende fiskalische Situation: $(r - g)$ ist nun gleich 12% – 2% = 10%. Auf Grund des Anstiegs von $(r - g)$ von 1% auf 10% muss die Regierung ihren Primärüberschuss von 1% auf 10% des BIP erhöhen, nur um die Schuldenquote konstant zu halten. Damit eröffnet sich der Spielraum für potenzielle Teufelskreise.

Nehmen wir an, die Regierung leitet Schritte ein, um einen Anstieg der Schuldenquote zu verhindern. Die Ausgabenkürzungen oder die Steuererhöhungen werden sich mit großer Wahrscheinlichkeit als politisch kostspielig erweisen und damit ein noch größeres Maß an politischer Unsicherheit und die Notwendigkeit eines noch höheren Zinssatzes generieren. Außerdem wird die scharfe fiskalpolitische Kontraktion mit großer Wahrscheinlichkeit zu einer Rezession und damit zu einem Rückgang der Wachstumsrate führen. Sowohl der Anstieg des realen Zinssatzes als auch der Rückgang des Wachstums lassen $(r - g)$ weiter steigen, so dass es noch schwieriger wird, die Schuldenquote zu stabilisieren.

Nehmen wir alternativ an, die Regierung erweist sich als unfähig oder als unwillig, den Primärüberschuss um 9% des BIP zu erhöhen. Die Staatsverschuldung beginnt in diesem Fall anzusteigen, was dazu führt, dass die Finanzmärkte noch besorgter werden und einen noch höheren Zinssatz fordern. Die höheren Zinssätze führen zu noch größeren Defiziten und zu einem noch schnelleren Anstieg der Schuldenquote usw. Irgendwann kommt es dann zu einem Punkt, an dem sich die Regierung gezwungen sieht ihren Zahlungsverpflichtungen nicht mehr nachzukommen.

Siehe die Fokusbox zu Argentinien in Kapitel 21. ▶

Kurz zusammengefasst, je größer die Schuldenquote ist, desto größer ist das Potenzial für eine Dynamik der Staatsverschuldung, die in eine Katastrophe führen kann. Selbst ursprünglich unbegründete Ängste, dass die Regierung die Schulden nicht vollständig zurückzahlen könnte, können leicht selbsterfüllend werden. Indem sie den Zinssatz steigen lassen, den die Regierung auf die Staatsverschuldung zahlen muss, können diese erhöhten Zinszahlungen dazu führen, dass die Regierung die Kontrolle über ihr Budget verliert und die Staatsverschuldung auf ein so hohes Niveau ansteigt, dass die Regierung nicht mehr in der Lage ist, die Schulden zurückzuzahlen, so dass die ursprünglichen Ängste bestätigt werden.

Wechselkurskrisen wurden in Kapitel 21 analysiert. ▶

Dies erinnert natürlich an unsere Diskussion der Wechselkurskrisen und an die Möglichkeit von selbst-erfüllenden Krisen. Zu einem Großteil wirken dieselben Mechanismen: Die Erwartungen, dass es zu einem Problem kommen könnte, führen dazu, dass dieses Problem erst entsteht, so dass die ursprünglichen Erwartungen bestätigt werden. In manchen Krisen kommen sogar beide Mechanismen zum Tragen. In der Brasilienkrise 1998 zwang die Furcht vor einer Abwertung des Real (der brasilianischen Währung) Brasilien, die Zinssätze auf ein sehr hohes Niveau anzuheben. Diese hohen Zinssätze führten zu viel größeren Budgetdefiziten, so dass Zweifel aufkamen, ob die brasilianische Regierung ihre Schulden zurückzahlen könne. In der Folge stiegen die Zinssätze noch weiter an. Am Ende hatte Brasilien keine andere Wahl als abzuwerten. Die Abwertung erfolgte Anfang 1999.

Wenn eine Regierung zu der Überzeugung kommt, dass ihre Schuldenquote zu hoch ist, wie und wie schnell sollte sie diese dann reduzieren? Die Antwort ist: Durch Budgetüberschüsse, viele Jahre lang, viele Jahrzehnte lang sogar. Ein historisches Beispiel liefert in diesem Fall England im 19. Jahrhundert. Am Ende der Kriege gegen Napoleon zu Beginn des 19. Jahrhunderts war die Schuldenquote auf über 200% des BIP gestiegen. England verbrachte fast das ganze 19. Jahrhundert damit, die Schuldenquote zu reduzieren, so dass diese im Jahr 1900 bei nur noch 30% des BIP lag.

Die Aussicht auf viele Jahrzehnte fiskalischer Sparsamkeit ist nicht besonders angenehm. Wenn die Schuldenquoten sehr hoch sind, kommt daher gewöhnlich eine alternative Lösung ins Gespräch – die Weigerung, die Schulden zurückzuzahlen. Das Argument ist einfach: Eine Verweigerung der Schuldenrückzahlung – ganz oder teilweise – ist gut für die Wirtschaft. Sie ermöglicht Steuersenkungen und damit eine Verringerung der Verzerrungen. Sie senkt das Risiko von Teufelskreisen. Das Problem bei diesem Argument ist die Zeitinkonsistenz, die wir in Kapitel 24 studiert haben. Wenn die Regierung ihr Versprechen, die Schulden zurückzuzahlen, nicht hält, dann wird sie wahrscheinlich für lange Zeit in der Zukunft große Schwierigkeiten bei dem Versuch haben, jemals wieder Kredite aufzunehmen. Die Finanzmärkte werden sich daran erinnern und kaum bereit sein, neue Kredite zu vergeben. Ein Schritt, der heute attraktiv erscheint, kann sich in der langen Frist als fatal erweisen. Die Weigerung zur Schuldenrückzahlung ist nur eine allerletzte Möglichkeit. Sie sollte wirklich nur dann eingesetzt werden, wenn alle anderen Maßnahmen gescheitert sind.

Zusammenfassung

- Die staatliche Budgetrestriktion beschreibt die Entwicklung der Staatsverschuldung als Funktion der Ausgaben und der Steuern. Diese Budgetrestriktion lässt sich durch die Bedingung ausdrücken, die Veränderung der Staatsverschuldung (das Defizit) ist gleich dem Primärdefizit plus den Zinszahlungen auf die Staatsverschuldung. Das Primärdefizit ist die Differenz zwischen den Staatsausgaben für Güter und Dienstleistungen, G, und den Steuern abzüglich der Transferleistungen, T.
- Wenn die Staatsausgaben unverändert bleiben, dann muss eine Steuersenkung letztlich irgendwann in der Zukunft durch eine Steuererhöhung ausgeglichen werden. Je länger die Regierung wartet, die Steuern zu erhöhen oder je höher der reale Zinssatz ist, desto stärker müssen die Steuern am Ende erhöht werden.
- Das Vermächtnis von Defiziten in der Vergangenheit besteht in einer höheren Staatsverschuldung. Um die Staatsverschuldung zu stabilisieren muss die Regierung das Defizit eliminieren. Um das Defizit zu eliminieren, muss sie einen Primärüberschuss erwirtschaften. Dieser muss gleich den Zinszahlungen auf die existierende Staatsverschuldung sein.
- Unter der Ricardianischen Äquivalenz wird ein größeres Defizit durch einen Anstieg der privaten Ersparnis in gleicher Höhe ausgeglichen. Defizite wirken sich dann weder auf die Nachfrage noch auf die Produktion aus. Die Akkumulierung von Staatsverschuldung hat keine Auswirkung auf die Akkumulierung von Kapital. In der Praxis gilt die Ricardianische Äquivalenz aber nicht. Größere Defizite führen zu einer höheren Nachfrage und einer höheren Produktion in der kurzen Frist. Die Akkumulierung von Staatsverschuldung führt zu einer geringeren Akkumulierung von Kapital und damit zu einer niedrigeren Produktion in der langen Frist.

- Um die Volkswirtschaft zu stabilisieren, sollte die Regierung Defizite während Rezessionen ausweisen sowie Überschüsse während Boomphasen. Das konjunkturbereinigte Defizit zeigt, wie groß das Defizit wäre – unter den existierenden Rahmenbedingungen bezüglich der Steuern und der Ausgaben – ,wenn die Produktion gleich der natürlichen Produktion wäre.
- Defizite sind in Zeiten hoher Ausgaben, wie zum Beispiel in Kriegszeiten, gerechtfertigt. Relativ zu einer Steuererhöhung führen Defizite zu einem höheren Konsum und zu niedrigeren Investitionen während eines Krieges. Sie verschieben daher einen Teil der Kriegslast von denen, die während des Krieges leben, zu denen, die nach dem Krieg leben. Defizite tragen auch dazu bei, die Steuern zu glätten und Steuerverzerrungen zu reduzieren.
- Einige europäische Länder weisen ein sehr hohes Verhältnis von Staatsverschuldung zum BIP auf. Hohe Schuldenquoten reduzieren nicht nur die Kapitalakkumulierung und machen höhere Steuern notwendig, die damit zu weiteren Steuerverzerrungen führen, sondern sie erhöhen auch das Risiko von Haushaltskrisen.

Übungsaufgaben

Verständnistests

1. Verwenden Sie die Tabellen und Abbildungen aus diesem Kapitel um die folgenden Aussagen mit wahr, falsch oder unsicher zu bewerten. Erklären Sie Ihre Antwort kurz.
   a. Steuerglättung und Defizitfinanzierung tragen dazu bei, die Lasten eines Krieges über mehrere Generationen hinweg zu verteilen.
   b. Die Regierung kann nie eine negative Schuldenposition ausweisen.
   c. Für die Vereinigten Staaten wäre es in der aktuellen Situation weise, große Budgetüberschüsse zu erwirtschaften.
   d. Wenn die Ricardianische Äquivalenz gilt, dann wird eine Erhöhung der Einkommenssteuer weder auf den Konsum noch auf die Ersparnis Auswirkungen haben.
   e. Wenn die Ricardianische Äquivalenz gilt, dann sind Staatsanleihen wertlos.
   f. Wenn die Ricardianische Äquivalenz gilt, dann haben die Staatsausgaben keine Auswirkungen auf die wirtschaftliche Aktivität.
   g. Die Schuldenquote kann 100% nicht übersteigen. Wenn die Schuldenquote 100% übersteigen würde, dann würde mehr als das BIP benötigt werden, um die Zinsen auf die Staatsverschuldung zu bezahlen.
2. Betrachten Sie eine Volkswirtschaft, die wie folgt charakterisiert ist:
   Das offizielle Budgetdefizit beläuft sich auf 4% des BIP.
   Die Schuldenquote beträgt 100%.
   Der nominale Zinssatz ist gleich 10%.
   Die Inflationsrate beträgt 7%.
   a. Wie groß ist das Primärdefizit/Primärüberschuss?
   b. Wie groß ist das inflationsbereinigte Defizit/Überschuss?
   c. Nehmen Sie an, die Arbeitslosenrate liegt 2% über der natürlichen Arbeitslosenrate. Wie groß ist das konjunkturbereinigte und inflationsbereinigte Defizit/Überschuss?
   d. Nehmen Sie an, die Arbeitslosenrate ist gleich der natürlichen Arbeitslosenrate. Nehmen Sie an, dass die Wachstumsrate der Potenzialproduktion gleich 2% ist. Steigt oder sinkt die Schuldenquote?
   e. Wenn die Situation jener in Teilaufgabe d) entspricht, welchen Wert wird dann die Schuldenquote in 10 Jahren annehmen?

3. Nehmen Sie an, dass die Kapitalanleger in der Volkswirtschaft aus Aufgabe 2.) beginnen, sich Sorgen wegen der Höhe der Schuldenquote zu machen. Sie befürchten, dass eine Abwertung resultieren könnte. Sie befürchten eine Abwertung in Höhe von 20% mit einer Wahrscheinlichkeit von 0,5 im Laufe des nächsten Jahres.
   a. Wie wird sich der inländische Zinssatz entwickeln, wenn der ausländische Zinssatz 10% beträgt und auch auf diesem Niveau bleibt?
   b. Nehmen Sie an, die Inflationsrate bleibt gleich. Wie entwickelt sich der reale inländische Zinssatz? Was wird aller Wahrscheinlichkeit nach mit der Wachstumsrate geschehen?
   c. Was geschieht mit dem offiziellen Budgetdefizit? Was geschieht mit dem inflationsbereinigten Defizit?
   d. Nehmen Sie an, die Wachstumsrate sinkt von 2% auf –2%. Was geschieht mit der Veränderung der Schuldenquote?
   e. Waren die Befürchtungen der Kapitalanleger gerechtfertigt?
4. „Ein Defizit während eines Krieges kann eine gute Sache sein. Zuächst einmal ist das Defizit vorübergehender Natur. Wenn der Krieg vorbei ist, kann die Regierung sofort zum alten Niveau der Ausgaben und der Steuern zurückkehren. Zweitens, angesichts der Tatsache, dass die Empirie die Ricardianische Äquivalenz bestätigt, wird das Defizit die Volkswirtschaft während des Krieges stimulieren und so dazu beitragen, dass die Arbeitslosenrate niedrig bleibt." Identifizieren Sie drei Fehler in dieser Aussage. Ist an dieser Aussage auch etwas korrekt?

Vertiefungsfragen

5. „Vielleicht war es in den 30er Jahren sinnvoll, die Leute zum Sparen zu zwingen, um sicherzustellen, dass sie im Alter genug zum Leben hätten. Heute jedoch sind sich die Leute viel mehr bewusst, dass es notwendig ist, für den Ruhestand vorzusorgen. Es ergibt keinen Sinn, wenn sich die Regierung weiterhin wie ein ‚Big Brother' verhält. Die Lösung der Probleme des Sozialversicherungssystems ist daher recht einfach. Allen jungen Leuten, sagen wir jedem unter 25 Jahren, sollte erlaubt werden, so viel und auf die Weise zu sparen, wie er möchte. In anderen Worten, sie sollten aus dem Sozialversicherungssystem entlassen werden. Dann ist es ihr eigenes Problem, was mit ihnen passiert. Und es gibt kein Finanzierungsproblem für die Sozialversicherung mehr." Diskutieren Sie die Aussage.
6. Ricardianische Äquivalenz

   Nehmen Sie an, dass der Regierung nur eine einzige Steuerart zur Verfügung steht, und zwar eine Steuer auf Aktiendividenden. Nehmen Sie weiter an, dass der Konsum eine Funktion des Wertes des Aktienmarktes ist. Wird für diese Volkswirtschaft die Ricardianische Äquivalenz gelten? (Hinweis: Stellen Sie sich vor, dass die Regierung die Steuer dieses Jahr erhöht und sie in der Zukunft senkt, um die Budgetrestriktion zu erfüllen. Wie werden sich die Aktienpreise heute entwickeln? Was wird mit dem Konsum geschehen?)

Weiterführende Literatur

Die moderne Formulierung der Ricardianischen Äquivalenz stammt von Robert Barro, „Are Government Bonds Net Wealth?" Journal of Political Economy, Dezember 1974, 1095-1117.

Eine gute Einführung in die Themen der Rentenversicherungsreform in den USA liefert Social Security: A Primer, Congressional Budget Office, September 2001. Gehen Sie auf die CBO-Seite: `www.cbo.gov/`. Gehen Sie dann zu den Veröffentlichungen und dann zum Thema Rentenversicherung.

Prognosen zur Bevölkerungsentwicklung der Bundesrepublik Deutschland finden Sie in einer Studie des Statistischen Bundesamtes Wiesbaden unter `www.destatis.de/download/d/veroe/bevoelkerung2050.pdf`. Die sich daraus ergebenden Probleme werden im Bericht der Rürup-Kommission dargestellt.

Kapitel 27 Epilog: Die Geschichte der Makroökonomie

In diesem Buch präsentierten wir Ihnen das theoretische Instrumentarium, mit dem Wirtschaftswissenschaftler makroökonomische Fragen behandeln, sowie die Schlüsse, die sie daraus ziehen und die noch offenen Kontroversen. Wie dieser theoretische Rahmen entstand, ist eine faszinierende Geschichte. Sie ist Thema unseres letzten Kapitels.

- Abschnitt 27.1 behandelt die Anfänge der modernen Makroökonomie: Keynes und die Weltwirtschaftskrise.
- Abschnitt 27.2 wendet sich der neoklassischen Synthese zu, einer Synthese der Ideen Keynes und der Ideen früherer Ökonomen. Diese Theorie beherrschte die makroökonomische Diskussion bis in die frühen 70er Jahre.
- Abschnitt 27.3 beschreibt mit der Kritik der rationalen Erwartungen, den großen Angriff auf die neoklassische Synthese. Er führte in den 70er und 80er Jahren zu einer völligen Neuordnung der Makroökonomie.
- Abschnitt 27.4 stellt die aktuelle Forschungsentwicklung vor.
- Abschnitt 27.5 fasst Überzeugungen und Vorschläge zusammen, über die zwischen den meisten Makroökonomen Konsens besteht.

27.1 Keynes und die Weltwirtschaftskrise

Die Geschichte der modernen Makroökonomie beginnt im Jahre 1936 mit der Veröffentlichung von Keynes *Allgemeiner Theorie der Beschäftigung, des Zinses und des Geldes*. Als Keynes die *Allgemeine Theorie* verfasste, vertraute er einem Freund an: „*Ich glaube, dass ich gerade ein Buch über Wirtschaftstheorie schreibe, das die Herangehensweise an wirtschaftliche Fragestellungen wenn nicht sofort, so doch im Verlauf der kommenden 10 Jahre revolutionieren wird.*"

Keynes sollte Recht erhalten. Der Zeitpunkt der Veröffentlichung hat zum augenblicklichen Erfolg des Buches beigetragen. Die Weltwirtschaftskrise stellte nicht nur eine wirtschaftliche Katastrophe dar, sie verdeutlichte auch das intellektuelle Scheitern der wirtschaftswissenschaftlichen Schule der Konjunkturtheorie –wie die Makroökonomie damals bezeichnet wurde. Kaum ein Ökonom konnte eine plausible Erklärung für Dauer und Ausmaß der damaligen Depression anführen. Die von der Roosevelt-Regierung ergriffenen wirtschaftspolitischen Maßnahmen des *New Deal* basierten auf Instinkt; sie entbehrten einer wirtschaftstheoretischen Begründung. Dagegen lieferte die *Allgemeine Theorie* eine Interpretation der Ereignisse, ein theoretisches Gerüst mit einer klaren Befürwortung staatlicher Interventionen.

Die Allgemeine Theorie betonte die Bedeutung der *effektiven Nachfrage* – der *aggregierten Nachfrage*, wie wir sie heute nennen. In der kurzen Frist, argumentierte Keynes, bestimme die Nachfrage das Produktionsniveau. Selbst wenn die Produktion zu ihrem natürlichen Niveau zurückkehren könne, verlaufe der Anpassungsprozess bestenfalls langsam. Das wohl bekannteste Zitat Keynes ist deshalb: „In the long run, we are all dead."

Indem Keynes das Konzept der effektiven Nachfrage ableitete, führte er viele Bausteine der modernen Makroökonomie ein:

- Der Multiplikator, der erklärt wie Nachfrageschocks verstärkt werden und zu größeren Produktionsschwankungen führen können.
- Die Liquiditätstheorie (so nannte Keynes seine Theorie der Geldnachfrage), die aufzeigt, wie die Geldpolitik die Zinsen und die aggregierte Nachfrage beeinflussen kann.
- Die Bedeutung der Erwartungen für Konsum- und Investitionsentscheidungen; die Idee dass *Animal Spirits* (Änderungen der Erwartungen) eine wichtige Erklärung von Nachfrage- und Produktionsschwankungen liefern.

Für Ökonomen war die *Allgemeine Theorie* mehr als ein simples Traktat. Sie lieferte klare wirtschaftspolitische Implikationen und sie entsprach dem Zeitgeist. Darauf zu warten, dass sich die Wirtschaft von selbst erholte, sei schlichtweg nicht zu verantworten. In der Mitte einer Rezession für einen ausgeglichenen Staatshaushalt zu sorgen, sei nicht nur dumm, sondern auch gefährlich. Der aktive Einsatz der Fiskalpolitik sei ein unabdingbares Instrument, um wieder Vollbeschäftigung zu erreichen.

27.2 Die neoklassische Synthese

Innerhalb weniger Jahre hatte die *Allgemeine Theorie* die Makroökonomie verändert. Nicht alle ließen sich von ihr überzeugen; nur wenige stimmten ihr in allen Punkten zu. Trotzdem wurde sie zum Referenzpunkt der Debatte.

Anfang der 50er Jahre war ein breiter Konsens entstanden, der auf der Integration vieler Ideen von Keynes und älterer Ökonomen beruhte. Diesen Konsens nannte man die *neoklassische Synthese.* So schrieb Paul Samuelson 1955 in seinem Lehrbuch *Economics*, dem ersten modernen Volkswirtschaftslehrbuch:

In den letzten Jahren gaben 90% aller Ökonomen ihre Position als „Keynesianer" oder „Anti-Keynesianer" auf. Stattdessen arbeiteten sie an einer Synthese aus allem was ihnen aus älteren und moderneren Theorien der Einkommensbestimmung brauchbar erschien. Das Ergebnis, man könnte es Neoklassik nennen, wird in seiner allgemeinsten Form von allen, mit der Ausnahme von vielleicht 5% rechts- und linksextremer Autoren, akzeptiert.

Die neoklassische Synthese dominierte die ökonomische Denkweise in den folgenden 20 Jahren. Der Fortschritt war so bemerkenswert, dass einige die Periode Anfang der 40er bis in die frühen 70er Jahre das goldene Zeitalter der Makroökonomie nannten.

27.2.1 Fortschritt an allen Fronten

Die erste große Herausforderung nach der Veröffentlichung der Allgemeinen Theorie war, Keynes Gedanken formal darzustellen. Keynes, dem die Mathematik nicht fremd war, vermied sie gleichwohl in der *Allgemeinen Theorie*. Dies provozierte endlose Kontroversen über Keynes Aussagen und mögliche logische Widersprüche.

Das *IS-LM*-Modell

Keynes Ideen wurden in zahlreichen formalen Darstellungen präsentiert. Die einflussreichste war das *IS-LM*-Modell, das John Hicks und Alvin Hansen in den 1930er und frühen 1940er Jahren entwickelten. Die ursprüngliche Version des *IS-LM*-Modells, das dem in Kapitel 5 dieses Buches sehr ähnlich war, wurde kritisiert, weil es viele Einsichten von Keynes überging: Erwartungen spielten keine Rolle, Preis- und Lohnanpassungen kamen gar nicht vor. Gleichwohl bildete das *IS-LM*-Modell ein Fundament, auf das man bauen konnte. Deshalb war es so erfolgreich. Die Diskussionen drehten sich um die Steigungen von *IS*- und *LM*-Kurve. Welche Variablen wurden von den beiden Beziehungen nicht erfasst, um welche Preis- und Lohngleichungen sollte man das Modell erweitern?

Konsum-, Investitions- und Geldnachfragetheorien

Keynes hatte sowohl die Bedeutung des Konsum- und Investitionsverhaltens als auch die Wahl zwischen Geld und Anlagen hervorgehoben. An allen drei Fronten erzielte man große Fortschritte.

In den 50er Jahren entwickelten Franco Modigliano (damals an der Carnegie Mellon University und heute am MIT) und Milton Friedman (damals an der University of Chicago, heute an der Hoover Institution in Stanford) unabhängig voneinander jene Konsumtheorie, die Sie in Kapitel 16 kennen lernten. Beide betonten die Bedeutung der Erwartungen für gegenwärtige Konsumentscheidungen.

James Tobin aus Yale entwickelte eine Investitionstheorie, deren Grundlage die Beziehung zwischen dem Gegenwartswert der Gewinne und den Kosten der Investition bildete. Dale Jorgensen aus Harvard entwickelte die Theorie weiter und testete sie. Sie ist Ihnen aus Kapitel 16 vertraut.

Tobin entwickelte zudem eine Theorie der Geldnachfrage und eine umfassendere Entscheidungstheorie zwischen alternativen Anlageformen, die auf den Kriterien Liquidität, Ertrag und Risiko beruhte. Mit seiner Arbeit trug er nicht nur zu einem besseren Verständnis der Finanzmärkte innerhalb der Makroökonomie bei, sondern legte auch das Fundament der Theorie der Finanzmärkte.

Wachstumstheorie

Parallel zur Konjunkturtheorie wuchs erneut das Interesse am Wirtschaftswachstum. Ganz im Gegensatz zur Stagnation in den Jahren vor dem Zweiten Weltkrieg, wiesen die meisten Länder in den 50er und 60er Jahren hohe Wachstumsraten auf. Obwohl es auch weiterhin konjunkturelle Schwankungen gab, stieg der Lebensstandard rapide an. Das Wachstumsmodell, das Robert Solow 1956 am MIT entwickelte, lieferte den theoretischen Rahmen, innerhalb dessen die unterschiedlichen Wachstumsfaktoren behandelt werden konnten. Es löste eine wahrhafte Explosion an Arbeiten über die Rolle der Ersparnis und des technischen Fortschritts aus.

Makroökonometrische Modelle

Alle Beiträge wurden in immer größer werdenden makroökonometrischen Modellen zusammengefasst. Das erste makroökonometrische Modell der Vereinigen Staaten, das Anfang der 50er Jahre von Lawrence Klein an der University of Pennsylvania erstellt wurde, entsprach einem erweiterten *IS-LM*-Modell mit 16 Gleichungen. Mit der Weiterentwicklung der volkswirtschaftlichen Gesamtrechnung (wodurch bessere Daten zur Verfügung standen), der Ökonometrie und der Computer, nahmen die Modelle schnell größere Ausmaße an. Der bestechendste Fortschritt wurde mit dem MPS-Modell erzielt (MPS steht für MIT-Penn-SSRC, den beiden Universitäten und der Forschungseinrichtung Social Science Research Council, die bei der Entstehung mitwirkten), das während der 60er Jahre von einer von Franco Modigliani geleiteten Forschungsgruppe erarbeitet wurde. Wieder handelte es sich um ein erweitertes *IS-LM*-Modell, das durch eine Phillipskurve ergänzt wurde. Alle Bausteine – Konsum, Investitionen und Geldnachfrage – spiegelten jedoch den gewaltigen empirischen und theoretischen Fortschritt wider, der in den Jahren nach Keynes gemacht wurde.

27.2.2 Keynesianer vs. Monetaristen

Viele Makroökonomen, die sich selbst als Keynesianer bezeichneten, waren von diesem Fortschritt so überzeugt, dass sie eine strahlende Zukunft vor sich sahen. Konjunkturelle Schwankungen ließen sich immer besser erklären und die Weiterentwicklung der Modelle ermöglichte den verbesserten Einsatz der Wirtschaftspolitik. Die Zeit, in der sich die Wirtschaft genauestens steuern und Rezessionen vermeiden ließen, schien greifbar nahe.

Diesem Optimismus setzte ein kleine aber einflussreiche Gruppe – die Monetaristen – eine gehörige Portion Skeptizismus entgegen. Ihr geistiger Anführer war Milton Friedman. Obgleich Friedman den gewaltigen Fortschritt der letzten Jahre sah – er selbst war der Vater einer der wichtigsten Beiträge, der Konsumtheorie – teilte er den allgemeinen Enthusiasmus nicht. Er war davon überzeugt, dass die Wirtschaftsprozesse noch immer nur wenig verstanden wurden. Er stellte sowohl die Motive der Regierungen, als auch die Behauptung, ihr Wissen sei groß genug, makroökonomische Größen zu verbessern, in Frage.

In den 60er Jahren machte die Debatte zwischen Keynesianern und Monetaristen Schlagzeilen. Im Zentrum standen drei Streitpunkte, (1) die Wirksamkeit der Geldpolitik im Vergleich zur Fiskalpolitik, (2) die Phillipskurve und (3) die Rolle der Politik:

Geldpolitik vs. Fiskalpolitik

Keynes betonte, dass sich Rezessionen besser mit Fiskalpolitik als mit Geldpolitik abwenden ließen. Dies entsprach der allgemeinen Überzeugung. Nach der Meinung vieler, verlief die IS-Kurve ziemlich steil: Der Zinssatz habe nur einen geringen Einfluss auf die Nachfrage und die Produktion. Mit ihrem direkten Einfluss auf die Nachfrage könne die Fiskalpolitik die Produktion viel schneller und verlässlicher steuern.

Friedman stellte diesen Schluss vehement in Frage: Zusammen mit Anna Schwartz untersuchte er in dem 1963 erschienen Buch *A Monetary History of the United States, 1867-1960* sorgfältig die Geldpolitik und den Zusammenhang zwischen Geld und Produktion in den Vereinigten Staaten für den Zeitraum eines Jahrhunderts. Sie kamen nicht nur zu dem Schluss, dass Geldpolitik sehr wirksam sei, sondern, dass diese einen Großteil der Produktionsschwankungen erklären könne. Sie machten Fehler der Geldpolitik für die Weltwirtschaftskrise verantwortlich. Einen durch die Bankenkrise verursachten Rückgang der Geldmenge hätte die Fed durch eine Ausweitung der monetären Basis vermeiden können. (Diese Interpretation diskutierten wir in Kapitel 22.)

Friedmans und Schwartz' Herausforderung löste eine heftige Debatte und intensive Forschungen über die jeweilige Wirkung der Fiskal- und Geldpolitik aus. Am Ende wurde tatsächlich ein Konsens erreicht. Sowohl Fiskal- als auch Geldpolitik zeigten eindeutig Wirkungen. Würden sich politische Entscheidungsträger nicht nur um die Höhe, sondern auch die Zusammensetzung der Produktion kümmern, sollten sie eine Kombination beider Instrumente nutzen.

Die Phillipskurve

Die zweite Debatte kreiste um die Phillipskurve. Diese war nicht Bestandteil des ursprünglichen Keynesianischen Modells. Da sich mit ihrer Hilfe aber Lohn- und Preisentwicklungen bequem (und scheinbar verlässlich) erklären ließen, war sie in die neoklassische Synthese integriert worden. In den 60er Jahren glaubten viele Keynesianer aufgrund der ihnen damals verfügbaren Daten, dass es eine auch langfristig stabile Beziehung zwischen Inflation und Arbeitslosigkeit geben müsse.

Milton Friedman und Edmund Phelps (beide von der Columbia University) widersprachen dieser Ansicht scharf. Die Existenz eines langfristig stabilen Zusammenhangs könne selbst einfachsten ökonomischen Argumenten nicht standhalten. Würden die politischen Entscheidungsträger diesen scheinbaren Zusammenhang ausnutzen, indem sie mit hohen Inflationsraten die Arbeitslosigkeit bekämpften, würde er schnell zusammenbrechen. In Kapitel 8, in dem wir die Entwicklung der Phillipskurve untersuchten, sahen wir, dass Friedman und Phelps Recht behielten. Mitte der 70er Jahre war schließlich die einhellige Meinung, dass kein langfristiger Zusammenhang zwischen Inflation und Arbeitslosigkeit existiere.

Die Rolle der Politik

In der dritten Debatte ging es um die Rolle der Politik. Zweifelnd, dass das Wissen der Ökonomen ausreiche, die Produktion zu stabilisieren und misstrauisch, dass die politischen Entscheidungsträger, die richtigen Entscheidungen treffen würden, bevorzugte Friedman so einfache Regeln wie ein stabiles Geldmengenwachstum (wir besprachen diese Regel in Kapitel 25). Ein Zitat Friedmans aus einer Rede vor dem Kongress im Jahre 1958:

> *Eine konstante Geldmengenwachstumsrate wird nicht für vollkommene Stabilität sorgen, obgleich sich mit ihr jene Fluktuationen, die wir zeitweilig in der Vergangenheit erleben mussten, vermeiden lassen. Es ist verführerisch, noch weiter zu gehen und eine wechselnde Geldpolitik zu nutzen, um andere Faktoren auszugleichen, die für Rezession und Expansion verantwortlich sind [...]. Die verfügbaren Belege lassen, zumindest nach dem heutigen Wissensstand, schwere Zweifel aufkommen, dass sich wirtschaftliche Aktivitäten mit Hilfe einer genau dosierten Geldpolitik steuern lassen. Der diskretionären Geldpolitik sind damit enge Grenzen gesetzt und die Gefahr ist groß, dass sie die Angelegenheiten eher verschlechtert als verbessert.*
>
> *Der politische Druck, sowohl bei geringfügigen Preissteigerungen als auch bei geringfügigen Preis- und Beschäftigungsrückgängen „irgendetwas zu tun", ist bei der gegenwärtigen öffentlichen Meinung sicherlich sehr groß. Wir sollten diesen Argumenten folgend eine Lektion lernen: Dem öffentlichen Druck nachzugeben, wird häufig mehr Schaden als Nutzen erzeugen.*

Wie Sie in Kapitel 24 sahen, ist die Debatte über die Rolle makroökonomischer Wirtschaftspolitik noch nicht beendet. Das Wesen der Argumente mag sich etwas geändert haben, sie begleiten uns aber noch immer.

27.3 Die Kritik der rationalen Erwartungen

Trotz der Kämpfe zwischen Keynesianern und Monetaristen machte die Makroökonomie um 1970 den Eindruck eines erfolgreichen und reifen Forschungsfeldes. Sie konnte erfolgreich wirtschaftliche Ereignisse erklären und lieferte eindeutige wirtschaftspolitische Empfehlungen. Alle Diskussionen fanden innerhalb eines gemeinsamen theoretischen Rahmens statt. Doch schon innerhalb weniger Jahre geriet das Forschungsfeld in die Krise. Die Krise hatte zwei Ursachen.

Die eine waren die Ereignisse. Mitte der 70er Jahre erreichte die Stagflation die meisten Länder, ein Ausdruck der die damalige Koexistenz hoher Arbeitslosigkeit und hoher Inflationsraten beschrieb. Makroökonomen hatten die Stagflation nicht vorhergesehen. Nach einigen Jahren der Forschung wurde eine überzeugende Erklärung geliefert, die auf der nachteiligen Wirkung von Angebotsschocks auf die Preise und die Produktion beruhte. (Wir behandelten die Wirkungen dieser Schocks in Kapitel 7.) Aber es war schon zu spät, um den Schaden, den die ganze Disziplin nahm, wieder rückgängig zu machen.

Die andere Ursache waren die Ideen. Anfang der 70er Jahre führte eine kleine Gruppe von Wirtschaftswissenschaftlern – Robert Lucas von der University of Chicago; Thomas Sargent, damals an der University of Minnesota und heute in Stanford; und Robert Barro, damals in Chicago und heute in Harvard – einen großen Angriff gegen die etablierte Makroökonomie an. Sie nahmen kein Blatt vor den Mund. In einem Artikel von 1978 äußerten sich Lucas und Sargent:

> *Um die einfache Tatsache zu erkennen, dass die Vorhersagen [keynesianischer Wirtschaftstheorie] grob daneben lagen und dass die Doktrin, auf der sie beruhten, zerbrochen wurde, bedarf es keiner wirtschaftstheoretischer Raffinessen. Gegenwärtig stehen Studenten der Konjunkturtheorie vor der Aufgabe, in den Trümmern die Beiträge der keynesianischen Revolution, die gerettet werden können und brauchbar bleiben, von denen zu trennen, die getrost verworfen werden können.*

27.3.1 Die drei Folgen der rationalen Erwartungen

Die Lucas-Kritik

Die erste Folge war, dass man die existierenden makroökonomischen Modelle nicht länger dazu verwenden konnte, wirtschaftspolitische Empfehlungen abzuleiten. Diese Modelle erkannten zwar, dass Erwartungen das Verhalten beeinflussten, berücksichtigten diese aber nicht ausdrücklich. Man nahm an, dass alle Variablen von anderen gegenwärtigen und vergangenen Variablen einschließlich der wirtschaftspolitischen Variablen abhingen. Auf diese Weise erfassten die Modelle die Zusammenhänge in der Vergangenheit auf der Grundlage der vergangenen Wirtschaftspolitik. Veränderte sich aber die Wirtschaftspolitik, so Lucas, würden sich auch die Erwartungsbildungen der Leute wandeln. Dadurch könnten Schätzungen, die auf in der Vergangenheit geltenden Zusammenhängen basierten, und damit insbesondere Simulationen mit bestehenden makroökonometrischen Modellen, nicht für die Prognose der Wirkung einer neuen Wirtschaftspolitik herangezogen werden. Diese Kritik an den makroökonometrischen Modellen wurde als Lucas-Kritik bekannt. Um nochmals die Geschichte der Phillipskurve heranzuziehen, die Daten bis Anfang der 70er Jahre ließen einen stabilen Zusammenhang zwischen Arbeitslosigkeit und Inflation vermuten. Sobald die Politiker aber versuchten, diesen Zusammenhang auszunutzen, war er verschwunden.

Rationale Erwartungen und die Phillipskurve

Die zweite Folge war, dass rationale Erwartungen, sobald sie in die keynesianischen Modelle integriert wurden, sehr unkeynesianische Ergebnisse lieferten. Abweichungen der Produktion von ihrem natürlichen Niveau durften den Modellen zufolge nur sehr kurzfristig erfolgen, viel kurzfristiger als dies von den Keynesianern behauptet wurde. Dieser Schluss beruhte auf der erneuten Betrachtung des aggregierten Angebotes.

Keynesianische Modelle erklärten die langsamen Produktionsanpassungen durch die langsamen Preis- und Lohnanpassungen des Phillipskurvenmechanismus. So führe eine Erhöhung der Geldmenge zunächst zu einer höheren Produktion und zu einem Rückgang der Arbeitslosigkeit. Die niedrigere Arbeitslosigkeit führe dann zu höheren Nominallöhnen und Preisen. Die Anpassung erfolge so lange, bis sich die Löhne und Preise proportional zur Geldmenge erhöht hätten, bis die Arbeitslosigkeit und die Produktion wieder ihr natürliches Niveau erreicht hätten.

Dieser Anpassungsprozess, betonte Lucas, hänge stark von den rückwärts gewandeten Inflationserwartungen der Lohnsetzer ab. So reagierten die Löhne im MPS-Modell lediglich auf die gegenwärtige und die vergangene Inflationsrate, sowie auf die gegenwärtige und vergangene Arbeitslosigkeit. Würden man jedoch annehmen, dass die Lohnsetzer rationale Erwartungen bildeten, erfolge die Anpassung wahrscheinlich viel schneller. Veränderungen der Geldmenge hätten in dem Ausmaß, wie sie antizipiert würden, keinen Einfluss auf die Produktion: Würden die Lohnsetzer ein Geldmengenwachstum von 5% antizipieren, legten sie für das folgende Jahr vertraglich um 5% höhere Löhne fest. Die Unternehmen erhöhten die Preise ihrerseits um 5%. Am Ende verblieben die reale Geldmenge und die Produktion unverändert.

Folgte man der Logik Keynes, argumentierte Lucas, könne nur die nicht antizipierte Inflation die Produktion beeinflussen. Vorhersehbare Änderungen der Geldmenge sollten keine Wirkung auf die Produktion haben. Etwas allgemeiner formuliert: Vorausgesetzt die Lohnsetzer hätten rationale Erwartungen, würden Nachfrageschwankungen wahrscheinlich nur solange reale Wirkungen zeigen, wie die Nominallöhne vertraglich fixiert wären, also etwa für ein Jahr. Selbst auf seinem eigenen Gebiet, könne das keynesianische Modell keine überzeugende Theorie der lang andauernden Wirkungen der Nachfrage auf die Produktion liefern.

Optimale Kontrolle vs. Spieltheorie

Die dritte Folge war, dass es falsch war, Politik als Kontrolle über ein kompliziertes aber passives System zu verstehen, solange Leute und Unternehmen rationale Erwartungen bildeten. Man musste sich Politik viel mehr als Spiel zwischen den politischen Entscheidungsträgern und der Wirtschaft vorstellen. Das richtige Werkzeug war nicht die optimale Kontrolle, sondern die Spieltheorie. Die Spieltheorie führte zu einem anderen Verständnis der Politik. Ein plakatives Beispiel ist die zeitliche Inkonsistenz, die von Finn Kydland und Edward Prescott (damals an der Carnegie Mellon University, heute an der University of Minnesota) untersucht wurde, ein Thema, das wir in Kapitel 24 behandelten: Gute Absichten seitens der Politiker können zu einem Desaster führen.

Fassen wir die Ergebnisse zusammen: Als rationale Erwartungen eingeführt wurden, waren keynesianische Modelle nicht länger für wirtschaftspolitische Empfehlungen brauchbar, konnten keynesianische Modelle nicht länger langfristige Abweichungen der Produktion vom Gleichgewichtsniveau erklären und die Theorie der Politik musste mit Hilfe spieltheoretischer Werkzeuge neu geschrieben werden.

27.3.2 Die Integration der rationalen Erwartungen

Wie Sie wahrscheinlich schon am Ton des Zitates von Lucas und Sargent erkennen konnten, war die intellektuelle Atmosphäre innerhalb der Makroökonomie in den frühen 70er Jahren angespannt. Doch schon nach wenigen Jahren begann man mit der Integration der Ideen (nicht der Leute, die schlechte Stimmung hielt an), welche die 70er und 80er Jahre kennzeichnen sollte.

Ziemlich schnell fand die Idee, dass rationale Erwartungen die richtige Arbeitshypothese bildeten, weite Verbreitung. Nun glaubten Makroökonomen nicht, dass Leute, Unternehmen und Akteure auf den Finanzmärkten immerzu rationale Erwartungen bildeten. Aber rationale Erwartungen stellen einen natürlichen Referenzpunkt dar, zumindest solange Ökonomen nicht besser verstehen, ob und wie wirkliche Erwartungen systematisch von rationalen Erwartungen abweichen.

Die Arbeit begann mit den von Lucas und Sargent gestellten Herausforderungen.

Die Folgen rationaler Erwartungen

Zunächst begann man mit der systematischen Erforschung der Rolle und der Folgen rationaler Erwartungen auf Güter-, Finanz- und Arbeitsmärkten. Viele der Entdeckungen wurden Ihnen in diesem Buch vorgestellt:

- Robert Hall (damals am MIT, heute in Stanford) zeigte, dass sich Änderungen des Konsumverhaltens nur schwer progostizieren ließen, wenn Konsumenten sehr vorausschauend seien (der Definition in Kapitel 16 folgend): Die beste Konsumprognose für das kommende Jahr sei der gegenwärtige Konsum. Dieses Ergebnis, das damals viele Makroökonomen überraschte, beruht auf einer einfachen Intuition: Vorausschauende Konsumenten ändern ihr Konsumverhalten nur, wenn sie Neues über die Zukunft erfahren. Per Definitionem sind solche Neuigkeiten nicht prognostizierbar. Dieses Konsumverhalten, bekannt als Random Walk des Konsums, dient der Konsumforschung seitdem als Benchmark.
- Rüdiger Dornbusch vom MIT zeigte, dass die große Volatilität des Wechselkurses in einem Regime flexibler Kurse, die man bislang als Ergebnis der Spekulation irrationaler Spekulanten interpretierte, voll und ganz mit der Annahme rationaler Erwartungen vereinbar war. Seine Argumentation, die wir aus Kapitel 21 kennen: Änderungen der Geldpolitik führten zu lang anhaltenden Änderungen der nominalen Zinssätze; Änderungen der gegenwärtigen und der erwarteten Zinssätze führten ihrerseits zu großen Änderungen des Wechselkurses. Dornbuschs Modell, bekannt als Modell überschießender Wechselkurse, wurde zum Ausgangspunkt jeder Diskussion über Wechselkursbewegungen.

Lohn- und Preisbildung

Zweitens gab es eine systematische Untersuchung der Lohn- und Preisbestimmung, die weit über die Phillipskurvenbeziehung hinausging. Zwei bedeutende Beiträge lieferten Stanley Fischer vom MIT und John Taylor (damals Colombia University, heute

Stanford). Beide zeigten, dass Löhne und Preise sich selbst bei rationalen Erwartungen nur langsam an Änderungen der Arbeitslosigkeit anpassen.

Sie wiesen auf eine bedeutende Eigenschaft der Lohn- und Preisbestimmung hin, überlappende Lohn- und Preisentscheidungen. Im Gegensatz zu der eben angeführten einfachen Geschichte, dass alle Löhne und Preise gleichzeitig in Folge einer antizipierten Geldmengenerhöhung stiegen, fänden Lohn- und Preisentscheidungen in Form mehrerer Anpassungsstufen statt. Der Prozess verlaufe wohl eher langsam, die Lohn- und Preisanpassungen ähnelten einem Hürdenlauf. Damit zeigten Fischer und Taylor, dass die zweite Frage, die von der Kritik der rationalen Erwartungen aufgeworfen wurde, lösbar war, dass also die langsame Rückkehr der Produktion zu ihrem natürlichen Niveau mit rationalen Erwartungen auf den Arbeitsmärkten vereinbar war.

Die Theorie der Politik

Drittens führte die Anwendung der Spieltheorie auf die Politik zu einem Ausbruch der Forschung über die Art der Spiele, nicht nur zwischen den Politikern und der Wirtschaft, sondern auch zwischen den politischen Entscheidungsträgern – zwischen den Parteien, zwischen der Zentralbank und der Regierung oder zwischen den Regierungen verschiedener Länder. Eine der größten Leistungen dieses Ansatzes ist wohl, dass er einen strukturierten Zugang zu bis dahin verschwommenen Konzepten wie „Glaubwürdigkeit“, „Reputation“ und „Selbstbindung“ schaffen konnte. Gleichzeitig verschob sich das Interesse von dem, was „Regierungen tun sollten“ zu dem was „Regierungen tatsächlich tun“. Ökonomen wurden sich bewusst, dass sie auch politische Nebenbedingungen beachten mussten, wenn sie Politiker beraten wollten.

Zusammenfassend können wir sagen, dass die Herausforderung der Kritik der rationalen Erwartungen bis Ende der 80er Jahre zu einer sorgfältigen Überprüfung der Makroökonomie geführt hatte. Die grundlegenden Strukturen hatte man um die Implikationen der rationalen Erwartungen, etwas allgemeiner formuliert, um das vorausschauende Verhalten der Leute und Unternehmen erweitert. Der Inhalt, dieses Buch gibt gewissermaßen wieder, was wir unter dieser Synthese verstehen und was heute die Grundlage der Makroökonomie bildet.

Bevor wir zusammenfassen, was wir heute zu den Grundlagen der Makroökonomie zählen, – wir werden dies im letzten Abschnitt tun – sollten wir einen kurzen Blick auf die aktuelle Forschung werfen. Viele der Ideen sind noch zu spekulativ, um zu den Grundlagen zu zählen, einige werden diesen Sprung aber sicher schaffen.

27.4 Aktuelle Entwicklungen

Seit dem Ende der 80er Jahre dominieren drei Gruppen die Forschungsschlagzeilen: Die Neuklassiker, die Neokeynesianer und die Vertreter der neuen Wachstumstheorie. (Beachten Sie die großzügige Verwendung der Begriffe neu und neo. Im Gegensatz zu den Waschmittelherstellern sind den Ökonomen die Begriffe für *neu und verbessert* ausgegangen. Die unterschwellige Botschaft ist aber die gleiche.)

27.4.1 Neuklassik und die Real Business Cycle-Theorie

Die Kritik der rationalen Erwartungen war mehr als nur eine Kritik an der keynesianischen Wirtschaftstheorie. Sie lieferte eine eigene Interpretation konjunktureller Schwankungen. Anstatt Fluktuationen mit unvollkommenen Arbeitsmärkten und langsamen Lohn- und Preisanpassungen zu begründen, so Lucas, sollten Makroökonomen besser untersuchen, inwieweit diese durch Schocks auf vollkommenen Märkten mit flexiblen Preisen und Löhnen zu erklären seien.

Dieses Forschungsprogramm wird von den Neuklassikern verfolgt. Ihr geistiger Führer ist Edward Prescott. Die Modelle, die er und seine Anhänger entwickeln, kennt man als Real Business Cycle (RBC)-Modelle. Die Modelle gehen davon aus, dass sich die Wirtschaft immer im Gleichgewicht befinde. In diesem Sinne könne man alle Fluktuationen der Produktion als Fluktuationen der gleichgewichtigen Produktion verstehen.

Wodurch entstehen diese Fluktuationen? Prescott schlägt als Antwort den technischen Fortschritt vor. Würden neue Entdeckungen gemacht, steige die Produktivität, wodurch wiederum die Produktion steige. Das Produktivitätswachstum löse einen Lohnanstieg aus, der Arbeitsanreiz steige und die Arbeitnehmer arbeiteten mehr. Ein Produktivitätswachstum führe deshalb zu einem Anstieg der Produktion und der Beschäftigung, wie wir es in der realen Welt beobachten könnten.

Der RBC-Ansatz wurde aus unterschiedlichen Gründen kritisiert. Wir sahen in Kapitel 12, dass der technische Fortschritt das Ergebnis vieler Innovationen ist, deren Verbreitung innerhalb des Wirtschaftssystems lange Zeit beansprucht. Es ist schwer vorstellbar, wie dieser Diffusionsprozess die großen kurzfristigen Produktionsschwankungen auslösen sollte, die wir in der Realität beobachten. Genauso schwer lassen sich Rezessionen, als Zeiten technischen Rückschritts begreifen, in denen die Produktivität und die Produktion zurückfallen. Zuletzt sprechen überzeugende Belege dafür, dass Geldpolitik, die in RBC-Modellen keinerlei Wirkung hat, in der realen Welt die Produktion beeinflusst.

Viele Ökonomen glauben nicht, dass der RBC-Ansatz überzeugende Erklärungen für größere Produktionsschwankungen liefere. Gleichwohl erweist er sich als nützlich. Er macht darauf aufmerksam, dass nicht alle Schwankungen als Abweichungen der Produktion von ihrem Gleichgewicht zu verstehen sind. Auf eher technischem Gebiet führte der RBC-Ansatz neue Lösungsansätze für komplexe Modelle ein, die heute in der Forschung weit verbreitet sind. Der Ansatz wird sich wohl eher weiterentwickeln als verschwinden. Inzwischen beinhalten einige RBC-Modelle nominale Rigiditäten im Sinne von Fischer und Taylor. Diese Modelle implizieren, dass Fluktuationen nicht allein durch Produktivitätsschocks, sondern auch durch Änderungen der nominalen Geldmenge hervorgerufen werden.

27.4.2 Neokeynesianismus

Der Begriff Neokeynesianer bezeichnet eine locker verbundene Forschergruppe, die die Überzeugung teilt, dass die Synthese, die als Reaktion auf die Kritik der rationalen Erwartungen entstand, grundsätzlich richtig sei. Sie sind aber auch der gemeinsamen Überzeugung, dass die Unvollkommenheiten auf den unterschiedlichen Märkten und deren Folgen für die Makroökonomie noch viele offene Fragen aufwerfen würden.

Ein Forschungszweig untersucht die Lohnfindung auf dem Arbeitsmarkt. In Kapitel 6 behandelten wir den Effizienzlohnansatz – die Idee, dass zu geringe Löhne zu Drückebergerei am Arbeitsplatz, zu moralischen Versuchungen innerhalb des Unternehmens und zu Schwierigkeiten der Rekrutierung und Motivation guter Mitarbeiter führen können. Ein einflussreicher Forscher auf diesem Gebiet ist George Akerlof von der University of California in Berkeley, der die Bedeutung von „Normen" untersucht, Regeln, die in allen Organisationen und damit auch in Unternehmen existieren, um zu bestimmen, was fair und was unfair ist (Akerlof erhielt 2001 den Nobelpreis). Diese Forschung brachte ihn dazu, Bereiche, die bis dahin der Soziologie und der Psychologie überlassen wurden, und ihre makroökonomischen Folgen zu untersuchen.

Ein anderer Zweig der neokeynesianischen Forschung untersucht die Bedeutung unvollkommener Kreditmärkte. Außer bei der Analyse der Rolle der Banken in der Weltwirtschaftskrise und in der gegenwärtigen japanischen Rezession, nahmen wir in diesem Buch an, dass Geldpolitik über den Zinskanal wirke und dass Leute und Unternehmen zum Marktzins so viel Geld leihen könnten, wie sie wollten. In der Praxis kann ein Großteil der Leute und Unternehmen einen Kredit nur bei einer Bank beantragen. Banken wiederum verwehren vielen potenziellen Kunden einen Kredit, obwohl diese dazu bereit wären, den von der Bank geforderten Zins zu zahlen. Warum dies geschieht und wie dies unser Verständnis der Wirkung der Geldpolitik verändert, ist Gegenstand einer umfassenden Forschung, insbesondere von Ben Bernanke an der Princeton University.

Ein weiterer Forschungszweig beschäftigt sich mit nominalen Rigiditäten. Wir sahen schon weiter oben wie Fischer und Taylor zeigten, dass die Produktion auch langfristig von ihrem natürlichen Niveau abweichen kann, wenn Preis- und Lohnentscheidungen gestaffelt sind. Dieser Schluss wirft eine Reihe offener Fragen auf. Wenn überlappende Lohn- und Preiskontrakte zumindest teilweise für die Produktionsschwankungen verantwortlich sind, warum wird die Lohn- und Preissetzung dann nicht synchronisiert? Warum werden die Preise nicht häufiger angepasst? Warum werden Preise und Löhne nicht gleichzeitig, zum Beispiel an jedem ersten Werktag der Woche neu bestimmt? Akerlof und N. Gregory Mankiw (von der Harvard University), die sich mit diesen Fragen befassten, leiteten ein überraschendes und wichtiges Ergebnis ab, den Ansatz der Speisekarten-Kosten:

Jedem Lohn- und Preissetzer sei es ziemlich gleichgültig, wann und wie häufig er den eigenen Lohn oder die eigenen Preise festlege (der Gewinn eines Einzelhändlers ändere sich nicht stark, wenn er jede Woche die Waren neu auszeichne). Selbst geringe Preisänderungskosten – wie die Kosten einer neuen Speisekarte – könnten zu seltenen, überlappenden Preisanpassungen führen. Durch diese Staffelung ändere sich das Preisniveau nur langsam. Nachfrageschwankungen bewirkten dann große Produktionsschwankungen. Kurzum, auf individuellem Niveau unbedeutende Entscheidungen (die Frequenz der Lohn- und Preisanpassung), könnten große aggregierte Wirkungen zeigen (langsame Reaktion des Preisniveaus und großer Einfluss von Schwankungen der aggregierten Nachfrage auf die Produktion).

27.4.3 Neue Wachstumstheorie

Während die Wachstumstheorie in den 60er Jahren noch zu den aktivsten Forschungsfeldern zählte, verfiel sie später in einen intellektuellen Tiefschlaf. Ende der 80er Jahre erlebte sie jedoch ihr großes Comeback. Die neuen Beiträge erhielten das Etikett Neue Wachstumstheorie.

Zwei Volkswirte, Robert Lucas (der gleiche, der die Kritik der rationalen Erwartungen in die Welt setzte) und Paul Romer, damals an der University of California in Berkeley, heute in Stanford, spielten bei der Festlegung der Forschungsagenda eine wichtige Rolle. Als die Wachstumstheorie Ende der 60er Jahre aus dem Blick geriet, blieben zwei Fragen weitgehend ungelöst. Eine war die nach den Determinanten des technischen Fortschritts. Die andere war die nach der Bedeutung steigender Skalenerträge. Könnte man mit der Verdoppelung der beiden Produktionsfaktoren Kapital und Arbeit in Wirklichkeit mehr als das Doppelte produzieren? Die neue Wachstumstheorie konzentriert sich auf diese beiden Themen. Die Untersuchung des technischen Fortschritts in Kapitel 12 und der Zusammenhang zwischen technischem Fortschritt und Arbeitslosigkeit in Kapitel 13 geben einige der auf diesem Gebiet erzielten Fortschritte wieder. Ein Beispiel ist die Arbeit von Philippe Aghion (von der Harvard University) und Peter Howitt (von der Brown University), die einen Ansatz weiterentwickeln, der schon von Joseph Schumpeter Anfang der 30er Jahre erforscht wurde. Es handelt sich um die Idee, dass Wachstum ein Prozess der kreativen Zerstörung ist, bei dem laufend neue Produkte auf den Markt kommen, die die alten verdrängten. Ein anderes Beispiel ist die Arbeit von Alwyn Young (von der University of Chicago) über das Wachstum in den schnell wachsenden asiatischen Ländern, die wir in Kapitel 12 behandelten.

Zusammenfassend arbeitet die Forschung gegenwärtig an drei Fronten:

1. Der neuklassische Ansatz: Inwieweit lassen sich Produktionsschwankungen als Bewegungen des gleichgewichtigen Produktionsniveaus und der gleichgewichtigen Arbeitslosenrate interpretieren?
2. Der neokeynesianische Ansatz: Welche Marktunvollkommenheiten und nominalen Rigiditäten sind für die Abweichung der Produktion von ihrem Gleichgewichtsniveau verantwortlich?
3. Die neue Wachstumstheorie: Welche Faktoren sorgen langfristig für technischen Fortschritt und Wachstum?

Diese drei Forschungsgebiete überschneiden sich immer mehr. Einige Modelle verwenden die vom neuklassischen Ansatz eingeführten Techniken, berücksichtigen aber gleichzeitig die von den Neokeynesianern betonten Marktunvollkommenheiten. Andere Modelle wiederum analysieren, welche Wirkung der von der neuen Wachstumstheorie betonte Prozess der kreativen Zerstörung kurzfristig auf die Produktion hat und vereinen somit Ideen der neuen Wachstumstheorie mit denen der Neuklassik. Bislang dominieren die Erforschung und die Synthese neuer Ansätze und nicht-intellektuelle Grabenkämpfe das Gebiet.

27.5 Gemeinsame Überzeugungen

Am Ende dieser kurzen Geschichte der Makroökonomie und am Ende des Buches möchten wir nochmals die Aussagen zusammenfassen, über die zwischen den meisten Makroökonomen Einigkeit besteht:

- *Kurzfristig* beeinflussen Nachfrageschwankungen die Produktion. Ein größeres Verbrauchervertrauen, höhere Budgetdefizite und ein größeres Geldmengenwachstum führen allesamt zu einer steigenden Produktion und zu geringerer Arbeitslosigkeit.
- In der *mittleren Frist* kehrt die Produktion zu ihrem natürlichen Niveau zurück. Dieses Niveau hängt von der natürlichen Arbeitslosenquote (die zusammen mit der Größe der Erwerbsbevölkerung das Beschäftigungsniveau bestimmt), dem Kapitalstock und dem Stand der Technik ab.
- *Langfristig* bestimmen zwei Faktoren die Entwicklung der Produktion. Einer ist die Kapitalbildung, der andere der technische Fortschritt.
- *Geldpolitik* beeinflusst die Produktion nur in der kurzen Frist, nicht aber in der mittleren oder langen Frist. Eine höhere Geldmengenwachstumsrate steigert letzten Endes die Inflationsrate proportional.
- *Fiskalpolitik* hat sowohl kurz-, als auch mittel- und langfristige Wirkungen auf die Produktion. Größere Budgetdefizite erhöhen die Produktion voraussichtlich kurzfristig. Mittelfristig zeigen sie keine Wirkung. In der langen Frist verringern sie die Kapitalbildung und damit die Produktion.

Diese Aussagen lassen Raum für Kontroversen:

- Wie lang ist die „kurze Frist“, der Zeitraum, in dem die aggregierte Nachfrage die Produktion beeinflusst? An einem Ende stehen die Anhänger der Real Business Cycle-Theorie, die davon ausgehen, dass sich die Produktion immer im Gleichgewicht befindet: Die „kurze Frist“ ist sehr kurz! Am anderen Ende folgt aus der Untersuchung von Rezession und Depression (Kapitel 22), dass Nachfrageschwankungen extrem lange Auswirkungen haben können, dass die „kurze Frist“ sehr kurz sein kann.
- Welche Rolle kommt der Politik zu? Obwohl sich diese Frage von der ersten konzeptionell unterscheidet, hängt sie doch mit dieser zusammen. Diejenigen, die davon ausgehen, dass die Produktion schnell zum Gleichgewicht zurückkehrt,

möchten der Politik klare Regeln auferlegen, von einem konstanten Geldmengenwachstum bis zu einem ausgeglichenen Staatshaushalt. Diejenigen, die wiederum annehmen, dass Anpassungen langsam verlaufen, befürworten üblicherweise eine aktive Stabilisierungspolitik.

Hinter all diesen Kontroversen steht aber ein gemeinsamer theoretischer Forschungsrahmen. Er liefert eine Struktur, anhand derer wir die wirtschaftliche Lage beurteilen und wirtschaftspolitische Empfehlungen abgeben können. Unser Buch hat Sie in diesen theoretischen Rahmen eingeführt.

Zusammenfassung

- Die Geschichte der modernen Makroökonomie beginnt 1936 mit Keynes Veröffentlichung der *Allgemeinen Theorie der Beschäftigung, des Zinses und des Geldes*. Keynes Beitrag wurde im IS-LM-Modell von John Hicks und Alvin Hansen in den 30er und frühen 40er Jahren formal umgesetzt.
- Die Periode Anfang der 40er bis Anfang der 70er Jahre kann als goldenes Zeitalter der Makroökonomie bezeichnet werden. Zu den bedeutendsten Fortschritten zählten die Entwicklung der Konsum-, Investitions-, Geldnachfrage- und der Portfoliotheorie; die Entwicklung der Wachstumstheorie und die Entwicklung großer makroökonometrischer Modelle.
- Die größte Diskussion fand während der 60er Jahre zwischen Keynesianern und Monetaristen statt. Die Keynesianer glaubten, dass die Weiterentwicklung der makroökonomischen Theorie, eine bessere Steuerung der Volkswirtschaft ermöglichen werde. Die von Milton Friedman angeführten Monetaristen, betrachteten die Möglichkeiten der Regierung, die Produktion zu stabilisieren, etwas skeptischer.
- In den 70er Jahren befand sich die Makroökonomie in einer Krise. Dies aus zwei Gründen: Der eine war das Aufkommen der Stagflation, die die meisten Ökonomen überraschte. Der andere war der von Robert Lucas angeführte theoretische Angriff. Lucas und seine Nachfolger zeigten, dass aus der Einführung rationaler Erwartungen folgte, (1) dass aus keynesianischen Modellen keine wirtschaftspolitischen Schlüsse gezogen werden konnten, (2) dass keynesianische Modelle keine lang andauernden Abweichungen der Produktion von ihrem natürlichen Niveau erklären konnten und (3) dass die Theorie der Politik mit dem Instrumentarium der Spieltheorie überarbeitet werden musste.
- In den 70er und 80er Jahren verbrachte man viel Zeit mit der Einbindung der rationalen Erwartungen in die Makroökonomie. Wie auch in diesem Buch dargestellt, sind sich Makroökonomen heute der Rolle der Erwartungen bei der Beurteilung von Schocks, der Politik und deren Komplexität viel stärker bewusst, als vor zwei Jahrzehnten.
- Gegenwärtig gibt es drei Forschungsrichtungen: Neuklassiker untersuchen, inwieweit Produktionsschwankungen als Bewegungen des gleichgewichtigen Produktionsniveaus verstanden werden können, im Gegensatz zu Abweichungen vom natürlichen Produktionsniveau. Neokeynesianer suchen nach formalen Konzepten, die den Einfluss von Marktunvollkommenheiten auf die Produktion erfassen können. Die neue Wachstumstheorie erforscht die Rolle von Forschung & Entwicklung und steigenden Skalenerträgen.
- Trotz aller Differenzen, gibt es von nahezu allen Makroökonomen akzeptierte Aussagen. Zwei dieser Aussagen sind: (1) kurzfristig beeinflussen Nachfrageschwankungen die Produktion; (2) mittelfristig erreicht die Produktion ihr Gleichgewicht.

Weiterführende Literatur

Zwei Klassiker sind J.M. Keynes, *The General Theory of Employment, Interest and Money* (London: Macmillan Press, 1936) [Übersetzung: Allgemeine Theorie der Beschäftigung, des Zinses und des Geldes, 7.Auflage (Berlin: Duncker und Humblot)] und Milton Friedman und Anna Schwartz, *A Monetary History of the United States*, 1867-1960 (Princeton, NJ: Princeton University Press, 1963). Warnung: Das erste ist schwere Kost, das zweite ein dicker Wälzer.

Für einen Überblick über die Makroökonomie in Lehrbüchern seit den 40er Jahren sollten Sie „Credo of a Lucky Textbook Author“ von Paul Samuleson lesen (*Journal of Economic Perspectives*, Spring 1997, S. 154-160).

In der Einführung *Studies in Business Cycle Theory* (Cambridge, MA: MIT Press, 1981) entwickelt Robert Lucas seinen makroökonomischen Ansatz und bietet damit einen Zugang zu seinen Beiträgen.

Der Artikel „Theory Ahead of Business Cycle Measurement“ (*Federal Reserve Bank of Minneapolis Review*, Fall 1986, S. 9-22) von Edward Prescott steht am Anfang der Real Business Cycle Theorie. Er ist nicht einfach zu lesen.

Mehr über die New Keynesian Economics finden Sie in David Romer, „The New Keynesian Synthesis“ (*Journal of Economic Perspectives*, Winter 1994, S. 3-22).

Mehr über die neue Wachstumstheorie finden Sie in Paul Romer, „The Origins of Endogenous Growth“ (*Journal of Economic Perspectives*, Winter 1994, S. 3-22). Etwas ausführlicher ist die Übersicht in Charles Jones *An Introduction to Economic Growth*, 2. Auflage (New York, NY: W.W. Norton, 2002).

Die Essays in David Warsh, *Economic Principals: Masters and Mavericks of Modern Economics* (New York, NY: Free Press, 1993) sind leicht zu lesen und gut geschrieben.

Die meisten wirtschaftswissenschaftlichen Zeitschriften sind sehr mathematisch und schwer zu lesen. Einige bemühen jedoch um mehr Lesefreundlichkeit: Insbesondere das *Journal of Economic Perspectives* sowie die *CESifo Economic Studies* bieten nichttechnische Artikel über aktuelle wirtschaftswissenschaftliche Forschung und Themen. Die *Brookings Papers on Economic Activity*, die halbjährlich erscheinen, behandeln aktuelle makroökonomische Probleme. Die in Europa veröffentlichte *Economic Policy* ist ähnlich, behandelt aber mehr europäische Themen.

Die meisten Zentralbanken und auch die regionalen Federal Reserve-Banken (USA) publizieren monatlich oder vierteljährlich einfach zu lesende Berichte. Diese Berichte sind gratis. Beispiele sind der *Monatsbericht der Bundesbank*, der *Monatsbericht der Europäischen Zentralbank*, die *Economic Review* der Cleveland Fed, die *Economic Review* der Kansas City Fed, die *New England Economic Review* der Boston Fed und die *Review* der Minneapolis Fed.

David Romer präsentiert in seinem Lehrbuch *Advanced Macroeconomics*, 2. Auflage (New York: McGraw-Hill, 2001) aktuelle Makroökonomie für Studierende im Hauptstudium oder im Doktorandenstudium. Für Fortgeschrittene ist das Buch von Olivier Blanchard und Stanley Fischer *Lectures on Macroeconomics* (Cambridge, MA: MIT Press, 1989) zu empfehlen.

Teil 9
Anhänge

Anhang A

Einführung in die Volkswirtschaftliche Gesamtrechnung

Anhang B

Mathematische Grundlagen

Anhang C

Ökonometrie – Eine Einführung

Anhang D

Glossar

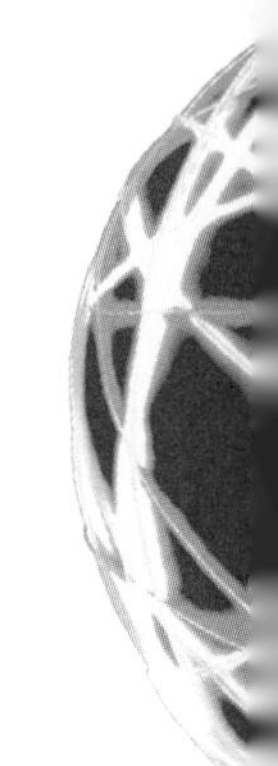

Anhang

A Einführung in die Volkswirtschaftliche Gesamtrechnung

Dieser Anhang führt in die Grundlagen und die wichtigsten Fachausdrücke der Volkswirtschaftlichen Gesamtrechnung ein. Die Volkswirtschaftliche Gesamtrechnung (VGR) ermittelt das Bruttoinlandsprodukt (BIP) – das zentrale Maß für die gesamtwirtschaftliche Produktionsaktivität. Wir betrachten das BIP von zwei Seiten: Von der *Verteilungsseite* (wem fließt welcher Anteil des BIP zu?) und von der *Verwendungsseite* (wofür werden die produzierten Güter verwendet?).

A.1 Die Verteilungsseite

Tabelle A.1 betrachtet die Verteilungsseite des Bruttoinlandsprodukts – sie beantwortet die Frage: Wem fließt welcher Anteil des BIP zu? Im volkswirtschaftlichen Kreislauf entspricht die Produktion dem Einkommen. Wir müssen jedoch sorgfältig unterscheiden, wem die Einkommen zufließen. Ein Teil der Einkommen fließt ins Ausland, ein anderer an den Staat. Die ersten 9 Zeilen der Tabelle zeigen, wie man vom BIP zum Volkseinkommen gelangt. Das Volkseinkommen ist das Einkommen, das an die inländischen Produktionsfaktoren Arbeit und Kapital gezahlt wird.

- Ausgangspunkt ist das Bruttoinlandsprodukt (Zeile 1). Es ist der Marktwert aller im Inland produzierten Waren und Dienstleistungen abzüglich der von anderen Wirtschaftseinheiten bezogenen Vorleistungen (wie Rohstoffe, Vorprodukte, Handelswaren, Reparaturleistungen usw.).
- Die nächsten drei Zeilen führen uns vom BIP zum Bruttonationaleinkommen (BNE), früher als Bruttosozialprodukt (BSP) bezeichnet (Zeile 3). Während das BIP die im Inland produzierten Güter und Dienstleistungen misst, unabhängig davon, wem die Wertschöpfung letztlich zufließt (Inlandskonzept), erfasst das BNE das (Brutto-)Einkommen aller Inländer, egal wo die Wertschöpfung stattgefunden hat (Inländerkonzept). Um vom BIP zum BNE zu gelangen, müssen wir somit zuerst alle Einnahmen hinzurechnen, die den Inländern als Faktoreinkommen aus dem Rest der Welt zufließen. Das sind zum Teil Erwerbs-, vor allem aber Vermögenseinkommen – etwa die Dividenden, die deutschen Besitzern von Aktien eines amerikanischen Unternehmens überwiesen werden. Umgekehrt müssen wir all die Einkommen abziehen, die aus der Produktion in Deutschland an Nicht-Inländer fließen: Zins- und Dividendenzahlungen deutscher Unternehmen an Ausländer ebenso wie die Einkommen von Wochenendpendlern etwa aus Ost-

europa, die in Deutschland arbeiten. Sie tragen zwar zur Produktion (BIP) in Deutschland bei; das Einkommen fließt aber ins Ausland. (Sobald sie freilich ihren Wohnsitz in Deutschland nehmen, zählen sie als Inländer.)

- Den Saldo zwischen beiden Größen bezeichnet man als Saldo der Primäreinkommen – die Differenz der Erwerbs- und Vermögenseinkommen von Inländern und Ausländern. Im Jahr 2002 lag das BNE in Deutschland um € 9,09 Mrd. niedriger als das BIP (Zeile 2).
- Der nächste Schritt führt vom BNE zum NNE, dem Nettonationaleinkommen (Zeile 5). Das NNE bezeichnet man auch als Primäreinkommen. Um zum NNE zu gelangen, müssen wir vom BNE die Abschreibungen auf Kapital (Zeile 4) abziehen. Abschreibungen dienen dem Ersatz von veralteten Kapitalanlagen; sie können also nicht als Einkommen an die Produktionsfaktoren (sei es als Löhne oder Gewinne) ausgezahlt werden.
- Das NNE gibt prinzipiell Aufschluss über das Einkommen, das allen Inländern (einschließlich dem Staat) insgesamt zur Verfügung steht. Allerdings muss es um zwei Größen korrigiert werden, um zu einem wirklich schlüssigen Einkommensmaß zu werden. Einerseits erhält der deutsche Staat laufende Transfers aus der übrigen Welt (Zeile 6a) (insbesondere Subventionszahlungen, die von der EU an strukturschwache Regionen fließen), andererseits aber muss er laufende Transfers an die übrige Welt (Zeile 6b) zahlen (etwa Zahlungen an die EU). Das verfügbare Einkommen (Zeile 7) erhalten wir deshalb erst, wenn wir das NNE um den Saldo dieser Transfers korrigieren. Für Deutschland als Nettozahler an die EU ist der Saldo negativ.
- Eine weitere wichtige Größe der Verteilungsrechnung ist das Volkseinkommen (Zeile 10). Vom NNE gelangen wir zum Volkseinkommen, indem Produktions- und Importabgaben abgezogen, an Unternehmen gezahlte Subventionen dagegen addiert werden. Mehrwert- und Ökosteuern machen den größten Anteil der Produktionsabgaben aus. Aber auch Tabak- und Alkoholsteuer ebenso wie Importzölle müssen berücksichtigt werden. All diese Abgaben werden beim Verkauf gleich vorweg abgezogen; sie sind also für die Auszahlung von Löhnen oder Gewinnen gar nicht verfügbar. Umgekehrt fließen staatliche Subventionen (etwa in der Kohle- und Stahlindustrie) zusätzlich zu den Verkaufserlösen auch in Lohn- oder Gewinnzahlungen ein.
- Das Volkseinkommen lässt sich nun aufteilen in Arbeitnehmerentgelte sowie in Unternehmens- und Vermögenseinkommen. Arbeitnehmerentgelte machen 72,3% des Volkseinkommens aus (Zeile 11 als Anteil von Zeile 10). Dabei handelt es sich um die Summe aus Bruttolöhnen und -gehältern und Arbeitgeberbeiträgen. Diese reichen von Sozialversicherungsbeiträgen der Arbeitgeber (bei weitem der größte Anteil) zu solch exotischen Elementen wie Heiratszuschüssen der Arbeitgeber. Die Unternehmens- und Vermögenseinkommen (Zeile 14) werden als Rest nach Abzug des Arbeitnehmerentgelts vom Volkseinkommen berechnet. Die verfügbaren Angaben über die Unternehmensgewinne reichen in Deutschland nicht aus, um eine eigenständige Berechnung des BIP über die Verteilungsseite zu ermöglichen. Die Aufteilung des Volkseinkommens auf die Produktionsfaktoren Arbeit und Kapital bezeichnet man als Primärverteilung. Sie gibt uns aber nur wenig Auf-

schluss darüber, wie das Einkommen auf Individuen verteilt ist: Steuern und Transfers bewirken eine Umverteilung; zudem halten immer mehr Arbeiter ja auch Aktien oder Anteile an Fonds und erzielen somit Vermögenseinkommen.

Tabelle A.1:
Die Verteilungsseite des BIP in Deutschland, 2002, Mrd. €
Quelle: Volkswirtschaftliche Gesamtrechnung, Statistisches Bundesamt, Wiesbaden (vorläufige Zahlen, Stand Februar 2003).

Vom BIP zum Volkseinkommen		
1 Bruttoinlandsprodukt (BIP)		2.108,20
2a + Primäreinkommen aus der übrigen Welt	115,47	
2b – Primäreinkommen an die übrige Welt	–124,56	
2c Saldo der Primäreinkommen mit der übrigen Welt	– 9,09	
3 = Bruttonationaleinkommen (Bruttosozialprodukt)		2.099,11
4 – Abschreibungen	–318,48	
5 = Nettonationaleinkommen (Primäreinkommen)		1.780,63
6a + laufende Transfers aus der übrigen Welt	9,80	
6b – laufende Transfers an die übrige Welt	–33,11	
7 = Verfügbares Einkommen (der Inländer)		1.757,32
5 Nettonationaleinkommen (Primäreinkommen)		1.780,63
8 – Indirekte Steuern	–249,51	
9 + Subventionen	+30,92	
10 = Volkseinkommen		1.562,04
Die Komponenten des Volkseinkommens:		
11 Arbeitnehmerentgelt		1.130,03
12 Bruttolöhne und Gehälter	911,46	
13 Arbeitgeberbeiträge	218,57	
14 Unternehmens- und Vermögenseinkommen		432,01

Bevor wir zur Verwendungsseite kommen, wollen wir noch erläutern, wie man ausgehend vom Volkseinkommen das verfügbare Einkommen privater Haushalte (das Einkommen, das den Haushalten nach Abzug der Steuern und Sozialabgaben und dem Zufluss von Transferzahlungen zur Verfügung steht) ermitteln kann. Die Erwerbstätigen zahlen aus ihrem Einkommen Steuern und Sozialversicherungsbeiträge. Den größten Teil machen Lohn- und Einkommenssteuern aus. Sowohl Arbeitgeber wie Arbeitnehmer führen zudem Sozialbeiträge (Renten- und Arbeitslosenversicherung) ab. Viele Menschen wiederum erhalten nicht (nur) Einkommen aus der Produktion, sondern auch aus Transfers, etwa Rentenzahlungen, Arbeitslosengeld und Bafög-Zahlungen an Studenten. Berücksichtigen wir diese Anpassungen, erhalten wir das verfügbare Einkommen der privaten Haushalte. Es ist das Einkommen, über das die Haushalte insgesamt tatsächlich frei verfügen können. Im Jahr 2002 betrug es € 1.369,25 Mrd., also ca. 65% des BIP.

A.2 Die Verwendungsseite

Tabelle A.2 betrachtet die Verwendungsseite der VGR: Wofür werden die produzierten Güter verwendet?

Beginnen wir mit den drei Komponenten der inländischen Nachfrage: privater und staatlicher Konsum sowie Investitionen.

- Der private Konsum (Zeile 1) macht bei weitem den größten Anteil der Gesamtnachfrage aus, nämlich etwa 60% des BIP. Zusätzlich zu den Konsumausgaben der privaten Haushalte berücksichtigen wir auch den Konsum privater Organisationen ohne Erwerbszweck (Zeile 2).
  Zum privaten Konsum zählen auch Ausgaben für die Nutzung von Wohnraum. Würde die VGR nur die tatsächlich anfallenden Mieten zählen, wären die Mieteinnahmen abhängig vom Anteil von Apartments und Häusern, der vermietet wird, statt von den Eigentümern selbst genutzt zu werden. Würde etwa jeder zum Eigentümer des Apartments oder Hauses, in dem er selbst lebt, dann würden die Mietausgaben auf Null sinken, das ausgewiesenen BIP entsprechend fallen. Um dieses Problem zu vermeiden, behandelt die VGR alle Häuser und Apartments so, als ob sie vermietet wären. Folglich werden die Mietausgaben berechnet als tatsächliche Mieten plus kalkulatorische Mieten für die von ihren Eigentümern genutzten Wohnungen. Es wird angenommen, dass die Eigentümer eines Hauses Wohnraum zu einem Preis konsumieren, der dem kalkulatorischen Mieteinkommen dieses Hauses entspricht.
- Der staatliche Konsum (Zeile 3) setzt sich zusammen aus dem Kauf von Gütern durch den Staat und der Entlohnung der Staatsbediensteten (Staatliche Dienstleistungen werden so bewertet, als ob die Staatsbediensteten ihre Arbeitskraft an den Staat verkaufen). Der staatliche Konsum umfasst Ausgaben des Bundes, der Länder und der Gemeinden.

  Wir müssen dabei beachten, dass im staatlichen Konsum weder staatliche Transferzahlungen noch die Zinszahlungen auf Staatsverschuldung enthalten sind. Der Grund liegt darin, dass Transfers und Zinszahlungen nur eine Umverteilung zwischen verschiedenen Bevölkerungsgruppen bewirken. Diese Zahlungsströme stellen aber keinen Erwerb von Waren oder Dienstleistungen dar; deshalb sollten sie in der Verwendungsrechnung auch nicht enthalten sein. Das bedeutet, dass der in Tabelle A.2 ausgewiesene staatliche Konsum erheblich geringer ist als die Zahlen, die man typischerweise mit staatlicher Aktivität assoziiert. Wenn wir an der Frage interessiert sind, wie stark der Staat Einfluss auf die Wirtschaftsaktivität nimmt (etwa bei der Berechnung der Staatsquote, dem Anteil der über den Staat fließenden Ausgaben am BIP), sollten dagegen Transfers und Zinszahlungen enthalten sein (Vergleiche hierzu Tabelle A.3).
- Unter Investitionen verstehen wir die heimischen privaten Bruttoanlageinvestitionen (Zeile 4). Sie setzen sich aus drei verschiedenen Komponenten zusammen: Ausrüstungen, Bauten und sonstige Anlagen. Zu den sonstigen Anlagen zählen v.a. immaterielle Anlageinvestitionen wie Software für EDV und Urheberrechte.

- Ist die gesamtwirtschaftliche Produktion niedriger als die Gesamtnachfrage, gleichen die Unternehmen die Differenz durch einen Abbau ihrer Lager aus. Wenn umgekehrt die Produktion die Verkäufe übersteigt, bauen die Unternehmen ihre Lager aus. Zeile 8 in Tabelle A.2 gibt die Veränderungen der Lagerhaltung an, manchmal auch (etwas irreführend) als „Lagerinvestition" bezeichnet. Die Größe ist definiert als die Wertänderung der Vorräte an Waren, die zum Wiederverkauf oder zur Be- und Verarbeitung bestimmt sind. Im Jahr 2002 war die Lagerhaltung negativ: Die Produktion in Deutschland war um € 7,28 Milliarden kleiner als die gesamten Verkäufe von deutschen Gütern.
- Als Summe aus privatem und staatlichem Konsum und der privaten Investition erhalten wir die Nachfrage nach Gütern durch deutsche Firmen, deutsche Haushalte und den deutschen Staat. In einer geschlossenen Volkswirtschaft wäre dies identisch mit der Nachfrage nach deutschen Gütern. Deutschland ist aber eine offene Volkswirtschaft. Deshalb sind zwei Anpassungen notwendig, um die Gesamtnachfrage nach deutschen Gütern zu ermitteln. Erstens müssen wir die Exporte addieren, den Erwerb von deutschen Waren und Dienstleistungen im Ausland (Zeile 11). Zweitens müssen wir die Importe abziehen, also die Käufe von Waren und Dienstleistungen aus dem Ausland (Zeile 12). Im Jahre 2002 waren die Exporte um € 83,03 Mrd. höher als die Importe. Der Außenbeitrag (der Saldo zwischen Exporten und Importen) (Zeile 10) war folglich positiv mit plus € 83,03 Mrd. (Zeile 16).
- Wenn wir privaten und staatlichem Konsum, die Investitionen und die Nettoexporte addieren, erhalten wir den Gesamtwert der in Deutschland produzierten Güter und Dienstleistungen, also wieder das BIP:

		2000	2001	2002
1	Konsum privater Haushalte	1.151,66	1.191,30	1.199,58
2 +	Konsum privater Organisationen ohne Erwerbszweck	39,25	40,85	42,30
3 +	Staatlicher Konsum	387,24	393,52	402,79
4 +	Bruttoanlageinvestitionen (5+6+7)	438,77	416,31	387,78
5	Ausrüstungen	175,83	166,34	150,90
6	Bauten	240,15	226,24	212,75
7	Sonstige Anlagen	22,79	23,73	24,13
8 +	Vorratsveränderungen und Nettozugang an Wertsachen	5,24	-9,37	-7,28
9 =	Inländische Verwendung von Gütern	2.022,16	2.032,61	2.025,17
10+	Außenbeitrag (Exporte minus Importe)	7,84	38,59	83,03
11	Exporte von Waren und Dienstleistungen	685,39	726,90	748,27
12	Importe von Waren und Dienstleistungen	677,55	688,31	665,24
13=	Bruttoinlandsprodukt	2.030,00	2.071,20	2.108,20

Tabelle A.2:
Die Verwendungsseite des BIP in Deutschland, 2002, Mrd. €
Quelle: Volkswirtschaftliche Gesamtrechnung, Statistisches Bundesamt, Wiesbaden (vorläufige Zahlen, Stand Februar 2003).

- Tabelle A.3 gibt genaueren Aufschluss über die wichtigsten Posten der Einnahmen und Ausgaben des Staates. Sie macht deutlich, dass sich Konsumausgaben und Gesamtausgaben des Staates stark unterscheiden. Steuern und Sozialbeiträge sind die wesentlichen Einnahmequellen des Staates mit über 92% der Gesamteinnahmen. Im Vergleich dazu fallen andere Einnahmequellen wie Verkäufe aus Markt- und Nichtmarktproduktion und Vermögenseinkommen (etwa aus den abgeführten Gewinnen der Deutschen Bundesbank) kaum ins Gewicht. Wesentliche Bestandteile der Konsumausgaben des Staates sind die Posten Arbeitnehmerentgelt sowie soziale Sachleistungen (dazu zählen insbesondere die Ausgaben im Gesundheitswesen). Die staatlichen Investitionen sind in Tabelle A.3 Bestandteil der Bruttoanlageinvestitionen. Monetäre Sozialleistungen (wie Rentenzahlungen, Arbeitslosengeld und Sozialhilfe) und die aufgrund der Staatsverschuldung anfallenden Zinszahlungen machen ebenfalls einen großen Anteil der Gesamtausgaben des Staates aus. Vorleistungen sind Käufe des Staates bei privaten Unternehmen. Übersteigen die Gesamtausgaben die Einnahmen des Staates, ergibt sich ein negativer Finanzierungssaldo. In diesem Umfang steigt die Verschuldung des Staates (es sei denn, er löst – etwa im Zuge von Privatisierungen oder der Versteigerung von UMTS-Lizenzen – einen Teil seiner Vermögensanlagen auf). Die Neuverschuldung (der Finanzierungssaldo in % des BIP) belief sich 2002 auf 3,6%; die Staatsquote (gesamte Staatsausgaben als Anteil am BIP) betrug im Jahr 2002 48,6%.

Tabelle A.3: Einnahmen und Ausgaben des Staates, Mrd. €

	2002
1. Einnahmen	**948,17**
2. Steuern	476,60
3. Sozialbeiträge	388,73
4. Ausgaben	**-1.024,36**
5. Vorleistungen	84,31
6. Arbeitnehmerentgelt	165,86
7. Vermögenseinkommen (Zinsen)	67,20
8. Subventionen	30,92
9. Monetäre Sozialleistungen	409,88
10. Soziale Sachleistungen	163,08
11. Bruttoinvestitionen	33,65
12. = Finanzierungssaldo	**-76,19**
13. *Finanzierungssaldo in % des BIP*	*-3,6%*

Quelle: Finanzielle Entwicklung des Staates in der VGR, Deutsche Bundesbank (vorläufige Zahlen, Stand, Februar 2003).

A.3 Einige warnende Hinweise

Die volkswirtschaftliche Gesamtrechnung liefert eine in sich konsistente Berechnung der gesamtwirtschaftlichen Aktivität. Aber die VGR basiert auf einer Reihe von Konventionen. Häufig ist es nämlich nicht eindeutig, ob bestimmte Aspekte überhaupt einbezogen werden sollten oder nicht. Zudem ist es mitunter arbiträr, wie bestimmte Einkommens- oder Ausgabenarten eingeordnet werden sollen. Die Liste der hieraus resultierenden Probleme ist lang. An dieser Stelle führen wir nur drei Beispiele an:

- Heimarbeit wird vom BIP nicht mitgezählt. Ein prägnantes Beispiel: Zwei Frauen entschließen sich, lieber gegenseitig ihre Kinder zu beaufsichtigen, statt sich um das eigene Kind zu kümmern; sie bezahlen sich dafür gegenseitig. Diese Vereinbarung lässt das ausgewiesene BIP steigen. Das wahre BIP bleibt davon aber sicherlich unberührt. Eine Lösung wäre, Heimarbeit im BIP mitzuzählen – auf die gleiche Art, wie ja auch kalkulatorische Mieten für selbstgenutzte Wohnflächen angerechnet werden.
- Der Kauf eines Hauses wird genauso wie der gewerbliche Immobilienbau als Investition behandelt, die Nutzung von Wohnraum dann als Teil des Konsums. Vergleichen wir dies mit der Erfassung von Automobilkäufen. Obwohl auch Automobile für einen sehr langen Zeitraum genutzt werden können (wenn auch nicht so lange wie Häuser), werden diese nicht als Investition sondern als Konsum behandelt. Sie erscheinen in der VGR also nur in dem Jahr, in dem sie gekauft wurden.
- Unternehmenskäufe von Maschinen werden als Investition erfasst. Dagegen wird der Kauf von Bildung als Konsum von Bildungsdienstleistungen behandelt. Aber Bildung von Humankapital ist sicherlich zum großen Teil eine Investition: Die Leute investieren in Bildung, um ihr künftiges Einkommen zu steigern.

Die Liste könnte beliebig weitergeführt werden. Doch diese Beispiele sollten nicht zu dem Fehlschluss verleiten, die volkswirtschaftliche Gesamtrechnung sei fehlerhaft. Viele der gerade diskutierten Entscheidungen zur Rechnungslegung wurden aus gutem Grund getroffen, meist aus Gründen der Verfügbarkeit von Daten oder zur Vereinfachung. Der wesentliche Punkt sollte sein, die Zahlen, die uns die VGR zur Verfügung stellt, optimal zu nutzen. Deshalb muss man sich mit der Logik der VGR auseinandersetzen; man sollte aber auch verstehen, warum bestimmte Entscheidungen getroffen wurden und welche Beschränkungen sich daraus ergeben.

Weiterführende Literatur

Genaue Hinweise über die Berechnung von Größen der Volkswirtschaftlichen Gesamtrechnung und anderer Statistiken finden Sie auf der Homepage des Bundesamtes für Statistik in Wiesbaden: http://www.destatis.de/. Auch aktuelle Daten können hier abgerufen werden: http://www.destatis.de/allg/d/veroe/d_datend.htm.

Anhang

B Mathematische Grundlagen

Dieser Anhang gibt eine kurze Einführung in wichtige mathematische Konzepte und Aussagen, die im Buch verwendet werden.

B.1 Geometrische Reihen

Definition. Eine geometrische Reihe ist eine Summe von Zahlen der Form:

$$1 + x + x^2 + \dots + x^n$$

x ist eine Zahl (größer oder kleiner als Eins). x^n bedeutet x hoch n, die Zahl x wird also n-mal mit sich selbst multipliziert.

Beispiele für solche Reihen sind:

- Die Summe der Nachfrage aus jeder Runde des Multiplikatorprozesses (Kapitel 3). Ist c die marginale Konsumneigung, dann berechnet sich die Summe der Nachfragesteigerungen über n Runden als:

$$1 + c + c^2 + \dots + c^{n-1}$$

- Der diskontierte Gegenwartswert einer Folge von Zahlungen in Höhe von einem Euro über n Jahre (Kapitel 14). Bei einem Zinssatz i ergibt sich:

$$1 + \frac{1}{1+i} + \frac{1}{(1+i)^2} + \dots + \frac{1}{(1+i)^{n-1}}$$

In der Regel sind wir bei solchen Reihen an zwei Fragen interessiert. Zunächst wollen wir ermitteln, wie wir den Wert der betrachteten Summe ermitteln können. Weiterhin stellen wir uns die Frage, ob die Summe gegen einen bestimmten endlichen Wert konvergiert, wenn wir n ansteigen lassen, oder ob sie explodiert. Folgende Vorschläge beantworten diese Fragen:

Proposition 1 zeigt uns, wie sich die Summe berechnen lässt:

Proposition 1.

$$1 + x + x^2 + \dots + x^n = \frac{1 - x^{n+1}}{1 - x} \tag{B.1}$$

Die Beweisführung erfolgt folgendermaßen: Zunächst multiplizieren wir die Summe mit $(1 - x)$. Unter Ausnutzung der Tatsache, dass $x^a x^b = x^{a+b}$ (Potenzen werden multipliziert, indem man ihre Exponenten addiert):

$$(1 + x + x^2 + ... + x^n)(1-x) = 1 + x + x^2 + ... + x^n - x - x^2 - ... - x^{n+1} = 1 - x^{n+1}$$

Bis auf den ersten und den letzten Ausdruck heben sich alle Terme zwischen den beiden Gleichheitszeichen gegenseitig auf. Wenn wir nun beide Seiten durch $(1 - x)$ dividieren, erhalten wir Gleichung (B.1).

Diese Gleichung ist sehr allgemeiner Natur, Sie gilt für jedes x und jedes n. Für $x = 0{,}9$ und $n = 10$ beträgt die Summe z.B. 6,86. Für $x = 1{,}2$ und $n = 10$, ist die Summe 32,15.

Proposition 2 zeigt uns, was passiert, wenn n größer wird:

Proposition 2. Für $x < 1$ konvergiert die Summe mit steigendem n gegen $1/(1 - x)$. Für $x \geq 1$ explodiert die Summe mit steigendem n.

Hier die Beweisführung: Für $x < 1$ konvergiert x^n mit steigendem n gegen Null. Damit vereinfacht sich Gleichung (B.1) zu $1/(1 - x)$. Für $x > 1$ wird x^n mit steigendem n immer größer. $1 - x^n$ wird dann eine sehr große negative Zahl. Weil für $x > 1$ auch der Nenner $1 - x$ negativ (aber konstant) ist, wird der Quotient immer größer. Die Summe explodiert mit steigendem n.

Anwendung aus Kapitel 14: Wir berechnen den Gegenwartswert einer jährlichen Zahlung von €1 bis in alle Ewigkeit, angefangen vom nächsten Jahr, bei einem Zinssatz i. Der Gegenwartswert ist

$$\frac{1}{(1+i)} + \frac{1}{(1+i)^2} + \ldots \tag{B.2}$$

Wenn wir $1/(1 + i)$ ausklammern, können wir den Ausdruck umformulieren zu:

$$\frac{1}{(1+i)}\left[1 + \frac{1}{(1+i)} + \ldots\right]$$

Der Ausdruck in Klammern ist eine geometrische Reihe mit $x = 1/(1 + i)$.

Weil der Zinssatz i positiv ist, gilt $1 + i > 1$ und damit $x < 1$. Wir wenden Proposition 2 an und erhalten für den Klammerausdruck für großes n:

$$\frac{1}{1 - \frac{1}{(1+i)}} = \frac{(1+i)}{(1+i-1)} = \frac{(1+i)}{i}$$

Den Klammerausdruck in der Gleichung oben ersetzen wir mit $(1 + i)/i$ und erhalten so:

$$\frac{1}{(1+i)}\left[\frac{(1+i)}{i}\right] = \frac{1}{i}$$

Der Gegenwartswert einer sich jährlich wiederholenden Zahlung von €1 ab dem nächsten Jahr zum Zinssatz i ist genau €1 dividiert durch i. Für i = 5%, erhalten wir €1/0,05 = €20.

B.2 Nützliche Approximationen

In diesem Buch haben wir verschiedene Approximationen verwendet, um das Rechnen zu vereinfachen. Diese Approximationen sind zuverlässig, wenn die Variablen x, y und z klein sind, also etwa zwischen 0 und 0,1 liegen. In den folgenden Absätzen verwenden wir die Werte $x = 0{,}05$ und $y = 0{,}03$.

Proposition 3.

$$(1+x)(1+y) \approx (1+x+y) \tag{B.3}$$

Hier ist der Beweis: Wenn wir den Ausdruck $(1 + x)(1 + y)$ ausmultiplizieren, erhalten wir $1 + x + y + xy$. Bei kleinen Werten für x und y ist das Produkt xy sehr klein. Bei der Approximation können wir diesen Ausdruck daher ignorieren. So gilt etwa für x = 0,05 und $y = 0{,}03$: $xy = 0{,}0015$. $(1 + x)(1 + y)$ ist ungefähr gleich $(1 + x + y)$. Für unser Beispiel liefert die Approximation das Ergebnis 1,08. Zum Vergleich: Der exakte Wert ist 1,0815.

Anwendung aus Kapitel 18: Arbitrage zwischen in- und ausländischen Anleihen führt zu der folgenden Gleichung:

$$(1+i_t) = (1+i_t^*)\left(1+\frac{(E_{t+1}^e - E_t)}{E_t}\right)$$

Wenden wir Proposition 3 auf der rechten Seite der Gleichung an, so erhalten wir:

$$(1+i_t^*)\left(1+\frac{(E_{t+1}^e - E_t)}{E_t}\right) \approx \left(1+i_t^* + \frac{(E_{t+1}^e - E_t)}{E_t}\right)$$

Wir setzen diesen Ausdruck in die Arbitrage-Beziehung ein und erhalten so:

$$(1+i_t) \approx \left(1+i_t^* + \frac{(E_{t+1}^e - E_t)}{E_t}\right)$$

Wenn wir von beiden Seiten den Wert 1 abziehen, gelangen wir zu der einfachen Bedingung:

$$i_t \approx i_t^* + \frac{(E_{t+1}^e - E_t)}{E_t}$$

Der Zinssatz im Inland muss ungefähr dem Zinssatz im Ausland entsprechen, zuzüglich der erwarteten Abwertungsrate der inländischen Währung.

Proposition 4.

$$(1+x)^2 \approx 1+2x \tag{B.4}$$

Der Beweis folgt unmittelbar aus Proposition 3. Wir setzen dort einfach $y = x$. Für $x =$ 0,05 liefert die Approximation den Wert 1,10. Der exakte Wert ist 1,1025.

Anwendung aus Kapitel 15: Aus Gründen der Arbitrage gilt folgende Beziehung zwischen dem Zinssatz einer Anleihe mit zwei Jahren Laufzeit und den Zinssätzen zweier einjähriger Anleihen (dem aktuellen und dem erwarteten Zinssatz für das laufende und das kommende Jahr):

$$(1 + i_{2t})^2 = (1 + i_{1t})(1 + i^e_{1t+1})$$

Wegen Proposition 4 können wir die linke Seite ersetzen durch

$$(1+i_{2t})^2 \approx 1+2i_{2t}$$

Wegen Proposition 3 können wir die rechte Seite auch schreiben als

$$(1+i_{2t})(1+i^e_{2t+1}) \approx 1+i_{2t}+i^e_{2t+1}$$

Setzen wir die Approximationen in die ursprüngliche Arbitrage-Bedingung ein, so erhalten wir

$$1 + 2i_{2t} = 1 + i_{1t} + i^e_{1t+1}$$

Dies kann vereinfacht werden zu:

$$i_{2t} = \frac{\left(i_{1t} + i^e_{1t+1}\right)}{2}$$

Der Zinssatz einer Anleihe mit zwei Jahren Laufzeit entspricht ungefähr dem Durchschnitt des aktuellen und des für das nächste Jahr erwarteten Zinssatzes für einjährige Anleihen.

Proposition 5.

$$(1+x)^n \approx 1+nx \tag{B.5}$$

Der Beweis folgt durch wiederholte Anwendung von Proposition 3 und 4. Zum Beispiel gilt $(1 + x)^3 = (1 + x)^2(1 + x) \approx (1 + 2x)(1 + x)$ wegen Proposition 4, $(1 + 2x + x) =$ $1 + 3x$ wegen Proposition 3.

Je größer n, desto ungenauer die Approximation. Für $x = 0{,}05$ und $n = 5$ liefert unsere Approximation den Wert 1,25, im Vergleich zum exakten Wert 1,2763. Für $n = 10$, erhalten wir 1,50 statt dem exakten Wert 1,63.

Proposition 6.

$$\frac{(1+x)}{(1+y)} \approx (1+x-y) \tag{B.6}$$

Hier ist der Beweis: Betrachten wir das Produkt $(1 + x - y)(1 + y)$. Ausmultiplizieren liefert $(1 + x - y)(1 + y) = 1 + x + xy - y^2$. Sind sowohl x wie auch y klein, dann sind die Terme xy und y^2 sehr klein. Es gilt also approximativ: $(1 + x - y)(1 + y) \approx (1 + x)$. Teilen wir beide Seiten der Approximation durch $(1 + y)$ erhalten wir Proposition 6.

Für $x = 0{,}05$ und $y = 0{,}03$ liefert die Approximation 1,02, im Vergleich zum exakten Wert 1,019.

Anwendung aus Kapitel 14: Der Realzins ist definiert als:

$$(1+r_t) = \frac{(1+i_t)}{(1+\pi_t^e)}$$

Proposition 6 liefert uns:

$$(1+r_t) \approx (1+i_t - \pi_t^e)$$

oder vereinfacht:

$$r_t \approx i_t - \pi_t^e$$

Diese Approximation haben wir im Buch häufig benutzt: Der Realzins entspricht ungefähr dem Nominalzins abzüglich der erwarteten Inflationsrate.

Unsere Approximationen sind auch sehr nützlich, wenn wir Wachstumsraten betrachten. Die Wachstumsrate einer Variablen x bezeichnen wir mit $g_x = \Delta x/x$, analog für z, g_z und y, g_y. Die nachfolgenden Beispiele verwenden die Werte $g_x = 0{,}05$ und $g_y = 0{,}03$.

Proposition 7. Für $z = xy$ gilt

$$g_z \approx g_x + g_y \tag{B.7}$$

Hier der Beweis: Δz sei die Veränderung von z, wenn x um Δx und y um Δy steigt. Per Definition gilt:

$$z + \Delta z = (x + \Delta x)(y + \Delta y)$$

Teilen wir beide Seiten durch z, dann gilt für die linke Seite

$$\frac{(z+\Delta z)}{z} = \left(1+\frac{\Delta z}{z}\right)$$

Die rechte Seite können wir schreiben als

$$\frac{(x+\Delta x)(y+\Delta y)}{z} = \frac{(x+\Delta x)}{x}\frac{(y+\Delta y)}{y} = \left(1+\frac{\Delta x}{x}\right)\left(1+\frac{\Delta y}{y}\right)$$

Das erste Gleichheitszeichen folgt aus der Tatsache, dass $z = xy$, das zweite Gleichheitszeichen folgt aus der Umformung der beiden Brüche.

Wenn wir diese Ausdrücke auf der linken und rechten Seite einsetzen, erhalten wir

$$\left(1+\frac{\Delta z}{z}\right)=\left(1+\frac{\Delta x}{x}\right)\left(1+\frac{\Delta y}{y}\right)$$

bzw.

$$(1 + g_z) = (1 + g_x)(1 + g_y)$$

Wegen Proposition 3 gilt $(1+g_Z) \approx (1+g_X + g_Y)$, oder auch

$$g_z \approx g_x + g_y$$

Für $g_x = 0{,}05$ und $g_y = 0{,}03$ liefert uns die Approximation $g_z = 8\%$ im Vergleich zum exakten Wert 8,15%.

Anwendung aus Kapitel 13: Die Produktionsfunktion sei $Y = NA$, mit Y als Produktion, N als Beschäftigung und A als Produktivitätsmaß. Wir bezeichnen die Wachstumsraten von Y, N, und A mit g_Y, g_N, und g_A. Aus Proposition 7 folgt:

$$g_y \approx g_N + g_A$$

Die Wachstumsrate der Produktion entspricht ungefähr der Wachstumsrate der Beschäftigung plus der Rate des Produktivitätswachstums.

Proposition 8. Für $z = x/y$ gilt:

$$g_z \approx g_x - g_y \tag{B.8}$$

Hier der Beweis: Δz sei die Veränderung von z, wenn x um Δx und y um Δy steigt. Per Definition gilt

$$z+\Delta z=\frac{x+\Delta x}{y+\Delta y}$$

Teilen wir beide Seiten durch z, dann gilt für die linke Seite wieder

$$\frac{(z+\Delta z)}{z}=\left(1+\frac{\Delta z}{z}\right)$$

Die rechte Seite können wir schreiben als

$$\frac{(x+\Delta x)}{(y+\Delta y)}\frac{1}{z}=\frac{(x+\Delta x)}{(y+\Delta y)}\frac{y}{x}=\frac{(x+\Delta x)/x}{(y+\Delta y)/y}=\frac{1+(\Delta x/x)}{1+(\Delta y/y)}$$

Das erste Gleichheitszeichen folgt aus der Tatsache, dass $z = x/y$, das zweite Gleichheitszeichen folgt aus der Umformung der beiden Brüche. Die dritte Gleichung vereinfacht den Ausdruck.

Wenn wir diese Ausdrücke auf der linken und rechten Seite einsetzen, erhalten wir

$$1+\Delta z/z=\frac{1+(\Delta x/x)}{1+(\Delta y/y)}$$

oder nach Einsetzen

$$1+g_z=\frac{1+g_x}{1+g_y}$$

Wegen Proposition 6 gilt $(1 + g_Z) \approx (1 + g_X - g_Y)$, oder:

$$g_Z \approx g_X - g_Y$$

Für $g_X = 0{,}05$ und $g_Y = 0{,}03$ liefert die Approximation $g_z = 2\%$, während der wahre Wert bei 1,9% liegt.

Anwendung aus Kapitel 9: Die aggregierte Nachfrage ist gegeben durch $Y = \gamma M/P$, mit Y als Produktion, M als nominale Geldmenge, P als Preisniveau, und γ als Konstante. Aus den Vorschlägen 7 und 8 folgt

$$g_Y \approx g_Y + g_M - \pi$$

mit π als Inflationsrate (die Veränderungsrate des Preisniveaus). Ist γ konstant, ist g_g gleich Null. In diesem Fall gilt:

$$g_Y \approx g_M - \pi$$

Die Inflationsrate entspricht der Wachstumsrate der Geldmenge abzüglich Wachstumsrate der Produktion.

B.3 Funktionen

Funktionen werden in diesem Buch informell verwendet, um darzustellen, wie eine Variable von einer oder mehreren anderen Variablen abhängt.

Manchmal untersuchen wir, wie eine Variable Y von einer anderen Variablen X abhängt. Diese Beziehung schreiben wir als

$$Y=f\left(\underset{+}{X}\right)$$

Das Pluszeichen unter X deutet an, dass eine positive Beziehung besteht: Steigt X, dann wird auch Y steigen. Ein Minuszeichen unter X deutet eine negative Beziehung an: Steigt X, geht Y zurück.

Häufig betrachten wir den Fall, dass die Variable Y von mehreren anderen Variablen X abhängt, etwa von X und Z:

$$Y=f\left(\underset{+}{X},\underset{-}{Z}\right)$$

Die Vorzeichen deuten an, dass mit steigendem X auch Y ansteigt, während Y mit steigendem Z abnimmt. Ein Beispiel für eine solche Funktion ist die Investitionsfunktion aus Kapitel 5:

$$I=I\left(\underset{+}{Y},\underset{-}{i}\right)$$

Diese Gleichung besagt, dass die Investitionen I mit der Nachfrage Y steigen, aber mit höherem Zinssatz i abnehmen.

Manchmal ist es sinnvoll, von einer linearen Beziehung zwischen zwei oder mehreren Variablen auszugehen. Ein gegebener Zuwachs von X führt dann immer zum selben Anstieg von Y. In diesem Fall ist die Funktion gegeben durch:

$$Y = a + bX$$

Diese Gleichung wird durch eine Gerade repräsentiert, die für jeden Wert X den jeweiligen Wert Y angibt.

Der Parameter a gibt den Wert von Y an, wenn X gleich Null ist. Er wird als Achsenabschnitt bezeichnet, weil er den Wert von Y angibt, wenn die Gerade die vertikale Achse schneidet ($X = 0$).

Der Parameter b gibt an, um wie viel Y steigt, wenn X um eine Einheit zunimmt. Er gibt die Steigung der Geraden an.

Die einfachste lineare Gleichung ist die Funktion $Y = X$. Sie repräsentiert die 45-Grad-Linie mit der Steigung 1. Ein anderes Beispiel für eine lineare Funktion ist die Konsumfunktion (3.2) in Kapitel 3:

$$C = c_0 + c_1 Y_D$$

mit C als Konsum und Y_D als verfügbarem Einkommen. Der Parameter c_0 gibt das Konsumniveau an, wenn das verfügbare Einkommen einen Wert von 0 annehmen würde. Der Parameter c_1 gibt an, um wie viel der Konsum wächst, wenn das Einkommen um eine Einheit steigt; c_1 wird als marginale Konsumneigung bezeichnet.

B.4 Logarithmische Skalen

Eine Variable, die mit konstanter Rate wächst, nimmt über die Zeit mit immer größeren Zuwächsen zu. Betrachten wir die Variable X, die über die Zeit mit einer konstanten jährlichen Rate von 3% wächst.

- Beginnen wir im Jahr 0. Nehmen wir für diese Periode an, dass $X = 2$. Ein Wachstum von 3% bedeutet, dass sich X um 0,06 (0,03 mal 2) erhöht.
- Nach 20 Jahren ist X nun gleich $2(1{,}03)^{20} = 3{,}61$. Eine Wachstumsrate von 3% bedeutet nun einen Zuwachs um 0,11 (0,03 mal 3,61).
- Gehen wir nun zum Jahr 100. X ist nun auf $2(1{,}03)^{100} = 38{,}4$ angestiegen. Eine Wachstumsrate von 3% bewirkt nun einen Zuwachs um 1,15 (0,03 mal 38,4), also einen um 20-mal höheren Zuwachs als im Jahre 0.

Wenn wir X gegen die Zeit abtragen und an der vertikalen Achse eine Standardskala (eine lineare Skala) verwenden, sieht der Verlauf wie in Abbildung B.1a aus. Die Zuwächse von X werden im Lauf der Zeit immer größer (0,06 im Jahr 0, 0,11 im Jahr 20, 1,15 im Jahr 100). Die Kurve, die die Variable X in Abhängigkeit der Zeit darstellt, wird immer steiler.

Eine andere Möglichkeit zur Darstellung der Entwicklung von X besteht in der Verwendung einer logarithmischen Skala für die vertikale Achse. Die logarithmische Skala hat die Eigenschaft, dass der gleiche proportionale Anstieg einer Variablen durch den gleichen vertikalen Abstand repräsentiert wird. Das Verhalten der Variable X, die jedes Jahr den gleichen proportionalen Zuwachs (3%) aufweist, wird nun durch eine Gerade repräsentiert. Abbildung B.1b stellt die Entwicklung von X mit logarithmischer Skala dar. Dass diese transformierte Beziehung durch eine Gerade beschrieben wird, zeigt an, dass X mit einer konstanten Rate wächst. Je höher die Wachstumsrate, desto steiler die Gerade.

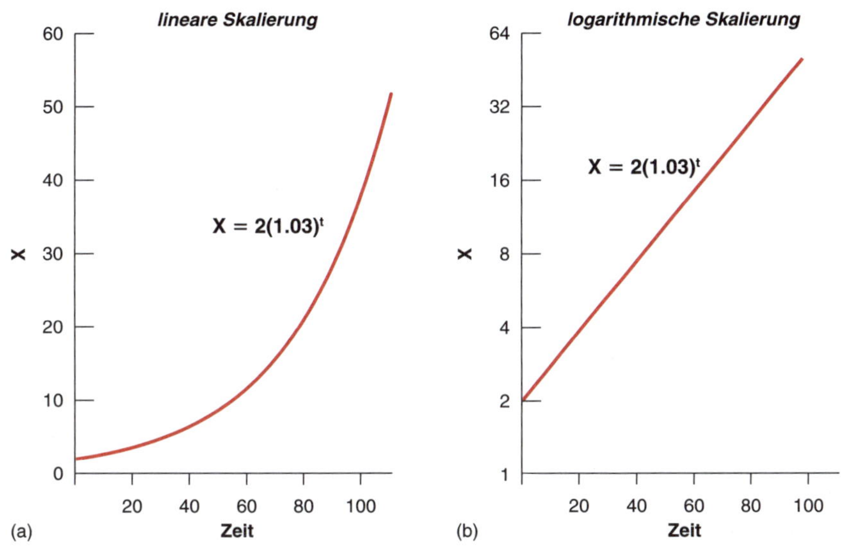

Abbildung B.1:
(a) Die Entwicklung von X unter Verwendung einer linearen Skala

(b) Die Entwicklung von X unter Verwendung einer logarithmischen Skala

Im Gegensatz zur Variablen X wachsen ökonomische Variablen wie das BIP nicht mit einer konstanten Rate pro Jahr. Ihre Wachstumsraten sind in manchen Jahrzehnten höher, in anderen niedriger. Rezessionen können auch negatives Wachstum für ein paar Jahre bedeuten. Dennoch ist es oft instruktiver, die Entwicklung über die Zeit unter Verwendung einer logarithmischen Skala zu verfolgen. Überlegen wir, warum.

Abbildung B.2a bildet das reale BIP der USA zwischen 1890 und 2000 unter Verwendung einer linearen Skala ab. Weil das reale BIP in den USA im Jahr 2000 ungefähr 43-mal höher war als 1890, ist der gleiche proportionale Zuwachs des BIP im Jahr 2000 43-mal höher als 1890. Die Kurve, welche die Entwicklung des BIP darstellen soll, wird also mit der Zeit immer steiler. Anhand der Abbildung ist kaum zu erkennen, ob die Wirtschaft heute schneller oder langsamer wächst als vor 50 oder 100 Jahren.

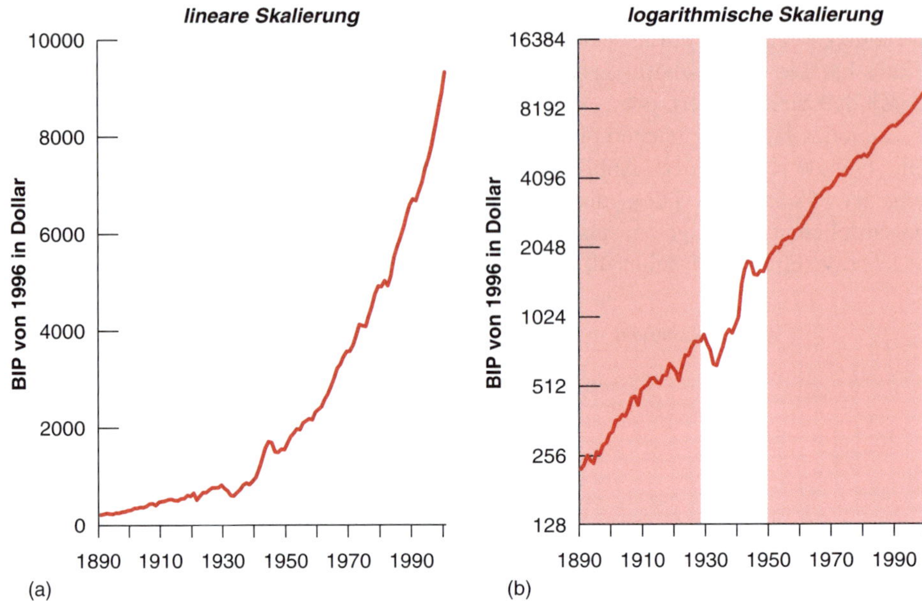

Abbildung B.2:
(a) Die Entwicklung des BIP der Vereinigten Staaten unter Verwendung einer linearen Skala

(b) Die Entwicklung des BIP der Vereinigten Staaten unter Verwendung einer logarithmischen Skala

Abbildung B.2b bildet das reale BIP der USA von 1890 bis 2000 ab, nun aber unter Verwendung einer logarithmischen Skala. Wäre die Wachstumsrate des BIP jedes Jahr gleich hoch, (wäre also der proportionale Anstieg des BIP in jedem Jahr gleich hoch), dann würde die Entwicklung durch eine Gerade abgebildet – genau so wie bei der Variablen X in Abbildung B.1b. Weil aber die Wachstumsraten des BIP von Jahr zu Jahr schwanken (der proportionale Anstieg des BIP ist nicht in jedem Jahr gleich hoch), ist die Entwicklung des BIP nicht durch eine solche Gerade charakterisiert. Die Linie explodiert aber nicht, wie es in Abbildung B.2a der Fall. Wir können sie deshalb in anschaulicher Weise interpretieren:

- Wenn wir in Abbildung B.2b eine Gerade zeichnen sollten, welche die Entwicklung von 1890 bis 1929 darstellt, und eine andere Gerade für die Phase von 1950 bis 2000 (die beiden in der Abbildung schattierten Perioden), dann hätten die beiden Geraden ungefähr die gleiche Steigung. Das sagt uns, dass die durchschnittlichen Wachstumsraten in beiden Perioden ungefähr gleich hoch waren.
- Der Produktionsrückgang von 1929 bis 1933 ist in Abbildung B.2b klar erkennbar. Das gleiche gilt für die starke Erholung der Produktion in den folgenden Jahren. Mitte der 50er Jahre scheint die Produktion das ursprüngliche Trendwachstum wieder zu erreichen. Das bedeutet, dass die Weltwirtschaftskrise nicht zu einem dauerhaft niedrigen Produktionsniveau geführt hat.

Es ist offensichtlich, dass man in beiden Fällen diese Einsichten aus Abbildung B.2a nicht hätte erkennen können. Man kann sie nur anhand der logarithmischen Skala in Abbildung B.2b sehen. Dies verdeutlicht, wie wertvoll die logarithmische Skala ist.

Anhang C Ökonometrie – Eine Einführung

Woher sollen wir wissen, dass der Konsum vom verfügbaren Einkommen abhängt? Woher kennen wir den Wert der marginalen Konsumneigung?

Um diese und ähnliche Fragen zum empirischen Zusammenhang zwischen ökonomischen Größen beantworten zu können, verwendet die moderne Forschung ökonometrische Methoden. Mit diesem Begriff bezeichnen wir statistische Verfahren, die speziell für die Anwendung auf ökonomische Sachverhalte entwickelt wurden. Obwohl Ökonometrie ein sehr formales und mathematisches Teilgebiet der Volkswirtschaftslehre ist, das sich zudem äußerst schnell weiterentwickelt, sind die grundlegenden Konzepte auch uns zugänglich.

Im Rahmen dieses Anhangs wollen wir diese Konzepte anhand eines einfachen Beispiels kennen lernen. Zu diesem Zweck zeigen wir, wie sich der in Kapitel 3 eingeführte Zusammenhang zwischen Konsum und verfügbaren Einkommen empirisch bestimmen lässt. Wir konzentrieren uns hierbei auf die Schätzung der marginalen Konsumneigung c_1.

C.1 Veränderungen des Konsums und des verfügbaren Einkommens

Die marginale Konsumneigung gibt an, wie stark der Konsum bei einer Veränderung des verfügbaren Einkommens reagiert. Um einen ersten Eindruck von der Beziehung zwischen beiden Variablen zu bekommen, stellen wir die Veränderung beider Größen in einem Streudiagramm grafisch dar (Abbildung C.1).

Auf der vertikalen Achse der Abbildung ist die tatsächliche jährliche Veränderung des Konsums abzüglich der durchschnittlichen jährlichen Veränderung für den Zeitraum von 1961 bis 2003 abgetragen (Die Werte für das Jahr 1991 wurden nicht berücksichtigt, da die Daten im Jahr der Wiedervereinigung wenig plausible Werte aufweisen). Mit C_t bezeichnen wir den Konsum im Jahr *t*, mit $\Delta C_t = C_t - C_{t-1}$ die Veränderung des Konsums zwischen den Jahren *t-1* und *t*, und mit $\overline{\Delta C}$ die durchschnittliche jährliche Veränderung des Konsums. Auf der vertikalen Achse ist somit die Variable $\Delta C_t - \overline{\Delta C}$ abgetragen. Der Wert dieser Größe ist positiv für Jahre, in denen der Konsum stärker anstieg als durchschnittlich. Er ist negativ, wenn das Konsumwachstum unter seinem durchschnittlichen Wert lag.

Analog hierzu wird auf der horizontalen Achse die Veränderung des verfügbaren Einkommens pro Jahr abzüglich der durchschnittlichen jährlichen Veränderung des verfügbaren Einkommens seit 1961 abgetragen: $\Delta Y_{Dt} - \overline{\Delta Y}_D$.

Jeder Punkt in der Abbildung stellt somit die Abweichung beider Größen von ihren jeweiligen Mittelwerten für ein bestimmtes Jahr dar. So überstieg im Jahr 1999 die Veränderung des Konsums die des durchschnittlichen Konsums um € 23 Milliarden. Die Veränderung des verfügbaren Einkommens war um € 19 Milliarden größer als der Durchschnitt.

Abbildung C.1: Änderungen des Konsums gegenüber Änderungen des verfügbaren Einkommens. Es besteht ein klar positiver Zusammenhang zwischen Änderungen des Konsums und Änderungen des verfügbaren Einkommens.

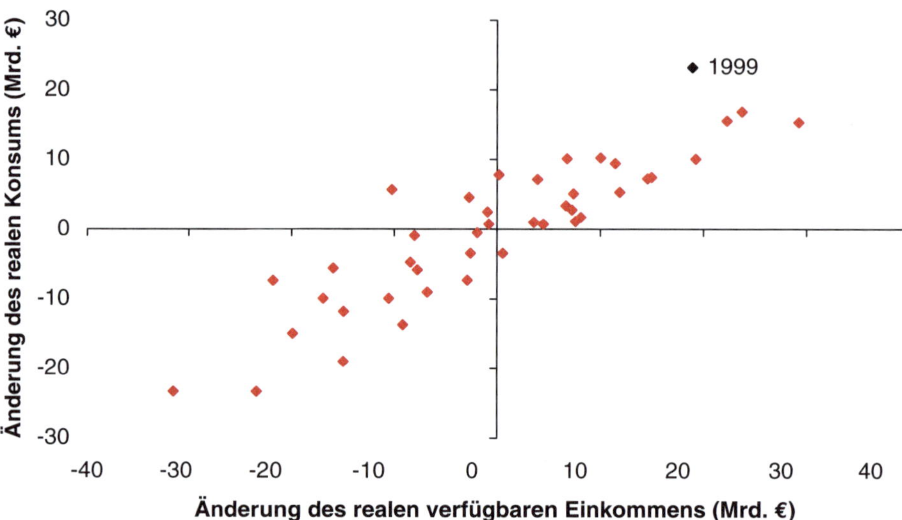

Aus Abbildung C.1 können wir zwei zentrale Folgerungen ableiten:

1. Zwischen der Veränderung des Konsums und der Veränderung des verfügbaren Einkommens besteht ein stark positiver Zusammenhang. Die Mehrzahl der Punkte liegt im oberen rechten und im unteren linken Quadranten das Diagramms: Wenn also das verfügbare Einkommen überdurchschnittlich zunimmt, dann steigt tendenziell auch der Konsum überdurchschnittlich an; wenn das verfügbare Einkommen unterdurchschnittlich wächst, dann gilt dies auch für den Konsum.
2. Der positive Zusammenhang der beiden Variablen ist zwar deutlich ersichtlich aber nicht perfekt. Betrachten wir zum Beispiel die Punkte im oberen linken Quadranten: Sie bilden Jahre mit unterdurchschnittlichen Veränderungen des verfügbaren Einkommens und mit einem überdurchschnittlichen Wachstum des Konsums ab.

Die Ökonometrie erlaubt nun eine Quantifizierung und Überprüfung unserer Schlussfolgerungen. Unter Verwendung eines statistischen Programmpakets – wie z.B. SPSS, STATA oder EViews –können wir durch die Punktwolke in Abbildung C.1 eine Linie legen, deren Steigung den Zusammenhang zwischen den beiden Größen am besten beschreibt. Das hierbei verwendete Verfahren wird als Kleinste-Quadrate-Methode

(KQ) bzw. Ordinary Least Squares-Verfahren (OLS) bezeichnet. Der Ausdruck „Kleinste Quadrate“ beschreibt die wesentliche Eigenschaft der Linie: Sie wird genau so gewählt, dass die Summe der quadrierten Abstände zwischen den Punkten und der gewählten Gerade minimiert wird – die Linie liefert und die „kleinsten Quadrate“.

Die aus den Daten geschätzte Gleichung wird Regressionsgleichung, die oben beschriebene Linie Regressionsgerade genannt. In unserem Fall lautet die geschätzte Regressionsgleichung:

$$(\Delta C_t - \overline{\Delta C}) = 0{,}68(\Delta Y_{Dt} - \overline{\Delta Y_D}) + \text{Residuum}\ ;\ \overline{R}^2 = 0{,}79 \qquad \text{(C.1)}$$

Die sich aus der geschätzten Gleichung ergebende Regressionsgerade ist in Abbildung C.2 dargestellt.

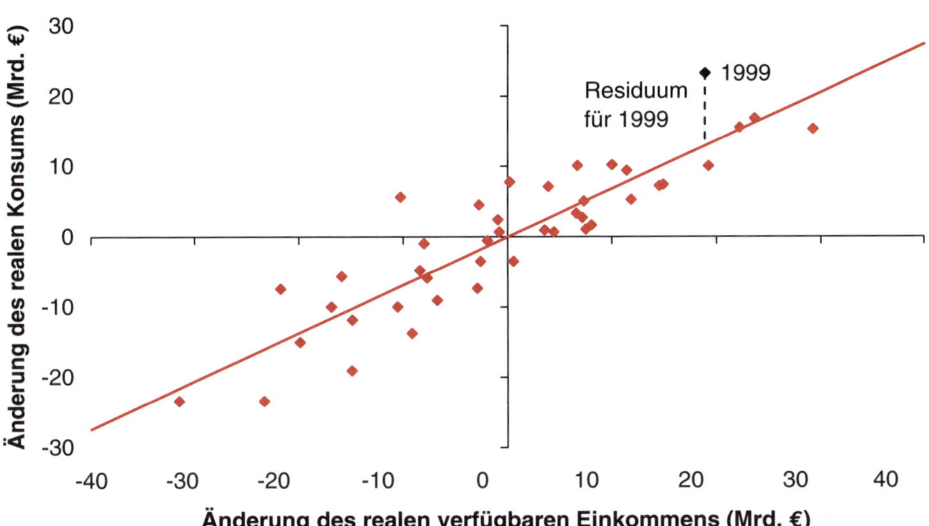

Abbildung C.2: Änderungen des Konsums und Änderungen des verfügbaren Einkommens: Die Regressionsgerade. Die Regressionsgerade wird gewählt, indem die Summe der quadrierten Abstände zwischen den Punkten und der gewählten Gerade minimiert wird.

Gleichung (C.1) gibt zudem zwei wichtige Kennzahlen von Regressionen an (Statistische Programmpakete liefern eine große Zahl zusätzlicher Informationen; in der Fokusbox: „Eine Anleitung zum Verständnis ökonometrischer Ergebnisse“ stellen wir eine Auswahl dieser Informationen dar):

- Die erste wichtige Zahl ist der Schätzwert der Konsumneigung. Die geschätzte Gleichung sagt aus, dass ein Anstieg des verfügbaren Einkommens um € 1 Milliarde über seinen durchschnittlichen Wert tendenziell mit einem Anstieg der Konsumausgaben um € 0,68 Milliarden über seinen normalen Wert verbunden ist. Anders ausgedrückt: Die marginale Konsumneigung beträgt 0,68. Sie ist also positiv und kleiner als Eins.
- Die zweite wichtige Kennziffer der Gleichung ist die Größe $\overline{R}^2$. Sie ist ein Maß für die Güte der Regression und wird als Bestimmtheitsmaß bezeichnet.

Nachdem wir den Effekt des verfügbaren Einkommens auf den Konsum geschätzt haben, können wir die Veränderung des Konsums in jedem Jahr in zwei Teile zerlegen: Den Teil, der durch eine Veränderung des verfügbaren Einkommens hervorgerufen bzw. „erklärt" wird – der erste Term auf der rechten Seite von Gleichung (C.1) – und den verbleibenden Teil, der nicht durch die Veränderung des verfügbaren Einkommens erklärt wird. Diesen zweiten Teil bezeichnen wir als Residuum. Das Residuum des Jahres 1999 wird in Abbildung C.2 durch die vertikale Distanz zwischen der Regressionsgerade und dem für 1999 stehenden Punkt veranschaulicht. Die Gerade gibt an, welche Konsumänderung bei der in diesem Jahr beobachteten Änderung des verfügbaren Einkommens zu erwarten ist. Der Punkt gibt an, welche Konsumänderung sich tatsächlich ergeben hat.

Wenn alle Punkte in Abbildung C.2 genau auf der geschätzten Gerade liegen würden, dann wären alle Residuen gleich Null; Konsum und verfügbares Einkommen wären dann perfekt positiv miteinander korreliert und alle Veränderungen des Konsums könnten vollständig durch Veränderungen des verfügbaren Einkommens erklärt werden. Allerdings ist es offensichtlich, dass dies nicht der Fall ist. Dies kann man anhand des Wertes $\overline{R}^2$ erkennen. Zur Wiederholung: $\overline{R}^2$ ist das Maß der Güte Regression. Der sich ergebende Wert für $\overline{R}^2$ liegt immer zwischen Null und Eins. Er gibt an, welcher Anteil der Konsumschwankungen durch Schwankungen des verfügbaren Einkommens erklärt wird. Wenn $\overline{R}^2$ gleich Eins wäre, dann wären die beiden Variablen perfekt miteinander korreliert; alle Punkte würden genau auf der Geraden liegen. Bei einem Wert von Null würde überhaupt keine Beziehung zwischen den beiden Größen vorliegen. Der Wert, den $\overline{R}^2$ in Gleichung (C.1) annimmt (0,79) ist hoch, aber nicht sehr hoch: Etwa 79% der beobachteten Variation des Konsumwachstums kann durch Veränderungen des verfügbaren Einkommens „erklärt" werden. Dies bestätigt die Erkenntnis, die wir bereits aus der grafischen Analyse gewonnen hatten: Veränderungen des verfügbaren Einkommens haben einen starken Effekt auf Veränderungen des Konsums; allerdings wird ein gewisser Teil der Konsumschwankungen nicht durch die Veränderung des verfügbaren Einkommens erklärt.

C.2 Der Unterschied zwischen Korrelation und Kausalität

Wir müssen beachten, dass unsere bisherigen Erkenntnisse sich ausschließlich auf die Existenz eines Zusammenhangs zwischen beiden Größen beziehen. Wir konnten lediglich zeigen, dass die Veränderung des Konsums und die des verfügbaren Einkommens positiv korreliert sind. In unserer Interpretation allerdings haben wir bereits die kausale Aussage getroffen, dass ein Anstieg des verfügbaren Einkommens einen Anstieg des Konsums hervorruft.

Diese kausale (ursächliche) Aussage jedoch sollten wir noch einmal überdenken. Die positive Beziehung zwischen verfügbarem Einkommen und Konsum könnte ebenso die Auswirkungen von Konsumschwankungen auf das verfügbare Einkommen widerspiegeln. Tatsächlich hatten wir in Kapitel 3 gezeigt, dass es keine eindeutige Wirkungsrichtung gibt: Wenn die Konsumenten mehr ausgeben, dann steigen Produktion, Volkseinkommen und damit auch das verfügbare Einkommen an.

Fokus: Zum Verständnis ökonometrischer Ergebnisse

In Lehrbüchern und wissenschaftlichen Publikationen werden häufig die Ergebnisse ökonometrischer Testverfahren präsentiert. Die folgende Abbildung soll Ihnen helfen, den typischen Output eines statistischen Programmpakets (in der Mitte der Abbildung) zu verstehen.

3. Die Größe $\bar{R}^2$ ist ein Maß für die Güte der Regression. Sie gibt an, wie gut die ermittelte Gerade den Zusammenhang zwischen den Größen erfasst. Etwas exakter formuliert: $\bar{R}^2$ gibt an, welcher Teil der Veränderung der abhängigen Variable durch Veränderungen der unabhängigen Variable erklärt werden.

2. Die Schätzperiode umfasst alle Jahre von 1961 bis 2002, bis auf das Jahr 1991, auf das wegen der verzerrenden Effekte der deutschen Wiedervereinigung verzichtet wurde. Insgesamt stehen also 41 **Beobachtungen** zur Verfügung. Die Zahl der **Freiheitsgrade** ist die Anzahl an Beobachtungen abzüglich der Anzahl zu schätzende Parameter. In unserem Fall wird nur ein Parameter (die marginale Konsumneigung) geschätzt. Folglich erhalten wir 40 Freiheitsgrade. Wir könnten jedoch auch weitere Parameter schätzen. Bspw. könnte uns die Diskussion aus Kapitel 16 veranlassen, das Finanz- und Immobilienvermögen in die Regressionsgleichung aufzunehmen, um zu schätzen, welchen Effekt eine Veränderung des Vermögens auf den Konsum hat. Wir sollten allerdings beachten, dass die Zahl der Beobachtungen relativ zur Zahl der Parameter nicht zu klein werden sollte: Je größer die Zahl der Freiheitsgrade, desto verlässlicher werden die Schätzwerte.

1. Die Variable, deren Entwicklung wie erklären wollen, wird **abhängige Variable** genannt. Im vorliegenden Beispiel ist die abhängige Variable die jährliche Veränderung des Konsumniveaus abzüglich der jährlichen durchschnittlichen Konsumänderung, abgekürzt mit dC.

```
Abhängige Variable: dC – Ordinary Least Squares
Anzahl Beobachtungen: 41
Anzahl Freiheitsgrade: 40
R̄²: 0,79
Unabhängige Variable    Koeffizient    t-Statistik
        dY                0,68410         12,73
```

4. Die Variable, welche die abhängige Variable „erklären" soll, wird **unabhängige Variable** genannt. In unserem Fall betrachten wir lediglich eine unabhängige Variable: Die jährliche Veränderung des verfügbaren Einkommens abzüglich der durchschnittlichen jährlichen Veränderung, abgekürzt dY.

5. Für jede unabhängige Variable ermittelt das statistische Programmpaket den geschätzten Koeffizienten (in unserem Beispiel 0,68) sowie die dazugehörige **t-Statistik**. Die t-Statistik gibt für jeden geschätzten Parameter an, mit welcher Sicherheit wir davon ausgehen können, dass der wahre Parameter nicht gleich null ist, dass also überhaupt ein Zusammenhang zwischen beiden Größen besteht. Je größer die t-Statistik, desto geringer ist die Wahrscheinlichkeit, dass kein Zusammenhang besteht: Im vorliegenden Fall ist diese Wahrscheinlichkeit äußerst gering, nämlich weniger als 1%.

Wenn das verfügbare Einkommen steigt, steigt der Konsum. Wenn also die Beziehung zwischen Konsum und verfügbarem Einkommen auf beiden Effekten beruht, dann sollten wir Gleichung (C.1) nicht in einer Weise interpretieren, die so tut, als ob lediglich das verfügbare Einkommen den Konsum beeinflusst.

Ein Beispiel sollte uns an dieser Stelle helfen: Nehmen Sie an, dass der Konsum nicht vom verfügbaren Einkommen abhängt, und somit der wahre Wert von c_1 gleich Null wäre. (Dies ist sicherlich nicht besonders realistisch aber es macht den Sachverhalt am deutlichsten klar.) Zeichnen wir nun die Konsumfunktion als horizontale Linie (eine Gerade mit einer Steigung von Null) in Abbildung C.3 ein. Als Nächstes unterstellen wir, dass das verfügbare Einkommen zunächst gleich Y_D ist. Wir erhalten dann eine Ausgangskombination von Konsum und verfügbarem Einkommen, die durch Punkt A gekennzeichnet ist.

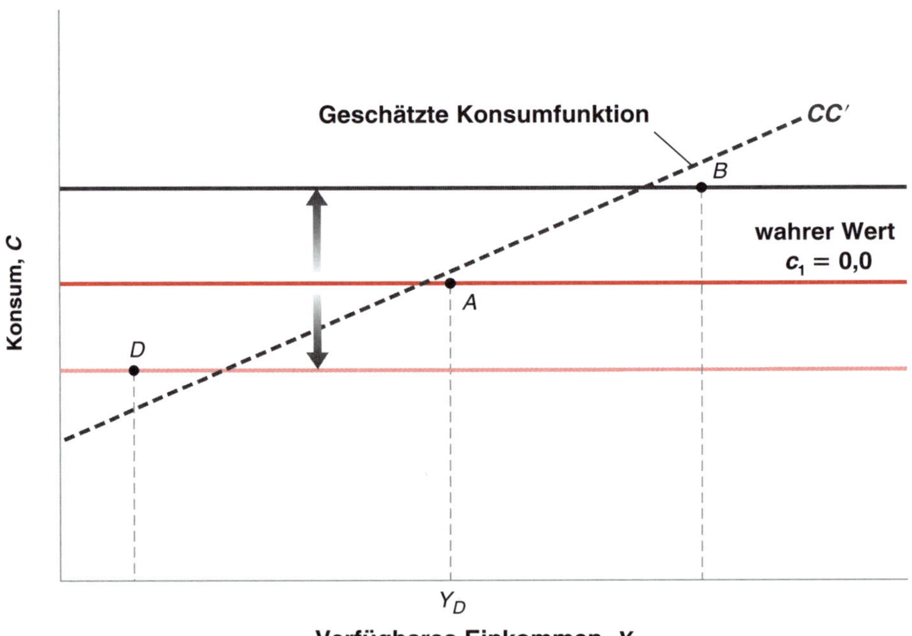

Abbildung C.3: Das Problem von Kausalität und Korrelation im Konsum-Einkommens-Beispiel. Obwohl die marginale Konsumneigung annahmegemäß einen Wert von 0 hat, erhalten wir für die Regressionsgerade eine positive Steigung. Bei der Verwendung ökonometrischer Verfahren müssen wir deshalb zwischen Korrelation und Kausalität unterscheiden.

Nehmen wir nun an, dass auf Grund eines Anstiegs des Konsumentenvertrauens die Konsumenten ihre Konsumausgaben erhöhen und sich somit die Konsumgerade nach oben verschiebt. Im Modell aus Kapitel 3 würde es zu einem Anstieg der Produktion, des Volkseinkommens und auch des verfügbaren Einkommens kommen, so dass die neue Kombination von Konsum und verfügbarem Einkommen durch den Punkt B charakterisiert wird. Falls die Konsumenten pessimistischer werden, kommt es zu einer genau entgegengesetzten Entwicklung: Die Konsum-Einkommens-Kombination ist durch Punkt D gegeben.

Eine solchermaßen vorgenommene Analyse liefert uns damit die Punkte A, B und D. Wenn wir nun mit Hilfe ökonometrischer Verfahren eine Linie durch diese „Punktwolke“ legen, dann erhalten wir die steigende Gerade CC'. Wir würden somit einen positiven Wert für die Konsumneigung, c_1, schätzen, obwohl der „wahre“ Wert von c_1 Null ist. Der Grund für unsere Fehleinschätzung ist, dass wir die positive Beziehung zwischen verfügbarem Einkommen und Konsum als kausale Beziehung interpretiert haben: Wir sind einfach davon ausgegangen, dass das verfügbare Einkommen den Konsum beeinflusst, obwohl die Wirkungskette genau umgekehrt verläuft: Gestiegener Konsum führt zu höherer Nachfrage, höherer Produktion und damit zu höherem verfügbarem Einkommen.

Der Unterschied zwischen Kausalität und Korrelation ist einer der zentralen Erkenntnisse der empirischen Forschung. Die Tatsache, dass zwei Variablen einem ähnlichen Verlauf folgen, bedeutet nicht automatisch, dass Veränderungen der ersten Variable Veränderungen der zweiten Variable hervorrufen. Möglicherweise wirkt die Kausalität ja in die andere Richtung: Veränderungen der ersten Variablen rufen Veränderungen der zweiten Variablen hervor. Vielleicht wirkt die Kausalität wie in diesem Beispiel auch in beide Richtungen: Das verfügbare Einkommen beeinflusst den Konsum und der Konsum wirkt sich auf das verfügbare Einkommen aus. Schließlich besteht noch die Möglichkeit, dass beide Variablen von einer dritten Variablen beeinflusst werden, die wir in unserer Analyse gar nicht berücksichtigt haben.

Gibt es einen Ausweg aus diesem Dilemma? Können wir den Effekt des verfügbaren Einkommens auf den Konsum trotz der schwierigen Unterscheidung zwischen Korrelation und Kausalität ermitteln? Die Antwort darauf ist: Ja, soweit uns zusätzliche Informationen zur Verfügung stehen. Würden wir z.B. wissen, dass eine spezifische Veränderung des verfügbaren Einkommens nicht durch eine Veränderung des Konsums hervorgerufen wurde, dann könnten wir die Konsumneigung schätzen, indem wir die Reaktion des Konsums betrachten, die sich aufgrund genau dieser spezifischen Veränderung des verfügbaren Einkommens ergab.

Eine solche Vorgehensweise scheint das Problem nur an der Oberfläche zu lösen: Wie können wir mit Sicherheit ausschließen, dass die Änderung des verfügbaren Einkommens nicht doch auf eine Veränderung des Konsums zurückzuführen ist? Wie können wir Situationen identifizieren, in denen das verfügbare Einkommen sich unabhängig vom Konsum veränderte? Tatsächlich ist es oft schwierig, solche Daten zu finden. Es ist aber nicht unmöglich. Nehmen wir zum Beispiel an, dass die Regierung eines Landes eine Steuersenkung in mehreren Schritten durchführt. Dies würde eine Erhöhung des verfügbaren Einkommens nach sich ziehen, die zunächst nicht in einer Erhöhung der Konsumausgaben begründet sein kann. Wenn wir dann beobachten, dass sowohl das verfügbare Einkommen als auch der Konsum steigen, dann können wir davon ausgehen, dass der Anstieg des Konsums vollständig auf den Effekt des gestiegenen verfügbaren Einkommens auf den Konsum zurückzuführen ist.

Dieses Beispiel verdeutlicht die allgemeine Vorgehensweise:

- Finde exogene Variablen – d.h. Variablen, die zwar das verfügbare Einkommen beeinflussen von ihm selbst aber unabhängig sind.
- Betrachte dann die Veränderung des Konsums nicht in Abhängigkeit der gesamten Veränderung des verfügbaren Einkommens – so wie wir das in der obigen Regression gemacht haben –, sondern in Abhängigkeit der Veränderungen, die durch diese exogenen Variablen hervorgerufen wurden.

Indem wir diese Strategie verfolgen, können wir den bereinigten Effekt des verfügbaren Einkommens auf den Konsum schätzen. Das Problem besteht jedoch darin, geeignete exogene Variablen zu finden. Die Ökonometrie bezeichnet dies als Identifizierung der Instrumentvariablen, wobei der Begriff Instrumentvariable für exogene Größen steht, welche die gewünschten Eigenschaften aufweisen. Die Schätzverfahren unter Verwendung solcher Instrumente nennt man Instrumentvariablen-Verfahren.

Anhang

D Glossar

Abhängige Variable Eine Variable, deren Wert durch eine oder mehrere andere Variablen bestimmt wird.

Abnehmende Erträge für Arbeit Bei gegebener Menge an Kapital ermöglicht verstärkter Arbeitseinsatz zusätzliche Produktion, aber nur mit immer weiter abnehmender Rate.

Abnehmende Erträge für Kapital Bei gegebener Menge an Arbeit ermöglicht mehr Kapital zusätzliche Produktion, aber nur mit immer weiter abnehmender Rate.

Abschreibungsrate Der Anteil des Kapitalbestandes, der innerhalb eines Jahres verfällt.

Absorption, inländische Die Summe aus privatem und staatlichem Konsum sowie den privaten Investitionen.

Abwertung (nominale) Ein Rückgang des Preises inländischer Währung in Einheiten der ausländischen Währung. Gleichbedeutend mit einem Anstieg des nominalen Wechselkurses: Für eine Einheit ausländischer Währung muss in Einheiten inländischer Währung mehr gezahlt werden.

Abwertung (reale) Ein Anstieg des relativen Preises ausländischer Güter in Einheiten der inländischen Güter: Gleichbedeutend mit einem Anstieg des realen Wechselkurses.

Achsenabschnitt In einer linearen Beziehung zwischen zwei Variablen der Wert der ersten Variable, wenn die zweite den Wert Null annimmt.

Adaptive Erwartungen Eine Methode, Erwartungen zu bilden, indem die Erwartungen (rückwärtsgewandt) an Fehler aus der Vergangenheit angepasst werden.

Aggregierte Angebotsfunktion Sie stellt dar, wie sich Änderungen der Produktion auf das Preisniveau auswirken. Sie wird aus dem Gleichgewicht auf dem Arbeitsmarkt abgeleitet.

Aggregierte Nachfragefunktion Die Güternachfrage für ein gegebenes Preisniveau. Sie wird aus dem Gleichgewicht auf Güter-, Geld- und Finanzmärkten abgeleitet.

Aggregierte Produktion Die gesamte in einer Volkswirtschaft produzierte Menge an Gütern.

Aggregierte Produktionsfunktion Sie spezifiziert die Beziehung zwischen der Gesamtproduktion in einer Volkswirtschaft und den dabei verwendeten Inputs (wie Kapital und Arbeit).

Aktien Von Unternehmen emittierte Finanzanlagen, die in Zukunft einen Zahlungsstrom von Dividenden (Zahlungen aus den Unternehmensgewinnen) versprechen.

Aktienkurs Der nominale Fundamentalwert des Aktienkurses entspricht dem erwarteten Gegenwartswert künftiger nominaler Dividenden, diskontiert mit dem aktuellen und den künftigen nominalen Zinssätzen. Der reale Fundamentalwert des Aktienkurses entspricht dem erwarteten Gegenwartswert zukünftiger realer Dividenden, diskontiert mit dem aktuellen und den künftigen realen Zinssätzen. Bei spekulativen Blasen und Launen kann der Aktienkurs vom Fundamentalwert abweichen

Aktienprämie Risikoprämie, die Anleger fordern, um Aktien statt Anleihen höchster Bonität (mit dem besten Rating) zu halten.

Aktuelle Rendite Das Verhältnis der Kuponzahlung zum Preis der Anleihe.

Akzelerierende Phillipskurve Siehe modifizierte Phillipskurve.

Animal Spirits Ein Ausdruck, den Keynes in seiner „Allgemeinen Theorie" eingeführt hat, um Veränderungen des Investitionsverhaltens zu bezeichnen, das sich nicht durch den Einfluss anderer Variablen erklären lässt.

Anlageinvestitionen Siehe Investitionen.

Anleihen Wertpapiere, die einen festen Zahlungsstrom über einen gewissen Zeitraum versprechen. Sie werden von Regierungen oder Unternehmen emittiert.

Antizipierte geldpolitische Maßnahmen Veränderungen der Geldmenge, die auf Basis verfügbarer Informationen in der Vergangenheit vorhersagbar gewesen wären.

Arbeitnehmerentgelt In der VGR bezeichnet es die Summe aus Bruttolöhnen und Gehälter sowie den Arbeitgeberbeiträgen.

Arbeitslosenquote Quotient der Zahl der Arbeitslosen und der Zahl der Erwerbspersonen.

Arbeitskräftepotenzial Bevölkerung im erwerbsfähigen Alter- der Teil der Bevölkerung, der grundsätzlch dem Arbeitsmarkt zur Verfügung steht.

Arbeitsproduktivität Die Produktion je Beschäftigten.

Arbitrage Die Forderung, dass die erwartete Rendite zweier Finanzanlagen gleich sein muss. (Diese Forderung geht von risikoneutralen Anlegern aus. Bei Risikoaversion gilt die um eine Risikoprämie modifizierte Arbitragebedingung.)

Aufwertung (nominale) Ein Anstieg des Preises inländischer Währung in Einheiten der ausländischen Währung. Gleichbedeutend mit einem Rückgang des nominalen Wechselkurses: Für eine Einheit ausländischer Währung muss in Einheiten inländischer Währung weniger gezahlt werden.

Aufwertung (reale) Ein Rückgang des relativen Preises ausländischer Güter in Einheiten der inländischen Güter: Gleichbedeutend mit einem Rückgang des realen Wechselkurses.

Ausfallrisiko Das Risiko, dass der Emittent von Anleihen nicht in der Lage ist, den vollen Betrag zurückzuzahlen, der in der Anleihe vereinbart ist.

Ausgeglichener Staatshaushalt Ein Staatshaushalt (Budget) ist ausgeglichen, wenn Steuereinnahmen und Staatsausgaben gleich hoch sind.

Außenbeitrag Die Differenz zwischen Exporten und Importen von Waren und Dienstleistungen (auch als Nettoexporte bezeichnet). Der Außenbeitrag ist die Summe aus Handels- und Dienstleistungsbilanz

Außenhandelsquote Durchschnitt aus der Summe von Warenimporten und Warenexporten, gemessen als Anteil am BIP.

Automatische Stabilisatoren Ein Rückgang der Produktion führt (bei unveränderten Regeln für Steuern und Staatsausgaben) zu einem Anstieg des Budgetdefizits, weil einkommensabhängige Steuern zurückgehen, während Transfers stiegen. Die automatische Anpassung von Steuern und Transfers stimuliert die Nachfrage und trägt so dazu bei, die Auswirkung von exogenen Schocks (Änderungen der autonomen Ausgaben) zu dämpfen (zu stabilisieren).

Autonome Ausgaben Der Teil der Güternachfrage, der unabhängig vom Produktionsniveau ist.

Bandbreiten (bei festen Wechselkursen) Die Grenzen in einem Wechselkursregime mit festen Bandbreiten, innerhalb derer Schwankungen des Wechselkurses gegenüber den anderen Währungen des Systems zugelassen sind.

Bargeld Münzen und Banknoten.

Basisjahr Das Jahr, dessen Preise als Basis zur Konstruktion des realen BIP verwendet werden (man spricht deshalb auch vom BIP in Preisen des Basisjahres).

Bereinigtes nominales Geldmengenwachstum Das nominale Geldmengenwachstum abzüglich der normalen Wachstumsrate der Produktion.

Beschäftigte Personen, die einer Beschäftigung (Erwerbstätigkeit) nachgehen. Dazu zählen sowohl Selbstständige wie Arbeitnehmer, die in einem Beschäftigungsverhältnis stehen). Auch als Erwerbstätige bezeichnet. Dagegen rechnet man zu den **Erwerbspersonen** sowohl Beschäftigte wie Arbeitslose.

Bestandsgröße Eine Variable, die den Bestand zu einem bestimmten gegebenen Zeitpunkt (etwa am Jahresende) angibt. Beispiele sind Vermögen oder Verschuldung.

Bestimmtheitsmaß ($\overline{R}^2$) Maß für die Güte der Regression. Es liegt immer zwischen 0 und 1. Bei einem Wert von Null liegt überhaupt keine Beziehung zwischen den Größen vor; bei einem Wert von Eins sind die Variablen perfekt miteinander korreliert.

Bilateraler Wechselkurs Der reale Wechselkurs zwischen zwei Ländern.

BIP-Deflator Das Verhältnis von nominalem zu realem BIP. Ein Maß für das allgemeine Preisniveau. Eine Indexzahl, deren Niveau in einem bestimmten Jahr auf 1 oder 100 festgesetzt wird. Die Wachstumsrate des BIP-Deflators ist die Inflationsrate.

BIP in jeweiligen Preisen Siehe nominales BIP.

BIP-Wachstum Die Wachstumsrate des realen BIP. Im Jahr t entspricht sie $(Y_t - Y_{t-1})/Y_{t-1}$.

BIP zu konstanten Preisen Siehe reales BIP.

Blasen (spekulative) Abweichungen des Aktienkurses vom Fundamentalwert in der Erwartung, die Aktie zu einem späteren Zeitpunkt noch teurer weiterveräußern zu können.

Board of Governors Siehe FED.

Bruttoinlandsprodukt (BIP) Ein Maß für die gesamtwirtschaftliche Produktionsaktivität, das von der Volkswirtschaftlichen Gesamtrechnung ermittelt wird. Das BIP lässt sich nach verschiedenen Methoden berechnen: Die Entstehungsseite erfasst die gesamte Wertschöpfung aller Waren und Dienstleistungen für den Endverbrauch, die in einem bestimmten Zeitraum hergestellt wurden. Die Verteilungsseite erfasst die Summe aller in einem bestimmten Zeitraum erzielten Einkommen der Volkswirtschaft. Die Verwendungsseite gibt den Wert aller Ausgaben (der gesamtwirtschaftlichen Nachfrage) an.

Bruttoinvestitionen In der VGR die Summe aus Investitionen in Ausrüstungen, Bauten und sonstige Anlagen.

Bruttonationaleinkommen (BNE) Das Einkommen der Inländer, unabhängig davon, wo das Einkommen produziert wurde. Es unterscheidet sich von der inländischen Produktion (dem BIP) durch den Saldo der Primäreinkommen aus der übrigen Welt – die Differenz der Erwerbs- und Vermögenseinkommen von Inländern und Ausländern. Das BNE wurde früher als Bruttosozialprodukt (BSP) bezeichnet.

Bubble (spekulative) Siehe Blasen.

Budgetdefizit (nominales) Der Betrag, um den die Staatsausgaben die Staatseinnahmen übersteigen. Das Primärdefizit ist die Differenz zwischen den Staatsausgaben für Güter und Dienstleistungen und den Steuern abzüglich der Transferleistungen. Das Gesamtdefizit ist gleich dem Primärdefizit plus den Zinszahlungen auf die Staatsverschuldung. Das Budgetdefizit ist eine Stromgröße. Sie sagt aus, wie viel neue Schulden die Regierung während eines gegebenen Jahres aufnimmt (siehe auch Staatsverschuldung).

Budgetdefizit (reales) Das inflationsbereinigte Budgetdefizit (es entspricht den realen Zinszahlungen plus den Staatsausgaben abzüglich der, um die Transferzahlungen bereinigten, Steuern).

Budgetrestriktion (staatliche) Sie verknüpft die Veränderung der Staatsverschuldung mit dem Ausgangsniveau der Staatsverschuldung (davon hängt die Höhe der Zinszahlungen ab) und mit den aktuellen Staatsausgaben und Steuern. Das Defizit lässt sich in die Summe aus zwei Termen zerlegen: Das Primärdefizit und die Zinszahlungen auf die Staatsverschuldung.

Cashflow Der in einer Periode erzielte Zufluss an verfügbaren Mitteln.

Corporate Bonds Siehe Unternehmensanleihen.

Crawling Peg Ein Währungsregime mit festen Wechselkursen, bei dem aber von vornherein bestimmte Abwertungsraten gegenüber der Leitwährung festgelegt wurden. Die Währung bewegt sich „kriechend“ (englisch: crawl) gegenüber der Leitwährung.

Currency Board Ein System fester Wechselkurse, in dem das gesamte Zentralbankgeld durch Devisenreserven gedeckt ist. Die Zentralbank verpflichtet sich, jederzeit Devisen zum offiziellen Wechselkurs zu kaufen oder zu verkaufen, aber keine Offenmarktoperationen vorzunehmen, also keine Staatsanleihen zu kaufen oder zu verkaufen.

Current Population Survey (CPS) Eine große monatliche Umfrage unter einer Stichprobe von Haushalten in den USA, die repräsentativ für die Gesamtbevölkerung der Vereinigten Staaten ist. Sie ist die wichtigste Quelle für Statistiken zu den Themenbereichen Erwerbsbevölkerung, Beschäftigung, Partizipation und Einkommen und bildet auch die Basis zur Berechnung der Arbeitslosenquote.

Dauer der Arbeitslosigkeit Die Zeitdauer, während der eine Erwerbsperson nicht beschäftigt ist.

Defizitquote Der Anteil des nominalen Budgetdefizits am BIP.

Deflation Negative Inflation.

Depression Eine lange und anhaltende Rezession.

Devisen Fremdwährungen. Alle Währungen mit Ausnahme der Währung des betreffenden Landes.

Devisenbilanz Erfasst die Änderung der Währungsreserven (siehe dort) der Zentralbank.

Devisenreserven Siehe Währungsreserven.

Dienstleistungen Güter, die nicht gelagert werden können, wie Gastgewerbeleistungen, Handwerkerleistungen, Kultur- und Sportveranstaltungen, Öffentliche Gebühren, Urlaubsreisen, Verkehrstarife, Versicherungen und Bankgebühren.

Dienstleistungsbilanz Die Differenz zwischen Exporten und Importen von Dienstleistungen.

Disinflation Ein Rückgang der Inflationsrate.

Diskontanleihen Anleihen, die nur eine einzige Zahlung am Ende der Laufzeit versprechen.

Diskontfaktor Der heutige Wert einer Währungseinheit, die zu einem späteren Zeitpunkt ausgezahlt wird.

Diskontierter erwarteter Gegenwartswert Der heutige Wert einer erwarteten Folge von künftigen Auszahlungen (diskontiert mit dem aktuellen und den künftig erwarteten nominalen Zinssätzen). Auch als diskontierter Gegenwartswert oder einfach als Gegenwartswert bezeichnet.

Diskontrate Die Rate, mit der zukünftige Zahlungen diskontiert werden (bei nominalen Auszahlungen entspricht sie dem Nominalzins, bei realen Auszahlungen dem Realzins).

Dividenden Die Zahlungen an Aktionäre aus den Unternehmensgewinnen. Die Höhe der Dividenden wird (im Gegensatz zu den fest vereinbarten Zinsen von Anleihen) vom Unternehmen selbst bestimmt.

Dollarisierung Die extremste Form eines Hard Peg. Sie ersetzt die inländische Währung durch eine ausländische Währung, bislang typischerweise den Dollar.

Doppeldefizit Hohe Neuverschuldung des Staates, kombiniert mit einem hohen Leistungsbilanzdefizit. Die Situation, durch die die Vereinigten Staaten während der 80er Jahre geprägt waren.

Dynamik Bewegungen einer oder mehrerer Variablen über die Zeit.

Effektive Arbeit Die Menge an effektiv verfügbarer Arbeit in einer Volkswirtschaft. Sie kann sich durch technischen Fortschritt erhöhen: Verdoppelt sich der Stand der Technik, so wirkt dies genauso, als ob die Volkswirtschaft doppelt so viele Beschäftigte hätte. Wird auch als Arbeit in Effizienzeinheiten bezeichnet.

Effektive Nachfrage Synonym für aggregierte Nachfrage.

Effizienzlohn Der Lohn, zu dem ein Arbeiter seine Tätigkeit am effizientesten (produktivsten) ausübt.

Eigentumsrechte für neue Produkte Siehe Patentrecht.

Einkommen Der Strom an Erträgen aus Arbeit, Vermietung und Verpachtung, Zinsen und Dividenden.

Einkommenspolitische Maßnahmen Lohn- und Preisrichtlinien oder -kontrollen

Einlagensatz Von der EZB festgelegte Untergrenze für die Verzinsung der Refinanzierung von Geschäftsbanken

Einlagensicherung Sicherungssystem, um zu verhindern, dass Anleger ihre Einlagen überstürzt zurückfordern und so eine Liquiditätskrise mit der Gefahr von Zusammenbrüchen gesunder Banken auslösen.

Endogene Variable Eine Variable, die von anderen Variablen im Modell abhängt und damit modellendogen bestimmt wird.

Endogenes Wachstum Theorieansätze, die durch eine Kombination der Akkumulation von physischem Kapital und Humankapital stetiges Wachstum selbst ohne technischen Fortschritt generieren.

Entmutigte Arbeitnehmer Arbeitnehmer, die sich zwar nicht aktiv auf Arbeitsuche befinden, die aber einen Job annehmen würden, wenn er sich bieten würde.

Erwartungshypothese Die Hypothese, dass Finanzinvestoren risikoneutral sind und dass deshalb die erwartete Rendite aller Finanzanlagen gleich sein muss.

Erwerbsbevölkerung Zahl der Erwerbspersonen (der Summe aus Beschäftigten und Arbeitslosen).

Erwerbspersonen Die Summe aus Beschäftigten und Arbeitslosen (auch Erwerbsbevölkerung).

Erwerbsquote Das Verhältnis von Erwerbspersonen zur Gesamtbevölkerung im arbeitsfähigen Alter.

Erwerbstätige Siehe Beschäftigte.

Europäische Union Der politische und wirtschaftliche Zusammenschluss von 15 (ab 1. Mai 2004 25) Europäischen Nationen. Früher als Europäische Gemeinschaft bezeichnet.

Europäisches Beschäftigungswunder Bezieht sich auf die niedrige Arbeitslosenquote in Europa während der 60er Jahre.

Europäisches Währungssystem (EWS) Ein System fester Wechselkurse zwischen den meisten Staaten der Europäischen Union von 1978 bis 1998.

Eurosklerose Ein Ausdruck, der geprägt wurde, um die These zu charakterisieren, Europa (insbesondere der europäische Arbeitsmarkt) leide unter exzessiven Rigiditäten.

Eurostat Das statistische Amt der Europäischen Union

Eurosystem Die Kombination von Europäischer Zentralbank und den nationalen Zentralbanken der Mitgliedsländer des Euroraums.

Exogene Variable Eine Variable, die innerhalb des Modells nicht erklärt, sondern als gegeben angenommen wird.

Expansion Eine Periode mit positivem Wachstum des BIP.

Expansive Fiskalpolitik Eine Erhöhung der Staatsausgaben oder eine Reduktion der Steuern. Eine Politik, die zu einer Zunahme des Budgetdefizits führt.

Expansive Geldpolitik Die Zentralbank senkt die Zinsen. Sie kauft im Rahmen von Offenmarktoperationen inländische Wertpapiere und erhöht dafür im Austausch die Menge an Zentralbankgeld – sie weitet die Geldbasis und damit (über den Geldschöpfungsmultiplikator) die Geldmenge aus.

Exporte (X) Der Kauf von inländischen Waren und Dienstleistungen durch Ausländer.

EZB Europäische Zentralbank in Frankfurt. Sie bestimmt die Geldpolitik im Euroraum – den Ländern, die den Euro als gemeinsame Währung eingeführt haben.

EZB-Rat Zentrales Beschlussorgan der EZB. Es besteht aus dem Direktorium der EZB (dem Präsidenten und dem Vizepräsidenten sowie (vier) weiteren Mitgliedern) sowie den Präsidenten der nationalen Zentralbanken der Mitgliedsländer.

Fads Siehe Launen.

Federal Funds Rate Der Zinssatz, der in den Vereinigten Staaten für Gleichgewicht auf dem Interbanken-Markt (dem federal funds market) sorgt. Es ist der Zinssatz, den die Fed (die U.S.-amerikanische Zentralbank) durch Änderungen ihrer Geldpolitik unmittelbar beeinflusst.

Federal Reserve Bank (FED) Die Zentralbank der Vereinigten Staaten. Die Entscheidungsgewalt über die Geldpolitik der USA liegt beim Federal Open Market Committee (FOMC) – dem Zentralbankrat der Fed. Es besteht aus den 7 Mitgliedern des Board of Governors (dem Direktorium in Washington), dem Präsidenten der New York Fed als ständiges Mitglied sowie den Präsidenten von 4 weiteren der 12 regionalen Feds, die im jährlichen Turnus wechseln.

Feinsteuerung Eine makroökonomische Politik, die versucht, ein vorgegebenes Ziel (wie eine bestimmte Arbeitslosenquote oder eine bestimmte Wachstumsrate des BIP) exakt zu erreichen.

Feste Wechselkurse Ein Wechselkursregime zwischen zwei oder mehreren Staaten, das einen festen Kurs vereinbart, der nur selten verändert wird.

Finanzintermediäre Institutionen, die Einlagen von Privatpersonen und Unternehmen erhalten und damit festverzinsliche Wertpapiere oder Aktien kaufen oder auch Kredite an andere Privatpersonen oder Unternehmen vergeben.

Finanzinvestitionen Der Kauf von Finanzanlagen wie Aktien, Anleihen oder Gold.

Finanzmärkte Die Märkte, auf denen Finanzanlagen gehandelt werden.

Finanzvermögen Der Wert aller Finanzanlagen, abzüglich aller Verbindlichkeiten. Manchmal auch einfach als Vermögen bezeichnet.

Fisher-Hypothese Die Aussage, dass ein Anstieg der Inflation mittelfristig den Nominalzins 1:1 erhöht und so den Realzins unverändert lässt, weil die erwartete Inflationsrate in den Nominalzins eingeht.

Fiskalpolitik Die Festlegung von Steuern und Staatsausgaben durch die Regierung.

Flexible Wechselkurse Ein Wechselkursregime, in dem der Kurs auf dem Devisenmarkt frei ohne Interventionen der Zentralbanken bestimmt wird.

Forschung und Entwicklung (F&E) Ausgaben mit dem Ziel, neue Ideen und neue Produkte zu entdecken und zu entwickeln.

Fundamentalwert des Aktienkurses Siehe Aktienkurs.

G-8 Die wirtschaftlich mächtigsten Länder der Welt, die Vereinigten Staaten, Japan, Frankreich, Deutschland, Großbritannien, Italien und Kanada sowie Russland (G steht dabei für Gruppe).

Gebrauchskosten des Kapitals Die Nutzungskosten des Kapitals über ein Jahr bzw. eine bestimmte Zeitperiode. Sie bestimmen sich aus Realzins plus Abschreibungsrate (den Nutzungskosten des Kapitals, wenn es von Leasing-Agenturen gemietet würde. Auch als „user cost“ oder Mietkosten des Kapitals bezeichnet.

Gedeckte Zinsparität Siehe Zinsparität.

Gegenwartswert Siehe diskontierter erwarteter Gegenwartswert.

Geld Finanzanlagen, die direkt zum Kauf von Gütern verwendet werden können.

Geldbasis Siehe Zentralbankgeld.

Geldillusion Die Tatsache, dass den Wirtschaftssubjekten bei der Unterscheidung zwischen nominalen und realen Veränderungen offenbar systematische Fehler unterlaufen.

Geldmarktfonds Finanzintermediäre, deren Vermögen aus kurzfristig fälligen Interbankeneinlagen besteht und deren Verbindlichkeiten aus Einlagen bestehen (sie werden als Anteile bezeichnet).

Geldmengenaggregate Der Marktwert bestimmter Aggregate liquider Finanzanlagen Siehe *M1*, *M2*, *M3*.

Geldschöpfungsmultiplikator Die Beziehung zwischen dem gesamten Geldangebot (einschließlich der Sichteinlagen bei Geschäftsbanken) und dem Zentralbankgeld (der Geldbasis).

Geometrische Reihe Eine mathematische Reihe, in der das Verhältnis eines Terms zum vorhergehenden Term konstant bleibt. Beispiele sind der Multiplikatorprozess oder der diskontierte Gegenwartswert bei konstantem Zinssatz.

Gesamtvermögen (GV) Summe aus Finanz-, Immobilien- und Sachvermögen sowie dem Humanvermögen.

Gesetz von Okun Siehe Okun'sches Gesetz.

Gewinnaufschlag Der Aufschlag der Preise über die Grenzkosten, den die Unternehmen aufgrund Ihrer Marktmacht erzielen. Je höher der Gewinnaufschlag, desto niedriger der Reallohn, der sich gesamtwirtschaftlich aus dem Preissetzungsverhalten der Unternehmen ergibt.

Glättung von Konsumausgaben Die in den Konsumpräferenzen begründete Abneigung gegen allzu starke Schwankungen des Konsumniveaus („consumption smoothing").

Glättung von Steuern Eine Politik, die starke Schwankungen der Steuersätze zu vermeiden sucht. Sie impliziert, dass bei hohen Staatsausgaben große Defizite anfallen, die durch Überschüsse in anderen Zeiten ausgeglichen werden.

Glaubwürdigkeit Das Ausmaß, in dem Wirtschaftssubjekte darauf vertrauen, dass eine angekündigte Politik auch tatsächlich durchgeführt wird.

Gleichgewicht Gleichheit zwischen Angebot und Nachfrage.

Gleichgewichtsbedingung Die Bedingung, dass Angebot und Nachfrage gleich sind.

Goldene Regel der Kapitalakkumulation Der Kapitalbestand, bei dem der Konsum pro Kopf maximiert wird.

Goldstandard Ein Währungssystem, in dem ein Land den Preis der eigenen Währung in Einheiten von Gold fixiert und sich verpflichtet, zu diesem Kurs jederzeit Gold gegen die eigene Währung zu tauschen.

Government Bonds Siehe Staatsanleihen.

Haavelmo-Theorem Es zeigt, dass der Multiplikatoreffekt bei ausgeglichenem Staatshaushalt gerade gleich Eins ist.

Handelbare Güter Güter, die mit ausländischen Gütern entweder auf dem Inlandsmarkt oder auf dem Auslandsmarkt in Wettbewerb stehen.

Handelsbilanz (HB) Die Differenz zwischen Exporten und Importen von Waren (Handelsströmen).

Hard Peg Mechanismen, um in einem System fester Wechselkurse eine Änderung der Parität symbolisch oder technisch zu erschweren.

Harmonisierter Verbraucherpreisindex (HVPI) Der in allen Ländern des Euro-Währungsraums nach einheitlichen Methoden ermittelte Verbraucherpreisindex (Siehe dort). Eurostat berechnet daraus die Inflationsrate für den gesamten Euroraum.

Hauptrefinanzierungssatz Der Zinssatz, zu dem die EZB im Rahmen ihrer Offenmarktgeschäfte Geld für Geschäftsbanken bereitstellt.

Haushaltsdefizit Siehe Budgetdefizit.

Haushaltskonsolidierung Siehe kontraktive Fiskalpolitik.

Hedonischer Preisindex Der Versuch, die Inflationsrate um Preissteigerungen zu bereinigen, die auf Qualitätsverbesserungen beruhen. Er behandelt Güter als eine bestimmte Mischung von Charakteristika und versucht, die mit einem bestimmten Produkt verbundenen Nutzen stiftenden Eigenschaften der unterschiedlichen Charakteristika zu erfassen.

High-powered money Siehe Zentralbankgeld.

Humankapital (H) Kenntnisse der Beschäftigten in einer Volkswirtschaft.

Humanvermögen (HV) Erwarteter Barwert des Arbeitseinkommens. Geschätzter Gegenwartswert der erwarteten Nettoverdienste während des gesamten Arbeitslebens.

HVPI Siehe harmonisierter Verbraucherpreisindex.

Hyperinflation Sehr hohe Inflation.

Hysterese Bezeichnung für Systeme, deren Gleichgewichte vom Zeitpfad abhängen. Am Arbeitsmarkt bezeichnet es die These, dass eine lang anhaltende Periode hoher tatsächlicher Arbeitslosigkeit die natürliche Arbeitslosenquote ansteigen lässt.

ICT-Sektor Siehe Informations- und Kommunikations-Sektor.

Identifizierungsproblem Bezeichnet in der Ökonometrie das Problem, ob eine festgestellte Korrelation zwischen den Variablen *X* und *Y* eine Kausalbeziehung von *X* nach *Y*, oder von *Y* nach *X*, oder beides bedeutet. Dieses Problem wird mit Hilfe von exogenen Variablen (Instrumentvariablen) gelöst, die *X* aber nicht *Y* direkt beeinflussen bzw. *Y*, aber nicht *X*.

Identität Eine Gleichung, die definitionsgemäß gilt (mit dem Symbol $\equiv$ bezeichnet).

Immobilienvermögen Der Wert des Immobilienbestandes.

Importe (*IM*) Der Kauf von ausländischen Waren und Dienstleistungen durch Inländer.

Importneigung (marginale) Der marginale Effekt (im_1), den eine zusätzliche Einheit inländischen Einkommens auf den Import hat.

Importquoten Beschränkungen der Gütermengen, die importiert werden dürfen.

Index der Erzeugerpreise gewerblicher Produkte Erfasst die Preisentwicklung der im Inland hergestellten und abgesetzten industriellen Güter.

Indexierte Anleihen Sie versprechen statt fixer nominaler Auszahlungen Zahlungen, die um die Inflationsrate bereinigt sind und ermöglichen damit einen Schutz vor dem Inflationsrisiko.

Indexzahl Eine Zahl (wie etwa der BIP-Deflator), die kein natürliches Niveau hat und deren Niveau in einem bestimmten Jahr deshalb willkürlich (meist auf 1 oder 100) festgesetzt werden kann.

Indirekte Steuern Steuern auf Waren und Dienstleistungen wie etwa die Umsatzsteuer.

Industriepolitik Eine Politik, die darauf abzielt, bestimmten Sektoren gezielt zu helfen.

Inflation Ein anhaltender Anstieg des allgemeinen Preisniveaus.

Inflationsbereinigtes BIP Siehe reales BIP.

Inflationsrate Die Rate, mit der das Preisniveau im Zeitverlauf ansteigt.

Inflationssteuer Das Produkt aus Inflationsrate und realer Geldmenge.

Inflationsziel Eine Geldpolitik, die darauf abzielt, mittelfristig eine bestimmte Inflationsrate zu erreichen.

Informations- und Kommunikations-Sektor (ICT) Sektor der neuen Technologien, zu dem die Hardware-Produktion von Computern, Halbleitern, Kommunikationsanlagen (Kabelnetzen und Handys) zählen, aber auch Dienstleistungen wie Computer-Software.

Inländische Absorption Siehe Absorption.

Inländische Güternachfrage Die Summe aus Konsum, Investition und Staatsausgaben.

Instrumente In der Ökonometrie exogene Variablen, die zur Lösung des Identifizierungsproblem verwendet werden.

Instrumentvariablen Ein Schätzverfahren in der Ökonometrie, das zur Identifizierung der Kausalbeziehung zwischen verschiedenen Variablen Instrumente verwendet.

Internationaler Währungsfond (IWF) Eine der wichtigsten internationalen wirtschaftlichen Organisationen mit Sitz in Washington, D.C.. Veröffentlicht halbjährlich den World Economic Outlook und monatlich die International Financial Statistics (IFS).

Investitionen (Anlageinvestitionen) Kauf neuer Kapitalgüter wie (neuer) Maschinen, (neuer) Gebäude oder (neuer) Häuser.

***IS*-Gleichung** Die Gleichgewichtsbedingung auf dem Gütermarkt. Sie besagt, dass die Produktion (bzw. das Einkommen) der Güternachfrage *Z* entsprechen muss oder – äquivalent –, dass die Investition der Ersparnis entsprechen muss.

***IS*-Kurve** Eine Kurve, die das Gleichgewichtseinkommen als eine Funktion des Zinssatzes darstellt. Sie hat einen fallenden Verlauf. Die Kurve leitet sich aus dem Gleichgewicht auf dem Gütermarkt (der IS-Funktion) ab.

Jahresprozentpunkt an Überschussarbeitslosigkeit Die Differenz zwischen der tatsächlichen und der natürlichen Arbeitslosenquote, bezogen auf ein Jahr.

J-Kurve Eine Kurve, die zeigt, dass die Handelsbilanz auf eine reale Abwertung im Zeitablauf verzögert reagiert: Zunächst kommt es erst zu einer Verschlechterung der Handelsbilanz, bevor sie sich verbessert.

Junk bond Anleihen mit hohem Ausfallrisiko (Ramschanleihen).

Kapitalakkumulation Der Zuwachs des Kapitalbestandes durch Konsumverzicht (Ersparnis, um zusätzliches Kapital zu bilden).

Kapitalbilanz Sie erfasst alle Kapitalmarkttransaktionen gegenüber dem Rest der Welt und gibt an, wie zusätzliche Ersparnisse im Ausland gebildet wurden.

Kapitaldeckungsverfahren Ein Rentenversicherungssystem, in dem die Rentenzahlungen der Beschäftigten in Finanzanlagen investiert werden; im Rentenalter erhalten sie ihre Investitionen dann einschließlich der Erträge zurück.

Kapitalintensität Bezeichnet die Menge des eingesetzten Kapitals je Beschäftigten. Bei konstanten Skalenerträgen hängt die produzierte Menge je Beschäftigten nur von der Kapitalintensität ab.

Kapitalkontrollen Beschränkungen der ausländischen Kapitalanlagen, die Inländer halten dürfen und Beschränkungen der inländischen Kapitalanlagen, die Ausländer halten dürfen.

Kassenhaltungskoeffizient Verhältnis von Geldnachfrage zu Nominaleinkommen.

Kaufkraft Einkommen in Gütereinheiten.

Kaufkraftparität Die Hypothese, dass Arbitrage bei freiem Warenhandel zu gleichen Preisen für in- und ausländische Güterbündel führt (das Gesetz des einheitlichen Preises).

Kausalität Die Beziehung zwischen Ursache und Wirkung.

Kerninflationsrate Inflationsrate, die aus einem Warenkorb ermittelt wird, der Güter mit stark schwankenden Preisen ausklammert, um zuverlässige Informationen über den mittelfristigen Preistrend zu erhalten.

Kettenindex Statistisches Verfahren zur Verkettung von Wachstumsraten: Um die Wachstumsrate des realen BIP zwischen zwei angrenzenden Jahren zu berechnen, werden die durchschnittlichen Preise dieser beiden Jahre verwendet, statt die Preise eines arbiträren Basisjahres zugrunde zu legen.

Kollektive Verhandlungen Lohnverhandlungen zwischen Gewerkschaften und Arbeitgebervertretern.

Konfidenzintervall Bei der Schätzung der dynamischen Effekte einer Variablen auf eine andere gibt es das Intervall an, in dem der tatsächliche Wert des Effektes mit einer bestimmten vorgegebenen Wahrscheinlichkeit liegt.

Konjunkturbereinigtes Defizit Eine Maßzahl für das Defizit, die schätzt, wie groß das Defizit (bei unveränderten Regeln für Steuern und Staatsausgaben) sein würde, wenn die Produktion dem natürlichen Produktionsniveau entspräche. Sie versucht, das nominale Defizit um konjunkturbedingte Effekte (etwa aufgrund der automatischen Stabilisatoren) zu bereinigen. Auch als Vollbeschäftigungsdefizit oder strukturelles Defizit (so die Terminologie der OECD) bezeichnet.

Konjunkturzyklen Siehe Produktionsschwankungen.

Konstante Skalenerträge Eine Eigenschaft der aggregierten Produktionsfunktion. Konstante Skalenerträge liegen vor, wenn bei einem proportionalen Anstieg (Rückgang) aller Inputs auch die Produktion proportional steigt (bzw. zurückgeht).

Konsum Der Kauf von Gütern und Dienstleistungen durch Konsumenten (Haushalte).

Konsumausgaben des Staates (*G*) Käufe von Waren und Dienstleistungen durch den staatlichen Sektor – also Bund, Ländern und Gemeinden.

Konsumfunktion Eine Verhaltensgleichung, die den Konsum als Funktion ihrer Determinanten (wie des verfügbaren Einkommens) beschreibt.

Konsumneigung (marginale) Der marginale Effekt (c_1), den eine zusätzliche Einheit verfügbares Einkommen auf den Konsum hat.

Kontraktive Fiskalpolitik Maßnahmen zum Abbau eines Budgetdefizits, Erhöhung der Steuern oder Reduktion der Staatsausgaben. Auch als Haushaltskonsolidierung bezeichnet.

Kontraktive Geldpolitik Die Zentralbank erhöht die Zinsen. Sie verkauft im Rahmen von Offenmarktoperationen inländische Wertpapiere und reduziert damit die im privaten Sektor zirkulierende Menge an Zentralbankgeld.

Kontrolltheorie, optimale Die mathematischen Methoden zur Kontrolle eines Systems (ursprünglich zur Lenkung von Maschinen, etwa Raketen).

Konvergenz Wenn Länder mit niedrigerer Produktion je Beschäftigten schneller wachsen, kommt es zu einer Konvergenz der Produktion je Beschäftigten zwischen den Ländern.

Konvergenzkriterien Siehe Vertrag von Maastricht

Koordination (der makroökonomischen Politik zwischen verschiedenen Ländern) Die gemeinsame Gestaltung makroökonomischer Politik, um die Situation aller beteiligten Länder zu verbessern.

Korrelation Ein Maß, das erfasst, wie stark sich zwei Variablen gemeinsam bewegen. Positive Korrelation deutet darauf hin, dass die beiden Variablen sich in die gleiche Richtung bewegen. Negative Korrelation deutet darauf hin, dass die beiden Variablen sich in die entgegengesetzte Richtung bewegen. Bei einer Korrelation von Null ist keine Beziehung zwischen beiden Variablen erkennbar.

Kosten der Lebenshaltung Der durchschnittliche Preis eines repräsentativen Konsumgüterbündels.

Kreative Zerstörung Die bereits von Joseph Schumpeter formulierte These, dass Wachstum ein Prozess der kreativen Zerstörung ist, bei dem laufend neue Produkte (und Arbeitsplätze) auf den Markt kommen, die die alten verdrängen.

Kuponanleihen Anleihen, die mehrfache Zahlungen während der Laufzeit und eine Zahlung am Ende versprechen.

Kuponzahlungen Zahlungen während der Laufzeit einer Anleihe.

Kuponzins Das Verhältnis von Kuponzahlung zum Nominalwert einer Anleihe

Kurze Frist Beschreibt, wie sich die Makroökonomie von Jahr zu Jahr entwickelt.

Kurzfristige Anleihen Anleihen mit einer Laufzeit von bis zu einem Jahr.

Lafferkurve Eine Kurve, die die Beziehung zwischen Steuereinnahmen und Steuersatz aufzeigt.

Lagerinvestitionen In der VGR die Differenz zwischen den über das Jahr produzierten und verkauften Waren – die Differenz zwischen Produktion und Absatz in der gesamten Volkswirtschaft im betrachteten Jahr.

Lange Frist Eine langfristige Perspektive von über 50 Jahren.

Langfristige Anleihen Anleihen mit einer Laufzeit von 10 oder mehr Jahren.

Laufende Übertragungen In der Leistungsbilanz der Nettowert von Zahlungen an die und aus der Entwicklungshilfe sowie der Nettozahlungen an und von internationalen Organisationen.

Launen (oder Fads) Zeiten, in denen Anleger, wegen einer Modeerscheinung (fad) oder aus Überoptimismus bereit sind, mehr als den fundamentalen Wert für eine Aktie zu bezahlen.

Lebenszyklus-Hypothese des Konsums Konsumtheorie von Franco Modigliani, die betont, dass die gesamte Lebensspanne als Planungshorizont der Wirtschaftssubjekte berücksichtigt werden muss.

Leistungsbilanz (LB) Sie erfasst alle im Laufe eines Jahres neu entstandenen Zahlungsforderungen und Zahlungsverpflichtungen gegenüber dem Rest der Welt. Sie setzt sich zusammen aus dem Außenbeitrag (der Summe aus Handels- und Dienstleistungsbilanz), dem Saldo der Primäreinkommen mit dem Rest der Welt und den laufenden Übertragungen an den Rest der Welt.

Leistungsbilanzdefizit Private und staatliche Ersparnis im Inland reichen nicht zur Finanzierung der inländischen Investitionen. Die Differenz wird durch Nettokapitalzuflüsse vom Rest der Welt finanziert. Dies bedeutet einen Rückgang des Nettoauslandsvermögens.

Leistungsbilanzüberschuss Private und staatliche Ersparnisse im Inland übersteigen die inländischen Investitionen. Entspricht einem Nettokapitalabfluss an den Rest der Welt (also einem Anstieg des Nettoauslandsvermögens).

Lineare Gleichung Eine Beziehung zwischen zwei Variablen *X* und *Y*, so dass ein gegebener Zuwachs von *X* immer zum selben Anstieg von *Y* führt. Die Beziehung wird durch eine Gerade repräsentiert.

Liquidität Ein Maß dafür, wie leicht ein Vermögensgegenstand ohne hohen Kosten verkauft (zu Geld gemacht) werden kann. Geld ist völlig liquide, andere Vermögensgegenstände sind weniger liquide.

Liquiditätsfalle Die Situation einer horizontalen Geldnachfrage. Wenn der Nominalzins bei Null liegt, kann Geldpolitik ihn nicht weiter senken: Eine weitere Erhöhung der Geldmenge hat keine Auswirkungen auf den Nominalzins.

Liquiditätspräferenz Präferenz für Geldhaltung gegenüber verzinslichen Anleihen, weil Geld zur Abwicklung von Transaktionen verwendet werden kann. Von Keynes eingeführter Begriff.

***LM*-Gleichung** Die Gleichgewichtsbedingung auf Geld- und Finanzmärkten. Sie stellt einen Zusammenhang zwischen Geldmenge, Nominaleinkommen und dem Zinssatz dar und fordert, dass das Geldangebot der Geldnachfrage entspricht.

***LM*-Kurve** Die Kurve, die alle Kombinationen von Zinssatz und Einkommen zeigt, die mit einem Gleichgewicht auf Geld- und Finanzmärkten konsistent sind. Sie verläuft steigend. Die Kurve leitet sich aus dem Gleichgewicht auf Geld- und Finanzmärkten ab.

Logarithmische Skala Eine Skala mit der Eigenschaft, dass der gleiche proportionale Anstieg einer Variablen durch den gleichen vertikalen Abstand auf der Skala repräsentiert wird. Wächst eine Variable mit konstanter Rate, so wird sie auf der logarithmischen Skala also durch eine Gerade beschrieben.

Lohnindexierung Eine Regel, nach der die Löhne automatisch an die Inflation angepasst werden.

Lohn-Preis-Spirale Ein Mechanismus, nach dem höhere Nominallöhne zu einem Anstieg des Preisniveaus führen, diese wiederum zu höheren Nominallöhnen usw.

Lohnsetzungsgleichung Die Gleichung, die den Zusammenhang zwischen Reallohn und Arbeitslosenquote als Resultat von Lohnverhandlungen charakterisiert.

Lohnspreizung (steigende) Zunehmende Lohnungleichheit durch stärkere Spreizung der relativen Löhne für verschiedene Beschäftigungsgruppen.

Lucas-Kritik Die These von Robert Lucas, dass die Beziehung zwischen wirtschaftlichen Variablen sich ändern kann, wenn sich die Wirtschaftspolitik ändert. Ein Beispiel ist der trade-off zwischen Inflation und Arbeitslosigkeit. Aus der These folgt, dass die Prognose der wirtschaftlichen Folgen einer Politikmaßnahme nicht auf Basis von Zusammenhängen durchgeführt werden kann, die in der Vergangenheit beobachtet worden sind.

M1 Abgrenzung der Geldmenge als Summe aus Bargeld und Sichteinlagen.

M2 Geldmenge *M1* plus Spareinlagen mit bis zu dreimonatiger Kündigungsfrist und Termineinlagen.

M3 Geldmenge *M2* plus Geldmarktfondanteile, Geldmarktpapiere und Repogeschäfte (die von der EZB favorisierte Abgrenzung der Geldmenge).

Makroökonomie Die Analyse gesamtwirtschaftlicher (aggregierter) ökonomischer Variablen, wie die gesamtwirtschaftliche (aggregierte) Produktion oder das aggregierte Preisniveau.

Marginale Importneigung Siehe Importneigung.

Marginale Konsumneigung Siehe Konsumneigung.

Marginale Sparneigung Siehe Sparneigung.

Marginaler Zuteilungssatz Der marginale Zinssatz, zu dem die Zentralbank den Geschäftsbanken Liquidität bereitstellt.

Marshall-Lerner-Bedingung Die Bedingung, die erfüllt sein muss damit eine reale Abwertung die Handelsbilanz verbessert.

Mehrwert Die von einem Unternehmen im Produktionsprozess zusätzlich geschaffenen Werte. Produktionswert abzüglich der Vorleistungen (der von anderen Unternehmen bereits geschaffenen Werte).

Mengennotierung Siehe Wechselkurs (nominaler).

Mengentender Versteigerungsverfahren der Zentralbank im Rahmen von Offenmarktgeschäften. Bei einem Mengentender legt die Zentralbank den Zinssatz vorab fest; die Geschäftsbanken geben die zu diesem Zins von ihnen gewünschte Liquiditätsnachfrage an und werden nach entsprechenden Zuteilungsquoten bedient.

Mietkosten des Kapitals Siehe Gebrauchskosten des Kapitals.

Mikroökonomie Analyse von Entscheidungen einzelner Wirtschaftssubjekte und einzelner Märkte .

Mikrozensus Eine jährliche Befragung des Statistischen Bundesamtes in Wiesbaden einer repräsentativen Gruppe von Haushalten.

Mindestbietungssatz Von der EZB bei einem Zinstender festgelegter Zinssatz, unter dem sie keine Liquidität bereitstellt.

Mindestreservesatz Der Prozentsatz der Sichtguthaben, den die Geschäftsbanken als Mindestreserveverpflichtungen in Form von Zentralbankgeld halten müssen.

Mittelfristige Anleihen Anleihen mit einer Laufzeit von eins bis zu zehn Jahren.

Mittlere Frist Erstreckt sich über einen Zeitraum von 10 Jahren.

Modell Eine Struktur, die bestimmte Annahmen zur Vereinfachung der Realität trifft, um sich auf die Analyse und Interpretation spezifischer Fragestellungen zu konzentrieren.

Modifizierte Phillipskurve Sie erfasst die Beziehung zwischen (i) Veränderungen der Inflationsrate und (ii) Arbeitslosenquote. Auch als um Erwartungen erweiterte oder akzelerierende Phillipskurve bezeichnet.

Monetäre Sozialleistungen Monetäre staatliche Transferzahlungen wie Rentenzahlungen, Arbeitslosengeld und Sozialhilfe.

Monetarismus Eine Gruppe von Ökonomen in den 60er Jahren, angeführt von Milton Friedman, die argumentieren, dass Geldpolitik große Wirkung auf die Ökonomie hat.

Monetisierung der Staatsschuld Die Finanzierung von Staatsdefiziten durch Gelddrucken.

Multilateraler Wechselkurs Der reale Wechselkurs zwischen einem Land und seinen Handelspartnern, berechnet als gewichteter Durchschnitt der bilateralen Wechselkurse. Auch als realer Außenwert oder realer effektiver Wechselkurs bezeichnet.

Multiplikator Das Verhältnis der Änderung einer endogenen Variablen zur Änderung einer exogenen Variablen (etwa dem Anstieg der Produktion relativ zum Anstieg des autonomen Konsums).

Mundell-Fleming-Modell Ein Modell, das das simultane Gleichgewicht auf Güter-, Geld- und Finanzmärkten in einer offenen Volkswirtschaft untersucht.

NAIRU Die Arbeitslosenquote, die die Inflation nicht beschleunigt (Nonaccelerating inflation rate of unemployment). Siehe natürliche Arbeitslosenquote.

Natürliche Arbeitslosenquote (u_n) Die Arbeitslosenquote, bei der Preis- und Lohnentscheidungen miteinander konsistent sind. Auch als strukturelle Arbeitslosenquote bezeichnet.

Natürliches Beschäftigungsniveau (N_n) Bestimmt sich aus natürlicher Arbeitslosenquote und Erwerbsbevölkerung.

Natürliches Experiment Ein Ereignis der realen Welt, das als Test für ökonomische Theorien genutzt werden kann.

Natürliches Produktionsniveau (Y_n) Das Niveau, das in der Volkswirtschaft produziert wird, wenn die Beschäftigung dem natürlichen Beschäftigungsniveau entspricht.

Neokeynesianer Eine Forschergruppe, die die Bedeutung von Marktunvollkommenheiten und Preisrigiditäten zur Erklärung von Konjunkturschwankungen betont.

Neoklassische Synthese Ein Konsens in der Makroökonomie, der sich in den frühen 50er Jahren etablierte, als Integration von Ideen von Keynes und von früheren Ökonomen.

Nettoauslandsvermögen (V) Das Vermögen der Inländer im Ausland abzüglich des Vermögens der Ausländer im Inland.

Nettoexporte Die Differenz zwischen Exporten und Importen von Waren und Dienstleistungen. Die Handelsbilanz gibt die Differenz zwischen Exporten und Importen von Waren an; die Dienstleistungsbilanz die Differenz zwischen Exporten und Importen von Dienstleistungen. Die Summe aus beiden bezeichnet man auch als Außenbeitrag.

Nettonationaleinkommen Bruttonationaleinkommen abzüglich der Abschreibungen. Auch als Primäreinkommen bezeichnet.

Nettovermögen (*NV*) Vermögen abzüglich der Verbindlichkeiten.

Neubewertung (einer Währung) Veränderung der zentralen Parität in einem Regime fester Wechselkurse.

Neue Ökonomie Die These, dass der rapide technische Fortschritt im Informations- und Kommunikations-Sektor (ICT) in den USA eine neue Ära hohen Produktivitätswachstums (eine „New Economy“) ausgelöst hat.

Neue Wachstumstheorie Neue Forschungsrichtung in der Wachstumstheorie, die die Bestimmungsgründe des technischen Fortschritts und die Bedeutung zunehmender Skalenerträge für das Wachstum untersucht.

Neueinstellungen Von Unternehmen neu beschäftigte Arbeitskräfte.

Neutralität des Geldes Die These, dass geldpolitische Maßnahmen auf mittlere Frist keinen Einfluss auf Produktion und Realzins, sondern nur auf Preisniveau, Inflationsrate und Nominalzins haben.

New Economy Siehe Neue Ökonomie.

Nominale Rigiditäten Die träge Anpassung von Nominallöhnen und Preisen an veränderte wirtschaftliche Bedingungen.

Nominaler Wechselkurs Siehe Wechselkurs (nominaler).

Nominales BIP Die zu den Preisen der aktuellen Periode bewertete Summe aller Waren und Dienstleistungen für den Endverbrauch, die in einem bestimmten Zeitraum hergestellt wurden. Das nominale BIP bezeichnet man auch als BIP in jeweiligen Preisen.

Nominalwert der Anleihe Die abschließende Zahlung einer Anleihe am Ende der Laufzeit.

Nominalzins Zins ausgedrückt in Euro (oder in einer anderen Währungseinheit).

Normale Wachstumsrate der Produktion Die Wachstumsrate der Produktion, die notwendig ist, um die Arbeitslosenquote konstant zu halten.

OECD (Organisation für wirtschaftliche Entwicklung und Zusammenarbeit) Club der wohlhabenden Länder mit Sitz in Paris. Veröffentlicht zweimal im Jahr den OECD Economic Outlook, der die aktuelle wirtschaftliche Entwicklung der Mitgliedsländer analysiert und Basisdaten zu den wichtigsten Variablen wie Wirtschaftswachstum, Inflation und Arbeitslosigkeit enthält.

Offene Faktormärkte Die Möglichkeit für Unternehmen, zu entscheiden, wo sie produzieren wollen und für Arbeitnehmer, zu entscheiden, wo sie arbeiten wollen.

Offene Finanzmärkte Die Möglichkeit für Anleger, zwischen in- und ausländischen Finanzanlagen zu wählen.

Offene Gütermärkte Die Möglichkeit für Konsumenten, zwischen in- und ausländischen Gütern zu wählen.

Offenmarktoperation Ausweitung bzw. Reduktion der Geldmenge durch die Zentralbank durch den An- oder Verkauf von inländischen Wertpapieren. Siehe expansive bzw. kontraktive Geldpolitik.

Ökonometrie Auf die Wirtschaftswissenschaften angewandte statistische Methoden.

Okun'sches Gesetz Der Zusammenhang zwischen Produktionswachstum und der Veränderung der Arbeitslosenquote.

Opferverhältnis Die Anzahl der Jahresprozentpunkte an Überschussarbeitslosigkeit, die zur Reduktion der Inflationsrate um 1% benötigt wird.

Orthodoxe Stabilisierungsprogramme Stabilisierungsprogramme, die keine einkommenspolitischen Maßnahmen beinhalten

Osterweiterung Erweiterung der Europäische Union: Am 1. Mai 2004 werden neben Malta und Zypern auch acht zentral- und osteuropäische Staaten (Estland, Lettland, Litauen, Polen, Slowenien, Slowakei, Tschechische Republik und Ungarn) Mitglied der Europäischen Union.

Panel-Daten Sammlungen von Daten, in der Informationen zu den gleichen Haushalten über einen längeren Zeitraum verfolgt werden.

Partizipationsrate Quotient aus der Zahl der Erwerbspersonen im Verhältnis zur Gesamtzahl der erwerbsfähigen Bevölkerung.

Patent Das Recht für Individuen oder Unternehmen, die ein neues Produkt entdeckt haben, für eine bestimmte Zeit andere von der Produktion bzw. Nutzung dieses Produktes auszuschließen.

Patentrecht Legt die Eigentumsrechte an den Erträgen fest, die ein Unternehmen aus seiner eigenen Forschungs- und Entwicklungsaktivität erzielen kann.

Permanente Einkommenshypothese des Konsums Die von Milton Friedman entwickelte Konsumtheorie, die betont, dass Konsumentscheidungen nicht auf der Basis des aktuellen Einkommens getroffen werden, sondern des erwarteten permanenten Einkommens.

Phillipskurve Die Kurve, die die empirische Beziehung zwischen (i) Bewegungen der Inflationsrate und (ii) Arbeitslosenquote abbildet. Die ursprüngliche Phillipskurve erfasste die Beziehung zwischen Inflationsrate und Arbeitslosenquote. Die modifizierte Phillipskurve erfasst die Beziehung zwischen (i) Veränderungen der Inflationsrate und (ii) Arbeitslosenquote.

Politischer Konjunkturzyklus Konjunkturschwankungen, die durch Manipulationen der Politiker ausgelöst werden, mit dem Ziel, Wahlen zu gewinnen.

Preisanpassungskosten Die Kosten der Änderung von Preisen.

Preisindex für die Lebenshaltung Siehe Verbraucherpreisindex.

Preisindizes des Außenhandels Erfassen die Preisentwicklung von Ausfuhr- und Einfuhrgütern.

Preisniveau (aggregiertes) Eine Indexzahl, die das allgemeine gesamtwirtschaftliche Preisniveau erfasst (wie der BIP-Deflator oder der VPI). Die Veränderungsrate des allgemeinen Preisniveaus bezeichnet man als Inflation.

Preisnotierung Siehe Wechselkurs (nominaler).

Preissetzungsgleichung Die Gleichung, die den Reallohn aus dem Preissetzungsverhalten der Unternehmen und ihrer Marktmacht (dem Gewinnaufschlag) bestimmt.

Primärdefizit Die Differenz zwischen den Staatsausgaben für Güter und Dienstleistungen und den Steuern abzüglich der Transferleistungen (ohne Zinszahlungen auf die Staatsverschuldung).

Primäreinkommen Siehe Nettonationaleinkommen bzw. Saldo der Primäreinkommen.

Primärüberschuss Ein negatives Primärdefizit (ein Überschuss der Steuereinnahmen über die Staatsausgaben, ohne Berücksichtigung von Zinszahlungen auf die Staatsverschuldung).

Private Ersparnis (S) Ersparnis des privaten Sektors. Das verfügbare Einkommen der Haushalte abzüglich ihres Konsums.

Produktion je Beschäftigten Das BIP dividiert durch die Anzahl der Beschäftigten in einer Volkswirtschaft.

Produktion je effektiver Arbeit Das BIP dividiert durch die Anzahl der Beschäftigten und den Stand der Technik.

Produktion pro Kopf Das BIP dividiert durch die Anzahl der Gesamtbevölkerung in einer Volkswirtschaft (als Maß für den Lebensstandard verwendet).

Produktionsfunktion Siehe aggregierte Produktionsfunktion.

Produktionsschwankungen Schwankungen des Produktionswachstums um ein Trendwachstum (auch als Konjunkturzyklen bezeichnet).

Prognosefehler Differenz zwischen dem tatsächlichen Wert einer Variablen und dem Wert, der vorher prognostiziert wurde.

Prozentpunkt Unterscheidung zwischen Prozent (%) und Prozentpunkt: Wenn die Arbeitslosenquote von 8% auf 4% zurückgeht, dann ist sie um 50%% bzw. um vier Prozentpunkte gesunken.

Random Walk Etwas – ein Molekül oder der Kurs einer Aktie – folgt einem Random Walk, wenn jeder Schritt, den es macht, mit gleicher Wahrscheinlichkeit nach oben oder nach unten geht. Seine Bewegungen sind also unvorhersehbar.

Rating von Anleihen Die Bewertung von Anleihen nach ihrem Ausfallrisiko durch private Rating-Unternehmen.

Rationale Erwartungen Die Bildung von Erwartungen auf der Basis von Prognosen, die alle verfügbare Information über die zukünftige Entwicklung der relevanten Variablen verwenden, statt einfache Extrapolationen aus der Vergangenheit zu benutzen.

Rationale spekulative Blase (bubble) Ein Anstieg des Aktienkurses über den Fundamentalwert in der rationalen Erwartung, dass der Aktienkurs noch weiter steigen wird.

Real Business Cycle (RBC)-Modelle Modelle, die annehmen, dass alle Produktionsschwankungen Schwankungen des natürlichen Produktionsniveaus, nicht Abweichungen von diesem Niveau darstellen.

Reale Abwertung Siehe Abwertung (reale).

Reale Aufwertung Siehe Aufwertung (reale).

Realer Außenwert Siehe multilateraler Wechselkurs.

Realer effektiver Wechselkurs Siehe multilateraler Wechselkurs.

Realer Wechselkurs Siehe Wechselkurs (realer).

Reales BIP Das inflationsbereinigte Bruttoinlandsprodukt, auch als BIP zu konstanten Preisen oder BIP in Preisen des Basisjahrs bezeichnet.

Realzins Zins in Einheiten eines Warenkorbs. Der ursprünglich (ex ante) geforderte Realzins entspricht dem Nominalzins abzüglich der erwarteten Inflationsrate. Der effektive (ex post realisierte) Realzins entspricht dem Nominalzins abzüglich der tatsächlichen Inflationsrate.

Regressionsgerade Die Gerade, die den Zusammenhang zwischen den betrachteten Variablen nach der Kleinste-Quadrate-Methode am besten beschreibt (minimiert die Summe der quadrierten Abstände zwischen den beobachteten Werten und der geschätzten Geraden).

Regressionsgleichung Das Ergebnis der Kleinste-Quadrate-Methode (KQ) bzw. des Ordinary Least Squares-Verfahrens (OLS). Liefert die aus den Daten geschätzte Gleichung, zusammen mit dem Bestimmtheitsmaß (dem Maß für die Güte der Regression).

Renditestrukturkurve Siehe Zinsstrukturkurve.

Reservationslohn Der Lohnsatz, bei dem der Beschäftigte gerade indifferent ist zwischen der Alternativen Beschäftigung oder Arbeitslosigkeit.

Reserven der Geschäftsbanken Das von den Geschäftsbanken bei der Zentralbank gehaltene Zentralbankgeld – die Differenz zwischen den Einlagen (den Verbindlichkeiten der Geschäftsbanken) und den Aktiva, über die sie durch Kreditvergabe an Unternehmen und Haushalte bzw. in Form von Wertpapierhaltung verfügen.

Residuum Die Differenz zwischen dem tatsächlich beobachteten Wert einer Variablen und dem Wert, der von der geschätzten Regressionsgleichung impliziert wird. Kleine Residuen sind ein Zeichen für eine hohe Güte der Regression.

Rezession Eine Periode negativen BIP-Wachstums. Häufig definiert als negative Wachstumsraten in zwei oder mehr aufeinander folgenden Quartalen.

Ricardianische Äquivalenz Die These, dass weder Budgetdefizite noch Staatsverschuldung einen Effekt auf die wirtschaftliche Aktivität haben, weil die privaten Haushalte bei ihren Sparentscheidungen die staatliche Budgetrestriktion berücksichtigen. Auch als Ricardo-Barro-Proposition bekannt.

Ricardo-Barro-Proposition Siehe Ricardianische Äquivalenz.

Rigiditäten auf dem Arbeitsmarkt Restriktionen, die am Arbeitsmarkt Anpassungen an veränderte Bedingungen verhindern.

Risikoaversion Ein Individuum ist risikoavers, wenn es eine sichere Auszahlung einer unsicheren Auszahlung mit gleichem Erwartungswert bevorzugt. Bei Anlageentscheidungen berücksichtigt ein risikoaverses Individuum nicht nur die erwartete Rendite, sondern auch das Risiko.

Risikoneutralität Ein Individuum ist risikoneutral, wenn es indifferent ist zwischen einer sicheren Auszahlung und einer unsicheren Auszahlung mit gleichem Erwartungswert.

Risikoprämie Der Unterschied zwischen der Rendite einer unsicheren Anlage und der Rendite einer sicheren Anlage, der einen Anleger indifferent zwischen beiden Anlagen macht. Die Aktienprämie ist die Risikoprämie, die Anleger fordern, um Aktien statt Anleihen höchster Bonität (mit dem besten Rating) zu halten.

Saldo der Erwerbs- und Vermögenseinkommen Siehe Saldo der Primäreinkommen.

Saldo der Primäreinkommen (Saldo der Erwerbs- und Vermögenseinkommen) Die Differenz der Erwerbs- und Vermögenseinkommen von Inländern und Ausländern (Saldo aller Faktoreinkommen zwischen Inländern und Ausländern): Inländer erhalten Kapitalerträge aus ihren ausländischen Kapitalanlagen und Lohneinkommen aus dem Ausland. Ausländer wiederum erhalten Kapitalerträge aus Kapitalanlagen im Inland und Lohneinkommen aus ihrer Arbeitstätigkeit im Inland. Dieser Saldo unterscheidet das BNE vom BIP: Alle im Ausland erzielten Einnahmen der Inländer werden zum BIP addiert; die im Inland erzielten Einnahmen von Ausländern dagegen abgezogen.

Schocks Änderungen von exogenen Variablen (wie etwa der autonomen Konsum- oder Investitionsnachfrage; Finanzinnovationen, Ölpreis, Politikmaßnahmen), die eine Verschiebung der aggregierten Nachfrage oder des aggregierten Angebots auslösen.

Schuhsohleneffekt Die Kosten, die durch häufige Gänge zur Bank anfallen, um Bargeld abzuheben.

Schuldenfinanzierung Eine Finanzierung über Kredite oder über die Ausgabe von Wertpapieren.

Schuldenquote Der Anteil der nominalen Staatsverschuldung am BIP.

Schwarzarbeit Der Teil der Wirtschaftsaktivität, die nicht in der offiziellen Statistik erfasst wird, sei es weil illegale Geschäfte betrieben werden oder zur Steuerhinterziehung.

Seignorage Die realen Einnahmen aus der Geldschöpfung.

Sichteinlagen Ein Bankkonto, das dem Anleger die Möglichkeit einräumt, jederzeit Bargeld abzuheben oder Überweisungen auszuführen bis zur Höhe des Kontostandes.

Simulation Überprüfung anhand von Modellrechnungen, wie sich Änderungen exogener Variablen auf die endogenen Modellvariablen auswirken.

Solow-Residuum Differenz zwischen dem tatsächlichen Produktionswachstum und dem Anteil, der dem Wachstum von Arbeit und Kapital zugerechnet werden kann. Auch als Wachstumsrate der totalen Faktorproduktivität bezeichnet.

Sovereign Debt Siehe Staatsanleihen.

Soziale Sozialleistungen Reale staatliche Transfers wie die Ausgaben im Gesundheitswesen oder Sozialhilfe, soweit es sich um Leistungen für die Unterbringung in Heimen handelt.

Sozio-ökonomisches Panel (SOEP) Eine Umfrage unter Haushalten in Deutschland, die in der jährlichen Befragung Angaben machen zu ihrem Erwerbs- und Einkommensstatus für jeden einzelnen Monat des entsprechenden Jahres. Die Panel-Daten liefern wichtige Informationen, weil die gleichen Haushalte über einen längeren Zeitraum hinweg befragt werden.

Sparneigung (marginale) Der marginale Effekt, den eine zusätzliche Einheit verfügbares Einkommen auf die Ersparnis hat $(1-c_1)$.

Sparparadox Das Phänomen, dass der Versuch der Konsumenten, mehr zu sparen, gesamtwirtschaftlich zu einem Rückgang der Produktion bei unveränderter Ersparnis führen kann.

Sparquote Der Anteil des Einkommen, der gespart wird.

Speisekartenkosten Die Kosten der Änderung von Preisen.

spekulative Blase (Bubble) Siehe Blasen.

Spieler Die Teilnehmer an einem Spiel. Je nach Kontext können die Spieler Individuen, Unternehmen, Regierungen, Zentralbanken usw. sein.

Spieltheorie Die Analyse von strategischen Interaktionen zwischen Spielern mit dem Ziel, Prognose über das Ergebnis des Spiels zu machen.

Spitzenrefinanzierungssatz Von der EZB festgelegte Obergrenze – der Zinssatz, zu dem sich Geschäftsbanken refinanzieren können, die dringend zusätzliche Liquidität benötigen.

Staatsanleihen Anleihen, die von einer Regierung oder einer staatlichen Körperschaft gegeben wurden (auch als government bonds oder sovereign debt bezeichnet). Siehe auch Anleihen.

Staatsdefizit Siehe Budgetdefizit.

Staatsquote Der Anteil der gesamten Staatsausgaben am BIP. Zu den gesamten Staatsausgaben zählen neben den Konsumausgaben des Staates auch die monetären und sozialen Sozialleistungen, Bruttoinvestitionen des Staates und die aufgrund der Staatsverschuldung anfallenden Zinszahlungen.

Staatsverschuldung (B) Sie bezeichnet (als Bestandsgröße) die Summe, die der Staat als Ergebnis früherer Defizite schuldet (siehe auch Budgetdefizit).

Stabilisierungsprogramm Ein Regierungsprogramm mit Maßnahmen zur Reform von Geld- und Fiskalpolitik mit dem Ziel, die Wirtschaft (insbesondere in einer Hyperinflation) zu stabilisieren.

Stabilitäts- und Wachstumspakt (Europäischer) (ESWP) Wurde 1997 in den EU-Vertrag aufgenommen als Verpflichtung der Mitgliedsstaaten, übermäßige öffentliche Defizite zu vermeiden und mittelfristig zumindest einen ausgeglichenen Haushalt anzustreben.

Stagflation Die Kombination von Stagnation und Inflation.

Steady-State Bezeichnet eine Wirtschaft mit ausgewogenem Wachstum: Sowohl Produktion wie Kapital wachsen mit der gleichen Rate wie die effektive Arbeit.

Steuerverzerrungen Ökonomische Verzerrungen (wie die Einschränkung des Arbeitsangebots oder die Zunahme der Schwarzarbeit) als Folge hoher Steuersätze.

Strategische Interaktion In der Spieltheorie eine Situation, in der die Handlungen verschiedener Spieler wechselseitig voneinander abhängig sind.

Streudiagramm Eine Abbildung, die die Entwicklung einer Variablen gegenüber einer anderen über einen bestimmten Zeitraum abträgt.

Stromgröße Eine Variable, die als Menge in einem bestimmten Zeitintervall (einem Jahr) ausgedrückt wird, etwa Einkommen, Ersparnis oder Defizit.

Strukturelle Arbeitslosenquote Siehe natürliche Arbeitslosenquote.

Strukturelles Defizit Siehe konjunkturbereinigtes Defizit.

Swaps Absicherungsgeschäfte am Terminmarkt.

Tagesgeldmarkt Der Markt, an dem Geschäftsbanken, die am Ende des Tages über Überschussreserven (überschüssiges Zentralbankgeld) verfügen, diese Liquidität an Geschäftsbanken verleihen, die nicht über genügend Reserven verfügen. Der Zinssatz am Tagesgeldmarkt heißt Tagesgeldsatz (in den Vereinigten Staaten auch federal funds rate).

Tanzi-Olivera-Effekt Der Effekt, dass hohe Inflation zu sinkenden realen Steuereinnahmen und damit zu einem Anstieg des Budgetdefizits führen kann, statt zu einer Zunahme der Seignorage-Einnahmen.

Taylor-Regel Eine von John Taylor vorgeschlagene Regel, wie die Zentralbank den Nominalzins anpassen soll bei Abweichungen der Inflationsrate vom Inflationsziel und der Arbeitslosenquote von der natürlichen Arbeitslosenquote (bzw. der tatsächlichen Produktion vom normalen Produktionsniveau).

Technisch bedingte Arbeitslosigkeit Durch technischen Fortschritt ausgelöste Arbeitslosigkeit

Technischer Fortschritt Verbesserungen im Stand der Technik.

Tobin's q Wert einer eingesetzten Kapitaleinheit relativ zu ihrem Einkaufswert, berechnet als Quotient aus der Summe der Marktkapitalisierungen aller an der Börse gehandelten Unternehmen und dem Wert des Kapitalstocks zu Wiederbeschaffungskosten.

Totale Faktorproduktivität Siehe Solow-Residuum.

Transfers Monetäre oder direkte Transfers des Staates. Siehe Monetäre Sozialleistungen und soziale Sozialleistungen.

t-Statistik Eine Statistik, die für jeden geschätzten Parameter in einer Regression angibt, mit welcher Sicherheit der wahre Parameter nicht gleich Null ist und somit ein statistischer Zusammenhang besteht (siehe auch Konfidenzintervall).

Überschießen des Wechselkurses Starke Schwankungen des Wechselkurses, ausgelöst durch geldpolitische Maßnahmen, bei rationalen Erwartungen der Kapitalanleger und trägen Preisanpassungen.

Überschussarbeitslosigkeit Siehe Jahresprozentpunkte an Überschussarbeitslosigkeit.

Überspringen (in der Wachstumstheorie) Das Phänomen, dass Staaten sich bei der Führungsposition (dem Vergleich der Produktion pro Kopf) abwechseln, ohne dass ein Konvergenz-Prozess zu beobachten ist: Staaten rücken nahe an die Spitze und überholen dann für eine bestimmte Zeit.).

Umlageverfahren Ein Rentenversicherungssystem, bei dem die Beiträge der Beschäftigten unmittelbar im gleichen Jahr als Leistungen an die jeweiligen Rentner ausgezahlt werden.

Umlaufgeschwindigkeit Nominaleinkommen dividiert durch die Geldmenge (Kehrwert des Kassenhaltungskoeffizienten).

Unabhängige Variable Eine Variable, die im Modell als gegeben angenommen wird.

unausgewogener technischer Fortschritt (skill-biased) Die These, dass neue Technologien die Nachfrage nach hoch qualifizierte Beschäftigte mit besseren Fähigkeiten und besserer Ausbildung im Vergleich zu früher überproportional ansteigen lässt.

Ungedeckte Zinsparität Siehe Zinsparität.

Unternehmensanleihen Anleihen, die von einem Unternehmen gegeben wurden (auch als corporate bonds bezeichnet). Siehe auch Anleihen.

Verbraucherpreisindex (VPI) Er berechnet die Kosten für eine detaillierte Liste von Gütern und Dienstleistungen in Euro (früher als Preisindex für die Lebenshaltung bezeichnet). Die Inflationsrate ergibt sich als Veränderung des VPI.

Verfügbares Einkommen Das Einkommen, das den Haushalten nach Abzug von Steuern und Erhalt von Transfers verbleibt.

Verhaltensgleichung Eine Gleichung, die bestimmte Verhaltensaspekte (etwa von Konsumenten) beschreibt.

Verhandlungsmacht Die relative Stärke einer Partei in einer Auseinandersetzung oder Verhandlung.

Vermögen Siehe Finanzvermögen.

Vertrag von Maastricht Ratifiziert am 7. 2. 1992; er regelt die Bedingungen für die Einführung einer gemeinsamen europäischen Währung (des Euro). Insbesondere stellt er verschiedene Konvergenzkriterien auf als Voraussetzung für den Beitritt in das Europäische Währungssystem. Dazu zählen eine niedrige Inflationsrate, ein Budgetdefizit unter 3% und ein Schuldenstand unter 60%.

VGR Siehe Volkswirtschaftliche Gesamtrechnung.

Volkswirtschaftliche Gesamtrechnung (VGR) Rechnungswesen der gesamten Volkswirtschaft. Die VGR ermittelt als zentrales Maß für die gesamtwirtschaftliche Produktionsaktivität das Bruttoinlandsprodukt (BIP). Die Daten in Deutschland werden vom Statistischen Bundesamt in Wiesbaden ermittelt.

Vollbeschäftigungsdefizit Siehe konjunkturbereinigtes Defizit.

Vorleistungen Die von anderen Unternehmen als Zwischenprodukte bereits geschaffenen Werte.

VPI Siehe Verbraucherpreisindex.

Wachstum Der stetige Anstieg der Produktion im Zeitverlauf.

Wachstumsrate der totalen Faktorproduktivität Siehe Solow-Residuum.

Währungsreserven Die Währungsreserven einer Zentralbank bestehen im Wesentlichen aus den Beständen an ausländischen Devisen (alle Wertpapiere in ausländischer Währung, die eine Zentralbank in ihrer Bilanz hält). Dazu zählen aber auch die Sonderziehungsrechte beim Internationalen Währungsfonds und die Goldbestände. Auch als Devisenreserven bezeichnet.

Wechselkurs (nominaler) In diesem Buch wird der Wechselkurs E in Preisnotierung definiert, also als der Preis für eine Einheit der ausländischen Währung in inländischer Währung. Die Preisnotierung gibt an, wie viel inländische Währung man für eine Einheit ausländischer Währung zahlen muss. Aus Sicht des Euroraums: Euro pro Dollar (€/$). Der Wechselkurs in Mengennotierung ist der Kehrwert von E, also der Preis für eine Einheit inländischer Währung in ausländischer Währung.

Wechselkurs (realer) Der relative Preis ausländischer Güter, ausgedrückt in Einheiten inländischer Güter. Er ist der nominale Wechselkurs multipliziert mit dem ausländischen Preisniveau und dividiert durch das inländische Preisniveau.

Weltwirtschaftskrise Die weltweite Depression während der 30er Jahre des 20. Jahrhunderts.

Wertpapiere (festverzinsliche), Siehe Anleihen.

Zahlungsbilanz Ein Kontensystem, das alle Transaktionen (Handels- und Finanzströme) der Wirtschaftseinheiten eines Landes mit dem Rest der Welt erfasst.

Zeitinkonsistenzproblem Das Problem, dass Anreize bestehen, von der ursprünglich angekündigten Politik abzuweichen. Es liefert Argumente dafür, den politischen Entscheidungsträger Beschränkungen aufzuerlegen.

Zentralbankgeld Die Verbindlichkeiten der Zentralbank. Sie bestehen aus Bargeld, das von Nicht-Banken gehalten wird, und der Reservehaltung der Geschäftsbanken (siehe Reserven der Geschäftsbanken). Wird auch als Geldbasis oder high-powered money bezeichnet.

Zentrale Parität In einem Regime fester Wechselkurse der Kurs (die Parität), um den der Wechselkurs gegenüber den anderen Währungen schwankt (das Zentrum der Bandbreiten).

Zinsparität (ungedeckte) Die Hypothese, dass die Effektivrendite in- und ausländischer Anleihen mit vergleichbarer Risikostruktur gleich sein muss. Sie impliziert, dass Zinsunterschiede zwischen in- und ausländischen Anleihen allein auf erwarteten Wechselkursänderungen beruhen. Sie berücksichtigt nicht das mit Wechselkursänderungen verbundene Risiko. Im Gegensatz dazu bezieht sich die gedeckte Zinsparität auf durch Termingeschäfte abgesicherte Transaktionen.

Zinsstrukturkurve Die Beziehung zwischen Laufzeit und Rendite von Wertpapieren. Auch als Renditestrukturkurve bezeichnet.

Zinstender Versteigerungsverfahren der Zentralbank im Rahmen von Offenmarktgeschäften

Zölle Steuern auf importierte Güter.

Zwischenprodukte Produkte, die als Vorleistung in die Endprodukt eingehen und deshalb bei der Berechnung des BIP nicht noch einmal gezählt werden.

Sachregister

A

B

C

D

E

F

G

H

I

J

K

L

M

N

O

P

Q

R

S

T

U

V

W

Y

Z

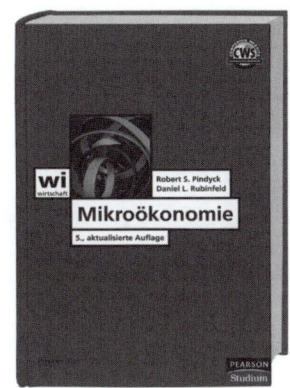

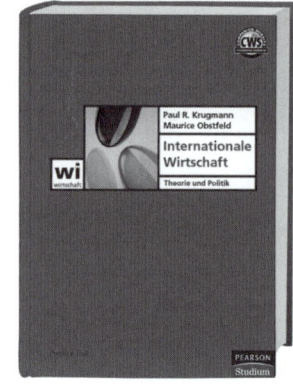

Grundzüge der Volkswirtschaftslehre

Eine Einführung in die Wissenschaft von Märkten

Peter Bofinger

Zum Buch:

Diese Einführung in die Volkswirtschaftslehre bietet einen praktischen Einstieg. Anders als herkömmliche Einführungen beschränkt sich das Buch nicht auf die Vermittlung von abstrakten Modellen, vielen Kurven und Gleichungen, sondern macht deutlich, dass ein volkswirtschaftliches Denken auch für Manager in Unternehmen und Banken wichtig ist.

Aus dem Inhalt:

- Wie funktionieren Märkte
- Wie kommt ein Aktienkurs zustande?
- Arbeitsteilung
- Organisation einer arbeitsteiligen Wirtschaft
- Sozialversicherungssysteme
- VWL Daten und Rechenwerke
- Die Stabilisierungsaufgabe des Staates und der Notenbank
- Geld-und Finanzpolitik
- Inflation
- Außenwirtschaft
- Wachstum

Über den Autor:

*Peter Bofinge*r ist Professor für Volkswirtschaftslehre an der *Universität Würzburg* mit zahlreichen Veröffentlichungen, darunter sein weit verbreitetes Lehrbuch zur Geldpolitik.

ISBN: 3-8273-7076-0
€ 34,95; sFr 54,50
488 Seiten

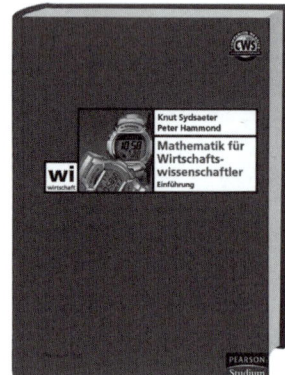

Variablen im Buch

$()^d$	bedeutet "nachgefragt"
$()^e$	bedeutet "erwartet"
$()^s$	bedeutet "angeboten"
*	bedeutet: Variablen im Ausland
A	gesamte private Nachfrage (Summe von Konsum- und Investitionsausgaben), auch: Arbeitsproduktivität (Stand der Technik)
α	Wirkung der Inflationsrate auf die Arbeitslosenquote bei gegebenen Inflationserwartungen
B	Staatsverschuldung
β	Wirkung eines Anstiegs der Wachstumsrate der Produktion auf die Arbeitslosenquote
C	Konsum
CU	Bargeld (*Currency*)
c	Anteil der Bargeldhaltung an der gesamten Geldmenge
c_0	Konsum bei einem verfügbaren Einkommen von null
c_1	marginale Konsumneigung
D	Sichteinlagen, auch: Aktiendividenden
δ	Abschreibungsrate
E	Nominaler Wechselkurs (Preis für eine Einheit ausländischer Währung in inländischer Währung)
$\overline{E}$	Fester Wechselkurs
E^e	zukünftig erwarteter Wechselkurs
ε	realer Wechselkurs
G	Staatsausgaben
g_A	Wachstumsrate des technischen Fortschritts
g_K	Wachstumsrate des Kapitalstocks
g_M g_m	Wachstumsrate der nominalen Geldmenge
g_N	Wachstumsrate der Bevölkerung, auch Wachstumsrate der Zahl der Beschäftigten
g, g_Y	Wachstumsrate der Produktion
$\overline{g}_Y$	normale Wachstumsrate der Produktion
GV	Gesamtvermögen (Kapitel 16)
H	Zentralbankgeld (Geldbasis, high-powered money) auch Humankapital
HB	Handelsbilanz (Kapitel 19)
HV	Humanvermögen (Kapitel 16)
I	Investitionen (Anlageinvestitionen)
IM	Importe
i	Nominalzins
i_1	Zinssatz für Anleihen mit einjähriger Laufzeit
i_2	Zinssatz für Anleihen mit zweijähriger Laufzeit